시편주석 2

최 종 태 지음

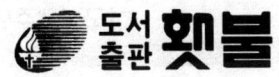

간 행 사

　선교 21세기를 맞이한 한국교회가 하나님의 축복 가운데 놀라운 성장을 이루었지만 우리 손으로 복음주의 입장에서 성경을 해석하는 주석총서를 내지 못한 안타까움을 감출 수 없었습니다. 그리하여 복음주의 신학과 신앙을 같이하는 믿음의 동역자들이 뜻을 모아 한국성경주석총서를 발간하기로 결의하고 집필자와 편집위원들을 선정해 놓았지만 강의와 연구 등에 분주한 나머지 별다른 진전 없이 여러 해를 보내고 말았습니다.

　그간 편집위원도 바뀌고 한국복음주의신학회 임원진도 여러 번 교체되었으나 성경주석을 발간해야 하겠다는 결의는 변함없었습니다. 한국교회뿐 아니라 복음적인 세계교회가 함께 지향해야 할 방향을 제시할 필요를 느꼈고 올바른 성경 해석과 적용을 통해 성도들과 교회가 더욱 건실하게 성장하도록 돕기 위하여 성경주석 발간 작업을 계속해 왔습니다. 집필자는 물론 편집위원들의 노고에 감사를 드리며 이익 추구의 차원을 떠나 선교적 사명에 동참하는 뜻으로 본 주석총서의 출판을 맡아 주신 횃불측에 깊은 감사를 드립니다.

　복음주의 신학의 최근 동향을 고찰하면서 학문적 연구와 자료를 수집하고 비판하면서 복음주의 계통의 교인과 신학생 그리고 목회자들이 마음놓고 펴 들 수 있는 성경주석을 발간하게 된 데 대하여 하나님께 감사를 드립니다.

　목회자들과 신학생은 물론 평신도들까지도 이해할 수 있도록 배려한 본 총서가 한국교회 강단을 기름지게 하고 개인의 삶에 부요함을 가져오는 복된 총서가 되리라 기대합니다. 귀한 성경주석총서가 계속되어 출간될 수 있도록 성도 여러분의 기도와 성원을 부탁합니다. 감사합니다.

한국복음주의신학회한국복음주의신학회

편집인 서문

한국복음주의신학회가 한국성경주석총서를 계획한 지 오랜 세월이 흘렀다. 1990년 봄철 모임 때 복음주의 입장의 주석 총서의 필요를 느껴 본격적인 계획을 세워 추진하여 오던 중 여러 가지 이유로 집필과 출판이 지연되었다. 한국성경주석총서는 성경 66권을 하나님의 말씀으로 믿는 학자들에 의해 집필된 것이다.

성경에 대한 입장이 분명하듯이 주석의 내용은 복음주의 신학 입장을 따르게 된다. 따라서 독자들은 한국성경주석총서에 속해 있는 주석을 안심하고 읽을 수 있을 것이다.

본서의 출판을 위해 여러 가지 어려움을 마다하지 않고 수고하신 도서출판 횃불의 여러 직원들과 이형자 원장님께 심심한 감사를 드린다. 아무쪼록 본서를 통해 하나님의 말씀이 많은 사람들에게 밝히 열려져서 하나님을 더 깊이 알 수 있게 되기를 바라며 한국교회가 더 튼튼히 서 갈 수 있게 되기를 기도한다.

구약 편집인 정규남

저자 서문

시편에는 150편의 시가 담겨있지만, 구약 성경에서 시는 시편에만 아니라, 여기저기에 산재해 있다. 더구나 선지서나 성문서의 많은 부분이 히브리시의 가장 현저한 특징인 병행법으로 구성되어 있으므로, 구약 3분지 1이상이 시적인 형식으로 되었다고 말할 수 있다. 그러므로 시편에 대한 바른 이해는 구약 전체의 문학 양식을 이해하는 열쇠이기도 하다. 그래서 어떤 이는 창세기와 시편, 이사야서를 잘 알면 구약 전체를 잘 알 수 있다고 말했다. 이런 의미에서 시편 주석의 의의는 심대하다 아니할 수 없고, 한국 복음주의 신학회에서 시리즈로 엮고 있는 성경 주석 시리즈의 시편을 맡게 된 필자는 무거운 부담감을 지울 수가 없었다. 이러한 마음의 짐을 이제 약간 덜게 되니 감당할 힘을 주신 주님께 감사하기도 하지만, 이것이 완성품이 아니라는 점은 익히 아는 바이다.

본 시편 주석은 세 부분으로 크게 구성되었는데, '본문 주석'에 들어가기 전에, 시편을 전체로서 조망하는 부분이 '서론' 부분에 해당하고, 이 서론 부분에서 히브리 시의 연구 역사, 시에 얼핏 보기에 어떤 원리가 없이 사용되는 듯 보이는 동사 시제들의 용례, 시편의 작시(作詩)와 그것들의 수집, 그리고 그것들의 배열, 개개 시편의 표제들, 시편에 등장하는 전문 용어들, 구약 시편들을 어떻게 설교할지의 문제, 시편을 예배에서 어떻게 활용할지의 문제, 시편의 해석 역사, 시편의 해석 방법론, 시편이 제 2 성전 (스룹바벨 성전) 예배에서 어떻게 사용되었는지, 성경 시편과 쿰란 시편 사본들 간의 관계, 시편과 한국시들의 간략한 비교, 히브리시의 형식 (병행법, 운율, 이미저리, 메타퍼, 인클루지오 등등), 시편들을 주제나 형식별로 분류하는 방식, 시편의 신학 사상 (하나님, 원수, 가난한 자, 감사제사, 다윗의 고난, 메시아 사상 및 종말론, 창조사상, 언약, 일반은총, 서원, 신약의 시편해석 등), 히브리 시 해석의 실제 (시 2편 [In-Textuality, Inner-Textuality, Inter-Textuality, 연 구성 등]) 등을 다루어 시편이나 히브리 시 연구에 도움이 되도록 했다.

다음으로 본문 주석 부분에서는 개개 시편을 다루되, 개개 시편이 생겨난 삶의 자리, 그 역사적 정황에 비추어 본문을 주석한다. 말하자면 신약적 견지에서 시편을 다루는 것이 아니라, 구약 자체의 견지에서 시편을 보게 된다. 마지막으로 제 3부에서는 개개 시편의 본문을 신약 성도의 입장에서 조망한다. 달리 말하면 시편 본문에 비추어 오늘의 문제들을 조망하는 것이다. 목회자들에게나 성도들에게는 이 적용 부분이 본문 주석보다 더 필요할지도 모른다. 그렇지만, 본문을 그 역사적, 문법적, 문학적 정황에서 바로 이해한 이후에나 바른 적용이 가능하다는 점은 잊지 말아야 할 것이다.

이제 21세기를 막 넘어선 이 시점에서 우리 한국교회의 미래를 전망해 볼 때, 대한민국의 앞날만큼이나 험난한 앞길이 예상된다. 근래에 우리 목전에서 일어나고 있는 한국 사회의 온갖 모순된 사건들과 도덕적 가치관이나 가족제도의 붕괴 등은 대한민국에 대한 자긍심을 순식간에 앗아가기에 충분할 만큼 심대한 요인들이다. 사회가 이렇게 무질서하고 혼란스러울수록 사회의 소금과 빛이어야 할 교회의 책임은 심히 막중한 것이지만, 물질주의, 쾌락주의 덫에 걸린 성도들을 구성원으로 하는 한국 교회 역시 그 혼란과 모순에서 자유로울 수 없다. 지금까지 한국 교회는 성경을 하나님의 말씀으로 절대적으로 신임하고 그 말씀의 약속을 붙잡고 몸부림치며 기도하며 역경을 헤쳐 나올 수 있었지만, 이제 하나님의 말씀의 권위와 완전성을 부인하는 서구 신(新) 신학의 물결이 노도처럼 밀려와, 그렇지 않아도 물질주의, 쾌락주의에 노출되어 힘들어하는 한국 교회를 사정없이 내려치고 있다. 교회사의 흐름에 비추어 볼 때, 한국교회의 쇠퇴 역시 시대의 추세라고 해야 할 현실이지만, 이러한 시점에서 우리 사명자들이 역사의식을 가지고 기도하고, 글을 쓰고 외치지 않는다면, 그 시대가 부과한 시대적 책임을 우리 모두 면키 어려울 터이다. 그런 뜻에서 한국 복음주의 신학회가 발간하는 성경 주석들이 한국 성도들의 21세기 신앙을 확고하게 지도할 수 있는 든든한 안내자가 되길 바라는 마음 간절하다.

필자는 본 주석 시리즈의 구약 편집장으로 수고하시면서 본 주석을 집필하도록 초청해 주시고, 원고를 읽고 수정, 격려해 주신 광신대학교 총장 정규남 박사님께 진심으로 감사를 표하며, 벌써 여러 해 전에 정 박사님과 신약 편집장이신 합동신학 대학원 대학교 박형용 박사님 등과 함께 모여, 본 시편 주석을 모두 세 권으로 발간하기로 협의한 바 있으며, 이제 마침내 빛을 보게 되니 모든 것이 하나님의 은혜였음을 고백하지 않을 수 없다.

끝으로 사랑하는 아내 전혜경과 세 자녀 찬양, 대열, 주열이에게 이 책을 통하여 신앙의 격려가 주어지길 바라며, 바라기는 하나님께서 이 주석을 자신의 교회 유익을 위하여 기쁘게 사용하시기를 기도드린다.

2006년 6월
저자 최종태

약어표

ANET Ancient Near Eastern Texts, ed. J. Pritchard, 3d rev. ed. 1969.
BAG W. Bauer, W. F. Arndt et al., *A Greek-English Lexicon of the New Testament*, (Chicago, 1971)
BDB Brown, Driver, Briggs, *A Hebrew-English Lexicon of the Old Testament*, 1905.
EJ Encyclpedia Judaica, 16 vols.
CTA = A. Herdner, 1963. Corpus des tablettes en cunéiformes alphabétiques découvertes à Ras Shamra-Ugarit de 2919 à 1939. MRS 10. Paris.
GKC Gesenius, E. Kautzsch, A. Cowley, *Hebrew Grammar*, 2d English ed., 1910.
KB³ L. Koehler, W. Baumgartner et al., *Hebraeisches und aramaeisches Lexikon zum alten Testament* (Leiden, 1967-).
KTU = *Keilalphabetischen Texte aus Ugarit*, vol. 1, ed. M. Dietrich, O. Loretz, and J. Sanmartié. AOAT 24. Neukirchen-Vluyn, 1976.

ELB Elberfelder 개정역 (1993)
LUT Luther's German Version
LSG (Louis Segond 프랑스어역 1910)
NAB New American Bible
NASB New American Standard Bible
NIV New International Version
NJB New Jerusalem Bible
NRSV New Revised Standard Version
OTS Oudtestamentische Studiën
PIW S. Mowinckel, *The Psalms in Israel's Worship*.
REB Revised English Bible

TNK TaNaKh (유대인들의 영역 구약성경)
TOB La Traduction oecuménique de la Bible
*기타 약자는 일반적으로 통용되는 방식을 따라 표기함
*간구형 - 완료시상 (Qatal)의 간구형 (precative)이나 3인칭의 간접명령을 표현하는 단축형 (jussive), 그리고 2인칭 명령형 등이 하나님을 대상으로 할 때 해당된다. 명령의 대상이 하나님일 경우에 이는 명령이 아니라, 간구 혹은 기원이 된다.
*본문의 괄호 안에 이텔릭체로 제시된 히브리어 음독은 유대인 랍비의 발음을 따랐고, [ ] 표기는 케레 (Qere) 독법을 지시함; 예: "새처럼 네 산으로 도망가라" (누두 [누디] 하르켐 칩포르, 시 11:1).
*참고 도서는 주석 부분에서 사용된 것들로, 주석 본문에서는 저자와 책명만 언급함.

차 례

시 34편 젊은 사자는 궁핍하며 주릴지라도 11
시 35편 나와 다투는 자와 다투소서 29
시 36편 마음이 정직한 자에게 의를 베푸소서 48
시 37편 행악자를 인하여 불평하여 말라 58
시 38편 나의 탄식이 주의 앞에 있나이다 80
시 39편 주의 징책을 내게서 옮기소서 97
시 40편 수렁에서 끌어 올리시고 105
시 41편 나를 영영히 주의 앞에 세우나이다 122

시편 2권 서론 135
시 42~43편 너는 하나님을 바라라 136
시 44편 우리 군대와 함께 나아가지 아니 합니까 150
시 45편 즐거움의 기름으로 왕에게 부어 169
시 46편 하나님은 우리의 피난처시로다 187
시 47편 하나님은 온 땅에 왕이시라 208
시 48편 시온을 편답하고 후대에 전하라 217
시 49편 생명의 구속이 너무 귀하며 225
시 50편 제사로 나와 언약한 자여 들으라 236
시 51편 내가 죄악 중에 출생하였음이여 251
시 52편 간사한 혀여 271
시 53편 어리석은 자는 하나님이 없다 하도다 277
시 54편 하나님은 나의 돕는 자시라 279
시 55편 네 짐을 여호와께 맡겨 버리라 285
시 56편 나의 눈물을 주의 병에 담으소서 298
시 57편 내가 새벽을 깨우리로다 306
시 58편 악인은 나면서부터 곁길로 나아가 316
시 59편 저물게 돌아와 개처럼 울며 323

시 60편 우리를 회복시키소서 332
시 61편 땅 끝에서부터 주께 부르짖으오리니 345
시 62편 내 영혼이 잠잠히 하나님만 바람이여 350
시 63편 제사로 나와 언약한 자여 들으라 359
시 64편 그러나 하나님이 저희를 쏘시리니 367
시 65편 은택으로 년사에 관 씌우시니 375
시 66편 주께서 우리를 끌어 내사 광활한 곳에 385
시 67편 얼굴빛을 우리게 비춰사 구원을 만방 중에 알리소서 395
시 68편 주께서 높은 곳으로 오르시며 401
시 69편 내가 주를 위하여 훼방을 받았사오니 419
시 70편 여호와여 지체치 마소서 435
시 71편 내가 늙어 백수가 될 때에도 버리지 마시고 438
시 72편 궁핍한 자의 부르짖을 때 건지며 451
시 73편 하나님께 가까이 함이 내게 복이라 464
시 74편 원수가 성소에서 악을 행하였나이다 488
시 75편 높이는 일이 동에서 말미암지 아니하며 523
시 76편 저는 세상의 왕들에게 두려움이시로다 531
시 77편 주께서 영원히 버리실까? 539
시 78편 그럴지라도 저희가 오히려 범죄하여 554
시 79편 열방이 주의 성전을 더럽히고 578
시 80편 주께서 담을 헐으사 길에 지나는 자로 589
시 81편 네 입을 넓게 열라 600
시 82편 하나님이 신들의 무리 가운데 서시며 613
시 83편 이스라엘을 끊어 그 이름으로 기억되지 621
시 84편 주의 장막이 어찌 그리 사랑스러운지요? 629
시 85편 야곱의 번영을 회복시키셨나이다 639

시 34편 젊은 사자는 궁핍하여 주릴지라도

I. 전체구조에서의 위치, 시의 유형과 삶의 자리

시 33:1-3에서 찬송하라고 촉구한다면, 시 34:1에서는 "내가 여호와를 항상 송축함이여 그를 송축함이 내 입에 계속하리로다"라고 한다. 그리고 시 33:18에서 "여호와는 그 경외하는 자 곧 그 인자하심을 바라는 자를 살펴"신다고 한다면, 시 34:15절에서 "여호와의 눈은 의인을 향하시고, 그 귀는 저희 부르짖음에 기울이시는도다"라 한다. 표제에 따르자면, 시 34편은 다윗이 사울 왕을 피하여 도피 생활할 때 아비멜렉 앞에서 미친 체 했을 때의 사건과 연관된다. 그렇다면 이 시는 다윗이 도피 생활할 때 지은 여덟 시들 중의 하나에 속하며, 그 시들은 연대순으로 배열하자면, 시 7, 59, 56, 34, 52, 57, 142, 54편 순서가 될 것이다 (F. Delitzsch, *Psalms*, ad loc.).

본 시는 "개인 감사시"이지만, 지혜문헌의 요소들이 여기저기서 드러나고 있다. 어떤 이들은 이 시의 주제가 교훈을 제시하는 목적으로 지어진 교훈시라고 본다. 그런 견해를 견지하는 이들에 의하면, 8-14절이 주제이고, 1-7절에 묘사된 시인의 삶은 그 교훈의 예증이라 본다. 그러나 다른 이들은 이 시가 교훈시가 아니라 감사시라는 점을 강조하고, 감사시에 교훈적 요소들이 포함되었다고 본다. 우리가 보기에 감사시냐? 아니면 교훈시냐? 로 이 시를 구분하려 하기보다 (전체 시편에서도 개개 시들 전체에 해당되는 말이지만), 감사 교훈시 혹은 교훈적 감사시 등과 같이 이해할 수도 있을 것이다. 시인은 구원을 체험한 이후에 하나님께 감사 찬양 드리면서 동시에 자기의 체험이 고난당하는 이들에게 격려와 위로가 되길 바라는 마음으로 노래하고 있다.

시인은 경건한 자를 "가난한 자" (아나빔, 2, 6절), 심령이 깨어진 자 (18절) 등으로 묘사한다. 그런데 표제(表題)는 다윗이 아비멜렉 앞에서 "미친 체 하다가" (문자적으로, "지각 [sense]을 변조했을 때"; 흥미롭게도 여기서 "지각, 미각" [taste, 타암]이란 명사와 연관되는 동사가 시 34:8절에서 나타난다: 식물을 맛보듯 [삼상 14:24, 29, 43] 하나님의 선하심을 '맛보아' 알라) 그가 쫓아버렸을 때 (삼상 21:14) 지은 시라 한다. 그런데 문제는 다윗이 사울 왕을 피하여 블레셋 가드로 망명했을 때, 그곳 왕은 "아비멜렉"이 아니라, "아기스"였다는 사실이다. 다윗은 그곳에서 블레셋에 크게 위험한 인물이란 사실이 발각되어 목숨이 경각에 처해지게 되자, 미친 사람 인양 행동하여 겨우 목숨을 구할 수 있었다. 그런데 그가 망명했던 곳은 블레셋 가드 (Gath)였고 그곳 왕은 '아기스'였다면 (삼상 21:12), 어찌하여 본 시편의 표제는 "아기스 앞에서"라 않고, "아비멜렉 앞에서 미친 체 하"였다고 하는가? 비평가들은 시인이나 시편의 편집자가 "아기스"를 "아비멜렉"으로 혼동했다고 지적한다. 그러나 이런 지적은 오해이다. 왜냐하면 "아비멜렉"은 애굽 왕을 "바로"로 호칭하는 것처럼, 블레셋 '왕'의 호칭이었기 때문이다. 창세기에 언급되는 그랄 왕 (창 20:2-4, 8-10, 14, 17, 18, 21:22, 25 등), 블레셋 사람들의 왕 (창 26:1, 8-11) 등이 그렇게 불렸다.

형식상으로 이 시는 알파벳시이다. 그래서 형식에 내용이 종속된 결과 사고의 흐름이 간간(間間)이 끊어지는 느낌을 받는다. 그런데 시 34편은 같은 알파벳 시인 시 25편과 몇 가지 공통점을 가진다. 1) 바브 행이 결여되고, 대신 "페" 행이 두 번 나타난다 (34:16, 22; 시 25:16, 22절), 2) 알파벳 형식에 맞추느라 내용상의 논리적 흐름이 끊어지는 것을 방지하려는 노력에서 동일한 단어들을 반복해서 사용하고 있다. 예컨대, 듣다 (*쇠마*, 2, 6, 11, 17절), 건지다 (*나찰*, 4, 17, 19절), 경외하다 (*야레*, 7, 9, 9, 11절), 선한, 선, 복 (*토브*, 8, 10, 12, 14절), 악, 재앙 (*라*, 13, 14, 16, 19, 21절), 의인 (*챠디크*, 15, 19, 21절) 등.

2. 시적 구조와 해석

위기시에 하나님을 향한 시인의 행동과 그에 대한 여호와의 반응이 이 시의 전반에서 부각되고 있다. 시인은 여호와께 구하며 (4, 10절), 여호와를 앙망하며 (5절), 부르며 (6절), 여호와께 피하며 (8, 22절), 탄식하며 (15절), 울부짖는다 (17절). 이에 상응하여, 여호와께서는 들으시며 (6, 17절), 응답하시고 (4절), 건지시고 (끄집어내시고 4, 17, 19절), 자유케 하시고 (6, 18절), 구하시며 (7절), 구속하신다 (22절). 거듭 거듭 시인은 강조하길 여호와를 부르는 자를 그분이 도우신다고 한다.

동시에 이 시에서는 "선하심" (8절), "좋은 것" (10절), "복" (12절), "선" (14절) 등과 (원문에서는 전부 "토브" [선, 좋은 것이다) 이에 대조되는 "악" (13, 14절), "(행)악(하는)" (16절), "고난" (*라옷*, 19절), "악" (21절) 등이 (원문에서는 전부 "라아" [악, 재난이다) 반복 강조되고 있다. 이와 연관되는 사고는 "여호와를 경외함" (*이르에트 야훼*, 7, 9, 9, 11절)과 "의인들" (*챠디크* 혹 *챠디킴*, 15, 19, 21절) 등의 사고이다.

요컨대, 시인은 위기시에 하나님께 기도하여 하나님의 도우심을 받았다. 이것이 그로 하여금 찬양하게 하고, 더 나아가 하나님의 하신 일을 근거로 사람들에게 교훈을 베풀게 한다. 여호와의 도우심을 받고자 한다면 어떤 길을 가야 하겠는가? 여호와께서는 자기를 찾고 부르짖으며, 자기를 경외하는 자들을 도우신다. 그렇다면 여호와를 경외함은 어떻게 되어지는가? 그것은 선을 행하여야 한다 (11-14절). 그런데 여호와를 경외하여 선을 행하는 자를 분명히 제시하기 위해 그와 대조되는 악인들의 행동도 묘사되고 있다. 마지막 부분 15-22절에서는 의인과 악인을 대조시켜 묘사하고 있다. 시인의 논리는 정연하다: 누구든지 선 (행복)을 보고자 한다면, 선을 행해야 한다; 동시에 누구든지 악 (재앙)을 피하고자 한다면, 악에서 떠나야 한다. 그런데 이런 그의 주장에 비추어 본다면, 19 상반절 "의인은 고난이 많다" (*라봇 라옷 챠디크*)라는 진술은 이상하게 보인다. 의인이란 선을 행할 것인데 왜 선 (행복) 대신 "고난" (문자적으로, "악들" "재앙들")이 많은 것인가? 시인은 "의인이 항상 온실 속의 화초(花草)처럼 평안하다"고 말하지 아니 한다. 오히려 "고난이 많다"고 한다. 따라서 의인이나 악인이나 얼핏 보기에 구분이 되지 아니하는 경우도 많다. 그렇지만 시인은 곧 이어 진술하길 "그러나 여호와께서 그 모든 것들 (재앙들)에서 의인들을 건지신다" 라고 선포한다 (19 하반절). 악인은 악으로 죽임을 당한다 (21절). 반면 의인은 "여러 재앙"이 많으나 그 재앙으로 죽임을 당치 않고 여호와로 말미암아 건짐을 받는다! 결국 의인은 생명을 얻고, 장수하며, 복을 받는 자들이다 (12절). 반면 악인은 "한 번의 재앙으로" 망하고 만다.

이 시에서 "여호와를 경외함"도 아주 중요한 사고이다. 우리는 여호와를 경외함이 구원의 조건이라고까지 말할 수 있다. 물론 여기서 "구원"은 일상 삶의 위기나 위험에서의 구출을 의미한다. 9절에서 시인은 성도들에게 "여호와를 경외하라"고 촉구한다. 그렇게 하면 "모든 좋은 것에 부족함이 없으리라"는 보증과 함께. 11-14절에서는 여호와를 경외하는 길에 대하여 교훈한다. 그 길에 행하는 자들의 모습 (13-14절)은 15절에서 "의인"으로 나타난다.

15-22절은 이 시의 결론이라 할만 하다. 우선 15-16절에서 이 부분의 주제가 제시된다. 이 두 절은 구조상 병행되며, 사고상 대조된다.

15 여호와의 눈은 의인을 향하시고 (주어 +전치사구)
  그 귀는 저희 부르짖음에 기울이시는도다 (주어 +전치사구)
16 여호와의 얼굴은 행악하는 자를 대하사 (주어 +전치사구)
  저희의 자취를 땅에서 끊으려 하시는도다 (부정사구 [+전치사구 +목적어])

15절의 사고는 17-20절에서 구체화되고, 22에서 종결된다. 반면, 16절의 사고는 21절에서 반향되고 종결된다. 이렇게 시인은 의인과 악인을 대조하되, 의인을 보다 세밀하게 묘사하고 있다. 여기서 우리는 시인이 일반적 진술을 제시한 후에, 다시 그것을 구체화시키고 반복함으로 강조한다는 것을 볼 수 있다.

본 시는 4개의 연으로 구분될 수 있다.
제1연 (1-3절): 여호와를 높이세 (찬양)
제2연 (3-7절): 여호와를 구하니 응답하시다 (체험 -찬양할 이유를 제시)
제3연 (8-14절): 여호와를 경외하라 (자기 체험을 근거로 타인에게 교훈)
제4연 (15-22절): 의인과 악인의 대조, 저들의 결국 (체험에 근거하여 진리추출)

제1연 (1-3절): 여호와를 높이세

이렇게 여호와를 찬양하는 일은 감사시에서 통상적이다. 그런데 3절에서 보듯 시인은 타인들에게도 함께 그분을 찬양하자고 권고한다. 이렇게 교훈적 요소가 간간이 나타나고 있다. 자신이 받은 은총에 감격할 때, 자연스럽게 타인에게도 자기와 함께 그분을 찬양할 것을 촉구하게 된다.

알렙 행:

1절: 내가 항상 여호와를 송축함이여/ 그를 송축함이 내 입에 계속하리로다 (아바라카 에트-야웨 베콜-에트/ 타미드 테힐라토 베피) — "내가 항상 여호와를 송축하리라/ 언제나 그를 찬양함이 내 입에 (있으리라)." 전, 후반절은 동의 병행법을 이룬다. 알파벳 시에 맞추기 위해 미완료상 1인칭을 사용하여 "내가" (알렙)를 맨 앞에 오도록 하였지만, 강조점은 "항상" (베콜-에트)에 있는 듯하다. 왜냐하면 "항상" (베콜-에트)이 전반절 말미에 두어졌고, 후반절에서는 "언제나" (타미드)가 초두에 위치하여 강조되고 있기 때문이다. 시인은 "내가 '항상' 하나님을 찬송하리라"고 결심을 표명한다 (연장형 cohortative)(시 145:1). 이 결심은 후반절에서 "언제나 그를 찬양함이 내 입술에 [있으리로다]"로 반복된다. 시인의 이러한 결심은 아마 고난을 통해서 갖게 된 영적인 각성(覺醒)을 드러내는 표시이리라. 이 시가 표제대로 다윗의 군급한 상황을 반영하는 것이라면, 그가 위기를 벗어난 후에 하나님을 향하여 평생에 늘 찬양하며 높일 것을 다짐하는 자세를 반영할 것이다.

그런데 "송축하다"란 표현은 원래 "축복하다"란 말인데 (바락의 피엘형), 하나님을 주어로 가질 때, 하나님께서 어떤 사람(혹은 물건)을 "축복하다"란 의미이지만, 사람이 주어일 때는 여기서처럼, (하나님을) "송축하다" (=찬양하다) 혹은 (사람에게) "인사하다," "축복을 빌다"란 의미가 된다 (피엘형). BDB는 이 말이 사람을 주어로 하고 하나님을 목적어로 가질 때, 이 말의 어원적 의미를 강조하여 "무릎을 꿇고 하나님을 예배하다" (adore God with bended knees, 피엘형 1항 참조)라 정의하고 있다. 여기서 현대 역본들은 대개 전통적인 번역어 "송축하다" (bless)로 번역했지만 (KJV, NASB, NRSV, NJB, TNK), NIV ELB 등은 "높이다/ 찬양하다"로 번역했다. 한편 BDB보다 최근의 사전인 KB³는 이 말의 의미를 인류학적 연구 성과에 비추어 정의하고 있는바, "하나님께서 사람이나 어떤 사물에 특별한 능력을 부여하다"라 정의하고, 사람이 주어로 나타날 경우 "어떤 사람이 하나님을 특별한 능력의 원천으로 선포하다" 곧 "찬양하다"란 의미라고 정의하고 있다. 이렇게 시대마다 어떤 단어에 대한 신학적 정의가 달라진다.

베트 행:

2절: 내 영혼이 여호와로 자랑하리니 (바도나이 티트할렐 나프쉬) — "내가 여호와를 찬양하리니 (혹은 자랑하리니)" (NIV, TNK). 즉, "내 영혼"을 "나"로 이해한다. 그런데 "영혼"이 찬양하다란 표현은 여기서와 시 146:1에서만 나타난다." 인간은 내일 일을 자랑치 말아야 한다 (잠 27:1). 지혜자는 자기 지혜를, 용사는 자기 용맹을 자랑하고 싶어 할 것이나, 오직 여호와를 자랑하라 (렘 9:23-24).

곤고한 자가 듣고 기뻐하리로다 — "곤고한 자들" (아나빔)은 "가난한 자들"이며, 이들은 경건한 자를 지시한다. 어떤 이들은 이 "곤고한 자들"을 고난의 학교에서 "인내" 훈련을 받은 자들이라 묘사했다. 이들은 고난 중에 하나님께 부르짖으며 구원을 받는 자들이다 (6절). 이들은 또한 의인들 (15절), 성도들 (9절), 그 심령이 깨어진 자들 (18절) 등으로 나타난다. 이런 자들은 시인의 찬양을 들을 때, 믿음의 담력과 용기를 얻게 될 것이다.

요사이 "음악요법"이란 것이 있는데, 좋은 음악을 들려주어 환자를 신속하게 쾌유하게 하거나, 식물이나 가축을 튼튼하고 건강하게 자라도록 하는 기법이다. 음악 중에서도 재즈나 록 음악은 좋지 않고, 고전 음악이 더 좋고, 고전 음악 보다는 찬양이 더 식물이나 동물에 좋은 영향을 끼친다는 실험결과도 있다. 영혼에서 울려 나오는 찬양은 듣는 이에게 감동을 주고 새 소망과 힘을 준다. 반면 애조(哀調)를 띤 대중가요를 부르거나 허무(虛無)한 가사 노래를 부르던 가수들은 30대, 40대에 요절(夭折)하는 경우가 많다는 지적도 나왔다. 이처럼 노래는 사람의 생활과 생명에 직결되는 사항이다. 노래가 이처럼 생명과 직결되는 것은 노래의 가사나 곡조가 사람의 대뇌(大腦)에 영향을 끼치고 뇌는 그 가사나 곡조 내용에 따라 반응하기 때문이다. 가수는 한 노래를 부르기 위해 3천 번 이상 연습하는 동안 그 가사나 곡조에 완전히 사로잡히고 그 결과가 그의 생명의 흥왕이냐 멸망이냐?로 나타나게 된다는 것이다.

김멜 행:

3절: 나와 함께 여호와를 광대하시다 하며 (가델루 라도나이 잇티) —후반절과 동의 병행법을 이루어 "그의 이름을 높이세"로 반복된다. 여기서 "여호와를 광대하시다 하며"라고 말하는 것은 "여호와를 위대하게 만들다"(피엘형)란 의미이다. 그러나 하나님을 인간이 위대하게 만든다는 말 자체가 성립될 수 없다. 따라서 "실제 결과" 의미로 이해될 수 없고, "선언적, 심리적, 인식적 결과"의 의미로 이해해야한다 (Bruce K. Waltke, *Biblical Hebrew Syntax*, 402 참조). 다시 말해, 하나님은 은밀하게 행하시므로, 사람들은 그분을 알지 못한다. 따라서 성도들이 그분의 위대하심을 "증거하고, 찬양하므로" 일반인들이 그분의 위대하심을 인식(認識)하게 되는 것이다. 선교는 위대하신 하나님을 증거하는 일이다. 그런데 하나님을 높이는 자들은 하나님께서 크게 해주신다 (대상 11:9, 29:25). 한편 영역본들은 고려 중인 말을 "찬미하다"(magnify, RSV, NASB, NAB; glorify, NIV)라 번역했다.

우리가 그의 이름을 높이세 (네롬마 쉐모 야흐다브)— "우리가 '함께' 그의 이름을 높이세!' 1인칭 복수형 권고체 (cohortative)이다. 그의 이름을 "높이다"란 말은 그의 이름을 "송축하다" (시 145:1) 혹은 그의 이름을 "인정하다, 찬양하다"(사 25:1)와 병행되는 사고를 제시한다. 신앙은 서로 격려함으로 북돋아진다.

제2연 (4-7절): 여호와를 구하니 응답하시다

이제 앞의 서론에서 제시된 찬양의 이유가 제시되고 있다. 왜 내가 찬양하는가? 그것은 그분이 나를 위험에서 구해 주셨기 때문이다. 여기서 시인은 자신이 처했던 곤고한 상황과 그 위험에서 자기를 건져주신 하나님의 구원을 묘사한다. 이것이 감사시의 본질적 요소가 된다. 시인은 약간 일반적인 표현들을 채용하여 자기의 체험을 묘사하고 나서, 강조하길 여호와께서 나를 위험에서 구하신 것처럼, 그에게 향하는 자들을 그분은 항상 건지신다고 한다.

달렛 행:

4절: 내가 여호와께 구하매 내게 응답하시고 (다라쉬티 에트-야웨 베아나니) — 여기서는 히브리어 알파벳 "달렛"에 해당하는 말을 앞세우고자 1절과 달리 완료상으로 하였다. 시인은 여호와를 찾고 구했다. 이것이 경건의 중심이다 (왕상 22:5, 왕하 3:11, 대상 10:14, 16:11, 21:30, 22:19, 28:8, 9, 대하 12:14, 14:3, 6, 15:12, 13, 16:12, 18:4, 7, 20:3, 26:5, 30:19 등 참조). 그분의 얼굴을 구하고, 부르짖고 찾는 것이다. 그때에 하나님은 응답하신다.

내 모든 두려움에서 나를 건지셨도다 (우미콜-메구롯타이 힛칠라니)— 시인에게는 여러 가지 두려움들이 있었다. 표제대로라면 아기스 왕에게 죽임을 당할지 모르는 두려움, 고국으로 돌아가면 사울 왕에게 죽임을 당할지 모르는 두려움, 앞날에 대한 두려움, 생명의 위협, 생계의 두려움 등등 여러 가지가 괴롭혔을 것이다. 이런 모든 두려움을 해결하는 방책은 그분에게 부르짖어 "구하"는 일이다.

혜 행:

5절: 저희가 주를 앙망하고 광채를 입었으니 (힙비투 엘라브 베나하루)—여기 "광채를 내"다 (나하르) 동사는 물결이 "흐르다" (stream)를 의미하는 동음이의어와 다른 동사이다. 사용된 동사는 "빛을 내다"란 의미이다. 따라서 여기서도 "저들이 그를 바라보고, 광채를 발하였다"로 이해된다 (렘 31:12에서 역본들 간에 차이가 나타나는 것은 동음이의어 때문이다 [한역, 그들이 ...모일 것이라; NRSV, 저들이 광채를 낼 것이라]). 주를 바라보는 자는 그 얼굴에 광채를 발하게 된다 (출 34:29). 그 얼굴의 광채는 마음의 은혜, 평안, 기쁨이 마음에 있다는 증거이다.

그 얼굴이 영영히 부끄럽지 아니하리로다 (우프네헴 알-예흐파루)— 사용된 상태 동사는 "부끄럽다" (하페르)이며, '그 얼굴'은 "저들의 얼굴들"로 주를 앙망하고 광채를 발하는 자들의 얼굴이다.

한편 5절을 전체로 직역하자면 "그들이 그를 바라보고 광채를 내었다; 그들의 얼굴이 결코 수치를 당치 아니하리라" 이다. 일부 영역이나 (RSV, NJB, NAB) 주석 (P. Craigie, *Psalms 1-50*, 277)은 이 부분의 3인칭 복수 주어가 모호하다는 이유로 맛소라 사본의 3인칭 복수 직설법 (힙비투) 대신, 2인칭 복수 명령법(합비투)으로 읽을 것을 제안한다. 그런데, 이 행에 사용된 동사들은 앞의 두 개가 완료상 (Qatal), 나머지 하나가 미완료상 (Yiqtol)이다. 5-7절은 시인의 개인 경험을 일반화시켜 추론한 진리를 묘사한다고 본다. 이 경우 사용된 3인칭 복수형 주어는 비 인칭 주어로 일반 성도들을 지시할 것이다. 6절은 "곤고한 자" (아니)를, 7절에서는 "주를 경외하는 자들"을 주어로 언급한다. 곤고한 자는 가난한 자, 곧 경건한 자를 지시하며 이는 곧 주를 경외하는 자들이다. 5절은 이들이 주를 앙망하고 하나님의 얼굴에서 나는 광채를 입고, 결코 그 얼굴들이 수치로 덮이지 않는다는 일반 진리를 제시해 준다. 함께 사용된 완료형과 미완료형은 시간상의 차이를 드러내지 않고, 합하여 전체를 지시하는 시적 기교로 취한다.

주어가 모호한 상황은 17절에서도 나타난다. 그렇지만 6절과 비슷한 내용의 문맥은 여기서도 의인들이 주어임을 보여준다. 시인은 이렇게 문체에서 주어를 명기치 않고 모호하게 처리해 버리는 경향을 드러낸다.

자인 행:
6절: 이 곤고한 자가 부르짖으매 여호와께서 들으시고 (제 아니 카라 바도나이 솨메아)— "곤고한 자" (아니)는 경건한 자를 지시한다. 18절에서 심령이 깨어진 자로 확인된다. 이런 자들은 고난과 괴로움을 통해서 세상에서 어떤 위로나 소망을 찾지 못하고 오직 하나님께 엎드리는 자들이다. 이런 자들의 부르짖음은 힘이 있고, 하나님께 상달된다. 그런데 "이 곤고한 자"라는 표현은 시인 자신을 지시할 것이다.

그 모든 환난에서 구원하셨도다 (미콜-챠롯타브 호쉬오)— 그의 (곤고한 자의) 모든 환난들에서 하나님은 그를 구원해 주셨다. 왜냐하면 그가 곤고하여 부르짖었기 때문이다. 여기 "환난들" (챠롯)은 입지가 좁은 상태들을 가리킨다. 사면초가(四面楚歌), 설상가상(雪上加霜)의 상황에 처했을 때 부르짖으니 하나님은 그 모든 환난들에서 이 시인을 구원해 주셨다. 시인은 4절에서 "내 모든 두려움들에서" 하나님께서 구원해주셨다고 했다. 그런 구원을 받았던 것은 그가 여호와를 찾았기 때문이다. 마찬가지로 여기서도 시인은 곤고한 상태에서 부르짖으니 모든 환난들에서 그분이 구원해 주셨다고 한다.

헤트 행:
7절: 여호와의 사자가 주를 경외하는 자를 둘러 진치고 (호네 말아크-야웨 사비브 리레아브) — 야곱이 귀향할 때 그 길에서 '하나님의 천사들' (말아케 엘로힘)을 만났다 (창 32:2). 그래서 그 곳 이름을 "군대" 혹은 "군대의 진들" (마하나임)이라 불렀다. 시인은 주를 경외하는 자를 "여호와의 '사자'" (말락 야웨)께서 사방으로 진치시고 "구원"하신다고 고백한다. 그런데 이 '사자'는 한 명이지만, 여기서는 주를 경외하는 자를 "사방으로 둘러 진친다"고 묘사했다. 그래서 어떤 이들은 이 말이 집합 명사로 "여호와의 천사들"을 의미한다고 이해한다. 그러나 이 여호와의 사자는 어디까지나 '개인' 이다. 그렇지만 그는 여호와의 "만군"의 사령관으로서 (수 5:14) 그의 임재는 곧 경건한 자들의 사방을 그의 군대로 둘러싸는 것을 의미한다.

저희를 건지시는도다 (바예할레쳄) —4절에서는 개인적 체험을, 5절에서는 그것의 일반화된 진리를, 6절에서는 다시 개인적 체험을, 7절에서는 그것의 일반화된 진리를 묘사한다. 여기서 "건지다" (할라츠, 피엘형)란 말은 위험이나 위협의 상황으로부터 옮기다, 즉 '건지다'를 의미한다. 예컨대, 하나님은 죽음에서 (시 6:4, 116:8), 악인에게서 (시 140:1) 영혼을 건지신다. 이런 건지시는 일들은 그 정황이 다 대동소이하다. 즉, 경건한 자들이 위기시에 하나님께 부르짖으매 하나님이 개입하시어 구하신다 (삼하 22:20= 시 18:19, 욥 36:15, 시 6:4, 50:15, 81:7, 91:15, 116:8, 119:153). 이런 구원행위에서 하나님은 자기를 경외하는 자들에 대하여 언약 사랑을 나타내시며, 다른 한편 구원을 받는 자들은 나름대로 하나님에 대하여 신실하게 행동함으로 위기시에 건짐을 받는다 (시 18:20-24). 이렇게 하나님과 자기 백성 사이의 상호 신실함이 건짐의 토대를 구성한다.

제3연 (8-14절): 여호와를 경외하라 (교훈)

시인은 체험 묘사에서 이제, 자기의 체험에 근거하여 성도들에게 신앙적 교훈을 베풀고자 한다. 이 부분에서 이 시의 교훈적 요소가 전면에 부각된다. 시인은 말하자면, 지혜의 전파자, 설교자이다. 시인의 교훈적 기질은 9, 10절에서도 이미 암시된 바 있다. 여호와를 경외함을 교훈함에 있어서 시인은 두 가지를 강조한다. 첫째로, 그것이 축복을 가져온다는 점이다 (9-10절 소극적 진술; 12절 적극적 축복). 다음으로 시인은 여호와를 경외함이 무엇인지?를 제시한다 (13-14절). 그것은 입술에서 악을 제하고, 삶에서 악 대신 선을 추구하는 일로 구성된다. 그런데 그런 삶을 추구하는 자가 누구인가? 그들은 시인과 같이 하나님께로 향하여 그분께 구하는 자들이다 (시 15:1-4, 24:4-6 참조). 결국 이스라엘 신앙의 핵심이 여기서 제시되고 있다. 그것은 여호와를 경외함이며, 그 경외함은 그분의 말씀에 대한 순종으로 이루어진다.

테트 행:

8절: 여호와의 선하심을 맛보아 알지어다 (타아무 우레우 키-토브 야웨)—하나님의 선하심은 자신이 맛보기 전에는 알 수가 없다. 그래서 "알기 위해서 믿어라!"는 말씀이 있다. 이는 체험(體驗) 신앙을 강조한다. 하나님을 체험하고 맛보기 전에는 그분을 볼 수가 없다 (nisi gustaveris, non videbis). 체험하면 그분의 속성과 위대하심을 깨닫게 되고, 알게 된다. 하나님에 대한 참 지식은 이렇게 우리 삶에서의 신앙 체험을 통해 얻어진다. 그래서 소위 말하는 "인식 정형문" (recognition formula)이 구약에서 자주 표현되는 것이다 (출 7:5 그 땅에서 인도하여 낼 때에야 애굽 사람이 '나를 여호와인줄 알리라'; 출 14:18, 왕상 20:13, 겔 6:10, 13, 14, 7:4, 27, 12:15 등; W. Zimmerli, *I Am Yahweh*, 1982]). 고난을 당하고, 질고를 겪을 때 구원을 체험할 수 있는 절호의 기회이다. 그러므로 낙심하기 전에 하나님의 기적을 기대해야 한다. 한편 초대교회에서는 이 구절에 근거해서 이 시를 성찬식(聖餐式)용 성구로 사용하였다.

그에게 피하는 자는 "복이 있도다" (아쉬레 학게베르 예헤세-보) —시 32:1에서 "허물의 사함을 받는 자 복 되도다!" 라고 묘사했던 그 구문이 여기서도 제시된다. 시인은 지금 자신이 체험한 그 하나님의 선하심을 기술하고 영적으로 고양되어서 감탄조로 선포한다: "여호와를 피난처로 삼는 그 사람, 복되도다!" 시인은 "고난이 없이 평안하고 형통한 자 복되도다" 하지 않고 고난이 많고, 죽을 위험과 공포가 엄습할지라도, 그런 와중에서라도 "여호와께 피난하는 자들이 복 되도다" 라고 말한다. 평안할 때는 하나님보다 세상을 더 사랑하기 쉽다 (신 32:15). 그렇지만 고난의 때에는 하나님 밖에 앙모할 자가 없다. 그래서 하나님을 구하고 그분께로 피한다. 그런 자가 복되다는 것이다. 하나님과 가장 가까운 자리에 서는 그 순간이 복된 순간이기 때문이다.

요드 행:

9절: 너희 성도들아 여호와를 경외하라 (이르우 에트-야웨 케도솨브) — "그의 성도들아! 여호와를 경외하라!' 경외하는 일은 그분을 찾고 구하고, 의지하는 일이다. 경외하는 일은 동시에 그분이 자기에게 행하신 은혜로운 일을 기억하면서 그분만을 신실하게 섬기는 일과 병행된다 (수 24:14, 삼상 12:24). 섬긴다는 것은 그분을 경배하고, 그분을 찬양하고 높이는 예배 행위를 지시한다. 참된 예배가 참된 경외로 인도한다.

저를 경외하는 자에게는 부족함이 없도다 (키-엔 마흐소르 리레아브) —하나님을 경외할 때 반드시 상급이 있다. 곧 그를 경외하는 자에게는 부족함이 없다 (시 23:1 참조). 부족함이 없다는 것은 실생활(實生活)에 모든 것이 넉넉하다는 의미일 수도 있지만, 우리 성도의 경험에 비추어 본다면, 물질이 많이 있거나 없거나 하는 문제라기보다, 우리 마음이 부요함을 누리는 상태이다. 내 마음이 은혜로 충만하면 외부 상황이 문제가 되지 아니한다 (빌 4:11-13). 또한 필요하다면 하나님은 그 필요를 공급해주신다.

카프 행:
10절: 젊은 사자는 궁핍하여 주릴지라도 (케피림 라슈 베라예부)— 앞 절의 사고를 반복하면서 보충한다. 사자(獅子) 표상은 아주 인상적이다. 짐승들의 왕 사자(獅子)는 혹시 주릴 수 있을지 모른다 (시 104:21). "젊은 사자"를 (케피림) 70인역은 "부한 자들" (플루시오이)로 읽고 있다 (히, 케베딤). 그렇지만 욥 4:7-11의 병행구에 비추어 볼 때, 현재 본문이 적절하다.

여호와를 찾는 자는 모든 좋은 것에 부족함이 없으리로다 (베도르쉐 야웨 로-야흐세루 콜-토브) — 이 진술이 성도의 실제 삶, 곧 성도들이 당하는 여러 환난 곧 배고픔과 곤고함을 무시하고 이상적 상태만 제시하는 것은 아니다. "바로 이 시간까지 우리가 주리고 목마르며 헐벗고 매 맞으며 정처가 없고 또 수고하여 친히 손으로 일을 하며 후욕을 당한즉 축복하고 핍박을 당한즉 참고" (고후 4:11-12) 라고 바울이 고백했을 때, 물질적 고통이나 육신적 고통이 암시된다. 그러나 바울 사도는 동시에 "근심하는 자 같으나 항상 기뻐하고 가난한 자 같으나 많은 사람을 부요하게 하고 아무 것도 없는 자 같으나 모든 것을 가진 자로다" (고후 6:10) 라고도 말할 수 있었다. 따라서 여기 진술에서 시인은 함축적으로 말하고 있는 것이다. 이상적, 궁극적 의미에서 성도에게는 부족함이 없을 뿐 아니라, 현실적으로 자족(自足)할 줄 아는 성도는 사실 부족함이 없다.

라멧 행:
11절: 소자들아 와서 내게 들으라 내가 여호와를 경외함을 너희에게 가르치리로다 (레쿠-바님 쉬므우-리 이르아트 야웨 알람메데켐)—' 소자들' 은 "아들들아" 이다. 이는 시인이 성도들을 제자들로 생각하고 부르는 호칭이다 (잠 4:1, 10, 5:1, 7, 6:1, 7:24 등 참조). 시인이 가르칠 강좌(講座)는 "여호와 경외함" 이다. 이 강의는 단순한 이론과 지식 전달이 아니라 체험에 근거한 신앙 교육을 목적으로 한다. 욥이나 다윗과 같이 고난을 통해 신앙의 진리를 터득한 자는 많은 사람들에게 신앙 진리를 가르칠 수 있다. 신앙은 철저하게 개인이 하나님께 직접 체험을 해서 알 수도 있지만, 체험한 그 사람을 통해서도 제 3자에게 전달된다. 마치 불꽃이 여기 저기 옮겨 붙듯이 나에

게 있는 성령님은 제 3자에게 옮길 수 있는 것이다 (민 11:17). "'와서' 들으라" (레쿠 시므우)는 말은 사실상 이사일의 (二辭一意 hendiadys)이다 (창 37:20, 27 등 참조).

멤 행:

12절 생명을 사모하고 장수하여 복 받기를 원하는 사람이 누구뇨? (미-하이쉬 헤하페츠 하임 오헤브 야밈 리르오트 토브)— "생명을 사모하고 장수하여 복을 누리고자 하는 자는 누구든지" (13절의 주어를 도입한다; NIV). 극적(劇的) 효과를 노리는 이 문장은 다음 행에서 계속 이어지고 있다. 이 문장이 제시하고자 하는 바는 "오래 오래 불로장생하면서 행복을 누리기 원하는 자가 누구인가?" 라는 것이다. 그런 소원을 가진 자는 누구이건 13-14절에 제시된 대로 행하라! 그러면 장수하며 복을 누리게 될 것이다.

눈 행:

13절: 네 혀를 악에서 금하며 (네쵸르 레쇼네카 메라)— 후반절에 비추어 본다면, 여기서 "악"은 "거짓말" 혹은 그와 유사한 말을 지시할 것이다. 불로장생을 위한 실천덕목으로 첫째 제시되는 요소가 혀의 바른 사용이다. 지혜 문헌에서 (잠언, 욥기, 전도서) 혀, 입술, 입의 바른 사용이 특히 강조된다. 혀가 금해야 할 바는 불의, 궤휼(詭譎) (욥 27:4), 아첨, 자랑 (시 12:3), 거짓, 궤사(詭詐) (시 120:3), 호리는 말 (잠 6:24), 칼로 찌름같이 함부로 말함 (잠 12:18), 참소(讒訴) (잠 25:23), 사곡(邪曲) (잠 4:24), 교만한 말 (잠 14:3), 한담(閑談)하고 남의 비밀을 누설하는 일 (잠 20:19), 잔해(殘害) (잠 24:2), 자화자찬(自畵自讚) (잠 27:2) 등이다. 요컨대, 죽고 사는 것이 혀의 권세에 달렸으며 (잠 18:21), 입을 지키는 자는 생명을 보전한다 (잠 13:3).

그런데 시인이 제시하는 이런 바른 행위가 불로장생 (不老長生)의 축복을 준다는 의미는 아니다. 13, 14절이 제시하는 선행은 결국 여호와 경외의 한 방편이다 (11절 참조). 여호와를 경외함으로 우리는 불로장생, 아니 영생한다.

네 입술을 궤사한 말에서 금할지어다 (우스파테카 믿답베르 미르마) — "네 입술을 거짓을 말하는데서" (지키라)([keep] your lips from speaking deceit). 전반절과 구조상 병행법을 구성하고, 의미상으로 동의 병행법을 구성한다. 전반절의 동사가 후반절에서도 기능을 감당한다 (double duty). 여기서 "지키다" (나차르) 동사는 (계명을) "지키다" (observe), (성도를) "지키다/ 돌보다" (watch), "보호하다/ 보존하다" (protect/ preserve)란 의미이다. 여기서는 입술을 거짓말하는 데서 지키라는 것이다. 이는 영적으로 깨어있을 때 가능한 일이다. 신약에서 새 사람을 입을 때 입의 부끄러운 말을 버리는 일이 나타나고 (골 3:8), 그리스도 안에서 온전한 사람을 이루어 그리스도의 장성한 분량이 충만한 데까지 자람에서도 역시 거짓을 버리고 참된 것을 말함이 한 요소이다 (엡 4:13, 25, 29 참조).

사멕 행:

14절: 악을 버리고 선을 행하며 화평을 찾아 따를지어다 (수르 메라 바아세 토브 박케쉬 솰롬 베로드페후) —12절에서는 "선을 보고자 한다" (리르오트 토브)는 표현을 사용했다 (한역, 복

받기를 원하는 사람). "선" (축복)을 보고자 한다면, "선"을 행해야 한다. "선"은 "악"에 대조되는 것으로, 악은 죄와 그 결과인 저주, 재앙이라면 선은 하나님과의 화목과 거기서 유래하는 모든 조화, 평안, 축복이다. 만약 선 곧 축복을 보고 누리고자 한다면, 먼저 하나님과의 "화평" (솰롬)을 찾고 (박카쉬) 추구해야 (라다프) 한다. 여기서 "화평" (솰롬)은 구약에서 아주 광범위한 의미를 지니는 단어이다 (KB³). 1) 형통, 성공, 2) 잘 보존됨 (intactness), 3) (개인적) 안녕, 건강, 4) (전쟁과 대조되는) 사회적 안녕, 평화 5) 우의, 화평(friendliness), 6) 구원, 구출 등. 그렇다면, 여기서 "화평을 찾아 추구하다" 란 무슨 의미인가? 이웃과의 관계에서 적대행위를 버리고, 혹은 거짓된 것이나 부패한 것을 버리고 온전한 관계를 추구하라는 의미일 것이다. 12절 이하에서 고려 중인 사항은 성도의 사회생활에 초점을 두는 듯 하기 때문이다. 물론 사회생활은 구약에서 하나님과의 언약관계에서 출발했기에, 그분과의 관계가 사람 사이 관계까지도 규정하였다. 곧 이웃 사랑은 그분에 대한 사랑의 한 표현으로 나타나야 했다. 이웃과 하나님과의 화평을 추구하는 일은 악을 버리고, 선을 행함으로 그분을 경외하는 것에서 나타난다. 그러므로 하나님을 져버린 악인은 평안을 구하나 찾을 수 없다 (겔 7:25). 왜냐하면 평안과 축복은 하나님께로부터 오기 때문이다.

제4연 (15-22절): 의인과 악인의 대조, 저들의 결국

앞 연에서 선을 보고자 하면 선을 행하라 곧 하나님을 경외하라고 권면한 시인은 하나님께로 시선을 돌린다. 경외하는 자와 그렇지 않은 자를 향한 하나님의 처사를 보이기 위함이다. 15-16절에서 이 부분의 주제가 진술된다. 이 두 구절은 서로 병행법을 구성하면서 사고면에서 대조를 보인다. 의인과 악인의 운명이 하늘의 빛으로 조망되고 있다. 15절의 사고는 17-20절에서 구체화되고, 22절에서 종결되고, 16절의 사고는 21절에서 반향되어 종결된다. 일반적 공통 분모 (의인) 외에, 17절과 19절은 "건지다" (나촬) 동사로, 18절과 20절은 "부서지다" (니쉬바르) 동사로 긴밀하게 연결되고 있다.

아인 행:
15절: 여호와의 눈은 의인을 향하시고/ 그 귀는 저희 부르짖음에 기울이시는도다 (에이네 야웨 엘-챠디킴/ 베오즈나브 엘-솨브아탐) — "여호와의 눈은 의인들에게/ 그의 귀는 저들의 부르짖음에" (향한다). 눈은 보시고, 귀는 들으신다는 의미이지만, 동사 대신 전치사로 (–을 향하여) 그 의미를 표현했다. 전. 후반절은 구문 병행법과 동의 병행법을 구성한다. 하나님의 눈과 귀가 각기 의인들과 의인들의 "부르짖음" (솨브아; 도움을 청하는 째지는 듯한 울부짖음)에 향한다고 진술한다. 이는 물론 의인법적 표현이지만 우리 눈과 귀를 지으신 하나님은 우리 성도들에게 관심을 기울이신다 (시 94:9). 전. 후반절의 병행어들에 비추어 본다면, 전반절에서 하나님의 눈은 의인의 부르짖음에 상응하는 "어떤 행동"에 향하신다. 그 어떤 행동이란 "진실과 전심으로 주 앞에 행하며 주의 보시기에 선하게 행"하는 일일 것이다 (왕하 20:3). 즉 주님의 관심을 끄는 행동을

하는 자들에게 주목하신다. 그것은 전심으로 하나님께 헌신된 행동이다 (대하 16:9). 그분의 귀가 의인의 "부르짖음"에 향하신다면, 그분의 눈은 전심으로 하나님께 헌신되어 행하는 그 사람에게로 향한다. 그 목적은 그런 사람을 강하게 붙들어 주시기 위함이다 (대하 16:9 "여호와의 눈은 온 땅을 두루 감찰하사 전심으로 자기에게 향하는 자를 위하여 능력을 베푸시나니").

페 행:

16절: 여호와의 얼굴은 행악하는 자를 대하사 저희의 자취를 땅에서 끊으려 하시는도다 (페네 야웨 베오세 라 레하크리트 메예레츠 지크람) —이 문장은 레 17:10에서 "그 피 먹는 사람에게 진노하여 그 백성 중에서 끊으리라" (나타티 파나이 바네페쉬 하오켈렛 에트-하담 베히크라티 오타흐 미케레브 아마흐)는 문장과 대동소이하다 (레 20:3, 5, 6, 26:17 등 참조). 15절에서 사용된 명사 문장 (동사가 결여됨)이 여기서도 그대로 나타났지만, 15절에서는 하나님의 은혜로우신 처사를 표현하고자 "−을 향하여"라는 전치사 (엘)를 사용했다면, 여기서는 그분의 노하신 모습을 표현하고자 "−을 대적하여"(against)라는 전치사 (베)를 사용했다. 하나님은 행악자를 "대적하여" 자기 얼굴을 보시며, 그 목적은 저들을 땅에서 끊어 버리기 위함이다. "저들의 기억을 끊어 버린다"는 것은 행악자들의 이름과 그 흔적조차 말소시켜 버리는 최고의 형벌이다.

15-16절을 함께 고려하면, 하나님은 의인과 악인 모두를 주목하신다. 곧 온 세계의 되어지는 일들에 간섭하시고 섭리하신다. 따라서 "무릇 찌끼같이 가라앉아서 심중에 스스로 이르기를 여호와께서는 복도 내리지 아니하시며 화도 내리지 아니하시리라 하는 자"들은 크게 잘못 생각하고 있는 것이다 (습 1:12). 또 다른 한편으로, 15절의 사고는 17-20절에서 세세하게 확대되고, 16절의 사고는 21절에서 계속된다.

차데 행:

17절 외치매 들으시고 저희의 모든 환난에서 건지셨도다 (챠아쿠 바야웨 쇼메아 우믹콜-챠로탐 힛칠람) —이 절은 6절과 병행한다. 시인이 누구나 강조하는 바는 "의인"의 부르짖는 기도를 하나님께서 들으신다는 것이다. 잠잠히 묵상하는 것만이 최선의 기도가 아니다. 부르짖음 (챠아크)은 성도의 특권이며 하나님의 기적을 체험하는 방법이다. 부르짖을 때, "모든 환난" (믹콜 챠롯)에서 하나님은 구원하신다. 여기 문장에서 주어는 "그들"이지만, 내용상 "의인들"이다.

코프 행:

18절: 여호와는 마음이 상한 자에게 가까이 하시고/ 중심에 통회하는 자를 구원하시는도다 (카로브 야웨 레니쉬베레-레브/ 베에트-닥케-루아흐 요쉬아) — "여호와는 마음이 깨어진 자에게 가까이 하시고/ 영이 부서진 자를 구원하신다." 동의 병행법이다. 마음이 상한 자, 곧 마음이 깨어진 자 (니쉬베레-레브)는 후반절에서 "영이 부서진 자" (닥케에-루아흐)로 반복되었다 (한역, "중심에 통회하는 자"). 여기 "부서진"이란 말 (다카)은 "깨어진", "통회하는"의 의미를 지닌다. 그렇지만 여기서는 "통회하는" 의미보다는 여러 고난을 통하여 상처입고 가난해진 상태의 심령을 지시한다. 여기 시에서는 시인이 죄를 인하여 괴로워하는 모습보다는, 성도로서 고난당하는 상태에서 부르짖어 응답 받는 모습으로 나타나기 때문이다. 그렇게 낮아진 심령은 물론 회개하는 상태가 될 것이다. 반면 유사한 표현이 나타나는 시 51:19에서는 범죄 한 시인이 회개하고 통회하는 심령에 초점이 맞추어 진다 (루아흐 니쉬바라, 레브-니쉬바르 베니드케). 이렇게 시련과 고난을 통해서 낮아진 심령을 하나님은 측은해 하시고 가까이 하신다 (사 57:15, 66:2, 호 11:8).

레쉬 행:
19절: 의인은 고난이 많으나 여호와께서 그 모든 고난에서 건지시는도다 (라보트 라오트 챠디크 우미쿨람 얏칠렌누 야웨)— 의인에게는 분명히 고난이 많다 (시 73:14). 그렇지만 중요한 사실은 그 모든 고난들에서 하나님은 그를 "구원" 하신다는 점이다. 왜 의인에게 고난이 많은가? 그것은 사생자는 징계치 않으나 참 아들은 징계하시기 때문이다 (히 12:6-8). 그런데 여기서 "고난"은 "재앙, 환난, 역경" 등 뉘앙스를 지닐 수 있다. 고난이 많지만, 의인을 그 "모든" 고난에서 여호와는 구원하신다! 의인과 악인의 운명을 비교하자면, 의인은 여러 환난을 당하지만, 그 모두에서 구원을 받는다면, 악인은 단 한 번의 재앙에도 완전 파멸에 떨어지고 만다 (시 32:10 참조).

쉰 행:
20절: 그 모든 뼈를 보호하심이여 그 중에 하나도 꺾이지 아니하도다 (쇼메르 콜-아츠모타브 아하트 메헨나 로 니쉬바라) —의인은 고난으로 이미 마음이 깨어졌고, 심령이 상해있다. 그런 자는 육신의 뼈를 하나라도 꺾으실 이유가 없다. 하나님의 징계로서 육신의 질병이 임한다면 그것은 우리의 영을 깨뜨려 낮추시기 위함이다. 그렇지만 여러 가지 고난으로 우리 심령이 낮추어지고 깨어진 상태라면 우리의 육신의 뼈는 깨뜨리실 이유가 없다.

사도 요한은 이 성구를 근거로 예수님의 뼈가 꺾이지 않은 사실을 예언 성취로 이해하였다 (요 19:36). 사도 요한이 문맥이 다른 두 사건을 외형상의 유사성을 근거로 연결시켰다는 생각도 들 수 있다. 그렇지만 여기 묘사된 바가 의인에 대한 하나님의 섭리적 조처라면, 의인의 원형(原型)이신 예수님에게서 이 진술이 적용될 수 있다는 것은 자명한 이치이다. 구약의 모든 약속들은 그리스도안에서 "예"가 되어 그 궁극적 성취를 발견한다 (고후 1:20 참조).

타브 행:
21절: 악이 악인을 죽일 것이라 (테모테트 라샤 라아)— "악" (라아)은 "죄"나 그 죄로 인한 저주의 "재앙"을 지시한다. 악인은 자신의 행하는 악이 재앙을 가져옴으로 죽게 된다 (잠 29:6). 한편 이 행은 16절의 사고의 연속이다.

의인을 미워하는 자는 죄를 받으리라 (베손에 챠디크 예에샤무)— "의인을 미워하는 자들은 죄 값을 받으리라." 죄 값을 받는다는 것은 "정죄를 받는다" 는 것이다. 의인을 미워하는 것이 범죄 행위 (아쉠)라는 사고이다 (창 12:3). 이는 신약적 사고로 표현하자면, 하나님의 "교회"를 핍박하는 자를 하나님께서 심판하시리라는 (살후 1:5-9) 것이다. 아브람에 주어진 약속 곧 그를 축복하는 자를 축복하시고, 그를 저주하는 자를 저주하리라는 약속은 아브람 개인에게도 유효하지만 무엇보다 하나님의 백성 곧 교회에 대한 하나님의 약속이다. 따라서 오늘날 미국 세대주의 신학을 신봉하는 이들이 보여주는 이스라엘이란 유대인 국가에 대한 맹목적 지원과 주변 아랍 국가들에 대한 대적행위나 배척은 성경의 본래 의미를 왜곡하는 비-성경적 행동이다. 이제 참 아브라함의 후손은 그가 유대인이건 아랍인이건 예수님을 믿는 성도이기 때문이다. 하나님은 자기를 사랑하는 '성도'를 축복하시고 보호하신다고 했지, 믿지도 않고 적대행위를 하는 (살전 2:15-16) '유대인'을 그리한다고 하신 것이 아니다. 그러므로 하나님께서 사랑하는 성도는 그가 아랍인이라도 우리는 사랑해야 한다.

[폐 행]:

22절: 여호와께서 그 종들의 영혼을 구속하시나니 (포데 야웨 네페쉬 아바다브) —하나님은 자기 종들 (에베드)을 끝까지 책임지신다. 그 영혼을 구속하신다는 것은 곧 저들을 구속하신다는 것이다. 영혼 (네페쉬)은 곧 그 사람 자신을 지시할 수 있기 때문이다.

저에게 피하는 자는 다 죄를 받지 아니 하리로다 (벨로 예쉐무 콜-하호심 보) —여호와께 피하는 모든 자들은 전반절에 언급된 그의 "종들"이다. 이들이 "죄를 받지 않는다" (로 예쉐무)는 것은 "죄책(罪責)을 받지 않는다" 곧 "정죄를 당치 않는다"는 것이다 (시 32:1-2). 하나님께서 저들의 죄를 용서하시기 때문이다. 인간의 창조자로서 하나님은 인간의 재판관이시다. 그러므로 그분을 의지하고 피하는 자들의 죄를 사하실 권세가 있으시다. 그렇다고 그분의 공의를 무시하시는 것이 아니라, 용서의 근거로 제사제도를 설정하셨다. 즉, 그분의 공의를 만족시키기 위해 죄인은 제사를 통해 그분의 용서를 구해야 한다. 구약의 짐승 제사는 언약 백성이 범죄하여 언약을 파기했을 때 새롭게 언약 관계에 회복될 수 있는 길이었고, (신약적으로 말하건대) 이제 그 제사는 십자가에 달리신 예수님에게서 완성되었다. 그러므로 예수님을 믿는다는 것은 그분이 자기 몸으로 드린 속죄 제사를 내가 내 것으로 취하는 (appropriate) 행동이다. 사실 예수님께 피하여 긍휼을 요청하는 방식 외에는 인간이 무죄선고를 받을 방도가 없다. 반면 악인은 하나님을 배척하므로 그분의 정죄에서 벗어날 수가 없다.

알파벳의 마지막 자음인 '타브'는 21절에서 나타났고 22절에서는 알파벳 시의 파격으로서 '페' 행이 도입되었다. 이런 파격(破格)은 역시 알파벳 시인 시 25편에서도 동일하게 나타난다. 어떤 이들은 이렇게 알파벳 시의 파격을 도입하는 22절이 후대의 삽입이라 하지만, 똑 같이 알파벳 시인 25편에서도 왜 같은 현상이 나타나는지를 설명해야 할 것이다. 리브라이히 (Liebreich, *HUCA* 27, 186)는 22절이 후대 삽입이 아니라 원래 시의 일부라는 점을 다음과 같이 지적하여 옹호한다: 22절의 포함으로 이 시의 둘째와 넷째 부분들에서 각기 여섯 번씩 '야웨'란 명칭이 나타나나 균형을 이루게 한다.

시편의 적용

"항상" 송축하리라 (1절)

시인이 결심을 표명한다. 항상 하나님을 찬양할 수 있다는 것이 성도의 특권이다. 구약 시대에는 "항상" 지성소에 대 제사장이 나아갈 수 있었던 것은 아니었다 (레 16:2). 그러나 성도는 구약시대나 신약 시대나 "항상" 하나님을 부르짖어 기도할 수 있다 (욥 27:10, 골 4:2). 성도는 "항상" 하나님을 신뢰해야 한다 (시 62:9). 그리고 "항상" 의를 행하고 (시 106:3), 주의 규례를 "항상" 사모하며 (시 119:20), "주야로" 율법을 묵상하는 자가 복되며 (시 1:2), 그의 길은 "항상" 견고하다 (시 10:5). 우리는 "항상" 그분 앞에서 즐거워해야 하고 (잠 8:30, 빌 4:4, 살전 5:16), "항상" 감사하고 (살전 1:2), "항상" 선을 좇아야 하고 (살전 5:15), 우리말은 "항상" 은혜 가운데서 소금으로 고르게 함과 같아야 한다 (골 4:6).

"내가 송축하리라"는 표현은 낮은 자가 높은 자를 '찬양한다' 는 의미이지만 ('높이다' [시 145:1], '찬양하다' [시 145:2] 등의 동의어로 나타난다), 같은 표현이라도 높은 자가 주어로 나타날 때에는 (히 7:7) "축복하다"란 의미를 지닌다. 예컨대, 주어가 하나님일 경우에는 그가 아브람 (창 12:2, 22:17), 이삭 (창 26:3, 24)을 축복하셨고, 이삭은 자기 아들을 축복하였다 (창 27:27-29). 야곱도 또한 요셉의 아들들을 축복하였다 (창 48:9). 축복을 받은 자에게는 그 구체적인 결과가 삶에 나타나게 된다. 예컨대, 아브라함을 축복하시니 그가 자식을 낳았고 (사 51:2) 거부(巨富)가 되었다 (창 24:1).

서로 신앙을 북 돋웁시다 (3절)

신앙은 불꽃과 같아서 퍼지는 성질을 가지고 있으며, 또한 함께 북돋울 때 더욱 활활 타는 속성을 지닌다. 신앙은 홀로서 광야에서 탁월하게 되기 어렵다. 물론 개인 신앙도 중요하지만, 서로 격려하며 함께 모이는 가운데 신앙은 그 빛을 발하며 뜨거워진다. 주님은 두 세 사람이라도 함께 모인 그곳에 같이 하시리라 약속하셨다. 악도 함께 도모하는 성질을 가지고 있지만 (창 3:6), 신앙은 서로 밀어주고, 끌어줄 때, 발전하고 진보한다. 특히 고난당할 때, 신앙의 격려는 큰 힘이 되고 이길 용기를 준다. 그래서 사도 요한은 이렇게 기록했다: "나 요한은 너희 형제요 예수의 환난과 나라와 참음에 동참하는 자라 하나님의 말씀과 예수의 증거를 인하여 밧모라 하는 섬에 있었더니" (계 1:3). 여기 시인은 많은 고난을 당했다. 그 중에 그는 결심하게 되었다. 하나님을 항상 찬송하리라고. 그리고 하나님만을 늘 자랑하리라고. 그리고 그는 성도들에게 "나와 함께" 여호와를 광대하시다 합시다, 우리 그분의 이름을 높입시다! 라고 권고한다.

여호와께 묻고 구하자 (4절)

하나님께 묻는 일은 신앙의 핵심이다. 그분을 찾고, 구하고, 묻는 일이 우리 신앙행위의 기본이다. 이것이 그분을 의지하는 증거가 된다. 모든 일에 그분을 인정하고 찾고 물어야 한다. 리브가는 자기 태속에서 뛰노는 쌍둥이 때문에 하나님께 나아가서 문의하였다 (창 25:22). 다윗은 전쟁하기 전에 항상 여호와께 물어서 했다 (삼하 5:19, 23 등). 여호사밧 왕도 전쟁에 나가기 전에 하나님께 물었다 (왕상 22:5). 병들었을 때도 우리는 하나님을 찾아야 한다. 유다 왕 아사는 통치 초기에는 늘 하나님을 의지했으나, 말기에는 그렇지 못했다. "아사가 왕이 된지 삼 십 구 년에 그

발이 병들어 심히 중하나 병이 있을 때에 저가 여호와께 구하지 아니하고 의원들에게 구하였더라"(대하 16:12). 의사를 찾지 말라는 말씀이 아니다. 의사만 의지하고, 병만 생각했다는 것이다. 병을 통해서 하나님을 만나고 회개하는 기회로 삼지 못했다는 지적이다.

두려움에서 해방되는 길 (4절)

인간들에게는 여러 가지 공포들이 많다. 그 중에서도 무서운 질병의 공포, 불치병의 공포 등 생명의 공포가 가장 클 것이다. 이런 공포에 우리가 눌리는 것은 원수에게 압박당하고 있다는 증거이다. 잠자리에서 우리가 공포를 갖고 있다면 그것 역시 원수에게 패배당하고 있다는 증거이다. 우리는 믿음의 날개를 펼치고 원수를 대적하고 공포를 물리쳐야 한다. 하나님은 결코 "두려움의 마음"을 주시지 않고, 사랑과 능력과 근신의 마음을 주시는 분이시기 때문이다. 공포를 물리치지 않으면 그것이 올무가 되어서 우리는 결국 그 올무에서 헤어나지 못하게 되고 말 것이다. 욥은 "나의 두려워하는 그것이 내게 임하고 나의 무서워하는 그것이 내 몸에 미쳤구나"(3:25)라 하였다. 어떻게 공포를 물리칠 것인가? 우리는 부르짖는 기도로써 하나님의 능력을 가져야 한다. 찬송으로 하나님의 능력을 가져야 한다. 말씀을 읽음으로 하나님의 평강을 찾아야 한다. 설교 말씀은 마음의 근심을 말갛게 씻겨주기도 한다. 은혜로운 말씀이 우리를 공포에서 벗어나게 한다. 그러므로 우리는 무엇보다 우리 마음을 은혜의 말씀으로 늘 채워서 공포가 주장하지 못하도록 해야 한다.

곤고한 자리에서 부르짖을 때 (6절)

곤고한 상태에 내가 떨어졌나? 기도할 힘이 없는가? 찬양도 없고, 기력도 없고, 모든 것이 귀찮은가? 내 영이 질병에 걸린 상태이다. 이런 상태에 주님께 억지로라도 나아가서 부르짖으라. 이런 상태야말로 가장 강력한 기도가 잉태될 수 있는 자리이다. 이런 자리에서 드리는 기도야말로 하나님의 보좌까지 상달될 수 있을 것이다. 세상에 아무런 미련도 의지할 것도 없기 때문이다. 가난한 자, 심령이 깨어진 자, 이들이야말로 부르짖는 자이며, 이들이야말로 응답을 받는 자들이며, 이들이야말로 성도요, 의인이다. 사사기에 보면, 이스라엘은 평안을 누릴 때 늘 타락하였다. 타락하니 하나님의 징계를 받아야 했다. 그 때마다 저들은 괴로움에 부르짖었다. 그러자 하나님은 구원자들을 보내셨다. 이것이 구원역사이다. 개인이건 국가건 평안하고 번영하면 타락한다. 그러면 반드시 징계가 있기 마련이며, 그 곤고한 자리에서 성도는 깨닫고 회개하고 부르짖어야 한다. 곤고하고 병약할 때 우리는 자신의 괴로움과 병만을 생각한다. 그래서 그 크신 하나님의 능력과 은혜를 생각지 못하고 좌절하고 탄식한다.

넉넉함과 부족함 (9-10절)

여호와를 경외하는 자들에게는 부족함이 없다. 젊은 사자는 혹시 궁핍하여 주릴지라도 여호와를 찾는 자는 모든 좋은 것에 부족함이 없다. 그리스도인들은 이 세상에서 물질을 가지고 없는 듯이 생활해야한다. 그것은 내 자신의 소용을 위해서 쓰는 일에는 최소한 절약하고, 주님 나라 위해 많이 투자하라는 것이다. 이러한 경제 원리는 사도 바울의 원리였다. 내가 궁핍하므로 말하는 것이 아니라 어떠한 형편에든지 내가 자족하기를 배웠노니 (빌 4:11). 더 거슬러 올라가면 우리 주님의 원리였다. 우리 주 예수 그리스도의 은혜를 너희가 알거니와 부요하신 자로서 너희를 위하여 가난하게 되심은 그의 가난함을 인하여 너희로 부요케 하려 하심이니라 (고후 8:9). 그분의 삶은 남을 부요케 해주는 생활이었다. 그런데 세상 쾌락을 좋아하고, 술을 좋아하는 자들은 넉넉해도 늘 부족하다. 자기의 소욕만 충족시키려 들기 때문에 족한 줄을 알지 못 한다 (잠 21:17).

불로(不老) 장생(長生)하는 방법 (도교와 기독교의 비교)(12절)

"생명을 사모하는 자" (헤하페츠 하임)라는 말이나 이의 병행적 표현인 "장수를 사랑하는 자" (오헤브 야밈)라는 표현은 인생의 원천적 욕망을 잘 표현해준다. 진시황제는 서복 (徐福) 이하의 방사(方士)들에게 재계(齋戒)하게 한 뒤 동남(童男) 동녀(童女) 수천 명을 거느리고 삼신산에 불사약을 가지러 보냈다 (주전 219년; 史記 시황제 본기 28년 조목). 사람들은 단순히 장수(長壽)만 아니라, 영생하기를 원한다. 고대 중국에서는 최대의 소원들로 대개, 수 (壽), 복 (福), 강 (康), 영 (寧), 유호덕 (攸好德), 고종명 (考終命), 귀 (貴), 자식 많은 것 등등을 들었다. 그런데 여기서 보듯, 첫째는 수 (壽) 곧 오래 사는 것이었다.

도교 (道敎)를 신봉하는 주목적은 불로장생 (不老長生)하는 것이었다. 도교에서 추구하는 선인 (仙人)은 바로 불로장생하는 신선 (神仙)이다. 신선은 이 세상에서 육체를 지닌 채로 불로장생하며 하늘을 나는 존재이다. 저들은 불로장생을 위해서 양생술 (養生術)을 발달시켰는바, 대개 벽곡 (辟穀 오곡을 먹지 않는 것), 복이 (服餌 초근목피나 금속, 암석류 등을 약재로 만든 약을 마시는 일), 조식 (調息 심호흡법), 도인 (導引), 방중 (房中) 등의 다섯 분야였다. 여기 제시된 불로장생의 방법은 곡식을 피하고 (辟穀)(왜냐하면 곡식은 썩는 것이므로 썩는 것을 먹으면 몸도 같이 썩는다고 생각), 오래 두어도 변함이 없는 수은(水銀)이나 금은 등의 보석을 적절히 몸에 취하는 일 (服餌), 인간 활력의 근원이 몸 안에 있는 기 (氣)라고 보기 때문에 몸 안의 기를 지키는 호흡을 하는 것 (調息), 몸 안의 기를 보존하여 줄지 않게 하는 마사지나 유연(柔軟) 체조 같은 것을 행하는 것 (導引法), 성교의 기술을 잘 이용하여 (房中術) 몸 안의 기를 보존하여 새어나가지 않게 하는 등이다. 물론 도교에서도 선행을 쌓고, 과오를 범하지 말아야 불로장생할 수 있다고도 가르친다. 천선 (天仙)이 되기 위해서는 1200가지 선행을, 지선 (地仙)이 되려면 300가지 선행을 쌓아야 하고, 만약 한 가지 악행이라도 하는 날이면 모든 선행이 무효가 된다 (구보 노리따다, 「도교사」 최준식 옮김 [왜관: 분도, 1990], 49).

기독교와 도교를 비교할 때, 유사점들이 많다. 신선이 되는 일은 성도들이 영화하여 영생(永生)하는 것과 같고, 하나님의 말씀대로 준행하는 일은 선행을 쌓는 일과 비교될 수 있을 것이다. 그렇지만 근본적인 차이는 인격적인 하나님과의 관계가 도교에서는 없다는 점이다. 물론 원시천존, 옥황상제 등으로 불리는 최고신이 있긴 하나 이 신과의 인격적인 관계를 중시하지는 아니한다. 불로장생하는 방법이 육체를 잘 관리하고 선행하는 일이라 하는 것은 우리 시편에서 불로

장생을 원하는 자들이 "혀를 악에서 금하고," "악을 버리고 선을 행하라" 고 가르침과 유사하게 들린다. 그렇지만 여기 성경이 제시하는 방법은 선행이 영생을 얻는 수단이라는 말이 아니다. 여기서 제시된 선행은 하나님 경외의 한 방편일 뿐이다. 영생은 하나님과의 바른 관계에서만 획득된다. 그것은 믿음이며, 다른 말로 여호와 경외이다.

그런데 여기서 한 가지 언급할 것은 베스트만이 그의 "구약 신학 개요"란 책에서 발한 말인데, 그것은 예수 그리스도께서 죽으시고 부활하신 후에도 그 이전이나 현실적으로 달라진 무엇이 있는가?라는 질문이다. 그러니까 그분을 믿는 성도들도 예수님 이전 사람들처럼 병들고 죽지 않는가? 하는 질문이다. 무엇이 실제로 달라진 것이 없어 보인다. 그분의 대속 죽음과 부활을 믿는 성도나 믿지 아니하는 불신자나 모두 병들고, 모두 죽기 때문이다. 그리고 구약 성도나 신약 성도나 건강에 대한 약속은 동일한 듯 보인다. 구약 성도에게 있어서 주님의 말씀에 순종함이 건강과 장수의 비결이었다면 (출 15:26, 23:25, 잠 3:5-8 등 참조), 신약 성도 예외가 아니다 (요삼 1:2 참조).

그런데 만약 예수님을 믿는 성도가 병들지도 아니하고, 또 죽지도 아니하고 영생한다면 어떤 결과가 나타날까? 죄로 오염된 세상에서 그것이 축복일까? 반드시 그렇지 않을 것이다. 우리는 경험을 통해서 회개하고 믿은 후에도 여전히 죄의 본성에서 자유롭지 못하다는 점을 알고 있다. 빈번히 우리는 유혹에 넘어가고 죄를 반복한다. 물론 해를 거듭할수록 성화(聖化)된다고 하지만 본성이 완전히 변화되지는 않는다. 즉 완전 성화란 이 세상에서 가능하지 않다. 그런 우리의 상태에서 영생한다면 이 세상에서의 삶이 축복일 수 없다. 인간의 죄로 사망의 원리가 세상에서 작동된 이래로 예수님을 통한 구원의 복음이 선포되어 믿고 구원받는 자들이 지상에 거하게 되었음에도 이 세상에서 저주가 소멸되지 아니하고 질병과 사망이 기승을 부리는 이유는 인간의 죄가 완전 소멸되지 않고 있기 때문이다. 마귀는 결박당했다 해도, 여전히 영향력을 행사하고 있다. 이런 방식으로, 복음은 전파되고 있고, 신천신지로 화하는 그 "새 창조"의 일은 계속 진행 중이다. 예수님의 초림(初臨)으로 하나님 나라 (그분의 통치)가 시작되어, 그분의 재림(再臨)까지 최종 완성을 향해 진행 중이다. 주님이 다시 오심으로 (재림) 이 세상에서 저주는 완전히 제거되고 이 세상은 완전한 신천신지로 갱신될 것이다. 바로 그 때에 사망이나 질병은 지상에서 (갱신된 신천신지에서) 완전히 소멸되어 자취를 감추게 될 것이다. 여기서 강조할 것은 주님을 모신 성도는 죄와 연관된 질병을 다스릴 수 있다는 사실이다 (사 53:5, 막 16:18). 그리고 사망도 더 이상 성도에게는 공포의 대상이 아니라, 영생으로의 통관문으로 변하고 말았다.

시 35편 나와 다투는 자와 다투소서!

1. 전체구조에서의 위치, 시의 유형과 삶의 자리

앞 시와 여러 단어, 개념들로 연결된다. 여호와는 광대하시다 (34:3, 35:27, 40:17), 가난한 자 (아니; 34:2, 6, 35:10), 수치를 당하다 (하페르; 34:5, 35:4, 26), 야웨의 사자 (34:7, 35:5, 6), 젊은 사자들 (34:10, 35:17) 등. 그런데 "야웨의 사자" (말락 야웨)란 표현은 시편에서 앞의 시편과 이 시편에서만 나타난다. 이런 사실은 두 시편의 배열이 이런 유사성에 근거한 것임을 암시해 준다. 어떤 이는 렘 2:16, 18:19 이하, 23:12 등의 사고가 본 시와 유사하다는 점에 근거하여 이 시가 예레미야의 시라고 생각하였다. 예레미야의 생애 동안에 일어났던 원수들의 음모와 유사한 정황이 이 시에서 묘사되고 있다. 그런데 전쟁의 용사로 하나님을 묘사하는 본 시의 내용 (1-3절)은 핍박당하는 선지자의 입술에서보다는 환난에 처한 왕의 입술에서 나왔음직하다.

표제는 역시 "다윗의 시"로 제시한다. 이 시는 개인 탄식시 혹은 기도시로 분류된다. 어떤 이들은 이 시편이 무고하게 시인을 기소하는 원수들에 대한 탄식을 담고 있다고 본다. 즉 이 시가 생겨난 정황을 법정의 소송으로 이해한다 (1절 다투다, 7절 무고히 해하려고, 11절 불의한 증인이 일어나, 19절 무고히 미워하는 자 등 참조).

그럼에도 이 시를 단순히 법정 소송의 정황에만 국한시키기에는 상황 묘사가 너무 광대한 규모이다. 시인은 원수들에게 쫓기고 있으며, 하나님께서 방패와 손 방패를 가지시고 일어나사 구원해 주시길 간구한다. 원수들의 비열한 행동들이 진술되고 그것을 근거로 저들이 수치를 당하고 멸망당하길 저주한다. 시인 자신의 행동은 정당했다고 변호하기도 한다 (13, 14절). 다윗의 생애에서 이런 경험은 다반사로 일어났었다. 이튼 (Eaton)은 이 시가 '왕의 시'라고 이해한다 (*Kingship and the Psalms*, 41). 특히 시인이 거룩한 전쟁의 챔피언이신 하나님의 개입을 통한 개인 구원을 담대히 요청한다는 사실과, 일어나시어 방패와 손 방패를 잡으시고 시인을 추격하는 군대를 격퇴시켜 달라는 간구하는 것들이 왕의 면모를 보여준다. 사자들에게 공격당하는 시인의 가련한 모습과 회중에서 찬양을 드리겠다고 서원하는 것 (17, 18절) 등은 시 22편을 연상시킨다. 혹자는 1-10절에서는 이방 원수들을, 11-28절에서는 국내 적대자들을 묘사하고 있는지 모른다고 추정한다. 만약 이 시를 '왕의 시'로 이해한다면, 우리는 그 궁극적인 성취를 그리스도의 원수에 대한 궁극적 승리에서 찾을 수 있을 것이다.

2. 시적 구조와 해석

리델보스는 시인이 세 번 찬양하리라 다짐하는 것을 기준으로 (9, 18, 28절) 세 부분으로 구분한다 (1-10, 11-18, 19-28절 등)(*Die Psalmen*, 251 이하). 첫 부분에서는 성급한 기도가 제시되고, 둘째 부분은 대개 탄식이며, 셋째 부분은 거의 전부가 기도이다. 첫째 부분에서는 자기와 싸우는 자와 여호와께서 싸우소서! 라고 기도하며, 둘째 부분에서는 원수들의 배은망덕한 행위에 탄식하며, 셋째 부분에서는 원수와 싸우는 것이 소송(訴訟)이라는 사고가 지배적이다. 세 부분 간의 내용상의 차이가 존재하며, 첫 부분은 다른 부분들과 사고상 판이하게 다르게 보인다. 그렇지만 세 부분 간에는 연결 고리들도 있다. 예컨대, 첫 부분은 "다투는" (*리브*) 것으로 시작하고, 11절에서 보다 분명하게 불의한 '증인'을 언급하며 그것이 "소송"임을 기술한다. 셋째 부분에서는 "소송"이 주 사고로 간주될 수 있다. 이미 첫 부분에서 시인은 원수들이 "무고하게" (*힌남*) 자기를 해하려 한다고 탄식한다 (7절). 둘째 부분에서는 그런 사고가 전반적으로 퍼져있고, 셋째 부분에서는 그런 사고가 기도의 내용이다 (특히 19절 참조).

각 부분들 간의 다른 연결 고리들을 보면, 4절의 사고는 26절에서 반향되고 있으며, 8절에 두 번 사용된 "멸망" (*쇼아*)은 17절에서도 나타난다 (이 말은 시 63:10에서만 다시 나타날 뿐이다). 또한 11, 15-16, 20-21절에서 원수들의 조소를 두려워하며, 15-16, 19, 24-26절에서 원수들이 기뻐하지 못하게 해달라고 간구한다. 또한 15-17, 21, 25절 등지에서 원수들은 물어뜯는 야수에 비유되고 있다.

세 부분들 간의 사고상의 병행도 지적될 수 있다.
  I. 기도 (1-8절; 7절은 탄식), 응답의 확신 (9-10절)
  II. 탄식 (11-16절), 기도 (17절), 응답의 확신 (18절)
  III. 서론적 기원 (19절), 탄식 (20-21절), 기도 (22-27절), 응답의 확신 (28절).

이러한 구조의 특징에 대하여는 시 31편의 구조 분석에서 이미 언급된 바 있다. 시 31편에서 간구와 탄식에서 감사로의 전환은 두 번 나타난다면, 여기서는 세 번이나 그런 전환이 일어난다.

크레이기의 구조 분석도 리델보스의 그것과 대동소이하게 세 부분으로 이 시를 나눈다. 1) 첫 부분에서 (1-10절), 왕인 시인은 싸움에서 하나님의 도우심을 간구하며 (1-3절), 원수가 궁극적으로 망하리라 선언하고 (4-8절), 그 승리에서 찬양이 터질 것을 기대한다 (9-10절). 2) 왕의 원수를 묘사하는 탄식이 따르고 (11-16절), 원수들에게서의 구원을 간구하고 (17절), 구원 이후의 찬양을 기대하고 (18절), 3) 원수를 치는 기도가 드려지며 (19-26절), 기도가 응답되리라는 확신이 전체 회중의 예배와 (27절), 시인 자신의 개인적 예배를 (28절) 기대하는데서 표현된다.

이런 구조 분석을 참조하되 우리는 저들과 약간 달리 7개의 연으로 구분한다.

제1부
  제1연 (1-3절): 원수에게서 구원을 간구
  제2연 (4-8절): 원수를 멸하소서! (7절은 탄식)
  제3연 (9-10절): 구원을 확신하고 찬양함
제2부

제4연 (11-16절): 자신을 변호하고 원수의 악행을 드러냄 (탄식)
제5연 (17-18절): 원수에게서 구원을 간구하고 그 구원을 확신
제3부
제6연 (19-21절): 기원과 탄식
제7연 (22-28): 기도와 응답의 확신

이 시를 전체적으로 보면, 시인 자신의 죄를 인정한다거나, 자신의 육체적 곤고함을 호소한다거나, 혹은 하나님께 자신이 버림받았다고 호소하는 그런 요소는 없고, 오로지 원수의 행태만을 탄식하고 구원을 호소한다 (7, 11-16, 20-21 참조).

제1연 (1-3절): 원수에게서 구원을 간구

시인은, 여러 탄식시들에서 보이는 요소들 곧 자신의 곤고함을 호소하거나, 탄식하는 모습으로 시를 시작하지 않고, 곧장 하나님께 자기 원수와 싸우소서! 라고 시작한다. 말하자면, 아무런 탄식이나 설명도 없이, 곧장 여호와의 집에 달려 들어가서 무조건 자기 구원을 호소하는 모습이다. 그런데 여기서 이 시의 성격을 결정짓는 중요한 두 단어가 등장하고 있다: 다투다, 기소하다 (리브); 싸우다, 전쟁하다 (라함). 11절 이하에서 기소하는 일이 묘사된다면, 1-10절 부분에서는 "싸우는" 모습이 묘사된다.

1절: 여호와여 나와 다투는 자와 다투시고/ 나와 싸우는 자와 싸우소서 (리바 야웨 에트-예리바이 / 레함 에트-로하마이)—전. 후반절은 구조상 구문 병행법, 의미상 동의 병행법으로, "나와 다투는 자들"은 "나와 싸우는 자들"로 반복된다. "여호와여"는 후반절에도 해당된다 (double duty). "다투다" (리브)라는 말은 법정에서 소송을 제기하거나, 말다툼하는 것을 지시하지만, 후반절에서 "전쟁하다" 혹은 "싸우다" (라함)란 말과 병행되어 사고상의 발전을 드러낸다 (삿 11:25 참조). 즉, 말싸움이 변하여 몸싸움으로 발전하는 것이다. 그런데 NJB는 여기서 "나를 기소하는 자들을 기소하시고, 나를 공격하는 자들을 공격하소서" (Accuse my accusers, Yahweh, attack my attackers) 라고 생생하게 번역해 주었다.

2절: 방패와 손 방패를 잡으시고 일어나 나를 도우소서 (하하제크 마겐 베친나 베쿠마 베에즈라티) —이 병기들이나 "창" (하니트, 3절)은 전쟁 상황을 암시해준다 (렘 46:3-6, 겔 39:9). 여기 언급된 병기들과 연관하여 킬 (O. Keel)을 인용함이 도움이 된다 (Ibid., 221):

쿰란의 "전쟁기" (5:7)에 의하면, '세고르'는 "도끼"가 아니라 "단창의 끝"을 의미한다. 시 35:3에서 이 말은 환유(換喩)법으로 단창(短槍)을 의미할 것이다. 그렇지만 단창은 그 끝을 잡고 던지는 것이 아니므로, 이 환유는 다소 특이하다. 그렇지만 그림 300, 301번에서 (그의 책 참조) 레쉐프 (고대근동의 전쟁신)는 단창의 끝 부분을 잡고 휘두

르고 있다는 점도 특이하다. 여하간 그림 301번에서 병기는 단창(短槍) (하니트 short javelin)이며, 방패와 장창(長槍)(로마흐 long spear)은 다른 손에 들려있다. 전쟁의 신은 때로 두 개의 창들을 가지거나, 창과 도끼를 가지는 것으로 그려지기도 하나, 방패는 하나 이상 결코 갖지 아니한다. 따라서 시 35:2 상반절에서 방패와 손 방패 (shield and buckler)는 잘못된 번역이며, 이사일의 (hendiadys)로 보아 "보호하는 방패"로 번역되어야 한다. 또한 시 35:3에서 하니트 우세고르 역시 이사일의 (二辭一意)로 이해되어야 한다. 3절 상반절에 사용된 동사의 실제 의미는 "드러내다"란 의미이다. 병거들은 단창들을 꽂는 집을 갖고 있었다. 이사일의로 이해한다면, "단창과 창 자루의 끝을 드러내다"란 말은 "단창 (javelin)을 던질 준비를 하다"란 의미이다.

여기서 "보호하는 방패를 잡으시고 나를 도우소서"라고 번역한다면, 하나님은 방패 나르는 자가 되신다. 엄밀히 말해 방패 나르는 자는 용사의 부하에 해당된다. 한 앗시리안 장군의 모습을 보이는 그림에 의하면 (O. Keel, Symbolism, 222, 그림 304번), 두 방패 나르는 자가 그 장군 좌편과 뒤에 서서 하나는 큰 방패로 앞을 보호하고, 다른 한 부하는 원반같이 생긴 작은 손 방패로 머리를 보호한다. 이렇게 하나님을 나의 방패 혹은 방패 나르는 자라 부르는 것은 그만큼 탄원자와 하나님 사이가 친밀하다는 것을 암시해준다. 이런 호칭은 친구의 마음을 상하지 않고서 그에게 어떤 심부름을 시킬 수 있는 그런 긴밀한 관계를 연상시켜 준다. 그런데 장창 (spear)과, 창 (lance)은 단창 (javelin)과 구분된다. 장창이나 창은 적군을 찌르지만, 단창은 던지기 때문이다.

한편 하나님께서 "일어나셔서" (쿠마) 내 "도움" (에즈라)이 되소서! 라는 표현은 시 44:27에서도 유사하게 나타난다: 일어나시어 우리 도움이 되소서! (쿠마 에즈라타 라누). 여기서 "도움"이란 명사는 남성형과 여성형 (여기서의 형태) 두 형태로 나타난다. 이 말과 연관하여 주목할 두 가지 사항은 1) 그 남성형 단어(에제르)는 여섯 번이나 "방패"란 말과 함께 나타난다 (신 33:29, 시 33:20, 89:18-19, 115:9-11). 이렇게 "도움"과 "방패"의 조합 배치 (collocation)는 "도움"이 "보호"의 뉴앙스를 강하게 풍기도록 해준다. 여기서 비록 여성형 단어가 사용되었으나 방패를 잡으시고 일어나 나를 도우소서! 라고 부르짖는 것은 결국 내 보호자가 되소서! 란 부르짖음이다. 2) 여성형 단어 (에즈라)는 시편에서 오로지 "하나님의 도우심"만을 지시하는데 사용되고 있다 (시 22:19, 38:22, 40:13, 70:1).

3절: 창을 빼사 나를 쫓는 자의 길을 막으시고 (베하렉 하닛 우스고르 리크라트 로드파이)— "창과 단창을, 나를 추격하는 자들을 대하여 (집에서) 빼소서!' (Draw the spear and javelin against my pursuers! RSV) "막다"라 번역된 말 (세고르)은 "단창"으로 번역되어야 한다 (앞에서 O. Keel의 설명 참조). 여기서 "대하여" (contrary to, opposite, against)라 번역한 단어 (리크리트)는 동사의 연계형 부정사형이지만, 마치 전치사처럼 사용되고 있다 (KB³, "qara II, B" 참조). 그리고 "빼다" (헤리크)란 말은 원래 "비우다," "쏟다"를 의미하며, 여기서는 칼집에서 칼을 빼듯, 창집에서 창을 빼는 것을 지시한다. 한편 앞에서 킬이 언급한 쿰란 동굴에서 발견된 '전쟁기' 5:6-7의 묘사는 이렇다:

저들은 (병사들) 손에 창과 칼을 가질 것이다. 창의 길이는 7 규빗이며, 그 집(socket)과 뾰족한 날 (spike)이 각기 반 규빗이라.

한편 "막으시고" (세고르)란 말은 제1 쿰란 동굴에서 발견된 전쟁문서 (밀하마 5:7)에서 "단창의 집"의 의미로 나타나며, 환유법 (metonymy)으로 현재 문맥에서 "단창"을 의미한다 (M. Dahood, *Psalms I,* 210; J. Carmignac in *VT* 5 [1955], 359; Yadin, *The Scroll of the War of the Sons of Light against the Sons of Darkness,* 137; O. Keel, *The Symbolism of the Biblical World,* 221).

내 영혼에게 나는 네 구원이라 이르소서 (에모르 레나프쉬 예수아테크 아니) — 하나님께서 원수에게 단창을 날리신 후에 혹은 날리실 때 시인은 구원받는다. 시인은 이런 실제적 구원이 일어날 징조로서 '구원 신탁'을 받고자 원한다. 그것은 그의 영혼에 하나님께서 "두려워 말라. 나는 네 구원이라" 말씀하시는 것이다 (사 49:26, 60:16 [나는 야웨 네 구원자라]). 하나님은 이스라엘의 구원이시며 (신 32:15), 동시에 성도 개개인에게 하나님은 "나는 네 구원"이라 하실 수 있다. 구원은 전쟁 문맥에서는 "승리," 소송 문맥에서는 "신원" (vindication)을 의미한다. 그런데 "구원"이란 말은 구약에서 거의 하나님께서 자기 백성을 구원하신다는 신학적 차원에서 사용된다. 백성이 위기 상황에 처해 있을 때, 그곳에서 건져내는 것보다는 그 상황에서 이길 수 있도록 도움을 베푸신다는 것에 강조점이 두어진다.

제2연 (4-8절): 원수를 멸하소서!

기도가 계속되지만, 앞에서와 같이 여호와께 직접 간구하는 것이 아니라, 원수의 패망을 간구하는 저주적인 기도이다. 4a,b와 4c,d 사이, 5절과 6절 사이에는 마크로 병행법을 드러낸다:

4 부끄러움을 당케 하소서(a); 내 생명을 찾는 자로 수치를 당케 하소서 (b)
물러가게 하소서(c); 나를 상해하려 하는 자로 낭패케 하소서(d)

5 저희로 바람 앞에 겨와 같게 하시고, 여호와의 사자로 몰아 내소서
6 저희 길을 어둡고 미끄럽게 하시고, 여호와의 사자로 저희를 따르게 하소서

7절은 원수에 대한 기소가 짧게 제시된다. 이런 간략한 언급은 나중 더욱 자세하게 확대된다 (11절 이하 참조). 원수에 대한 기소 (7절)에 이어 기소에 근거한 심판을 하나님께 호소한다. 언약백성을 기소하고, 그 기소에 근거하여 심판을 선고하는 선지자들의 심판 메시지가 여기서는 약간 변형되어 나타나는 모습이다. 1-6절 부분에서는 전쟁 용어들이 사용되었다면, 여기서는 사

냥의 냄새가 풍긴다. 그런데 7, 8절에서 "멸망" (쇼아), 그물 (레), 숨기다 (타만), 무고히 (힌남) 등의 단어가 두 번씩 반복되고 있다. 이런 반복을 통해 시인은 "동해 복수법" (ius talionis)을 적용시켜 달라고 호소한다 (출 21:24, 레 24:20, 신 19:21).

4절: 내 생명을 찾는 자로 부끄러워 수치를 당케 하시며/ 나를 상해하려 하는 자로 물러가 낭패케 하소서 (예보슈 베익칼레무 메바크쉐 나프쉬 잇소구 아호르 베야흐페루 호쉬베 라아티) —구조상 구문 병행법 (동사 +동사 +주어/ 동사 +동사 +주어)이며, 의미상 동의 병행법이다. 이 시인을 죽이고자 하는 자들은 여러 명이다. 선지자 예레미야의 생명을 찾는 자들도 여러 명이었다 (렘 11:21). "생명을 찾는 자" (후반절에서 "나를 상해하려 하는 자"와 병행)란 표현은 특히 예레미야 선지자에게서 자주 나타난다 (19:7, 9, 21:7, 22:25, 34:20, 21, 38:16, 44:30, 46:26, 49:37 등). "부끄러워 수치를 당케 하시며"는 "수치와 불명예를 당케 하소서"이지만, 이사일의 (hendiadys)에 해당된다. 같은 의미를 지닌 두 동사를 반복함으로 강조하고 있다 (26절도 참조). 후반절에서 (용사가) 뒤로 물러가는 일은 작전상 후퇴일 수도 있지만, 패퇴를 당할 때의 모습이기도 하다. 여기서 시인은 원수들이 하나님의 개입으로 패퇴를 당하고 물러갈 것을 간구하고 있다 (렘 46:5 참조). 성도의 원수들은 우상숭배자들이며, 이런 자들은 하나같이 뒤로 물러가 수치를 당하게 된다 (사 42:17). 시 40:14은 본 절과 아주 흡사하다. 그런데 후반절의 "낭패케 하소서" (하파르)란 말은 "부끄러움을 당케 하소서" 란 말이다. 이 말은 시 34:5에서 의인들이 "영영히 부끄럽지 아니하리라" 는 표현에서도 나타났다.

5절: 저희로 바람 앞에 겨와 같게 하시고 (이흐유 케모츠 리프네-루아흐)—이런 직유(直喩)는 성경에서 여러 번 등장하며 (욥 21:18, 시 1:4, 사 17:13, 40:24, 41:16, 단 2:35), 농촌에서 타작할 때 경험할 수 있는 현상이다. "겨" (모츠 chaff)는 한글 사전에서 "벼, 보리, 조 따위의 곡식을 찧어 벗겨 낸 껍질을 통틀어 이르는 말" 이다. 이런 겨는 겉겨와 속겨가 있는데, 속겨는 이전에 보리떡을 쪄 먹기도 할 정도로 부드럽다. 그러나 겉겨는 키질하여 바람에 날려 보랜다. 즉 무가치하고 허망한 것을 지시한다.

여호와의 사자로 몰아내소서 (우말락 야웨 도헤) — "여호와의 사자"는 문맥에 따라서 성육신 이전의 예수 그리스도로 이해되기도 하고, 천사로 이해되기도 한다. 다음절과 시 34:7에서는 성도를 위해 싸우는 천사, 특히 손에 칼을 빼어들고서 발람의 길을 막았던 천사같이 (민 22:22-27) 군사적 기능을 감당하는 천사이다. 히스기야 왕 때에 하나님은 신성모독 하던 산헤립의 대군을 여호와의 사자가 나가서 18만 5천명을 쳐서 죽였다 (사 37:36). 우리는 현대 전쟁에서도 이 하나님의 사자의 개입을 기도할 수 있다. 한편 "몰아내다" (다하)는 돌담을 세게 밀쳐서 무너뜨리듯 (시 36:12, 62:3, 118:13, 잠 14:32), 세게 "밀쳐 넘어뜨리다" (push down)를 의미한다. 이런 표상은 고대 근동에서 어떤 성읍을 포위 공격할 때, 성벽을 향해 파성추(破城鎚) 혹은 공성추(攻城鎚 battering ram)을 밀쳐서 성벽을 깨뜨리는 관례에 근거할 것이다. 이 파성추를 영어로 "깨뜨리는 수양" 이라 부르는 까닭은 참나무로 만들어진 구조물에 설치된 공격용 도구 모양이 "수양 머리"

모양이었기 때문이다. 이 파성추는 길이가 54 미터 (180 피트), 그 직경이 0.7 미터 (28인치), 추는 그 무게가 1.5톤이나 나가는 것으로, 천명의 병사가 그것을 작동시켰고, 반복하여 성벽에 부딪히면 성벽이 금이 가고 마침내 무너져 내리는 것이다. 여기서 시인은 여호와의 사자께서 원수들을 그렇게 세게 밀쳐서 저들을 멸해 주시라 기도한다. 그런데 대개 영역들은 후반절의 동사가 분사형이므로 전반절에 부속되는 부속 문장으로 번역한다 (여호와의 사자로 저들을 몰아 내시어, 저들로 바람 앞에 겨 같게 하소서!).

6절: 저희 길을 어둡고 미끄럽게 하시고 (예히-다르캄 호쉐 바할락크라코트) —직역하자면 "저들의 길이 어둠과 매끄러움이 되게 하소서." 하나님은 사특한 자들의 길로 어둡고 미끄럽게 하신다 (렘 23:12). 자신들은 밝은 길에 염려 없이 행한다 생각하겠지만, 하나님은 저들로 헤매게 하시고, 미끄러져 넘어지게 하신다 (출 14:24). 저들이 야음에 도피하지 못하도록 여호수아 장군은 태양과 달로 중천에 머물도록 명한 것과 대조되는 기도이다 (수 10:12-13). 그런데 "미끄럽게"(할락라코트)는 "매끄러움"이란 명사의 번역이며, "매끄럽다"란 동사 (할락 I와 연관된다. 이 말은 악인의 말이 기만적이고, 기름을 바른 듯 번지르르 매끄러운 것을 묘사하거나 (잠 26:24), 두 마음 (시 12:2)을 묘사할 때, 혹은 악인의 길이 매끄러워 저들로 넘어지게 처벌하시라는 의미 (여기서처럼), 혹은 긍정적으로 의인의 길이 평탄한 모습 (사 26:7)을 묘사한다.

여호와의 사자로 저희를 따르게 하소서 (우말락 야웨 로드팜)— 5절 후반절에서처럼 여기서 역시 구문은 분사구문으로 전반절의 부대 상황을 묘사한다. 그렇지만 내용상 야웨의 사자께서 원수를 추격하는 일이 주 동작이라면, 원수가 도망하는 길은 어둡고 매끄럽게 되는 일은 그 부대 동작이다. "야웨의 사자"는 앞 절에서와 같이 여기서도 '군사적' 기능을 감당한다 (마 26:53 12영 營 =12 군단 legions 적어도 6만 명 정도 참조). 도단에 있던 엘리사를 잡기 위해 아람 군이 도단 성을 포위했을 때, 하나님은 불 말과 불 병거들을 하늘에 포진시켜 보호하셨다. 영계(靈界)에는 귀신들만 아니라 성도들을 보호하는 천사들도 활동한다. 성도들 역시 이를 믿고, 필요시에 시인처럼 간구해야 한다. 여호와의 사자는 성도를 해코자 하는 자들을 몰아내시고, 추격하여 패배시킨다. 신약의 더 밝아진 계시에 의하면, 이 천사들은 구원받은 성도들의 부리는 종들이다 (히 1:14). 한편 "따르다" (라다프)란 말은 추격하다를 의미한다.

7절: 저희가 무고히 나를 잡으려고 그 그물을 웅덩이에 숨기며 (키-힌남 타메눌-리 솨하트 리쉬탐)— "저들이 무고히 나를 잡으려고 자기들의 그물을 숨기며." "웅덩이"는 후반절의 동사와 잘 어울리므로, 후반절로 옮긴다. "그물을 숨기다"란 "그물 (덫)을 은밀하게 설치하다"란 말이다. "무고히"란 말은 "보상이 없이, 무보수로"라는 의미도 있지만 (창 29:15), 여기서는 그럴만한 '아무런 까닭도 없이,' 원수들이 성도를 해코자 한다는 의미이다. 시인은 원수들이 병들었을 때, 금식하며 슬퍼했건만 저들은 시인의 생명을 없이하려 안달이었다 (13, 14절).

내 생명을 해하려고 함정을 팠사오며 (힌남 하페루 레나프쉬) —한역은 "무고히"를 생략했으나, 원문에서는 후반절에서도 언급되어 강조되었다.

8절: 멸망으로 졸지에 저에게 임하게 하시며 (테보에후 쇼아 로-예다) — "졸지에"란 말은 "그가 알지 못하는 방식으로" 곧, 원수가 알지 못하는 방식으로, 혹은 알지 못할 때란 의미이다. 원수들을 여기서는 집합 단수로 처리하고 있다.

그 숨긴 그물에 스스로 잡히게 하시며 멸망 중에 떨어지게 하소서 (베리쉬토 아쉐르 타만 틸케도 베쇼아 이폴-바호) — "그가 은밀히 설치한 그의 그물이 그를 잡게 하시고, 바로 그 멸망에 그로 떨어지게 하소서." 원수를 대적할 필요가 없다. 스스로 판 함정에 떨어지도록 기도하면 되기 때문이다. 우리가 하나님을 진정으로 사랑한다면, 우리를 대적하는 자들은 모두 하나님의 원수가 된다. 이것이 원수를 이기는 비결이다. 저들로 하나님의 원수가 되게 하라.

제3연 (9-10절): 구원을 확신하고 찬양

이제 시인은 응답을 확신하고 찬양한다.

9절: 내 영혼이 여호와를 즐거워함이여/ 그 구원을 기뻐하리로다 (베나프쉬 타길 바도나이/ 타시쉬 비슈아토) —구조상 구문 병행법, 의미상 동의 병행법을 구성한다. 9-10절에서 시인은 원수를 물리쳐 주신 하나님을 인하여 기뻐하고 그분을 칭송한다. "내 영혼이 즐거워한다"는 것은 내가 즐거워한다는 말이지만, 이렇게 표현함으로 우리의 속 사람의 즐거움을 더 인상적으로 묘사한다. 이 즐거움은 자신이 체험한 구원, 승리 때문이다 (사 61:10 참조). 후반절에서는 전반절의 주어가 그대로 기능을 발휘한다 (double duty).

10절: 내 모든 뼈가 이르기를 (콜 아츠모타이 토마르나)—이런 표현은 특이하다. 앞 절에서 영혼이 즐거워한다고 표현한 시인은 '뼈들이 말한다'고 표현한다. 이런 병행에 비추어 본다면, 뼈들은 여기서 시인 자신, 그의 전인(全人)을 지시하며, 동시에 감정의 처소로 작용한다 (시 6편 적용란 참조).

여호와와 같은 자 누구리요 (야웨 미 카모카) — "여호와여 누가 당신과 같습니까?"

그는 가난한 자를 그보다 강한 자에게서 건지시고/ 가난하고 궁핍한 자를 노략하는 자에게서 건지시는 이라 (맛칠 아니 메하자크 밈멘누/ 베아니 베에비욘 믹고젤로) —전. 후반절은 구문 병행법과 동의 병행법을 구성한다.

그는 가난한 자 (아니)를 그보다 강한 자에게서 건지시고/
가난한 자 (아니) 궁핍한 자 (에비욘)를 찢는 자에게서 [건지시는 이라]

후반절에서도 전반절의 동사가 기능을 그대로 발휘한다 (double duty). 가난한 자, 궁핍한 자는 '성도'를 가리킨다. 이들은 원수들에게 압제를 당할 때, 하나님만 의지하기 때문에 "가난한 자"로 표현되고 있다. 혹은 사회적으로 없는 자들이기에 의지할 이는 오직 주님 밖에 없으므로 "가난한 자"라 부른다. 신약에서 이들은 "심령이 가난한 자"라 불린다 (마 5:3; 사 66:2 참조). 이들을 괴롭히는 자들은 "그보다 강한 자" 혹은 "그를 찢는 자"라 불린다. 그런데 신약에서 이렇게 가난한 자를 괴롭히고 강탈하는 자 중에 "서기관들"도 있었다 (눅 20:46-47). 신약 시대의 서기관들은 단순히 성경을 필사(筆寫)하는 서기 정도가 아니라, 율법 교사요, 법률가요 신학자, 유대교 전도자였다 (마 7:29, 23:15). 그러기에 저들 중의 어떤 이는 산헤드린 공회 의원으로 활동하기도 하였다.

제4연 (11-16절): 자신을 변호하고 원수의 악행을 드러냄

다시 시인은 원수를 기소한다. 7절의 짧은 기소가 여기서 확대되어 상세하게 제시된다. 이 기소에 근거하여 17절에서 심판을 위한 기도가 제시되고, 18절에서 응답의 확신이 제시된다. 이미 시인은 9-10절에서 응답의 확신을 표했지만, 다시 원수를 기소하고 저들에 대한 심판을 간구하는 모습으로 되돌아오는 것은 이 시가 위해 작시되었다고 가정된 어떤 종교 의식보다, 실제 삶의 모습에 더 가깝다. 이 기소에서 부각되는 바는 원수들의 대적 행위가 "무고하다"는 것이며, 저들의 그런 행위는 "배은망덕"의 극치라는 것이다.

11절: 불의한 증인이 일어나서 내가 알지 못하는 일로 내게 힐문하며 (예쿠문 예데 하마스 아쉐르 로-야다티 이쉬알루니)— "불의한 증인" (예데- 하마스)은 문자적으로 하자면, "폭력의 증인들"이다. 여기서 "폭력" (하마스)는 물리적 폭력도 되지만, 윤리적으로 난폭하게 구는 거짓 증인도 해당된다. 후반절에서 이 증인들의 행태가 제시된다. 저들은 시인이 알지도 못하는 일을 뒤집어씌우고자 한다. 이스라엘에서 범죄사건의 경우, 증인이 먼저 범인에게 손을 댄 후에 뭇 백성이 손을 댈 수 있다 (즉, 죽일 수 있다; 신 17:7). 사형죄인에 대하여는 증인이 둘 이상 있어서 범죄사실을 증거해야 했다 (신 19:15). 역사상 얼마나 많은 무고한 사람들이 거짓 증인들 때문에 죽임을 당해야했던가? 저들의 거짓 증거는 물리적 폭력은 아니라 해도, 결국 사람을 죽이는 치명적인 폭력행위에 해당하였다 (나봇을 친 거짓 증인들, 왕상 21:13; 예수님, 마 26:60; 스데반, 행 6:13 참조).

12절: 내게 선을 악으로 갚아 나의 영혼을 외롭게 하나 (예샬레무니 라아 타핫 토바 쉐콜 레나프쉬)— 시인이 원수들에게 행한 선은 13, 14절에서 묘사되고, 원수들의 배은망덕은 15, 16절에서 묘사된다. 선을 악으로 갚는 행위는 악을 행하는 일도 해당되겠지만 (삼상 24:18), 자신이 받은 은혜를 은혜로 깨닫지 못하고 모르는 체하는 것도 해당된다 (삼상 25:21). 세상에는 선을 악으로 갚는 자들이 허다하다 (시 38:20, 109:5, 렘 18:20). 특히 암몬 왕 하눈의 부친을 조문 한 다윗의 경우, 선을 악으로 갚았다 (삼하 10:1-4). 그렇지만 그런 자들의 집에서는 악이 떠나지 아니할 것이다 (잠 17:13). 성도들은 아무에게도 악으로 악을 갚지 말고 모든 사람 앞에서 선한 일을 도모해야 한다 (롬 12:17). 또한 악에게 지지 말고 선으로 악을 이기지 않으면 안 된다 (롬 12:21). 사울은 다윗을 죽이고자 했지만, 다윗은 그를 선대했다 (삼상 24:18).

"(나의 영혼을) 외롭게 하나"에서 외롭다는 원래 자식을 잃는 "상실" (bereavement)을 의미한다. 그러므로 의미는 "상실이 내 영혼에 [있다]" 혹은 내 영혼이 고독하다 이다. 다윗의 경우에 사울의 시기를 받아, 부모도 모압으로 피난시켜야 했고 (삼상 22:3), 아내 미갈도 빼앗겼고 (삼상 25:44), 친구 요나단도 가까이 할 수 없었고, 사울의 신복들이나 제사장들마저도 다윗을 가까이 할 수 없었다. 이런 상태는 다윗으로 심히 외로운 상태에 빠지게 했을 것이다.

13절: 나는 저희가 병들었을 때에 굵은 베옷을 입으며 (바아니 바할로탐 레부쉬 사크)—"내게 관하여 말하자면, 저들이 병들었을 때, 내 옷은 베옷이었다." 시인은 원수의 배은망덕(背恩忘德)을 탄식하며 자신이 행한 선(善)을 기술한다. 원수들이 어떤 병에 걸렸었는지에 관하여는 언급이 없다. "원수들"이 병들었다고 복수형을 사용하나, 저들 모두가 병들었다는 말은 아닐 것이다. 그래서 저들이 곤경에 처했을 때로 이해해야 하지 않을까 생각된다. 어떤 사람이 병드는 것 (할라)은 가지각색이다. 연로해서 죽을 병 (창 48:1 야곱; 왕하 13:14 엘리사), 하나님께서 치셔서 (신 29:21), 전쟁에서 상해를 입고 (왕하 8:29 여호람), 아이가 아파서 (왕상 14:1 아비야), 중년에 중병에 걸려서 (왕하 20:1 히스기야), 발에 생긴 병 (왕상 15:23 아사) 등 여러 가지이다.

한편, '베옷'은 염소 털이나 낙타 털로 만든 검은색 거친 옷으로 애도(哀悼) 표시나 (창 37:34, 삼하 3:31, 암 8:10, 렘 48:37, 애 2:10, 마카비 1서 2:14) 회개 표시로 입었다 (왕상 21:27, 느 9:1, 욘 3:5이하 등). 베옷을 입을 때는 대개 재 (단 9:3, 마 11:21, 눅 10:13), 흙 (느 9:1)을 머리에 뒤집어썼다. 욘 3:8에 의하면, 앗시리아 니느웨 사람들은 자신들만 아니라 짐승까지 베옷을 입혀 회개의 표시를 했다. 베옷을 가리키는 말 (사크)이 창 42:25에서는 부대(負袋) (암타하트)의 동의어로 나타나고 있다는 사실은 베옷이 거친 옷임을 보여준다. 이 베옷은 부대처럼 머리와 팔만 나오는 통옷으로 입었다는 견해도 있지만, 오히려 이 베옷은 허리를 둘렀던 것으로 여겨진다 (베옷을 두르다 [하가르 사크 창 37:34, 삼하 3:31, 사 32:11, 욜 1:13 등]). 그런데 보통 베옷은 알몸에 걸쳤던 것 같다 (사 32:11, 왕하 6:30, 욥 16:15, 마카비 2서 3:19). 그리고 선지자들도 보통 베옷을 입었다 (슥 13:4, 왕하 1:8, 마 3:4, 막 1:6; 사 20:2 참조). 이는 소박함과 근신의 표시로 입었을 것이다.

금식하여 내 영혼을 괴롭게 하였더니 (인네티 바촘 나프쉬)—대 속죄일 (욤 키푸르)에는 "스스로 괴롭게" 해야한다 (레 16:29, 31). 이 표현이 "금식"을 의미한다. 베옷을 입고, 금식을 하여 애도를 표시하는 것은 자신을 괴롭히는 일이다. 이는 고난 중에 있는 사람의 고난에 동참하고, 저들의 죄를 자기 죄처럼 회개하는 표시가 된다. 이처럼 시인은 "나"와 "너"의 구분을 두지 아니하고, 저들의 고통과 죄를 자기 것으로 간주하고 스스로 괴롭히고 회개하고자 했다.

내 기도가 내 품으로 돌아 왔도다 (우테필라티 알-헤키 타슈브)—다양한 번역이 제시되었다: 1) "돌아오다" (슈브)란 말을 "앉다, 쉬다"란 동사 (야솨브)로 보고 "내 기도가 내 가슴에 머물렀다" 곧 내 기도가 가까운 친구처럼 가슴에 늘 있었다 (항상 기도했다)(M. Dahood, *Psalms I*, 213; NJB); 2) "머리를 가슴에 쳐 박고 기도했다" (NRSV)(델리취, *Psalms*, 424); 3) "내 기도가 응답되지 않고 돌아왔다" (REB, NIV). 우리는 3)의 해석을 취한다 (마 10:13, 잠 26:2도 참조). 시인이 원수의 형통과 쾌유를 기도했지만, 기도가 응답되지 않고 자기 가슴으로 되돌아왔다.

14절: 내가 나의 친구와 형제에게 행함같이 저희에게 행하였으며 (케레아-케아흐 리 히트할라크티)— 여기서 "행하다"는 말은 "걷다"는 말이지만, 의미가 발전하여 행동, 습관까지 지시하게 되었다. 특히 여기서 "히트파엘"형은 재귀-반복의 의미로 취해진다. 시인은 한 번만 아니라, 여러 번 원수들을 친구와 형제처럼 대했다. 이는 13절의 사고와 연관시켜 본다면, 시인은 원수들이 병들었을 때에 마치 친구나 형제가 병들었을 때와 같이 굵은 베옷을 입고, 금식하여 저들의 아픔에 동참하였다.

굽히고 슬퍼하기를 모친을 곡함같이 하였도다 (카아벨-엠 코데르 솨호티)— "어머니의 (죽음을) 곡함같이 나는 슬퍼하며 굽혔다." "굽히다" (솨하흐)란 동사는 시 38:6에서 보듯, 병자가 고통을 이기지 못하여 몸을 몹시 굽히는 자세를 묘사한다. 여기서는 슬픔의 표시로 허리를 구부리는 자세를 지시한다. 애도(哀悼)의 자세는 땅바닥에 주저앉아 앞으로 구부리며, 먼지를 머리에 뿌리고 통곡한다 (O. Keel, *The Symbolism*, 319 참조). "슬퍼하다" (코데르)는 "검다" (be dark)라는 의미이다. 여기서는 슬픔의 표시로 검은 옷을 입고, 얼굴을 씻지 않고, 수염도 손질하지 않는 상태로 애통하는 모습을 묘사한다.

15절: 오직 내가 환난을 당하매 저희가 기뻐하여 서로 모임이여 (우베찰르이 삼후 베네에사푸) — "내가 넘어지니, 저들은 기뻐하며 함께 모였다." "환난" (첼라)이란 말은 "절름거리다" (찰라)와 연관되는 말로, "(걸려) 넘어짐" (stumble, fall), 처박음 (plunge)을 의미한다. 원수들은 배은망덕하게도, 시인의 선대(善待)는 기억치 아니하고 시인이 넘어지니 좋다고 박장대소(拍掌大笑)하며, 이 기회에 완전히 없애버리겠다고 함께 모여 음모를 꾸민다. 이런 행동은 저들이 얼마나 비열한 자들인지를 스스로 입증하는 것이었다.

비류가 나의 알지 못하는 중에 모여 나를 치며 찢기를 마지 아니하도다 (네에스푸 알라이 네킴 벨로 야다티 카레우 벨로-담무)— "내가 알지 못하는 치는 자들이 나를 치고자 모여, (나를) 찢기를 마지 아니 하는도다" (혹은 "치는 자들이 나를 치고자 모이며, 내가 알지 못하는 자들이 [나를] 찢기를 마지 아니 하는도다 [중상하기를 쉬지 않는다]"). "비류" (네킴)는 침을 당한, 불구자 (crippled)를 지시한다. 그러나 여기 문맥에는 어울리지 아니한다. 그래서 "치다" 동사의 능동 분사형으로 읽고 "치는 자들" (공격자들, NIV, NASB)로 이해한다. "비류" (네킴)는 1) 낯선 자들 (노크림; NJB, NAB), 2) 침을 받은 자들 (절뚝발이들 [삼하 4:4, 9:3], 불구자들, RSV), 3) 비열한 자들 (KJV, 한역), 4) 압제자들 (4QPs^d, Craigie) 등 다양한 번역이 나타났다. 고려 중인 말은 삼하 4:4, 9:3 등에서 다리를 절었던 요나단의 아들 므비보셋을 묘사하는데서 나타난다. 다리가 침을 받은 자, 곧 절름발이란 의미로 혹은 영이 침을 받은 자 곧 영이 상한 자 (사 66:2)를 지시한다. 그런데 여기 문맥에서는 오히려 "치는 자" 곧 "치다"란 동사의 능동 분사형으로 취하여, "공격자"란 의미가 더 잘 어울린다. 원수들은 계속해서 "쉬지 않고" (로-다맘) 성도를 찢고자 (중상모략하고자) 한다. 이는 성도가 원수들을 위해 계속 베옷을 입고, 금식하며, "계속" 애통해 한 것과 대조된다.

16절: 저희는 연희에서 망령되이 조롱하는 자같이 나를 향하여 이를 갈도다 (베하네페 레아게 마오그 하로크 알라이 쉰네모)— "불경한 자들같이 저들은 악의를 가지고 조소하며, 나를 향해 이를 가는도다" (NIV). "연희"라 번역된 말 (마오그)의 동사형 (우그)은 I. 빵을 굽다; II. 구부러진 (to be bent) 두 동음이의어(同音異議語)를 갖는다 (KB³). 그래서 그 명사는 1) 빵 (왕상 17:12), 2) 구부러진 자, 불구자, 절름발이 란 의미로 정의된다. 여기 문맥에서는 "절뚝발이"를 조소하는 자들을 지시할 것이다. 즉 불경하게 절름발이를 조소하는 자 같이 (최고로 악독하게 불경한 자들의 모습이다 [시 45:13, 사 29:19, 겔 7:24]; 경건한 자들은 고아와 과부를 돌보며 [약 1:27], 소경의 눈이 되고, 절뚝발이의 발이 된다 [욥 29:15]), 나를 향해 이를 간다. 한편 "망령되이" (베하네페)란 말에서 전치사 (베)는 소위 말하는 "본질" (essentiae) 표시, 곧 성격 묘사의 베트 (beth of characterization)에 해당된다. 시인을 중상모략 하는 자들은 최고의 불경한 자의 방식으로 조소한다. 그리고 이빨을 가는 행위 (시 37:12, 욥 16:9 등)는 증오심의 표시이다 (행 7:54).

제5연 (17-18절): 원수에게서 구원을 간구하고 그 구원을 확신

11-16절에 길게 제시된 원수에 대한 기소에 근거하여 시인은 저들을 심판해 주시도록 하나님께 간구한다. 이 간구는 18절의 응답 확신으로 이어진다. 시인은 이제까지 외롭게 고투했다면, 응답을 받은 이후에는 수많은 무리들이 모인 대회에서 주를 찬송할 것을 바라본다. 그런데 8절에서 9절로의 전환이나 17절에서 18절로의 전환은 갑작스럽게 느껴진다.

17절: 주여 어느 때까지 관망하시리이까 (아도나이 캄마 티르에)— "언제까지 보고만 계시렵니까?" 사용된 의문사 (캄마)는 "얼마나 많은가?" (how many? "네 생명의 연수들이 얼마인가?" 창 47:8, 삼하 19:35), "언제까지" (how long? "언제까지 당신은 나에게서 눈을 떼지 않으시렵니까?" 욥 7:19) 등의 질문을 도입한다. 여기서는 하나님의 개입이 없어 안타까워하는 시인의 절규이다. **내 영혼을 저 멸망자에게서 구원하시며/ 내 유일한 것을 사자들에게서 건지소서** (하쉬바 나프쉬 밋쇼에헴/ 믹케피림 예히다티)— "내 생명을 저들의 파괴에서 구하시며/ 내 유일한 생명을 이 사자들에게서 건지소서." 구조상 구문 병행법 (동사 +목적어 +전치사구/ 전치사구 +목적어; 교차 병행법), 의미상 동의 병행법이다. 여기서 "멸망" (쇼아)은 "폭풍," "사막," "파멸" 등을 의미한다. 그리고 "사자" (케피르)는 스스로 식물을 찾으러 다니는 갈기 있는 '젊은 사자'를 지시한다. 히브리어에는 "사자(獅子)"를 지시하는 단어들이 여럿 있다: 아리, 아르예, 구르/ 고르 (사자 새끼), 케피르 (젊은 사자), 레베/ 리브아, 라비/ 레비야, 라이쉬, 아이쉬, 솨할 (사자 새끼) 등. 물어 찢는 사자같이 원수들이 찢고자 덤빈다 (시 34:10에서는 "사자" 표상이 여호와를 구하는 자가 좋은 것에 부족함이 없는 반면, '젊은 사자' 라도 굶주릴 수 있다는 사실에 채용되었다). 그런데 시 91:13에 의하면, 성도는 사자와 독사도 짓밟아 버릴 수가 있다. 그리고 호 5:14에서는 하나님께서 범죄하는 자기 백성에게 사자같이, 혹은 젊은 사자같이 되셔서 갈기갈기 찢어 버리리라 선포한다.

"내 유일한 것" (예히다티)은 앞 콜론에서 "내 생명/ 영혼"과 병행되므로, 시인의 '생명'을 지시한다. "유일한 것" (야히드)은 창 22:2, 12, 16 등에서 "독자(獨子)" 이삭을 지칭하고 있다. 생명은 천하보다 귀하지만 하나밖에 없다.

18절: 내가 대회 중에서 주께 감사하며/ 많은 백성 중에서 주를 찬송하리이다 (오데카 베카할 라브/ 베암 아춤 아할레레카)—구조상 중간을 접어서 합치면 딱 들어맞는 교차 병행법 (chiastic parallelism)이다:

동사 +전치사구 / 전치사구 +동사
(오데카 베카할 라브/ 베암 아춤 아할레카)

시인은 성도들의 모임에서 하나님의 행하신 일을 공적으로 인정/ 선포하리라 (간증하리라)하고, 주님께 찬양을 드리겠다고 다짐한다 (28절도 참조). 앞 절과 본 절의 사고가 시 22편에서도 그대로 나타난다 (22:23, 26절 참조).

제6연 (19-21절): 기원과 기소

간구 (19절), 원수에 대한 기소 (20-21절)로 구성되었다. 19절은 서론격이라면, 20-21절은 원수를 기소한다. 앞에서는 기소를 제시한 후에, 그것에 근거하여 심판을 간구하였다면, 여기서는 거꾸로 진행되고 있다. 그래서 우리는 19절이 19-28절 부분의 서론격이며, 20-21절은 원수에 대한 기소, 그를 뒤따라 기소에 근거한 기도가 올려지고 (22-27절) 마침내 응답의 확신이 (28절) 다시 피력된다고 분석한다.

19절: 무리하게 나의 원수 된 자로 나를 인하여 기뻐하지 못하게 하시며 (알-이스메후리 오예바이 쉐케르)— "거짓된 원수들이 나로 인하여 기뻐하지 못하게 하소서." "거짓된 원수들" (NJB, NAB)은 후반절에 비추어 본다면 "까닭 없는 원수들" (아무 이유도 없이 대적행위를 하는 자)이란 의미가 된다 (NIV, RSV, NASB). "나를 인하여 기뻐하지 못하게 하소서" 란 기도는 24절에서 반복된다. 거기서 시인은 하나님께서 공평하게 판단하시면 자신이 부당하게 취급받고 있다는 사실이 백일하에 드러날 것을 확신하고 있다. 시인은 15절에서 자신의 "넘어짐"을 언급한 바 있다. 시인이 넘어지자 원수들은 박장대소(拍掌大笑)하며 기뻐 날뛰었으나 시인의 넘어짐이 결코 자신의 범죄 때문이 아니라는 것을 하나님께 밝혀 주시라 호소한다.

무고히 나를 미워하는 자로 눈짓하지 못하게 하소서 (소네아이 힌남 이크레추-아인)— 시인이 저들에게 잘못한 것이 없지만, 저들은 까닭 없이 성도를 미워하고 대적한다. 눈짓하는 일은 사악한 자들의 좋지 못한 행실을 여실히 드러내준다. 왜 자기들끼리 남몰래 눈을 깜박 깜박이겠는가? 떳떳하지 못한 일을 하기 때문이다 (잠 6:13, 10:10, 16:30 등).

20절: 대저 저희는 화평을 말하지 아니하며 (키 로 솰롬 예답베루)— 시인은 화평을 원할지라도 저들은 싸우려 하였다 (시 120:7). 저들은 믿고 사는 이웃을 은근히 허는 자들이다. 그렇게 말라

(잠 3:29). 시 34:14에서 복받기 원하는 자들은 "악을 버리고 선을 행하며 '화평'을 찾아 따를지어다"라고 했지만, 이 악인들은 싸울 기회만 엿본다.

평안히 땅에 거하는 자를 거짓말로 모해하며 (베알 리그에-에레츠 디브레 미르못 야하쇼분) — "땅에서 조용히 거하는 자들을 대하여 거짓 고소(告訴)를 궁리한다" (NIV). "조용히 사는 자" (라게아)는 남의 말을 아니 하고, 경건에 힘쓰는 자, 가난한 자 (시 76:10, 습 2:3)를 지시한다. 근거도 없이 중상모략하고, 험담(險談), 한담(閑談)이나 하고 다니는 자들과 대조된다. 이런 악인들은 달리 볼 수 있음에도, 약간의 꼬투리만 생겨도 악을 도모하고자 한다.

21절: 또 저희가 나를 향하여 입을 크게 벌리고 '하하' 우리가 목도하였다 하나이다 (바야르히부 알라이 피헴 아메루 헤아흐 헤아흐 라아타 에네누) — "저들은 나를 향해 입을 크게 벌리고, '아하,' '아하' '우리 눈으로 우리가 보았다'라고 한다." "하하"라 번역된 말은 기쁨의 외침 (사 44:16), 악의에 찬 냉소적인 외침 (겔 25:3), 말(馬)의 부르짖음 (욥 39:25) 등을 표현하는 감탄사이다. 시인을 핍박하던 원수들은 시인이 넘어지자 "아하, 아하!' 잘됐구나! (시 35:25, 겔 25:3, 26:2, 36:2) 우리가 보고자 하던 바를 이제 보게 되었다 하면서 박장대소(拍掌大笑)한다. 시편에서 성도의 원수들은 이런 악의에 찬 외침을 발하는 모습으로 등장한다 (시 40:16, 70:4 등).

제7연 (22-28): 기도와 응답의 확신

기도 (22-24 상반절), 소원의 간구들 (24 하반-27절), 응답 확신 중에 감사의 선포 (28절) 등으로 진행된다. 여기서의 기도 (22-27절)는 앞서 제시된 기소에 (20-21절) 근거한다.

22절: 여호와여 주께서 이를 보셨사오니 잠잠하지 마옵소서 (라이타 야웨 알-테헤라쉬) —시인은 하나님께서 원수들의 모든 악행을 다 보고 계셨다고 확신한다. 주님의 편재 (遍在 omnipresence)와 전능하심 (omnipotence), 그분의 전지하심 (omniscience)은 고난 당하는 성도에게 큰 힘이 된다. 여기에 더하여 모든 것을 하나님께서 섭리하시고, 성도의 유익을 위하여 하신다는 (롬 8:28) 믿음은 우리로 백절불굴의 신앙 용사로 만든다. 그런데 "잠잠하지 마옵소서" (알-테헤라쉬)란 표현은 시편에서만 하나님께 개입하셔서 구원해 주시라는 의미로 다섯 번이나 나타난다 (28:1, 39:13, 83:2, 109:1 등). "잠잠하다"란 말은 "귀머거리가 되다" (be deaf)란 의미이다 (미 7:16, 시 39:13 등). 귀를 막고서 듣지 아니하는 하나님의 모습을 연상(聯想)하고 있다.

주여 나를 멀리하지 마옵소서 (아도나이 알-티르하크 밈멘니) —내게서 멀리 계시지 말고 속히 오셔서 구원하소서. 이 표현 역시 시편에서만 같은 용례로 다섯 번이나 나타난다 (22:12, 20, 38:22, 71:12 등). 이런 호소에 대하여 하나님은 "내가 내 구원을 가져오리니, 멀지 않구나, 내 구원이 지체치 않으리라. 내가 너를 구원하리라" 고 답하실 것이다 (사 46:13). 성도의 '부르짖음'에 약하신 하나님이 아니신가?

23절: 떨치고 깨셔서 (하이라 베하키챠) —명령형 말미에 장모음 표시 (아 paragogic heh)가 붙어서 강조되었다. 시인은 하나님께서 마치 주무시는 양 말씀한다. 그것은 그에게 그렇게 느껴졌기 때문이지만, 실상 하나님은 졸지도 주무시지도 아니 하신다 (시 121:4). 이방신들은 혹시 작은 소리를 못 듣거나, 아니면 묵상하다 혹 잠간 나갔기에 혹 길을 행하기에 혹 잠이 들어서 깨워야 할 수도 있으나, 우리 하나님은 그런 분이 아니시다. 모든 부르짖음에 즉각 귀를 기울이시는 분이시다. 우리의 모든 필요에 100% 응답이 언제나, 어디서나, 어떤 방식으로든 가능하신 분이시다.

나를 공판하시며 나의 송사를 다스리소서 (*레미쉬파티 레리비*)—"나의 송사를 위해, 나의 소송을 위해." 떨치시고 깨시는 목적이 여기 제시되었다. 부르짖는 성도의 공의(公義)를 집행하시기 위함이다. 시인은 하나님을 재판장으로 묘사하고 있다 (삼하 15:4). 이제 일어나셔서 재판정을 개정(開廷)하시고, 자리에 앉으셔서 억울한 성도의 사정을 공의로 판단해 주소서 (눅 18:7 참조). 여기 사용된 두 단어 (*미쉬파트, 리브*)는 "송사" (suit)를 지시하는 동의어일 것이다.

나의 하나님, 나의 주여 (*엘로하이 바도나이*) —이런 호칭은 시인과 하나님 사이의 긴밀한 관계를 암시하면서, 동시에 그의 긴박한 부르짖음도 상기시킨다. 다음절에서는 "여호와 나의 하나님이여" 라고 이스라엘의 언약의 하나님을 자기 하나님으로 부르고 있다. 따라서 시인이 찾는 신(神)은 이스라엘과 언약을 맺으신 여호와이시며, 시인은 그의 백성의 신분으로 기도하고 있다.

24절: 주의 공의대로 나를 판단하사 (*쇼페테니 케치드케카*) —주님의 공의는 그분이 성도와 맺은 언약에 근거한 신실성과 사랑일 것이다. 동시에 세상을 판단하시는 재판장으로서의 공의로우신 마음이다. 시인이 담대하게 이렇게 공평한 판결을 요청할 수 있는 것은 자신의 행동이 무죄(無罪)하고, 영적으로 하나님의 은총을 확신하고 있기 때문이다. 그가 완전했다는 말이 아니라, 원수에 비하건대 상대적으로 훨씬 하나님의 지지(支持)를 기대할 수 있었다는 것이다.

저희로 나를 인하여 기뻐하지 못하게 하소서 —19절 참조. 원수들은 시인이 환난을 당하고 (15절) 곤경에 처하는 것이 하나님께서 저를 버리신 증거라고 생각했을지 모른다. 시인은 그런 잘못된 생각을 바로잡도록 공의로운 판단을 선고해 주시길 원한다. 비단 하늘 법정(法廷)에서 재판이 열리고, 시인을 지지하는 선고가 내린다 해도, 그 유익이 무엇일 것인가? 그 유익은 하늘 법정의 그러한 선고가 지상에서 성도가 원수를 이기는 것으로 나타날 것이라는 점이다. 세상에서 되어지는 일들은 하나님의 허락이 없이는 하나도 되어지지 아니한다는 점을 기억하면 좋을 것이다.

25절: 아하 소원 성취하였다 하지 못하게 (*알-요메루 벨리밤 헤아흐 나프쉐누*)— 21절에서 "하하" 라고 악의에 찬 즐거운 외침을 발할 때, 저들의 심중에는 시인을 몰락시키고자 하는 자신들의 의도가 성취되었다고 믿었을 것이다. 그러나 시인은 그런 생각을 못하도록 속히 구원을 간구한다. 기도(祈禱)란 이처럼 인간적인 힘으로 어찌할 수 없는 상황에서 전능하신 하나님께 개입을 구하는 행동이다. "소원 성취하였다" (*나프쉐누*) 직역하면, "우리의 영혼," "우리의 소원," "우리의 생명," "우리 자신" 등 여러 가지로 이해될 수 있지만, 여기서는 "우리의 소원(이 성취되었다)"고 이해된다.

우리가 저를 삼켰다 하지 못하게 하소서(알-요메루 빌라아누후)—이 표현은 국가나 개인을 멸망시키거나 죽였다는 의미의 상징적 표현이며 (애 2:16), 먹다 (아칼), 부수다 (하맘) 등과 병행어로 나타나기도 한다 (렘 51:34).

26절: 나의 해를 기뻐하는 자들로 부끄러워 낭패하게 하시며 (예소뷰 베야흐페루 야흐다브 세메헤 라아티) —이미 4절에서 "나를 해코자 도모하는 자들"로 뒤로 물러가 낭패를 당케 해달라고 간구한 바 있지만, 여기서는 이 시인이 재난 당하는 것을 기뻐하는 자들로 전부 수치와 낭패를 당케 해달라고 간구한다.

나를 향하여 자긍하는 자로 수치와 욕을 당케 하소서 (일베슈-보 우클림마 함막딜림 알라이)— "나에 대하여 자신들을 높이는 자들 (으시대는 자들)로 수치와 욕을 당케 하소서." 이렇게 스스로 높아지려는 자들은 수치와 욕을 당해야 마땅하다. 스스로 겸비하고 자신을 낮추는 자들과 함께 있는 것은 기분 좋은 일이지만, 상대를 무시하고 우쭐대는 자들과 함께 한다는 것은 견디기 어려운 일이다. 여기서 "욕" (켈리마)은 상대에 손찌검을 하거나 해서 모욕을 가하는 일이다. 이는 말로 모욕하는 것(헤르파)을 동반하기도 한다.

27절: 나의 의를 즐거워하는 자로 기꺼이 부르며 즐겁게 하시며 (야론누 베이스메후 하페체 치드키)— 앞 절의 전반절과 의미상 대조되는 병행절이다. 성도들은 서로를 격려하여 믿음에 굳게 서도록 해야 하고, 그로 인하여 하나님께 축복을 받도록 해야 한다. 하나님이 기뻐하고, 사랑하는 자들을 우리도 기뻐하고 사랑해야한다 (롬 12:15, 고전 12:26). "나의 의"는 시인이 하나님과의 관계에서 보인 온전한 헌신과 충성이다. 이는 그가 하나님을 온전히 신뢰하고, 믿음으로 가능한 것이며, 이를 인하여 그는 하나님께 인정을 받는다. 여기서 "기꺼이 부르며" 란 즐거이 외치다 란 의미이다.

여호와는 광대하시다 하는 말을 저희로 항상 하게 하소서 (네요메루 다미드 익달 야웨)—시 34:4에서는 "여호와를 크시다 선포하라"고 권고했다면, 여기서는 "여호와는 크시다"라고 말하게 해달라고 간구한다. 동일한 의미를 제시하기 위해, 앞에서는 "피엘" 형을 사용하여 "크시다 선언하라" (가들루)고 했다면, 여기서는 "'크시다'고 말하게 하시라" (요므루 익달)고 간구한다. 성도들이 이렇게 진심으로 선언하는 것은 자신들이 하나님의 위대하심을 직접 체험했을 때이다. 따라서 시인은 자기에게 기적을 행하시어, 성도들로 보고, "하나님은 위대하시다!"라고 항상 말할 수 있는 근거를 제시해 달라고 기도한다.

그 종의 형통을 기뻐하시는 여호와 (헤하페츠 쉘롬 압도)—하나님은 자기 종, 곧 자기와 언약 맺은 백성이 형통하길 원하신다. 여기서 형통은 "평안" (솰롬)이다. 평안은 악, 재앙과 대조되는 것이며, 하나님과의 관계가 바를 때 임하는 모든 평안과 축복의 상태를 지시한다.

28절: 나의 혀가 주의 의를 말하며 종일토록 주를 찬송하리이다 (울쇼니 테헤게 치드케카 콜-하욤 테힐라테카)—전. 후반절은 동의 병행법이며, 전반절의 주어 (나의 혀)나 동사 (말하리라)가 후반절에도 해당된다 (double duty). 반면 후반절의 "종일토록" 도 전반절에 기능을 행한다. 그런데 전반절에서 "말하며" (하가) 동사는 나즈막한 소리로 읽다, 묵상하면서 중얼거리다 란 의미도 있지만, 여기서는 후반절의 찬송과 병행되어 "선포하다"를 의미한다. 그리고 "주의 의"는 여호와께서 시인의 억울한 사정을 바로잡아 주신 그 "공의" (justice)를 지시한다. 찬송의 적절한 주제는 이렇게 그분의 속성(屬性)과 그분이 행하신 기이한 일들이다.

시편의 적용

나와 싸우는 자와 싸우소서 (1절)

여기 문맥에서 시인은 자기 원수를 하나님께서 싸우시고 물리쳐 주시라고 기도한다. 그런데 구약에서 이스라엘이 수행하는 전쟁은 하나님의 이름으로 하는 전쟁으로 "거룩한 전쟁"이었다. 이 전쟁의 특징은 하나님께서 이스라엘 군대와 함께 하셔서 이스라엘을 위해 싸우신다는 것이었다. 그러므로 가장 큰 특징은 군대의 장비나 수(數)가 문제가 아니라 하나님의 임재를 위한 성결의 준비가 문제라는 점이다. 그래서 전쟁법에 해당되는 신 20장에 보면, 원수의 군대가 아무리 강하고 수가 많다 해도 이스라엘 군은 두려워하지 말아야 했다. 담대하게 주를 신뢰하고 나가 싸워야 한다. 이것이 전쟁법의 핵심이다. 우리의 전쟁 교본(敎本)에 익숙한 장군들은 이스라엘의 전쟁법규를 보면 파안대소(破顔大笑)를 금치 못하리라.

심지어 적군의 말들을 노획하면 그것들의 힘줄을 끊어서 무용지물이 되도록 해야 했다 (수 11:8, 9, 삼하 8:4). 이것은 하나님만 의지한다는 신앙 결단이었다. 고대 전쟁에서 말은 최고의 가치를 지닌 것이었지만, 이렇게 신앙적 견지에서는 의지할 대상이 되어서는 안 되었다. 다윗이 인구조사를 시행함으로 범한 중죄는 바로 이런 전쟁 법규를 위반한 것이었다. 하나님 대신 상비군(常備軍)을 육성하고 그것에 의지하려는 다윗의 인본주의 성향과 동기를 하나님은 가증히 여기신 것이다 (삼하 24:1, 10). 다윗은 초기에 오로지 하나님만 의지하고 전쟁에서 백전백승을 거두었지만 (삼하 8:6), 후기에는 보이는 것을 의지하는 경향을 보였다.

구약의 거룩한 전쟁을 오늘날의 삶에 적용시킨다면, 비단 무기로 싸우는 국가간의 전쟁이건, 아니면 경제적 경쟁이건 모두가 하나님의 임재를 자원으로 삼고 신앙으로 임한다면 백전백승의 좋은 결과를 얻게 될 것이다. 그렇게 되려면 성도의 마음이 하나님께 온전히 성별 되어야 한다. 전쟁의 현장이나 사업, 경제 현장에서는 신앙적 방식과 대조되는 세상 원리와 방식이 난무하기 마련이다. 그런 와중에 성도들이 신앙 방식을 고수하기란 진실로 불가능하다. 그러나 현실이 그러하므로 이기는 성도들의 신앙은 더욱 빛을 발할 것이다. 기드온이 300명으로 수십만의 적군을 쳐부셨다면, 신앙으로 다져진 성도가 제아무리 견고한 원수의 요새라 할지라도 부시지 못할 이유가 있겠는가? 소년 다윗이 거인 장수 골리앗을 물매 돌을 날려 거꾸러뜨리고 블레셋 군을 대파할 수 있었다면, 신앙의 방식은 오늘날도 위력을 발휘하지 못할 이유가 없다.

원수로 뒤로 물러가 낭패케 하소서 (4절)

1999년 6월 중반에 서해안 해상에서 남.북한간 교전이 있었다(연평 해전). 그것은 북방 한계선 (NLL)을 북한 어선들이 넘어와 꽃게를 잡고, 북한 군함들이 호위하면서 남측 고속정들이 북한 군함들을 들이받아 밀어내기 작전을 감행함으로 야기되었다. 도발은 북한이 했었다. 그러한 신경전을 며칠간 지속하더니, 마침내 어느 날에는 북한 군함이 남측 고속정에 기관포를 발사함으로 남북한 군함들 간에 교전이 전개된 것이다. 당시 북한 군함들은 수동식으로 대포를 조작하여 쏘았기에 컴퓨터 전산화된 남한 측을 이길 수가 없었다. 북쪽이 먼저 사격을 개시했지만, 결국 남측이 북측 군함 한 척을 침몰시키고 몇 척도 파손시켜 수십 명의 사상자를 만들었다. 반면 남측은 경미한 손실을 입었을 뿐이다.

그러다가 2002년 6월 말 월드컵 열기가 한창 막바지에 고조되었을 무렵, 느닷없이 북한 함정들이 남한의 고속정에 포탄을 퍼부어 스무 명 이상의 꽃다운 젊은 장병들을 살상(殺傷)하고 배를 침몰 시켰다(서해 교전). 지난번의 패배를 설욕(雪辱)하고자 기회를 엿보던 저들은 하필이면 온 세계의 이목이 한국으로 집중되고 월드컵 4강 진출이란 쾌거에 온 국민이 들떠 있을 때, 기습공격을 감행하였다. 원수란 이렇게 신의를 알지 못하는 자들이다. 이 교전으로 우리 해군측은 윤영하 소령, 한상국 중사, 황도현 중사, 서후원 중사, 박동혁 병장 등 6명이 전사했고, 참수리급 고속정 357호가 침몰했다. 해군은 357호의 정장 윤영하 소령을 기념하고자 KDX-III 이지스 구축함 3번함을 윤영하함으로 칭하기로 했다.

귀신들만 역사하는 것이 아니다 (5, 6절)

본 시에서는 "여호와의 사자"가 두 번이나 군사적 기능을 감당하는 것으로 나타난다. 우리는 영계에서 귀신들이 역사하고 있다는 것을 안다. 그렇지만 하나님의 성도들을 보호하기 위해 천사들이 바쁘게 활동한다는 점도 잊지 말아야 한다. 우리가 경성하여 기도하고 주님을 영화롭게 하면 천사들도 우리를 돕기 위해 부지런히 역사한다는 것이다. 그러나 믿음이 해이해지고, 나태해지면 우리를 돕는 천사들은 우리를 떠나고 악령의 세력이 우리를 우는 사자처럼 달려들고 말 것이다. 그러므로 악령들을 겁내기보다, 신앙에 바로 서서 마음을 담대히 하고 마귀를 대적하지 않으면 안 된다.

내 유일한 것을 사자들에게서 건지소서 (17절)

요즈음에는 생명공학의 발달로 인간의 복제가 가능하다고 한다. 인간복제가 현실화된다면, 어떤 현상이 일어날까? 히틀러가 열 명 생겨나서 동시에 악한 일을 할 수 있을 것이다. 인간 존엄성의 일부는 "나"라는 인간이 세상 만민 중에서 "유일하게" 하나라는 점일 것이다. 한 생명은 온 천하보다 귀한 것이지만, 나와 같은 사람은 온 세상에 아무도 없다. 내게 주어진 성품, 은사, 지식, 체력, 사고력, 언어구사력 등 모든 면에서 나와 같은 사람은 지구상에 없다. 그러므로 우리는 개개인이 각기 하나님과 일대일로 관계를 맺지 않으면 안 된다. 유일한 존재로서의 나는 고귀하다. 고귀한 것은 "나"라는 하나의 개체를 하나님께서 창조하셨다는 것이며, "나" 한 사람을 위해 자기 아들을 세상에 보내셔서 속죄의 제물이 되게 하셨다는 것이며, "나"라는 존재를 위해 성령님을 보내시어 인도케 하시고, 천사들로 보호하신다는 것이다. "나"라는 존재는 하나님 앞에서 은총을 받을 때, 엄청나게 위대하고도 고귀한 존재로 격상될 수 있는 것이다.

잠잠하지 마옵소서 (22절)

신약성도들 역시 이렇게 기도할 수 있다. 하나님은 우리가 밤낮으로 자지 않고 부르짖으면 우리의 기도를 응답하신다. 우리가 부르짖는 기도를 듣기를 그렇게 원하신다. 사람들은 이런 원리를 알지 못하기 때문에 육체에 필요이상의 수면을 제공하고 놀라운 능력을 알지 못하고 살아간다. 만약 우리가 늘 하나님께 이처럼 "잠잠하지 마옵소서" "개입 하옵소서" 라고 부르짖는다면 우리의 삶은 180도 달라지고 능력과 지혜와 은혜로 늘 충만한 삶을 살 수 있을 것이다. 몇 시간 기도를 드리는가? 이것도 중요하다. 하나님과 만나는 시간을 늘려 잡을수록 더 큰 지혜와 능력이 임할 것이다. 어떤 이들은 무시로 기도하는데 무슨 기도시간이 따로 필요한가? 라고 한다. 크게 잘못된 생각이다. 언젠가 교회 전도사님을 구하는 면담을 하면서, "기도는 언제 주로 하시나요?" 했더니, "특별한 시간이 없고요 . . ." 그래서 "무시로 하나요?" 했더니 "그렇다"고 대답하였다. 나는 '이 사람은 안 되겠구나! 라고 생각을 했다. '무시로 기도한다? 아마 이런 생각은 "모든 기도와 간구로 하되 '무시로' 성령 안에서 기도하고 이를 위하여 깨어 구하기를 항상 힘쓰며 여러 성도를 위하여 구하고" (엡 6:18)에 근거한 듯 하나, 옳은 생각이 아니다. 여기서 "무시로"라는 말은 "항상", "모든 시간에" (엔 판티 카이로)이다. 이 말은 정해진 시간이 없이 기도하라는 말씀이 아니다. 바울 사도는 기도의 처소를 찾았고 (행 16:13), 예수님도 새벽 미명에 광야로 나가서 기도하셨으며 (막 1:35), 다니엘도 하루 세 번 시간을 정하여 기도했고 (단 6:10), 시편 기자도 세 번 기도했다 (시 55:17). 심지어 시편기자는 하루에 일곱 번씩 찬양하였다 (시 119:164). 일정한 시간에 일정한 장소에서 기도하는 일이야말로 성도들이 반드시 가져야할 습관이다.

우리를 향하신 하나님의 뜻은 (27절)

"나 여호와가 말하노라 너희를 향한 나의 생각은 내가 아나니 재앙이 아니라 곧 평안이요 너희 장래에 소망을 주려 하는 생각이라" (렘 29:11). 하나님은 메시아 시대 (신약시대)에 주실 복을 이렇게 예고하셨다: "내가 그들에게 복을 주기 위하여 그들을 떠나지 아니하리라 하는 영영한 언약을 그들에게 세우고 나를 경외함을 그들의 마음에 두어 나를 떠나지 않게 하고 41 내가 기쁨으로 그들에게 복을 주되 정녕히 나의 마음과 정신을 다하여 그들을 이 땅에 심으리라" (렘 32:40-41). 문자적으로 취하면 유대인들에게만 해당되는 것 같으나, 그것은 겉옷과 같고, 오히려 알맹이는 새 이스라엘인 교회에 주시는 새 언약을 통한 영적인 축복이다. 그분은 전심으로 우리가 형통하고 축복의 삶을 누리길 원하신다. 그분이 우리를 향하여 어떤 마음을 가지시는지? 스바냐 선지자를 통해서 말씀하시길 (3:17), "너의 하나님 여호와가 너의 가운데 계시니 그는 구원을 베푸실 전능자시라 그가 너로 인하여 기쁨을 이기지 못하여 하시며 너를 잠잠히 사랑하시며 너로 인하여 즐거이 부르며 기뻐하시리라 하리라" 하신다.

시 36편 마음이 정직한 자에게 의를 베푸소서!

1. 전체구조에서의 위치, 시의 유형과 삶의 자리

표제가 "여호와의 종 다윗의 시"라고 "야웨의 종"을 언급하는 것은 앞 시편의 말미 (27절)에서 여호와께서 "자기 종"의 평안을 기뻐하신다고 노래한 것을 상기시켜 준다. 델리취는 이 시편은 시 12편과 유사하게 예언적 색채를 가지며, 시 37과 유사하게 창세기의 원시역사를 암시해준다고 지적했다 (Psalms II, 2). 그리고 본 시는 시 12, 14 (53), 37편 등과 내용상 한 그룹을 형성하는 바, 공통점은 이 시들이 모두 자기 당대의 도덕적 타락을 탄식한다는 점이다. 본 시는 개인 탄식시로 분류되기도 하지만, 찬양 (5-9절), 기도 (10-12)의 요소도 담고 있다. 그래서 크레이기 (P. C. Craigie)는 이 시는 삶의 현장에서 생겨났다기보다, 여러 문학유형들 (literary types)을 창조적 방식으로 혼합시켜 경건 목적으로 작사한 것이라 했다 (Psalms 1-50, 291). 구체적인 삶의 정황이 없이 순전히 시인의 머리에서 창작된 문학 시로 보는 것이다. 그러나 이런 이해보다는 이 시가 표제에 있는 대로 다윗에 의해 그 시대의 어떤 상황에서 기술되었다고 봄이 좋을 것이다. 그 상황은 구체적이지 않고, 아주 일반적인 표현들로 묘사되고 있지만, 이 시는 그 당대의 세태를 반영하고 있다.

2. 시적 구조와 해석

이 시는 사고나 형식상 세 개의 연으로 명확한 구분이 가능하다.
제1연 (1-4절): 죄인의 실상을 고발함
다윗이 사울 왕 같은 악인을 고발한다.
제2연 (5-9절): 주의 사랑을 노래함
시인은 하나님의 일반 은총을, 특히 에덴동산에서 베푸신 그분의 인간 사랑을 상기시키는 그런 방식으로 묘사한다.
제3연 (10-12절): 성도를 위한 기도
시인은 자신을 하나님을 아는 자, 마음이 정직한 자로 지칭하면서 교만한 악인에게서 보호해 주시길 간구한다. 다윗이 사울 왕에게서 보호해 주시라고 간구하는 것으로 이해한다면, 우리의 이해는 보다 구체화될 것이다.

이 시에서 사고상의 대조가 단어를 통해 제시되었다: 미르마 (거짓, 사기, 3절), 에무나 (신실, 5절). 하나님의 인자하심 (헤세드)은 하나님의 속성 찬양에서 두 번 (5, 7절), 간구 (10절) 에서 한 번, 모두 세 번 나타나고 있다. 그리고 의 (체다카)도 6, 10절에서 두 번 나타나고 있다. 한편, 신명(神名)을 살펴 본다면, 악인의 생각과 연관하여 "하나님" (엘로힘)이란 일반 신명이 (1절), 자기 성도에게 인자와 신실을 베푸시는 그 언약의 하나님의 성호인 여호와는 하나님의 사랑을 찬양하는 부분에서 (5, 6절에서) 나타났다. 그런데 찬양 부분에서 다시 하나님의 사랑을 노래하면서 "하나님이여" 라는 성호가 나타났다 (7절). 호격으로 처리된 이 성호 (엘로힘)는 어쩌면 "신들 (천사들)"을 지시하는지 모른다. 그렇다면, 7절은 "신들과 인생들이 모두 주의 날개 그늘 아래 피하나이다" 라고 노래할 것이다.

제1연 (1-4절): 죄인의 실상을 고발함

죄인의 모습을 그리는 것은 죄인을 기소하는 기소문이다. 그 목적은 성도에게는 경각심을 일으키고, 하나님께는 저들을 고발하여 심판을 호소하려는 것이다. 악인에 대하여 심판을 호소하는 것을 염두에 두었다는 사실은 3연에서 제시된 "간구"를 통해 알려진다. 시인이 1절의 악인을 11절에서 교만한 자와 악인으로 다시 받아서, 저들이 자기를 핍박하는 것을 묘사한다는 사실을 볼 때, 1연의 악인에 대한 묘사는 간접 기소(起訴)에 해당된다. 즉 1연은 3연의 기도를 위한 예비 조처에 해당된다.

1절: 악인의 죄얼이 내 마음에 이르기를 (네움 페샤 라라쇠 베케레브 립비)— "불경한 자의 악행에 관한 말씀이 내 마음 속에 있다." 시인의 깊은 심정에서 악인의 실상이 증거되고 있다. 그런데 여기 사용된 "예언, 말씀" (네움 oracle) 다음에 나오는 단어는 언급되는 사물이 아니라, 말하는 사람을 지시한다:

네움-야웨 (야웨께서 말씀하시길)
    (창 22:16, 민 14:28, 삼상 2:30, 왕하 9:26, 19:33 등)
네움 빌암 (발람이 말하길, 혹 발람의 예언)(민 24:3, 15)
네움 쇼메아 이므레-엘 (하나님의 말씀들을 듣는 자의 예언)(민 24:4, 16)네움 다빗 (다윗이 말하길 혹 다윗의 예언)(삼하 23:1) 등

따라서 직역하자면, "범죄가 불경한 자에 관하여 내 마음에 말하길" (네움-페샤 라라쇠아 베케렙 립비)이 될 것이다. 그렇지만 이 문장에 대한 이해는 다양하다. 우리는 여러 견해들 중에서 두 가지가 개연성이 있다고 본다. 1) "범죄가 악인에게, 그의 마음에 말한다" (NASB, NRSV, ELB). 현재 본문과의 차이는 "내 마음" 대신에 "그의 마음"으로 일부 히브리어 사본들, 70인역, 시리아어역, 벌게잇 등과 같이 이해한다는 점이다. 이 번역은 "죄가 악인의 마음을 주장한다" (NAB, [NJB])는 번역과 유사하다.

2) "불경한 자의 악행에 관한 말씀이 내 마음 속에 있다" (NIV: An oracle is within my heart concerning the sinfulness of the wicked). 이 번역은 "네움"을 '말씀' (saying)으로 이해하고, 그 말씀의 내용은 후반절에서 제시된다고 본다. 이런 "네움"의 용례는 구약에서 특이하다. 그렇지만 문맥상, 우리는 이 후자의 의미로 취하고자 한다.

그 목전에는 "하나님을 두려워함" 이 없다 (엔 파하드 엘로힘 레네게드 에나브)— "하나님의 두려움"은 하나님을 두려워함으로 이해된다 (목적격 속격; 막 11:22에서 " '하나님의 믿음' 을 가지라"는 "하나님에 대한 믿음"이다). 이 하나님에 대한 두려움은 "하나님을 경외함" (이르아트 야웨)이란 뉴앙스로도 (창 31:42, 53), 아니면, 하나님께서 사람들의 마음에 야기시키는 공포감 (삼상 11:7, 대상 14:17, 대하 14:13, 17:10, 20:29; 창 35:5도 참조)도 가리킨다. 그런데 불경한 자에게는 하나님을 경외하거나 두려워하는 마음이 없지만, 하나님은 자기에 대한 공포심을 인간의 마음에 야기 시킬 수가 있으시다. 악인의 가장 드러나는 특징은 하나님을 실제 삶에서 부인한다는 점이다. 왜 저들이 악행을 스스럼없이 자행하는가 하면 저들의 목전에 하나님에 대한 두려움이 없기 때문이다.

2절: 스스로 자긍하기를 (키 헤헬리크 엘라브 베에나브)— "스스로 자긍한다"는 말은 "자기들의 눈앞에서 자기를 칭찬한다"라는 말이다. 저들은 스스로 자화자찬(自畵自讚)한다. 그래서 "자신들의 죄악"을 발견할 수도 없고, 죄악을 미워하지도 아니한다. 오히려 자신들의 행하는 바를 미화시키려 든다. 1, 2절에서 두 번이나 사용된 "그 목전에서"란 말은 악인들이 어떻게 자기들의 보는 것을 기준으로 하여 사는지를 강조해 준다. 저들은 위로 하나님을 알지 못하고 오직 자기 보는 것을 기준으로 판단하고 생활할 뿐이다.

죄악이 드러나지 아니하고 미워함을 받지도 아니하리라 (림쵸 아보노 리스노)— "자기 죄악을 발견하거나, (그것을) 미워하지도 아니한다." 악인은 스스로를 자화자찬(自畵自讚)하면서, 자기 죄를 찾거나 미워하지 아니한다. "죄를 발견하다" 는 표현은 "처벌을 받다, 죄가 있는 것으로 드러난"는 의미를 전달한다 (왕하 7:9). 악인은 하나님의 심판에 대하여 알지를 못한다. 그러므로 저들은 행동에서, 말에서, 생각에서 하나님을 대적하며 범죄한다. 저들은 악인들이 심판을 받아 망한 사실을 알면서도 그것이 죄 때문이라는 것이나, 자기도 같은 자리에 떨어질 것이라는 것을 알지 못한다. 하나님의 법정을 안다면 악인이 그렇게 함부로 행동하지는 못할 것이다.

한 때 암흑가에서 살았던 사람은 이렇게 말한다:

> 빛과 어두움의 생활의 차이가 여기에 있는 것이다. 빛에 사는 사람은 자신을 항상 성찰하며 조금이라도 흠이 있으면 즉시 회개한다 … 그러나 어두움에 거하는 자는 스스로를 살피기 싫어한다. 너무나 더럽고 추한 자신의 모습을 발견하며 또한 그 상태를 개선할 방법이 없기 때문이다. 더 심하면 돌아 보아도 이미 안목이 어두워져 보이지를 않는 것이다. 그렇기 때문에 그들은 더욱 더 깊은 어두움의 수렁에 빠질 뿐이다 (이원록, "나는 죄인의 괴수였노라," 「숲속의 황금 알」 [서울: 여운사, 1994], 92)

3절: 그 입의 말은 "죄악과 궤휼" 이라 (디브레-피브 아벤 우미르마) —입의 말들은 마음의 생각의 표현이다. 항상 "죄악과 사기"(詐欺 fraud)를 도모하는 악인들의 도모는 입을 통해 발설된다

(마 15:19-20).

지혜와 선행을 그쳤도다 (하달 레하스길 레헤티브)— "선을 행할 것에 대해 통찰력을 갖지 못한다" (70인역 "그는 어떻게 하면 선을 행할지를 깨닫고자 하는 마음이 없다"). 하나님을 저버린 자들의 모습에 대하여 바울 사도는 "저희 총명이 어두워지고 저희 가운데 있는 무지함과 저희 마음이 굳어짐으로 말미암아 하나님의 생명에서 떠나 있도다"라 했다 (엡 4:18).

4절: 그 침상에서 죄악을 꾀하며 (아벤 야흐쇼브 알-미쉬카보)— 죄악 (아벤)이 문장 맨 처음에 위치하여 강조되었다. 저들이 침상에서 생각하는 일은 다름 아니라 "죄악"이다. 그렇게 생각한 죄악을 날이 밝으면 그것을 실행한다 (미 2:1). 사용된 단어들을 보면, 4 상반절과 5 상반절 (죄악 [아벤], 입의 말 = [죄악을] 꾀하며), 4 하반절과 5 하반절 (선을 행하다 [헤티브], 불선[不善]한 길)이 서로 연결된다.

스스로 불선한 길에 서고 (이트얏체브 알-데렉 로-토브)— 악인은 선하지 않은 길에 선다. 이는 "죄인의 길에" (베데렉 하타임) 서지 않는 의인의 모습 (시 1:1)과 대조된다. 전.후반절을 병행 사고로 고려한다면, 침상에서 악을 계획한 다음, 날이 밝자 그것을 실행하려고 현장에 서 있는 모습이다.

악을 싫어하지 아니 하는도다 (라아 로 임아스)—여기서도 "악"을 강조하고자 문장 처음에 위치하고 있다: "악, 그것을 그는 '배격하지' 않는다." 말하자면, 시인은 이렇게 말하는 것이다: 악인은 침상에서 악을 꾀한 다음에 날이 밝자 그것을 실행하고자 현장에 나가 있다; 그의 마음에는 죄의 유혹을 거절할 힘도 없고 그럴 의사도 없다! 이 문장은 4절에서 상응 사고를 갖지 아니한 것으로, 5절 말미에 독자적인 위치를 점하며, 지금까지 제시된 악인의 그림에 점을 찍어 악인에 대한 사고로 살아 움직이게 하는 화룡점정(畵龍點睛)에 해당된다.

제2연 (5-9절): 주의 사랑을 노래함

시인이 악인을 고발한 다음에 주의 사랑을 노래하는 까닭은 무엇인가? 악인을 기소하면서 시인 자신의 타락한 성향도 탄식스러웠을 것이고, 따라서 하나님의 긍휼과 인자 외에는 의지할 바가 없음을 절감했을 터이다. 달리 생각한다면, 악인의 모습에 반영된 자신의 모습을 탄식하면서, 하나님의 사랑을 생각할 때에, 인간의 배은망덕의 실상이 더욱 극명하게 드러날 것이다. 창세기 기자가 1, 2장에서 하나님께서 인간에게 베푸신 은총을 묘사한 후에, 그러한 큰 은총을 받은 인간이 뱀의 말에 넘어가서 하나님을 배반한 그 배은망덕을 지적하는 것이나, 여기서 악인의 실상을 고발하고 하나님의 사랑을 연이어 기술하는 것이나, 순서는 달라도 사실 대동소이한 의사 전달이다. 또한 3연에서 제시될 자신의 기도를 악인에 대한 간접 기소로 준비한 시인은 2연에서 "찬양"으로도 자기 기도를 예비한다. 하나님의 큰 사랑을 받았음에도 배은망덕하는 악인들에게서 나를 구원하소서!

악인에 대한 묘사에는 직접으로 하나님의 심판을 언급하지 아니한다. 그럼에도 그 묘사에서 우리는 악인이 하나님의 심판을 알지 못한다고 간접적으로 지적하는 것을 들을 수 있다. 이렇게 본다면, 1연과 2연에서 우리는 사고상의 대조를 느낄 수 있다: 하나님의 인생을 향한 사랑이 그분의 악인에 대한 처벌 보다 더 큰 강조를 받고 있다. 1연에서 악인의 악행은 2연에서 제시된 하나님의 사랑과 대조되고, 악인이 하나님에 대하여 생각하는 잘못된 사고와 (1-2절) 하나님께서 인생들을 살피시는 큰 사랑이 대조된다. 이러한 대조는 악인의 행동이 얼마나 잘못된 것이며 큰 배은망덕인지를 강조해 준다. 이러한 하나님의 사랑을 통한 악인의 죄악에 대한 강력한 기소는 악인의 처벌이 아주 마땅하다는 주장이며, 따라서 시인이 10절 이하에서 드리는 기도, 곧 악인에게서 마음에 정직한 자를 구원하시라는 간구의 동기를 제공한다.

5절: 주의 인자하심이 하늘에 있고/ 주의 성실하심이 공중에 사무쳤으며 (야웨 베핫솨마임 하스데카/ 에무나테카 아드-쉐하킴)—전. 후반절은 구조상 접으면 딱 포개지는 교차 병행법이며, 내용상으로도 동의 병행법을 이룬다. "당신의 인자" (하스데카)와 "당신의 성실하심" (에무나테카)이, "하늘에"와 "공중에" ("구름들에까지" 아드-쉐하킴)가 서로 병행되었다. "인자"와 "성실하심"은 관계적 용어로서 하나님께서 인간과 갖는 관계에서의 "사랑"과 "신실성"을 표시한다. 다른 곳에서는 "인자와 진리" (시 57:11, 108:5)로도 나타난다. 여기서는 전.후반절 모두에서 동사가 생략되었으나, 유사한 사고를 제시하는 다른 곳에서는 "크다" (가돌)란 형용사 술어가 꾸민다 (시 57:11, 108:5): "하나님의 인자와 신실하심은 '커서' 하늘 위에까지, 궁창에까지 (미친다)." 하늘에까지 미치는 하나님의 크신 사랑을 인간적 잣대로 잰다면, 도무지 잴 수가 없이 크다. 그 사랑과 신실하심의 한 표가 홍수 이후에 "무지개"로 나타났고 (창 9:16), 주님의 "십자가"로 드러났다. 한편, 5, 6 상반절이 하나님의 "큰" 인자에 대한 일반적인 진술이라면, 6 하반절 이하에서는 그 구체적인 증거들이 제시된다.

6절: 주의 의는 하나님의 산들과 같고 (치드카테카 케하레레-엘)—"당신의 의는 '하나님의' 산들과 같고" (70인역, 한역, NASB, ELB) 보다는, "'최고봉' 산들과 같고" (NIV, NRSV, NJB, NAB; '하나님'은 최상급을 표현하는 형용사적 용례이다)라 해야 한다. "최고봉 산들"과 같은 하나님의 의란, 흔들림이 없이 확고하다는 의미이겠다. 그런데 여기서 "의" (체다카)는 원리적 측면에서 '옳음' 보다, '그 옳음'이 구체화된 '행동'을 지시한다. 이는 NIV "당신의 구원하는 공의" (saving justice) 혹은 TNK "당신의 선하심" (your beneficence)이란 번역에서 적절하게 표현되었다. 요컨대, 이 "하나님의 의"는 하반절의 "하나님이 판단"과 마찬가지로 악인을 처벌하시고, 성도를 신원하시는 그분의 공의로운 처사에서 드러난다. 하나님의 의로운 행사는 그분의 거룩으로 요청되고, 그분의 신실하심은 그분이 주신 약속 이행으로 드러난다.

주의 판단은 큰 바다와 일반이라 (미쉬파테카 테홈 랍바)— 그분의 의와 판단은 자기 백성을 향한 그분의 신실하심과 신원(伸寃)하심에서 나타난다 (10절). "판단" (미쉬파트)이란 "판결", "심판", "소송", "법적 권리", "법" 등의 의미를 전달하며, 여기서는 그분이 악인과 선인을 공평하게 판단하는 "공의로우심"을 지시한다 (NIV, TNK). 그분의 공의로우심은 악인에게는 심판의 엄정성이라면, 의인에게는 "신원(伸冤)"이다. 그분의 판단이 "큰 바다"와 같다는 것은 그만큼 심오하여 (롬 11:33), 이해하기 어렵다는 의미도 있을 것이다. 그분의 의와 판결은 홍수 심판이나 소돔, 고모라 도성의 파멸에서 드러났고, 역사는 심판의 연속이라 할 만큼 하나님의 공의의 증인이다 (계 16:5, 7, 19:2, 20:13). 이단(異端) "여호와의 증인들"은 오해하여 말하길, "어찌 사랑의 하나님이 인생이 불구덩이에서 영원히 고통당하는 것을 바라 볼 수 있겠는가? 그러므로 지옥은 '상징적'인 표현일 뿐 존재하지 않는다" 라고 한다. 이는 성경이나 하나님의 속성을 알지 못하는 오해이다. 그분의 거룩은 의를 요청하고, 따라서 자기 아들을 십자가에 못 박으셨다. 그분은 인생을 구하시려 자기 아들을 대속 제물로 죽게 하시고, 그를 믿는 자는 불의함에도 구원받게 하신 것이다.

한편, 전. 후반절은 사고상 동의 병행법이며, 구조상 구문 병행법을 이룬다(주어+전치사구/주어+전치사구). 이런 구조에 비추어 볼 때, "큰 깊음" (테홈 랍바, 한역 "큰 바다") 앞에 전치사 (케, "와 같이")를 두어야 한다 (double duty). "당신의 판단은 큰 바다와 '같다'."

사람과 짐승을 보호하시나이다 (아담 우베헤마 토쉬아 야웨) ―이것이 하나님의 "의와 판단"의 구체적인 증거이다. 여기서 "보호하다"라 번역된 단어 (호쉬아)는 "구원하다"를 의미한다 (NRSV, TNK). 그런데 "짐승"을 "구원하다"란 말은 먹을 것이 없어 굶주려 죽을 때 먹이를 주어 구한다던지, 병들어 죽을 때 살린다던지 하는 정도로 이해가 된다. 그래서 현대 역본들은 "보존하다" (preserve, KJV, NIV, NASB)나 "돕는다" (ELB), "먹여 살리다" (support, NJB, LSG) 등으로 번역한다. 구원을 광의적 의미에서 그분의 일반은총에 의한 섭리로 이해하는 것이다. 이렇게 시인은 여기서 창조시에 인간과 생물들에게 베푸신 은총을 노래하고 있다.

5, 6 상반절은 4중으로 하나님의 사랑을 노래한다: 그분의 인자, 신실, 의와 판결. 하나님의 4중 속성을 노래하면서, 시인은 창조세계의 4대 대상을 언급한다: 하늘, 공중, 산들, 큰 바다. 그런데 4중 속성이나, 4중 대상이나 모두 둘씩 짝을 이루고 있다. 이 4중 진술을 통해서 우리는 그 사랑과 신실하심의 우주성을 인식하게 된다. 이에 비해 인간은 악하고 믿을 수가 없다 (3절).

7절: 주의 인자하심이 어찌 그리 보배로우신지요 인생이 주의 날개 그늘 아래 피하나이다 (마 야카르 하스데카 우베네 아담 베첼 케나페카 에헤사윤)―왜 보배로운 것인지는 다음에서 묘사된다. 곧, 인생 (베네-아담)이 주의 날개 그늘 아래 피난하는 것은 그분의 인자를 믿기 때문이다. 시인은 "'인생' (베네 아담)이 당신의 날개 그늘 아래 피하나이다" 라고 하면서, 하나님의 "일반 은총"을 노래한다.

8절: 주의 집의 살찐 것으로 풍족할 것이라 (이르베윤 밋데쉔 베테카)) ― "그들은 당신 집의 기름진 것으로 맘껏 마시리이다." 에덴동산에서 인생이나 생물이 향유할 수 있었던 그 축복을 암시하는 듯 하다. "주의 집"은 에덴동산이나 온 세상을 지칭하는 것인가? 아니면, 단순하게 여호와께서 자기 집에서 손님을 접대하시는 주인으로 묘사되는 것인가? 물론 구약에서 "여호와 집"은 "성소"를 지시한다. 여기서도 "성소"를 지시하는지 모른다. 그렇다면 주의 집의 '살찐 것'은 성소에서 성도들이 받는 "은혜"의 상징이다 (겔 47:1 이하; 사 55:1-2, 시 23:5, 63:5, 65:12). 에스겔이 환상 중에 볼 때, 성소에서 생수의 강물이 발원했듯이, 성소에서 주의 모든 은총은 시작된다. 한편, "풍족하리라"는 단어 (라바)는 목마른 사람이 원 없이 마시는 것을 지시한다.

주의 복락의 강수로 마시우시리이다 (베나할 아다네카 타쉬켐)—여기 "복락"이라 번역된 말 (에덴)은 최고의 "지복(至福)"을 의미하고 "에덴동산"과도 의미상 연관된다. 그렇다면, "당신의 지복의 강수"란 무슨 강물인가? (창 2:10 참조) 전반절에 비추어 본다면, 이것은 에덴동산에서 하나님께서 무상으로 누리게 하신 모든 축복을 상징적으로 지시하는지 모른다. 타락 이후 상태를 가정한다면, 그것은 하나님께서만 주실 수 있는 기쁨의 강물을 의미한다 (요 4:14, 14:27 참조). 에덴동산에서 네 강이 발원하였다면, 새 예루살렘에는 생명수 강물이 흐른다 (계 22:1-2). 이 후자는 신약시대 성도들이 그리스도 안에서 "지금 여기서" 누리는 성령님의 충만함과 영생의 상징이다 (요 7:38; 겔 37:1-12 참조). 에덴동산에서 발원한 네 강물은 성소였던 에덴에서 흘러나는 생명수였다면, 성도들은 이제 그리스도 안에서 성령님을 마시고 (고전 12:13), 생명을 얻었다. 이 모든 것이 주님의 인자하심의 축복이다.

9절: 대저 생명의 원천이 주께 있사오니 (키-임메카 메코르 하임) — "생명의 원천" (생명의 샘, 잠 10:11, 13:14)이란 말하자면, 지속적으로 생명이 솟구쳐 나오는 샘물이다. 여기서 "생명"은 "영생"을 지시할 수 있다. 이는 앞 절에서 진술된 생명수와 같은 은혜의 상징이다. 실제로 주님은 생명의 근원이시다 ("생수의 근원" 렘 2:13, 17:13).

주의 광명 중에 우리가 광명을 보리이다 (베오르카 니르에-오르)— 빛은 생명과 구원의 상징이다 (욥 33:30). "빛을 본다"라 함은 구원과 생명을 얻는 일이다 (욥 33:28). 더 나아가 성도들이 주님과 갖는 긴밀한 생명의 교제를 지시한다 (시 56:13, 89:16, 사 2:5 등). 한편, 다훗은 여기서 "당신의 전원에서 우리가 빛을 보리이다"라고 번역하고 이는 낙원에서 (Elysian Fields) 주의 얼굴 빛을 보는 광경에 대한 묘사라 이해하고 (Psalms I, 222-223), "빛" (오르) 대신 "들판" (우르)이라 읽기를 제한다. 이는 사 26:19, 시 56:14, 97:11, 욥 30 등에 대한 다훗 자신의 새로운 번역과, 창 11:28, 31, 15:7, 느 9:7 등에서 70인역이 "갈대아 우르"라고 번역하는 대신 "갈대아 땅"이라 번역하는 것에 근거한다. 그러나 9절에서 70인역은 한역처럼 번역하고 있다. 다훗의 주장은 별로 근거가 없어 보인다.

제3연 (10-12절): 성도의 기도

인생과 생물을 향한 하나님의 사랑을 노래한 시인은 이제 성도들을 "주를 아는 자" 혹은 "마음이 정직한 자"로 지칭하면서, 그들에게 주의 사랑을 계속 베풀어 주시라고 간구한다. 다윗은 현재 당면한 위기 상황에서 의지할 것은 오직 주의 인자와 공의임을 호소한다. 10절이 성도 전체를 위한 기도였다면, 11절은 시인 자신을 위하여 기도한다. 그리고 11-12절에서는 1-4절에 묘사된 그 악인이 시인 자신을 핍박한다는 것을 말해준다. 시인이 드리는 11절의 기도는 주기도문의

시 36편 마음이 정직한 자에게 의를 베푸소서! 55

일절 곧 "악에서 구하소서" (악 = 죄악, 재앙, 사탄, 악인 등)란 기도를 상기시켜 준다. 시인은 악인이 결코 승리할 수 없고, 오히려 넘어져 망할 것을 확신한다 (12절). 이런 기도에 비추어 본다면, 2연에서 칭송된 하나님의 사랑은 시인이 현재의 위기를 극복하기 위해 부른 찬양인지 모른다. 현재 위기 저 너머에 하나님의 구원과 큰 은총을 바라보고 감격했을지 모른다. 또한 10절의 사고는 5-9절에 제시된 사고를 반향하고, 11절의 사고는 1-4절의 사고를 반향한다. 그래서 이 시의 전체적 구조는 사고상으로 보건대, 1-4/ 11, 5-9/ 10 과 같은 교차 대구법을 구성하고 있다.

10절: 주를 아는 자에게 주의 인자하심을 계속하시며 (메소크 하스데카 레요드에카) —앞에서 주의 인자하심이 몇 번 언급되었지만, 여기서 분명하게 이것이 언약 백성을 향한 것임을 드러내 준다. 주를 아는 자들은 주의 언약백성들이며, 택함 받은 자들이다. 이들에게 하나님의 인자는 지속되고, 한량없이 베풀어진다. 물론 택자들 역시 지속적으로 그분의 은총에 거해야 한다.

마음이 정직한 자에게 주의 의를 베푸소서 (베치드카테카 레이쉬레 레브) —전반절에 사용된 동사 (마솩)가 후반절에서도 기능을 행사한다 (double duty): "마음이 정직한 자에게 주의 의를 지속하소서!" 여기서 보듯, 주의 의는 주의 인자와 동일시된다. 이런 은혜는 하나님과 친근히 하는 자들에게 주어진다. 한편 전. 후반절이 사고상 동의 병행법, 구조상 구문 병행법을 이룬다 (동사 + 목적어 +전치사구/ 목적어 +전치사구). 전반절에서 사용된 "지속하다" 동사가 후반절에서 생략되는 대신, 후반절에서는 전치사구를 두 단어로 만들어 전반절과 악센트 수를 맞추고 있다 (ballast variant).

11절: 교만한 자의 발이 내게 미치지 못하게 하시며 (알-테보에니 레겔 가아바) — 교만한 자나 악인들의 손과 발은 모두 성도를 해하는 수단이다. 발이 악인을 옮겨주고, 그 손으로 악을 시행하기 때문이다. 하나님은 무죄한 자의 피를 흘리는 손, 빨리 악으로 달려가는 발을 미워하신다 (잠 6:17, 18). 이런 것들이 성도에게 근접하지 못하도록 "기도" 해야 한다. 오늘날에는 인터넷을 통해서나 휴대폰을 통해서 접근하기도 한다. 그런데 "교만한 자" 는 후반절의 "악인" 이다.

악인의 손이 나를 쫓아내지 못하게 하소서 (베야드 레솨임 알-테니데니) —전. 후반절은 구조상 교차 병행법을 이룬다. 사고상으로 보면, 후반절은 전반절의 사고보다 더 나아가고 있다: 단순히 미치는 것이 아니라, 시인을 쫓아내고자 한다. 여기서 "손" 은 "권세" 를 의미할 수 있다. 그런데 "쫓아내다" 라 번역된 말 (누드)은 고향에서 떠나 유리하게 만들다란 의미이다 (왕하 21:8). 창 4:12, 14에 의하면, 가인이 저주를 받아 땅에서 피하며 유리하는 자가 되었다. 다윗도 사울왕에게 쫓겨 다니면서 유리 방랑해야 했다. 그런데 다윗은 여기서 동사를 "던지다" 란 의미로 번역하고 있다 (12 하반절, 출 15:16 참조).

12절: 죄악을 행하는 자가 거기 넘어졌으니 (샴 나펠루 포알레 아벤)—악을 행하는 자들은 넘어지기 마련이다. 다윗을 그렇게 죽이고자 했던 사울 왕은 엔돌의 무당을 찾아갔다가 무당의 말에 땅에 온전히 엎드러졌다 (삼상 28:20). 나중 길보아 산상에서 사울은 중상을 입고 스스로 자기 칼에 엎드러져서 자살하고 말았다. 이것이 불의한 자의 말로(末路)다. 넘어지고 엎드러져서 다시 일어나지 못한다. 악인들은 엎드러지고 일어나지 못하나 (렘 50:32), 성도는 일곱 번 엎드러져도 여덟 번 일어선다 (잠 24:16, 시 20:8, 145:14). 왜냐하면 성도는 여호와께서 일으켜 주시기 때문이다. 그런데 여기서 "거기" (샴)란 말은 다훗이나 NIV는 엘 아마르나 문서에서 나타나는 "보라" (슘마)에 상응하는 말로 본다: 보라, (악행자들이 어떻게 넘어졌는지를!)

엎드러지고 다시 일어날 수 없으리라 (도후 벨로-야켈루 쿰) — "던져졌고 일어날 수 없도다." 12절의 사고는 1, 2절의 사고가 얼마나 잘못되었나를 입증해 준다. 즉, 악인의 사고는 거짓된 것으로 드러났다. 악인은 반드시 하나님의 처벌을 받으며, 그분의 심판은 더딘 것 같으나 정밀(精密)하여 아무도 피할 자가 없다.

시편의 적용

악을 싫어하지 아니하는도다 (4절)

"싫어하다"로 번역된 말 (마아스)은 싫어하여 배척하고, 거절하다는 뉴앙스를 나른다. 사 7:15, 16에서 이 말의 정확한 뉴앙스는 "악을 버리며 선을 택하다" (마오스 바라 우바호르 베토브)란 표현에서 포착된다. 어떤 것을 택한다는 것은 그것을 사랑한다는 의미를 가질 수 있다. 예컨대, 하나님께서 우리를 택하셨다는 것은 그분이 우리를 사랑하셨다는 말이나 같다 (말 1:2, 3, 롬 9:13 참조). 성도는 악을 미워하고 선을 사랑해야 (손에 라아 베에헤부 토브) 마땅하나 (암 5:15, 롬 12:9), 도리어 선을 미워하고 악을 좋아하기도 (손에 토브 베오하베 라아) 한다 (미 3:2). 여기 시편 4절에서 악인의 기질을 묘사하면서 "악을 싫어하지 않는다" 라고 한 것은 악인이 선을 미워하고 악을 좋아한다는 말이나 같다. 악을 혐오하고 거절하는 것이 하나님을 경외함의 표현이다 (시 97:10, 잠 8:13).

하나님의 의와 판단은 태산같이 높고 바다의 심해처럼 깊다 (6절)

하나님의 의와 판단 (미쉬파트)은 그분의 언약에 근거한 신실하심의 표현이다. 하나님은 이방신들처럼 아무런 원리가 없이 변덕을 부리는 분이 아니다. 우리 하나님은 자비로우시며 은혜로우시며 노하기를 더디 하시며 인자하심이 풍부하시다 (시 103:8). 그런데 여기서 (시 36:6) 강조되는 바는 그분의 의와 판단이 엄청나게 크다는 것이다. 이는 우리에게 어떤 의미가 있을까?

1) 그분의 의는 그분의 "인자"와 동일하다 (10절). 하나님 앞에서 의로운 인생이 없으므로 판단을 하실 때, 우리는 모두 죄인으로 드러난다 (시 143:2). 그렇지만, 회개하는 자들에게 (구약시대에는 속죄제나 번제를 드림으로 표시) 언약사랑이 새롭게 베풀어진다.

2) 하나님의 의와 판단이 그분의 말씀으로 계시되었다 (창 18:19, 신 33:21 등). 성도는 그분의 언약백성인 까닭에 그분의 의와 판단의 풍성함을 의지하여, 믿음으로 살 수 있다. 세상의 되어지는 모든 것들을 생각하면 우리는 걱정과 근심에 살수 없을 듯하지만, 하나님의 의와 판단이 커서 못 미칠 곳이 없기 때문이다. 하나님은 압박당하는 자를 위하여 의를 행하시며, 판단하신다 (시

103:6).

한편, 신약에서 특히 바울 서신들에서 "하나님의 의"(디카이오수네 투 테우)는 바울 복음의 토대를 이루는 것으로 나타난다 (롬 1:17, 3:5, 21, 22, [4:6], 10:3). 그가 말하는 "하나님의 의"란 율법을 지키지도 않고 공로가 없는 불의한 자들이라 할지라도, 인류의 죄를 지시고 십자가에서 죽으시고 부활하신 예수 그리스도를 믿는 자들은 누구나 의롭다고 선포하시는, 죄인에게 그저 주시는 "의"이다. 그것이 그분의 인류를 향하신 신실하신 사랑의 표현이다. 십자가는 바로 하나님의 피조물을 향한 긍휼과 사랑의 발로이며, 범죄한 최초 인간에게 선고하신 처벌과 구원 약속만 아니라, 그 이후로 만민을 복 주시고자 아브람을 택하시고 부르신 일 (이스라엘 역시), 다윗의 후손이 영영 왕노릇 하리라는 약속 등과 같은 일련의 행위들과 약속들의 온전한 완성이자 이행이었다. 십자가에서 그분의 신실하심과 그분의 사랑의 극치가 나타났다.

구약에서 "하나님의 의"는 기본적으로 자기 언약 백성을 향한 것이다. 그분의 의는 자기 언약 백성과 맺은 언약 조항들에 신실하셔서, 언약 규례에 신실하여 하나님을 충성되게 섬기는 자들에게 상을 베푸시고 (신 28:1-14), 언약을 파기하는 자들을 벌하시는 (신 28:15-68) 것에서 드러난다. 그분의 공의는 신실한 자들에게 구원으로 나타나고, 언약에 불신실한 자들에게는 심판으로 나타난다. 그런데 바울 사도에게서 "하나님의 의"란 언약을 파기하고 불의한 자들임에도 불구하고, 구약 제사들이 모형적으로 제시한 것들의 실체이신 예수 그리스도를 바라고 믿는 자들의 죄를 용서하시고 의롭다고 선고하시는 행위이다. 이것이 바울의 복음이다.

요약하자면, 하나님의 의의 용례는 언약 관계에서 법적 공평성의 시행에서 출발하여, 의인에게는 하나님의 긍휼과 사랑으로, 언약 배교자들에게는 엄정한 심판으로 나타난다. 그런데 신약 시대에는 예수 그리스도의 십자가에서 그분의 의가 나타났다. 여기서 그분의 "의"는 그분의 공의와 인자를 함께 지시한다. 예수께서 죄악의 "처벌"을 당하셨고 따라서 그를 믿는 자들을 "용서"하시기 때문이다.

주의 날개 그늘 아래 피하나이다 (7절)

사업상의 실패나 건강의 악화, 가정불화(家庭不和), 직장 상실, 실연(失戀) 등등의 이유로 주님을 찾는 것은 주의 능력을 의지하여 문제를 해결하고자 함이다. 이렇게 주께로 피난하는 것 (하사)은 내가 누릴 수 있었던 세상 즐거움의 끝이 아니라, 진정한 즐거움(은혜)의 시작이다. 그런 자들은 주의 날개 그늘 아래에서 폭양(曝陽)을 피하고자 한다. 그분의 보호 하에 피하는 그 순간부터 신약적으로 본다면, 의롭게 하심, 거듭나게 하심, 회개, 거룩케 하심, 영화롭게 하심 등의 일련의 내적 변화와 신분변화가 초래된다. 이런 영적 체험을 가진 자들은 세상이 줄 수 없던 기쁨과 평안을 맛볼 것이다.

구약시대에 이스라엘은 하나님의 백성이었지만, 저들 개개인이 하나님과 인격적 만남을 통해서 이런 내적 변화를 갖지 않으면 안 되었다. 저들이 태어나면서부터 자동적으로 이런 변화를 받아서 은혜 생활한 것은 아니었다. 이러한 이해는 아브라함 언약에, 약속의 자녀가 아닌 "이스마엘"을 포함하여 아브라함 집안 모든 남자들이 다 포함되었던 것에서도 입증 된다 (창 17:26, 27). 날개 그늘 아래 피함은 성도가 위기시에 취하는 일시적 신앙각성으로도 물론 이해될 수 있을 것이다 (시 17:7, 8, 57:1).

교만한 자의 발/ 악인들의 손이 근접치 못하게 하소서 (11절)

오늘날처럼 폭력과 음행과 악행이 난무하는 시대에는 자녀들 안심하고 학교 보내기 운동까지 생겨나야 했다. 학부모와 검찰이 힘을 합하고, 언젠가는 잠실의 올림픽 역도 경기장에서 검찰총장, 저명한 목사들, 수많은 성도들이 모여 가졌던 결의대회에 참석한 적이 있다. 부모들이 자녀들에게 선악을 구분할 줄 알도록 가르치고, 축복하며, 기도할 것이 강조되었다. 여기 시인은 기도하길, 악인의 손과 발이 자기에게 접근치 못하게 해달라고 기도한다. 이 기도를 우리 자녀들 위한 기도로 활용할 수 있다. 악한 자들의 손과 발이 우리 자녀들 근처에 접근치 못하게 하소서. 접근하다가는 넘어지고, 던져지며 다시 일어나지 못하게 하소서 (12절).

시 37장 행악자를 인하여 불평하여 말라!

1. 전체구조에서의 위치, 시의 유형과 삶의 자리

이 시편에 근거하여 풀 게르하르트 (Paul Gerhardt)는 "네 길을 맡기라" (Befiehl du deine Wege; 영역 "네 모든 슬픔을 맡기라" [Commit thou all thy griefs])라는 찬송 가사를 작사하였다. 하나님과 그분의 섭리와 통치를 신뢰하라는 것이 이 시편의 주제이다. 이런 핵심 사고는 1절 "행악자를 인하여 불평하여 하지 말며, 불의를 행하는 자를 투기하지 말지어다" 에서 곧 바로 요약 제시되고 있다. 터툴리안은 이 시를 "섭리의 거울" (*providentiae speculum*), 이소도레는 "불평을 막는 음료" (*potio contra murmur*), 루터는 "경건한 옷" (*vestis piorum*)으로 "여기에 성도들의 인내가 있나니" (계 14:12)를 덮어 준다 하였다 (F. Delitzsch). 이러한 사고는 잠언이 제시하는 사고들과 여러 면에서 공통점을 보이고 있다. 잠언의 문장 잠언들과 형식이나 내용이 흡사하여, 대개 명령법이 주어지고, 그 권고에 대한 순종의 결과가 제시된다.

표제는 간단하게 "다윗의 시"로 제시된다. 다윗이 저자라면 다윗이 신앙적 눈으로 세상을 고찰하고 후세 교육을 위해 그의 말년에 (25절 참조) 기억하기 쉽도록 알파벳 형식을 사용하여 자신이 얻은 교훈들을 시로 표현했을 것이다. 솔로몬이 잠언을 많이 저술했다면, 다윗은 시편을 많이 저술함으로, 부자 (父子) 모두 하나님의 은혜를 받아 오고 오는 세대의 신앙인들에게 교훈을 남겼다. 시인의 권면은 성도들이 악인의 형통이나 행위를 목도하고, 신앙적 도전과 하나님의 통치에 대한 의문이 있다 하더라도, 온전히 순종하며 그분을 전적으로 신뢰하라는 것이다. 시인은 아주 목회적인 차원에서 성도들에게 권면하고 있다. 이런 교훈적 시는 시 49편이나 73편 등에서도 발견된다. 시 37편의 기자가 성도들에게 권면하는 바는 자신의 성숙한 신앙 인격에서 우러나온 것이며, 자신의 오랜 신앙 체험에 근거하기도 한다. 그의 권면은 악인에 대한 심판과 의인에 대한 구원 같은 일반 지혜문학의 주제를 담고 있지만, 땅의 상속이나 악인의 땅에서 끊어짐 같은 이스라엘 구속사의 핵심 주제도 포함하고 있다.

2. 시적 구조와 해석

이 시는 히브리어 알파벳 글자들을 순서대로 제시하여 구성된 시인 까닭에 사상적 흐름이나 문맥을 형성하기보다, 한 알파벳 중심으로 하나의 행이 내용이나 형식상의 한 단위를 이루는 모습이, 잠언 10장 이하에서 상이한 사고를 담은 개개 문장들이 함께 배치된 것과 흡사하다. 따라서 사상적 흐름이나 형식상의 차이를 근거로 연을 구분하기가 쉽지 않다. 그렇지만, 시인은 한 번 사용한 표현들을 다시 반복하고 있기 때문에, 전체적으로 사상적 통일성을 견지하고 있다. 리델보스는 이 시가 개개 문장 잠언들처럼, 행들 서로 간 사고상의 연결성이 없고, 좀 산만하게 이 것저것 제시한다는 비평적 시각을 이렇게 논박하고 있다:

> 시인은 마치 망치로 못 대가리를 내리치듯, 한 알파벳 글자마다 내리 쳐서 못이 아주 깊이 박히도록 하고 있다. 그는 같은 사고를 다른 말들로 반복 제시하여 청중의 머릿속에 잊혀지지 않도록 새겨지도록 하고 있다. 잊지 말아야 할 것은 시인은 동일한 진리를 여러 각도에서 조명하여 설교하고 있다는 점이다. 사고상의 흐름을 찾기 어렵다고들 하지만, 다른 알파벳 시들보다 이 시는 전체적으로 보건대 사고상의 통일성을 보다 잘 견지하고 있다 (*Die Psalmen*, 268).

전체 구조를 살펴보면, 대개 네 개의 콜론(colon)으로 한 알파벳 행(verse)을 구성했지만, 달렛, 카프, 코프 등은 세 개의 콜론으로 구성되었고, 챠데 (두 번 나타남), 눈, 타브 행은 다섯 개의 콜론으로 구성되었다. 그런데 아인 행이나 (28 하반절) 타브 행 (39절) 등은 해당 알파벳 앞에 전치사 (라멧)나 접속사 (바브)가 붙어 있으나, 알파벳 순서를 파악하는데 어려움은 없다). 그리고 12 (자인), 21 (라멧), 32 (챠데)절 등에서는 모두 "악인" (라솨)을 주어로 제시한다.

리델보스를 따라서 네 개의 스탄자로 구분할 수 있다:
I. 여섯 연으로 구성 (1-11절: 1-2, 3-4, 5-6, 7, 8-9, 10-11): 이 시의 주제
행악자를 인하여 불평하지 말라; 저들은 멸절당할 것이니 여호와를 잠잠히 신뢰하고 선을 행하여라 그러면 땅을 기업으로 받으리라
 1-2절 → 7절; 3-4절 → 5-6절
II. 다섯 연으로 구성 (12-20절: 12-13, 14-15, 16-17, 18-19, 20)

의인을 대적하고 실패하는 불경한 자의 모습
12-13절 → 14, 15절 → 16, 17절
III. 다섯 연으로 구성 (21-29절: 21-22, 23-24, 25-26, 27-28, 28b-29)
의인의 행동 묘사
21-22절 → 23, 24절 → 25, 26절
IV. 여섯 연으로 구성 (30-40절: 30-31, 32-33, 34, 35-36, 37-38, 39-40)
앞 연들의 사고를 반복 제시함
30, 31절 → 34절 (스탄자 III의 주제 제시)
32, 33절 → 35, 36절 (스탄자 II의 주제 제시)

이 네 스탄자들에서, 모두 마지막 두 연들이 (I. 8-11, II. 18-20, III. 27-29, IV. 37-40) 앞 연들이 (I. 1-7, II. 12-17, III. 21-26, IV. 30-36) 제시한 사고들을 요약 제시하고 있다. 이것을 도식화하면 다음과 같을 것이다:

I a – b – b' – a' → c – d
II e – e' – e'' → (c – d)'
III f – f' – f'' → (c – d)''
IV f''' – e''' – f''' – e''' ==⟩ (c – d)'''

이제 이 시에 사용된 반복법을 고찰해 보자.
-화내지 말라 (알-티트하르, 1a, 7, 8절). 여기 사용된 동사 (하라, 화내다)의 히트파엘형은 여기 외에는 잠 24:19에서만 나타난다.
-기뻐하라 (히트안나그, 4, 11절; 시편에서는 여기서만 나타난다)
-의인 (챠딕)은 12, 16, 17, 21, 25, 29, 30, 32, 39절 등에서 악인 (라솨)은 10, 12, 14, 16, 17, 20, 21, 28, 32, 34, 35, 38, 40절 등에서 나타난다.
-땅을 차지하다 (야라쉬 에레츠)는 9, 11, 22, 29, 34절 등에서 나타나고, 시편 다른 곳에서는 시 25:13, 44:4, (69:36) 등에서만 나타난다. 시편 밖에서 이 표현은 신명기에서 빈번하게 나타나고 (1:8, 21, 2:24, 31, 3:12, 18, 20, 4:1, 5, 14, 22, 26, 47, 5:31 등) 가나안 땅의 정복과 연관되는 여호수아 (1:11, 15, 12:1, 13:1, 18:3, 21:43, 23:5, 24:8), 사사기 (1:32, 2:6, 11:21, 18:7, 9) 등에서 자주 나타난다. 그런데 이 표현은 가나안 땅의 점유와 연관되지 않는 시편에서의 용례를 고찰한다면, "악인이 땅에서 '끊어지다'" (익카레트, 시 37:9, 22, 28, 34, 38절 참조)란 표현의 대응어로 등장한다. 따라서 땅을 점유한다는 사실 자체보다도 "땅에서 거하다/ 장수(長壽)하다" (쇠칸 에레츠, 시 37:3, 27, 29절 등 참조), 그 후손이 대대로 지속되다 (저희 기업, [나할라탐]은 영원하다, 시 37:18절 참조)라는 사고에 강조점을 갖는지 모른다.

"의인," "의로운," "불경한," "악인," "땅을 소유하다," "끊어지다" 등이 이 시의 핵심어들 (Schluesselwoerter)이라 할만하다. 뮐렌버그 (Muilenburg)는 시 37:1, 3, 5, 7, 8절 등에서 연속으로 "안달하지 말라, 신뢰하라, 위탁하라, 잠잠하라, 삼가라" 등과 같이 강조 구문 (명령형)이 나타나는 점을 주목한 바 있다.

스탄자 I (1-11절)
이 시 전체의 주제가 제시된다. 그것은 악인을 인하여 안달하여 화내지 말라는 것이며, 의인과 악인의 종국적 운명이 묘사된다.
알렙 행 (1-2절)
1-2절이 부정적으로 악인을 대하여 안달하며 불평하지 말라고 권면한다면, 3-4절은 긍정적으로 여호와를 전적으로 신뢰할 것을 권고한다. 1-2절은 이 시편 전체 사고의 "싹"을 담고 있다 (시 26편도 참조). 그리고 1-2절의 사고는 7절과 상응한다.

1절 : 행악자를 인하여 불평하여 하지 말며 (알-티트하르 밤메레임)—전. 후반절 간에 내용상으로 동의 병행법, 형식상으로 구문 병행법을 이룬다. "불평하다" (하라)로 번역된 동사는 "화나다, 흥분하다, 안달하다"란 뉴앙스를 전달한다 (출 32:11, 22,민 25:3, 신 6:15, 7:4 등). 여기서도 의미는 "행악자에게 안달하며 분내지 말라는 것이다. 이 구절은 하나님의 공의로운 통치가 확연하게 드러나지 않는 상황에 처할지라도 인내로 믿음을 지키라는 권고이다. 역사는 하나님의 주권 하에 움직이며, 더딘 것처럼 보여도 그분의 심판은 세심하게 시행되기 때문이다. 욥이 고난당할 때, 그의 친구들은 모두가 하나님의 공의로운 보응이라 해석하였다. 그러나 욥은 자신의 무죄함을 변호하며 하나님의 의로운 판단이 반드시 임하리라는 믿음을 져버리지 아니하였다 (특히 욥 27장 참조). 성도의 이런 확신은 반드시 응답되고야 만다.

불의를 행하는 자를 "투기하지 말지어다" (알-테카네 베오세 아블라) — "투기하지 말라"는 말은 긍정적으로 성도가 하나님의 이름을 위한 열심에서 갖는 질투나 (민 25:11, 13) 하나님께서 자기 이름을 위하여, 자기 백성을 위하여 열심 내신다는 (겔 39:25, 욜 2:18, 슥 1:14, 8:2) 진술에서 사용되지만, 부정적으로는 여기서처럼 악인의 형통에 대한 의인의 시기심을 지시하기도 한다. 이 말씀은 잠언의 한 구절과 동일하다: "너는 행악자를 인하여 분을 품지 말며 악인을 부러워하지 말라" (24:19). 7절에서도 유사한 사고가 표출되고 있다.

2절: 풀과 같이 속히 베임을 볼 것이며 (키 케하치르 메헤라 임말루)— "풀과 같이 속히 마를 것이며." 후반절과 사고상 동의 병행법, 구조상 구문 병행법을 구성한다. 사용된 표상 (metaphor)은 시편에서 몇 번 사용되어, 악인의 허무함 (129:6; 혹은 인생의 허무함 [시 103:15])을 강조한다. 지붕 위에 자라는 잡초처럼 햇볕에 곧 말라 시드는 존재가 악인이며, 인생들이다. 1절의 권고는 2절에 근거한다 (2절 초두에 "왜냐하면" [키]).
푸른 채소같이 쇠잔할 것임이로다 (우크예렉 데쉐 입볼룬)—밭에 자라는 채소는 여름철이 지나면 제철이 지난다. 마찬가지로 악인도 한때 기세등등 하지만, 이내 역사에서 사라져 버린다. 여기 "채소" (데쉐)는 차라리 "[푸른] 식물" (vegetation)로 번역되어야 한다 (창 1:11, 12에서 "식물"은 씨 맺는 식물들과 "과실수들"로 구분되고 있다). 그런데 여기 문맥에서 곧 마르는 것은 "풀"이 적절할 것이다.

베트 행 (3-4절)

3-4절의 사고는 부정적 권면인 1-2절을 적극적으로 개진한 것이며, 5-6절에서 반복되고 있다. 그래서 구조적으로 보면, 1-2절과 7절이, 3-4절과 5-6절의 사고가 서로 병행되는 교차 대구법을 구성한다.

3절: 여호와를 의뢰하여 (베타흐 바도나이) —성도는 악인의 형통을 질시할 것이 아니라, 여호와를 신뢰하며, 자신의 할 일을 다 할 뿐이다. 잠언에서는 여호와를 의뢰하라는 권고는 자신이 명철 (비나)을 의지하는 일에 대한 대안으로 제시된다. 성도는 전심으로 하나님만 신뢰해야 한다 (잠 3:5).

선을 행하라 (바아세-토브)—성경은 선을 행하는 자가 없다고 선언한다 (시 14:1, 3, 롬 3:12). 그런데도 성도들에게는 "선을 행하라"는 권고가 주어지고 있다. "선을 행한다"는 것은 구약의 문맥에서 고찰하건대, 동양인들이 생각하는 일반적인 구제나, 선행이 아니다. 그것은 "여호와의 보시기에" 정직하고 선한 일을 행하는 것이다 (신 6:18, 12:28). 성경에서 "자기들 보기에 선한 것을 행하다"란 표현은 하나님의 정죄의 선언이다 (삿 17:6, 18:1, 21:25 등). 따라서 선을 행하라는 권고는 성도들에게 하나님의 말씀에 순종하여 행하라는 권고의 다른 표현이다.

땅에 거하여 성실로 식물을 삼을지어다 (쉐콘 에레츠 우르에 에무나) —두 가지 상이한 번역이 가능하다: 1) "땅에 거하여 신실(의 풀을) 뜯어 먹어라" 곧 신실을 식물로 삼으라. 혹은 신실을 (양을 치듯) 배양시켜라 (NASB). 원문대로 '명령형'으로 번역한다 (NASB, NIV, NJB, TNK). 그런데 다훗은 여기 "성실" (=신실 [에무나])이란 말을 70역을 근거로 "풍부함"이라 이해한다. 그래서 "너는 [팔레스틴] 땅에 거하여, 그 풍부함을 먹으라"라고 번역한다. 2) "그러면 네가 그 땅에서 살고, 안전을 즐기리라" ("안전하게 살리라" NRSV, NAB). 후반절이 전반절에 순응할 때 야기될 축복으로 이해한다. 이런 이해는 다음절 (4절)의 구조나 27절의 사고로 뒷받침된다. 사용된 말 "성실" (에무나)은 신실함도 지시하지만, 안전, 견고함도 표현할 수 있다 (출 17:12). 사용된 동사는 (라아) 보통 목자가 "양을 치다" (shepherd, feed)란 말이지만, 여기서는 자동사로서 '무엇인가에 몰두하다,' '실천하다' 란 의미로 이해된다 (KB³, 5b).

4절: 여호와를 기뻐하라 (베히트아나그 알-야웨)—이는 하나님을 기뻐하라는 것은 하나님 안에서 기쁨을 찾으라는 말이며, 이는 다시 "하나님을 즐기라"라고 감히 말할 수 있을 것이다. 여호와를 기뻐하는 온유한 자는 풍부한 형통 (로브 샬롬)도 축복으로 누릴 수 있다 (11절).

저가 네 마음의 소원을 이루어 주시리로다 (베잇텐 레카 미쉬알롯 립베카) —마음의 "소원" (미쉬알라)은 성도가 간구하는 (솨알) 기도제목이라고도 할 수 있다 (시 20:6). 하나님을 신뢰할 때, 그분이 우리의 기도제목을 이루어주신다.

김멜 행 (5-6절)

3-4절의 사고가 반복 강조된다.

5절 : 너의 길을 여호와께 맡기라 (골 알-야웨 다르케카)—사용된 동사는 "돌"을 목적어로 할 때, 돌을 굴려 옮기다 란 의미를 지닌다 (창 29:3, 8, 10). 하나님은 할례 받지 못한 이스라엘에게 할례를 행하신 후에 "내가 오늘날 애굽의 수치를 너희에게서 굴러가게 하였다"고 하셨다 (수 5:9; 시 119:22 참조). 그래서 그곳 이름을 "길갈"(바퀴)이라 부르셨다. 여기서의 사고는 성도의 길 (사업, 계획 [대하 13:22], 여행, 구상 [삼상 15:18], 사명 [창 24:21] 등), 운명을 주께 굴려 버리라, 곧 전적으로 맡겨 버리라는 것이다 (벧전 5:7). 이것은 기도에 전적으로 매달려 간구함으로 가능하다.

저를 의지하면 (우베타흐 알라브) —그분을 신뢰하라! 여호와께 자기 길을 의탁하고 그분을 신뢰함이 형통의 지름길이다. 그분이 이루어 주시기 때문이다.

저가 이루시고 (베후 야아세)—성도의 사업을 이루어주신다 (사 58:13 참조). 본절의 사고는 잠 3:5-6에서도 반영되고 있다. 여기서 "이루다"로 번역된 말은 기본적으로 "만들다," "행하다," "만들다," "일하다" 등을 의미하며, 여기서는 "행동하다" 곧 하나님께서 성도를 위하여 일하시리라는 것이다.

6절: 네 의를 빛같이 나타내시며, 네 공의를 정오의 빛같이 하시리로다 (베호치 카오르 치드케카 우미쉬파테카 카초하라임)— 전.후반절이 사고상 동의 병행법, 형식상 교차 구문 병행법을 구성한다 (동사+전치사구+목적어 /목적어+전치사구). 전반절의 동사는 ("[빛같이] 드러내다," 호치 [카오리] 후반절에도 해당된다 (double duty). 그런데 후반절을 직역하자면, "너의 공의를 정오 같이 (드러내리라)"이다. 그런데 여기서 다훗은 "빛"(오르)이란 말을 "태양"으로 번역한다. 그는 사 62:1, 욥 31:26, 37:11, 21, 41:10, 합 3:4 등에서 "오르"는 빛 보다 "태양"을 의미한다고 주장한다.

"의" (체데크)와 "공의"(미쉬파트)는 여기서 보듯 동의어로, 성도의 궁극적 승리와 변호를 지시한다. 하늘의 태양이 돈아도 어둡고, 그 빛을 비춰지 아니할 때도 있다 (사 13:10). 그러나 하나님을 전적으로 신뢰하는 자들은 궁극적으로 승리와 구원을 얻게 될 것이다.

달렛 행 (7절)

1절의 사고가 반복 강조된다.

7절: 잠잠하고 참아 기다리라 (돔 라도나이 베히트홀렐 로)— "참아 기다리다" (히트홀렐)는 "빙빙 돌다," "춤추다" 등을 의미하지만, 여기서는 "기대하며 기다리다" 란 의미 정도로 추정한다. 성도의 덕목 중에서 잠잠하고 "참아 기다림"의 덕목도 중요하다 (믿음, 덕, 지식, 절제, 인내, 경건, 형제 우애, 사랑, 벧후 1:5-7). 왜 실패하는가? 하면 그 순간에 참지 못하고 견디지 못하기 때문이다. 시인은 1절의 사고를 여기서 반복하고 있다. 악행자의 형통을 부러워하여 안달하거나 화내지 말고, 오래 참고 믿음으로 주만 바라보라. 하나님의 공의가 지상에서 사라진 듯한 시기에 이렇게 주를 바라고 인내하기란 어렵다. 사울 왕이 득세하여 다윗을 죽이고자 할 때, 다윗은 신앙으로 인내하기 어려웠다. 그래서 그는 블레셋으로 도망갔으나 그곳에서 더 큰 봉변을 당해야 했다 (삼상 21:10절 이하).

형통하며 악한 꾀를 이루는 자를 인하여 불평하여 말지어다 (알-티트하르 베마츨리아흐 다르코 베이쉬 오세 메짐못)— "자기 길에서 형통하는 자들에 대하여, 악한 꾀를 행하는 자들에 대하여, 안달하여 화내지 말라" (NRSV). 악인은 자기 길에서 형통하고 (시 1:3의 의인의 형통하는 모습처럼) 재앙이나 고난이 없을 수도 있다. 그러나 악인이 스스로 자기 길에서 형통한다면, 의인은 자기 길을 여호와께 맡겨서 (5절), 그분으로 일하도록 하셔야 한다. 왜냐하면 스스로 형통하는 자들의 형통은 잠간이요, 그 형통이 스스로를 자만케 하고, 방탕으로 인도하겠기 때문이다 (시 73:19 참조). "악한 꾀" (메짐못)는 긍정적으로 "근신" (discretion) 혹은 의도 (purpose)를 지시하지만, 여기서는 부정적인 꾀, 도모를 지시한다. 사기를 치고, 아첨, 중상모략해서 일시 잘 될 수 있지만, 그런 자의 자리는 안전할 수 없다.

혜 행 (8-9절)

8-11절은 제1 스탄자의 전체 구조에서 본다면, 1-7절의 사고를 요약 제시해 준다. 8절은 1, 7절에 이미 제시된 "악인을 인하여 안달하여 화내지 말라"는 권고를 반복한다. 9절이 그렇게 하지 말아야 할 두 가지 이유를 제시해 준다:그것은 범죄로 인도하기 때문이며, 동시에 악인은 주님의 심판으로 끊어지고 말겠기 때문이다.

8절: 분을 그치고 노를 버리라 (헤레프 메아프 바아조브 헤마)— "분을 그치라"는 말은 "분을 놓으라" (Laisse la colère, LSG)는 말이다. 손을 꽉 잡지 말고 놓듯이, 분을 꽉 잡지 말고 놓아 버리라는 것이다. 그리고 "노를 버리라"는 말은 앞의 문장과 병행어로 다시 반복 강조해 준다. 이 문장들의 사고는 1, 7절의 사고를 반복하기도 한다.

불평하여 말라 행악에 치우칠 뿐이라 (알-티트하르 아크-레하레아)—타인에 대하여 투기하고, 분노하다가 자신이 범죄하는 자리에 떨어질 위험이 많다. 하나님의 자리에까지 자신이 올라설 수 있고, 적극적으로 선을 행하지 못하고, 의무를 태만히 하는 자리에 떨어질 수도 있기 때문이다. 특히 민주사회에서 노동자들의 투쟁이나 학생들의 투쟁이 그러하다. 그러므로 성도는 자신을 먼저 살피고 조심스럽게 어떤 운동에 참여해야 한다.

9절: 대저 행악하는 자는 끊어질 것이나 (키-메레임 익카레툰) —22절에서 악인들은 하나님께 "저주를 받는 자들"로 언급되며, 이들은 땅을 기업으로 얻어 안전하게 사는 가난한 자들, 의인들

(11, 22, 29절)과 대조된다. 온유한 자는 땅을 기업으로 얻는다 (11절 마 5:5). 전. 후반절을 비교해 본다면, 땅을 기업으로 얻는 (야레쉬 에레츠) 자들은 이 땅에서 처벌로 죽임을 당하거나 저주를 당하는 자들과 대조된다. 따라서 반드시 땅을 기업으로 상속한다는 사실 보다도, 땅에서 생존하며 장수하고, 그 후손이 대대로 지속된다는 점에 강조점이 두어진다. 한편 "끊어진다" (니팔형/수동태)는 표현은 성경에서 "자기 백성 중에서" (창 17:14, 출 30:33, 38 등), "이스라엘 회중에서" (출 12:19), "이스라엘에서" (출 12:15) 등의 표현과 같이 사용되기도 하나, 단독으로 사용되기도 한다 (레 17:14), 이 표현은 자연사하지 않고, 형벌로 죽임을 당한다는 뉴앙스를 전한다 (레 17:14; 무릇 피를 먹는 자는 끊쳐 지리라).

여호와를 기대하는 자는 땅을 차지하리로다 (베코베 야웨 헴마 이르슈-아레츠)— 사용된 동사 (카바)는 "소망하다," "바라보다"란 의미로 여호와를 소망하고 신뢰하는 자들이 땅에서 장수하고, 후손이 지속된다 (11, 34절 참조).

바브 행 (10-11절)

9절의 사고가 10절에서 반복 강조되고 있다. "(악인이) –이 없다, 더 이상 존재치 않는다" (엔)란 말이 두 번이나 사용되어 강조되고 있다. 반면 온유한 자는 땅을 차지하게 된다 (=땅에서 생명을 누린다).

10절: 잠시 후에 악인이 없어지리니 (베오드 메아트 베엔 라솨)— 아주 잠시 사이에 (사 29:17, 51:33), 악인은 생명을 잃는다 (시 73:18-20).

네가 그곳을 자세히 살필지라도 없으리로다 (베히트보난타 알-메코모 베에넨누) — 악인들은 땅에서 끊어지고 그 기억조차 사라지고 만다. 저들이 차지하던 처소나 지위는 허무하게 사라진다 (34-36절, 욥 24:24). 그래서 "세심히 찾아보아도" (히트보난) 그들의 있던 곳을 찾을 수가 없다.

11절: 오직 온유한 자는 땅을 차지하며 (바아나빔 이르슈 아레츠) —이들은 "가난한 자" (아니), "궁핍한 자" (에비욘)나 일반이다 (14절). 이들은 성도를 지칭하며, 하나님을 소망하고 신뢰하는 자들이다. 이들이 하나님의 축복을 받으며 (22절), 땅에서도 형통한다. 욥의 세 친구들이 고난당하는 욥을 공박하고, 외식자로 몰아세울 때 가졌던 사고의 준거(準據)들이 바로 성도들의 형통 교리였다. 그러나 욥의 경우는 성도들의 참된 지상의 축복이 믿음의 연단 후에 온다는 것을 보여준다. 연단 후에 정금 같은 믿음의 성도로 세우시는 하나님의 섭리가 극심한 고난을 허용함으로, 성도의 형통이 잠시 가리워졌을 뿐이다.

풍부한 화평을 즐기리로다 (히트아네그 알-로브 솰롬)— "화평" (솰롬)은 평안과 형통, 축복의 상태이며 이는 저주와 재앙, 악과 대조된다. 따라서 두 가지 번역이 모두 가능하다: 1) 풍부한 화평 (KJV, 한역, NIV), 2) 큰 번영 (NRSV, NASB). 오히려 이 두 가지를 합하여 번역을 제시할 수 있다면 더 안성맞춤일 것이다 (아마 ELB의 "Fuelle von Heil"). 성도는 풍성한 축복과 평안을 이 땅에서 누릴 자격이 있다. 11절 전. 후반절에 비추어 보건대, 땅을 차지하는 일 (땅을 기업으로 얻는 일)은 형통과 축복을 누리는 모습과 연관된다. 땅에서 형통하고 축복을 누리는 일은 땅을 차지한 이후에 가능하다.

스탄자 II (12-20절)

12-17절에서 악인이 어떻게 의인을 해코자 하는지 그들의 시도를 앞에서보다 자세하게 묘사한다. 그러나 악인은 결코 성공하지 못하고 오히려 망한다 (17절). 그리고 이 스탄자의 말미 (18-20절)에서 앞의 사고가 요약 제시된다: 악인의 파멸과 의인의 구원과 축복.

자인 행 (12-13절)

악인이 의인을 치고자하나, 하나님은 저들을 비웃으신다 (시 2:4).

12절: 악인이 의인 치기를 꾀하고 향하여 이를 갈도다 (조멤 라샤 랏챠딕 베호렉 알라브 쉰나브)—"꾀하다" (*자맘*)는 음모를 꾸미는 모습을 지시한다. "의인 치기를 꾀하다"란 말은 "의인을 대적하여 음모를 꾸미다" (plot against the righteous)란 의미이다. "이를 가는" 일은 분노가 극도에 달한 상태, 원수를 해코자 하는 복수심의 표시로 나타난다 (시 112:10, 행 7:54).

13절: 주께서 저를 웃으시리니 그 날의 이름을 보심이로다 (아도나이 이스하크-로 키-라아 키-야보 요모)—"주께서 그를 비웃으시리니, 그의 날이 오는 것을 보시기 때문이다." 히브리어 본문은 인간과 하나님을 각기 "주(主)"로 부를 때, 단어를 구분하여 제시한다. 인간일 경우 "아도나이"는 "나의 주들" (my lords)이 되며 (창 19:2), 하나님일 경우 "나의 주님"을 의미한다. 하나님을 표시할 경우, 단어 형태는 단수 (아도니)나 복수 (아도나이)도 아닌 초-문법 형태를 보인다.

"저를 웃으시리니" (*사하크 로*) 는 조롱하는 웃음이다 (시 2:4, 렘 48:27). 하나님은 악인의 생명을 취하실 수 있으시기에, 저들이 도모하는 어리석은 일을 보고 조롱하신다. 하나님의 소망하고, 신뢰하는 자들은 하나님과 언약 맺은 백성이니 저들을 치고자 꾀를 꾸미는 일은 하나님을 대적하는 행위나 마찬가지이다.

"그 날이 이름을 보심이로다"에서 "그 날"은 "악인의 날" 곧 악인의 최후의 날인데, 하나님은 그 날을 알고 계시며, 심지어 그 날을 정하시는 분이 아닌가? 그러므로 악인들이 자기 마지막도 모르고 덤비는 모습에 조소하실 수밖에 없다. "그의 날"이란 표현은 사람마다 하나님의 계획 가운데서, 이 땅에서의 생명 년 수가 정해졌다는 것을 암시해준다. 인생이 하나님의 계획에 순응하지 못하고 반역적일 때, 그 생명을 끊어버리시고 (생명을 단축시키시고), 반면 하나님의 뜻을 위해 늘 충성하는 자에게는 그 사명 감당하도록 생명의 풍성함을 더하실 것이다. 여기 악인처럼 하나님의 백성을 치고자 음모나 꾸미는 그런 자들의 생명이 형통하지 못하고 중도에 끊어질 것은 자명하다.

헤트 행 (14-15절)

14절은 악인이 의인을 치려는 시도를 12절보다 더 자세히 기술한다. 저들의 시도는 오히려 자기만 해할 뿐 실패하는 것으로 나타난다 (15절).

14절: 악인이 칼을 빼고 활을 당기어 (헤레브 파테후 레솨임 베다르쿠 카쉬탐)—직역하자면, "칼을 (칼집에서) 열고, 자기들의 활을 (발로) 밟았다 (굽혔다/ 당겼다)." 이런 관용어는 고대에 칼집에서 칼을 빼고, 활을 발로 밟아서 당겼던 관례에 근거한다. 후반절에는 전반절의 주어 악인들 (레솨임)이 해당된다 (double duty).

가난하고 궁핍한 자를 엎드러뜨리며 행위가 정직한 자를 죽이고자 하나 (레하필 아니 베에비욘 리트보아흐 이쉬레-다렉) —가난한 자, 궁핍한 자가 후반절에서 "행위가 정직한자"와 병행어로 나타난다. "행위" (다렉)는 원래 "길"을 의미하지만, 점차 사람들이 다니는 모습, 습관, 행위를 지시하게 되었다. 정직한 자는 복수형이며, 이런 자들을 악인들이 죽이고자 하는 사회의 어두운 모습 일반이 묘사된다. 성도들에 대한 악인들의 이런 폭력행위는 짐승을 '도살' 하는 행위 (타바흐)로 묘사되었다 (렘 11:19, 51:40 참조).

15절: 그 칼은 자기 마음을 찌르고 그 활은 부러지리로다 (하르밤 타보 벨리밤 베캇쉬토탐 팃솨바르나)— 의인을 핍박하는 악인에게도 양심이 있는가? 무고한 타인을 죽이고자 하는 악인의 양심은 가책을 받을 것이고, 저들의 활들은 부서지고 말 것이다 (솨바르, 17절도 참조). 곧 실패하고 만다. 저들은 의인을 해코자 목적했으나 자기만 해할 뿐이다.

테트 행 (16-17절)

16절: 의인의 적은 소유가 많은 악인의 풍부함보다 승하도다 (토브-메아트 랏챠딕 메하몬 레솨임 랍빔)— 이른바 "…이 …보다 낫다" (토브 … 민 …)는 "문장 잠언" 형식이다 (잠 3:14, 8:11, 19, 12:9, 15:16, 17, 16:8, 16, 19, 32, 17:1, 19:1, 22, 21:9, 19, 25:7, 24, 27:5, 10, 28:6 등). 두 가지 사항이 비교되며, 이러한 비교 잠언 형식은 효과적인 교육 방법의 하나였다. 예컨대, "지혜를 얻는 것이 은을 얻는 것보다 낫고, 그 이익이 정금 보다 나음이니라" (잠 3:14)는 잠언 교훈은 단순히 "지혜를 가져라!"고 권하는 것보다 훨씬 실제적이고 시각적이며, 인상적이지 않은가? 사람들은 지혜라는 것이 하나님의 말씀에 순종하는 것임을 알고 있다. 그렇게 순종하는 삶, 곧 지혜로운 삶이 세상적으로 보건대, 이익이 별로 없고, 늘 가난하게 지내야 한다고 속단하기 쉽지만 지혜자는 사정이 그렇지 않다고 실제적으로 말씀하고 있다. 즉, 순종하는 삶이 주는 이익은 은이나 금이 산출하는 이익보다 크다는 것이다.

본 절의 잠언은 잠언서에서도 약간 다른 말로 제시되고 있다:

"가산이 적어도" (메아트) 여호와를 경외하는 것이
크게 부하고 (오챠르 라브) 번뇌하는 것보다 나으니라 (잠 15:16)

"적은 소득" (메아트)이 의를 겸하면
많은 소득이(로브 테부오트) 불의를 겸한 것보다 나으니라 (잠 16:8).

본 절이나 이와 유사한 두 잠언들은 모두 반의 병행법 (antithetic parallelism)으로, 전반절에 제시된 보다 나은 사항은 하나같이 "소량" (메아트 a little)이며, 후반절에서 비교되는 사항은 "부(富 abundance, wealth)이다. "소량" (적음) 자체로는 무엇을 지시하는지 확실치 않지만, 비교되는 후반절의 사항에 비추어 적은 부(富)임이 드러난다. 그렇다고, 이 잠언들이 성도들은 가난해야 한다고 가르치는 것은 아니다. 어떤 순간에 성도들이 결정할 때 가져야 할 판단기준으로서 이 잠언들은 제시되고 있다. 여호와를 경외하는 삶은 물질적 풍성함과 형통함도 약속한다 (잠 3:16, 17, 8:18, 대하 29:12 등).

그런데 한 가지 문제는 이 구절에서 비교되는 사항이 앞에 제시한대로 "부(富)"인가 하는 것은 약간 논란이 된다. 왜냐하면 여기 사용된 말 "하몬"은 겔 29:19, 30:4, 전 5:9, 대상 29:16 등에서 "부(富)"란 의미이지만, 이 말의 기본 의미가 "소란, 소동, 무리"를 의미하고, 맛소라 본문은 "악인들의 '많은 부'"가 아니라 (NABS, LXX, Syriac), "'많은' 악인들의 부" (하몬 레솨임 랍빔) 라고 말하기 때문이다.

17절: 악인의 팔은 부러지나 (키 제로옷 레솨임 팃솨바르나)— "악인들의 팔들"은 어떤 외부의 힘에 의해서 부러지고 만다. 후반절에서 의인들(의 팔들)은 여호와께서 붙들어주신다 하므로, 여호와께서 악인들의 팔들을 꺾으신다 는 것이 분명하다. 그런데 원문에는 본 절 초두에 "왜냐하면" (키)이 위치하여, 16절의 사고를 계속한다. 즉, 적은 물질을 가지고 여호와를 경외하는 삶이 부유하나 불의한 생활보다 나은 이유는 여호와께서 불의한 자들의 팔들을 꺾어 버리시고, 의인들의 팔들은 붙들어 주시기 때문이다. 팔이 부러지는 일은 개인이나 국가나 멸망을 상징한다 (욥 31:22, 렘 48:25, 겔 30:22). 팔은 힘과 활동의 근간이기 때문이다. 그런데 다훗은 여기서 "팔" 이 "자원들" 혹은 "재산" (resources)이란 뉴앙스를 갖는다고 주장한다.

의인은 여호와께서 붙드시는도다 (베소멕 차디킴 야웨) —전반절의 "팔들"은 후반절에도 해당 된다 (double duty). 따라서 "의인들의 팔들은 여호와께서 붙드신다." "붙드신다" (사막)는 뒷받침해주다, 지지하다(support, sustain)를 의미한다. 팔은 인간 활동과 힘의 수단을 상징한다.

요드 행 (18-19절)
18-20절에서 스탄자 II의 사고가 요약 제시된다. 의인은 종국에 형통하나 악인은 망한다.
18절: 여호와께서 완전한 자의 날을 아시니 저희 기업은 영원하리로다 (요데아 야웨 예메 테미밈 베나할라탐 레올람 티흐예)— 한 시인은 "여호와여 나의 종말과 내 날들의 계수를 알게 하사 나로 나의 덧없음을 알게 하소서" (시 39:4)라 기도한다. 이 기도에 비추어 볼 때, 인생이 "날들 혹은 년을 안다"는 일은 인생의 허무함, 연약함을 깨닫는 말과 같다. 반면, 하나님께서 "완전한 자들의 날들"을 아신다고 한다면, 이는 의인들의 생애를 보살피시고, 붙들어 주신다는 긍정적 의미이다. 그래서 저들의 기업 (*나할라*)은 영원하다. 영원하다는 것은 이 문맥에서 시간적으로 장구하다는 것이며, 그 방식에서 형통함과 안전함도 지시한다. 그런데 70인역은 "완전한 자의 날"을 "완전한 자의 길들"이라 번역하고 있다.

19절: 저희는 환난 때에 부끄럽지 아니하며 기근의 날에도 풍족하려니와 (로-예보슈 베에트 라아 우비메 레아본 이스바우)—전. 후반절은 사고상 동의 병행법, 형태상으로 교차 구문 병행법 (chiastic syntactic parallelism)을 이룬다. 전반절의 사고는 후반절에서 보다 구체화되고 있다 (환난 →기근). 그런데, "환난의 때"나, "기근의 날들"은 18절에서 "완전한 자들의 '날들'"의 일부이다. 이런 고난의 때에도 하나님은 저들을 붙드시고 보호하신다. "풍족하려니와" (*사바아*)는 부족함이 없이 만족한다는 의미이다. 반면 "부끄럽지 아니하다"란 수치를 당치 않는다는 것이다. 환난의 때란 재앙이 덮치는 고난의 때이다. 그런데 NIV나 다훗은 "부끄럽지 않다" (*예보슈*)를 "마르지 않으리라" (*이바슈*)로 읽는다 (히브리어 모음을 약간 바꾸어). 이런 독법이 전.후반절의 동의 병행법에 잘 어울린다. 그리고 전반절의 "환난 때"는 "악의 때"이지만, 구체적으로 "재앙의 때"보다 구체적으로는 후반절과 병행되어 "가뭄의 때"를 지시한다.

카프 행 (20절)

20절: 악인은 멸망하고 여호와의 원수는 (키 레솨임 요베두 오예베 야웨)—문장 초두에 접속사 (*키*)가 위치하여, 앞의 구절 (18, 19절)과 대조를 도입한다 ("그러나," but). "악인들" (*레솨임*)은 본시에서 일곱 번이나 나타난다 (14, 16, 17, 20, 28, 34, 38 등). 그런데 복수형 (악인들)은 구약에서 주로 지혜문헌 (욥기, 잠언, 전도서)에서 등장한다. 본시에서만 일곱 번 복수형이 등장한다는 것은 본 시의 지혜 문헌적 성격을 말해준다. "여호와의 원수들"은 "악인들"의 다른 명칭이다. **어린양의 기름같이 타서 연기되어 없어지리로다** (키카르 카림 칼루 베아솬 칼루)— 사용된 단어 "카르" (복수형, 카림)는 1) 어린 양, 2) 목장, 3) 안장, 가마 등 몇 가지 의미를 갖는다. 그래서 "목장"의 의미로 취하여 "목장의 아름다움/ 영광 같을 것이라" (NIV, NRSV, NASB, [NAB])로 번역한다. 그리고 나머지 부분은 "그것들이 사라지되, 연기처럼 사라지리라"로 번역한다.

"목장의 영광 같을 것이라"는 말은 2, 10절의 반향(反響)이다 (시 103:15도 참조). 여기서 강조점은 저들이 누리는 영광의 덧없음이다. 전. 후반절은 사고상 동의 병행절, 형태상 구문 병행법을 이룬다. 70인역은 이 부분에서 의역하여, "주의 원수들은 영화롭고 존귀하게 되는 순간에, 연기처럼 완전히 망할 것이라"고 했다.

스탄자 III (21-29절)

스탄자 II (12-20절)이 악인의 모습에 초점을 맞추었다면, 여기서는 의인의 모습에 보다 초점을 맞춘다. 여기 21개 문장들에서 오직 21상, 22하, 28하반절만 악인을 묘사할 뿐이다. 의인은 하나님께서 기뻐하시는 길로 행하며 (23절), 악을 피하고 선을 행하며 (27절), 자기 소유를 베풀며 나눠주기를 즐겨한다 (21, 26절).

라멛 행 (21-22절)

21, 22절은 사고상으로 볼 때, 21a와 22b, 21b와 22a가 서로 상응하는 교차 대구법 형식을 보이고 있다. 21절의 사고는 26절에서 반복 강조되고 있다.

21절: 악인은 꾸고 갚지 아니하나 의인은 은혜를 베풀고 주는도다 (로베 라쇼아 벨로 예샬렘 베차딕 호넨 베노텐)—전. 후반절은 사고상 반의 병행법이다. 분사 (participle)를 계속적 의미로 취한다면, 악인은 계속 꾸기만 하고 (로베) 갚지는 않는다면, 의인은 늘 관대하여 (호넨), 계속 베푼다 (노텐). 이런 사고는 26절에서 반복된다. 의인의 이런 관대함은 결국 자손의 번영으로 이어진다. 구약에서 늘 관대하고, 늘 베풀라는 의미로 지은 듯 보이는 이름들이 "요하난," "요나단"이라면, 하나님의 베푸시는 사랑을 상기시키는 이름은 "네탄야후" (한역, "느다냐" 렘 40:8) 이다. 하나님은 은총을 베푸시고 (하난), 자기 종들에게 능력을 주시는 (나탄) 좋은 분이시다 (시 86:16). 여기 제시된 악인과 의인의 생활 방식은 천양지차이다. 악인은 물질이 있으면서도, 꿀 줄만 알았지 베풀 줄을 알지 못한다. 의인은 소유가 적을지라도 (16절), 베풂에 있어서 관대하고 따라서 그 삶의 영향력이 크다. 궁켈은 약간 달리 해석하길, "악인은 꾸어야만 하고, 갚을 수가 없다; 의인은 베풀 수 있고, 줄 수가 있다." 악인은 궁핍하고, 의인이 풍부한 부를 누린다는 의미로 본 것이다. 그러나 여기서 강조점은 의인의 관대함과 악인의 인색함과 이기심이다.

22절: 주의 복을 받은 자는 땅을 차지하고 주의 저주를 받은 자는 끊어지리로다 (키 메보라카브 이르슈 아레츠 움쿨랄라브 익카레투)—"그의 복을 받은 자들"은 땅을 기업으로 얻는다. 즉, 장수하고, 자손이 장구하다. 이들은 후반절에서 "그의 저주를 받은 자들"과 대조된다 (반의 병행법, 구문 병행법). 전자는 땅을 차지하는 반면 (9, 11, 29, 34절), 후자는 "땅에서" 끊어진다 (전반절의 "땅"은 후반절에도 해당 된다 렘 11:19 참조). 70인역은 후반절에서 "그를 저주하는 자는 망하리라" 고 본문의 수동태 분사를 능동태 분사로 잘못 번역했다.

멤 행 (23-24절)

여기서도 의인의 모습을 묘사한다.

23절: 여호와께서 사람의 걸음을 정하시고, 그 길을 기뻐하시나니 (메도나이 미츠아데-게베르 코나누 베다르코 예흐파츠)—"사람의 걸음들은 여호와에 의해 견고하게 세워진다" (made firm). 사용된 동사 (쿤)는 폴렐형이지만 수동태의 의미로 사용되었다 (시 40:2 참조). 후반절에 비추어 볼 때, 고려중인 사람 (게베르)은 의인임이 분명하다. 왜냐하면 후반절에서 하나님께서 "그의 길을 기뻐하신다"고 하시기 때문이다. 그런데 24절은 이런 사고를 계속하여 완성시킨다. NIV, TNK (NRSV)의 번역을 참조할 만하다: "여호와께서 어떤 사람의 길을 기뻐하시면, 그는 그의 걸음들로 견고하게 하신다."

24절: 저는 넘어지나 아주 엎드러지지 아니함은 여호와께서 손으로 붙드이로다 (키-입폴 로-유탈 키-야웨 소멕 야도)— 직역하면 "그는 넘어지나 던져지지는 않는다." 그래서 약간 의역하면, "그는 비틀거리나 넘어지지는 않는다" (혹은 "머리를 곤두박질치지는 않는다"). 의인도 넘어질 때가 있다. 자신의 죄로, 아니면 원수가 놓은 덫에 걸려서 (14절) 그리 될 수 있을 것이다. 그렇지만, 완전히 엎드러지는 것은 아니다. 왜냐하면 여호와께서 자기 손으로 붙들어 주시기 때문이다. 이것이 넘어져 아주 엎드러지는 악인의 넘어짐 (시 36:13)과 다르다. 그런데 다윗은 여기서 용사(勇士)의 표상을 본다. 의인이 넘어지는 것이 아니라, 타인을 공격하는 모습이라 한다. "그는 공격하되, 곤두박질 치지는 않는다"라고 한다.

눈 행 (25-26절)

시인이 처음으로 자신을 일인칭으로 드러내고 있다. 그는 자기 경험에 근거해서 의인의 축복된 상태를 증거하고 있다.

25절: 내가 어려서부터 늙기까지 의인이 버림을 당하거나 그 자손이 걸식함을 보지 못하였도다 (나아르 하이티 감-자칸티 벨로- 라이티 차딕 네에자브 베자르오 메박케쉬-라헴) — "나는 젊었으나 이제 나는 늙었다; 그럼에도 나는 의인이 버림을 당하거나 그들의 후손이 구걸하는 것을 보지 못했다." 시인은 자신의 인생경험을 여기 진술하고 있다. 시인이 다윗이라면 그의 노년에 이 시가 저술되었다는 것을 암시해준다. 시인은 의인이 버림받아, 먹을 것을 구걸하는 일을 본 적이 없다. 이런 강력한 주장은 신앙적 확신 때문에 가능하며, 경험과 믿는 신앙이 모순 되지 않는다는 것을 강조한다. 의인이 "버림을 당한다"는 것은 하나님에 대한 신앙이 무너지는 일일 것이다. 하나님은 약속하시길, "오직 네 하나님 여호와는 하나님이시요 신실하신 하나님이시라 그를 사랑하고 그 계명을 지키는 자에게는 천대까지 그 언약을 이행하시며 인애를 베푸시되"라 하셨다 (신 7:9, 출 20:5 등). 이런 약속을 붙들고 우리는 하나님께 나아간다. 특히 고난 중에 우리는 이런 약속을 의지하고 소망을 갖는다.

26절: 저는 종일토록 은혜를 베풀고 꾸어주니 (콜-하욤 호넨 우말베) —의인의 아름다운 모습이다 (21 하반절). 이런 의인의 길 (생활방식)을 하나님께서 기뻐하시지 않겠는가? (23절). 그러므로 성경은 말씀하길,

> 은혜를 베풀며 (하난) 빌려주는 자는 (라바) 잘 되나니
> 그 일을 공의로 하리로다 저가 영영히 요동치 아니함이여
> 의인은 영원히 기념하게 되리로다

그는 흉한 소식을 두려워 아니함이여
여호와를 의뢰하고 그 마음을 굳게 정하였도다…
저가 재물을 흩어 빈궁한 자에게 주었으니
그 의가 영원히 있고 그 뿔이 영화로이 들리리로다

(시 112:5-9)라 하였다.

그 자손이 복을 받는도다 (베자르오 리브라카)—의인은 그 후손에게 축복을 남겨준다. 반면 악인은 저주를 후손들에게 물려준다. 그렇다고, 이것이 기계적, 운명적 축복과 저주의 대물림을 말하는 것은 아니다. 조상의 죄악된 삶은 자손에게 영향을 끼칠 것이 당연하고, 따라서 자손도 조상처럼 죄를 짓다가 망하는 것이다. 마찬가지로 경건한 자의 자손은 조상의 경건을 본받을 것이고 그 결과 복 받는다. 경건한 자의 후손은 하나님께서 매를 두 개 때려야 할 경우에도 한 대로 감해 주실 수도 있을 것이다. 서울대를 수석 졸업한 어떤 사람은 평균 99점이 넘는 점수를 받았다는데 그의 모친에게서 초중고 12년간 엄한 경건훈련을 받았다 한다. 그 모친의 기도와 경건훈련으로 그 아들이 지혜의 축복을 받았던 것이 아닌가?(김동환,「다니엘 학습법」참조).

사멕 행 (27-28절)

27-29절에서 스탄자 III의 결론이 제시되고 있다: 의인의 삶을 추구하라. 그리고 28cd, 29절에서 의인과 악인의 운명이 비교되고 있다.

27절: 악에서 떠나 선을 행하라 (수르 메라 바아세-토브)— 이것이 형통하게 되는 비결이다. 이는 이방종교에서도 가르치는 사항이다. 도교에서는 불로장생의 신선이 되려면 몸 안의 기 (氣)를 잘 관리하는 양생(養生)술만 아니라, 선행을 부단히 쌓고 과오를 범치 않도록 해야 한다고 가르쳤다 (抱朴子 주후 370년의 책으로 신선이 되기 위한 이론과 실제의 수양을 강조하는 도가서). 아무리 방술 (卜筮, 점성술, 의술, 기도, 제사 등)을 실행해도 덕을 쌓지 않으면 장생하는 것이 불가능하다고 한다. 하나님의 백성이 기도, 제사, 예배 등의 행위와 함께 선행을 해야 했던 사실과 비교된다. 그렇지만, 우리가 계속 강조하듯이, 근본적인 차이는 이방 종교에는 인격적인 참 하나님과의 교제가 없다는 것이다. 여기 시인이 "악을 떠나 선을 행하라"고 할 때, 도교에서 가르치듯, 과오를 범치 말고 선행을 쌓아야한다는 말이 아니다. 성경에서 악과 선은 하나님의 말씀이 기준이 된다.

이방종교나 세상이 일반적으로 생각하는 그런 윤리기준과는 유사성도 많지만 근본적인 차이가 있다. 그것은 하나님과의 관계에서 모든 행동이 선과 악으로 구분된다는 점이다. 하나님과의 관계가 바로 되지 않으면 내가 행하는 모든 일이 악한 것으로 판단되고 만다 (시 34:14 주해참조). 악에서 떠남이 총명이며 (욥 28:28), 여호와를 경외함이 지혜이다. 곧, 악에서 떠남과 여호와 경외는 동전의 양면과 같다 (잠 3:7). 여호와를 경외함으로 악에서 떠나게 된다 (잠 16:6). 그래서 욥에 대하여 성경은 "순전하고 정직하여 하나님을 경외하며 악에서 떠난 자더라" 고 했다 (욥 1:1, 8, 2:3).

그리하면 영영히 거하리니 (*우쉐콘 레올람*)—악을 떠나 선을 행하는 결과는 땅에서 형통함이다 (3절 참조). 이렇게 되는 이유는 다음절에서 제시된다. KJV나 70인역이 맛소라 본문을 명령형으로 직역했을 뿐, 한역을 포함하여 대개는 이 후반절을 전반절의 결과절이나 목적절로 번역하고 있다: 그리하면 네가 영영히 거하리라. 명령형이 이렇게 중첩되어 제시될 때, 후자는 이렇게 전자의 목적절이나 결과절을 유도하는 경우들이 있는지 모른다.

28절: 여호와께서 공의를 사랑하시고 그 성도를 버리지 아니하심이로다 (*키 야웨 오헤브 미쉬파트 벨로-야아조브 에트-하시다브*)—하나님께서 공의를 사랑하신다함은 그가 공의대로 행하신다는 것이다 (시 33:5 주해참조). 그런데 그런 해석보다는 후반절에 비추어 "공의" (*미쉬파트*)를 보다 구체적인 사물을 지시하는 말로 보고 "여호와는 '의인' 을 사랑하시고" 라고 번역함이 좋다 (NIV; 잠 2:8 참조). 또한 그분은 자기 성도들을 버리지 않으신다. 그래서 악에서 떠나 선을 행하는 성도들이 형통할 수 있다. 만물의 주관자께서 그렇게 조처하시기 때문이다. 성도의 의와 공의를 햇빛같이 빛나게 하시는 (6절) 하나님은 우리가 선행을 행하고 (예컨대, 베풂으로) 악을 떠날 때마다 그에 상응하는 축복과 격려를 주시어 더 큰 열매를 맺도록 해주신다.

아인 행 (28b-29절)

문장 중간에 위치한 "영영히" (*레올람*)에서 전치사를 제한 말 (*올람*)이 알파벳 "아인" 행을 유도한다고 본다. 어떤 이들은 "악인들" 을 넣어 (크레이기나 NJB 참조) "아인" 행을 시작하도록 한다.

저희는 영영히 보호를 받으나 악인의 자손은 끊어지리로다 (*레올람 니쉬마루 베제라 레솨임 니크라트*)— 70인역과 본 절의 병행법에 근거해 볼 때, "악인들[의 후손들]은 영영히 멸망을 당하고 / 악인들의 후손은 [영영히] 끊어진다" 로 이해할 수 있다. 그런데 "악인의 자손은 끊어지리로다" 를 70인역은 "불법자들은 보복을 당하리라; 불경한 자의 씨는 온전히 멸망당하리라" (*아노모이 데 에크디오크테손타이 카이 스페르마 아세본 엑소로트류테세타이*)로 맛소라 본문 보다 확대 번역했다. 다수의 영역본들 (REB, NAB, NJB, Peter Craigie 등)은 이 절에서 알파벳 "아인" 이 시작되는 것으로 여겨 "악인들" (*아브발람*)을 현재의 콜론 앞에 두고, 동사도 "보호를 받으니" 대신, 70인역의 암시를 근거로 "멸망을 당하리라" (*니쉬마두*)로 읽는다:

NJB: 여호와는 공의를 사랑하시고 자기의 신실한 자들을 버리지 않으신다; 악행자들은 영영히 망하리라/ 악인의 후손들은 멸절당하리라

70인역: 주께서 판단을 사랑하시고 자기 성도들을 버리지 않으신다;

그들은 영영히 보호를 받으리라 (이 부분이 NJB 등에서 생략된다);

불법자들은 보복을 당하리라/ 불경한 자의 씨는 온전히 멸망당하리라

70인역의 경우, "그들이 영영히 보호를 받으리라" 란 문장을 간직하고 있다는 점에 비추어 볼 때, 맛소라 본문 필사(筆寫)자들이 유사한 글자를 하나 잘못하여 생략한 경우 (haplography)에 해당되는 듯 하다 (Ernst Wuerthwein, *The Text of the Old Testament*, 107 참조). 한편, 델리취의 경우, 현대 영역본 일부처럼 별다른 단어를 삽입하여 "아인" 행을 도입하도록 하지 않고, "레올람" (영원히)이란 단어에서 전치사를 무시하고 "아인" 행을 알리는 신호를 찾는다 (39절 타브 행도 참조).

29절: 의인이 땅을 차지함이여 거기 영영히 거하리로다 (차디킴 이루슈-아레츠 베이쉬케누 라아드 알레하)—9, 11, 22 34절 등 참조. 땅을 기업으로 얻는다, 혹은 점유한다는 사실은 그 이후에 그 땅에서 형통한 삶, 축복을 삶을 누리는 것의 시발점으로 모든 축복을 함축적으로 제시하는 관용어이다. 그래서 "거기 영영히 거하리로다" 라고 말씀한다 (3, 27절 참조). 여기서 "거기" (알레하)는 "그 땅 위에서" 란 의미이다. 즉, 땅을 기업으로 얻어서 그 위에서 영영히 축복의 삶을 누림이 의인의 축복된 삶이다.

스탄자 IV (30-40절)

스탄자 I에서는 이 시의 주제, 곧 악인을 인하여 안달하여 화내지 말라는 사고가 제시되었고, II에서는 의인을 치려는 악인의 시도가, III에서는 의인의 모습이 강조를 받았다면, IV에서는 I, II, III에서 제시된 것들이 반복되면서 마지막으로 강조하고 결론으로 나아간다. 예컨대 의인의 생활 방식과 축복된 삶을 묘사하는 30-31절, 34절은 스탄자 III을 반향하고, 의인을 치고자 하는 악인을 묘사하는 32-33절, 35-36절은 II를 반향하며, 37-40절에서는 악인의 파멸과 의인의 구원이 비교 제시되어 결론을 구성한다.

페 행 (30-31절)

여기서 처음으로 의인이 하나님의 법 (토라)을 따라 행동한다는 것이 언급된다.

30절: 의인의 입은 지혜를 말하고 그 혀는 공의를 이르며 (피-차딕 예흐게 호크마 울쇼노 테답베르 미쉬파트)—"입과 혀" (페/ 라숀)는 자주 등장하는 단어-짝 (word-pair)이다 (출 4:10, 시 50:19, 66:17, 73:9, 78:36, 126:2, 욥 15:5, 20:12, 33:2, 잠 10:31, 23:1 등; 혹은 "혀와 입술" [라숀/ 사파]: 사 28:11, 30:27, 33:19, 57:4, 59:3, 시 12:4, 120:2, 욥 27:4, 잠 17:4). 전. 후반절은 사고상 동의 병행법, 구조상 구문 병행법을 이룬다. 후반절에서는 전반절의 "의인" (챠디크)을 인칭대명사 접미어 (그의 [혀])로 처리하고 있다.

31절: 그 마음에는 하나님의 법이 있으니 그 걸음에 실족함이 없으리로다 (토라트 엘로하브 벨립보 로 티므아드 아슈라브)— "자기 하나님의 법" 이 의인의 마음에 있다. 그래서 저들의 걸음은

실족하지 않는다. 그런데 후반절 "그의 걸음들 (아슈라브)이 미끄러지지 않는다"는 말씀은 "그 법을 준수하다"는 의미로도 이해할 수 있고 (시 26:1), 아니면 의미상, 전반절의 결과를 제시하는 것으로 이해하여, 법을 지키므로 "실족하지 않는다"는 의미로 취할 수도 있다. 30절의 병행법이나, 31절의 병행법에 비추어, 우리는 전자의 의미로 이해한다. 그런데 하나님께서는 성도의 "걸음을 넓게 하시고, 두 발목들 (ankle)로 미끄러지지 않도록" 하신다 (시 18:37).

챠데 행 (32-33절)

32절: 악인은 의인을 엿보아 살해할 기회를 찾으나 (쵸페 라샤 랏차딕 움박케쉬 라하미토)— "악인이 의인을 엿보아 [살해하고자하며]/ [악인이] 그를 살해하고자 찾는다." 전. 후반절에 각기 분사 (participle)가 위치하는 것으로 보아, 우리가 번역한대로 동의 병행법을 구성함이 분명하다. 본 절의 사고는 이미 12, 14절에서 진술된 바 있다.

33절: 여호와는 저를 그 손에 버려두지 아니하시고 (야웨 로-야아즈벤누 베야도)—의인이 버림을 당치 않는다 (25, 28절)는 사고가 여기서 보다 구체화된다. 이렇게 시인은 시 전체에서 앞에서 언급한 사고를 다시 반복하여 전체적인 일관성을 유지한다. 전. 후반절은 동의 병행법, 구문 병행법을 구성한다.

재판 때에도 정죄치 아니 하시리로다 (벨로 야르쉬엔누 베힛쇼프토)—정죄하다 (to condemn as guilty)는 "악하다" (라샤아)를 의미하는 동사의 선언적 의미를 갖는 사역형 (히필형)이다. 법정에서 어떤 사람을 죄인으로 선고한다는 것이다. 이와 반대되는 사고가 "의롭다고 선고하다" (챠디크) 동사이다 (신 25:1, 왕상 8:32, 출 23:7, 사 5:23, 잠 17:15 등). 성도들이 의롭다고 선고를 받는 것은 더 밝은 계시의 빛인 신약적 이해에 의하면, 사람의 선행에 의할 수 없고 (모두가 죄인이므로), 하나님을 믿는 믿음에 근거 한다 (시 34:22 참조). 이는 사실 구약에 흐르는 전반적 사고이기도 하다. 바울 사도께서 그리스도께서 하신 구속사실에 근거하여 (직설법) 성도들이 거룩한 삶을 살라고 명령하는 것도 사실 구약에서 출애굽의 구원을 베푸신 하나님의 역사에 근거하여 (직설법), 거룩하게 살라고 명령하는 것에(레 19:2, 20:7,26 22:32,33) 그 기원을 찾을 수 있다 (갈 5:1, 25 등 Michael Parsons, "Being Precedes Act: Indicative and Imperative in Paul's Writing", 217-250 참조).

코프 행 (34-35절)

34절: 여호와를 바라고 그 도를 지키라 (카베 엘-아도나이 우쉐모르 다르코)— 여호와를 소망하는 자들은 땅을 차지한다 (9, 34 하반절). 그분을 소망함은 그분을 신뢰하고 믿는 것이다. 그렇게 하는 표시가 그분의 "도" (길)를 지키는 일이다. 즉, 그 길에 흔들림이 없이 행하는 것이다 (31절 참조). 그 분의 도는 그분의 말씀이다.

그리하면 너를 들어 땅을 차지하게 하실 것이라 (비로밈카 라레셋 아레츠)— "들어" 올리는 것

(룸의 폴렐형)은 영화롭게 하는 일이며, 이렇게 한 결과 성도는 땅을 차지하게 된다.

악인이 끊어질 때에 네가 목도하리로다 (베히카렛 레솨임 티르에)— "악인들이 끊어지는 때"는 졸지에 임하지만, 그 끊어진 결과는 지속적이다. 35-36절에서 "악인이 끊어지는 때"와 그 이후를 묘사한다. 악인의 이런 멸망을 의인이 목도한다면, 그것은 하나님께서 의인을 신원(伸寃)해 주시는 표이다 (시 54:7, 59:10, 91:8).

레쉬 행 (35-36절)

35절: 악인의 큰 세력을 본즉 그 본토에 선 푸른 나무의 무성함 같으니 (라이티 라솨 아리츠 우미트아레 케에즈라흐 라아난)— "내가 악인의 기세등등한 모습을 보니, 잎이 무성한 백향목처럼 번성하며." 바로 앞에서 성도가 악인의 몰락을 보리라 했다면, 여기서는 시인이 악인의 기세등등한 모습을 보았다고 진술한다. "큰 세력" (아리츠)은 형용사로 "강력한," "포악하게 압제하는"의 의미로, 악인들이 기세 등등 하게 세력을 행사하는 모습을 묘사한다. 저들의 기세는 직유법으로 가지들을 널리 펼친 잎이 무성한 백향목에 비유되었다. 한편, 그 본토에 선 푸른 나무의 무성함 같으니 (우미트아레 케에즈라흐 라아난)에는 두 개의 본문 비평 문제가 걸려있다:

1) 미트아레 란 단어가 "자기 나체를 드러내다" (애 4:21)란 의미인데, 여기 문맥에 합당치 않으므로, 미트알레 (자기를 높이는, 번성하는)로 읽거나 (N. H. Ridderbos, *Die Psalmen*, 276, n.10; A. Fitzgerald, "The Interchange of *L*, *N*, and *R* in Biblical Hebrew," *JBL* 97 [1978], 486), 아니면 맛소라 본문대로 두고서, 그 의미를 "부끄럼도 없이 벗어던지는" 곧 거만하게 구는 정도로 이해하는 것이다 (Artur Weiser, *The Psalms I*, 313: "나는 악인이 자랑하는 것을 보았으니, 곧 그가 레바논의 백향목처럼 거만하게 자기를 높였다"), 전자를 택한다.

2) 케에즈라흐 라아난 (잎이 무성한 본토태생처럼)이란 표현에서 70인역은 "레바논의 백향목 같이" (케아르제 할레바논)라고 번역한다 (NRSV, NAB, NJB). 이는 "본토태생" (someone born in the land)을 의미하는 "에즈라흐"를 '백향목' 을 의미하는 "에레즈"로 읽은 결과이다. 이런 독법이 개연성이 큰 것은 "본토태생" (에즈라흐)이란 말은 시 37:35을 제하면 모두 이스라엘 본토태생 시민과 이스라엘에 거주하는 객 (게르) 사이에 하나님을 섬기는 책무에서 차이가 없다는 점을 강조하는 문맥에서 "본토태생 시민" 이란 의미로 나타나기 때문이다 (출 12:49, 레 24:22, 민 15:29 등). 그런데 에즈라흐란 말의 뿌리는 "자라흐" 동사인데, 이 동사는 아랍어 *사루하* (순수한 혈통 출신의)와 연관된다고 이해된다. 이 말이 여기 시편에서 악인을 마치 본토에서 자란 무성한 나무로 상징적으로 제시할 가능성도 배제할 수 없다.

36절: 사람이 지날 때에 저가 없어졌으니 내가 찾아도 발견치 못하였다 (바이아아보르 베힌네 에넨누 바아박쉐후 벨로 님챠)—보라! 그가 더 이상 "현재, 여기에" 있지 않다. 그는 세상에서 끊어지고 말았다. 그래서 "내가 지날 때에, 내가 찾아도 발견치 못하였다." 이렇게 악인은 졸지에 망하고 만다.

한편, "사람이 지날 때에" (바야아보르)란 표현을 쿰란 사본 (4QpPs 37), 70인역, 시리아어역, 제롬 등은 3인칭이 아니라 1인칭으로 읽는다 (내가 지날 때에). 이것이 병행법에 비추어 적절하다.

쉰 행 (37-38절)

여기서부터는 이 시의 전체 결론부를 형성한다. 37절에 제시된 "평화의 사람"은 35절에 제시된 "권력의 사람"의 기세등등함과 대조된다.

37절: 완전한 사람을 살피고, 정직한 자를 볼지어다 (쉐모르-탐 우르에 야샤르) —이들의 날들을 여호와께서 아시고 (18절), 보살피신다. 이런 자들의 삶의 자세와 방식, 그리고 저들이 누리는 축복을 주목해 보라. 그리고 악인의 몰락과 비교해 보라. 어느 삶을 택해야 할 것인가?

화평한 자의 결국은 평안이로다 (키 아하리트 레이쉬 샬롬)—이 문장 초두에 접속사 (키)가 위치하여 앞 문장과 연결시킨다. 완전한 자의 삶을 주목해 보라 왜냐하면 평안의 사람 (화평케 하는 자)에게는 "장래"가 있기 때문이다. 여기서 "장래" (아하리트)는 "후손"을 지시한다. 시인이 계속 강조한 바는 의인은 자신이 땅을 점유하고 영영히 축복을 누릴 뿐 아니라, 그 후손이 축복을 받는다는 것이었다. 여기서도 동일한 사고가 강조되고 있다. 그런데 여기서 "화평한 자"는 무슨 의미인가? NAB는 "하나님과 화목한 자"라 이해한 반면, TNK는 "인품이 완전한 자" (man of integrity)로 이해했다. 반면, NJB는 "평화를 사랑하는 자" (lover of peace; NRSV)라 했고, NIV나 NASB는 "평안의 사람" (man of peace)라 평범하게 번역했다. 이 말은 "온유한 자"의 다른 표현일 것이다. 이 표현 (이쉬 샬롬)은 두 군데서 "친한 친구"란 의미로 나타난다 (시 41:10, 렘 38:22). 그 경우 반드시 인칭 접미어가 붙어 "너의 (혹은 '나의') 친한 친구"로 나타난다.

38절: 범죄자들은 함께 멸망하리니 (우포쉬임 니쉬메두 야흐다브)— "범죄자들"은 '반역자들'을 의미하며, 이 시에서 처음 등장하는 단어로 '악인들'과 같은 의미영역에 속한다. 이들은 하나님의 정하신 권세를 거스르는 자들이다. 이들은 "완전히" (야흐다브) 멸망당하고 만다.

악인의 결국은 끊어질 것이나 (아하리트 레솨임 니크라타)— "악인들의 후손"은 끊어진다. 바로 앞 절에서 의인들의 후손이 존속하리란 진술과 대조된다. 전, 후반절의 사고를 비교해 본다면, 후반절의 "후손"은 전반절에도 해당될 수 있다 (double duty). 그렇다면, 여기서 강조점은 악인들에게는 장래 (후손)가 없다는 것이다. 자신들의 몰락은 말할 것도 없고 후손도 없다.

타브 행 (39-40절)

39절: 의인의 구원은 여호와께 있으니 그는 환난 때에 저희 산성이시로다 (웃슈아트 차디킴 메도 나이 마우잠 베에트 챠라) —구원이 여호와께로서 말미암는다 (욘 2:9). 구원은 환난 때에 필요하며, 환난 때의 구원이 "산성"이라면, 그 환난은 원수의 공격일 수 있고, 질병의 공격일 수 있다.

그런데 그 구원의 처소인 "산성" 혹은 "피난처"는 여호와 하나님이시라 시인이 고백한다. 70인역은 "환난 때에 저들의 '방어자'"라 번역했다.

40절: 여호와께서 저희를 도와 건지시되/ 악인에게서 건져 구원하심은 그를 의지한 연고로다 (바야제렘 야웨 바예팔레템 예팔레템/ 메레솨임 베요쉬엠 키-하수 보)— 39절에서 언급된 "구원"은 40절에서 악인들에게서 건지심으로 구체화된다. 그렇게 구원 하시는 이유는 성도들이 여호와께 "피난하기" 때문이다. 시 17:7에 의하면, 자기를 처러 일어나는 원수를 피해 주께 피하는 자들을 주님은 자신의 오른팔로 구원하신다.

시편의 적용

투기하지 말라 (1절)

불의를 행하는 자를 투기 혹은 시기하지 말라는 말씀은 하나님은 시기하는 하나님이라는 표현과 어떤 연관이 있을까? 하나님은 자기 백성이 우상을 섬길 때 시기하여 진노 하신다 (출 20:5, 신 32:21 등). 사용된 동사 (카나)는 결혼 관계에서 부부사이에 한편이 간음할 때 느끼는 그 감정, 그 불같은 진노와 투기심을 표현한다. 따라서 하나님의 시기와 분노는 그분과 이스라엘 사이의 관계를 결혼 관계로 묘사함과 같다 (최종태, "결혼으로서의 시내산 언약," 「ACTS 신학과 선교」 [1999년] 참조). 이스라엘이 광야에서 모압 여자들과 행음한 사건 (민 25장)은 바알 종교 행사의 일환으로서 결국 영적 간음행위였다. 그 때에 비느하스가 하나님의 질투심으로 질투하여 이스라엘 자손에 대한 하나님의 진노를 돌이켰다 (민 25:11).

그런데 본문에서 시인은 성도들이 악행자들에 대하여 분노하거나 시기하지 말라고 권고한다. 이런 잠언적 권고는 악인의 형통을 인하여 안달해하고, 투기하지 말라는 것이다. 잠언들은 그런 문제도 다루고 있다 (잠 3:31, 23:17, 24:1, 19 등).

포학한 자를 부러워하지 말며 (알-테카네) 그 아무 행위든지 좇지 말라
네 마음으로 죄인을 부러워하지 말고 (알-예카네) 항상 여호와를 경외하라
너는 악인을 부러워하지 말며 (알-테카네) 그와 함께 있기도 원하지 말라
너는 행악자를 인하여 분을 품지 말며 악인을 부러워하지 말라 (알-테카네)

이런 주제는 시 73편도 다루고 있다. 시인이 거의 실족할 뻔하였던 것은 "내가 '악인의 형통함' (쉘롬 레솨임)을 보고 오만한 자를 질시하였"기 때문이었다 (시 73:3). 문제는 "하나님이 참으로 이스라엘 중 마음이 정결한 자에게 선을 행하시나" 하는 것 때문에 야기되었다. 성도는 고난을 당하는 반면, 악인은 형통하여 타인과 같이 고난이나 재앙도 없는 듯이 보이는 불공평한 현실은 신앙인들로 하나님의 섭리에 대하여 의구심을 갖게 만들 수 있다. 이런 생각은 우리 성도들이 하나님처럼 역사 전체, 사건 전체를 다 보지 못하고, 일부만 제한적으로 파악하기 때문에 일

어나는 현상이다. 우리는 오직 하나님 앞에서 무릎을 꿇을 때만 (성소에 들어갈 때에야) 이 문제를 해결할 수 있다 (시 73:17). 내 마음에 어떤 사람에 대하여 의구심과 질투하는 마음, 분노의 마음이 치솟거든, 하나님 앞에 달려 나가서 무릎을 꿇자. 내가 하나님이 된 심령상태를 회개하고 하나님의 섭리에 자신을 맡기자.

참고 오래 기다리라 (7절)

곧 모든 겸손과 눈물이며 유대인의 간계를 인하여 당한 시험을 참고 주를 섬긴 것과 (행 20:19). 또 수고하여 친히 손으로 일을 하며 후욕을 당한즉 축복하고 핍박을 당한즉 참고 (고전 4:12). 너희도 길이 참고 마음을 굳게 하라 주의 강림이 가까우니라 (약 5:8). 또 네가 참고 내 이름을 위하여 견디고 게으르지 아니한 것을 아노라 (계 2:3). 참는 것은 연단을 통해서만 가능하다. 내가 혈기 부려 한 번 큰소리침으로 내 인격은 10년 전으로 퇴보한다. 아, 참고 견디며 기다리는 성도의 아름다운 덕이여! 사도 바울의 성공적인 목회는 능력만으로 된 것이 아니라, 겸손과 눈물, 인내도 동반되었다. 목회자는 특히 오래 참고, 인내의 훈련을 받아야 한다.

오래 참고 하나님의 약속을 받는 것만큼 어려운 것이 없다. 아브라함도 약속을 받았던 자였으나 기다리가 지쳐 육신의 생각대로 행동하기도 하였다 (창 16장 하갈을 첩으로 맞아 아들을 얻은 일). 그것은 명백한 그의 실패였다. 기다림이 힘들다는 것이다. 그러나 씨를 심은 농부는 가을의 추수를 의심하지 않고 기다린다. 반드시 추수할 것을 알기에 그는 부지런히 김을 매고 북을 돋우어주고 병충을 제거한다. 가을이 오면 반드시 수확(收穫)을 거둘 것이기 때문이다. 영적으로도 이치는 매 한 가지이지만, 눈에 보이지 않기 때문에 사람들은 영적인 일에 심고 거두는 이 가장 기본 원리를 따라 인내하려 아니한다. 기도를 하고 전도를 하고 인내하면 때가 되매 열매를 거두게 되고 교회가 부흥하게 된다.

그리고 기도에도 인내가 특히 필요하다. 기도할 때 결사적으로 응답을 위해 싸우면서 인내하며 부르짖어야 한다. 그런데 사람들은 기도의 목표를 제대로 정하지 않고 기도하거나 기도하다가 졸립던가 하면 그만 중단하여 버린다. 기도는 응답을 받을 때까지 부르짖는 것이 생명이다.

나는 의인이 버림당하는 것을 보지 못하였다 (25절)

성도는 이렇게 고백할 수 있다. 신앙 생활하면서 풀리지 않는 물음들이 아주 없는 것은 아니다. 이전에 케비에스(KBS) 방송국 아나운서를 했던 여 전도사님의 남편은 어느 방송국에서 코미디 제작으로 큰 인기를 누렸고, 신앙생활에 충실했던 어떤 교회 장로이셨다. 그런데 그가 암으로 사망했을 때, 그의 셋째 따님은 신앙생활에 충실하셨던 부친이 어찌하여 저렇게 고통을 당하시며 죽어가야 했는가? 를 이해하지 못하겠다고 말한다고 했다. 풀리지 않는 수수께끼가 우리의 신앙생활에는 있을 수 있지만, 우리는 자신을 사랑하는 자들을 위하여 모든 일을 협력하여 선을 이루도록 역사하시는 좋으신 하나님이심을 믿는다.

시 38편 나의 탄식이 주의 앞에 있나이다

1. 전체구조에서의 위치, 시의 유형과 삶의 자리

시 37편의 **타브 행** (39-40절)의 사고와 시 38편의 마지막 구절인 22절에 담긴 기도는 사고상 서로 연결된다. 그래서 이 두 시는 함께 배치되고 있다. 만약 이 시가 다윗의 시이며, 그의 범죄가 밧세바와의 간통(姦通)과 연관된 것이라고 가정한다면, 시 6, 38, 51, 32편 순서 등으로 그 범죄의 진행과 고백, 용서와 새 출발 등이 시간상 연결될 것이다.

이 시는 보통 "개인 탄식시"로 분류된다. 그러나 다른 개인 탄식시들과 달리, 이 시의 말미에 감사의 찬양이 없다. 처음도 마지막도 모두 간구로 장식되고 있다. 확신을 표시하기도 하나 (15절), 전반적인 분위기는 응답의 확신에서 멀다. 표제는 "다윗의 기념케 하는 시"라 한다. 여기서 "기념케 하기 위하여" (*레핫제키르*)란 부정사구는 목적어를 가질 수도 있지만 (예컨대, 내 죄를 기억나게 하다 [왕상 17:18]), 여기서는 생략되었다. 무엇을 기억나게 한다는 것인가? 다윗이 자신의 괴로운 때에 가졌던 그 신앙적 결심을 잊지 않고 기억나게 하기 위해 이 시를 기록했다는 의미인지 모른다. 내용을 살펴자면, 시인이 자신의 죄 때문에 하나님의 징계를 받는 것으로 고백하고, 진노 중에 자신을 처벌하지 말아달라고 간구한다. 그는 자신의 육신이 중한 병에 걸린 것을 인식하고 생명을 위해 몸부림치며 절규한다. 사람들은 혹시 이 시가 구체적인 삶의 정황보다는 예배시에 사용하기 위한 목적으로 작사되었다고 말할지 모른다. 그러나 투병생활로 병이 무엇인지를 체험한 사람은 이 시를 읽을 때 그런 말을 할 수가 없을 것이다. 이 시는 스스로 질병을 앓아보지 아니한 사람은 기록할 수 없는 실제적이고 생생한 묘사를 담고 있다.

이 시는 질병을 죄에 대한 처벌/ 징계로 묘사하고 하나님의 자비를 구하므로, 다른 참회의 시들 (시 6, 32, 51, 102, 130, 143편 등)과 함께 참회의 시로 사용되었다. 이 시는 질병으로 고통당하는 이들에게 큰 위로와 소망을 줄 것이다. 그래서 조리센 (Matthias Jorissen, 1739-1823)은 이 시를 근거로 "위대하신 하나님이여, 당신은 긍휼을 사랑하시나이다" (Grosser Gott, du liebst Erbarmen)란 찬송을 작사하였다.

2. 시적 구조와 해석

시인은 네 번 여호와께 호소하는 것으로 나타난다. 1절에서 "여호와여, 주의 노로 나를 견책하지 마소서" 라고 한다. 또 9절에서 "주여" 라고 탄식 중에 부르짖으며 주님께 자기 문제를 맡기고자 한다. 15절에서 시인은 여호와를 향한 자기의 신뢰감을 표현한다. 그리고 마지막으로 21절에서 "여호와여, 나를 버리지 마소서" 라고 긴박한 도움을 요청한다. 처음에는 여호와의 분노를 느끼면서 기도하던 시인이지만, 점차 그분에 대한 신뢰감을 표현한다. 처음에는 "여호와의 분노"를 언급했으나, 마지막 구절에서는 여호와를 "나의 구원"이라 부른다. 그러나 탄식에서 신뢰와 확신, 그리고 감사 찬양으로의 사고상의 흐름은 찾기가 어렵다. 처음에 울려 퍼진 탄식이 곳곳에서 재현되고 심지어 15절에서 하나님께 대한 신뢰를 표현한 후에도, 17-18절에서 곧장 탄식과 좌절이 재개된다. 이런 사고상의 특징은 시 31, 35편 등에서도 감지된 바 있다.

이 시에서 직접적 간구 기도가 현저한 지위를 점한다. 그 직접 기도는 두 곳, 곧 1절과 21, 22절 마지막 구절들에서만 나타난다. 물론 앞에서 언급한대로, 9, 15절에서도 "여호와"를 부르고 있긴 하지만 직접 간구하는 기도는 없다. 그런데 직접 기도도 구체적인 내용은 없고, 도와달라는 일반적인 기도이다. 시인은 죄를 용서해 달라고 직접 기도하지 않고 있다. 오히려 자기 죄를 고백하면서 (3-4절, 18절) 간접적으로 죄 용서를 구하고 있다. 이 시의 상당 부분을 점하는 시인의 탄식이 사실상 하나님의 긍휼을 요청하는 간접 기도이며, 9, 15절의 진술도 간접 기도에 해당될 것이다. 직접적인 사항을 언급하기 회피하는 것은 시인의 기도 제목을 주님이 세심하게 아시고 보셨다는 시인의 확신에서 기인되었을 것이다.

이렇게 이 시는 처음과 마지막이 모두 기도로 장식되었고, 그 사이 중간 부분은 탄식으로 채워졌다. 이 탄식은 그러므로 "기도"의 간구를 강력하게 해주는 조력자 구실을 하고 있는 셈이다.

이 시에는 교차 대구법이 자주 나타나고 있다: 2, 7, 9, 10, 12, 18, 19, 21절 등. 예컨대, 2절의 경우,

당신의 화살들이 찌르나이다 나를 (SVO),
누르나이다, 나를 당신의 손이 (VOS)

또한 이 시는 반복법의 기교를 종종 사용하고 있다. 사용된 단어가 후에 다시 등장하곤 한다. 예컨대, 2절에서 "찌르다" (나헤트)가 두 번, 3절의 "-이 없다" (엔)과 "- 때문에" (미프네)가 각기 두 번씩, 4절의 "무겁다" (카베드)가 두 번, 11절의 "서다" (아마드)가 두 번, 20절의 "- 대신에" (타하트), "선" (토브)을 두 번씩 같은 절들에서 반복하고 있다.

15-18절에서 "키" (왜냐하면)로 시작되는 행이 네 개나 연속되고 있다. 6, 8절에서 "심히" (아드-메오드)가 반복되고 있다. 6절 상반절과 8절 상반절이 동일한 구문으로 구성되었다:

동사 + 동사 + 부사 = 내가 아프다, 구부러졌다 심히
동사 + 동사 + 부사 = 내가 피곤하다, 상하였다 심히

6, 12절에서 "온 종일" (콜-하욤)이 반복되고 있다. 3 상반절에 사용된 어떤 단어들이 7 하반절에서 다시 반복되고 있다: 내 살에 성한 곳이 없사오며 (엔 메톰 비브사리). 13, 14절에서도 유사

한 표현을 반복 제시하여 동일 사항을 강조하고 있다: 듣지 못한다 (로 쇼메아); 내 입을 열지 못한다/ 내 입에 대답이 없다. 또한 9, 11, 17 (18)절에서 "–와 함께" (네게드)의 반복, 10, 21절에서 "멀리" (라하크) 등의 예도 들 수 있다.

시인은 여러 신명(神名)을 사용하고 있다: 야웨 (1절), 나의 주 (아도나이, 9절), 여호와, 내 주 내 하나님 (15절), 여호와, 내 주 내 하나님 (21절) 등. 10절에서 사용된 "앞뒤로 계속 움직이다" (세하르하르)는 의성어(擬聲語)이며, 11절에서 "나의 친척들도 멀리 섰나이다" (케로바이 메라호크 아마두)는 극과 극을 서로 연결시켜 대조효과를 연출하고 있다 (내 이웃 → 멀리).

이 시는 12절을 제하면 한 절에 두 개의 콜론으로 구성되었고, 인접한 두 행은 서로 동일한 사고로 연결되고 있다: 1-2, 3-4, 5-6, 7-8, 11-12, 13-14, 17-18, 19-20, 21-22절 등이 그러하다. 반면 9, 10절이나, 15, 16절은 서로 간 사고상의 연관을 갖지 않는다. 전체 절 수는 히브리어 알파벳 숫자인 22개 절이다. 한편 사람마다 의견이 다르지만, 우리는 다음과 같이 연을 구분하고자 한다:

제1연 (1-8절): 자신의 육적 질병이 자기 죄에 대한 하나님의 진노 표시로 인정하고 진노로 자기를 징계치 말아달라고 하나님께 처음 간구함

제2연 (9-14절): 친구에게 버림받고 해코자 하는 원수들에게 둘러싸인 자신의 처량한 신세를 탄식함

제3연 (15-22절): 다시 죄를 고하고 슬퍼하며 원수의 적대적 행위를 탄식하고, 구원을 마지막으로 간구함

제1연 (1-8절): 질병이 자기 죄에 대한 하나님의 진노임을 인정하고, 하나님께 진노로 자기를 징계치 말 것을 처음 간구함

1절: 여호와여 — 이 부름은 **"주여"** (아도나이)와 함께 우리가 이 시를 연으로 구분한 근거를 제시해 주었다 (9, 15, 21절).

주의 노로 나를 책하지 마시고/ 분노로 나를 징계치 마소서 (알-베케츠베카 토키헤니 우바하마테카 테얏세레니) —사고상 동의 병행법, 형식상 구문 병행법을 구성한다 (부정어+ 전치사구+ 동사). 전반절의 호격 (여호와여)과 부정어 (알, not)는 후반절에도 해당된다 (double duty). 본 절과 시 6:2은 아주 흡사하다 (전반절에서 "분노"를 지시하는 말 [케체프]말 다를 뿐이다 [아프]). 전반절의 "책망하다"는 사고가 후반절에서는 "징계하다" (매를 때리다)로 보다 심화되고 있다. 시인은 자신의 질병이 하나님의 징계인 줄 깨달았다. 만약 질병이 하나님의 징계의 역사라면 우리는 병의 치료를 위해 회개하지 않으면 안 된다.

주의 노/ 분노 — "당신의 노/ 당신의 분노." 하나님의 분노는 이방신들의 그것처럼 아무 원칙 없이 발해지는 것이 아니라, 자기 백성과 맺은 언약에 백성이 순종, 불순종 여부에 따라서 축복과 징계를 내리신다. 레 26장이나 신 28장은 각기 시내산 언약과 그 갱신인 모압들 언약에 담긴

상벌규정을 담고 있다. 시인이 범한 죄가 구체적으로 무엇이건 간에 그것은 하나님의 언약 백성으로서 그분의 언약 조항을 범한 것으로 구성된다. 시인은 자기가 범한 죄를 고백하고 있으며 (3-4절, 18절), 그 죄의 대가로 하나님이 진노하시어 자신을 징계하고 계시다고 이해하고 있다. 구약의 제사는 심적인 회개가 동반되지 않는 의식적인 형식에 그친 것이 아니라, 이 시가 보여주듯, 심적인 회개를 전제한 것이다. 따라서 구약 성도들이라 하여, 죄에 대한 심적인 회개와 애통하는 마음이 없이 외적 제사 형식에만 구애받았다는 오해를 해서는 안 된다.

2절: 주의 살이 나를 찌르고 주의 손이 나를 심히 누르나이다 (키-히체카 니하투 비 바틴하트 알라이 야데카)— "당신의 화살들이 나를 '찔렀습니다' (나하트)." 후반절에서는 "당신의 손이 나를 '찔렀습니다' (나하트)" 라고 반복된다 (동의, 구문 병행법). 사용된 동사는 전.후반절에서 모두 "나헤트"이지만, 전반절에서는 니팔형이 (안으로 찌르고 들어가다), 후반절에서는 기본형 (칼형)이 ([스올로] "내려가다" 혹은 군사 용어로 "철수하다")이 사용되었다. 후반절에서 영역본들은 "당신 손이 내 위에) 내려왔나이다" (NRSV, NAB, NIV) 혹은 "(당신 손이 나를) 누르나이다" (LXX, KJV, NASB, NJB)로 번역한다. 몸의 고통을 하나님께서 쏘신 화살들이라 비유한다. 때로 시인들은 천둥, 번개 등을 하나님의 화살들로 비유하기도 했다 (시 144:6, 합 3:11). 하나님의 손은 원수를 치기도 하지만 (시 10:12, 21:8), 여기서처럼 자기 언약백성을 징계하기도 하신다 (시 32:4, 39:11 참조). 2절 초두에는 접속사 (키)가 위치하여 1절과 연결됨을 나타낸다.

3절: 주의 진노로 인하여 내 살에 성한 곳이 없사오며 (엔 메톰 빕사리 미페네 자-메카)— 주의 진노가 자기 백성의 죄악에 대한 정당한 처벌임을 인정하는 기도이다. 죄와 그것에 대한 하나님의 진노는 이렇게 질병으로 나타날 수 있다 (시 103:3). 시인의 몸에는 성한 곳이 없다 (7절에서 반복). 온 몸이 상처투성이로 진물과 고름이 스며 나오는 모습이다 (5절 참조). 이사야는 여기 표현에 덧붙이길 "한한 것과 터진 것과 새로 맞은 흔적 뿐이어늘" 이라 했다 (사 1:6).

내 죄로 인하여 내 뼈에 평안함이 없나이다 (엔-솰롬 바아챠마이 밉페네 핫타티) —뼈들에 "평안" (솰롬)이 없다는 말은 전반절에 비추어 볼 때, 차라리 "내 뼈에 '온전한 것' (혹은 '건강')이 없나이다"로 이해해야 한다. 그래서 "내 살에 성한 곳이 없"다는 말과 합하여, 몸의 모든 부분이 성치 않다는 말이다. 전반절의 "살" (바사르)과 후반절의 병행어 "뼈" (에쳄)는 함께 합하여 "전체"를 지시하기 때문이다. 즉, 살도 성치 못하고, 뼈도 온전치 못하다면, 전부가 성치 못하다 (욥 19:20, 33:21 참조; 일종의 merismus)(W. G. E. Watson, *Classical Hebrew Poetry*, 323는 바다/ 마른 땅 [우주, 시 95:5], 살/ 피 [제물, 시 50:13], 젊은 이/ 늙은 이 [모두, 욥 29:8], 사막/ 낙타 [모든 곳, 사 32:16], 밤/ 낮 [온 종일, 항상, 사 21:12, 시 92:3] 등을 전. 후반절에 각기 배치되는 대칭되는 단어 짝 [polar word-pairs]의 예로 제시한다). 한편 "뼈와 살"이란 말은 "혈육"의 의미로도 나타난다 (창 29:14, 삿 9:2, 삼하 5:1, 19:13 등).

4절: 내 죄악이 내 머리에 넘쳐서 무거운 짐 같으니 감당할 수 없나이다 (키 아보노타이 아베루 로쉬 케맛사 카베드 이크베두 밈멘니)— "내 죄악이 내 머리를 넘어갔기에, 그것이 내게 너무 무겁나이다." 후반절에 비추어 본다면, 이 표현은 죄악이 심히 많고 중하다는 의미이다(NIV, NAB 등은 의역하여 "내 죄가 너무 무거워 질 수 없는 짐과 같이 나를 압도하나이다"; TNK는 "내 죄악이 내 머리보다 더 높으니이다"; ELB "내 죄악이 내 키보다 더 자라나이다"). 이런 고백은 질병의 치명성에 정비례해서만 나올 수 있다. 병이 경한 것이었다면 이렇게 실토하지 아니했을 것이다. 시인은 자신의 죄가 머리털보다 많다고 고백하기도 한다 (시 40:12).

"(무거운) 짐"(맛사)은 마차에 싣거나 머리에 이고 나른다. 그런데 죄악이 마치 무거운 짐처럼 마음을 짓누른다. 이런 눌림은 마음의 답답함과 하나님과의 교통이 깨어진 느낌, 의미와 목적 상실, 불쾌한 마음, 어두운 생각 등으로 나타난다. 영적으로 충만할 때 느낄 수 있는 그 희열과 소망과 감사의 마음과 정 반대되는 암울하고, 답답한 그 상태는 견디기 어렵다.

5절: 내 상처가 썩어 악취가 나오니 나의 우매한 연고로소이다 (히브이슈 나막쿠 합부로타이 미페네 이발티) — "내 상처들이 악취를 내며, 썩었다." 한역은 현실을 감안하여 "썩어 악취가 나"는 것으로 순서를 바꾸었다. 이 정도 되면 소망이 사라지고 생명의 위협을 느낄 만 했을 것이다. 그런데 여기 "상처들"(하부롯)은 원래 때려서 생긴 자국이나 바퀴가 만든 자국을 지시한다. 여기서는 하나님의 손이 내리 눌러서 생긴 상처들이다. 한편 시인은 이런 상처가 자신의 "우매함" 탓이라 고백한다. 우매함은 도덕적 책임이 없는 중성상태가 아니다. 이는 영적인 나태함으로 저지르는 '범죄'의 다른 표현이다. 잠언에서 계속 등장하는 미련한 자 (케실림)는 명철한 자, 지혜자와 대조되는 자이며, 이는 달리 악인으로도 묘사된다. 이 우매함을 제거하기 위해서 매를 때려야 한다 (잠 22:15). "상하게 때리는 것이 악을 없이 하나니 매는 사람의 깊이 들어가느니라" (잠 20:30). 성도들은 매를 맞을 때 비로소 죄악을 멈추게 된다. 하나님은 자기 자녀들에게 종종 매를 대신다.

6절: 아프고 심히 구부러졌으며 (나아베티 쇼호티 아드-메오드) — 사용된 두 동사는 모두 "구부러지다," "굽히다"를 의미한다. 여기에 더하여 그 강도를 표현하는 부사 (副詞) "심히" (아드-메오드)를 첨가하여, 시인이 어떠한 상태인지를 제시한다. 이사야 선지자는 계시를 받았을 때 요통이 심하여 임산한 여인의 진통과 같이 되었고, 들을 수 없을 만큼 구부러졌다고 회상했다 (21:3). 선지자의 경우에는 사명자로서의 길을 감당할 때 당한 고난이라면, 이 시인의 경우는 자신의 죄악 때문에 당하는 고통이었다.

종일토록 슬픈 중에 다니나이다 (콜-하욤 코데르 힐락티) — 자신의 죄악을 회개하며, 자신의 고통 때문에 괴로워 울면서 다닌다 (혹은 행한다). 그런데 "다닌다" (힐렉)란 동사는 강조형 (피엘형)으로서, 아주 고통스럽게 다리를 질질 끌다시피 하면서 옮기는 걸음을 암시한다. 다른 시편에서 시인은 "원수의 압제로 인하여 슬프게 다니나이다"라 했다 (42:9, 43:2). 욥도 그렇게 오랫동안 지내야 했다. 욥은 가죽이 검어져서 떨어져 나갔고, 뼈는 열기로 탔다고 했다 (욥 30:30). 그래서인지 한역은 욥 30:28에서 "나는 햇볕에 쬐지 않고 검어진 살을 가지고 걸으며"라 번역했다. 그러나 여기서 "검어진 살을 가지고" [코데르는 "검은 옷(상복)을 입고서" 혹은

"애통하면서"로 바로잡아야 한다. 검다는 의미도 있지만, 걷다 [할락 동사와 함께 분사형으로 사용된 동사 [카다르는 [애통의 표시로] "검은 옷을 입고서," 혹은 "애통해하면서"로 이해되기 때문이다).

7절: 내 허리에 열기가 가득하고 내 살에 성한 곳이 없나이다 (키-케살라이 말레우 니클레 베엔 메톰 빕사라이)— 그의 허리가 펄펄 끓으면서 열기를 발산하고 있다. 이것은 후반절에서 "내 살에 성한 곳이 없나이다"로 이어지고 있다 (3절 참조). 이 "열기"는 하나님의 불타는 진노의 표시이다. 고열 (高熱)은 몸의 이상(異常) 증세를 반영한다 (행 28:8). 하나님은 언약을 파기하는 자기 백성을 "폐병과 열병과 상한과 학질과 한재와 풍재와 썩는 재앙으로" 치시는 분이시다 (신 28:22). 그분은 새 언약하의 백성도 구 언약 백성과 같이 언약의 조항에 근거하여 동일한 방식으로 다루신다.

8절: 내가 피곤하고 (네푸고티)— 이 말은 싸늘하게 굳어져 아무런 느낌이 없는 무감각 상태를 가리키는 말이다 (창 45:26). 기운이 진하여 늘 피곤하여 기분이 몹시 불쾌한 것이 병자의 특징이다. 삶의 의욕이 사라져 버리고, 입맛도 없고 모든 것이 귀찮아 진다. 시인은 투병생활을 통하여 병자의 여러 면을 체험적으로 알고 있다.

심히 상하였으매 (베니드케티 아드-메오드))—피곤하다, 상하다 등은 모두 수동형 (니팔형)으로 제시되어, 시인이 그런 상태에 처해있는 모습을 묘사한다 (Bruce K. Waltke, *Biblical Hebrew Syntax*, 385 이하에서 니팔형의 형용사적 용례 참조). 여기서 상했다는 것은 매를 때리면 살갗이 터지고 상한 그 현상이다. 그런데 심히도 (아드-메오드) 상하였다. 시인은 하나님께 매를 맞았다고 생각한다. 매를 맞아도 아버지 하나님께 맞았다면 사생자(私生子)가 아닌 표시이니 감사할 일이다. 우리가 돌이키고 회개하길 원하시는 아버지의 심정을 우리는 이해해야 한다. 그분은 때리면서도 측은히 여기신다 (렘 31:20). 그분은 책망할 때도 깊이 생각하신다고 한다. 사랑의 아버지여, 매 맞지 않고도 순종 잘하게 하소서!

내 마음이 불안하여 신음하나이다 (쇼아게티) 나하마트 립비— "불안"이라 번역된 말 (나하마)은 사자의 울부짖음 (잠 28:15, 사 5:29 등), 고통의 신음소리 (잠 5:11, 겔 24:23)를 의미한다. 그리고 "신음하다" (쇼아그) 역시 유사한 말이다. 따라서 묘사된 시인의 모습은 마음에서 소용돌이치는 그 아픔의 신음이 밖으로 나와 끙끙 앓는 신음소리로 토해지는 상황이다. 그의 신음은 이처럼 자신의 가장 깊은 곳에서 발원하여 터져 나오는 것이었다.

제2연 (9-14절): 친구들에게 버림받고, 해코자 하는 원수들에게 둘러싸인 자신의 처량한 신세를 탄식함

9절: 주여 나의 모든 소원이 주의 앞에 있사오니 (아도나이 넥데카 콜-타아바티)— "나의 탄식" (아나하)이 후반절에서 "모든 소원"과 병행어로 나타난다. "소원" 대신 차라리 "신음" (쉐아가, 네하마)이 더 적절할 듯한데, 왜 시인은 "소원"이란 말을 선택했을까? 그의 마음을 이해하기는 그렇게 어렵지 않다. 왜냐하면 병든 자의 소원을 우리는 잘 알기 때문이다. 병자의 소원은 고통과 연약에서 벗어나는 것이다. 그래서 시인은 자기의 신음이 하나님 앞에 알려졌다는 것과 그 신음이 육체적 고통 때문이지만, 궁극적으로 하나님의 치료를 간구하는 소원의 표시임을 하나님이 모르실 리 없다고 말한다. 시인은 이렇게 표현함으로 자신의 치료가 (그 병이 얼마나 불치병인지는 문제가 될 수 없다) 나타날 것에 대한 확신을 표현하고 있다.

나의 탄식이 주의 앞에 감추이지 아니하나이다 (베안하티 밈메카 로-니스타라) — 이 후반절에서 사용된 "숨겨지지 아니하다"는 전반절에도 해당된다 (double duty; 암 9:3 참조). 의미상으로 동의 병행법, 형식상으로 구문 병행법을 이룬다.

10절: 내 심장이 뛰고 (립비 세하르하르)— 사용된 동사는 기본형 (칼형)에서 왔다 갔다 하면서 "장사하다"란 의미이나 (창 42:34), 여기서는 심장이 팔딱거리는 현상을 묘사한다 (페알랄형)(피엘형의 변형태 [morphemic variants]는 포엘, 필렐, 페알랄, 필펠 등이 있다; Bruce K. Waltke, *Biblical Hebrew Syntax*, 386 참조). 이 동사의 형태는 마지막 자음 두 개를 반복하여 만든 것으로 (세하르하르) 재빨리 반복되는 운동 (팔딱 팔딱)을 묘사하는 의성어일 것이다 (GKC 55e). 그렇지만 여기서는 정상적인 심장의 운동이 아니라, 다음 표현이 암시하듯, 병 때문에 나타난 이상 (異常) 현상이다.

내 기력이 쇠하여 내 눈의 빛도 나를 떠났나이다 (아자바니 코히 베오르 에나이 감-헴 엔 잇티) — "내 기력이 나를 떠났고, 내 두 눈의 빛조차도 나에게 없나이다." 기력이 소진된 시인은 이제 눈조차 초점을 상실하고 있다. 건강한 사람은 음식을 취하면, 다시 눈이 빛을 발한다 (삼상 14:29). 다른 시편에서 시인은 "나의 '눈을 밝히소서' 두렵건대 내가 사망의 잠을 잘까 하오며"라 했다 (시 13:3). 그리고 잠언은 눈의 밝은 것은 마음을 기쁘게 한다 (15:30)고 한다. 또한 에스라는 회개하며 기도하길, "우리 눈을 밝히사" 우리로 종노릇 하는 중에서 조금 소성하게 하셨나이다 (9:8)라 하였다. 이는 눈에 생명이 표현됨을 보여준다. 눈을 보고 우리는 그 사람의 건강, 그 사람의 됨됨이를 진단할 수 있다 (마 6:22 눈은 몸의 등불이니 그러므로 네 눈이 성하면 온 몸이 밝을 것이요). 시인은 어쩌면 병에 압도당하여 스스로 포기하는 상태에 이르렀는지 모른다. 이런 상태에서도 그는 주님께 대한 소망을 놓지 않고 있다.

한편, "(내 눈의 빛)도" (감 헴)에서 지시대명사 3인칭 복수형 (헴)은 여기서 강조를 위해 첨가되었다 (GKC §135.f; even that, NASB).

11절: 나의 사랑하는 자와 나의 친구들이 나의 상처를 멀리하고 나의 친척들도 멀리 섰나이다 (오하바이 베레아이 멘네게드 니그이 야아모두 우케로바이 메라호크 아마두) — 같은 동사 ("서다," 아마드)가 전. 후반절에 반복 사용되었다. 그렇지만, 각기 미완료와 완료 시상으로 각기 분리 처리되고 있다. '전체'를 표현하기 위함이다. 대개 병행법에서 전. 후반절의 동사는 유사어들이 사용되거나 (후반절에서 전반절의 사고를 심화; 예, 1절), 아니면 동사를 한 번만 언급한다 (double duty 일석이조 기법; 예, 9절). "사랑하는 자들," "친구들," "친척들" (케로바이) 등은 모두 시인과 가까운 자들의 총칭이다. 심적으로나 거리상 '가까이' 지내던 자들이 모두 그의 질고 (네가-) 때문에 시인을 '멀리' 하고 있다. 병은 동정심을 유발하기도 하지만, 가깝다고 여겨지던 자들이 떨어져 나가는 계기를 제공하기도 한다.

12절: 내 생명을 찾는 자가 올무를 놓고 나를 해하려는 자가 괴악한 일을 말하여 종일토록 궤계를 도모하오나 (바예낙슈 메바케쉐 나프쉬 베도르쉐 라아티 딥베루 하부옷 우미르못 콜-하욤 예헤구)—이 절은 이 시에서 예외적으로 세 개의 콜론으로 이루어졌다:

내 생명을 찾는 자가	올무를 놓고 [접속법 완료]/
나를 해하려는 자가	괴악한 일을 말하여 [완료]/
( )	종일토록 궤계를 도모하오나 [미완료]

셋째 콜론에서 주어가 생략되는 대신 "종일토록"이란 부사구가 첨가되어 박자수의 균형을 잡고 있다. "올무를 놓다" (나카쉬 피엘형)는 이전 사전에서 (BDB) "치다" (strike)란 의미로 나타난다 (새를 부메랑을 던져 "쳐" 떨어뜨리다). "괴악한 일" (하부옷)은 "파멸" (ruin, destruction), "재앙"이란 말이다. 추상명사를 복수형으로 표시하여 그 강도 (잔인한 파멸)를 지시하고 있다. 원수들은 시인의 불운을 기화로 그에게 결정타를 가하고자 모의를 도모한다.

13절: 나는 귀먹은 자같이 듣지 아니하고 벙어리같이 입을 열지 아니하오니 (바아니 케헤레쉬 로 에쉬마 우크일렘 로 입프타흐-피브)—전 . 후반절은 동의 병행법, 구문 병행법을 구성한다 (주어 + 전치사구+ 부정어+ 동사). 12, 13절에 제시된 등장인물들 (친구, 친척, 이웃, 원수들)의 적대적 행위와 자신을 대조시켜 "나는 귀먹은 자 같이 듣지 않고…" 라고 자신의 어찌 보면 무기력한 모습을 제시한다. 이런 수동적 자세는 저들의 적대적 행위가 자신의 죄 값이라 인정하기 때문이요 (삼하 16:10), 동시에 하나님만이 자기를 이 곤경에서 구원하시리라 믿기 때문이다 (15절 참조). 소경, 벙어리 등은 소경과 함께 구약에서 함께 언급 된다 (출 4:11, 레 19:14, 사 42:19 등). 이들은 메시아 시대에 치료받을 대상들이다. 비단 육적인 장애만 아니라, 영적인 장애자들도 암시된다. 그렇지만 여기서의 강조점은 시인이 원수들을 대항치 않는다는 사고이다.

14절: 듣지 못하는 자 같아서 입에는 변박함이 없나이다 (바에히 케이쉬 아쉐르 로-쇼메아 베엔 베피브 토하콧) ---예레미야는 자신을 죽이고자 하는 원수들에게 저주의 기도를 드렸다 (렘 11:20, 12:3, 18:21, 20:11-12). 그리고 시인들도 원수를 저주하였다 (시 10:2, 109:9-20, 137:8-9). 그렇지만, 여기 시에서 우리는 저주의 간구를 들을 수가 없다 (아래 참조). 13, 14절은 사고상 한 짝을 이룬다. 두 절을 비교해 본다면, 14절 후반부에 "벙어리같이"란 표현이 생략된 것으로 이해될 수 있다. 이 두 절이 강조하는 바는 자기 스스로 자신을 변호하여 자기를 구하지 않겠다는 것이다. 그 까닭은 다음절에서 "왜냐하면" (키)으로 도입된다. 그 이유는 자기 문제를 전적으로 주님께 의탁하고 그분만 소망하고, 그분만이 구원자이심을 믿기 때문이다. 우리 자신의 죄악으로 구석에 몰릴 때, 우리는 침묵하고 주님만 바라보아야 한다. 그것이 문제 해결의 열쇠이다. 한편 "변박함" (토하콧)은 원래 "책망, 처벌"을 의미하나 여기서는 "논박, 대꾸"를 의미한다.

제3연 (15-20절): 다시 죄를 고하고 슬퍼하며 원수의 적대적 행위를 탄식함

15절: 여호와여 내가 주를 바랐사오니 (키 레카 야웨 호할티)—" '당신을' 내가 바라나이다." 목적어 "당신을"이 강조되어 앞에 제시되고 동사는 맨 나중에 두어졌다. 이 동사는 "소망하다"를 의미하는 다른 동사 (카바)와 병행어로 사용되며 (시 130:5), 여기서처럼 하나님만 아니라 그분의 말씀도 소망의 대상이 된다. 곤경에서 혹은 질병에서 하나님을 바라고 소망하는 것은 그분이 나를 치료하실 수 있으며, 치료하실 것이라는 믿음의 표현이다. 병든 처지에서 시인처럼 죄를 자복하고 자기 처지를 애소 (哀訴) 할 때 (잠 28:13), 하나님은 아비가 자식을 불쌍히 여김같이 자기를 경외하는 자를 불쌍히 여기시고 치료하신다 (시 103:13).

내 주 하나님이 내게 응락하시리이다 (앗타 타아네 아도나이 엘로하이)—"응답하실 이는 바로 주 나의 하나님 당신이십니다 (NRSV)." 바로 이런 까닭에 시인은 적대자들에게 반응하지 않았다. 하나님께 기도하면, 그분이 기도를 모두 들으시고 개입하시리라 믿었기 때문이다. 그러려면 우리는 먼저 죄악을 철저하게 고백하고 회개하여야 한다. 진심으로 그분에게 회개하고 엎드리는 자마다 응답을 받는다. 그분이 해결 못하실 문제가 없고, 고치지 못하실 질병이 없다. 그런데 본 절에서 시인은 하나님을 다섯 번이나 "특별하게" 언급한다: 당신을 (내가 소망하나이다), 여호와여, (응답하실 분은 바로) 당신이시다, 나의 주님, 나의 하나님이시여. 이렇게 주님을 여러 명칭으로 언급하는 것은 그분만이 시인의 전 관심사인 것을 보여준다. 전, 후반절에서 모두 "당신"이 강조되어 문장 처음에 위치하고 있다 (레카, 앗타).

16절: 내가 말하기를 (키-아마르티)—시인은 하나님께 호소하는 가운데서 여기서 잠시 자기 마음에 말하고 있다.

두렵건대 저희가 내게 대하여 기뻐하며 내가 실족할 때에 나를 향하여 망자존대할까 하였나이다 (펜-이스메후리 베모트 라글리 알라이 힉딜루) —후반절 "내 발이 실족할 때에"라는 표현은 전반절에도 해당된다. 시인은 자신의 실족으로 인하여 원수가 기뻐하고 성도를 대하여 자긍할까 두려워한다. 원수가 성도의 파멸을 기뻐하고 자긍하는 모습은 궁극적으로 선에 대한 악의 승리로 비쳐질 오해가 있으므로 하나님의 속성이나 그분의 통치에 대한 신뢰를 망가뜨릴 위험까지 있다. 이런 이유에서 시인은 자신은 반드시 치료받고 회복되어야 함을 강조한다. 이렇게 시인의 탄식은 기도의 조력자 역할을 하고 있다.

"실족할 때에"에서, 발이 미끄러진다 혹은 실족한다는 것은 실제 상황에서 벌어질 수 있지만, 이 표현은 신앙상의 타락이나 성도의 몰락이나 파멸을 지시하게 되었다 (신 32:35, 시 66:9, 94:18, 121:3 등). 여기서는 시인이 중병에 걸린 것을 지시한다. 하나님은 성도들이 실족하지 않도록 지키신다. 원수들이 이겼다고 기뻐하는 것을 결코 허락지 않으신다. 성도들이 범죄로 인하여 몰락해야 마땅하고 죽어야 함에도 그것을 허락하시지 않는 것은, 세상이 사실을 알지 못하고 하나님을 모욕할 것을 아시기 때문이다. 그래서 하나님은 "자기 이름을 위하여" 성도들의 수치스러운 파멸을 막으신다. 우리 성도는 이 점을 알고 기도할 때, 비록 잘못했다 해도 회개하면서 강력한 기도를 올릴 수 있다.

"나를 향하여 망자존대(妄自尊大)할까" -예레미야는 같은 표현을 사용하여 모압이 "여호와보다 자신을 높이는" 교만죄를 정죄하였다 (48:26, 42). 시인은 저들이 자기 위에 자신들을 높이며 기뻐할 것을 걱정하지만, 실상 이는 궁극적으로 하나님께 돌아갈 모욕을 걱정한 것이다. 성도의 몰락은 결국 그들이 신뢰한 하나님의 무능과 불신실로 오해받을 수 있기 때문이다 (출애굽 이후 광야에서 겔 20:14, 22; 추방 이후 회복에서 겔 20:44, 39:25). 그런데 다훗은 여기서 사용된 동사 (가달의 히필형)가 "자신을 자랑하다"가 아니라, "직조하다" (weave, spin), "비방하다"란 말이라고 주장하면서, 고대에는 질병이 곧 죄의 결과라고 인식하였으므로, 원수들은 시인의 질병이 무서운 죄의 결과일 것이라고 헛말을 지어내었으리라 이해한다. 그러나 그를 따르는 이는 없다.

17절: 내가 넘어지게 되었고 (키 아니 레쳴라 나콘) — "넘어질 찰나에 있다." 15, 16, 17, 18절의 초두에는 모두 접속사 (키)가 위치하여 이 절들이 모두 13, 14절과 긴밀하게 연관되었음을 보여준다. 시인은 앞 절에서 자신이 실족할 것을 가정하였지만, 여기서는 실제로 자신이 넘어질 찰나에 있다고 호소한다. 그는 자신의 신앙의지가 더 이상 육적인 질병을 싸울 수 없는 극한점에 왔다고 생각하고 있다.

나의 근심이 항상 내 앞에 있사오니 (우마크오비 네게디 타미드) — 그런 극한점은 자신의 "고통"이 항상 자기와 있다는 사실로 확인된다. 여기 "근심"은 할례 받을 때 혹은 노역의 육신적 고통, 죄악의 결과로 갖는 심적 고통, 악인이 갖는 근심 등을 지시한다. 여기서 시인은 육신적, 정신적 고통 모두를 염두에 두었을 것이다.

18절: 내 죄악을 고하고 내 죄를 슬퍼함이니이다 (키-아보니 아기드 에드아그 메핫타티) — 전.후반절은 동의 병행법과 구문 병행법을 이루고 있다. 시인은 이미 자신의 중병이 죄악 때문임을 인정하였다 (4, 5절). 여기서 다시 자신이 파멸에 이를 찰나에 있다는 것과 그것이 자신의 죄악 때문이라는 점을 언급하고 회개를 표시한다. 그런데 후반절에 사용된 동사 (다아그)는 "염려하다," "두려워하다"를 의미한다. 여기서 시인이 두려워하는 것은 죄가 야기하는 하나님의 징계이다. 이렇게 지은 "죄"는 지난 '과거사'이지만, 그 결과는 시인의 '미래'에 암운을 드리우게 한다.

19절: 내 원수가 활발하여 강하고 무리하게 나를 미워하는 자가 무수하오며 (베오예바이 하임 아체무 베랍부 소네아이 솨케르) — "활발하여"는 "까닭없이"로 고쳐야 한다. 왜냐하면 (내 원수가) 활발하며 (하임)란 말은 문맥상 의미가 통하지 않고, 오히려 쿰란 사본이 제시하듯, 그리고 후반절에 비추어 "까닭 없이" (힌남)로 읽는 것이 좋기 때문이다. 이런 독법은 시 69:4에 의해서 지지된다: "까닭 없이 나를 미워하는 자들이 많고" (라부 손아이 힌남) / "나를 거짓되어 기소하는 대적들이 무수하다" (아츠무 오예바이 쉐케르). 이렇게 읽으면, 후반절에서 "무리하게" (부당하게 wrongfully)로 반복된다. 전. 후반절은 정확하게 동의 병행법, 교차 구문 병행법을 구성한다. 달리 이해한다면, 다윗처럼 전반절에서는 "치명적인 원수들" (오예베 하야이-m [전접사])이 후반절에서 "교활한 대적들" (소네아이 쇄케르)로 표현된다고 할 수 있을 것이다.

"강하고" (아체무)는 후반절에 비추어 볼 때("무수하다" [라바브], 수적으로 많다고 이해할 수도 있다. 물론 "강하고"란 의미도 있다. 저들은 아무런 이유도 없이 성도를 미워하고 죽이고자 덤벼든다. 이런 원수들이 수적으로 무수하다는 것은 시인이 스스로 해결할 수 없는 상황임을 말해준다. 시인의 육신이 중병에 들었을 뿐 아니라, 자신을 죽이고자 하는 자들까지 이렇게 무수하니 그에게 무슨 대책이 있을 수 있을까? 오직 하나님을 소망할 뿐이다.

"무리하게 나를 미워하는 자"는 잔반절의 내 원수들과 병행되며, "부당하게" (쇄케르) 시인을 미워하는 대적이다.

20절: 악으로 선을 갚는 자들이 내가 선을 좇는 고로 나를 대적하나이다 (우메샬메 라아 타하트 토바 이쉬테누니 타하트 로데피 토브) — "악으로 선을 갚다"란 표현은 구약에서 모두 6번 등장한다 (창 44:4, 삼상 25:21, 시 35:12, 38:21, 109:5, 잠 17:13 등). 시 35:12 주해 참조. 그런데 여기서 "나를 대적하다" (이쉬테누니)를 70인역은 "그들이 나를 비방하였다" (엔디에발론 메)로 번역했다 (NIV, NJB; TNK와 NAB는 "괴롭히다" harassed). 이 동사는 기본적으로 "-에게 적대적이다," "기소하다," "고소하다"란 의미이며 여기서도 (시 71:13, 109:4, 20 등도 참조) 병행절을 살펴보면 이런 의미가 적절할 것이다.

"선을 좇는 연고로 나를 대적하나이다"에서 "연고로" (타하트)는 전치사이다. 같은 말이 전반절에서는 "대신에" (instead of)란 의미로 사용되었다. 성도들이 "선을 추구하는 까닭에" 원수들이 대적 (사탄)한다. 우리 성도들은 "삼가 누가 누구에게든지 악으로 악을 갚지 말게 하고 오직 피차 대하든지 모든 사람을 대하든지 항상 선을 좇으라" (살전 5:15)는 권고를 받고 있다. 또한 "선을 행함으로 고난 받는 것이 하나님의 뜻일진대 악을 행함으로 고난 받는 것보다 나은 줄" (벧전 3:17) 안다. 그런데 시 109:4-5에 비추어 본다면, 이 시인은 원수의 유익을 도모했다고 말하는지 모른다. 즉, 원수는 미워해도 자기는 원수를 해코자 한 적이 없다는 것이다.

21절: 여호와여 나를 버리지 마소서 (알-타아즈베니 야웨)— 직접 기도가 1절에 이어 다시 제시된다. 이 시의 핵심이 바로 이 기도를 올림에 있다. 그러므로 1절과 21, 22절 사이에 제시된 모든 탄식과 묘사는 이 기도를 강력하게 제시하기 위한 버팀목이었다. 시인은 중한 병과 원수의 대적 행위로 인하여 버림받았다고 느껴지는 상황에 있다. 이런 상태에 떨어진 것은 죄악 때문이며, 이 죄를 회개하고 하나님의 도우심을 입어 속히 이런 상태에서 빠져 나오지 않으면 안 된다.

나의 하나님이여 나를 멀리하지 마소서 (엘로하이 알-티르하크 멤멘니)—전. 후반절이 동의, 구문 병행법을 구성한다. 전반절에서 여호와여! 라고 부르짖었다면, 후반절에서 "나의 하나님이여"라고 부르짖는다. 주께서 멀리 서신 것처럼 느껴지는 그 때는 우리 영혼이 곤고하고 답답하기 그지없다. 심령의 상쾌한 상태를 유지하고자 우리는 늘 깨어있지 않으면 안 된다. 사소한 실수와 죄의 유혹에도 넘어짐으로 우리는 영적인 건강을 상실할 수 있기 때문이다.

22절: 속히 나를 도우소서 (후솨 리에즈라티)—이 표현은 시편에서 여러 번 나타난다 (22:19, 40:13, 70:1, [6], 71:12 등). 성도들은 위급한 상황에서는 속히 도와주소서! 라고 부르짖지만, 주님의 일을 하는 때에는 느긋하게 강 건너 불구경하듯 할 때가 많다. 하나님도 인격체이시므로 우리의 충성도 여하에 따라서 구원을 신속하게 혹은 느리게 혹은 거절하실 수 있으시다 (잠 1:28, 렘 11:11, 14:12 참조). 그리고 하나님은 자신의 뜻대로 움직이신다 (요 11:6 참조). 그렇다고 우리의 기도가 소용없다는 말은 못된다. 기도는 다급할 때, 더 시간을 많이 잡고, 더 강력하게 부르짖어야 한다. 새벽 기도, 철야기도, 산기도, 금식 기도, 작정 기도, 합심 기도, 통성 기도, 짝 기도, 골방 기도, 매일의 정해진 기도 등등 기도를 드릴 수 있지만, 급할 때는 강력한 기도를 드리지 않으면 안 된다.

주 나의 구원이시여 (아도나이 테슈아티)—여기 "구원"은 전쟁이나 삶의 여러 위기에서의 구출을 의미한다. 신약 성도의 입장에서는 장차 임할 영원한 심판도 해당될 것이다. 시 37편 마지막 구절들에서 구원은 오직 여호와께로부터 말미암는다는 사실이 언급된 바 있다. 이 시인의 이 기도의 울부짖음이 이 시의 핵심이자 대미(大尾)를 장식한다. 그런데 다훗은 여기서 "속히 나를 도우소서, 주여, (속히) 나를 구하소서"라 이해한다. "나를 구하소서"는 전반절의 "도우소서"(레에즈라티)에서 사용된 전치사가 후반절 "구원자"(예슈아티)에도 해당된다고 보는 것이다. 그런 이해보다 "오 주 나의 구세주여"라고 원문대로 이해함이 좋다.

시편의 적용

나를 징계치 마소서 (1절)

성도들은 자신과 관련된 모든 일들에서 하나님의 손길을 느낄 수 있어야 한다. 내 육신이 아픈 것만 아니라, 내 사업의 성공과 실패, 내 자녀의 건강과 학업, 내 직장의 일어나는 일들 등등. 어느 것도 하나님의 손길에서 벗어나지 아니한다. 그러므로 성도들은 하나님께서 나와 관련된 것들을 통해서 무슨 말씀을 하시는지를 분간해야 한다. 시인은 자신의 육신이 몹시 아픈 것이 하나님의 징계요 책망인 줄 깨달았다. 신앙의 눈으로 볼 때만 그렇게 이해할 수 있다. 세상 사람들은 과로했다, 보균자(保菌者)에게 부주의하게 접근했다 등등 말하겠지만, 그런 것 등은 모두 2차적 요인들이요, 근원적으로 세상의 되어지는 모든 일들은 하나님의 손길의 표현인 것이다. 이런 신앙관을 지닌 사람들은 하나님의 인도하심에 늘 의지하고, 하나님 앞에서 행할 수밖에 없다. 중세시대에 흑사병이 유행할 때나 지진이나 해일로 재앙이 닥칠 때, 사람들은 하나님의 진노의 표현으로 보고 무당을 죽이고 잘못이라 여겨지는 모든 것들을 제거하고자 했다. 현대인들이 볼 때 미신적이라 여겨지겠지만, 절대 미신적인 것이 아니다. 어떤 분이 지적하길, 국립공원 당국에서 삼각산에서 기도하는 것을 극렬히 방해하는 일들이 있어 나라를 위한 기도가 드려지지 못함으로 인해서 여러 불길한 일들이 나라에 일어났으며, 그 시점을 보면 기도가 중단된 시점들이라고 지적했다. 이런 지적은 의미심장하다. 성도는 세상의 평안을 책임진 자들이다. 현상의 일어나는 일들을 영적인 시각에서 해석할 줄 알고 책임을 느끼는 자들이다.

개인이나 국가나 하나님 앞에서 바로 행치 못할 때 하나님의 진노는 쏟아지기 마련이다. 그분의 진노는 재앙이나 질고 등으로 나타나며, 구약에서 언약백성을 처벌하는 4대 수단은 칼, 기근, 온역, 야수 등이었다. 선지자들은 하나같이 언약백성을 향하여 언약조항을 근거로 죄를 기소하고, 처벌을 선고하던 "언약사신들"이었다 (최종태, "선지자와 언약은 어떤 관계?"「예언자에게 물어라」참조).

여기서 한 가지 언급할 것은 어거스틴의 이 구절 해석이다. 그의 해석은 전반절의 "주의 노로 나를 책하지 마시고"와 후반절의 "분노로 나를 징계치 마소서"라는 동의 병행법 관계를 파악하지 못한 시대에 어떤 해석이 유력했는지 좋은 예를 보여준다. 전.후반절이 사고상으로 유사한 문장들을 함께 배열하여, 한 사고를 두 번 반복시킴으로 그 사고를 강조하는 이 동의 병행법의 기능을 파악하지 못한 시대에 살았던 어거스틴은 이 두 문장에서 최대한의 사상적 상이점을 찾고자 한다. 즉 그에 의하면, 책망을 받는 모든 사람이 다 징벌을 당하는 것은 아니며, 또한 징벌을 받는 자들 중에서도 일부는 구원을 받는다. 불로 사름과 같이 징벌을 당하리라는 말씀은 그렇게 징벌당하는 자 일부는 불타고 일부는 불에 그슬리나 구원 받는다는 것을 암시해 준다. "당신의 분노로 나를 징벌치 마소서"라는 기도는 죽은 후에 불로 사름과 같이 징벌을 당하지 않고 이 세상에서 나를 정케 해 주시라는 간구이다. 징벌을 불로 사름같이 당할 때, 금이나 은 같은 보석 위에 토대를 놓은 자들은 구원을 받을 것이나, 나무나 짚이나 풀 등에 토대를 놓으면 마지막 징벌 때에 모두 불살라질 것이다. 한편, 어떤 이들은 책망을 받으나 교정되지 않는 자들도 있다. "내가 주렸을 때 너는 내게 음식을 주지 아니했노라"라고 말씀하시면서 책망할 자들은 망할 자들이기 때문이다.

이런 어거스틴의 해석에서 우리는 몇 가지 문제점들을 발견하게 된다. 우선, 그는 이 구절이 무엇보다 죽음 이후의 최후 심판을 지시한다고 이해하고 있다. 이는 바른 해석이 될 수 없다. 시인이 책망하지 마시고, 징계치 말아 달라고 간구하는 것은 현재 당하는 육신적, 영적 고통 때문이지, 장차 닥칠 최후 심판을 염두에 둔 부르짖음이 아니기 때문이다. 둘째로, 시인은 전.후반절에서 유사한 사고를 반복하여 하나의 사고를 강조할 뿐이지, 똑 부러지게 '책망하다'와 '징벌하다'란 서로 다른 두 사고를 전달하고자 하는 것이 아니다. 셋째로, 어거스틴이 견지했던 최후 심판에 대한 사고, 곧 최후 심판이 불로 사름 같은 그런 심판인가? 하는 질문이 제기된다. 연옥(煉獄)설은 아니지만, 그것과 유사한 교회에서 언급되는 하나의 사고는 모든 성도들이 마지막 심판 때에 불을 통과하듯 시험을 거친다는 것이다. 이 사고는 고전 3:11-15에 언급된 불로 성도들의 공적(功績)이 시험을 받는다는 사고를 문자적으로 해석한다. 이 마지막 심판 날의 불-시련(試鍊)설은 그리스도께 재림하시는 날 혹은 심판의 날에 불이 함께 언급된다는 사실도 고려된다 (시 1:3, 사 4:4, 단 7:9, 슥 12:9, 말 3:2, 3, 4:1). 모든 성도가 이 마지막 시련의 불에 상하지는 않는다. 어떤 이는 크게, 어떤 이는 아무런 상처 없이 통과할 것이다. 어떤 이들은 심하게 상하는 처벌을 당하고 통과하리라 한다. 바로 이런 마지막 불 시련설을 어거스틴이 시 38:1에 적용하고 있다. 그러나 그런 "불 시련설"이 성경 다른 곳에 어떤 근거를 갖고 있는지는 몰라도, 적어도 여기 시편에서는 찾으려고 해서는 안 된다. 아니 다른 성구들에서도 그런 설은 근거가 없어 보인다.

건강하다는 축복 (3절)

건강만 있다면 야 모든 것을 할 수 있지 않겠는가? 시인은 자신의 몸에 온전한 곳이 없다고 호소한다. 복합증세를 보였는지 모를 일이다. 때로 우리는 질고로 인하여 불안의 나날을 보낼 수가 있다. 불안의 이유는 두 가지이다. 이것이 죽을병인가? 하는 의혹 때문이고, 다른 하나는 내 죄를 사하시지 않으시는가? 아니면, 내가 믿는 신앙이 진실로 잘못된 것은 아닐까? 하는 의구심 때문이다. 그러나 이런 생각들은 기도부족의 증거이며, 우리는 확신 가운데서 회개하고, 내적인 평강을 먼저 찾아야 한다. 그러면 질병은 우리의 믿음으로 물러가고 말 것이다. 건강할 때에 우리는 감사하면서 주의 일에 헌신하지 않으면 안된다.

우리의 죄는 얼마나 많은가? (4절)

시인은 죄악들이 너무나 많고 중하여, 무거운 짐처럼 감당할 수 없다고 했다. 또한 자기 죄가 머리털보다 많다 고도 했다. 그렇다면 우리의 죄는 어떤 것들인가? 이원록 목사는 자신이 처음으로 회개할 때의 일을 이렇게 기술했다 ("나는 죄인의 괴수였노라,"「숲속의 황금알」126 이하):

"하나님 나는 죄가 없습니다." 바로 그 때 내 눈앞이 확 밝아졌다. 놀라운 일이었다. 마치 영화관의 스크린 앞에 내가 앉아있는 것 같았다. 어떤 어린아이가 나타났다. 그 아이는 어머니에게 공책 산다고 돈을 얻어내더니 구멍가게로 가서 그 돈으로 사탕을 사 먹고 있었다. 바로 나였다. 1학년 때 내가 지은 죄였다. 전혀 생각하지도 못했던 나의 모습이었다. 까맣게 잊어버리고 있었던 그 일이 내 앞에 생생하게 재현되고 있었다. 하도 어이가 없어 아무 생각도 못하고 우물우물하고 있다가 나는 푹 엎어져서 통곡을 하기 시작했다. "하나님, 잘못했습니다." 이런 말이 나도 모르게 튀어 나왔다. 그 말은 분명히 내가 하려고 한 말이 아니었다. 누군가의 강한 힘에 의해 그 말이 나오게 된 것이었다. 과연 그렇지! 나는 이렇게 어렸을 때부터 죄를 저질러 놓고 하나님께 죄가 없다고 감히 말한 것이다. 어디 그 뿐이랴! 그 전에도 갓난아기 때부터 나는 죄를 지었을 것이다. 「내가 죄악 중에 출생하였음이여」 (시 51:5). 어머니의 젖을 빨며 깨물어 어머니를 아프게 하였을 것이다. 내가 "잘못했습니다" 라고 말했을 때 또 다른 장면이 계속 뒤를 이어 나타났다. 사과밭에 들어가서 사과 훔쳐 먹던 일, 참외밭에서 참외 훔쳐 먹던 일, 동생을 때려주던 일, 누나와 형에게 욕하던 일, 혼자 선생님을 원망하던 일 등등 수많은 나의 죄악들이 활동사진을 보는 것처럼 한 장면이 바뀌면 또 다른 장면이 연속적으로 나타났다. 화풀이로 강아지를 걷어차고 괴롭히던 일까지 나타났다. 나는 "잘못했습니다. 아이구, 하나님, 잘못 했습니다" 하고 빌고 또 빌었다. 나의 죄악 장면들은 빌고 나면 다른 장면이 또 나타나고, 또 나타나고 하는 것이었다. 정말로 너무나 많은 죄악들이 었다. 나이가 먹을수록 그 빈도수는 점점 많아졌다. 대구의 극장 앞에서 행인들을 괴롭혔던 일들이 계속 나타나고 있었다. 나는 통곡을 하며, "잘못했습니다. 하나님"을 연발했다.

장면은 계속 바뀌어 동대문 건달 사단(師團)에 있던 시대가 되었다. 드디어 4.19 의거 때 깡패들이 데모하는 학생들을 구타해 죽이는 장면이 나타났다. 피를 흘리며 쓰러지는 학생들의 모습을 보며 나는 변명을 했다. "하나님, 이건 …, 이건 아닙니다. 저는 직접 학생들을 죽이지 않았습니다. 그것은 아무개와 아무개, 또 아무개들이 한 짓입니다." 그 때였다. 산소 용접기에서 나오는 것 같은 불이 어디서 나타났던지 내 입술을 휙하고 지지며 스쳐갔다. 너무나 뜨거워 나는 피하려고 하다가 벽에 머리를 부딪쳐 잠시 정신을 잃었다. 정신이 들었을 때 나는 통곡을 하며 말했다. "아이구, 하나님. 잘못했습니다. 저도 기회가 있었으면 분명히 학생들을 죽였을 것입니다. 잘못했습니다. 용서하십시오. 하나님." 성령께서는 이렇게 나를 회개하도록 역사하셨다. 나는 회개가 무엇인지, 어떻게 회개해야 하는지, 왜 회개해야 하는지, 또한 무엇을 회개해야 하는지, 누구에게 회개해야 하는지 몰랐다. 내가 아는 것은 단지 김득신 목사님께서, "회개해야 삽니다" 라고 하신 말뿐이었다.

미국 알래스카 열린 문 장로교회에서 장로로 수고했던 김춘근 교수는 간암으로 죽게 되었을 때, 마지막으로 처절한 회개와 치유를 위한 결사적 기도를 드렸다 한다. 그는 체중이 165 파운드 (78 킬로)에서 127 파운드(57.6 킬로)로 줄고, 배는 만삭된 여인처럼 팽팽하게 늘어났다 한다. 간이 완전히 악화되어 제 기능을 발휘하지 못함으로 피는 독소로 점점 탁해지고, 피부는 독이 퍼져 가려워서 견딜 수가 없었다. 이럴 때 그는 "와이 미 (Why Me?) 왜 하필이면 나입니까? 제가 무엇을 얼마나 잘못하고 무슨 죄를 지었기에 이 젊은 나이에 이렇게 비참하게 죽어야 합니까?" 라고 원망과 반항심에 차서 울부짖었다. 이런 상황에서 그는 만약에 인간을 창조하신 분이 하나님이시고 또 정말 나를 만드신 분이 하나님이시라면 내가 죽으면 이 젊은 나이에 왜 죽어야 하는지, 나의 병을 고쳐서 다시 살게 하실 수는 없는지 이제는 하나님께 매달릴 수밖에 없다고 결심하고, 어차피 죽을 몸 하나님께로부터 응답을 받을 때까지는 절대로 산을 내려오지 않겠다는 비장한 결심을 하고 자동차로 두 시간 반을 달려 로스엔젤레스 동편 빅 베어 마운틴 (Mt. Big Bear)에 올라가 그곳에서 조그마한 통나무집을 빌려 거기에 머물면서 기도를 시작했다. 그는 하나님께 울부짖었지만 소리를 질러도 힘이 없어 목소리는 고작 새소리 정도였다.

"내가 고통 중에 여호와께 부르짖었더니 …" (시 118:5).

그는 갑자기 시편이 읽고 싶었다고 했다 (「와이 미」 [Why Me?], 22). 그는 아픔을 견디며 시편을 읽기 시작했다. 그러는 중에 시편은 그에게 인간의 오욕(五慾)칠정(七情)을 적나라하게 보여 주었다. 그는 시편을 읽으면서 마음에 큰 감동과 충격을 받았다. 육일 째 되는 날이었다. 자정이 지나고 새벽 1시쯤 되어서, 머리가 견딜 수 없이 아프고 숨이 가쁘면서 심장이 터질 것 같은 심한 고통이 왔다. 몸에 열도 났다. 그는 견딜 수 없어 담요를 두르고 밖으로 나갔다. 초여름이지만 6천 피트 (1828 미터) 고도의 산에서의 밤은 제법 쌀쌀했다. 그는 기다시피 걸어가서 넘어져 있는 큰 나무를 붙잡고 앉아 기도를 시작했다. 그는 마음에 쌓였던 모든 것을 다 내어놓고 울부짖어 하나님께 기도했다:

> 하나님, 나를 불쌍히 보시고 자비와 긍휼을 베풀어 주시옵소서. 하나님께서 우리를 미국에 보내 주셔서, 그 모든 역경을 이기고 열심히 노력하여 학위를 받고 이제 대학 교수가 되었습니다. 하나님께서 귀한 자녀도 선물로 주셔서 아름다운 가정도 이루었습니다. 또 한 교회 집사로서 하나님을 섬기게 하셨습니다. 이제는 많은 사람들이 나를 크리스천인 줄 아는데 이렇게 비참하게 죽으면 지금까지 쌓아온 제 모든 지식과 재능이 헛되이 버려질 뿐만 아니라 하나님께도 영광이 되지 않습니다. 하나님, 한 번만 살려주십시오.

하나님은 이 기도에 "네가 네 피 속에 있는 독소 때문에 육체적으로 죽어가는 것은 사실이지만 진정 네가 영혼 속에 있는 독소 때문에 죽어가는 것을 모르느냐?" 라고 대답해 주셨다. 그리고 지금까지 지은 모든 죄가 하나하나 TV 스크린과 같이 그의 눈앞에 환상으로 펼쳐지기 시작했다. 나중에 그는 이 죄들을 하나하나 구체적으로 처리하기 위하여 그 목록을 적었는데 무려 52페이지나 되었다. 우리에게 있는 죄들은 머리털보다 더 많으니이다. 우리 죄를 예수님의 십자가에 다 못 박으시고 사하셨나이다.

병을 치료 하소서 (5-11절)

필자는 병 때문에 정말 고생을 많이 했기에, 병이라면 지긋지긋하다. 그렇지만 영적으로 말하자면, 병이 없었더라면 그리스도 안의 나는 존재할 수 없었을 것이다. 병은 나를 연단하고 세상으로 달려갈 수 있는 시기에 나를 그리스도께로만 향하도록 했다. 그 아무 것도 나에게 의미가 없었고, 오직 그리스도 그분만이 나의 관심사가 될 수 있었던 것은 병이 나를 옭아매고 괴롭혔기 때문이다. 병든 몸으로 피곤하게 지내던 그 시절에는 욥기만이 위로가 되었고, 주께서 상한 갈대를 꺾지 아니하시고, 꺼져가는 심지를 끄지 아니하신다는 말씀이 그렇게 힘을 주었다. 밤새워 교회당에 홀로 앉아 눈물 흘리며 찬송하고 영적인 희열에 빠졌지만, 현실적으로 육신은 너무나 괴롭고 고달팠다. 병은 나를 영적으로 훈련시키는 수단이었지만 내 평생에 육신이 약하도록 만들고 말았다. 그래서 늘 주님만을 의지할 수밖에 없다. 육신이 강하다면, 나는 의지하지 못할 것이다. 배가 고프다는 사실, 감사할 일이다. 소화를 잘 해낸다는 사실, 대변이 잘 나온다는 사실, 잠이 맛있다는 사실, 일을 할 수 있다는 사실, 이 모든 것이 병에서 고침 받은 사람들에게는 정말 감사의 제목들이다. 그래서 나는 병든 자들을 주님의 이름으로 치료하는 일에 관심이 많다. 주님이여, 병든 자들을 치료하소서. 이것이 우리의 사명이나이다.

불쌍히 여기소서

주님은 자기 백성이 괴로워하는 것을 불쌍히 여기신다. 특별히 자기 죄를 자복하고 회개하며 자기에게 나오는 자들을 긍휼히 보시고 문제를 해결해 주신다. 그러므로 우리는 문제나 질고를 가지고 그분 앞에 나아가서 죄를 고백하고 자신의 처지를 고하며 부르짖어 그분의 긍휼을 받아야 한다. 그분이 우리의 사정을 들으시고 문제를 해결해 주시고, 치료의 광선을 발하시면 우리는 그분의 약속이 참된 것과 그분의 성품이 얼마나 인자하시며 사랑이 많으신 지를 직접 체험하게 될 것이다. 말씀에 기록된 그분에 대한 것들이 사실임이 확인될 때 얼마나 우리의 믿음은 확고한 반석 위에 세워지는 것이냐? 따라서 신앙 성장을 위해서도 우리는 문제해결, 병 고침을 받아야 한다.

거리에 앉았던 두 소경은 주님을 향하여 '다윗의 자손이여 우리를 불쌍히 여기소서!' 라고 울부짖었다 (마 9:27). 저들이 소리친 내용은 주님을 약속된 메시아로 인정하고, 약속대로 긍휼을 베풀어 달라는 호소였다. 지금 우리에게는 육신을 입으신 주님을 만날 방도가 없다. 그렇지만 하늘에 승천하신 주님은 자기의 성령님을 보내시어 세계 어디서나 언제나 우리를 만나실 수가 있다. 그렇기에 우리는 육신의 주님을 대신하시는 성령님을 만날 기대로 주님께 부르짖어야 한다. 필자는 중학교를 졸업하고 결핵으로 고생할 때, 어느 수요일 오후에 대성통곡하며 자신의 신세를 한탄하면서 하나님께 부르짖었다. 그때에 기도가 하늘 보좌에 상달(上達) 되는가 느낌이 오는 데 즉시로 그곳으로부터 불덩어리가 내 가슴에 떨어지더니 나의 진액을 빨아먹던 병균들을 확 살라 버린다는 느낌을 받았다. 그때의 시원한 느낌은 어떻게 표현하기 어렵다. 주님은 2천년 전이나 지금이나 자기 백성을 긍휼히 보심에 있어서나, 문제를 해결하고 병든 자를 치료하심에서 동일하시다.

시 39편 주의 징책을 내게서 옮기소서

1. 전체구조에서의 위치, 시의 유형과 삶의 자리

이 시는 앞의 시와 단어, 표현들에서 공통적 요소들을 갖고 있다 (1절과 38:16; 2, 9절과 38:13-14; 10절과 38:2 비교). 즉 질병을 하나님의 손의 '침' 으로 이해하고, 구원을 호소한다. 그런데 앞의 시가 적극적으로 구원을 호소했다면, 본 시는 인생을 허무한 나그네로 인식하고 약간 좌절하는 모습을 보여준다. 비교컨대, 앞의 시가 질고에서의 구원을 애타게 바라는 '기대' 의 표현이라면, 본 시는 죽음을 피할 수 없는 당면한 사항으로 간주하면서 구원을 호소한다고 할 수 있겠다. 앞의 시가 '청년' 의 시라면 본 시는 '노인' 의 시가 아닌가 여겨진다.

양식 비평가들에 의하면, 이 시는 개인 탄식시 유형에 해당되지만, 다른 개인 탄식시와 달리 시인 자신의 자서전적 고백을 담고 있다. 인생을 허무하고 잠시 머무는 나그네로 생각하는 사고는 전도서의 '헛되다' 는 사고를 연상시켜준다. 이런 사고는 인생의 역경을 많이 겪고 나서 헛된 일에 분주했던 자신의 삶을 자책하는 성숙한 관찰에서 나타날 것이다. 표제는 "다윗의 시, 영장 여두둔을 위하여" 라 한다. 다윗이 작사하고 성가대장 여두둔에게 연주하도록 했다는 의미일 것이다.

2. 시적 구조와 해석

이 시는 시인 자신의 자서전적 고백을 담고 있다. 3절에서 시인은 자기 입을 열어 하나님께 기도를 발했다고 하고, 4절 이하에서 그 기도 내용이 제시되고 있다. 그렇다면 1-3절은 이 기도의 서론이 될 것이다. 1-3절에서 시인은 경박하게 자기 입을 열어 불평하지 않겠다고 다짐했고, 그 다짐을 가까스로 지켰다. 9절이 제시하는 대로, 4절 이하에서 주께 발한 그의 탄식과 기도는 그런 다짐을 깬 것이 아니다. 4절 이하의 탄식과 기도는 불평이나 원망의 말이 아니라, 현실에 대한 정확한 진단이며 (4-6절) 하나님을 향한 자신의 기도이다. 자신에 관한 직접적인 기도는 7절부터 시작된다.

시인이 1-3절에서 표출하고 있는 자기 속내는 간접적인 기도이며, 하나님께 대한 자신의 답답한 심정을 전달해 준다. 따지고 보면 모두 자신의 잘못이지만, 형편이 쉽게 풀리지 아니할 때 우리는 주님께 대하여 불평을 발하곤 한다. 시인은 그런 자신의 심정을 억눌렀지만, 4절 이하에서는 자신의 심정을 정돈하고 나서, 인생의 허무함을 탄식한다. 덧없는 인생이 하나님의 하시는 일을 어찌 다 알 수 있으며, 또 그것을 비평한다는 것이 얼마나 부질없는 일인가? 불신자라고 예외는 아니다. 저들이 아무리 재물을 많이 쌓는다 한들, 그것도 다 타인의 몫이 된다면 왜 그렇게 재물에 집착하여 분요하게 살 것인가? 이런 탄식이 7절 이하에 제시되는 기도를 예비한다. 인생을 초연(超然)하게 관조(觀照)하면서 시인은 하나님께만 자기 소망이 있음을 고백한다. 자신의 질병과의 투병 생활이 시인으로 하여금 분주한 삶을 돌이켜 보게 했으며, 그런 묵상이 결국 그로 신앙적 고백을 끌어내게 하였다. 그럼에도 시인은 자신의 건강을 회복시켜 주시라 기도한다. 참 신앙은 결코 허무주의, 비관주의로 끝나지 아니한다. 인생의 덧없음을 인정하는 것에 정비례해서, 삶의 순간순간을 구속하여 주님 뜻을 이루고자 애쓴다. 4-6절에 제시된 인생의 덧없음에 대한 탄식은 12-13절에서 보듯, 하나님으로 하여금 시인에게 긍휼을 베풀도록 호소하는 간접 기도 구실도 하고 있다. 시인은 세 번이나 "구원"을 호소하고 있다 (8, 10, 13절). 요컨대, 이 시의 핵심은 시인이 육신적으로 곤고한 상태에 떨어졌을 때, 영적인 퇴보를 인하여 심중에 여러 부정적인 생각이 치밀어 올랐으나, 꾹 참고 하나님께 인생의 덧없음을 고하고, 그런 인생 중에 처한 자신의 의지 없음을 아뢰며, 건강 회복을 호소하는 기도이다.

형식과 내용의 흐름에 따라 우리는 다음과 같이 구분한다.
제1연 (1-3절): 시인의 불신앙적 마음을 제어함
제2연 (4-6절): 무상한 인생
제3연 (7-13절): 기도

여기 시편에서도 반복법이 사용되고 있다. 2절의 "내가 잠잠하여" (느엘람티)는 9절에서 반복된다. 1, 2, 9절 등에서 "잠잠하다" "침묵하다"를 의미하는 단어들이 몇 개 사용되었다. 5절의 표현의 일부가 11절에서 반복되었다. 또한 5, 6, 11절 등에서 "허사" (헤벨)란 말이 세 번이나 등장하고 있다. 또 5, 6, 11절 등에서 네 번이나 사용된 불변사 (아크, "진실로") 역시 주목할 만하다. 이 불변사가 여섯 번이나 나타나는 시 62편을 제하면 이렇게 빈번하게 이 말이 사용된 예도 드물다. 4-6절에서 우리는 점층적 리듬 (Stufenrhythmus)를 볼 수 있다: "내 날들" (야마이), 어찌함을 (마, 메), 단지 (콜), 허사 (헤벨) 등은 두 번씩, "알다" (야다)와 "진실로" (아크)는 세 번씩 사용되고 있다. 또 1, 3절에서 "혀" (라숀)도 두 번 사용되었다.

제1연 (1-3절): 시인의 불신앙적인 마음을 제어함

성도의 심중에 부정적인 생각이 깃들기 시작할 때, 그는 경각심을 가지고 자신의 신앙을 점검해야 한다. 그런 상태는 기도 부족에 기인하고 자기 부인의 신앙 레벨에서 한참 떨어지고 있는 증거이기 때문이다. 성도는 여하한 환경에서도 부정적으로 생각하지 말고 오로지 주님의 절대 주권을 인정하고 그분의 인도하심과 선하심을 확신해야 한다.

1절: 내가 말하기를 나의 행위를 조심하여 (아마르티 에스메라 드라카이) —심중에 결심하길 "내가 내 길들을 지키리라" 했다 (연장형 cohortative). 여기서 "길들"은 물론 행위, 습관, 행동방식을 의미한다. 그 결심의 구체적인 것은 후반절에서 "내 혀로 범죄치 아니하리니"로 표현된다.

내 혀로 범죄치 아니하리니 (메하토 빌쇼니) — '악인이' 자기 앞에 있을 때에 불평하지 않으리라 한다. 혀로 범죄치 않기 위해 시인은 자기 행위를 지키리라 결심했던 것이다. 그러나 NIV는 자기 행위를 지키고, 죄에서 혀를 지키는 일을 두 별개의 것을 말하는 양 번역했다 (I will watch my ways and keep my tongue from sin).

악인이 내 앞에 있을 때에 내가 내 입에 자갈을 먹이리라 (베오드 라샤 르넥디)—시인은 자신의 죄를 고백하면서도 (8절) 자기와 대립되는 상대를 "악인"으로 부른다. 자신은 죄 때문에 징계를 당하지만, 악인은 하나님과 연관이 없는 사람이다. 여하간 "여기서도 역시 자신의 결심을 표현한다 (연장형). 자갈은 소의 입에 씌워 소를 제어한다 (신 25:4).

2절: 내가 잠잠하여 선한 말도 발하지 아니하니 (네엘람티 두미야 헤헤쉐티 밋토브)— 단순히 '잠잠하였다'고 말하지 않고 (9절, 겔 33:22 참조), "'침묵'(silence)을 가지고 잠잠 하였다"라고 말한다. 굳이 "침묵"이란 말을 첨가한 것은 전. 후반절의 박자수를 맞추기 위한 의도와 함께 자신이 말을 "전연" 아니 했다는 강조적 의미도 있을 것이다. "발하지 아니하다"라 번역된 히브리어 역시 "침묵하다" (하샤) 동사이다. 시인은 적극적으로 말해야 할 사항까지도 입을 다물었다.

나의 근심이 더하도다 (우크에비 네카르)—음식물 쓰레기가 가라앉은 구중물통을 휘저으면 맑던 물이 탁해지듯, 근심이 야기되는 (be stirred up) 모습이다. "더하도다"라 번역된 동사 (네카르, 아카르의 니팔형)는 기본형에서 "말려들게 하다" (to entangle), "무질서하게 하다" (put into disorder), 재앙을 가져오다 (bring disaster), 혼란/파멸에 던지다 (throw into confusion, ruin) 등을 의미하고, 여기서 처럼 니팔형에서는 "휘저어 올라오다" "분기되어지다" (to be stirred up), "파멸되다"를 의미한다.

3절: 내 마음이 내 속에서 뜨거워서 (함-립비 베키르비)— 태양이 작열할 때 (출 16:21, 삼상 11:9), 분노로 마음이 달아오를 때 (신 19:6), "뜨겁다" (하맘)란 말을 사용한다. 여기서는 속에서 열화 (熱火)가 치밀어 오르는 모습이다.

묵상할 때에 화가 발하니 나의 혀로 말하기를 (바하기기 티브아르 에쉬 디바르티 빌쇼니)—여러 가지를 생각할 때 마음에 분노가 치솟아 올라 마치 불이 일어나는 듯 하다. 그래서 시인은 하나님을 향하여 말문을 열기 시작한다. 이런 행동은 1절에 제시된 자신의 결심을 깨는 것은 아닐 것이다. 왜냐하면 9절에서 시인은 탄식하고 기도하면서도 "잠잠하여 입을 열지 않는다"라고 말하기 때문이다. 그가 1절에 결심한 바는 부정적인 말을 내 뱉지 않으리라는 것이었다. "나의 혀로 말하기를"에서 말하는 내용은 다음 연에서 제시되고 있다.

제2연 (4-6절): 덧없는 무상한 인생

시인은 이제 심중의 생각을 정제 (精製)하여 하나님께 아뢴다. 그것은 인생의 덧없음에 대한 탄식이며, 이런 탄식은 결국 자신의 생명이 경각간에 달린 상황에서 자연스럽게 우러나온 탄식이었고, 그런 탄식은 자기 생명을 건져 달라는 기도로 귀결된다 (12-13절).

4절: 여호와여, 나의 종말과 '연한의 어떠함'을 알게 하사 (호디에니 야웨 키치 움미다트 야마

이)—"연한" (야마이)은 "내 날들," "내 연수들," "내 기한들" 등으로 달리 번역될 수 있다. 그런데 이 말에 "측량" (measure)이란 말이 첨가되었다: "내 날들의 수치, 크기." 즉, 시인은 자기의 종말과 자기의 날들의 크기를 알기를 원한다. 이것은 자신이 죽을 날이 언제일지를 예측해 보고 싶다는 사고라기보다, 후반절에서 묘사되는 대로 "나의 연약함을 알"고자 함이다.

나로 나의 연약함을 알게 하소서 (마-히 에드아 메-하델 아니) —시인은 하나님께서 자신이 얼마나 (마) 허무하고 덧없는 (하델) 존재인지를 알려주시기를 원한다. 즉, 영원한 존재가 아니라, 언젠가는 존재가 중단되어야 하는 덧없는 존재임을 자각하고자 한다. 누구나 언젠가는 죽는다는 사실을 다 알고 있지만, 인생은 누구도 죽음의 문턱에 서기 전에는 죽음을 심각하게 생각하지 못한다. 막연히 '남의 일이겠거니', 아니면 '먼 미래에 일어날 일이겠거' 니 라고만 생각한다. 시인이 이런 자신의 끝과 자기 날들의 크기, 자신의 덧없음 등을 확인하고자 하는 이유는 이미 건강을 상실하고 죽음의 문턱에 와 있기 때문일 것이다. 이 자기 부정 속에는 하나님의 영원하심과 위대하심에 대한 믿음이 담겨있다. 동시에 이런 신앙적 고뇌와 실존적 몸부림은 생(生)에 대한 애착의 다른 표현이기도 하다 (12, 13절 참조).

5절: 주께서 나의 날을 손 넓이만큼 되게 하시매 (힌네 테파호트 나탓타 야마이)—시인은 자기 날들 (야마이) 혹은 자기 기한이 손 뼘만 하다는 사실, 그것이 인생의 운명이라는 점을 직시하고 있다.

나의 일생이 주의 앞에는 '없는 것 같사오니' (베헬디 케아인 넥데카) — "나의 수명" (my lifespan)이 주님 앞에서는 아무 것도 아닌 듯 합니다. 시간적으로만 아니라, 그 능력이나 지혜나 모든 면에서 그러하다. 그분 앞에서는 열방이라도 통의 한 방울 물 같고 저울의 적은 티끌 같고, 심지어 모든 열방은 아무 것도 아니며, 없는 것같이, 빈 것같이 여기신다 (사 40:15, 17).

사람마다 그 든든히 선 때도 진실로 허사 뿐이니이다 (아크 콜-헤벨 콜-아담 닛차브) —인생 허사 (헤벨)는 인생무상 일장춘몽 (人生無常 一場春夢)이란 글귀로 동양인들이 잘 표현하였다. 전도서 기자는 "헛되고 헛되며 헛되고 헛되니 모든 것이 헛되도다" 라 탄식하였다 (1:2). 이런 탄식은 전도서 기자의 결론에 비추어 볼 때 (12:13-14), 하나님과 상관없는 인생은 그 전부가 허무하다는 말씀이다 (11절도 참조). 한편 "그 든든히 선 때도" (닛차브)란 표현은 어떤 영역본들이 아예 생략해 버린다 (NIV, NAB). 왜냐하면 11절 말미에서는 이 말 없이 "참으로 각 사람은 허사 뿐이니이다" 라고 이 부분을 반복하기 때문이다. 그렇지만, 생략할 수 없다. 70인역도 이 부분을 "(모든) 산 (인간)" (every man living)이라 번역하여, 그 말의 존재를 확인해 주기 때문이다. 한역의 "그 든든히 선 때" 번역은 "그 전성기에 있어서도" (at his best state, KJV, NASB)란 번역과 유사하다. 이런 이해가 바르다면, 인간은 아무리 최전성기에 처했다 해도, 그 때도 역시 한 숨 호흡에 불과하다. 그처럼 허무하다는 의미이겠다.

한편, "사람마다" (콜-아담)… "허사 뿐 이니이다" (콜-헤벨)에서, 두 번 사용된 "모든" (콜)이란 말은 어떤 히브리어 사본들이나 시리아어역 (페쉬타)에서 한 번만 나타난다. 아마 서기관이 잘못해서 한 번 쓸 것을 두 번 썼다고 생각할 수도 있지만 (重複誤寫 dittography), 부사적으로 "완전히" (KB³ 13 참조) 허사뿐이다 라고 강조하기 위해 첨가했을 수도 있다.

6절: 각 사람은 그림자같이 다니고 (아크-베첼렘 이트할렉-이쉬)—걸어 다니지만 실상은 그림자일 뿐이다. NIV는 번역하길 "사람은 여기 저기 다니는 것이 마치 유령과 같다" 라고 번역했다. **하는 일 헛되다.** 무엇 때문에 인생이 살아야 하며, 어디서 와서 어디로 가는지를 알지 못하니 어리석고 헛된 인생이다.

헛된 일에 분요하며 (아크 헤벨 예헤마윤)—바람을 잡고자 인생은 많은 수고를 아끼지 아니한다. "분요하다" (하마)는 말은 시장 바닥에서처럼, 떠들썩한 그 소란과 안절부절 못하는 어지러움을 가리킨다.

[재물을] 쌓으나 누가 취할는지 알지 못하나이다 (이츠보르 벨로-예다 미-오스팜)— 쌓는 것이 무엇인지 목적어가 생략되었지만, 고대의 거래수단이었던 "은"을 가정할 수 있다 (욥 27:16). 사람들은 재물을 잔뜩 쌓지만, 결국 자신이 사용할 수가 없다. 죄인은 재물을 쌓지만, 결국 의인을 위하여 쌓는다 (잠 13:22). 전도자는 이것과 연관하여 이렇게 지적하였다: 하나님이 그 기뻐하시는 자에게는 지혜와 지식과 희락을 주시나 죄인에게는 노고를 주시고 저로 모아 쌓게 하사 하나님을 기뻐하는 자에게 주게 하시나니 이것도 헛되어 바람을 잡으려는 것이로다 (2:26).

제3연 (7-13절): 기도

시인은 병중에 자신의 과거 생을 돌아보면서 인생의 덧없음과 바람을 잡듯 헛된 일에 소란을 피웠던 것을 알게 되었다. 그런 인생무상에 대한 자각은 결국 주님 밖에 의지할 이도, 소망할 이도 없다는 결론을 산출했다. 생명이 위기에 처한 시인은 인생무상을 탄식하면서 그림자 같은 인생에 처한 자신을 하나님께서 긍휼히 여기사 구원해 주시길 간구한다.

7절: 주여 내가 무엇을 바라리요 (베앗타 마-키비티 아도나이)—분주하게 인생을 살고, 온갖 쾌락을 닥치는 대로 추구하다 어느 시점엔가 인생은 제 정신을 차리게 된다. 그때에 하나님을 찾으면 만나서 자신의 참 소망이 무엇인지를 깨닫게 된다. 이제 시인은 인생의 허무를 깨닫고 하나님만 자신의 소망임을 고백한다. 원문에는 "이제" (앗타)라는 말이 이 문장 초두에 위치한다. 이 말은 사고상의 대조 전환 (시 119:67) 혹은 이제까지 논의의 결론을 유도한다 (시 2:10).

나의 소망은 주께 있나이다 (토할티 레카 히)—인생이 좋아하는 모든 것들이 인생에게 참 만족과 의미를 제공해주지 못한다는 사실을 깨달을 때에 우리는 주님 안에서 소망을 발견하게 된다. 이 소망은 영원하고 결코 헛되지 않다.

8절: 나를 모든 죄과에서 건지시며 (믹콜-페솨아이 핫칠레니)— "죄과" (페솨이)는 반란, 거역죄이다. 이 죄에서 "건지소서" (핫칠레니)는 죄에서 자신을 '끄집어내어' 달라는 말이지만, 결국 죄의 '결과' 에서 자신을 구원해 달라는 호소이다. 예컨대, 우매자에게 조롱거리가 되지 말게 해달라는 것이다.

우매한 자에게 욕을 보지 않게 하소서 (나발 알-테시메니)—우매한 자는 성경에서 하나님을 떠난 자 (시 14:1, 53:1), 하나님의 백성이면서도 그 말씀에서 떠난 자를 지칭한다 (신 32:6, 21 등). 이런 자들은 하나님의 백성들을 백안시(白眼視)한다 (시 74:22). 이런 우매한 자들이 성도를 조롱하는 그 훼방을 당치 말게 해달라는 간구이다.

9절: 내가 잠잠하고 입을 열지 아니하옴은 주께서 이를 행하신 연고니이다 (네엘람티 로 에프타흐-피 키 앗타 아시타)—2절 주해참조. 여기서 시인이 입을 열지 아니하는 것은 "이렇게 행한 이는 바로 당신" 이기 때문이다. 시인은 우매자의 훼방을 하나님의 징계로 보고 (삼하 16:11 참조) 잠잠히 기다린다. 여기 "우매자"는 1절의 "악인" 이다. 그런데 8,10절이 모두 가원문이므로 여기서도 "당신께서 행동하소서" 라고 기원문으로 번역한다.

10절: 주의 징책을 나에게서 옮기소서 (하세르 메알라이 니그에카)—주의 징책은 "당신의 침" (your stroke)이며, 이 치심은 그의 몸에 질병으로 나타났다. 하나님께서 시인을 치신 것으로 이해하고, 우매자를 논박하기보다는 하나님께 그 징계를 옮겨주시라 간구한다. 시인은 자신의 죄악을 인정하였다 (8절). 따라서 당하는 조롱은 죄에 대한 징계로 생각되었다.

주의 손이 치심으로 내가 쇠망하였나이다 (미티그라트 야드카 아니 칼리티)—앞의 시에서도 시인은 주의 손이 자신을 눌러 고통을 준다고 이해하였다 (2, 10절). 여기서도 시인은 주의 손이 자기를 쳐서 끝장나게 되었다 (칼라)고 호소한다. 이는 시인이 중병에 처했다는 것을 말해준다. 그런데 여기서 "손이 치심"(밋티그라트 야드)은 두 가지 해석이 가능하다 (KB³): 1) 손의 침 2) 손의 힘에 눌려 (70인역, 페쉬타; 믹게부라트 야드카).

11절: 주께서 죄악을 견책하사 사람을 징계하실 때에 (베토카호트 알-아본 잇사르타 이쉬)—이는 잘못을 바로 잡기 위해 책망함이다. 죄악에 빠진 자는 하나님의 책망을 들을 때 회개하기도 하지만 (삼하 12:13), 마음이 완악해 지기도 한다 (대하 24:19, 25:16 등). 회개해야 할 때 회개치 않고 하나님을 대적하는 자는 하나님의 심판을 면할 수 없다. 이스라엘의 역대 왕들이 처음에는 선하게 정치하다가 세력이 견고하게 될 때에는 예외 없이 부패하고 신앙상의 해이를 연출하다 하나님의 징계를 당한다.

그 영화를 좀먹음 같이 소멸하게 하시니 (밧테메스 카아쉬 하무도)—"그 영화" (하무도)는 인생이 귀하게 사모하는 것, 금같이 귀한 것 (단 8:27) 등을 지시한다. 이것들은 하나님의 징계 앞에서 좀에 먹히듯 허무하게 사라지고 만다 (히스기야, 왕하 20:17 참조). 그래서 주님은 "너희를 위하여 보물을 땅에 쌓아 두지 말라 거기는 좀과 동록이 해하며 도적이 구멍을 뚫고 도적질하느니라" 고 하신 것이다 (마 6:19). 시인은 다시 "참으로 각 사람은 허사 뿐이니이다" 고 탄식을 발한다. 한편, 여기서 사용된 동사는 원래 "(얼음을) 녹이다" 란 말이지만, 상징적으로 "사라지게 하다" 란 의미이다 (NAB: "당신은 우리가 소중히 여기는 것을 거미집처럼 허무시나이다"; NIV: "당신은 저들의 재물을 좀같이 없애나이다").

참으로 각 사람은 허사 뿐이니이다 (아크 헤벨 콜-아담)—5절 하반절의 반복이다. 시인은 인생의 허무를 절감하고 있다.

12절: 나의 기도를 들으시며 나의 부르짖음에 귀를 기울이소서 (쉬므아-테필라티 베샤브아티 하아지나)—그의 기도는 조용한 속삭임이 아니라 부르짖음 (쇠브아)이었다. 본 시에서는 2절과 본절에서 동의 병행법, 구문 병행법이 나타날 뿐 뚜렷한 병행법을 찾기 어렵다. 전반절에서 "기도"는 후반절에서 "부르짖음"으로 강화된다.

눈물 [흘릴 때에] 잠잠하지 마옵소서 (엘-디므아티 알-테헤라쉬)—성도들이 흘리는 눈물은 하나님 보시기에 참으로 귀하다 (시 56:8). 소망이 없을 때 우리는 하나님 앞에서 많이 울어야 한다. 그러면 느헤미야처럼 하나님의 선하신 손의 역사를 체험하게 될 것이다. 그런데 하나님께서 "잠잠히" 시는 일은 성도에게 참으로 답답한 노릇이다 (시 28:1, 35:22, 83:2, 109:1). 그런 때에 하나님은 멀리 방관하시는 듯 하고, 때로는 하나님에 대한 회의(懷疑)가 뭉게구름처럼 솟구치기도 한다. 기도를 거절하시는 것 같기도 하다. 이러할 때에 우리는 시인처럼 "눈물"을 뿌리면서 간구하지 않으면 안 된다. 그런데 NIV, NAB 등은 여기서 "내 울음에 귀머거리가 되지 마소서"라 번역했다.

대저 나는 주께 객이 되고 거류자가 됨이 나의 모든 열조 같으니이다(키 게르 아노키 임카 토쇠브 케콜-아보타이)—객 (게르)은 이방인들로 타국에 잠시 체류하거나 머무는 자들이며, 거류(居留)자 (토쇠브)는 자기 땅이 없이 잠시 남의 일을 해서 품삯을 버는 자들 혹은 머슴이다. 그렇지만 이 두 말은 동의어로 자주 등장한다. 이스라엘은 하나님 보시기에 바로 객이며 거류자들에 불과하다 (레 25:23, 35, 대상 29:15). 시인은 자신이 영원하신 하나님 앞에서 잠시 이 땅을 살다가 자기 조상들처럼 떠나야 할 존재로 바로 인식하고 있다. 떠나야 하고, 덧없이 언젠가 존재가 없어질 것이므로 지금 이렇게 생명을 위해 간구한다. 영원히 살 수 있는 존재라면 생명에 대한 미련이나 집착이 필요치 않을 것이다. 시인은 자신의 나그네 인생됨과 함께 믿음의 조상들의 나그네 생활도 묵상하고 있다. 조상들도 이 세상에서 나그네와 객처럼 잠시 체류하다 영원한 본향으로 돌아갔다.

13절: 나를 용서하사 내가 떠나 없어지기 전에 나의 건강을 회복시키소서 (하솨아 밈메니 베아블리가 베테렘 엘레크 베에넨니)— 원문의 순서대로 직역하자면 "내게서 당신의 시선을 돌리소서; 그리하여 내가 떠나 없어지기 전에 나로 유쾌하게 하옵소서!" "용서하다"라 번역된 말은 "시선을 돌려 보지 않다" (to turn away one's gaze)를 의미한다 (욥 7:19, 10:20-21, 14:6 참조). 시인은 하나님께서 진노하신 얼굴로 자신을 주목하신다고 느낀다. 한편 한역이 "나의 건강을 회복시키소서"라 의역한 표현은 원문에서 "내가 기분 좋게 되다" (to become cheerful)란 동사 (발라그)이다 (KB³). 그래서 13절은 "나를 용서하소서 그래서 내가 떠나 없어지기 전에 내가 유쾌하게 되게 하옵소서" 정도로 이해할 수 있다. 이 문맥에서 "기분 좋다"란 말은 한역처럼 "건강을 회복하다"가 될 것이다. 그리고 "기분 좋게 되다" 동사 연장형은 가정법을 표현한다. 시인의 생명에 대한 미련은 강력하다. 죽음에 직면해 있지만, 생명의 소생을 간절히 원한다. 그는 세상을 떠나가서 다시없어지는 순간을 원치 않는다.

시편의 적용

나그네 인생: 객, 거류자 (4-6절)
1 인생은 나그네길, 어디서 왔다가 어디로 가는가
   구름이 흘러가듯 떠돌다 가는 길에 정일랑 두지말자 미련일랑 두지 말자
   인생은 나그네 길 구름이 흘러가듯 정처 없이 흘러서간다
2 인생은 벌거숭이 빈손으로 왔다가 빈손으로 가는가
   구름이 흘러가듯 여울져 가는 길에 정일랑 두지 말자 미련일랑 두지 말자
   인생은 벌거숭이 강물이 흘러가듯 소리 없이 흘러서 간다 ?

허무함을 느끼게 하는 "하숙생"이란 세속 가요인데 김석야 작사, 김호길 작곡이다. 인간이 구름이나 연기처럼 사라지는 존재에 불과한 것인가? 이런 허무주의 사고는 성경적이 아니다. 생각을 감상주의에 사로잡히게 하는 노래는 우리 마음으로 허약하게 만들고 허적거리게 한다. 그러나 이 가요의 가사 중에 진리적 요소가 있긴 하다. 그것은 인생이 "나그네"라는 점이며, 빈손으로 왔다가 빈손으로 간다는 (욥 1:21) 사실이다. 그렇지만 인생은 이 땅에서 '나그네' 이긴 해도, 이 가요처럼 "정처없이 흘러" 가는 그런 구름 같은 허무한 존재가 아니라, 그리스도 안에서 새롭게 피조된 우리는 하늘나라 본향(本鄕)을 목적지 삼고 살아가는 순례자들이다. 매일 매일 우리는 그리스도 안에서 하루의 목표를 세우고, 인생의 궁극 목적인 하나님을 영화롭게 하리라는 근본 목표를 조금씩 이루어 나아가는 것이다. "사람마다 그 든든히 선 때도 진실로 허사 뿐이니이다" 라는 고백은 "그리스도 안에서는 항상 만족과 인생의 의미가 충만합니다" 로 바꿀 수 있다.

나는 웃고 싶습니다 (13절)
웃음은 내 자아의 건강을 드러내 준다. 진실로 내가 영적으로 충만할 때 감사와 평안의 미소가 저절로 나타나기 때문이다. 이런 상태에 우리는 모든 일에 자신감을 가질 수 있고, 인내할 수 있으며, 죄악을 단호하게 거절할 수 있다. 내 자신이 만족감을 느끼지 못하고 불만과 원망의 생각이 솟구쳐 오른다면, 내 자아는 질병에 감염된 상태인지 고찰할 필요가 있다. 건강한 자아의 외적 표현으로서 웃음은 신앙인에게 늘 동반자여야 한다. 칼빈주의자들은 근엄한 것으로 유명하다. 예배도 엄숙해야 하고, 박수를 치거나 몸을 흔들어도 아니 되는 것으로 생각된다. 그러한 예배 방식도 필요하지만 동시에 마음의 즐거움을 외적으로 자유롭게 표현할 수 있는 자유로운 예배도 필요한 것이다. 예배의 형식은 시대마다 달라졌다는 점을 알아야 한다. 한국교회에 도입된 예배 방식만이 표준적이요 성경적이란 생각은 잘못되었다. 내적인 헌신과 사랑이 표현되는 방식에는 여러 가지가 있을 수 있기 때문이다.

시 40편 수렁에서 끌어 올리시고

1. 전체구조에서의 위치, 시의 유형과 삶의 자리

"내가 여호와를 기다리고 기다렸더니 귀를 기울이사 나의 부르짖음을 들으셨도다" 라는 1절의 사고는 "여호와여 나의 기도를 들으시며 나의 부르짖음에 귀를 기울이소서 내가 눈물 흘릴 때에 잠잠하지 마옵소서" (시 39:12)에 대한 반향이다. 이 시는 양식비평에 의하면, 개인 감사시 (1-10절)와 개인 탄식시 (11-17절)의 합성이다. 원래는 다른 두 시가 하나로 합쳐졌다는 가정이다. 내용상 이렇게 감사와 탄식이 함께 나오는 시들로는 9-10, 27, 89편 등이 있다. 그런데 이렇게 '기도'와 '감사'가 함께 나오는 시들에서 순서는 '기도'가 드려지고, 그에 대한 응답으로 '감사'가 드려진다. 그렇지만 시 40편은 그런 순서가 아니라, '감사'가 먼저 나오고, 나중에 '기도'가 나타난다. 그래서 현실적으로 신앙체험에 근거해 볼 때, 이 시는 현실성이 없으며, 오직 예배의식을 위해서 감사와 탄식시를 합성시켰다는 것이다. 그런데, 궁켈이 가정했던 사고, 곧 어떤 시는 내용이 단일해야 한다는 사고는 너무 단순한 가정이었다는 것이 지적되어 왔고, 바이저 같은 이들은 감사와 기도의 순서가 반드시 현실적 상황에 동떨어진 것은 아니라고 잘 지적해 주었다. 바이저에 의하면, 이 시는 시 22편처럼, 먼저 제시된 "감사" (1-10절)는 경배자가 과거에 가졌던 신앙체험이며, 이는 현재 그가 봉착한 새로운 위기를 돌파하기 위한 "기도" (11-17절)의 토대로 작동한다 (The Psalms I, 334).

이런 바이저의 주장은 이 시의 두 부분에 공통적으로 나타나는 사고나 단어들이 적지 않다는 사실로 지지된다. 예컨대, 생각 (5, 17절), 많다 (5, 12절), 셀 수 없이 (5, 12절), 보다 (3, 12절), 뜻 (8, 13절), 기뻐하다 (6, 8, 14절), 구원 (10, 16절) 등. 그렇다면, 이 시를 원래 두 개였던 것이 후대에 하나로 합쳐졌다고 순진하게 가정할 것이 아니라, 첫 부분 (1-10절)은 둘째 부분 (11-17절)에 제시된 기도의 토대를 놓고 있다고 볼 수 있다. 시인은 곤경에서 구원을 호소하고 있다 (13절). 이런 현재의 '간구' 미사일은 과거에 주께서 베푸신 은총에 대한 '감사'를 받침대로 하고서 쏘아 올려지고 있다. 그런데 시 70편이 둘째 부분과 거의 동일하고, 시 35:4, 21, 26-27절 등에서 시 40:14 이하가 나타나고 있다는 사실은 필요상 이 시의 일부를 떼어내어 하나의 시로 사용했을 가능성을 확인시켜 준다.

시인은 자신이 역경에 처했을 때 부르짖어 하나님께 소망을 둠으로 구원받은 일을 회상한다. 그 일로 자기는 신앙에 확신을 더했고, 타인들에게는 큰 증거가 되었다. 그는 제사 등의 의식도 중요하지만, 하나님의 뜻을 행함이 중요함을 역설하고 있다. 후반부에서 시인은 어조를 변하여 하나님께 구원을 호소한다. 그는 원수에게 학대를 받고 가난하고 궁핍한 상태에서 주께 도움을 간구한다. 이로 보건대, 시인은 이전에 받은 구원 체험에 근거하여 현재의 어려움을 믿음으로 이기고자 부르짖고 있다.

이렇게 보아야 할 근거는 무엇보다 첫째 부분에 사용된 표현이나 단어들을 사용하여 시인은 둘째 부분에서 간구하고 있다는 점이다. 예컨대, 8절에서 시인은 자신이 주의 뜻 행하기를 "기뻐한다"고 고백했다면 (*라아솥 레카 엘로하이 하파츠티*), 13절에서 시인은 하나님께서 "기쁨으로" 자신을 구원해 주시라 간구한다 (*레체 야웨 레핫칠레니*). 어찌 보면, 자신의 행한 "선한 일"을 근거로 주님께 은총을 간구하고 있다. 그리고 시인은 14절에서 "나의 해를 기뻐하는 자로 다 물러가 욕을 당케 하소서"라 간구할 때, 역시 "기뻐하다" (*하파츠*) 동사를 사용하고 있다. 5절에서 시인은 "주의 행하신 기적이 '많다'"라고 노래했다면, 12절에서는 "'무수한' 재앙이 나를 두르고" 있으며, 자기 죄가 머리털보다 '많다'고 고백한다. 또한 5절은 "우리를 향하신 주의 생각들"을 언급한다면, 17절은 "주께서는 나를 생각하시오니"라고 노래한다. 그리고 10절과 16절에서 "당신의 구원" (*테수아트카*)이 반복되고 있다.

요컨대, 우리는 '현재 본문의 형태'를 중시해야 한다. 설사 그것이 원래 별개의 다른 두 시들이었다 가정한다 해도, 주석가들은 '현재 본문의 형태'에 주목해서 이 시 전체가 현재 모습에서 어떤 메시지를 주고자 하는지를 찾고자 해야지, 이전에 어떤 형태였으리라고 가정하고 이전의 모습을 찾고 그런 방면에 초점을 맞추려 해서는 안 된다. 그렇게 현재의 본문 이면에 있다고 가정된 조각 본문들을 찾아 낸다한들 그것은 이미 성경이 아니기 때문이며, 성경은 현재 우리가 가진 본문이며, 현재 본문을 하나님은 영감으로 주셨기 때문이다. 이런 점에서 챠일즈가 제시한 "정경비평"은 시사하는 바가 크다. 챠일즈는 물론 비평가로서 성경의 초자연적 기원이나 계시성, 무오함 등을 믿지 아니하지만, 그가 "현재 본문"의 중요성을 강조한 점은 긍정적인 기여가 아닐 수 없다.

이튼 (J. H. Eaton)은 이 시를 "왕의 시"라 주장한다 (*Kingship and the Psalms*, 42-44). 특히 그가 증거로 제시하는 것은 시인이 회중의 모임에서 하는 역할이 두드러진다는 사실이다 (9, 10절). 그리고 원수들이 시인 개인을 표적삼고 죽이고자 덤벼든다는 점도 그가 단순한 개인이라기보다 지도자임을 보여준다 (14절 이하). 이튼이 제시하는 본 시의 사고는 다음과 같다: 최근에 성회들이 열렸다. 왕 (시인)이 그 성회에서 하나님께서 자신을 어떻게 구원했는지를 선포했고, 자신이 즉위할 때 받았던 그 왕의 법규를 마음에 새겨 하나님께 기꺼이 순종하겠다고 다짐했던 바를 회상하며 (6-8절), 자신이 대회에서 하나님의 증인으로서, 하나님의 선교사로서 의무를 충실하게 수행했음을 상기시키면서, 현재의 환란에서 구원을 요청하고 있다. 표제도 다윗의 시로 제시한다.

또 한 가지 언급할 것은 13-17절 부분이 시 70편과 거의 같다는 사실이다. 차이는 다음과 같다:

시 40편 수렁에서 끌어 올리시고   107

시 40편	시 70편
13 레체 (제발)	1
야웨	엘로힘
14 야하드 (다같이)	
리스포타흐 (낚아채기위해)	
15 야숌무 (저들로 파멸케 하소서)	3 야슈부 (저들로 물러가게 하소서)
리 (내게 대하여)	
16 야웨	4 엘로힘
17 아도나이 (나의 주)	5 엘로힘
야하쇼브 (생각하소서)	후솨 (속히)
엘로하이 (나의 하나님)	야웨

이상에서 보건대, 시 70편은 '여호와'를 모두 '엘로힘'을 바꾸었다는 점이 부각된다. 그리고 몇 군데 단어가 다른 말로 교체되었거나 빠졌다. 학자들은 대개 시 40편이 원래의 시였고, 시 70편이 40편에서 떼어내어 따로 만든 것이라는 생각을 한다.

2. 시적 구조와 해석

현재 본문의 형태에 근거해서 보건대, 시인은 과거에 주께서 베푸신 구원을 회상하면서 주님을 신뢰하라고 타인들에게 증거하며, 어떻게 자신이 사명에 충실했는지를 고백한다 (1-10절). 그런 감사와 찬양을 토대로 시인은 현재의 위기에서 구원을 호소한다. 1-3절은 과거에 시인이 체험했던 구원을 묘사한다. 그리고 4-5절은 그런 구원체험 회상에서 우러나온 찬양이다. 다른 감사와 찬양시에서 그러하듯 (시 32:1, 146:5 등 참조), 4절에서 시인은 여호와를 간접적으로 찬양한다. 즉 여호와를 신뢰하는 자를 칭송한다. 이런 진술은 동시에 여호와를 신뢰하라는 권고이기도 하다. 그리고 나서 시인은 5절에서 구체적으로 어떤 역사적 사건인지는 언급치 않으나, 이스라엘의 구원 역사에서 주님은 수많은 기적들을 행하셨다고 찬양한다. 이 5절은 4절의 근거를 제시해 주며, 6-8절의 사고를 준비하게 해준다.

그런데 이 시점에서 (6-8절) 시인은 하나님의 계시적(啓示的) 음성과 그에 대한 자신의 반응을 진술한다. 시인은 하나님께서 원하는 바를 행하기를 기뻐한다 라고 반응했다. 이 부분은 전체 시의 구조에 비추어 볼 때, 감사와 기도를 이어주는 역할을 하고 있다. 이 6-8절의 요지는 내적인 헌신 없는 외적 제사만으로 하나님을 기계적으로 대하는 그런 자세에 대한 비판이다 (삼상 15:22, 암 5:21 이하, 호 6:6, 8:11 이하, 사 1:10 이하, 미 6:6 이하, 렘 7:21 이하, 사 40:16, 66:1 이하). 이렇게 시인이 비판하는 형식적 신앙은 9-10절에서 제시된 자신의 참 신앙적 자세, 곧 주의 베푸신 구원을 감사하며, 예배 회중에서 간증하며 증거하는 자세와 대조된다. 자신이 체험한 하나님의 구원을 회중에서 간증하며 증거하는 자세는 신약 시대의 선교적 사고와 상통한다. 구약 시대에 이스라엘의 존재 목적이 만민의 복이 되는 것이었다면, 이스라엘의 존재 자체가 선교 목적을 위함이었다고 말할 수 있다. 그러나 대개 이스라엘인은 선교적 사고를 갖지 못하고 폐쇄적, 배타적 선민사상에 빠지고 말았다. 이 시인이 체험한 구원을 선포하는 그 회중은 물론 이스라엘의 예배 회중이겠지만, 그의 간증이나 증거 행위는 타인들의 신앙을 일깨우는 전도적 요소를 가졌다. 그런데 이런 저런 요소들은 하나같이 11절 이하에 제시될 "간구"를 위한 토대를 놓기 위함이다. 시인은 자신이 이전에 체험한 그 구원에 대하여 침묵하거나 망각하지 않았고 오히려 내적인 신앙 열정에서 그 구원을 증거하였다고 고백함으로, 현재 위기에서 하나님께서 다시 구원의 은총을 베풀어 주시길 기대한다.

내용과 형식상 본 시는 네 부분으로 구분된다.
제1연 (1-3 상반절): 과거에 받은 구원의 회상
제2연 (3 하반절-5절): 간접 찬양과 주를 신뢰하라는 권고
제3연 (6-10절): 하나님을 섬기는 참 신앙인의 길
제4연 (11-17절): 현재 위기에서의 구원 호소

제1연 (1-3 상반절): 과거에 받은 구원의 회상

시인은 현재의 위기 돌파 해법으로 과거에 체험한 하나님의 구원을 회상한다. 과거에 도우신 하나님, 이제도 도우실 줄 믿습니다.

1절: 내가 여호와를 기다리고 기다렸더니 (카보 키비티 야웨)—한정동사 앞에 부정사 절대형 (Inf. abs.)이 놓였다. 이는 한정동사의 의미를 강조한다. 그래서 어떤 영역본들은 "내가 '인내심을 가지고' 여호와를 기다렸다" (I waited 'patiently' for the Lord)고 번역한다. 정말 힘들지만 하나님을 앙모하며 응답을 기다린다. "기다린다," "기대한다," "소망한다" 라 함은 그저 기다림이 아니라, 후반절이 지시하듯 부르짖어 기도함으로 기대하고 앙모하는 일이다 (오순절 제자들이 기도하며 성령님의 강림을 기다렸듯이). 그런데 다윗은 구약의 다른 부분에서보다 시편에서 가장 많이 나타나는 이 동사 (소망하다, 카바)가 여기서는 후반절 "부르짖다"와 병행되는 "부르다"란 의미의 동음이의어(同音異議語)라 이해한다 (Jacob Barth, *Etymologische Studien*, [Leipzig, 1893], 29 이하에 근거). 그렇지만 그런 이해를 지지하는 사전이나 역본은 현재로 없다.

한편, "내가 여호와를 기다리고 기다렸더니" (카보 키비티 야웨)란 표현에서, 몇 개의 히브리어 사본들은 "여호와" 앞에 전치사 (엘)를 갖고 있다. 그런데 이 동사는 그 전치사를 대동하거나 (시 27:14, 37:34) 아니면 전치사 없이 (시 37:9, 40:2, 130:5 등) 사용된다.

귀를 기울이사 (바예트 엘라이)— "그가 내게로 향하셨다/ 굽히셨다." 사용된 동사 (나타)가 사역형일 때 목적어 "귀" (오젠)를 동반하여 "귀를 기울이다"란 의미를 갖지만 (왕하 19:16, 렘

25:4, 시 17:6, 잠 22:17, 단 9:18 등), 여기서처럼 기본형 (칼형)일 경우에는 단순히 '굽히다,' '향하다' 란 의미이다 (창 38:16). 이렇게 하나님께서 시인을 향하여 굽히신 것은 그의 부르짖음을 들으시기 위함이다.

나의 부르짖음을 들으셨도다 (바이쉐마 샤브아티)—' 부르짖음' (샤브아)은 위급한 상황에서 도움을 간청하는 부르짖음의 기도이다 (삼하 22:7=시 18:7, 삼상 5:12 참조).

2절: 나를 기가 막힐 웅덩이와 수렁에서 끌어 올리시고 (바이야알레니 밉보르 샤온 밋티트 하야벤)—"기가 막힐 웅덩이" (보르 샤온)는 '부르짖음의 웅덩이' (pit of roaring, BDB)란 표현이지만, 보통 "파멸의 웅덩이" (pit of destruction)로 번역한다 (NASV, RSV 등). 후반절에서 병행어는 '진흙 수렁' (miry bog)으로 나타난다. KB³는 BDB와 달리 "부르짖음"의 동음이의어 "샤온 II"를 상정하고, "황무지의 웅덩이" 곧 지하세계 (스올과 같은 말로 이해)를 지시한다고 이해했다. 고대 역본들은 저마다 달리 번역하여 도움이 되지 아니한다. 여하간 병행어에 비추어 볼 때, 진흙 수렁같이 생명이 위협받는 곳일 것이다. 이곳은 상징적으로 시인이 처했던 위험을 지시할지 모른다. 예레미야는 실제로 진흙 구덩이에 던져졌다 (렘 38:6).

내 발을 반석 위에 두사 내 걸음을 견고케 하셨도다 (바야켐 알-셀라 라글라이 코넨 아슈라이)— '반석' 은 견고함의 상징이다. 삼손이나 (삿 15:8), 다윗 (삼상 23:28) 혹은 이스라엘 (삿 20:45)은 큰 반석으로 피난을 가곤 했다. '반석' 은 이렇게 견고하여 의지하거나 피할 장소일 뿐 아니라, 진흙 수렁과 달리, 무너질 염려가 없는 확고한 지반이었다.

3절: 새 노래 곧 우리 하나님께 올릴 찬송을 내 입에 두셨으니 (바잇텐 베피 쉬르 하다쉬 테힐라 렐로헤누) — '새 노래' (쉬르 하다쉬)는 시편에서 주로 언급된다 (33:3, 96:1, 98:1, 144:9, 149:1, 사 42:10 등). "새 것" (new one)라는 것은 "옛 것" 을 대체한다 (예, 새 집, 새로운 달 등). 그런데 시편에서 "새 노래" 는 옛 노래를 대체하는 노래라는 의미도 있겠으나, 하나님의 이름에 합당하도록 공교히 연주하는 자세와 병행되는 어떤 것을 지시한다 (33:3). 특히 영적으로 새롭게 된 마음으로 드리는 찬양은 하나님이 기쁘게 받으실만한 제물과 같다. 그래서 본 절에서도 "새 노래" 의 병행어는 "우리 하나님께 올릴 찬송" 이라 했다. 더구나 시인은 "하나님께서" 자기 입술에 "새 노래" 를 두셨다고 했으니, 하나님의 구원을 새롭게 체험한 성도의 입에서 나오는 찬송이 바로 새 노래인 것이다.

제2연 (3 하반절-5절): 구원체험을 통한 전도

이전에 구원을 체험한 시인은 하나님께서 베푸신 구원을 회중에서 간증하고 증거하였다. 이런 고백은 현재의 위기에도 구원해 주시면, 반드시 감사하고 증거하리라는 서원과도 같다.

3 하반절: 많은 사람이 보고 두려워하여 여호와를 의지하리로다 (이르우 랍빔 베이라우 베이브테후 바야웨)—여기 많은 사람은 시인이 부르는 새 노래를 듣고 하나님의 위대하심을 새롭게 자각하고 그분을 경외하며 신뢰하게 되었다. 이것은 구원체험을 받은 한 사람이 영적으로 어떤 영향

력을 행사 할 수 있는지를 보여준다. 이 시인이 왕이라면, 그가 체험한 구원과 그로 인해 그 입술에서 터져 나오는 새 노래는 많은 사람들에게 신선한 충격을 주었을 것이다. 여기서 "보고"라는 말은 물론 시각적인 활동을 지시하겠지만, 새 노래를 듣고 라는 청각적인 활동도 포함하지 않을까? 하나님의 역사는 눈으로 볼 수도 있지만, 귀로 증거를 들을 수도 있기 때문이다. 그 결과로 저들은 하나님을 경외 혹은 경배하게 되고, 신뢰하게 된다.

4절: 여호와를 의지하고 교만한 자와 거짓에 치우치지 아니하는 자를 돌아보지 아니하는 자는 복이 있도다 (아쉬레 학게베르 아쉐르-샴 야웨 미베타호 벨로-파나 엘-레하빔 베사테 카자브)— "여호와를 자기 신뢰로 삼는 자, 곧 교만한 자들 (=우상들?)에게로 향하지 않고, 거짓 (우상)에 향하지 않는 자가 복되도다!" 이제 시인은 자신의 증거로 인해 하나님을 경외하고 신뢰하게 된 무리들을 복된 자라 격려의 말을 발한다.

한편 "여호와를 의지하고" (아쉐르-샴 미브타호)란 표현은 직역하면 "여호와를 자기 신뢰로 삼는 자"이나, 70인역이나 시리아어역은 "여호와의 이름이 그의 소망이다"라고 번역했다. 히브리어에서 모음을 약간 바꾸면 그렇게 된다: 샴 (삼다 make) → 쉠 (이름). 시 33:21, 사 50:10 등에서 "여호와의 이름을 신뢰하다"란 표현이 나오긴 하나 현재 히브리어 본문도 의미가 잘 통한다.

"교만한 자와 거짓에 치우치는 자"란 표현과 연관하여, 복된 자는 '부정적으로는' 교만한 자들에게로 얼굴을 돌리지 않고, 거짓 (우상)에 미혹되지 않는 자들이다. 즉, 적극적으로 하나님을 신뢰하고 경외하면서, 부정적으로는 교만한 자나 거짓 우상에 끌리지 않는다. NIV는 "거짓에 치우치는 자" (사테 카자브)를 "거짓 신들에게로 향하는 자들" (those who turn aside to false gods)로 번역하였다. "거짓말" (카자브)이 사 28:15, 17, 암 2:4 등에서 "우상"을 지시할 수 있다. 그런데 다훗 (M. Dahood)은 더 나아가 "교만한 자" (레하빔)까지도 "이방 신들" (pagan idols)이라 번역한다 (Psalms I, 243). 이 동사는 구약에서 오직 네 번 나타나며, "어떤 것에 대하여 돌진하다"를 의미한다. 묘사하는 행동은 아주 격렬하고, 아주 교만한 자세이다. 젊은이들이 노인들에 대하여 교만 방자하게 행할 때 이 말이 사용 된다 (사 3:5). 명사형 "라합"은 '교만' 이란 의미이며, 어떤 구절에서는 나일강의 '악어'를 지시한다. 이는 상징적으로 교만한 애굽인들의 상징이다. 다훗이 이렇게 "교만한 자"나 "거짓"을 모두 이방 우상들로 이해하는 방식은 이렇다: 시 101:3에서 "나는 비루한 것을 내 눈앞에 두지 아니할 것이요 배도자들의 행위를 미워하니" 라는 표현에서, "미워하다" 란 말이 시 26:5, 31:6-7 등에서 우상들을 배척하는 의미로 사용되었고, "비루한 것"은 눈이 바라볼 어떤 대상이기에 우상일 수밖에 없다는 추론이다. 그리고 교만한 자들을 우상들로 이해하는 이유는 "교만하게 행하다" (지드)와 연관되는 형용사 "교만한" (제드)이 "이방 신들"을 지시한다는 것에 유추하여 여기서도 "교만한 자들"은 곧 이방 신들을 지시한다고 추론한다. 그리고 70인역은 고려중인 말 (레하빔)을 "무가치한 것" (마타이오테스)으로 번역하며, 이 말은 다른 데서 우상을 지칭하는 말이다.

한편, 비평가들은 시적인 구절들에서 "리바이어던"과 같이 상징적 동물로만 등장하는 "라합"에서 (욥 9:13, 26:12,시 89:10, 사 30:7, 51:9-10) 이방신화의 흔적을 찾고자 한다. 70인역에서 "라합"은 "오만한" (휴페레파노스, 시 89:10), "바다 괴물" (케토스, 욥 9:13, 26:12), 음역 "라합" (시 87:4) 등으로 나타난다. 라합은 구약에서 두 다른 문맥에서 다른 모습으로 나타난다고 한다: 1) 창조시 패배 당한 바다 괴물 (시 89:10, 욥 9:13, 26:12), 2) 애굽의 상징적 이름 (시 87:4, 사 30:7). 그런데 사 51:9에서는 이런 모습이 함께 융합되어 나타난다고 한다 (John Day, "Rahab," in The Anchor Bible Dictionary, 5:610-611 참조). 창조시에 패배 당한 것으로 묘사되는 라합이 데이 (John Day)가 지적한대로 성경에 나타난다면 이는 이방 신화의 흔적일 수 있지만, 이는 어디까지나 하나님의 권능을 드높이려는 성경 저자들의 의도에서 이방 신화적 짐승 표상을 차용했을 것이다 (김정우, 「구약성경에 나타난 리워야단의 영상」 참조). 다훗 이전에 이미 궁켈은 시 40:4에서 "교만한 자들"이 신화적 짐승인 "라합"을 지시한다고 보았다.

5절: 여호와 나의 하나님이여 주의 행하신 '기적'이 많고 (*라봇 아시타 앗타 야웨 엘로하이 니플레오테카*)—시인은 하나님의 호칭을 세 개나 나열하여 그분을 강조한다: 당신 (한역 '주'), 여호와, 나의 하나님. "바로 당신, 여호와, 나의 하나님께서 행하신 기적들이 많도소이다." 이렇게 시인은 하나님을 찬송한다. 그가 부른 새 노래의 내용은 여기서 보듯 하나님께서 행하신 기적들에 관한 것이다. 홍해를 가르신 일, 불기둥과 구름 기둥으로 인도하신 일, 만나와 메추라기를 보내신 일, 반석에서 물이 나게 하신 일, 여리고 도성이 무너진 일, 요단강을 가르신 일, 산헤립 대군이 무너진 일 등등 어느 것을 염두에 두었는지 모를 일이다. 예수님은 이 세상에 오셔서 죽은 자를 무덤에서 불러내셨고, 바다 위를 걸으셨으며, 문둥병자를 고치셨다. 이런 초자연적인 기적들을 빼면 성경은 일반 역사책과 일반일 것이다. 그럼에도 "유추의 원리"나 "인과관계"를 근거로, 성경의 기적을 신화나 민담으로 잘라내는 역사-비평적 접근은 초자연을 다루는 성경을 정당하게 다룰 수가 없다.

우리를 향하신 주의 생각도 많도소이다 (*우마흐쉐보테카 엘레누*)—우리를 향하신 그분의 계획들은 무엇인가? 그것은 모든 인생이 다 회개하고 (벧후 3:9), 구원을 받으며 진리를 알며 (딤전 2:4), 거룩하게 되는 일이다 (살전 4:3, 5:18; 레 20:26 등). 그분께서 인간을 만드실 때 가지셨던 뜻은 인간이 하나님의 제사장으로 그분을 섬기고, 그 말씀에 순종하길 원하셨다 (창 2:15). 그리고 왕 같은 존재로서 (창 1:28) 이 세상에서 하나님의 영광을 드러내길 원하셨다 (엡 1:6, 12, 14). 이런 인간의 존재의미를 인간은 타락으로 인하여 상실하고 말았다. 그런데 "당신의 기적들"과 "당신의 생각들"이 병행어로 나란히 두어진 것은 무슨 이유일까? 잠언은 말씀하길, "너의 행사 (*마아세카*)를 여호와께 맡기라 그리하면 너의 경영하는 것 (*마흐쉐보테카*)이 이루리라" (16:3). 여기서 "경영하는 것" 곧 생각하는 것, 계획하는 것이 "행사" 곧 "일들"과 병행어로 나타난다. 인간이 행하는 일들은 엿새 동안 하는 일들이다 (출 23:12). 그런데 만약 이 일들이 하나님의 일들이라면 그것은 하나님의 행위들 (his deeds)로 그분이 행하시는 기적들과 같은 말이다 (시 66:3, 104:24, 139:24, 145:4). 그래서 "당신의 행사들" (*마아세카*)과 "당신의 생각들" (*마흐쉐보테카*)은 병행어로 사용 된다 (시 92:6). 그렇지만 하나님의 행사들과 그분의 생각들이 동의어라는 말은 아니다. 둘은 서로 상관관계를 갖는다. 그분의 생각은 깊다 (시 92:6). 그 깊고 오묘한 생각, 계획들의 표현이 그분의 행하시는 일들, 기적들이다. 우주만물이 그분의 행사들이요, 그분이 행하신 기적들이라면, 그것들은 모두 그분의 오묘한 생각의 표현이다. 그리고 그리스도 안에서 우리를 향하신 많은 영광스러운 일들은 그분의 오묘한 계획들을 통해서 이루어질 것이다.

주의 앞에 베풀 수도 없고 (엔 아로크 엘레카)— "당신과 견줄 자가 없다" (none can compare with you, LXX, NRSV, REB, NAB, NASB, NJB). "거룩하신 자가 가라사대 그런즉 너희가 나를 누구에게 비기며 나로 그와 동등이 되게 하겠느냐 하시느니라" (사 40:25).

내가 들어 말하고자 하나 (악기다 바아답베라)—시인의 결심 (1인칭으로 된 의지표현, cohortative)이 제시된다. 하나님의 기적들과 생각들을 "선포하고 증거 하리라"는 결심이다.

그 수를 셀 수도 없나이다 (아체무 밋사페르)—하나님의 행하신 일들과 생각들은 헤아릴 수 없이 많다. 천지 만물이 모두 그분의 행하신 일들이며, 그 생각의 표현이다. 이렇게 시인은 하나님을 찬양한다. 시인의 마음은 하나님의 베푸신 은총과 행하신 일들을 묵상하며 그 무수함에 압도당하고 있다. 이런 마음이 은혜 받은 자의 정상적인 마음이다. 만약 내 마음에 불만이 가득 차 있다면, 그 불만은 궁극적으로 하나님을 대항하는 것이며, 따라서 나의 영적인 상태는 병든 상태이다. "범사에 감사하라!" (살전 5:18).

제3연 (6-10절): 하나님을 섬기는 참 신앙인의 길

바로 앞 절에서 시인은 주의 행하신 기적들을 "선포하고 증거하리라" (악기다 바아답베라) 결심하였다. 그리고 9절에서 시인은 대회 중에서 "의의 기쁜 소식"을 전하였다 (빗사르티 체덱 베카할 라브). 곧 주께서 베푸신 "구원"의 기쁜 소식을 간증하였다고 한다. 그렇다면 6-8절은 5절과 9절 사이에 끼여 사고의 흐름을 방해하는 듯 보인다. 시인은 이스라엘 역사에서 그분이 행하신 수 많은 기적들을 생각하는 동안에, 그 위대하신 하나님께 어떻게 감사할 수 있을까?를 묵상했을지 모른다. 그런데 하나님은 시인에게 말씀을 주셨다. 즉, 외적 형식에 치우치는 제사만으로는 하나님을 기쁘시게 할 수 없다는 것이었다. 그래서 시인은 외적 형식에 더하여, "주의 뜻을 행하는 것"이 하나님을 섬기는 참 신앙인의 길임을 깨닫고 "내가 주의 뜻 행하기를 기뻐하나이다"라고 고백한다.

6절: 나의 귀를 통하여 들리시기를 (오즈나임 카리타 리)—문자적으로 "당신께서 나를 위해 두 귀를 팠다." 마치 신체 조각품에 두 귀를 정으로 쪼아서 파듯. 대개 "당신께서 내게 열린 귀를 주셨다"고 번역한다. 즉, 잘 들을 수 있는 귀를 주셨다. 이는 아마 관용구적 표현으로, 대다수 영역본들이 번역하듯, 잘 들을 수 있는 열린 귀를 주셨다 (RSV, NJB, NAB), 내 귀를 여셨다 (NASV, NIV)는 의미일 것이다.

제사와 예물을 기뻐 아니하시며 번제와 속죄제를 요구치 아니하신다 하신지라 (제바흐 우민하로-하파츠타 올라 바하타아 로 솨알타) —이런 사고는 하나님께서 제사 종교를 정죄하신다고 비평가들이 해석해왔다. 즉, 이스라엘에서는 '의식(儀式) 종교파'와 '도덕' 종교파가 있었는데, 여기 말씀은 도덕 종교파의 글이라 한다. 이런 식의 이해는 이스라엘의 신앙을 순전히 인간의 고안품으로 생각한다. 여기서 시인이 제시하는 사고는 구약 전체의 사고에 비추어 상대적으로 해석되어야 한다. 레위기가 제시하는 제사들은 출애굽기나 신명기가 제시하는 생활관련 법규들과 함께 하나님의 백성의 삶을 돕고자 의도되었다. 제사제도는 언약을 깬 언약백성을 다시 언약관계에로 회복시키는 기능을 한다. 생활에서 언약말씀대로 살지 못했을 경우에 속죄제, 번죄를 드려 속죄하고 화목제를 드려 감사와 교제를 표시한다. 번제로 속죄와 함께 헌신을 다짐한다. 일상생활이 엉망이면서 제사만 드린다고 문제가 해결되지 않는다. 시인은 바로 그런 사고를 지금 제시한다. 하나님께서 제사를 기뻐하지 않는 것은 말씀을 듣고 책망을 받아도 생활의 개혁이 없이 기계적으로 제사를 드리고 있기 때문이다. 예컨대, 헌금은 드려도 마음에 없는 것이라면, 헌금통에 넣어서 교회가 받았다 해도 하나님은 받지 않으신다.

7절: 그 때에 내가 말하기를 내가 왔나이다 나를 가리켜 기록한 것이 두루마리 책에 있나이다 (힌네 바티 비메길라트-세페르 카투브 알라이)—"보소서, 내가 왔나이다. 두루마리 책에 나에 관한 기록이 있다" (See, I have come. In the scroll of the book it is written of me). 시인은 하나님께서 자기 귀에 들려주신 음성을 들을 때 즉각 응답하였다. 그런데 TNK는 근거도 없이 "오다" 동사를 사역형으로 처리하여 "내가 내게 일어날 바를 기록하는 두루마리 책 하나를 가져 올 것입니다"락 번역했다. LSG는 "내가 내게 관하여 기록한 두루마리 책과 함께 (을 가지고) 왔나이다"라고 번역하고 있다.

시인이 왕이라면, 이스라엘의 '왕을 위한 법규집' (삼상 8:9)이 있었다 (신 17:14-20). 그 골격은 1) 말(馬)을 많이 두지 말라, 2) 아내를 많이 두지 말라, 3) 은금(銀金)을 많이 쌓지 말라, 4) 언약서를 옆에 두고 늘 읽고 행하라 등이었다. 이런 법규는 세상 왕들이 추구하는 것들과는 정반대로 하나님만 의지하여야 할 이스라엘 왕의 신앙적 성격을 적나라하게 보여준다. 시인은 자신이 행해야할 이 하나님의 말씀을 귀히 여기고 인정했다. 비단 왕만 아니라 모든 하나님의 백성은 하나님의 말씀을 주야로 묵상하며 삶에서 행해야 했다.

책은 오늘날 제본(製本)된 모양이지만, 고대 사람들은 바위에 새기거나 (욥 19:24, 출 34:1), 점토(粘土)판을 만들어 정으로 새겼다. 구약이 말하는 책의 형태는 "두루마리" (메길랏-세페르) 모양으로 (렘 26:2, 겔 2:9, 3:1-3, 시 40:8), 파피루스나 가죽으로 만든 필기재료였다. 쿰란과 무랍바아트 동굴들에서 발굴된 고대 문헌들 중에는 파피루스 단편들도 들어있는 것으로 보아, 파피루스도 널리 사용된 것이 분명하다. 가죽과 파피루스로 만든 두루마리는 두 손으로 잡고 읽을 수 있다. 중국인들은 나무나 대나무를 엮어서 사용한 듯 보인다. 그러다가 코덱스 (codex)라 불리는 오늘날 책 형태와 유사한 모습이 주후 1세기경부터 나타난다 (책과 연관된 역사 개괄은 "Publishing," in *The New Encyclopaedia Britannica* 26 [15th edition], 415-431 참조).

8절: 내가 주의 뜻 행하기를 즐기오니 (*라아솟-레카 하파츠티*)—하나님은 제사를 "기뻐치 않는다"고 하셨다 (6절). 즉, 마음의 헌신 없는 제사, 삶에서 그분과의 인격적 만남을 무시하고 드리는 예배만으로 하나님을 섬긴다고 생각한 당대인들을 시인은 앞에서 비판한 바 있다. 이제 그는 그들과 달리 하나님의 뜻을 행하기 기뻐한다고 고백한다. 이는 현재의 위기를 돌파하기 위한 기도를 준비하는 고백이다. 하나님의 근본 뜻은 우리의 '거룩'이다. 일상생활에서 그분의 뜻을 행해야 한다. 예배를 바로 드리는 것과 함께 이 생활의 예배가 요청된다. 생활이 예배가 되어야 한다.

주의 법이 나의 심중에 있나이다 (*베토라테카 베토크 메아이*)—하나님의 법 (토라)은 다윗 당대에는 오경 (토라)이었을 것이다. 그 법을 주야로 묵상하여 마음에 새겼다. 다윗이 얼마나 오경을 열심히 묵상하여 마음에 새겼는지는 그가 지었다고 여겨지는 시편들이나 그의 행동을 기술한 역사서들에서 충분히 입증된다. 또한 성취면에서 예수님은 이 세상에 계실 때, 말씀을 따라 행동하셨고, 구약 말씀을 암송하고 있었음이 나타난다 (예컨대, 마 4:4, 7, 10은 각기 신 8:3, 신 6:16, 13의 말씀의 인용).

9절: 대회 중에서 (*베카할 라브*)—"큰 회중 가운데서" (in the great congregation). "대 회중"은 신약적으로 "교회" (엑클레시아)이다 (70인역, 엔 엑클레시아 메갈레).

의의 기쁜 소식을 전하였나이다 (*빗사르티 체덱*)—성도들이 모인 "성회"에서 시인은 "의의 기쁜 소식을 전하였다." 여기서 사용된 동사는 "기쁜 소식을 전하다" (바사르; 70인역, 유앙겔리조)이다. 그가 전한 그 '의의 기쁜 소식'은 하나님께서 자신을 '구원하셨다'는 소식이다 (the good news of deliverance). 여기서 "의"란 하나님의 "의로운 행위" 곧 자신을 구원하신 일을 지시한다. 시인의 이런 선포는 신앙 간증에 해당된다. 신앙 간증 혹은 설교는 다른 것이 아니라 하나님께서 인간을 위해 행하신 위대한 일들을 선포하여 청중으로 하여금 하나님을 찬양하게 하고, 신뢰하게 하고, 그분을 만나도록 하는 것이다. 이런 구약적 관례에 비추어 본다면, 오늘날 신약 교회에서 성도들이 체험한 하나님의 위대한 일들을 공 예배 중에 간증을 함이 성경적일 것이다.

내 입술을 닫지 아니할 줄 (*힌네 세파타이 로 에클라*)—"내 두 입술을 닫지 아니하리라." 5절 하반절에서 그는 하나님의 기적들을 선포하여 증거하리라 고 다짐한 바 있다. 여기서 그런 자신의 그런 의도를 하나님은 아실 것이라고 진술한다. 우리가 하나님을 증거 하고자 결심할 때, 그리고 그것을 실행할 때 얼마나 기뻐하실 것인가? 그 목적으로 우리는 각자의 처소에 세워진 것이다. 그리스도를 증거 하도록.

주께서 아시나이다 (*앗타 야다타*)—시인은 과거의 구원체험을 성회에서 증거 하였다. 그리고 앞으로도 그렇게 할 것이다. 그런 마음을 주님은 아신다. 그러므로 "주여, 현재 당면한 문제를 해결해 주소서!" 그래서 다시 주님의 위대한 일들을 또 간증하게 해 주세요! 이것이 시인의 사고이다.

10절: 내가 주의 의를 내 심중에 숨기지 아니하고 주의 성실과 구원을 선포하였으며 내가 주의 인자와 진리를 대회 중에서 은휘치 아니 하였나이다 (칫카테카 로-킷시티 베토크 립비 에무나테카 웃슈아테카 아마르티 로-키하드티 하스테카 바아밋테카 레카할 라브)— "주의 의"나 "주의 성실과 구원," "주의 인자와 진리"는 모두 주님이 행하신 일들이나 그분의 성품을 지시한다. 그분이 행하신 일들에서 그분의 성품이 드러난다. 언약백성을 향한 신실하심과 의로우심 때문에 그분은 구원을 베푸신다.

"숨기지 아니하고/ 선포하였으며" -시인은 주님의 법도를 마음에 두었지만, 그분이 하신 위대한 일들은 자기 마음에 비밀로 숨겨두지 아니하고 공적으로 사람들에게 증거 하였다. 우리가 숨길 것은 자신의 헛된 자랑이라면, 하나님께서 행하신 일들은 숨기지 말아야 한다.

"주의 인자와 진리" (하스데카, 아밋테카) 역시 언약백성을 향하신 하나님의 신실하심과 사랑을 지시한다. 이 때문에 시인은 구원을 체험할 수 있었다. 그는 자신에게 베풀어주신 하나님의 그 불변사랑과 축복을 숨길 수가 없었다.

제4연 (11-17절): 구원의 호소

이제 이 시의 핵심 부분에 달하였다. 지금까지 과거에 베푸신 하나님의 구원과 그에 대한 자신의 반응을 노래했다면, 그것은 현재 자신이 당면한 위기를 돌파하기 위한 영적 수단이었다. 시인은 여기서 자신의 간구를 직접 호소한다.

11절: 여호와여 주의 긍휼을 내게 그치지 마시고 주의 인자와 진리로 나를 항상 보호하소서 (앗타 야웨 로-티클라 라하메카 밈멘니 하스데카 바아밋테카 타미드 잇체루니) — 어떤 영역본들은 11절을 앞부분에 연결된다고 보고 하나님께서 행하신 일 (NJB) 혹은 행하실 일 (TNK, NASB)로 번역한다. 우리는 11절부터 기도가 시작된다고 본다 (KJV, NRSV, NAB, NIV; 12절 초두에 "왜냐하면" [키]가 위치하는 점을 보라). 시인은 방금 앞에서 과거에 체험했던 하나님의 언약사랑을 표현하기 위해 사용했던 그 동일한 단어들을 채용하여 언약백성을 향하신 하나님의 언약사랑 (헤세드, 에메트)을 다시 베풀어 달라고 간구한다. 시인은 자신이 두 입술을 **닫지** (칼라) 않고 대회 중에서 하나님께서 행하신 "의의 기쁜 소식" (구원의 소식)을 전파하였다고 진술했다면 (9-10절), 이제 그 언약사랑 (긍휼, 불변사랑, 신실하심)을 **닫지** (칼라) 말아 달라!고 간구한다. 시인의 기도는 이렇게 전략적(戰略的) 구성을 갖고 있다. 이는 주님께서 "누구든지 사람 앞에서 나를 시인하면 나도 하늘에 계신 내 아버지 앞에서 저를 시인할 것이요" (마 10:32)라는 원리에 근거한 기도전략이다. 혹은 "나를 사랑하는 자들이 나의 사랑을 입으며 나를 간절히 찾는 자가 나를 만날 것이니라" (잠 8:17)는 원리에 근거한다. 그런데 이 문장의 초두에, "당신, 여호와시여!" 가 위치하여 주님을 간절히 부르는 마음이 표현되고 있다.

"항상 나를 보호하소서"는 기도는 바로 하나님의 인자하심 (헤세드)와 신실하심 (에메트)으로 보호해 달라는 기도로, 이런 기도는 언약백성이 드릴 수 있는 합법적인 기도이다. 무조건 기도하는 것보다 이렇게 말씀 약속과 하나님의 속성에 근거한 기도가 힘 있다. 마치 하나님의 인자하심과 신실하심이 그분의 보내신 사자들처럼 묘사되고 있다. 여기서 인자와 신실하심은 이사일의 (hendiadys) 용례로 취하여, "신실한 사랑" (steadfast love, TNK)으로 이해할 수 있다.

12절: 무수한 재앙이 나를 둘러싸고 (키 아프푸-알라이 라옷 아드-엔 미스파르)— 시인은 하나님의 행하신 기적들이 헤아릴 수 없다고 했었다 (5 하반절). 그런데 이제 시인은 자기를 둘러싼 재앙들 (라옷)이 헤아릴 수 없이 많다고 한다. 본 절 초두에는 접속사 (키)가 위치하여 11절의 이유를 도입하고 있다. 무수한 재앙이 둘러싸고 있으니, 그러므로 "항상 언약사랑"으로 나를 보호해 주세요! 여기서 "둘러싸다" (아파프)란 동사는 요나가 깊은 물속에 던져졌을 때 물들이 그를 엄몰시키는 장면을 묘사할 때도 사용되었다 (욘 2:6).

나의 죄악이 내게 미치므로 우러러 볼 수도 없으며 (힛시구니 아보노타이 벨로-야콜티 리르옷)—죄악들 (아오놋)이 마치 인격체인양 시인을 덮치고 있다 (애 1:3 참조). 그 결과 그는 앞을 "볼 수가 없"을 정도이다. 죄악들이 그를 둘러싸고 내리 누르므로 전망이 보이지 않고, 일의 형국을 알아 볼 수가 없다. 소망도, 비전도, 확신도 사라지는 순간이다.

죄가 나의 머리털보다 많으므로 (아체무 밋사아롯 로오쉬)—시인은 헤아릴 수 없다는 사고를 다시 표현한다. 하나님의 행하시는 기적들도 그렇고, 자신이 닥치는 재앙들도 그러하고, 자신이 행한 죄악들도 무수하다. 시인은 자신이 당하는 재앙들이 죄악 때문이라는 인식을 갖고 있다. 이것은 바른 생각이다. 이렇게 생각할 때만 회개가 가능하다. 회개하면 재앙은 자연히 물러간다. 성도가 제 아무리 죽을 지경에 처했어도 죄의 문제를 해결하면 문제는 해결된다.

내 마음이 사라졌음이니이다 (레립비 아자바니)— "내 마음이 나를 버렸다." 마음이 제 기능을 하지 못하는 상태에 도달했다. 이런 혼란과 어둠 가운데 빠지기까지 무엇을 했더란 말이냐? 여기서 마음을 다 잡아 먹고 악의 고리를 끊고 말씀에 순종하는 삶, 곧 온전한 사람을 이루어 그리스도의 장성한 분량이 충만한 데까지 나아가는 길은 쉽지 않다. 악의 고리는 이렇게 저렇게 우리를 얽어매고 있기 때문에 한 번에 끊을 수가 없다. 악에 깊이 물든 마음일지라도 그렇지만, 이 시인처럼 어느 시점에서는 철저한 자기 부정과 함께 회개의 역사가 나타날 수 있다. 경건한 삶은 시행착오의 연속이라 해도, 성화(聖化)의 길은 멀고도 험하기만 한 것은 아니다. 앞서간 믿음이 성도들도 다 같은 고민과 갈등을 가졌을 것을 생각하면, 현재 우리가 죄와 싸우는 영적 갈등과 전쟁도 넉넉히 이길 수 있을 것이다. 우리라고 못할 것이 무엇인가? 우리는 건강할 때, 형통할 때 자칫 하다가 세상길로 행하기 쉽다. 그러나 곧 자신이 혼돈과 공허함 가운데 들어섰다는 것을 깨닫는다. 자신이 해야 할 사명을 감당하지도 못하고, 삶의 의미와 목적이 사라졌다는 것을 알 때 좌절과 자포자기의 늪에 떨어지게 된다.

13절: 여호와여 은총을 베푸사 나를 구원하소서 여호와여 속히 나를 도우소서 (레체 야웨 레핫칠레니 야웨 레에즈라티 후샤)—전. 후반절은 사고상 동의 병행법, 구조상 구문 병행법을 구성한다. 그는 어떤 형편에서 구원을 요청하는지 언급이 없다. 후반절에서 보듯, "속히 도움"이 필요하다. 원수들이 언급된 것으로 볼 때 (14절 이하), 시인 (왕)은 도덕적, 정치적, 군사적 입지가 좁아져서 실각할 위기에 처했는지도 모른다.

14절: 나의 영혼을 찾아 멸하는 하는 자 (메바케세 나프쉬 리스포타흐)—"나를 찾아 멸하려 하는 자들." 이는 "나의 해를 기뻐하는 자들" (14 하), "나를 향하여 하하 하는 자들" (15절)로 반복 제시된다. 이들은 시인의 입지가 좁아진 것을 기화로 그를 완전히 없이하고자 혈안이다. 영적 지도자들은 범죄로 인하여 하루아침에 몰락하게 된다. 이런 때에 자기를 돕던 사람들조차도 등을 돌리고 비난하며 그를 몰아내고자 열심을 낸다. 그러므로 영적 지도자들은 항상 이런 자리에 들지 않도록 죄악을 무서워할 줄 알아야 한다.

다 수치와 낭패를 당케 하시며 물러가 욕을 당케 하소서 (예소슈 베야흐페루 야하드 잇소구 아호르 베이칼레무)—비록 성도가 범죄로 인하여 재앙을 당할 때라도 회개하면 회복의 가능성은 있다. 그렇지만 이런 자리에 처한 성도를 대적하는 이들은 대개 회개를 알지 못하거나 신앙이 없는 자들이다. 이런 자들이 수치와 낭패를 당하도록 회개한 성도들이 얼마든지 간구할 수 있다. 성도가 범죄해서 징계를 당할 때 고소하게 여기는 자들을 하나님은 기뻐치 아니 하신다 (애 4:21).

15절: 나를 향하여 하하 하는 자로 자기 수치를 인하여 놀라게 하소서 (야솜무 알-에케브 보쉬탐 하오메림 리 헤아흐 헤아흐) —혹은 자기 수치로 인하여 파멸되게 하소서. 심리학자들은 인간의 감정적 움직임들 가운데 불안, 두려움, 죄책감, 수치심 등을 여러모로 조사할 것이다. 수치는 다른 이들이 자기에게 내리는 부정적인 판단에 대해 느끼는 감정으로 자기 비하 (self-depreciation)를 낳게 된다. '객관적 행위' 가 사회적 관습과 상식을 파기할 때, 그 결과로 정죄와 조소의 '주관적 느낌' 인 수치심을 갖는다. 자신이 전에 가졌던 탁월함과 확신을 무너뜨리는 어떤 일을 했을 때, 자존심이 상처를 입고 자기 비하의 고통스런 느낌으로 이어진다. 원수들이 수치를 당하게 되려면 저들 자존심이 치명타를 입지 않으면 안 된다. 하나님만이 그렇게 하실 수 있다. 그런데 여기 "하하"로 번역된 히브리어는 "헤아, 헤아"이며 영어로 aha! (승리, 득의, 조소, 경멸, 야유 등의 표현)에 해당되고, 우리말로는 "흐흥, 흐흥!' 혹은 "아하, 아하!(고소하다)" 정도가 될까? 말하자면 의성어(擬聲語)이다.

16절: 무릇 주를 찾는 자는 다 주로 즐거워하고 기뻐하게 하시며 (야시슈 베이스메후 베카 콜-메바케쉐카) —성도의 생명을 찾는 자들이 아니라, 주님을 찾는 자들, 이들은 주님의 구원을 사랑하는 자들이다. 이런 자들로 형통하고 축복을 받게 하시어 즐거워하고 기뻐하게 하소서. 우리는 원수들이 패배하도록 기도함과 동시에 성도들이 잘되기를 위해서 기도해야 한다. 이것이 기도의 원리이다. 하나님 나라의 홍왕(興旺)을 위해서 기도하고, 사탄의 세력이 패배하고 무기력해지도록 기도해야한다.

주의 구원을 사랑하는 자는 항상 말하기를 여호와는 광대하시다 하게 하소서 (요메루 타미드 익달 야웨 오하베 테슈아테카) —여호와는 스스로 위대하시다. 그렇지만 성도들이 그분을 높이지 않는 이상 (구원 사건을 영적으로 해석하여 선포하지 않는 이상), 세상에 일어나는 일들 자체를 가지고는 일반인들이 하나님의 위대하심을 알 수가 없다. 여기에 전도의 필요성이 있다. "여호와의 구원을 사랑하는 자들"은 곧 구원체험을 간절히 사모하는 자들이라 할 수 있다. 어떤 것을 '사랑한다' 라 함은 어떤 것에 투자하고 시간을 쏟는 것이다 (대하 26:10). 구원을 위해 기도하고, 구원을 기다리는 자들이다. 이들이 여호와는 광대하시다 라고 말하게 하려면 저들에게 구원 체험을 하나님께서 주셔야 한다. 따라서 시인은 하나님의 구원을 사모하는 자들에게 구원을 주세요! 라고 기도함과 같다.

17절: 나는 가난하고 궁핍하오나 (바아니 아니 베에비욘)—이 수식어는 성도의 내적인 모습이다. 하나님 앞에서 자신을 낮추고 겸비한 상태가 바로 이러하다. "나는 가난하고 궁핍한 자입니다. 하나님의 은혜로 채워지지 않고, 하나님의 축복을 받지 못하면 불쌍한 자입니다." 사회적인 지위나 위치가 어떠하든지 간에 하나님 앞에 성도는 항상 이런 자세로 겸비하게 은총을 간구해야 한다. 그래야 부유한 자가 되기 때문이다. 자신이 부자라 넉넉하여 부족한 것이 없다고 생각하는 자들에게 하나님께서 무엇을 주실 수 있을 것인가?

나를 생각하시오니 (야하쇼브 리)—'단축형'으로 보고, "나를 생각해 주세요!"라고 간구형으로 번역해도 좋다 (NIV).

주는 나의 도움이시오 건지시는 자시라 나의 하나님이여 지체하지 마소서 (에즈라티 우메팔레티 앗타 엘로하이 알-테아하르)—이미 시인은 13절에서 "속히 나를 도우소서"라 간구한 바 있다. 여기서는 하나님을 자기 도움, 자기 구원자로 명시하고, "지체치" 말아 달라고 간구한다. 지체하면 생명이 위태하기 때문이다.

시편의 적용

새 노래를 하나님께 드리라 (3절)

성가대가 새 노래를 연주하여 드릴 수 있는 조건은 악기나 악보의 문제 이전에 자신들의 마음이 성령님으로 새롭게 되어지는 일이다. 성가대처럼 하나님께 큰 영광을 돌릴 수 있는 자리도 없다. 그렇지만 성가대처럼 하나님을 모독할만한 자리도 다시없다. 성가대는 지휘자나 반주자 혹은 성가대원들이 한 마음으로 하나님을 찬양하고자 조직된다. 그래서 모여서 연습을 하고, 친목을 도모하여 일체성을 진작시키고자 한다. 그리고 기도회도 갖는다. 성가대가 제 사명을 다하려면 성가대원 한 사람 한 사람이 성령 충만하여 새롭게 된 마음으로 찬양을 하나님께 올려 드리는 일이다. 마음이 불만스럽고, 어두운 상태에서 찬송을 부른다면 그것은 하나님을 모독하는 일이다. 하나님의 은혜로 충만한 사람이 성령님의 감동을 받아 하나님을 찬양한다면 그 얼마나 하나님이 기뻐하실 것인가? 다윗은 하나님의 성령님에 감동을 받은 사람으로 많은 시들을 작사하여 하나님을 찬양하였다. 그것이 하나님을 크게 기쁘시게 했을 것이고, 그래서 다윗은 하나님의 큰 은혜를 받았을 것이다.
　일제 시대에 핍박받고 고난당하던 우리 신앙 선조들은 처량하고, 구슬픈 가락에 부정적인 내용의 노래를 주로 작사하여 불렀다. 예컨대, 유제헌의 "주님과 못 바꾸네"의 가사는 이렇게 전개된다:

1 세상에는 눈물뿐이고 고통만 닥쳐와도/
　내 심령은 예수님으로 기쁜 찬송 부르네
후렴: 나는 예수님으로써 참 만족을 누리네/
　세상 영광 다 준대도 주님과 못 바꾸네
2 한숨쉬는 불행이 변해 기쁜 찬송 부르니
　괴로움을 주던 환경이 천국으로 변했네

　그런데 물질이 풍요하고 '할 수 있다'의 자신감이 회복되던 시절 (1970-80년대)에는 외적인 고난에 관한 것보다는 자신의 허무한 인생을 후회하고 복음으로 새 길을 찾은 인생역정을 노래하거나 보다 밝은 내용의 복음송가들을 만들었다.

1 세상부귀 안일함과 세상 근심하다가 주님 나를 찾으시면 어떻게 만날까
　주님 내게 오시면 나 어찌 대할까 멀리 방황하던 나
　불쌍한 이 죄인 이제 주만 생각하며
　세상 근심 버리고 두 손 들고 눈물로써 주만 따라 가오리다
2 세상일에 얽매여서 세상일만 하다가 주님 나를 부르시면 어떻게 만날까
3 지금까지 내가한 일, 주님께서 보시고 훗날에 나를 보며 무어라 하실까

　그리고 복음 안에서 새롭게 변화되고, 새로운 비전과 꿈을 안겨주는 복음송가도 좋다. 이것 역시 하나님께서 하시는 위대한 일들과 연관되기 때문이다.

주의 행하신 무수한 기적들을 생각하라 (5절)

　1999년 7월에 일본 도쿄에서 얼마 떨어지지 않은 쓰쿠바시의 고에너지 연구소 (KEK)에서 250킬로 서쪽인 카미오카 연구소의 지하 1킬로 아래 설치된 중성미자 초대형검출장치를 향해 중성미자 (中性微子, 뉴트리노)를 쏘아 이중 하나를 발견했다고 한다. 이 검출장치는 지름이 40미터, 높이가 50미터에 달하는 원통형 장치로 물 5만 톤이 들어가 있고, 12000여 개의 광중폭관을 갖고 있다고 한다. 입자물리학자들은 물질을 쪼개고 또 쪼개어 가장 기본 단위가 무엇인지를 연구해 왔는데 분자, 원자 (atom), 원자핵, 전자로 쪼개지고, 원자핵은 중성자, 양성자로 구성된다고 한다. 그런데 중성자는 중성미자들로 구성된다고 한다. 그런데 천체물리학자들은 우주공

간을 달리고 또 달리면 지구 바깥 어디에 우주의 끝이 있을까? 를 연구한다고 한다. 우주의 크기는 얼마인가? 지구 바깥에는 무엇이 있으며, 태양계 밖에는, 그리고 은하계 밖에는 무엇이 있을까? 평생을 두고 연구한다. 흥미로운 일은 천체를 구성하고 있는 물질을 설명할 수 있으면 우주의 기원과 종말까지 계산해 낼 수 있다고 한다. 그런데 우주공간을 채우는 물질 중 약 70%는 암흑물질이라는 이름으로 불린다. 우주공간을 채우는 보이지 않는 물질이란 뜻이다. 지금까지 연구한 결과가 이러하니 우주만물을 만드신 하나님의 위대하심을 어떻게 다 말할 수 있을까?

삶과 예배의 조화 (6-8절)

예배는 정성으로 드리고 헌금을 희생적으로 하지만 세상에서 사는 방식은 예배의 정신과 전연 다르다면 그것은 하나님을 기만하는 일이다. 성도는 직장에서 생활할 때 여러 가지 유혹을 받는다. 그래서 성도의 신분을 망각하고 세상 사람들처럼 살아가기 마련이다. 그래도 조금 나은 사람들이 있지만 대개는 그렇다. 그리고 소수만이 성경을 옆에 두고 시간 있을 때마다 읽으면서 자신을 다잡는다. 어느 병원에서 대변검사, 피검사하는 연구실에서 한 연구원이 책상에 앉아서 성경책을 읽고 있었다. 손님을 보자 얼른 일어나 상냥하게 인사를 하고 무엇을 도울지 물었다. 한 상점에 들렀더니 계산대 앞에 앉아서 책을 읽는다. 유심히 보니 기도에 관한 신앙서적이었다. 이렇게 직장에서도 틈나는 대로 자기 신앙을 지키려는 사람들이 있지만, 대개는 세상 물결치는 대로 살아간다. 그리고 매일 성경을 읽거나 기도하는 사람은 드물다. 대개가 성경을 주일날 예배 후 놓아 둔 그대로 두었다가 먼지를 털어 들고 예배당으로 향한다. 기도는 밥 먹을 때 간단히 하고 잠잘 때 정도 한다. 예배당에서는 사람들을 의식해서 약간 기도도 하고, 무엇인가 봉사도 하려고 하지만 세상에 나가면 아무런 의미가 없다. 이런 자들에게는 예배는 마음의 두려움을 잠재우는 수면제나 미래적 위기를 대비한 교통사고 상해보험이나 생명보험 가입하는 것이나 별로 큰 차이가 없다. 신앙의 참 의미를 찾지 않으면 안 된다.

어떤 전직 판사는 "별은 동쪽에서 떠오르고" 라는 소설을 출간하였다. 초등학교 동창이던 형도와 진수가 관악 의대와 법대에 입학한 뒤 진리와 현실 사이에서 고민하다 결국 중국 선교사와 법관의 길을 걷게 된다는 이야기다. 소설 속의 진수는 작가 자신의 젊은 날의 초상(肖像)이다. 진수는 인생의 목표가 부귀영화를 누리는 것이 되어서는 안 된다는 생각으로 방황하고 권력의 시녀가 된 일부 선배 판검사의 모습에서 좌절한다. 그러나 진수는 결국 "뿌린 대로 거둔다 행한 만큼 받는다" 는 성경의 진리를 깨닫고 훌륭한 법일수록 철저하게 인과응보를 실현해 사회정의를 수호한다는 결론을 내린다. 이것이 그 전직 판사의 법철학이기도 하다. 그는 이 소설을 통해서 그리스도를 영접하기까지의 과정과 영접 후의 가슴 벅찬 기쁨을 표현하고 있다. 그 작가에 의하면 법률이란 결국 뿌리 대로 거두고 행한 만큼 받는다는 성경의 법칙의 구현이었다. 그는 월요일 아침이면 일주일 업무를 시작하기 전 법원 내 모든 기독인들과 예배를 드리고, 재판이 있을 때는 새벽기도시간에 지혜를 간구한다. 자신의 판결을 통해서 억울한 사람이 생기지 않도록 기도한다. 뿐만 아니라 그는 고속도로 톨게이트 수금원에게 전도책자를 주고 슈퍼마켓에서 물건을 살

때도 전도용 책자로 전도를 한다. 전하지 않는다면 그리스도의 사랑을 받은 자라 할 수 없다는 확신 때문이라 한다.

형식적인 예배, 마음이 없는 찬양, 기도, 헌금은 가증하다 (6절)

히 10:5-10에서 시 40:6-8절이 인용되어 그리스도께서 성육신하실 때 하신 말씀으로 적용되고 있다. 성령님의 감동하에 다윗은 고난 중에 오실 메시아의 자기 희생적 속죄 제사를 예언한 것이다. 오경이 기술하는 모든 제사들은 오실 메시아의 속죄 사역의 그림자였다. 메시아께서 오셔서 그림자가 예표한 바를 성취하지 아니하셨다면 구약의 그림자는 무용지물이 되고 말 것이다. 예레미야는 "대저 내가 너희 열조를 애굽 땅에서 인도하여 낸 날에 번제나 희생에 대하여 말하지 아니하며 명하지 아니하고 오직 내가 이것으로 그들에게 명하여 이르기를 너희는 내 목소리를 들으라 그리하면 나는 너희 하나님이 되겠고 너희는 내 백성이 되리라 너희는 나의 명한 모든 길로 행하라 그리하면 복을 받으리라" (7:22-23) 하였다 (암 5:21 이하 참조). 예레미야를 통한 하나님의 말씀은 그 문맥에서 바로 이해해야 한다. 그렇지 않으면 시내산에서 주신 제사법이 하나님께서 주신 바 아니라는 이상한 결론에 이르기 때문이다. 예레미야는 7장에서 성소가 있던 실로를 지적하면서 (12절) 당대 이스라엘인들이 성전을 도적의 굴혈로 만들어 (11절) 악행을 저지르는 일을 정죄하고 있다. 성전에서 행해지는 온갖 종교행사들이 가증하다는 것이다. 그 외식주의나 형식주의를 하나님은 극히 혐오하신다. 바로 이런 의미에서 하나님은 출애굽시에 제사를 요청하신 바 없다. 즉, 제사만 드리면 무조건 자동적으로 죄사함 받는다는 식의 의도는 하나님의 뜻이 아니었다. 그의 원래 뜻에서 제사란 어디까지나 내적인 헌신과 사랑의 외적 표시였을 뿐이다. 여하간 메시아는 오셔서 이런 하나님의 뜻을 좇아 짐승이 아니라 자신을 인류의 속죄 제물로 바치신 것이다.

나를 가리켜 기록한 것(7절)

히브리서 기자는 10:5-10에서 이 말씀이 예수 그리스도의 성육신에서 성취된 양 인용하고 있다. 다윗이 고난에서 영광으로 나아간 것처럼, 다윗의 후손 예수 그리스도는 세상에 오셔서 고난 받으시고 영광의 보좌로 승귀(昇貴) 하셨다. 모든 구약 성경은 궁극적 의미에서 그리스도에 관한 말씀이다 (요 5:39). 죄로 타락한 인류를 구원하시러 그분은 사탄의 머리를 깰 여자의 후손으로 (창 3:15), 만민의 복의 근원인 아브라함의 씨로 (창 22:18, 26:4, 28:14), 모세 같은 선지자로 (신 18:15-22), 다윗의 후손 왕으로 (삼하 7:12-16), 멜기세덱의 반차를 좇는 대 제사장으로 (시 110편), 여호와의 종으로 (사 53장), 순으로 (슥 3:8, 6:12), 참 목자로 (겔 34:23, 24, 슥 13:7), 이새의 줄기에서 난 가지로 (사 11:1, 10) 이 세상에 오셨고, 그분의 태어나실 곳 베들레헴과 (미 5:2), 은 30에 팔리실 일 (슥 11:12, 13), 십자가에 돌아가실 일 (사 53장), 악인과 함께 죽으시고 부자 묘실에 장사될 것 (사 53:9), 그리고 부활하실 것이 (사 16:10) 모두 구약에 예언되었지 않았던가?

내 입술을 닫지 아니하리라 (9절)

내가 현재의 처소에 세워진 것이 나를 통해서 하나님의 하신 일들이 증거되기 위함이란 사실을 잊지 말라. 시리아군에게 잡혀갔던 한 어린 여자 노예를 통해서 시리아의 군대장관 나아만은 하나님의 위대한 일들을 체험하고 하나님을 경배하는 자가 되었다 (왕하 5:3, 17). 주님이 내게 베풀어주신 일들을 화제로 삼으라. 정치 이야기, 경제 이야기, 전쟁 이야기, 자기 경험담도 중요하지만, 하나님께서 그리스도를 통하여 내게 행하신 위대한 일들을 말하라. 그것이 우리가 입술을 놀려야 할 제목이니라. 성도들이 교회에 서로 만나서 여러 가지 일들을 이야기할 수 있고 그리해야 한다. 그렇지만 일주일간에 그분이 내게 행하신 위대한 일들을 언급조차 않는다면 주객이 전도된 것이며 나는 버림받은 자리에 처해있음을 알라.

볼 수가 없다면? (12절)

죄악들이 나를 덮치게 되면, 모든 일들이 헝컬어 지고 혼돈 가운데 빠지게 된다. 모든 것들이 회의와 어둠에 가라앉게 되고, 세상은 모두가 나를 져 버린 듯 보인다. 전망도 보이지 않게 된다. 삶의 의미도 상실되고 목적도 비전도 소망도 사라진다. 왜 이런 상태에 드는가? 그것은 내가 영적인 지도를 상실하고, 지금 어둠의 소굴에 들어왔기 때문이다. 다시 신앙의 등불을 켜서 영적인 지도를 비추어서 내가 걸어온 길을 되돌아 소굴에서 빠져나가야 한다. 죄의 소굴에 들어온 그 길을 그대로 밟고 뒷걸음을 쳐서 청산해야 한다. 생활은 단순화되어야 하고, 내 마음에 들어온 모든 이방 우상들은 모두 불살라져야 한다. 아마샤란 유다 왕은 에돔을 정벌하고 그곳에서 우상을 들여다가 섬기다가 하나님의 책망을 받아야 했다 (대하 25:14). 그로 인하여 그는 이전의 형통함 대신 좌절과 실패를 맛보아야 했다. 그의 전망은 어두워졌다. 이를 극복하는 유일한 길은 자신이 가져온 우상을 제거하고 다시 이전의 영적인 자리에 서서 하나님을 기쁘게 하는 삶으로 나아가는 것이었다. 그리하면 앞길이 터이고 전망이 밝아질 것이다.

시 41편 나를 영영히 주의 앞에 세우나이다

I. 전체구조에서의 위치, 시의 유형과 삶의 자리

앞의 시와는 가난한 자 (달)라는 사고로 연결된다 (40:17). 그리고 복되도다! (아쉬레)라는 표현도 서로 공통이다 (1절과 40:4). 이렇게 "복되도다" 라는 표현이 사용된 두 시가 동일한 표현으로 시작된 시 1편이 시작한 제1권을 마무리 짓는다 (1-41편은 시편 제1권이다).

궁켈, 쉬미트, 바이저, 크라우스 등에 의하면 이 시는 "감사 시"이지만, 킷텔, 어드만, 키산네 등에 의하면, 본시는 개인 탄식시로 분류된다. 이 시의 내용을 보는 각도에 따라서, 이런 두 상반된 이해가 가능하다. 시인은 자신의 구원을 감사하고 있다고도 할 수 있고, 아니면 구원을 호소하고 있다고도 볼 수 있다. 감사시로 보는 견해에 따른다면, 병에서 건짐을 받은 사람이 처음으로 성소(聖所)에 나갈 때, 제사장이 그를 맞으면서 인사하는 내용이 1-3절에 해당된다. 그리고 4-

10절은 그 사람이 병들었을 때 올렸던 기도에 해당된다. 그리고 11-13절은 감사의 노래에 해당된다. 그런데 이 시가 감사의 노래라면, 어찌하여 감사의 내용보다, 병들었을 때 올렸던 간구가 더 많은 분량을 차지하는가 하는 점이 이상하다.

그래서 우리는 이 시가 병든 자가 치료를 간구하는 개인 탄식시라고 간주한다. 병든 가운데 치료를 간구하는 시인은 자기 병은 자기 죄악의 결과로 야기되었다 생각한다. 원수들의 핍박도 견디기 힘든 상황이다. 그런데 시인은 치료를 간구하기 전, 가난한 자를 돌보는 자가 받는 복 일곱 가지 언급한다. 그 중에, 가난한 자를 돌본 자는 자신이 병들었을 때에 고침을 받으리라는 사항도 있다. 아마 시인은 자신이 가난한 자를 평소에 잘 돌보았으므로, 이렇게 언급한 후, 자신이 병든 지금 하나님께서 자기의 선행을 기억하시고 (12절) 고쳐주시라고 간구하는 듯 하다.

그런데 델리취는 해석하길, 이 시는 다윗이 압살롬의 난을 피해 도망할 때 지은 시라 한다. 이 시기에 저작된 시들로는 각기 서로 짝을 이루는 "야웨 시" 시 39편과 "엘로힘 시" 시 62편, 그리고 "야웨 시" 시 41편과 "엘로힘 시" 시 55편이라 한다. "엘로힘 시"인 시 55편과 본시가 갖는 공통점은 시인의 원수들에 대한 불평이 신의(信義)를 저버린 가까운 친구를 향한다는 점이다. 여기서 가까운 친구는 그 조언(助言)이 하나님의 신탁과 같이 신빙성이 있었던 아히도벨 (삼하 16:23) 이며, 병들어 왕의 기능을 제대로 수행하지 못하고 있던 다윗의 상황을 악용하여 압살롬이 부친과 화해한 후 4년간 음모를 진행시켜 마침내 반란에 성공하였다. 다윗은 자신의 살인과 간통죄 때문에 적극적으로 자기 아들의 반란을 제지하지 못하였고, 더구나 하나님께서 자기 죄를 자식의 반란으로 처벌하신다는 죄책감은 다윗으로 하여금 반란에 무기력하게 대처하도록 만들고 말았다. 그래서 그는 자신이 음모를 분쇄하려 하기보다는 하나님의 긍휼에 자신을 위탁하고자 했었다. 이러한 델리취의 이해는 시 28편과 본시가 유사하다는 것에도 근거한다.

여기서 신약의 구약 사용법에 대하여 잠간 언급해 보자. 우리 주님은 가룟 유다의 배반이 본 시편의 9절을 "이루려 함이라" 하셨다 (요 13:18). 접속사 (히나)에 "이루다" (fulfill)의 제1 부정과거 가정법 수동태가 첨가되어 목적절로 제시된 진술은 ("[이것은] 성경이 성취되도록 하기 위함이라") 가룟 유다의 배반이 하나님의 영원한 경륜 가운데 일어났음을 명시하고 있다 (요 17:12). 가룟 유다의 배반은 오순절에 모였던 120명의 성도들 앞에서 행한 사도 베드로의 증거에서도 성경의 성취로 언급되지만, 베드로가 제시한 구약 구절은 시 69:25과 시 109:8이다. 즉 "그의 거처로 황폐하게 하시며 거기 거하는 자가 없게 하소서"와 "그 직분을 타인이 취하게 하소서" 이다. 요 13장 문맥에서 보면, 베드로는 가룟 유다의 배반이 성경(예언)을 이루기 위해 반드시 일어날 것임을 미리 예고하시는 주님의 예고를 분명하게 들었을 자리에 있었다. 그 후에 베드로는 가룟 유다의 배반이 주님의 예고대로 이루어짐을 체험하였기에, 그도 역시 주님의 방식을 따라 가룟 유다의 배반 행위는 성경의 성취 행위라고 시편 말씀들을 지적하였다. 신약에서 가룟 유다의 배반을 예언한 것으로 지적된 시편 말씀들은 하나같이 그 표제들이 "다윗의 시"로 언급하는 다윗의 시들이고, 또 그 말씀들은 다윗의 원수들의 배반이나 원수들에 대한 저주와 연관된다.

현대인들이 보기에는 신약의 이런 구약 사용법이 좀 인위적이란 생각이 들 수 있다. 원래 시편의 문맥에서는 분명히 다윗의 대적을 향한 저주나 그 대적의 배반 행위에 대한 묘사인데, 그것이 예수님을 배반한 가룟 유다에게서 성취되었다고 하기 때문이다. 그렇지만 주님이나 사도 베드로가 어떤 시편들을 예언적 성격을 지닌 것으로 보았다는 점을 유의해야 한다. 단지 외형적 유사성에 근거하여 그렇게 인용했다고 보이지 않는다.

본 시편의 경우에, 병상에 있는 다윗이 아히도벨에게 배반당한 그 심정을 9절이 노래한다면 (델리취의 지적을 따라서), 다윗은 11-12절에서 자신의 궁극적 승리와 여호와께서 자신을 견고히 세우실 것을 확신하고 있다. 델리취는 이 부분에서 말하길, "12절은 성취의 견지에서 뒤돌아보며 진술하는 것이다; 삼하 7:16에 제시된 메시아 약속에 따라, 야웨께서 자신을 붙드시고, 자신의 택한 자인 다윗을 견고히 세우시리라 한다." 만약 다윗 언약 곧 다윗 후손이 영영히 이스라엘의 왕이 되리라는 하나님의 약속이 (삼하 7장) 성경의 제시하는 순서대로 보아 압살롬의 반역 사건보다 (삼하 15장 이하) 시간적으로 먼저 있었다면, 그리고 본 시편이 표제대로 다윗의 시이고 그 배경이 압살롬의 반역 사건이라면, 델리취의 지적은 적절할 것이다. 다시 말해 다윗은 위기 시에 자신에게 주신 "그 약속을 근거로" 자신의 재기(再起)를 확신하였다. 여기서 중요한 것은 본 시편이 이스라엘의 왕으로서의 다윗의 재기와 확고히 세워짐을 노래한다는 점이다. 원수들은 그를 배반하였으나 그럼에도 여호와께서 그를 약속대로 새롭게 하시고 견고케 하실 것이다.

이런 사고는 다윗 자손으로 오신 주님의 배반당하심과 그분의 부활과 승천 그리고 메시아 왕으로서의 즉위와 통치에서 완전히 성취된다고 한다면 억지인가? 왜냐하면 다윗이 약속을 근거로 확신한 자신의 재기와 견고케 세워짐은 결국 다윗 왕조의 영속성과 직결되었기 때문이다. 베드로가 가룟 유다의 배반과 신뢰하심의 인용했을시 이런이나 시 109편은 본 시편과 유사한 사고의 패턴을 보인다면 결국 주님이나 베드로의 구약 인용은 결코 피상적인 사용이었다고 할 수 없을 것이다.

우리가 1권 서론 부분에서 언급한 사항을 여기서 상기할 필요가 있다. 즉 시편의 제1권은 다윗 언약에 근거하여 다윗 왕가를 하나님께서 견고케 하시고 어떠한 시련에서도 붙들어 주실 것이라는 믿음을 근거로 구원을 호소하는 시들과 그 언약에 근거한 하나님의 신실하심을 찬양하는 시들의 모음이라는 것이다.

2. 시적 구조와 해석

시 32편에서 시인이 자기 감사시를 시작하는 방식으로 ("허물의 사함을 얻고 그 죄의 가리움을 받은 자는 복되도다!"), 이 시의 시인도 구원을 호소하는 기도를 "빈약한 자를 권고하는 자가 복이 있음이여!"라는 축복문으로 시작한다. 이 축복문은 5-8절에 제시된 원수의 저주 악담을 논박하는 기능과 함께, 4-10절에 제시된 자신의 치료를 위한 간구를 보강하는 기능을 담당하고 있다. 왜냐하면 그는 12절에서 "나의 완전함"을 언급함으로 자신의 경건을 은연 중에 드러냈으므로, 1절의 축복문은 사실상 병든 자기 자신의 모습을 투영시킨 진술이겠기 때문이다. 다시 말해, 자신이 평소에 약자를 보살폈으므로, 이제 자신이 병든 상황에서 선언하는 이 축복문은 결국 자기에게 축복이 있으리라는 말이나 같은 것이다. 또한 이 축복문은 원수들에게 저주 악담을 퍼붓지 말라는 경고일 것이며, 성도들에게 약자를 긍휼히 여기고 살피라는 권고이기도 하다. 2-3절은 병에 처한 시인 자신의 상황을 반영할 것이다. 1절에서 "재앙의 날" (욤 라아)이 결국 병약에 떨어진 상황을 지시하고, 원수의 저주 악담에서는 "악담"과 "해" (5, 7절)로 반향(反響)되고 있다.

4-10절에서 간구와 탄식이 제시된다. 이 중에서 5-9절이 탄식이라면, 4, 10절이 간구에 해당된다. 이 부분은 "내가 말하였다" (아니 아마르티)로 시작하며, 5절의 원수의 말을 도입하는 "말하다" (아마르), 6절과 8절에서 역시 원수의 행동을 묘사하는 "말하다" (다바르; 6절에서 두 번 사용됨)와 묘한 대조를 이룬다. 비교적 짧은 기도를 담고 있는 4, 10절은 유사하면서도 대조적인 내용을 담고 있다:

4 여호와여 나를 긍휼히 여기소서
내가 주께 범죄하였사오니 내 영혼을 고치소서
10 그러하오나 주 여호와여 나를 긍휼히 여기시고 일으키사
나로 저희에게 보복하게 하소서

두 간구에서 "여호와여 나를 긍휼히 여기소서" (야웨 한네니)는 동일하다. 4절에서 "내 영혼을 고치소서" (레파아 나프쉬)는 3절 "쇠약한 병상에서" "병 중 그 자리"를 반향(反響)한다면, 11절에서 "나를 일으키소서" (하키메니)는 8절 "저가 (눕고) 다시 일어나지 못하리라" (쇼카브 로-요시프 라쿰)을 반향(反響)한다. 그런데 4절의 두 간구는 "내가 주께 범죄하였나이다"라는 고백을 받침으로 삼고 드려지고 있다. 시인의 이런 범죄 고백은 다음에 뒤 따를 원수들의 악행을 고발하기 위한 준비 행동으로 볼 수 있다. 자신의 죄를 먼저 제거한 후에 자신을 압박하는 자의 허물을 기소할 수 있겠기 때문이다. 한편 시인의 탄식은 9절에서 그 절정에 달한다: "나의 신뢰하는바 내 떡을 먹던 나의 가까운 친구도 나를 대적하여 그 발꿈치를 들었나이다." 5절은 시인의 "원수들"을 언급하고, 6절은 신의 없는 외식(外飾)적인 "친구"를 묘사하며 (원문에서 단수형으로 나타남), 7, 8절은 "원수들"을, 9절은 "친구"를 언급한다. 그런데 7, 8절에 제시된 바는 5절에 언급된 자 보다 더 악하고, 9절에 언급된 자는 6절에 언급된 자보다 더 악하다 라고 말할 수 있을 것이다.

9절까지 시인은 모든 주변 사람들이 다 자기를 배신하고 대적한다고 탄식한 후에, 자기에게 남아 있는 유일한 참 친구이신 "여호와 당신"을 찾는다. 자기의 친구이신 여호와께 아뢰기를 "나를 긍휼히 여기소서!" "나를 일으키소서" 라고 두 마디 간구를 올린다. 그런데 4절에서와는

달리, 여기서는 이미 원수의 악행을 고발한 상태이므로, 자기 죄를 고백하는 대신 "나로 저희에게 보복하게 하소서" (10절의 "아솰렘마" [나로 보복하게 하소서는 9절의 "쉘로미" [나의 친구]와 소리가 유사하게 들린다])라고 담대하게 구한다. 이렇게 성도는 자신의 죄를 용서받았다는 확신을 얻은 후에, 자기의 문제를 하나님께 내어놓고 담대하게 구할 수 있다.

11-12절에서 이 시는 응답의 확신을 찬양함으로 종막을 고한다. 11절에서 "주께서 나를 기뻐하시나이다" 라는 일반적인 진술은 "내 원수가 내게 승리하지 못하나이다" (11절)와 "주께서 나를 나의 완전한 주에 붙드시고 영영히 주의 앞에 세우시나이다" (12절)라는 구체적인 진술로 보강된다. 주께서 시인은 기뻐하시므로, 원수는 시인을 이길 수 없고, 시인 자신은 주님께서 붙들어 주신다. 이 시에서 12 하반절이 이 시의 절정에 해당된다.

이 시에서도 단어들이 반복해서 사용되고 강조되고 있다: 복되도다 (아쉬레, 웃샤르, 1, 2절), 악, 재앙 (라아, 라, 1, 5, 7절), 말하다 (아마르, 4, 5절), 말하다 (다바르, 6, 6절, 8절), 은총을 베풀다 (4, 10절), 일어나다 (쿰, 8, 10절), 완성하다 (솰렘, 9, 10절) 등.

내용과 형식에 따라서 우리는 세 개의 연으로 구분한다.
제1연 (1-3절): 간구를 예비하는 노래 (가난한 자를 돕는 자의 축복)
제2연 (4-10절): 병을 고쳐주소서 (간구)
제3연 (11-12절): 기도 응답의 확신 (하나님을 찬양함)
[13절은 시편 제1권을 마무리 짓는 "송영"에 해당된다]

제1연 (1-3절): 가난한 자를 돕는 자의 축복

여기서 시인은 가난한 빈대에 평소에 악한 돌본, 자기 복되다니다 신포안다. 이렇게 함으로 시인은 자신이 처한 현재의 위기 상황에서 주께서 자기에게 은총을 베풀어 주시길 기대한다. 따라서 직접 간구를 예비하는 간접 간구라 할만 하다.

1절: 빈약한 자를 권고하는 자가 복이 있음이여! (아쉬레 마스킬 엘-달)— "빈약한 자" (달)는 "가난한 자," "병약자" (창 41:19), 심적으로 병든 자 (삼하 13:4), 연약자를 가리킨다. 가난한 자, 병약자를 돌보아 주는 사람은 복되다! 그 복은 일곱 가지로 제시되고 있다 (1하-3절).

재앙의 날에 여호와께서 저를 건지시리로다 (베욤 라아 예말레테후 야웨) —① 재앙의 날에 건지신다 (1절)—평소에 가난한 자를 돌본 자는 자신이 재앙을 만날 때 하나님의 구원을 체험한다. 사용된 동사 (말라트)는 "피하게 하다"란 의미이다. 재앙을 만나도 피할 길을 열어주신다 (고전 10:13).

2절: 여호와께서 저를 보호하사 살게 하시리니 (야웨 이스메레후 비하에후) — ② 하나님께서 그를 보호하신다. 재앙을 피하게 하실 뿐 아니라, 보호해 주신다.

③ 그리고 죽지 않고 살도록 해 주신다. 혹은 생명을 소생시켜 주신다. 새롭게 기운을 북돋우어 강하게 하신다.

저가 세상에서 복을 받을 것이라 (에웃쇠르 [베웃쇠르] 바아레츠)— ④땅에서 복되다 일컬음을 받을 것이다. 앞에 언급된 축복을 받으므로, 그 결과 사람들이 세상에서 그를 복되다 일컬을 것이다. 사용된 동사 푸알형 (피엘형의 수동태)은 "곧장 가다," "전진하다"란 기본형의 형용-사역형 (factitive)이다. 그 의미는 "행복하게 만들어지다," "복되게 되다" (made happy, blessed), 혹은 선언적 의미로 (declarative) "복되다 일컫다" 이다. 한편, 여기서 사용된 동사는 푸알형 미완료형이지만, 케레 독법은 접속사를 앞에 가진 푸알형 완료형 (베웃쇠르)을 제안한다. 케레 독법을 따르면, 앞의 제시된 진술들의 결과절이 된다: "저를 보호하사 살게 하시리니 (그 결과) 저가 세상에서 복되다 일컬음을 받으리라" (NASV). 그런데 어떤 영역본들 (NIV, NJB, NAB; 크레이기) 등은 수동태 (푸알형) 대신 문맥이나, 70인역, 쿰란 사본 등에 의지해서 능동태 (피엘형)으로 읽는다: "그가 땅에서 그를 축복하실 것이다."

주여 저를 그 원수의 뜻에 맡기지 마소서 (베알-팃트네후 베네페쉬 오에바브)—간구형으로도, 단순 강조 직설법으로도 모두 취할 수 있다. 여기서는 문맥상, ⑤ 여호와께서 그를 원수의 손에 "결코" 넘겨주시지 않으신다는 진리를 전달한다. 즉, 부정어 "알"은 단축형 (jussive) 혹은 미완료형과 함께 때로 '어떤 일이 일어날 수 없다, 일어나서는 안 된다'는 강력한 확신을 표현한다 (GKC § 109e; 시 34:5 참조). 이 말을 간구형으로 취하지 말고, 강조 직설법으로 취한다면, 1-3절의 말씀은 "축복 기원문" (Segenswunsch)이라기보다, "행복 선언문" (Gluecklichpreisung)에 해당될 것이다.

3절: 여호와께서 쇠약한 병상에서 저를 붙드시고 (야웨 이스아덴누 알-에레스 데바이) —⑥ 병상에서 붙들어 주시고 (supporting) 격려해주신다 (comforting). 즉, 병이 그 병자를 이기지 못하도록 병의 세력을 저지(沮止)시켜 주신다. 이는 병자 측에서 하나님을 강력히 신뢰함으로 병의 세력을 제압하고 이 병을 이길 수 있다는 확신으로 현실화될 것이다.

저의 병중 그 자리를 다 고쳐 펴시나이다(콜-미쉬카보 하팍타 베홀리오)—사용된 동사는 보통 심판 시에 "뒤집어엎다" (창 19:21, 25, 29, 신 29:22, 삼하 10:3, 렘 20:16, 애 4:6 등), 바꾸다 (change, alter)를 의미하나, 여기서는 ⑦ 병든 시인을 "회복시키다" 곧 "치료하다"는 의미일 것이다 (NRSV, NIV, NASB). 어떤 영역본들은 "당신이 그의 침상을 온전히 변화시키나이다" 라 한다 (you transform altogether his bed, NJB, TNK 등).

제2연 (4-10절): 병을 고쳐주소서

이제 시인은 직접으로 간구하고, 또 자기를 압박하는 원수들을 고발한다. 앞에서 언급한대로, 직접 간구는 4, 9절 두 구절에 국한되고 5-8절은 원수의 악행을 하나님께 기소하는 모습이다. 이런 원수에 대한 기소는 선지자들이 언약법에 근거하여 이스라엘의 배교자들을 기소하고, 그 다음에 심판을 선고하는 심판 메시지의 모습과 유사하다. 시인이 원수를 기소한 후에 (5-8절), 그들에게 보응하길 원하는 모습이 (10절) 바로 원수에 대한 심판자의 모습이다.

4절: 내가 말하기를 (아니 아마르티)—시편에서 이 표현이 종종 등장한다. 이는 시를 전개하면서 시인이 자기의 독백을 도입할 때 (30:7, 31:23, 32:5, 39:2), 혹은 시인이 자기 입장 혹은 확신을 강조적으로 제시하기 원할 때 (31:15, 38:17) 사용된다. 여기서도 독백으로 처리하는 기법이지만, 자신의 심중의 생각을 강조적으로 표현하고 있다.

나를 긍휼히 여기소서 (혼네니)—10절에서도 반복되며, "내게 은총을 베푸소서"라고 번역함이 "긍휼"을 의미하는 말 (라함)과 구분하는데 도움이 된다. 성도는 하나님의 은총을 구하는 도리밖에 없다. 우리의 범죄적 성향과 하나님의 온전하심 때문이다. 때로는 담대하게 우리의 "완전함"을 주장할 수도 있지만 (11절), 그것은 어디까지나 '상대적' 완전일 뿐, 성도는 언제나 하나님의 은총에 자신을 맡길 뿐이다.

주께 범죄하였사오니 (키 하타티 라크)—범죄는 언약백성에게 있어서 언약파기 행위이다. 언약이 없으면 범죄는 없다 (롬 5:13). 헌법과 법률이 정하지 않으면 범죄행위가 성립될 수 없는 것과 마찬가지이다. 여기서 시인이 자신의 범죄를 자백하는 것은 언약 백성된 것을 드러내며, 하나님의 은총을 통하여 다시 언약백성의 자리에 회복될 수 있는 유일한 조건이 회개(悔改)인 때문이다. 구약의 제사제도는 언약백성이 파기된 언약관계를 회복시키고, 언약관계를 확인하는 수단이었다. 동시에 이렇게 죄를 고백하는 것은 곧 이어 원수의 죄상을 고발하기 위해 자신을 준비하는 것이다.

내 영혼을 고치소서 (레파아 나프쉬)—영혼 (네페쉬)은 속사람만 가리키지 않고 때로, '사람 자체'를 지시한다. 여기서 시인은 자신의 병든 몸을 고쳐달라는 간구를 이렇게 표현하고 있다. 시인은 앞에서 빈약한 자, 병든 자, 가난한 자 (달)를 돌보는 자가 복되다는 사실을 언급한 바 있다. 그 복 중의 하나가 "병든 때 여호와께서 그를 일으켜 신병을 만들 시키는 사실"이 있다. 시인은 앞에서 병약자를 돌보는 자의 축복을 진술하면서, 자신이 평소에 그렇게 행동했다는 것을 간접적으로 말했다. 그러므로 시인은 이제 자신이 병든 지금 하나님께서 은총을 베푸시어 병약자를 돌 본 자기를 치료해 주시라고 간구한다.

어떤 학자들은 병약자들 돌보는 자가 복되도다! 라는 선언은 병자를 위한 성전 예배에서 제사장이 선포하는 의식상의 문구이며, 이제 예배자가 제사장의 말씀을 듣고서 "내게 은총을 베푸소서, 나를 고치소서!"라고 간청을 올리는 순서에 따라 자신의 치유를 간구한다 고 한다. 즉, 이 시를 예배의식용 시라고 이해한다.

5절: 나의 원수가 내게 대하여 악담하기를 (오예바이 요메루 라 리)—질병 자체도 원수이지만, 병과 별개인 원수들이 여기서 언급되고 있다.

저가 어느 때에나 죽고 그 이름이 언제나 멸망할꼬? (마타이 야무트 베아바드 쉐모)— 시인을 증오하는 원수들은 그가 어느 때나 죽어 그 이름이 사라질까? 하고 학수고대한다. "죽는 것"이나 "망하는 것"이나 사실 같은 말이다. 그렇지만 여기서는 "이름"이 망한다고 함으로 육신적으로 '죽는 것'의 '일시성'을 이름이 망하는 '지속성'의 견지로 강화시켜 반복하였다.

6절: 나를 보러 와서는 (베임-바 리르옷)— 병든 자를 문안(問安)한답시고 많은 사람들이 의례적으로 방문할 것이다. 그렇지만 진실로 병자를 동정하고 그 괴로움에 동참하는 사람은 드물다. 그저 '빈말' ('거짓,' 솨베)을 몇 마디 내 뱉고는 속으로는 딴 생각을 한다. 이 사람이 속히 사라져야 그 자리를 누가 차지하고, 그 영향력이 사라져야 우리 계획이 달성될 수 있을 터인데! 등등. 진실 되게 "즐거워하는 자들로 함께 즐거워하고 우는 자들로 함께 울라" (롬 12:15)는 말씀에 부합되이 행동하는 자가 몇이나 될까?

거짓을 말하고/ 중심에 간악을 쌓았다가/ 나가서는 이를 광포하오며 (솨베 예답베르/ 립보 익바츠-아벤 로/ 예체 라후츠 예답베르)—그 사람 앞에서는 그럴 듯하게 행동하다가, 실상 속에는 악의를 품고 나가서는 사람들에게 부정적인 말을 서슴지 아니 한다: "그 사람 얼마 못 살겠던데. 이렇게 언제까지 공석(空席)으로 둘 수는 없지" 등등.

7절: 나를 미워하는 자가 다 (콜-소네아이)—성도를 미워하는 자들은 하나님과 관계가 바로 되지 못한 자들이다. 끊임없이 기도하면서 우리는 성도에 대한 증오심을 제거하고 대신 이해와 사심 없는 사랑의 마음으로 채워야 한다. 타인에 대한 증오심은 자신의 마음에 은혜가 고갈(枯渴)되었다는 증거이다.

내게 대하여 수군거리고 나를 해하려고 꾀하며(야하드 알라이 이트라하슈 알라이 야흐쉐부 라아 리)—히트파엘형은 여기서 "상호적" (reciprocal) 의미를 갖는다. 즉, 저들은 서로들 간에 수군거렸다. 수군거림은 매우 좋지 않다. 복음서에는 주님께 대하여 수군거리는 자들은 대개 부정적으로 나타난다 (눅 19:7, 요 6:41, 43). 수군거림은 다툼과 시기와 분냄과 당 짓는 것과 중상함과 거만함과 어지러운 것 등과 같은 죄악에 속한다 (롬 1:29, 고후 12:20). 수군거리지 말고 대신 고개를 숙여 기도하고, 정정당당하게 행동하라. "해하려고 꾀한다" (라아 하솨브)는 두 가지 의미가 가능하다. 1) 해할 음모를 꾸미다 (창 50:20, 한역), 2) 최악의 것이 임할 것이라 생각하다 (NRSV, REB, NIV, TNK 등). 두 번째 번역은 8절의 말씀이 7절의 생각이라 보는 것이다. 그런데 "나를 해하려고 꾀하다" 라는 표현은 전치사 "알" (-을 거스려)을 사용한다 (창 50:20, 나 1:11). 그런데 여기서는 전치사 "레" (-을 위하여, 에게)를 사용하였다. 그렇지만, 여기서도 느 6:2에서처럼 "행하려고" (라아솟)란 부정사가 생략된 것으로 이해할 수 있다: 저들이 내게 악을 (행하려고) 꾀한다. 이렇게 본다면, 저들이 꾀하는 음모는 병든 시인이 회복되어도 다시 이전 위치에 서지 못하게 하거나 아니면, 저들이 음모로써 시인을 제거해 버리는 일과 연관될 것이다.

8절: 악한 병이 저에게 들었으니 (데바르-벨리야알 야츄크 보)— "벨리야알" 은 불량자 (베네-벨리야알)란 의미로 자주 나타난다 (신 13:14, 삿 19:22, 20:13, 삼상 2:12 등). 자체로는 "무가치한 것," "헛된 것" 을 의미한다. 여기서는 "병" 을 강조하여 "중한 염병" 이란 의미이다. 그리고 "들었다" (야챠크)란 동사는 제련할 때 뜨거운 쇳물을 붓다란 의미이다 (욥 28:2). 이렇게 병이 그 몸에 부어졌으면 찰싹 달라붙어서 (욥 41:15) 다시 떨어지지 않을 것이다.

저가 눕고 다시 일지 못하리라 (아쉐르 솨카브 로-요시프 라쿰) —이제 끝장이다. 이제 마지막이다. 이런 판단은 원수들의 기대가 반영된 것이지 성도의 병의 기세를 꺾어 주시는 하나님의 입장은 아니다. "다시 일어나다"는 표현과 연관하여, 칠전팔기 (七顚八起)라는 말이 있지만, 성도들은 이 정도로 굴(屈)해서는 안 되며, 사명이 다하기까지 하나님께서는 성도를 결코 부르시지 않는다는 확신으로 매사에 임해야 한다.

한편, "이제 저가 눕고"(바아쉐르 쇼카브)에서 관계 부사 (아쉐르)는 시간 (when), 장소 (where), 이유 (why) 등을 유도할 수 있다. 그래서 어떤 역본은 "그가 누운 곳에서" (NIV, RSV), 어떤 역본은 "그가 누울 때에" (NASV) 등으로 번역한다. 한역은 "이제"라고 하여, 시간 표시로 이해한 듯 하다.

9절: 나의 신뢰하는바 내 떡을 먹던 나의 가까운 친구도 (감-이쉬 쉘로미 아쉐르-바타흐티 보 오켈 라흐미)—내가 신뢰하는 나의 친구, 곧 내 떡을 먹는 자. 이 친구는 "내 떡을 먹는 자"이다. "내 식탁"에 초대하여 함께 식사하곤 하는 정도라면 여간 가까운 사이가 아닐 터이다. 이 사람은 "재미롭게 의논하며 무리와 함께하여 하나님의 집안에서 다녔"던 친한 친구였다 (시 55:13-14).

나를 대적하여 그 발꿈치를 들었나이다 (힉딜 알라이 아케브)—"그가 나를 대적하여, 발꿈치를 크게 하였나이다." 발꿈치를 들어서 믿고 있는 친구의 엉덩이를 차 버린다. 이런 배은망덕(背恩忘德)한 짓이 있는가? 이 구절은 요 13:18에서 가룟 유다의 배신을 지칭한 것으로 인용되고 있다. 원래의 문맥은 극악한 배은망덕행위를 자행하는 성도의 원수를 묘사하는 것이라면, 이것을 예수님이 제자에게 배반당하시는 일에 적용하는 것이 그릇된 이해라 하기 어렵다. 주님이 당하신 그 배반은 배은망덕의 한 전형(典型)에 해당되기 때문이다.

10절: 그러하오나 주 여호와여 나를 긍휼히 여기시고 일으키사 (베앗타 야웨 혼네니 바하키메니) 인생에서 재기의 첫 힘도 하나님이시다. 실패에서 일어나 다시 뛰게 하시는 분도 하나님이시다 (시 4:2, 6:3, 31:10, 51:3, 56:2 등 참조), 독립인칭 대명사 "당신" (앗타)을 특별히 따로 언급한 것은 하나님을 배반하는 친구들과 대조시켜 "그렇지만 '당신만' 은 내게 은총을 베푸소서!"란 뉘앙스를 전한다. 그런데 병든 몸이 회복되어 다시 일어나는 일은 하나님의 은총으로 가능하다. 의사의 진료와 투약이 효과를 나타냈기 때문이라고도 말하지만, 그것은 어디까지나 이차적 요인들이고 근본동인은 하나님의 역사이다.

나로 저희에게 보복하게 하소서 (바아샬레마 라헴)—잠 20:22에는 "내가 악을 갚겠다"고 말하지 말라고 권고한다. 시인의 이 발언은 부패한 감정의 폭발인가? 아니면 불의에 대한 정당한 공의로운 심판의 표현인가? 우리는 후자로 이해하고자 한다. 친구의 배반은 불의한 일이다. 이 불의를 시인은 바로잡기 원한다. 우리는 의분 (義憤)을 느끼고 공의가 승리하도록 기도해야 한다.

제3연 (11-12절): 응답을 확신하고 찬양함

시인은 앞에서 드린 기도를 하나님께 반드시 응답하실 것을 확신하며 이 시를 마무리 짓는다.

11절: 나의 원수가 승리치 못하므로 주께서 나를 기뻐하시는 줄을 내가 아나이다 (베좃 야다티 키-

하파츠타 비 키 로-야리아 오예비 알라이) — "이로써 당신이 나를 기뻐하시는 줄을 알겠나이다; 곧 내 원수가 내게 대하여 승리를 외치지 못하나이다." 곧 원수가 시인에 대하여 승리의 환호를 외치지 못하는 그 사실을 통해서 주께서 시인을 사랑하시는 증거를 발견한다. 여기서 사용된 "승리하다" (*야리아, 루아의 히필형*)는 외치다, 전쟁의 함성을 지르다, 기뻐하다 등을 의미한다. 원수의 패배는 시인에 대한 하나님의 사랑의 확증이다. 성도가 병에 쓰러져 버리면 결국 원수의 기대가 이루어지고 승리는 저들의 것이 되고 만다. 하나님의 성도에 대한 사랑은 우리가 비록 넘어져도 우리를 다시 일으켜 세워 주심에서 가장 역력하게 나타난다.

12절: 나의 완전한 중에 붙드시고 (*바아니 베툼미 타마크타*)—두 가지 의미로 이해된다. 1) 나를 상처입지 않도록 온전하게 붙드시고 (keep me unscathed, NJB), 2) 나의 온전함을 인하여 나를 붙드시고 (upheld me because of my integrity, NRSV, NIV, NAB, NASB, TNK 등). 시편에서 "나의 온전함"란 표현은 모두 후자의 의미로 사용되었다 (26:1, 11). 시인은 하나님의 긍휼을 의지하지만, 자신이 범죄했음에도 회개하고 원수들에 비할 때 그래도 온전함 중에 행하였다고 기도한다. 하나님을 신뢰하는 자세야말로 우리 성도의 온전함이다.

영영히 주의 앞에 세우나이다 (*밧타치베니 레파네카 레올람*) —주님 앞에서 건강한 몸으로 섬기고 헌신하는 꿈을 표현한다. 현실적으로 시인은 병실에 있을지 모른다. 그렇지만 주님께서 일으키사 주님 앞에 서서 섬기게 하실 줄 믿는다. '하나님 앞에 선다' 는 말은 그분을 섬긴다는 말과 같다 (신 17:12 참조).

시편 제1권의 송영 (13절):

여호와 이스라엘의 하나님 (*야웨 엘로헤 이쉬라엘*)—구약시대에 이스라엘은 신정국가였다. 세상에서 오직 이스라엘만이 하나님과 언약을 맺은 선민이었다. 그래서 하나님은 "이스라엘의 하나님"으로 불렸다. 그 이스라엘의 하나님은 "여호와"라 이름하는 분이셨다. 그러나 신약시대에는 누구나 그리스도 안에 있으면 그가 곧 "이스라엘"이며 따라서 하나님은 저들의 하나님이 되신다. 더 이상 혈통이나 종족에 근거한 특권은 없다.

영원부터 영원까지 (*메하올람 베아드 하올람*)— "영원" (*하올람*)은 인간 시야가 미치지 않는 먼 미래라는 의미이지만, 오는 세상을 지시하기도 한다. 그래서 랍비들은 이 표현이 오는 세상을 믿지 않는 자들에 대한 선전포고와 같다고 하였다. 인생은 허무한 수증기 (*헤벨*) 같은 존재이나, 하나님은 영원하시다. 그분은 영원히 성도의 찬양 제목이시다.

찬송할지로다 (*바룩*) **아멘 아멘** —13절의 찬송 문구는 시편을 5대분 하는 근거가 된다 (41:13, 72:17, 89:52, 106:47 등). "찬송할지어다!' 는 표현은 오직 성도들만 사용할 수 있는 언어이다. 이 표현은 하나님께서 내게 행하신 일을 근거로 그분을 찬양하리라는 결심의 표현이며, 현재 주님을 높이는 나의 마음의 표현이다. 사도 바울은 종종 "찬송하리로다"라고 서신의 초두에서 기술한다 (고후 1:3, 엡 1:3 등). 이렇게 신앙고백을 할 때, 우리 현실은 암울해도 하나님의 주권을 인정하고, 그분의 구원이 확실함을 인정하는 것이 될 것이다.

'아멘'은 "참으로," "진실로"란 의미이다. 이 말은 사역형에서 "믿다," "신뢰하다"를 의미하는 동사 (아만)과 연관된다. "신실함"을 의미하는 말 (에무나)도 이것과 연관된다. 대상 16:36에 의하면, 다윗이 성가대장으로 세운 아삽과 그 무리들이 노래로 (시 105편) 찬양할 때, 회중은 "아멘" 하고 여호와를 찬양하였다고 했다. 따라서 여기 송영의 두 번 "아멘"은 백성의 화답이라 할 수 있다.

13절은 시 41편의 일부로 볼 수도 있고, 시편 제1권의 송영으로 볼 수도 있다. 전승에 의하면, 모세가 이스라엘 백성에게 토라 다섯 권을 주었다면, 다윗은 그 오경에 상응하는 시편의 다섯 권을 주었다 (시 1:1의 미드라쉬). 제1권 (1-41권)은 여호와란 신명(神名)을 주로 사용한다면, 제2권 (42-72편)은 엘로힘이란 신명을 주로 사용한다. 각 책의 마지막에 송영이 위치하며, 시 41:13 역시 제1권의 송영에 해당된다. 시 150편은 시편 전체의 송영이다. 이 송영의 마지막은 "아멘 베아멘" (아멘, 그리고 아멘)으로 장식된다. 아멘이 두 번 나오는 민 5:22, 느 8:6 등에서는 접속사 (베)가 없이 연속 제시된다. 따라서 "아멘, 그리고 아멘"이란 표현은 오직 시편에서만 나타난다 (시 41:13, 72:18, 89:52).

시편의 적용

교회의 큰 사명이 병든 자를 돌보는 것인가?

병든 자, 가난한 자, 연약자를 돌보는 일은 본문에서 일곱 가지 축복이 약속된 선행으로 제시되고 있다. 그렇지만, 이것을 오해해서는 안 된다. 본문이 강조하는 바는 어디까지나 신정(神政)국 체계 안에서의 병든 자, 연약자이다. 따라서 본문을 구원역사상 시대가 다른 오늘날 교회에 그대로 적용시키고자 한다면 무리이다. 예컨대, 민중 신학이다 혹은 하나님의 선교 (Missio Dei)다 해서 교회가 우선적으로 해야 할 일이 사회 자선사업이나 인권개선 사업이나 되는 양 성경을 오해해서는 안 된다. 구약시대에 신정국가였던 이스라엘에서는 모든 사람들이 명목상으로는 다 성도였다. 그렇기 때문에 본문의 병든 자, 가난한 자, 연약자는 사실 성도들 중의 일부에 해당된다. 성도들이 연약한 성도를 돕는 것은 자연스러운 일이다. 여기서 우리의 강조점은 교회의 힘을 낭비하거나 분산시키지 말고 복음사역에 초점을 맞추자는 것이다. 사도 바울은 이 점에서 좋은 원리를 제시해 준다: 그러므로 우리는 기회 있는 대로 모든 이에게 착한 일을 하되 더욱 믿음의 가정들에게 할지니라 (갈 6:10). 교회라고, 세상에 보이는 모든 약자들, 병자들을 다 책임질 수가 없다는 것이다.

또 한 가지 언급할 것은 소위 문화명령 (창 1:28)과 선교 명령 (마 28:18-20)이라 불리는 기독인의 2대 사명에 관한 것이다. 이 두 가지 사명을 동일차원에 두고서 기독인의 사명을 말해서는 안 된다. 타락한 세상에서 초점은 어디까지나 복음전파이다. 문화명령이란 땅을 정복하고 다스리라는 말씀에 근거하지만, 이는 하나님의 축복으로 (축복하여 가라사대, …) 그분이 이루어 주실 때 가능한 일이다. 문화명령이라 불릴 수 없다. 세상의 문화, 가치관, 정치, 경제, 언론 등등 여러 방면에 기독인이 소금과 빛으로 사명을 감당해야 한다는 점에는 이의가 있을 수 없다. 그러나 그런 일들은 복음전파를 위한 보조수단일 뿐 자체가 목적이나 가치를 지닐 수 없다. 다시 말해, 복음 전파는 문화적 사명 없이도 가능하다. 죽는 마당에 처한 사람에게 무슨 문화가 필요하냐? 복음을 듣고 구원받아 영원 세상에 들어가면 족하다. 그렇지만 복음전파를 전제 않는 문화사명이란 있을 수 없다는 것이다. 따라서 복음전파와 문화사명을 동일차원에 두거나 똑같이 중요한 그 무엇을 오해하지 말아야 한다. 타락한 세상에 유토피아가 건설될 수가 없다. 그렇다고 이 세상을 나 몰라라 하자는 것은 아니다. 노력은 하되, 어디까지나 임시적 사명임을 자각해야 한다.

언약이 없으면 범죄도 없다 (4절)

어떤 개인이 범죄자로 인정되고 범죄에 상응하는 처벌을 부과시키려면 범죄를 규정하는 법률이 있어야 하고, 이 법률은 국민들 사이의 계약관계를 규정해주는 헌법의 권위를 입어야 한다. 이 헌법은 언약조항이라 할 수 있다. 국제관계도 조약을 통해서 규정된다. 나라들 간에 조약이 없으면 한 나라의 범죄행위는 타국의 정죄를 받을 수가 없다. 마찬가지로 하나님 앞에서 인간이 범죄자로 인정되려면 하나님과 인간 사이에 언약관계가 설정되어야 한다. 구약시대에는 하나님께서 이스라엘과 언약을 맺으시고 만민 중에서 특별한 관계를 가지셨다. 그러나 신약시대에는 그리스도를 믿는 모든 성도들 (어떤 특정한 민족이나 혈통과 연관이 없이)이 다 새 언약 백성이 된다. 그런데 언약백성은 하나님의 보호와 영생 복락의 축복을 받는 특권이 있지만, 동시에 하나님의 언약을 준수할 법적인 책임도 지닌다. 만약 언약을 파기할 것이면 그에 상응하는 처벌을 감수해야한다. 세상 법정이 아니라 하늘 법정의 판결을 받아 언약의 상벌 조항에 따라 처벌을 받는 것이다. 구약시대에는 대개 칼, 기근, 역병, 야수 등의 처벌 수단을 통해서 언약백성을 징계하셨다. 지금 새 언약하의 성도들 역시 구약의 언약조항들을 원리상 적용 받는다. 언약백성이 되는 특권, 그로 인하여 받을 영생 복락의 축복은 어디까지나 우리가 예수 그리스도를 믿음으로 얻겠지만, 일단 하나님의 백성이 된 이후에는 그분의 언약조항을 따라서 상과 벌을 받게된다. 이 점에서 구약 백성이나 동일하다.

그렇다면 일반 세상 사람들은 하나님과 어떤 관계에 있는가? 구약 시대에 이스라엘이 종살이 하던 애굽 나라의 왕은 바로라 불렸다. 모세가 아마 아멘호텝 2세라 여겨지는 바로를 알현하고 "이스라엘 하나님 여호와의 말씀에 내 백성 (이스라엘)을 보내라!' 라고 전달하니 바로는 "여호와가 누구관대 내가 그 말을 듣고 이스라엘을 보내겠느냐 나는 여호와를 알지 못하니 이스라엘도 보내지 아니하리라"고 대꾸하였다 (출 5:2). 이것이 세상 사람들의 현 주소이다. 하나님과 연관이 없다. 따라서 하나님의 명령도 무시한다. 저들의 생각에는 하나님이 없다. 그런데 이런 진술은 일반적인 의미에서 사실이지만, 좀 더 정확하게 말하자면 세상 사람들 역시 하나님의 피조물이다. 그런 의미에서 세상 사람들은 하나님의 명령을 순종해야 할 책임을 지니고 있다. 타락함으로 사람이 하나님의 형상을 상실하고, 하나님과의 관계가 끊어져서 하나님을 인정하지 아니하고 감사치도 아니할 뿐이지 그 근본 피조물과 창조주라는 관계가 없어진 것은 아니다.

굳이 언약관계로 세상 사람들과 하나님 사이를 규정하자면, 창조시에 하나님은 인간에게 언약관계를 설정해 주시었다. 그것은 아담과 맺은 언약이므로 아담언약이라 불러놓자. 그 언약에 의하면 동산 중앙에 위치한 선악을 알게 하는 나무의 실과는 먹지 말아야 했고 그것을 먹는 날에는 죽어야 했다. 인간은 이 언약을 파기했고, 그로 인해 죽음에 처해졌다. 그 결과 오늘날 우리가 보는 죽음과 저주가 가득 찬 세상이다. 따라서 복음을 통해 (그리스도를 믿음으로) 하나님과 새 언약관계에 들어오지 아니한 사람들 역시 여전히 인류 조상과 맺었던 그 아담 언약 하에 속한 자들이다. 그 언약을 파기한 인간들이 받는 저주하에 저들은 거하고 있는 것이다. 그 언약의 상벌 규정대로 인간이 당하는 모든 저주와 사망에 굴복하지 않는 자가 없다. 다만 새 언약에 참여한 성도들은 그 첫 언약의 저주에서 해방되는 축복에 참여하였다. 그 축복은 영생 복락이며, 그것은 현세에서 이루어지고 있으며, 죽을 때 최종 완성될 것이다.

다시 처음 문제로 돌아가서, 언약이 없다면 범죄도 없다면 세상 사람들은 하나님의 처벌을 받을 이유가 없는가? 그렇지 않다. 앞서 언급한대로, 저들 역시 아담 언약 하에 여전히 속해있다. 그러므로 그 언약의 상벌규정을 지금도 적용받는 위치에 있다. 선악과의 나무실과는 한 번 따먹는 것으로 끝나지 아니하고, 오늘날 선포된 하나님의 뜻 (자연계시와 성경말씀을 통해 드러난다)을 저들은 귀를 막고 외면할 때, 하나님의 심판을 면할 수 없다. 불신자들이 행하는 모든 악행들은 궁극적으로 마지막 심판 날에 처벌을 받을 것이지만 (성도는 이 처벌을 면제받는다), 이 세상에서도 하나님의 준엄한 심판을 면할 수 없다.

친구도 믿지 말라 (0절)

"너희는 이웃을 믿지 말며 친구를 의지하지 말며 네 품에 누운 여인에게라도 네 입의 문을 지킬지어다" (미 7:5). 친구의 배반만큼 쓰라린 것이 없다. 조선시대에 사육신 (死六臣)이라 불린 사람들이 있다. 이들은 성삼문, 박팽년, 하위지, 이개, 유응부, 유성원 등이다. 이들은 문종에게 어린 세자 (단종)을 잘 보필하라는 고명 (顧命)을 받은 자들로, 단종의 숙부 수양대군이 단종을 몰아내고 왕위를 찬탈하자 단종 복위를 꾀하다 같은 동지였던 김질의 밀고로 모두가 처형당했다. 변절자 김질은 동지들을 배반한 공로로 군기감 판사가 되고, 이어 좌익공신 3등에 책록, 상락군으로 봉해졌다. 평안도관찰사, 공조판서, 병조판서, 우참찬, 경상도관찰사, 우의정, 좌의정 등의 벼슬에 올랐다. 친구란 하나님나라 위해 한 마음으로 충성하고자 하는 신앙정절로 맺어질 수 있지만, 하나님을 기쁘시게 하는 일에서 이탈될 때 친구란 의미가 없다.

시편 2권 서론

시편 제2권 (42-72편)은 엘로힘 시편들로 구성되었다. 시 42편의 표제는 이제까지와는 달리 "고라 자손의 마스길"이다. "고라"는 광야에서 모세와 아론을 대적하여 반역했던 반도들의 지도자였다 (민 16장). 고라와 다단, 아비람 등은 모두 레위인들로 제사장직분이 아론 후손들에게만 국한되고 여타 레위인들은 보조 성직자로 제한됨에 불만을 품고 반란을 일으켰다. 출 6:16이하의 족보에 의하면, 레위의 아들들은 게르손, 고핫, 므라리이며; 게르손의 아들들은 립니, 시므이이고; 고핫의 아들들은 **아므람, 이스할**, 헤브론, 웃시엘이며; 므라리의 아들들은 마흘리, 무시 등이었다. 다시 아므람의 아들들은 아론, 모세였고, 이스할의 아들들은 고라, 네벡, 시그리 등이었다. 따라서 고라는 모세나 아론의 사촌 형제로, 사촌 형제이면서도 제사장이 못되고 제사장의 보조자로 머물러야한다는 제약에 크게 반발하였다.

이후로 고라 자손들에 대한 연급은 주로 그들이 성전에서 감당했던 직무와 연관되어 나타난다. 역대기 기자는 다윗 시대의 찬양대 지도자들인 헤만, 아삽, 에단 등과 연관하여 이렇게 기술하고 있다:

> 언약궤가 평안한 곳을 얻은 후에 다윗이 이 아래의 무리를 세워 여호와의 집에서 찬송하는 일을 맡게 하매 솔로몬이 예루살렘에서 여호와의 전을 세울 때까지 저희가 회막 앞에서 찬송하는 일을 행하되 그 반열대로 직무를 행하였더라 직무를 행하는 자와 그 아들들이 이러하니 고핫의 자손 중에 헤만은 찬송하는 자라 저는 요엘의 아들이요 요엘은 사무엘의 아들이요 …(대상 6:31-33).

여기 묘사에서 언급되는 "고핫"은 앞에서 본대로, 레위의 아들이며, 그의 두 아들 아므람과 이스할을 통하여 각기 아론/ 모세와 고라 등의 손자가 태어났다. 물론 고핫의 아들 중에는 헤브론, 웃시엘도 있었다. 헤만은 선지자 사무엘의 아들인 요엘의 아들로 사무엘의 손자이고 엘가나의 증손자이다. 그 족보를 거슬러 올라가면, 고라, 이스할, 고핫, 레위 등으로 올라가게 되므로 결국 고라 자손으로 나타난다 (대상 6:33-38).

역대기 기자는 계속 "아삽"을 언급하면서 "아삽은 헤만의 우편에서 직무를 행하였으니"라고 소개하고, 그의 족보를 거슬러 올라가 게르솜, 레위까지 이른다. 이렇게 아삽 역시 레위 자손이긴 하나, 레위의 아들 고핫이 아니라, 레위의 다른 아들 게르손의 후손이다. 그리고 에단을 언급하는 데 "저희의 형제 므라리의 자손 중 그 좌편에서 직무를 행하는 자는 에단이라" (44절). 에단의 경우는 레위의 다른 아들인 므라리의 후손이다. 이렇게 다윗의 성가대장들인 헤만, 아삽, 에단 등은 각기 레위의 아들들이었던 고핫 (둘째), 게르손 (첫째), 므라리 (세째)의 후손들이다.

다른 한편, 솔로몬 성전의 낙성식과 연관하여 다음과 같은 묘사가 나타난다: "때에 제사장들은 직분대로 모셔 서고 레위 사람도 여호와의 악기를 가지고 섰으니 이 악기는 전에 다윗 왕이 레위 사람으로 여호와를 찬송하려고 만들어서 여호와의 인자하심이 영원함을 감사케 하던 것이라 제사장은 무리 앞에서 나팔을 불고 온 이스라엘이 섰더라." (대하 7:6). 비단 이때만 아니라, 여호사밧 왕 때 외적의 침공을 당했을 때, 아삽 후손이 예언하고, 고라 자손이 찬양하였다 (대하 20:14, 19). 그리고 히스기야의 유월절 준수 때에도 다윗이 지명한대로, 아삽과 헤만, 여두둔의 후손들이 악기를 잡고 노래하였다 (대하 29:13이하).

바로 이 아삽, 헤만, 에단 혹은 여두둔 혹은 고라 후손들이 시 42-49편, 50, 62, 72-85편 등이 표제에서 등장한다. 다윗 시대에 성소 음악제도가 제도적으로 정비되었고 그 제도가 성전 예배 시에 계속되었는바, 그 섬김의 수종자들은 레위의 세 아들들인 게르손, 고핫, 므라리의 후손들이었다.

시 42-43편 너는 하나님을 바라라

1. 전체구조에서의 위치, 시의 유형과 삶의 자리

시 42-43편은 원래 하나였다. 그 증거는 몇 가지로 제시될 수 있다.

1) 시 43편에 표제가 없다.
2) 다수의 히브리어 사본들이 두 개를 하나의 시로 제시한다.
3) 두 시에는 공통 후렴귀가 나타난다 (42:5, 11, 53:4).
4) 사고의 흐름에서 본다면, 과거에 대한 기억 (42:4, 6)에서 현재 당하는 고난과 장래 되어질 구체적인 회복에 대한 기대 (43:3)가 서로 잘 어울린다.
5) 두 시편 모두 탄식시의 유형에 속한다.

이렇게 원래 하나였던 시가 두 개의 시로 구분되는 것은 70인 역자들이 둘로 구분하여 시 43편에 표제를 붙일 때가 아닌가 추정된다. 시 43편의 제목을 70인역은 "다윗의 시"라 하였다 (70인역은 시 42편).

시 42편은 개인 탄식시로 분류된다. 표제는 "고라 후손의 마스길"이다. "마스길"은 '교훈,'

묵상, 공교한 시 등으로 이해된다. 표제를 따른다면, 고라 후손들이 성전용 예배를 위해서 이 시를 작사하여 연주했을 것이라 추정할 수 있지만, 시 자체를 본다면 1인칭 단수를 주어로 하여 한 개인의 영적인 순례여정을 노래하고 있다. 특히 시인은 시온 성소 예배에 참석하고 싶지만 그렇지 못한 상황에서 영적 갈급함을 강하게 느낀다고 고백한다 (시 42:2). 궁켈은 시편 주석에서 이 시편에 대하여 지적하길, "이 시를 읽을 때 마음이 동하는 느낌을 받는 것은 시인이 자기 마음 깊은 심정을 토하기 때문이며, 어느 시대나 참 신앙은 동일한 살아계신 하나님의 경험을 느낀다" 라고 했다. 계속하여 그는 말하길 "시인은 고난의 깊은 골짜기에서 생의 최고점의 순간들을 올려다 본다" 라고 했다. 그런데 크라우스는 이렇게 시 42-43편을 신앙 현상론에 따라 일반화시키는 것이 과연 정당한 일인지 의문을 제기한다. 크라우스에 의하면, 이 시는 궁켈이 이해한대로 일반적인 영적 갈급함의 토로라기보다, 시인의 모든 갈망과 기대는 오로지 "시온," 곧 여호와께서 자기 임재를 두시려고 택하신 시온을 향하고 있다. 이런 크라우스의 논박은 타당하면서도 구약적 상황에서 시온을 떼어놓고 영적 체험을 말하기 어렵다는 점을 인정한다면, 궁켈의 이해도 그다지 그른 것이라 할 수 없을 것이다.

방금 우리가 언급한 바를 고려한다면, 표제가 이 시를 "고라 자손들의 시"라 제시한다 해도, 이 시는 저들이 작사 했다기보다 한 성도의 시를 고라 후손들이 수집하여 성전 예배용으로 사용했다고 봄이 옳을 것이다. 성전 예배에 참석을 그린다는 점에 비추어 이 시가 추방 이후의 작품이 아닌가 하는 지적도 있어왔다. 그렇지만 반드시 그렇게 보아야 하는 것은 아니다. 왜냐하면 멀리서 시온 성소를 그리는 마음은 다윗이 압살롬의 반란사건 때 성소를 그리워하는 모습을 묘사한다고 여겨지는 시 23, 26, 55, 63편 등에서도 볼 수 있기 때문이다. 어떤 이유로든 성소에서 멀리 떨어진 시인이 성소를 그리워하는 시기는 반드시 추방기만 아니라, 여러 국가적 위기나 개인적 문제가 있었던 때를 고려할 수 있을 것이다. 9절의 "원수의 압제로 인하여 슬프게 다" 니는 모습은 이방 땅에서 "네 하나님이 어디 있느냐?" 고 조소하는 이방인 원수들로 인한 것이다.

2. 시적 구조와 해석

이 시는 동사 형태면에서 고찰하자면, 주로 미완료상 동사들을 사용하여 현재 시인의 영적인 갈급함과 시온을 향한 갈망을 표현하고 있다. 그는 물을 갈급해하는 사슴처럼 하나님을 갈망하고 있으며 (42:1), 언제나 가서 하나님의 면전에 나타날까? 고대하며 (2절), 이전에 가졌던 순례여행을 기억하면서 속상해한다 (4절). 그런 자신의 심령을 향해 "어찌하여 내 영혼아 네가 낙망하느냐?" 라고 책망도 한다 (5절). 그는 이국땅에서 주를 기억하면서 낙망하기도 한다 (6절). 그는 눈앞에서 펼쳐지는 자연의 경관을 보면서 (7절) 그것이 마치 자기를 치는 하나님의 손길인 양 느끼고 있으며, 낮으로 여호와의 인자를 보고, 저녁에는 그분을 향한 찬양을 올리고 있다 (8절).

그리고 어찌하여 나를 당신께서 잊으셨나이까?라고 질문도 던지며 (9절), 원수들의 조소에 가슴 아파하기도 한다 (10절). 그는 이렇게 미완료상 동사를 사용하여 현재 일어나는 일들을 묘사하였지만, 43:1에 들어가서는 하나님을 향하여 "간구"를 올리는 자세로 바뀐다: "나를 판단 (신원) 하소서; 내 송사를 변호하소서!" 여기서는 물론 동사 형태가 문법상 '명령형' 이다 (이 명령형은 주님께 대하여는 '간구형' 의 의미를 지닌다). 그리고 시인은 어찌하여 자신을 "잊으셨나이까" (완료상) 라고 질문한다 (43:2). 계속하여 시인은 명령형과 단축형(jussive)을 사용하여 간구를 올린다 (43:3). 그런 간구 다음에 시인은 자신이 하나님의 제단에 나아가서 악기로 그분을 찬양하리라고 결심을 표명한다 (미완료상, 43:4). 그리고 이 시는 반복되는 후렴구로 마무리 지어진다. 이렇게 마지막에 배치된 후렴구는 현재 시인의 좌절하는 심정을 책망하면서 "하나님을 바라라" 는 자기를 향한 권고와 함께 "그럼에도 내가 그를 찬양할 것이기 때문이라" 는 다짐을 표명한다.

이렇게 사용된 동사 형태들의 빈도수 측면에서 본다면, 이 시는 "현재" 시인의 마음에서 진행되고 있는 영적인 갈등이 주 요소로 역할 한다고 할 수 있다. 물론 "과거"에 대한 회상이 나타나고(42:4), 동시에 원수의 대적하는 행위도 묘사되지만 (43:2), 그런 요소들 역시 시인의 마음에서 일어나는 신앙 갈등으로 처리되었다. 그럼에도 이 시의 핵심은 그런 마음에서 일어나는 갈등을 해소하려는 시인의 노력으로 하나님께 드려지는 "기도"에 놓인다 (43:1-3). 미완료상 형태로 묘사된 시인의 마음에서 진행되고 있는 갈등에 대한 묘사도 결국 "명령형" 형태로 제시되는 이 "기도"를 표출하기 위한 한 예비 조처로 이해될 수 있다. 그리고 43:4-5에 제시된 찬양적 요소조차도 기도 응답의 확신을 표현하면서 (미완료상) 자신이 드린 "기도"를 부각시키고 있다.

우리는 세 번의 후렴구를 경계선으로 하여 세 개의 연으로 구분하고자 한다. 후렴구를 중심하여 세 연들이 구분되며, 1연은 과거에 대한 기억을 2연은 현재의 고통을, 3연은 장차 회복될 영적인 소망을 그리고 있다. 각 후렴구는 낙담하는 자기 속사람을 격려하고 주를 바라라고 권고한다.

제1연 (1-4절): 과거 성소를 향하던 그 순례를 기억하며 속상해 하다
  제1 후렴귀 (5절): 낙망치 말고 주를 바라라
제2연 (6-10절): 현재의 영적 고통을 토로하다
  제2 후렴귀 (11절): 낙망치 말고 주를 바라라
제3연 (43:1-4): 나로 장차 주의 성소에 돌아가 경배케 하소서
  제3 후렴귀 (43:5): 낙망치 말고 주를 바라라

제1연 (1-4절): 과거 성소를 향하던 그 순례를 기억하며 속상해 하다
시인은 "현재" 자신의 영적 갈급함을 폭발시키듯 표출함으로 이 시를 시작하나 (42:1-2), 그 영적 갈급함은 "과거"에 있었던 영적 체험을 배경으로 근거함을 알려 준다 (42:3-4).

제1절: 하나님이여 (엘로힘)—이 호칭은 원문에서 문장 맨 마지막에 위치한다. 그런데 시편 제

1권과 2권 사이의 "하나님" (엘로힘)의 발생비율은 1대 11정도이다. 그리고 1권에서 "여호와"와 "엘로힘"의 비율은 18대 1 이다 (272/ 15). 반면 제2권에서 비율은 1대 5 이다 (30/ 164). 여기 시 42-43편에서 "여호와"는 한 번 (8절) 나타나고, 대신 "엘로힘"은 16번이나 (시 42:1, 2, 2, 3, 4, 5, 6, 10, 11, 11, 43:1, 2, 4, 4, 5, 5 등)나타난다. 그런데 왜 이렇게 신명(神名)을 한편으로 치우쳐 사용하게 되었는지는 확실치 않다. 개인적 성향에 따라 신명을 달리 부를 수도 있겠고, 또 시대적 상황에 따라서 어떤 신명이 크게 의미를 가졌을 수도 있었을 것이다.

사슴이 시냇물을 찾기에 갈급함같이 (케아얄 타아로그 알-아피케-마임)— 우리는 사슴이 얼마나 헐레벌떡하면서 목마름을 해갈하고자 헤매는지 마치 눈앞에 보듯 선하다. 바로 그런 모습으로 시인의 영적 갈급함은 심대하고 급박하다. 이 사슴 (아얄)은 식용으로 허용되었다 (신 14:5). 이 사슴이 꼴을 찾지 못하여 굶주렸을 때 쫓는 자 앞에서 힘없이 달린다고 했다 (애 1:6). 물이 갈할 때, 이 사슴은 헐떡거리며 숨이 다 넘어가는 모양을 시인은 보았을 것이다. 표상 병행법 (emblematic parallelism)을 사용하여, 시인 자신의 모습을 헐레벌떡이며 물을 찾아 헤매는 사슴에 빗대고 있다. 이 병행법에 사용되는 형식은 "… 같이" (전치사 케), "그렇게" (불변사 켄) "… 하다" (as … so) 이다. 여기서는 "사슴이 시냇물을 찾아 갈급함 '같이,' '그렇게' 내가 갈망하다"이다. 한편 "시냇물" (아피케-마임)은 물이 가득 찬 수로(修路)를 지시한다. 물이 없어 마른 수로(水路)도 있다 (욜 1:20).

내 영혼이 주를 찾기에 갈급하니이다 (켄 나프쉬 타아록 엘레카)— "영혼"은 영적 활동을 하는 주체로서 굶주린 위가 배고픔을 느끼듯 영적인 목마름으로 갈급해 한다. "영혼"은 이 시에서 42:1, 2, 4, 5, 6, 11, 43:5 등 7번이나 나타난다. 이렇게 빈번하게 사용된 이 말은 이 시에서 핵심어에 해당되며, 시인 자신의 영적 갈망을 표현하는 주요 도구가 되고 있다. 그런데 "영혼"이 갈망하는 대상을 도입하는 전치사 (엘)는 사슴이 갈망해한 대상을 도입하는 전치사 (알)와 다르다. 사슴은 "—아래로 향하여" (downwards) 물을 찾지만, 영혼은 "—위를 향하여" (upwards) 하나님을 찾는다. 육신적 목마름은 물로 채워지나, 영혼의 목마름은 오직 하나님의 은혜로만 채워질 수 있다.

2절: 내 영혼이 하나님 곧 생존하시는 하나님을 갈망하나니 (챠메아 나프쉬 렐로힘 레엘 하이)— 우리 하나님은 살아 계신 하나님이시다. 그렇기에 우리 영혼의 갈구를 만족시킬 수 있는 것이다. 기독교가 모든 종교와 다른 것은 영원히 살아 계신 하나님과 인격적인 관계를 성도들이 갖는다는 사실에 있다. 여기서 "갈망하다" (챠메)는 "목말라 하다" (to be thirsty)를 의미한다. 육신의 목마름도 있지만 (잠 25:21, 사 5:13), 영혼의 목마름이 여기서는 초점이다.

내가 어느 때에 나아가서 하나님 앞에 뵈올꼬 (마타이 아보 베예라예 페네 엘로힘)— "나아가서… 뵈다"란 이사일의 (重言法 hendiadys)라고 이해할 수 있지만, 시인이 하나님의 성소에서 멀리 떨어진 상태를 잘 드러내 준다. 구약 시대의 성도들은 이렇게 성소라는 어느 장소에 하나님의 임재가 국한된다는 사고를 지녔다. 그렇지만 보다 정확하게 말하자면, 하나님을 성소에 국한되는 지역 신으로 여겼다는 말이 아니라, 그만큼 예루살렘 성소의 위치가 온 이스라엘 사람들의 심중에서 현저한 위치를 점하였다. 그런데 "내가 나아가서 하나님의 얼굴을 뵙는" 것이 아니라, 내가 나가서, 그분 앞에 내가 "나타나는 것"이다. 그분이 나를 보시는 것이고, 나는 그 분 앞에 나타나는 것이다 (to appear 니팔형). 이는 겸양(謙讓)의 표현이다 (겔 8:10 "내가 들어가서 내가 보니"와 비교). 인간은 하나님을 감히 볼 수가 없다 (출 33:20).

3절: 사람들이 종일 나더러 하는 말이 네 하나님이 어디 있느냐? (베에모르 엘라이 콜-하욤 아예 엘로헤카)—사람들이 시인에게 "네 하나님이 어디 있느냐?" (시 79:10, 115:2, 욜 2:17, 미 7:10 등) 고 계속 '물음으로' (베에모르) 괴로움을 준다. 이 물음은 우리의 신앙을 떠보는 말이며, 하나님을 부인하는 자들의 말이다. 한편, "사람들이 … 하는 말이" (베에모르)란 부분에서 사용된 연계형 부정사에는 주어가 언급되지 않고 있다. 그래서 부정칭으로 "사람들"을 보충해서 이해한다 (Paul Joueon-Muraoka §124s 참조).

내 눈물이 주야로 내 음식이 되었도다 (하예타-리 디므아티 레헴 요맘 발라엘라)— 시 80:6에서는 "눈물의 떡"을 주께서 백성에게 먹이셨다고 한다. 우리의 죄로 눈물을 짜며 회개해야 한다면 칭찬할 일이 못된다. 그러나 역경 가운데 눈물을 흘리며 사명 감당한다면 (눈물을 흘리며 씨를 뿌린다) 반드시 기쁨의 때가 올 것이다. 시인에게 불신자들이 "네 하나님이 어디 있느냐?" 라고 도전할 때, 그는 마음에 "그리스도를 주로 삼아 거룩하게 하고 너희 속에 있는 소망에 관한 이유를 묻는 자에게는 대답할 것을 항상 예비하되 온유와 두려움으로 하" 여야 했었다 (벧전 3:15) 때로는 엘리야처럼 하나님의 살아 계심을 능력으로 입증할 수도 있어야 한다 (왕상 18:36).

4절: 내가 전에 성일을 지키는 무리와 동행하여 기쁨과 찬송의 소리를 발하며 저희를 하나님의 집으로 인도하였더니 (키 예에보르 밧사크 엣다뎀 아드-베트-엘로힘 베콜 린나 베토다 하몬 호게그)— 4절 전체를 직역하자면, "나는 이 일, 곧 찬양의 기쁜 소리를 외치며 하나님의 집으로, 내가 무리와 같이 걸었고 저들 절기 순례자들을 인도하곤 했었다는 사실을 기억하고 내 영혼을 쏟는다." 시인이 성소로 절기를 지키는 "무리와 동행하"였다 (예에로브 밧사크)는 말은 무리들과 함께 순례길을 "걷는" 모습이라면, "인도하였더니" (엣닷뎀)는 원래 "함께" 천천히 걸어가는 모습이다 (히트파엘형 reciprocal). 그렇지만, 인칭접미어를 목적어로 갖고 있으므로 한역처럼 "저들을 인도하다" 란 타동사적 의미를 지닌다 (GKC §117x 참조). 시인은 레위인으로서 무리들을 성소로 인도하는 책임을 졌을 것이다. 특히 레위인들이 앞장서서 악기를 연주하였는지도 모를 일이다 (대하 20:28 참조). 이스라엘의 삼대절기는 유월절, 칠칠절 (오순절), 초막절 등이었다. 이런 절기에는 모든 남자 성인들이 성소에 나아가서 경배해야 했다 (신 16:16, 출 23:17). 시인은 성일을 지키는 무리들과 이전에 성소에 예배하러 가던 순례(巡禮)의 여정을 회상하면서 감회에 젖고 있다.

기쁨과 찬송의 소리를 발하며 (베콜 린나 베토다)—영적인 환희를 표현하는 기쁨과 "감사"의 소리(혹은 "감사의 기쁜 소리")를 외치면서 저들은 예루살렘 성소로 향하였다.

이 일을 기억하고 내 마음이 '상하는도다' (엘레 에즈케라 에스페카 알라이 나프쉬)—"이 일들"은 회상된 일들을 지시하고, "내 마음이 상하다"란 말은 "내 속에서 내가 내 영혼을 쏟아 붓는다"는 말로, 심한 영적 고통을 표현하고 있다 (한나, 삼상 1:15; 욥 30:16, 애 2:12도 참조). 한편, "기억하다," "상하다"는 모두 연장형 (cohortative)으로 여기서 의미는 1인칭의 '의지(意志)'를 강조한다. 단순히 내가 기억하고, 마음이 상하다 정도가 아니라, 내가 '진정' 기억하고, '정말로' 마음이 상하는구나. 그렇지만 때로는 이런 뉘앙스가 연장형일지라도 약하여 번역에서 생략되기도 한다 (Paul Joueon-Muraoka §114b 참조). 그런데 영역본들은 이 두 동사 중 하나를 시제절로 처리한다: (1) 이것들을 내가 기억할 때, 내가 내 영혼을 내 안에서 쏟나이다 (KJV, TNK); (2) 내가 내 영혼을 쏟으면서 이것들을 내가 기억하나이다 (RNSV, NIV, NJB, NAB). 두 동사는 별개의 두 동작을 묘사하긴 하지만, 이 두 동작은 사실 동시적으로 일어나므로, 이런 번역은 얼마든지 가능한 일이다.

제1 후렴귀 (5절): 낙망치 말고 주를 바라라

시인은 자신의 영적 상태를 "낙망하다"란 단어로 표현하고 있다. 이는 영적으로 침체된 모습이며, 주님의 임재로 인한 황홀한 기쁨과 대조되는 부정적 모습이다. 신앙의 침체만큼 우리 성도를 괴롭히는 일도 다시없다. 영적 침체는 자신의 나태와 범죄로 초래되지만 환경상의 변화도 주요인으로 작용한다. 후렴구 (refrain)는 한 시에서 한번 이상 반복되는 일단의 행 (a block of verse)이다. 후렴구는 한 단어일 수도 있고, 한 행일 수도 있으며, 심지어 한 연일 수도 있다. 인클루지오 (inclusio)와 다른 것은 처음과 마지막에만 나타나는 것이 아니라, 시의 한 가운데 나타난다는 점이다. 이 후렴구의 일종으로는 코러스 (chorus)라는 것이 있다. 이는 매 행마다 나타난다. 후렴구에는 문자적으로 같은 진술로 반복되는 것과 약간 변형(變形)태로 반복되는 것이 있지만, 여기 시에서는 동일태의 반복이다.

5절: 내 영혼아 (나프쉬)—시인은 자문자답한다. 불신자들에게 둘러싸여 "네 하나님이 어디에 있느냐?"는 질문을 대할 때마다, 이전에 가졌던 영적인 축복의 날들이 회상되어 더욱 마음이 상했다. 그럴 때마다 그는 자신을 강한 어조로 책망한다: "내 영혼아 네가 어찌하여 낙망하며 …"
내 영혼아 네가 어찌하여 낙망하며/ 어찌하여 내 속에서 불안하여 하는고 (마-티쉬토하히 나프쉬/ 밧테헤미 알라이)—전. 후반절을 비교해 본다면, 전반절의 주어 (내 영혼)는 후반절에도 해당되고, 후반절의 전치사구 (알라이, 내 속에서)는 전반절에도 해당 된다 (double duty)(6절 참조). "낙망하다"란 말(티쉬토하, 쉬아흐)은 근동 친족어들에 비추어 본다면 그 어근은 "녹다," "사라지다"란 의미를 지니며, 여기서는 "녹는 듯이 보이다"란 의미이다 (KB³). 이 말을 영역본들은 대개 "풀죽은" (downcast, cast down, KJV, NRSV, NAB, NIV, NJB, TNK)이라 번역했다. 그리고 "불안하다" (하마)는 소음을 내다, 소란하다, 신음하다, 좌불안석(坐不安席)하다 등의 의미를 지닌다. 이런 영혼에 대한 묘사는 시인이 낙담하여 초조, 불평정(不平靜) 한 중에 있음을 잘 드러내준다. 그런데 '영혼' 보다 강한 시인의 '영'이 '영혼'에게 지금 말하고 있는 것인가? (F. Delitzsch, *Psalms, II*, 57) 말하자면, 영적인 속사람이 자연인을 격려한다. 영과 혼의 이러한 구분이 얼마나 정확한지는 두고 볼 일이다. 어쨌든 시인이 자신을 스스로 격려한다는 것만은 사실이다. 시인이 이러한 심령상태에 떨어진 것은 신앙적으로 좋지 못한 '환경' 탓이라고 할 수 있지만, 스스로 깨어 강하게 기도하지 못한 것은 어디까지나 자기 잘못이 아닐 수 없다.

17세기 어간에 살았던 독일의 노이말크 (Georg Neumark 1621-1681)가 지은 찬송 "오직 사랑하는 하나님께서 너를 주관하시도록 하기만하면" (Wer nur den lieben Gott laesst walten)의 2절은 여기 후렴구 '내 영혼아, 네가 어찌하여 낙담하며 내 속에서 불안하여 하는가?' 란 책망의 이유를 잘 드러내준다:

어두운 순간이 닥칠 때마다 그것을
네가 슬퍼한들 무슨 도움이 될까?
우리의 십자가와 시련은 더 무겁게
우리의 고통을 짓누르기만 할 것일세

너는 하나님을 바라라 (호힐리 렐로힘)— 시인은 심령 깊은 '자기'에게 권고하고 있다. 시인을 어둠에서 빛으로 인도해 줄 그 유일한 방도는 "하나님을 바라는 것"이다. 낙망하고 불안해하는 자세와 하나님을 소망하는 일은 양극(兩極)이다. 이렇게 성도는 때로 신앙으로 인하여 양극의 갈등을 겪으나 뒤로 물러가지 말고 좌절의 자리를 박차고 일어나 주님께 무릎을 꿇어야 한다. 소망하는 일과 부르짖어 기도하는 일은 동전의 양면처럼 같은 일이다 (시 69:3). 하나님을 소망하는 자는 그분의 응답을 받고 (미 7:7, 시 38:15) 좌절의 늪에서 빠져 나와 견고한 자리에 서게 될 것이다.

그 얼굴의 도우심을 인하여 내가 오히려 찬송하리로다 (키-오드 오덴누 예수오트 파나브)— "나의 얼굴을 돕는 자" 곧 나의 구원자 (NIV, NJB, NAB, NRSV; my help, my Savior, my deliverer; 아래 설명 참조)를 내가 찬양하리라. 이런 신앙적 의지의 발동은 과거에 자기를 도우신 하나님의 은혜를 회상할 때 가능하다. 즉, 역경 중에 있을 때 우리는 과거에 베푸신 하나님의 은혜를 생각하고 힘을 얻는다. 한편, "그 얼굴의 도우심을 인하여" (예슈옷 파나브)란 표현에서, 어떤 사본들과 70인역, 시리어어 페쉬타역, 그리고 12절과 43:5 등은 "그의 얼굴들의" (파나브)에 붙은 "바브"를 떼어서 뒷말 (나의 하나님 [엘로하이, 6절])과 붙여서 "그리고 나의 하나님이여"라 읽는다. 이렇게 하면, "그의 얼굴"은 "나의 얼굴"이 된다.

제2연 (6-10절): 현재의 영적 고통을 토로하다

42:1-2에서도 "현재" 시인의 영적 갈급함을 호소했지만, 여기서 다시 시인은 자신이 위치한 현실적 환경을 묘사하면서 (42:6-7) 자신의 "현재적" 갈망을 표현하고 있다. 그는 현재 요단강이

발원하는 헤르몬 산 (해발 2814 미터) 근처에 위치하고 있으며, 그곳 자연 경관을 보면서도 하나님에 대한 영적 갈망만 더할 뿐이라 노래하고 있다. 아니, 시인은 그런 웅대한 자연환경마저도 자신을 징계하는 하나님의 손길인 양 자각하고 있다 (42:7). 그가 둘러싸인 자연환경은 사실 자기를 박대하고 괴롭히는 원수들의 모습을 반영할 뿐이라 느끼는지 모른다 (42:9-10).

6절: 내 하나님이여 (*엘로하이*)—이 표현은 앞 절에 연결되어, "나의 구원자, 나의 하나님을 내가 오히려 찬송하리로다"로 번역되어야 한다 (NRSV, NIV, NJB).

내 영혼이 내 속에서 낙망이 되므로 (*알라이 나프쉬 티쉬토하*)— "내 영혼이 내 속에서 낙망하다." 앞 절에서 시인은 자기 영혼이 낙망하는 것을 책망하였다. 여기서 다시 낙망하는 자신을 주시하고, 치유책을 찾고자 시도한다.

요단 땅과 헤르몬과 미살 산에서 주를 기억하나이다 (*알-켄 에즈코르카 메에레츠 야르덴 베헤르모님 메하르 미츠아르*)—시인이 현재 처한 지형적 위치가 암시된다. 헤르몬 산들 (*헤르모님*)은 세 개의 최고 봉우리들을 지닌 모습을 지시한다. 최고봉의 높이는 2814 미터에 달하며, 팔레스틴 대부분의 지역에서도 멀리 바라다 보인다. '미살' 산은 어디인지 알 길이 없다. "미살" (*미츠아르*)의 의미가 수적으로 "소수, 작은"을 의미하므로, 70인역이나 NJB 등은 "작은 산"이라 의역하였다. NIV는 헤르몬의 다른 이름인 양 이해하고 있다. 시인은 현재 요단 땅, 곧 헤르몬 산 근처에서 발원하는 요단강 원류에서 내리꽂히는 폭포를 바라보고 있다. 한편 아더 바이저는 이 부분에서 "요르단과 헤르몬의 땅에서 미살 산에서 내가 주를 생각할 때에, 내 영혼은 내 속에서 낙담 하였습니다" 라고 달리 번역하였다. 이런 이해는 본문에서 "[생각할] 때에" 라 번역한 말 (*알-켄*)을 통상적인 의미 "그러므로" (therefore) 대신에, "–한 까닭에" (seeing that, *키-알-켄*)란 의미로 이해하는 것과 유사할 것이다 (창 18:5, 19:8, 33:10 등).

7절: 주의 폭포 소리에 (*레콜 친노레카*; cataracts)—시인이 잠시 체류하는 지역에 우렁차게 떨어지는 폭포소리가 인상적이었던 듯 하다. 이 폭포는 아마 헤르몬 산자락의 한 동굴에서 우렁차게 떨어지는 요단 서편 원류(源流) (*에트-탄누르*)이거나, 아니면 요단 동편 원류 (*나흐르 바니아스*)의 것을 가리킬 것이다.

깊은 바다가 서로 부르며 (*테홈-엘-테홈 코레*)— "깊음" (*테홈*)은 통상적으로 바다의 깊음을 의미하지만, 여기서는 웅장한 폭포소리가 마치 깊음의 파도와 물결의 요동치는 소리처럼 울렸다는 과장법으로 표현했을 것이다. 시인은 이 소리에 완전히 압도를 당하고 있다. 그는 비록 고향 성소에서는 멀리 떠나있지만, 여기 객지에서 하나님의 솜씨인 자연에 경외감을 느끼며 하나님을 생각하고 있다.

주의 파도와 물결이 나를 엄몰하도소이다 (*콜-미쉬바레카 베갈레카 알라이 아바루*)— "모든 주의 파도와 물결." 마치 내리꽂히는 폭포수가 바다의 파도처럼 자신을 덮치는 듯한 느낌을 갖는다. 이는 시인이 이런 자연 경관마저도 자신을 징계하는 하나님의 도구로 이해한다는 의미이리라.

8절: 낮에는 여호와께서 그 인자함을 베푸시고/ 밤에는 그 찬송이 내게 있어 (요맘 예챠베 야웨 하스도/ 우발라엘라 쉬로 임미) 생명의 하나님께 기도하리로다 (테필라 레엘 하야이) — 낮과 밤이 합하여 전체를 표시하고 (merismus), 하나님의 언약사랑과 인간의 감사 찬양이 합하여 우주의 온전한 조화를 드러낸다. 시인은 하나님의 불변사랑을 '낮에' 자연에서 느꼈다면, 그 사랑에 감격하여 찬양과 기도를 '밤에' 그분께 돌린다. 그래서 NAB는 번역하길, "새벽에 주께서는 신실하신 사랑을 허락하사 나로 밤중에 찬양을 부르게 하소서!' 라고 의역하였다. 그런데 여기 "베풀다"로 번역된 말 (챠바)은 원래 "명하다"란 의미이지만, 어떤 경우에는 "어떤 사람을 (사명을 주어) 보내다" 혹은 "어떤 대상을 (사명을 주어) 보내다"란 의미를 지닌다 (KB³, s.v.3). 여기서는 "인자" (헤세드)를 낮에 (사명을 주어) 세상에 보내신다 (곧 베푸신다). 그것은 태양을 통한 자연계의 일반 은총일 수 있다. 한편, "그 찬양"은 "그분을 찬양함" 곧 그분께 드리는 찬양이며, "나의 생명의 하나님께 드리는 기도" (테필라 레엘 하야이, 합 3:1)의 노래이다. 감사와 함께 자신의 이 영적인 갈급함을 속히 해갈시켜 주시고, 주의 성도들과 함께 예배할 수 있도록 조건을 허락해 주실 것도 간구하는 애원의 찬양이다. 한편, 그 찬송 (쉬라흐)에서, 원문대로는 "그녀의 찬송"이지만, 케레 독법 (쉬로)은 "그의 찬송" (그분께 드리는 찬송)이다. 그런데 한역이 "생명의 하나님"이라 번역한 말은 "내 생명의 하나님"이다. 즉 내게 생명을 주신 하나님 혹은 내 생명의 원천이신 하나님께 기도한다.

9절: 내 반석이신 하나님께 말하기를 (오메라 레엘 살리)—'반석'은 자주 피난처로 나타난다. 그런데 '반석' 이신 하나님은 여기 문맥에서 약간 다른 뉴앙스를 갖는다. 그는 원수에게서 피난 (避難)한 상태에 있다. 그가 토로하는 당면 문제는 추격하는 원수라기보다, 영적인 고향을 상실한 상태에서 갖는 영적 갈급함이다. 이것이 그를 괴롭힌다면 그는 생수의 근원 (렘 2:13)이신 하나님을 간절히 찾아야 한다. 영적 갈급함도 그를 멸절시키는 원수라면 여기서 벗어나는 길은 생수를 내었던 반석 (민 20:11)을 의지하는 것이다.

어찌하여 나를 잊으셨나이까 (라마 쉐카흐타니)—시인의 입장에서 하나님께서 자신을 잊으셨다고 느꼈겠지만, 과연 하나님께서 성도를 망각하실 수 있을까? 오히려 자신이 하나님께 대하여 잘못행한 일이 있었을 것이다.

원수의 압제로 인하여 (베라하츠 오예브)—이 표현은 사사시대에 이스라엘이 범죄함으로 원수들의 손에 팔려서 압제를 당하던 상황을 묘사하기도 한다 (시 106:42). 여기서는 이방인 원수들에게 조롱당하는 처량한 시인의 모습이다.

어찌하여 슬프게 다니나이까 (람마-코데르 엘렉)—여기 사용된 표현은 슬픔을 표시하고자 검은 상복을 입고 다니는 모습을 지시한다. 떳떳하거나 당당하거나 승리의 모습이 아니라, 패배자, 쫓기는 몸, 처량한 신세이다.

10절: 내 뼈를 찌르는 칼같이 (베레챠흐 베아츠모타이)—직역하자면, "내 뼈들을 산산조각 내는 것처럼" 정도가 될 것이다 (NASB). 원문에 "칼"이란 단어는 없다. 사용된 말 "레챠흐"는 여기서만 등장하며, 70인역, 제롬의 시편 라틴어역 (iuxta Sept.), 페쉬타 역 등은 모두 이 말을 "[내 뼈들이] 박살났을 때" 정도로 번역하고 있다. 원수들의 비방이 나의 감정을 박살낸다.

내 대적이 늘 비방하여 말하기를, 네 하나님이 어디 있느냐 하도다 (헤레푸니 쵸레라이 베오므람 엘라이 콜-하욤 아예 엘로헤카) —저들의 비방은 "네 하나님이 어디 있느냐?"로 요약된다. 불신자들의 생각은 보이는 현상계만 의식할 뿐이다. 보이지 않는 하나님, 우주 만물을 말씀으로 창조하신 하나님은 숨어서 일하시는 분이시다. 저들에게 하나님이 계신 증거를 제시한다는 것은 성도의 삶을 통한 증거가 가장 확실하다.

제2 후렴귀 (11절): 낙망치 말고 주를 바라라

이 시점에서 나타난 후렴구는 다시 시인의 현재 영적 상태를 "낙망"의 상태로 제시하고, 그것을 책망하면서 하나님을 앙모하도록 촉구한다. 시인을 둘러싼 자연환경이나 그를 조소하는 원수들에 굴하지 말고 오히려 위대하신 하나님을 앙모하여라.

11절: 내 영혼아 네가 어찌하여 낙망하며 어찌하여 내 속에서 불안하여 하는고 너는 하나님을 바라라 나는 내 얼굴을 도우시는 내 하나님을 오히려 찬송하리로다 — 5절의 후렴귀를 다시 반복함으로 이 시는 좌절의 분위기를 급 반전시켜 버린다. 신앙의 역전승이 고동 친다 (5절 주석 참조).

제3연 (43:1-4): 나로 장차 주의 성소에 돌아가 경배케 하소서

이제 시인은 자신의 간구를 표현함으로 시를 절정으로 몰고 있다. 이제까지는 탄식이었다면 이제는 하나님을 향한 직접적인 "간구"를 올린다. 이 간구에서 드러나는 바는 원수의 압박이 오히려 시인의 신앙 갈증을 증폭시켜 하나님께 대한 그의 부르짖음을 촉발시켰다는 사실이다. 이런 점들을 고려해 본다면, 현재 우리 성도들을 둘러싼 적대적 환경이나 요소들도 우리 신앙에 유익한 면이 없지 않다. 우리는 매 순간 도전을 받아야 한다.

43:1: 하나님이여 나를 판단하시되 경건치 아니한 나라에 향하여 내 송사를 변호하시며 간사하고 불의한 자에게서 나를 건지소서 (쇼프테니 엘로힘 베리바 리비 믹고이 로-하시드 메이쉬-미르마 베아블라 테팔레테니)—법정에서 시인의 무죄함을 판결해 달라는 호소를 반복한다. "판단하다"는 여기서 "신원하다" (defend my cause) 정도로 이해한다. 시인은 자기의 정당함을 주장하며, 하나님의 공의로운 판결 곧 신원(伸冤)을 간구한다 (욥처럼). 그런데 여기서 "(경건치 아니한) 나라" (고이 [로-하시드])라는 번역보다는 "(경건치 아니한) 사람들" 정도로 이해함이 후반절에 비추어 적절하다. 왜냐하면 사용된 명사 (고이)는 1) 한 지역의 전 주민, 2) 나라, 3) 이스라엘과 대조되는 이방나라, 4) 백성 = 사람들 (people = persons)(왕하 6:18, 사 26:2, 시 43:1), 5) 짐승들의 떼 등 다양한 의미를 지시할 수 있기 때문이다 (KB³). 한편 "경건치 아니한 나라에 대하여 … 간사하고 불의한 자에게서 나를 건지소서"에서 보듯, 시인을 치는 자들은 불경한 "사람들" (고이 로-하시드)과 함께, 간사하고 불의한 자 (이쉬-미르마 아블라)이다. 아마 시인은 불경한 자들, 곧

간사하고 불의한 자들에게 무고하게 기소를 당하고 핍박을 당하고 있다. 하나님은 신실한 자에게는 자신의 신실하심을 나타내시며, 온전한 자에게는 자신의 온전하심을 보이신다 (시 18:26).

2절: 나의 힘이 되신 하나님 (키 앗타 엘로헤 마웃지)—"당신은 내 하나님이시오 내 힘이십니다!" "힘"은 '피난처' 나 '요새' 로 번역되기도 한다 (NRSV, NIV, TNK, ELB).

어찌하여 나를 버리셨나이까? (라마 제나흐타니) —시인은 여기서 다시 자신의 영적 소외감을 호소한다 (42:9 참조). 42:9에서는 "어찌하여 나를 잊으셨나이까?' 였다면 여기서는 "버리셨나이까?' 이다. 자주 이 두 표현은 병행어로 등장한다.

원수의 압제로 인하여 슬프게 다니나이다 (람마-코데르 벨라하츠 요예브)— "어찌하여 내가 원수에게 압제를 당하며, 슬프게 다녀야 하나이까?" 여기 문맥에서는 42:9에서와 달리 이방인 조롱 보다는 자신을 범법자로 몰아세우는 불의한 자들의 압제를 가리킨다.

3절: 주의 빛과 주의 진리를 보내어 (쉘라흐-오르카 바아밋테카)—이사야서에서는 "성도의' '빛' 이 임하고, 빛나는 것을 묘사한다면 (58:8, 10, 60:1), 여기서는 "주님의" '빛' 과 주님의 진리이다. '빛' 은 선지서에서 구원의 동의어로 나타나지만 (사 42:7), 여기서 주의 '빛' 은 주님의 인도하심과 조명(照明)이다. 마치 주님이 보내시는 인격체인 양 묘사되고 있다. 아마 빛의 천사, 진리의 천사라고 생각해도 좋을 것이다.

나를 인도하사 (얀후니)—저들로 나를 인도케 하소서. 여기 사용된 동사는 주께서 이스라엘을 광야에서 인도하신 그 광야 여정 묘사에 자주 등장한 그 말이다 (출 13:17, 21, 15:13, [32:34], 신 32:12). 시인은 자신이 영적인 "광야" 에 처한 것으로 인식하는 듯 하다.

주의 성산과 장막에 이르게 하소서 (에비우니 엘-하르-코드쉐카 베엘-미쉬케노테카)—저들로 나를 "주의 성산" (하르-코드쉐카)과 "주의 장막" (미쉬케노테카)으로 인도케 하소서. 이렇게 구체적으로 자신의 소망은 예루살렘의 시온 성소에 가서 주님을 예배하는 일이다.

4절: 그런즉 내가 하나님의 단에 나아가 (베아보아 엘-미즈바흐 엘로힘)—내가 "진실로" 하나님의 단에 나아가리라는 결연한 의지를 강조한다 (연장형 cohortative). 하나님의 '단' 은 번제(燔祭)단을 지시하겠지만, 앞서 언급된 성소를 제유법으로 지시할 수도 있다 (synecdoche).

극락의 하나님 (엘-엘 심하트 길리)— "내 최고의 기쁨이신 하나님" (God my exeeding joy, KJV, NRSV, NASB). 성도에게 있어서 "최고선(最高善)" 은 하나님 자신이다. 왜냐하면 그분께는 최고의 기쁨과 최고의 즐거움이 있기 때문이다. 그를 가까이하는 자가 갖는 영적인 환희는 맛보지 않는 자는 결코 알 수가 없다. 시인은 이제 지상의 어떤 성소를 염두에 두었다기보다, 보좌에 좌정하신 그 기쁨의 근원이신 하나님의 임재 하에서 누리는 그 영적 환희를 맛보기 갈구한다.

하나님이여 나의 하나님이여 (엘로힘 엘로하이)—반복하여 호칭함으로 그분에 대한 간절한 마음을 강조한다. "나의 하나님" 이란 하나님과 시인 자신과의 긴밀한 관계를 전제한다. 그것은 언약관계로 맺어진 영적 결혼 관계와 같다.

내가 수금으로 주를 찬양하리이다 (베오데카 베킨노르) —시인에게 있어서 찬양은 영적 활동의 대명사와도 같다 (42:4, 5, 8, 43:4). 그는 하나님의 임재 앞에 나아가 그분께 영혼의 감사 찬양 (토다)을 드리되, 수금을 가지고 이전처럼 성소에서 찬양할 그 때가 속히 올 것을 기대한다.

제3 후렴구 (43:5): 낙망치 말고 하나님을 바라라

이 마지막 후렴구는 "기도"를 드린 시인에게 마지막으로 "낙망치 말고" "(항상)' '앙망' (기도)할 것"을 촉구하고 있다 (눅 18:1 참조). "바라라" (호힐)는 영혼에게 하나님을 향하여 "지체하라, 기다리라"는 권고이다. 이 말은 영역본들이 대개 "(하나님을) 소망하라" (hope in God; Espére en Dieu, NEG), 혹 "기다리라" (wait for God, NAB; Harre auf Gott, ELB)고 번역했다. 이 하나님을 향한 기다림은 결국 기도에서의 기다림이다. 시인은 자신의 기도가 응답될 것을 확신하고 있다.

5절: 내 영혼아 (나프쉬) —다시 시인은 현실을 직시하고 자기 속사람을 격려한다. 42:5, 11 주석 참조.

시편의 적용

영혼의 목마름을 채워라 (42:1-2)

인간의 영혼은 육신과 마찬가지로 갈급해하고, 배고파하고 피곤해한다. 이 영혼의 갈망과 필요를 채워주는 자가 진정한 목회자이다. 이 영혼의 목마름과 배고픔은 지식전달로 약간 채워질 수 있을지 모른다. 그렇지만 영혼의 목마름은 단순한 지식으로 만족하지 못한다. 지식은 영적인 음식으로는 너무 빈약하다. 영적인 음식은 오직 성경말씀을 기도로 잘 반죽할 때만 만들어질 수 있다. 내 자신이 영혼의 갈급함을 느끼고 주께로부터 만나와 메추라기, 반석에서 나온 생수를 공급받은 체험이 있는 자만이 사람들의 영혼의 갈급함을 만족시킬 수 있다. 이런 목회자는 성장하는 교회를 만들고야 만다.

김포의 어느 교회는 창립 5년 만에 재적성도가 1천5백 명으로 급성장했다고 한다. 그런데 그 성장 원인이 무엇이었는가를 분석한 한 기사는 평신도 활용을 성장 원인으로 지적했다. 즉, 그 목회자가 중국으로 선교여행을 갔다가 한 평신도 지도자가 수 백 개의 가정교회를 세웠다는 보고를 듣고 가슴이 뜨거워졌다 한다. "목회는 나 혼자 하는 것이 아니다. 잘 훈련된 평신도 지도자는 목회자 보다 더 훌륭한 사역을 감당할 수 있다. 평신도로 하여금 목회의 든든한 조력자, 협력자가 되게 만들자." 이런 결심으로 구역장 제도를 활성화시키는 데 중점을 두었다. 구역장에게 집사 추천권을 주고, 새신자 심방과 상담, 교육을 전담케 하고, 피전도인 집을 방문해 성경공부를 시키고 불신자들을 접촉케 한다. 다른 선교조직을 두지 않고 오직 구역이 작은 지교회가 되도록 막강한 힘을 부여했다. 이로 인하여 놀라운 성장을 거듭했다 한다. 이런 교회의 성장은 근본적으로 말하건대, 영혼의 갈급함을 교회가 채워주기 때문일 것이다.

굶주림을 채우시는 생존하시는 하나님 (42:1-2절)

주님은 세상에 오셨을 때, 영혼의 목마름만 채우시지 않고 인생의 고통과 배고픔의 문제도 해결해 주시었다. 오천 명을 물고기 두 마리와 보리떡 다섯 개로 다 먹이시고, 열 두 광주리나 부스러기를 거두었다. 각색 병든 자들을 치료해 주셨다. 물론 저들의 영혼의 갈구도 만족시키셨다 (요 4:14). 오늘날도 마찬가지이다. 생존하시는 하나님을 사모하는 자들은 영. 육간의 모든 갈급함을 채움 받는다.

그런데 불교는 흥미롭게도 굶주림에 대하여 적극적으로 채워주려는 생각보다는 어떻게든지 인간의 감각기관을 제어하고 물질에 집착하지 않도록 만 하고자 한다. 감각을 제어한다고 배고픔이 해결될 리 없다. 마음에 배고픈 생각을 제어하고 집착을 버린다고 해서 해결되지 않는다. 배가 고프면 빵을 먹고, 배부름을 얻어야 한다. 체념하고 망각한다고 영적인 갈급함이 채워지는 것도 아니다. 하나님의 은혜의 생수로 우리 영혼이 채워져서 강건해져야 한다. 영혼과 육신의 참된 만족은 오직 우리 하나님께서만 채우실 수 있다.

언젠가 빌리 그래함에게 한 사람이 물었다. 당신이 증거하는 하나님은 정말로 살아 계십니까? 아, 그럼요. 오늘 아침에도 나는 그분과 대화를 나누고 여기 나왔는데요. 그렇습니까? 그분은 나와 늘 말씀하시고 동행하시는 살아 계신 하나님이시다. 그분에게 내가 처한 형편을 고하고 내 배고픔을 아뢸 때, 그분이 내 필요를 채워주시지 않으신 때가 없었다.

교회가 우리 성도의 지상 영적 고향이다 (42:4, 43:3)

구약시대 이스라엘 백성은 모든 삶이 절기 중심으로 지속되었다. 유월절 (2005년도는 4월 24일), 칠칠절 (오순절, 쇠부옷; 2005년도에는 6월 13일), 로쉬 하샨나 (설날, 나팔절; 혹은 심판의 날; 2007년도에는 10월 4일), 내 누세일 (봄; 십누드; 2005년도에는 10월 13일), 초막절 (2005년노에는 10월 18일), 부림절 (2006년 3월 14일) 등의 절기들이 년 중 계속되어 이 절기들을 통해서 삶의 리듬을 찾는다. 애굽에서 노예생활 할 때에는 저들에게 안식일이 없었다 (북한에서 그러하듯). 그리고 이런 영적인 절기들이 전무했다. 오로지 노예로서의 삶밖에 없었다. 이 절기들은 무엇을 가리키는가? 하나님의 백성들이 매일의 삶에서, 혹은 연 중의 삶에서 영적인 갈급함이 성회를 통해 채워지고, 영적 갈망이 분출구를 찾는 날들이다. 모든 것이 안식일과 월삭 (매월 1일), 그리고 상기한 절기들로 규정된다. 모든 것이 영적이며 모든 것이 하나님과 연관되었다. 요람에서 무덤까지 하나님과 동행하는 리듬 있는 삶이었다.

오늘날 교회는 어떠한가? 교회는 산업화, 세속화된 현대사회에서 그 위치나 역할이 축소될 수 있다. 성도들이라 할지라도 직장동료들과 보내는 시간이 더 소중하거나 많을 수 있고, 교회는 오직 한 번으로 겉치레 얼굴 내밀기로 끝날 수도 있다. 그렇지만 현대사회가 아무리 산업화되었다 하더라도, 교회생활의 의미나 가치를 축소하지 말아야 한다. 모든 삶을 교회의 달력에 맞추어 준비하고 내 삶의 리듬을 여기서 찾아야 한다. 이것이 성도의 바른 모습이다. 그렇지만 주의할 바가 없는 것은 아니다. 매일의 새벽기도, 수요예배, 금요철야기도회, 구역예배, 주일 낮, 저녁

예배, 성가대, 주일학교, 산상기도회, 부흥회, 성경공부 등등으로 성도들은 자칫 자기 자신의 주체적 신앙 삶을 영위하지 못하고 타의에 마지 못해 이끌리는 종속적 모습을 보일 수 있다는 것이다. 이런 노예적 신앙생활은 청산해야 한다. 건설적이고 능동적인 교회생활의 패턴을 스스로 만들어 자신이 속한 교회와 삶을 전적으로 같이해야 한다. 성도의 기쁨과 슬픔이 나의 것이 되고, 교회의 목표가 나의 목표가 되어야 한다. 교회를 통해서 하나님 나라를 확장하는 꿈을 가져야 한다.

신앙에 좋지 못한 환경을 구축 (驅逐)하라 (42:6, 7)

신앙적으로 퇴보적인 자리에 처하는 것은 여러 조건이 작용하겠으나, 환경도 크게 작용한다. 부르짖을 없는 도시에 산다면 기도는 골방 기도로 만족해야 한다. 골방기도라도 힘 있게 할 수 있으면 좋겠지만, 그렇지 못한 처지에 처할 수도 있다. 그렇지만 이런 외적인 환경을 이기고자 하면 이기지 못할 바도 아니다. 다니엘이 그 좋은 예이다. 성전이 파괴되고 고향은 파괴되었다. 이국에서 피지배국민의 위치에 있었으나 그는 기도의 끈을 놓지 않았다. 하루 세 번 예루살렘을 향하여 무릎을 꿇는 그의 경건은 몸에 배인 습관이었다. 생명의 위협을 받는 상황이었지만 신앙과 생명을 맞바꾸고자 하는 일사각오 (一死覺悟)의 정신으로 나갈 때 하나님의 기적을 체험할 수 있었다. 이런 불굴의 신앙을 갖기란 쉽지 않을 것이다. 신앙을 북돋울 환경이 못 되는 처지에 있으면서 그것을 개선하고자 아니한다면 자기 신앙을 포기하는 일이다. 이사를 할 때 우선 고려할 것은 신앙육성에 좋은 환경인가? 하는 것이다.

어찌하여 나를 잊으셨나이까? (42:9)

영적인 소외감과 외로움의 부르짖음이지만, 하나님은 성도를 깜박 잊으시는 그런 분이 아니다. 모든 문제는 나에게 귀착된다. 성도에게 꿀같이 감미로운 영적인 풍성함과 아름다움의 순간들이 늘 지속될 수 없는 것은 하나님께서 우리를 잠깐 잊으시거나, 일부러 우리를 시험하시기 위해서 혹은 하나님의 은혜가 값싼 것이 아니라는 것을 교훈 하시고자 혹은 우리를 연단하기 위하여 떠나시기 때문이 아니다. 그분은 항상 우리와 같이 계시고 충만케 하시고자 한다. 문제는 나 자신의 연약함이다. 내가 하나님을 떠나간다. 나의 마음이 세상의 유혹에 넘어간다. 나의 마음이 죄악을 솔깃하게 받아들인다. 여기서 성령님은 소외되고, 근심하고 소멸된다. 그렇지만 사실 내가 그분에게 소외당하고 그분에게서 버림을 받는 것이다. 이를 극복하는 길은 내가 어디서 떨어졌는지를 찾아서 처음 행위, 첫 사랑을 회복하는 것이다 (계 2:5).

하나님의 단에 나아가 (43:4)

하나님의 제단에 나아가 극락(極樂)의 하나님 (엘-심하트 길리, my exceeding joy)께 이르리이다. 시인은 성소를 멀리 떠나 타국에서 방황하는 모양이다 (43:3). 영적인 고향을 상실한 사람이야 말로 가장 처량한 자들이다. 영적인 고향은 내 영혼이 울부짖을 수 있는 고정적인 처소를 가리킨다. 내가 이 힘든 세상을 이길 수 있으려면 언제나 하나님 앞에 나아가 엎드리고 부르짖을 수 있는 처소가 있어야 한다. 그런데 오늘날 교회들이 그와 같은 영적인 고향처럼 성도들을 맞이해 주고 있으며, 성도들이 그와 같이 느끼고 있는가? 그와 같은 영적인 분위기를 만들어 주는 것이 목회자의 책임이다. 그 일에 전무하고 매달려야 한다. 그런데 목회자들은 여러 다른 일로 분주하기 십상이다. 영적인 전문가가 되어야 한다. 이것 저것 전문가 되어말고. 그리하면 양들은 영적인 고향, 극락의 하나님을 만난 기쁨에서 죽도록 헌신 충성하지 않을 수 없으리라.

시 44편 우리 군대와 함께 나아가지 아니 합니까

I. 전체구조에서의 위치, 시의 유형과 삶의 자리

본 시는 공동체 탄식시로 간주된다. 민족이 전쟁에 패배한 후에 (9절) 그 아픔을 노래하고 있다. 1인칭 단수형과 복수형이 교대로 나타나고 있어 (1인칭 복수: 1, 5, 7, 8, 10, 11, 17, 18, 19, 20, 22, 24, 25, 26; 1인칭 단수: 4, 6, 15), 이 시가 예배시에 사용되도록 작사된 것이 아닌가 하는 암시를 준다. 표제는 앞의 시와 같이 "고라 자손들의 시, 마스길"이라 제시한다. 시인은 이전에 하나님께서 행하신 구원 역사들을 회상하고, 그런데 지금은 어찌하여 자신들을 위하여 역사하지 않으시는지를 탄식하고 있다. 이런 민족적 비극을 당하여 시인은 자신을 성찰하면서 하나님께서 속히 임하시어 구원역사를 이루어 주시라고 간구한다.

이 시의 역사적 배경에 대하여 다윗 시대부터 마카비 시대까지 여러 제안들이 있어왔다. 바벨론 탈뭇 소타 48a에는 시 44:22을 마카비 시대에 매일 레위인들이 노래로 불렀다고 한다. 그리고 안디옥 학파의 교부들은 시 44편이 마카비 시대의 것이라 지적했다. 이런 회당과 초대 교회 전통을 따라 칼빈 조차도 이 시를 마카비 시대의 것이라 이해했다. 그는 말하길, "이 시는 다윗 아닌 어떤 이가 저작했다는 것 외에 저자가 누구인지 확인하기 어렵다; 그렇지만 이 시가 담고 있는 탄식은 안티오커스의 폭정이 광기를 부리던 그 참극의 시대에 잘 들어맞는다. 물론 추방 이후 귀환한 다음에는 언제나 비참에서 자유로운 때가 없었다." 이런 마카비 시대설은 오늘날 전연 지지를 받지 못한다. 적어도 이 시는 이스라엘이 한 국가로서 건재할 때의 상황을 반영한다.

델리취는 이 시의 시대적 정황은 다윗 시대를 반영해준다고 본다. 그 참조구절은 시 60:1 이하, 삼하 8:13 등이라 한다: "다윗이 염곡에서 **아람 사람** 일만 팔천을 쳐 죽이고 돌아와서 명예를 얻으니라" (한역은 "에돔 사람"이라 번역). 그런데 70역은 "그가 게벨렘에서 **이두메아인** 일만 팔천을 쳐 죽이고 돌아와 명예를 얻었다" 했다. 다윗은 이 때 아람군과 전쟁 중에 있었다. 그런데 에돔 족속이 이스라엘에 침공하여 많은 사람을 살육하였다. 왕상 11:15에 의하면, 다윗이 에돔에 있을 때, 군대장관 요압이 가서 죽임을 당한 자들을 장사하고 에돔의 남자를 다 쳐서 죽였다. 이렇게 아람, 암몬 전쟁과 에돔 전쟁을 동시적으로 치러야 했던 때 잠시 패배를 당했던 그 상황이 본 시와 시 60편에 반영되었다 한다. 종국에는 다윗이 에돔을 쳤지만, 잠시 에돔이 이스라엘을 파괴하고 포로들을 사로잡아 노예로 팔았다 (암 1:6) 한다. 그렇지만 이런 가정도 성경적으로 근거가 확실한 것은 아니다.

크라우스는 시 44편이 아주 이른 전통적 요소들만 아니라, 최근의 개작(改作)도 포함하고 있으므로, 이전 요소들이 예배 형식에서 사용되면서 새롭게 개작되고 수정되어 왔을 것이라 가정한다. 반면 아더 바이저는 전쟁에서 패배한 이후에 하나님께 간구하며 예배를 드린 상황은 대하 20:7 이하에 제시된 바와 같은 구절들이 추방 이전에 존재했음을 증거해 주므로, 시 44편을 추방 이전의 저작이 아니라고 확신해서는 안 된다고 경고한다. "주를 위하여 죽임을 당하며 도살할 양같이 여김을 받았다"고 노래하는 22절이 반드시 마카비 시대 상황에만 어울리는 것은 아닐 것이다. 이방신에게 배교한 자들이 경건한 자들을 핍박하던 일들은 추방 이전의 이스라엘 사회에서도 얼마든지 가능했기 때문이다. 다윗 이후 솔로몬 시대에 시작된 배교행위는 남북 분열 왕국 시대 내내 이스라엘을 떠나지 아니했고 그런 배교 시대에는 경건한 자들의 핍박당하던 시대였다고 할 수 있지 않겠는가?

한편, 시 44:1-3에 언급된 조상 시대에 행하신 하나님의 구원행위들에 대하여 크라우스와 아더 바이저는 서로 논쟁하길, 후자는 그 전승이 이스라엘의 공적 예배시에 낭송되었던 핵심 전승이라 본다면, 크라우스는 가족들에서 전해져 내려온 사적인 전승에 불과하다고 주장한다. 크라우스의 그런 주장에 대하여 바이저는 논박하길, 여기 조상들은 "옛 날" 사람들과 동일시되고 (1절), 바로 그 옛 조상들이 여호와께서 행하신 이적들에 관한 기사를 전승해 준 이들이라는 점과, 4-8절에 제시된 회중의 찬양의 형태가 44:1-3이 노래하는 전승이 이스라엘의 공적 예배시에 낭송된 주요 전승이었다는 사실을 입증해 준다고 한다. 이스라엘의 공적 예배시마다 하나님께서 이전에 행하신 구원 행위들을 낭송하며 이전의 "구속사"(Heisgeschichte)를 현재화시키며 과거의 구원을 오늘에 체험하였다고 이해하는 바이저의 시편 이해는 성경적 근거를 지니고 있다. 이스라엘은 매 7년 초막절에 모여 시내산, 모압들 언약을 갱신하는 예배를 드려야 했다 (신 31:10). 언약 갱신 의식을 위한 그 예배에서 낭송된 하나님의 행하신 위대한 일들, 곧 출애굽시에 행하신 기사들이나 광야 여정시에 행하신 이적들, 그리고 정복 전쟁시에 행하신 이적들은 언약 형식에서 아주 중요한 지위를 점하였다. 예컨대, 모압들에서 언약을 갱신할 때, 모세는 하나님께서 행하신 은혜로운 처사들을 신 1:6-4:44 부분에서 회고하며 묘사하고, 언약 조항들을 선포하며 (신 5장-26장) 백성에게 여호와 하나님만을 섬기도록 언약을 갱신했고, 세겜에서 언약을 갱신했던 여호수아는 수 24:2-13에서 하나님께서 베푸신 은혜로운 처사들을 회고하면서 백성들의 지도자들에게 여호와 하나님만 섬길 것을 요청한다 (수 24:14-24). 그리고 이어 "그 날에 여호수아가 세겜에서 백성으로 더불어 언약을 세우고 그들을 위하여 율례와 법도를 베풀었더라"라고 한다 (수 24:25). 이런 관례들에 비추어 본다면, 하나님의 행하신 일들을 낭송하며 회고하는 일은 가정의 사적인 전통이 아니라, 국가의 공적인 전통에 해당되며, 이런 구원사의 낭송은 언약 갱신의식에서 "역사 서언" 부분으로 필수적 요소였다. 동시에, 가정 예배시에 하나님의 행사들은 가장이 자녀들을 교육하는 주요 자료가 되었다 (신 4:9-10, 6:7 등). 하나님께서 베푸신 은혜로운 처사를 공적으로나 가정에서 낭송하고 회고하는 이유는 하나님께 대한 일편단심의 충성을 유도하고 그분만을 섬길 동기를 부여하고자 함이며, 따라서 "역사 서언" 다음에 하나님을 향한 충성 요청이 뒤따랐던 것이다. 그분이 이렇게 은혜를 베푸셨으니 너희는 그분께 충성하라!는 권고였다. 동시에 그것은 위대하신 하나님을 찬양하는 근거가 되었다.

2. 시적 구조와 해석

이 시는 앞에서 언급한 대로 전쟁에 패배한 이스라엘이 하나님 앞에 모여 그분의 도우심을 간구하는 공동체 탄식시이다. 앞서 언급한 대로 이 시에서 교차로 나타나는 인칭 변화 (1인칭 단수와 복수)는 이 시가 국가적 위기를 당한 정황에서 하나님의 개입을 간구하는 특별 예배 의식을 위해 작사된 것이 아닌가 추정케 한다. 성경에서 그 유사한 예를 찾자면, 대하 20:4 이하에서 한 예를 볼 수 있을지 모른다. 남 왕국 유다 여호사밧 왕 시대에 모압, 암몬, 마온 사람들이 동맹하여 유다를 침공하였을 때, 여호사밧은 백성에게 금식을 공포하고, 백성들을 예루살렘 성소에 모아 하나님께 특별 기도회를 개최한다. 여호사밧은 이전에 하나님께서 베푸신 은혜로운 처사를 언급하고 (대하 20:7-10), 그것에 근거하여 현재의 위기상황에 하나님께 개입하시어 구원하시길 간구한다 (11-12절). 그런데 여호사밧 왕의 경우에는 전쟁에 패배한 이후가 아니라, 적의 기습 공격을 당하여 임박한 전쟁을 앞두고 특별 예배를 드렸다. 따라서 시편 44편이 암시하는 그런 전쟁 패배 이후의 상황은 아니다.

구약에서 시 44편의 정황과 더 유사한 정황을 찾자면, 히스기야 왕 시대에 앗시리아 산헤립 대왕이 유다를 침공하여 예루살렘을 포위하고 전국을 노략한 후에 철수한 정황 (왕하 18:13-19:37)이나 주전 609년에 요시아 왕이 애굽 바로 느고에게 전사(戰死)한 때의 정황 (대하 35:20-25) 등이 이에 해당될 것이다. 또한 솔로몬이 성전 봉헌식 때 드린 기도 (왕상 8:23-53, 특히 33-34, 44-50) 내용 역시 시 44편의 정황을 예견한 것이다. 솔로몬이 드린 기도는 전쟁에서의 패배와 같은 국가적 재앙을 당했을 때, 하나님의 거처인 성전에서 회개기도를 드릴 때 응답해 주시라는 것이며, 그의 기도는 사실 모압들 언약의 '처벌 규정'을 반영하고 있다 (신 28:15-68).

신 28장의 언약 "상벌 규정"에 의하면, 언약 백성이 하나님과 맺은 언약을 파기하였을 때, 하나님은 여러 방편으로 저들을 처벌하실 것이었다. 그 중에서도 원수가 침공하여 저들을 노략하고 포로로 잡아가던지 (신 28:48 이하) 아니면 이스라엘이 전쟁에 한 길로 나갔을지라도 일곱 길로 줄행랑치는 패배를 경험하게 될 것이었다 (신 28:25). 따라서 시 44편이 노래하는 전쟁 패배의 민족적 비극은 언약 백성의 범죄 결과였다. 그런데 문제는 시 44편의 시인은 자기들의 "무죄"를 주장하고 있다는 점이다 (17-23절). 신학사상이 현실과 부합되지 않은 것인가? 아니면 시인의 사상이 잘못된 것인가?(아래 17절 이하 주석 참조).

시 44편은 이스라엘이 국가적 위기 상황에 처하여 과거에 이적을 행하신 하나님을 노래하며 (시 44:1-3) 그 구속사에 근거하여 그분께 대한 신뢰와 찬양을 표하고 (4-8절), 구원해 주시라고 탄식과 간구를 드린다 (9-26절). 이 시는 언급했던 대로 1인칭 단수와 복수가 교차 사용되고 있는 바, 1인칭 단수로 자신을 백성의 대표로 제시하는 자는 의심할 나위 없이 왕이었을 것이다.

그런데 이 시의 핵심을 구성하는 이스라엘의 간구와 탄식은 9-26절 부분을 점하지만, 그 간구를 도입하고 예비하는 요소들이 두 개 나타난다. 출애굽 이후 가나안 약속의 땅 정복시에 있었던 하나님의 행사에 대한 회고 (1-3절)와 그 구원사에 근거한 이스라엘의 하나님 신뢰와 찬양 (4-8절)이 그것이다. 그런데 이전에 하나님께서 행하신 구원 역사를 간구 앞에 배치하고 시를 시작함은 "지금 구원하소서" 라고 부르짖는 직접 간구를 뒷받침 해주는 받침대 구실을 한다. 즉, 이전에 구원을 베푸신 위대하신 하나님이여, 위기에 처한 우리를 "구하소서" 라는 간접 기도인 것이다. 한편 이스라엘의 탄식과 간구를 담고 있는 9-26절은 현재의 좌절과 고통에 대한 탄식 (9-16절), 현재 불행의 이유에 대한 반추(反芻)(17-22절), 마지막으로 여호와께 대한 직접 간구 (23-26절) 등 세 부분으로 세분된다. 따라서 우리는 다음과 같이 본 시를 네 개의 연으로 구분코자 한다.

제1연 (1-8절): 하나님의 구원역사 회고와 찬양
제2연 (9-16절): 현재 민족적 패배를 탄식함
제3연 (17-22절): 위기시에 자기를 성찰함
제4연 (23-26절): 구원을 간구함

제1연 (1-8절): 하나님의 구원역사 찬양

언약 갱신 예배시에 이스라엘은 과거에 하나님께서 베푸신 은혜로운 일들을 낭송함으로 과거의 하나님을 오늘에 필요한 이적을 행하시는 하나님으로 초대했다. 하나님의 행하신 일을 회고함은 그분께 대한 충성의 동기를 유발시킴과 동시에 그분께는 간접 기도였고 간접 찬양이었다. 즉, 오늘의 위기에서 우리를 이전과 같이 구하소서! 위대하신 하나님이여! 위대하신 주님을 찬양하나이다!

1절: 주께서 우리 열조의 날, 곧 옛날에 행하신 일을 저희가 우리에게 이르매 우리 귀로 들었나이다 (베오즈네누 쇠마이아누 아보테누 시페루-라누 포알 파알타 비메헴 비메 케뎀)— "우리 귀로 우리가 들었나이다; 우리 열조가 우리에게 당신께서 그들 시대에 곧 이전 시대에 행하신 일들을 말해 주었나이다." 하나님께서 과거에 행하신 '구원 역사'를 회상한다. 출애굽 때에 행하신 하나님의 구원역사는 하나의 신앙적 기념비로 우뚝 서서 오고 오는 세대에 전달되었고, 어려움을 당할 때마다 후대인들은 이전 구원역사에 근거하여 현재의 위기를 해결해 주시라 간구하였다. 특히 이사야서 후반부에서는 하나님께서 새롭게 행하실 구원이 출애굽의 구원으로 묘사되고 있다

(Erich Zenger, "The God of Exodus in the Message of the Prophets as seen in Isaiah," 22-33; Jay Casey, "The Exodus Theme in the Book of Revelation Against the Background of the New Testament," 34-43 참조). 여기서도 예외 없이 출애굽 구원역사가 과거에 하나님께서 행하신 표준 역사로 노래되고 있다. 출애굽 역사는 홍해를 마른 땅 같이 건넌 사건, 시내산 언약체결, 광야 방랑생활, 요단 도하, 여리고 성 점령, 기타 정복전쟁 수행, 그리고 정착 등으로 이어져, 결국 이스라엘 건국으로 귀결되었다.

"저희가 우리에게 이르매" 라는 표현에서 하나님의 지시, 곧 하나님 자신이 행하신 위대한 일들을 체험한 자들에게 그 이적들을 후손 대대로 전하고 가르칠 것을 명하신 지시를 본다 (신 4:9-10, 출 12:26-27, 13:14 등). 신앙은 가정교육을 통해서 대대로 전달되었다 (신 6:7, 시 78:3-8). 이스라엘의 가장들은 말하자면 가정교회의 목회자들이어야 했다. 동시에 하나님의 행사들은 이스라엘의 공식 예배를 통해서도 낭송되어 그분을 찬양하는 근거가 되었다. 특히 유월절, 오순절, 초막절과 같은 절기들을 통해서 신앙은 불꽃처럼 피어오르고, 후손들에게 인상적으로 심어져 전달되었다. 오늘날도 고난 주간, 부활절, 오순절, 성탄절, 추수 감사절 등은 예수님의 행하신 일들과 연관된 것들로 이런 절기들을 지킴으로 성도들은 신앙을 새롭게 한다.

"우리 귀로 들었나이다" 란 표현에서도 하나님의 자녀교육 지시를 본다. 자녀들은 부모들의 신앙 교육 여하에 따라서 불량자가 되든지 아니면 믿음의 사람이 되던지 큰 영향을 받았다 (삼상 2:12, 단 1:8 등). 잠언들은 자녀 교육을 위한 교과서로 만들어 졌을 것이다 (잠 2:1, 3:1, 11, 12, 21, 4:1, 3, 10, 20 등에서 "아들들아 명령을 지키라" 등 참조). 애굽에도 아멘-엠-오페와 같은 지혜적 교훈이 있었지만, 저들은 고급 관리 양성을 목적으로 그런 공부를 시켰다는 점에서, 누구든지 신앙교육에 참여해야 했던 민주적 이스라엘과 대조적이다.

2절: 주께서 주의 손으로 열방을 '쫓으시고' (앗타 야드카 고임 호라쉬타)—사용된 동사는 두 가지 상반된 의미를 갖고 있다. 하나는 기업을 차지하는 것 (to inherit)이라면, 다른 하나는 어떤 땅에서 어떤 족속을 쫓아내는 일 (to dispossess)이다. 하나님은 가나안 땅을 아브라함에게와 그 후손에게 약속하시었다. 그 약속대로 여호수아 지도하의 이스라엘은 가나안 땅을 기업을 차지하였다. 그런데 저들이 가나안 땅을 정복할 때 명심해야 했던 사항은 군대의 조련이나 무기의 제조법이 아니었다. 오히려 "여호와의 보시기에 정직하고 선량한 일을 행하라 그리하면 네가 복을 얻고 여호와께서 네 열조에게 맹세하사 네 대적을 몰수히 네 앞에서 쫓아내리라 하신 아름다운 땅을 들어가서 얻으리니 여호와의 말씀과 같으리라" (신 6:19)에서 보듯, 하나님께 대한 신앙이 우선하였다. 저들이 하나님께 순종할 때만, 하나님은 저들 앞서 가셔서 이방족속들을 몰아내실 것이었다 (신 7:1, 11:23, 31:3 등).

열조를 심으시며 (바티타엠)— "당신이 저들을 심으셨다." '심는다' 는 것은 "모종"하는 것이다. 애굽의 고센 땅이 '모판' 이었다면, 가나안은 모를 옮겨 심는 들판이었다 (시 80:8).

민족들은 괴롭게 하시고 (타라아 레움밈)—가나안 일곱 족속은 하나님의 준엄한 심판을 받아야 했다 (가나안족속, 헷 족속, 아모리 족속, 브리스 족속, 히위 족속, 여부스 족속, 기르가스 족속 등). 이들 가나안 족속들은 가나안의 후예들로, 술취한 조부 노아에게 성적 범죄를 행함으로 저주를 받은 족속들이었다 (창 9:26-27). 조상 때문에 저주를 받았지만, 조상의 부패한 성품이 후손들에게서 영글게 되었으므로 자신들의 책임이 면제되는 것은 아니다.

[열조는] 번성케 하셨나이다 (바테솰레함)—사용된 동사는 피엘형으로 "사역형"에 가까운 의미를 드러낸다 ([가지들을] 뻗치도록 하다). 이스라엘은 이제 옮겨 심기운 포도나무처럼 무성한 가지들을 뻗치게 되었다 (made our fathers flourish, NIV). 하나님의 축복 역사였다. 그렇지만 어떤 이들은 이 말을 "저들을 쫓아내었다" (cast them out, KJV)로 번역하기도 하고, 혹은 "저들을 해방시키셨다" (them you set free, NRSV)고 이해한다. 이런 번역은 병행법에 비추어 볼 때 지지될 수 없다.

당신께서 열방을 쫓으시고, 당신께서 저들을 심으시며/
당신께서 민족들은 괴롭게 하시고, 당신께서 저들은 번성케 하셨나이다

여기서 한 가지 언급할 것은 모든 동사의 주어는 "하나님"이시다는 사실이다 (당신이 … 하셨다). 가나안 정복은 이스라엘 군대가 행한 것이지만, 이스라엘 시인은 현상 이면의 근본 동인을 언급한다. 이것이 이스라엘 역사의 기술 방식일 뿐 아니라, 신앙인들이 사물을 바라보는 시각이어야 한다.

3절: 자기 칼로 땅을 얻어 차지함이 아니요 (키 로 베하르밤 야레슈 아레츠)— 앞 절에서 주께서 열방을 가나안 땅에서 쫓아 내셨다 (야라쉬)고 언급한 시인이 여기서 인간적 성취가 아니라는 점을 재삼 강조한다.

저희 팔이 저희를 구원함도 아니라 (우제로암 로-호쉬아 라모) —인간의 힘센 '팔' (제로아)이 아니라, 하나님의 '야손' (드)이 구원을 이루었다. 손과 팔은 병행어로 사용된다 (시 89:13, 21). 손이나 팔은 활동의 수단이다. 하나님은 의인법으로 마치 손으로 역사하시듯 묘사되고 있다. 여기서 "구원"은 "승리"이다 (NIV, NAB, NRSV, NJB).

주의 오른손과 팔과 얼굴의 빛으로 (키-예미네카 우즈로아카 베오르 파네카)—두 손 중에서도 오른손이 통상적으로 활동의 주요수단이 된다. 따라서 이런 인간적 요소를 하나님께도 적용시키고 있다. 그런데 출애굽시에 그분의 활동은 "이적과 기사"와 "강한 손과 편 팔"에 의한 것임을 성경이 자주 언급한다 (신 4:34, 5:15, 7:19, 26:8). 그런데 하나님의 얼굴은 빛을 비춘다 (시 13:3). 그분의 얼굴은 빛의 근원이다. 물론 이는 인간적 표현이다. 얼굴 빛은 그분의 언약사랑을 지시할지 모른다. 그 사랑이 성도들에게 전달될 때 마음의 의심과 흑암은 사라지기 때문이다. 하나님께서 마치 신체를 가지신 양 묘사하여 그것들이 구원역사를 이룬다고 묘사함은 구약적 표현이다.

주께서 저희를 기뻐하신 연고니이다 (키 레치탐)—주께서 친히 역사하시어 구원하신 것은 저들을 기뻐하신 때문이다. 거꾸로 말하자면, 이스라엘이 하나님의 말씀에 순종했기 때문이다 (2절 주해 참조). 동시에 저들이 족장들 때문에 사랑을 입은 것이다.

4절: 하나님이여 주는 나의 왕이시니 (앗타-후 말키 엘로힘)—시인은 하나님을 자신의 왕으로 고백한다. 왕은 고대에 있어서 절대자였다. 왕은 신민(臣民)을 통치한다 (삿 9:10). 그런데 왕이라 할지라도 반란으로 자리가 위태해질 때가 있고, 화무십일홍(花無十日紅)이란 표현이 말해주듯 권력은 반드시 쇠하기 마련이므로, 왕의 권세는 절대적이지 못했다. 그러나 하나님의 보좌는 영원하다 (시 45:5). 한편, "하나님이여" (엘로힘)란 말의 마지막 자음 (멤)을 다음 말 (챠베)과 연결시키고, 이 말은 "나의 하나님이여" (엘로하이)로 읽는다 (70인역, 시리아어역 등). 원래 히브리어 본문은 띄어쓰기가 없이 잇대어 기록했기에 글자들을 끊을 때 이렇게 차이가 생길 수 있었다. 이렇게 읽으면, "야곱에게 구원을 명하소서" (챠베 예슈옷 야아콥)란 명령형 대신 "야곱을 위해 구원을 명하셨나이다" (메챠베 예슈옷 야아콥)로 이해할 수 있다. 즉, 명령형 동사가 분사로 변하며, 분사는 그 위치한 문맥에 따라서 그 시제가 결정되므로, 여기서 완료로 이해한다.

야곱에게 구원을 베푸소서 (챠베 예수옷 야아콥)—앞에서 제안한대로 명령형보다 (KJV, NASB, NEG, ELB, TNK), "야곱을 위하여 승리(구원)을 명하셨나이다" 로 (NRSV, NIV, NAB, NJB) 완료형으로 이해해야 문맥에 맞다. 시인은 지금 과거의 구원역사를 회상하고 있다. 그리고 여기서처럼 전쟁 문맥에서 "구원"은 "승리"란 뉘앙스를 전달한다 (NRSV, NAB, NASB, NIV, NJB, TNK).

5절: 우리가 '주를 의지하여' (베카)—"당신을 통해서." 2-3절에서 시인은 이스라엘의 가나안 정복이 이스라엘 자신이 아니라 하나님께서 그리하셨다고 한 바 있다. 그런데 여기서는 보다 현실적으로 성도가 주를 통해서 행한다고 진술한다. 한편, 앞 절에서 시인은 하나님을 "나의 왕"으로 표현했지만, 여기서는 "우리"라는 복수형으로 말씀한다. 그는 야곱 (이스라엘)을 대표하는 입장에서 말한다.

[우리가 주를 의지하여] 우리 대적을 누르고 우리를 치려 일어나는 자를 주의 이름으로 밟으리이다 (베카 챠레누 네나게아흐/ 네나게아흐 베슘카 나부스 콰메누)—전. 후반절은 사고상 동의 병행법, 구조상 구문 병행법을 이룬다. "우리 대적들"은 후반절에서 "우리를 치려 일어나는 자들" (콰메누)로 반복되고, "누르고"는 "밟으리이다" 로 반복된다. 그리고 전반절에서 "주를 의지하여"는 후반절에서 "주의 이름으로"가 되었다. "대적" (챠르)은 "적대하다" (챠라르) 동사와 연관되고, 이 말의 동음이의어 "좁은" (챠르 I)이나 "둘러싸다 낙담되다 (챠라르 I)와는 별개 단어이다. 이 대적은 후반절에서 "우리를 대항하여 일어서는 자들"로 보다 구체화되었다. "누르고" (나가흐)는 "밀쳐내다, (소가 뿔로) 받다" (to push, gore)란 의미이다. 대적들이 쳐들어 올 때 격퇴시키는 모습이다 (왕상 22:11). 한편 다윗은 가는 곳마다 여호와께서 그로 "이기게" 하셨다 (삼하 8:6, 14). 그러나 궁극적으로 다윗의 뿌리 곧 메시아 예수님께서 백전백승(百戰百勝)의 불패

(不敗) 명장(名將)이시다 (출 15:3, 시 24, 계 5:5, 19:11 이하). 한편 "주의 이름으로" (베쉼카)는 "당신을 통하여"와 병행되며, "이름"은 하나님 자신과 동일시된다. 이름은 말하자면 보이지 않는 하나님을 붙잡는 보이는 끈과 같다.

6절: 내 활을 의지하지 아니할 것이라 (킬 로 베콰쉬티 에브타) —다시 1인칭 단수형으로 전환했다. 이는 시가 예배 의식에 사용되기 위해 의도적으로 작사되었다는 암시를 준다. "신뢰하는" 대상이 "여호와"였던 이스라엘 때로 "부" (시 49:7, 52:9, 잠 11:28, [렘 48:7, 49:4]), 혹은 "압제/ 폭력" (오쉐크, 시 62:11, 사 30:12), 혹은 "방백" (시 118:9, 146:3, 렘 17:5), 혹은 "새긴 우상/ 부어 만든 우상" (사 42:17), 혹은 "자기 마음" (잠 28:26)이나 "자기 아름다움" (겔 16:15) 혹은 여기서처럼 "병기"나 "군대"가 (삼하 20장, 대상 21장의 인구조사) 될 때, 그것은 영적인 타락이요, 따라서 하나님의 징계가 임했다. 활과 칼은 고대에 있어서 주요 병기였다. 그러나 이스라엘은 이런 전쟁의 병기를 의지하지 않았고, 전쟁은 주님의 이름으로 치렀다. 그래서 저들의 전쟁은 "거룩한 전쟁" (聖戰)으로, 이 성전(聖戰)에 임하는 자들은 자기 몸이나 병기를 정결케 해야 했고 (삼상 21:5), 주님의 임재 하에서 늘 행해야 했다 (신 23:9-14). 그 성전(聖戰)에서 구원을 이루시는 분은 어디까지나 주님 자신이시다. 그분이 사용하신 전략은 우박 (수 10:11), 말발굽 소리 (왕하 7:6), 뽕 나무 소리 (삼하 5:24-25), 천둥 번개 (삼하 22:15), 매복 전술 (수 8:4 등) 등 다양하였다. 하나님만 의지하도록 전리품으로 말을 노획했을 때 말의 힘줄을 끊어서 전쟁용으로 무용지물이 되도록 조처했고 병거도 불살랐다 (수 11:6). 이스라엘에게 있어서 전쟁은 신앙으로만 이길 수 있었다.

내 칼도 나를 구원치 못하리이다 (베하르비 로 토쉬에니) —전. 후반절은 사고상 동의 병행법을, 구조상 구문 병행법을 구성한다. 앞에서 활을 신뢰하지 않겠다 하였다면, 여기서는 "칼이 나를 구하지 못할 것이라" 고 약간 달리 칼에 대한 신앙이 없음으로 고백한다. 이런 고백은 하나님만이 나의 구원자로, 내가 의지하나이다 라는 신앙고백이다 (7절).

7절: 오직 주께서 우리를 대적에게서 구원하시고 (키 호솨타누 밋챠레누)—다시 1인칭 복수형으로 전환했다. 시제는 완료형이지만, 문맥상 불변 진리를 표현한다고 보인다 (5-6절 참조).

우리를 미워하는 자로 수치를 당케 하셨나이다 (움사네에누 헤비쇼타) —앞에 제시된 전반절과 사고상 동의 병행법, 구조상 교차 구문 병행법을 구성한다. 5절에서 언급된 대적과 우리를 치려 일어나는 자들이 여기서는 "우리를 미워하는 자들"로 반복된다. 그러나 9-10절에서는 이런 상황이 역전(逆轉)된다.

8절: 우리가 종일 하나님으로 자랑하였나이다 (벨로힘 힐랄누 콜-하윰)—성도가 바로 섰을 때는 항상 하나님을 드러낸다. 전. 후반절은 동의 병행법, 근사한 구문 병행병을 구성한다.

하나님을 이름을 영영히 감사 (베쉼카 레올람 노데)—전반절의 "하나님을 자랑하다"란 다름 아니라 하나님의 이름을 찬양하고, 그분의 이름에 감사 찬양을 돌리는 것이다.

제2연 (9-16절): 현재 국가적 패배를 탄식함

지금까지 묘사는 현재 처한 국가적 위기 타개를 위한 "기도"를 준비하는 예비적 진술에 해당된다. 시인은 지금부터 본론에 들어가고자 한다. 그렇지만 직접적인 기도는 23절에 가서야 드려지고 그 시점까지 시인은 비극적 현실을 탄식함으로 간구의 힘을 축적하고자 한다. 시인이 탄식하는 전쟁 패배의 비극은 무슨 이유에서였던가? 17절 이하에서 시인은 "무죄"를 주장한다. 그럼에도 왜 하나님은 자기 임재를 철회시켰던가?

9절: 그러나 (아프) —지금까지의 찬양과 확신의 분위기가 지금부터 반전된다. 여기 사용된 불변사 (아프)는 "심지어, 또한" (also, even) 등의 강조적, 첨가적 뉘앙스를 다음 말에 더해준다. 그런데 여기서는 앞에 제시된 사고와 대조되는 사고를 도입하고 있다 (antithetic): "그러나" (but, cependant, doch).

우리를 버려 (자나흐타) —전쟁의 패배는 하나님께서 이스라엘을 기뻐하지 않으신 연고이다. 아이성 전투시에 하나님은 성전 (聖戰)의 한 원리인 "진멸" (헤렘)의 원리를 깨뜨린 아간의 악행으로 인하여 이스라엘로 패배케 하셨다 (수 7:12). 사용된 동사 (자나흐)는 주로 시편에서 나타나며 (시 43:2, 44:10, 24, 60:3, 12, 74:1, 77:8, 88:15, 89:39, 108:12) 애가서에서도 두 번 나타난다 (애 2:7, 3:31). 그런데 이 동사는 "싫어서 배척하다" 란 강한 혐오감을 표현한다. 주로 하나님께서 언약을 파기한 이스라엘을 버리시는 모습을 묘사하므로 시편들의 용례에서 보듯 주로 탄식시에서 사용된다. 언약을 파기한 이스라엘을 하나님께서 버리신다고 할 때, 그것은 하나님 편에서의 언약 파기에 해당하지만, 그렇다고 그분이 자기 백성을 "영원히" 버리지는 않으신다 (아포떼오, 롬 11:1-2). 회개하면 하나님도 저들에게로 돌이키신다.

욕을 당케 하시고 (밧타클리메누) — "수치를 당케 하시고." 이 동사 (야클림)는 "모욕하다" (삼상 20:34), "수치를 주다" (잠 25:8), "누구를 해하다" (삼상 25:7)란 의미로 사용되며, 여기서는 전쟁 패배로 이스라엘이 당해야 했던 수욕을 당케하다 란 의미이다. 7절 사고의 반전(反轉)이다. 이렇게 하나님과 맺은 언약에 신실하냐? 불신실하냐? 여부는 백성의 명운(命運)을 극명하게 갈리게 한다. 전쟁의 패배처럼 온 국민을 수치와 좌절에 빠지게 하는 것도 다시없다. 요시아 왕의 전사(戰死) 같은 경우 (왕하 23:29) 백성들은 시 44편의 사고와 같이 잘못이 없음에도 왜 전쟁에 패배했나? 하고 의아하게 여겼을 것이다 (아래 17절 주해 참조).

우리 군대와 함께 나아가지 아니 하시나이다 (벨로-테체 베치브오테누) —이스라엘의 전쟁법규인 신 20장이나 23장의 규정에 의하면, 하나님은 자기 언약 백성이 전쟁에 나갈 때 함께 나아가시어 저들 진에 자기 임재를 나타내시어 적군을 저들의 손에 붙여 주실 것이 약속되었다 (신 20:1, 23:14). 그런데 시 44:9의 상황은 그 약속이 이행되지 아니한 상태를 보여준다. 하나님의 임재가 철회된 이유는 신 28:25에 규정된 처벌 규정에 의한 것이다. 곧 이스라엘의 언약 파기 때문이었다. 이스라엘이 전쟁에 패배한 것은 하나님의 임재가 없었던 까닭이요, 그러므로 하나님의 임재(臨在)를 우리는 생명처럼 여겨야 한다. 그분의 임재가 우리의 성공과 승리를 보장한다면,

그분의 부재(不在)는 우리의 패배와 무기력(無氣力)을 초래하기 때문이다. 한편 "나아가다" (야차)란 말은 여기서처럼 "전쟁에 나가다" 곧 "출전(出戰)하다"란 의미로도 사용된다 (신 20:1, 대상 20:1, 잠 30:27, 암 5:3).

10절: 우리를 대적에게서 돌아서게 하시니 (테쉬베누 아호르 민니-챠르)— 원수 앞에서 패하여 등을 돌려 줄행랑쳐야 할 때 그 비참함과 낭패감은 어떻게 말로 다하랴. 이 수치스러운 순간은 평소의 훈련과 경건이 얼마나 부실했나를 증거해 준다. 결국 성도 자신이 쌓아온 바가 결전(決戰)의 날에 판결을 받은 것이다.

우리를 미워하는 자가 자기를 위하여 탈취하였나이다 (움메사네누 솨수 라모)—성도가 패배하면 원수가 우리의 가졌던 모든 것들을 탈취해 가 버린다. 이렇게 후반절 (B)은 전반절 (A)의 사고보다 더 나아갔다 (A < B). 전반절에서는 대적에게서 도망가는 성도라면, 후반절에서는 성도의 것을 노략질하는 대적의 모습이다. 일반적으로 말해, 병행법 문장들에서 후반절의 사고는 전반절의 사고보다 이렇게 더 심화되거나 구체화된다.

11절: 주께서 우리로 먹힐 양 같게 하시고 (팃테네누 케 마아칼)—도살되는 양처럼 먹힐 것이다. 이스라엘은 전쟁에서 패배함으로 그와 같은 처지에 놓이게 되었다. 신 28:26은 "네 시체가 공중의 모든 새와 땅 짐승들의 '밥'이 될 것이며"라고 언약 저주를 규정한다. 미가야 선지자는 이스라엘이 전쟁에서 패배하는 상황을 목자 잃은 양들이 산에서 도처에 흩어지는 모습으로 묘사했다 (왕상 22:17).

열방 중에 흩으셨나이다 (우박고임 제리타누)—마치 씨를 뿌리듯 (자라) 흩어 버리신다. 이는 배교한 언약 백성 대한 최후 처벌에 해당된다 (레 26:33, 신 28:64, 왕상 14:15, 렘 31:10 등). 전쟁에 패배 당한 민족은 포로가 되어 열국에 노예로 팔리거나 강제 이주를 당하였다 (암 1:9, 욜 3:6, 왕하 18:11 등).

12절: 주께서 주의 백성을 무료로 파심이여 (팀코르-암메카 벨로-혼)—마치 시장에서 매매(賣買)하듯, 하나님은 자기 백성을 원수의 손에 팔아 버리신다 (삿 2:14, 3:8, 4:2, 9, 10:7, 삼상 12:9 등). 어떤 역본들은 "아주 싼 값에" 파셨다고 한다 (NASB, NIV, NJB, NRSV, ELB; KB³). 그러니까 장사꾼이 물건을 너무 싼 값에 팔아 이득이 남지 않았다는 사고이다. 하나님께서 이스라엘을 열국에 헐값에 팔아넘기신 양 묘사하는 이 진술은 이스라엘이 얼마나 하나님의 손에서 무시를 당했는지에 대한 항변을 담고 있다. 하나님은 자기 임의대로 세상만사를 주장하시지만, 그렇다고 아무런 원리 없이 기분 나는 대로 행하시는 분이 아니다. 여기서는 언약백성이 언약조항을 파기할 때 임하리라 규정된 상벌규정 (레 26, 신 28장 등 참조)에 따라 그리하신 것이다 (신 28:64, 32:30).

저희 값으로 이익을 얻지 못하셨나이다 (벨로-리비타 빔히레헴)—"저들을 판 가격으로" (빔히레헴) 이윤을 얻지 못하였다. "이익" (메히르)이란 말은 사실 "매수 가격" 혹은 "등가(等價)"란 의미이다. 따라서 NRSV나 TNK가 더 원문에 가깝다: "그들을 고가(高價)에 매도(賣渡) 않으셨다." 그렇다면, 전.후반절은 사고상 동의 병행법을 구성한다.

13절: 이웃에게 욕을 당케 하시니 (*테시메누 헤르파 리쉬케네누*)—이스라엘의 이웃들은 에돔, 암몬, 모압, 아람, 블레셋 등이었다. 이스라엘이 패할 때, 이들은 박장대소(拍掌大笑)하며 좋아라 하고, 기회를 타서 이스라엘을 약탈하기까지 하였다. 이런 행동이 선지자들이 보기에는 하나님의 저주받은 일이었다 (애 4:21, 겔 25:12, 35:15, 36:5, 암 1:9, 11 등). 시인은 패배 자체보다도, 하나님의 백성이 이방 불신자들에게 이런 조롱거리가 되는 것이 무엇보다 마음 아팠다. 사정을 모르는 저들은 하나님을 모독할 것이기 때문이다.

둘러있는 자가 조소하고 조롱하나이다 (*라아그 바켈레스 리스비보테누*)—앞에 제시된 전반절과 사고상 동의 병행법, 구조상 구문 병행법을 이룬다 (동사+ 목적어 [인칭접미어+ 간접목적어+ 전치사구/ 간접 목적어+ 전치사구). 전반절의 동사는 후반절에도 해당된다 (double duty). 이스라엘을 (이웃에게) 조롱거리로 만들었다. 하나님은 성도를 높이시기도 하시나, 때로는 낮추시기도 하신다. 이런 현세적 상벌은 그분의 언약조항에 충실한지 여부에 따라 결정된다.

14절: 우리로 열방 중에 말거리가 되게 하시며 (*테시메누 마샬 박고임*)— "말거리"는 비유, 경구, 속담 등의 의미이다. 여기서는 앞에 사용된 조소거리나 마찬가지이다. "하나님을 믿는다는 자들이 저 모양이야! 형편없군!" 가슴 아픈 노릇이다. 이런 조소거리는 하나님께도 모독이 돌아간다.

민족 중에서 머리 흔듦을 당케 하셨나이다 (*메노드-로쉬 발-움밈*)—앞에 제시된 전반절과 사고상 동의 병행법을, 구조상 구문 병행법을 이룬다. 머리를 흔드는 일은 조소하는 태도이다 (욥 16:4, 시 22:7, 64:8 등). 그런데 "민족 중에서" 라 읽은 히브리어 본문은 원래 "민족들이 아닌"(*발-움밈*)이지만, 많은 사본들이나 인쇄본들을 따라 연결부호 (마켑) 없이 읽은 결과이다. 이런 현상은 시 57:10, 108:4 등에서도 나타난다.

15 나의 능욕이 종일 내 앞에 있으며 (*콜-하욤 켈림마티 네게디*)—시인은 다시 1인칭 단수형으로 전환시킨다. 민족의 수치는 전체의 수치임과 함께 성도 개인의 수치이다. 가장 수치를 느끼는 자는 신앙이 성숙한 자이다. 하나님의 이름이 자신들로 인하여 더럽혀진다고 절감하기 때문이다.

수치가 내 얼굴을 덮었으니 (*우보 파나이 킷사트니*)—얼굴이 따끈 거린다. 범죄 피의자들이 경찰서에서 심문을 받는 과정에 기자들이 몰려들어 사진을 찍어댄다. 그 때 저들의 모습은 하나같이 책상에 얼굴을 엎드리고 손이나 옷으로 머리를 가린다. 이것은 범죄자이지만 수치를 느끼는 증거이다. 하물며 성도들이 원수에게 패하여 노략질 당하고 포로가 될 때 그 수치는 말로 다할 수 없다. 스랍 천사들이 하나님 면전에서 감히 얼굴을 들지 못하고 두 날개로 얼굴을 가리는 모습과 달리 (사 6:2), 하나님도 안중에 없이 악행을 행하다가 원수 앞에서 수치와 조롱을 당하는 모습이다.

16절: 나를 비방하고 후욕하는 소리를 인함이요 나의 원수와 보수자의 연고니이다 (*믹콜 메하레*

프 움가데프 미프네 오예브 우미트낙켐)— 구조상으로 전, 후반절은 구문 병행법을 구성한다 (전치사구 [전치사+분사]/ 전치사구 [전치사+분사]). 전반절이 들리는 청각적 모욕이라면, 후반절은 눈에 보이는 시각적 모욕이다. 후반절의 "나의 원수와 보수자의 연고니이다"는 단순하게 "나의 원수와 보수자 때문에" 라는 의미로도 이해할 수 있으나 (LXX, KJV, NIV), "나의 원수와 보수자를 보기 때문에"라고 이해할 수 있기 때문이다 (NRSV, NASB, NJB, TNK, NEG). 조롱하고 욕하는 소리와 머리를 흔들며 조소하는 행동이 모두 성도를 괴롭히고 있다.

제3연 (17-22절): 위기시에 자기를 성찰함

여기서 시인은 시편 중에서도 특이하게, 패배와 수치의 와중에서도 자신들의 의로움을 주장한다. 통상적으로 시인들은 질병이나, 패배시에 자신의 죄를 고백하고, 하나님께 긍휼을 간구한다. 이 부분의 사고는 전쟁 패배라는 사건과 잘 조화되지 않는 듯 보인다. 왜냐하면 고대 이스라엘의 신학 사고에서 전쟁 패배는 언약 백성에 임한 하나님의 "처벌"이라 간주되었으나, 시인은 그런 정황에서도 "무죄"를 주장하기 때문이다. 하나님과 맺은 언약은 이스라엘이 하나님의 백성이 되고, 하나님은 저들의 하나님이 되는 영적 결혼 관계였고 (출 6:7, 렘 7:23, 겔 36:28 등), 저들이 언약에 순응할 경우에는 축복과 생명, 반면 언약을 파기할 경우에는 저주와 사망을 규정하였다 (시내산 언약의 상벌 규정은 레 26, 모압들 언약의 상벌 규정은 신 28장 참조). 따라서 전쟁 패배와 시인의 "무죄" 주장은 신학 사고적으로 조화될 수 없는 두 요소가 아닐 수 없다. 이런 문제의식을 갖고 17절을 다시 본다면, 이 구절에 대한 번역이 두 가지로 나뉘어 진다는 것이 드러난다:

1) 우리가 당신의 언약에 불신실하지 아니했음에도 불구하고, 이 모든 일이 우리에게 일어났나이다 (NAB, NIV, NJB)
2) 이 모든 일이 우리에게 일어났으나, 우리가 주의 언약에 불신실하지 아니 했나이다 (한역, KJV, NRSV, NASB, TNK, ELB, LXX 등)

그런데 이 두 가지 번역이 제시하는 사고는 사실상 별로 차이가 없다고 보아야 한다. 2)의 번역은 얼핏 보기에 전쟁의 징계가 임하였음에도 불구하고, 그 징계 '후에' 자신들이 언약을 파기하지 않았다는 말로 들리지만, 자세히 고찰해 보면, 결국 1)의 번역과 마찬가지로, 전쟁의 징계를 당하기 '전에' 자신들이 언약에 신실했다는 사고를 전달하기 때문이다. 따라서 번역의 방식으로 고려 중인 문제를 해결하기는 어렵다. 우리가 보기에 해결책은 17절이 주장하려는 사고가 이스라엘의 절대 "무죄" 주장이 아니라, 상대적 의미에서 언약 파기가 "별로" 없었음에도 전쟁에 패배했으니, 이제 주께서 개입하시어 구원해 주시라는 탄원으로 이해하는 것이다.

17절: 이 모든 일이 우리에게 임하였으나 (콜-좃 바아트누)—민족적 패배와 그로 인하여 받게 된 상처와 노략질 등을 염두에 둔 말이다.

우리가 주를 잊지 아니하며 (벨로 쉐카하누카)—하나님을 잊는다는 것은 실제로 불가능하다. 여기서 의미는 그분을 찾지 아니하고 의지하지 아니하고, 언약을 파기하는 생활을 한다는 것이다. 그렇게 행동한 적이 없다고 항변한다. 시인은 이스라엘이 절대 무죄하다고 주장한다기보다, 적극적인 자세로 자신들이 하나님 앞에서 의롭게 행동한 일들을 전면에 부각시켜 이 국가적 위기에 하나님의 개입을 간구한다.

주의 언약을 어기지 아니 하였나이다 (벨로-쉬콰르누 비브리테카)— '언약을 파기하다' 는 표현과 같은 사고이지만 약간 달리 "언약을 거짓되어 취급하다"라고 말씀한다. 시인은 언약 파기시 받을 정당한 처벌로 패배가 임한 것일 수 없다고 항변한다. 전쟁의 패배를 하나님의 징계로 이해하던 당대의 사고 전형(典型)에서 벗어난 파격적인 자기주장이다.

18절: 우리 마음이 퇴축지 아니하고 우리 걸음도 주의 길을 떠나지 아니하였으며 (로-나소그 아호르 립베누 밧테트 아슈레누 민니 오르헤카)—우리 마음이 뒷걸음질하지 않았다. 즉, 배교하지 아니했다. 이 말은 후반절이 지시하듯, "주의 길" (오르헤카), 주의 말씀, 주의 언약을 신실하게 지켰다는 의미이다. 이런 자기 의 (義) 주장은 성도들이 드물게 할 수 있을 뿐이다. 그렇지만 불가능한 것은 아니다. 진실로 일년 365일을 철야(徹夜) 기도하는 사람이 있다. 저들은 죽을 각오하고 주님을 섬기는 것이다. 이런 자들에게 한 순간의 신앙상의 후퇴도 용납되지 아니한다. 이런 자들은 여기 시인처럼 자기 민족의 환난 시에 기도할 수 있을 것이다. 마치 자기의 의가 온 민족의 의인 양 내 세우면서 적극적으로 구원을 호소할 수 있을 것이다.

19절: 주께서 우리를 시랑의 처소에서 심히 상해하시고 (키 딕키타누 빔콤 탄님)—시랑 (jackals) 은 야생성 동물로 낮에는 숲이나 덤불에 숨어 있다가 밤이면 떼를 지어 먹이를 사냥한다. 승냥이와 이리 중간쯤 되는 동물로, 성경에서는 타조와 함께 자주 황무지의 황량함을 묘사할 때 등장한다 (사 34:13, 35:7, 43:20, 렘 9:10, 10:22, 49:33, 51:37, 애 4:3). 여기서도 이스라엘의 성읍이 황폐케 된 음울한 모습을 암시한다. 그런데 이 부분의 역본들을 비교해 보면 상당한 차이를 느낄 수 있다: 1) 당신께서 환난의 장소에 우리를 천하게 두셨다 (LXX); 2) 당신이 우리를 용들의 장소에서 심하게 상하도록 하셨다 (KJV); 3) 당신이 우리를 시랑들의 처소에서 상케 하셨다 (NASB, ELB, LSG); 4) 당신이 우리를 부서 뜨려 시랑들의 처소로 만드셨다 (NIV); 5) 당신이 우리를 부서 뜨려 바다 괴물이 사는 곳에 던지셨다 (TNK). 여기서 적절한 번역은 NIV라 여겨진다 (전치사 "베"를 장소적 의미가 아니라, "변화"의 결과를 유도하는 용례로 이해했다; 부서 뜨려 그 결과 시랑의 처소가 되게 하다). 그런데 "시랑들"로 번역된 말은 다른 역본들에서 "용들", "바다 괴물" 등으로 번역된 것은 사용된 말 (탄님)이 "시랑" (탄)의 복수형 (탄님)으로도, 아니면 바다 괴물 (탄님)이나 용 (탄님)의 의미 모두로 취해질 수 있기 때문이다.

우리를 사망의 그늘로 덮으셨나이다 (밧테카스 알레누 베찰마벳)— 전통적인 번역 "사망의 그늘" (LXX, KJV, NASB, LSG) 보다는, "캄캄한 흑암" (NIV, NRSV, TNK, ELB)으로 이해한다.

원수들에게 패배 당하고, 성읍이 황폐케 된 상태이다. 저들을 덮는 것은 수치와 (15절), 어둠뿐이다.

20절: 우리가 우리 하나님의 이름을 잊어버렸거나 (임-솨카흐누 쉠 엘로헤누)—주님을 잊은 적 없다고 항변한 시인은 (17절), 그분의 이름을 잊은 행위를 언급한다. 이는 후반절이 지시하듯, 배교 행위를 말한다 (렘 23:27).

우리 손을 이방 신에게 향하여 폈더면 (반니프로스 카페누 레엘 자르)—손을 하늘을 향하여 펴는 자세는 솔로몬이 성전 봉헌식 때 서서 기도하는 자세였다 (왕상 8:22, 38, 사 1:15). 아마 여기서도 이방신들을 향하여 손을 펴서 기도하거나 예배하는 자세를 취하는 것을 지시할 것이다.

21절: 하나님이 이를 더듬어 내지 아니 하셨으리이까? (할로 엘로힘 야하코르-좃) —수사적 질문을 던짐으로 시인은 자기 민족의 무죄함을 주장한다. 그런데 "더듬어 내다"라 번역된 동사 "하카르"는 "찾다" (search), "발견해 내다" (discover, find)를 의미한다. 그런 배교행위가 있다면 하나님께서 벌써 찾아내시지 않으셨을 것인가?

주는 마음의 비밀을 아시나이다 (키-후 요데아 타알루못 레브) —주는 "마음의 비밀을 아시는 자"인 때문에 전반절의 수사학적 질문이 성립된다. 이런 주장은 아주 담대한 것이다. 그러나 이스라엘 어느 시대에 이스라엘 민족 전체가 이렇게 신앙에 바로 섰던 때가 있었을까 의문시된다. 어느 시대를 무론하고 배교자는 항상 있었기 때문이다. 그런데 "(마음의) '비밀'"은 "(마음에) 숨겨진 것"이다. 이 말은 "어둡다"를 의미하는 말 (알람)과 연관되며, 다훗은 고려 중인 단어를 "(마음의) 어둔 구석들"이라 번역했다 (욥 28:11 참조).

22절: 우리가 종일 주를 위하여 죽임을 당케 되며 (키-알레카 호라그누 콜-하욤)—시인은 자신들이 당하는 고난이 주님 때문이라 강조한다. 원수들이 신앙 때문에 저들을 미워하고 박해한다고 탄식한다. 이 구절 때문에 어떤 이들은 이 시가 마카비 시대의 박해상을 암시한다고 생각했다. 그렇지만, 신앙 때문에 경건한 자들이 박해를 받는 경우는 이스라엘 어느 시대나 가능했다. 솔로몬 시대에 솔로몬의 배교에 (왕상 11장) 항의하고 박해를 받았을 수도 있고, 므낫세 시대에도 (대하 33장) 그러했을 수 있다. 물론 앞 연에서 이스라엘이 이방인들에게 패배한 국가적 재난이 암시되고 있다는 사실도 고려에 넣어야 한다.

도살할 양같이 여김을 받았나이다 (네헤솨브누 케 티브하)—이미 앞에서 (11절) 시인은 자신들이 처한 포로 신세를 탄식한 바 있다. 이제 자신들이 당하는 이런 일들이 부당함을 항의하면서 다시 언급하고 있다. "도살할" (양)([촌] 티브하)이란 이제 곧 도살장에서 살육을 당할 처지에 놓인 "양"을 지시한다. 이 말은 "우두머리" (사르, 라브)란 말과 같이 사용되어 "경호대장" 혹은 "사살대장" (사르 탑바힘, 라브 탑바힘)의 의미로 사용 된다 (창 37:36, 39:1, 40:3-4, 41:10, 12 [시위대장], 왕하 25:8-20 [시위대 장관] 등).

제4연 (23-26절): 구원을 간구함

앞에서 자신들의 의로움을 강조한 시인은 이제 하나님께서 속히 개입하셔서 구원해 주시기를 간구한다. 이 부분이 이 시의 핵심이다.

23절: 주여 깨소서 (우라 아도나이)—하나님께서 마치 주무시는 양 표현한다. 이런 기도는 위기시에 하나님의 간섭을 재촉하는 부르짖음이다 (시 7:7, 35:23, 59:5, 80:3).

어찌하여 주무시나이까 (람마 티숸)—이스라엘을 지키시는 자는 졸지도 주무시지도 아니 하신다 (시 121:4). 그러므로 이런 질문은 과장적 표현이거나 의인법적 표현에 불과하다. 아마 주님을 자극하여 속히 응답하도록 촉구하는 말투이다. 엘리야는 바알 선지자들에게 "그가 조는지 깨워야 할 것 같다" 라고 조롱한 바 있다 (왕상 18:27). 하나님은 그런 분이 아니시지 않는가?

일어나시고 (하키챠)—깨소서, 일어나소서 등과 같은 표현은 다윗의 시에서 자주 등장한 바 있다 (7:7, 35:23, 59:5이하 등).

우리를 영영히 버리지 마소서 (알-티즈나흐 라네차흐)—이런 표현은 '얼굴을 숨기다' 는 표현과 병행된다 (시 88:14). 시인은 이스라엘이 잠시 당하는 패배와 수치의 순간이 참으로 오래된 양 일각이 여삼추 (一刻如三秋)임을 고백한다. 모든 상황이 너무나 견디기 어려운 것이다. 그런데 "버리다" (자나흐)라 번역된 말을 야론 (R. Yaron, *VT* 13 [1963], 237-39)은 여기서나 몇 구절들에서 악카드어 "화가 난" (악, 제누)과 동일시하여 "화가 난" 으로 이해했다.

24절: 어찌하여 주의 얼굴을 가리우시고 (람마-파네카 타스티르)—이는 앞에서 언급된 대로, "버리다" (to cast off) 혹은 "화가 난" 과 병행되는 표현이다. 주께서 얼굴을 가리우시는 것은 구약 다른 곳에서는 진노의 표시이며, 이스라엘의 죄악을 싫어하신다는 증거이다 (신 31:18, 사 8:17, 54:8 등). 그렇다면, 시인이 인정하지 않더라도, 하나님께서 얼굴을 이스라엘에게서 가리우신 사실은 저들이 언약을 파기했다는 증거가 된다.

우리 고난과 압제를 잊으시나이까 (티쉬카흐 안예누 벨라하체누)—성도의 눈물을 귀히 여기시는 하나님은 우리가 눈물을 한 방울 흘리는 것도 눈물을 쏟는 것을 다 아시고 보신다. 이런 성도의 고난은 성도를 연단하고 정케 하기 위한 하나님의 섭리이다. 전반절의 "어찌하여" (라마)는 후반절에도 해당된다 (double duty).

25절: 우리 영혼은 진토에 구푸리고 우리 몸은 땅에 붙었나이다 (키 솨하 레아파르 나프쉐누 다베콰 라아레츠 비트네누)—"우리 목은 진토에 구푸렸고/ 우리 배는 땅에 붙었나이다." 전. 후반절이 사고상 동의 병행법, 구조상 구문 병행법을 이룬다. 시인은 이스라엘이 당하는 패배와 좌절의 모습을 이렇게 먼지에, 땅에 엎드러진 모습으로 그리고 있다. 전. 후반절을 비교해 본다면, 전반절의 "영혼"은 후반절의 "몸" 혹은 "배" (belly, 베텐)에 상응한다. 따라서 속사람 "영혼" 이라기보다 "목" (LXX, KJV, NASB, ELB), 이스라엘 "자신" (NRSV, NIV, NJB, TNK, LSG) 혹은 "목" (다훗, *Psalms* I, 268)이 먼지에 넙죽 엎드려 수치를 당하는 모습이다.

26절: 일어나 우리를 도우소서 (쿠마 에즈라타 라누)—일어나소서 (쿠마), 구원하소서! 라고 부르짖거나 (시 3:8); 일어나 원수를 치소서 (시 7:7, 9:20, 17:13 등)라 한다. "일어나시는" 것은 행동

개시를 말한다. 그분은 구원과 심판을 위해서 자신을 인간에게 드러내신다. 경건한 자들에게는 그분의 신현이 구원이라면 불의한 자들에게는 심판으로 나타난다. 신현 (theophany)은 그분의 말씀 계시를 동반하기 마련이다. 동시에 자연계의 대격변 현상을 야기 시킨다 (출 19장; 왕상 19장 등). 한편 여기서 일어나는 일은 "잠에서 깨는 일" (23절)과는 달리 문자적으로 앉은 자세에서 일어서는 자세로 전환을 지시한다.

주의 인자하심을 인하여 우리를 구속하소서 (우페데누 레마안 하스데카)—시인은 하나님의 언약사랑 (헤세드)를 근거로 구원을 요청한다. "구속하다" (파다)는 '값을 지불하고 속량하다'를 의미하지만, 일반적으로 "(–의 손에서) 구출하다"를 의미하는 동사 (나찰)와 병행어로 사용된다 (렘 15:21). 이스라엘은 원수의 손에 팔린 상태에 있으니, 하나님의 개입으로 구속되어야 할 처지이다. 마치 애굽의 노예가 되었던 때처럼. 시인은 하나님의 "인자하심"에 호소한다. 당신의 인자하심 때문에, 혹은 당신의 인자하심을 위하여 (for the sake of your lovingkindness) 구속하소서! 70인역은 "당신의 이름을 위하여"라고 번역한다 (시 109:21 참조). 인자는 그분의 언약 사랑이다. 그 언약 사랑을 기억하고 구속해 주시라거나 아니면 그 언약 사랑이 훼손되지 않도록 구속해 주시라!는 간구이다.

시편의 적용

이스라엘의 건국 (1-3)

구약 이스라엘은 아브라함의 후손들이 출애굽의 기적을 통해서 세운 열방 중의 한 나라였다. 이스라엘은 하나님의 특별한 소유물, 열방의 제사장 국가였다. 이스라엘은 말하자면 "온 세상 구원을 위해 선택된 일부" (pars pro toto)였다. 저들의 사명은 온 세상의 구원선포였다. 그렇지만 저들은 이 일에 실패했다. 자신들조차도 제대로 건사하지 못하고 열방의 문화에 동화되고 자기 정체성을 상실하였기 때문이다.

이스라엘이 이스라엘이었던 것은 저들이 하나님과 언약을 체결한 세계 유일한 민족이었기 때문이었다. 저들은 하나님의 백성으로서 언약법을 따라 살아야 했다. 시내산에서 저들에게 주어진 언약법은 크게 헌법적 조항들과 법률적 조항들로 구성되었다. 십계명이 전자에 해당되고 (출 20:1-16), 기타 법규들이 후자에 해당되었다 (출 21:1-23:33, 레위기 법규들). 여기서 주목할 사항이 시내산 언약 혹은 율법이 저들에게 주어진 것은 구원을 받은 이후였다는 점이다. 저들의 구원은 사실상 저들 조상 아브라함의 언약에 근거한 것으로, 아브라함 언약의 핵심은 "믿음"으로 하나님의 약속을 얻게 되었다는 점이다. 이 아브라함 언약 때문에 이스라엘은 출애굽의 구원을 받았고 (신 4:37 등 참조), 시내산 언약을 체결하는 자리에 설 수 있었다. 즉, 시내산 언약 체결의 이야기 (출 19-24장)는 아브라함 언약 이야기와 뗄래야 뗄 수 없는 한 이야기를 구성한다. 이것은 시내산 언약이 아브라함 언약에 근거한다는 말이나 같다. 그래서 사도 바울은 다음과 같은 유명한 선언을 할 수 있었다: "내가 이것을 말하노니 하나님의 미리 정하신 언약을 사 백 삼십 년 후에 생긴 율법이 없이 하지 못하여 그 약속을 헛되게 하지 못하리라" (갈 3:17). 여기서 미리 정하신 언약은 아브라함 언약이라면, 430년 후에 생긴 율법은 시내산 언약이다. 하나님과 이스라엘의 근본 관계 설정은 아브라함 언약을 근거로, 그 근본 관계의 발전은 시내산 언약을 통해서 되어졌다.

근본 관계는 구원이며, 사랑이며, 영생이다. 그렇지만, 발전되는 관계는 언약법규에의 순종과 불순종 여부에 따라서 이 세상에서의 언약백성의 축복과 저주가 결정된다는 것이다. 이 언약의 상벌규정 (레 26장)에 따라서 하나님은 구약 이스라엘에 성공과 실패, 축복과 저주, 생명과 사망을 각기 허락하셨다. 시 44편이 암시하는 국가적 재난도 이런 맥락에서 보면 이스라엘의 언약 불순종의 결과였다.

신약시대에 교회가 이제 새 이스라엘이 되었다. 주님께서 12제자를 택하시어 새 이스라엘의 12 족장이 되게 하신 것이다. 교회는 아브라함의 후손이며, 참 유대인이며, 참 이스라엘이다. 그렇다면 교회의 모습도 아브라함 언약과 시내산 언약과 연관이 없을 수 없다. 사도 바울께서 신약에서 제시하는 구원 원리는 바로 이 두 언약의 해설과 설명이다. 시내산 언약은 한 특정한 민족이 하나님의 백성이 되도록 했다. 그렇지만 그 뿌리는 아브라함 언약이었다는 점을 사람들은 간과하였다. 바울 사도는 이 점을 강조한다. 교회는 아브라함의 언약에 근거해서 하나님과 관계를 맺는다 (롬 4장). 즉, 아브라함처럼 믿음으로 구원을 얻는다. 그렇다면 구약 이스라엘을 규정한 시내산 언약 (율법)은 무엇인가? 그것은 이 세상 축복과 저주의 원리였지 근본 관계를 규정하지는 못한다. 교회는 이 시내산 언약과 무관한 것인가? 사도 바울은 율법이 없으면 죄를 깨달을 수 없다고 지적한다 (롬 3:15, 5:13). 그렇다면 교회는 율법과 무관하다고 말할 수 없다. 아브라함의 믿음과 교회의 믿음은 본질상 동일하다. 그리스도께서 율법의 요구를 이루시고자 십자가에 죽으시고 부활하시어 교회의 주가 되시었기에 교회는 그를 믿는 무리들의 모임이다. 신약성도는 구약 율법을 다 이룬 자이다. 저들은 그리스도를 믿는 자들인 때문이다. 그렇다고 율법과 무관하다고 할 수 있는가? 그렇지 않다. 현재 성도들의 축복과 저주 역시 율법의 원리대로 나타나기 때문이다.

조상 때문에 저주를 받는 사람들

가나안 족속들은 노아의 아들 함의 후손들로 특히 성범죄로 인하여 하나님의 심판을 받았다. 가나안은 술 취한 조부 노아에게 성적 범죄를 행한 것으로 여겨진다 (창 9:22, 24, 25-27, 레 18:6-23 참조). 가나안 후손들은 부친의 부패한 본성을 받아 음행에 특별히 발달하였다. 저들은 소돔과 고모라에 살다가 음행죄로 인하여 하나님의 유황 불비 심판을 받았다 (창 10:19, 19:5, 13, 24-25).

그런데 후손들이 조상의 죄 때문에 저주를 받는다는 이 원리는 개인의 책임을 무시하는 것은 절대 아니다. 조상과 후손은 긴밀한 관계를 지니고 산다. 자녀들은 자기 부모의 혈통을 받아 태어날 뿐 아니라, 부모의 영향을 절대적으로 받는다. 비단 적극적인 교육이나 행동만 아니라, 부지중에 부모의 사고나 행동을 본 받기 마련이다. 여기에 더하여 마귀이 역사가 개입하여 조상의 죄는 후손에게 대물림되기 마련이다. 그리하여 악한 조상의 죄는 후손들에게 대대로 전달되는 경우가 허다하다. 예컨대, 한국에서 제사의 악한 풍습은 대대로 전해진다. 이리하여 제사 때문에 복음을 배척하고 영영히 멸망을 당하게 된다. 조상의 망령된 습관이 후손에게까지 그 악영향을 미치는 것이다. 어떤 후손이 만약 결단하고 혹은 깨닫고 악한 사슬을 끊고 복음을 영접한다면 그 축복이 그 후손들에게 전달될 것이다.

조상 때문에 복 받은 사람들 (2-3절)

이스라엘이 가나안 약속의 땅을 차지하게 된 것은 저들의 조상 아브라함 덕분이다. 하나님께서 그를 사랑하시고 기뻐하신 까닭에 그에게 하늘의 별같이 무수한 후손을 약속하셨고, 또 저들이 발을 딛고 거할 가나안 땅도 약속해 주셨다 (신 4:37, 6:10). 한 사람이 이렇게 하나님의 은총을 입을 때 후손들이 덩달아 복을 받는다. 그렇지만 후손들이라고 해서 자동적으로 복을 누리는 것은 아니다. 후손들은 조상이 마련한 토대를 딛고 서서 자기들 나름대로 하나님 앞에서 책임을 다해야 한다. 하나님의 축복 받는 자리에 세워진 것은 조상 덕이지만, 그 자리에서 하늘의 축복을 끌어오는 일은 자기들이 해야 한다. 그렇지 않으면 오히려 자기들이 받은 특권 때문에 이방 사람들 보다 더 가혹하게 하나님의 심판을 받을 수 밖에 없다. 많이 받은 자는 많이 요구하시기 때문이다.

실패의 은혜 (9-16절)

설교를 은혜롭게 증거 할 때는 감사하는 마음이 있다. 그런데 설교에 실패했을 때 그 자갈을 씹는 마음은 설교자만이 이해한다. 부끄러워 쥐구멍이라도 있다면 피하고 싶은 것이다. 그런데 설교의 실패는 모든 것을 원점으로 되돌리고 자신을 성찰하는 기회를 제공한다. 그래서 다시 하나님 앞에 낮아지고 회개한다. 이것은 성공했을 때 갖는 약간 우쭐해진 마음과 달리 건강한 정신을 우리에게 제공해준다. 그래서 이 실패할 때 받는 은혜도 크다. 다윗의 시들은 그가 권좌에서 행복을 구가할 때보다는 불운했던 시절에 다수가 작사되었다. 존 밀턴의 '실낙원' (Paradise Lost, 1667)이 그러하고, 존 번연(John Bunyan)의 '천로역정' (The Pilgrim's Progress) 도 그러했다.

베토벤 (Ludwig van Beethoven)은 세계제일의 작곡가로 알려졌지만, 그의 삶은 다가오는 청각장애 질병과의 처절한 싸움으로 점철되었다. 그가 청각장애와 얼마나 처절하게 내적인 싸움을 겪어야 했는지는 여러 메모들을 통해서 알려졌다:

내가 심술궂고, 고집 세고, 염세적이라고 생각하거나 말하는 너희들이여, 당신들은 얼마나 내게 잘못하는지 모른다. 당신들은 왜 내가 그렇게 보이는 이유를 알지 못한다. 어려서부터 내 마음과 정신은 선의의 부드러운 감정을 향하도록 만들어졌었다. 나는 위대한 일들을 이루고자 항상 열성이었지만, 이제 육 년간 가망 없는 상태에 처해있다는 것이 분명해졌고, 무지한 의사들이 상황을 더 악화시켰으며, 매년 나아질까 하는 소망은 사라지고, 마침내, 영원히 고칠 수 없는 상태를 직면하리라는 전망을 가지게 되었소.

이런 상황에서 베토벤은 자살의 유혹을 받기도 하였다. 그는 오직 "예술만이 나를 막았다. 아! 나는 산출하도록 소명을 느낀 모든 것을 산출하기까지 이 세상을 영원히 떠날 수 없다고 느꼈다." "낙엽이 시들어 떨어지듯, 내 생명도 황폐해졌다. 내가 왔던 대로, 나는 그렇게 간다. 화창한 여름날 나를 영감으로 고무시켰던 그 고상한 용기도 이제는 시들어 버렸다." 그는 좌절 가운데 고백하길, "오직 내가 질병만 제거할 수 있다면, 나는 온 세상을 포옹하겠다!" 그렇지만 그의 가장 중요한 작품들은 귀가 청각 장애로 들을 수 없었던 생애 마지막 10년간에 작곡되었다고 한다. 그의 제9 교향곡 마지막 악장의 명랑한 곡조는 한국 찬송가 13장 (기뻐하며 경배하세)에서 나타나고 있다. 이 찬송시는 영국의 장로교 목사 반 다익 (Henry van Dyke, 1852-1933)이 이 곡조에 특별히 맞추어 작시한 것이다.

그러므로 우리는 실패나 어려운 때에 더욱 분발할 뿐 크게 낙심할 이유는 없다. 목회에 한 번 실패했다고 끝난 것이 아니다. 또 시도를 해야한다. 우리는 늘 성공과 실패 사이를 오간다. 늘 성공만 할 수가 없다. 그렇다고 늘 실패만 해서는 안 된다. 실패는 한 번으로 족하다. 늘 자신을 점검하고 하나님의 복음을 맡은 청지기로서 최선의 안타를 날려야 한다. 마귀의 진이 우리의 부단한 공격 앞에 격파되고 또 격파되고, 그래서 패잔병들이 완전히 소멸되기까지 우리는 승리를 얻지 않으면 안 된다.

마귀가 세상 물질의 주인이 아니다 (2절)

「별은 동쪽에서 떠오르고」란 소설을 저술한 모 판사와 대화할 기회를 가졌다. 그의 사상은 신약은 예수님의 '천국복음'이라면, 구약은 물질 부요와 부귀영화를 누리는 길을 강조하는 '그림자'라는 것이었다. 구약은 열등하고, 신약이 우등한 것이라 했다. 그런데 목회자들은 이것을 모르고 예수님의 천국 복음, 곧 애통하는 자는 복되고, 온유한 자 복되고, 가난한 자 복된 이 진리를 전파하기보다, 잘 믿어 영혼이 잘됨같이 범사에 잘되고, 만사형통하기를 바라는 어쩌면 기복신앙을 전파하는 잘못을 너무 많이 범하고 있다고 지적했다. 그리고 물질의 주인은 마귀이므로, 그를 섬기는 자들이 부자가 되는 법이라 했다. 한국이 이만큼 잘살게 된 것은 우상 숭배한 박정희에게 마귀가 물질을 안겨주었기 때문이지 성도들이 부르짖은 덕분이 아니다. 진실로 복음을 위해서 물질을 다 버리고 성 프란시스코처럼, 독일에서 박사학위를 받았지만 나환자들을 위해 이름 없이 사역하는 감동적인 김요석 목사처럼 사는 것 (「별은 동쪽에서 떠오르고」의 11장 "완성을 향하여"에서 김요석의 생을 그리고 있다; 김요석 목사의 나환자 촌에서의 감동적인 삶은 「잊혀진 마을의 사람들」이란 작은 책자에서 소개되고 있다)이 성도의 삶의 표준이라 강조했다. 처음에 이런 주장을 들었을 때 황당하기도 하였지만, 그가 강조하고자 하는 초점이 무엇인지를 깨닫게 될 때 목회자로서 부끄러운 마음도 들었다. 목회자들이 축복받고 잘 사는 것만을 강조하고, 교회를 크게 만드는 일에 맹목적으로 움직인다는 비판이다. 특히 수원 영통 지구에서 개척교회들이 대기업 같은 대 교회들의 무차별 공격 앞에 당해야 하는 여러 가지 분노케 하는 일들을 그곳 목회자에게 들었을 때, 목회자의 잘못된 행태들이 도를 넘고 있구나!를 감지해야 했다. 한국에서 '내노라' 하는 교회들이 타 지역 종교 부지(敷地)를 선점(先占)해 버리고, 자기 교회 세력을 확대하는 일에 탐심에 가까운 열심으로 교세확장에 매달리면서 중소 (中小) 교회들은 안중에도 없이 행동하는 일들은 반드시 청산되어야 한다. 그리고 물질을 마치 목표인 양 강조하는 잘못된 설교는 타파되어야 한다. 그렇지만 구약과 신약 사이에 모순적 대조를 찾는 일은 절대로 인정될 수 없다. 신, 구약은 유일하신 하나님의 계시로 모순이 있을 수 없다. 물질의 주인은 마귀가 절대 아니다. 마귀는 성도가 누려야 할 물권을 성도의 실패 때문에 노략질하여 자기 것인 양 행세하고 있을 뿐이다.

시 45편 즐거움의 기름으로 왕에게 부어

I. 전체구조에서의 위치, 시의 유형과 삶의 자리

이 시는 왕의 혼인식을 위해 작사된 시라고 간주된다. 내용만 아니라, 표제 자체가 "사랑의 노래" (쉬르 예디돗)라 제시해 준다. 델리취에 따르면, 이 표현은 "세속적 연가 (戀歌)" (쉬르 아가빔, 겔 33:32; 혹은 쉬르 도딤, 겔 16:8)나, "결혼 축가" (쉬르 하툰나)와 구분되는 "거룩한 사랑"을 노래하는 시를 지시한다. 그렇지 않다면 성경에 "왕의 결혼 축가"가 자리 잡을 이유가 없을 것이다. 그렇다면 여기 주인공인 왕은 왕의 "이상적 모습"으로 노래되고 있을 것이다. 이 시는 아직은 숨겨진 신적인 영광을 가지고 자기 직무를 수행할 그 메시아 왕의 직무와 왕국을 노래할 것이다. 그렇다고 이 시가 오로지 장차 나타날 이상적 왕만을 그린다고 할 수 없다. 시인은 그 이상적인 왕의 모습이 현실의 왕에게서 그림자로 부분적으로 현실화되는 것을 표현하기도 하였다.

그런데 이 시를 연례적으로 왕실에서 거행하던 신성 결혼 예배 의식(儀式)용시라 이해하는 것은 합당치 아니할 것이다 (A. Bentzen, *Messias- Moses redivivus -Menschensohn*, 27). 신성 결혼 (*hieros gamos*)란 고대 바빌로니아 지역에서, 사랑과 생육의 신이자 지하 대양(大洋)의 신 담무즈와 그의 아내인 사랑과 전쟁의 여신 이쉬탈 (혹은 이난나)과의 결혼을 왕과 여자 대제사장이 연출해 낸 연례 의식이었다. 신들로 분장한 왕과 여자 사제간 결혼은 이 신들의 결혼이 풍성한 수확과 생육을 가져온다고 믿어진 때문에 매년 의식을 통해 이루어졌다. 그렇지만, 이런 이교적 의식은 이스라엘에 생소한 것이었고, 더구나 여호와 신앙에서는 자리를 찾을 수가 없었다.

단지 성경에서는 담무스 신을 위하여 여인들이 애곡하는 장면이 묘사되었다 (겔 8:14). 이 담무스는 애굽의 오시리스, 가나안의 바알, 시리아의 아도니스 등과 닮은 데가 있다. 이런 신들은 계절의 변화나 밤낮의 변화를 신화적으로 각색한 가운데 등장한다. 즉 겨울이 되면 모든 것이 얼어붙고 죽은 듯 보이지만, 다음 해 봄철이 되면 만물이 다시 생기를 되찾아 부활한 듯 보인다. 그래서 이 담무스는 겨울 동안 죽어 지하세계에 내려갔다고 생각하고 그의 아내 이쉬탈이 그를 살리려 지하세계로 내려간다. 이렇게 죽었다고 생각한 기간에 담무스를 애도하는 의식이 거행되고, 봄철에 살아나는 계절에는 부활을 축하하는 의식이 거행된다. 이런 의식들에서는 제사를 포함한 여러 의식들이 거행되어 그 신의 죽음이나 부활을 기념했다.

그런데 이 노래는 "쇼산님" (여섯 꽃잎의 백합화들)의 곡조에 맞추어 연주했다.

히브리서 기자는 시 45:6-7을 메시아 예언으로 인용한다 (히 1:8-9). 탈굼역은 2절에서 "당신의 아름다움은, 오 메시아 왕이시여, 인생들의 그것보다 탁월하도다" 라고 메시아 해석을 가하였다. 원래 이 시가 기술하는 역사적 정황은 이스라엘의 어떤 왕의 결혼식이었지만, 그 궁극적 완성은 그리스도에게서 이루어질 일이었다. 다시 말해, 구약의 왕들이 하나님의 기름부음을 받았던 메시아들로서 이 땅위에 공의와 사랑을 실행함으로 하나님의 뜻을 펼쳐야 했으나 저들은 결국 실패하였다. 그래서 그리스도 예수께서 저들의 완성자 "그 메시아"로 이 땅에 오셔서 하나님의 나라를 건설하시었다. 그분의 초림으로 시작된 하나님의 나라/ 통치는 최종 완성을 향해 실현 도중에 있다. 이 나라에서 그리스도는 왕노릇 하신다. 시 45편이 이스라엘 왕에 대하여 노래했던 이상들은 그리스도 예수님 안에서 모두 완성된다. 그런 이유에서 히브리서 기자는 이 시를 메시아적으로 인용했다.

멜리취는 이 시가 유다 여호사밧 왕의 아들인 여호람이 (왕하 8:16) 이스라엘 아합왕의 딸 아달리아와 결혼할 때 지은 시라 가정한다. 또 어떤 이는 솔로몬이 애굽 왕의 딸과 결혼할 때 혹은 아합이 두로의 이세벨과 결혼 할 때 지은 시라고도 한다. 어떤 이는 여로보암 2세가 결혼할 때 지은 시라고도 한다. 이런 여러 의견들 중에서 아합이 이세벨과 결혼한 것이 배경이라고 지적하는 이들은 다음과 같은 근거를 제시한다.

1) 두로의 딸 (12절)은 이세벨을 생각나게 한다
2) 왕상 22:39, 암 3:15, 그리고 고고학적 발굴 등은 8절의 상아 궁들이 사마리아에 있었다고 말해준다.
3) 7절의 "당신이 (정의를) 사랑한다" (아합타)는 "아합" 왕을 생각나게 해준다.

그렇지만, 이런 증거들은 반드시 아합과 이세벨에만 해당된다고 하기 어렵다. 두로의 딸이 이세벨만 있었던 것은 아니며, 상아궁이 사마리아에만 있었던 것도 아니었다 (왕상 10:18에서 솔로몬의 보좌는 상아로 만들어졌다고 했다). 북왕국의 어느 왕이었다기 보다 이 시를 메시아 시로 이해한 신약이나 탈굼역 등에 비추어 본다면, 분명한 것은 "다윗 후손" 중의 하나가 (삼하 7장 예언대로) 여기 시의 주인공이었다는 사실이다 (2, 6절에서 '영원한 보좌', 16절에서 후손이 대대로 왕위 계승 등의 사고를 참조). 왜냐하면 이 시의 궁극적 성취가 메시아로 이루어질 것이기 때문이다 (히 1:8-9 참조).

2. 시적 구조와 해석

우리는 사고의 흐름과 어형에 따라 다음과 같은 네 개의 연으로 구분한다. 어형(語形)이라 함은 1절에서는 1인칭의 시점이, 2-9절에서는 당신, 당신의, 당신을 등의 2인칭 시점이, 3연에서는 3인칭 시점이 두드러지게 부각된다는 것이다. 2인칭으로 호칭되는 이는 "왕"이며, 3인칭으로 호칭되는 이는 왕과 결혼하는 여인이다. 물론 시인은 1인칭으로 자신을 그린다.

제1연 (1절): 서론
제2연 (2-9절): 신랑에 대한 격려와 찬사
제3연 (10-15절): 신부에 대한 격려와 찬사
제4연 (16-17절): 결론

제1연 (1절): 서론

1절: 내 마음에서 좋은 말이 넘쳐 (*라하쉬 리비 다바르 토브*)— "넘치다"는 말은 원래 "끓어 오르다" (to bubble up, boil)를 지시하며, 여기서는 흥분한 상태에서 계속 터져 나오는 달변의 상태를 지시한다. 이는 단순한 달변이라기보다, 성령님의 감동 하에서 나오는 선한 말들을 거침없이 말하는 모습이다. 여기서 좋은 말은 사람들의 마음에 기쁨을 주고, 격려하며, 소망을 주는 말일 것이다 (사 52:7, 슥 1:13).

왕에 대하여 지은 것을 말하리니 (*오메르 아니 마아사이 레멜렉*)—왕을 위해 내가 만든 시 (my verses for the king, NIV, LSG). 시인은 자신이 왕을 위해 작사한 이 노래를 낭독하면서 마음이 흥분되고 있다. 그런데 대개 현대 역본들은 "내가 지은 시를 왕에게 낭송하리라"라고 번역한다 (NAB, NASB, NRSV, NJB, TNK, ELB). 70인역도 그렇게 번역했다.

내 혀는 필객의 붓과 같도다 (*레쇼니 에트 소페르 마히르*)—고대에는 글쓰는 재료가 파피루스나 토판 (土版)이었다. 여기에 갈대 펜이나 철필 (stylus)로 문자를 기록하였다. 시인은 자기의 혀가 필사자 (소페르)의 "철필"이라고 노래한다. 여기 "필객" (소페르)은 어떤 문맥에서 특별히 글을 기록하는 일을 전담했던 "서기"라는 의미를 지닌다 (삼하 8:17, 대하 24:11 등). 본문에서 특히 "숙련된 서기관"이라 언급함으로, 이런 전문직에 종사하는 사람을 염두에 두었음이 분명하다. 궁정 서기관은 애굽의 경우 그 지위가 매우 높아서 왕의 최측근에 속했다. 이스라엘의 궁정제도는 애굽의 것을 많이 차용했다고 추정된다 (J. Begrich, "Sofer und Mazkir," in idem, *Gesammelte*

Studien zum Alten Testament, 67-98; R. de Vaux, "Titres et fonctionnaires égyptiens à la cour de David et Salomon," 394-405 참조).

제2연 (2-9절): 신랑에 대한 격려와 찬사

여기서는 1인칭 시점에서 말한 1절과 달리 (내가, 내 마음, 내 혀) 2인칭 시각에서 묘사하고 있다 (2절: 당신은 …; 당신의 혀는 …; 당신을 등; 9절까지 계속 2인칭 용례이다).

2절: 왕은 인생보다 아름다워 (요프야피타 밉베네 아담)—아름다움은 여인의 용모 (창 12:11, 29:17), 남성의 준수함 (창 39:6, 삼상 16:12), 짐승의 건강한 모습 (창 41:2), 자연의 수려함 (시 48:2) 등에서 보듯 외형적 아름다움을 가리킨다. 왕의 기품 있는 모습에 대한 찬사이다. 한편 여기 "아름답다" (요프야피타)는 "야피타"의 잘못 기록된 형태라고 추정된다 (dittography).

은혜를 입술에 머금으니 (후챠크 헨 베쉬프토테카)— 왕의 아름다운 모습 가운데서도 그의 입술이 부각된다. 그의 두 입술에 하나님의 은혜가 부은바 되었다. 그래서 그의 입술에는 은혜로운 말이 가득하다. 그리스도께 대하여 복음서 기자는 기록하길, "저희가 그 입으로 나오는바 은혜로운 말을 기이히 여"겼다 하였다 (눅 4:22).

그러므로 (알-켄) — 차라리 "왜냐하면" (NIV, NAB, NJB)이 문맥에 어울린다. 하나님께서 복을 주셨기에 입술에 은혜가 넘친다.

하나님이 왕에게 영영히 복을 주시도다 (베라케카 엘로힘 레올람) —시인은 이런 용모에서 풍기는 기품과 입술의 은혜로운 말들이 하나님께서 왕에게 허락하신 축복의 증거라고 말한다. 만약 델리취의 주장대로 언급되는 왕이 여호사밧의 아들 여호람이라면, 여호람의 용모는 아름답고, 그 입에서 은혜로운 말이 있었을 것이다. 그렇지만, 역사 기록은 여호람이 신앙적 견지에서 악했다고 정죄한다 (왕하 8:18). 그런데 눈 여겨 볼 대목은 그가 악하게 행한 것은 "아합의 딸이 그의 아내가 되었음이라"고 했다. 그렇다면, 그는 아내의 영향으로 8년 치리하는 동안 우상숭배의 길로 행했을 것이다. 결혼하기 이전에는 아마 경건한 부친의 영향으로 하나님의 은혜 가운데 있었는지 모른다.

3절: 능한 자여 (깁보르)— "용사" (a mighty warrior). 고대인들은 영웅호걸을 따랐다. 한 사람이 수 백, 수천 명을 파하던 강한 용사는 두려움과 경외의 대상이었다 (삼하 23:8 이하 다윗의 용사들 참조). 시인은 왕이 전쟁 용사로 혁혁한 전공을 세울 것을 기원한다.

칼을 허리에 차고 (하고르-하르베카 알-야레크) —왕은 친히 전쟁에 나가서 영예를 얻기도 하였다 (삼하 12:28, 왕상 22:4). 전쟁터에 나아가는 왕은 전쟁터에서도 일반 병사와 구별되는 왕복을 입었으므로, 원수의 주공격 대상이 되곤 하였다 (왕상 22:32).

왕의 '영화'와 위엄을 [입으소서] (깁보르 호데카 바하다레카)—앞. 뒤의 표현과 함께 취한다면, 왕은 왕의 신분에 걸맞도록 영화와 위엄찬 복장을 하고, 칼을 허리에 차고, 말을 타시라! 는 권고이다. 이런 위엄과 영광의 모습으로 전쟁을 지휘하여 승리라도 얻는 날이면 왕의 위세는 한껏 높아질 것이다. "영화"와 "위엄"은 왕적 위세를 묘사하는 말들이다 (시 21:5, 96:6 [왕이신 하나님], 111:3=대상 16:27). 그런데 이 후반절에도 전반절에 사용된 "용사여!"가 나타나고 있다.

고대 근동에서 왕의 위세와 아름다움은 외모의 준수함으로만 이루어지는 것이 아니라, 색깔, 향기, 부와 권세의 과시 등으로도 구성되었다 (O. Keel, The Symbolism, 280 이하 참조). 여러 가지 신분을 나타내는 상징들이 중요한 역할을 하였는바, 그 중의 하나가 전쟁용 병거였다. 다윗은 나귀를 탔지만, 그 아들들은 말들과 병거들, 경호원들을 모집하여 갖춤으로 자신의 왕권 주장을 표시하였다 (삼하 15:1, 왕상 1:5). 왕을 영광스럽게 제시하기를 바라는 시인은 왕에게 전쟁 병거를 타시라 권한다 (시 45:4). 왕의 아름다움과 영화는 굴레 씌운 말들이 상징하는 강력한 힘과 잘 치장된 병거에 오르는 것으로 표현되었다. 비단 이런 왕적 위엄과 영화의 과시는 자체로 효과를 낼 수도 있지만, 이런 위엄을 가지고 왕은 원수를 쳐서 무찌르고 제압해야 한다. 그리하여 백성이 평화롭게 살 수 있도록 해야 한다.

4절: 진리와 온유와 공의를 위하여 (알-데바르-에멧 베안바-체덱)—왕의 일차적 직무는 바로 이런 하나님의 속성들 (진리, 의로운 온유하심, 시 18:36)을 사회에 퍼뜨리고 확립시키는 것이었다:

> 보라 장차 한 왕이 **의**로 통치할 것이요 방백들이 **공평**으로 정사 할 것이며
> 또 그 사람은 광풍을 피하는 곳 폭우를 가리우는 곳 같을 것이며
> (사 32:1-2)

이러한 왕의 이상은 이스라엘에서 온전히 이루어지 못했고, 오직 그리스도 예수님 안에서 성취될 것이었다. 고 바빌로니아 왕국의 함무라비 왕은 한 서신에서 이렇게 주의를 받는다: "너를 사랑하는 마르둑 신은 네가 의의 승리를 가져오도록 하기 위해 진리로 너를 창조하셨다" (L. Duerr, Ursprung und Ausbau der israelitisch-juedischen Heilandserwartung [Berlin, 1925], 78; O. Keel, The Symbolism, 285 재인용). 함무라비에게 태양신 '샤마쉬'는 "백성의 행복을 증진시키고, 정의가 땅에서 승리하도록, 악인과 불의한 자를 멸하도록, 그래서 강자가 약자를 압제하지 못하도록 하고, 태양이 백성 위에 비추듯 떠오르고, 세상을 비추도록" 사명을 부여했다 ("The Code of Hammurabi," in ANET, 164).

위엄 있게 타고 승전하소서 (바하다레카 첼라흐 레카브)—"위엄 가운데 형통 하소서, 말을 타소서," 곧 "위엄 있는 모습으로 말을 타시고 승리 하소서" (in your majesty ride on victoriously, NRSV). 평안의 시절에 왕은 주로 나귀를 탄다 (왕상 1:44, 슥 9:9). 그렇지만 전쟁터에 나갈 때는 병거 (왕상 22:34)나 전쟁용 말을 타야했다 (계 19:11).

왕의 결혼식이야말로 그 위엄과 영화를 가장 효과적으로 과시할 수 있었던 기회였다. 그런데 왕의 결혼의복이 용사처럼 옆구리에 칼을 차는 것이며, 병거를 몰고 신부를 데리러 간다 (R. de Vaux, Ancient Israel, 33f.). 이런 용사모습의 왕은 왕의 목적을 이상화(理想化), 형상화(形象化)시

키는 행동이었다 (아 3:6-8, 마카비 1서 9:39). 왕위 계승이 확실하게 이루어졌을 때에만이 왕국의 영속성과 안정, 번영이 보장될 수 있다.

왕의 오른손이 왕에게 두려운 일을 가르치리이다 (베토르카 노라옷 에미네카)— '두려운 일들' (노라옷)은 왕의 손의 지휘 하에 전쟁터에서 야기될 것이다 (수 8:26 참조). 이 두려운 일들은 사실 하나님이 하시는 이적들을 지시하지만 (시 65:5, 106:21, 139:13 등), 여기서는 왕을 통하여 하나님께서 이루실 혁혁한 승전의 전공(戰功)이다. 전쟁은 필연적으로 생명의 살상과 파괴를 야기시킬 것이다. 그러나 전쟁을 통해 승리한 왕은 전 국민의 마음속에 능력 있는 왕으로 확고하게 자리 잡고, 통치는 그만큼 강력해질 것이다.

5절: 왕의 살이 날카로워 왕의 원수의 염통을 뚫으니 (힛체카 쉐누님 … 벨레브 오예베 함멜렉)—원문에서는 이 문장의 중간에 "만민이 왕의 앞에 엎드러지는도다" 라는 문장이 자리 잡고 있다. 그래서 어떤 영역본들은 "당신의 화살들은 날카로워 민족들이 당신 발아래 엎드러진다. 왕의 원수들의 마음들이 녹는다"고 번역한다 (NRSV, REB, NAB, NJB). 시인이 전쟁터로 달려가 (정신적으로), 정신없이 정황을 기술하면서 문장을 이렇게 파격적으로 처리하고 있는지 모른다. 그래서 한역 (NIV도)처럼 번역할 수도 있다. 이 부분은 원문대로 직역한다면, "당신의 화살들이 날카롭다; [만민이 왕 아래에 엎드러진다]; (그것들이= 화살들) 왕의 원수들의 심장 가운데 (있다)" 가 될 것이다.

만민이 왕의 앞에 엎드러지는도다 (암밈 타흐테카 이펠루) — "왕의 아래에 엎드러진다." 곧 그의 발아래 엎드러진다. 이는 열방이 왕 앞에 '굴복한다' 는 의미이다 (NJB, TNK, NIV. 전쟁터에서 엎드러지는 일은 죽음을 의미한다 (삼하 2:23, 삼하 22:39), 여기서도 날카로운 화살들이 심장에 꽂히는 장면에 비추어 보건대, 엎드러져 죽는 모습이 부각되지만, 동시에 "당신 아래 엎드러진다" 는 표현은 원수의 "굴복"도 의미한다. 그 아래 엎드러지는 주체는 "만민" (암밈)으로, 여기서 "군대들"로 번역될 수 있다.

6절: 하나님이여 주의 보좌가 영영하며 (키스아카 엘로힘 올람 베아드)— "하나님이여, 당신의 보좌가 영영하며." 전. 후 문맥상 "당신"은 "왕"을 지시한다고 간주될 수 있다. 그래서 다훗 (Dahood)은 하나님을 주어로 하고 "당신의 보좌" (키스아카)를 "하나님께서 당신을 보좌에 앉히셨다" (킷세아카 엘로힘)로 읽는다 (Psalms I, 273; Peter Craigie, Psalms 1-50, 336; REB: 하나님은 당신을 영원히 보좌에 앉히셨다 [God has enthroned you for all eternity]; NJB: "당신의 보좌는 하나님께로부터 왔다" [Your throne is from God]). 어떤 역본은 "당신의 신적인 보좌는 영원하다"로 번역한다. 혹은 "오 신이여, 당신의 보좌는 영원하다" (Your throne, O god, stands forever, NAB)로 번역한다. 이 경우 왕이 신으로 여겨지고 있다. 그렇지만 이스라엘은 애굽이나 메소포타미아 제국들과는 달리 왕을 신으로 간주하지 아니했다. 우리는 다훗의 제안이 좋다고 여겨진다. 그렇지만, 그 제안은 구약에서 예가 없는 "보좌" (킷세)라는 명사와 연관되는 동사 (카사, a denominative verb)를 가정하는 것에 근거하므로, "세우다" (쿤)와 같은 동사가 생략된 것으로 봄이 좋을 것이다 (하나님께서 당신의 보좌를 영원히 세우셨다).

주의 나라의 홀은 공평한 홀 (쉐베트 미쇼르 쉐베트 말쿠테카) — "당신 왕국의 홀"은 공평한 홀. 앞에서는 보좌의 견고함과 영원성을 노래했다면, 여기서는 왕의 통치가 의와 공평이라고 노래한다. "홀" (쉐베트)은 왕권의 상징으로 왕이 보좌에서 들었다. 홀이라 번역된 말은 다른 문맥에서는 그저 목동의 막대기, 지팡이 등으로 번역되므로 (시 23:4, 사 28:27), 그 생김새는 단순한 막대기 모양이었다. 앗시리아의 에살핫돈의 부조에 새겨진 "홀"의 모양은 단순한 지팡이 모양이 아니라, 한 쪽 끝에 공이 붙은 모양 (철퇴 모양)의 것이다.

7절: 왕이 정의를 사랑하고 악을 미워하시니 (아합타 체덱 밧티스나 레솨아)—전. 후반절이 사고상 반의 병행법 (antithetic parallelism)으로, 구조상 구문 병행법이다 (동사+목적어/ 동사+목적어). "정의를 사랑하다" (아하브 체덱)는 표현은 왕의 위치와 책무를 가장 적절하게 드러내준다. 왕의 제일(第一) 책무는 바로 백성에게 정의를 베푸는 일이다. 정의를 사랑하는 것은 하나님의 속성이기도 하다 (시 33:5). "정의'를 사랑한다" 라 함은 정의를 시행하고 정의를 위해서 모든 것을 투자한다는 것이다 (시 33:5 참조). 정의를 사랑하는 일은 동시에 악을 미워하는 일로 나타난다. "악을 미워하시니" 라는 표현에서 우리는 하나님의 속성을 본다 (시 11:5). 왕은 이스라엘의 대표로서 악을 제거하고 선을 세우는 데 진력해야 했다. 그것이 나라의 안정과 번영의 초석이었다. 죄인의 길에 서지 아니하고, 악인의 꾀를 좇지 아니하고, 교만한 자의 자리에 앉지 않는 일은 개인 성도만이 축복 받는 길이 아니라, 국가적으로 그러하다. 특히 왕이 그러할 때 왕을 통해 나라는 든든히 세워진다 (시 101편 참조).

그러므로 왕의 하나님이 즐거움의 기름으로 왕에게 부어 왕의 동류보다 승하게 하셨나이다 (알-켄 메솨하카 엘로힘 엘로헤카 쉐멘 사숀 메하베레카)—이스라엘에 있어서 왕은 하나님의 아들이었다 (삼하 7:14). 물론 이스라엘 민족 전체가 하나님의 아들이었다 (출 4:22, 신 14:1, 렘 31:9 등). 이스라엘 왕이 하나님의 아들인 것은 전체 백성을 대표한 특별한 아들이었다. 아들은 부모의 뜻을 받들어 섬겨야 한다. 이스라엘의 왕은 하나님의 뜻을 받들어 섬기는 자로 세움을 받았다. 그렇지만 이스라엘의 왕은 고대 애굽이나 메소포타미아의 제국들처럼 신격화(神格化)되지는 아니했다. 저들은 수메리아-악카드 족속들이나 애굽인들 처럼 왕이 먼 옛날에 하늘에서 내려온 자라고 믿지 아니했다 (O. Keel, *The Symbolism of the Biblical World*, 244 참조). 이스라엘의 왕은 구체적인 역사적 상황에서 하나님의 사명을 위해 세움을 입은 자들일 뿐이다. 이스라엘 왕들의 모든 약점과 실패도 이웃 고대 근동국가들과는 달리 적나라하게 고발되고 정죄되고 있다. 이스라엘 역사기록은 왕이라 하여 허물을 가리는 법이 없고 선지자들 역시 그러하였다.

"즐거움의 기름으로 부어" - 왕은 제사장과 선지자에 의해 기름 부음을 받았다 (왕상 1:34, 39, 삼상 10:1). 이는 왕이 즉위할 때 시행되는 의식으로, 성령 충만과 하나님의 지명과 임명을 의미하였다. 구약에서 하나님의 영은 "지혜와 총명의 신이요 모략과 재능의 신이요 지식과 여호와를 경외하는 신" 이었다 (사 11:2). 이런 하나님의 신에 감동을 받아서 (삼상 10:10, 16:13) 하나님의 뜻을 펼쳐야 했다. 성령 충만 없이 자연 인격만 가진 사람이 왕이 된들 그 무슨 재간이 있어서 나라를 개혁하고 나라를 바로 세울 것인가? 주전 11세기부터 주전 6세기까지 존속했던 이스라엘 왕국의 위대성은 바로 이런 성령님에 감동받은 왕들이 다는 아니더라도 얼마 있었다는 사실에 있었다.

"왕의 동류보다 승하게 하셨나이다" - 세상 어떤 왕과 견줄 수 없는 하나님의 기름부음을 받은 자로 세우셨다. 여기 문맥에서 기름부음은 결혼식 때의 기름부음으로 즉위식의 그것과 성질이 약간 다른 것이다 (전 9:8 참조). 즉, 결혼의 행복과 즐거움을 하나님께서 선사하셨다. 이 행복과 즐거움은 세상의 그 어떤 왕이 가졌던 것보다 탁월한 것이었다. 그러나 그 기름 부으심으로 인하여 왕은 어떤 왕보다 지혜와 능력과 권세에서 탁월하게 되었다.

8절: 왕이 모든 옷은 몰약과 침향과 육계의 [향기가 있으며] (모르-바아할롯 케치옷 콜-빅도테카)— 앞에서 언급된 진술을 다시 상기시킬 필요가 있다: 고대 근동에서 왕의 위세와 아름다움은 외모의 준수함으로만 이루어지는 것이 아니라, 색깔, 향기, 부와 권세의 과시 등으로도 구성되었다. 여기 왕의 옷과 각종 향품이 연관된 것은 왕의 위엄과 영화와 연관된다.

상아궁에서 나오는 현악은 왕을 즐겁게 하도다 (민-헤클레 쉔 민니 심메후카)— "상아 궁들"은 아합 왕이 지었던 것으로 언급된다 (왕상 22:39). 만약 델리취이 가정대로 라면, 여호사밧의 아들 여호람이 신부 아달랴를 취하러 북 왕국 사마리아 도성의 상아 궁에 갔을 것이고, 그곳에서 울려 퍼지는 풍악소리를 시인은 묘사할 것이다. 한편, "현악" (민니)은 현악기들을 지시한다 (시 150:4). 복수형 표시 자음 "멤"이 탈락된 형태로 제시되었다.

9절: 왕의 귀비 중에는 열왕의 딸이 있으며 (베놋 멜라킴 베익크로테카)— "왕의 귀비" (베익크로테카)는 "당신의 귀한 것들"이다. 델리취는 여기서 열왕의 딸들과 왕비가 왕의 옆에 선 것이 무엇을 의미하는가? 를 묻고, 그것은 신약시대에 이방인들이 개종하고 이스라엘이 다시 회심하는 그 시기에 그리스도께 개종한 이방인들과 그리스도 안에서 하나님께 다시 결혼한 이스라엘이라 했다 (*Psalms II*, 86). 풍유적 해석이지만, 앞에서 우리가 제안한 대로 "열왕의 딸들" 대신 "열왕의 딸"로 이해한다면, 이런 해석의 근거는 사라지고 말 것이다. 또한 델리취가 생각한대로, 그리스도 안에 속한 자들이 이방인들과 종족 이스라엘로 구분되는 일은 신약성경에 없다. 오히려 그리스도 안에서 이방인이나 유대인이나 하나가 되어 새 이스라엘을 이룰 뿐이다 (엡 2:15).

왕후는 오빌의 금으로 꾸미고 왕의 우편에 서도다 (쉐갈 리미네카 베케템 오피르)— "왕후" (쉐갈)는 보통 "아내" (게비라)란 말과 달리 왕비를 지칭하는 궁중용어였을 것이다 (느 2:6; [아람에 단 5:2, 3, 23 등 참조). 그런데 "우편"은 보다 힘 있는 편으로 (시 80:17), 주께서 도움을 주실 때도 우편에 서신다 (시 16:8, 109:31). 약간 유사한 표현 "보좌 우편에 앉히다" 혹은 "보좌 우편에 앉다" (왕상 2:19, 시 110:1, 마 26:64)는 표현은 각기 "존대하다," "통치자로서 권세를 행사하다"는 의미이다. 특히 '보좌 우편에 앉다' 는 표현은 '섭정하다' (co-regent, representative)를 지시한다. 그런데 "오빌의 금"은 오빌에서 나는 금이다 (사 13:12, 욥 28:16). 오빌의 금이 유명했던 모양이나, 오빌이 어딘지는 확실치 않다. 그곳은 아라비아 남서 연안이었는지, 인도였는지 아니면 아프리카 소말리 연안이었는지 알 길이 없다.

한편, "왕의 귀비 중에는 열왕의 딸이 있으며 왕후는 오빌의 금으로 꾸미고 왕의 우편에 서도다" (베노트 멜라킴 베익케로테카/ 닛체바 쉐갈 리미네카 베케템 오피르)란 말씀에서, 히브리어 맛소라 본문은 한역처럼 액센트로 전. 후반절이 구분된다. 그렇지만, 다음과 같이 번역함이 좋다 (시리아어역은 원문의 '열왕의 딸들' 대신 '그 왕의 딸' 로 읽는다):

당신의 귀한 것들 중에는 그 왕의 딸이 서있고/
왕후는 오빌의 금으로 꾸미고 [서있다]

즉, 동사를 전반절에 귀속시키고, 후반절에도 해당되는 것으로 이해한다 (double duty). 이렇게 보면, 전. 후반절은 동의 병행법, 구문 병행법을 이루게 된다.

제3연 (10-15절): 신부에 대한 격려와 찬사

지금까지 신랑이 왕에 대하여 격려와 찬사를 제시했다면, 이제 시인은 신부를 주목하고 왕에게보다는 약간 더 교훈적인 어투로 말씀한다. 따라서 2인칭 시점이었던 2연에 비해 3연은 3인칭 주어가 주류를 이룬다.

10절: 딸이여 듣고 생각하고 (쉬므이-바트 우르이)—구약의 많은 문맥들에서 '듣다' 는 말은 단순히 청각적 활동만 의미치 않고 교훈을 들어서 순종한다는 보다 적극적인 의미를 갖는다. 여기서도 마찬가지이다. 그런데 여기 표현은 문자적으로 "듣고, 보아라" 이다. 물론 후반절이 "네 귀를 기울일지어다" 이므로, 이 절 전체는 결국 '청종하라' 는 권고이다. 그런데 "무엇을 듣고, 무엇을 보라" 는 권고인가? 신부는 마음에서 좋은 말이 넘쳐 나오는 이 영감 받은 시인의 교훈을 들어야 한다. 그렇다면 무엇을 보란 것인가? 이제 결혼하는 신랑 (왕)을 보라는 것인가? 앞날의 비전을 가지라는 의미인가? 어떻게 앞으로 처신해야 할지에 대하여 현실을 직시하라는 권고인가? 시인은 이런 여러 가지들을 함축적으로 담고서 말씀하고 있는 듯 하다. 하나님은 이스라엘이 고통 중에 부르짖을 때, 저들의 부르짖음을 들으실 뿐 아니라, 저들의 고난을 보신다 (신 26:7, 왕하 13:4). 마찬가지로 이 신부는 말씀을 들을 뿐 아니라, 말씀이 지시하는 그 현실과 실체도 직시해야 한다. 이런 권고를 하는 시인은 "딸이여" 라고 부름으로 마치 스승과 제자 사이의 관계로 말하는 어투를 사용한다 (잠언에서 "아들아!" 에 상응).

귀를 기울일지어다 (베핫티 오즈네크)—이 표현 역시 "청종하라" 는 의미를 전달한다.
네 백성과 아비 집을 잊어버릴지어다 (베쉬크히 암메크 우베트 아비카) —이것이 바로 앞에서 언급된 직시해야 할 사항이다. 고대 근동에서 아비 집은 모든 사회생활의 가장 근본이 되는 단위였다. 자녀교육, 신앙교육, 사법권 행사, 경제생활, 결혼생활, 종족 보존 등의 사회 기능들이 아비 집을 중심으로 이루어졌기 때문이다. 출가하는 딸을 제외하면 대대로 남자들은 결혼 후에도 조부, 증조부를 모시고 아비 집의 울타리에서 살아야 했다. 이제 결혼하는 신부는 왕비로서 자기 백성, 자기 아비 집을 잊고 온전히 왕과 한 몸이 되어야 한다 (창 2:24). 몸만 아비 집을 떠나는 것이 아니라, 마음도 떠나서 온전히 남편과 함께하지 않으면 안 된다. 탈굼역은 여기서 의역하길, "네 백성 중의 불경한 자들의 모든 악행들과, 네가 네 아비 집에서 섬겼던 우상들의 집을 잊을 지어다"라 하였다. 영적으로 타당한 의역이다.

11절: 그러하면 왕이 너의 아름다움을 사모 하실지라 (베이트아브 함멜렉 요프에크)—결혼생활은 서로 간의 사랑을 바탕으로 한다. 그렇지만 고대에는 자신의 의사와 상관없이 부모가 정한 결혼을 한 경우, 특히 왕으로서 정략결혼을 했을 경우, 서로 간에 사랑의 관계는 외적인 미모에 많이 좌우될 것이다. 그런데 시인은 신부가 사랑 받는 비결이 자신의 친정(親庭)을 잊어버리는 것이라고 충고한다. 이는 결혼이 자기 집안을 떠나 남편과 하나 되는 사건임을 바로 인식할 때 순탄한 결혼생활이 있을 것임을 경험적으로 권고하는 말이다. 그런데 여기 사용된 "사모하다" (이트아베)는 광야에서 이스라엘이 탐욕을 부렸듯이 (민 11:34, 신 5:21) 부정적인 의미에서 "탐(貪)하다"란 의미로도 나타난다. 아주 간절한 열망을 갖다, 열망하다, 탐하다란 의미이다.

저는 너의 주시니 너는 저를 '경배할지어다' (키-후 아도나이크 베히쉬타하비-로)—남편이 머리요, 특히 신부의 남편은 왕이다 (벧전 3:6). 그러므로 신부는 최대한의 의의와 존중을 표시해야 한다. 여기 시가 메시아적으로 해석될 수 있다면 (적용면에서), 신부인 교회는 신랑인 그리스도께 이렇게 처신해야 한다. 떠난 세상을 완전히 잊고 주님만 경배하지 않으면 안 된다. 여기서 경배한다는 표현은 동양에서 경의를 표시하고자 넙죽 엎드려 절하는 자세를 취하는 것을 지시한다. 반드시 땅에 엎드리지 않더라도 허리를 굽혀서 절을 한다.

12절: 두로의 딸이 예물을 드리고 (우바트-쵸르 베민카)— 시인은 다윗 후손의 왕과 왕비에게 세상이 공물을 가지고 와서 경배할 것을 바라본다 (시 68:29, 31, 72:10, 11, 사 60:6-11 참조). 후반절에 비추어 볼 때, 두로의 딸 (두로 백성)은 가장 부유한 (겔 27장에서 두로의 부요함 참조) 세상 사람들의 대표이다. 이런 시인의 예고는 다윗 왕가에 주어진 하나님의 약속에 근거한다 (삼하 7장). 이런 예언은 궁극적으로 신약시대에 예수 그리스도께 이방인들이 굴복하고 경배함으로 성취될 것이었다. 델리취는 이 부분의 신약적 적용과 연관하여 말하길, "그리스도께 속하기 위해서 온전히 더러움이 정결케 되고 심판을 통과한 남은 자들 (신 32장), 미래의 거룩한 씨가 되고자 정케 된 남은 자들 (사 6:13)은 불신자들이나 부모의 완악함과 온전히 결별해야한다; 이 미래의 교회가 아름다운 것은 그녀가 하나님으로 인하여 속죄함을 받고 (신 32:43), 씻음을 얻고 (사 4:4), 치장을 하였기 (사 61:3) 때문이다; 만약 그녀가 뒤를 돌아보지 아니하고 그분께 경배할 것이면, 그분은 그녀의 것이 될 뿐 아니라, 그분 안에서 세상에 속한 모든 영광스러운 것이 그녀의 것이 될 것이다. 왕중의 왕에게 크게 존귀하게 되어, 그녀는 왕들의 딸들 중에서 여왕이 되고, 두로와 세상의 가장 부한 자들이 앞 다투어 그녀의 인정과 사랑을 받고자 모여들 것이다" 라 하였다 (Psalms II, 88).

백성 중 부한 자도 네 은혜를 구하리로다 (파나이크 예할루 아쉬레 암)—여기 부한 자들 (아쉬레 암)은 통상적으로 가난한 자 (에브욘)와 대칭되는 사람들이다. 여기서 부자들은 긍정적인 의미로 사용되고 있다. 물질적 부요함도 하나님의 축복이기 때문이다. 그런데 "백성 중의 부한 자들"이란 "사람 중의 가난한 자들" (사 29:19)과 대칭되는 말로, 세상 사람들 중에서 가장 부한 자들이란 최상급 의미를 지닌다. 그처럼 부한 자들이 왕비의 은총을 구하러 올 것이다. 그러므로 왕비는 자신이 지금 취하는 행동의 의미를 바로 파악하고 자신의 고향과 아비 집을 온전히 떠나야 한다.

13절: 왕의 딸이 모든 영화를 누리니 (콜-케부다 바트-멜렉 페니마)— 여기서 시적 분석이 용이치 않아 제각기 다른 분석을 한다. 크게 2대분 하자면, 전통적 분석과 새로운 경향이 있다. 우리는 전통적인 분석을 그대로 따르고자 한다.

[전통적 번역]
KJV, 한역, NIV:
단연코 영화롭도다, 공주는 그녀의 방에서;
그녀의 의복은 금으로 수(繡)놓았구나

[새로운 경향]
NRSV, NJB 등:
12 두로의 백성이 선물들을 가지고 너의 은총을 구할 것이라/
세상의 가장 부한 자들이 13 온갖 보화들을 가지고 (너의 은총을 구할 것이라)

한역의 앞부분을 약간 개정하자면, "공주 (신부)는 그녀의 방에서 '영화롭기 그지없구나' (콜-카부다)"로 될 것이다. 시인은 신부가 신랑의 궁궐에 와서 왕께로 인도를 받는 장면을 이제 묘사하고 있다. 지금 묘사되는 장면들은 장소적으로나 시간적으로 큰 간격들이 있는 것들이지만, 한꺼번에 모아서 처리하고 있다. 먼저 신부가 방에서 얼마나 멋지고 영화로운지, 신부의 의복이 얼마나 화려하고 품위 있는 것인지 그려진다.

그 옷은 금으로 수 놓았도다 (밈미쉬베촷 자하브 레부쇠흐)—그녀의 옷은 금으로 수 놓았다. 즉, 금으로 아름다운 무늬를 넣어 짜다. 그런데 약간 달리 이해하면(메베촷으로 읽는다) 금으로 "장식했다"가 된다.

14절: 수놓은 옷을 입은 저가 왕께로 인도함을 받으며 (리르카못 투발 람멜렉)— 에스더가 남편인 아하수에로 (Xerxes) 왕에게 인도된 것처럼 (에 2:16), 신부인 공주는 이제 공교하게 수놓은 옷을 입고 왕께로 인도된다. 그런데 여기서 "수놓은 옷을 입은 저"는 단순히 수를 놓은 정도가 아니라, 채색옷을 지시한다 (삿 5:30, 겔 16:10, 13 참조).

시종하는 동무 처녀들도 왕께로 이끌려 갈 것이라 (베툴롯 아하레하 레오테하 무바옷 라크) ― 왕비가 먼저 인도되고, 다음으로 그녀 뒤를 따르는 시종하는 동무 처녀들이 "그녀에게로 인도 받는다." 이 처녀들은 친정에서 따라온 자들로 공주, 아니 왕비를 수종(隨從)들게 될 것이다.

15절: 저희가 기쁨과 즐거움으로 인도함을 받고 (투발나 비스마홋 바길)―여기 사용된 동사 (야발의 호팔형, 수동태)는 공주가 인도되었다는 (14절 초두) 표현에서도 사용되었다. 때로는 왕궁에 들어가는 신부 (미래의 왕비)는 궁중의 암투와 모략의 희생물이 되어 허구한 날 한숨과 불안과 눈물로 지내야 했지만, 적어도 결혼하는 이 순간만큼은 분위기는 즐거움과 기쁨이 충만하다. 더구나 이 결혼은 하나님의 축복을 받은 다윗 후손인 왕의 결혼식이 아닌가?

왕궁에 들어가리로다 (테보에나 베헤칼 멜렉)―주어는 전반절에서처럼 "저희들" (공주와 처녀들, 2인칭 여성복수)이다. 여기서 사용된 동사 (들어가다, 보)는 공주의 동무 처녀들이 "당신께 [2인칭 여성단수] 인도 받아 들어가다" (무바옷 라크)라고 14절 후반에서 사용된 바 있다.

제4연 (16-17절): 결론

여기서 시인은 왕의 후손들이 대대로 왕위에 오를 것을 바라본다. 이런 왕조의 연속이야말로 왕의 최고 관심사 중의 하나였다. 이런 영원한 왕조는 오직 그 통치가 영원한 메시아의 즉위로 현실화될 수 있었다.

16절: 왕의 아들들이 왕의 열조를 계승할 것이라 (타하트 아보테카 이흐유 바네카) ― "오 왕이시여, 당신의 조상들 자리에 당신의 자녀들 (후손들)이 있게 될 것이다." 빛의 이면에는 어둠이 있다. 새로운 왕의 즉위는 선왕의 죽음이 전제된다. 새로운 태양이 솟기 위해 이전 태양은 사라져야 한다. 군주제도에서 왕은 단절될 수 없다. 왕의 단절은 곧 어둠과 혼란 자체이기 때문이다 (신명호,「조선의 왕: 조선시대 왕과 왕실문화」 [서울: 가람기획, 1998], 46 이하 참조). 이런 진술들은 고대 이스라엘의 왕정에도 적용될 수 있었다.

왕이 저희로 온 세계의 군왕을 삼으리로다 (티쉬테모 레사림 베콜-하아레츠)―왕정의 현실세계에서는 사실 왕 한 사람을 위하여 왕의 가족들이나 친족들은 모두가 희생되어야 한다. 다윗의 말기에 그 아들 간에 일어난 권력의 암투는 왕이란 지위가 얼마나 처절하고 냉엄한 생존경쟁의 자리인지를 여실히 보여주었다. 그렇지만 왕이 지혜롭게 처신하여 자기 왕자들을 모두 제 자리에 배치시켜 효과적으로 권력을 행사할 수 있었다. 르호보암은 "지혜롭게 행하여 그 모든 아들을 유다와 베냐민의 온 땅 모든 견고한 성읍에 흩어 살게 하고 양식을 후히 주고 아내를 많이 구하여 주었더라" (대하 11:23). 르호보암에게는 아내 18인과 처첩 60인, 저들이 낳은 아들 28인, 딸 60명이 있었다.

이 구절은 메시아적으로 해석할 때, 예수 그리스도 붙은 우리들이 모두 왕 같은 제사장들로 세상에 철장권세로 다스리는 모습을 제시해 준다. 지금 교회는 영적으로 세상을 정복하고 통치하는 것이다.

17절: 내가 왕의 이름을 만세에 기억케 하리니 (아즈키라 쉼카 베콜-도르바도르)—여기서 영감 받은 시인은 마치 하나님을 대리하여 말씀하는 듯 하다. 마치 선지자들이 여호와의 이름으로, 백성들에게 직접 말씀하는 방식이다. 왕의 결혼식에서 먼 미래까지 내다보는 시인의 마음은 왕이 성군(聖君)이 되어 만대(萬代)에 추앙 받기를 바란다. 이런 기원은 사실 예언적으로 메시아를 가리키며, 메시아 예수 그리스도께서 성취하셨다.

그러므로 만민이 왕을 영원히 찬송하리로다 (알-켄 암밈 예호두카 레올람 바에드)—왕이 만민의 찬송을 받을 것이라는 표현은 가히 신(神)적인 영광을 왕께 돌리고 있다. 물론 인간적인 왕에게 이스라엘들은 찬송을 드리지 않는다. 왕의 선정(善政)을 기리고 그런 축복을 주신 하나님을 찬양한다. 여기서도 예언적으로 오실 메시아를 바라보고 있으며, 그리스도께서 만민의 찬송이 되신 데서 궁극적으로 성취되었다.

시편의 적용

전쟁 용사로서의 왕 (3-5절)

본 시가 왕의 결혼식을 노래하는 시라면, 어찌하여 이렇게 전쟁 용사로서 왕을 제시하는가? 고대에 있어서 왕의 책무는 무엇보다 백성을 인도하여 전쟁을 성공적으로 치루는 것이라 여겨졌다 (삼상 8:20 "우리도 열방과 같이 되어 우리 왕이 우리를 다스리며 '우리 앞에 나가서 우리의 싸움을 싸워야' 할 것이니이다"). 끊임없는 전쟁의 연속에서 사람들은 강력한 용사가 즉위하여 나라를 튼튼히 세우고 안정된 생활을 보장해 줄 것을 기대하였던 것이다. 물론 백성들에게 의로 판단하며 가난한 자를 구제하는 역할도 왕에게 크게 기대되곤 했다 (시 72 참조). 그래서 구약의 하나님은 자기 백성을 위하여 싸우시는 용사이시며 (출 15:3), 오실 메시아 역시 이런 모습으로 제시되곤 하였다. 그렇지만, 우리는 신약시대에 이런 전쟁이 영적인 것으로 더욱 심화되었다는 것을 안다.

결혼을 위한 준비

결혼은 부모가 기도로 어려서부터 준비할 수 있다. 사랑하는 자녀의 성격과 품성을 누구보다도 잘 아는 부모는 어려서부터 자녀의 장래 배우자를 위하여 하나님께 기도로 적금을 들어 놓아야 한다. 그리고 자신들에게도 기도로 바른 배우자를 구하도록 가르쳐야 한다. 그러면 때가 되매 구한 대로 좋은 믿음의 배우자를 주실 것이다. 그런데 만약 본문의 시가 델리취의 가정대로 여호사밧의 아들 여호람이 아합의 딸 이세벨과의 결혼을 노래하는 것이라면, 이 결혼은 참으로 불행한 것이었다. 여호람의 부친 여호사밧은 경건한 왕으로 다윗에 버금가는 선한 왕이었다 (대하

17:3-5). 그렇지만 그는 치명적인 실수를 하였으니, 그것은 자기 아들을 우상숭배자 아합의 딸 이세벨과 결혼시킨 것이었다. 자기로서는 북왕국과의 전쟁을 피하고 결혼 동맹을 맺어 안보와 안정을 추구한 정책이었겠으나 그것은 바알 종교를 위한 대문을 활짝 열어놓는 정책과도 같았다. 그로 인하여 그 아들 여호람이 우상숭배에 깊이 빠졌고, 자기 아우들을 무참히 살해했으며, 결국 자신은 중한 병으로 죽어갔다. 그의 뒤를 이은 아하시야는 아합의 아들 요람왕과 함께 길르앗 라못을 탈환하러 나갔다고, 요람이 상하였으므로 그를 위문하러 갔다가 이스라엘의 혁명군 지도자 예후에게 살해당하고 말았다 (대하 22:9). 즉위 1년만의 일이었다. 이렇게 왕이 객지에서 전사하자 죽은 왕의 모친 아달랴는 다윗 후손을 진멸하고 스스로 대권을 잡았다. 그녀의 통치는 7년 가까이 계속되었다. 그녀의 통치하에서 바알 종교가 기세를 부렸을 것은 불문가지의 일이다. 여호사밧 왕의 잘못된 결혼 정책이 이렇게 큰 화를 자초하고 말았던 것이다.

이렇게 볼 때, 결혼을 잘 하는 일은 한 사람의 일생에 가장 중요한 일이 아닐 수 없다. 결혼은 그 목적을 바로 이해할 때 좋은 결혼이라 할 수 있다. 결혼의 목적은 함께 하나님을 섬기고 그분의 사명을 보다 효과적으로 감당하도록 하는 데 있다. 그러므로 주님을 사랑하는 배우자를 골라야 함은 두 말할 나위가 없다. 하나님을 섬기되 같은 비전을 가지고 움직일 수 있도록 고려해야 하고, 기도생활의 방식이나, 신앙 양식에서 호흡이 맞는다면 정말 멋진 일일 것이다. 좋은 결혼을 했다면 그는 인생을 성공한 셈이지만, 정욕과 인간적 생각에 끌린 결혼이라면 그의 일생에 한숨과 좌절이 기다릴 것이다.

성도는 왕같은 제사장

성도는 왕이신 그리스도와 연합한 자이다. 그러므로 그리스도는 왕중의 왕이라면 우리는 왕이 된다. 즉, 그분이 황제라면 우리는 왕이 된다. 왕은 전쟁에 능한 용사이어야 하고, 또한 진리와 의로운 온유함이 있어야 한다. 영적으로 우리 성도는 영전 (靈戰)에 능한 용사가 되어야 한다. 이를 위해서 우리는 하나님의 전신 갑주를 입어야 한다 (엡 6:11 이하). 그리고 무시로 기도에 힘써야 한다. 영적으로 마귀를 대적하고 악령의 세력들을 제압하는 왕이어야 한다. 그런데 영전은 칼을 차고 영광과 위엄을 옷 입으며, 전쟁용 말을 타는 것으로 치룰 수 없다. 그것은 육의 싸움일 뿐이다. 영전을 위한 무기는 앞서 언급된 대로 하나님의 전신 갑주와 공격용 무기인 말씀의 검이다. 주 예수 그리스도는 영전에 임하여 "기록되었으되"라는 말씀으로 구약 성경 말씀을 인용하여 마귀를 격파하였다. 곧 영전은 설전 (舌戰)이며, 이 전쟁에서 성도는 말씀의 칼로 공격해야 한다. 마귀는 다른 어떤 총칼이나 대포나 원자폭탄도 무서워 아니한다.

동시에 성도는 왕적인 존재로서 진리와 공의, 온유함을 위하여 싸워야 한다. 이는 복음 전파로 되어진다. 성령 충만을 받을 때 우리는 진리에 충만케 되고, 온유함을 얻으며, 공의로 충만할 수 있다 (갈 5:22). 성도는 이 세상에서 왕같은 위엄을 잃지 말아야 한다. 이 위엄과 영광은 외적인 장식이나 꾸밈이 아니라, 많은 기도와 삶의 정결함으로 말미암는다. 그래서 베드로 사도는 우리에게 이렇게 권면하였다: "너희 단장은 머리를 꾸미고 금을 차고 아름다운 옷을 입는 외모로

하지 말고 4 오직 마음에 숨은 사람을 온유하고 안정한 심령의 썩지 아니할 것으로 하라 이는 하나님 앞에 값진 것이니라" (벧전 3:3).

한국의 정치사상과 국가적 지도이념을 기독사상으로 바꾸자

「공자가 죽어야 나라가 산다」는 책의 저자는 유교의 이상사회는 공자가 지나가는 말처럼 내뱉은 몇 마디 말을 부풀려 놓은 허상에 불과하다고 지적했다 (95페이지). 고대 중국에는 「상서」(尙書 The Book of Documents) 혹은 「서경」(書經)이라 불리는 책이 있었다. 이는 중국의 요순 때로부터 주나라 때까지의 덕치 (德治)를 기술한 문헌을 공자가 수집하여 편집한 책이다. 공자가 사용한 문헌들은 고대 중국의 사관 (史官)들이 군주를 중심으로 군주의 언동과 정치에 관해 기술한 것들이다. 인 (仁)과 덕 (德)을 존중하던 공자는 덕이 시행되던 요순시대를 가장 이상적인 정치가 행해지던 시기로 간주하고, 그 후 우 (禹), 탕 (湯), 문무 (文武)까지를 덕치라 하여 위의 성군들의 정치를 중심으로 기록된 정사를 수집하여 정리 편집하였다.

문제는 이 책의 변질이라 한다. 고대로부터 전해오던 하나라, 은나라 왕실 기록들의 일부를 공자가 100편으로 추려서 편집했고, 이는 다시 29편으로 줄어들었다. 진시황의 분서갱유 때 경서가 불탔으므로 유학자 복생 (伏生)에 의해 다시 29편으로 만들어졌다. 이때 유교적 세계관에 따라 변질되었을 가능성을 배제할 수 없다. 그런데 이런 추정이 현실적으로 입증되었다. 그것은 3천5백년 이상 땅 속에 묻혔던 갑골문들이 발견되어, 전해진 「상서」의 내용이 원래 역사와 일치않는다는 사실을 증거했던 것이다. 발굴된 갑골문은 상서와 주역의 오류를 밝히는 데 큰 공헌을 했다. 유교 학자들이 왜곡시켜 이상적으로 그린 중국 고대 역사를 담고 있는 상서, 왜곡된 역사 문헌을 통해 국가와 행정을 이해하도록 강요받은 엘리트들은 이미 현상을 올바로 볼 수 있는 눈과 마음을 상실한 자들이었다. 저들은 유교의 가장 중요한 텍스트를 통해 거짓과 왜곡과 더러운 타협을 학습하였던 것이다. 유교는 경전의 진실만을 아랫사람들에게 일방 통고한다. 토론이 있을 수 없고, 오류가 인정될 수 없다. 오류를 바로 잡을 수 없는 동양사회가 만들어 낸 것이 가짜 문화이다. 가짜 영수증, 가짜 박사, 복제품 등.

공자는 주나라의 종법 제도에 심취하여, 제자들에게 집중적으로 가르쳤다. 그것이 완벽한양 강조하다 보니 주나라의 모든 역사, 정치적 사건들이 점차 미화(美化)되었다. 옛 왕들은 모두 진실하고 정직함으로 나라를 다스렸고, 백성들은 언제나 화목했고, 관리와도 아무런 원한이 없었다는 식이다. 도덕적 기준을 만들면서 검증 불가능한 과거의 인물을 내세워 논쟁의 가능성을 원천부터 봉쇄해 버린 것이다. 과거 속에 존재하는 허구의 가치 추구, 왜곡된 가치 추구는 동양사회를 거짓과 왜곡의 질곡으로 빠지도록 선도하고 말았다. 본질적으로 존재하지 않는 의미를 찾기 위해 공자의 제자들은 과거 속으로 들어가야 했고, 모든 역사적 사실들은 왜곡되고 미화되어야 했다.

물론 공자와 유교의 가르침에는 인본, 민본주의, 경천애인, 천인합일의 세계관, 인자애인 (仁者愛人), 인의예지신 (仁義禮智信)의 인간관, 수기 (修己)와 수신제가 치국평천하 (修身齊家 治

國平天下)의 수양관, 삼인행필유아사 (三人行必有我師)와 온고이지신 (溫故而知新)의 학습관 등 현 세대에도 적절한 가르침이 없는바 아니다.

그렇다면 기독교의 경전인 성경은 전달 과정에서 변질된 것은 없었던가? 성경을 전수하던 유대 서기관들에게 그런 변조(變造)의 일은 상상도 할 수 없는 일이었다. 하나님의 말씀을 누가 감히 변조할 생각을 했겠는가? 사본을 만들 때는 필사자가 베낀 사본과 그것의 대본의 글자 하나 하나를 헤아려 숫자로 서로 맞추어 보고 오류가 몇 개 이상 나올 때는 사본을 폐기 처분하였다. 1947년 쿰란 동굴에서 대량 발굴된 주전 2세기 경의 구약 성경 사본들은 1008년 어간에 필사된 우리가 사용하던 사본과 비교해 볼 때 철자상의 차이 외에는 별 다른 바가 없다는 점이 이를 입증해 준다.

하늘에 오르사 보좌 우편에 앉으시사

우리가 고백하는 사도들의 신앙고백의 일 절이다. 주 예수께서는 부활하신 후 40일간 지상에 계시다가 승천하시어 보좌 우편에 앉으시었다. 이것은 과학적으로 검증되기 어려운 영적인 사실이다. 이런 고백은 신약성경에 근거하고, 특히 주님 자신의 예언적 진술에 근거한다 (막 14:62). 주님 자신께서 자신이 권능자의 우편에 앉으시리라 예고하셨다면 그것에 근거하여 사도들은 주님의 부활 승천 이후의 일들을 기술하였다 (막 16:19). 그분은 창세 전에 아버지와 함께 영광스러운 위치에 계셨다. 그러므로 그분은 자신이 떠나온 영계를 잘 아시고 말씀하시었다.

우리는 하늘 보좌 우편이 우주의 어디쯤인지 알 수 없다. 영계는 우리 근처에 있을 수도 있지만, 차원이 달라 우리의 지각이 느낄 수 없을 수도 있을 터이다. 문제는 주께서 보좌 우편에 앉으신다는 말이 무엇을 의미하는가? 이다. 이 표현은 주님 자신이 통치하시되 자신의 권세가 위임된 권세임을 지시한다고 본다. 시 110:1에서 다윗에 관한 예언을 보면, 다윗이 하나님 보좌 우편에 앉는다는 것은 그의 통치권이 하나님께로 유래했고 근거한다는 것을 의미한다. 주님도 하나님과 본질이시나, 인간 세상을 통치하는 일에 있어서는 아버지의 권세를 근거로 통치하신다. 그래서 그분은 보좌에 앉으셨다고 하지 않고 보좌 우편에 앉으신 것으로 언급된다. 삼위 하나님 사이에 서열의 차이가 구속역사 기간 동안에 경륜적으로 있다는 말이다.

출가외인 (出嫁外人)은 무엇인가? (10절)

고대 이스라엘 사회에는 지파 (쉐베트), 부족 (한역, 족속, 미쉬파하), 가족=아비집 (벳-아브) 등의 기본단위들로 구성되었다 (수 7:14, 삿 6:15, 삼상 10:20 이하). 지파는 야곱의 12 아들에서 유래하며, 원 조상의 굵은 갈래에 해당된다. 단지 요셉의 경우에만 한 지파가 아니라, 므낫세와 에브라임의 두 지파로 간주되었다. 어느 지파 출신인지는 상당히 중요하게 여겨졌다 (예컨대, 바울의 가문자랑, 롬 11:1, 빌 3:5). 그리고 전쟁시 군사 징집은 지파별로 이루어졌다. 다음으로 부족 (족속 clan; 미쉬파하)은 번역하기 용이치 않다. 부족은 대개 다른 부족과 결혼하지만, 이스라엘에서는 그와 반대로 한 부족 사람은 자기 부족 (가문) 사람과만 결혼하여 대대로 기업을 보존하도록 했다 (민 36:1-12 참조). 부족은 사회적, 경제적, 혈통적 보존의 방패역할을 사회에서 해야 했다. 민 26장에 의하면, 이스라엘에는 약 60개의 부족이 존재했다 (출애굽한 직후에). 그렇지만, 이는 최소치이고 언급되지 않은 보다 많은 부족들이 있었을 터이다. 이들이 가나안에 정착하면서 부족단위로 한 마을과 도성에 정착하여 도성이나 마을 이름을 부족의 이름으로 명명했던 것 같다 (미 5:2, 대상 2:5이하, 4:5). 가나안 땅 분배시에는 지파의 부족들을 따라 땅이 주어졌기 때문이다 (수 13:15, 민 33:54). 이 부족의 할당지에서 각 가족은 자기 가족의 기업을 할당받았다 (삿 21:24). 사정이 이러했으므로, 이스라엘 사람이 자기 이름과 자기 집안, 부족, 지파를 명기하는 것은 가문이나 부족관계만 아니라 지역적 주소도 명기하는 것이 되었다.

그런데 이 부족은 몇 가지 사회적, 경제적, 혈통적 기능을 지니고 있었다. 그 중요한 것이 고엘이라 불린 친족-구속자 사고였다. 고엘은 부족, 곧 친척 중에서 가장 가까운 사람이 되는 것으로, 고엘은 1) 피의 보수자 (민 35장), 2) 죽은 친척의 남자 후손을 제공해주는 후손 이어주기 역할 (신 25:5-10, levirate), 3) 친족이 가난해서 아비집의 기업을 팔게 될 때, 고엘은 그것을 미리 사거나, 팔렸다면 팔린 기업을 되돌려 사야했다. 그래서 희년까지 있다가 원래 아비 집에 돌려주었다. 4) 고엘은 친족이 빚에 시달릴 때 생계를 보조해 주어야 한다. 예컨대, 이자 없는 융자 (레 25:35이하), 품군으로 친족 사용, 타 부족 사람들에게 친족이 팔렸을 때 돈을 지불하고 구속해 주어야 한다. 이렇게 부족 혹은 친족은 사회적 기능들을 갖춘 사회생활의 지주였다.

그렇다면 이제 가장 소단위라 할 수 있는 아비 집은 무엇인가? 아비 집은 이스라엘인들이 대를 이어 함께 사는 대 가족으로, 노예나 타국민 체류자 등이 함께 거하였다. 경제적으로 아비 집은 자신의 기업 (나할라 inheritance)을 갖는다. 그래서 경제적으로 자급자족하는 한 단위를 구성했다. 이 기업은 타인에게 양도될 수 없었고 대대로 전달되어야 했다. 자원해서 자기 기업을 타인들에게 파는 경우는 없고 단지 빚에 몰려서 (느 5:3), 친족이 되사는 기업 (렘 32, 룻기), 타국인이 기업을 사는 일 (삼하 24, 왕상 16:24 등) 등이 있었다. 아비 집은 경제적으로만 아니라, 사법적으로도 자치 단위였다. 아비 집은 자기 가족 안에서 가장 (가장 연장자)이 사법권을 행사했다. 결혼과 이혼, 노예관련 문제, 부모의 징계 등은 가장이 가족 구성원에 대하여 사법권을 행사했다 (제5 계명 참조). 그리고 가장들은 성문에 모여서 마을의 사법권을 행사하였다. 장로들이 바로 저들이었다. 기업과 가족을 상실할 때, 마을에서 갖는 이런 장로직은 상실되었다 (욥 29, 30장). 아비 집에서 가장은 동시에 신앙교육의 책임도 담당해야 했다 (출 12:26이하, 13:14이하, 신 6:20-24 등). 따라서 아비 집의 가장이 가졌던 사회적, 신앙적 책임과 특권은 막중한 것이었다 (C. J. H. Wright, "Family," in The Anchor Dictionary of the Bible, II. 761-769 참조).

결혼은 대개 가족들 간에 주선되었다. 특별한 예외는 인정된다 해도, 결혼은 아비집의 가까운 친족들을 제한 자기 부족, 친족 내에서 이루어졌다. 예외란, 오빠나 남자 동생이 없는 가정의 딸이 자기 부친의 기업을 이어야 하는 경우 자기 같은 가문 사람에게 시집가는 것은 필수적이었다 (민 36장). 그렇지만 강간을 당해서 별수 없이 결혼해야 하는 경우 (출 22:16이하, 신 22:28이하), 전쟁 포로를 아내로 취한 경우 (신 21:10-14) 등은 가문 밖의 사람과 결혼할 수밖에 없었다. 때로는 경제적 이유에서 (룻 1:4) 자기 가문 밖의 사람과 결혼하고, 때로는 정치적 이유에서 (왕상 11:1이하, 16:31) 타국 사람과 결혼하기도 했다. 시 45편의 신랑 (왕)이 유다왕국의 여호람이고, 왕비가 북왕국 이스라엘의 아합왕의 딸 아달랴라면 이들의 결혼 역시 정략결혼에 의한 것이었다. 이스라엘에서 일부다처제가 관습적으로 행해지기도 했지만, 경제적 이유에서 많은 아내를 취하기는 쉬운 일이 아니었다. 특히 왕은 여러 아내를 취하여 자신의 위세를 과시하거나 정략적으로 이용하였다. 그러나 왕의 법 (신 17:14-17)은 왕이 아내를 많이 두어 신앙적으로 미혹 당하지 말 것을 경고하고 있다.

시 45편에서 신부는 자기 백성, 자기 아비 집을 잊으라는 권고를 받는다. 신부는 동양에서 출가외인이라 했다. 한번 시집가면 시부모 집안에서 죽어야 했다. 룻은 비록 이방 모압 여인이었지만, 자기 남편이 죽었을지라도, 자기 시어머니 나오미가 가는 곳에 자기도 가며, 나오미의 백성이 자신의 백성, 나오미의 하나님이 자기의 하나님이 될 것이며, 죽음 외에는 떨어지지 않겠다고 선언한다 (룻 1:16). 동양 유교적 효도사상에서 볼 때 효녀의 표본이 아닐 수 없다.

한국 이혼율 세계 최고?

2003년도에 대한민국의 실상을 묘사하는 4자 성어(成語)는 "우왕좌왕(右往左往)"이었다. 나라가 온통 갈피를 잡지 못하고 갈팡질팡이었다. 그것은 국민이 선출한 대통령 때문이라 하기도 하고, 또 무슨 탓이라고도 한다. 여하간 대한민국은 이제 혼란기에 들어선 느낌이다. 그런데 그 중에서도 놀라운 일은 대한민국이 세계에서 이혼율이 47 퍼센트로 미국 등 몇 나라 제하면 세계 3, 4위로 높다는 사실이고 몇 년 지나면 세계 최고가 되는 것도 시간문제라 한다 (어떤 이들은 이런 수치는 계산 방식에서 문제를 내포하므로 우리나라 이혼율은 실제로 20 퍼센트 정도에 불과하다고 이의를 제기하기도 한다). 왜 이 민족이 이 지경에 이르렀는가? 단식스러운 현상이 우리 눈앞에서 벌어지고 있다. 결혼은 일단 맺어졌다면 주님의 말씀대로 간통 외에는 결코 깨어지도록 허락해서는 안 된다. 부부의 날도 제정되었다지만, 중요한 것은 결혼의 의미와 가정의 의미를 성경적으로 바로 이해하는 일이다.

결혼이란 에덴동산에서 하나님께서 제정하신 인류 최초의 제도로서, 하나님께서 짝 지워 주신 것을 사람이 나눌 수 없다는 원칙이 기독교 결혼관이다. 일단 주 안에서 결혼을 했다면 이혼은 허락지 않아야 한다. 그러므로 결혼도 아주 신중하게 이루어져야 한다. 여러 가지 조건들을 생각할 수 있지만, 신앙이 동일해야 한다는 큰 원칙을 따르면 될 것이다. 결혼은 쌍방의 희생과 노력으로 아름답게 가꾸어지지 않는 이상 곧 탐심과 정욕, 이기심이 주장하는 타락한 관계로 변질되기 쉽다. 말하자면 포도원을 허는 작은 여우를 기도와 실천하는 신앙으로 끊임없이 제해야 한다. 우리는 전통적인 동양 사고인 출가외인이란 말이 갖는 단순한 의미가 좋은 면으로 취할 수 있다고 본다. 본문도 네 백성과 아비 집을 잊으라고 권고하지 않는가? 이렇게 하려면 배우자 선택을 위해서 기도를 많이 해야 하고 신중하게 영적인 배우자를 물색하지 않으면 안 된다.

시 46편 하나님은 우리의 피난처시로다

1. 전체구조에서의 위치, 시의 유형과 삶의 자리

이 시는 시온의 노래로 분류된다. 비록 "시온" 혹은 "예루살렘"이란 직접적인 언급은 없다 해도, "하나님의 성" 혹은 "지극히 높으신 자의 장막의 성소"란 표현들이 시온성을 지시한다. 이 시는 이스라엘이 당면했던 국가적 위기를 하나님의 기적으로 극복하고 하나님의 기사를 찬양하는 찬송이다. 이 시는 하나님에 대한 흔들림 없는 확신을 아름답게 표현해주고 있다. 하나님에 대한 확신이 흔들리는가? 시 46편을 읽고 기도하라. 루터는 이 시에 근거하여 "내 주는 강한 성이요"란 찬송시를 작사 작곡 하였지만, 이 시를 읽고 이렇게 말했듯:

우리는 이 시를 읽고 하나님을 찬양한다. 하나님이 우리와 함께 계셔서
자기 교회와 말씀을 모든 광신주의자들이나 지옥 권세, 마귀의 끝 수 없는 증오, 세상의
모든 공격과 육과 죄악의 공격에서 능력 있게 기적으로 지키시고 보존하시기 때문입니
다.

우리는 이 시가 생겨난 그 역사적 정황은 히스기야 왕 14년에 있었던 앗시리아 산헤립 왕의 침공과 연관되지 않나 추정한다. 시 47, 48편도 하나님의 큰 구원을 체험하고 하나님에 대한 감사와 신뢰를 표현한다. 그런 점에서 이 세 시는 서로 함께 배치되었을 것이다. 좀 더 구체적으로 언급하자면, 이 시는 히스기야 왕 시대에 (주전 701년) 앗시리아 산헤립이 대군을 이끌고 유다를 침공하여 46개 도성을 함락시키고 예루살렘을 포위 공격하였으나 히스기야와 이사야 선지자의 영적 지도력으로 하나님께서 기적으로 그 도성을 원수의 손에서 건지신 후에 기록되었다고 본다. 이렇게 보는 이유는 이 시편에서 몇 가지 사고들이 히스기야 당대의 사건을 암시해 준다고 보여 지기 때문이다.

1) 4절에서 강이 있으니, 그 지류들이 하나님의 성 곧 지존자의 거룩한 처소를 기쁘게 한다고 했다. 이는 히스기야 왕이 대적의 포위를 예상하고 성밖의 샘물을 지하수로를 만들어 성 안으로 끌어 들인 사건을 암시하는 듯 보인다. 대하 32:1 이하에 보면, 히스기야 왕이 외적의 침공을 예상하고 행한 국방(國防)과 관련된 조처들이 언급된다:

4 이에 백성이 많이 모여 모든 물 근원과 땅으로 흘러가는 시내를 막고 이르되 어찌 앗수르 왕

들로 와서 많은 물을 얻게 하리요 하고 5 히스기야가 세력을 내어 퇴락한 성을 중수하되 망대까지 높이 쌓고 또 외성을 쌓고 다윗성의 밀로를 견고케 하고 병기와 방패를 많이 만들고

물론 사 22:-11에 제시된 이사야 선지자의 책망이 히스기야의 국방책에 대한 책망일수도 있을 것이다:

너희가 다윗성의 무너진 곳이 많은 것도 보며 너희가 아래 못의 물로 모으며
10 또 예루살렘의 가옥을 계수하며 그 가옥을 헐어 성벽을 견고케도 하며
11 너희가 또 옛 못의 물을 위하여 두 성벽 사이에 저수지를 만들었느니라
그러나 너희가 이 일을 하신 자를 앙망하지 아니하였고 이 일을 옛적부터 경영하신 자를 존경하지 아니 하였느니라

그렇지만, 역대기 본문에 의하면, 히스기야는 하나님을 의지하지 아니하고 국방(國防)책에만 치중한 것이 아니었다. 그는 신앙적인 지도력을 발휘한 것으로 드러나고 있다. 아마 추정컨대, 히스기야는 처음에 침공 소식에 놀라 황겁히 외적 방비책을 하면서 신앙적 지도를 게을리 한 듯하다. 그러나 점점 마음의 안정을 잡고 이사야의 책망도 들으면서 점차 영적인 방비책의 중요성을 백성들에게 강조했던 것으로 보인다. 이렇게 볼 수 있는 것은 정작 산헤립 대군이 침공했을 때 히스기야는 황급하게 인간적인 방법을 도모하는 모습을 보였기 때문이다 (왕하 18:13-17). 그러나 후에 그는 성전에 올라가서 하나님께 랍사게의 신성모독적인 말을 기소하면서 간구를 올림으로 하나님의 기적식인 개입을 체험할 수 있었나.

다시 4절로 돌아가서 생각해 보면, 히스기야가 건축했던 지하수로는 대하 32:30에서 "히스기야가 또 기혼의 윗 샘물을 막아 그 아래로 좇아 다윗성 서편으로 곧게 인도하였으니 저의 모든 일이 형통하였더라" 라고 했다. 이 지하수로가 외적의 포위 공격시에 성 중 거민들에게 든든한 원천이 되었을 것이다.

2) 5절에서 시인은 "새벽에 도우시리로다" 라고 했다. 이는 역대기 기사에서 "히스기야 왕이 아모스의 아들 선지자 이사야로 더불어 하늘을 향하여 부르짖어 기도하였더니" "여호와께서 한 천사를 보내어 앗수르왕의 영에서 모든 큰 용사와 대장과 장관들을 멸하신지라" 라고 기록한 말씀과 연관될 것이다. 여기에는 "새벽에 도우셨다" 라는 표현이 없다. 그런데 열왕기 기사에는 유사한 언급이 나타난다. 곧 "이 밤에 여호와의 사자가 나와서 앗수르 진에서 군사 십팔만 오천을 친지라 아침에 일찌기 일어나 보니 다 송장이 되었더라" (왕하 18:35)고 했다. 이사야를 통해 선포하신 하나님의 구원 메시지 예고대로, 밤에 여호와의 사자가 앗시리아 대군을 쳤고, 아침에 그 구원은 알려졌다. 시편 기자는 "새벽에 도우시리로다" 라고 했으나 사실 밤중에 구원이 시작되었고, 새벽에 그것을 확인할 수 있었다. 성경에서 "새벽에" 하나님의 구원이 이루어지는 예가

있다. 예컨대, 출애굽 할 때에, 모세가 바다 위로 자기 손을 내어 밀었을 때 새벽에 미쳐 바다 물이 그 세력을 회복하여 애굽 군을 수장(水葬)시키고 말았다 (출 14:27, 24절도 참조). 또 왕하 3:20에 의하면, 여호사밧 왕이 북왕국 여호람과 에돔 왕과 더불어 모압을 치고자 할 때도, "아침에 미쳐 소제 드릴 때에 물이 에돔편에서 부터 흘러와서 그 땅에 가득 하였더라" 라고 했다. 물이 없어 낭패에 처한 동맹군에게 하나님은 아침 제사 시간에 맞추어 물을 공급하셨다. 새벽은 죄악과 패배와 공포의 상징인 어둠이 걷히고, 승리와 소망의 상징인 찬란한 태양이 솟아오르는 시기이다. 그리고 새벽은 아침 번제를 드리는 제사의 시간이기도 하다. 그래서 하나님은 상징적인 의미와 영적인 의미를 더하시고자 새벽에 구원을 베푸신다고 할 수 있을 것이다. 특히 산헤립 대군의 첩첩 포위 속에 숨도 제대로 쉴 수 없었던 공포와 압박감에 사로잡혔던 히스기야와 유다 국민에게 "새벽에" 들려온 구원의 소식은 가히 천지를 진동시킬 엄청난 구원의 소식이었을 것은 짐작이 가고도 남는다. 그래서 이 시인은 그 엄청난 기쁨과 소망을 가져온 그 새벽의 소식을 시에서 노래하는지 모른다.

3) 10절에서 시인은 "너희는 가만히 있어 내가 하나님인 줄 알지어다" 라고 했다. 이는 이사야가 선포한 메시지의 핵심 주제였다. 예컨대, 이사야는 사 7:4, 18:4, 30:15 등에서 이렇게 외치고 있다:

=너는 삼가며 종용하라 (아람 왕 르신과 르말리야의 아들이 심히 노할지라도 연기나는 두 부지깽이 그루터기에 불과하니 두려워 말며 낙심치 말라)
=여호와께서 내게 이르시되 내가 나의 처소에서 종용히 감찰함이 쬐이는 일광 같고 가을 더위에 운무 같도다
=주 여호와 이스라엘의 거룩하신 자가 말씀하시되 너희가 돌이켜 안연히 처하여야 구원을 얻을 것이요 잠잠하고 신뢰하여야 힘을 얻을 것이어늘

이 세 구절들은 하나님을 앙모하며 잠잠히 신뢰하여야 할 것을 가르쳐 준다. 시편 기자는 이 메시지를 10절에서 메아리치게 하고 있다. 물론 모세는 유사하게 백성들에게 권고한 바 있다 (출 14:13-14).

시 46편과 히스기야 당대의 정황 사이의 이런 사고상의 연관성에 근거하여 우리는 시 46편의 역사적 배경이 산헤립 대군의 예루살렘 포위 사건과 연관된다고 이해한다. 물론 그 때 일어난 사건은 이스라엘 역사 이래 여러 유사한 사건들로 반복될 수 있을 것이고, 또 장차 나타나실 예수님의 재림 심판 시의 종말 전쟁시에도 이루어질 일의 표상이 될 것이다 (계 20:9).

반면, 궁켈은 이 시가 어떤 구체적 역사적 사건을 근거로 한다기보다, 장차 닥칠 일을 예언적-종말론적으로 표현하고 있다고 이해한다. 곧 하나님께서 종말에 야기 시킬 세계의 대 평화가 예언되고 있다. 모빙켈과 같은 이들은 이 시가 여호와의 즉위식과 연관된 예배용 시라고 이해한다.

그러나 이렇게 역사적 근거를 무시하고 의식에서만 배경을 찾고자 하는 시도는 성공적이라 할 수 없다.

표제는 "알라못에 맞춘 노래"라고 한다. 대상 15:20에 의하면, 레위인 음악가들이 "비파를 타서 (빈발림) '여창에 맞추' (알-알라못)"었다 했다. 그리고 또 다른 음악가들은 "수금을 타서 (베킨노롯) 여덟째 음에 맞추어 (알-핫쉐미닛) 인도하" 였다 (리낫체아흐). "알라못"은 "쳐녀"를 의미하는 "알마"의 복수형이다. 그래서 "알라못에 맞추어"라는 표현은 "처녀들의 목소리" 곧 소프라노 혹은 소년들의 가성 (falsetto)으로 라는 의미로 이해된다.

2. 시적 구조와 해석

이 시는 세 개의 연으로 구분된다.
제1연 (1-3): 자연계의 격변시에 피난처 되시는 하나님
제2연 (4-7): 국난(國難)시에 피난처 되시는 하나님
제3연 (8-11): 열방 중에 높임 받으실 하나님
세 개의 연으로 구분하는 이유를 좀 더 자세히 살피자면, 다음과 같다.

1) 사고의 흐름을 보면, 1-3절은 자연의 격변 때에도 하나님이 피난처이시니 두려워아니 한다는 사고를 노래한다. 4-7절은 열방이 예루살렘을 침공한다 할지라도 하나님이 그 성중에 계시니 안전하다는 사고를 표현한다. 마지막으로 8-11절은 하나님께서 온 땅에서 전쟁을 그치게 하시고 홀로 높임을 받으신다는 사고를 노래한다.

2) "셀라" 라는 말이 3, 7, 11절 마지막에 각기 놓여 있다.

3) 7절과 11절에 후렴구가 있다. 아마 3절 다음에도 이런 후렴구가 있었는지 모른다 (크라우스 참조). 이상의 세 가지 이유에서 우리는 이 시를 세 개의 연으로 구분한다.

그런데 전체적으로 연결시키는 연결 고리들도 있다. 그것은 세 연들에서 공통으로 혹은 두 부분에서 적어도 공통으로 나타나는 단어들이다. 가장 핵심적인 단어는 "땅"(에레츠)이다. 이 말은 세 연 모두에 걸쳐 나타나고 있으며 (2, 6, 8, 9, 10절) 따라서 이 시의 일관성을 유지하는 요소로 작용한다. 그리고 이 시편에서 후렴구 (7절, 11절)의 내용이 1절의 선언을 그대로 반영하면서 전체적인 통일성을 유지시켜 준다. 이 시편의 중심 주제는 이렇게 이 땅에서 어떤 환난이 있을지라도 하나님은 우리의 피난처시라 (1, 7, 11절)는 사고이다.

히브리시의 현저한 특징인 병행법들을 찾을 수도 있다. 우선 2절을 보면, "땅이 요동할지라도 / 산들이 흔들려 바다에 빠질지라도". 전.후반절 모두 "전치사 + 부정사 + 명사" 구조로 되어 있다. 후반절에서는 "바다 가운데" (베레브 야밈)란 표현이 첨가되고 있다. 이렇게 보면, 전반절에도 이 표현을 보충하여 "땅이 요동하여 (바다에 빠질지라도)" 라고 이해할 수도 있다. 이렇게 이 문장은 지진 같은 자연의 대 격변으로 지구가 바다에 침몰하고 바다가 융기(隆起)하는 그런 인

간 위기 상황을 생생하게 표현해준다.

3절을 보면,
"그 물들이 소리치고 거품을 내고, 그것이 솟구침으로 산들이 흔들린다 해도."

2절에서는 "땅"과 "산들"이 사용되어 육지 전체가 흔들리는 모습을 묘사했다면, 여기서는 "물들" (바다)과 "산들"이 요동하는 모습을 제시하여, 육지만 아니라 온 지구 전체가 요동하는 대 격변을 묘사해준다. 물론 2절에서도 뭍이 바다로 침몰하는 현상을 묘사하였으므로 온 지구적 대 격변을 암시하였다. 여기서 문법 구조를 보면, 전반절은 동사 + 동사 + 주어 형식이라면, 후반절은 동사 + 주어 + 전치사구 형식이다. 앞에서 동사가 두 번 사용된 반면, 뒤에서는 전치사구를 넣어 운율의 균형을 잡고 있다. 사고상으로 이 절은 동의 병행법을 구성하고 있다.

6절을 보면,
민족들이 소동하고/ 열방이 흔들린다
그가 자기 소리를 발하시니 땅이 녹는다

첫 문장은 동사 + 주어/ 동사 +주어 형식으로 구조상 구문 병행법을, 사고상 동의 병행법을 구성한다. 그런데 다음 행은 민족들의 소란과 요동에 대조되는 전능자의 위엄이 나타나고, 그의 꾸짖음에 땅이 녹아내리는 장관(壯觀)이 연출된다.

9절을 본다.
그가 땅 끝까지 전쟁을 쉬게 하심이여
그가 활을 부수시고 창을 박살내시며 병거들을 불사르시도다

앞 행에 제시된 사고가, 다음 행에서 구체화되고 있다. 전쟁을 쉬게 하는 것은 구체적으로 활을 부수고, 창을 꺾고, 병거들을 불사르는 일로 나타난다.

10절을 보면, "내가 민족들 중에서 높임을 받으며/ 땅에서 높임을 받으리로다." 이 부분은 문법 구조상 동사 + 전치사구/ 동사 + 전치사구 형식의 구문 병행법을 구성하고, 사고상으로도 동의 병행법을 구성한다. 민족들은 후반절에서 "땅"으로 대체되고 있다. 결국 땅은 민족들이 사는 지반이지만, 민족들을 지칭하는 말일 수도 있다.

표제: 고라 후손의 시 —고라의 계보를 따진다면, 야곱 → 레위 → 고핫 → 이스할 → 고라가 된다. 그러니까 레위의 증손이 된다. 고라는 한 때 모세와 아론의 지도력에 반기를 들었던 반란의 괴수였다 (민 16, 26:9-11). 고라 일당은 제사장직을 원했던 것이다. 저들은 자신들에게 주어진 레위인으로서의 성직 임무에 만족하지 못하고, 아론 후손들에게만 주어진 제사장직에 탐욕을 부렸다. 그런 욕심에 빠지게 된 것은 아론이 바로 고핫 → 아므람, [이스할] → 모세, 아론의 계보에서 보듯, 자기 사촌(四寸)에 해당되기 때문이다. 사촌이 논을 사면 배가 아프다(?) 그러나 고라

후손들이 다 전멸당한 것은 아니며, 그 후손들이 다 몹쓸 사람들은 아니었다. 여기서 보듯, 다윗 시대나 그 이후에 음악가, 시인으로 하나님의 성소에서 섬겼던 것이다.

그런데 알라못 (처녀들)을 어떤 사본들은 "알-뭇" (의미가 불분명)이라 읽고 있다 (시 9:1 참조).

제1연 (1-3): 자연계의 격변시에 피난처 되시는 하나님

자연계의 격변 현상은 고대인들에게 세상 종말의 징조였다. 시인은 어쩌면 문자적으로 이런 자연계의 격변을 겪었는지 모른다. 아니면 당대의 엄청난 위기 상황을 빗대어 이렇게 자연계의 격변 현상으로 묘사했는지 모른다. 어떤 경우이건, 시인은 그런 위기 속에서도 하나님은 성도들의 피난처요 요새시라고 고백한다. 땅과 산들이 요동한다면 어디서 피난처를 찾을 것인가? 아무 데도 없다. 그렇지만 성도들은 그런 와중에서도 하나님을 "피난처"로 삼을 수 있다.

1절: 하나님은 우리의 피난처시오 힘이시니 (엘로힘 라누 마하세 바오즈)— 환난 (챠롯)은 사람의 입지가 좁아진 사면초가 (四面楚歌)의 상태를 가리킨다. 설상가상 (雪上加霜), 진퇴양난 (進退兩難) 등의 말이 제시하는 그런 처지에 떨어질 때 사람들은 좌절하고 낙담하게 된다. 바로 그러한 때에 하나님은 우리의 "피난처," "힘"과 "큰 도움" 이시다. 이 시가 노래하는 주제는 환난 시에, 곧 스트레스가 가중되는 때에 우리의 피난처가 하나님이시라는 것이다 (7, 11절 후렴구 참조). 여기서 "힘"은 "요새" (TNK)로도 이해할 수 있다.

환난 중에 '만날 큰 도움' (에즈라 님챠 메오드)이시라— "환난 중에 입증된 도움이시라" (well proved help in trouble) 혹은 "환난 중에 시기적절한 도움이시라" (a timely help in trouble). 사용된 수동태 분사 (님챠)는 동사적 형용사 (gerundive)로서 (R. J. Williams, *Hebrew Syntax: An Outline*, §216), "입증될만한," "시기적절한" 과 같은 의미를 여기 문맥에서 가질 것이다.

2절: 그러므로 땅이 변하든지 … [두려워 아니하리라](알-켄 [로-니라] 베하미르 아레츠)— "땅이 변하다"는 "땅이 흔들리다" (힘모르)로 바꾸어야 한다 (아래 참조). 이 말은 자연계의 대격변 현상을 암시한다. 후반절에서 "산이 흔들려 바다 가운데 빠"지는 것으로 보다 구체화된다. 산은 요동치 않고 든든한 것의 상징일 수 있다 (시 125:1). 그렇지만, 땅이나 산은 언제든지 요동할 수 있고, 옮겨질 수 있다는 것도 성경기자들은 잘 알았다 (사 5:25, 54:10, 렘 4:24). 이런 자연계의 대격변 현상은 하나님의 진노의 결과로, 혹은 그분의 나타나심과 연관되어 제시 된다 (출 19:18, 삿 5:4, 시 18:7, 68:8 등). 사람이 발 디디고 사는 이 땅이나 요동하지 않는 양 버티고 서 있는 산들이 요동하고 떠날지라도, 성도는 두려워 않는다. 왜냐하면 우리는 "산들은 떠나며 작은 산들은 옮길지라도 나의 인자는 네게서 떠나지 아니하며 화평케 하는 나의 언약은 옮기지 아니하리라 너를 긍휼히 여기는 여호와의 말이니라" (사 54:10)는 약속을 믿기 때문이다. 믿음은 위기 시에 빛을 발한다.

한편 "땅이 변하든지" (베하미르 아레츠)에서 사용된 히필형 부정사는 "교환하다" 혹은 "바꾸다" (무르)란 의미이므로, 여기 문맥에서 의미가 적절치 않다 (NRSV, NASB). 70인역, 벌게잇, 시리아어역 등은 "흔들리다" (힘모르 혹은 힘모그)로 읽은 듯 하다. 이런 독법이 문맥에 어울린다.

산이 흔들려 바다 가운데 빠지든지 (우베모트 하림 벨레브 얌밈)— "산들이 바다 심장부에서 요동할지라도" (NRSV, REB 등) 보다는 한역처럼 이해함이 더 좋다 (70인역, KJV, NASB, NIV, NJB, TNK 등). 시인은 지진이 일어나 갈멜산이 쪼개져 지중해 가운데로 가라앉는 것을 목도했는지도 모를 일이다.

3절: 바닷물이 흉용하고 뛰놀든지 (예헤무 예흐메루 메마브) — "그 물들이 소리치고 거품을 낸다 할지라도" (NASB, NIV, NRSV, TNK, NAB). "그 물들"이란 2절 말미의 "바다"의 물들을 지시한다. "거품을 내다"란 말 (하마르)은 아랍어에서 "발효시키다"를 의미한다. 여기서는 바다가 흰 거품을 내며 요동치는 모습이다. 폭풍이나 지진, 화산폭발 등에 의하여 바닷물이 비정상적으로 높아져 육지로 넘쳐 들어오는 해일현상을 언급하는 듯 하다. 해일은 지진이 일어나는 지역에서 많이 나타나는데, 1933년 일본의 산리쿠쓰나미는 파고가 20 m 이상이었으며, 1972년 마유야마 산 지진으로 발생한 해일은 1만 4920명의 사망자와 함께 막대한 재산의 손실을 가져왔다. 1958년 알래스카의 리트야 만에서 산사태로 인해 발생한 해일은 높이가 251 m에 달했던 것으로 기록되어 있다.

그것이 넘침으로 산이 요동할지라도 (이르아슈-하림 베가아바토) — "바다가 솟구침으로 (at its swelling; with their surging) 산들이 요동한다 할지라도" (NAB, NASB, NIV, NJB, TNK, ELB). 혹은 "바다가 소리침으로 산들이 요동한다 할지라도" (KB[3] with its tumult, NRSV). 여기서 "그것이 넘침"은 바닷물이 지진의 여파로 해일(海溢)을 이루는 것을 지시할 것이다. 팔레스틴 사람들에게 바다는 무질서의 상징이었다. 바다의 흉용함과 산의 진동은 고대인들에게 있어서 세상 종말의 상징으로, 이러한 때에 바른 세계관을 제공해줄 수 있는 참 신앙사상이 요청되었다 (아래 참조). 시인은 산헤립 대군의 침공과 같은 국가적인 대 재난의 때에 임박한 것으로 느꼈을 세상 종말을 이런 자연계의 대 격변 현상과 대비시켜 표현했을 것이다.

우리는 두려워 아니 하리로다 (로-니라)—이 문장은 절 처음에 위치했으나, 한역이 의미를 살리기 위해 이렇게 3절 뒤로 처리했다. 차라리 2, 3절을 이렇게 처리하면 좋을 것이다:

2 그러므로 우리는 두려워 아니 하리로다 -
    땅이 흔들리고 산들이 흔들려 바다 가운데 빠질지라도,
3 바닷물이 소리치고 거품을 내며,
    바닷물이 솟구침으로 산들이 요동한다 할지라도

즉, 3절 말미에 2절 "우리는 두려워 아니 하리로다"를 첨가시키는 것이다.

크라우스는 3절에 7, 11절에 나타나는 후렴구를 첨가시켜 번역하였고, 따라서 후렴구를 3절에서 설명하고 있다. 그의 설명 중에서 "시온과 연관된 시들"에 관한 설명은 여기서 인용해 볼 필요가 있다:

시온 '시편들은 예루살렘의 지형학이나 신화적-종말론적 개념으로 설명될 수 없는 하나님의 성에 관한 몇 가지 특징적 진술들을 담고 있다. 오히려 그런 진술들은 가나안-유가릿 신화들에서 병행들을 발견할 수 있는데, 이는 그 진술들에 대한 새로운 이해의 지평을 열어 주었다. 그 이해에 의하면, 세세한 장소들을 시적-신화적으로 영화(榮華)롭게 함이 그 진술들의 기능이다. 그 중 몇 가지를 열거하자면 다음과 같다:
1) 시온은 북편에 있는 언덕이라 불린다 (챠폰). 장소가 어디에 위치하건 상관이 없이 이 명칭은 신들의 산이라는 의미이다. 곧 하늘에 미치는 올림푸스와 같은 곳이란 의미이다.
2) 북편의 산이 신들의 처소요 지존자 하나님의 보좌가 있는 곳이란 의미라면, 시온은 세상의 중심이요, 낙원과 같이 즐거움과 복락의 처소이다.
3) 예루살렘에는 거룩한 성을 즐겁게 해주는 강이 흐른다. 여기서 우리는 창 2장이나 겔 47장에서 보는 그 강의 표상을 본다. 이런 영화롭게 하는 진술에서 시온은 지하, 원형적 물이 합치되는 곳이며, 잘 조절되어 땅을 적시고 열매맺게 하는 곳이다.
4) 이 하나님의 성을 대항하는 열방의 진노가 일어난다. 그런데 그것은 시 46편 3절에서는 태고적의 물이며, 그 물은 지진으로 언덕을 치고 솟구쳐 오른다. 46:6에서는 그 원시적, 파괴적 세력이 열방이라는 역사화된 모습으로 나타난다. 이 열방의 반란은 홍수처럼 공격을 가해 온다. 이런 언급은 시 2:2, 48:4 이하, 사 17:12 이하, 6:23 등에서도 암시된다.
5) 그럼에도 하나님의 성은 난공불락(難攻不落)이다 (46:6 이하). 폭풍도 덮칠 수 없고 (삼하 5:6, 시 87:5, 125:1 이하, 사 26:1 등), 열방의 공격은 격퇴된다. 여호와께서 자기 천둥으로 원수를 박살내신다 (46:6). 책망으로 (시 76:6, 사 17:13) 물리치신다. 하나님의 공포가 저들을 덮친다 (시 46:8, 사 17:14).

이런 주장에 대하여 다른 학자들은 이 시는 추방 이후의 고라 후손의 시로서 전승의 고대성을 주장할 수 없다 라고 한다 (Kraus, 463). 우리는 크라우스의 시온에 대한 주장대로, 시온 사고가 가나안 신화에서 차용되었다고 보지는 않는다. 오히려, 에덴동산 이야기가 가나안 신화로 왜곡되었으며, 시편이나 이사야서의 시온 사상은 원래 있었던 에덴동산 사고로 연결된다고 이해한다.

한편, 3절 마지막에 언급된 "셀라"라는 용어는 7, 11절에서도 나타나므로, 연(聯) 구분하는데 도움을 준다. 그런데 7절 말미에서는 시리아어역이, 11절 말미에서는 70인역과 시리아어역이 각기 이를 생략하고 있다. 그런데 크라우스는 이 "셀라"란 말이 7, 11절에서 나타나고, 7, 11절이 또한 후렴구임을 이유로, 이 "셀라"가 나타나는 3절에도 후렴구가 있었으리라 추정하고 첨가시킨다. 그렇지만, 1연에서 후렴구는 필요치 않다. 왜냐하면 1절이 그에 해당되기 때문이다.

제2연 (4-7): 국난 시에 피난처 되시는 하나님

이제 시인은 당대에 경험한 바를 실제적으로 묘사한다. 시인은 아마 히스기야 당대의 산헤립 침공과 같은 국난(國難)을 직접 겪고 이렇게 기술하는 듯 하다. 1연의 온 세상이 요동하고 바다가 흉용한 것과 달리 여기서는 평안과 안전감이 느껴진다.

4절: 한 시내가 있어 나뉘어 흘러 … 기쁘게 하도다(나하르 펠라가브 예삼메후)— "강과 그 물줄기들." 두 단어를 연결시키는 접속사가 생략되었다고 이해한다. 이 물줄기들은 도성인들에게 생명수를 공급한다. 예루살렘은 연간 강우량이 500 밀리미터 밖에 되지 아니하고, 2년마다 눈이 내리곤 한다. 8월중 평균기온은 24도, 1월은 10도이다. 때로 사막의 열풍 (쇠라브; 캄신)이 가을과 봄에 불어 닥친다. 여름에 예루살렘에서 태양광은 거의 수직으로 (80도) 내려 꼬치기에 지구상에서 가장 따가운 곳으로 유명하다. 구름이나 습기가 거의 없는 까닭에 이 햇볕은 따갑기 그지없다. 이런 지역에서 물은 생명수 자체였다. 특히 외침(外侵)을 당하고 포위된 도성에서 히스기야의 지하수로가 공급한 그 물줄기는 (대하 32:30) 예루살렘 사람들에게 생명수였다.

하나님의 성 곧 지극히 높으신 자의 장막의 성소 (이르 엘로힘 케도쉬 미쉬케네 엘리온) — 예루살렘이 하나님의 성으로 불리는 것은 그곳에 하나님의 성소가 위치했기 때문이다. 그런데 "장막의 성소"는 "거룩한 거처" (holy dwelling)로 번역된다. "거처"가 복수형인 것은 그 거처의 신적인 위엄을 강조하기 위함일 것이다. '지극히 높으신 자' 란 명칭은 이스라엘의 언약의 하나님을 지칭하는 "여호와"와 달리 약간 일반적인 신명 (神名)으로 여기 문맥이 이방인들을 포함한 국제 적임을 암시해 준다 (창 14:18, 민 24:16, 신 32:8, 시 47:3 등).

한편, "지극히 높으신 자의 장막의 성소를" (케도쉬 미쉬케네 엘리온)이란 표현을 70인역은 "지존자께서 자기 장막을 거룩하게 하셨다" 라고 번역했다 (NJB). 우리는 본문을 약간 변조시켜 "지극히 높으신 자의 거룩한 처소"라 읽는다 (NAB, NASB, NIV, NRSV, TNK). ELB는 "지존자의 거처의 지성소" (die heiligte der Wohnungen des Hoechsten)라 했다. 이런 번역들은 하나님의 성 예루살렘을 하나님께서 거하시는 거룩한 처소로 이해한다.

"기쁘게 하도다" - 예루살렘 도성을 흐르는 강물은 없다. 히스기야의 지하수로를 강이라 부른 것은 과장법일 것이다. 동시에 "강 (나하르)과 그 물줄기들"을 가지고 어쩌면 하나님의 은혜의 강물을 상징적으로 지시했을지도 모른다 (사 33:21 참조). 그 도성의 기쁨과 안전은 하나님의 임재와 은혜에 오로지 근거했기 때문이다. 아니면 시인은 하나님께서 거하시는 예루살렘을 이상화시켜 이전 에덴동산처럼 묘사하고 있는지 모른다.

우리의 마지막 제안과 연관하여, 네브의 제안을 들어보자. 네브에 의하면, 여기 강물의 줄기들이 흐르는 하나님의 성이란 사고는 다윗이 예루살렘을 취하기 전에 거주하던 여부스 족속의 신화에서 취한 것이라 한다 (L. Neve, "The Common Use of Tradition by Psalm 46 and Isaiah," 243-46 참조). 그런데 고대 가나안 도시 국가 유가릿에서 발굴된 문헌들에 의하면 (CTA 17.vi.47) 신들의 아버지 엘 신의 보좌는 두 시내의 수원지(水源池)에 위치한다고 한다. 그래서 어떤 이는 이런 가나안적 사고를 이스라엘 사람들이 취하여, 다윗이 예루살렘을 공략하여 하나님의 도성으로 만들 때, 성소(聖所) 신학의 일부로 사용했다 한다. 다시 말해, 이방인들의 생각에는 신의 거처에는 물이 흘러나오는 근원들이 있는 바, 그런 사고를 하나님의 도성인 예루살렘에 적용시켰다는 것이다 (O. Eissfeldt, "Psalm 46," *Kleine Shriften*, IV, 8-11). 그렇지만, 우리는 오히려 네 강물의 근원이 되어 물줄기들이 갈라졌던 에덴 동산의 모습이 여기서 예루살렘에 이상적으로 적용되고 있다고 본다. 에덴동산은 원래 하나님의 임재가 있었고, 아담과 하와가 하나님을 섬기도록 지어진 성소였다 (최종태, 「예언자에게 물어라」 제1장 참조). 그 성소의 모습이 가나안 신화에서 왜곡되어 나타났을지 모른다.

5절: 하나님이 그 중에 거하시매 (엘로힘 베키르바흐)—하나님은 예루살렘을 택하시고 (시 78:66, 132:3, 사 14:32). 그곳에 자기 이름을 두셨으니, 곧 그곳에 자신의 임재를 나타내셨다. 천지에 충만하신 하나님이시지만, 특별히 예루살렘 시온성을 사랑하시어 자기의 이름이 높임을 받는 예배가 드려지게 하시고, 그곳에서 자기 언약백성을 만나 주시었다 (시 20:2, 69:35, 128:5).

성이 요동치 아니할 것이라 (발-팀모트)— 이는 이 도성이 심각한 외적의 도전에 직면했었다는 것을 반영해준다. 지질학적 요동이 아니라, 도성 거민들의 동요와 불안이 언급되고 있기 때문이다. 2절에서 "산들이 요동하여" 바다에 빠진다 할 때, 사용된 바로 그 동사 (모트)를 여기서 사용하여, 산들은 흔들릴지라도, 하나님이 거하시는 "성" 은 요동치 않을 것이라 강조한다.

새벽에 하나님이 도우시리로다 (야즈제레하 엘로힘 리프놋 보케르)— "새벽"이 특별히 구원의 시각으로 지적된 것은 주목할 만하다. 문자적으로 번역하자면, "아침으로 바뀔 때"이다. 곧 밤이 가고 동이 터 오를 무렵 (출 14:27, 삿 19:26, 시 46:5). 산헤립 대군이 예루살렘을 포위했을 때, 한밤에 여호와의 사자가 나와서 앗시리아 진(陣)에서 군사 십팔만 오천을 쳤고, 이스라엘 사람들이 "아침에 일찌기" 일어나 보니 다 송장이 되었다 (왕하 19:35). 새벽에 하나님의 만나도 내렸다. 하나님은 만물이 고요할 때 역사하시는 분이시다 (출 14:24, 27, 왕하 3:20 도 참조).

6절: 이방이 훤화하며 왕국들이 동하였더니 (하무 고임 마투 마믈라콧)—훤화하다 (하마)는 '시끄럽게 소란 치다' 는 의미이다 (3절에서 "[바닷물이] 흉용하고"). 이는 "왕국들이 동하였더니" (모트)로 반복된다. 앞에서 (2, 5절) 산들이 요동하고, 성이 요동치 않는다고 할 때도 동일한 동사 (모트)를 사용했다. 이렇게 같은 동사의 반복은 우리가 앞서 진술한대로, 1-3절의 자연의 대 격변 묘사가 4-7절에 제시된 이스라엘에 대한 외적(外敵)들의 침공을 상징화시킨 것이 아닌가 하는 추정을 갖게 한다. 이방인들의 소란은 이스라엘에 대한 침공행위를 지시한다 (시 65:7, 74:4, 83:2, 사 8:9 참조).

저가 소리를 발하시매 (나탄 베콜로)— 하나님께서 목소리 한 번 발하시니 원수들이 넘어져 엎드러지는 모습이다. 하나님의 소리는 꾸짖는 책망의 소리요, 분노의 외침이시다 (시 76:6 [야곱의 하나님이여 주께서 꾸짖으시매 병거와 말이 다 깊은 잠이 들었나이다], 106:9, 사 17:13). 이는 아이들이 소란 칠 때, 아버지께서 성난 얼굴로 큰 소리를 치자 그 소란이 뚝 그치는 모습을 연상시킨다. 여호와의 사자가 밤중에 나가 앗시리아 대군을 치니 18만 5천이 엎드러진 사건을 암시하는지 모른다.

땅이 녹았도다 (타무그 아레츠)—여기서 "땅" (에레츠)은 아마 "땅에 거하는 거민"을 지칭하는 환유법 (metonymy)이라 여겨진다. 그렇다면, 하나님의 책망하는 소리, 분노의 외침에 온 땅의 거민들의 간이 녹아 내리는 것이다 (수 2:9, 24 참조).

7절: 만군의 여호와 (야웨 체바옷)—이 신명 (神名)은 선지자들에게서 주로 나타나며, 통상적으로 "군대들의 여호와" 곧, 하늘 군대 사령관이신 여호와를 의미한다고 이해된다. 또 어떤 이는 하늘 군대만 아니라, 세상 만물을 다 총칭하여 그 주인으로서의 여호와를 지시한다고 이해한다. 여기 문맥에서는 군사적 뉘앙스가 풍겨진다.

우리와 함께 하시니 (임마누)—이 표현에 "하나님" (엘)을 첨가하면, 저 유명한 문구인 "임마누엘" (하나님께서 우리와 함께 하시다)이 된다. 임마누엘!

야곱의 하나님이 우리의 피난처시로다 (미스가브 라누 엘로헤 야아콥) — "엘리온" (4절)과 달리 "야곱의 하나님"은 이스라엘 선민(選民)주의를 물씬 풍긴다. 그렇지만, 이스라엘의 선택은 그 목적이 "만민의 복이 되도록 위함이었다"면 "야곱의 하나님"이란 칭호가 그렇게 독단적으로 우리에게 들려야 할 이유가 없다. 하나님은 온 인류의 구원을 위해 이스라엘을 택하셨기 때문이다. 구약 성도들, 택한 자들의 하나님은 성도들을 위험에서 지키시는 '피난처' (미시가브)이시다. 여기 사용된 단어는 사람이 도달하기 어려운 "고 지대"로서의 피난처를 의미한다면, 1절의 "피난처" (마하세)는 "피하는 곳" 이란 문자적 의미를 가진 말이다.

제3연 (8-11): 열방 중에 높임 받으실 하나님

이 부분은 하나님께서 행하신 일을 묘사한다. 하나님의 위대하신 일들의 묘사는 결국 그분에 대한 찬양과 같다. 10절에서 사실 시인은 하나님의 대변자로서 말하면서, 하나님께서 높임을 받으실 것을 지적하고 있다. 1, 2연에서 하나님을 환난 날에 입증된 큰 도움이시요, 피난처라 신뢰의 고백을 하였지만, 정작 그 신뢰를 입증하는 하나님의 행사는 여기서 묘사되고 있다. 따라서 이 시의 핵심은 여기서 나타난다.

8절: 와서 여호와의 행적을 볼지어다 (레쿠-하주 미프알롯 야웨)—접속사 없이 명령형 동사 둘이 연속 제시되고 있다 (hendiadys). 여기서 "본다"는 말은 원래 "환상을 보다" 즉, '영안으로 바라보다' 란 의미이나, 여기서는 '신앙적 안목으로 식별하다' 란 뉘앙스를 지닌다. 성도들은 와서 "여호와의 행적" (미프알롯 야웨)을 보아야 한다. 곧 여호와께서 이루신 일들을 보고 그분의 위대하심을 깨달아야 한다. "여호와의 행적" (미프알롯 야웨)에서 "행적(行蹟)"은 '행하신 일'

(헬, 타 에르가)이며, 여기서와 시 66:5, 잠 8:22 등에서 모두 하나님의 행하신 일을 지시하고 있다.

땅을 황무케 하셨도다 (아쉐르 삼 샴못 바아레츠)—이는 하나님의 도성을 침공했던 원수들에게 가해진 하나님의 처벌을 지시한다. 하나님의 도성과 거민들에게는 아무런 해가 가해지지 않았다 (출 8:22 참조). 70인역은 이 부분에서 "어떠한 이적들을 땅 위에서 행하셨나"라고 번역하고 있다 (NAB, NJB: "그는 땅에서 두려운 일들을 행하셨다").

9절: 땅 끝까지 전쟁을 쉬게 하심이여 (마쉬비트 밀하못 아드-케체 하아레츠)— 종말론적인 표현이다 (사 2:4 참조). 그렇지만 예루살렘을 침공했던 강대국의 군대를 일격에 격파시켜 진멸시킴으로 당분간 온 세상에는 평온이 깃들 것이다. 특히 하나님의 백성들에게는 평안이 찾아올 것이다. 시인은 이 외적(外敵) 침공과 격퇴 사건을 기회로 하나님께서 종말에 가져오실 영원한 평화를 기대감으로 예고하는지도 모른다.

활을 꺾고 창을 끊으며 수레를 불사르는도다 (케쉐트 예샤베르 베키체츠 하니트 아갈롯 이스롭 바예쉬) —이런 무기들은 '칼' 과 함께 고대에서 가장 기본적인 무기들이었다. "수레" (아갈롯)는 오늘날의 탱크에 해당된다. 이 말은 동시에 요셉이 부친과 그 가족들을 애굽으로 모실 때 사용한 수레들을 지시하기도 한다 (창 45:19, 21). 이런 병기들은 이스라엘이 취하여 재활용하기보다는 불살라 버렸다 (수 11:9). 이는 이런 병기들보다 하나님만 의지한다는 신앙의 표현이었다. 여기서 한 가지 주목할 것은 "거룩한 전쟁" 사고와 "영원한 평화의 나라" 사고가 함께 이 구절에서 언급되고 있다는 것이다. 성전(聖戰) 사고에서 중요한 원리는 "담대함의 원리"와 (신 20:1-9), 그분의 임재의 원리 (신 23:9-14), 그리고 그분이 이스라엘을 위하여 기적으로 싸우신다는 기적의 원리이다. 이 성전의 원리 중에서 "기적의 원리"가 여기 언급되고 있다. 동시에 하나님께서 이런 병기들을 완전히 제거하실 종말론적 평화 시대가 예고되고 있다.

한편, "수레를" (불사르시는도다)에서 "수레" (아갈롯)라 번역된 말을 70인역은 "작은 방패들" (뚜레오스)이라 번역하였다. 이 방패들은 문처럼 생긴 사각형 혹은 타원형의 것이다 (삿 5:8, 삼하 1:21, 왕하 19:32 등). 어떤 영역본들도 "방패들"로 번역한다 (NIV, NJB, NAB). 어떤 역본들은 "병거들"로 번역한다 (NASV, RSV 등). 쿰란 전쟁기 (1QM vi:15)에서 기마병들은 "둥근 방패들" (mgny `glh)로 무장한 것으로 진술된다 (Yadin, *The Scroll of the War of the Sons of Light against the Sons of Darkness*, 121). 그렇지만 창 45:19나 여기서는 전통적인 번역이 좋다.

10절: 가만히 있어 (하르푸) —이는 출애굽시에 추격하는 바로 군대를 보고 안달하고 불안해 소동하던 이스라엘을 향해 발했던 모세의 음성을 상기시켜준다 (출 14:13 "너희는 두려워 말고 가만히 서서 여호와께서 오늘날 너희를 위하여 행하시는 구원을 보라"). 신앙은 위기 시에 소란치지 않고 조용히 그분을 신뢰함으로 나타난다 (사 30:15 "너희가 돌이켜 안연히 처하여야 구원을 얻을 것이요 잠잠하고 신뢰하여야 힘을 얻을 것이어늘").

내가 하나님 됨을 알지어다 (우데우 키-아노키 엘로힘)—하나님은 우리의 신앙을 통해서 높임을 받으신다. 그분은 은밀하고, 드러나지 않는 방식으로 일하신다. 따라서 신앙의 눈으로만 파악이 가능하다. 역사는 하나의 해석이라면, 신앙인의 눈으로라야 바른 역사 해석이 가능하다. 모세의 장인 이드로는 모세에게 인사하면서 "애굽인들의 손에서 너희를 건져내신 여호와를 송축하리로다" 라고 한 후, "이제야 여호와는 모든 신들보다 위대하심을 내가 알겠다" 라고 한다 (출 18:11). 이런 고백은 "역사"의 사건에 대한 신앙적 해석에 근거한 것이며, 그 신앙적 해석은 그 역사적 사건의 수혜자인 이스라엘을 통해서 가능하게 되었다 (왕하 5:15도 참조). 에스겔 선지자는 거듭 백성들에게 역사적 심판이 있고난 후에 이스라엘이나 열방이 하나님을 인정할 것을 선포한 바 있다 (겔 6:7, 10, 13, 14, 7:4 등).

열방과 세계 중에서 높임을 받으리라 (아룸 박고임 아룸 바아레츠) —원문에서는 두 번이나 동일한 동사가 사용되어 강조되고 있다: 구약에서 1인칭으로 이 동사가 기본형에서 사용된 예는 여기밖에 없다. 사역형 1인칭에서 사용된 용례를 보면, 하나님께서 어떤 사람을 높이기도 하시고 (왕상 14:7, 16:2), 사람이 하나님을 높이기도 한다 (출 15:2,, 시 30:1, 34:4). 물론 하나님께서 사람을 높이는 경우는 그 사람을 존귀케 만들어 주는 것이라면, 인간이 하나님을 높이는 것은 그분을 찬송하고 송축하는 것을 의미한다. 그런데 여기서는 하나님께서 스스로 높임을 받으시리라 말씀하신다. 이는 자기 영광을 우상에게 주시지 않는다는 사고나 유사하며, 하나님께서 자기 행사들을 통해서 열방이 그를 인정하고 찬송할 것을 예고하신다. 종말에 그와 같은 일이 일어날 뿐 아니라 (빌 2:10-11), 그분이 산헤립 대군을 궤멸시킨 사건 같은 경우에서도 그렇게 열방 중에서 인정과 찬송을 받으실 것이었다 (출 15:14-16 참조). 하나님은 자신의 영광을 결코 우상이나 헛된 신에게 돌리지 않으신다. 절대자, 창조주 하나님의 이러한 마음과 자신을 지극히 높여 하나님이 되리라고 자기 분수를 넘는 망령된 생각을 가졌던 바벨론의 왕 (사탄의 상징)은 결코 공존이 불가능하다:

내가 하늘에 올라 하나님의 뭇별 위에 나의 보좌를 높이리라
내가 북극 집회의 산 위에 좌정하리라
내가 가장 높은 구름에 올라 지극히 높은 자와 비기리로다
(사 14:13, 14).

11절: 만군의 여호와께서 — 7절에서도 나타났던 이 후렴귀는 이 시를 마감하면서 성도들에게 확실한 평안과 확신을 심어준다. 우리 성도의 하나님, 그분은 우리의 피난처이시다. 만군의 하나님, 전쟁에 능하신 용사께서 우리와 같이 계신다 (임마누-야웨-츠바욧). 그렇다면 "두려워 말라"는 말씀이 없지만 시 마지막에 울려 퍼지는 은닉된 메시지가 아니겠는가?

시편의 적용

자연의 대격변 (2-3절)

지진파가 지구 내부에 전달되는 형태를 조사해 보면, 그 빠르기가 급하게 변하는 곳이 세 군데 있다. 이로써 지구 내부는 지각 (지표면에서 지하로 30킬로까지), 맨틀 (지각 경계면에서 지하로 약 2900킬로까지), 핵 (외핵 [지표에서 약 5000킬로까지]과 내핵)의 삼개 층으로 되어있다고 추정한다. 지진파 가운데 횡파는 고체에서만 전달되므로, 그것이 전달되지 않는 외핵은 액체로 되어있다고 추정한다. 그런데 지각은 여러 개의 지각판이 둘러싸고, 이 판들은 서서히 움직이면서 서로 멀어지거나 부딪칠 때 지진현상이 나타난다. 그리고 땅 속 깊은 곳, 곧 외핵은 온도가 매우 높아 그곳에 있는 물질들은 말랑말랑하게 녹아 마그마라 불리는 상태로 있다가 지각의 약한 부분이나 갈라진 틈을 뚫고 세차게 분출하여 화산활동을 일으킨다.

갑자기 분출하는 화산이나 흔들리는 땅 (지진)은 불가항력적인 재해를 인간에게 가져다준다. 1755년 11월 1일에 발생한 리스본 지진은 약 6만 여명의 사망자를 만들었고, 1883년 인도네시아 크라카타우 섬에서는 섬 가운데 높이 800미터 산이 화산으로 날아가 버리고, 화산 분출로 생긴 큰 파도에 마을이 휩쓸려가 3만 6천명이 목숨을 잃었다. 그리고 1976년 7월 28일 발생한 중국의 당산 (唐山) 지진은 규모 7.8의 것으로 약 20만 명의 사망자를 내었고, 1991년 일본 나가사키 현의 운젠산 화산은 40명의 목숨을 앗아갔다. 또한 1995년 1월 17일에 발생한 고오베 지역을 강타한 지진은 강도 7-8의 것으로, 지반이 수직으로 흔들리는 직하형 (直下形) 지진이었기 때문에 상당한 방진 (防震) 시설에도 불구하고, 약 5천여 명의 사망자가 발생하였다. 2004년 말에도 강도 6-7 정도의 지진이 일본 여기저기서 발생하여 신칸센 열차가 탈선하고 도로가 붕괴되었으며, 수십 명이 죽고 수천 명이 중경상을 입었다.

성경에서는 자연의 대 격변 현상을 언급하지만, 지진다운 지진 (라아쉬)은 웃시야 왕 (주전 786-744년) 때에 있었던 것으로 언급 된다 (암 1:1, 슥 14:5). 신약시대에는 1837년 야기된 지진으로 약 4천여 명이 목숨을 잃었다.

이러한 자연계의 파괴력에 인간은 속수무책이다. 현대에는 방진 (防震) 시설을 갖추고, 여러 기상관측용 인공위성을 활용하거나 지진예보 등을 활용한다 하지만, 자연재앙 앞에는 여전히 방비책이 신통치 않다. 성경은 이런 재해들이 우연히 발생치 않고 하나님의 진노의 표시라 일관되이 증거한다. 이런 사고는 과학시대에 어리석게 들릴 수 있지만, 그렇지 않다. 우주를 만드신 분이 우주를 섭리하시고, 자신의 임의대로 운행하신다. 과학자들은 이차 동인을 분석한다면, 성경은 근본 동인을 분석할 뿐이다. 참새 한 마리도 우연히 떨어지지 않는다면 (마 10:29), 하물며 지진이나 화산이 우연히 발생하겠는가? 그렇게 보일 수 있는 요소들이 많다 해도, 그 시점에, 그만한 강도로, 그곳에서 어떤 지진이 발생한다는 사실은 하나님의 간섭과 역사라는 것이다. 이렇게 만물을 주장하시는 이가 하나님이신 것을 확신하는 우리는 세상이 요동해도 복음 전파의 제사명만 감당할 뿐이다.

바닷물이 흉용할지라도 (3절)

시리아 북부 연안에 위치한 라스 솨므라 (Ras Shamra)라 불리는 작은 마을, 곧 고대 도시국가 유가릿에서 발굴된 바알 신화에 의하면, 바다의 신 "얌" (일명 河水 판사)은 신들의 아버지 엘이 주재하는 신들의 모임에 사신들을 보내어, 구름을 타고 나는 폭풍신 바알을 포로로 넘겨주고, 얌의 주권 (lordship)를 인정하라고 요청한다. 신들은 겁을 집어먹고, 바알의 항변에도 불구하고, 엘신은 얌이 보낸 사신들에게 바알은 바다신의 노예라고 선언한다. 그렇지만 바알은 신들의 공장 (craftsman) 코타르가 만들어준 두 개의 곤봉으로 바다의 신을 물리치고 패권을 장악한다. 그 결과 바알이 왕이 된다. 엘신은 이제 신들의 왕이 된 바알을 위해 신전을 건축하도록 명한다. 코타르신이 바알을 위해 신전을 건축하고 바알이 왕으로 즉위하며 바알을 섬기는 신전 예배가 시작된다.

이 후에 바알신과 지하세계의 통치자 사망의 신 못과 싸움이 일어난다. 얌신이 날뛰는 무질서한 바다의 신이라면, 모트(사망) 신은 엘의 죽은 아들로, 사망과 질병, 불임을 가져다주는 신이다. 바알과 그의 신복들인 구름, 바람, 비, 여신들인 안개, 구름, 이슬, 소낙비 등과 같이 무서운 죽음의 신이 있는 지하세계로 들어간다. 그 결과 바알신은 죽은 것이다. 지상의 왕이 모트신에게 삼켜진 것이다. 그렇지만 바알신의 아내 아낫 여신이 사망신 못을 잡아서 칼로 내리쳤다. 키로 키질하고, 불로 사르고, 물맷돌에 갈아서 들판에 흩어 버렸다. 이로 인하여 죽은 바알신은 부활하고, 하늘은 다시 비를 내린다.

이런 신화는 사계절의 순환과 자연력을 신격화시켜 만들어낸 것이라는 것이 금방 드러난다. 폭풍과 생육과 비의 신인 바알은 가나안 농사를 위해서 절대 필수적이다. 5월부터 11월까지는 건기요, 12월초에 이른 비가 내리는 것을 시작으로 우기가 시작되어 4월 늦은 비가 내리기까지 지속된다. 우기와 건기는 각기 생명과 죽음의 시기들이다. 바알이 무질서의 상징인 바다 신을 정복하고 요동치는 바다의 경계를 정한 것은 땅과 바다의 경계가 파괴되는 듯한 해일이나 폭풍이 지난 후에 있어지는 일이라면, 바알이 죽었다 살아남은 계절의 순환에 따라 봄에 만물이 소생함과 연관된다. 가나안 사람들은 이렇게 자연력을 신격화시키고, 자연력 앞에 무기력한 자신들의 모습을 그렸다면, 성경은 이런 신화가 전무하다. 분명하게 자연세계는 하나님의 피조물이며, 인간이 다스리고 정복해야 할 대상이다. 어떤 신격화도 없다. 자연력도 하나님의 섭리하에 움직인다. 시인이 바다가 흉용하고 뛰놀지라도 두려워 아니한다고 노래한 것은 이런 자연관을 전제할 때 그 이유가 분명해 진다. 이방인들처럼 미신적인 공포에 사로잡힐 이유가 없었던 것이다. 참 신앙은 자연을 신격화시키지 않고 자연을 피조물로 낮추며 하나님을 위한 도구로 생각한다.

그것이 넘침으로 산이 요동할지라도 (3절)

2004년 12월 26일 인도양에서 발생한 지진으로 동남아 해변에 해일 대재앙이 있었다. 그 해일을 일본어로 '츠나미' (つなみ, 津波 tsunami)라 한다. '츠나미(つなみ,)'는 '츠' (つ, 津, 항구)와 '나미' (なみ, 波, 파도)가 합쳐진 말이다. 항구를 덮치는 파도라는 뜻으로 만든 단어다. 이 츠나미 재앙으로 인도네시아 (22만 이상), 태국, 말레이시아, 방글라데시, 인도, 스리랑카, 몰다브

(Maldives)에서 죽은 자만 31만이 넘었으니 그 엄청난 위력은 가히 짐작이 갈 것이다. 츠나미는 지진, 산사태, 화산 폭발, 운석의 충돌 등의 여파로 나타나고, 태풍이 몰아오는 '해일' (tidal waves)과는 다르다. 둘 사이의 근본적 차이는 전자는 해수면의 높이를 신속하게 증가시켜 해변 지역에 홍수를 야기 시킨다는 점이다. 그러니까 츠나미는 해수면 아래 수 미터 정도의 물만 몰고 가는 태풍에 의한 해일과 달리, 바다 저 깊이 수 킬로까지 바닷물을 움직이는 것이다. 그러니 그 위력이란 해일 정도에 비할 바가 아니다. 이 츠나미는 아주 신속하게 그 위력을 상실하지도 않고 대양들을 가로질러 움직일 수도 있다. 그래서 츠나미는 그 발생지에서 수 천 킬로나 떨어진 곳에까지 피해를 줄 수 있다. 이런 츠나미는 아주 긴 파장(波長)을 지니는데, 수 천 킬로의 길이까지 있으며, 그래서 그 파장의 이동주기(週期 periods)가 수 십 분에서 수 시간까지 장시간일 수 있다. 즉 한 파장의 최고치가 지나고, 다음 최고치가 닥치는 주기가 아주 길다는 것이다. 이런 모양도 몇 초 간격으로 파도가 몰아치고, 파장의 길이도 수 십, 수백 미터에 불과한 태풍에 의한 해일과 비교가 된다.

    역사적으로 보면, 1755년, 11월 1일 (로마교에서 만성절 All Saints 성일이다) 오전 9시 20분에 포르투갈의 대서양, 빈센트 곶 (Cabo de São Vicente 포르투갈 최서남단이자 유럽 최서남단부) 서남서편 200 킬로 지점에 진앙(震央)지를 둔 대지진이 일어나, 세 번의 덜컹거림과 함께 10여분 지속되면서 리스본 도시 한 복판에 5미터의 거대한 틈을 만들고, 도시는 아수라장으로 변했으며, 많은 사람들은 화재나 여진(餘震)의 여파를 두려워하여 해안지역으로 대피하여, 썰물이 빠지는 것을 바라보았다. 그런데 지진이 있은 지 30분 만에 산더미 같은 츠나미 파도가 리스본 해안을 강타하였고, 지진과 츠나미로 피해를 입지 않은 지역에는 내 아새가 발생하여 닷새 놓안 건물들을 태웠다. 이렇게 지진과 그 여파로 일어난 대 화재와 츠나미로 리스본의 27만 5천 명 중에서 3분지 1이 죽임을 당하고 궁궐들과 7만권의 장서들과 귀중한 예술품들을 소장한 왕립 도서관, 불과 6개월 전에 개관했던 신식 오페라 하우스 (Phoenix Opera), 산타 마리아 성당, 상 파울로 바실리카, 산타 카타리나, 성 빈센트 드 포라 (Sao Vicente de Fora), 미제리코르디아 성당 등을 포함한 도시 건물 85퍼센트가 폐허화 되고 말았다. 그 당시 세계 최대의 공립 병원이었던 왕립 모든-성도 병원 (Royal Hospital of All-Saints)은 수 백 명의 입원한 환자들과 함께 완전 연소되고 말았다. 또 지중해 연안과 모로코 연안 지역에 밀어닥친 츠나미로 1만 여명이 목숨을 잃었다.

    여기서 우리가 눈 여겨 볼 것은 리스본이 그 당시 로마교에 열심인 포르투갈의 수도였다는 점이다. 포르투갈은 얼마나 로마교에 열성이었던가? 모든 것은 성당 중심으로 이루어졌고, 식민지는 로마교 이식의 장으로 간주되었다. 그런 리스본에 나타난 유례가 없는 대재앙은 로마교 신앙인들에게 많은 의문을 갖게 했다. 이 재앙을 두고 무신론자 볼테르는 라이브니츠의 신정론 (theodicy)을 비웃었다. 그런데 이 자연의 대재앙은 철학자들에게 "숭고한 것" (sublime)이란 주제를 생각하게 만들었다. 이 sublime이란 철학의 한 분과인 미학에서 (aesthetics) 다루는데, 물리적, 도덕적, 지적 혹은 예술적인 면에서 상상을 초월하는 위대함 곧, 어떤 유추(類推)를 찾기 힘들고, 우리가 자신의 왜소함과 제한성을 절감하게 하는 우리의 생각을 초월하는 그 위대함을 지시한다.

예루살렘의 물 공급 (4절)

이스라엘을 여행해 본 사람이라면, 그곳에서 물의 귀중함을 피부로 느끼게 되리라. 그래서 물을 얻기에 용이한 곳이 거주지의 주요 조건이 되었다. 가나안 족속이 살던 당대의 예루살렘에서 기혼 샘이 유일한 물의 원천이었다면, 여부스 족속의 거주지를 어렵지 않게 추정할 수 있을 것이다. 이 기혼 샘은 특이하게도 그냥 흘러내는 우물이 아니라, 펌프질하듯 물을 뿜어내는 샘이다. 기혼 샘물을 활용하기 위해 적어도 세 다른 장치가 만들어 졌는데, 워런의 수직갱과(Warren's Shaft) 실로암 수로와 히스기야의 터널 등이 그것이다. 이런 물 공급 장치는 각기 다른 시대에 건설되었는데, 하나를 없애고 다른 것으로 대체하려는 것이 아니라, 서로 간 보충하고 아니, 각기 다른 용도가 필요하여 건설되었다. 실로암 수로는 솔로몬 시대에 건설된 것으로 추정되는데, 기혼 샘에서 시작하여 기드론 골짜기를 지나 실로암 연못에까지 연결된다. 한편 히스기야는 앗시리아군의 침공에 대비하여 "연못과 수로를 만들어, 물을 성내로 끌어 들였다 (왕하 20:20). 히스기야는 기혼의 물의 윗 샘을 막고, 다윗성의 서편으로 끌어 들였다 (대하 22:30). 기혼 샘은 가파른 동편 언덕 (오펠) 바로 아래 기드론 계곡에 위치하였다. 따라서 그 샘은 공격하는 원수에게 노출되었다. 그래서 히스기야는 이 풍부한 물을 밖에서 사용치 못하도록 특별히 건설한 수로를 통해 성벽 안에 있는 한 못으로 끌어 들여 성내 사람들이 물을 사용할 수 있게 하였다. 이 히스기야의 유명한 지하 수로는 길이가 538 미터, 평균 높이가 1.8미터에 달하는 것으로 견고한 바위를 쪼아서 만들었다. 히스기야는 또한 실로암 못이라 불리는 새 수조(水槽)를 크게 만들었다. 지하수로를 통해 물이 흘러내려 담기는 그 수조는 약 9 x 6 미터 넓이이다. 바로 이곳은 왕의 동산 곁의 셀라 연못 혹은 왕의 연못이라 불리기도 한다 (느 3:15). 흘러넘치는 물로 왕의 동산이 관개되었기 때문이다. 2005년도 여름에 히스기야 지하 수로를 방문했을 때, 물은 흘러나오고 있었지만, 사람들이 실로암 못에서 빨래하거나 물을 사용하는 것은 보지 못했다.

한편 1867년에 영국군 장교였던 찰스 워런 (Charles Warren)이 기혼 샘에서 히스기야 지하 수로를 통해 들어갔다가 그 이름을 따라 불리게 된 수직갱을 하나 발견했다. 그 수직갱은 위에서 저 아래 히스기야 수로까지 약 12미터에 이르는데, 워런 일행은 사닥다리 같은 장치를 놓고 그 갱을 올라갔다. 이제 이 수직갱을 밑에서가 아니라, 원래 원주민들이 그랬던 것처럼 입구를 통해 내려간다고 생각하고 설명하자면, 입구에는 반석을 깎아 만든 입구 방이 있는데, 천정은 아치형으로 만들었고, 이 입구 방은 다시 둥근 천정을 지닌 방으로 연결된다. 이 방에서 약 13 미터 길이에 2, 3 미터 넓이, 약 12.7 미터 높이의 33개의 계단으로 된 계단식 터널이 시작되며, 이 계단식 터널 아래 끝 부분은 수평 통로 터널과 연결된다. 이 수평 터널은 길이가 약 28 미터에 이르고, 넓이는 2 미터 정도, 높이는 약 1.5 미터에 이르는데, 계단 터널에서 수직갱까지 연결되고, 수직갱은 지하로 내리 닫아 히스기야의 지하 수로에 닿게 된다.

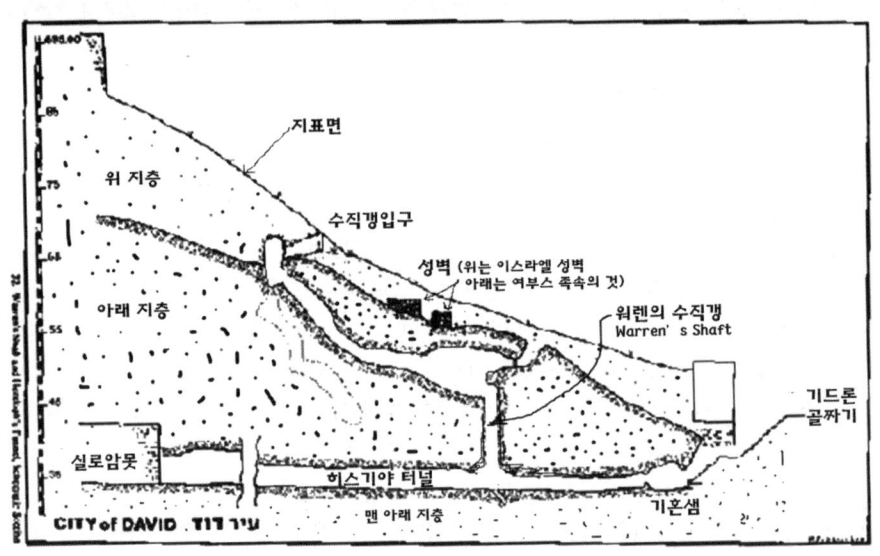

이 워런스 수직갱에 대한 설명은 다양한데, 삼하 5:8에 근거해서 케년 (Kenyon)은 말하길, "성벽들 안에서 기혼샘에 이르는 수단이 있었음에 분명하다. 왜냐하면 기혼 샘은 골짜기 아주 아래에 놓였기에, 그것을 에워싸는 성벽은 반대편 비탈에서 내려나 보였겠기 때문이다. 그러므로, 전쟁시에 안전 통로는 도성 안으로 나오는 수직 갱 (shaft)에 이르는 터널을 요청했다. 팔레스틴에서 그런 수직갱은 흔한 것으로 므깃도의 것이 유명하다" (K. M. Kenyon, *Jerusalem: Excavating 3000 Years of History* [New York: McGraw-Hill, 1967], 22).

최근까지 대세를 이룬 설명에 의하면, 이 수직갱은 다윗 성 북부 사람들이 계단 터널과 수평 터널을 통해 내려와서 두레박을 내려 기혼 샘에서 22 미터 길이, 50 센티 넓이, 1.6 내지 2.4 미터 높이의 터널을 통해 수평으로 연결된 지하 물통에서 물을 길어 갔던 것으로 여겨졌다. 이 수직갱을 통해서 여부스 족속은 성 밖으로 나가지 않고도 물을 구할 수 있었다는 것이다. 그리고 워런의 수직갱을 통해 다윗의 장군 요압이 여부스 성내에 진입하여 함락시켰다고들 설명한다.

그러나 이런 설명들은 근년에 배격되고, 새로운 가설이 제기되곤 하는데, 새로운 설명에 의하면, 히스기야의 지하 수로는 성 밖에 기혼 샘물을 성안으로 끌어 들이려는 것이 아니라, 이미 히스기야 이전에 기혼 샘 밖으로 성벽이 건축되어 보호되고 있었다. 그렇다면 지하 수로를 판 이유는 무엇이었을까? 새로운 설명에 의하면, 다윗 성 남부 지역에 연못을 만들고 물을 공급하기 위함이었다. 여하간 기혼 샘이 성벽으로 보호되고 있었거나 아니 었거나 중요한 것은 두 곳에 물을 사용할 수 있게 했다는 것은 확실하다.

또한 삼하 5:8에 언급된, 그 수갱 (water shaft; 히, 친노르)이 바로 워런의 수직갱에 해당되고, 그곳에서 여부스 원주민이 물을 길어 갔다는 설명도 배격되고, 다른 설명에 의하면, 그 워런의 수직갱은 인위적으로 판 것이 아니라, 자연적 산물로 다윗 왕 이후에 발견된 것으로 추정되며, 근처의 한 연못에서 쉽게 물을 길을 수가 있었기에 수직갱을 통해 물을 길어 올리는 그런 어려운 일은 하지 않았으리라 한다. 그 증거로는 첫째, 다른 이스라엘의 우물이나 물 저장 굴의 부드러운 석회암으로 된 수로 갱에서 발견되는 그런 물통을 내린 줄의 흔적이 여기에는 없고, 둘째로, 그 수직갱은 수직으로 평평하게 아래까지 미치는 것이 아니라, 불규칙하게 돌출부가 많아 물통을 쉽게 내리기도 어렵지만, 일단 물을 길어 올릴 때, 물을 쏟지 않고는 올리기 어렵다 한다. 그리고 수직갱 바닥의 물통에 보이는 물의 흔적을 보면, 바닥의 깊이가 오직 30 센티 정도 밖에 되지 않아, 물을 긷기에는 어려웠으리라. 근처의 한 못에서 (최근 발견되었다) 쉽게 물을 길을 수 있는데 왜 이런 쉽지 않은 일을 했을까? 하는 것이 새로운 가설의 핵심이다.

자, 이제는 이 시온성에 흐르는 시내의 신학적 의미를 고찰해 보자. 그 시온성에서 조그마한 시내가 흘러 기쁨을 준다면, 그것은 실제로 있는 샘의 흐름이겠지만, 영적으로 하면 그것은 시온성 거민들에게 하나님께서 부어 주시는 성령님의 생명수 강을 의미할 것이다. 그런 상징적 의미는 이미 겔 47장이나 요 7:38, 계 22:1-2 등에서 확실하게 나타난다 (고전 12:13도 참조). 예수님께서 사마리아 여인에게 "내가 주는 물을 먹는 자는 영원히 목마르지 아니하리니 나의 주는 물은 그 속에서 영생하도록 솟아나는 샘물이 되리라" (요 4:14)고 하실 때, 바로 우리에게 부어주실 성령님을 염두에 두신 것이었다. 다함이 없고 다시 갈하지 않게 하는 생명수 강물이 시온성안에 흐르게 하라. 그것이 오늘날 교회를 살리게 하고 자라게 하는 근본 원동력이다.

내 주는 강한 성이요 (5절)

우리는 이 시에 근거하여 마틴 루터(1483-1546)가 작시한 저 유명한 찬송을 안다: Ein feste Burg is unser Gott (우리 하나님은 견고한 성이요!; 한국 찬송가 384장) 그는 구리 광부의 아들로 태어나 처음에 수도원에 들어갔고, 1507년에 사제로 임직을 받았다. 다음 해에 그는 빗텐베르그 대학에서 강사가 되어 설교하기 시작했다. 그는 1509-10년에 가졌던 로마여행을 통해서 성직자들의 부패에 충격을 받게 되었다. 그의 충격은 1517년 도미니칸 수도승 테첼(Tetzel)이 면죄부를 판매하러 색소니를 통해 왔을 때 최고조에 달했다. 루터는 그해 저 유명한 95개 조문을 빗텐베르그성 교회 정문에 못박아 교황청에 선전포고를 한 셈이었다. 그는 성경을 독일어로 번역했을 뿐 아니라, 첫 독일어 찬송가를 위한 길을 열었다. 그 찬송가는 이른바 "여덟 찬송집" (Achtliederbuch, Nueremberg, 1524)이라 불리며 여덟 개의 찬송가를 수록했고, 그 중 네 개가 루터 자신의 작사였다:

Ein feste Burg ist unser Gott (우리 하나님은 강한 성이요)

Aus tiefer Not schrei ich zu dir (깊은 곳에서 내가 당신께 부르짖나이다)
Von Himmel hoch da komm ich her (위 하늘에서 내가 땅에 왔노라)
Christ lag in todesbanden (그리스도께서 사망의 멍에에 매어 누우셨다)

나중 루터는 요한 발터 (Johann Walther)와 첫 종교개혁 찬송집인 신령한 교회찬송집 (Geistliche Kirchengesangbuchlein)을 편집하였다. 루터는 37개의 찬송을 작시하였는데, 그 중 일부는 라틴 찬송들에서, 일부는 시편을 독일어로 번역 작시하고, 일부는 종교개혁 이전 독일 찬송들에서 개정하기도 하였다. 물론 일부는 자신이 스스로 작시하기도 하였다 (본서 서론, "시편의 연구사" 참조). 루터는 천성적으로 음악을 좋아했다고 한다. 그래서 그는 스스로 작곡. 작시하기도 하였다. 루터가 찬송가학에 기여한 공헌은 예배시에 회중이 찬송을 부르도록 회복시켰다는 사실이다. 더구나 그는 독일인들은 독일어로 찬송을 불러야 한다고 주장하여 대 환영을 받기도 하였다. 그의 음악에 대한 사고는 W. E. Buszin, *Musical Quarterly* 32에 기고한 글 80-97에서 상세히 진술되며, 그의 찬송들은 루터 작품선집 제53권에 있다 (Johannes Riedel, *The Lutheran Chorale, Its Basic Traditions* [Minneapolis: Augsburg Publishing House, 1967] 참조).

존 칼빈 (1509-1564)은 루터와 달리 작곡이나 작시의 소질이 없었다. 그럼에도 그는 음악적 재질을 가진 사람들의 도움을 받을 수 있었다. 루터가 독일 합창곡에 생명을 주었다면, 칼빈은 시편에 곡조를 붙여 찬송하는 일에 지도적인 역할을 하였다. 그는 루터보다 더 개혁적이어서, 오르간, 합창대, 인간이 작시한 찬송 등과 같은 로마교의 음악 유산을 배척하였다. 그는 오직 성경, 특히 개작된 시편의 가사들에 곡조를 붙여 만든 찬송들만을 예배시에 불러야 한다고 주장했다. 더구나 칼빈은 작시된 시편들을 악기 연주없이 그냥 불러야 한다는 입장이었다. 그 결과 1539년에는 칼빈의 스트라스부르그 시편이 나타났고, 1562년에는 제네바 시편에서 정점을 이루었다. 이 제네바 시편은 시편 150편 전부와 십계명, 그리고 "이제 (종을) 당신이 보내시는도다" (*Nunc dimittis*) 등이 포함되었다. 칼빈의 시편은 클레망 매로(Clement Marot, 1497-1544)에 의해 프랑스어로 작시되었다. 매로 후에는 데오도레 드 베자 (1519-1608)가 일했고, 제네바 시편 제작에서 음악은 루이 부르죠아 (Louis Bourgeois, 1510-ca. 1561)가 기여했다. 그는 칼빈이 수년간 설교했던 제네바 소재 베드로 교회당에서 음악을 지도했다. 그 시대의 통상적인 관례대로, 부르죠아는 그의 제네바 시편 곡조들에서 세속적인 상송들의 첫 문구들을 사용하였다. 1550년에 그는 가수들을 위한 교과서를 하나 출판하기도 하였다. 그는 아주 유능한 작곡가, 작시자요 기존 곡조를 능숙하게 개작하여 찬송곡으로 만들기도 하였다. 제네바 시편에 수록된 곡조들은 16세기, 17세기에 널리 사용되었다. 불어권만 아니라, 독일, 홀란드, 영국, 스콧트랜드, 신대륙 식민지 등에 여러 나라 말로 번역되어 사용되었다. 특히 홀랜드에서는 오늘날까지도 여전히 그 곡조를 사용한다.

이렇게 종교 개혁자들이 시편을 사용하여 찬송을 만들어 예배시에 사용했다면, 고대 이스라엘인들이 예배시에 사용했던 시편을 21세기 한국 교회 정황에 맞게 작시하여 현대적 곡조를 붙여서 활용해야할 필요를 절감케 한다.

2001년 9월 11일 미국 본토에 대한 대(大) 테러

1944년 6월 6일 노르망디 상륙 작전 때에 미군 1500명이 살상 당했다. 1941년 12월 7일 진주만 폭격시에는 미군 2500명이 살상을 당했다. 미국의 내란 중 1863년 9월 16-18일 치르진 메릴랜드 안티에함 (Antieham or Sharpsburg) 전투에서는 북군과 남군이 교전하여 4700명의 군인들이 살상 당했다 (Battle of Bloody Angle). 이 전투는 미국 역사상 최고로 치열한 전투요 최고의 사상자를 내었다. 그런데 지난 2001년 9월 11일 미국은 그것도 본토에서 비극이 일어났다. 그 사상자는 미국 역사상 최대 사상자를 기록했다.

어메리칸 항공 소속 11번기가 승객 2명을 태우고 오전 8시에 보스톤 로간 공항을 이륙하여 L.A.로 가고자 뉴욕을 향해 날다가 오전 8시 46분에 뉴욕의 맨하튼에 위치한 월드 트레이드 센터 북쪽 건물을 들이 받았다. 9시 3분에는 유나이티드 항공 175번기가 남부 건물을 들이 받았다. 175번기는 승객 65명을 태우고 8시 14분에 보스톤 로간 공항을 이륙하여 L.A.로 가던 중이었다. 모두 보일 767기종이었다. 9시 40분에는 어메리칸 항공 77번기가 (보잉 757 기종) 워싱턴 D.C.의 국방성 건물 북편을 들이받았다. 77번기는 오전 8시 21분에 승객 64명을 태우고 워싱턴 덜레스 공항을 이륙하여 L.A.로 향하던 중이었다. 오전 9시 59분에는 월드 트레이드 센터 남쪽 건물이 무너졌고, 10시 28분에는 북부 건물이 무너졌다. 오전 10시 7분에는 승객 44명을 태우고 뉴우 저지 Newark를 오전 8시 41분에 이륙하여 샌프란시스코로 향하던 유나이티드 항공 93번기가 펜실베니아 샹스빌, 피츠버그 남동편 80 마일 지점에 추락하였다.

이 전대미문(前代未聞)의 테러를 당한 미국은 오전 9시 48분부터 11시 30분까지 전국 정부 건물들과 백악관에서 사람들이 모두 철수하고 연방 항공당국은 전국 비행장을 폐쇄하였고, 동시에 전국 증권 거래도 중단시켰다. 오후 2시 51분에는 미 해군이 뉴욕과 워싱턴에 미사일 전투기를 보냈다.

미국인들은 이 테러 사건을 미국 역사상 최대 비극적 사건이라 생각 한다. 우리가 밖에서 외국인으로 생각하는 그 정도로는 저들의 분노와 허탈감을 이해할 수가 없다. 그런데 미국인들은 9.11 테러 사건을 당하고 바로 이 시 46편을 많이 낭송하였다. 저들은 국토 안보부 (US Department of Homeland Security)를 설치했고, 미국 전역 115개 공항과 14개 주요 항만에서 입국하는 모든 외국인들의 양쪽 집게손가락 전자 지문(指紋) 두 개를 받고, 동시에 사진을 촬영한다. 테러 위험국가나 지역에는 선제공격을 가하여 테러를 예방하는 정책을 채택했다. 북한의 핵 문제도 북한 핵이 수출되어 미국 본토를 때릴까 걱정하기 때문에 우선 해결 과제로 다룬다. 이라크는 공격하여 후세인 정권을 아예 제거했고, 리비아의 독재자는 핵 포기를 선언했고, 이란도 핵 사찰을 수용하기로 했다. 그렇지만 이런 모든 노력에도 주께서 미국을 지키시지 않는다면 미국의 위협은 언제나 상존할 것이다.

시 47편 하나님은 온 땅에 왕이시라

1. 시편에서의 위치, 시의 유형과 삶의 자리

이 시는 기본 문법 구조면에서 보건대, 명령형 찬양시에 해당된다. 주제면에서 본다면, 왕이신 여호와의 통치를 찬양하는 것이므로, 왕이신 야웨께 드리는 찬양시라 할 수 있다. 이런 찬양시에는 시 93, 96-99편 등이 있다.

브릭스(Briggs)는 이 시편이 나팔절에 성전에서 이루어졌던 의식 행렬을 위한 시라고 이해한다 (The Book of Psalms, I, 398). 이러한 추론은 본 시편의 5절에 근거한다. 왜냐하면 5절은 "여호와께서 나팔소리 중에 올라가시도다"라고 하기 때문이다. 유대교에서는 시 47편을 로쉬 하샨나(설날)라 불리는 민력으로 정월 초일일 예배용 시편으로 활용하였다. 구약 시대에 매달 첫 날은 나팔을 불어 경축한 월삭(月朔)으로 준수되었다. 월삭 중에서도 7월 1일은 특별히 새해의 시작으로 중요하게 준수되었다 (레 23:23-25, 민 10:10, 29:1-6). 기독교회에서는 5절에 근거하여 본 시편을 활용하여 "올라가심" 곧 승천일(Ascension Day)을 기념하였다.

예배 의식에서 본 시의 자리(Sitz im Leben)를 찾는 접근법과 달리, 다윗 시대와 같이 열방을 통치하던 이스라엘의 특정한 시기에 본 시가 작시되었다는 역사적 해석도 가능하다. 특히 2절에서 (7-9절도) "지존하신 여호와는 엄위하시고 온 땅에 큰 임군이 되심이로다"라 선포할 때, 국제적 상황이 전제되고 있다. 비록 다윗 시대에 모압, 암몬, 에돔, 아람, 헷 족속 (힛타이트 족속), 블레셋과 같은 이방 족속들이 복속되어 세계적 통치가 일부 성취된 것은 사실이다. 다윗 시대이건 아니면 이스라엘 역사 어느 시기이건 이 시가 어떤 전쟁을 성공적으로 치른 후에 산출되었는지 모른다. 3절에서 대왕의 정복전쟁과 그 이후에 정복지를 기업으로 주시는 모습이 제시되었다면, 5절에서 승리의 개선과 8절에서 보좌에로의 즉위와 통치 등과 같은 사상적인 흐름을 볼 수 있기 때문이다.

종말론적으로 해석하는 이들도 있다. 즉 종말기에 도래할 하나님의 우주적 통치를 드높이는 시라는 것이다. 여호와 하나님을 온 세상의 대왕으로 선포하는 본 시는 시 93-100편과 사상면에서 일맥상통한다. 다른 한편으로, 본 시가 놓여진 문맥에서 보면, 시 46-48편이 강조하는 '시온' 사상을 담고 있다 (4절). 이렇게 시온을 하나님께서 택하시고, 온 땅을 통치하신다는 본 시편의 사고는 예수님께서 메시아로 오셔서 선포하신 "하나님 나라" (혹은 하나님의 통치)의 도래로 현재 이루어지고 있으며, 최종완성(consummation)을 향해 나아가고 있다. 신약시대에 사는 우리 성도는 그러므로 본 시편이 예기적으로 선포한 사상이 현실화되는 시대를 주신 하나님께 감사할 이유가 크다. 더구나 신약적 견지에서 볼 때, 성도들은 "왕 같은 제사장"으로 그리스도와 함께 왕 노릇 하는 삶을 사는 것이 아닌가?(계 20:4-6; 벧전 2:9).

아더 바이저는 역사적-종말론적 해석과 여호와의 즉위 예배 의식용 시라는 해석은 서로 배타적이라는 베스터만의 사고는 (Das Loben Gottes in den Psalmen, 108) 의식과 구속사 사이의 관계를 제대로 이해하지 못한 처사라고 비판한다 (The Psalms I, 375, n.1). 바이저는 주장하길, 예배 의식에서 역사와 종말론은 예배에 참석한 회중이 공유하는 실제 의미있는 실체가 된다고 한다. 그리고 8절에 묘사된 왕의 즉위 선포나 1, 5절에 언급된 손뼉을 치고 나팔을 부는 일 등은 신년에 바벨론에서 거행된 마르둑 신의 즉위 절기에서 실행된 관례들인데, 그것들이 가나안 족속의 의식에서 차용되다가 이스라엘에게까지 흘러 들어갔으리라 추정한다. 이스라엘에서는 야웨의 즉위가 매년 초 곧 초막절에 거행된 언약 절기의 필수 부분이었던 것 같다고 한다. 아더 바이저의 견해에 의하면, 이스라엘의 예배 의식은 고 바벨론의 의식에서 기원되며, 그 전달 중개자는 가나안 예배 의식이었다. 그렇지만 하나님을 왕으로 높이는 사고는 벌써 사사기 시대에도 (삿 5:11, 8:23), 아니 이미 출애굽 당시에 (출 15:18) 나타난다면 굳이 가나안을 통해 전수된 고 바벨론 관례까지 언급할 필요가 있을까?

표제는 이 시가 고라 후손들에 의해 작시된 것으로 제시한다. 그렇다면 다윗이나 그 후대에 성전 예배용으로 작시되었다는 말이겠다.

2. 시적 구조, 기교들 및 해석

구조면에서 1절은 찬양을 명하고, 2-5절은 그 찬양의 이유, 곧 여호와 하나님의 위대한 일들을 묘사한다. 다음으로 6절은 다시 찬양을 명하고, 7-9절은 그 찬양의 이유를 묘사한다. 이렇게 볼 때, 1절의 "즐거운 소리"는 5절의 "나팔 소리"와 함께 제1연을 둘러싼다 (inclusio). 전체적으로 볼 때, 3절에서 대왕의 정복전쟁과 4절에서 정복지를 기업으로 주시는 모습이 제시되었다면, 5절에서 승리의 개선과 8절에서 보좌에로의 즉위와 통치 등과 같은 사상적인 흐름을 볼 수 있다.

따라서 다음과 같이 두 개의 연으로 2대분 가능하다:
제1연 (1-5절): 여호와의 은혜로운 처사를 인하여 그를 찬양하라
제2연 (6-9절): 온 땅의 왕으로 통치하시는 여호와를 찬양하라

3-4절은 가나안 정복과 분배를 묘사한다. 1연은 이처럼 하나님께서 가나안을 정복케 하시고, 기업으로 주신 것을 인하여 그를 찬양한다. 7-8절은 그분이 왕으로 열방을 통치하시는 모습이 묘사된다. 왕이신 하나님을 찬양하라! 이것이 2연의 주제이다.

사용된 병행법은 전. 후반절로 구성된 동의 병행법이 주를 이루고 있다. 3절의 경우, 사고상 전. 후반절은 동의 병행법을, 구조상 구문 병행법을 (동사+ 목적어+ 전치사구/ 목적어+ 전치사구) 구성한다. 동사는 전반절에만 사용되었으나 후반절에도 해당 된다 (double duty). 후반절에

서는 "동사"가 빠진 반면, 전반절의 전치사구와는 달리, 전치사와 전치사 목적어를 분리시켜 생략된 동사를 대신하여 박자수를 보충해준다. 즉, 후반절의 *타하트 라글레누*는 전반절의 *타흐테누*와 '균형을 잡아주는 변형태' (ballast variant)에 해당된다.

여호와께서 만민을 우리에게/ 열방을 우리 발아래 복종케 하시며
(야드베르 암밈 타하테누/ 울움밈 타하트 라글레누)

8절의 경우에도 사고상 동의 병행법, 구조상, 구문 병행법이다 (동사+ 주어+ 전치사구/ 주어+ 동사+ 전치사구).

제1연 (1-5절)

여기서 시인은 가나안 땅을 정복케 하시고, 그것을 이스라엘에 기업으로 주신 하나님을 찬양한다.

1절: 너희 만민들아 (콜-하암밈)— "만민들" (하암밈)은 본 시에서 세 번 (1, 3, 9 [9절에서는 '열방'])나타나고, 유사어로도 제시되고 있다 (온 땅, 2, 7절; 열방, 3, 8, 9절; 세상, 9절). 온 땅 (콜-하아레츠), 열방 (레움밈, 3절), 열방 (고임, 8절), 열방 (=만민 [암밈], 9절), 세상 (에레츠, 9절) 등은 모두 하나님의 통치 대상으로서의 세상 만민을 지시한다. 세상 만민은 하나님의 피조물로서 그분을 창조주로 경배해야 할 자들이다. 하나님은 구약시대에 이스라엘을 자기 선민으로 택하셨으나, 그렇다고 세상을 통치하시는 권세가 약화되었다거나 그분의 통치가 이스라엘에 국한되었다는 말은 아니다. 이중(二重) 통치권 행사라 할 수 있는 방식으로 구약시대에도 하나님은 세상을 통치하셨다. 이스라엘에 대한 통치는 저들의 모든 삶에 미쳤고, 열방에 비해서 보다 구체적이고 지속적이었다고 한다면, 열방에 대한 통치는 햇볕과 비를 내리시는 것과 같은 일반은총의 영역에서나 혹은 열방의 악을 징벌하시는 일 등과 같은 섭리를 통해서 나타났다. 하나님은 타락한 열방 족속들을 이스라엘을 통해서 구속하시고, 온 세상의 왕으로 통치하실 계획을 가지셨던 것이다. 따라서 이스라엘의 선택은 "전체를 위한 일부" (*pars pro toto*)라는 명제가 지시해 주듯, 하나님의 온 세상을 위한 계획의 일부였다.

손바닥을 치고 즐거운 소리로 하나님께 외칠지어다 (티크우-카프 하리우 렐로힘 베콜 린나)— 여기서는 인간들이 하나님께 손바닥을 치며 경배해야 할 것으로 제시되나, 다른 곳에서는 자연 만물도 그리해야 할 것으로 나타난다 (큰 물, 산들, 시 99:8; 나무들, 사 55:12). 손바닥을 치는 일 (박수)은 환영할 때, 격려할 때, 존귀한 사람에게 존귀와 영예를 표시할 때 흔히 사용된다. 이런 동작을 어찌 대왕이신 하나님께 대하여 우리가 하지 않을 수 있을까? 여기 문맥은 예배시에 박수치며 하나님께 영광을 돌려야 할 것을 말해준다. "즐거운 소리"로 외치는 일은 "찬송"을 말하기 때문이다. 스 3:11에 보면, 포로생활에서 귀환한 백성이 성전 기공 예배시에 제사장들이나 레위인

들이 찬송을 연주하며 찬양하길 "주는 지선하시므로 그 인자하심이 이스라엘에게 영원하시도다" 할 때에, 백성들이 여호와를 찬송하며 '큰 소리로 즐거이 불렀다'고 했다.

2절: 지존하신 여호와 (야훼 엘리욘 Yahweh -the Most High) — "엘리욘"이란 말은 "높은"을 의미하는 형용사이지만, 여기서처럼 (영어역에서) "지존자"란 명사로도 취할 수 있다. 오경에서 이 말은 주로 열방이 언급되는 문맥에서 나타난다 (창 14:18, 19, 20, 22, 민 24:16, 신 32:8 등).

엄위하시고 (노라)— 두려움을 자아내는 (terrible). 왜 그러한가? 그분의 행하시는 일은 놀랍고 위대하기 때문이다. 그분은 기사와 이적을 행하시는 지존자이시다 (출 15:11, 34:10, 시 66:2 등).

온 땅에 큰 임군이 되심이로다 (키+야훼 엘리욘 노라 멜렉 가돌 알-콜-하아레츠) —고대 근동세계에서 이 명칭 (대왕)은 봉신국들을 거느린 종주국의 왕을 지칭하는 명칭이었다 (왕하 18:19, 사 36:4; *ANET*, 201-203; *UT* 118:25-26 참조). 종주 대왕은 봉신국과 종주권 조약을 맺어 저들과의 관계를 설정하고 통치했다. 저들이 군대의 힘으로 열국을 정복하여 이런 지위를 점했다면, 하나님은 창조주로서 만민의 대왕이 되시며 (시 95:3, 97:9, 98:6, 99:4 등), 이스라엘에 대하여는 창조주와 구속주로서 통치하신다. 열방에 대하여는 자연법 혹은 창조질서 (렘 33:20)로 통치하시나, 이스라엘에 대하여는 시내산 언약 (출 19-24장)과 모압들 언약 (신 29:1) 등을 통해 통치하셨다.

3절: 여호와께서 만민을 우리에게/ 열방을 우리 발아래 복종케 하시며 (야드베르 암밈 타흐테누/ 울레움밈 타하트 라글레누)—여기 묘사된 사고는 이스라엘 역사에서 가나안 정복 전쟁시나, 다윗, 솔로몬 시대에 가장 적합할 것이다 (원수를 발아래 짓밟고 정복하는 모습에 대하여는 O. Keel, *The Symbolism of the Biblical World*, 297 참조). 이스라엘이 열방과 싸우는 전쟁은 거룩한 전쟁으로, 이 전쟁에서 하나님이 기적으로 개입하셔서 원수들을 파하셨다. 이는 오직 믿음의 눈으로만 파악될 수 있는 현상이었다. 군대의 승리는 무기나 훈련 뿐 아니라, 정신력에 좌우된다고 할 때, 그 정신력은 신앙에 근거할 때, 비교할 수 없이 큰 위력을 발휘할 것이다. 왜냐하면 하나님은 우리의 믿음에 근거하여 기적으로 역사하시기 때문이다. 한편 "복종케 하시며" (야드베르)란 말은 시 18:48 (야드베르)= 삼하 22:48 (모리드), 시 144:2 (하로데드) 등에서도 나타나며, "말하다" (다바르)의 동음이의어이며, 이 말의 사역형은 "굴복시키다" (시 18:48, 47:4), 피엘형에서 "쫓아내다" (사 32:7, 시 127:5), 멸절시키다 (대하 22:10)를 의미한다. 아람어 (데바르)의 아펠형은 "인도하다"를 의미한다면 (M. Jastrow, *A Dictionary of the Targumim, the Talmud Babli and Yerushalmi, and the Midrashic Literature*, 278), 아람어에서 이 말은 "등을 돌리다", "뒤쳐지다" 등을 의미한다.

4절: (우리의) 기업을 택하시나니 (이브하르 나할라테누) —하나님께서 우리를 위하여 우리의 기업을 택하셨다. 하나님은 가나안을 정복하시고, 그 땅을 이스라엘의 기업으로 주셨다 (창 13:15, 15:17-21, 시 105:11, 135:12, 136:21-22 참조). 이스라엘의 기업으로서 가나안 땅은 백성 개개인에게 골고루 분배되었다. 그 당시의 상황에 비추어 볼 때는 가히 혁명적인 민주적 땅 분배였다.

사랑하신 야곱의 영화로다 (게온 야아콥 아세르 아헤브)—하나님께서 사랑하신 야곱의 영화는 이스라엘에게 주신 기업, 곧 가나안 땅을 지칭한다. 그렇지만, 가나안 땅 자체가 하나님의 사랑을 받을만한 어떤 장점이 많다는 말은 못된다. 세상 전부는 하나님의 피조물로 그 어느 곳이나 하나님의 사랑의 대상이 아닐 수 없기 때문이다. 우리는 왜 하나님께서 가나안 땅을 이스라엘의 기업으로 택하셨는지 알 수 없다. 혹자는 그곳이 유럽, 아시아, 아프리카 삼 대륙에 걸친 전략적 요충지였기 때문이라고 하겠지만, 성경은 이유에 대하여 언급하지 아니한다. 가나안 땅이 하나님의 섭리 가운데서 택한바 되고, 그곳에서도 시온산에 성소를 세우시고, 그 곳에 영광의 임재를 나타내신 하나님은 그곳에서 경배를 받으시기 원하셨다 (롬 9:4).

5절: 하나님이 즐거이 부르는 중에 올라가심이여/ 여호와께서 나팔 소리 중에 [올라 가시도다] (알라 엘로힘 비트루아/ 야웨 베콜 쇼파르)— 나팔은 은이나 (민 10:2), 양의 뿔로 만들어 (수 6:8), 제사장들이 절기 시작 때에나 (레 23:24, 25:9 등) 전쟁 때에 (수 6:5) 불었다. 여기서는 하나님의 영광의 임재를 경축하는 즐거운 소리 (찬양과 흥분과 감격의 외침)와 병행된다. 시내산 언약 체결 시 하나님의 영광스러운 임재는 이 나팔소리로 표시되었다 (출 19:13, 16, 19). 여기서 나팔 소리를 절기시의 소리로 취할 것인가? 아니면 전쟁과 연관하여 이해할 것인가? 우리는 후자로 취하고자 한다. 왜냐하면 여호와의 왕권사고는 정복전쟁과 긴밀하게 연관되어 자주 나타나기 때문이다. 정복전 이후에 하나님은 왕으로 통치하신다 (출 15:18). 그분이 승리의 개선 행진을 하실 때 백성들은 찬양하며 나팔을 불어 그분을 경축했을 것이다. "올라가신다"는 것은 그분의 개선 행진을 지시할 것이다 (시 68:18; 엡 4:8 참조). 이는 언약궤를 멘 제사장이 개선하면서 성소로 올라가는 것을 지시할 수도 있고, 아니면 하늘 성소로 올라가시는 것으로도 이해될 수 있다.

제2연 (6-9절)

여기서 시인은 정복 전쟁 이후에 온 땅의 왕으로 통치하시는 하나님을 찬양한다. 전쟁에서 승리한 왕은 정복민을 통치한다.

6절: 찬양하라 (자메루)—이 표현이 본 시에서만 5번 나타난다 (6절에서 네 번, 7절). 찬양은 하나님을 높이고 하나님을 경배하는 표시이다. 하나님은 찬양을 부르도록 이스라엘을 택하셨다 (사 43:21; 엡 1:12). 시편은 찬양집이며 기도집이다. 여기 문맥에서 시인의 찬양권고는 우리 하나님께서 우리의 왕이신 때문이다.

하나님을 찬양하라 … 우리 왕을 찬양하라 (자메루 엘로힘 … 레말케누 자메루) —구조상 접어서 합치되는 교차대구 구조의 병행법이며, 사고상으로도 동의 병행법을 구성한다.

7절: 하나님은 온 땅에 왕이심이라 (키 멜렉 콜-하아레츠 엘로힘)—원문에는 "이유"를 나타내는 접속사 (키)가 문장 초두에 위치한다. 청나라 시대에 중국인들은 자신들의 황제 앞에서 3번 무릎을 꿇어 경배하고, 9번 머리를 조아렸고 (삼궤구고 三跪九叩 = 삼배구고두 三拜九叩頭) 황제의 얼굴을 똑바로 쳐다 볼 수가 없었다. 하잘 것 없는 인간 왕에게도 이렇게 경배했다면 만유의

주되시고, 우리의 대왕이신 하나님께 찬양과 경배를 드려야 마땅치 않겠는가? 어떤 이들은 여기서 가나안 족속이 섬기던 바알신에 대한 논쟁을 보기도 한다: "승리자 바알이 우리의 왕이시며, 견줄 자 없는 우리의 통치자시라"(UT 51:IV:43-44) (M. Dahood, Psalms I, 286). 바알이 온 땅의 왕이 아니라, 우리 하나님께서 온 땅의 왕이시란 선포라는 것이다.

지혜의 시로 찬양할지어다 (자메루 마스킬)— 다훗(M. Dahood)은 "공교한 노래"(a skillful song)라 이해한다면, 신국제역(NIV)은 "찬양의 시"라 번역했다. 시편에서는 사용된 말 (마스킬)은 대개 '교훈의 시'를 지시한다. 여기 문맥에서는 만민들이 대왕이신 하나님께 찬양 드려야 할 "찬양시"(a psalm of praise, NIV)라고 추정할 수 있다. 70인역(KJV)은 좀 어색하게도 "총명을 가지고 찬양하라"라고 번역했다.

8절: 하나님이 열방을 치리하시며 (말락 엘로힘 알-고임)—사용된 표현 (말락 엘로힘)은 시 93:1, 96:9, 97:1, 99:1 등에서 등장하는 "야웨 말락"(야웨께서 통치하신다)과 유사하다. 이 표현을 비평가들은 "야웨께서 왕이 되셨다"(Yahweh has become king)로 번역하고자 한다. 고대 이스라엘에서 야웨께서 매 신년 초에 왕으로 즉위하시는 예배의식과 연관된 표현이라 이해한다. 이런 가설은 성경적으로 입증되기 어렵다. 그러한 즉위의식이 매년 초에 있었는지는 분명치 않기 때문이다. 이러한 이해보다는 "야웨께서 통치하신다"는 번역이 좋을 듯 하다. 왜냐하면, 이스라엘에서 왕이신 하나님의 위치는 창조와 구속을 통해서 이미 확립된 사실이었기에 신년 초마다 새롭게 그렇게 왕이 되신다는 의식을 거행할 필요가 없었을 것이기 때문이다. 가나안 족속들에게 있어서 바알신과 같은 폭풍신의 경우에는 계절의 순환에 따라서 매년 초에 즉위식을 가져야 했을 것이다.

그런데 앞에서 우리가 언급했듯이, 만약 이 시가 역사적으로 거룩한 전쟁과 연관된 것이라면, 승리 후에 개선행진을 통해 언약궤를 멘 제사장들이 성소로 향할 때, 작사되었을 수 있다. 그렇다면, 승리하신 하나님께서 열방의 왕으로 좌정하시는 예배를 반영한다고 할 수 있다. 이런 경우에는 "하나님께서 열방의 왕이 되셨다"라고 이해하기보다, "열방을 통치하신다"로 이해해도 틀림이 없을 것이다. 정복전쟁을 통해서 열방을 정복한 이후에 하나님의 열방 통치를 선포했다 해도, 근본적으로 말하건대, 이스라엘에서 열방에 대한 하나님의 통치사상은 그분의 창조에 근거했다고 할 수 있다.

그 거룩한 보좌에 앉으셨도다 (야샤브 알-킷세 코드쇼)—사도신경에서 우리가 고백하는 "하늘에 오르사 전능하신 하나님 보좌 우편에 앉으시고"라는 표현은 단순히 "보좌에 앉는다"는 의미가 아니라, 왕으로서의 통치를 의미한다. 여기서도 그러하다. 주기도문에서 "하늘에 계신 우리 아버지여"라는 표현도 "하늘 (보좌에) 앉으신 우리 하나님 아버지여"로 이해해야 한다 (시 2:4의 주석 참조).

9절: 열방의 방백들이 모임이여 (네디베 암밈 네에사푸) —역사적으로 가능한 시나리오는 다윗 시대에 봉신국 왕들이 집결하여 하나님을 경배했다는 것이다 (시 68:31-32, 렘 27:3 참조). 그렇지만, 예언적인 모습으로도 취할 수 있다. 메시아 시대에 열방은 하나님의 통치에 복속되는 모습이다. 이들이 자원적으로든 아니면 인질로서든 하나님의 백성과 함께 (70인역) 모이는 일 혹은 하나님의 백성으로서 모이는 일 (NIV 등)은 하나님의 주권에 세상이 굴복하는 의미심장한 사건이다. 이는 결국 이스라엘이 만민의 복의 근원이 되어야 하는 선교적 기능을 위해 부름을 입은 사실과도 연관 된다 (창 12:3, 요 12:32).

아브라함의 하나님의 백성이 되도다 (암 엘로헤 아브라함) — 헬라어역 (LXX)은 여기서 "아브라함의 하나님과 함께" (세상 통치자들이 모였다)라고 읽고 있다 (NAB). 반면 NIV, NASB, NRSV는 "열방의 통치자들이 아브라함의 하나님의 백성으로 모인다" 라고 했다. ELB는 "열방의 고관들이 아브라함 하나님의 백성과 함께 모인다"라고 번역한다. 그런데 여기서 "아브라함의 하나님"이라 지칭된 것은 이스라엘의 시작이 아브라함에게서 시작된 까닭이다. 아브라함의 선택이 곧 이스라엘의 시작이었다 (창 12:1-3).

세상의 모든 방패는 여호와의 것임이여 (키 렐로힘 마게네 -에레츠)— "세상의 모든 '왕들' 은 여호와께 속한다" (NIV, ELB; "통치자들" NAB, "보호자들" TNK). "방패" (마겐)는 시 3:4, 84:12, 89:19 등에서 "왕" 의 병행어로 나타나고 있다 (M. Dahood, *Psalms I*, 16-17 참조). 그래서 우리는 '방패' 대신 '왕들'로 읽는다 (NIV). 브릭스 (Briggs)는 여기 "방패들"을 "방패를 든 자들 (shield bearers), 귀족 용사들 (princely warriors)"로 이해한다 (*The Book of Psalms I*, 399). 70인역은 "강한 자들" (호이 크라타이오이), 히브리어 벌게잇역은 "[하나님의] 방패들" (*Dei scuta*)로 이해하고 있다. 세상의 모든 방백들이나 왕들이 모두 주께 굴복하고 그분을 경배해야 한다. 70인역은 "세상의 하나님의 강한 자들" 이라 번역하고 있다 (투 테우 호이 크라타이오이 테스 게스).

지는 지존하시도다 (메오드 나알라) — 크게 높임을 받으실 것이라 (greatly to be exalted). 그분은 크게 존귀하게, 크게 찬양을 받으셔야 마땅하시다. NAB는 "그는 높이 보좌에 좌정하신다" (who is enthroned on high)라고 했다. 여기 사용된 동사는 "올라가다" 의 수동태로, 어근을 따지자면, 5절에서 "올라가다" (알라)나 2절의 "지존자" (엘리온) 등의 말들과도 연관된다.

시편의 적용

열방을 우리 발아래 복종케 하신다 (3절)

본 시편이 노래하는 "우리"는 구약 성도이지만, 구약성도들은 성취의 때가 아니라, 약속의 때, 그림자의 때를 살았다고 할 수 있다. 그렇다고, 구약성도들이 전연 하나님의 약속성취를 맛보지 못했다는 말은 아니다. 저들에게 주어진 땅과 후손의 약속은 성취되었다. 그렇지만, 저들을 통해서 세상 만민이 복을 받도록 의도하셨던 하나님의 계획은 이스라엘의 죄악 때문에 이루어지지 못했다. 사정이 이러했으므로, 하나님은 선지자들을 통하여 저들의 언약파기를 기소, 심판하셨을 뿐 아니라, 심판 이후에 메시아를 통한 회복과 구원을 예고해 주셨다. 바로 이 구원의 시대에 열방은 하나님의 축복에 참여할 것이었다 (사 2:2-5, 11:1, 10, 44:1-5, 45:22-25, 49:12-20, 53:10, 습 2:11, 슥 8:21-23, 14:16 등).

이제 구약에 예고된 메시아께서 오셔서 인류의 죄를 담당하시고 죽으셨다 부활, 승천하시어 하나님 보좌 우편에 앉으시었다. 보좌 우편에 앉다라는 표현은 그분이 왕위에 즉위하셨다는 것이며, 왕으로서 통치를 시작하셨다는 의미이다. 그분의 통치가 바로 여기 시 47편이 노래하는 예언의 성취였다. 그분의 통치는 말씀과 성령님으로 나타나고 있지만, 그분이 재림하실 때 온전한 통치가 완성될 것이다. 메시아의 통치에 대하여 구약 예언자들은 여러 모습으로 묘사하였다. 어떤 경우에는 메시아 통치의 시작과 진행을, 어떤 경우에는 그 통치의 완성을 묘사한다. 예컨대, 사 11:4은 메시아 통치의 시작과 진행을 묘사한다:

공의로 빈핍한 자를 심판하며 정직으로 세상의 겸손한 자를 판단할 것이며
그 입의 막대기로 세상을 치며 입술의 기운으로 악인을 죽일 것이며.

여기서 "빈핍한 자들" (달림)이나 "겸손한 자들" 혹은 "가난한 자들" (아나빔)은 '경건한 자들'을 지시한다면, "세상" (에레츠)이나 "악인" (라샤)은 '불신자들'을 지시한다. 메시아께서는 이렇게 경건한 자들은 공의(체덱)와 정직 (미쇼르)으로 축복하시지만, 악인들의 경우에는 입술의 기운으로 쳐서 죽이신다. 여기 묘사된 바는 메시아 시대의 시작과 진행기를 지시한다. 반면 사 11:6-9절에서는 메시아 통치의 완성기를 묘사한다:

그때에 이리가 어린 양과 함께 거하며 표범이 어린 염소와 함께 누우며
송아지와 어린 사자와 살진 짐승이 함께 있어 어린 아이에게 끌리며
암소와 곰이 함께 먹으며 그것들의 새끼가 함께 엎드리며 사자가 소처럼 풀을 먹을 것이며 …
나의 거룩한 산 모든 곳에서 해됨도 없고 상함도 없을 것이니
이는 물이 바다를 덮음같이 여호와를 아는 지식이 세상에 충만할 것임이니라.

신약에서 예수님이나 사도들은 '하나님 나라' 혹은 '하늘나라'의 도래를 선포한다. 이는 어떤 지역적 개념보다도, 하나님의 통치에 초점을 맞춘다. 이 하나님의 통치는 메시아 예수 그리스도를 통해서 이루어지고 있다. 이 메시아 통치는 완성을 향해 진행과정에 있으며, 주님의 재림으로 완성되고, '신천신지'의 영원 세계로 이어질 것이다. 반면, 신약시대 곧 메시아 시대 어간에 그리스도 안에서 죽은 성도들은 '낙원' (중간상태)에서 주님의 재림시까지 거할 것이다.

이 메시아 시대에 우리 성도들은 그리스도와 함께 왕 노릇한다. 이 시기에 우리 성도는 하나님의 왕 같은 제사장으로 세상을 영적으로 정복하고 통치하지 않으면 안 된다. 온 세상은 우리의 믿음의 발아래에 정복되지 않으면 안 된다. 그러므로 우리는 걸음을 옮겨 놓을 때마다 믿음으로

세상을 정복해야 한다.

우리의 기업 (4절)

하나님은 구약시대에 가나안 땅을 이스라엘에 기업으로 주셨다면, 신약 시대에는 무엇을 자기 백성에게 기업으로 주시는가? 그 기업은 '구원' (히 1:14), '영광' (롬 8:17), '생명의 은혜' (벧전 3:7), '복' (벧전 3:9), '영생' (디 3:7) 등이지만, 이런 것들은 썩지 않고 더럽지 않고 쇠하지 아니하는 기업" 이며 (벧전 1:4), 영원한 신천신지(新天新地)로 우리의 영원한 기업을 완성된다. 이 기업은 구약시대처럼, 어떤 육신적 혈통에 근거해서가 아니라 오로지 하나님의 부르심과 선택에 따라 얻을 수 있으며 (요 1:12), 기업을 얻을 수 있는 자는 하나님의 자녀로 입양되지 않으면 안 된다 (롬 8:15, 23, 갈 4:5, 엡 1:5). 따라서 구약 시대와 신약시대는 기업의 성격이나 기업을 받는 백성의 성격이 판이하게 다르다. 기업에 관한 한, 저 팔레스틴이란 작은 땅 덩어리가 아니라 영원한 신천신지이며, 기업을 받는 성도는 한 종족적 집단인 유대인들이 아니라, 그리스도를 믿는 모든 자들이다 (유대인이건 이방인이건). 구약시대의 유대인의 특권적 위치는 메시아의 도래로 인하여 중단되어야 했던 것은 전체를 위해 선택받은 이스라엘의 기능이 메시아의 도래로 달성되었기 때문이다. 이스라엘이나 아브라함의 선택은 저들을 통하여 세상 만민이 복을 받도록 하려는 의도였으므로, 이런 의도가 달성된 지금 이스라엘은 더 이상 종족적 단위로 존재할 수가 없고, 그리스도 안에 있는 자들이 모두 새 이스라엘이 된다.

그렇다면, 우리 성도들은 현세에서 단지 영적인 것만을 기업으로 받을 것인가? 이 세상의 물질이나 토지는 아무런 상관이 없는가? 현실적으로 볼 때, 오늘날 땅을 차지한다는 것이 얼마나 중요한 일인지 누구도 부인할 수 없다. 그렇다면 신약이 강조하는 신령한 기업을 상속받는 우리 성도들은 현실에 많이 유리된 삶을 살란 말인가? 그렇지 않다. 오늘날도 하나님은 구약시대에 축복원리대로 역사하셔서 경건한 자, 온유한 자들이 땅을 차지하도록 하신다. 이는 궁극적으로 신천신지에서 이루어지겠으나, 오늘날도 하나님은 온 세상의 구원을 위하여 충성된 자들에게 재물과 땅을 허락하신다. 신대륙을 차지한 청교도들은 그 대표적인 경우일 것이다. 우리는 이런 비전을 가지고 온 세상을 복음으로 정복하지 않으면 안 된다.

거룩한 보좌 (7절)

그분의 보좌가 거룩하다 일컬어지는 것은 세상의 어떤 것과도 구분되는 보좌이기 때문이다. 그분의 보좌는 우주의 중심이며, 영원하며 절대적이다. 이 보좌에서 일어나는 일들이 우리의 초미의 관심사가 되어야 한다. 그분이 그 보좌에서 어떤 말씀을 선포하실까? 어떤 영을 선포하실까? 어떤 응답을 발하실까? 이것이 우리 성도의 관심사여야 한다. 세상의 평가나 세상의 사건들이나 세상의 정보는 모두가 부차적인 관심사에 불과할 뿐이어야 한다.

시 48편 시온을 편답하고 후대에 전하라

I. 전체구조에서의 위치, 시의 유형과 삶의 자리

시 46편과 유사하지만, 본 시가 시온에서 위대하신 일을 행하신 하나님을 찬양하고 감사하는 분위기라면, 전자는 환난 중에 만날 큰 도움이신 하나님을 신뢰하는 믿음을 표현해준다. 두 시편 모두 원수의 침입을 성공적으로 막아낸 다음의 상황을 묘사하는 듯하지만, 분위기는 본 시가 보다 더 송축으로 가득 찬 듯 느껴진다.

앞에서 언급되었듯이, 본 시는 외적의 침공을 성공적으로 물리친 후의 감격을 노래하고 있다. 그렇다면, 역사적으로 언제였던가? 이스라엘 역사에서 외적의 침공을 성공적으로 방어했던 때들은 여러 번 있었다. 그 중에서도 여호사밧 왕 당대에 있었던 모압, 암몬 등이 동맹해서 침공했던 전쟁 (대하 20장)이나 히스기야 왕 당시에 유다를 유린하고 예루살렘을 포위했던 앗시리아의 산헤립 대왕의 침공이 (사 37장) 유명했다. 델리취는 4절의 "열왕" (왕들)이란 표현은 산헤립의 침공시보다는 여호사밧 왕 당대의 모압, 암몬 등의 왕들의 침공에 더 적절할듯하다 지적한다.

역사적 정황에 대하여 정확하게 우리가 확인할 수는 없다 해도, 대략적인 상황은 말할 수 있을 것이다. 대적이 침공했을 때, 신앙적인 왕은 하나님께 도움을 간구하였다. 그럴 때 하나님의 영께서 사람을 감동하여 격려하거나 (대하 20:15-17) 선지자를 통해서 응답을 선포하셨다 (사 37:6-7). 이런 위기의 순간에 신앙인들은 흔들리지 말고 기적의 하나님을 믿어야 한다. 만일 믿지 아니하면 "굳게 서지 못하" 게 된다 (사 7:9). 위기시에 신앙인은 "돌이켜 안연히 처하여야 구원을 얻"으며 "잠잠하고 신뢰하여 힘을 얻을 것" 이다 (사 30:15).

해산의 고통과 같은 고통과 떨림이 있겠지만, 믿음으로 끝까지 견디면 주님은 믿는 자들에게 승리를 주실 것이다. 일단 원수가 패하여 물러갔을 때, 위기를 믿음으로 극복한 신앙인들의 기쁨과 감격은 불신자들이 알 수 없는 그런 것이 아닐 수 없다. 이런 감격과 기쁨에서 하나님을 향한 찬양이 울려 퍼지게 된다. 본시는 바로 그런 정황에서 울려 퍼져 나온 것이라 할 수 있다. 단순히 성소에서만 찬양하고 예배를 올리는 것이 아니라 (대하 20:28), 하나님께서 역사에 개입하신 그 싸움의 현장에 성도들은 나아가 순례의 예배를 올리게 되는 것이다 (시 48:12-14). 이처럼 예배는 우리의 삶에 구체적으로 개입하셔서 승리를 주시는 하나님의 역사에 대한 응답인 것이다. 그러므로 신앙체험이 많을수록 우리의 예배는 뜨거워지고 감격에 충일하게 될 것이다.

어떤 이들은 우리처럼 역사적인 상황에서 작시된 것으로 이해하지 않고, 예배용 시로 작시되었다고 이해한다. 특히 초막절기와 연관되어 생겨난 순례 예배의 시라고 이해한다 (P. Craigie, *Psalms 1-50*, 352; A. A. Anderson, I, 367). 이렇게 보는 이유는 9절에서 "주의 전 가운데서" 란 표현 때문이다. 모빙켈은 이 시가 신년 즉위식 예배용으로 작사되었다고 한다 (*PIW* I, 85). 이런 신년 즉위식은 바벨론의 아키투 (akitu) 축제와 유사한 것으로, 혼돈의 세력을 쳐부시고 매년 승리를 얻어 우주의 왕으로 재 등극(登極)하는 야웨를 송축하는 의식이었다고 한다. 그렇기 때문에, 시 48편에 묘사된 것과 같은 역사적 사건들은 신화적인 것으로 비-역사적인 차원에서 일어나는 일들이다. 물론 시온 산에서 일어나는 예배는 현실이지만, 원수들이 실제로 시온 성을 침공한다거나 그것을 기적으로 격퇴했다거나 하는 일들은 역사적인 것이 아니라 신화적인 것이다 (Ibid., 110). 그것들은 천상에서 일어난다고 가정된 신학적 묘사일 따름이다. 야웨께서는 혼돈의 세력을 매년 정복하시고 왕이 되신다는 사상의 표현일 뿐이다. 이렇게 신화적인 내용을 재현하는 예배의식을 통해 이스라엘 백성들은 매년 야웨께서 가져오실 안전과 평화, 구원을 기원하였다 한다 (Ibid., 149).

모빙켈이 말하는 신년 즉위식이란 것은 초막절기시의 예배와 시간상 동일한 것이다. 따라서 내용상으로는 크레이기나 앤더슨 등이 달리 말한다 해도, 결국 시간상으로 동일한 예배의식을 말한다고 할 수 있다. 그렇지만 우리는 본 시가 단순히 예배의식용으로 작시되었다고 보기 어렵다. 구체적인 역사적 정황에서 작사되었고, 후대에 예배용으로 채택이 되었을 것이다 (표제는 고라 후손의 시라고 제시한다). 후대에 기독교회에서는 이 시를 성령 강림절 (Whitsunday; 부활절 이후 일곱째 주일)에 사용되었다.

2. 시적 구조와 해석

본시는 네 개의 연으로 구분된다. 제1연 (1-3절)은 시온에 거하시며 도우시는 하나님을 찬양하며, 제2연 (4-7절)은 외적 침공시에 구원자로 개입하셔서 원수를 깨뜨리시는 하나님의 큰 역사를 노래하며, 제3연 (8-10절)은 위기를 극복한 이후에 성도들이 감격하며 감사하는 모습을, 끝으로 제4연 (11-14절)은 성도들의 삶에 개입하시어 승리를 주신 그 하나님의 기적의 현장을 직접 답사하며 경배할 것을 촉구한다.

제1연과 제4연 사이에는 긴밀한 연관성이 존재한다: "우리 하나님" (1, 14), 찬양과 선포적 진술 (1, 13), 시온 산 (2, 11), 기쁨과 감격의 진술들 (2, 11), 시온에 대한 묘사들 (2-3, 12-13), 그 성벽 (3, 13) 등. 결국 시인은 1연에서 하나님의 임재로 인한 시온의 영광을 노래하면서 시를 시작하고, 하나님께서 그 시온산에서 행하신 위대한 일 때문에 그 기적의 현장에 성도들을 초대함으로 시를 마치고 있다. 한편 시의 중간에 해당되는 2, 3연에서 시인은 원수를 격파하신 하나님의 위대하신 일과 이에 대한 성도들의 반응을 각기 노래한다. 따라서 이 시의 전체구조는 ABB' A' 구조로 조망할 수 있다.

11절에서 우리는 전. 후반절이 의미상 동의 병행법, 구조상 구문 병행법 (동사+주어+전치사구)을 본다. 후반절의 전치사구는 전반절에도 해당된다. 12절 후반과 13절 초반에서 우리는 세 개의 행이 의미상 동의 병행법, 구조상 구문 병행법을 구성한다 (동사+목적어). "그 성벽들을 자세히 보라"는 표현 (13절 초두)에 등장하는 "자세히" (유심히)라는 부사는 이 세 행들에 모두 작용할 것이다.

제1연 (1-3절): 시온에 거하시며 도우시는 하나님을 찬양

1절: 여호와는 광대하시니 (가돌 야웨)—여호와는 이 시에서 "우리 하나님" (1, 8, 13절), 대왕 (한역, '큰 왕' 2절)으로 나타난다. 세상의 왕들이 연합하여 자신이 세우신 이스라엘 왕을 대적할 때, 이 대왕은 저들을 비웃으시고 (시 2:4), 진노하사 저들을 파멸시키신다. 이 시에서 이스라엘 왕에 대하여는 언급이나 암시가 없다. 오히려 시온성은 하나님의 성이며, 따라서 거룩한 도성이라 불린다 (1, 2절). "광대하시"다 (가돌)란 말은 "위대하다"는 의미이다. 그분이 위대하심은 그분이 하시는 일이 기이하고 위대하기 때문이다. 이 하나님을 세상의 그 누구에 비길 것인가? 위대하시고, 위엄차시고, 능력 많으신 이 하나님을 섬기는 자는 복되도다.

우리 하나님의 성, 거룩한 산에서 극진히 찬송하리로다 (우메홀랄 메오드 베이르 엘로헤누 하르-코드쇼)—"거룩한 산"은 시온산을 지시하며, 시온산은 예루살렘성의 북동편에 위치한 성전 산으로 구약에서는 시온(산)과 예루살렘이 종종 유사어로 사용된다 (왕하 19:21, 31, 시 51:18, 102:21 등). 본시에서 예루살렘은 우리 하나님의 도성 (1절), 온 세상의 즐거움이며 (2절), 대왕의 도성 (2절)으로 나타난다. 시온산이 유명한 것은 그곳에 하나님께서 친히 택하셔서 (왕상 11:36, 시 78:68), 그곳에 임재를 두시기 때문이다 (왕상 12:27, 시 74:2, 76:2). 한편 "극진히 찬송하리로다"란 표현은 푸알형 분사형으로 "찬송 받으시기에 합당하시도다"란 의미이다 (시 96:4, 113:2, 145:3, 대상 16:25; 계 5:12 [악시온 에스틴 토 아르니온 … 라베인 텐 … 이스쿤 카이 티멘 카이 독산 카이 율로기아 어린 양이 … 능력과 영예와 영광과 송축을 받으시기에 합당하시도다]).

2절: 터가 높고 아름다워 (예페 노프)—여기서 "높다"라 함은 시온산의 지형을 말한다기보다, 그 영적인 탁월성을 지시한다. 하나님의 임재가 시온산을 세상 모든 산보다 높게 만든다 (사 2:2). 신약에서는 바로 이 시온산이 "교회"의 상징이 된다 (히 12:22, 마 5:14 참조). "아름다움" 역시 그런 영적인 탁월함에 대한 묘사로 보아야 한다.

온 세계가 즐거워함이여 (메소스 콜-하아레츠)—시온의 영적인 탁월성으로 인하여 그것은 세상에 즐거움의 근원이 된다. 시온에서 구원이 세상에 전파된다 (사 2:3, 롬 11:26). 이스라엘은 온 세상에 복의 근원이 되어야 했다 (창 12:3, 22:18). 그것은 영적으로 세상에 참 하나님을 증거하고 선포함으로 이루어져야 했었다. 시온산이 그 일에 중심이 되어야 했다.

큰 왕의 성 (키르야트 멜렉 라브) — "대왕(大王)"은 하나님을 종주(宗主) 대왕으로, 그의 언약 백성은 "봉신(封臣)"으로 묘사한다. 종주의 도성(都城)은 그 종주에 속한 모든 나라들의 도성(都城)이기도 하니, 구약 시대에 시온성은 곧 온 세계의 도성이었다. 그렇다면, 신약에서 시온성인 교회가 오늘날에는 온 세계의 서울인 셈이다.

북방에 있는 시온산이 그러하도다 (하르-치온 야르케테 챠폰)—북방 (챠폰)은 시온산이 북쪽에 위치한다는 의미를 전달하는 듯 하다. 시온산은 에루살렘의 북동편에 위치하였다. 그렇지만 많은 이들은 여기서 유가릿 종교 문헌들에서 볼 수 있는 신화에서 바알신의 거처로 나타나는 지명인 "챠폰"을 본다 (J. M. Roberts, "The Davidic Origin of the Zion Tratidition," 334; R. J. Clifford, *The Cosmic Mountain in Canaan and the Old Testament*, 142-44; A. Robinson, "Zion and SAPHON in Psalm 48:3," 118-23 등 참조). 이 챠폰 산은 유가릿 문헌에서 고대 유가릿 도성 (현재의 라스 쉬므라)의 북편 30 마일 (48 킬로) 지점에 위치한다. 그렇지만, 이 챠폰 산만이 유일한 바알신의 거처가 아니라, 시대마다, 혹은 민족들마다 자기들이 섬기던 신이 거한다고 가정한 한 산 (세계의 중심으로)이라 가정된다 (F. E. Eakin, *The Religion and Culture of Israel* [Boston: Allyn and Bacon, 1971], 65-66; P. Craigie, *Psalms 1-50*, 353). 예컨대, 출 14:2에 언급된 "바알-챠폰" (한역, 바알스본)은 추정컨대, 애굽에 거주하던 가나안 족속이 세운 바알 신전의 장소였을지 모른다 (J. Gray, "Canaanite Mythology and Hebrew Tradition," 47-57 참조). 여기서 시인은 이방인들이 신들의 거처요, 세상의 중심이라 생각한 그 산은 다름 아니라 시온 산이라 주장한다 (시온은 챠폰의 꼭대기!). 그 까닭은 시온 산에 온 세상의 대왕이신 하나님께서 거하시기 때문이었다.

흥미롭게도 필자는 두보(杜甫)의 "등루(登樓)"라는 당시(唐詩)에서 고려중인 사고와 연관되는 요소를 하나 발견하였다. 7언 율시인데 관련 구(句)는 "북극조정종불개"(北極朝廷終不改)인데, (토번 [티벳족]이 침입하여 수도 장안을 함락하였으나) 북극 조정 곧 장안 조정이 영영히 바뀌어 질 수는 없다는 의미이다. 당나라의 수도인 장안을 북극(北極) 곧 북극성 (北辰)이라 부른 것은 북두칠성이 하늘 한 가운데 있어 사시(四時)를 바르게 한다는 의미에서 황제가 거하는 수도 장안을 북극성이라 이름 한 것이다. 그리고 한국의 사찰들에서 보이는 삼성각이란 곳에 안치된 삼신 중에서 칠성신이 있는데 그 신이 사람의 길흉화복을 주장한다는 도교적 사상이 불교에 유입되어 칠성신을 안치한다고 한다. 여하간 여기서 비교해 볼 수 있는 것은 당나라 사람들이 제왕의 거처를 온 세상의 중심으로 생각했다면 히브리인들은 하나님의 거처인 시온 산을 온 세상의 중심으로 여겼다는 것이다.

3절: 하나님이 그 여러 궁중에서 자기를 피난처로 알리셨도다 (엘로힘 베아르메노테하 노다아 레미스가브)— "그 여러 궁중에서"는 "그녀의 요새들에서" (in her citadels, NIV). 곧 예루살렘의 요새들 가운데 거하시며, 하나님은 예루살렘의 피난처로 자신을 드러내셨다. 하나님의 자기 계시는 이렇게 역사적이고 구체적이다. 그래서 에스겔서에서 자주 자주 하나님은 역사적 사건들 (심판들)이 있은 후에 저들이 자신을 하나님으로 인정하리라고 선언하신다 (겔 5:13, 6:7, 10, 13, 14, 7:4 등). 헬라인들처럼 사색공상으로 초월자를 찾을 수 있는 것이 아니다. 역사에 개입하시고 일하시는 하나님을 체험할 때 우리는 비로소 그분이 누구 신지를 절감하게 된다. 시인은 다음 연에서 이 사실을 구체적으로 진술할 것이다.

제2연 (4-7절): 원수를 박살내시는 하나님의 크신 역사

4절: 열왕이 모여 함께 지났음이여 (키-힌네 함멜라킴 노아두 아베루 야흐다브)—원문에서는 이 진술 앞에 "키 힌네"라는 말이 위치한다. 이는 4절이 3절의 사고를 계속한다는 것을 가리킴과 동시에, 4절이 진술할 바는 현재의 독자와 연관 없는 과거사의 한 페이지가 아니라, 지금 여기서 독자들에게 직접 연관되는 사항임을 강조해준다. 마치 시인은 열왕들이 함께 모여 침공해 왔다! 는 사실은 바로 당신들에게 원수들이 엄습하여 당신이 위기에 처해있는 것과 같다 라고 말하는 듯 하다. 열왕들이 "모였다" (노아두)는 말은 3절에서 하나님께서 그 요새들 가운데서 자신을 피난처로 "나타내셨다" (노다아)는 말과 유사하게 들린다 (말 유희). 시인은 열왕이 모였지만, 하나님께서 나타나심으로 저들은 혼비백산 줄행랑을 쳤다고 암시해 주고 있다.

여기서 "모였다"는 말은 가나안 정복시 이스라엘 군을 대적하기 위해 가나안 족속들이 연합하여 동맹군을 결성하는 모습을 묘사하였다 (수 11:5). 여기 시에서 열왕들은 여호사밧 왕 당시의 모압, 암몬, 에돔왕들이 동맹군을 결성하여 예루살렘을 침공했던 모습을 연상시킨다.

5절: 저희가 보고 (헴마 라우)—무엇을 저희가 보았던가? 왜 저들은 다음에 묘사되듯 그렇게 놀라고 두려워했던가? 여기서 우리는 극도로 생략된 채로 전달된 신앙의 기적을 듣는다. 세상은 이것을 알 길이 없다. 그러나 우리는 안다. 원수들은 시온 산을 대하는 순간 눈에 보이지 않는 하나님의 임재를 느끼고 보았다. 저들에게 하나님의 공포가 내리 덮였던 것이다 (창 35:5, 출 15:16, 23:27, 대하 20:29). 시온산은 성도들에게는 피난처요 요새지만, 원수들에게는 두려움과 공포의 상징이었다. 이것이 바로 거룩한 전쟁의 방식이었다. 이스라엘이 싸우는 것이 아니라, 하나님께서 싸우신다.

놀라고 두려워 빨리 갔도다 (켄 타마후 니브할루 네헤파주)—여기 제시된 진술은 출애굽 당시의 상황을 노래한 '바닷가의 노래' (출 15장)를 상기시킨다 (5절의 "두려워"와 출 15:15, 6절의 "떨림이 저희를 잡으니"와 출 15:15, 6절의 "고통"과 출 15:14, 7절의 "동풍"과 출 14:21). 더구나 출 15장에서 우리는 하나님의 "기업의 산"에 대한 언급을 본다. 이 산은 "주의 처소를 삼으시려고 예비하신 것"이며 "이것이 주의 손으로 세우신 성소"라 한다 (출 15:17). 그곳에서 하나님은 영원히 통치하신다 (출 15:18). 하나님은 여기 시인이 노래하듯, 시온에서 열왕들을 격파하시고 대왕으로 통치하신다. 대왕으로서의 하나님은 이렇게 전쟁의 승리와 긴밀하게 연관된다. 원수를 격파시키지 못하는 왕은 대왕일 수 없다.

6절: 거기서 떨림이 저희를 잡으니 고통이 해산하는 여인같도다 (레아다 아하자탐 힐 카욜레다)—인간이 당할 수 있는 가장 처절한 고통이 여인의 해산하는 고통이 아닌가? 의술이 발달하지 못한 고대의 여인들에게 해산은 곧 죽음이었고, 해산의 고통은 세상의 어떤 것과 견줄 수 없는 무서운 고통이었다 (사 13:8, 렘 4:43, 미 4:9, 10 등 참조). 이런 고통이 원수들에게 임한다.

7절: 주께서 동풍으로 다시스의 배를 깨뜨리시도다 (베루아흐 카딤 테샵베르 아니욧 타르쉬쉬)—여호사밧 당대에 여호사밧 왕은 북왕국 이스라엘의 왕 아하시야와 합작으로 에시온-게벨에서 상선을 건조하였다 (대하 20:36). 그 땅에 마레사 사람 도다와후의 아들 엘리에셀이 여호사밧을 향하여 예언하길, "왕이 아하시야와 교제하는 고로 여호와께서 왕의 지은 것을 파하시리라" 하였다. 이에 그 상선들이 파상하여 다시스로 가지 못하였다 (대하 20:37). 델리취는 이 사건이 시 48:7에 암시되었다고 한다. 여하간 여기서 시인은 하나님께서 원수들을 격파하신 일을 동풍으로 다시스의 배를 파상시켜 버리시듯 박살을 내셨다고 묘사한다. 한편 "동풍"은 원수들을 박살내는 하나님의 권능을 묘사할 때 자주 등장한다 (출 10:13, 욥 27:21, 렘 18:17, 겔 27:26, 호 13:15 등). 그리고 "다시스의 배들"은 전통적으로 '다시스'는 스페인 남단의 타르텟소스 (Tartessos)와 동일시 되어왔다. 그곳은 광산과 제련소들로 유명하였다. 그런데 올브라잇은 다시스가 오히려 '사르디니아' (Sardinia)였다고 주장하였다. 올브라잇에 의하면, '다시스'란 말은 보통명사로 "제련소" (metal refinery)를 의미한다고 한다 (Albright, *Archaeology and the Religion of Israel*, 133 이하; Dahood, *Psalms I*, 291에서 재인용). "다시스의 배들"이란 표현은 다시스에서 건조된 배들이란 의미이거나 아니면, 다시스와 교역하던 배들이란 의미일 것이다.

그런데 몇몇 히브리어 사본들은 "동풍으로" (*베루아흐 카딤*) 대신에 "동풍같이" (*케루아흐 카딤*)이라 읽는다. 현재 있는 그대로도 6절 후반부 (*카욜레다*)에 사용된 전치사 (*케*)가 7절 초반부에도 작용한다 (double-duty)고 보면 좋을 것이다. 그렇다면, 7절은 "동풍으로 다시스의 배들이 박살나듯 당신은 (저들을) 박살내신다"고 이해 된다 (NIV).

제3연 (8-10절): 위기를 극복한 이후에 감격하고 감사하는 성도들

8절: 우리가 들은 대로 (*카아쉐르 샤마아누*)—이제 시인은 "우리" (히브리어 완료형 동사 말미에 "누"로 표시됨)가 듣고, 보고, 생각하였다고 언급한다. 앞 연에서는 "저들이" (히브리어 완료 동사형 말미에 "우"로 표시) 보고 놀라고 두려워 빨리 갔도다 라고 했었다. 이렇게 앞 연에서는 저들이 행한 동작들에 초점을 두었다면 여기서는 "우리"가 행하는 동작을 묘사한다. 물론 초점은 엄밀히 말해 원수들의 동작이나 우리의 동작이 아니라, 하나님의 하신 기이한 일들이다. 왜냐하면 원수들의 행동은 결국 하나님의 역사에 기인된 것이었고, 우리의 동작 역시 하나님의 기이한 일들에 대한 것이기 때문이다. 시인은 이전에 하나님의 기이한 일들을 많이 들었다. 출애굽하던 당시에 행하신 기사들, 가나안 정복시에 행하셨던 이적들 등등. 그런데 이제 실제로 "우리 하나님의 성에서" 하나님께서 행하신 위대한 일들을 체험하였다. 그리고 기원하길 하나님께서 예루살렘 도성을 영영히 견고케 하시라고 기도한다.

만군의 여호와의 성 우리 하나님의 성에서 보았나니 하나님이 이를 영영히 견고케 하시리로다 (*켄 라이누 베이르-야웨 체바옷 베이르 엘로헤누 엘로힘 예코네네하 아드-올람 셀라*))—이는 선지자들에게서 자주 나타나는 하나님의 호칭으로, 특히 여기서는 전쟁의 용사로서 묘사되고 있는 듯 하다 (출 15:3 참조). 그분에게는 천천만만의 하늘군대가 있으며, 그분은 자기 임의대로 만물을 사용하시어 자기 목적을 달성하신다. 산헤립의 침공 이후에, 시온성은 그분의 임재 때문에 난공불락(難攻不落)의 성으로 이스라엘 사람들의 가슴에 새겨졌다. 그러나 그런 시온성 자체에 대한 신앙은 미신적이 될 수도 있었다. 하나님은 범죄하는 이스라엘 때문에 예루살렘을 도벳처럼 황폐케 하리라 하셨다 (렘 19:3, 13, 26:18). 그러나 당대인들은 그런 선지자의 메시지를 배척했다.

9절: 하나님이여 우리가 주의 전 가운데서 주의 인자하심을 생각하였나이다 (딤미누 엘로힘 하스데카 베케레브 헤칼레카) ―주의 인자하심은 그분이 자기 백성과 맺으신 언약에 신실하여 베푸시는 언약사랑이다. 이 불변 사랑은 자기 백성의 불신실에도 불구하고 끝까지 나타난다. 이 언약사랑은 백성이 불신실 할 때, 징계로 표시되며, 충성할 때 온갖 축복으로 나타난다 (신 28:1-14에서 축복을, 15-68절에서 위협을 보라). 이 시가 노래하는 외적의 침공과 성공적인 격퇴는 바로 하나님의 축복이며, 하나님의 언약 사랑의 표였다. 하나님을 사랑하는 자들에게 하나님은 피난처가 되시고 보호자가 되신다. 그분은 우리의 영원한 아버지시다. 징계하실 때는 징계하시나 끝까지 사랑하신다. 그러므로 환난 날에 낙심치 말라. 한편, "생각하였나이다"는 표현에서 "생각"은 신앙인들에게 '묵상'에 해당되겠다. 하나님의 하신 일과 그분의 성품을 우리는 묵상할 때 힘을 얻게 된다. 그분은 온유하시고, 인자하시고, 기이한 일을 행하시며, 자기 백성을 신속히 도우시는 좋으신 아버지가 아니신가? 우리의 생각은 이렇게 그분 자신과 그분의 행하신 일들로 채워져야 한다.

10절: 하나님이여 주의 이름과 같이 찬송도 땅 끝까지 미쳤으며 (케쉼카 엘로힘 켄 테힐라테카 알-카츠베-에레츠)― 당신의 이름같이. 하나님의 이름은 그분 자신이다. 이름은 그분이 누구신지, 그분이 어떤 일을 행하신 분이신지를 드러내기 때문이다. 이름을 불러 우리는 그분과 교제한다. 이름이 없다고 해 보라. 그분을 우리가 어떻게 접촉할 것인가? 기도시에 우리는 그분의 이름을 부른다: 여호와여! (예수님이시여!). 그분의 이름은 온 땅에 알려졌다. 그런데 엄밀히 말해, 그분의 이름은 언약백성인 이스라엘에만 계시되었다. 그렇지만 이스라엘을 위해 역사하시는 그분의 행동을 통해서 그분의 이름이 세상에 알려지게 된다. 한편, 여기서 "이름"은 그분의 "명성"을 의미할 수도 있다. 그분이 행하신 일로 인하여 그분의 명성이 온 땅에 가득하다.

주의 오른손에는 정의가 충만하였나이다 (체덱 말레아 예미네카) ―하나님의 오른손은 능력의 상징이며, 의인법적 표현이다. 그런데 "정의" (체덱)는 이 문맥에서 악인을 심판하고, 의인을 구원하는 공의를 의미할 것이다. 그렇다면, 다음절에서 언급된 "주의 판단"과 유사한 의미일 것이다.

제4연 (11-14절): 기적의 현장을 친히 찾아 경배하라

11절: 주의 판단을 인하여 시온산은 기뻐하고/ 유다의 딸들은 즐거워할지어다 (이스마흐 하르-치욘 타겔나 베놋 예후다 레마안 미쉬파테카)―' 판단' (미쉬파팀)은 이 문맥에서 원수들을 격파하시고 자기 백성을 구원하신 일을 지시할 것이다. 앞 절의 "정의"나 9절의 "인자," 그리고 여기의 "판단"은 모두가 하나님께서 자기 백성과 맺으신 그 언약에 근거한 하나님의 행동들이다. 언약의 조항들에 근거해서 하나님은 자기 백성이 위기에 처할 때 악인을 징벌하시고, 저들을 구원하신다. 그런데 "기뻐하고/ 즐거워하다"란 문장은 동의 병행법으로 주의 하신 일을 인하여 감격하고 기뻐하라고 권고한다. 시온산이나 '유다의 딸들' (유다의 마을들; 시 97:8)을 마치 사람인 양

'기뻐하라'고 촉구하는 것은 시인이 가진 그 솟구치는 기쁨의 정도를 말해준다. 기쁨과 즐거움은 성도들의 특징이다. 위선과 기만이 없이 순전한 마음이 하나님의 행하신 일들을 묵상할 때, 우리 성도는 기뻐할 수밖에 없지 않은가? 하나님의 크신 구원을 체험한 성도들은 그러므로 늘 감사하고 기뻐해야 할 이유가 있는 것이다.

12절: 시온을 편답하고/ 그것을 순행하며 그 망대들을 계수하라 (숩부 치욘 베학키푸하 시프루 믹달레하)—여기서도 역시 동의 병행법으로 시인은 시온을 돌며 걸으라고 권고한다. 이렇게 순행하며 해야 할 사항들은 다음에 제시될 세 가지이다: "그 망대들을 계수하라; 그 성벽을 자세히 보라; 그 요새들을 살피라." 방금 전에 열왕들이 침공하여 얼마나 치열한 공방전이 벌어졌던가? 망대들이나 성벽들이나 요새들에는 원수들이 파시키고자 노력했던 흔적들이 여전히 남아 있었을 것이다. 원수들의 기세가 등등하게 성벽을 깨뜨리고 물밀 듯 들어올 듯 할 때, 성안의 거민들의 마음엔 얼마나 처절한 믿음의 시련이 있었을 것인가? 그 성벽에 남겨진 원수의 흔적들을 하나 하나 계수하며 자세하게 살펴볼 때, 하나님께서 시온성을 보호하신 그 손길을 느끼지 않고 견딜 수 있겠는가?

13절: 그 성벽을 자세히 보고 그 궁전을 살펴서 (쉬투 리베켐 레헬라 팟세구 아르메노테하) — "그 성벽들을 유심히 살피고(마음에 두고), 그 성채들을 통과해 보라" (go through its citadels; NRSV). 한역이 '살피다'로 번역한 동사(파사그)는 여기서만 나타나므로 의미가 확실치 않다. "통과하다"(walk through)는 후기 히브리어 의미에 근거한 추정인데 NRSV가 채용했다. 사용된 동사는 여기서만 사용되었다 (*hapax legomenon*).

후대에 전하라 (레마안 테사프루 레도르아하론)—우리가 체험한 하나님을 후대에 전하는 일은 우리 성도들의 의무이다 (신 6:7). 단순히 나의 신앙체험을 후손들에게 들려주는 것을 통해, 우리는 우리 자녀들의 영혼을 흔들어 깨우고 저들도 어려움을 당할 때, 나를 도우신 그 하나님을 의지하고 기도할 수 있도록 돕는 것이다.

14절: 이 하나님은 영영히 우리 하나님이시니/ 우리를 죽을 때까지 인도하시리로다 (키 제 엘로힘 엘로헤누 올람/ 바에드 후 예나하게누 알-뭇)— 여기 후반절 "죽을 때까지"는 전반절의 "올람"에 비추어 "영영히"(알라못)로 읽어야 할 것 같다 (70인역, 심마쿠스 역 참조). "인도하시리로다"(나하그)는 표현은 하나님께서 우리 성도를 양떼처럼 인도하시는 목자로 제시해준다. 우리는 그 분의 안내와 인도를 받아 영원한 나라까지 나아가게 된다. 다훗이 지적한대로, 2연 마지막 (8절)에서 "영영히"로 끝났듯이, 4연 말미에서도 "영원히"로 마무리 지어지고 있다.

시편의 적용

온 세상의 기쁨인 시온 (교회)(2절)

시인은 여기서 종말론적으로 말하고 있는 듯 들린다. 곧, 메시아께서 시온에서 오실 때 온 세상이 참 진리를 알게 됨으로 갖게 될 그 큰 기쁨을 바라본다. 시온산은 이제 교회이다. 교회로 열 방이 모여든다. 그곳에 이새의 줄기에서 난 싹이 만민의 기호로 우뚝 서 계시기 때문이다. 이곳은 이제 새 예루살렘이며, 이곳은 온 세상의 즐거움이다. 이곳에서 영적인 모든 탁월한 것들이 나타난다. 만물을 충만케 하는 자의 충만이다. 교회는 하나님의 도성이며 (한국 찬송가 245, 246 참조), 원수는 교회를 대적하여 침공하지만 대왕의 임재 앞에서 두려워 떨며 줄행랑을 칠 것이다. 하나님의 교회는 영영히 서리라.

하나님이 교회를 영영히 견고케 (1-3절)

이는 종말론적으로 보건대, 진리의 기둥과 터인 교회를 견고케 붙들어 주시라는 기도와도 같다. 교회들은 보통 창립자 세대가 지나면 제도화되고, 초기의 그 열성과 뜨거움이 죽고, 목사의 지도력이나 기도보다는 그곳에서 뿌리를 내린 평신도 지도자들의 손에서 부정적으로 좌지우지되기 십상이다. 주님은 교회의 머리시지만, 목회자가 영권(靈權)으로 지도해야 바로 설 수 있다. 목회자가 영적으로 충만하지 못하다면 문제가 되겠지만, 만일 그러한데도 평신도 지도자들이 주장하려 든다면 문제이다. 이런 저런 생각은 인간적인 기우일 뿐 실제로 우리는 여기서처럼 하나님께서 자신의 교회를 영영히 견고케 붙들어 주시길 기도할 따름이다.

당신의 이름과 같이 (10절)

온 땅에 그분의 이름과 찬송이 충만하도록 하지 않으면 안 된다. 그렇게 함이 우리 성도들의 사명이다. 우리의 삶 전부는 그분의 이름을 영화롭게 온 땅에 선포하는 일이다. 이 일을 위해서라면 우리의 생명을 아까워 말아야 한다. 이런 일은 먼저 나 자신이 그분의 위대하심을 실제로 체험했을 때에만 가능하다. 그래서 복음서에서 치유 받는 자들이 주님의 이름을 전파하는 것으로 나타난다. 내가 치유 받은 체험이 있고, 내가 은혜 받은 체험이 있을 때 살아 계신 하나님을 바로 증거 할 수 있을 것이다. 그러므로 신앙은 들은 신앙, 세습적 신앙이어서는 안 되고, 내가 체험한 1차적이고, 직접적인 것이어야 한다. 배운 신학이 우리의 신앙일 수 없다. 우리가 체험한 하나님을 성경을 통해서 확인할 때, 혹은 성경에서 배운 하나님을 우리 삶에서 실제로 체험할 때 우리의 신앙은 참된 것이다. 이 중 하나가 부족하면 잘못된 것이다. 즉, 체험하지 못하고 배워서 안 신학은 온전하지 못하고, 체험했으나 성경에서 확인되지 못하면 이것 역시 불안하다.

시 49편 생명의 구속이 너무 귀하며

I. 전체구조에서의 위치, 시의 유형과 삶의 자리

본 시는 내용상 지혜시라 불린다. 구약에서 "지혜문헌"이라 불리는 책들은 욥기, 잠언, 전도서 등으로 이런 책들은 욥기에서 보듯, 의인이 고난당하는 문제, 혹은 전도서에서 보듯, 세상에서 인생의 의미 탐구, 잠언서에서 보듯, 세상에서 지혜로운 삶의 영위를 위한 여러 경구들 등과 같이 인생의 의미와 문제들을 경험에 근거하여 고찰한다. 물론 이런 책의 저자들은 영감 받은 자들이지만, 저들은 신앙의 눈으로 세상에서 일어나는 일들을 세심히 고찰하여 인생의 의미와 목적에 대하여 논하였다.

모든 성경이 인생이 당면하는 문제에 대한 해답을 제공하고자 한다는 것은 분명하다. 그렇지만, 지혜문헌이라 구태여 구분하는 것은 하나님의 구속역사와 같이 선명한 신학적 색채를 띄지 않으면서 세상의 지혜자들이 말할 수 있는 것들을 가지고 신학적인 문제들을 경험적으로 논의하는 때문이다. 지혜문헌에서는 "지혜"라는 말 (코흐마)이 자주 등장하며, 인간이 당면한 문제들이나 가져야 할 마땅한 지혜로운 자세들에 대하여, 불신자를 망라한 모든 인간들이 공통적으로 느낄 수 있는 해결책을 제시해 준다. 구태어 사용하자면, "일반 은총"의 영역에서 발견할 수 있는 삶의 지혜들을 제공해준다. 물론, 하나님의 계시가 이곳에는 없다는 의미가 아니라, 일반 종교들에서도 제공할 수 있는 그런 해결책들과 유사한 답안들을 제시해준다.

본 시도 내용상 그러한 지혜문헌의 성격을 지닌다. 악인이 형통하고 부한 까닭이 무엇인가? 인생의 의미가 무엇인가? 이런 수수께끼에 시인은 시적으로 답을 제시하고자 한다. 이런 시가 어떤 정황에서 생겨났을 지에 대하여 우리는 정확히 말하기 어렵지만, 신앙인이 살면서 당면했던 문제들과 씨름한다면 어느 시대, 어느 장소를 무론하고 이런 지혜시의 제시는 가능할 것이다. 굳이 지적하자면, 다윗과 같은 전쟁들이 계속되던 시대보다는 사방에 안식이 있던 솔로몬과 같은 태평성대에 이런 지혜문헌들이 대량 산출되었을 것이다. 더구나 성경은 솔로몬이 지혜를 크게 받아 3천의 잠언들을 저작하였다고 한다. 이 시도 그런 상황에서 나타나지 않았을까 여겨진다.

2. 시적 구조와 해석

본 시는 서론 (1-4), 제2연 (5-12절), 제3연 (13-20절) 등으로 구성되었다. 2, 3연의 마지막은 유사한 진술로 제시되고 있다 (12, 20절).

제1연 (1-4절)

1절: 만민들아 이를 들으라/ 세상의 거민들아 귀를 기울이라 (쉬므우-촛 콜-하암밈 하아지누 콜-요쉬베 할레드)— "만민들아"/ "세상의 거민들아"는 청중들이 보편적이고 세계적임을 보여준다. 바로 이점이 지혜문헌의 특징이기도 하다. "들으라"/ "귀를 기울이라"는 권고는 청중의 주목을 촉구하는 표현으로 자주 등장한다 (신 32:1, 삿 5:3, 사 1:10 등). 만약 이런 권고를 받아들이지 않는다면 그것은 독자에게 크게 불리한 결과를 야기할 중대한 사항이 지금 제시되고 있다. 선지자들이 언약 메시지를 외칠 때, 듣지 않고 거역할 경우 언약백성은 언약의 저주를 자초해야 했다. 마찬가지로 세상 모든 거민들은 이 지혜의 시를 마땅히 듣고 깨달아야 한다.

2절: 귀천 빈부를 물론하고 다 들을지어다 (감-베네 아담 감-베네 이쉬 야하드 아쉬르 베에브욘)—세상 거민들을 이렇게 귀천(貴賤)(베네-아담/베네-이쉬) 빈부(貧富)(아쉬르/ 에비온)의 네 계층으로 더욱 세분화시켜 들을 것을 촉구한다. "귀천(貴賤)"이라 번역된 두 말은 사실상 동의어이지만, "빈부"를 표현한 말이 대조적인 의미를 지니므로, 이 문맥에서 우리는 "낮은 자, 높은 자"란 대조적 의미로 파악될 수 있다. 여하튼 '모두' 지혜자의 말을 들어야 한다.

3절: 내 입은 지혜를 말하겠고/ 내 마음은 명철을 묵상하리로다 (피 예답베르 호크못 베하굿 립비 테부놋)—시인이 말하는 바는 '지혜'요 '명철' 이다. 이런 용어들은 지혜문헌에서 다반사로 나타나는 전문용어들이다 (욥 12:12, 13, 잠 2:2, 6, 3:13, 19, 5:1, 8:1, 10:23, 21:30, 24:3 등). 여기서 복수형을 사용한 것은 추상명사의 복수형으로, 풍성한 지혜, 완숙한 명철 정도의 의미일 것이다. 한편 방금 우리가 지혜 문헌 용어들이라 지칭한 바가 출애굽한 이스라엘이 성막(聖幕)을 건축할 때 (출 31:3, 35:31, 36:1) 혹은 성전을 건축할 때 (왕상 7:14), 그리고 솔로몬과 관련해서 역사서에서 등장한다 (왕상 5:9)는 점을 유념해야 한다. 이런 역사서 부분의 묘사를 보면, 지혜와 총명이 성령님의 은사로 임한다는 것이고, 그렇게 은사를 주시는 이유가 주님의 나라를 위해 섬기도록 하는 것이었다. 물론 지혜가 일반은총의 선물로 불신자들에게도 주어진다는 것은 주지의 사실이다. 예컨대, 일본인에게는 경제적, 기술적 지혜를, 헬라인들에게는 철학적 사유의 지혜를, 로마인들에게는 대 제국 건설의 토대가 된 포용적 지혜와 건축, 법률의 지혜를, 프랑스인들에게는 예술의 지혜를, 독일인들에게는 과학적 지혜를, 영국인들에게는 세계 제국 건설의 통치의 지혜를 주셨다. 한국인들에게는 복음이 들어온 이후로 이런 모든 지혜들에 더하여, 부르짖어 기도하는 경건의 지혜를 주시기 시작하셨다.

4절: 내가 비유에 내 귀를 기울이고 수금으로 나의 오묘한 말을 풀리로다 (앗테 레마샬 오즈니 에프타흐 베킨노르 히다티)— "비유" (마샬)란 솔로몬의 "잠언들"이라 할 때 사용된 말 (잠언)과 같다. 여기서는 인생의 "수수께끼" (enigma)가 동의어로 나타나고 있다. 인생이 사는 것과 죽는 것의 문제는 큰 수수께끼가 아닐 수 없다. 이 구절은 시인인 수금을 타면서 시적으로 지혜를 노래하는 모습을 암시해 준다. "수금으로" (베킨노르)라는 표현과 연관하여, 사울 왕이 번뇌할 때, 수금을 잘 타는 다윗이 수금을 연주함으로 악귀가 떠나고 기분이 상쾌해졌고, 성전에는 수금을 타며 신령한 노래를 부를 때 예언하던 자들이 있었다 (대상 25:3). 따라서 시인이 수금을 연주하면서 인생의 수수께끼를 풀리라고 하는 것은 신령한 감동을 받는 상태에서 하겠다는 의미일 것이다. 이렇게 본다면, 문제나 해답의 성격은 보편적이요 일반 은총적이라 하여도, 해답을 추구하는 방식은 하나님의 은혜를 구하는 자세이다.

제2연 (5-12절)

5절: 죄악이 나를 따라 에우는 환난의 날에 내가 어찌 두려워하랴 (람마 이라 비메 라아 아본 아케

바이 예숩베니) — 이 구절은 다양하게 번역되고 있다: 1) 내 발꿈치의 죄악이 나를 둘러싸는 재앙의 날에 (KJV); 2) 악한 기만자들이 나를 둘러싸는 재앙이 오는 날에 (NIV); 3) 내 핍박자들의 죄악이 나를 두르는 환난의 때에 (NRSV, NASB도 유사); 4) 나를 밀어내려하는 자들의 악이 나를 두르는 환난의 때에 (TNK). 이 말은 인생이 위기와 위험을 당하는 환난의 때를 묘사하고 있다. 나를 괴롭히고 파괴시키고자 하는 것은 근원적으로는 "나의 죄악" 일 수 있지만, 현상적인 면에서 그것은 어디까지나 "나의 기만자들" 이다. 이들은 다음절에서 "돈을 의지하고, 재물의 풍부함을 자랑하는 자들"로 확인되고 있다 (NIV). 이런 자들이 득세할 때, 우리 성도는 믿음에 시험을 당할 수 있다. 그래서 16절에서 "사람이 치부하여 그 집 영광이 더할 때에 너는 두려워 말지어다" 라고 권고한다. 성도들은 악인들이 형통할 때 조급해하거나 시기하지 말아야 한다. 내 영향력이 작은 것을 탄식해야 할 때도 있겠지만, 주님을 바라보고 모든 일을 "영원의 견지에서" 길게 조망할 필요가 있다.

6절: 자기의 재물을 의지하고 풍부함으로 자긍하는 자는 (합보테힘 알-헬람 우브로브 오쉬람 이트할랄루)—"재물"로 번역된 말 (헬)은 "재물" 만 아니라 "힘" 혹은 "덕성" "군대" "능력" 등을 의미하지만, 여기서는 "재물의 풍성함" 과 병행되는 말로 사용되었다. 재물이나 돈은 인생에게 필요한 필수품이다. 없어도 살 수 있지만, 이것을 천시하거나 무시하지 말아야 한다. 그럼에도 이런 것이 마치 자신의 최고의 가치인 양 추구할 때 혹은 재물을 의지하며 "자긍할 때" (자랑하다) 그것은 우상이다. 이런 자들이 세상에서 날뛰는 때에 신앙인들은 낙심이 된다. 언제 이런 자들이 없어질 것인가? 그런데 이런 자들로 인하여 더욱 하나님께 엎드리게 되고, 그분을 더욱 의지하게 된다.

7절: 아무도 결코 그 형제를 구속하지 못하며 저를 위하여 하나님께 속전을 바치지도 못할 것은 (아흐 로-파도 이프데 이쉬 로-잇텐 렐로힘 코프로)—"구속하" 다 (파다)란 말은 성경의 핵심 사고를 표현해 준다. 성경은 흔히들 "구속의 역사" 라고까지 언급된다. 죄악과 저주에 떨어진 인간을 건져내어 은혜와 축복의 자리로 이끌어내는 것이 '구속(救贖)' 이다. 여기서도 이런 의미로 말하고 있는가? 여기 문맥에서 시인이 염두에 둔 인생의 위협은 '죽음' 이 아닌가? (8절의 "생명"; 9절의 "썩음"; 10절의 "죽고" 등) 인생은 이 죽음의 문제를 재물(財物)이나 그 어떤 것으로 해결할 수 없다. 진시황(秦始皇)을 비롯하여, 영웅(英雄)호걸(豪傑)들이나 도교의 신선학이 이 문제를 해결하고자 노력했으나 모두 허사였다. 하나님의 저주를 누가 풀 것인가? 이것이 인류의 숙제인데, 바로 성경이 이 문제의 해결책을 제시해준다.

8절: 생명의 구속이 너무 귀하며 영영히 못할 것임이라 (베에카르 피드욘 나프샴 베하달 레올람)—"귀하다" 는 것은 값이 무한대(無限大)하다는 것이다. 오직 "죄 없는 사람" 이 죄인을 대신하여 죽을 때, 그 생명은 사망권세를 면할 수 있다. 그 죄 없는 한 사람이 세상에는 없다는 것이 바로 문제 해결을 불가능하게 한다. 죄 없는 한 사람이 있다 해도, 그가 과연 자기 생명을 던져 죄인의 생명과 바꾸고자 할 것인가? 이것 역시 인간으로서 해결할 수 없는 문제이다. 만약 죄 없는 이가 스스로 생명을 던져 죄인을 대신하여 죽고자 한다면 그가 바로 구세주(救世主)가 될 것이다. 죄인된 사람의 생명을 죽음에서 건지도록 그의 죄를 없이하는 일은 천하를 다 주고도 가능하지 않다. 그렇지만 인간으로서 할 수 없는 인간의 구속에 대하여, 시인은 "하나님은 나를 영접하시리니 이러므로 내 영혼을 음부의 권세에서 구속하"실 것을 깨달았다 (15절).

9절: 영존하여 썩음을 보지 않게 못하리니 (비히-오드 라네차흐 로 이르예 핫샤하트)—만물은 현재 하나님의 저주 하에 처해있다 (창 3:19; 롬 8:19-25). 그래서 모든 것은 썩는 방향으로 진행되고 있다. 즉, 엔트로피 (부패지수)가 증가되는 방향으로 진전되고 있다. 태어나는 순간부터 인간은 썩어지는 방향으로 나아간다. 이를 멈출 수 있는 유일한 방식은 저주를 선고하신 그분이 너는 살라!고 다시 선고하시는 일이다 (스 8:8 참조).

10절: 저가 보리로다 지혜 있는 자도 죽고 우준하고 무지한 자도 같이 망하고 (키 이르에 하카밈 야무투 야하드 케실 바바아르 요베두)—지혜 있는 자나 '바보' 나, '짐승 같은 자' 나 모두 죽음 앞에서는 한 가지이다. 진시황이 구한 불사(不死)약은 없다. 그런데 성경은 우리에게 그리스도를 믿을 때 영생을 얻는다고 말씀한다. 그렇다면 구약에서 "영생"의 사고가 있는가? 여기에 대하여는 시 36:9, 71:20 주석이나 본 시편의 15절 주석을 참조하면 좋을 것이다. 구약에서도 희미하게나마 영생불멸의 사고가 나타난다.

저희의 재물을 타인에게 끼치는도다 (베아제부 라아헤림 헬람)—여기 재물 (헬)은 6절의 그것과 같은 말이다. 누구나 다 죽는다. 이 진리 앞에 모두가 공평하다. 모두가 죄인이기 때문이다. 죽음은 죄의 대가이기 때문이다. 모은 모든 재물도 다 남겨두고 빈손으로 가야한다 (욥 1:21; 공수래공수거 空手來空手去).

11절: 저희의 속생각에 그 집이 영영히 있고 그 거처가 대대에 미치리라 하여 그 전지를 자기 이름으로 칭하도다 (키르밤 밧테모 레올람 미쉬케노탐 레도르 바도르 카레우 비쉐모탐 알레 아다못)— "그들이 자기들의 이름을 땅들에 붙였어도, 그들의 무덤들이 영영 그들의 집들이 되리라" (LXX, NIV, NRSV, NJB; "그들의 무덤들이 그들의 영원한 집이며, 한 때 지상에서 저명했던 자들의 영원한 거처이다" TNK도 참조). 이런 번역은 "저희 속생각에" (키르밤)란 단어의 글자들의 순서를 하나만 바꾸면 얻을 수 있다. 곧 "키르밤"을 "키브람" ('그들의 무덤'; LXX, 시리아어역, 탈굼역) 혹은 "케바림" (그들의 무덤들)으로 읽을 수 있다. 한편 이 세상의 부한 자들은 이 세상에서 영원히 살 장소를 세우고자 자기 모든 것을 투자한다. 공산주의자들은 수령(首領)과 공산당을 위해 죽으면 국민의 뇌리에 영원히 기억되므로 그것이 '영생' 이라 한다. 세상 사람들이 거주할 영원한 처소는 저들의 무덤밖에 없다. 더구나 무덤에 머문다면 다행이지만, 신약의 더 밝은 계시의 빛에 의하면, 불신자들은 모두 불과 유황으로 타는 못에 던져져 영원히 고통을 당한다. 그런데 "그 전지" (*아다못*, 토지)에 사람들이 자기 이름을 붙여 대대에 미치도록 하려는 시도는 거리에나 장소에 저명한 이의 이름을 붙이는 데서 나타난다 (세종로, 을지로, 태종대, 대조영 함 艦 등). 또 한 가지 여기서 언급할 것은 BHS 편집자가 제시하듯, 어떤 이는 10절 하반부 (저희의 재물을 타인에게 끼치는도다)를 11절 말미로 이동시키기도 하나 사본상 혹은 고대 역본에서 근거가 없다.

12절: 사람은 존귀하나 장구치 못함이여 멸망하는 짐승과 같도다 (베아담 비카르 발-얄린 님솰 카베헤못 니드무)— 그 재물에도 불구하고 장구치 못하다 (NIV); 인간은 그 존귀함을 지닌 상태로 장구치 못하다 (NRSV, TNK, NASB). 인간은 아무리 존귀하다 해도, 믿지 않고 죽는다면, 멸망하는 짐승과 일반이다. 죽음에 있어서 그러하다. 그런데 원문을 보면, 12절과 20절은 한 표현만 제하고, 동일하다: 발-얄린 (하룻밤을 머물지 않는다, 12절)/ 벨로 야빈 (깨닫지 못한다, 20절). 그런데 70인역은 12절과 20절을 동일하게 번역하고 있지만, 히브리 본문과는 약간 다르다: "사람이 존귀에 있으나 깨닫지 못한다; 그는 지각없는 가축에 비교되며, 그들과 같다." NJB는 20절의 사고를 여기로 끌어와서 의역하고 있다: "사람들은 형통하면 자기들의 지각을 상실하고 말못하는 짐승들과 다를 바 없게 된다."

제3연 (13-20절)

13절: 저희의 이 행위는 저희의 우매함이나 후세 사람은 오히려 저희 말을 칭찬하리로다 (제 다르캄 케셀 라모 베아하레헴 베피헴 이르추)— "이것이 어리석은 자들의 길이며, 저들의 말을 인정하는 자들을 따르는 자들의 (길이라; NASB); "이것이 자기를 신뢰하는 자들의 운명이며, 저들의 말들을 인정하는 자들을 따르는 자들의 (운명이라" (NIV). 한역과 이러한 번역들과의 차이는 원문의 모호함에 기인된다 해도 (원문에서 주어와 보어의 구분이 분명치 않다), 본문의 전.후 관계의 의미가 통하도록 고심하는 현대 영역본들이 더 좋다.

14절: 양같이 저희를 음부에 두기로 작정되었으니 (캇촌 리쉐올 샤투)—사용된 "양"의 표상은 두 가지이다: 하나는 "양같이" 라는 표현이고, 다른 하나는 "(양을) 먹이다" (라아)란 말이다 (호 4:16 참조). 세상 사람들은 양과 같이 우리 안에 갇혔고, 저들의 목자는 죽음이다. 누구도 도망칠 수가 없다. 도살장으로 끌려가는 어린양의 운명이다 (시 44:12 참조). 시인은 세상의 부한 자들의 헛된 환상을 여기서 깨고자 한다. 모든 사람들이 다 죽음에 처하게 되겠지만, 다음 문장에서 "정직한 자" 와 여기 문장의 주어가 구분된 것을 보면, 여기서의 사고는 특히 어리석은 세상 재력가들이 초점일 것이다. 한편 여기서 "음부" (스올)는 무덤 곧 죽음의 세계를 지시한다.

사망이 저희 목자일 것이라 (마벳 이르엠)—불신자들의 운명이 적나라하게 그려지고 있다.

정직한 자가 아침에 저희를 다스리리니 (바이르두 밤 예솨림 랍보케르)—여기서 어떤 영역본은 문맥상 의미가 통하도록 번역하나 ("곧장 무덤으로 저들이 내려가리라" NRSV), 현재 본문을 멋대로 바꾸지 않고는 그렇게 번역하기 어렵다. 현재 본문 그대로 볼 때, "아침에 다스린다"는 의미가 무엇인가? 여기서 의인은 의인과 불의한 부자를 대조하고 있다. 그렇다면, 시인은 현재의 "고난" (밤)이 지난 후에 "아침" (축복과 형통)이 다가올 것을 바라 본 것인가? 그 때가 되면, 의인과 악인의 위치는 역전될 것이다. 여기서 시간 틀은 현세와 죽음 이후의 영원세계이다.

저희 아름다움이 음부에서 소멸하여 그 거처조차 없어지려니와 (베추람 레발롯 쉐올 미제불 로)—이 부분의 번역은 다양하다: "저들의 형상이 무덤에서 -저들의 당당한 저택들에서 멀리 떨어져- 썩을 것이다" (NIV); "저들의 형상이 썩을 것이다; 스올이 저들의 집이 될 것이다" (NRSV). 전자가 본문 그대로에서 의미를 끌어낸 번역이라면, 후자는 본문을 변조해서 얻었다. 여하간 여기서 시인의 사고는 불의한 자들이 무덤에서 썩어질 것이며 현세의 가진 모든 부가 저들에게는 헛된 일장춘몽에 불과했다는 사고이다 (눅 12:16-21). '음부' (스올)는 무덤을 지시한다. 흙으로 만들어진 사람은 흙으로 돌아가고 만다 (창 3:19).

15절: 하나님은 나를 영접하시리니 이러므로 내 영혼을 음부의 권세에서 구속하시리로다 (아크-엘로힘 이프데 나프쉬 미야드-쉐올 키 익카헤니) — "하나님께서 내 영혼을 무덤에서 내 생명을 구속하시리니, 실로 그가 나를 자신에게로 취하실 것이라" (NIV). 죽음의 문제라는 깊은 늪에서 헤매던 우리는 이제야 드디어 생명의 환한 빛을 찾게 되었다. 여기서 이 시가 제기한 인생의 "수수께끼"의 해답이 여기에서 제시되고 있다. 그것은 생명의 근원이신 하나님께서 "나" (성도)를 영접하시리라 (취하실 것이다)는 사고 때문이다 (창 5:24, 히 11:5 참조). 이것이 음부의 권세에서 우리 생명이 구속받는 유일한 길이다. 어떤 사람도 죽음에서 우리를 건질 수 없지만, 이제 하나님께서 우리를 취하시어 죽음에서 우리 생명을 건지신다. 구약에서도 비록 희미하나마 이렇게 "영생불멸"에 대한 진리가 확실하게 제시되고 있다.

16절: 사람이 치부하여 그 집 영광이 더할 때에 (알-티라 키 야아쉬르 이쉬 키-이르베 케보드 베토)— "어떤 사람이 부자 될 때, 그 집의 재물이 증대될 때에, 위압당하지 말라." 어떤 계기로 이 사람은 부를 움켜지게 되었다. "그 집 영광이 더할 때에"란 표현에서 "영광" (케보드)은 이 문맥에서 "재물"이 더 적합하다. "두려워 말지어다" 보다는 "시기하지 말지어다" (알-티트하르)가 더 적절한 표현일 듯 하나 (시 37:7-8 참조), 여기서 "두려워 말라"고 언급하는 이유가 무엇인가? (5절도 참조; NIV, NJB는 'Do not be overawed' [위압당하지 말지어다]). 다음절 (17절)은 초두에 "왜냐하면" (키)이란 접속사가 있으므로, 두려워하지 말아야 할 이유로 취할 수 있다. 그것은 부자도 빈손으로 무덤으로 내려가야 하고, 그의 재물이나 그것이 주던 모든 후광도 그와 함께 내려갈 수 없기 때문이다. 그렇다면 시인은 성경 다른 구절들에서처럼, 여기서 악인의 형통함을 시기하지 말고 하나님을 바라고 잠잠히 기다릴 것을 촉구한다고 보인다 (잠 23:17, 24:1, 19, 시 37:7-8 등). 불신자는 이 세상에서만 분깃을 받은 자들이다 (시 17:14). 저들이 잘된다 한들 그것을 인하여 부러워할 이유가 없다.

17절: 죽으매 가져가는 것이 없고 그 영광이 저를 따라 내려가지 못함이로다 (키 로 베모토 익카흐 학콜 로-예레드 아하라브 케보도)— "그가 죽을 때, 아무 것도 가져 가져갈 수 없고, 그의 재물이 그를 따라 내려갈 수 없기 때문이다." 앞 절에 제시된 "두려워 말라"라는 권고의 이유이다. 부자라고 재물을 지고 무덤에 내려가는 법이 없다. 그렇지만 의인은 그 행한 일이 무덤 저편에까지 따라간다 (계 14:13). 재물로 만약 우리 생명을 구속할 수 있다면, 부자가 얼마나 좋은가? 악착같이 돈을 모아야 할 것이다. 그렇지만, 억 만금(萬金)을 갖고도 하나님 나라에는 들어갈 수 없다. 고대인들은 특히 왕들은 죽을 때, 자신들이 사용하던 모든 물건들이나 패물(佩物)들을 다시 사용하려는 양 그것들과 함께 묻혔다. 지하세계에서도 생이 계속된다는 생각에 근거한 행동이었다. 현세의 것은 지나가는 한 흔적일 뿐임을 알지 못하는가?(고전 7:31)

18절: 저가 비록 생시에 자기를 축하하며 스스로 좋게 함으로 사람들에게 칭찬을 받을지라도 (키-나프쇼 베하야브 예바레크 베요두카 키-테티브 라크)— "생전에 그는 자신이 축복받았다고 간주할지라도 -당신이 형통할 때는 사람들이 당신을 칭송하기 마련이다" (NIV). 생시에 부자들은 "자신들을 행복하다 여기고" (한역, "자기를 축하하며"), "번영할 때" (한역, "스스로 좋게 함으로") 사람들에게 칭찬을 받으며 기분 좋을 것이다. 편안하고 사람들에게 존경과 복종과 칭찬 받는 재미에 영원세상을 준비할 이유를 알지 못한다. 이것이 저들에게 치명적인 함정이다. 누가 이를 깨닫고 부자(富者)로서 하나님 나라를 준비할 것인가? 부자가 하나님 나라 들어가기가 낙타가 바늘귀로 들어가는 것보다 어렵다 (눅 18:25).

19절: 그 역대의 열조에게로 돌아가리니 영영히 빛을 보지 못하리로다 (타보 아드-도르 아보타브 아드-네차흐 로 이르우-오르)—이 표현은 죽음 이후의 삶을 암시해 준다. 불의한 자들도 죽음 이후에 삶을 계속하나 그 차원이 의인과 다를 뿐이다. "영영히 빛을 보지 못하리로다"에서 "빛"은 14절에 언급된 "아침"을 연상시킨다. 이 세상에서 재물의 풍성함으로 낙을 누린 자들은 죽음 이후에 영원한 어둠에 처해질 것이다. 저들에게는 빛이 영영히 비춰지 않을 것이다. 이것이 저들의 멸망이요 고통이다. 빛은 구원의 상징이기도 하다. 이들에게는 죽음 이후에 어떤 구원이 없다. 이것이 의인이 불의한 자에게 진리를 전파해야할 이유이다. 한편, "돌아가리니" (타보)는 70인역과 같이 "그가 돌아가리니"로 읽는다. 맛소라 본문은 "그녀가 돌아가리니"이다.

20절: 존귀에 처하나 깨닫지 못하는 사람은 멸망하는 짐승과 같도다 (아담 비카르 벨로 야빈 님샬 카베헤못 니드무)—이런 진술은 (14절도) 불의한 자에게 해당된다. 현실적으로 의인도 죽음에서 벗어나지 못하는 듯 보이나, 실상 의인에게는 15절에 묘사된 대로 죽음 이후에 영광스러운 구속이 있다. 이 구절의 다양한 번역은 이 구절이 갖는 다양한 의미를 반영하는데: 1) 재물을 가졌으나 지각이 없는 자는 멸망하는 짐승과 같다 (NIV); 2) 형통하면 지각을 상실하여 짐승같이 되고 만다 (NJB); 3) 죽을 인생은 영광에 지속적으로 거할 수 없고, 멸망하는 짐승과 같다 (NRSV); 4) 인간은 영예를 깨닫지 못한다; 그는 멸망하는 짐승과 같다 (TNK).

시편의 적용

생명의 구속이 너무 귀하여 (8절)

생명의 구속은 천만금으로 되어질 수 없다. 그 누구도 생명을 죽음에서 건져낼 자가 없다. 인류역사상 유일하게 사망권세를 이기고 부활하신 이는 예수 그리스도이시다. 그러므로 그분은 생명의 원천이시다. 그분에게 속한 자마다 부활의 영광에 참여한다. 그런데 어떤 이는 예수님을 믿는다고 세상 사람들과 달라진 것이 무엇인가? 병들고 죽는 점에서 다 같지 아니한가? 라고 묻는다. 피상적으로 보면 그러하다. 그러나 죽음이 무엇을 의미하는지에 있어서 천양지차이다. 우리 성도는 주안에서 죽는 죽음이 얼마나 값진 것인지를 안다. 이제 세상의 수고를 쉬고 그 행한대로 상급을 받게 된다 (계 14:13). 죽음의 원인을 알고, 죽음의 이후에 나타날 신천신지의 영광을 아는 죽음과 그렇지 못한 죽음의 차이는 천양지차이다. 우리는 영원한 사망권세에서 구원을 받았다. 그러므로 사망이 우리를 두렵게 해서는 안 된다. 사망을 우리는 대적해야 하고, 우리에게 주어진 사명을 다하기까지 우리의 생명을 손상시키려는 어떤 세력도 단호히 믿음으로 물리쳐야 한다. 그리고 믿음으로 우리는 죽음을 맞이해야 한다.

    암 환자들이 있는 병실에서 어떤 목사가 상담을 한다. 환자들이 여러 가지 이야기들을 할 때 목사는 듣는다. 어떤 환자가 독일에서 암 특효약이 개발되었다는 데 주사 한방 맞는데 1천5백만원이라 한다. 그 약을 어떻게 구할 수 있느냐? 내 생명이 위협에서 건짐을 받는다면 1억이 아깝지 않고, 세상 모든 것을 주어도 좋을 것이다. 생명이란 이렇게 귀하다. 이 귀한 생명을 누가 죽음에서 건질 것인가? 죄 없으신 구세주, 생명이요, 진리요, 길이신 구세주 예수 그리스도 이시다. 이분을 믿고 생명에 충일하라.

    그렇다면 여기서 인간의 죽음과 그것에서의 구속의 원리에 대하여 한 예증을 들어 설명해 보자. 구약의 에스더서에는 페르시아 아하수에로 대왕 (Xerxes 486-465 B.C.)이 왕의 반지로 인을 친 조서를 공포하는 사건이 두 번 나타난다 (스 3:12-15; 8:9-14). 한 번은 하만이 유대인들을 전멸시키고자 한 시도였고, 두 번 째 사건은 하만의 음모를 분쇄시키기 위한 조처로 모르드개의 주관 하에 일어났다. 이 두 번의 조서 사건은 인간이 죽음의 선고를 받았던 사건과 그 죽음 선고를 분쇄시키고 역전시키는 생명선고의 사건 (갈보리 사건)을 생생하게 예증해 준다. 여기서 중요한 것은 왕의 도장이 찍힌 왕의 조서를 공포할 때 그것을 파기시킬 수 없다는 원리이다. 하만이 유대인을 12월 13일 하루 동안 유대인 남녀노소 무론하고 누구든지 도륙하고 그 재산을 탈취하라고 명령하는 왕의 조서가 공포되었을 때, 그것은 왕이라도 파기할 수 없게 되었다. 사정이 그러했기 때문에 왕후 에스더가 왕에게 "하만이 왕의 각 도에 있는 유다인을 멸하려고 꾀하고 쓴 조서를 취소하소서"라고 간청하였으나 왕은 "취소하라"고 명하는 대신 말하길 "너희는 왕의 명의로 유다인에게 조서를 뜻대로 쓰고 왕의 반지로 인을 칠지어다 왕의 이름을 쓰고 왕의 반지로 인친 조서는 누구든지 취소할 수 없음이니라"고 하였던 것이다 (스 8:8). 즉, 일단 왕의 조서가 공포되고 나면 왕이라도 그것을 취소하거나 바꿀 수 없다는 것이다. 그래서 다른 조서를 공포하여 원래 조서의 내용을 상쇄시켜야 했다. 하만의 계략을 분쇄하기 위해 새롭게 발표된 왕의 조서에는 "여러 고을에 있는 유다 인에게 허락하여 저희로 함께 모여 스스로 생명을 보호하여 각 도의 백성 중 세력을 가지고 저희를 치려 하는 자와 그 처자를 죽이고 도륙하고 진멸하고 그 재산을 탈취하게 하되… 곧 12월 13일 하루 동안에 하게 하였" 다 (스 8:11). 즉, 원래 조서내용과 반대되는 내용을 담아서 제2의 조서를 공포함으로 원래 조서의 내용을 파기시킨 것이다.

이런 인간적인 원리를 하나님의 저주 선고와 생명선고 (복음)에 적용시켜 예증해 본다면 복음의 원리가 선명하게 드러날 것이다. 인간은 죄로 인하여 하나님의 사망선고를 받아야 했다 (창 3:19). 이는 하나님께서 공포하신 신의 조서로 누구도 파기할 수 없고 변개시킬 수 없는 진리가 되었다. 이후로 모든 인간은 죽음에 처하게 되었다. 이 사망선고를 철폐시키려는 어떠한 시도도 성공할 수 없는 것은 하나님께서 그것을 선고하신 때문이다. 하나님 자신도 이 선고를 무조건 파기시킬 수가 없으시다. 왜냐하면 그리하면 자기모순에 빠지실 것이기 때문이다 (인간적으로 말해). 그렇다면 어떻게 사망에 처한 인간을 구할 수 있을 것인가? 신의 다른 조서가 필요한 것이다. 그것은 생명 선고를 공포하는 것이다. 이것이 바로 "복음"이다. 그렇지만 첫 조서 (사망선고)를 뒤집어엎기 위해서는 사망을 가져오게 했던 인간의 죄의 문제를 해결해야 한다. 그것은 무죄한 분이 범죄한 인간의 죄를 대신 지고 사망에 처하면 가능하다. 이 일로 하나님은 자기 외아들 예수 그리스도를 보내시어 인간의 죄를 대신 지고 십자가에서 죽게 하셨다. 죽으셨던 그분은 사망 권세를 이기시고 사흘 만에 부활하셨다. 이제 하나님께서 행하신 이 대속의 죽음과 구속사건을 믿음으로 받아들이는 인간에게는 사망 선고가 풀리는 생명이 주어지게 된다. 이것이 복음이다.

그렇다면 어떻게 이 한 사람 예수 그리스도의 대속 죽음이 억만 인류의 죄악을 모두 담당할 수 있는가? 라는 질문이 제기될 수 있다. 그것은 대표의 원리에 의해서 설명될 수 있다. 아담 한 사람이 범죄함으로 모든 인류가 죄인이 되었다면 이제 둘째 아담 예수 그리스도 한 분의 의로운 죽음으로 그에게 연합되는 자는 누구나 생명을 얻게된다. 극상품 포도나무에 달린 가지마다 좋은 열매를 맺듯, 예수 그리스도를 믿음으로 영접하고 그에게 연합되는 자마다 생명을 얻게된다. 시대가 달라도, 지역적으로 달라도 상관이 없다.

생명의 구속

"기독 지혜사"를 설립하여 톰슨 성경, 호크마 성경 주석 등을 발간하여 히트를 쳤던 분의 간증을 들으니, 부친이 개척교회를 하면서 당하는 여러 가지 환난 (배고픔과 교회 분란으로 인한 봉변 등) 때문에 목회자 되길 거부하고 제대하고부터 출판사를 통해 돈을 모으기 시작하자 죄악의 늪에 점차 빠져들게 되어, 결국 하나님의 징계를 받아 간경화 말기에 이르렀다가 간 이식 수술을 위한 마취 수술 시간에 혼수상태로 입신한 가운데 하늘나라를 체험하였다. 이 분이 강도환 집사인데 그는 입신한 가운데 강물에 수도 없이 밀려 떠내려가는 사람들을 보면서 "복음 전도"의 사명을 깨닫고 천국의 영광을 체험하고 깨어났다고 했다. 그가 하늘나라에 당도하니 기쁨이 충만해 오고 곧장 "하나님의 영광이 있으매 그 성의 빛이 지극히 귀한 보석 같고 벽옥과 수정 같이 맑더라" 라는 (계 21:11) 말씀이 생각났다고 한다. 그리고 천국에서 그는 요 14:2-3에서 주님께서 너희를 위하여 "처소를 예비하러" 가신다고 하신대로 주님은 지상 성도들의 처소를 예비하시고 계셨다고 하였다. 자기 부친이 1만 명 전도를 목표로 고령임에도 계속 전도하는 중이신

데 그를 위하여는 정말 아방궁(阿房宮) 같은 처소가 예비 되었고, 자기의 처소는 아직 예비 중이었다고 한다. 그 처소는 여기 지상에서 전도한 만큼 헌신한 만큼 비례하여 예비 된다고 강조했다. 구순연 집사의 간증 역시 지상에서의 헌신과 전도에 비례하여 하늘 처소가 지어진다고 강조한다.

우리는 생명 구원이 얼마나 귀한 일인지 잘 알고 있다. 지옥에서 천국으로 옮기는 일이기 때문이다. 그런데 그 생명 구원하는 전도가 나 자신에게는 하늘 "처소"를 예비하고 상급을 준비할 수 있는 계기를 제공한다는 점도 강조되어야 한다. 어떤 사람들은 천국에만 가면됐지, 무슨 상급이며 공로냐? 한다. 특히 마 20장의 포도원 비유를 근거로 천국에 가면 모두 동등해진다고 한다. 그러나 수 많은 사람들의 간증을 들어보면 (모두 체험적 사실을 말하므로 주관적이긴 하나, 그들의 간증이 다 공통적으로 강조하는 바는 여기서의 헌신과 전도에 비례하여 하늘 영광과 상급이 주어진다는 점이다) 하늘나라에서 우리가 받을 영광과 상급은 여기서 지금 우리가 행하는 바 섬김과 전도에 정비례 한다는 사실이다. 여기 지상에서 "몇 십 년" 살 아파트를 위해 일하는 그 열심을, "영원히" 거주할 천국의 "처소"를 위해 쏟는 지혜로운 성도가 되길 바란다.

그 전지(田地)를 자기 이름으로 칭하도다 (11절)

건물이나 거리에 사람 이름을 붙이는 경우는 허다하다 (창 4:17, 11:31, 출 1:11 등). 이것이 얼마나 성경적인 것인지는 분명치 않다. 미국의 대통령들은 대개 직위에서 물러나면 자기 고향 지역에 자기 이름의 박물관이나 기념관을 건축하곤 한다. 자기 이름을 영구히 남기고자 하는 한 시도이다. 한편, 인간은 자기의 행한 일로 영구히 이름이 남기도 한다. 오늘날 전 세계적으로 가장 널리 사용되는 소총은 소련제 AK-47이라 한다. 이 소총의 약자는 "자동 칼라쉬니코프" (Avtomat Kalashnikov)란 의미이며, 칼라쉬니코프 (Mikhail Timofeyevich Kalashnikov, 1919년 출생)는 이 총의 발명자이다. 이 소총은 기막힌 설계와 그 탁월한 성능으로 세계의 소총이 된 것이다. 이 소총은 1분에 600발을 발사할 수 있다. 최근에는 이 소총에 조준경을 부착한 AKM으로 현대화도었다. 여하간 인명을 살상하는 이런 무기를 발명한 사람의 이름은 두고두고 그 총과 함께 기억될 것이다.

사람이 부하게 될 때 (16절)

어떤 중소기업사장은 1년 감옥살이 후에 나왔더니 그 전에 사 두었던 3만 원짜리 주식 (株式) 값이 몇 배로 폭등하여 27억원을 찾게 되었다. 이러한 때에 성도들은 이런 사람을 부러워 할 수 있다. 우연히 재물이 사람의 손에 굴러 들어가듯 들어온다 하여 그것을 부러워할 이유는 없다. 그 재물을 감당할 그릇이 되지 못하면서 천금이 하루아침에 굴러 들어온다면 결국 그 물질 때문에 그 사람은 패가망신(敗家亡身)하고 말기 때문이다. 예를 들자면, 부산의 어떤 사람은 복권에 당첨되어 1억 원 이상을 얻게 되었다. 그 전에는 그 부부(夫婦)가 열심히 일하여 일하는 가운데서 그런 대로 행복한 가정을 일구었다. 그런데 복권이 당첨된 후, 그 남자는 집을 사고, 남은 돈으로 부동산 중개업을 시작하였다. 이 남자는 그 동안 한 눈 팔 수 없었던 처지에서 변하여, 바람도 피우게 되었다. 이렇게 삶이 달라지면서 부부 사이에 다툼이 일어 결국 이혼하게 되었고 가정이 깨어졌다. 깨어진 가정만 아니라, 자기도 갈 길을 알지 못하고 방황하는 파국을 맞게 되었다 한다. 이것이 저주가 아니고 축복일 것인가? 요컨대, 사람의 부귀는 인격의 그릇이 준비되지 못한 자에게는 오히려 저주와 멸망의 도구일 뿐이라는 것이다.

공수래공수거 (空手來空手去)(17절)와 영원한 세계

불신자들은 평생에 모은 모든 재물을 다 남기고 갈 때 그 마음이 어떠할까? 한창 누리고 떵떵거리며 살고 싶을 때에 생명이 진하게 되니 원통할 것이다. 그러나 의인은 이 세상에서 행한 모든 선한 일들이 영원히 그를 따라간다. 영원한 신천신지는 이 창조세계가 변화된 처소로, 그곳에서 우리 성도는 현재 행한 모든 의로운 일의 열매로 살게 될 것이다. 영원세계에서 우리 성도들은 영광스럽게 된 몸을 입을 것이며, 천사와 같이 될 것이다. 그렇지만 그것이 우리 성도의 발전의 끝이라고 생각지 말아야 한다. 오히려 영원세계는 우리가 하나님의 거룩하심과 사랑과 충만하심으로 무한히 발전해가고 그분을 더욱 더 알아가는 또 다른 출발점이 될 것이다. 그래서 신천신지에서 우리는 더욱 더 열심히 공부해야 하고, 더 열심히 그분의 장성한 분량에 자라도록 힘쓰지 않으면 안 된다. 나태함이나 게으름이 있을 수 없다 (이상현,「조나단 에드워즈의 철학적 신학」참조).

시 50편 제사로 나와 언약한 자여 들으라

I. 전체구조에서의 위치, 시의 유형과 삶의 자리

"시온"이라는 주제로 앞 시편들과 연관된다 (50:2 참조). 그런데 본시는 시온에서 자기 백성에게 나타나셔서 언약을 갱신하시는 하나님을 노래한다. 그래서 본 시편의 주제는 언약갱신 의식이라 할 수 있다. 시내산에서 이스라엘과 언약을 체결하신 하나님은 모압들에서 (신 29:1), 그리고 세겜에서 (수 24장) 그 언약을 갱신한 바 있다. 언약갱신이라 함은 체결된 언약을 새로운 당사자들과 변화된 조건들에 비추어 새롭게 갱신(更新)하는 것을 의미한다. 그러므로 이전의 언약의 기본 골격은 그대로 유지되고, 변화된 상황이나 조건들에 비추어 개정되어 당사자들의 필요에 부응하도록 하는 것이다. 언약갱신은 매 7년 초막절에 정기적으로 되어지도록 신명기 언약서에 규정되고 있다 (신 31:10). 이스라엘 역사에서 이 규정이 어떻게 준수되었는지는 자세히 확인하기 어렵지만, 중대한 시기에는 언약을 새롭게 갱신하기 마련이었다 (수 24장, 삼상 12장, 왕하 23:3 등 참조).

표제에서 시 42-49 편들이 모두 "고라 후손들"의 시 (쉬르 미즈모르 립네-코라흐, 람낫체아흐 립네-코라흐 미즈모르)라면 시 50편은 시 78-83편들과 함께 "아삽의 시" (미즈모르 레아삽)로 나타난다. 그리고 시 51-70편은 다윗의 시로 나타난다 (시 66, 67편은 인명이 없는 표제). 다윗 시대의 성가대장들이었던 헤만 (시 88편), 아삽 (시 50, 78-83편), 여두둔 (시 39, 62, 77편), 에단 (시 89) 등은 하나같이 시편들의 편집에 간여했던 것으로 나타난다. 고라 후손은 누구였나? 족보에 의하면 (출 6:16-27) 레위(1대)는 게르손, 고핫, 므라리 세 아들들 (2대), 고핫은 아므람 (아론, 모세의 아버지), 이스할, 헤브론, 웃시엘 네 아들을 (3대) 낳았다. 이 중 이스할은 고라와 네벡, 시그리 등 세 아들을 (4대) 낳았다. 이렇게 볼 볼 때, 고라는 레위의 증손에 해당되며, 아론, 모세의 사촌이었다. 그런데 나중 광야 여정시, 고라와 다단, 아비람 일당 250인은 모세와 아론을 시기하여 반란을 공모하였다 (민 16장). 고라 후손들은 그 반란에 참여치 않았던 것으로 나타난다. 저들은 다윗 시대에 성소 성가대에서 탁월한 역할을 감당하여 적어도 11개의 시편들 (시 42-49편, 84, 85, 87, 88편 등)이 저들의 이름으로 전해진다.

2. 시적 구조와 해석

본 시편은 언약갱신 의식을 조명해 준다는 점에서 이스라엘의 역사의 한 장면을 보여준다. 우선 이 시는 언약백성을 자신의 임재 앞으로 부르시고 자신을 저들에게 나타내시는 하나님의 신현 묘사 (1-6절), 은총을 받을 자세로 제사를 드리라 는 권고의 메시지 (7-15절), 불신실한 언약백성에 대한 심판 메시지 (16-23절) 등과 같이 3개의 연으로 구분할 수 있다. 이 시는 이렇게 언약갱신의식을 제시하면서 언약백성에게 언약에 충성할 것을 요청하고 불신실한 사람들에게 경고를 발하는 예언자의 메시지 형식을 지니고 있다. 그런데 이 시처럼 예언자적 메시지를 담은 시들로는 시 81편과 95편을 들 수 있을 것이다.

선지자들의 주 기능은 언약 조항들에 근거하여 언약 백성을 기소하고 심판을 선고하는 언약의 사신(使臣)의 역할이었고, 이는 오늘날 법에 근거하여 범죄한 백성을 기소하는 검사와 그 기소장을 근거로 심판을 선고하는 판사와 유사한 기능이었다. 이스라엘의 모든 체제가 하나님과의 언약 관계 하에서 움직여야 했다면, 왕의 법 (신 17:14-20)이 규정하듯, 왕이 걸어야 할 정도 (正道)는 언약서를 준수하는 일이었고, 백성이 언약 관계에서 이탈될 때, 다시 언약관계로 회복시키는 기능을 감당했던 제사 제도도 언약 제도를 견고케 하는 기능을 감당하였다. 선지자 역시 언약 관계를 촉진시키고 유지하는 기능을 감당하였다는 점에서 왕이나 제사장이나 다를 바 없이 언약 제도의 일부였다. 이렇게 본다면, 시편의 저자들인 왕이나 선지자 혹은 제사장 (레위인들)은 결국 언약 체제를 공고히 하는 목적으로 시를 노래한다고 이해할 수 있을 것이다. 이 시는 이런 면이 특별히 부각된다.

제1연 (1-6절): 언약체결을 위한 신현

이 부분에서는 온 세상 사람들을 증인들로 부르시고 (1절), 자기 백성과 언약을 맺으시고자 (5절) 시온에 강림하시는 하나님의 신현을 노래한다. 이는 시적인 묘사이긴 하지만, 이스라엘과 맺으시는 하나님의 언약의 우주적 권위를 묘사한다. 이스라엘과 시내산에서 맺으신 언약은 모압들에서 갱신되었고 (신명기 29:1 참조), 그 후 세겜에서 (여호수아 당대에, 수 24장 참조), 혹은 사무엘 주도하에 (삼상 12장 참조) 다시 갱신되는 등 시대마다 갱신되었다. 본 시는 어떤 특정한 시기에 갱신되었던 그 언약 갱신을 노래할 것이다.

1절: 전능하신 자 하나님 여호와 (엘 엘로힘 야웨) —70인역 (테오스 테온 퀴리오스)이나 벌게잇역 (*Deus deorum Dominus*) 등은 최상급으로 취하여 "신들 중의 신 주님" (the God of the gods the Lord)이라 번역하고 있다 (NJB). 그런 최상급 의미를 표현하려 했다면 엘로헤 하엘로힘(시 136:2)이나 엘 엘림(신 11:36)으로 표현했어야 했다. 시편에서 "엘 엘로힘"이란 표현은 시 62:2, 77:2 (두 번) 등에서 나타난다 (엘 엘로힘 야웨 엘 엘로힘 야웨, 수 22:22도 참조). 여기서 "엘"은 "전능하신 자"(the Almighty)를 의미한다. 그리고 "엘로힘"은 총칭 명사를 우리가 보통 절대자, 혹은 "신(神)"이라 지칭하는 대상이다. 반면 "여호와"는 이스라엘과 언약을 맺으신 이스라엘의 하나님의 이름이다. 이스라엘에게 있어서 하나님은 유일신이지 여러 신들 중의 최고신이 아니었다. 바벨론이나 유가릿, 애굽 등지에서는 여러 다신들 중에서 최고신을 각기 마르둑, 바알, 태양신 라 등으로 간주했었다.

말씀하사 (딥베르) —하나님은 살아 계셔서 말씀하시는 분이시다. 산 자의 특징은 언어행위로 나타난다. 여기서는 온 세상을 자기에게로 소환하시는 하나님의 모습이 나타난다.

해 돋는 데서부터 지는 데까지 세상을 부르셨도다 (바이크라-아레츠 밈미즈라흐-쉐메쉬 아드-메보오)— "해 돋는 데서 지는 데까지"란 표현은 '온 세상'을 지칭한다 (말 1:11, 시 113:3). 이렇게 온 세상 거민을 하나님께서 부르시는 것은 자신이 이제 하시고자 하는 일의 '증인'을 삼고자 하심이다. 그만큼 이제 하시려는 일은 세계적인 중요성을 지닌다.

2절: 온전히 아름다운 시온에서 하나님이 빛을 발하셨도다 (밋치온 미크랄-요피 엘로힘 호피아)—하나님은 시온에 자신의 거처를 두셨다 (사 8:18, 시 9:11 등). 그러므로 그곳에서 그분은 자신의 영광의 빛을 발하신다. "빛을 발하시다" (호피아)란 표현은 신현 현상을 묘사할 때 등장한다 (신 33:2, 시 94:1; 다음 절 참조).

3절: 우리 하나님이 임하사 잠잠치 아니하시니 (야보 엘로헤누 베알-에헤라쉬) —그분은 우리에게 찾아오신다. 우리가 그분을 찾아가는 것이 아니다. 그분의 나타나심은 구원과 심판의 양대 목적을 시행하기 위함이다. 이스라엘의 신실한 자들에게는 축복과 구원을, 불신실한 자들에게는 심판을 선고하신다. 여기 시편에서도 그분의 2대 신현 목적 (구원과 심판)이 제시되고 있다. 그분은 나타나셔서 반드시 말씀하신다 ("잠잠치 아니하시니"). 그저 할 일이 없어 오시는 경우는 없다. 우리가 바로 서 있다면 그분의 오심은 축복과 구원일 것이지만, 우리가 바로 되어있지 않다면 그분의 오심은 심판과 파멸이다. 하나님은 오셔서, 자신의 침묵이 악인들에게 오해를 주지 않도록, 말씀하신다 (21절; 창 34:5에서 야곱의 침묵을 보라). 그런데 여기 묘사된 사항은 시내산 신현(神顯)을 상기시킨다 (출 19:16-19). 그 때에 하나님은 강림하셔서 이스라엘에게 말씀하셨다.

그 앞에는 불이 삼키고 그 사방에는 광풍이 불리로다 (에쉬-레파나브 토켈 우스비바브 니스아라 메오드)—시내산 신현 시에 하나님은 불 가운데 강림하셨다. 그래서 시내산 온 지경에는 연기가 자욱했고, 온 산이 심하게 진동하였다 (출 19:18). 하나님 앞에는 불이 토해져 나오며 (단 7:9, 10), 그분은 가까이 못할 빛 가운데 거하신다 (딤전 6:16). 불은 심판을 의미하고, 여기서처럼 신현시에 동반되는 불은 지진 등과 같은 자연의 대 격변현상의 일부이며, "광풍(狂風) 마찬가지이다 (창 3:8, 왕상 19:11, 욥 38:1 등). 한편 여기서 "광풍이 불리로다"란 말은 원문에서 3인칭 여성 단수 비(非)인칭(impersonal) 주어로 자연현상을 표현하고 있다 ('광풍이 대작하였다'; it is very tempestuous; GKC § 144c).

4절: 자기 백성을 판단하시려고 (라딘 암모)—이 말은 오늘날의 사법적 "재판"의 의미라기보다, 하나님의 "통치" 일반을 포괄적으로 지시한다 (신 32:36, 시 135:14; 이스라엘의 왕의 통치 묘사는 시 72:2; 딘/ 쇼파트 짝, 시 7:9, 9:9, 잠 31:9, 렘 5:28). 자기 백성과 맺은 언약을 갱신하시고자 자신을 나타내시는 행위는 의인들에게는 기쁨일 것이지만, 악인들에게는 두려움의 대상이었다. 자기 백성 가운데 자신을 나타내시는 행위 그 자체가 이렇게 저들에 대한 하나님의 통치행위였다.

윗 하늘과 아래 땅에 반포하여 (이크라 엘-핫쇼마임 메알 베엘-하아레츠)—"윗 하늘과 땅을 불러서." 하나님은 하늘과 땅을 자기 언약의 증인들로 부르신다 (신 32:1, 사 1:2). 고대 근동인들은 언약 체결시 자기 신들을 증인들로 불렀지만, 유일신 사고를 지닌 이스라엘에는 그런 것들이 용납되지 않았다.

5절: 나의 성도를 내 앞에 모으라 (이스푸-리 하스다이)—"나의 성도들 (하시다이)." 이 말은 "언약 사랑" (헤세드)과 연관된 말로, 언약에 신실한 성도를 지칭한다. 이 언약백성을 하나님은 "모으라"고 명하신다. 이는 언약 갱신 의식을 갖고자 함이다. 이는 마치 사무엘이 미스바에 백성들을 모으고 (삼상 7:5) 회개의 성회를 가졌던 것과 흡사하다. 성도들은 하나님 앞에 함께 모일 때 그분의 은혜를 입는다. 성도들의 삶은 서로 간에 책임을 지고, 서로 간에 격려를 받음과 동시에 함께 있는 그곳에 하나님의 역사는 나타나는 것이다.

제사로 나와 언약한 자니라 (코르테 베리티 알레 자바흐)—"제사로 나와 언약을 체결할 자들." 사용된 동사는 "분사형"으로 이제 언약갱신 의식이 체결될 것을 암시해 준다. 이 구절은 언약체결이 "희생제사"를 통해 이루어진다는 사실을 보여준다. 우리는 출 24:4-8에서 언약체결 의식을 볼 수 있다. 그런데 이 구절의 헬라어역 (70인역)은 "희생 제물들 위에 나와 언약을 맺는 자들" (투스 디아티떼메누스 텐 디아떼켄 아우투 에피 뚜시아이스)이라 번역하여, 희생제물이 하나가 아니라 여럿임을 암시해 주고 있다. 이런 번역은 언약체결 의식에 여러 제물들이 사용되었다는 사실에 근거한 것이다 (창 15:9, 출 24:6). 이 70인역의 표현에 히 9:16의 표현이 의존한다. 따라서 히 9:16-17에서 헬라어 "디아떼케"를 "유언" (testament)라 번역하는 것은 구약의 배경에 비추어 볼 때, 전연 잘못된 번역이다 (한역, KJV, ASV, NIV, RSV, REB, NAB, NJB 등 거의 모든 현대어역본들이 "유언" 번역을 채택하고 있다)(최종태, "새언약,"「예언자에게 물어라」482 이하 참조).

6절: 하늘이 그 공의를 선포하리니 하나님 그는 심판장이심이로다 (바야기두 솨마임 치드코 키-엘로힘 쇼페트 후)—하늘을 인격체로 취급하고 있다. 하늘은 이 시에서 증인이므로 하나님의 의 (체데크)를 증거해 줄 것이다. 하나님은 "심판장" (쇼페트)이시라 할 때, 오늘날과 같은 법관을 의미하지 않고, 삼권을 행사하는 "통치자"란 의미이다 (왕상 3:28, 호 13:10). 고대에는 삼권분립의 개념 자체가 없었다. 구약에서는 "통치하다" (말락)란 말이나, "판단하다" (딘, 쇼페트)란 말이 동의어로 나타난다 (시 96:10 참조). 그분의 세계 통치나 언약백성에 대한 통치는 의롭지 않은 것이 없다 (계 15:3, 4).

제2연 (7-15절): 언약에 신실하라

이 연의 주제는 제사의 참된 의미이다. 하나님께서 양식이 부족하여 제사를 바치라고 하는 것이 아니다. 그분이 실제로 제물의 피를 마시고 그 고기를 드시는 것이 아니다. 그러면 무엇인가? 제사가 실제로 필요한 자는 이스라엘 백성이지 하나님이 아니다. 저들이 제사를 통해 자기 죄를 용서받고 하나님의 은총을 얻는 것이다. 그렇다면 어떤 자세로 제사를 드려야 하겠는가? 물을 필요도 없게 된다. 네가 은총을 받을 자세로 제사를 드리라! 이것이 무언의 교훈이 아니겠는가? 14, 15절에서 감사제를 드리며, 서원을 갚으며, 환난 날에 하나님을 부르라 명하신다. 그러면 구원하시겠다는 약속이 주어지고 동시에 그 구원을 통해 하나님께서 영광 받으시리라 하신다. 다시 말해, 제사를 드리고 (감사제와 서원제만 여기 언급되었다) 어려운 때에 하나님께 기도하면 건지실 것이 약속되었다. 부언한다면, 제사를 온전한 마음으로 드려서 환난 날에 주님께 부탁할 근거가 있게 하여라! 제사는 죄를 속죄하는 의미와 (속죄제, 속건제, 번제), 감사를 표하는 의미 (화목제), 헌신을 표시하는 의미 (번제) 등이 있다. 따라서 제물의 고기와 피를 하나님께서 마시지 않는다 해도, 드리는 자는 헌신과 속죄, 감사가 하나님께 열납 될만하게 드려야 하지 않겠는가? 율법에 규정되었으니 마지못해 형식적으로 마음에 없는 제사 (예배)를 드린다면 그것은 하나님을 배가 고파 자기 백성에게 짐승을 제사로 바치라고 요청하는 그런 신으로 착각하는 범죄행위가 아닐 수 없다. 14, 15절의 사고는 다음 연의 23절에서 반복 강조되고 있다.

7절: 내 백성아 들을지어다 (쉬므아 암미) — "내 백성"이란 하나님께서 언약 맺으신 언약 백성에 대한 호칭이다 (출 5:1, 7:4, 16, 26, 8:16, 17, 18, 19, 9:13, 17, 27, 10:3, 4, 12:31 [예기적], 출 22:24, 사 1:3, 3:12, 5:13, 10:2, 24, 22:4). 특히 호세아서에서 이 호칭은 하나님과 결혼 언약 맺은 이스라엘을 향하신 하나님의 애틋한 감정 혹은 질투하시는 감정이 생생하게 드러나고 있다 (호

1:9, 2:1, 3, 25, 4:8, 12, 6:11, 11:7 등 참조).

내가 말하리라 이스라엘아/ 내가 네게 증거하리라 (바아답베라 이스라엘 베아이다 바크) —여기서 "네게"라는 말은 "너를 대적하여"란 의미이다 (against you). 즉, 하나님은 이스라엘을 쳐서 증거하신다. 곧 언약에 불신실한 언약 백성을 기소하시겠다는 것이다.

나는 하나님 곧 네 하나님이로다 (엘로힘 엘로헤카 아노키)—이런 표현은 언약관계의 핵심을 드러내준다. 하나님께서 이스라엘의 하나님이 되시고, 이스라엘은 하나님의 백성이 되는 것 (출 6:7, 레 26:12, 렘 7:23 등), 이것이 언약관계의 본질이다. 결혼 관계에서 "나는 당신 남편, 당신은 내 아내"라고 하는 것과 같다 (아 2:16, 6:3). 하나님은 자기 언약백성을 불러서 자신이 하시고자 하는 말씀을 들으라 촉구한다. 그 말씀이 내용은 7절 이하에서 나타난다. 그분이 하시는 말씀은 결국 "구원"과 "심판"으로 요약된다. 신실한 자들에게는 구원의 말씀을 불신실한 자들에게는 심판을 선포하실 것이다.

8절: 너의 제물을 인하여는 (알-제바헤카) — "너의 제물들로 인하여는." 구약의 언약 백성은 제사를 드림으로 하나님을 예배하였다. 제사는 크게 다섯 가지로, 번제, 소제, 화목제, 속죄제, 속건제 등으로 불리지만, 이를 크게 다시 2대분 한다면, 감사제와 속죄제로 구분될 것이다. 화목제가 감사제이지만, 번제도 넓은 의미에서 헌신의 표시로 드려질 때 감사제라 할 수 있다. 속죄제는 언약백성이 언약조항을 범했을 때 속죄하고자 드리는 것으로 속죄제, 속건제 등이 여기 해당된다. 번제도 민족의 죄를 속죄하기 위해 바쳐졌을 때 여기 해당된다. 여기 문맥에서 하나님께서 언급하는 "제물들"은 이런 여러 가지 제사들에 바쳐진 제물들이다. 특히 전체를 제단에서 불살라 드렸던 "번제물들"이 특별히 언급되고 있다. 번제는 절기시에 바치는 것과 매일 아침 저녁으로 바치는 것 (상번제) 두 종류가 있었다.

책망치 아니하리니 (로 오키헤카)—이런 제물들로 인하여 하나님은 이스라엘을 "책망치" 아니하실 것이다. 이는 언약에 근거하여 기소하는 것을 의미한다. 이 말을 좀 더 강하게 번역한다면, 처벌하다, 징계하다가 될 것이다 (삼하 7:14, 시 6:2, 38:2, 105:14 참조). 왜 책망하지 않으실지 그 이유는 9-13절에서 제시되고 있다. 14절에 비추어 볼 때, 하나님은 언약백성 중 신실한 자들에게 제물로 인하여 책망하기보다, 오히려 자원해서 감사 제사를 드리도록 격려하신다는 것이 드러난다. 반면 불신실한 자들에게는 엄히 책망하신다 (16절 이하).

네 번제가 항상 내 앞에 있음이로다- (베올테카 레네겟디 타미드)- 한역은 마치 책망치 아니하는 이유처럼 제시되었으나, 원문에는 그런 관계가 아니라, 같은 동사 (책망하다)의 다른 목적어일 뿐이다. 즉, "너의 제물을 인하여는, 그리고 내 앞에 항상 드려지는 네 번제물들을 인하여는 내가 너를 책망치 아니하리라" (I do not rebuke you for your sacrifices or your burnt offerings, which are ever before me, NIV).

9절: 내가 네 집에서 수소나 네 우리에서 숫염소를 취치 아니하리니 (로-엑카크 밋베테카 파르 밈미클레오테카 앗투딤) —제물은 '가축' 이어야 했다 (민 7:88에서 황소 20마리, 수소 4마리, 수양

60마리, 수 염소 60마리, 어린 수양 60마리; 사 1:11, 겔 39:18 등에서도 수소, 수 염소를 함께 언급). 언약백성 중에서 어떤 이들은 하나님께서 제물들을 불살라 드릴 때, 정말로 그분이 배가 고파서 냄새를 들여 마시는 것인가?라고 생각했을지 모른다. 이방신들은 인간처럼 배가 고파서 사람들이 바치는 제사를 기다리고, 사람들은 그렇게 생각하고 자기 신들에게 아침마다 제물을 바쳤다. 그러나 하나님은 인간이 공궤(供饋)해서 배고픔을 채워주어야 사는 그런 신이 아니다. 오경에서 그분이 기쁘게 흠향(歆饗)하시는 향기로운 제사라는 표현이 있긴 하지만 (창 8:21, 출 29:18 등 참조), 이는 어디까지나 드리는 자의 마음 자세를 기쁘게 받으신다는 의미이지, 문자적으로 그 냄새를 들이키신다는 의미일 수 없다. 그렇다면, 신약시대에는 동물 제사가 없는 데 어찌될 것인가?

10절: 이는 삼림의 짐승들과 천산의 생축이 다 내 것이며 (키-리 콜-하에토-야아르 베헤못 베하래 레-엘레프) —9절에서 가축들을 언급했다면, 10-11절에서는 산새들을 포함한 들짐승들을 언급한다. 이런 '들짐승들'을 유독 하나님의 소유물이라 주장하는 이유는 9절에서 제물용 짐승을 억지로 백성에게서 취하지 않으시겠다 하셨기 때문이다. 즉, 산의 모든 들짐승이 다 하나님 것인데, 설사 하나님이 배가 고프다고 해도 (12절) 자기 백성의 소유인 짐승을 취하실 이유가 없다는 것이다. 이런 표현은 어디까지나 의인법적이지만, 하나님은 "즐겨 내는 자를 사랑하신다"는 것이다 (고후 9:7). 한편 여기서 '천산(千山)' 이란 수많은 산이란 의미이다.

11절: 산의 새들도 나의 아는 것이며, 들의 짐승도 내 것임이로다 (야다티 콜-오프 하림 베지즈 사다이 임마디)— "알다"란 새들의 이름을 안다거나 친숙하다는 의미가 아니라, 여기서는 후반절에 비추어 볼 때 "소유"의 의미이다. 그런데 "들의 짐승"을 어떤 현대어 역본은 "들판들에서 움직이는 모든 것들" (NASB, NJB, NRSV)라 번역하며, "짐승"이라 번역된 말 (지즈)은 의미가 확실치 않다. 70인역은 "들판의 아름다움" (호라이오테스 아그루, beauty, ripeness)라 번역하고 있다. 한편 이 말을 KB³은 "황충" (locust)이나 들의 곡식을 갉아 먹어 황폐케 하는 작은 곤충들의 의미로 추정한다.

12절: 내가 가령 주려도 (임-에르아브)—하나님께서 배가 고프실 수 있는가? 성육신하신 주님은 배고픔도 당하셔야 했지만, 현실적으로 '불가능한' 가정법을 사용해서 하나님은 성도들이 하나님의 심정을 바로 깨닫기를 촉구하신다. 하나님께서 제물을 실제로 필요로 해서 바치라는 것이 아니다. 오히려 하나님은 백성들의 필요를 위해서 그렇게 정하신 것이다 (14-15절 참조).

네게 이르지 않을 것은 세계와 거기 충만한 것이 내 것임이로다 (로-오마르 라크 키-리 테벨 우멜로아흐) —시 24:1, 89:12 참조. 시 98:7에서는 "세계와 그 가운데 충만한 것"이 모두 찬양한다고 한다. 10절의 사고보다 여기서의 사고는 더 강조적이다. 산천의 짐승만 아니라, 세계와 그 가운데 있는 모든 것이 다 주님의 것이다. 그것들에 대한 그분의 소유권은 그분이 그것들을 창조하신 까닭에 기인된다.

13절: 내가 수소의 고기를 먹으며 염소의 피를 마시겠느냐? (하오칼 베사르 압비림 베담 앗투딤

에쉬테)—이사야 선지자를 통하여 하나님은 "너희의 무수한 제물이 무엇이 유익하뇨? 나는 수양의 번제와 살진 짐승의 기름에 배불렀고 나는 수송아지나 어린양이나 수 염소의 피를 기뻐하지 아니하노라" 고 하셨다 (사 1:11). 이것은 구약의 언약백성들이 형식적(形式的)으로 제사를 드릴 때 주어진 책망과 심판의 메시지였다. 그렇지만 여기 시편에서 하나님은 그런 책망조로 말씀하시기보다는 백성들이 가졌을 잘못된 생각을 시정하려 하신다. 가나안 사람들이 섬기던 아낫 여신은 자기 오빠 바알신의 살을 먹고, 그의 피를 마시는 것으로 묘사된다. 하나님은 그처럼 피를 마시는 신이 아니시다. 오히려 자기 백성의 필요를 위해서 제사제도를 마련해 놓으신 것이다. 저들이 드리는 제사로 속죄를 받고, 감사제를 드릴 경우, 환난 날에 적금(積金)이 되어 하나님의 도우심을 촉발시키는 촉진제가 될 것이었다. 이는 인격적인 관계에서 아주 본질적인 사항이다. 하나님과 성도간의 관계는 사랑과 인격의 관계이다. 이런 관계에서 나의 사랑은 제사(祭祀)로 표현되는 것이다. 물론 기도와 찬양, 헌신 등을 통해서도 표현되지만, 우리가 귀하게 여기는 재물(제물은 이스라엘인에게 있어서 중요한 재물)을 드려서 우리의 정성과 사랑을 표현하는 것이다. 한편 어떤 이는 구약의 "제사"와 신약의 "예배"는 본질상 차이가 있다고 지적한다. 즉, 제사는 죄를 속하려고 드리지만, 예배는 죄를 용서 받은 자들이 감사하여 드린다는 것이다. 그러나 이런 예리한 구분이 정확하다 하기 어렵다. 구약의 제사 중에도 화목제나 번제처럼 반드시 속죄만 아니라, 헌신과 감사, 서원, 자원 등의 이유에서 기쁨과 감사로 드렸기 때문이다 (다음 절에서 "감사제사" 도 참조).

14절: 감사로 하나님께 제사를 드리며 (*제바흐 렐로힘 토다*)— "감사 제사를 드리라" (Offer a sacrifice of thanksgiving). "감사제" (토다)는 "화목제" 의 한 종류였다. 이스라엘에서 화목제는 감사 (thanksgiving), 서원 (vow), 자원 (freewill) 등으로 세분되었다 (레 7:11-18). 감사제사는 한나가 서원기도를 응답해 주신 하나님께 감사하여 드렸던 것처럼 자기 삶에서 감사의 조건에 감사를 표시한 제사였다 (삼상 1:24; 삼 년 된 황소 한 마리, 밀가루 한 에바, 포도주 한 가죽 부대).

지극히 높으신 자에게 네 서원을 갚으며 (*베샬렘 레엘리욘 네다레카*) — "지존자에게 네 서원들을 갚으라." 전. 후반절은 의미상으로 동의 병행법이라면, 구조상으로도 정확하게 병행법을 이루고 있다 (동사+전치사구+목적어). "서원제" 역시 감사제와 같이 화목제의 한 종류였다. 서원을 하는 것은 함부로 할 일이 아니지만 (잠 20:25, 전 5:4-5), 서원을 함으로 하나님께 책임을 지고 기도를 드린다면 응답도 확실하게 받을 것이다 (창 28:18-22, 레 7:16, 민 30:2-13, 삿 11:30, 39, 삼상 1:11, 욘 1:16 등 참조). 한나는 자식을 주시면 하나님께 바치리이다 라는 서원기도를 드렸다. 이렇게 서원하면서 드리는 제사가 "서원제" 이다. 일단 서원했으면 하나님께 한 것인 만큼 반드시 갚아야 한다.

15절: 환난 날에 나를 부르라 (*우크라에니 베욤 차라*)—환난 날은 내 입지가 좁아지는 날 (*베욤 챠라*)이다. 이리 저리 움직일 수 없도록 사면초가 (四面楚歌)일 때이다. 이런 때에 항우 (項羽) 같은 장사라도 좌절(挫折)할 것이지만, 주의 성도들은 기적의 하나님을 바라보고 부르짖어야 한다. 그런데 여기 진술이 위치한 문맥을 보면, 성도들이 평소에 감사예물을 바치며 하나님을 기쁘시게 하는 삶을 살았을 경우에 환난을 당할 때 부르짖음으로 신속한 응답을 기대할 수 있다는 것이다. 평소에 주님과 동행하면 환난 날에도 놀랄 이유가 없을 것이다.

내가 너를 건지리니 네가 나를 영화롭게 하리로다 (아할레츠카 우테캅베데니) —평소에 주님과 동행하는 삶을 살았다면 환난 날은 오히려, 하나님께서 나를 "건지시고" 그렇게 구원받은 우리는 하나님께 큰 영광을 돌리게 되는 역사적 기념의 날이 될 것이다. "문제"는 신실한 성도에게 이처럼 하나님의 기적을 체험하는 기회요, 하나님께 영광 돌리는 기회가 되는 것이다.

14, 15절은 제2연의 핵심 사항을 담고 있다. 제사는 하나님의 필요가 아니라, 오히려 백성의 필요 때문에 주어진 것이니 그 정신을 잘 깨닫고 온전한 제사를 드리자는 것이다. 따지고 보면, 제사로 드려진 제물은 번제의 경우는 가죽을 벗기고 모든 것을 불태우므로 고기는 전연 남지 아니하지만, 화목제는 내장 일부와 기름만 하나님께 드리고, 나머지 고기는 그 제사를 드린 자의 몫이다. 그리고 속죄제에서 제물 고기는 제사장에게 돌려지고, 소제 역시 그러하다. 그래서 제사에서 태워지지 않고 (곧 여호와께 드려지지 않고) 남는 고기는 이렇게 경배자 자신과 제사장에게 돌아간다. 화목제 고기는 경배자가 고아나 과부 같은 자 혹은 친척들과 같이 나누는 것이 요청되었다면 (넓게 보면 재산의 사회 환원의 일종일 수 있다), 제사장에게 돌아가는 제물의 고기나 소제 (음식 제물)는 일반 기업이 없는 성직자들의 생계 수단이 되었다. 제사장은 하나님과 백성 사이에서 고리 역할을 하므로, 저들의 섬김이 잘못되면 하나님과 백성의 관계가 제대로 될 수 없었다. 따라서 백성이 내 제물로 제사장을 먹인다는 식으로 제사를 불만스럽게 드리고 제사장을 멸시한다면 하나님께서 기뻐하실 리 만무하다. 하나님을 제물이 필요한 배고픈 신으로 생각하는 것이나, 제사장을 내가 먹인다는 식의 교만한 생각으로 드리는 제사는 따라서 열납 될 수 없는 불량품(不良品)과 같다. 그런 자세가 아니라, 자신의 생명과 은총에 감사하며, 헌신하는 마음을 담아, 속죄의 표시로 제사를 진정으로 드린다면 하나님이 크게 기뻐하실 것이다.

제3연 (16-23절): 언약에 불신실한 자들에 대한 심판 메시지

16절: 악인에게는 (라라샤)— 악인은 이스라엘 중에서 언약에 불신실한 자들이다. 이들은 하나님을 전연 모르는 자가 아니다. 알지만 그 뜻을 무시하는 자들이다. 삶과 아는 지식이 일치 아니하므로 하나님은 저들에게 16-20절과 같은 책망의 말씀을 던지신다. 바울 사도 역시 그러한 책망을 유대인들에게 던졌다 (롬 2:22-29). 표면적 유대인이 유대인이 아니요 표면적 육신의 할례가 할례가 아니라는 것이다.

하나님이 이르시되 (아마르 엘로힘)—21절 마지막 진술 "내가 너를 책망하여 네 죄를 네 목전에 차례로 베풀리라"와 함께 생각하면 좋을 것이다.

네가 어찌 내 율례를 전하며 (마-레카 레사페르 훅카이)— "네가 무슨 권리를 가졌기에 내 율례를 선포하는가?" "내 율례들"은 하나님께서 시내산에서 주신 것으로 하나님의 언약 백성들이 준수해야할 언약조항들이다. 율례들을 전하고 가르치는 일은 제사장들이나 레위인들의 책무였다 (신 33:10). 그렇다면 여기 책망을 받는 자들은 언약백성 중에서도 지도적인 지위에 있던 자들일 것이다. 말라기 선지자 역시 제사장들의 타락을 책망하였다 (말 2:5-9).

내 언약을 네 입에 두느냐? (밧팃사 베리티 알레-피카)—전반절과 동의 병행법을 이룬다. "내 언약"은 앞서 언급된 율례들의 병행어로, 언약조항들을 지시한다. 입술에 둔다는 것은 가르친다는 의미이다.

17절: 네가 교훈을 미워하고 (베앗타 사네타 무사르)—"교훈" (무사르)은 통상적으로 "징계"를 지시하나, 여기서는 후반절의 "내 말들" (데바라이)과 병행되므로, "내 교훈" 곧 하나님의 율례들을 지시한다고 할 수 있다.

내 말을 네 뒤로 던지며 (밧타쉘레크 데바라이 아하레카)— 말씀을 미워한다는 것은 말씀을 "등 뒤로 던져 버리는" 행위이다 (느 9:26 참조). 곧 삶에서 말씀을 무시하고 자기 욕심대로 행하는 자세이다. 선지자 아히야는 자기를 찾아온 여로보암의 처에게 "우상을 부어 만들어 나의 노를 격발하고 나를 네 등 뒤에 버렸도다" (왕상 14:9, 겔 24:35)고 책망했다. 이렇게 "등 뒤에 던지다"란 표현은 하나님을 반역하는 행위를 묘사한다. 반면 사 38:17에서는 "나의 모든 죄들을 주의 등 뒤에 던지셨나이다"고 긍정적인 의미에서 사용된다.

18절: 도적을 본즉 연합하고 간음하는 자와 동류가 되며 (임-라이타 간나브 밧티레츠 임모 베임 메나아핌 헬케카)—사용된 동사 (라차)의 의미를 살려 보자면, "도적을 보고 그를 기뻐하여 친구를 삼다" 정도가 될 것이다. 불의를 보고 거룩한 분노를 느끼는 대신 오히려 자신이 그 불의에 마음이 끌려 들어가고 만다. 이는 17절에서 언급된 대로 말씀을 져버린 결과이다. 말씀을 멀리하면 그 결과는 범죄의 자리에 빠진다. 이렇게 하나님의 말씀에서 떠나는 일과 범죄행위는 불가분리의 관계를 보여준다. "간음하는 자와 동류가 되며"라는 진술 역시 말씀을 져버린 자들의 이면 (裏面)의 삶을 보여준다.

19절: 네 입을 악에게 주고 (피카 쏼라흐타 베라아)—입으로 악을 (라아) 행한다. 후반절과 동의 병행법을 구성하고, 구조면에서도 구문병행법을 구성한다. 전반절에서는 완료시상 (perfect), 후반절에서는 미완료상 (imperfect)을 사용하여 의도적인 효과를 노린다.

네 혀로 궤사를 지으며 (울숀카 타츠미드 미르마)—사용된 동사 (챠마드 히필형)는 특히 음모를 꾸미는 동작을 묘사할 때 사용된다 (잠 3:29, 6:14 등). 18절이 7계명 (간음), 8계명 (도적질)의 파기라면, 여기서는 거짓 증거하는 (제9 계명) 일과 같은 행위가 초점일 것이다.

20절: 앉아서 네 형제를 공박하며 네 어미의 아들을 비방하는도다 (테쉐브 베아히카 테답베르 베벤-임메카 팃텐-도피)—자기의 혈육을 치는 말을 한다. 이는 후반절에서 형제의 허물을 들추어내서 사람들 앞에 까발리는 행동으로 반복 묘사되었다 (티텐-도피).

21절: 네가 이 일을 행하여도 내가 잠잠하였더니 (엘레 아시타 베헤헤라쉬티)—하나님께서 자기 백성이 범죄 할 때마다 즉각 징계하시고 처벌하신다면 어떤 일이 일어날까? 아마 성도들은 모두가 병자일 것이고, 모두가 파산자이리라. 그분이 오래 참으심은 성도의 죄를 모르심이 아니다. 오래 참으심으로 회개할 기회를 주시는 것이다 (롬 2:4-5). 오해하지 말라. 하나님은 엑스레이 광선보다 더 정확하게 우리 심장과 폐부를 아시는 분이시다.

나를 너와 같은 줄로 생각하였도다 (딤미타 헤욧-에흐에 카모크)—하나님은 사람들이 은밀하게 행하는 일들을 다 보시고 아신다. 그러므로 우리는 은밀한 악행을 하고, 하나님께서 모르실 것이라고 그분을 우리와 같은 제한된 존재로 오해하지 말아야 한다. 한편, 이 부분은 영역본들에서 "네가 나를 너와 '완전히' 같은 줄 생각하였구나" (you thought I was *altogether* like you, NIV; you thought that I was one *just* like youself, NRSV)로 번역된다. 여기 사용된 동사 (하야, to be) 앞에 부정사 연계형 (헤욧)이 사용되었지만, 본동사의 강조를 위해서는 절대형 (하요)으로 읽어야 한다.

내가 너를 책망하여 네 죄를 네 목전에 차례로 베풀리라 (오키하카 베에에르카 레에네카)—한역의 "네 죄"란 표현은 원문에 없다. 단지 "네 두 눈앞에 내가 벌여 놓겠다"고 하신다. 이는 마치 장작더미들을 가지런히 쌓아 벌여 놓듯이 (아라), 이 악인들이 행한 일들을 눈앞에 제시하시겠다는 것이다. 많은 사람들이 고백하는 바는 자신들이 회개할 때 자신들의 악행들이 스크린에 착착 하나씩 선명하게 나타나서 보여졌다는 사실이다. 하나님은 우리의 모든 죄악들을 우리 영상에 보이실 수 있는 분이시다.

22절: 하나님을 잊어버린 너희여 이제 이를 생각하라 (비누-나 쇼크헤 엘로하)— 성도가 하나님을 어떻게 망각할 수 있을까? 만은 이런 표현은 실제 삶에서 그분의 언약말씀을 져버리고 (신 4:23, 호 4:6), 윤택하고 안락한 삶에서 하나님을 형식적으로 섬기거나 (신 8:11, 14), 혹은 하나님을 거버리고 (신 32:10) 따라 다른 신을 섬기는 생활 (신 8:19)을 시사한다. 이스라엘 역사를 통해서 이런 일은 비일비재하였다 (삼상 12:9에서 사사시대를 묘사할 때; 렘 3:21 예레미야 시대에; 호 8:14 호세아 시대에). 그러한 때에 하나님은 이스라엘을 원수의 손에 팔아 버리신다. 그러한 때에 저들에게는 수치와 고통만이 있을 것이다. 이 부분에서 하나님은 언약백성들에게 심판 메시지를 선고하신다. 심판메시지란 언약 조항에 근거한 기소 (시 50:16-21)와 그것에 따른 처벌 (22절)로 구성된다. 언약조항 준수가 상을 약속한다면, 이렇게 언약조항의 파기는 처벌을 야기시킨다. 비록 언약백성이 영생을 가졌다 해도, 현세의 삶에서의 성공과 실패, 축복과 저주는 이렇게 언약조항의 준수 여부에 달리게 된다. 한편 "이제 이를 생각하라"는 앞 절에서 제시된 하나님의 기소를 듣고 회개하라는 요청이다. 다음에 제시되는 "그렇지 않으면"이라는 접속사를 참조.

그렇지 않으면 내가 너희를 찢으리니 (펜-에트로프) — 하나님은 사자같이 불신실한 언약백성을 찢어 징계하시고 처벌하신다. 처벌의 방편은 크게 기근, 역병, 칼 (내란, 외침), 야수 등이었고, 이렇게 해도 언약백성이 회개치 않으면 그 땅에서 뿌리를 뽑아 버리셨다. 이스라엘 역사는 이러한 처벌의 역사였고, 신 28:1-68에 예고된 상벌규정이 적용된 예언 성취의 역사였다.

건질 자 없으리라 (베엔 맛칠)—하나님께서 징계를 가하실 때는 백약이 무효이다. 유일한 해결책은 그분께 두 손 들고 회개해야 하는 것이다. 회개란 철저해야 효력을 낸다. '철저하다' 라는 것은 전부를 그분께 굴복시킨다는 의미이다.

23절: 감사로 제사를 드리는 자가 나를 영화롭게 하나니 (조베아흐 토다 예캅베다네니)—14절에서 감사제를 드리고, 서원들을 갚으라고 명하셨다면, 여기서는 직설법으로 그리하는 자가 하나님을 영화롭게 하는 자란 점을 분명히 하신다.

그 행위를 옳게 하는 자에게 내가 하나님의 구원을 보이리라 (베삼 데렉 아르엔누 베예솨아 엘로힘)— "[감사제를 드리는 자가 나를 영화롭게 하며] (자기) 길을 예비하는 그에게 내가 하나님의 구원을 보이리라." 여기서 동사를 분사형으로 취하고 번역한다 (KJV, NASB, NJB, NRSV [바른 길을 걷는 자에게], TNK [자기 길을 개선하는 자에게], LSG [자기 길을 조심하는 자에게]). ELB는 "누구든지 감사 제사를 드리는 자가 나를 영화롭게 하며, 길을 깨끗이 치우며, 그로 내가 하나님의 구원을 보게 하리라" 라 했다. 70인역은 동사 (삼)를 부사 (그곳에, 에케이)로 읽고 있다: "그곳이 내가 그에게 하나님의 구원을 그에게 보일 길이다." 이렇게 히브리어 "삼 데렉" (문자적으로, "길을 두다")은 의미가 다양하게 번역되고 있다. 그런데 "길"은 행실을 지시한다. 행실을 말씀에 비추어 추스르는 자들에게 하나님은 자신을 나타내신다. 이것은 우리가 하나님의 능력을 체험하는 제일 조건이다. 그 다음으로 우리는 그분의 얼굴을 구해야 한다. 이렇게 삶에서 말씀을 준행하고, 기도로 그분의 얼굴을 구할 때 우리는 그분의 구원을 날마다 체험할 것이다. 23절을 언약형식에 비추어 분석한다면, 언약조항에 충실한 자들 (감사제를 드리고, 삶에서 의로움이 있을 때)에게 하나님은 구원을 상으로 약속하신다.

시편의 적용

빛을 발하셨도다 (2절)

빛을 발하시는 하나님. 그분은 오늘날 성령님으로 우리 심령 가운데서 불로 나타나신다. 이것이 우리에게 오시는 하나님의 신현이다. 이 성령님을 소멸하면 이런 신현은 없다. 이 신현을 매일 우리는 그리스도 안에서 성령님으로 체험할 수 있다. 이 분은 우리에게 임재의 축복을 주신다. 그 축복들은 소망, 확신, 능력, 지혜, 건강, 부요함, 믿음, 사랑, 꿈, 비전 등이다. 그리스도 안에서 우리는 부단히 이러한 임재의 축복을 구하고 누리며 베풀어야 한다. 성령님은 불처럼 우리가 세속적인 언행으로 꺼뜨릴 수 있다. 그럴 경우 다시 살리려면 얼마나 철저한 회개가 필요한지 모른다. 성령님이 소멸되면 비로소 우리는 그분의 임재가 얼마나 귀한 것인지 알게된다. 그분의 임재만 있다면 모든 것을 가진 것이다. 그분을 잃으면 그리스도인은 모든 것을 잃은 것이다. 그러므로 그분을 우리는 최고로 사랑하고 섬겨야 한다. 그분의 움직임에 민감해야하고, 그분의 뜻에 즉각 순종할 자세를 지녀야 한다. 얼마나 많은 기독인들이 이러한 자리에서 떠나 이름만 그리스도인이라 불리고 있는지. 그분의 임재를 소멸시키는 것들은 여러 가지이지만, 오늘날과 같이 인터넷으로 온갖 정보가 직접 우리에게 전달될 수 있는 시대에는 불건전한 영상물이야 말로 그 최대의 요소라 아니할 수 없다. 영상물이란 그림, 동영상, 영화, 텔레비전 등으로 나타나고 있지만, 이런 것들은 감각적으로 사람의 마음을 사로잡아 성령님의 임재를 완전히 소멸시키고 만다. 어떤 신문의 기사는, 생산력 증대를 통해 미국의 최장기 호황의 견인차 역할을 하고 있는 인터넷은 미국에서만 20만 명의 사이버 섹스광과 4백만 명의 사이버 도박꾼을 양산하고 있다는 미국 스탠퍼드대의 심리 상담사 앨 쿠퍼 박사 등의 조사 결과를 보도했다. 연구팀에 의하면, 매달 섹스 사이트를 방문하는 미국인은 2천만 명이며 이중 20만 명이 강박증 환자라 추정했다. 이 조사에서 강박증 환자란 일주일에 11시간 이상 음란 사이트를 방문하고 10가지 이상의 성에 대한 태도를 묻는 질문에서 높은 점수를 받은 사람을 지시한다. 이 강박증 환자들은 우연히 음란 사이트에 접속한 방문자에 비해 대인관계나 직장에서 훨씬 심각한 문제를 갖고 있다고 한다.

그렇다면 기독인들은 이런 현대적 문명이 낳은 산물들을 무조건 백안시만 할 것인가? 물론 건설적인 방식으로 인터넷은 얼마든지 사용될 수 있다. 복음 인터넷 방송국이나 건전한 사이트들을 건설해서 세계인들의 안방까지 직접 침투할 수 있는 시대가 아닌가? 그럼에도 우리는 악화가 양화를 구축한다는 이 엄연한 현실적 진리를 두려워해야 한다. 나는 경고하거니와 한 번의 음란 사이트 접속은 한 기독인의 일생을 망가지고 말 것이다.

의정부 지역에서 급성장한 어떤 교회의 목사님이 집회차 태국에 갔다가 집회를 마치고, "쉬고 가라"는 사람들의 권유로 며칠 쉬는 동안에 모텔에서 텔레비전을 켜는 즉시로 포르노물을 방영한다는 사전 경고문이 스크린에 나타났다. 그의 심장이 심하게 박동함과 동시에 성령님의 즉각적인 경고음이 들려왔다 한다: 보면 죽으리라! 그는 즉각 텔레비전을 껐다. 그리고 귀국해서 잠을 자는 데도 "죽으리라" 경고음이 들려왔다. 그래서 이상하다 생각하고 있는 데, 가만히 들어보니, 자기 아들의 요절이 창 2:7 ("네가 먹는 날에는 정녕 죽으리라")로 아들이 반복하여 그 구절을 암송하고 있었다. 성령님의 제지로 그는 영적인 죽음과 육적인 죽음에서 건짐을 받은 것이다.

우리 하나님이 임하사 (3절)

서울 어느 교회에서 섬길 때, 전도사님이나 충성된 일군들이 적어도 한 두 명은 교회에서 기도하거나 건설적인 일에 몰두하고 있을 것을 생각하고, 길에서 호빵을 사서 교회로 향했다. 그런데 이게 웬 일인가? 그 전도사는 텔레비전 앞에서 정신을 잃고 앉아있다. 나의 기대는 완전히 빗나가고 말았다. 그래서 나는 가져온 호떡을 슬그머니 감추고 아무 일도 없었던 듯 앉아서 기도를 했다. 나중에야 전도사는 목사의 기도 소리를 듣고 텔레비전을 끈다. 사람이 없을 때는 교회에서 자기 일을 망각하고 저렇게 텔레비전 앞에 앉아 있다가도, 사람이 나타나면 일하는 그런 사람이 참 하나님의 종이겠는가? 사람이 보건 아니 보건 정직하게 자기 맡은 일을 할 수는 없겠는가?

우리 하나님은 선물을 가지고 우리를 찾아오시는 분이시다. 그런데 우리가 그분을 기대하고 그분의 기대에 부응하여 그 시간에 일하고 있지 않고, 엉뚱한 일에 정신이 팔려 있다면, 선물을 들고 오신 우리 하나님은 우리를 향한 기대가 크게 무너지고 말 것이다. 한시라도 그분의 기대를 저버리지 말자. 언제나 그분만을 앙모하자. 그분은 우리를 지속적으로 끊임없이 사랑하시고, 우리도 그렇게 자기를 사랑하고 기대하고, 섬기기를 바라신다. 성숙한 성도의 특징은 하나님의 기대를 어느 순간에도 져버리지 않고자 애를 쓴다는 사실이다. 홀로 있던지 사람들과 함께 있던지 그 사람의 마음은 일편단심으로 우리 성령님을 모시고 즐거워하면서 성결한다는 것이다.

하나님의 침묵을 오해하지 말라 (3, 21절)

하나님은 묵묵히 계실 때가 있다. 그런 때에 악인이나 의인이나 오해를 할 수 있다. 악인은 자신이 악을 행해도 아무 일 없다는 오해이다. 하나님은 보시지 않고, 간섭치도 않고 계신지 여부조차도 확실치 않다고 착각할 수 있다. 그래서 악을 행하면서도 두려워하지 않는다. 침상에서도 악을 도모한다 (시 36:4). 그러나 이것은 큰 오해이다. 하나님은 우주 만물의 모든 것을 친히 섭리하시고 주장하신다. 참새 한 마리도 그분의 뜻이 아니면 떨어질 수 없다. 하나님은 우리가 행하는 모든 것을 다 보시고 아신다. 그분에게 숨길 수 있는 것이란 아무 것도 없다. 다른 한편, 의인은 하나님께서 오래 침묵하시고 자기들이 기도에 묵묵부답이실 때 하나님께서 자신을 버리셨던가? 하고 오해할 수 있다 (시 10:1, 27:9, 38:21, 94:14 등). 그분은 자기의 백성을 결코 버리시지 않는다 (시 37:28).

쭉정이와 알곡 (8, 16절)

언약백성 이스라엘이라 하여 모두가 다 언약에 신실했던 것은 아니었다. 어느 시대를 막론하고 알곡과 쭉정이가 있기 마련이었다. 아브라함 때에 그의 가족 남아들이 모두 할례를 받아 언약백성이 되었지만, 이스마엘은 쭉정이에 불과했다. 이렇게 언약백성 중에는 알곡과 쭉정이가 공존한다. 따라서 하나님이 영원하신 선택과 현실의 언약백성의 신분과는 약간의 괴리가 있을 수 있다. 이 괴리를 좁힐수록 좋은 교회일 것이다. 성만찬은 새 언약을 우리가 갱신하는 의식이라 할 수 있다. 성만찬에 참여할 때 우리는 자신의 불신실했던 삶을 회개하고, 다시 주님께 헌신을 다짐한다. 미국에서 대각성 운동의 주역으로 크게 사용 받았던 죠나단 에드워즈는 자기 외할아버지의 교회를 물려받아 목회할 때, 부모가 성도라는 이유로 그 자녀들이 믿음이 있건 없건 성만찬에 참여시키는 관습을 시정하고자 하였다. 그러나 그 일로 그 교회와 그 지역 교회들에서 큰 분쟁이 일어나 결국 그는 그 교회에서 불명예스럽게 물러나야 했다. 현세의 교회가 완전할 수는 없지만, 교회 직분이나 교회 의식에서 최대한 순전함을 지키는 것이 바람직하다. 어떤 교회에서는 교회 중진이 교회를 좌지우지하면서, 교역자를 맘대로 휘둘러, 자기 가족이나 자신의 편의를 위해 교회 직분을 함부로 남용하기도 한다. 이런 자들은 분명히 심판을 받아야 한다.

헌금이 아까운가? (9-15절)

교회에서 헌금을 드리면서 악한 성도들은 이 헌금이 결국 성직자 사례비를 위한 것이라고 생각한다. 자기들이 바치지 않으면 목사는 굶어죽으리라 생각하고 헌금을 바치는 것이 마치 무슨 기부금 내는 것인 양 생각하기도 한다. 이러한 생각은 전연 오해이다. 순전히 인간적으로 판단하면 헌금은 목사나 직원들 생활비로 많이 사용되고, 교회당 건축하는 데 사용될 것이다. 그런데 궁극적으로 이런 헌금은 성도들 자신을 축복하기 위한 한 방편임을 알아야 한다. 왜냐하면 바치는 그 믿음을 보시고 하나님은 현세와 내세에서 그에게 축복하실 것이기 때문이다. 그래서 하나님은 "감사로 하나님께 제사를 드리며 지극히 높으신 자에게 네 서원을 갚으며 환난 날에 나를 부르라 내가 너를 건지리니 네가 나를 영화롭게 하리로다"라 하셨다 (시 50:14-15). 나의 신앙의 표현이 곧 헌금이다. 내가 환난 당할 때 무엇을 근거로 하나님께 도우심을 청할 것인가? 내가 천국 들어갈 때 무슨 공로를 내세울 것인가? 모두가 주님의 구원 공로가 아닌가? 내가 바친 헌금이 그 얼마나 되기에 그것이 나를 천국으로 인도할 수 있을 것인가? 내 헌금은 나를 구원하거나 나를 의롭게 하는 것이 전연 못된다. 내가 믿음으로 바친 헌금은 나의 현세와 내세에 믿음의 증거로 작용하여 하나님의 축복을 끌어다 줄 것이다. 그렇다면 우리는 어찌 기쁜 마음으로 감사 헌금을 바치지 못할 것인가?

반면, 교회 성직자들은 성도들이 바친 헌금을 진실로 하나님의 뜻대로 사용하도록 최선의 노력을 기울여야 한다. 오로지 그분의 영광을 위해서 바로 사용되도록 해야 한다. 하나님의 뜻은 모든 사람들이 구원의 복음을 듣고 믿어 구원에 이르는 것인 만큼 복음 전파를 위해서 모든 물질이 바로 사용되도록 해야 한다. 특히 재정을 담당하는 직분자들은 헌금을 세상 은행돈 다루듯 다루지 말아야 한다. 하나님께 바쳐진 성물로 그분이 보시기에 조금도 부끄러울 것이 없이 처리해야 한다. 예산이나 그 집행이나 결산에서 사람들 앞에서는 의혹이 있어서 안 되고, 하나님 앞에서 부끄러울 것이 있어서는 안 된다. 요컨대 바치는 자나 그것을 사용하는 자는 하나님 뜻대로 행하지 않으면 안 된다. 돈을 제대로 관리하는 사람은 하나님께서 귀하게 여기실 것이다. 자기의 삶에서 늘 감사의 제목들을 찾아서 예물로 표시하는 성도들을 보면 믿음이 귀하다. 그렇게 사는 성도들이 하나님의 축복을 많이 받는 것을 본다.

환난 날에 나를 부르라 (15절)

평소에 감사예물을 늘 드리며 하나님을 사랑하고 섬기라. 그러면 환난 날에 기도가 신속한 응답을 가져올 것이다. 나의 환난 날에 하나님은 나의 감사예물에 근거하여 응답하실 것이며, 나는 그분의 기적의 구원을 체험하고, 그 일로 하나님은 큰 영광을 받으실 것이다. 어떤 분이 말하였다. 여리고는 왜 있는가? 무너지기 위하여. 요단강이나 홍해는 왜 거기 가로막고 있었던가? 갈라지기 위하여. 왜 광야가 저들을 가로막았던가? 저들을 훈련시키기 위하여. 왜 나사로가 죽었던가? 다시 부활하여 하나님께 영광을 돌리기 위하여. 왜 열 두 해 혈루증 앓던 여인은 그렇게 고통당해야 했던가? 하나님의 기적을 체험하고 믿음을 얻기 위해서. 문제들은 이렇게 성도들에게 하나님이 기적을 체험케 하는 기회가 된다. 그러므로 문제투성이의 가정에서 믿음의 성도들이 많이 나타난다. 대입 학력고사가 제 아무리 어려워도 그것의 해답을 가진 자들이 있다. 그렇다면 성도들을 괴롭히는 문제들이 제 아무리 크고 어려운들 그 해답을 지닌 분이 있을 것이다. 그 해답을 지닌 분께서 바로 하나님이시며 그 문제의 해답은 기적이다.

언약의 형식에 비추어 본다면, 시 50:14절은 언약조항 준수에 해당하고, 그 다음절은 그에 상응하는 상에 해당된다. 신명기에서 4-26장이 언약조항들이라면, 28:1-14은 언약을 지킬 때에 받을 상 (축복)에 해당되는 것과 같다. 우리 하나님은 우리 신앙의 촉진을 위해서 이렇게 상벌규정을 두어 동기를 유발시키신다.

시 51편 내가 죄악 중에 출생하였음이여

1. 전체구조에서의 위치, 시의 유형과 삶의 자리

시 50편에서 표출된 형식적 제사에 대한 정죄 (8-14절)와 유사한 사고가 시 51편에서도 (16-17절) 제시된다. 그런데 시 51편은 제사의 영적인 의미를 제시해 주므로, 앞의 시편의 사고를 보충해 준다. 더구나 우리가 앞의 시와 연관하여 언급했듯이, 이 시는 시 50편의 선지자적 기소(起訴)에 상응하는, 언약 조항을 범한 범죄자의 처절한 회개의 몸부림을 들을 수 있다. 이 시 자체에는 이 시인이 범한 죄의 성격에 대하여 언급하지 않는다 해도, 표제가 제시하는대로, 다윗이 범한 간통죄와 그 이후 그 악을 숨기고자 범한 살인죄, 거짓 증언 죄 등이 죄의 실체였다면, 언약 법규에 따르자면 모두 사형에 해당되는 중죄들이었다. 시인이 4절에서 고백하듯, 모든 언약 백성이 범한 죄는 언약의 다른 주체였던 여호와께 대한 범죄 행위요, 곧 언약 파기의 범죄였다. 그런데 언약 관계를 파기한 범죄자가 정해진 규정대로 속죄제를 드리고 번제를 드린다 해도, 어디까지나 내적인 온전한 회개가 동반되지 않는 이상 기계적으로 그 죄가 속죄되는 것은 아니었다는 것이 이 시를 통해 확인된다.

본 시의 표제는 다윗 시대의 성가대장들이었던 고라 후손이나 아삽의 시란 제목을 가진 앞의 시편들과 달리 다윗에게 직접 돌려지고 있다. 시 51편은 앞의 시편들과는 달리 영혼의 고통을 다루고 있다. 보다 넓게 본다면 시 51-64편은 하나같이 탄식과 간구의 시들이 주종을 이루고 있다. 이 시들에서 강포와 압제, 부패, 절박한 도움의 필요 등이 시의 뿌리를 이루고 있다. 특히 시 51, 52, 56, 57, 58, 59, 60, 63편 등의 표제들은 다윗의 생애에서 있었던 중요한 사건들과 각각의 시들을 연결시키고 있다. 다윗이 고난당하고, 범죄 했을 때 지었던 시들이라는 것이다. 시 42-50편이 시온에 거하시며 구원하시는 하나님을 노래한다면, 시 51-64편에서는 그 시온에서 범죄한 다윗의 내적인 고통과 갈등, 그 시온에 정착하기 이전에 다윗이 당했던 고난의 나날들이 노래되고 있다.

시 51편은 표제에 따르면, 다윗이 밧세바와 동침한 후에 나단 선지자가 책망했을 때 지은 시이다. 우리는 이 시에서 한 성도가 범죄한 후 어떤 내적인 고통과 갈등을 통과하는지를 보게 된다. 참회 시의 전형이다. "죄"가 무엇인가? 하나님을 사랑하는 자만이 그 의미를 알 것이다. 하나님의 친밀한 교제와 임재의 축복을 누리던 자가 범죄 했을 때, 그 모든 것을 상실하고 느끼는 공허감과 좌절은 하루 이틀이 문제가 아니라, 몇 달 몇 년이 지속된다. 이것은 인간의 내적인 기둥이 무너진 것과 같아서 진실로 외양만 성도이지 말과 행동에서 후원자가 사라져 버린, 그래서 기운을 쓰지 못하는 실성한 사람 그 자체이다. 우리는 앞의 시편에서 그 행위를 옳게 하는 자에게 하나님께서 자기의 구원을 보이신다는 진리를 살펴보았거니와, 범죄한 성도에게서 냉정하게 자신을 끊어 버리시고 얼굴을 가리우시는 하나님의 그 무서운 진노의 현실에 매순간 처절한 소외감과 좌절감을 맛보지 않으면 안 된다.

이 시의 기원에 대하여, 다윗 저작설보다는 대개 비평가들은 20-21절에 근거하여 추방 이후로 본다. 그리고 본 시의 많은 내용들이 예레미야, 에스겔, 이사야 후반부 등의 내용과 유사하므로 이 시의 기원은 추방 전후일 것이라 한다. 그 유사한 사고들을 제시하면 다음과 같다 (Marvine E. Tate, *Psalm 51-100*, WBC 20, 9 참조):

시 51:1 사 43:7
2   사 43:25, 44:22, 렘 2:22, 4:14
3이하 사 59:12-13, 사 65:5-7
4   사 42:44, 25:12, 66:4
5   겔 16:2-4, 렘 2:11, 사 43:27
7   겔 36:25, 사 1:18
8   겔 37
9   사 59:2, 겔 39:23-24
10   렘 31:33-34, 출 36:26; 겔 11:19, 렘 32:29, 사 51:9
11   렘 23:39, 33:25, 사 63:10, 11 하반절
14   겔 3:18-20, 33:6, 8, 9, 사 61:10-11
16   호 6:6, 암 6:21, 22
17   사 57:15 하반, 61:1 하반, 66:2 하반절 등이다.

이런 유사성들에 근거해 볼 때, 시 51편은 아모스 선지자 시대부터 추방 후 시대에 이르는 선지자들의 사고를 반영해 준다. 그렇지만 시 51편은 표제가 제시하듯, 그 이전 시대의 작품일 가능성도 배제하기 어렵다.

이튼 (J. H. Eaton)은 시의 저자가 왕일 것이라 한다. 그 근거들로는 10-12절에서 "성신"을 언급하는 것은 이 시가 평범한 이스라엘인의 저작이 아니라는 것을 단적으로 보여 준다 (*Kingship and the Psalms*, 71). 그는 성신을 받아 야웨의 면전에 서 있다. 사 63:9-14에 비추어 보건대, 성신

은 이스라엘의 중심에 있어 그분의 선택된 통치자에게서 역사하는 하나님의 임재나 능력을 의미한다. 사 63:11에서 성신은 모세 위에 임해 있는 것으로 나타난다. 성령의 은사는 사울 (삼상 10장), 다윗 (삼상 16:13), 유사한 메시아의 기름부음 (사 11:2, 42:1, 61:1이하) 등에서 왕의 기름부음과 연관하여 나타난다. 그런 성령님의 은사로 모세는 그 막중한 책임을 감당하였고 (민 11:17), 여호수아도 그러했다 (민 27:17이하, 신 34:9). 성령님으로 사사들은 자기 민족을 구원하였고 (삿 6:34, 11:29), 왕을 멸하고자 하실 때 하나님은 성령님을 거두시고 악령을 보내신다 (사울의 경우 삼상 16:14; 아합의 경우 왕상 22:21이하; 산헤립 왕하 19:7 등 참조)(J. H. Eaton, *Kingship and the Psalms*, 156-157 참조).

왕을 돕기 위해 야웨께서는 성령님을 보내신다. 야웨께서 친히 왕을 보호하고 행복하도록 하시나, 자기의 빛이나 진리로도 그리하신다. 그런데 성령님으로도 도우신다 (시 143:10). 시 51:12-14에서 시인은 속사람의 갱신을 기도한 후, 하나님의 임재 앞에 계속 있게 해달라고 간구한다. 하나님의 임재는 성령님으로 되어진다. 이튼에 의하면, 이 시의 저자가 왕이라는 또 다른 근거도 있다. 하나님의 신실성과 사랑에 대한 호소 (1절)나 의에 대한 호소 (14절), 내 구원의 하나님이란 표현 등은 개인적 언약을 암시해 준다. 시인의 순종과 제사의 가치 (16절 이하)도 왕이란 점을 제시해 준다.

우리는 이 시가 표제대로 다윗의 시라고 본다. 18-19절도 예루살렘성의 재건이나 아니면 병행절이 지시하듯 시온에 대한 하나님의 축복을 기원하는 의미로 이해될 수 있을 것이다. 이 구절들에 근거해서 반드시 추방 이후의 저작으로 보기 어렵다.

2. 시적 구조와 해석

본시는 참회시이며 (시 6, 32, 38, 51, 102, 130, 143편 등), 양식 비평적 분류에 의하면, 개인 탄식시의 일종이다. 개인 탄식시는 대개 1) 하나님께 호소, 2) 탄식과 참회, 3) 구속과 죄용서의 간구, 4) 감사 등의 요소들로 구성된다. 탄식시에서 시인은 병이나 기타 재난을 당하여 고통을 받는 중에 있다. 그래서 탄식하며 도움을 간구한다. 참회시도 탄식시의 일종이지만, 죄의 용서를 간구하는 기도가 전면에 부각된다.

시의 형식면에서 보면, 죄의 고백을 하면서 시인은 동의어들을 반복사용하고 있다. 거의 모든 행들에서 시인은 동의 병행법을 사용하고 있다. 1절에서는 동사+호격+전치사구/ 전치사구+동사+목적어 구문 형식으로, 구문상 교차 대구법적 구조를 보인다. 2절 역시 동사+전치사구/ 전치사구+동사의 교차대구법 구조를 보인다.

형식과 사고의 흐름에 비추어 본 시를 구분하자면, 1-2절에서 시인은 긍휼을 호소한다. 3-6절에서 시인은 자신의 죄를 묘사하면서 참회한다. 다음으로 7-12절에서 죄를 씻어 주시길 간구한다. 13-17절에서 시인은 회복시키시면 이렇게 하겠다고 서원을 행한다. 끝으로 18-19절에서 시인은 시야를 넓혀서 나라의 번영을 간구한다.

표제: 다윗이 밧세바와 동침한 후, 나단 선지자가 책망했을 때

다윗이 밧세바와 동침한 후 (카아쉐르-바 엘-밧-쉬바이)— "밧세바" (밧-쉬바이)는 "일곱 딸" 혹은 "맹세의 딸"이란 의미이며, "밧-슈아" (부富의 딸, 대상 3:5)라고도 불린다. 원래 헷 족속 우리아의 아내였으나 다윗과 간음한 후 (삼하 11:2-27) 다윗의 아내가 되어, 시므아, 소밥, 나단, 솔로몬 등의 아들을 낳았다. "동침하다"로 번역된 말 (바 엘)은 직역하건대, "-에게 가다"란 표현으로 일종의 완곡어법 (euphemism)이다 (창 6:4 참조).

선지자 나단이 저에게 온 때에 (베보-엘라브 나탄 한나비)—선지자 나단은 다윗에게 "영원한 왕조"를 약속한 하나님의 말씀을 선포하기도 하였지만 (삼하 7장), 여기서처럼 왕이 언약조항을 파기했을 때, 기소하고 심판을 선고하는 언약 사신으로서 등장한다. 그가 선포한 심판 메시지 (삼하 12:7-12)는 전형적인 언약 형식문을 따르고 있다. 즉, 전문 (하나님의 자기 확인), 역사서언 (하나님께서 다윗에게 베푸신 은혜회상), 언약조항에 근거한 기소 (악을 행한 일), 기소에 근거한 처벌 선고 (칼이 네 집에 영영히 떠나지 아니하리라) 등의 요소들을 담고 있다. 언약백성은 이렇게 언약 조항들의 준수나 파기 여부에 따라서 상벌을 받는다 (최종태, 「예언자에게 물어라」 290이하 참조).

제1연 (1-2절): 은총을 베푸소서

1절: 주의 인자를 좇아 (케하스데카) — "당신의 인자"란 하나님과 맺은 그 언약관계에 근거한 미카이다 (시 119:2010 키고). 시인이 언약관계에 있는 사람이 아니라면, 이런 말을 할 수가 없다. 언약관계에 처한 하나님과 시인 (언약백성)은 결국 한 몸과도 같다. 그렇다면 그 몸의 한 지체는 다른 지체에 대하여 "연대성" (solidarity)을 보여야 한다. 바로 이 점을 시인은 걸고넘어진다. 하나님과 언약백성은 사랑의 끈으로 묶인 공동체이기 때문이다.

긍휼히 여기시며 (혼네니)— 시 4:2, 6:3, 31:10, 41:5, 10, 56:1, 57:2, 86:3, 119:58 등에서 동일한 표현이 등장하며, "긍휼"은 다른 단어를 위해 남겨두고 (출 33:19, 신 13:18, 30:3, 왕상 8:50 등에서 리함), "은총을 베푸소서"로 이해한다. 범죄한 언약백성은 하나님의 은총 밖에 바랄 것이 없다. 이 "은총" (grace)은 일한 것이 없이 죄인이 하나님께 받는 무상(無償)의 축복이다. 죄인은 이 값없이 주어지는 은총으로 (롬 4:4-6) "죄과" (페샤아이, 나의 반역행위들)를 씻어 버릴 수 있다. 여기서 "죄과"라 번역된 말은 충성해야 할 대상에게 반역적(叛逆的)으로 행동한 것을 지시한다 (영어식으로 표현하자면, 전통적으로 transgression, 현대적으로 rebellion). 신하가 왕에게 반역했다면 그 신하는 역적(逆賊)으로 일족이 전멸을 면치 못할 것이다 (왕하 3:4-5 참조)(Rolf Knierim, *Die Hauptbegriffe fuer Suende im Alten Testament* [Guetersloh, 1965], 113-43 참조).

많은 자비를 좇아 (케로브 라하메카)— 하나님의 긍휼은 그분의 인자, 신실하심, 공의, 선하심

등의 속성과 동류이며, 그 양은 많고, 크다 (삼하 28:14, 사 54:7). 인자, 자비, 은총 등은 하나같이 죄인이 하나님과의 관계에서 절대 필요로 하는 사항들이다. 그분의 은총이 아니면, 그분의 인자와 자비하심이 없다면 인생은 그분과 한 시(時)도 관계를 맺을 수 없다. 이런 단어들은 그분이 언약 백성을 대하실 때 표현되는 그분의 성품들의 표현이며, 그분의 그러한 속성들은 출 34:6-7에서 고전적으로 계시되고 있다. 그런데 그분의 인자와 긍휼, 은총은 십자가에서 절정에 이르렀고, 구약의 짐승 제사는 십자가의 그림자 모형이었다. 여기 시인은 그렇지만 짐승 제사를 드린다 해도, 그것이 기계적인 방식으로 죄를 제거하지 못한다는 점을 토로하고 있다. 오히려 하나님의 은총밖에 바랄 것이 없다는 것을 알고 그분의 긍휼에 호소하는 것이다. 구약의 제사제도의 근원은 하나님의 은총, 인자, 긍휼이라 할 수 있다. 제사는 그분의 은총을 구하는 한 방편일 뿐이다.

내 죄과를 도말하소서 (*메헤 페솨아이*)—이렇게 언약의 하나님의 속성을 제시한 후에, 시인은 자신의 당면 문제해결을 위해 호소한다. 여기서 "죄과" (*페솨아*)는 반역행위(rebellion)를 의미한다. 시인이 범한 악행은 언약의 대왕을 반역한 일이었다 (왕하 3:7, 8:20 참조). "도말하다" 란 말은 "기억을 지워버리다" (출 17:14), 접시에 묻은 것들을 깨끗이 씻어 버리듯, 없애 버리는 것을 지시한다 (왕하 21:13). 여기서는 죄악이 기록된 행위 책에서 (출 32:32, 33, 시 69:28, 사 4:3, 계 3:5 등 참조) 자기 죄악을 삭제해 주시라는 의미이다 (출 32:32, 시 69:28; 사 46:22 참조).

2절: 나의 죄악을 말갛게 씻기시며 (*헤레브 캅베세니 메아보니*)—여기서 "말갛게" 란 "완전히," "철저하게" 란 강조 부사이다. 그리고 "죄악"은 부패한 본성에 내재한 악이다. 다음 병행절에서는 참된 길에서 이탈된, 혹은 표적을 빗 마침 이란 의미의 "죄" (*핫타-*)로 나타난다. 표적은 하나님의 뜻이요, 그분의 기록된 말씀이다. "씻기다" (*카바스*)란 말은 '빨래하다' 란 의미요, "몸을 씻다"라고 할 때는 "라하츠" 동사를 사용한다. 빨래는 옷감을 발로 짓밟거나 방망이로 때려서 한다. 시인은 자신이 빨랫감이 되어, 하나님께서 자신을 발로 짓이기든지, 방망이로 두들겨서 빨아달라고 간구한다. 그런데 "죄악" (*아본*)은 "비틀다" 혹은 "잘못된 길로 가다" (to go astray)를 의미하는 말 (*아바*)과 연관된다. 따라서 "(부패한 본성이 지닌) 패역" 이란 의미로도, 아니면 "허물" (error), "죄책"으로도 이해될 수 있다. 시인은 자신의 부패한 본성에 패역성이 강력하게 달라 붙어있다고 여기고, 그것을 씻어달라고 간구한다. 한편, "말갛게" 라 번역된 말은 "씻기다" 란 동사를 수식하는 강조 부사어 (*하르베*, 히필형 부정사 절대형)의 번역이다. 씻기되, 철저하게 (thoroughly) 씻겨달라는 것이다. 케레 (Qere) 독법은 히필형 명령법 (*헤레*)으로 읽기를 제안한다: 증가시키소서, 씻기소서 → 강하게 씻으소서(?).

나의 죄를 깨끗이 제하소서 (*우메핫타아티 타하레니*)—여기서 죄 (*하타-*)는 표적을 빗 맞춘 경우를 묘사한다. 하나님의 의도와 뜻에서 빗나간 행동이다. 이를 "제하소서" 란 정결케 해달라는 것이다. 은을 연단하여 그 불순물을 제하고 순전하게 하듯 (말 3:3), 성전에서 부정한 것들을 제하여 정결케 하듯 (대하 29:15, 16) 시인은 자신을 죄에서 정결케 해달라고 간구한다. 피엘형에서 이 말은 "정하다고 선고하다"를 의미할 수도 있지만, 전반절에 비추어 볼 때 "정결케하다"란 의미다.

제2연 (3-6절): 죄를 탄식하고 참회함

여기 부분에서 "죄과 (페솨)," "죄" (하타트) (3절), "범죄하다" (하타) "악을 행하다"(아사 하라아)(4절), "죄악" (아본), "죄" (헤테)(5절) 등의 용어들이 죄와 연관하여 나타난다. 이 시 전체적으로 본다면 "죄과" (페솨, 1절), "죄악 (아본)," "죄" (하타트)(2절), "죄" (헤테), ""죄악"(아본)(9절), "범죄자" (포쉬임), "죄인들" (하타임)(13절), "피 흘린 죄" (다밈)(14절) 등이 나타난다. 어근을 근거로 분류한다면, 이 단어들은 5개 정도로 요약된다. 죄과는 기본적으로 반역, 배반을, 죄악 (아본)은 죄의 결과, 죄책, 죄악을, 죄 (하타트)는 표적을 빗맞춤, 피흘린 죄는 살인죄를, 악을 행하다는 범죄하다를 의미하므로, 그 뉴앙스가 약간씩 다르지만 결국 하나님의 법의 파기라는 공통분모로 귀결된다. 이 시인은 자신의 부패성을 뼈저리게 절감한다. 죄는 태어날 때부터 내 속에서 천성적으로 시작되었다는 고백과 함께 자신의 범죄성을 탄식하며 하나님의 용서와 긍휼을 간구한다.

3절: 대저 나는 내 죄과를 아오니 (키 페솨아이 아니 에다-) — "왜냐하면 나는 내 죄과를 알기 때문입니다." 앞 연에서 긍휼을 간구하는 이유를 제시하고 있다. 긍휼을 구하면서 시인은 자신의 "반역행위들"을 고백한다. 여기서 "안다"는 말은 시인이 이 죄의 짐에 무겁게 눌림을 우리로 느끼게 해준다. 그의 영혼의 고통이 여기 노출되고 있다 (사 59:12 참조). 사용된 독립 인칭대명사 (나는, 아니)는 시인 "자신"의 개인적 갈등의 심대함을 암시해준다.

내 죄가 항상 내 앞에 있나이다 (베핫타아티 네게디 타미드)—시인은 자신의 죄가 얼마나 끊임없이 자신을 짓누르고 있는지를 고백한다. 이 죄를 숨길 수가 없는 것은 그것이 야기하는 내적인 고통이 너무나 심대하기 때문이다. 입을 열고 자백하지 않고는 도무지 이겨낼 재간(才幹)이 없는 것이다. 다른 각도에서 본다면, 이 진술은 비단 고려중인 이 범죄만 아니라 시인의 생애 전체를 통해서 죄(罪)성을 늘 느끼고 살아왔다는 고백이다. 이는 5-6절에서 대조적으로 제시되고 있는 진리에 비추어 볼 때 보다 분명히 이해된다. 즉, 인간은 태어날 때부터 죄인이라는 사실이며, 동시에 태어날 때부터 하나님의 진리와 지혜를 지니고 태어난다는 것이다. 따라서 죄성을 지닌 인간은 처음부터 자기-모순을 안고 이 세상에 태어난다. 그래서 항상 죄를 느끼지 않을 수 없다. 하나님이 양심에 새겨두신 진리와 지혜는 부패한 본성의 죄성을 지적하기 때문이다.

4절: 내가 주께만 범죄하여 (레카 레바데카 하타아티)—이 말은 우리야나 밧세바에게 범죄한 사실을 부인하는 것이 아니다. 히브리인들은 참회시에서 하나님을 상대하고 말하였다. 그리고 모든 악행은 궁극적으로 하나님께 대한 범죄행위로 간주되었다 (삼하 12:9, 10, 13, 창 39:9). 왜냐하면 죄와 의는 하나님께서 정하시는 규례이기 때문이다. 그가 죄라 하면 죄가 된다. 창조주시며 재판장이시기 때문이다.

주의 목전에 악을 행하였사오니 (*베하라아 베에네카 아시티*)—우리의 악행은 궁극적으로 하나님께 대한 범죄행위이다. 그분의 보시기에 악하기에 그것이 범죄행위가 된다. 그분이 모든 판단의 기준이 된다. 그분의 기준은 오경의 율법에서 언약조항으로 언약 백성에게 주신 바 있다. 따라서 죄나 악을 판단하는 기준은 언약 조항에 근거한다. 이방인들은 구체적인 죄 개념을 갖지 못하였다. 저들은 언약 밖의 사람들이었기 때문이다 (엡 2:12). 그럼에도 이방인들에게 희미하게나마 죄 개념이 남아 있는 것은 (예컨대, 고조선의 8조 금법이 "살인죄는 사형이다," "남의 신체를 상해한 자는 곡물로 배상한다," "남의 물건을 훔친 자는 소유주의 집에 들어가 노예가 됨을 원칙으로 하되 배상하려는 자는 50만 전을 내 놓아야 한다" 등) 타락한 이후에도 인류의 양심에 하나님의 증거가 잔존하기 때문이다 (롬 2:15).

5절: 주께서 말씀하실 때에 의로우시다 하고 (*레마안 티츠다크 베다브레카*)— "내가 범죄한 것은 결국 당신이 '나는 의롭다' 고 선언하시도록 하기 위함입니다." 원문 초두에 "—하기 위하여" (in order that)을 의미하는 말 (*레마안*)이 있어 목적절을 유도하고 있다 (NIV, NRSV 등 현대 역본들은 하나같이 결과절로 [so that] 번역). 시인의 말은 목적절로 이해할 경우, 쉽게 말해, 내가 범죄한 것은 당신의 영광을 위한 것이었습니다. 이것은 죄를 가지고 하나님께 모두 당신을 위한 일입니다 라고 대어드는 듯 들린다. 그래서 어떤 이들은 신학적으로 야기될 수 있는 문제를 약화시키고자, 이 부분을 "내가 이렇게 고백하옵는 것은, 당신이 '나는 의롭다' 고 선언할 수 있도록 하기 위함이옵니다"라고 이해한다. 즉, "레마안"이란 접속사 속에는 "내가 이를 (4상반절) 고백하옵는 것은 … 하기 위함이니이다"라는 의미가 함축되었다는 것이다. 이는 목적절로 이해할 경우 야기될 신학적 어려움을 피하면서 "레마안"의 본래 의미를 살리기 위한 시도이다 (E. R. Dalglish, *Psalm Fifty-One*, 109-111 참조).

여기서 시인은 자기의 죄를 고백함으로 하나님께서 스스로 '나는 의롭다' 라는 것을 선고할 수 있으시다 고 지적한다. 다시 말해 내가 당신께 대하여 범죄하였으니 만큼, 당신이 내게 무슨 처벌을 내리시든지 기꺼이 감수하겠나이다 라는 의미가 될 것이다.

판단하실 때에 순전하시다 (*티즈케 베쇼프테카*)—하나님 자신이 스스로를 '순전하시다' 라고 선언하실 수 있도록, 시인은 범죄를 고백했다. 죄를 인정하고 (3절), 죄를 자백한 것은 (4 상반절), 하나님께서 무슨 처벌을 선고하시든지 간에 그분이 의로우신 것을 드러내기 위함이다. 즉, 어떤 처벌도 감수하겠다는 자세이다.

5절: 내가 죄악 중에 출생하였음이여 모친이 죄 중에 나를 잉태하였나이다 (*헨-베아본 홀랄티 우베헤테 에헤마트니 임미*)—여기 사용된 동사 (홀)는 폴랄형 (강조형 수동)으로, '몸부림치도록 되어지다,' '해산되다' 를 의미한다. 결국 여기 사고는 "죄악 중에 내가 세상으로 출산되어졌다"는 것이다. 후반절은 모친을 주어로 하여, 죄악 중에 모친이 나를 잉태하였다고 묘사한다. 전반절은 '출생(出生)' 을 후반절은 '임신(姙娠)' 을 각기 언급한다. 그렇다면 이 구절은 성 관계에 의한 잉태와 출생을 죄악시하는가? 오경의 법규들은 성관계 (출 21:9, 레 15:16 등)나, 임신 (레 12

장), 사정 (레 15장) 등을 의식상 부정하다고 간주한다. 그렇지만 하나님은 생육하고 번성하라 명하실 때 (창 1:28, 9:1, 7) 합법적인 성관계에 의한 잉태를 죄악시하지 않은 것이 분명하다. 어떤 경우에 잉태케 하는 분은 야웨로 명시된다 (창 29:31, 30:22, 23 등). 그렇다면 잉태 자체가 죄일 수 없다. 여기 시편에서 초점은 여성의 잉태나 출생이 죄악이냐 아니냐 하는 문제가 아니다. 초점은 어디까지나 시인 자신의 죄(罪)성이다. 그 죄성은 장성하여 죄를 범할 때 생성된 것이 아니라, 이미 태(胎)속에서 죄인으로 출생한다는 원죄론이다. 구약은 모든 사람이 출생 시부터 죄인으로 태어난다는 것을 분명히 한다 (시 58:4, 14:4, 15:14, 25:4 등).

그런데 "가계에 저주가 흐른다"는 사고를 주장하는 이들은 이 구절을 근거로 다윗은 자기 모친이 음행하여 자신을 낳았다고 주장한다고 이해하려 한다. 즉, 다윗이 음행한 것은 그 모친의 음행 기운이 가계에 흐르는 증거이며, 다시 다윗 가계를 거슬러 올라가면, 기생 라합이 보아스를 낳았다 (마 1:5). 이렇게 다윗의 음행은 가계에 흐르는 음행의 저주가 역사한 예라는 식이다. 다윗의 모친에 대하여는 언급이 석연치 않다는 점을 이들은 문제 삼는다. 대상 2:16에서 다윗의 누이인 아비가일은 "이새"의 딸이라 했는데, 삼하 7:25에서는 "나하스"의 딸이라 한다. 그래서, 가계에 흐르는 저주 운운하는 이들은 다윗의 모친은 이새와 결혼하기 전에 "나하스"란 사람과 결혼했다가 이혼하고 이새와 재혼했다 한다. 그녀의 재혼은 음행의 증거라는 것이다. 그러나 이런 식의 주장은 근거가 확실치 않고, 다윗의 모친이 음행한 가운데 다윗이 출생했다고 본문을 이해할 근거도 없다. 참고로 언급하자면, 랍비들은 하나같이 "나하스"가 이새의 다른 이름이라 보았으며, 어떤 이들은 "나하스"가 암몬 족속의 왕이며, 이새와 결혼한 여인이 나하스와 결혼해서 아비가일과 스루야를 낳았지만, 이새와 재혼했다고 이해한다. 또 어떤 이는 "나하스"는 이새의 다른 이름도 아니고, 이새의 재혼한 아내의 이전 남편도 아니고, 이새의 아내 이름이라 한다. 족보는 반드시 딸들을 아버지의 딸들로만 언급하지 않고, 그 모친의 딸들로도 언급 하기 때문이라 한다. 예컨대, 창 36:39, 대상 1:50에서 므사합, 마드레, 므헤다벨 참조. 요컨대, 성경적으로 본다면, 가계에 흐르는 저주란 사고는 옳지 않다. 자손 3, 4대까지의 저주란 사고는 출 20:5에 근거하는 모양인데, 언약백성 중에서 우상숭배를 하는 자는 그 자손 삼 사대까지 아비의 죄를 갚는다는 말씀이다. "조상의 죄를 자녀들에게 갚는다"(포케드 아본 아봇 알 바님)는 표현은 자손 삼 사대까지 심판한다, 처벌한다는 뜻이라면, 그것은 어디까지나 '처벌'을 말하지 '죄의 방식'이 삼, 사대까지 전달된다는 의미는 아니다. 다윗이 범죄한 것은 그 모친, 더 거슬러 올라가 고조모 기생 라합이 행한 그 음행의 범죄 방식이 다윗에게도 전달되었기 때문이라는 주장은 그르다. 다윗이 그 조상의 음행을 이어받아 음행했다면, 그 자손 역시 3, 4대까지 다윗처럼 음행을 하게 된다는 식이다. 그러나 성경은 다윗의 범죄 결과 칼이 그 집에서 떠나지 않는 처벌이 영영히 (3, 4대까지?) 미칠 것이라 (삼하 12:10) 선고했다. 여하간 "가계에 흐르는 저주"는 성경적 근거를 잘못 대고 있지만, 이런 논의를 통해 성경이 말하는 처벌 방식을 보건대, 범죄가 얼마나 소름끼치는 무서운 형벌의 확장과 연장(延長)을 가져오는지 다시 생각할 일이다.

6절: 중심에 진실함을 원하시오니 (헨-에메트 하파츠타 밧투홋)—앞 절에서와 마찬가지로 원문에서는 불변사 (헨, indeed)가 초두에 위치한다. 이렇게 5, 6절은 긴밀한 형식상의 일치를 보임과 동시에, 내용상, 대조되고 있다: 5절은 나의 죄악성을 고백한다면, 6절은 당신이 원하는 진실함에 초점을 둔다. 여기서 "중심" (투홋)은 모친의 태를 암시할 것이다. 바로 자신이 태속에 있는 그 순간에도 하나님은 진실을 원하시고, "밀폐된 (자궁)" 내에서도 지혜를 가르치셨다. 즉, 임신과 출생 때부터 죄성을 지니고 태어남과 마찬가지로, 임신과 출생의 순간부터 하나님은 도덕적 원리를 사람의 마음에 심어 두셨다 (이런 자기-모순의 원리는 나중 유대교 사상에서 "악한 성향" [예체르 하라]과 "선한 성향" [예체르 하토브]의 교리로 나타난다; Moore, *Judaism*, I, 474 이하 참조).

내 속에 지혜를 알게 하시리이다 (우브사툼 호크마 토디에니)—전반절에서는 완료형 동사를 (하파츠타), 여기서는 미완료형 (토디에니)을 사용하여, '전체'를 지시하고 있다. 둘이 합하여 하나님의 불변적 진리를 제시한다. 이렇게 볼 때, 후반절이 전반절에 근거하여 되어진 간구인 양 번역하는 것 (한역, NRSV 등)은 잘못되었다. 둘 다 하나님이 원하시는 바를 제시해 주며, 이는 5절의 사고에 제시된 인간의 현실에 대조된다. 시인의 간구는 7절에서야 시작되는 것이다. 5절의 문제는 7-9절에서 기도로 나타나고, 6절의 문제는 10-12절의 기도에서 표현되고 있다.

이 구절에서 "중심" (투홋)과 "내 속" (사툼)은 5절에서 묘사된 출생과 잉태의 순간과 연관되어 해석된다. "투홋"은 이곳과 욥 38:36에서만 나타나며, "속 부분" (inner parts, NIV; inward parts, ASV), "속사람" (inner being, NRSV) 등으로 번역된다. 반면, "사툼"의 경우는 "사탐" 동사의 (닫다 to shut up) 수동 분사로 의미는 "밀폐된 공간"으로 이해된다. 두 단어는 본 절에서 병행어로 결국 동일한 지시 대상을 갖는다고 할 수 있다. 그래서 우리는 5절의 출생과 잉태와 연관시켜 "(모친의) 태"를 가리킨다고 이해한 것이다.

제3연 첫째 기도 (7-9절): 죄를 씻어 주소서

여기 제시되는 죄 용서를 비는 기도는 5절의 고백에 근거한다. 시인이 죄를 정결케 해 주시라고 간구하는 이 부분의 사고는 중생한 사람이 범죄하여 영적으로 무감각해지고 하나님과의 교제 단절에서 오는 그 무기력감과 낙담, 좌절감, 초조, 무능력, 그 음울한 늪을 지나는 두려움 등을 체험해 보지 아니한 이는 제대로 이해할 수 없을 것이다. 영적 기쁨과 환희를 간직할 것인가? 아니면 영적 침체와 퇴보, 낙담과 실패를 초청할 것인가?

7절: 우슬초로 나를 정결케 하소서 내가 정하리이다 (테핫테에니 베에조브 베에트하르)—"우슬초" (에조브, hyssop)는 유월절 제정과 연관하여 피를 찍어 뿌리는 용도로 처음 언급되고 (출 12:22), 나중에 제사의식과 연관해서 자주 나타난다 (레 14:4, 6, 52, 민 19:6, 18 등). 어떤 이는 이 식물이 마요라나 (marjoram)라 하고, 다른 이는 이것이 서양풍조목 (caper plant)이라고 한다. 후자는 애굽이나 팔레스틴에서 볼 수 있고, 나무는 약 1 미터 크기이다. 전자는 향기를 내는 식물로 고대인들이 약초로 생각했으며, 밑둥은 수목이 왕성하고 난쟁이 덤불을 이룬다. 그 잎사귀들은 줄기가 없고 곧장 몸통에 붙는 자태이며(sessile), 창끝 모양으로 (lanceolate) 파란 혹은 붉그스름한 꽃들을 산출한다. 그런데 사용된 동사 "정결케 하소서" (하타)는 기본적으로 "(표적을) 빗 맞추다" (to miss the goal), "범죄하다"를 의미하나, 피엘형에서는 정반대의 의미인 "부정함에서 정케하다"를 의미한다. 오경에서 문둥 환자의 집에 생수와 새의 피를 섞어서 뿌리는 경우 (레 14:49, 52), 혹은 시체에 접함으로 부정케 된 사람에게 생수에 붉은 송아지를 태워 얻은 재를 뿌린 물을 뿌려 정케하는 사례처럼 (민 19:19), 이 시인은 자기에 우슬초로 피나 물을 찍어 뿌려 정케 해달라고 간구한다. 이렇게 이 기도는 오경의 정결케 하는 의식에 근거를 두고 있다 (탈굼역은 "우슬초 나무로 제사의 피를 문둥병자에게 혹은 부정케 된 사람에게 붉은 송아지의 재를 탄 물을 뿌리는 제사장처럼 내게 뿌리소서"라고 의역한다). "내가 정하리이다"는 진술은 이런 의식을 통해서 죄를 정케 한다고 규정한 오경 법규를 염두에 두었다. 그렇게 뿌려진 물이나 피가 어떻게 부정한 것을 정케 하는지 우리로서는 알 수가 없다. 단지 하나님께서 그렇게 정하신 것이니 믿음으로 받아들인다.

나를 씻기소서 내가 눈보다 희리이다 (테캅베세니 우밋셀레그 알빈) —2절에서 이미 "말갛게 씻기시며"라고 간구한 바 있다. 빨래를 씻듯 더럽혀진 죄인을 씻기소서. 죄용서는 이렇게 빨래하여 희게 하는 것으로 상징화되었다. 반면, 죄 때문에 고난당하고 탄식하는 시인들은 자신들이 검은 베옷을 걸치고 회개한다고 묘사한다 (시 35:13, 14, 38:7, 42:10, 43:2, 69:12 등). 이런 참조구절들에서 "슬프게 다닌다"는 표현 (코데르 힐락티)은 달리 번역하자면, "검은 베옷을 입고 다닌다"가 될 것이다. 검은 베옷은 슬픔을 표현함과 동시에 죄로 더럽혀진 자신의 모습을 제시하였다. 그러나 용서를 받으면 힌눈보다 더 희게 된다고 상징적 시켰다.

8절: 나로 즐겁고 기쁜 소리를 듣게 하사 (타쉬미에니 사손 베심하)—죄인에게 즐겁고 기쁜 소리는 죄용서의 선언이다. 참회의 기도를 드릴 때 하나님은 선지자를 통해서 죄용서나 (삼하 12:13) 치유를 (사 38:5) 선포하실 수 있는 것이다. 기도자들은 하나님의 응답을 간절하게 기다린다 (시 5:3, 38:15, 86:17, 119:74, 81, 114, 147, 130:5 등). 만약 하나님의 응답이 없다면 이는 하나님의 진노가 지속된다는 표시가 아닐 수 없다 (시 74:9). 한편, "나로 … 듣게하사" (타쉬미에니)를 시리아어역은 "나를 충만케 채우소서" (타쉬비에니)로 읽고 있다. 그렇지만 그런 이해는 필요하지 않다. 죄 용서의 선언이 하나님께로부터 임할 때 (예컨대, 삼하 12:13) 그것은 죄인에게 복음이요 즐겁고 기쁜 소리가 아닐 수 없다.

주께서 꺾으신 뼈로 즐거워하게 하소서 (타겔나 아차못 딕키타)—한역, KJV, ELB 등은 이 후반절이 전반절의 결과인 양 번역하고 있다. 반면 영역본들은 두 개의 등위절로 이해한다 (NIV, NRSV 등). 비록 접속사가 후반절 앞에 없다 해도, 후반절을 전반절의 결과절로 읽는 것이 좋을 것이다 (한역처럼). 한편, "뼈"는 성경에서 건강이나 (욥 20:11, 21:24, 시 34:21, 잠 3:8, 15:30, 16:24, 사 58:11, 66:14 등) 질병묘사와 (욥 4:14, 7:15, 19:20, 30:17, 시 102:4, 렘 20:9, 애 1:13, 시

시 51편 내가 죄악 중에 출생하였음이여 261

31:11, 합 3:16 등) 연관하여 자주 등장한다. 종종 "뼈"는 어떤 사람 자신 (one's self or self)과 동일시되어 나타난다 (시 6:3이하, 35:9 등에서 '네페쉬' [나 자신]와 병행어로 나타난다). 한편 "주께서 꺾으신 뼈"란 표현은 시인이 처벌을 받아 병든 상태에 있다는 의혹을 자아낸다. 성경에서 병과 죄는 불가분리의 관계에 있는 것으로 나타난다. 우리 조상 아담이 범죄한 이후로 저주가 임하여 인간은 흙으로 돌아가야 한다. 이는 병들고 늙는 쇠퇴의 원리를 말해준다. 구속받은 성도라도 범죄할 경우 하나님의 징계를 받게 된다. 신 28:15-68에 언급된 언약백성에 내리는 징계의 저주들 중에서 질병이 다수 언급되고 있다: 저주와 공구와 견책 (신 28:20), 염병 (21절), 폐병, 열병, 상한, 학질, 썩는 재앙 (22절), 애굽의 종기와 치질, 괴혈병, 개창 (27절), 미침, 눈멂, 경심증 (28절), 심한 종기 (35절), 질병이 중하고 오랠 것이라 (59절), 애굽의 모든 질병 (60절), 정신 착란증 (65절), 고통 (67절) 등이다. 반면, "주께서 꺾으신 뼈"란 표현은 하나님께 대한 심리적 불안감이나 영적인 단절상태를 상징적으로 표현하는지 모른다. "즐거워하다"란 동사가 "뼈"의 행동을 묘사한다는 사실은 여기서 상징적 어법이 사용되었다는 인상을 준다. 그럼에도 우리는 이런 영적인 단절이나 심리적 요인이 육체적 장애를 유발시킨다고 믿는다. 육신과 영혼은 불가분리의 관계인 것이다 (시 013:3, 창 20:17, 민 12:13, 사 1:6 등; There is an intimate psycho-somatic relationship).

9절: 주의 얼굴을 내 죄에서 돌이키시고 (하스테르 파네카 메하타아이)— "돌이키시고"라 번역된 말 (사타르)은 "숨기다"를 의미한다. 구약에서 "얼굴을 —에게서 숨기다" (사타르 파님)는 하나님의 진노를 묘사한다 (신 31:17, 18, 32:20 등). 그렇지만 여기서는 그런 의미가 아니라, 문맥이나 병행절인 후반절에 비추어 볼 때, 정반대의 사고를 전달한다. 즉, 하나님께서 얼굴을 내 죄들에서 돌이켜 보지 마시고, 생각지도 마시고, 용서하소서 (잊어 버려 주십시오)라는 간구이다. 유사한 사고를 전달하는 표현으로는 "저들의 모든 죄를 깊은 바다에 던져 버리다" (미 7:19), "동이 서에서 먼 것처럼 그가 우리 죄를 우리에게서 멀리 옮기셨다" (시 103:12) 등이 있다.

내 모든 죄악을 도말하소서 (베콜-아보노타이 메헤)—1절 주석 참조.

제3연 둘째 기도 (10-12절): 정한 영을 소생시키소서

여기 제시되는 기도는 6절에 표시된 원리에 근거한다. 이 부분의 사고 역시 앞 연에서 우리가 서론으로 제시한 진술을 참조하기 바란다. 여기 시의 범죄자는 중생한 구약 성도였다. 그는 타락했고 그 결과의 참혹성을 절감하고 있다. '성령'이란 단어는 "거룩함의 영" (루아흐 코데쉬, spirit of your holiness [NJB], der Geist deiner Heiligkeit [ELB])이다. 이 성령님은 사 63:10-11에서도 언급되지만, 구약에서는 드물게 나타나는 단어이다. 구약에 삼위일체 교리의 근거를 찾기 어렵다고 하지만 이렇게 없는 것은 아니다. 시인은 이미 구약 시대에 성령을 소멸시키지 말라(살전 5:19) 혹은 성령을 근심케 말라 (엡 4:30)하신 사도의 명령이 무슨 의미인지를 체험적으로 알고 있었다.

10절: 내 속에 정한 마음을 창조하시고 (레브 타호르 베라-리)–'마음'(레브)은 후반절에서 '영'(루아흐)과 병행어로 나타나고 있다 (17절에서도). 마음은 지. 정. 의가 자리 잡는 처소이며, 나라고 하는 인간을 타인에게 표현하는 중요한 수단이다. 지. 정. 의 세 가지 중에서도 의지적 측면을 묘사할 때 "마음"이 연관된다. 죄는 우리의 마음을 오염시켜서 파괴력을 행사한다. 즉, 영적으로 하나님과 단절이 초래되고, 그 결과 죄를 대항하는 데 무기력해지는 반면, 선을 행하는 데 기쁨이나 확신이나 능력이 상실되고 만다. 말하자면, 육신이 약해져서 질병에 대한 저항력이 약해지고, 자신감이 결여됨과 같은 이치이다. 죄로 병든 마음은 병든 육신과 마찬가지로 치료에 장기간을 요하며, 병이 드는 것도 단번에 일어나지 않고 장기간에 걸친 부주의와 태만이 쌓인 결과이다. 병든 마음을 치료하는 방식은 끊임없는 참회의 기도와 선을 향한 부단한 의지의 발동도 중요하지만, 하나님의 주권적인 새 창조 역사가 개입되어야 한다. 그래서 시인은 "정한 마음을 창조해 달라" 간구하는 것이다. 새 마음과 새 영은 새 언약 백성들에게 주시기로 약속된 선물이었다 (겔 36:26)(유대교의 중생 가르침에 대해여는 Strack-Billerbeck, *Kommentar zum Neuen Testament aus Talmud und Midrash*, II, 421-423 참조).

정직한 영을 새롭게 하소서 (베루아흐 나콘 하데쉬 베키르비)– "정직한 영"은 오히려 "견고한 영"(a steadfast spirit, NASB, NIV, TNK; a resolute spirt, NJB; festen Geist, ELB)으로 번역하면 좋을 듯 하다. 하나님의 구별된 성도로, 여기서는 기름 부은 왕으로서 가졌던 그 자신감과 자긍심, 성령님으로 능력을 시시때때로 덧입어 가졌던 그 권위, 하나님의 보호 하에 있다는 안전감, 그분이 인도하신다는 미래에 대한 비전 등이 다 사라져 버렸다. 나는 하나님의 택함 받고 능력 받은 일군이다; 나는 하나님의 자녀야! 라고 자신 있게 행동할 수 있는 내적인 확신이 사라졌다. 이런 것들은 영이 심하게 상처를 입고 제 기능을 하지 못하게 되었기 때문에 일어난 현상들이다. 이제 이를 치료해야 한다. 하나님께서 새롭게 하셔야 한다.

11절: 주 앞에서 쫓아내지 마시며 (알-타쉴리케니 밀레파네카)–앞 절에 묘사된 그 자존심과 자긍심의 상실은 결국 그분의 임재의 상실이 가져온 결과이다. 따라서 여기서 시인은 주님의 임재를 회복시켜 달라고 간구한다. 주님의 임재는 우리 성도를 아주 비참하게 만들어 버린다. 내가 성도라고 혹은 왕이라고 말할 근거가 무너진 것과 같다. 그분의 임재가 있을 때 우리에게는 영적인 기쁨과 소망과 확신과 자신감이 있다 (시 11:7, 16:11, 21:7, 140:14, 73:27, 28 등 참조).

주의 성신을 내게서 거두지 마소서 (베루아흐 코드쉐카 알-틱카흐 밈멘니)– 주님의 임재는 성령님으로 나타난다. 그래서 전.후반절은 이렇게 동의 병행법으로 제시되고 있다. "당신의 거룩한 영"이란 표현은 구약에서 사 63:10, 11에서만 나타난다. 여호와의 영, 혹은 하나님의 영이란 표현은 종종 나타난다 (삿 6:34, 11:29, 13:25, 14:6, 19, 15:14, 삼상 10:6 등). 구약 시대에 성령님은 주로 지도자들 (사사들, 왕, 선지자, 제사장, 성막 건축자들)에게 임하셨다. 특히 왕은 기름부음을 받고 성령님으로 충만케 되었다 (삼상 10:10, 16:13, 삼하 23:1, 2 참조). 그러나 요엘 선지자는 말세에 곧 메시아 시대에는 온 육체에 성령님이 임하실 것을 예고하였다. 이는 영적 엘리트 시대가 지나고 성도들 모두가 성령님으로 충만케 될 것을 내다본 것이다.

12절: 주의 구원의 즐거움을 내게 회복시키고 (하쉬바 리 세손 이쉬에카)—이 구절이야말로 범죄한 성도의 실상을 가장 여실히 드러내 준다. 영적으로 타락한 성도는 구원을 즐거움을 상실하고 만다. 병자가 입맛을 상실함과 같다. 주의 영으로 말미암는 자신감, 기쁨, 소망, 꿈 등이 사라진 지금 눈물 흘리며 회개한들 쉽게 회복되는 일이 아니다. 타락이 장기간의 사건이듯, 회복 역시 그러하다. 8절에서 우리는 "즐겁고 기쁜 소리"가 죄용서의 선고라 했다. 따라서 그것은 일회적 기쁨이라 한다면, 여기서 회복을 구하는 구원의 즐거움은 성도가 생애동안 지속해서 가지고 있을 즐거움이다. 성령님의 생수 공급이 중단된 지금 그 얼마나 답답하고 괴로운지, 상실된 그 기쁨의 소중함을 이제야 절감하게 된다.

자원하는 심령을 주사 나를 붙드소서 (베루아흐 네디바 티스메케니)—"자원하는" (네디바) 이란 말은 (출 35:4,5, 22 등에서 "자원하는 마음" 참조), "고상한," "왕적인" 의미도 (70인역, 헤게모니코스) 지닐 수 있다 (NJB, '관대한 영' ; TNK, '강건한 영'). 권위 있는 영, 자존심을 가질 수 있는 영을 주시어 붙들어 주시라고 간구한다. 성도로 그리고 왕으로서 해결해야 할 문제가 산적한 지금, 주님의 성령님의 임재를 누릴 수 있는 나의 상태 그것이 자원하는 영이다. 그런 상태를 가질 때 나는 모든 도덕적, 현실적, 영적인 문제와 도전을 능력 있게 대처할 수 있게 된다. 전반절의 병행 사고에 비추어 볼 때, 자원하는 영도 역시 구원의 즐거움을 누릴 수 있는 그런 영의 상태를 의미할 것이다.

제4연 (13-17절): 서원

여기서 시인은 자신을 용서하시고 회복시키실 때에 행할 일을 서원한다. 다윗의 간음과 살인죄 보다 더 적나라하게 인간의 부패성 (그가 중생한 성도라 해도)을 드러내 주는 사건은 다시없을 것이다. 그 파렴치하고 더러운 범죄행위에 분노치 않는 자 없을 것이다. 오늘날 세계 인터넷 대국으로서의 한국, 음란과 퇴폐행위가 독버섯처럼 번성하는 상황에서, 다윗의 음란 행적은 한국인의 마음에 별로 경악할 사항이 아닐지 모른다. 그러나 중생한 기독인으로 주님의 인정받는 성도라면 우리는 다윗의 범죄행위에 치를 떨고 분노하게 된다. 거룩한 분노가 일평생에 간직된다면 그 사람은 하나님의 도구로 사용 받을 것이다. 여기서 시인은 용서를 간구하면서 회복 후에 자신의 경험을 근거로 범죄자 혹은 범죄 가능자들 (모두가 여기에 포함된다)에게 교훈을 베풀고 경고하리라 서원한다. 이런 목적에서는 하나님께서도 이런 류(類)의 사람을 필요로 할지 모른다. 죄가 더한 곳에 은혜도 넘친다고 했지 않은가? (롬 5:20) 회개한 죄인들을 통해 강퍅한 심령이 회개하는 역사도 많지 않았던가? 이렇게 본다면, 하나님은 악에서도 선을 내시는 분이시다.

13절: 그러하면 내가 범죄자에게 주의 도를 가르치니 (알람메다 포쉬임 데라케카)—"그러하면"이라는 말은 원문에 없지만, 사고의 흐름상 그렇게 의역을 한 듯 하다 (NIV나 NRSV도 Then을 첨가한다). 여기 사용된 동사의 형식은 1인칭 화자의 의지나 결심을 표현하는 소위 "연장형"

(cohortative)이다. 시인은 자신의 서원을 표현하고 있다. "범죄자" (포스임)나 "주의 길" (데라케카) 등은 원문에서 모두 복수형이다 (범죄자들, 당신의 길들). 여기서 주의 길들은 그분이 주신 규례들, 법도들을 지시한다. 재소자들은 목사나 깨끗해 보이는 성도들의 말보다는 회개한 전과자의 말을 잘 듣는다. 시인은 회복되면 바로 자신과 같이 범죄의 자리에서 고민하는 자들에게 자신의 용서받은 체험을 근거로 주의 사랑과 그분의 진리를 증거 하겠다고 서원한다. 범죄자에게 임한 은혜가 죄인들에게는 효과적으로 다가올 것이다 (시 40:10, 11 참조).

죄인들이 주께 돌아 오리이다 (베핫타임 엘레카 야슈부)—죄인들이 회개하고 주께로 돌아오는 일에 전과자(前科者)들이 크게 사용 받은 예는 얼마든지 있다 (예컨대, 고재봉의 증거로 수천의 재소자在所者들이 회개했다). 하나님은 죄 없이 잘 믿는 성도도 사용하시나, 범죄자로 살다 회개한 자들도 들어 사용하신다.

14절: 나의 구원의 하나님이여 (엘로헤 테슈아티)— 나의 구원의 하나님이란 칭호는 탄원자가 극도의 곤경에 처해있으며, 이 곤경에서 건질 수 있는 자는 오직 하나님 밖에 없다는 절박한 부르짖음과 연관해서 나타난다 (시 38:23 참조).

피흘린 죄에서 나를 건지소서 (핫칠레니 믿담밈)— "피"의 복수형은 쏟아진 피, 곧 '살인'을 지시한다. 이 시인은 살인죄를 저질렀다. 성경에서 피는 생명의 근원이며, 죄는 피를 흘려야 (곧 범죄자가 죽어야) 속죄 된다 (민 35:33, 신 19:13). 하나님은 피 흘린 자의 피를 자기 머리에서 흘리도록 하시는 분이시다 (삼하 16:7, 8). 그러므로 시인은 죽어야 마땅하다. 그렇지만 살인자가 살아남을 수 있는 방도가 없었던 것은 아니다. 그것은 하나님께서 용서를 선포하시는 것이다 (신 21:7-9, 왕하 24:4, 삼하 12:9, 13 등 참조). 다윗은 피 흘리는 죄(살인죄)가 어떻게 보응 된다는 것을 너무나도 잘 안다 (삼상 25:26, 31, 33, 삼하 1:16, 3:28, 29 등). 그런데 자신이 살인죄를 저질렀다. 이후에 그가 당할 심적, 영적, 육체적 갈등과 고통은 필설로 표현하기 어려웠을 터이다. 시인이 여기서 구하는 바는 이 곤경에서 자기를 살려달라는 것이다. 죽어야 할 자가 살려달라고 간구하고 있다.

내 혀가 주의 의를 높이 노래 하리이다 (테란넨 레쇼니 치드카테카)—여기 표현된 사고는 15절 후반절에서 반복되고 있다 (내 입이 주를 찬송하여 전파 하리이다). 죽을 자리에서 건짐을 받은 자가 부를 찬양은 심령 골수(骨髓)에서 우러나오는 것일 것이다. 여기서 "주의 의"는 주께서 행하신 "의로운 행위" 곧 주께서 죄인을 용서하신 일, 그분의 풍성하신 긍휼과 인자이다 (시 22:32, 31:2, 69:28, 103:17, 143:1, 11 등 참조). 이것이 실로 구속받은 성도들이 부를 찬송의 주제가 아닌가? "나 같은 죄인 살리신 주 은혜 놀라와 잃었던 생명 찾았고 광명을 얻었네." 여기서 "노래하다" (라난)는 즐거움과 감격에 충일하여 외치며 노래하는 것을 지시한다.

15절: 내 입술을 열어 주소서 (아도나이 세파타이 티프타흐)—기도하는 입술, 찬양하는 입술이 왜 닫히는가? 우리 몸의 한 지체이긴 해도, 그것은 우리 영의 지배를 받는다. 영이 상하면 기도나 찬양의 입술은 닫히기 마련이다. 우리 영이 살아 약동 치면 기도와 찬양이 저절로 입을 통해 흘러나올 것이다. 따라서 입술을 열어 달라는 간구는 내 영을 새롭게 하소서, 창조하소서란 간구의 다른 표현일 뿐이다.

주를 찬송하여 전파하리이다 (우피 약기드 테힐라테카) — "당신의 찬양," 곧 당신을 찬양하는 찬양(your praise)을 선포하리이다. 주의 찬양은 결국 그분이 행하신 구원과 용서를 내용으로 한다. 따라서 구약 신앙의 핵심이 이 찬양으로 나타난다. 탄식과 참회시들은 우울하고 침울한 분위기로 진행되다 마지막에는 분위기가 반전되어 찬양과 감사의 기쁨의 분위기로 돌아선다. 그것은 죄용서의 확신이 주어졌기 때문이다 (시 30:12, 13, 40:3, 4 등 참조).

16절: 주는 제사를 즐겨 아니 하시나니 그렇지 않으면 내가 드렸을 것이라 주는 번제를 기뻐 아니 하시나이다 (킬-로 타흐포츠 제바흐 베엣테나 올라 로 티르체)—원문에는 "실로"(키)라는 강조적 의미를 부여하는 불변사가 초두에 있다. 여기서 "제사"(제바흐)는 후반절의 "번제"(올라)와 약간 구분된다. 후자는 가죽을 벗겨 짐승 전체를 불살라 드리는 반면, 제사는 일부만 드리고, 나머지는 경배자들이나 제사장이 먹었다. 그렇지만 여기 문맥에서는 동의어로 나타나고 있다. 혹은 전, 후반절에 서로 상보(相補)되는 두 대상을 놓아 합쳐서 전체 제사를 지시하는지 모른다. 그런데 여기서 시인은 어떤 비평가들이 가정하듯, 제사 자체를 부인하는 것이 아니다. 만약 그런 사고였다면 19절과도 모순 되고 만다 (비평가들은 19절이 16절의 사고를 반박하기 위해 후대에 첨가되었다고 하나 이런 주장은 지극히 주관적일 뿐). 그렇다면 여기서 의미는 무엇인가? 어떤 이는 앞에서 기술된 죄는 아주 중대한 것으로, 경미(輕微)한 죄를 위해 제정된 제사들이 소용없다는 의미라고 이해한다. 그렇지만 보다 나은 해석은 구약 여기저기서 보이는 제사 배척의 구절들은 제사제도 자체를 배척하거나 부인하는 것이 아니라 형식적인 제사, 곧 마음이 없이 드려지는 의식적 제사를 배격하는 것이다. 많은 사람들이 제사자체가 죄 용서를 자동적으로 가져오는 양(ex opere operato) 생각했던 시대에 형식적 제사가 죄 용서를 가져올 수 없다는 경고는 당연한 것이었다. 진정한 회개와 삶의 개혁이 동반되지 않는 제사는 자체로 의미나 효력이 없다는 것이다.

17절: 하나님이 구하시는 제사는 상한 심령이라 하나님이여 상하고 통회하는 마음을 주께서 멸시치 아니하시리이다 (지브헤 엘로힘 루아흐 니쉬바라 레브-니쉬바르 베니드케 엘로힘 로 티브제)—이 말씀은 앞에서 설명했듯이, 동물제사 제도 자체를 부정하는 것이 아니다. 진정한 회개가 동반되지 않는 동물제사는 무의미하다는 것이다. 여기 진술도 이런 맥락에서 이해되어야 한다. 상하고 통회하는 마음으로 드리는 제사를 왜 하나님께서 받지 않으실 것인가? 자신이 제정한 제사의 의도에 부합되는 제사는 그분이 받으실 것이다. 여기서 "상한 심령"(루아흐 니쉬바라)는 후반절에서 "상하고 통회하는 마음"(레브 니쉬바르 베니드케)과 병행어로 나타난다 (10절도 참조). 깨어진 영과 깨어진 마음이다. 이 마음은 박살나서 겸비해진 상태이다. 자기 의를 도무지 주장할 수도 없고, 자기를 내세울 수 없어 오직 구원의 하나님, 용서의 하나님만 목을 빼고 기다려야 하는 낮추어진 심령 상태이다. 이렇게 자신의 무기력과 도움 없음을 심각하게 인정하고 도움을 구하는 사람을 하나님은 기뻐하신다는 것이다. 시인은 하나님께서 자기 뼈를 박살내셨다고 언급한 바 있다 (8절). 여기서 그는 자기 영이 박살났고 마음도 깨어졌다고 제시한다. 이렇게 내세울 것 없고 무기력하게 되어 도움을 구하는 자를 멸시하실 수 없다. 이 시에는 다른 시들처럼 응답의 확신에 감격하는 진술은 없지만, 여기 제시된 시인의 주관적인 고백일지라도, 우리는 그의 간절한 기도가 응답되어졌으리라는 점에 대하여 의심할 여지가 없다.

제5연 (18-19절): 나라를 번영케 하소서

이 부분은 왕이 자신의 구원과 나라의 번영을 연관시켜 나라의 부흥을 간구한다. 시인이 왕이었다면 그의 범죄 행위는 자신의 가정만 아니라, 온 나라에 심대한 악영향을 끼쳤을 것이다. 이전 시대에는 뉴스 매체가 없었고, 통신 수단이 아주 미흡했다 해도, 왕의 악행은 뉴스거리로 입에서 입으로 전달되어 전 국민의 가슴에 분노의 불을 지폈을 것이다. 이로 인한 왕권의 실추와 국가 기강의 문란은 눈에 띄게 나타났을 것이고, 이로 인해 압살롬의 반란 같은 내란이 폭발하기도 했다. 범죄는 범죄 자체의 경중도 있지만 (살인죄와 거짓말 죄 비교) 누가 범하느냐? 에 따라 그 경중이 결정되기도 한다. 왕이 범한 간음, 살인죄와 일반 백성이 범한 간통죄와 살인은 그 경중이 천양지차(天壤之差)로 달라지게 된다 (레 4:3 [제사장, 수송아지], 14 [회중, 수송아지], 23 [족장, 수염소], 28 [평민, 암염소], 32 [평민, 어린양], 레 6:7 [평민, 산비둘기, 집비둘기 새끼 둘], 11 [평민, 고운 가루 에바 10분지 1]에서 속죄제의 제물들 비교 참조). 더구나 구약 시대의 왕은 세속 국가의 왕과 달라서, 언약 제도를 굳건히 세우고, 하나님의 언약 조항들에 순종하는 모델로 행동해야 했었다면 문제는 더욱 심각해진다. 이제 이 시인은 이런 점을 염두에 두고 나라를 위해 참회의 기도를 드리고 있는 것이다.

18절: 주의 은택으로 시온에 선을 행하시고 (헤티바 비르촌카 에트-치온)—하나님의 선하신 은총 (라, goodwill, pleasure, favor)으로 시온을 축복해 주시라는 간구이다. 왕의 위치는 나라의 번영을 책임진 자리가 아닌가? 이러므로 이런 기도는 아주 자연스러운 것이다. 자신의 범죄로 나라가 어지럽게 되고, 도탄에 빠질 것을 예상하고 회개하며 나라를 위해 기도하는 왕의 모습에서 시온의 밝은 미래를 볼 수 있다. 나라의 지도자가 하나님 앞에서 이런 자세를 취한다면 그 나라는 소망이 크다.

예루살렘 성을 쌓으소서 (티브네 호못 예루샬라임)—"예루살렘의 성벽들을 재건하소서" (rebuild the walls of Jerusalem). 예루살렘 성이 무너졌던가? 이 표현 때문에 비평가들은 이 시가 추방 후의 작품이라고 추정한다. 그렇지만 전반절의 사고에 비추어 볼 때 이는 상징적으로 무너진 나라의 도덕적, 영적, 경제적, 사회적 기강과 기력을 세워 주시라는 기도로 볼 수도 있다. 나라를 침체에서 다시 일으켜 달라는 간구이다. 통치자의 죄는 나라의 근간을 흔들어 놓는다. 교회에서 목회자의 죄는 교회의 영적 토대를 흔들어 버린다. 마귀가 죄를 근거로 성도들을 교란시켜 버리기 때문이다. 여기서 회복되려면 철저한 회개 외에는 다른 방도가 없다. 죄란 단 번에 짓고 끝나지 않고, 연속적으로 반복적으로 도를 더해가다가 마침내 폭발하는 것이다 (다윗의 간음이 일순간 범해진 것이 아니라, 그 이전에 이미 그는 영적으로 퇴보의 길로 내닫고 있다가 계기를 만나 결정적으로 넘어진 것이었다). 무너진 교회는 다시 재건하는데 엄청난 시간과 수고가 요청된다.

19절: 그 때에 주께서 의로운 제사와 번제와 온전한 번제를 기뻐하시리니 (아즈 타흐포츠 지브헤-체덱 올라 베칼릴)— "그 때" 는 하나님의 용서가 선포되고, 즐거운 마음으로 하나님께 경배하는 때를 가리킬 것이다. 여기 제시된 제사는 의의 제사 (지브헤 체데크)로 하나님이 기뻐하실 제사이며, 번제와 온전한 번제 (칼릴), 곧 17절에서 표현된 대로 마음에서 우러나는 제시이다.

저희가 수소로 주의 단에 드리리이다 (아즈 야알루 알-미즈바하카 파림)—여기서도 "그 때에" (아즈)란 말이 있다. 시인은 미리 회복의 즐거운 순간을 내다보고 노래한다. 용서의 확신을 느끼기 시작했던 것이다.

시편의 적용

주의 인자를 좇아 (1절)

♩ 우리는 사랑의 띠로 하나가 되었습니다 ♬ ♪ 이런 복음송이 있다. 하나님과 언약백성과의 관계가 바로 그러하다. 이 결속관계는 단순히 법적인 조항으로만 설명될 수 없는 사랑과 헌신이 뒷받침되는 인격적인 연대관계이다. 이 언약관계가 없는 불신자들은 재난이나 불행이 닥칠 때 알지 못하나 존재하리라 가정된 어떤 초월자에게 돼지 머리를 차려놓고 긍휼을 간구한다. 이 사람은 어떤 사랑의 결속관계에 근거한 호소를 할 수가 없고, 오직 막연하게 공포감에 사로잡힌 나머지 이렇게 구걸의 자세를 막연하게나마 취하는 것이다. 그렇지만 성도는 언약백성으로서 하나님 앞에서 담대하게 그분의 백성으로서 원수, 문제, 죄에서 구원 (시 21:8, 25:7, 31:17, 22, 32:10, 51:3 등), 사망에서 구원 (시 6:5, 86:13), 하나님의 언약사랑 (미 7:20, 신 7:9, 12 등) 등을 간구할 수 있다. 어떤 근거로 도움을 구하느냐? 하나님은 나의 하나님이시고, 나는 그분의 백성, 그분의 자녀이기 때문이다. 이렇게 관계에 근거한 사랑이 "인자" (헤세드)란 말이 제시하는 의미이다. 하나님의 언약사랑은 풍성하고 (시 86:5, 103:8), 공간적으로 크고 (시 57:11, 103:11, 108:5), 시간적으로 영원하고 (시 100:4, 106:1, 118:1-4, 29, 136:1-26), 질적으로 선하다 (시 63:4, 69:17). 하나님이 인자하심은 그분의 신실하심 (에메트, 시 25:10, 40:11, 12), 신실 (에무나, 시 88:12, 89:3), 긍휼 (라하밈, 시 87:9, 103:4), 공의 (미쉬파트, 시 101:1), 의 (체다카, 시 26:11), 선하심 (토브, 시 23:6) 등의 동의어로 나타나기도 한다 (하나님의 속성의 고전적 표현은 출 34:6 참조). 믿음이 크다는 것은 이 언약관계에서 하나님을 향한 충성과 헌신이 커서 그분에 대한 밀착도가 강력하다고 할 수 있다. 그러기에 이런 자는 어려움을 만날 때 하나님의 강력한 도우심을 기대하는 마음도 확실한 것이다. 그만큼 관계가 긴밀하기 때문이다.

위에서 언급된 "긍휼" (라하밈)은 여인의 자궁 (레헴)이란 말의 복수형이다. 그래서 이 말은 같은 태에서 태어난 형제들이 상호간 갖는 그 형제애, 혹은 자기 태에서 나온 자식들을 향한 모성애를 표현한다고 이해된다. 하나님은 우리를 육신적으로 낳으신 것은 아니지만, 우리를 빚으시고 영적으로 출생시키신 아버지시다 (신 32:6, 호 11:3). 그렇기에 우리를 향하신 그분의 부성애는 끊을 수가 없다. 그래서 성경은 말씀하길, "에브라임이여 내가 어찌 너를 놓겠느냐 이스라엘이여 내가 어찌 너를 버리겠느냐? 내가 어찌 너를 아드마 같이 놓겠느냐? 내가 어찌 너를 스보임 같이 두겠느냐? 내 마음이 내 속에서 돌아서 나의 긍휼이 온전히 불붙듯 하도다" (호 11:8)라고 하신 것이다. 비록 징계는 하시겠지만, 소돔, 고모라, 스보임, 아드마 같이 멸하실 수는 없다. 원종수 권사는 그의 간증에서 자신이 대학생 시절에 병들어 죽게 되었을 때, 금식 기도하면서 "하나님, 이전에 내가 그렇게 추운 새벽에 몇 시간이고 새벽 기도한 것 있으셨습니까? 사람들은 저 애는 하나님의 일군 될 것이라고 그렇게 인정해주고 칭찬해 주었는데, 지금 데려 가시면 하나님 손해입니다" 라고 매달렸다 한다. 그렇게 간구할 때 말이 된다는 생각이 들었고 그는 기적을 체험하여 낳았다 했다. 재난이 닥칠 때 성도는 자신의 믿음의 근거를 찾아서 끝까지 간구해야 한다.

내 죄과를 도말하소서 (1절)

고대인들은 언약관계를 청산하고자 할 때, 언약조항을 기록한 토판(혹 돌판)을 깨어버리든지 (출 32:19) 아니면 그 기록이 담긴 토판을 문질러 글자들을 지워 버렸다 (함무라비 법전 37, 48조 참조). 예컨대, 함무라비 법전은 기술하길,

만약 영주 (seignior)가 교인이나 관리, 기신 (feudatory)에게 속한 밭이나 과수원, 집을 샀으면, 그의 계약-토판을 깨고, 그는 또한 자기 돈을 상실할 것이요, 밭이나 과수원, 집은 그 주인에게로 돌아갈 것이니라 (37조)

영주에게 빚이 있으면, 그리고 아답(Adad)이 그의 밭을 물에 잠기게 했던지 아니면 홍수가 그것을 엄몰 시켰다면, … 그는 곡식을 그 해에 그의 채주에게 바치지 않을 것이요; 그는 자기 계약-토판을 씻어 버릴 것이며 (취소할 것이며), 그는 그 해에 이자를 지불하지 말아야 한다 (48조).

우리 하나님은 우리의 행위들을 책에 기록하신다. 그렇지만 구속받은 우리의 죄악을 용서하실 때 그 책에서 모두 지워버리신다. 그러면 그분은 그 죄를 기억지도 아니하실 것이다.

여기서 "죄과" 란 말 (페샤아)은 정치적 반역관계를 묘사하는 말이다. 모압이 이스라엘을 반역했다고 할 때 (왕하 3:7), 에돔이 유다를 반역했다고 할 때 (왕하 8:20) 이 말의 동사형 (파샤아)이 사용되었다. 하나님과 언약백성은 종주대왕과 봉신의 관계와 같아서, 봉신이 언약에 불신실할 경우 바로 반역행위가 된다. 이렇게 강력한 어조로 시인은 자기 범죄행위를 시인하여

하나님의 긍휼을 간구한다. 평시에는 아버지여! 하고 하나님을 부를 수 있지만, 범죄했을 경우에 우리는 그분이 냉엄한 종주대왕으로 반역한 봉신을 처벌하듯 엄하게 다루신다는 사실을 경험한다.

범죄행위는 한역에서, 죄과 (*페솨아*), 죄악 (*아온*), 죄 (*하타*), 악 (*하타트, 라*) 등으로 제시되고 있다. 그 뉴앙스는 약간씩 다르다. 1) "범죄하다" (*하타*)란 말은 표적을 빗 마치는 것을 (삿 20:16하, 잠 19:2하) 지시하고, 여기에는 "죄악" (*아본* iniquity), "길을 잃고 방향하다" (*솨가*), "돌이키다" (*수르*) 등이 속한다면, 2) "죄과"는 종주대왕에 대한 반역을 묘사하며, 여기에는 반역적인 (*마라*), 완고한 (*사라르*) 등이 속하고, 3) 부패한 본성에 자리잡은 악은 "악" (*라아*), "악" (*아벤*), "어리석음" (*네발라*) 등이며, 4) 재판장이 판결할 때 죄가 인정되는 자는 악인 (*라솨*), 죄가 있는 (*아쉠* guilt) 상태 등이다.

진실함 (*에메트*)과 지혜 (*호크마*)를 원하신다 (6절)

하나님은 인간에게 신실함과 지혜를 갖기 원하신다. 이것이 절대원리로 우리 양심에 새겨졌다. 죄인으로 태어남과 동시에 우리는 이런 도덕적 절대명령을 마음에 새긴채로 이 세상에 태어난다. 그러므로 출생하자마자 거짓말을 하고 죄인된 모습을 드러내기도 하지만, 동시에 선에 대한 갈망을 숨길 수도 없다. 하나님께서 말씀으로 계시하신 바들을 따르는 것이 지혜이며 신실함이라면, 그것에 불순종하고 대치되는 삶이 죄요 악이다. 지혜는 야웨 하나님을 경외하는 데서 출발하며, 신실함은 하나님께 대한 자신의 위치를 지키고 순종함에서 이루어진다. 사도 바울은 이런 사정에 대하여 말하길, "율법 없는 이방인이 본성으로 율법의 일을 행할 때는 이 사람은 율법이 없어도 자기가 자기에게 율법이 되나니 이런 이들은 그 양심이 증거가 되어 그 생각들이 서로 혹은 송사하며 혹은 변명하여 그 마음에 새긴 율법의 행위를 나타내느니라" (롬 2:15) 하였다.

응답이 올 때까지 (8절)

시인은 나로 즐겁고 기쁜 소리를 듣게 해주시라 간구한다. 범죄인의 처지에서 가장 기쁘고 복된 소리는 하나님께서 나의 죄를 용서하신다는 선언일 것이다. 그 외에 무슨 노래, 무슨 소리가 귀에 들어오겠는가? 내적인 고통과 갈등을 말끔히 가시게 하는 유일한 방법은 하나님의 용서의 확신을 기도 중에 얻는 일이다. 구약에서 성도들은 참회의 기도를 드리며 하나님의 선지자들이나 제사장들이 죄를 용서하신다거나 소원을 응답하신다거나 병을 치유하신다거나 하는 응답을 하나님께 받아 선포해 주길 간절히 기다렸다 (시 5:3, 38:15, 86:17, 119:74, 81, 114, 147, 130:5 등). 우리는 인간으로 해결할 수 없는 크고 작은 문제들에 봉착했을 때 하나님 앞에 무릎을 꿇어야 한다. 기도 중에 하나님은 응답의 음성을 들려주신다. 이것이 가장 확실하고 신속한 문제해결의 방식이다. 성도가 문제를 해결하고자 돈을 수억, 수십 억, 수백 억 써가면서 고위 관리들의 부인들을 찾아서 로비를 하려 한다면 그것은 잘못된 일이다. 하나님의 응답에는 구체적인 지시도 있을 수 있고, 그렇지 않을 수도 있을 것이나, 하나님의 해결방식은 인간의 상식을 넘어선다는 것이다. 우리 성도들이 문제를 해결 받았을 때, 병 고침을 받았을 때, 은혜를 받았을 때 얼마나 기쁘고 즐거운가? 이런 체험들이 계속되어야 참 성도의 삶이라 할 수 있다. 하나님과 동행한다는 것이 무슨 의미인가? 결국 그분의 문제해결을 체험하며 산다는 말이나 같은 것이다. 문제를 가지고 주님을 찾아온 사람들은 네 죄 사함을 받았느니라, 네 병 고침을 받았느니라, 네 믿은 대로 될지어다, 일어나 침상을 가지고 걸어가라! 와 같은 응답을 받았던 것이다. 이들의 체험은 어제나 오늘이나 영원토록 동일하신 주님을 믿는 성도들의 삶에서 나타난다.

병든 마음과 상한 영을 치료하라 (10절)

병든 육신을 지닌 자는 입맛이 없고, 기력이 없고, 삶의 의욕이 상실되고, 자신감을 가질 수 없다. 모든 것이 싫고 귀찮고, 눕고 싶고, 짜증나고 불쾌하다. 병든 마음, 상한 영을 가진 자는 어떠한가? 범죄행위로 오염된 영혼은 말씀의 맛을 느낄 수 없고, 기도 교제의 즐거움을 느끼지 못한다. 성령님의 신선한 불꽃을 체험할 수 없고, 죄악에 대한 저항력이 없어 정결한 생각을 갖기 어렵다. 일단 중대한 범죄로 오염된 영은 치명적인 바이러스에 감염된 육신처럼 하나님을 향한 정상적인 기능이 마비되거나 치명타를 입게 된다. 우리는 성령님의 교통을 즐거워하고, 기도의 능력을 체험할 수 있다면, 이런 요소들이 얼마나 귀중한 선물이며 특권인지를 제대로 알기 어려울 것이다. 그러나 이런 것들을 상실하고 나면 회복하기가 얼마나 어려운지 후회 막급한들 이전의 그 신선한 기쁨과 능력은 느껴지지가 않는다. 이것을 극복하고 회복시키려면 하나님의 재창조의 역사가 개입되어야 한다. 전적으로 하나님의 주권적인 역사가 있어야 한다. 그러니, 성령님의 불을 소멸치 말라. 성령님을 근심케 말라. 상실된 그분의 임재를 회복하는 길은 어렵고 힘들다. 성령님의 불을 계속 지펴라. 삼손은 아마 여호와의 신이 자기에게 늘 임하신다고 착각했을 것이다. 그러나 일단 나실인으로서의 순결과 표를 상실한 그 순간부터 하나님의 신은 그를 능력으로 옷 입히지 않으셨다. 그 결과는 무기력과 수치였다.

확고부동한 영을 새롭게 하소서 (10절)

원문에서 이 부분은 *베루아흐 나콘 핫데쉬 베키르비*이다. 한역이 "정직한 영"이라 했지만, "확고부동한 영"이 더 적절하다 (steadfast spirit, NAB, NASB, NIV, TNK, ELB, LUT; NJB [resolute spirit]). 여기서 "영"을 꾸미는 형용사 구실하는 "세우다" (establish) 동사의 니팔형 분사는 "확립된," "확실한" (established)란 의미이다. 창조 사역 묘사에도 사용되는 이 동사는 세상이 요동치 않도록 확고하게 세워졌다고 묘사하며 (대상 16:30, 시 119:90, 사 45:18), 하나님은 하늘도 견고히 세우셨다 (잠 3:19). 요컨대, 요동치 않고, 흔들림이 없는 견고한 영, 죄악의 유혹을 단호히 거부할 있고 증오할 수 있는 그 단호한 영을 지시한다.

그런데 우리가 영적 성숙을 위하여 몸부림칠 때 느끼는 바는 우리의 영적 순결과 성숙을 향한 싸움이 일정한 주기로 세속의 유혹에 꺾인다거나 육신의 연약함을 인하여 느슨하게 되어진다는 것이다. 지속적으로 영적인 성숙이 나타나려면 이 견고한 영, 흔들림이 없는 영이 우리 안에 자리 잡는 일이다. 우리의 과제는 새사람의 인격이 우리의 육과 정을 십자가에 못 박고 우리를 지속적으로 지배할 수 있도록 만드는 일이다. 성령님에게 온전히 굴복하고, 죄악을 미워하는 그 순결한 정신이야 말로 우리가 깨끗한 그릇으로 하나님께 들림 받는 비결이리라. 이것이 인간편의 의지를 강조하는 너무 인본주의적이라고 생각해서는 안 된다. 성령님의 주권과 역사에 자신을 맡길 수 있는 그 확고부동한 결단력을 인본주의적이라 할 수 없다. 우리의 영적 완전함이 확고부동하게 지속적으로 일평생 견지된다면 아니, 그것을 위해 "나는 매일 죽노라"고 하거나 (고전 15:31), "내 몸을 쳐 복종"케 한다고 고백한 바울 사도의 모습을 보아야 한다. 자기를 부인하고 자기 십자가를 매일 지는 삶을 매일 지속하는 삶, 이것이 견고한 영을 새롭게 한 자의 모습이다. 영적 세계에서는 하루의 안일이나 나태가 허용되지 않는다. 특히 연말이나 어떤 공휴일에 우리는 영적인 자세의 흐트러짐을 경계해야 한다.

예배 의식 자체가 '자동적으로' 가 아니라 (16절)

중세의 로마 카톨릭교회는 성례 (sacraments) 의식 자체가 참여자들에게 자동적으로 은혜를 전달한다고 믿었다. 여기서 참여자는 스스로 영적인 방해물 (obex)을 설치하지 않는 이상 집행된 성례 의식은 은혜를 줄 수 있다고 믿었다 (ex opere operato; by the work performed). 성례들 자체가 작동하는 능력을 가지고 있다는 사고이다. 그렇지만 종교 개혁자들은 하나같이 성례 참여자는 믿음을 가지고 있어야 은혜를 받을 수 있다고 주장하며, 성례의식 집행은 자동적으로 은혜를 전달할 수 없다는 것을 분명히 하였다. 오늘날도 잘못된 사고를 가진 사람들이 많다. 헌금을 많이 바치고, 예배나 기도 시간에 참여하면 하나님은 자동적으로 나의 구좌로 은혜와 축복을 이체 송금해 주실 것이라는 생각을 할 수 있다. 그렇지만 내 마음의 동기를 아시는 하나님은 나타난 행위가 어떤 마음으로 되어진 것인지를 주목하신다. 즉, 행위와 마음이 진실되이 하나님을 기쁘시게 하는 것이어야 한다는 것이다.

시 52편 간사한 혀여

I. 전체구조에서의 위치, 시의 유형과 삶의 자리

델리취는 시 51편과 52편은 각기 혀의 거짓된 사용과 바른 사용을 언급함으로 연결된다고 보았다. 표제는 다윗이 사울 왕에게서 도망 다닐 때 이 시가 작사된 것으로 언급한다. 다윗이 도피 생활할 때, 그를 해코자 하는 악한 사람들의 저질스런 행위에 대한 반응으로 나타났다는 언급이다.

시의 형식에서 어떤 이들은 개인 탄식시로 보기도 하지만, 양식 비평적으로 다른 시들과 같은 범주에 속한다고 구분할 뚜렷한 형식을 결하고 있다. 반면, 예언서에서 나타나는 심판 메시지의 형식과 유사한 구조를 가지고 있다. 심판 메시지는 1) 기소와 2) 처벌 선고문으로 구성된다면 이

시도 그러한 형식을 갖고 있다. 그렇지만 마지막 부분 (3연)은 시인 자신이 하나님을 굳게 바라고, 찬양하리라는 결심을 제시하고 있어 심판 메시지의 형식에서 벗어나고 있다.

2. 시적 구조와 해석

이 시는 사고의 흐름에 따라 세 개의 연으로 나눌 수 있다. 제1연 (1-4절)은 2인칭으로 묘사되는 기소문이라면, 제2연 (5-7절)은 3인칭으로 묘사되는 심판 선고문이다. 반면 제3연 (8-9절)은 1인칭으로 제시된 시인의 신앙 고백문이다.

표제: 다윗의 마스길 — "마스길"은 "교훈"이란 의미로 이해된다. 특히 여기서 이런 뉴앙스가 맞을 듯 하다.
에돔인 도엑이 사울에게 이르러 다윗이 아히멜렉의 집에 왔더라 말하던 때에 (베보 도엑 하아도미 바약게드 레샤울 바요메르 로 바 다빗 엘-벳 아히멜렉)—이름의 의미는 "두려움"이며, 사울의 양떼를 맡은 목자장 (삼상 21:7)으로, 다윗이 대제사장 '아히멜렉' ("왕의 형제" 혹은 "친구"란 의미)에게 가서 음식과 칼을 제공받았다는 소문을 듣고 정치적으로 해석한 사울이 분노하여 제사장들을 죽이라 명하나 그의 군사들이 주저할 때, 이 에돔인이 제사장들을 85인이나 살육하였다 (삼상 22:18).

제1연 (1-4절): 악행자에 대한 기소는 그이 혀로 상대를 해치는 악행을 묘사한다. 이는 십계명에서 거짓증거하지 말라는 죄목에 해당될 것이다 (9계명).
1절: 강포한 자여 (학깁보르) — "영웅" 혹은 "강한 자"란 의미이다. 도엑은 힘이 센 장사였는지 모른다. 그런데 사 49:25에서 이 말은 "공포를 자아내는 자" (아리츠)의 병행어로 나타나고 있으므로, 여기서도 "강포한 자" 정도가 될 것이다.
악한 계획을 스스로 자랑하는고? (마-티트할렐 베라아)— "악한 계획"은 (라아) "재앙", "악", "문제"를 의미한다. 힘센 자는 자기의 힘을 자랑치 말아야 한다. 내일도 자랑치 말아야 한다. 오직 여호와로 자랑해야 한다. 기소되고 있는 사람은 자기가 가진 악행, 곧 남을 해코자 하는 악을 떠벌리며 자랑하였다. 그의 악은 2절에서 혀로 간사하게 말하는 것으로 나타난다.
하나님의 인자하심은 항상 있도다 (헤세드 엘 콜-하욤)—악인은 악을 자랑하고 인간적인 꾀로 출세를 꾀하려 하지만, 성도는 하나님의 신실하신 사랑에 항상 의지한다 (8절 하반절 참조). 70인역은 "하루 종일 악행" (아노미안 홀렌 텐 헤메란)으로 번역하고 있다; NIV: "하나님의 보시기에 수치인 너, 하루 종일 왜 자랑하는가?"; NRSV: "오 강한 자여, 경건한 자를 해하기 위해 되어진 악행을 어찌하여 너는 자랑하는가? 하루 종일." 병행법을 염두에 두고 영역본들은 이렇게 히브리 본문에서 이탈하고 있다.

2절: 네 혀가 심한 악을 꾀하여 (하봇 타흐쇼브 레쇼네카)—"심한 악" (하부옷)은 "파멸," "재앙"을 의미한다. 기소받는 사람의 악은 혀로 자행되었다.

날카로운 삭도 같이 간사를 행하는도다 (케타아르 멜루타쉬 오세 레미야)—"간사" (레미야)는 "배신행위" (treachery)나 "사기" (deceit)이다. 모든 악행은 '혀'로 표현된다. 그렇기 때문에 거짓된 입술과 궤사한 혀 (시 120:2)는 성경에서 자주 정죄의 대상이 된다. 성도는 "결코 내 입술이 불의를 말하지 아니하며, 내 혀가 궤휼을 발하지 아니하리라"고 늘 다짐하고 (욥 27:4), 혀를 지켜야 한다.

3절: 선보다 악을 사랑하며 의를 말함보다 거짓을 사랑하는도다 (아합타 라아 밋토브 쉐케르 밋답베르 체덱)—선과 악, 참과 거짓은 항상 구분된다. 악인은 이런 구분을 무시하는 것으로 특징지어진다. 선과 악, 참과 (혹은 의, 체데크) 거짓은 하나님의 말씀에 비추어 판단된다. 미가 선지자는 이스라엘 지도자들이 "선을 미워하고 악을 좋아하여" 백성의 가죽을 벗기고 뼈에서 살을 뜯어 그 살을 먹는다 기소하였다 (미 3:2). 이렇게 "악을 사랑하다"라는 표현은 삶에서 구체적인 악행을 자행하는 것을 염두에 두었다.

4절: 간사한 혀여 (레숀 미르마)—궤사를 행하는 혀는 사실 사악한 마음의 지배를 받는다. 마음이 삐뚤어진 사람은 그 혀를 함부로 놀려 아첨하거나 남을 허는 말만 뱉는다. 이런 자는 죽기 전에는 어떻게 치료할 방도가 없다. 강력한 기도로 우리는 이런 자들의 삭도같이 파괴적인 행위를 막아야 한다.

잡아먹는 모든 말을 좋아하는도다 (아합타 콜-디브레 발라)—타인을 자기 목구멍으로 집어 삼켜 버리는 말, 곧 남을 파멸로 몰아넣는 말만 내뱉는다. 사 25:8에서 "사망을 그가 집어 삼키신다"고 할 때 이는 사망을 철폐시켜 버린다는 의미이다. 마찬가지로 여기서도 타인을 파멸시키는 말을 의미한다.

제2연 (5-7절): 심판 선고문

이 시는 앞서 언급한대로 선지자들의 심판 메시지와 흡사하다. 이제 기소 후에 "그런즉"이란 불변사로 "처벌" 선고를 도입하고 있다. 처벌은 기소에 근거하여 선언된다.

5절: 그런즉 (감) — "실로, 정말로." 사고의 흐름에 비추어 "그런즉"이란 인과 관계적 번역도 그릇되지 않다. 기소된 죄목들에 근거하여 이제 하나님의 심판이 선고된다.

하나님이 영영히 너를 멸하심이여 (엘 잇토츠카 라네차흐)—하나님의 개입이 없다면, 세상은 기소(起訴)된 그런 간사한 혀만이 득세(得勢)하고 저들 천하가 되고 말 것이다. 우리 성도는 하나님의 초자연적인 개입을 믿기에 기도하며 이 세상을 믿음으로 이긴다. 여기서 시인은 얼마나 강력한 말로 이 악행자를 치고 있는가? 성도가 저주를 해서는 안 되지만, 하나님의 공의를 위하여 이렇게 기도하지 않으면 안 된다.

너를 취하여 네 장막에서 뽑아내며 생존하는 땅에서 네 뿌리를 빼시리로다 (야흐테카 베잇사하카 메오헬 베쉐레쉬카 메에레츠 하임)—사용된 동사들 (하타, 나사흐, 쇠라쉬)은 심겨진 식물을 낚아채어 그 뿌리를 뽑아 죽여 버리는 것을 지시한다. "장막"이나 "생존하는 땅"은 악인이 발을 딛고 사는 터진이다. 아무리 뿌리가 깊이 박혀서 견고하게 보인다 해도 하나님께서 한 번 후- 하고 숨기운을 부시기만 해도 저들은 뿌리 채 뽑혀 말라 버린다 (사 40:24).

6절: 의인이 보고 두려워하며 (베이르우 챠디킴 베이라우)—의인들은 (챠디킴) 졸지에 악인의 파멸에 하나님의 위엄을 느낄 것이다. 진실로 하나님은 살아 계신다는 확신에 더욱 굳게 설 것이다. 여기서 "보고 두려워하다" (베이르우 베이-라우)로 발음이 유사하다. 그리고 자기를 괴롭히던 악인이 무기력하게 넘어지는 것에 믿음의 승리를 체험할 것이다. 이런 경우에도 성도는 쾌재를 부를 것이 아니라, 악은 반드시 망한다는 진리를 보고 자신을 추스리게 된다.

저를 비웃어 (베알라브 이스하후) 말하기를—원문에는 "말하기를"이란 표현이 없지만 보충하여 이해할만하다 (한역, NIV, NRSV, TNK 등). 7절에서 직접화법으로 의인들의 말이 제시되고 있기 때문이다.

이 사람은 (학게베르)—경멸적인 어투이다. 1절에서는 "강포한 자여"라고 불렀다면 여기서는 "이 사람"하고 경멸해 마지않는다. 이는 악인의 신분과 지위 변화를 반영한다. 떵떵거리던 그가 졸지에 이렇게 형편없이 된 이유가 이제 제시된다.

하나님으로 자기 힘을 삼지 아니하고 (힌네 로 야심 엘로힘 마웃조)—초두에 "보라" (힌네)가 위치하여 이제 제시되는 말이 청중들에게 직접 관련이 되는 일임을 부각시킨다. 이렇게 함으로, 이 진술이 이 말씀을 대하는 성도들에게 큰 교훈과 경고가 되어야 함을 제시하고 있다. "힘" (마오즈)은 안전하게 피할 수 있는 "피난처," "요새"를 지시한다. 하나님을 의지하고 사는 사람은 칠전팔기 (七顚八起) 하겠지만, 자기 꾀로 사는 자들은 넘어지면 끝장이다. 이전의 영광과 허세는 졸지에 없어질 것이다.

재물의 풍부함을 의지하며 제 악으로 스스로 든든케 하던 자라 하리로다 (바이베타흐 베로브 아쉬로 야오즈 베하바토)—악인은 신앙의 대상이 성도와 다르다. 악인은 재물이나 자기 소욕 (하바)을 신앙한다면 (바타흐 베), 성도는 하나님의 인자하심을 의지한다 (8절 하반절). 시인은 여기서 악인의 "심한 악" (2, 7절)을 의지하는 삶을 부각시키면서 이렇게 살면 결국 뿌리가 뽑혀서 망한다는 사실을 주지시킨다. 그런데 후반절에서 '제 악으로 스스로 든든케 하던 자' 란 번역은 여러 가지로 달리 번역된다: 1) 자기의 악한 소욕으로 강하여지다 (NASB); 2) 타인을 파멸시킴으로 강하여 지다 (NIV, ELB); 3) 범죄를 통해서 강하여 지다 (NJB); 4) 악행을 통해 승리를 얻다 (LSG); 5) 부에서 피난처를 찾다 (NRSV). 이렇게 다양한 번역이 나타나는 것은 여기 사용된 단어 (하바)가 두 다른 의미를 가질 수 있기 때문이다: (1) 소욕 [잠 10:3], 변덕스러움 (잠 11:6), (2) 파멸 (욥 30:13, 재앙, 위협. 한편 NRSV는 시리아어역이나 탈굼역을 의지하여, 그리고 전반절의 "재물"에 병행되도록 하기 위해, 본문을 약간 변조하여 호노 (그의 재물)라 읽기도 한다 (KB³ 제안).

제3연 (8-9절): 신앙 고백문
8절: 오직 나는 (*바아니*) **하나님의 집에 있는 푸른 감람나무 같음이여 하나님의 인자하심을 영영히 의지하리로다** (*케자잇 라아난 베벳 엘로힘*)—독립인칭대명사를 사용하여 "나"를 악인과 대비시켜 강조하고 있다. "하나님의 집에 있는 푸른 감람나무 같음이여"란 표현은 형통하는 성도의 모습이다 (시 92:13-15, 시 1:3 참조). 감람나무는 사시사철 푸르고, 2년마다 열매를 수세기나 맺으며, 비록 고목(古木)은 죽어도 새순이 자라서 대를 이어 성장한다. 감람나무 열매는 성소에서만 소용된 것이 아니라 (출 29:40, 민 48:5 등), 등잔 기름으로, 화장품으로, 의약품으로, 비누로, 음식으로 다양하게 사용되었으며, 감람유를 수출하기도 하였다 (왕상 5:11 참조; "맑은 기름 이십 석"은 감람유를 지시한다). 성전 경내에 심겨진 감람나무가 이렇게 생산성이 있고, 늘 푸르고 영속적이라는 점은 영적인 교훈을 주기에 충분했다 (O. Keel, *The Symbolism*, 135-36, 354 참조). 그래서 시인은 성도의 형통을 감람나무에 비기고 있다.

하나님의 인자하심을 영영히 의지하리로다 (*바타흐티 베헤세드-엘로힘 올람 바에드*)—악인이 "풍성한 재물을 의지한" 반면, 성도는 "하나님의 인자하심을 의지한다." 하나님은 쇠함이 없으신 우리의 보물 창고이시다. 아니 생명의 원천이시다. 그분을 신뢰하고 신앙하는 자마다 영원히 형통하리라. 시 51편에서 죄를 범한 성도가 회개하면서도 하나님의 인자하심을 의지하였다면, 여기 성도는 악인의 궤사한 혀를 대항하는 무기로 하나님의 인자하심을 의지하였다.

9절: 주께서 이를 행하셨으므로 내가 영영히 주께 감사하고 (*오데카 레올람 키 아시타*)—이것이 찬양의 제목이다. 하나님의 행하신 일은 모두가 우리 성도들의 찬양 제목이다. 시인은 "내가 영영히 주께 감사하리라"고 서원한다. 여기서 "감사하다" (*야다*의 히필형)란 말은 "감사 찬양을 드리다"는 의미이다. 찬양은 이렇게 삶에서 하나님의 선하심을 맛본 자들이 부르는 노래이다.

주의 이름이 선함으로 주의 성도 앞에서 내가 주의 이름을 의지하리이다 (*바악카베 쉼카 키-토브 네게드 하시데카*)—"의지하리라" (*카바*)보다는 "바라다," "앙모하다"를 의미한다. 여기서 "이름"은 하나님 자신이다 (사 26:8, 시 40:2 참조). 어떤 이들은 "성도들 앞에서" (*네게드 하시데카*)란 표현이 여기보다는 "영영히 주께 감사하"리라는 말 다음에 (한역에서는 "앞에") 위치하는 것이 적절하다고 생각한다. 즉, 시인은 주께 찬양하되, 성도들이 모인 가운데서 찬양하리라 결심한다. 한편 TNK는 "당신께서 행동하셨으므로 내가 당신을 영원히 찬양합니다; 당신의 이름이 선하심을 당신의 신실한 자들 앞에서 선포합니다"라 역했다. 그러나 "카바" 동사에 "선포하다"란 의미를 부과함은 (NRSV도) 도에 지나치다. 그런데 이 부분의 영역본들을 살펴보면,

NRSV: "주의 이름을 선포하리이다"

NRSV의 번역은 사용된 동사를 임의로 변조해서 얻었다.
NIV: "나는 당신이 행하신 바를 인하여 영영히 당신을 찬양하리이다;
당신의 이름을 내가 바라는 것은 당신의 이름이 선하기 때문입니다;
나는 당신의 성도들 앞에서 당신을 찬양하리이다."

NIV는 "내가 당신을 찬양하리이다" (오데카)를 원문에는 한 번 나타나지만, 두 번 번역하고 있다. 테잇 (M. E. Tate)은 "바라다" (카바) 동사가 때로는 "외치다," "부르짖다" (to call, cry)란 뉘앙스를 갖는 듯 보인다 (시 19:4, 37:9, 40:2, 욥 17:13)고 지적하고, NRSV처럼 번역 한다 (*Psalms 51-100*, 34 참조). 그렇지만 그가 제시한 참고 구절들은 여호와를 '앙모하다,' '바라다' 란 전통적인 의미가 더 적절하다. 그리고 시 19:4에는 그 동사가 사용된 적이 없다.

시편의 적용

혀를 지키라

네 혀를 악에서 금하며 네 입술을 궤사한 말에서 금할찌어다 악을 버리고 선을 행하며 화평을 찾아 따를지어다 (시 34:13-14). 우리는 악인들의 간사한 혀로 많은 상처를 입는다. 교회에서 문제는 항상 혀를 경솔하게 놀림으로 시작된다. 특히 여인들의 전화나 말 때문에 교회가 어지럽게 된다. 혀를 굳게 지켜서 주님을 찬양하고 기도하는 데 사용하라. 그것이 복받는 비결이다. 하나님은 간사하고 남을 해치는 그런 혀에서 나오는 기도나 찬양을 외면하신다. 그런 자들은 신앙생활을 헛되이 하는 것이다. 시인의 시대나 21세인 오늘이나 혀의 문제는 달라진 것이 없다. 혀가 바로 성령님으로 제어 당할 때 비로소 성령님의 열매가 맺힐 것이다. 어느 교회나, 직장이나 단체에든 간사한 혀를 가진 자들이 있고, 정직하게 행하려는 자들이 있다. 주님을 경외하는 자들은 간사한 혀를 멀리해야 한다. 단체장이나 목사는 이 점을 유념하지 않으면 안 된다. 자기를 위하여 준다고 아첨하고 남을 은밀히 허는 혀를 두둔하다가 큰 낭패를 당하고야 말 것이다.

악인은 잠시는 득세하고 형통하게 되는 듯 보일 수 있다. 그런 자가 그곳에서 견고하게 뿌리를 박은 듯 보일 수도 있다. 그러나 악인이 심겨진 밭이 직장이건, 교회이건 하나님께서 뽑아 멸하실 때가 반드시 온다 (사 40:23-24). 왜냐하면 하나님은 결코 기만당하는 분이 아니신 때문이다. 의인의 기도에 귀를 막는 법이 없다. 성도를 괴롭히는 궤사한 혀를 두신 것은 그 성도를 연단하고 깨어서 기도하도록 하기 위한 목적도 있을 것이다. 어느 곳이건 성도는 주님 뜻대로 행하려 하나 자기를 미워하는 대적자가 있다는 점을 잊지 말자. 항상 주님만을 바라며 주님께서 악인을 제하시는 그때까지 믿음으로 악을 이기자.

시 53편 어리석은 자는 하나님이 없다 하도다

1. 전체구조에서의 위치, 시의 유형과 삶의 자리

시 14편과 병행되지만, 몇 군데서 단어들이 다르다. 이런 차이점들에 대하여는 시 14편 주석에서 언급해 놓았다. 시 51편부터 표제들은 다윗의 생애에서 일어났던 사건들이 시의 내용들임을 제시하고 있다. 그렇다면 본 시편이 말하는 "어리석은 자" (나발)는 "나발"이 될 것이다 (삼상 25:1). 이 사람은 갈렙의 후손으로 마온 (Maon)이란 곳에 살았다. 그곳은 헤브론에서 남동편으로 약 11킬로 지점에 위치하였다. 그는 대단한 부자로 양이 3000 마리, 염소가 1000 마리 등에 이르렀으나 아주 인색하고 행위가 야비하였다. 그러나 그의 부인 아비가일은 아주 총명하고 사려 깊은 여인으로 자기 남편의 무지를 만회시키고 다윗이 피 흘리는 죄에 빠지지 않고도 문제를 해결할 수 있도록 재치를 발휘하였다. 우리는 나발이란 사람의 행위에서 하나님을 인정하지 않고 자기 지혜로 사는 어리석은 바보의 전형을 본다.

2. 시적 구조와 해석

시 14편에서 주석을 참조하고, 여기서는 현저한 차이를 보이는 시 14:5-6과 시 53:5만 언급하고자 한다. 현저한 차이라고 했지만, 자음 혹은 음성이 유사한 글자들로 병행부분이 대체되어있다. 다음에서 차이를 보라:

시 14:5-6	시 53:5
그곳에서 저들은 공포에 사로잡힌다. 왜냐하면 의인들의 무리에 하나님께서 함께 계시기 때문이다 너희들이 경건한 자들 (가난한 자들)의 계획을 좌절시키지만 여호와께서 저들의 피난처가 되신다 14:5 파하두 파하드 키-엘로힘 비도르 챠디크 14:6 아챠트-아니 타비슈 키 야웨 마히세우	그곳에서 저들은 이전에 당한 적이 없는 그런 공포에 사로잡힌다. 왜냐하면 하나님께서 너를 공격하는 자들의 뼈들을 흩어버리시기 때문이다. 네가 저들로 수치를 당케 할 것이다. 왜냐하면 하나님께서 저들을 버리셨기 때문이다. 5 파하두 파하드 로-하야 파하드 키-엘로힘 핏자르 아츠모트 호나크 헤비쇼타 키 엘로힘 메아삼

이 두 본문을 비교해 볼 때, 시 14편이 경건한 자들, 곧 의인들과 악인들을 대조시키면서, 악

인이 하나님을 인하여 얼마나 공포에 사로잡히는지를 묘사한다. 반면 시 53편은 역시 경건한 자들과 악인들의 대조이긴 해도, 경건한 자들이란 직접적인 표현은 없고, 단지 2인칭 단수로 "너"로 제시되고, 악인은 하나님의 버림을 받은 자들로 나타난다. 반면, 시 14편에서는 일반적인 표현으로 악인의 파멸을 묘사한다면, 시 53편에서는 보다 구체적으로, "너를 대적하여 진친 자들"을 하나님께서 파하신다고 하여, 이스라엘을 치러 온 원수를 하나님께서 격파하셨다는 여운을 던진다. 어떤 이는 여기 이스라엘 대하여 진(陣) 친 자들은 산헤립 대군을 가리킨다고도 본다. 여하간 이렇게 볼 때, 세세한 사항에서는 약간 다르다고는 하나 성도와 악인의 대조를 제시한다는 점에서 둘은 동일한 사고를 제시한다. 악인은 하나님께서 대적하시고, 성도는 악인을 이긴다는 진리를 둘 다 제시해준다.

시편의 적용

하나님의 칭호와 선교

시편의 제2권 (시 42-72편)은 하나님을 지칭할 때 "야웨" 보다는 "엘로힘"이란 명칭을 선호한다. 시 14편에서 "야웨"로 나타나는 것을 시 53편에서는 "엘로힘"으로 바꾸었다 (53:2, 4, 5, 6절 등에서 "야웨" 대신 "엘로힘"이 나타난다). 결국 시 14편에서 네 번 "야웨"로 나타나는 것을 시 53편에서는 모두 "엘로힘" (하나님)으로 바꾸었다. 원래 시 14편에 등장하는 세 번의 "엘로힘"은 시 53편에서도 "엘로힘" 그대로 두었다. 왜 이렇게 "야웨"라는 이름대신 "엘로힘"으로 대체하였을까? 통상적으로 이해되기로는, 야웨란 이름은 이스라엘과 언약을 맺으신 언약의 하나님이란 의미를 전달한다면, "엘로힘"은 우리가 말하는 "신"(神)에 해당된다. 창조주시오, 일반 피조물의 섭리자이시다. 시 53편에만 국한시켜 신명(神名)의 문제를 고려한다면 (편의상), 시 14편이 이스라엘인들을 대상으로 하였다면, 시 53편은 의인이 악인을 이긴다는 진리를 보편적으로 모든 인류에게 적용시키고 있다고 할 수 있다. 이는 선교학적인 의의를 지닌다고 할 것이다. 구약 성경을 헬라어로 번역하면서 "야웨"를 "주님" (큐리오스)이란 명칭으로 번역함으로, 모든 사람들이 사용할 수 있는 명칭으로 하나님을 제시함으로 선교적인 효과를 가져온 것과 같은 이치라 할 수 있다. 우리는 왜 제2권의 시편들이 야웨 대신 엘로힘 신명으로 대체하였는지 그 정확한 이유를 확인하기 어렵지만, 그 결과에서는 선교적인 효과를 초래할 수 있었다고 이해할 수 있다.

시 14편과 시 53편

우리는 시 14편이 시 53편에 근거한 것인지 아니면 그 반대인지 확인하기 어렵다. 만약 시 53편이 시 14편에 근거한 것이라 가정한다면 (그럴 가능성이 크다), 시 53편의 편자는 원래 다윗의 시를 자기 시대적 상황에 적용시키면서 신명(神名)을 보다 일반적인 것으로 바꾸고, 단순히 악인을 하나님께서 파하시는 것이 아니라, 보다 역사적인 회상이 가능하도록, "너를 대적하여 진(陣)친 자들"의 뼈를 하나님께서 흩으신다고 하심으로, 자기 당대의 어떤 사건에 개입하신 하나님의 역사를 제시한다. 이렇게 함으로, 보다 일반적인 청중들에게 하나님은 자기 성도를 대적하는 원수를 치시고 보응하시는 분이시라는 확신을 심어주고자 한다. 신약시대를 사는 우리 성도들에게 이러한 적용은 의미가 크다. 왜냐하면 단순히 육신적 유대인에게만 하나님의 도우심이 국한되는 것이 아니라, 그분을 신앙하는 모두 (이방인이건 유대인 신자이건)에게 하나님은 도움이 되신다고 말씀하기 때문이다.

시 54편 하나님은 나의 돕는 자시라

1. 전체구조에서의 위치, 시의 유형과 삶의 자리

3절과 53:1, 2절, 6절과 52:9 등이 사고상 긴밀하게 연결된다. 이 시는 개인 탄식시의 유형을 보인다. 표제에 의하면, 다윗이 사울 왕에게서 피난하던 시절의 사건을 소재로 기술된 시이다. 이스라엘의 시인이었던 다윗은 형통할 때가 아니라, 이렇게 고난당할 때 수많은 시들을 작사하였다. 영적으로 어느 시대에나 이는 해당된다. 불우한 환경과 고난에 처한 성도들이 순전한 마음으로 하나님께 올리는 찬양시를 많이 작시하였다. 불후의 명작들은 이렇게 고난의 늪을 통과하는 때에 나타나기 마련이다. 솔로몬과 같은 부하고 강력한 시대에는 외국과의 문물교류가 빈번하여 고대 근동의 지혜사고들이 여러 곳에 퍼져서 잠언과 같은 지혜문헌이 산출된 것과 대조된다. 고난과 역경의 때에는 하나님 한 분만을 간절히 간구하는 마음을 표현하는 작품이 나타난다면, 번창하는 시대에는 하나님을 향한 간절한 간구보다는 삶의 일반적인 지혜를 요청하기 마련이다.

악인과 의인의 싸움과 후자의 승리를 노래하는 이 시는 주제상 시 53편과 일맥상통하고, "이름"을 강조하는 사고는 (1, 6절) 시 52:8과 유사하다. 이름을 찬양하라는 사고는 삼하 22:50, 왕상 8:33, 35, 사 25:1, 시 7:18, 18:49, 92:2, 99:3, 100:4, 106:47, 140:14, 142:8 등에서 나타난다.

한편 이 시는 유형상 "개인 탄식시"에 속한다고 할 수 있다. 6, 7절에서 감사시의 성격을 드러내는 것 같으나 강포한 자에게서 구원을 호소하는 시의 전체 분위기를 주장할 정도는 못되기 때문이다. 6절은 궁켈이 감사시, 베스트만이 "보도적 찬양시" (declarative praise)라 부른 그런 성격의 것이다.

2. 시적 구조와 해석

사고의 흐름에 따라 세 개의 연으로 구분하겠다.

제1연 (1-2절)은 구원을 요청하는 시인의 간절한 기도이다.
제2연 (3-5절)은 간구의 이유와 승리의 확신,
제3연 (6-7절)은 구원의 승리를 주신 하나님께 감사 등이다.
각 행들은 거의 모두가 동의 병행법으로 구성되었고 구조상으로도 병행법을 이룬 것들이 많다 (1, 2, 3 절).

표제: 현악에 맞춘 노래 (네기노트) — 이 말은 시 55편, 61편, 67편, 76편의 표제로 나타난다. 여기서는 현악기의 곡조를 의미하는 듯 하나, 욥 30:9에서는 "조소하는 노래"라는 의미로 나타난다.

십인이 사울에게 이르러 (베보 핫지핌 바요므루 레쇠울)— "십인들"은 십이란 곳에 거주하던 자들로 "제련업자들"이란 의미도 갖는다. 십은 다윗이 피난 시절에 피난하던 헤브론 남동편 8킬로 지점에 위치한 광야지대였다 (삼상 23:19). 십 사람들은 사울왕의 거처지였던 기브아 (예루살렘 북방 약 5킬로 지점)에 이르러 사울 왕에게 다윗이 숨은 곳을 고자질했다. 이 시는 표제에 따르면 이런 상황을 반영한다.

우리 곳에 숨지 아니하였나이까 (할로 다빗 미스탓테르 임마누) — 이 수사적 질문은 십 사람들이 사울 왕에게 잘 보이고자 다윗을 고발하는 문장이다. "우리와 함께" 혹은 "우리 가운데" 다윗이 숨어 있나이다! 라는 고자질은 자신들을 믿고 숨어있는 다윗을 배반하고 왕의 호의를 얻고자 하는 악독한 행동이다. 삼상 23장의 문맥에서 보면, 사울왕의 아들 왕자 요나단은 오히려 그곳에 다윗을 찾아가 하나님을 신뢰하도록 격려하고 있다 (삼상 23:16). 십인들의 모습과는 너무나 극명하게 대조되는 행동이다. 선을 위해 용기 있는 왕자의 모습이나 악인의 호의를 사고자 고자질하고 배반(背叛)하는 십인들의 모습은 예나 지금이나 찾아보기 어렵지 않다.

이 시의 주체를 표제대로 다윗이라 가정한다면, 다윗이 사울 왕에게 무고하게 핍박을 당하고 쫓기는 모습에서 우리는 신약 성도들의 고난과 비교할 수 있지만, 다윗의 고난이 인격의 단련을 위한 하나님의 섭리에 기인된 것이라면, 신약 성도들의 고난의 대부분도 그런 성격의 것일 수 있다. 그렇지만, 신약 성도들 가운데서 복음 때문에 고난을 당한다면, 그런 고난은 다윗의 고난이라기보다, 선지자들의 고난 (예컨대, 예레미야나 에스겔 등)에 비견될 것이다.

제1연 (1-2절): 구원을 요청하는 시인의 간절한 기도

1절: 하나님이여 주의 이름으로 나를 구원하시고 (엘로힘 베쉼카 호쉬에니)—하나님의 이름은 의지하고 신뢰할 대상이다 (사 50:10). 그것은 그분의 이름이 구원할 수 있기 때문이다. 이름을 부름으로 성도는 그분과 교통하고 (창 4:26, 12:8, 13:4, 21:33, 시 63:4, 75:1, 80:18, 105:1, 116:4, 13, 17 등), 그분의 구원을 간구할 수 있다. 그런데 "주의 이름"은 여기서 후반절에 비추어 볼 때, 성도를 구원하시는 그분의 성품, 혹은 세상에 자신을 드러내시는 그 능력을 지시한다. "당신의 이름으로 구원하다"란 표현은 여기서만 나타난다. "주의 이름"은 주의 명성(名聲)이란 의미도 있고, 동시에 "그분 자신"(Yahweh in person, Yahweh in splendor)을 지시할 수도 있다. 무엇보다 주의 이름은 그분의 성품을 지시한다. 곧 그분을 체험한 성도들에게는 각기 다른 이름으로 불릴 수 있다. 예컨대, 거룩하신 하나님을 체험했던 이사야는 그분을 "이스라엘의 거룩하신 자"라 불렀다 (사 5:24, 10:20, 12:6, 17:7, 29:19, 23, 30:11, 12, 15, 31:1, 45:11, 48:17 등). 치료를 경험한 이는 "여호와 로페" (출 15:26)라 부를 것이다.

주의 힘으로 나를 판단하소서 (-우비그부라테카 테디네니)— "당신의 권능있는 행위로 나를 신원하소서!" 여기서 '판단하다'(딘)란 "변호하다"(vindicate)란 의미로 이해 된다. 이 성도는 하나님의 구원, 곧 그분의 변호를 받아야 할 처지에 있다. 단순히 말의 변호가 아니라 하나님의 "힘"으로 이 성도를 공격하고 멸하려고 하는 자를 치심으로 이 성도의 의로움을 변호해 주셔야 한다.

2절: 하나님이여 내 기도를 들으시며/ 내 입의 말에 귀를 기울이소서 (엘로힘 쉐마아 테필라티 하아지나 레이므레-피)—전형적인 동의 병행법이다. 전반절의 "내 기도"(테필라티)는 후반절에서 "내 입의 말"(이므레-피)에 병행된다. 전.후반절이 각기 3개의 박자를 가지도록 의도적인 배열이다. 즉, "하나님이여"는 전반절에서만 나타나고, 전반절에서 한 단어로 된 목적어를 (테필라티) 후반절에서는 두 개의 단어로 (이므레 피) 분리시켜 배치함으로 세 개의 박자를 얻고 있다 ('균형을 잡아주는 변형태' [ballast variant]). 이 성도는 기도하면 문제가 해결되는 줄 체험적으로 알기에 위험 가운데서 기도한다.

제2연 (3-5절): 간구의 이유와 승리의 확신

3절: 외인이 일어나 나를 치며 (키 자림 카무 알라이)— "외인들"(자림)은 후반절에서 "강포한 자들"(아리침)로 구체화된다. 외인은 이방인, 낯선 사람, 원수를 지시하며, 강포한 자란 "대적"(챠르), "악인"(라솨), "교만한 자" 등과 동의어로 "압제자"를 의미한다 (욥 6:23, 27:13, 시 86:14 등). 이 문장과 흡사한 문장이 시 86:14에서 나타난다 ("외인들" [자림] 대신 "교만한 자들"[제딤]이, "강포한 자들" 대신 "강포한 자들의 무리"가, "하나님을" 대신 "당신을" [자기 앞에 두지 않는대로 읽는다).

강포한 자들이 내 생명을 수색하며 (베아리침 비크슈 나프쉬)— 번역은 사울왕의 무리들이 은신한 다윗을 수색하는 모습을 연상시켜주며, 사용된 문장은 "생명을 찾아 노린다"는 뉴앙스를 갖는다 (출 4:19, 삼상 20:1, 22:23, 23:15, 25:29, 삼하 4:8, 16:11 등). 죽느냐? 사느냐? 의 숨 막히는 긴장이 여기 내포되어있다.

하나님을 자기 앞에 두지 아니 하였음이니이다 (로 사무 엘로힘 레네게담)—이 사람들은 지식적으로 하나님을 알지 모르나 실제 삶에서는 하나님을 안중에 두지 않는다. 실천적 무신론자들이다. 마치 시 53편의 바보처럼 마음에 "하나님이 없다" 하는 자나 마찬가지이다.

4절: 하나님은 나의 돕는 자시라 (힌네 엘로힘 오제르 리)— "보라" (힌네)가 초두에 위치하고 있다. 시인은 위험의 와중에서도 하나님에 대한 신앙의 역동적 기운을 발휘하고 있다. 때로 신앙인은 역경 중에 기운을 상실하고 믿음의 좌절을 경험할 때도 있다. 이른바 영혼의 깊은 밤을 통과하기도 한다. 그렇지만 신앙은 역경 중에 발군의 힘을 발휘한다. 다윗의 경우는 요나단의 방문과 그의 신앙적 격려로 크게 힘을 얻었을 터였다 (삼상 23:16). 어떤 환경에서나 어떤 경우에서나 신앙인은 하나님은 "나를 돕는 자"시란 점을 잊지 말자.

주께서 내 생명을 붙드는 자와 함께 하시나이다 (아도나이 베쏘므케 나프쉬)— "주님은 나의 생명을 붙는 자들 중에 계신다." 전반절과 병행이므로, 이 구절은 하나님께서 그의 구원자란 의미이다. 사용된 표현 (쏘므케)은 무엇인가를 공급하여 생명을 새롭게 소생시키고 힘을 공급하는 것을 의미한다 (아 2:5). "애굽을 붙들어 주는 자들" (겔 30:6)이란 표현에서도 나타나는 데, 애굽에 무기나 양식을 공급함으로 저들이 지탱할 수 있도록 원조를 제공하는 자들이다. 하나님은 성도가 위기를 당하여 믿음과 기력이 쇠하여질 때, 새로운 용기와 힘을 공급하시어 그 위험을 능히 극복할 수 있도록 하시는 이시다. 기운이 너무나 쇠약해져서 사망의 문에 선 느낌을 받을 때도 우리는 담대하게 이 구절을 외칠 수 있다. 이것이 신앙이다.

5절: 내 원수에게 악으로 갚으시리니 (야쉬브 하라아 레쇼르라이)—나의 대적자 (쇼레르)를 하나님은 반드시 멸하실 것이다. 왜 이런 확신을 가질 수 있는가? 하면, 시인은 원수와 달리 하나님을 의지하는 자인 때문이다. 하나님을 안중에 두지도 아니하고 성도의 생명을 해코자 하는 자를 하나님은 멸하신다. 여기서 "악" (라아)은 재앙이다. 그런데 여기 사용된 "원수"라는 말 (쇼레르)의 어원적 의미를 따진다면, "주목하다" (슈르)의 '포엘' 분사형으로, (악의를 가지고) 주목하는 사람 이비인시 ᄇ튼나 (KB, s.v. 시 매ᄃ 짐ᄄ.

주의 성실하심으로 저희를 멸하소서 (바아미테카 하츠미템) —여기서 "주의 성실하심" (에메트)은 주의 인자하심 (헤세드)과 같은 말이다 (시 26:3). 그분은 자기의 언약백성에게 사랑을 나타내신다. 그 한 가지 표시는 성도를 해코자 하는 자를 하나님은 대적하시고 멸하신다는 것이다. 다윗과 사울의 경우에, 둘 다 하나님의 언약백성이긴 해도, 현세에서 저들의 성공과 실패는 상당한 대조를 이룬다. 사울이 참 언약백성이었다면, 그의 비극적 죽음이 영원한 유기 (遺棄)를 의미하는 것은 아니다. 여기서 중요한 요점은 이 세상의 행복과 불행은 언약백성의 행위 여하에 따라 성공과 실패, 축복과 저주로 달라진다는 점이다. 하나님은 자기 백성과 맺은 언약에 근거하여 자기 성도를 보호하실 책임과 의무를 가지신다. 시인은 여기에 근거하여 구원을 요청한다. 성도의 구원은 성도를 괴롭히는 자의 멸망으로 나타난다.

제3연 (6-7절): 구원의 승리를 주신 하나님께 감사

6절: 내가 낙헌제로 주께 제사하리이다 (빈다바 에즈베하-라크) —낙헌제란 "자원제" (a freewill offering)를 지시한다. 이는 감사제의 일종이지만, 특별한 감사제목이 있어서가 아니라, 마음에 감동을 받아서 자원해서 바치는 경우에 해당 된다 (출 35장에서 성막 건축을 위한 자원제 참조). 또한 무엇을 서원하고 드리는 서원제와도 구분된다. 그렇지만 이런 감사제, 서원제, 자원제는 모두 화목제사로 번제와는 달리 경배자가 가족, 친지들과 함께 제물의 고기를 나누어 먹으며 교제를 나눌 수 있다.

주의 이름에 감사하오리니 주의 이름이 선하심이니이다 (오데 심카 야웨 키 토브)— "당신의 이름을 찬양하리이다." 전반절에 비추어, 이는 단순한 찬양의 감사만 아니라, 제물을 동반한 감사 찬양을 의미할 것이다. 제사를 드리면서 이스라엘인들은 하나님께 찬양하고 기도를 올렸다. 찬양의 이유는 그분의 이름이 선하시기 때문이다. 곧 그분이 선하시기 때문이다. 이는 언약 백성을 구원하셨기 때문이다 (7절 참조).

7절: 모든 환난에서 나를 건지시고 (키 미콜-차라 힛칠라니)—모든 환난 (콜-챠라)은 나의 입지를 좁게 만드는 모든 역경이다. 나를 사면초가 (四面楚歌), 설상가상 (雪上加霜)의 상황에서 이끌어 내시고, 넓은 반석 위에 세우신다. 이 진술은 다윗이 사울에게 던진 말을 상기시켜 준다 (삼상 26:24). "구원"이 왜 있는가 하니, "환난"이 있기 때문이다. 애굽에서의 구원은 애굽에서의 종살이가 있었기 때문에 나타났다. 하나님께서 구원자이신 것은 자기 백성들이 환난에 처한다는 것을 전제한다. 그러므로 우리는 환난 중에서도 낙심할 이유가 없다. 사형선고를 받은 자리에서도 하나님을 의지할 때 우리는 궁극적인 구원을 체험한다.

내 원수가 보응 받는 것을 나로 목도케 하셨나이다 (우브오예바이 라아타 에니)— "내 두 눈이 내 원수들을 바라보았나이다." 의미가 통하도록 한역은 "보응 받는 것을"이란 말을 보충해서 번역했다. 이 표현은 앞 절에서 표현된 대로 하나님의 구원을 전제로 한 것이므로, 원수가 파멸 당하는 모습을 본다고 이해할 수 있다. 신앙은 궁극적으로 승리한다.

시편의 적용

하나님을 자기 앞에 두지 아니하는 자 (3절)

인류의 모든 비극과 악은 여기서 출발하였다. 하나님을 의존하는 대신 자신이 하나님이 되고자 한 교만한 인생, 하나님께 버림을 받고 피조물을 하나님으로 섬기는 무지한 인생들, 창조주 하나님을 배격하고 세상의 기원을 우연의 산물로 돌리는 과학자들, 인생의 의미를 알지 못하고 왜 살며, 어디서 와서 어디로 가는지를 알지 못하는 인생들이 오늘날도 세상에 가득하다. 이들이 모두다 악행을 자행하는 것은 아니다. 천성적 성품이 좋거나 도덕적 수양을 쌓아 성인군자다운 사람들도 다수이다. 그렇지만 그 성품의 차이는 있을망정 저들은 모두 하나님을 대적하는 자들이다. 저들은 또한 성도들을 대적하는 자들이다. 그런데 여기 시편에서 거론 중인 악인은 하나님을 알되 실제 삶에서 하나님을 경외치 않는 자들이다. 이런 자들과 우리가 대하는 불신자들과는 상당한 차이가 있긴 하다. 시인의 상황에서 저들은 하나님이 심판의 대상이듯, 오늘날 불신자들 역시 교회를 대적하건 아니 하건 하나님의 원수로 심판의 대상이다. 시인은 저들에게서 구원과 변호를 간청했다면, 오늘날 우리 성도들은 불신자들의 영혼 구원을 위해 간구해야 한다. 저들을 향한 우리의 책임이 강조되어야 한다. 물론 극악하게 하나님을 대적하며 성도들을 핍박하는 공산무신론자들의 치하에서 탄식하며 간구하는 성도들의 기도는 우리들의 그것과 판이하게 달라서, 공산주의자들의 손에서 구원하여 주시고, 저들을 파멸시켜 주시라는 것일 것이다.

하나님은 나의 돕는 자시라 (4절)

오 그래디는 1995년 29세의 F-16C 미 공군 조종사로 보스니아 상공을 순찰하는 도중 세르비아 군이 쏜 지대공 미사일을 맞고 적진에 추락했다. 그는 낙하산을 펴고 지상에 안전하게 착륙하긴 했지만, 세브비아 군이 그를 수색하기 위해 수분 이내로 그의 착륙지점으로 다가왔고, 3미터 근방까지 다가와서 소총을 마구 쏘아대었지만, 저들은 끝내 오 그래디를 발견하지 못했다. 그는 6일 만에 구조대에 의해서 무사히 구조되었는데, 아비아노 공군기지에서 자기 동료들 앞에 서서 눈물을 흘리며 "하나님의 사랑과 나의 그분에 대한 사랑이 없었다면 나는 견뎌내지 못했을 것이다. 나를 구원해 주신 분은 하나님이며 나는 진심으로 그것을 안다"라고 고백하였다. 그는 덤불 숲 속에서 얼굴을 땅에 박고 누워있었으며 자기 두 귀를 끝이 녹색으로 만들어진 장갑을 낀 두 손으로 막아서 주변의 식물과 구분이 안 되도록 했다고 했다. 나중 그가 귀국하여 앤드류 공군기지에 도착했을 때, 전국에 그의 모습이 생방송 되었다. 그 때 오 그래디는 환영사에 대한 답을 하면서, "여러분이 알다시피 내가 여기 살아 온 것은 하나님께서 나를 보호해 주셨기 때문이다. 여러분은 나를 위해 기도해 주셨다"고 하였다. 신앙인에게 위기는 이렇게 하나님의 도우심을 체험하는 기회가 된다.

모든 환난에서 니를 건지시고 (7절)

환난은 시시각각 신. 불신자를 무론하고 찾아온다. 그러나 성도에게 환난은 하나님을 체험하는 기회가 되고, 내 신앙이 한 단계 올라가는 계단이 된다. 불신자는 환난 중에 혹시 이기고 일어선다 하지만, 한 순간의 위험을 넘겼다고 저들에게 무슨 영혼의 변화가 있을 것인가? 불신자라도 환난 중에 하나님을 찾음으로 구원에 이르는 자들도 있다. 그렇다면 환난을 반드시 나쁘다고 할 수 없다. 우리 영혼에게는 더할 나위 없는 기회가 아닌가? 그렇지만 우리는 하나님의 궁극적인 뜻은 우리가 신앙에 장성하여 그리스도의 분량에까지 자라는 것이므로, 환난 자체에 의미가 있는 것은 아니다. 목적을 위한 훈련의 수단일 뿐이다. 이것을 알고 환난을 극복하자.

내 원수가 보응 받는 것을 나로 목도케 하셨나이다 (7절)

신앙은 반드시 입증되고 변호 받고, 승리한다. 이 세상에는 믿음의 눈으로 바라 볼 때 이해하기 어려운 일들이 전연 없는 것은 아니다. 그렇지만 우리가 믿는 하나님은 성경의 약속대로 자기 성도들을 결코 버리시지 않으시며 건지시고 사랑하시며 자기의 인자하심을 따라 도우신다. 역경 중에서도 끝까지 우리는 믿음을 버리지 말아야 한다. 신앙과 현실에 괴리가 생길 경우 우리는 하나님께 온전히 자신을 맡겨 버려야 한다. 그리고 그분의 선하신 뜻을 발견해야 한다. 신앙에 실패한다면 우리가 어디로 갈 것인가?

시 55편 네 짐을 여호와께 맡겨 버리라

I. 전체구조에서의 위치, 시의 유형과 삶의 자리

시 54편의 1, 2절이나 본 시편의 1, 2편은 대동소이하다. 그리고 역사적 언급을 제하면 표제도 같다. 보통 개인 탄식시로 분류된다. 원수들의 핍박과 친구의 배반에 처한 시인은 고통과 환난 중에 탄식하여 마지않는다. 그는 믿음의 자리에서 잠시 떠나 공포에 사로잡히기도 한다. 그를 멸하고자 하는 악인들이 모습을 묘사하고 저들에게 하나님의 저주를 선고한다. 시인은 이러한 감정과 신앙에서의 격랑의 파도를 거친 후에 마침내 하나님께서 그를 구속하시고 평안함을 주시리라 확신한다. 여기 시에서 우리는 다윗이 원수들에게 생명의 위협을 당하고, 친구들에게 배반당하는 모습을 상기하게 된다 (광야로 도망하고 싶은 모습, 6, 7절 참조). 다윗 왕이 신뢰하던 사람들에게 반역을 당했을 때의 심정을 노래한 것인지 모른다. 이 시에서 우리는 우리 주님께서 원수들에게 핍박과 조소를 당하시고, 제자들에게서까지 배반을 당하시고 하나님만 의지하는 모습을 볼 수도 있을 것이다.

시인은 자신의 곤고한 처지를 탄식하고 부르짖는데서 머물지 않고 한 걸음 더 나아가 주께서 자신을 건지실 것을 바라보며 구원의 확신을 표명하기도 한다 (16-19, 23절). 그리고 22절에서는 더욱 강력한 확신과 권면의 말까지 표명하고 있다.

이 시를 다윗의 정황에서 해석하고자 한다면, 다윗의 어떤 정황을 반영하는 것일까? 델리취는 이 시가 노래하는 구약의 가룟 유다는 다름 아닌 압살롬의 반역 때, 다윗을 배반하고 압살롬 편에 붙었던 아히도벨을 (삼하 15:12, 31) 지시한다고 가정한다. 이렇게 가정하는 델리취는 그런 면에서 이 시는 시 41편과 유사한 정황을 반영한다고 이해한다. 두 시는 모두 압살롬의 반역의 형성기 4년간을 반영하는데, 이 시는 특히 압살롬이 자신의 도모를 너무나 확신한 나머지 공공연히 자기의 반역 시도를 암시하던 시기, 곧 반역 형성의 말기를 반영하며, 다윗은 반역의 초기나 그것이 진행되는 시기에 아무런 조처도 없이 다만 기도의 무기로만 저들의 악행을 대항하는 소극적인 조처를 취했다 한다. 어떤 이는 이런 가정은 삼하 15:31에 제시된 다윗의 기도와 ("아히도벨의 모략을 어리석게 하옵소서!") 이 시의 어조(語調)가 잘 맞지 않는다고 이의를 제기한다. 또한 삼하 15:30에 의하면, 다윗은 아히도벨이 압살롬에 합류한 사실을 예루살렘을 떠나 도피하는 중에야 알게 되었다고 하지만, 이 시에서는 시인이 성중에 있다고 가정한다. 그래서 어떤 이들은 6-7절이 렘 9:1-2의 사고와 흡사하다고 이해하여, 이 시를 예레미야의 것이 아닌가? 하고 추정하기도 한다. 그럴 경우, 예레미야를 배반한 친구는 선지자를 때리고 차꼬에 채운 바스훌 (렘 20:1-6)일 것이다.

한편 현대 비평가들은 이 시의 정황에 대하여 여러 가지 견해를 피력하는 바, 모빙켈은 (*PIW*, I, 219) 이 시에서 "나"는 왕이나 나라의 지도자로서 이스라엘을 대표한다고 이해하면서 이 시를 공동체 탄식시로 본다. 이튼 역시 (*Kingship*, 74-75) 유사하게 이해한다. 반면 다훗은 이 시가 이방인 도시에 거하는 이스라엘인의 노래라고 이해한다. 12-14절에 묘사된 배반자는 배교한 유대인으로 한 때 자기와 같이 예루살렘 성소에 예배 차 갔던 자라 한다. 이런 가정이 옳다면 시 42편에 제시된 시인의 정황과 유사한 삶의 정황을 이 시가 가질 것이다. 그런데 크라우스는 표제가 제시하는 대로 한 개인의 기도시이며 이전 친구의 배반으로 (12-14, 20-21절) 시인이 당하게 된 여러 곤경을 인하여 부르짖는다고 한다. 이렇게 이 시의 정황에 대하여 다양한 의견이 분출되는 것은 시의 표제를 후대의 첨가로 보는 현대 해석자들에게 당연한 일이다.

2. 시적 구조와 해석

사고의 흐름이 명확하게 구분되기 어렵다. 그래서 어떤 이들은 현재 있는 본문을 새롭게 배열하여 재구성하고자 한다. 예컨대, 9하-14절, 20-22절을 시인의 원수에 대한 묘사로 함께 묶고자 하는 시도 같은 것이다. 예컨대, 여호와께 호소함 (1-9 초반), 분노하여 탄식함 (9 후반-14, 20-22절), 구원을 간구함 (15, 16-19절), 최종적 진술 (23절) 등으로 절의 재배열하기도 한다. 그러나 현재 본문을 자신의 사고에 맞추고자 하는 것은 용납되기 어렵다. 저마다 달리 배치할 때 어떤 것이 맞다고 말할 자가 누구인가? 우리의 구조 분석은 아래 해석 부분에서 삼소.

제1연 (1-3절): 도움을 간구함

여기 시인이 고발하는 악독한 원수들은 오늘날 정치 직장, 경제 직장, 혹은 여타 현실에서 방식은 달라도 얼마든지 재현되어 성도들을 괴롭힐 수 있다. 시인의 부르짖음은 곤고와 역경 중에서 나타난 것이며, 그의 고난은 22절에서 선포된 것과 같은 진주알 같은 영적 진리를 배태(胚胎)케 하였다. 이 연에서 시인은 처절하게 부르짖고 있다. 이 부르짖음에 이어 자신의 곤고한 정황도 묘사된다 (2연).

1절: 내 기도에 귀를 기울이시고 (*하아지나 테필라티*)— 이 표현은 자주 "내게 굽히사" (*하크쉬바 리*, 2절)와 짝이 되어 나타난다 (시 17:1, 86:6 등). 그런데 때로는 두 표현에 사용된 말들이 약간 변형되어 함께 관용어구로 나타난다 ("당신의 귀를 당신 종의 기도에 기울이소서": *오즈네카-캇쉐베트 엘-테필라트 아브데카*). "내게 굽히사"란 표현은 "주목하다" (to pay attention)라고 번역될 수 있다. 여하간 이 표현은 하나님을 인간처럼 묘사하고 있다 (의인법 anthropomorphism).

내가 간구할 때에 숨지 마소서 (*베알-티트알람 밋테힌나티*)— "내 간구에 자신을 숨기지 마소서." 자신의 애절한 간구를 외면치 말아달라는 기도이다.

2절: 내게 굽히사 응답하소서 (하크쉬바 리 바아네니)— "내게 주목하사" 응답하소서. 이렇게 1절 전반부에는 세 개의 콜론이 동의 병행법을 이루고 있다. 각기 다른 표현들을 사용하고 있긴 하나, 내용은 대동소이하다: 내 기도에 속히 응답하소서. 이렇게 부르짖을 때, 시인들은 응답을 체험하였다 (시 34:5).

내가 근심으로 편치 못하여 탄식하오니 (아리드 베시히 베아히마)— 육신적으로 병을 앓는 것은 아니지만 (욥 7:13과 달리), 이 시인은 원수들의 압제와 친구들의 배반으로 정신적인 고통이 짓누르는 중압감을 이기지 못해 평안을 상실하고 있다. 이런 상태에서 두려움 때문에 탄식이 터져 나오고 있다. "탄식하다" (훔의 사역형)은 미 2:12에서 보듯 사람들이 들을 수 있는 큰 소리를 내는 경우도 해당된다.

이는 원수의 소리와 악인의 압제의 연고라 (믹콜 오예브 미페네 아카트 라쇠아)—시인이 어찌하여 평안치 못하고 탄식하는가? 원수의 소리 곧 "비방하고 후욕하는 소리" 때문이다 (시 44:16). 원수의 위협 앞에서 성도는 크게 낙심할 수 있다. 그런데 "압제의 연고라"는 부분은 다양하게 번역된다:

"악인의 쨰려보는 것 때문에" (NIV);

"악인의 떠드는 소리 때문에" (NAB, NRSV, NEB 등);

"악인의 압제의 연고라" (한역, 70인역, KJV, TNK, NASB, LSG, ELB).

이렇게 번역이 다양하다는 사실은 이 부분에 대한 정확한 이해가 어렵다는 말이다. 사정이 이러한 것은 여기 사용된 "아카"란 단어가 구약에서 여기서만 나타나는 단어인 때문이다 (hapax legomenon). 그래서 통상 유가릿어나 아랍어, 아람어 등의 유사어의 의미에 비추어 의미를 추정할 수밖에 없다. 아람어에 비추어 추정하면 "압제"란 의미가 가능하다. 70인역이 그렇게 이해했다 (뜰립시스, oppression, affliction).

죄악으로 내게 더하며 노하여 나를 핍박하나이다 (키-야미투 알라이 아벤 우베아프 이스테무니)— "곤경을 내게 가져오며, 노하여 내게 적대행위를 하나이다." "죄악" (아벤)은 여기서 "곤경"으로 이해할 수 있다 (KB³는 '재앙, 죄, 불의, 기만, 無., 거짓된 우상 종교' 등으로 정의한다). 원수들은 이 성도를 더욱 '곤경'에 몰아넣는다. 그런데 전반절에 사용된 동사 (모트의 사역형)는 기본적으로 '비틀거리다'이므로 사역형에서 의미는 "비틀거리게 하다"가 될 것이지만 ("곤경으로 나를 비틀거리게 하다"), "(곤경을) 가져오다" 정도로 이해한다 (NIV). 악인들은 또한 화를 발하며 성도를 극렬하게 대적한다. "핍박하다" (사탐)란 말은 "–에게 적대적인" (to be enmity at with)을 의미하는 동사 (사탄)와 의미가 같은 말이다. 따라서 "분노하여 내게 적대행위를 하나이다"로 이해한다 (NRSV, ELB). NJB "노하여 나를 대적하여 기소한다" (in their anger bring hostile accusations against me); LSG "분노하여 나를 추격하나이다" (Et me poursuivent avec colère)라고 번역한다. 적대 행위는 단순히 미워하는 행동 (KJV) 혹은 죽이려 추격 (LSG), 혹은 말로 비방

(NJB, NIV), 핍박 (NAB, 한역) 등 여러 모습으로 나타날 수 있을 것이다.

제2연 (4-8절: 1인칭으로 시인 자신의 상태를 묘사함

4절: 내 속에서 심히 아파하며 (립비 야힐 베키르비)—해산할 때 몸을 뒤틀 듯, 이 성도는 심령의 괴로움을 인하여 심령이 발버둥치고 있다.

사망의 위험이 내게 미쳤도다 (베에못 마펫 나플루 알라이)—이 세상에는 여러 가지 위험과 공포가 있겠으나 (왕의 공포, 잠 20:2; 어둠의 공포, 창 15:12) "사망의 위험" (에모트 마펫) 혹은 사망의 공포보다 더 무서운 것이 있을까? 인간은 사망 앞에선 벌벌 떨기 마련이다 (히 2:14, 15).

5절: 두려움과 떨림이 내게 이르고 황공함이 나를 덮었도다 (이르아 바라아드 야보 비 밧테캇세니 팔라츄트) —두려움과 전율, 떨림 등은 하나같이 사망의 위험에 노출된 시인을 엄습하고 있다. 이러한 단어들의 조합은 시 2:11에서 주님을 "경외함"과 "떪"으로 나타난다. 그렇지만 여기 문맥은 시 2편과 서로 대조된다. 여기서는 사망의 위험 하에서 소망 없이 두려워하며 전율하는 것이라면, 시 2편에서 하나님을 두려워하고 그분 앞에서 떠는 일은 인간이 마땅히 그러해야 할 당위의 자세이다. 따라서 여기 시인의 자세는 성도의 위치를 상실한 것이다. 한편 "황공함"은 "공포" (팔라츄트)를 의미한다.

6절: 비둘기 같이 날개가 있으면 날아가서 편히 쉬리로다 (바오마르 미-잇텐-리 에베르 카요나 아우파 베에쉬코나)— "누가 내게 비둘기 같은 날개를 줄 수 있다면." 순전히 가정법으로 현실을 도피하고픈 생각이다. 그렇지만 이런 가정법이 무슨 소용이 있을 것인가? "날아가서 편히 쉬리로다"는 "날아가서 '거하겠다'" (쇠칸)의 의미이지만, 여기서는 모든 공포와 두려움에서 해방되어 평안과 쉼을 얻고 싶다는 소망의 표현이다. 비둘기는 "깊은 골짜기 어귀에 깃들이는" 것으로 제시되므로 (렘 48:28), 아무도 해할 수 없는 그런 한적한 곳에서 평안히 쉼을 얻고 싶은 것이 시인의 심정이다.

7절: 내가 멀리 날아가서 광야에 거하리로다 (힌네 아르히크 네도드 알린 밤미드바르)—초두에 "보라!" (힌네)라는 불변사가 위치하여, 시인의 초급한 심정을 제시하고 있다. 앞에서 "날아가고 싶다"고 하였지만, 여기서 시인은 "도망가서, 멀리 옮겨서 광야에 살고 싶다"라고 말한다. 광야에 가서 차라리 야영(野營)생활을 할지언정 멀리 도피하고 싶다. 실제로 다윗은 광야에서 도피 생활을 오래 하였다. 그는 유년기에 광야에서 양을 쳤고 (삼상 17:28), 사울을 피하여는 십 광야에 거하거나 (삼상 23:14), 마온 광야의 바위에 숨었고 (삼상 23:25), 또한 엔게디 광야에 도피하기도 (삼상 24:1) 하였다. 우리나라로 치자면, 태백산맥 혹은 소백산맥 같은 험산 준령에 숨었다는 말이다. 한편, "멀리 날아가서" (아르히크 네돗)란 표현에서, 정동사(定動詞) 다음에 어근이 다른 동사의 연계형 부정사 (inf. construct)가 사용되었다. 이 경우 부정사는 동명사 (gerund)와 같이 "도망감으로" (by fleeing)란 의미가 되어 정동사 "멀리 옮기고 싶다"를 수식해준다. 즉, "도망가서, 멀리 옮기고 싶다."

8절: 내가 피난처에 속히 가서 폭풍과 광풍을 피하리라 하였도다 (아히샤 미플라트 리 메루아흐 소아 밋사아르)—여기서 피난처는 급작스런 폭풍이나 광풍에서 도피하여 안전하게 구원을 누릴 수 있는 곳이다. 이 폭풍이나 광풍 혹은 회리바람은 폭우나 우박덩이를 동반한다. 이런 자연의 위협에서 안전하게 대피할 수 있는 처소가 있듯, 내 생명을 위협하는 원수의 위험에서 도피하고 안전을 찾고 싶다. 그런데 여기 "폭풍" (루아흐 소아)이란 표현에서, "바람" (루아흐)이란 말의 의미는 확실하나 그것을 수식하는 말 (소아)은 여기서만 나타나므로 의미가 확실치 않다. 70인역은 이런 불확실성을 보여준다: 올리고프시우키아 (심약함, 나약함, 마음의 낙담). 그렇지만, 병행구나, 수식되는 말 (바람) 혹은 시리아어 등에 비추어 볼 때, "맹위를 떨치는," "급작스레 일어나는" 정도로 파악할 수 있을 것이다.

제3연 (9-15절): 원수의 행패와 그에 대한 심판을 요청함

비록 이 시를 개인 탄식시로 보통 이해하지만, 묘사된 상황들은 도성이 혼란의 와중에 있고, 도성의 수호천사들 대신 폭력, 분쟁, 악행, 곤란, 파멸, 학대, 사기 등이 판을 치고 있다. 이런 현상은 18, 20절에 비추어 볼 때, 반란군대의 침공으로 야기되었지 않나 추정된다. 공동체의 고통이 개인의 입을 통해 표현되는 것은 아닐까? (J. H. Eaton, *Kingship and Psalms*, 74).

9절: 내가 성내에서 강포와 분쟁을 보았사오니 주여 저희를 멸하소서 저희 혀를 나누소서 (발라아 아도나이 팔라그 레쇼남 키 라이티 하마스 베리브 바이르) — "주여, (저들을) 혼동케 하시고, 저들의 말을 혼란케 하소서; 내가 성내에서 강포와 분쟁을 보았기 때문입니다." 원문에서 볼 때, 원수에 대한 저주 ("멸하소서!")의 이유는 뒤에 나온다. 원수들이 "그 성" 중에 들어와 (예루살렘) 폭력과 난장판을 벌이고 있다. 여기서 "강포" (하마스)는 불의한 방식으로 자행되는 폭력행위라면, 분쟁 (리브)은 싸움질이다 (창 13:7 참조). 분쟁은 주로 "언쟁"이지만, 여기 문맥에서는 그보다 심한 행동 같다. 하박국은 "강포, 간악, 패역, 겁탈, 변론, 분쟁"이 자행되는 시대를 고발했다 (1:3). 율법준수가 해이해지고, 공의가 사라지고 대신 불의와 폭력과 패역이 사회에 난무하게 된 것은 성도를 박해하는 불의한 자들이 득세한 때문이다.

한편 "저희를 멸하소서" (발라)란 (한역, KJV, LSG [réduis à néant]) 말은 "혼란에 빠뜨리소서"로 번역해야 한다(NRSV, TNK, NASB, ELB). 이렇게 의미상 차이가 나는 것은 적어도 세 개의 동음이의어(同音異議語)가 있기 때문이다: 1) 멸하다 (사 25:7-8, 시 21:10, 잠 21:20 등; LXX, KJV, 한역) 2) 선언하다 (잠 19:28) 3) 혼란시키다 (사 3:12, 19:3). 여기서는 문맥상 "혼란시키다"란 의미로 보아야 한다. 그런데 이 동사는 목적어가 없이 등장하므로, "악인"을 목적어로 보충하거나 (NIV), 뒤에 나오는 동사의 목적어 (저희 '혀'를 나누소서)를 이 동사의 목적어로 취한다: "그들의 말을 혼동케 하시고, 그것을 혼란케 하소서." 그리고 "저희 혀를 나누소서"란 표현은 여기서만 나타나지만, 의미 추정은 바벨탑 사건에 비추어 (창 11장) "저들의 말을 혼란시키소서"로 이해한다. 저들로 자중지란(自中之亂)에 빠지게 해 주시라는 기도이다. 이런 저주가 원수들에게 내려야 할 이유는 앞에서 제시된 대로, 저들이 성내(城內)에 분쟁과 폭력을 야기 시키고 있기 때문이다.

저희가 주야로 성벽 위에 두루 다니니 (요맘 바라엘라 예소베부하 알-호모테하) — "저희가 주야로 성벽위로 성을 돌아다닌다." 성벽위로 걸으며 성을 돌아다닌다는 표현은 여기서만 나타나며 (겔 13:5도 참조), 의미 파악이 어렵게 느껴진다. 델리취는 이 부분의 정황을 삼하 15장과 연관시키면서 설명하길, 압살롬 일당이 다윗의 동태를 감시하고자 파견한 밀정(密偵)들이 밤낮 성벽 위로 돌면서 간첩 활동을 하는 모습이라 했다. 다윗은 인심이 다 자기에게서 떠난 줄 감지하고 "일어나 도망하자 그렇지 아니하면 우리 한 사람도 압살롬에게서 피하지 못하리라 빨리 가자 두렵건대 저가 우리를 급히 따라 와서 해하고 칼로 성을 칠까 하노라" (삼하 15:14) 하고 자원해서 예루살렘을 떠나기로 작정한다.

성중에는 죄악과 잔해함이 있으며 (베아벤 베아말 베키르바흐) —성 위에서는 이렇게 정탐들의 활동이 분주하게 이루어지는 반면, 성 내에서는 강포, 분쟁, 죄악 (아벤), 잔해함 (아말, 해악, 손해 mischief), 악독 (하부옷, 파괴), 압박 (토크, 사기), 궤사 (미르마, 배반, 사기) 등이 횡행하고 있다 (11절도 참조). 이러한 묘사는 시인이 나라의 지도자로서 원수들의 배반으로 곤경에 처하게 되었고, 또한 도성이 불법(不法)천지로 화했지 않았나 하는 추정을 하게 한다.

11절: 악독이 그 중에 있고 압박과 궤사가 그 거리를 떠나지 않도다 (하봇 베키르바흐 벨로-야미쉬 메레호바흐 토크 우미르마)— "악독"은 시 52:7에서 고려 되었던 단어로 "파멸"을 의미한다 (NASB, NRSV). "압박"은 "폭력"도 의미한다 (TOB, '잔인'; NJB, '폭정'; 70인역은 "고리대금[高利貸金]". 그리고 "궤사"는 "사기(詐欺)," "기만(欺瞞)," "거짓"을 의미한다. 성중에서는 원수들이 시행하는 모든 불의, 폐패와 기만이 기미 경각 새이도 그치길 않고 있다. 이기서 "기리" (그호브)는 사람들이 많이 모이는 넓은 광장이다.

12절: 나를 책망한 자가 원수가 아니라 원수일진대 내가 참았으리라 (키 로-오예브 예하르페니 베엣사)—권위에 반항하고 조소하고 비난하는 자는 원수가 아니라, 이전에 함께 신앙생활 하던 친구이다 (14절).

나를 대하여 자기를 높이는 자가 나를 미워하는 자가 아니라 미워하는 자일진대 그를 피하여 숨었으리라 (로-메산이 알라이 힉딜) — "나를 미워하는 자가 나를 대적하여 자기를 높이는 것이 아니라" (친구가 그리하고 있다). 여기서 "미워하는 자"는 "원수"를 지칭한다. "원수"와 "미워하는 자"는 병행어로 자주 등장하기 때문이다 (시 25:19, 81:14, 83:3 등). "자기를 높인다"는 것은 이전의 질서를 무시하고, 반역을 하고 있다는 의미를 풍긴다. "그를 피하여 숨었으리라"라는 표현은 시인이 친구의 은밀한 배반으로 피난할 수가 없었다는 점을 암시해 준다. 사육신(死六臣; 성삼문, 박팽년, 하위지, 이개, 유응부, 유성원)이 함께 거사를 도모하리라 하여 믿던 "친구" 김질의 은밀한 고자질로 낭패를 당한 것과 같다.

13절: 나의 동류 나의 동무요 나의 가까운 친우로다 (베앗타 에노쉬 케에르키 알루피 우메웃다

이)—이렇게 친구를 여러 말들로 반복 제시함은 그만큼 배신감이 컸기 때문이다. "(나의) 동류"란 "줄, 층"(raw, layer), "가치"(value)란 의미로 여기서는 "나와 동년배"(my equal, peer)란 의미이다. "나의 동무"는 "나의 지도자"(70인역, 헤게몬 무)로 번역될 수도 있지만 (창 36:15, 16, 출 15:15 등), 문맥상 "나의 동무"를 의미한다. 그리고 "친우"(메웃다이)는 "알다" 동사의 푸알형 분사로 "지인(知人)," "(비밀 따위도 털어 놓을 수 있는 막역한) 친구"를 지시한다.

14절: 우리가 같이 재미롭게 의논하며 (아쉐르 야흐다브 남티크 소드) — "달콤하고 친밀한 교제를 즐겼다." 시인과 그를 배반한 친구들은 과거에 아주 "친밀한 교제"(소드)를 나누었다. 이 표현은 친구의 배신이 얼마나 충격적인 것이었나를 극명하게 보여준다. 12제자들 중에서도, 예수님과 더욱 친밀한 교제를 나누었던 베드로, 요한, 야고보 등은 내밀한 제자들 (inner circle)이었지만, 저들도 예수님을 배반하였던 것과 같다 (베드로, 마 26:35, 70, 75; 제자들, 마 26:31, 56).

무리와 함께하여 하나님의 집안에서 다녔도다 (베벳 엘로힘 네할레크 베라게쉬)—달콤하고 친밀한 교제를 지닌 그 정황이 여기 설명된다. "하나님의 집"은 "성소"를 지시할 것이다. 시인이나 그를 배반한 친구는 경배자들과 함께 성소 경내에서 거닐며 하나님을 묵상하고, 함께 은혜를 나누었다. 여기 사용된 동사 (다녔도다, 네할레크)는 앞부분에서 사용된 동사 (남티크)와 마찬가지로, 1인칭 복수형이다 ("우리가" 다녔다). 그 친밀했던 시절을 이렇게 "우리가"란 말로 표현하고 있다. 이것 역시 친구의 배반(背反)이 상상할 수 없었던 것임을 보여준다. 한편 "무리와 함께하여"란 표현은 성소를 배경으로 한다면, 절기 때에 경배자들이 함께 성소를 찾았던 정황을 말해준다.

15절: 사망이 홀연히 저희에게 임하여 산채로 음부에 내려갈지어다 (얏쉬 마벳 알레모 예레두 스올 하임)—사망의 위험에 노출되었던 시인은 원수들에게 사망이 졸지에 임하기를 기원한다. "산채로 음부에 내려갈지어다"라는 저주는 하나님께서 세우신 권세자들 (모세와 아론)을 대적하다 산채로 땅이 입을 벌어 삼켜버린 고라, 다단, 아비람 일당의 비극을 상기시켜준다. 이런 저주를 원수들에게 퍼붓는 이유는 "저희 거처에, 저희 가운데" "악독"(라옷)이 있기 때문이다. 저들의 거처는 저들의 집이겠지만, 저희 가운데는 저들 마음 가운데로도 (NRSV) 이해된다. 다시 말하여, 원수들은 안과 겉이 모두 악으로 도배하였다. 이런 자들은 그에 상응되는 천벌을 받아야 마땅하다. 이는 개인적 탄원이라기보다, 믿음의 공동체의 안녕을 위한 기도라 할 수 있다. 한편, "사망이 홀연히 저희에게 임하여"(야쉬마벳 알레모)란 표현은, 현재 본문 (케티브)이 "파멸이 저들 위에" (있다)이지만, 랍비들의 독법 (케레)은 "사망이 저들을 기만할지어다" (얏시 마벳; 사망이 저들에게 홀연히 [기만적으로] 임할지어다= NIV)이다. 70인역도 후자와 유사하다 (사망이 저들 위에 임할지어다 =NRSV).

이는 악독이 저희 거처에 있고 저희 가운데 있음이로다 (키-라옷 비메구람 베키르밤) — "악"이 마치 인격체인양 저들과 함께 저들의 거처에 거한다고 말한다. 악인들은 악에게 휘둘리고 있기에, 사실 악이 주장하는 주인인 셈이다.

제4연 (16-19절): 간구와 확신의 표시

이제 시인의 마음은 평정을 되찾고 하나님의 개입에 대한 확신으로 가득차게 되었다. 비록 현실은 아직 변화되지 않았다 해도, 내적인 이런 확신은 현실로 나타나고야 만다.

16절: 나는 하나님께 부르짖으리니 (아니 엘-엘로힘 에크라) — "나"라는 독립인칭 대명사를 따로, 문두에 놓아 강조하고 있다 (13절의 "너" [아타]와 대조). 너 배신자, 믿음의 공동체를 파괴하는 원수들의 패역함과 죄악은 하나님의 심판을 당연히 부르겠으나, 나로 말하면, 나에 관한 한, 나로서는 하나님께 부르짖어 기도하리라는 결심이다. 여기서 "부르짖다"란 동사는 기도가 힘차게 공중을 뚫고 올라가도록 밀쳐 올리는 모습을 상기시켜 준다. 기도가 힘있지 않으면 보좌까지 올라가기 전에 꺾이고 말 것이다. 내가 확신이 없어하는 기도를 하나님께서 들어주시리라 믿는가? 살아 계신 하나님께, 우리의 기도는 힘차게 쏘아 올려 보내져야 한다.

여호와께서 나를 구원하시리로다 (바도나이 요쉬에니) — 신명 (神名)이 전반절에서는 "하나님" (엘로힘)이었다면, 여기서는 "야웨"로 나타났다. 만인의 창조자 하나님께 기도 올리면, 구원하시는 언약백성의 하나님 야웨께서 성도를 구원하실 것을 확신하였다. 여호와께서는 애굽의 바로 군을 홍해에 납처럼 수장(水葬)시키시고 "이스라엘을 구원하셨다" (출 14:30). 그 때로부터 이스라엘은 지속적으로 위기 때마다 원수에게서 구원을 체험하였다 (민 10:9, 신 33:29). 사사시대에는 사사들을 일으키시어 이스라엘을 구원하셨다 (삿 2:16, 18, 3:9, 15). 이렇게 역사적으로 하나님의 기적적인 구원을 체험했던 언약 백성은 개인적으로도 위기시에 부르짖어 구원을 체험할 수 있었다.

17절: 저녁과 아침과 정오에 내가 근심하여 탄식하리니 (에레브 바보케르 베 초호라임 아시하 베에헤메) — 하루 세 번씩이나 하나님을 향하여 속사정을 아뢴다는 것은 내적인 확신이 없었다면 할 수가 없는 일이다. "근심하고 탄식하는" 것은 기도시에 신음하며, 소리를 지르는 모습을 묘사한다 (2절 주석 참조). 기도는 단순한 명상이 아니라, 구체적으로 내 사정을 아뢰고 소리를 내어야 한다. 그렇게 해야 나의 수많은 생각도 단순하게 정리되고, 명료하게 하나님께 내 소원이 올려지는 것이다.

여호와께서 내 소리를 들으시리로다 (바잇스마아 콜리) — 17절에 사용된 세 동사들은 "미완료, 미완료, 완료 [바브 접속법-완료]" 시상에 대하여는 서론 "동사 시제" 참조. "여호와께서"는 의역이고 원문에서는 단지 "그가" 들으시리로다 이다. 하나님은 기도를 들으시는 분이시다. 그렇다면 기도하여 축복을 받아야 하지 않겠는가? 문제를 해결해야 하지 않겠는가?

한편, "내가 근심하여 탄식하리니," "들으시리로다"에서 사용된 세 동사의 시상은 미완료, 미완료, 바브 접속법 완료 (Vav-consecutive perfect; *Vayyiqtol*)이다. 이 경우에 바브 접속법 완료 시제는 앞에 사용된 동사들이 묘사하는 행동들의 결과를 지시할 것이므로, 앞의 동사들의 시제보다 후의 일이다. 그렇다면 비록 완료상이지만, 여기서는 탄식하는 기도가 응답될 미래적 사실로 이해할 수 있다 (B. K. Waltke and M. O' Connor, *An Introduction to Biblical Hebrew Syntax*, 559 참조).

18절: 나를 대적하는 자 많더니 나를 치는 전쟁에서 저가 내 생명을 구속하사 평안하게 하셨도다 (파다 베솰롬 나프쉬 믹카라브-리 키-베랍빔 하유 임마디)— "나를 대적하는 자 많지만, 나를 치는 전쟁에서 그가 나를 털끝하나 상함 없이 구속하시리라." 하나님은 시인을 해코자 접근하는 원수들에게서 그의 생명을 구속하셨다. "구속"이란 파멸에서 건지시되, 값진 희생을 통해 그리하셨다는 암시를 준다. 한편 "나를 대적하는 자 많지만"이란 번역은 이와 정반대되는 의미로도 번역된다: 많은 이가 나와 함께 있었다 (KJV, TOB); 다수가 내 편인 듯 하다 (TNK). 여기서 우리가 "털끝하나 상함 없이"라 의역한 말은 "평안함으로" (베솰롬)란 표현으로 이는 "구속하다"란 동사를 수식하는 전치사구이다. 그래서 어떤 역본들은 "상치 않고" (unharmed, NIV, NRSV, TNK 등)라 번역한다. 원수들의 모든 계략은 허사로 돌아갔다. 하나님은 그를 안전하게 지키셨고 하나도 다치지 않도록 하셨다. 그를 위협하던 원수들은 파멸을 당하였다.

19절: 태고부터 계신 하나님이 들으시고 변치 아니하며 하나님을 경외치 아니하는 자에게 보응하시리로다 (이쉬마아 엘 베야아넴 베요쉐브 케뎀 셀라 아쉐르 엔 할리포트 라모 벨로 야르우 엘로힘) — "태고부터 보좌에 좌정하신 하나님이 들으시고 그들을 낮추시리라; 그들은 그 (행위들에서) 변함이 없고 (혹은 "그에게 변함이 없다" GKC, §103-104, n.3), 하나님을 경외치 아니하는 자들이다." 여기서 하나님께서 낮추시는 자들은 원수들이며, 다음에 묘사되는 대로 행위를 고치지 아니하고, 하나님을 경외치도 아니하는 자들이다. 이런 자들에게 돌아갈 몫은 하나님의 진노와 사망과 저주밖에 없다. 사망과 저주는 하나님의 진노이긴 하나, 저들이 창조주 하나님을 인정하지도, 감사하지도, 영화롭게도 아니한 당연한 결과요 삯일뿐이다.

제5연 (20-21절): 원수의 모습

이미 앞에서 원수에 대하여 묘사했던 시인이 다시 여기서 원수를 묘사하는 이유는 앞 연에서 하나님께서 악인을 보응하신다고 했으므로 (19절), 그 악인이 얼마나 하나님의 심판을 받을만한 패역한 존재인지를 입증하기 위함이다. 따라서 이 연은 앞 연에 사고상 종속된다고 하겠다.

20절: 손을 들어 자기와 화목한 자를 치고 언약을 배반하였도다 (솰라흐 야다브 비쉘로마브 힐렐 베리토)— "누구를 대하여 자기 손을 뻗친다" (솰라흐 야다브 베-)는 표현은 대적하는 행위를 묘사한다. 특히 하나님의 기름 부음받은 자 (메시아)를 대하여 손을 펼치는 행위는 다윗이 삼간 바였다 (삼상 26:9, 11, 23, 삼하 1:14 등). 그런데 원수는 자기와 언약한 언약의 친구들 (쉘로밈)을 대하여 손을 펼쳐 치고자 했다. 그런데 "솰롬"이란 "평안" 혹은 "우정" (friendship)을 지시하나, 여기 문맥에서는 언약의 우정관계에 있는 자, 곧 '친구'를 지시한다 (시 41:10, 렘 20:10, 38:22 등 참조). 한편, 15절에서 언급된 원수를 치는 '저주'는 너무 가혹하게 들릴 수 있다. 그렇지만, 여기서 보듯, 저들은 "언약을 더럽힌" 자들이다 (말 2:10도 참조). 언약을 더럽힌 자들, 곧 파기한 자들은 언약의 저주를 자초 한다 (신 28:15-68에서 언약의 저주 참조).

21절: 그 입은 우유 기름보다 미끄러워도 그 마음은 전쟁이요 (할레쿠 마흐마옷 피브 우카라브-립보)—음녀의 입술은 꿀을 떨어뜨리며 그 입은 기름보다 미끄러우나 나중은 쑥같이 쓰고 두 날 가진 칼 같이 날카롭다 (잠 5:3-4). 여기 친구를 배반한 원수의 입술이 그러했다. 한 입으로 쓴물과 단물을 모두 내는 자이다. 표리부동 (表裏不同)하고, 외식하는 자이다. 그런데 "입"이 우유 기름 (버터)보다 미끄럽다는 표현은 그 입에서 나오는 말이 남을 거스리지 않고, 아첨이나 하면서, 타인의 마음을 살살 녹이는 그런 경우를 지시한다. 한편, "그 입은 우유 기름보다 미끄러워도" (할쿠 마흐마옷 피브)는 후반부의 "그 말은 기름보다 유하여도"와 병행된다. 그런데 사용된 단어 (마흐마옷)는 여기서만 나타나고, 전통적으로 "버터" (butter)로 이해되어왔지만 (KJV, ASV 등), 현재로는 단어 첫 글자 (마)를 전치사 (메)로 수정하여 "메헴아" (응유 보다 더 more than curded milk)로 읽는 경향이 있다 (BHS 각주). 병행되는 후반부와 비교할 때, 전치사가 첨가된 단어로 읽는 것이 좋을 듯 하다.

그 말은 기름보다 유하여도 실상은 뽑힌 칼이로다 (락쿠 데바라브 밋쉐멘 베헴마 페티홋)—이런 외식자들의 마음속에는 칼이 숨어 있다. 구밀복검 (口蜜腹劍)한 자가 아닐 수 없다. "뽑힌 칼" (페티호트)은 문자적으로, "열린 (것)" 곧 칼집에서 뽑아진 단검 (dagger)이다. 70인역은 여기서 "단창들," "화살들" (볼리데스)이라 번역한다. 21절의 전.후반절은 입/ 말들, 우유 기름(버터)/ 기름, 미끄럽다 (할라크)/ 유하다 (라카크) 등의 단어 짝이 성립한다.

제6연 (22-23절): 성도에 대한 권고

이제 시인은 타인에게 교훈을 베풀 내적인 여유를 지니게 되었다. 이런 상태가 바로 설교자가 단에 설 때의 마음 상태여야 한다. 모든 현실적 도전과 난관과 불만이 해소되고 하나님을 인하여 든든한 배짱이 가득한 그 때에 설교는 능력 있게 나오게 될 것이기 때문이다.

22절: 네 짐을 여호와께 맡겨 버리라 (하쉴레크 알-야웨 예하브카) — "네 짐을 여호와께 던져 버리라." 수고하고 무거운 짐진 자들은 다 주께로 나와서 그 무거운 짐을 그분 발아래 던져 버려야 한다 (마 10:29-30, 벧전 5:7). 어떻게 그렇게 하는가? 기도로 그리한다. 문제와 근심과 염려를 주님 앞에서 기도로 아뢰면 그것이 우리의 무거운 짐을 주님께 내려놓는 방법이다. 그렇지만 단순한 기도로는 아니 된다. 자신이 할 수 있는 최고의 힘으로 하나님을 부르짖어야 한다. 그 부르짖음에 우리를 내리 누르던 무거운 짐은 제거되고 말 것이다.

너를 붙드시고 (예칼켈레카) —사용된 동사는 "담다" (to contain)란 의미를 갖지만, 여기서처럼 "붙들다" (to sustain)란 의미도 갖는다. 하늘의 하늘도 하나님을 담을 수가 없다. 그렇지만 하나님은 온 우주를 안으신다. 우리 성도를 붙드시는 일이랴? 그분이 우리를 붙드시고 품으시면 우리는 시온 산처럼 요동치 않을 것이다.

의인의 요동함을 영영히 허락지 아니 하시리로다 (로-잇텐 레올람 모트 랏차디킴)—여기서 요동함은 의인의 파멸을 가리킨다. 땅이 지진으로 요동치듯 할 때 이 동사가 사용된다 (사 24:19). 의인이 요동함은 그가 선 믿음의 지반이 흔들리기 때문이다. 시 15:5은 언약법규들을 준수하는 자들은 결코 요동치 않을 것이라 한다. 또한 시 125:1은 여호와를 신뢰하는 자들은 시온 산처럼 요동치 않을 것이라 한다. 만약 하나님을 의지하는 자들이 신앙 원리를 따라 나아갈 때 패배하거나 실패한다면, 그것은 그 한 사람의 패배가 아니라 신앙 원리의 붕괴 곧 하나님의 존재 자체까지 의문시 될 것이다. 그런 이유에서 하나님은 신앙인의 무너짐을 허락 하실 수가 없다. 따라서 끝까지 그분의 말씀을 붙들라.

23절: 하나님이여 주께서 (베앗타 엘로힘) — "오 하나님이여! 당신께서는." 히브리 성경에서는 하나님을 2인칭으로 호칭한다. 영어도 그리한다. 그래서 한국인들도 기도시에 그리하기도 한다. **저희로 파멸의 웅덩이에 빠지게 하시리이다** (토리뎀 리브에르 쇼하트)—15절에서 선포된 저주와 대동소이하다. 파멸의 웅덩이는 음부 (무덤)이다. 이런 저주를 받아야 할 자들은 다음에 묘사되듯 "살인자들" (안쉐 다밈), "속이는 자들" ([안쉐 미르마)이다. 여기 시에서 시인을 배반한 원수들은 이렇게 남을 배반하고 기만했으며, 살인한 자들이다. 이런 자들의 피는 자기 머리로 돌아가야 마땅하다.

피를 흘리게 하며 속이는 자들은 저희 날의 반도 살지 못할 것이나 (안쉐 다밈 우미르마 로-에헤추 에메헴)—하나님은 이런 악인들을 가증하게 여기신다 (시 5:7). 그러므로 악인들은 졸지에 파멸이 임하여 요절 (夭折)하고 만다. 그렇지만 모든 악인이 그렇다는 것은 아니다. 악인도 하나님의 계획에서 사용하실 때가 있기 때문이다 (잠 16:4, 롬 9:22).

나는 주를 의지하리이다 (바아니 에브타흐-바크)—주를 신뢰하는 "나"는 방금 앞에서 언급된 원수들, 곧 살인자들, 사기 치는 사람들과 달리 하나님을 전심으로 경외하고, 하루에도 세 번씩 소리 내어 하나님께 기도하는 자이다. 왕하 18:5에 의하면, 히스기야는 여호와를 신뢰하여 형통하였다고 묘사한다. 시 32:10에 악인에게는 슬픔이 많으나 여호와를 신뢰하는 자에게는 그분의 인자함이 두르리라 하였다.

시편의 적용

탄식하는 소리를 기도로 승화시키라 (1절)

사람들은 육신적으로 고통을 당할 때 끙끙거리며 신음한다. 육신적인 질고가 중병일 경우에는 그 신음이 정도가 심할 것이다. 그런데 정신적인 고통도 사람을 신음케 한다. 주님은 세상에서 육신적인 질고를 당한 적은 없으셨으나, 그가 죄인들 가운데서 사실 때 겪으셔야 했던 정신적인 괴로움, 원수들의 생명위협에 직면하셔서 당하셔야 했던 그 고통(마 16:21), 제자들이나 따르던 자들의 배신이 (마 26:31) 야기하는 그 심적인 고통은 극복하기 어려우셨을 것이다. 특히나 십자가를 앞에 두셨을 때 그분이 당하셔야 했던 그 심적인 괴로움은 인류의 모든 죄가 내리 누르는 중압감과 함께 심장이 터지는 고통이었을 터이다. 그래서 그분은 "고민하고 슬퍼하사" 말씀하시길 "내 마음이 심히 고민하여 죽게 되었으니" 라고 실토하셔야 했다 (마 26:38). 그분은 그 최악의 순간에 얼굴을 땅에 대시고 엎드려 전심을 다하여 아버지께 부르짖었다. 이 순간에 그분의 마음을 해부했더라면 그 마음은 긴장도가 수만, 수억에 달하지 않았을까? 그렇지만 그분은 기도에 승리하셨다. 이 기도의 승리 때문에 그분은 십자가를 똑바로 지실 수가 있으셨다. 탄식하는 소리를 기도로 승화시키라. 그곳에 위대한 승리가 있을 것이다.

두렵고 떨릴 때 (5절)

주님은 "몸은 죽여도 영혼은 능히 죽이지 못하는 자들을 두려워하지 말고 오직 몸과 영혼을 능히 지옥에 멸하시는 자를 두려워하라"고 적절하게 가르쳐 주셨다 (마 10:28). 언젠가 병원에 심방을 갔을 때, 그 방에는 암 환자들이 세 명인가 함께 있었다. 간암 환자는 술을 많이 마셨다고 했고, 독일에서 왔다는 어떤 환자는 내가 다른 환자를 위해 능력있게 기도하는 것을 보고, 자기를 위해서 꼭 기도해 달라고 부탁했다. 그곳에 잠시 있으려니 어느 교회에서 부목사님과 집사님들이 또 환자를 심방 오셨다. 모르긴 몰라도 이 환자들의 마음은 두려움과 공포에 질려있을 것이다. 이 공포와 두려움을 이길 수 있다면, 사실 그 암이란 질병은 문제가 되지 않을 것이다. 지레 겁을 집어먹고 심령이 상하게 되니 (잠 18:14), 결국 암이란 골리앗 앞에서 두려워 떨다가 망하고 마는 것이다. 우리에게 믿음을 주신 주님을 의지하고, 모든 공포와 위협을 물리치자. 하나님은 기적의 하나님이신 때문이다.

친구도 믿지 말라 (14절)

미가 선지자는 말하길, "이웃을 믿지 말며 친구를 의지하지 말며 네 품에 누운 여인에게라도 네 입의 문을 지킬지어다"라고 하였다 (7:5). 일반 세대에는 특이한 그리심이, 아들이 아비를 멸시하고, 딸이 어미를 대적하고, 며느리가 시어미를 대적하고 사람의 원수가 자기 집안사람이다 (미 7:6). 이 말씀을 근거로 우리 주님은 믿음이 한 가정에 침투할 때 이런 대적관계가 어쩔 수 없이 형성된다고 가르치셨다 (마 10:34-35). 믿음의 싸움은 불가피하나, 우리는 교회 내에서 성도들간에 신뢰하고 행동하여야 할 것이다. 그렇지만, 성도들 간에 돈놀이 (계 같은 것)나 돈 꾸는 일 등은 절대 하지 말아야 한다. 이것 때문에 성도들이 큰 시험에 들기가 일쑤이다. 믿는 도끼에 발등 찍히는 일들이 예사로 일어난다 (시인은 자기를 배반한 그 친구랑 아주 친밀한 교제를 즐겼었고, 성소에서 함께 은혜를 나누기도 하였다; 시 55: 14). 어떤 목회자는 개척교회 시절에 한 집사를 신임하고 재정을 맡겼더니 목사님의 신임을 빙자하여 교인들에게서 많은 금액을 빌리고 자기 사업용 자금을 끌어 모으다 실패하여 큰 상처를 입혔다고 했다. 시인이 당한 배반은 주님이 제자들에게 버림받고 배반당한 일을 상기시켜 주거니와 성도들이 신실할지라도 배반을 당할 수 있다는 현실은 잊지 말아야 한다.

저녁, 아침, 정오에 할 일 (17절)

히브리인들은 저녁부터 하루를 계산한다. 그래서 이런 순서로 제시되었다 (창 1:5, 8 등 참조).

필자는 이 구절에 근거하여 실제로 하루에 세 번씩 무릎을 꿇고 기도를 해 보았다. 정오에는 시간을 맞추기가 힘들었다. 여러 스케줄 가운데서도 정각 12시는 아니더라도 일부러 기도의 처소를 찾아가서 무릎을 꿇었을 때 놀라운 은혜가 임하였다. 하루 종일 기도한다 혹은 사도 바울의 말씀대로 무시로 성령님 안에서 기도한다는 의미이겠지만, 문자적으로 유대인들은 하루 세 번씩 기도하였다 (단 6:10 참조). 주님을 나의 생명선, 나의 성공선으로 인식하는 사람들은 기도의 줄을 절대로 놓지 않는다. 그것이 저들에게 힘이요, 지혜요, 능력이기 때문이다.

언약을 지키라 (20절)

성경에서 하나님과 이스라엘이 맺은 언약은 영원한 것으로 나타난다. 그런데 일방이 언약을 파기하면 그 언약을 무효가 된다. 그리고 언약을 파기한 자는 짐승이 쪼개지듯, 저주를 받는다. 언약을 법적 관계설정이기 때문에, 좋을 때는 인격적인 교제와 사랑의 관계지만, 일단 관계가 악화되면 언약파기로 이어지고, 언약 당사자는 법적 책임을 지지 않으면 안 된다. 결혼 관계도 언약관계이다. 이 언약을 파기하는 자들이 요즘 세대에 늘고 있다. 젊어서 취한 아내를 버리고 바람을 피우는 자들은 언약 파기자이다 (말 2:10). 세속화된 법전에서는 간통이 죄가 아닌 것으로 무시되지만, 하나님 나라 법에서는 간음은 엄연히 무서운 죄이다. 하나님과의 관계는 이처럼 인간사이의 언약파기로도 영향을 받게된다. 왜냐하면 하나님과 이스라엘의 언약은 하나님만 섬기는 것이 근본 원리이지만, 언약 백성 상호간의 바른 관계도 하나님과의 관계에 근거해서 추론되고 정의되기 때문이다. 예컨대, 보이는 형제를 사랑하지 못한다면 보이지 않는 하나님 사랑은 거짓말이다. 보이는 부모를 섬기지 못한다면, 보이지 않는 하늘 아버지를 섬길 수 없다. 하나님 사랑은 이웃 사랑으로 나타나야 한다. 우리의 신앙은 인간관계에서 표현되기 마련이다. 그러므로 결혼 언약에 불성실한 행위는 하나님과의 언약파기에 해당된다. 이렇게 인간관계에서의 언약관계 존중은 하나님과의 관계와도 직결된다. 이 시편에서 원수는 자기와 언약 맺은 성도를 죽이고자 한다. 언약을 배반하는 행동이다. 이런 자에게는 저주가 마땅히 내려야 한다. 또한 하나님과의 직접적인 관계에서도 우리는 언약을 지켜야 한다. 그분만 섬기고 사랑해야 한다. 그분의 안식일을 준수하고 십계명을 지켜야 한다 (사 56:6). 언약은 우리의 삶에서 그분의 언약조항을 지킬 때 준수된다.

시 56편 나의 눈물을 주의 병에 담으소서

1. 전체구조에서의 위치, 시의 유형과 삶의 자리

표제대로라면 이 시는 다윗이 이방 나라 블레셋 가드에 있을 때를 노래한다. 시 55:6-7에서 시인은 "내가 비둘기 같이 날개가 있으면 날아가서 편히 쉬리로다 내가 멀리 날아가서 광야에 거하리로다"라고 했더니, 이 시에서는 실제로 저 이방 땅에 도피하게 되었다. 시편의 편집자는 이렇게 두 시의 관계를 파악하고 인접하도록 배치하였을 것이다. 편집자가 표제들을 붙였다면, 편집자의 해석에 따라 표제를 붙이고, 이해한 해석을 따라 시들을 배열하였을 것이다.

표제는 다윗이 사울을 피하여 가드 왕 아기스에게로 갔을 때, 블레셋 사람들이 그를 사로잡았을 때의 상황을 묘사한 것이라 한다. 삼상 21:10-15에 묘사된 상황을 보면, 다윗은 포로로 사로잡힌 것은 아닌 듯 하지만, 다윗이 미치광이 짓을 하여 겨우 그곳을 빠져 나올 수 있었다는 사실에 비추어 볼 때, 표제가 전혀 틀렸다고는 할 수 없다.

이 시는 개인 탄식시로 종종 분류되지만, 8절에서 보듯 원수들이 "뭇 백성"으로 "많다"는 사실로 미루어 보건대 왕의 시로 볼 수 있다 (J. H. Eaton, *Kingship and Psalms*, 75). 모빙켈도 유사하게 이 시의 "나"는 왕 같은 나라의 지도자로 보고, 공동체 탄식시로 이해한다 (*PIW*, I, 219). 다훗도 이 시가 왕의 탄식시라 이해한다. 70인역은 표제에서 "성소에서 옮겨진 백성에 관하여"라고 기술한다. 탈굼은 "이스라엘 회중이 자기들의 성읍들에서 멀리 떨어져 있던 때에 침묵하는 비둘기에 비유되는 이스라엘 회중에 관하여"라고 하고, "이스라엘 회중은 다시 돌이켜 세상의 주를 찬양하였다"라고 설명했다.

보다 이전의 비평가들인 브릭스나 궁켈 같은 이들은 이 시가 주전 586년의 예루살렘 함락 시기부터 주후 2세기 마카비 시대 어간에 작사된 것이라 가정했다. 이런 견해에 의하면, 이 시인은 7절에 언급된 "뭇 백성"을 치면서 나라를 위해 기도하고 있다. 그렇지만, "뭇 백성" (암밈)이라 번역된 말은 기본적으로 혈연적으로, 종교적으로 연결된 무리들 곧 백성을 지시하긴 하나, 무리들이나 특정 집단을 지시하기도 한다 (룻 4:9에서 베들레헴 사람들, 호 4:14에서 젊은이들).

2. 시적 구조와 해석

사고의 흐름에 비추어 본다면, 1-7절과 8-13절 두 부분으로 구분이 된다. 그런데 전반부에서 1-2절은 간구, 3-4절은 신뢰와 찬양을 드리는 나, 5-7절은 원수에 대한 묘사를 제시한다. 한편, 후반부에서 1-2절에 대응되는 8-9절은 간구, 3-4절에 대응되는 10-11절은 찬양하고 신뢰하는 나, 마지막으로 5-7절에 대조되는 12-13절은 서원하고, 감사하리라 결심하는 나를 제시한다. 따라서 A-

B-C/ A' -B' -C' 라는 모습이다.

표제: 요낫 엘렘 르호김에 맞춘 노래 (알-요낫 엘렘 레호킴)— "아득히 먼- 말없는 비둘기 곡조에 맞춘 노래" 혹은 "아득히 먼 상수리나무의 비둘기 곡조에 맞춘 노래." 70인역은 "비둘기"를 이스라엘 백성의 별칭으로 보는 듯 하다. 그리고 "엘림"은 "신들" 혹은 "거룩한 자들"로 이해하였다: "거룩한 자들 [혹은 성소]에게서 멀리 떨어진 백성에 관하여"; 탈굼역은 "자기들의 도성들에서 멀리 있을 때, 우주의 주님을 찬양할 때 말없는 비둘기에 비유된 이스라엘 공동체에 대하여"라 의역하였다. 이렇게 70인역이나 탈굼역은 이 시가 이스라엘이 추방당했을 때 부른 노래라고 이해하고 있다.

다윗이 가드에서 블레셋인에게 잡힌 때에 (베에호즈 오토 필리쉬팀 베갓) —블레셋 사람들이 가드에서 그를 잡았을 때에. 다윗이 사울의 추격을 두려워하여 이방인 블레셋 가드 왕 아기스에게 피난하였다 (삼상 21:10). 그러나 곧 다윗은 자신의 행동에 대가를 지불해야 했다. 그의 신하들이 다윗을 알아보고 죽이고자 하니 미친 체하며 겨우 그 위기를 모면하게 되었다. 표제는 이 시가 이런 정황에서 작사되었다고 이해했다.

제1연 (1-2절): 간구

1절: 하나님이여 나를 긍휼히 여기소서 (혼네니 엘로힘)— "하나님이여 내게 은총을 베푸소서." 탄식시 초두에 자주 등장한다 (시 4:1, 6:2, 51:1, 57:1, 86:3 등). 받을 자격이 없지만, 무상으로 베푸시는 은총을 간구한다.

사람이 나를 삼키려고 종일 치며 압제하나이다 (키-쉐아파니 에노쉬 콜-하욤 로헴 일하체니)— "사람들이 나를 짓밟나이다" (쉐아파니, 완료시상; 한역, "치며")/ "종일토록 대적자들이 나를 압제하나이다" (일하체니, 미완료시상). 후반절에 사용된 분사 ("대적자," 로헴; 이 말은 한역이 "삼키다," "먹다"로 취했지만, 여기서 "싸우다"의 분사형이다)는 전반절에도 해당될 것이다. 여기서 문장 초두에 "이유"를 유도하는 접속사가 위치하여 바로 앞에 제시된 간구의 이유를 도입한다. 그런데 여기서 "쇠아프" 동사는 1) 짓밟다 (NRSV, NASB), 2) 헐떡거리다 (to gasp, pant for); 3) "괴롭히다" (NJB, TOB, LSG); 4) "(불같이) 추격하다" (NIV) 등 다양하게 번역된다. 두 번째 동사 (라하츠)를 살펴보면, 1) 압착하다, 2) 압제하다 이다 (애굽인들이 이스라엘을 압제하였다; 출 3:9). 시인은 이미 원수에게 사로잡힌 상태에 있기에, 원수들이 그를 종일 짓밟고 압제하고 있다.

2절: 나의 원수가 종일 나를 삼키려 하며 나를 교만히 치는 자 많사오니 (쇠아푸 쇼르라이 콜-하욤 키-랍빔 로하밈 리 마롬)— "나의 원수들이 종일 나를 짓밟나이다 (쇠아푸, 완료)/ 오, 존귀하신 자시여, 나를 대적하는 자들이 (로하밈, 분사) 얼마나 많은 지요!" 여기서 '원수들'은 나의 입지를 좁게 만들어 사면초가에 몰아넣는 자들이다. 2절은 1절과 같은 단어들을 반복 사용하고 있다

(종일, 짓밟다, 싸우다 등). 원수들이 성도를 종일토록 짓밟고 있다. 시인은 의도적으로, 1, 2절에서 동일 단어들을 반복하고 있으며, 전. 후반절에 완료, 미완료 (혹은 분사형) 시상을 교대로 배치하고 있다. 한편 한역이 "교만히"라 (NIV, NASB) 번역한 말을 "오 존귀하신 자시여" (O Exalted One)로 이해한다 (시 92:9; KJV, NAB, NRSV, TNK). 이 말은 문자적으로, "고지(高地)," "하늘" (하나님의 거처, 사 33:5, 16, 57:15 등)를 지시한다.

제2연 (3-4절): 신뢰와 찬양을 드리는 나

3절: 내가 두려워하는 날에는 주를 의지하리이다 (욤 이라 아니 엘레카 에브타흐)— "내가 두려워할 때에 나는 당신을 신뢰하겠습니다!" 두려움이 덮칠 때, 신앙이 추락하는 증거이다. 얼른 주님을 붙들어야 한다. 다음 절에서 "두려워하다," "신뢰하다"란 동사를 반복하고 있다.

4절: 내가 하나님을 의지하고 그 말씀을 찬송하올지라 (벨로힘 아할렐 데바로)— "하나님 안에서 그분의 말씀을 찬양하다"란 표현은 여기서와 10절에서만 나타나며, 말씀을 찬양하는 일은 시 19:7-10절이나 시 119편의 내용에서 볼 수 있다. 그렇지만, 시 19, 119편 등에서 보건대, 도구인 말씀 자체에 영광을 돌리기보다, 순결하고 확실한 하나님의 말씀을 기뻐하고, 의지하고, 노래한다. 그런데 원문에서 벨로힘 아할렐 데바로는 시 44:9에서 (벨로힘 힐랄레누, 우리가 하나님을 찬양한다)처럼 이해가능하다 (LSG는 "내가 하나님을 자랑하고, 그의 말씀을 [자랑하리라]" [Je me glorifierai en Dieu, en sa parole]; 또한 시 34:3, 대상 16:10=시 105:3 등에서 "여호와를 자랑하다" [히트할렐 바도나이]도 참조.). 또 달리 이해하자면 "내가 그의 말씀을 인하여 하나님을 찬양한다"가 어떨까? 즉, 시인은 하나님의 약속을 인하여 하나님께 찬양한다.

하나님을 의지하였은즉 두려워 아니하리니 (벨로힘 바타흐티 로 이라)—3절에서 시인은 "두려워하는 때에 당신을 신뢰하리이다"라고 고백한 바 있다. 하나님을 의지하고 그는 두려움을 물리친다. 하나님께서 반드시 이 곤경에서 나를 구원해 주실 것이란 확신으로 자신을 권고한다. 이렇게 자기 체면을 걸 듯 하는 이유는 우리의 입술의 선포가 우리 생각을 지배하고 우리를 의심과 불신앙에서 지켜 주기 때문이다. 한편 여기 "신뢰하다"란 표현을 70인역이 "소망하다"로 번역하고 있다면, 신약에서 딤전 4:10, 5:5, 6:17 등이 신약 성도의 신뢰할 바가 무엇인지를 말해준다. 또 신약적으로 하자면 "믿는다" (피스테인 엔)란 표현도 (요 14:1) 이에 상응할 것이다.

혈육 있는 사람이 내게 어찌하리이까? (마 야아세 바사르 리) — "혈육 있는 사람" (바사르)이란 영(루아흐)이신 하나님과 대조되는 "육"을 의미한다 (사 31:3). 인간은 흙으로 된 "사람" (아담)이지 "신" (엘)이 아니다 (시 56:11 후반부 참조). 사람은 풀과 같고 꽃과 같아 금방 시들고 만다 (사 40:6-7). 이런 육에 불과한 사람이 하나님을 의지하는 나를 어떻게 할 것인가? 전능자, 초월자이신 하나님을 의지하는 신앙고백이다. 현실적으로는 원수가 괴롭히지만, 신앙의 세계에서 확신하건대, 인간은 자기에게 어떻게 할 능력이 없다고 부인한다. 그렇다고 현실을 부인하거나 도피하는 것이 아니다. 신앙으로 현실을 극복하려는 자세이며, 이렇게 믿음으로 현실을 극복하는 자가 진정한 신앙인이다 (요일 5:4).

제3연 (5-7절): 원수에 대한 묘사

5절: 저희가 종일 내 말을 곡해하며 (콜-하욤 데바라이 예앗체부)—"그들이 종일 내 일들에서 내 마음을 상하게 하며" (TNK). 사용된 동사는 "(타인의) 마음에 상처를 입히다"란 의미이다 (아챠브 피엘형). NRSV, LSG는 "내 일에 상처를 주려고 시도한다"라 했다 (they seek to injure my cause; ils portent atteinte à mes droits). 즉, 원수들은 시인의 일들을 망치고자 한다.

저희 모든 사상은 사악이라 (알라이 콜-마흐쉐보탐 라라아)—"저들의 모든 생각은 나를 해하고자 하는 것 뿐이다" (NIV, NJB, TNK).

6절: 내 생명을 엿보던 것과 같이 모여 숨어 내 종적으로 살피나이다 (야구루 이츠포누 헴마 아케바이 이쉬모루 카아쉐르 키부 나프쉬)—"저들이 음모를 꾸미고 (구르), 숨어 (차판), 내 모든 걸음을 주목하며 (샤마르), 내 생명을 (해하려고) 기다린다 (카바)." 첫 동사 (구르)에 대한 이해는 다양하다: BDB, NRSV는 "분쟁을 야기하다" (가라); NIV, TNK, LSG는 "음모를 꾸미다" (conspire, plot); KJV, NJB, LUT는 "함께 모이다"; NASB, ELB는 "공격하다" (KB³, 구르 II). 70인역은 "거하다" (파로이케오)로 번역; 히브리어에 근거한 라틴어역은 "그들이 모여질 것이다" (congregabuntur, 미래 직설법 수동태 3인칭 복수). 두 번째 동사는 케티브 독법 (야츠피누, 저들이 숨긴다) 대신 케레 독법 (이츠포누, 저들이 숨는다; 칼형)을 따른다. 원수들은 음모를 꾸미고, 숨어서 시인의 "발꿈치들" (아케바이)을 살핀다. 이 마지막 표현은 재미있고 여기서만 나타난다. 그 행동을 살핀다는 말이겠다. 여하간 그들의 궁극적 목표는 시인의 "생명"을 제거하는 것이다.

7절: 저희가 죄악을 짓고야 피하오리까 (알-아벤 팔레트-라모)—"이 악행 때문에 저들이 피하오리까?" (TOB, 한역, LUT); "어떤 이유에서건 저들로 피하지 못하게 하소서" (NIV); "범죄한 저들을 보응하소서" (NRSV); "저들의 적의에서 우리를 구원하소서" (Dahood); "저들의 악을 인하여 저들을 던져 버리십시오" (TNK) 이러한 다양한 번역은 사용된 동사 (팔라트)가 1) 구원하다, 2) 피하다 란 두 상치되는 의미를 가지기 때문이다.

하나님이여 분노하사 뭇 백성을 낮추소서 (베아프 암밈 호레드 엘로힘)—저들은 무덤으로 끌어 내려질 것이다. 이로써 원수들의 모습에 대한 묘사와 저들에 대한 저주가 마무리된다. 서론에서 언급했듯이, "뭇 백성"으로 번역된 말은 "이방 백성들"을 (nations, NIV, NJB) 지시한다기보다, 시인을 대적하는 "무리들"을 지시한다.

제4연 (8-9절): 다시 간구

8절: 나의 유리함을 주께서 계수하셨으니 (노디 사파르타 앗타)—이리 저리 정처 없이 방황하는 시인의 모습이 암시된다. 가인이 방황한 것은 그의 죄악 때문이지만 (창 4:16), 이 시인의 경우에는 자신의 죄악에 대한 회개에 대한 언급이 없는 것으로 보아, 영적인 훈련의 일부로 나타난 듯 보인다. 이 시인은 자신의 이런 신세를 하나님께서 기억해 주시고 정착 (안식)을 허락해 주시길 간구한다. 한편 여기서 "유리함" (노드)은 "정처 없다" (누드, be aimless, homeless)란 동사나 아니면, "도피하다" (나다드)와 연관되는 듯 하나, 창 4:16에서 "놋 땅" 이라 할 때 나타날 뿐이다. "유리함을 계수하다"란 시인의 도피, 방랑 생활이 장기간 지속되고 있음을 암시해 준다. 오늘은 이곳, 내일은 저곳, 동가식서가숙(東家食西家宿) 하면서 혹은 이 광야에서 저 광야로, 혹은 이 동굴에서 저 동굴로 헤맬 때, 먹을 것이 있었겠는가? 잠자리가 편안했겠는가? 더구나 표제대로 다윗이 까닭 없이 사울에게 추격을 당하여 도피하는 정황이라면, 시인의 계속되는 유리 방랑생활은 참으로 고통스러웠으리라. 이런 저런 처지에서 흘린 눈물을 주님이 다 헤아리시고 이제 이 곤고함에서 안식을 허락하소서! 라는 부르짖음이리라.

나의 눈물을 주의 병에 담으소서 (시마 디므아티 베노데카)—여기 "병"은 "짐승 가죽으로 만든 부대" 이다. 시인이 흘린 눈물은 헛되지 않을 것이다 (출 2:24 참조). 성도가 당하는 고난은 죄로 인한 것도 있지만, 인격의 연단을 위한 것 더 나아가 사명자로서 사명 감당하기 위한 것도 있다. 죄 때문에 당하는 징벌의 고난은 없어도 좋겠지만, 연단을 위한 고난과 사명자로서의 고난은 피할 수가 없다.

주의 책에 기록되지 아니하였나이까? (할로 베시프라테카)—하나님은 성도의 이름을 기록한 생명책, 행위들을 기록한 행위록을 갖고 계시다 (출 32:32, 시 139:16, 말 3:16 등). 성도의 억울한 사정을 그분은 낱낱이 기억하시고 신원해 주실 것이다. 그런데, TNK는 "당신이 내 유리함을 계수하시고, 내 눈물을 당신 병에, 당신의 기록에 두소서" 라 번역했다.

9절: 내가 아뢰는 날에 내 원수가 물러가리니 (아즈 야슈부 오예바이 아호르 베욤 에크라)—"그러면 내가 아뢰는 때에 내 원수가 물러 가리이다." 시인은 8절에서 하나님께서 시인의 고통의 기간이 오램을 계수하시고, 그의 기도에 응답하실 것을 확신하고 있다. 그런데 기도하는 때에 기적이 일어난다. 원수들은 부르짖는 기도가 보좌에 상달되는 순간 물러가고 말 것이다.

하나님이 나를 도우심인 줄 아나이다 (제-야다티 키-엘로힘 리)—"이로써 하나님이 내 편임을 알겠나이다" (NIV). 성도는 체험을 통해 하나님의 살아 계심을 확인하고 그분을 섬기게 된다. 부모에게 들은 신앙, 남에게 들은 신앙은 자신이 직접 체험해서 확인해야 한다. 우리 성도는 "모든 것이 합력하여 성도에게 선을 이루도록" 하나님께서 역사 하신다는 것을 믿는다 (롬 8:28-29). 유리 방랑함도 영적인 진보와 그분의 이름을 증거하는 수단이 될 것이고, 정착생활도 그분을 섬기는 수단이 될 것이다.

제5연 (10-11절): 찬양하고 신뢰하는 나
10절: 내가 하나님을 의지하여 그 말씀을 찬송하며/ 여호와를 의지하여 그 말씀을 찬송하리이다 (벨로힘 아할렐 다바르/ 바도나이 아할렐 다바르)—4절 주석 참조. 여기서도 시인은 하나님을 신뢰하며 원수의 위협과 위험을 이기고자 하는 결심을 표현한다. 10-11절은 3-4절의 반복이다. 앞 연에서 간구한 시인은 여기서 자신의 확신과 신앙을 고백한다.

11절: 내가 하나님을 의지하였은즉 두려워 아니하리니 사람이 내게 어찌 하리이까? (벨로힘 바타흐티 로 이라 마 야아세 아담 리)—4절 참조. 여기서 "사람" (아담)은 4절의 "혈육있는 사람" (바사르)과 뉘앙스가 대동소이하여, 하나님과 대조되는 흙으로 되어진 존재를 지시한다. 여기 시인의 선언보다 더 강력한 신앙적 선언은 다시없다. 신앙생활에서 가장 무서운 원수는 보이지 아니하는 어둠의 세상 주관자 곧 악령들이 아니라, 사람이다. 사람 때문에 시험을 당하고 사람 때문에 고난을 당하기 때문이다. 사람들이 우리에게 두려움을 자아내기도 한다. 그러나 이 시인처럼 담대하게 사람이 내게 어찌하리요? 한다면 그 시험은 이길 수 있다.

제6연 (12-13절): 나는 감사 찬양하리라

12절: 내가 주께 서원함이 있사온즉 내가 감사제를 주께 드리리니 (알라이 엘로힘 네다레카 아솰렘 토돗 라크)— "내게 당신의 서원이 있나이다." 즉, 내가 당신께 서원을 했나이다. 이 시인은 "내가 감사제사를 당신께 드림으로" 갚으리라 한다. 이 성도는 아직 고난 중에 있지만 (아니면 이 부분을 기술할 때쯤이면 구원을 이미 받았는지 모른다), 구원을 확신하고 하나님께 감사제물을 바칠 것을 약속한다. 이러한 약속은 구원을 신속하게 가져올 것이다.

13절: 주께서 내 생명을 사망에서 건지셨음이라 (키 힛찰타 나프쉬 밈마벳)—원문에서 "왜냐하면" (키)이란 말이 초두에 위치하여 감사제물을 바치는 이유를 제시한다. 감사제는 이유 없이 드리는 것이 아니다. 감사의 제목이 있기 때문에 드린다. 반면 자원제는 자신이 아무런 조건 없이 그저 하나님께 바치는 것이다. 모두 화목제의 일종이다. 영원한 "사망에서" 건짐을 받은 우리는 무엇을 주님께 아까워 할 것인가?

주께서 나로 하나님 앞, 생명의 빛에 다니게 하시려고 실족지 않게 하지 아니하셨나이까 (할로 라글라이 밋데히 레히트할렉 리프네 엘로힘 베오르 하하임)— "하나님 앞에서 행하다" (히트할락 레파네 엘로힘)란 표현은 하나님께서 아브람에게 나타나셔서 "내 앞에서 행하라; 완전하라"고 명하신 말씀을 상기시켜 준다. 이는 그분과 동행하면서 그분의 뜻을 받드는 성별된 삶을 지시한다. 생각해 보라, 하나님이 보시는 앞에서 내가 걸어간다. 그분의 얼굴빛이 나를 비추시고, 그분은 뒤에서 나를 주목하신다. 반면, "생명의 빛" (베오르 하하임) 가운데 행한다 라는 표현은 "죽은 자"와 대조되는 "이 세상에서의" 삶을 지시하지만, 건강과 평안을 가진 삶을 의미한다 (룻 2:20, 욥 33:30). 그런데 시 116:9은 여기와 유사한 진술을 제시한다: "주께서 내 영혼을 사망에서, 내 눈을 눈물에서, 내 발을 넘어짐에서 건지셨나이다. 내가 생존 세계에서 여호와 앞에 행하리로다." 구원받은 자는 이렇게 이 세상에서 건강한 생명을 가지고 사는 축복을 누리면서, 하나님 앞에서 행해야 한다는 당위성을 깨닫는다 (사 38:15-20).

한편 "실족지 않게 하지 아니하셨나이까?" 라는 표현은 내 두 발을 넘어짐에서 건지셨다는 것이다. '실족(失足)' 이란 신앙에서 떨어지는 상태나 아니면 내 육신이 원수에게 파멸을 당하는 경우를 지시할 것이다 (시 116:8, 9 참조). 위태한 위험에서 건짐을 받은 사실을 이렇게 묘사한다.

시편의 적용

내가 하나님을 의지하고 그 말씀을 찬송하리라 (4, 10절)

이 부분의 원문은 벨로힘 아할렐 데바로 이다. 이 표현을 달리 번역할 수는 없는가? 시 44:9에 보면, 여기와 유사한 표현 (벨로힘 힐랄누)이 나타난다 ("우리가 하나님으로 자랑하였나이다"; 시 34:3도 참조). 만약 이런 의미로 취한다면, 이 구절의 의미는 "그분의 말씀을 (가지고), 내가 그분을 자랑하였다"가 된다. 지금 시인은 원수에게 사로잡혀 종일 압제를 당하고 있다. 이런 상황에서 그가 할 수 있는 일은 하나님을 신뢰하는 일이다. 그래서 그는 "내가 하나님을 신뢰하니 내가 두려워하지 않으리라"고 고백한다. 여기서 "하나님으로 자랑하였다" 라는 표현은 "하나님을 신뢰하다" 란 표현과 병행어로 나타난다. 그렇다면, 시인이 하나님으로 자랑하였다는 말은 하나님의 약속 말씀을 가지고, 하나님으로 우리는 승리할 수 있다, 하나님으로 우리는 능히 이길 수 있다 라고 선포했다는 것이 아닌가? 이는 결국 그분을 찬양하고, 그분을 신뢰하고, 그분의 도우심을 앙모했다는 말과 같다. 원수에게 사로잡혔을 때, 우리가 구원을 위해 해야 할 일이 바로 이것이 아닌가? 그분으로 자랑하라!

내가 하나님을 의지 하였은즉 두려워 아니하리라 (5절)

기도를 충분히 한 날에는 잠이 달콤하다. 그렇지만 머리가 복잡하고 무거울 때에는 잠도 설치고 이상한 꿈이 괴롭힐 수 있다. 이런 경우에 어떻게 할까? 기도를 간절히 하고 잠자리에 든다면 좋을 것이다. 그러나 원수에게 사로잡혀서 크게 기도할 수 없는 형편이라면 어떻게 할까? 입술로 조용하게 성경말씀을 암송하는 것이다. 예컨대, "여호와는 나의 목자시니 내게 부족함이 없으리로다…내가 사망의 음침한 골짜기로 다닐지라도 해를 두려워 않을 것은 주의 지팡이와 막대기가 나를 안위하시나이다. 주께서 내 원수의 목전에서 내게 상을 베푸시고 내 머리에 기름을 바르셨으니 내 잔이 넘치나이다. 나의 평생에 주의 선하심과 인자하심이 정녕 나를 따르리니 내가 여호와의 집에 영원히 거하리로다." 이렇게 반복해서 암송하면 마음에 믿음이 용솟음치는 것을 느낄 것이다. 계속하면 은혜가 마음을 사로잡을 것이다. 수십 번 반복해 보라. 잠이 달 것이다. 나를 괴롭히는 모든 질병이나 원수가 나를 공격하려다 도망가고 말 것이다.

사람이 내게 어찌하리이까? (5절)

이 문장은 하나님에 대한 전적인 신뢰를 선언하는 신앙 고백문이다. 시인은 원수들이 제 아무리 강하다 하여도, 하나님을 의지하는 자기를 어떻게 할 수 없다고 담대히 선언한다. 사실 사람들은 보이는 윗사람들을 의식하다가 얼마나 자주 하나님을 섭섭하게 하는지 모른다. 예컨대, 대통령 앞에서 그가 건네는 술잔을 어떻게 마시지 않을 것인가? 나는 주님을 모시는 사람으로 술을 입에 대지 않습니다! 라고 말해야 마땅하지만 이렇게 자기 신앙 양심대로 행하는 자가 얼마나 많겠는가? 그렇지만 여기 신앙고백처럼 윗사람 앞이나 원수 앞에 섰을 때, 우리는 "사람이 내게 어찌하랴!" 라고 선언해야 한다. "원수야, 네가 하나님을 의지하는 내게 무엇을 할 수 있느냐?"

성도들은 직장에서 상사들의 눈치를 보느라 주님을 서운하게 해 드릴 때가 무척이나 많다. 그래서 신앙을 숨기거나 신앙적이지 아니한 일을 단호하게 끊지 못하고 타협적인 자세를 견지하게 된다. 그럴 때에 성령님은 탄식하시는 것이다. 그러나 시인처럼 "사람이 내게 어찌하리요" 하면서 주님을 의지하고 신앙적으로 확고하게 행동한다면 불신자들이 나를 오해하고 독단적이다, 배타적이다 라고 할지 몰라도 내심 존경하여 마지 않을 것이다. 주님은 그런 자를 붙들어 주시고 오히려 남들보다 더 빨리 승진시키시고 진급시키실 것이다. 왜냐하면 자기를 증거하는 자가 상관으로서 많은 부하직원들에게 좋은 영향력을 끼칠 수 있겠기 때문이다. 만약 타협적으로 신앙생활하는 사람을 상관의 자리에 앉혀 놓는다면 그 얼마나 주님이 섭섭한 일들이 벌어질 것인가?

안이숙 여사의 "죽으면 살리라"는 책에 보면, 일제 시대에 한 장로님이 부자집 아들로 신앙생활을 잘 하였는데 (겉으로 잘하였다는 말이다), 기독교 고등 교육 기관의 이사장 자리를 맡고 있었다 한다. 일본인들이 위협하길 신사참배를 거절하면 학교 문을 닫는다는 말에 이사장이 앞장서서 신사참배를 하도록 하였는데 그 후 하나님을 체험하고 자신의 행동이 얼마나 불신앙적이었나 깊이 참회하고 이사장 자리를 내어놓고 속죄하였다 한다. 세상을 너무 모른다, 너무 완고하다는 소리를 들을지언정 우리 주님의 마음을 섭섭하게 하는 타협적 신앙자세를 취해서는 안 된다.

내가 부르짖을 때에 (9절)

"내가 아뢰는 날에" 라는 번역보다 "부르짖을 때에" 라고 함이 좋다. 큰 소리로 하나님께 부르짖어 기도할 때, 기적이 일어난다. 작가 정연희 성도가 교통사고로 잇몸이 통 채로 빠져 귀신같이 덜렁거릴 때, 기도원에 가서 보니 사람들이 부르짖는 모습이 미친 것 같아 보였다 한다. 자기는 교양 있는 여자입니다 하고 몸을 움츠리고 앉아 있었는데 목사님이 두 손을 번쩍 들고 '주여!' 하고 부르짖으라 하였다. 그래서 부끄러움을 무릎 쓰고 "주여!" 부르짖는 순간 그의 잇몸이 제 자리에 달라붙는 기적이 나타났다 (그녀의 간증 중에서). 두 번 부를 필요도 없이. 여리고로 가던 주님을 길가의 소경들이 "다윗이 자손 예수여!" 하고 부르짖지 아니했더라면, 점잖게 체면을 차렸더라면 기적은 없었을 것이다. 하나님을 찾을 때는 체면을 벗어야 한다. 그러면 원수는 물러가고 말 것이다.

생명의 빛에 거니는 축복 (14절)

생명의 빛, 이는 생명이 충만한 삶일 것이다. 하바드에서 요나단 에드워즈를 전공(專攻)하고 학위를 받은 후, 프린스톤 신학교에서 조직신학을 교수하는 이상현 박사는 간증하길, 가만히 의자에 앉아 있을 수 있다는 사실 자체도 하나님의 축복이라 했다. 자기 심장이 나빠서 제 기능을 못하니 예배시간에 교회에 앉아 있을 수가 없었다 했다. 뇌에 산소 공급이 아니 되어 어지럽기 때문이라. 또 어떤 이는 잠을 잘 자는 것이 얼마나 큰 축복인지 깨달았다 했다. 잠을 도무지 잘 수가 없는 불면증에 빠졌기 때문이다. 우리가 이 땅에서 건강하게 산다는 것 자체도 하나님의 은혜이다. 구원받은 성도는 이 땅에서 건강과 평안을 가진 삶을 살아야 한다. 동시에 하나님 앞에서 행하는 삶을 살아야 한다. 이 둘은 서로 끊을래야 끊을 수 없는 불가분리의 관계이다. 성별된 삶은 건강을 보장하기 때문이다 (출 23:25-26, 신 7:12-15). 하나님과 함께하는 삶이야말로 행복과 건강과 만족의 지름길이지만, 왜 인생은 그분을 멀리 떠나기만 하는가? 그분과의 삶을 싫증내는 이유는 그만큼 우리가 부패한 까닭이다. 육을 쳐서 굴복시키지 못하면 하나님과 교제할 수 없다. 육은 하나님과 원수인 때문이다 (롬 8:6-8).

시 57편 내가 새벽을 깨우리로다

1. 전체구조에서의 위치, 시의 유형과 삶의 자리

표제는 "알-타스헤트" (당신은 멸하지 마소서!)란 표현을 담고 있다. 이 표현은 시 57, 58, 59, 75편 표제에서 등장하는 데 표제를 변경하거나 제하지 말라는 말인지, 아니면 곡조의 이름인지 확실치 않다. 그리고 표제는 이 시가 다윗이 사울 왕을 피해 동굴에 숨었을 때의 상황을 노래한 것이라 제시한다. 표제대로라면, 이 시는 다윗이 아둘람 동굴 (삼상 22장)이나 엔-게디 광야에 피신했을 때 (삼상 24장) 상황을 노래했을 것이다.

초대 교회는 이 시편을 부활절 아침에 낭송하곤 하였다. 그리스도께서 사망 권세를 철폐하시고 일어나신 안식 후 첫날 새벽 곧 부활의 아침은 우리 모두의 소망이 되었다. 이 시는 내가 새벽을 깨우리라!고 선언한다. 내가 새 시대를 열겠다는 의미로도 취할 수 있으리라. 물론 여기 시편의 문맥에서는 원수에게서 구원을 체험한 그 감격으로 새벽을 찬양과 기도로 시작하겠다는 결단의 표명일 것이다. 여하간 이 시는 오늘을 사는 우리 성도들에게 무한한 용기와 힘이 된다.

양식 비평가들은 대개 이 시를 개인 탄식시로 분류한다. 크라우스는 보다 광범위하게 기도의 노래로 분류한다. 전체의 분위기는 탄원에서 감사와 찬양으로 나아간다. 앞의 시가 "뭇 백성" (7절)을 언급했다면, 여기서는 "만민"과 "열방" 그리고 "온 세계"를 언급하며 전 세계적인 선교시각을 보여준다. 시인은 고난 중에 세계 선교적 비전을 발견하게 되었다.

이 시의 배경에 대하여 더 고려해 본다면, 1절에서 "내 영혼이 주께로 피하나이다"란 표현이나 "주의 날개 그늘 아래"란 표현, 그리고 3, 4절 등을 고려한다면, 시인은 무고하게 고소를 당하여 성전에서 하나님의 신원을 호소하는지도 모른다. 3절에 대한 이해는 다양하므로 (아래 해석 참조), 차지하고라도 4절은 시인은 원수의 이와 혀를 부각시키고 있다. 그래서 시인의 정황은 무고하게 기소를 당하는 정황이라 보는 것이다. 그리고 "주의 날개 그늘"은 성전 지성소에 안치된 언약궤를 덮고 있던 펼친 날개의 그룹 천사들의 날개를 상기시켜 준다 (왕상 6:23-28, 8:6-7). 물론 이 표현은 출 19:4, 신 32:11에 언급된 대로 하나님의 보호하시는 역사에 대한 (불기둥, 구름기둥 등을 통하여) 시적 묘사라고 할 수도 있다.

한편 이 시의 7-11절 부분이 시 108:1-5에서도 나타난다. 그래서 이 시의 통일성이나 원래성이 의문시되기도 한다. 이 시가 원본이라면 (시 108:6-13 부분은 시 60:5-12에서도 나타나므로) 시 108편의 부분은 이 시의 차용일 것이다. 그러나 두 시 모두 다른 원본에서 차용한 것일 수도 있다. 그런데 오프레 (P. Auffret, "Note sur la structure littéraire du Psaume LVII," 59-73)는 잘 짜여진 문학적 구성을 근거로, 이 시의 통일성을 주장한 바 있다. 예컨대, 5절이 11절에서 반복되는 것은 적어도 이 시가 편집상의 통일성을 견지한다는 증거라고 했다. 그리고 8, 11절 등에서 그는 돌쩌귀 구조 (pivot pattern)를 지적하기도 한다. 중요한 것은 이 시의 현재 모습이다. 현재 모습 이전에 이 시가 어떤 형태였던가? 라고 묻는 것보다 현재 이 시는 있는 그대로 무슨 메시지를 전달하고 있는가? 이것이 성경을 우리에게 주신 하나님의 의도에 보다 더 접근하는 연구 자세일 것이다. 더 나아가 57편이 인접한 시 56편이나 58편과는 어떤 이유에서 연관 배치된 것인가? 라는 질문도 제기할 수 있을 것이다.

2. 시적 구조와 해석

사고나 형식에 비추어 보건대, 제1연 (1-3절)은 나의 간구와 응답의 확신, 제2연 (4절)은 내가 처한 현실, 제3연 (5절)은 찬양, 제4연 (6절)은 나를 해하려는 원수, 제5연 (7-10절)은 기도 응답으로 고양된 영에서 울려나는 소리, 제6연 (11절)은 찬양 등으로 구분된다. 전체적인 구조에서 보면, 5절과 11절은 동일한 표현으로 되었고, 1-5절과 6-11절이 서로 대조되는 구조를 보인다. 즉 1-3절이 간구하는 나라면 (A), 4절은 나의 현실적 모습을 (B), 5절은 찬양 (C), 6절은 나를 해코자하는 원수를 (A'), 7-10절 신앙적인 나 (B'), 11절은 찬양 (C')을 제시한다. 원수가 있기에 (A') 나는 부르짖으며 (A), 현실의 어려움에 봉착된 나가 있기에 (B) 이를 극복하려는 신앙적인 나 (B')가 있으며, 이 모든 것은 결국 찬양을 (C, C') 하나님께 돌리는 원인으로 작용한다.

표제: 다윗이 사울을 피하여 굴에 있던 때에 (베바르호 미프네-솨울 밤메아라)—다윗은 대제사장 아히멜렉에게 가서 떡과 칼을 얻었지만, 그 일로 아히멜렉 일가 제사장이 몰살을 당하였다. 이런 대 학살에 다윗은 생명의 위협을 크게 느껴 블레셋 갓으로 도피하였다. 그렇지만 그곳에서도 생명을 보전키 위해 다시 아둘람 동굴로 도피해야 했다 (삼상 22:1). 이곳은 가드에서 그다지 멀지 않은 곳으로, 수많은 동굴들이 있다. 이 중 어떤 동굴은 2백 명 내지 3백 명도 능히 수용할 수 있는 거대한 것이다 (삼상 22:2 참조). 또 다른 동굴에 대한 언급은 삼상 24장에서 엔게디 황무지의 동굴이다 (3절). 유다 광야에는 동굴들이 많았다. 그곳은 피신처로 적합했던 것이다. 이런

피난 시절에 너무나 안타깝고 처절한 마음에 다윗은 이 시를 지었을 것이다.

제1연 (1-3절): 나의 간구와 응답의 확신

1절이 간구라면, 2-3절은 그것에 대한 응답의 확신을 피력한다. 그렇지만 우리는 1-3절을 한 연으로 처리해서 생각한다. 모두 1인칭 단수 시점으로 제시되고 있기 때문이다.

1절: 하나님이여 나를 긍휼히 여기시고 나를 긍휼히 여기소서 (혼네니 엘로힘 혼네니)— "하나님이여, 은총을 베푸소서, 은총을 베푸소서!" 간구를 반복해서 올린다. 그만큼 처절한 상황에 처해 있다. 기도에서 간절한 정도는 내가 얼마나 낮은 상태에 있는가? 여부에 따라서 달라진다. 간절한 기도는 그만큼 높이 올라갈 것이며, 그 만큼 우리 마음을 강하게 만들어 줄 것이다. 안일한 삶은 우리의 생각을 유약하고 타락하게 만들고 만다.

내 영혼이 주께로 피하되 주의 날개 그늘 아래서 이 재앙이 지나기까지 피하리이다 (키 베카 하사야 나프쉬 우베첼-케나페카 에흐세 아드 야아보르 하봇)—방금 앞에서 제시된 간구의 이유를 제시하고 있다: "왜냐하면 내 영혼이 당신께 피난처를 찾사오며, 재앙이 지나기까지 당신이 날개 그늘 아래서 내가 피난처를 찾기 때문입니다." 영혼을 육과 분리시킨 어떤 실체로 생각지 말아야 한다. 여기서 "영혼"(네페쉬)은 "나" 자신을 지시한다. "내가 당신께 피하나이다." 다시 시인은 "당신의 날개들 그늘 아래에 내가 피하나이다" 라고 부르짖는다. 내가 신앙으로 그분에게 달려 나아가서 그분의 두 날개 그늘 아래에 숨는다. 그곳은 보호와 안전이 있기 때문이다. 비록 직설법으로 표현되었다 해도, 이 진술은 시인이 처한 다급한 상황에서 토해내는 신앙고백이며 간구라 할 수 있다. 그런데 이런 신앙적 피난처 추구는 "재앙"(하봇)이 지나기까지 되어진다. "재앙"은 시편에서 시편에서 "구덩이"를 의미, 멸망 요인이며, "깊음" 두 개념까지 있다.

여하간 신앙은 고난을 먹고 자라난다. 그래서 어떤 이는 "역경의 은총"이란 제목으로 설교도 한다. 역경이 있기에 우리는 하나님을 체험할 수 있게 된다. "주의 날개 그늘 아래서"(브첼-케나페카)는 성도가 위기를 피하여 숨을 수 있는 피난처가 된다 (시 17:8, 36:8). 그 그늘 아래 숨었을 때 성도는 그분을 찬양한다 (시 63:8). 여기 사용된 표상은 무성한 나무 가지가 작열하는 뙤약볕을 피해 오는 새들에게 그늘의 안식처를 제공하는 모습이다 (겔 17:23). 아니면 그분의 보호하시는 여러 방식들의 시적 묘사일 수 있다 (출 19:4, 신 32:11). 그리고 " 재앙이 지나기까지"에서 "재앙"은 여기서 시인을 해코자 하는 원수들의 위협이다. 사울이 보낸 수색대가 수풀을 정찰할 때, 도피하는 다윗에게는 파멸과 재앙이 덮치는 순간이었다. 이런 때에 그는 비록 육신적으로는 큰 바위 밑이나 굴속에 숨는다 해도, 그곳에서 영적으로 간절하게 주님의 날개 그늘을 연상하며 신앙적 피난처를 찾았다.

2절: 지극히 높으신 하나님께 (렐로힘 엘리욘) —평소에는 그분의 필요성을 그다지 느끼지 못하다가도, 이런 위기 시에 성도들에게 하나님은 구원자요 능력자로 의지할 대상이 된다. 구원받을 다른 방도가 없기 때문이다. "지극히 높으신 하나님" 이란 단어 조합은 시 78:56에서 한 번 더 나타난다. 그런데 시 46:5에서는 이 조합이 전, 후반절에 쪼개져서 배치되기도 한다 (하나님의 도성/ 지극히 높으신 자의 거하시는 성소). 이로 보건대, 이 두 단어의 조합은 하나님의 위엄과 위대하심을 표현하기 위한 결합이라 할 수 있다.

내가 부르짖음이여 (*에크라*) — 이렇게 "내가 부르짖는다" 라고 1인칭으로 제시되는 표현은 시편에서 자주 나타난다 (시 3:5, 18:4, 7, 22:3, 27:7, 28:1, 30:9, 55:17, 56:10, 61:3, 86:3, 102:3, 116:2, 4 등). 극한 역경 가운데서 이러한 부르짖음은 나타나며 (시 18:7), 온 종일 되어지기도 하며 (22:3, 86:3), 이렇게 기도하는 자들은 마침내 하나님의 기적을 체험하고 (56:10), 일평생에 부르짖는 기도를 드리게 되고 (116:2), 신앙에 큰 진전을 보인다. 그렇지만 이렇게 부르짖는 기도를 알지 못하는 성도들도 많다. 이들은 부르짖는 기도를 배울 필요가 있다. 왜냐하면 우리의 믿음과 비전은 우리의 부르짖는 기도에 비례하여 성정한다고도 할 수 있기 때문이다.

나를 위하여 모든 것을 이루시는 하나님께로다 (*라엘 고메르 알라이*) —기도의 대상을 다시 한 번 반복 제시하여, 제시되는 사고를 선명하게 강조한다. 기도의 대상이신 그 하나님은 "나를 위하여 이루시는 하나님" (*엘 고메르 알라이*; 원문에는 "모든 것을" 이 없다)이시다. 여기 사용된 동사 (분사형; 고메르 "끝나다," "완성하다")를 헬라어역 (70인역)은 "친절을 베풀다" 혹은 "은총을 베풀다" 란 의미로 번역하였다 (유에르게테오). 그런데 어떤 영역본은 "나를 위하여 자신의 뜻을 이루시는 하나님" 이라 번역하였다 (NRSV, NIV: who fulfills his purpose for me). 다음 문장을 보면, 이 표현은 원수에게서 성도를 구원하시는 것과 연관되어야 한다. 그렇다면, 이 말의 의미는 "나를 위하여 [원수에게] 보응하시는 하나님" 이라고 할 수 있다. 동시에 시인에게는 "인자와 진리" 를 베푸시는 좋으신 하나님이시다.

3절: 저가 하늘에서 보내사 (*이쉴라흐 밋쇼아마임*)—무엇을 보내는지에 대하여 언급이 없다. 그러나 후반절에서 우리는 하나님께서 "자신의 인자와 자신의 진리" 를 보내신다는 것을 안다. "인자와 진리" 는 말하자면 하나님의 두 천사와 같아서 역경에 처한 성도들을 구원해 줄 것이다. 이 두 단어의 조합은 미 7:20에서 보듯, 하나님의 자기 언약백성을 향하신 "신실하심" 을 강조적으로 묘사해 준다. 하나님과의 언약관계 때문에 성도는 원수에게서 구원을 받는다. 반면 하나님의 백성도 하나님을 향하여 동일한 사랑 (헤세드)과 신실함 (에메트)를 지녀야 한다 (호 4:1). 이는 그분에 대한 변함없는 사랑과 헌신으로 표현되어야 한다.

나를 삼키려는 자의 비방에서 나를 구원하실지라 (셀라)(*베요쉬에니 헤레프 쇼아피 셀라*)—이 부분의 번역은 다양하다. 1) 나를 삼키려는 자의 비방에서 (나를 구원하시리라; KJV, 한역; 이는 원문의 모음을 약간 바꾸어야 한다); 2) 그가 나를 짓밟는 자들을 꾸짖으신다 (NASB); 3) 나를 맹렬하게 추격하는 자를 책망하시면서 (NIV); 4) 나를 괴롭히는 자들을 제지하시리라 (NJB); 5) 나를 짓밟는 자를 수치스럽게 하시리라 (70인역, RSV); 6) 나를 추격하는 자를 그가 조소하셨다 (ELB); 7) 내 핍박자가 나를 욕한다 (TNK); 8) 내 핍박자가 분노를 쏟는다 (LSG). 이 번역들을 두

가지로 분류하자면, a) 하나님께서 나를 괴롭히는 자를 꾸짖으신다 (1-6); b) 나를 괴롭히는 자가 비방한다. 그런데 KB³는 이 동사를 "비방하다" 동사의 동음이의어로 설정하여 "혼란시키다," "환멸을 느끼게 하다"로 정의하고 있다 (아랍어 [하리패 to drivel; 시리어어 [흐라프 to mix를 근거로 제시한 Driver, JTS 33:38-39에 의존하여). 그렇다면 "나를 괴롭히는 자를 하나님께서 혼란케 하시다"라가 된다. 여러 번역들 중에서 적절한 것은 이 마지막 제안이나 아니면 b)가 될 것이다. 왜냐하면 "비방하다" 동사의 주어를 하나님으로 보기에는 무리가 있기 때문이다. 4절에서 원수의 이와 혀가 공격 무기라면, 3절에서도 비방하는 주체는 원수여야 적절할 것이다.

하나님이 그 인자와 진리를 보내시리로다 (이쉴라흐 엘로힘 하스도 바아밋토) —인자와 진리가 마치 하나님의 사신들처럼 하늘로부터 보내심을 받는다. 하나님의 속성들이 곤고한 자리의 시인을 구원하는 토대가 된다.

제2연 (4절): 내가 처한 현실

4절: 내 혼이 사자 중에 처하며 내가 불사르는 자 중에 누웠으니 곧 인생 중에라 (나프쉬 베토크 레바임 에쉬케바 로하팀 베네-아담)— "사자들" (레바임)는 하나님이나 (호 13:8) 집어삼키는 니느웨 같은 악인의 상징으로도 (사 5:29, 나 2:11-13) 나타나지만, 여기서는 원수의 상징으로 등장하고 있다. 사자로 제시된 원수는 성도를 물어 뜯어 삼키고자 한다. 그런데 후반절에서 표상은 전통적으로 "불사르는 자" 이지만, "불사른 자"란 표현은 여기서 "삼키다"란 의미로 보면 좋을 것이다 (KB³). 그래서 NRSV 같은 영역본은 이 말 다음에 등장하는 "인생" (베네-아담)이란 말을 목적어로 취하여 "내가 인생을 게걸스럽게 집어삼키는 사자들 가운데 눕는다" 라고 번역한다. NIV도 "게걸스런 짐승들 중에 내가 눕는다" 라 번역한다. 다시 말해서, 여기서 다른 두 표상이 사용되었다기보다, 사자들, 곧 게걸스럽게 먹어치우는 야수(野獸)들의 표상으로 원수가 묘사되고 있다. "내가 눕다"란 동사는 이른바 연장형 형식으로 되었다. 이는 1인칭의 의지, 결심을 표현한다. 그렇지만 여기서 저자는 여기서 어찌할 수 없는 현실적 상황을 이렇게 표현하는지 모른다.

저희 이는 창과 살이요 저희 혀는 날카로운 칼 같도다 (쉰네헴 하닛 베칫침 울쇼남 헤레브 핫다) —원수들이 이와 혀를 고대인들의 주요 무기들에 비유하고 있다. 원수들은 성도를 멸하기 위하여 말로 혹은 행동으로 전쟁을 하고 있다.

제3연 (5절): 찬양

5절: 하나님이여 주는 하늘 위에 높이 들리시며 주의 영광은 온 세계 위에 높아지기를 원하나이다 (루마 알-핫샤마임 엘로힘 알 콜-하아레츠 케보데카) —하늘과 땅, 극과 극이 합하여 전 우주를 이룬다. 전 우주 위에 하나님은 높이 영광스럽게 되소서. 이러한 간구가 하나님의 위대하심과 영광을 더 확대하거나 강화시키지는 못하나, 성도의 말과 행동을 통하여 그분은 타락한 인류에게 분명하게 나타나게 된다. 하나님은 자연 만물에 자기 영광을 나타내시나 (시 19:1-6), 부패한 인생은 눈이 멀어 보지 못할 뿐이다. 그런데 여기 문맥에서 이 찬양이 힘 있게 드러내고자 하는 사고는 성도를 원수의 손에서 건지시는 구원행위를 통해서 성취 될 것이다. 찬양은 언제나 하나님의 속성과 그분이 행하시는 일과 연관되어 나타나기 때문이다.

제4연 (6절): 나를 해하려는 원수

우리가 이렇게 연을 구분하였지만, 가만히 보면, 원수의 위협이 극도로 느껴질 때 시선을 하나님께로 향하여 그분의 위대하심에 대한 감정이 폭발함으로 5절의 찬양이 터져 나왔다고 할 수 있다. 그리고 연이어 앞에서 잠깐 언급했던 그 원수들의 모습을 다시 묘사하는 것이다. 즉, 4, 6절은 서로 연결되는 것이다.

6절: 내 걸음을 장애 하려고 그물을 예비하였으니 (레셋 헤키누 리프아마이)—시인은 원수가 자기가 걷는 길에 위장하여 (시 9:16) "그물"을 함정으로 "설치했다" (헤킨)고 한다. 먹이가 걸리면 저들은 그물을 끌고 갈 것이다 (시 10:9). 그렇지만 하나님과 은밀한 교제를 즐기는 성도의 발은 그물에서 벗어나고 (시 25:15), 대신 그물을 설치한 악인들이 자기 꾀에 빠지고 만다 (시 9:15).

내 영혼이 억울하도다 (카파프 나프쉬)— "내 영혼이 굽어졌다." 경배할 때 허리를 굽히듯 (미 6:6), 영혼이 낙담과 좌절로 인하여 굽혀진 상태이다. 그렇지만 하나님은 넘어진 자들을 붙드시고, 이렇게 좌절로 굽어진 자들을 일으키신다 (시 145:14, 146:8).

내 앞에 웅덩이를 팠으나 스스로 그 중에 빠졌도다 (카루 레파나이 쉬하 나플루 베토카흐)—그물을 웅덩이에 덮어서 경건한 성도를 잡고자 했지만, 스스로 함정에 빠지고 만다. 다니엘을 해코자 하던 자들이 스스로 사자 굴에 던져진 것과 같다 (단 6:24).

제5연 (7-10절): 기도 응답으로 고양된 영에서 울려나는 소리

7-8절과 9-10절을 함께 묶어서 생각하는 이유는 모두 1인칭 단수 시점으로 제시되고 있기 때문이다. 7-11절은 시 108:1-5과 대동소이하다. 이 연은 시 전체에서 조명해 볼 때, 전반부에서 구원을 호수했고 (1-4절), 원수의 음모 (6절)도 묘사했으므로, 기도에서 구원의 확신을 얻은 후에 솟구쳐 오르는 기쁨을 노래하는 것으로 보아야 한다. 시인은 이제 새벽을 깨우며 감사의 찬양을 올리리라 다짐한다 (8절). 자기 혼자 있는 골방에서 찬양하리라 하거나 회중 가운데서 찬양하리라 하는 정도가 아니라 "만민 중에서," "열방 중에서" (9절) 하나님의 베푸신 은총을 찬양하리라 다짐한다. 그럼에도 이런 선교적 자각이 어떤 계기에서 나타났는지 분명치 않다. 5, 11절의 진술은 성도가 하나님의 은총을 입고 심령이 고양된 가운데 영적 정상의 상태에서 발한 외침이다. 우리 성도의 영혼이 영적 세계를 향하여 고양되는 것은 거룩한 기름 부으심의 역사이며, 이런 기름 부으심은 그분을 향한 갈망이 불타는 가운데 부르짖을 때, 경건한 자들의 기도 모임과 예배시에 나타나게 된다. 특히 고난 중에서 구원을 받았거나 기도 응답을 받았을 때, 우리의 영적 상승 날

개는 고도의 제약 없이 작동하여 우리로 비상하게 한다. 어쩌면 시인은 평소에 이방인들의 허무한 생활을 몸소 체험하고 이방인들에 대한 선교의 꿈을 꾸게 되었는지, 아니면 그들에 대하여 듣고 기도 중에 선교적 자각이 생겨났는지 모를 일이다. 어떤 이유에서건 시인의 시야는 이제 세계적이다.

7절: 하나님이여 내 마음이 확정되었고 내 마음이 확정되었사오니 (*나콘 립비 엘로힘 나콘 립비*)—여기서도 1절, 2절에서처럼 같은 표현을 반복적으로 제시하여 선명하게 강조하고 있다. 혹자는 여기서 "돌쩌귀 형식"(pivot pattern)을 본다 (W. G. E. Watson, "The Pivot Pattern in Hebrew, Ugaritic and Akkadian Poetry," 239-53 참조): 내 마음이 확정되었고, **하나님이여**, 내 마음이 확정되었나이다. 확정되다 (*나콘*)란 말은 "확고하다"란 의미이다. 마음이 확실하게 주님을 신뢰하기로 정해지는 상태가 곧 믿음의 상태이다. 6절에서 원수는 성도를 해코자 그물을 "설치"하였다면, 성도는 마음을 "설치"(확고히) 하였다. 이렇게 "마음을 오로지 하여 여호와를 구하는" 자세야말로 하나님의 은총을 받는 지름길이다 (대하 12:14). 이런 자세를 취할 때 우리는 무엇보다 죄악을 멀리 버리게 된다 (욥 11:14). 하나님을 향하여 마음이 정함이 없을 때 (시 78:8, 37), 세상 여러 유혹에 휩쓸리게 되고, 하나님의 버림을 받고야 말 것이다. 그러나 의인은 마음을 확고히 정하고 찬양하며 (시 108:1), 그러한 자는 흉한 소식을 두려워 아니할 것이다 (시 112:7).

내가 노래하고 내가 찬송하리이다 (*아쉬라 바아잠메라*)—마음이 주께로 일편단심 정해진 자는 심령을 다하여 찬양하게 된다 (시 108:1). 사용된 동사의 형식은 소위 "연장형"(cohortative)으로 1인칭 저자의 확고한 결심과 의지를 표명해 준다. 그는 찬양하기로 결심한다. 이렇게 일편단심의 마음에서 우러나오는 찬양만이 하나님께 상달될 것이다. 찬양은 하나님의 은혜를 체험한 자들이 드리게 된다 (출 15:1, 삿 5:3, 시 13:5, 101:1 등).

8절: 내 영광아 깰지어다 (*우라 케보디*) — "내 영광"은 내게서 가장 귀한 존재인 영혼 (soul)을 지시할 것이다. 이 기관이 귀한 것은 하나님과 교통하는 도구가 되기 때문이다. "깨우다"란 동사는 독수리 어미가 그 보금자리를 흔들어 어지럽게 하여 새끼를 깨우는 행동을 묘사할 때도 사용되었다 (신 32:11). 혹은 "드보라여 깰지어다"라고 할 때 (삿 5:12), 우리는 영적인 각성을 생각하게도 된다. 거룩한 일에로의 행동을 촉구한다. 여기서도 그러한 의미일 것이다. 거룩한 일을 하려면 우리는 영혼을 일깨우지 않으면 안 된다.

비파야, 수금아 깰지어다 (*우라 한네벨 베킨노르*)—자기 영혼을 분기시킨 시인은 이제 악기들을 각성된 영으로 연주하기 시작한다. 마치 사람에게 하듯, 깨어라! 고 명하고, 연주하는 그의 찬양은 (시 108:2) 하나님이 기뻐 받으시는 찬미의 제사가 될 것이다 (히 13:15). 시인은 찬양으로 새벽을 시작한다. 성도들이 거룩한 찬양과 기도로 하루를 시작한다면 세계는 그들의 것이 될 것이다. 왜냐하면 온유한 자가 땅을 차지하겠기 때문이다 (시 37:11). 온유한 자는(*아나빔*) 경건한 자를 지시한다.

내가 새벽을 깨우리로다 (*아이라 솨하르*)—새벽은 생명이 약동치는 시작이다. 이 새벽을 깨우는 영혼은 살아 움직이는 성도이다. 그렇지만 새벽에 잠든 영혼은 이미 그 하루를 망쳤다. 구원 받은 성도라면 365일을 새벽마다 부르짖고 의지하지 않으면 안 된다. 그분의 영광 위해 살려고 하는 자에게 새벽을 기도로 시작하는 것은 그분을 향한 우리의 거룩한 약속이어야 한다. 그것은 우리 힘으로 하루를 살지 아니하고 그분의 능력으로 살리라는 의지의 표현이다. 그런데 성경에서 하나님은 "새벽에 도우시는 자"로 나타난다 (시 46:5, 출 14:24, 수 6:15, 삼상 11:11, 30:17, 왕상 3:20 등 참조). 새벽은 여명이 동이 터오는 시각이며 만물이 새롭게 되는 시각이다. 이런 때에 주님과 교제하며 새벽이슬 같은 은혜의 단비로 영혼을 촉촉이 적신다면 그 날의 승리는 우리의 것이리라.

9절: 주여 내가 만민 중에서 주께 감사하오며 (오데카 바암밈 아도나이)—이스라엘 역사에서 이렇게 세계적인 시야를 가졌던 시대는 다윗이나 솔로몬 시대가 아닐까 한다. 그리고 물론 이스라엘이 열방 중에 흩어졌을 때인 (예언은 신 4:27 등) 추방 시에는 넓은 안목을 당연히 갖게 되었을 것이다. 실제로 다윗은 이런 선교적 시각으로 말한 바 있다 (시 18:49, 특히 역대상 16:8). 여기 표현된 사고는 열방을 향한 찬양의 선포이지만 선교적 열정이 없다고 하기 어렵다 (시 9:12, 77:14, 105:1, 사 12:4 등 참조). 하나님은 한 민족의 하나님으로 머무실 분이 아니시다. 모인 회중이 아무리 크다 할지라도 말이다 (시 35:18 참조). 그런데 이 구절은 로마서에서 이방인들에게 복음이 전파됨으로 성취된 것으로 나타난다 (롬 15:9). 그런데 여기 문맥에서 이런 시인의 선교적 선언은 기도 응답으로 고양된 심령이 평소에 품었던 세계 선교의 꿈에 부딪혀 불꽃을 튀기게 되었을 것이다.

열방 중에서 주를 찬송하리이다 (아잠메르카 발-움밈)—하나님은 이미 아브라함을 통하여 만민이 복을 받으리라고 전 세계적 선교시각을 심어 주셨다 (창 12:3, 18:18, 22:18 등). 아브라함을 택하신 것은 저주에 처한 세계에 복을 주시기 위함이셨다. 즉, 전체를 위한 부분의 선택 (pars pro toto)이었다. 이스라엘은 자기 역사에서 이를 자주 망각하였다. 아니 자신들조차도 주체하지 못하였다. 그래서 결국 멸망을 당하였다. 그렇지만 각성된 영혼은 이렇게 선교적 열의를 표출하기도 하였다. 선교나 전도는 내가 하나님을 체험하여 그분의 은혜를 뜨겁게 느끼는 강도에 따라 자연스럽게 나타나게 된다. 성도나 교회의 존재 의의는 선교적이다 (엡 1:6, 12, 14).

10절: 대저 주의 인자는 커서 하늘에 미치고/ 주의 진리는 궁창에 이르나이다 (키-가돌 아드-솨마임 하스데카/ 베아드-쉐하킴 아미테카) —이렇게 주의 속성을 노래함은 이미 앞에서 보았듯이 (3절) 시인이 역경 중에 하나님께서 크신 구원을 베푸실 때 이런 속성들을 체험했기 때문이다. 그런데 "인자"와 "진리" (신실)는 함께 나타나기도 하지만 (창 24:27, 49, 32:11, 47:29, 수 2:14 등), 이렇게 둘을 전. 후반절에 나누어 배치하는 일은 시적인 기교에 속한다 (break-up of a combination). 그분의 사랑과 신실하심은 얼마나 광대하고 큰지 하늘 위에까지 (시 108:4) 미치고도 남는다. 그래서 어떤 성도는 바다를 먹물 삼고 하늘을 두루마리 삼아도 다 기록하기 어렵다고 노래했다.

제6연 (11절): 찬양

11절: 하나님이여 주는 하늘 위에 높이 들리시며 주의 영광은 온 세계 위에 높아지기를 원하나이다
(루마 알-샤마임 엘로힘 알 콜-하아레츠 케보데카) —다시 시인은 5절의 찬양을 반복한다. 5절에서는 원수의 위협에 극도의 위험을 느낀 시인이 역경 중에 찬양을 발했다면, 여기서는 마음을 정하고, 새벽을 깨우면서 악기를 연주하면서 확신 있게 드린 찬양이다. 그렇지만 이러한 반복의 기교를 통해 시인은 독자들의 마음에 하나님의 영광을 찬양하는 역동적인 효과를 산출하고 있다.

시편의 적용

나를 긍휼히 여기시고 나를 긍휼히 여기소서 (1절)

많은 기독인들은 평안을 원하고 형통을 원한다. 아무도 질병과 고통과 가난을 원치 않는다. 하나님은 사실 건강과 평안, 형통을 자기 자녀들에게 주시고 누리기를 원하신다. 그렇지만 이 세상에서 사는 동안 인간은 평안과 형통을 제대로 누릴 수가 없다. 그것은 인생이 근본적으로 부패하여서 평안하고 형통하면 마음이 급속하게 부패하게 되어 버리는 까닭이다. 복음이 전해지면 축복이 임한다. 그래서 물질의 풍성함이 주어지고 평안이 있다. 그렇지만 가난하고 고난당할 때의 그 간절하던 기도와 주를 향한 열심은 어느새 식어 버리고 대신 향락과 안일함의 늪에 자기도 모르게 빠져들게 된다. 그 결과는 하나님께서 축복을 거두시고, 내 몸에 질병을 허락하시어 깨어나도록 하는 징계의 채찍으로 나타난다. 왜 인생은 이다지 급속도로 부패하는가? 주어진 평안과 복을 기 디지 못하는 비련한 인생이다. 그렇다면 형통하고 부하게 되기 더럽하고 깊게도 재미있 맞느니, 건강한 몸으로 어려움을 당하더라도 주를 향한 성결한 마음과 열심히 섬기는 그 상태가 더 바람직하지 않을까? 우리 기독인들은 가난하고 어려울 때가 영적으로 더 낫다고 할 수 있다. 그렇지만 인간이 어디 그런가? 부하고 싶고, 잘 살고 싶고, 형통과 건강을 원하지 않는가?

시편이 원래 작사된 정황

양식 비평가들이 개인 탄식시, 공동체 탄식시, 감사 찬양시, 왕의 시 등으로 분류하면서 각 장르들은 특정한 예배 의식용으로 작사된 것이라고 할 때, 그것은 하나만 알고 둘은 모르는 처사이다. 성도들이 고난 중에 처하여 눈물 흘리며 부르짖는 정황들이 시편들에서 표출되고 있지만, 그런 정황을 단순히 의식용으로 사용하기 위해 책상머리에 앉아서 지어낸 것으로만 생각한다면 현실감각이 없다. 이렇게 장르별로 모아서 연구할 때, 공통의 어휘나 표현들, 공통의 느낌들이 있기 때문에 그리한다. 그런 이유 때문에 같은 장르의 시편들은 같은 의식용으로 작사된 것이라 하지만, 성도들이 울부짖을 때, 그 기도의 수식어나 내용 혹은 분위기들은 대개가 유사할 수밖에 없다. 왜냐하면 같은 하나님, 같은 어려움, 같은 언어, 같은 믿음을 소지한 자들이 유사한 표현과 어휘로 하나님께 간구하겠기 때문이다. 예컨대, 삼각산에서 밤 기도를 드릴 때 우리는 틀에 박힌 정형의 문장들을 구사하면서 기도하지는 않는다. 그렇지만, 주여, 불쌍히 여겨 주옵소서! 주여, 기적을 베풀어주옵소서. 주여 감사하나이다. 주여, 이 민족을 죄악에서 구원하여 주옵소서!라고 다 같이 기도하는 것이다. 현실적으로 보아도, 찬송가에 수록된 찬송시들은 거의가 성도들이 현실 삶에서 우러나온 것들이지, 예배용으로 처음부터 지어진 것들은 많지 않은 것이다.

내 영혼아 깰지어다 (8절)

내 영혼은 내 '영광'으로 표현된다. 왜 이것이 귀한고 하니, 그것이 하나님과 교통하는 기관이기 때문이다. 어떤 이는 "내 영광"을 설명하길, 이것은 "하나님이 주시는 영광을 받고, 또한 하나님을 영화롭게 하는 능력"이라 하였다. 또 어떤 이는 "경배자가 하나님에 대한 사고로 충만하게 될 때 그 상태"가 그 사람의 "영광"이라 하였다. 여하간 이 영광이 깨어날 때 우리는 거룩한 일에 분발하게 된다. 안일과 나태함에서 과감히 떨치고 일어나서 주님의 거룩한 일을 위해 헌신하게 된다. 영혼을 분기시키라. 드보라 처럼 나라의 구원을 위해, 영혼의 구원을 위해, 세계의 구원을 위해 영혼이 각성된 자들이 필요하다. 각성한 영혼은 하나님으로 쉬지 못하도록 부르짖게 된다 (사 62:6, 7). 오, 우리 영혼이 세상에 잠들거나 혼미해지지 않기를. 새벽을 깨워야 한다. 비파를 깨워야 한다. 성별된 삶을 위하여, 새벽을 깨우고, 성별된 일을 위하여 비파를 깨워야 한다. 이것이 세상에서 부름을 받은 우리 성도들이 취해야 할 자세이다. 세상이 두려워 할 자세를 취하지 않으면 안 된다. 그런데 에스라 1:5에 의하면, "무릇 그 마음이 하나님께 감동을 받"은 자, 곧 그 영을 하나님께서 흔들어 일깨운 자들만이 예루살렘으로 귀환하였다. 우리 성도들도 영혼이 각성되는 것은 성령께서 흔들어 깨우시기 때문이다. 그럴 때에 우리는 성령님의 감동을 따라 순종하여 행하면 된다. 우리가 부름 받은 거룩한 일은 시대와 상황에 따라 상세한 점에서 다를 수 있으나 공통분모는 항상 모든 사람들이 하나님의 진리에 이르러 구원을 받고 그분의 영광을 찬양토록 하는 일이다.

내가 새벽을 깨우리로다 (8절)

김진홍 목사는 이런 제목의 책을 출판한 바 있다. 그는 실로 달동네의 새벽을 깨운 분이었다. 필자가 양평 학교에서 일할 때 양평에서 한 주일에 한 번은 학교에서 잠을 자곤 했다. 새벽이면 남한강에 면한 산 바위에 올라 부르짖는다. 동이 틀 무렵이 되면 안개가 산자락을 감싸기 시작하여 금새 한치 앞을 볼 수 없게 된다. 남한강이 앞을 가로막고 습한 공기가 이런 현상을 만들어 내는지 모른다. 어떤 때는 안개가 발밑까지 자욱하게 감싸고 온 산을 덮을 때는 신비롭기까지 하다. 새벽공기가 신선하고 폐부를 적실 때 나의 부르짖음은 하늘로 치솟는다. 나는 승리한 것이다. 적어도 이 새벽만큼은. 매일 우리는 새벽을 깨우지 않으면 안 된다. 새벽이 나를 깨우도록 방심해서는 안 된다. 매일 매일 우리는 새벽으로 우리 영전 (靈戰)의 전의(戰意)를 불태워야 한다. 오늘도 악과 싸워 이기고, 오늘도 내 육을 복종시키고, 오늘도 거룩한 일에 분발하여 싸우게 하소서!

가나안 족속은 '솨하르'라 불리는 새벽 신을 섬겼다. '쏼림'이란 황혼 신도 섬겼지만, 새벽신이야 말로 새로움과 정력의 신으로, 풍년과 수확, 사랑과 생명을 주는 은혜로운 신들 가운데 하나였다. 그런데 우리 하나님은 새벽에 자기 백성을 도우시는 하나님으로 종종 나타나기도 한다 (시 46:6, 90:14, 143:8 등). 왜 새벽에 도우시는가? 하면 새벽은 어둔 밤이 지나고 새로움의 출발이기 때문이다. 이 새벽에 하나님을 앙모하는 자에게 하나님의 기적은 일어날 것이다. 기도하는 그 시간에 하나님은 방문하시어 축복을 안겨주실 것이다.

내가 만민 중에서 주께 감사하오며 (9절)

이는 시인의 결심이다. 결단코 감사 찬양을 만민 중에서 주께 드리겠다는 것이다. 이 거룩한 결심은 선교적 헌신으로 나타날 것이다. 감비아에 파송된 선교사는 한 책에서 선교 현장을 기록하고 있다. 그에 의하면, 감비아 청년들은 백인을 만나서 운이 형통케 풀리기만을 고대하며 지나기 일쑤라 지적했다. 저들은 그래서 허구한 날, 해변에서 보내면서 백인 여자를 만나서 한 건 올리고자 안달이라 한다. 그렇게 해서 잘 되면 차를 얻기도 하고, 스웨덴이나 독일로 가서 결혼을 하거나 살게 된다고 한다. 할 일이 없으므로 그렇게 하는 것만이 자기들의 인생의 멍에를 풀 수 있다고 생각한다고 한다. 이런 자들에게 선교를 하면서, 선교 역사가 오래된 서구 선교사들은 물질을 주면서 하는 선교가 열매가 없었다고 자기비판을 하면서, 절대로 물질로 관계를 맺지 않는다고 한다. 그렇지만 한국 선교사들은 가난하고 배고픈 저들에게 먹을 것과 입을 것을 주면서 모여드는 사람들에게 바싹 복음을 힘 있게 전해야 한다고 생각들 한다고 한다. 그 선교사는 어느 생각이 맞는지 자기로서는 아직도 결론이 나지 않는다고 고백했다. 한편, 아프리카나 가난한 나라들에서 온 학생들을 지도하며, 관찰해 보면, 어떤 자들은 신사적으로 기독인답게 물질에 초연하게 행동하지만, 어떤 자들은 정말로 거지처럼 무엇을 얻을 궁리만 한다. 더구나 한국교회는 제 3세계 외국인 학생이라면 돈을 미구 주는 경향이 있다. 이국 학생들의 행동을 보면서 그러한 거지 근성을 가진 저들이 정말로 좋은 목회자가 될 수 있을까 우려를 해 보기도 했다. 그렇지만 우리가 배고프고 어려웠던 시절에 거지처럼 얻고자 했지 않나 하는 생각도 있다. 그렇다면 저들을 물질로 돕는 것이 나쁘다고만 하지 말고, 지혜롭게 정말로 지혜롭게 복음을 전해야 하지 않을까?

시 58편 악인은 나면서부터 곁길로 나아가

1. 전체구조에서의 위치, 시의 유형과 삶의 자리

시 57:4절에서 "저희 이는 창과 살이요 저희 혀는 날카로운 칼 같도다" 라 했다면, 시 58:6에서는 "저희 입에서 이를 꺾으소서 여호와여 젊은 사자의 어금니를 꺾어 내시며" 라 기도한다. 본 시편의 마지막 구절들은 시 64편, 시 140편과 아주 유사하다.

표제는 역시 다윗의 시로 제시하고, "알-타스헷"이란 제목도 전편의 시와 같다. 그런데 악인에 대한 묘사에서 이 시는 시 57편과 흡사한 데가 있다 (6, 7절을 시 57:4절과 비교). 한편 양식 비평가들은 보통 이 시를 "공동체 탄식시"로 분류한다. 그렇지만 처음부터 탄원하는 분위기가 나타나는 탄식시와 달리, 이 시에서는 처음부터 악인에 대한 기소와 그것에 근거한 하나님의 처벌(저주) 선고, 그리고 하나님의 의로우신 통치를 노래한다. 따라서 시 52편에서 언급한 것처럼 언약 조항에 근거한 예언자의 심판 메시지의 형식에 근접한다. 이런 예언적 심판 메시지는 예언자들이 선포했을 것이다. 그렇지만 그 구체적인 정황은 파악하기 어렵다. 분명한 것은 언약 조항에 근거하여 지도자들을 기소하고 하나님의 처벌을 선포한다는 것이다. 델리취는, 이 시가 압살롬의 반란 시에 저작되었다 한다.

2. 시적 구조와 해석

우리는 네 개의 연으로 이 시를 구분할 수 있겠다. 제1연 (1-2절)은 2인칭으로 악인을 책망한다면, 제2연 (3-5절)은 3인칭으로 악인을 묘사 (기소) 한다. 제3연 (6-9절)은 이런 기소에 근거한 처벌의 선고 (간구)이며, 제4연 (10-11절)은 의인의 궁극적 승리의 확신과 하나님의 공의로우신 통치를 노래한다. 구조면에서 1절과 마지막 절 (11절)은 유사한 단어들을 사용하여, 일종의 인클루지오 (inclusio)를 형성하고 있다. "당연히" (우미나)와 "진실로" (아크), "통치자들" (엘림)과 "하나님" (엘로힘), "공의" (체데크)와 "의인" (챠디크), "말하다" (다바르)와 "말하다" (아마르), "인생" (베네-아담)과 "사람" (아담), "판단하다" (쇼파트)와 "판단하다" (쇼파트), "땅에서" (바아레츠, 2절)와 "땅에서" (11절) 등이다. 그리고 전.후반절 간에는 대개 동의 병행법이 사용되고 있다 (1, 2, 3, 4, 6, 7, 8, 10, 11 등).

6절을 고찰해 보면, 전.후반절이 접어서 정확하게 일치하는 구문을 가졌다 (호격+동사+목적어+전치사구/ 목적어+동사+호격). 후반절에는 전반절의 전치사구가 생략되었다. "저들의 입에서" (베피모; 여기서 전치사 '베'는 '-으로부터' [from]의 의미)란 표현이 후반절에서도 기능을 한다 (double duty). 이런 생략 대신에 후반절에서는 목적어가 두 단어로 나타나 전.후반절 간의 박자 균형을 잡아준다 (4/4). 의미상으로 전.후반절은 동의 병행법을 구성한다.

제1연 (1-2절): 2인칭으로 악인을 규탄

1절: 인자들아 너희가 당연히 공의를 말하겠거늘 어찌 잠잠하느뇨 너희가 정직히 판단하느뇨 (하우므남 엘렘 체덱 테답베룬/ 메샤림 티쉬페투 베네 아담)— "너희 통치자들아, 너희가 실로 공의를 말해야 하지 않겠는가? 너희들은 백성을 공평하게 판단해야 하지 않겠는가?" 한역과의 이러한 차이는 "잠잠함" (엘렘)이란 말의 모음을 약간 변조 (變造)하여 해석하기 때문에 야기된다. 한역은 의역하여 "당연히 공의를 말해야 할 때에, 어찌 잠잠한가?"라는 책망으로 제시한다. 반면 우리는 NASB (O gods!), NJB (divine), TNK (mighty ones) ELB (Goetter) 등과 같이 "신들" (엘림) 로 읽는다 (NIV, rulers). 구약에서 재판장들이나 지도자들은 "신들"이라 불렸다. 즉, 그 기능면에서 하나님과 같다는 의미이다 (출 21:6, 22:7, 8, 시 82편; 요 10:34, 35 참조). 어떤 사람이 "의롭다" (즉, 무죄하다)는 판단은 오직 하나님만 내리실 수 있다 (욥 35:2). 그런데 땅에서 재판장이나 통치자들이 재판을 한다. 그래서 저들은 하나님의 기능을 대리하는 자들이다. 그렇지만 저들이 뇌물을 받고 불의한 자를 의롭다고 부당하게 선고하고, 죄 없는 사람을 죄 있다고 처벌하기도 한다. 이런 불의한 통치는 신정국가인 이스라엘에서 용납될 수 없었다. 왜냐하면 하나님은 재판장들이나 (신 16:18-20, 17:8-13), 왕 (신 17:14-20), 선지자 (신 18:9-22) 등의 처신에 대하여 법으로 규정해 놓으셨기 때문이다. 따라서 후대 선지자들은 이런 언약 법규에 근거해서 왕이건, 재판장이건, 제사장이건, 선지자건 불의하다 판단되면 저들을 기소하고, 처벌을 선포하였다. 예언자들이 외쳤던 메시지들의 주종이 바로 언약백성들을 기소하는 이런 "심판 메시지"였다.

그런데 "정직히 판단하느뇨?" (메쉬림 티쉬페투)에서 "판단하다"란 '재판하다'란 좁은 의미만 아니라, '통치하다'란 넓은 의미로도 이해된다. 규탄의 대상은 비단 재판장들로 국한되기 어렵고 지도층 인사들이 망라되고 있다. 여기에 대한 질문은 당연히 "아니오"이다.

한편 "너희들이 말해야 한다" (테답베룬)에서 마지막 "눈"은 의미 없이 편의상 첨가된 어미음 첨가어 (paragogic nun)이다. 이런 어미음 첨가가 없는 형태도 나타난다 (삼상 2:3, 욥 13:7, 시 75:6 등). 아람어에서는 어미음 첨가형이 후대성을 의미하나 히브리어에서는 그런 시간적 표시로 보기 어렵다 (창 32:20 참조). 미완료 시제는 여러 가지 뉴앙스로 이해되나, 여기서는 "당연히 — 해야 한다"는 뉴앙스가 첨가된 것으로 본다.

2절. 오히려 너희가 중심에 악을 행하며/ 땅에서 너희 손의 강포를 달아 주는도다 (아프 벧레브 올롯 티프알룬/ 바아레츠 하마스 에데켐 테팔레순) —마음으로 '불의' (아블라)를 자행한다. "불의를 행하다"란 표현은 여기서와 욥 36:23, 시 119:3 등에서만 나타난다. 한편 후반절에서 마음의 불의가 현실에서 행동으로 나타나는 점을 지적한다. 드러난 행동의 근본적인 뿌리는 마음이다 (창 6:5). 후반절에 대한 이해는 두 가지로 갈린다: 1) "강포를 저울에 달다" (BDB, KJV, NASB, LSG, NIV, NRSV, TNK); 2) "강포를 위해 길을 만들어 주다"로 본다 (KB³, ELB). 전자는 상인이 저울에 물건을 달아서 팔 듯, 지도자들이란 사람들이 형식상으로는 저울을 사용하듯 법대로 하는 척 하면서도, 불의를 자행하는 모습을 그리고 있다. 반면 두 번째 이해는 강포(强暴)가 움직이도록 길을 평평하게 만들어 주는 표상이다. 이러한 상반된 이해는 사전에서부터 나타나고 있다: BDB는 "팔라스"란 단어를 1) 평평하게 만들다; 2) 무게를 달다 로 정의했다면, KB³는 두 동음이의어로 분리하여 처리하길, 팔라스 I) 길을 만들다, 길을 치우다; 팔라스 II) 고찰하다, 조사하다 로 정의했다 (반면, '저울' [펠레스]은 II와 연관되거나 primary noun으로 이해). 어느 의미로 취하든지 여기서의 강조점은 통치자들이 불법을 자행하고, 폭력을 행사한다는 점에 두어질 것이다.

제2연 (3-5절): 3인칭으로 악인을 기소
3절: 악인은 모태에서부터 멀어졌음이여/ 나면서부터 곁길로 나아가 거짓을 말하는도다 (조루 레솨임 메라헴/ 타우 밉베텐 도브레 카자브)—사용된 동사 (쥬르)는 "(관계가) 소원해지다"를 의미한다 (욥 19:13 참조). 이 동사와 연관되는 명사는 원수를 지칭하기도 하는 "이방인들" (자림)이다. 여기서 후반절의 병행어 "곁길로 나가다" (타아)에 비추어 볼 때, 이 말의 의미는 악인들이 어머니의 태에서 출산할 때부터 정도 (正導)에서 멀어졌다는 것이겠다. 곧 타락된 생활이 시작된다. 이 구절은 인간의 부패성을 여실히 지적한다. 후반절이 지시하듯, "나면서부터 거짓을 말한다."

4절: 저들의 독은 뱀의 독 같으며/ 저희는 귀를 막은 귀머거리 독사 같으니 (하맛-라모 키드뭇 하맛-나하쉬/ 케모-페텐 헤레쉬 야템 오즈노)— "독" (헤마)은 "진노"를 의미하기도 한다. 그렇지만 뱀의 독에 비유된 이 문맥에서는 "독"을 지시한다. 악인들이 내뿜는 독(毒)은 독사의 그것처럼 치명적이다. 그런데 이 뱀은 귀를 막고 귀머거리가 된 뱀으로 술사가 아무리 꾀려 해도 막무가내이다. 사용된 표상은 훈련사의 시도조차 헛되이 만들고 훈련사마저도 물어 죽이는 뱀의 모습이다. 이처럼 여기 제시된 악인들은 도무지 교정될 가망성이 없는 자들이다.

5절: 술사가 아무리 공교한 방술을 행할지라도 그 소리를 듣지 아니하는 독사로다 (아쉐르 로-이쉬마아 레콜 멜라하쉼 호베르 하바림 메훅캄)— "그는 술사들의 소리도 듣지 않고, 주문들을 공교히 속삭이는 자(의 소리도 듣지 않는다)." 즉, 4절에 서술된 독사가 이 문장의 주어이다. 사용된 표상은 주문을 아주 기막히게 잘하는 뱀을 다루는 술사의 모습이다. 이런 술사들의 소리(呪文)도 듣지 않는 뱀은 너무나 패역하고 부패하여 교정의 소망이 없는 악인들을 비유적으로 제시해준다.

제3연 (6-9절): 기소에 근거한 처벌의 선고 (간구)
앞 연에서는 3인칭으로 악인의 상태를 묘사했다면, 여기서는 앞의 진술에 근거하여 2인칭 단수 명령형을 사용하여 하나님께 악인들에 대한 처벌을 간구한다. 그런데 선지자들이 심판 메시지를 선포할 때는 여호와의 이름으로, 여호와의 판결을 피고인에게 "직접" 선포했다면, 여기서는 하나님께 간구하는 (2인칭 단수 명령형) "간접" 형태로 악인에 대한 심판을 선포한다. 예컨대, 이사야 선지자가 선포한 메시지들을 보면 (사 5:8-10, 11-17, 18-30), "가옥에 가옥을 연하며 전토에 전토를 더하여 빈틈이 없도록 하고 이 땅 가운데서 홀로 거하려 하는 자들에게 화 있을진저! 정녕히 허다한 가옥이 황폐하리니 크고 아름다울지라도 거할 자가 없으리라" 라고 재앙 판결을 피고인들에게 직접 선포하고 있다. 선지자는 하나님을 대신하여 그분의 선고를 직접 선포한다면, 여기 시인은 악인을 기소하고, 재판장이신 하나님께 이렇게 처벌해 주십시오! 라고 구형(求刑)만 할 뿐이다. 말하자면, 시인은 검사(檢事)라면, 하나님은 재판장이시다. 반면, 선지자들은 하나님께로부터 기소와 재판권 전권을 위임받은 전권(全權) 판검사(判檢事)였다.

6절: 하나님이여 저희 입에서 이를 꺾으소서 (엘로힘 하라스-쉰네모 베피모)— 악인들의 이빨들은 시 57:4에서 성도들을 겨냥한 "창과 살"이다. 그렇다면 악인들의 이빨은 꺾지 않으면 안 된다.

여호와여 젊은 사자의 어금니를 꺾어 내시며 (말테옷 케피림 네토츠 야웨)—앞에서는 "하나님이여" (엘로힘)라 한 반면, 여기 후반절에서는 "야웨"로 호칭한다. 변화를 주기 위함이다. 혈기 왕성한 젊은 사자의 이빨은 얼마나 견고할 것인가? 마는 그것들도 부러진다 (욥 4:10). 그뿐 아니라 젊은 사자들도 굶주릴 수 있다 (시 34:11). 제 아무리 악인들이 젊은 사자같이 맹위를 떨친다 한들, 악인들의 공격무기인 이빨들을 하나님께서 뽑아버리실 것이다.

7절: 급히 흐르는 물 같이 사라지게 하시며 (임마아수 케모-마임 이트할레쿠-라모)—"사라지다" (마아스 II. 니팔형)는 "거절하다"의 동음이의어이다. 급류는 쏜살같이 눈앞에서 사라진다. 이처럼 악인도 사라져 버리게 해주소서.

겨누는 살이 꺾임 같게 하시며 (이드록 힛차브 케모 이트몰랄루)—화살을 겨눌 때, 활을 발로 밟는다 (이드). 이렇게 당겨진 화살이 활시위를 떠났으나 힘없이 떨어질 때가 있다. 악인들의 기세가 그렇게 되기를 간구한다 (NIV, NASB, ELB). 반면, TNK, TOB 등은 하나님께서 화살을 겨누어, 악인들이 명중되게 하시라는 간구로 이해한다. 그런데 이 문장에서 마지막에 등장하는 동사 (이트할레쿠)에 대하여 대표적인 두 히브리어 사전들은 두 가지 상이한 정의를 내리고 있다: 1) 마르다 (KB³) → NJB, NRSV, NAB; 2) (화살들이) 부러지다(BDB) → KJV, TNK, ELB. 반면, NIV, NASB, LSG 등은 "무딘 살 혹은 촉 없는 살이 되게 하소서!"라 한다. 전자는 악인 무기력하게 되도록 기도한다면 후자는 악인의 공격이 무력하게 되길 기도하는 것으로 이해한다.

8절: 소멸하여 가는 달팽이 같게 하시며/ 만기되지 못하여 출생한 자가 일광을 보지 못함 같게 하소서 (케모 솨브룰 테메스 야할록/ 네펠 에셋 발-하주 솨메쉬)—"달팽이" (솨브룰)는 여기서만 나타난다. 70인역은 "초" (케로스)라 번역했다. 그런데 후반절에서는 햇빛을 보지 못하는 사산아 (死産兒) 같게 해달라고 한다. 그래서 어떤 이는 달팽이 대신 "낙태"로 이해하기도 하나 근거가 없다. 달팽이란 번역은 "축축하게 하다"를 의미하는 동사 (발랄)의 쇄펠형으로 보고 취한 의미이다. 달팽이는 지나간 자국마다 끈적거리는 점액을 남기기 때문이다. 그런데 이 달팽이나 사산아나 햇빛을 못 보기는 마찬가지이다. 달팽이도 태양아래서는 죽어 버리기 때문이다. "소멸하여 간다"는 의미는 달팽이가 지날 때 남기는 흔적은 끈끈한 점액밖에 없다는 의미인가? 여하간 여기서 요지는 기세등등한 악한 지도자들이 이렇게 사라지도록 해 주시라는 것이다.

9절: 가시나무 불이 가마를 덥게 하기 전에 저가 생 것과 불붙는 것을 회리바람으로 제하여 버리시리로다 (베테렘 야비누 시로테켐 아타드 케모-하이 케모-하론 이스아렌누)—"너희 남비들이 가시나무(의 열기)를 느끼기 전에, 그가 생것과 불붙는 것을 회리바람으로 날려 버리실 것이다." 여기서 "가마" (시로테켐)는 "너희 남비들"이다. "너희들"이 누구인가? 성도들을 의미할 것이다. 악한 지도자들은 여기서 "가시나무"이다. 생나무 건 불이 붙은 가시나무 건 이제 아궁이 속에서 가마를 끓인다 하자. 그러나 갑자기 하나님께서 이 가시나무들을 (바람으로) 쓸어가 버리신다. 악한 자들의 기세가 사라지고 만 것이다. TNK는 전혀 다른 표상으로 이해하고 있다: "가시들이 가시나무로 자라나기 전에 그가 진노 중에 그것들을 산채로 날려 버리시리라" (NJB도 유사).

제4연 (10-11절): 의인의 궁극적 승리와 하나님의 공의로우신 통치

이 부분은 의인의 궁극적 승리와 악인의 심판을 노래한다. 악인에 대한 심판이 일어날 때, 사람들은 우주의 통치자는 하나님이심을 새롭게 확인하게 되리라 (계 15:3-4에서 어린 양의 노래 참조). 사실 인류 역사는 악에 대한 하나님의 심판 역사이기도 하다.

10절: 의인은 악인의 보복 당함을 보고 기뻐함이여 (이스마흐 챠디크 키-하자 나캄)—의인들은 궁극적으로 승리할 것이며, 악인들의 몰락을 보게 될 것이다; 악인들은 햇빛을 보지 못한다. 의인들이 악인들에게 임하는 정당한 보응을 목도함에서 기쁨을 느끼는 이유는 하나님의 최종적인 공의의 판단을 보기 때문이다. 그러므로 성도는 현실에서 이해할 수 없는 일이 일어날 때에도 우주의 통치자께서 공의로 통치하심을 의심치 말아야 한다.

그 발을 악인의 피에 씻으리로다 (페아마브 이르하츠 베담 하라쇼아)—이러한 저주가 타당한가? 라고 물을 수 있다. 그렇지만 여기 묘사된 악인들은 도무지 교정이 불가능한 자들이었다. 저들에게 아무리 가르치고 설교한들 회개가 없다. 이런 자들에게는 정당한 심판이 내려져야 한다.

11절: 때에 사람의 말이 진실로 의인에게 갚음이 있고 진실로 땅에서 판단하시는 하나님이 계시다 하리로다 (베요마르 아담 아크-페리 랏차디크 아크 예쉬-엘로힘 쇼프팀 바아레츠) —사람들은 의인들 (성도들)이 진실로 변호를 받을 때가 있으며, 하나님께서 통치하신다는 사실을 체험적으로 깨닫게 된다. 그런 때에 저들은 "진실로!" (아크)라고 외치게 된다. 하나님은 여기서 세상의 재판장으로 묘사된다. 공의로우신 재판장의 정의로운 판단 덕분에 의인들은 반드시 상을 받고, 악인들은 반드시 처벌을 받는다. 만약 현세에서 아니라면, 내세에서 정당한 심판이 시행될 것이다.

시편의 적용

통치자들아, 당연히 공의를 말해야 하지 않는가? (1절)

나라가 바로 되려면 지도자들이 정직해야 한다. 나라는 의로 견고하게 세워지기 때문이다 (잠 16:12). 그런데 어떤 조사에 의하면, 대한민국은 50여 조사국들 중에서도 부패지수가 최고로 높은 국가에 속하여, 중국이나 대동소이(大同小異)하였다. 중국에서 관리들이 얼마나 부패한지 뇌물이 만연하지만 이를 청소할 방도가 없다고 한다. 한국에서도 마찬가지 현상이 일어난다. 큰 붕괴사건들이나 대형 참사(慘事)들 이면에는 공무원들과 업자들 간의 부정거래가 있었다. 양심을 져버린 관리나 지도자는 나라를 거들 내고 만다. 뉴스를 보니, 어떤 병원에서는 차 세 대를 타고 조작 충돌하여 스스로를 경미하게 상해한 깡패들에게 진단서를 발급해 주는가 하면, 보험사원들도 저들과 짜고 보험금을 많이 타게 해주었다. 그런데 필자가 목회 현장에서 보니, 잘 아는 10대 후반 청소년들이 어울리면서 오늘은 한 건 하러 간다고 멋진 스포츠카를 몰고 가더니 주차한 사람이 후진할 때 고의로 뒤에서 들이 받게 하여 아프다고 병원에 입원하고는 보험료를 타는데 일인당 40만원을 탔다고 했다. 신문에서만 듣던 일을 바로 옆에서 체험하게 되니 정말로 기가 막혀 말이 나오질 아니한다. 그런데 신기하게도 두 달 지난 후 한 청년이 그짓을 여러 번 하다 발각되어 이전 범죄를 불게 되고 모두 검거되고 처벌을 당하는 것이었다.

여하간, 청소년들이 이런 식으로 행동하고, 나라가 이런 식으로 움직인다면 이 나라의 장래가 있을 것인가? 시외버스를 타고 시골로 가다보면, 어찌나 난폭 운전을 하는지 운전사가 정말 밉다. 앞의 작은 차가 조금이라도 꾸물대거나 늑장 부린다고 (내가 보기에 지극히 정상인데도) 보일라치면 불을 깜박이거나 빵빵 울려서 위협하고, 이리 저리 차선(車線)을 바꾸거나 터널을 통과할 때는 엄연히 하얀 선이 그어졌지만 차선 바꾸기는 식은 죽 먹기 식으로 그 좁은 굴 안에서도 몇 차례나 한다. 시내버스를 타도 형편은 마찬가지이다. 더구나 그 기사들은 창문을 열고는 가래침을 "캭" 하더니 수차례나 뱉았다. 차도(車道)인지 인도(人道)인지 분간이 없이 아무 데나 차를 주차하는 것은 일반이고, 골목마다 차가 넘치고 공해(公害)는 하늘을 덮고 있다. 운전 면허증을 타는 곳에서도 사람들은 난장판이었다. 차례로 줄서기는 볼 수가 없고, 우르르 몰려갔다, 우르로 와—. 이렇게 사람들이 질서나 공중도덕을 팽개치고, 공무원은 공무원대로 썩은 구습을 행하고 있으니 기독인들이 도대체 25 퍼센트라는 말은 의미가 없다. 삶의 현장에서 제대로 소금과 빛의 역할을 하는 기독인이 몇 사람이나 될까? 빌건은 빌건대로, 공무인이면 공무인대로, 기업인이면 기업인으로, 운전사이면 운전사대로 양심을 지키고 행동한다면 우리 사회는 얼마나 밝고 소망적일 것인가? 한국인들이여, 당연히 공의를 말하고 본문을 지켜야 하지 않겠는가? 선진국이 후진국과 다른 것이 있다면, 시민 의식 (공중도덕과 질서)이 확실하더라는 것이고, 또 한 가지는 환경문제에 지대한 관심이 있더라는 것이다.

인생의 전적 부패성 (3절)

사람은 나면서부터 벌써 거짓을 말한다. 출생부터 상태가 이러하니 그 어떤 인간적인 교육이나 가르침으로도 인간은 교정(矯正) 불능이다. 그를 치료하는 유일한 방책은 그를 새롭게 창조하는 것이다. 새 창조는 에스겔이 보았던 죽은 뼈들이 부활하는 비전이나 (겔 37장), 하나님께서 주실 새 영과 새 마음 (겔 36:26-27)으로 암시되고 있다. 따라서 이 세상의 그 어떤 종교나 인간 개조 시도도 하나님의 재창조 역사 없이는 허사이다. 이 사실을 직시할 때 복음의 필요성을 절감할 것이요, 이 사실을 깊이 절감할수록 중생한 자의 복음전도 책무가 무거워지지 않을 수 없다. 타락한 인생은 모두가 영원한 처벌을 면치 못하겠기 때문이다.

브릭스 (*The Book of Psalms*, II, 43)는 이 구절은 어떤 사람들이 주장하듯 "원죄" (原罪)나 인

간의 전적 부패 (total depravity, innate depravity)를 말하는 것이 아니라, 단지 의인에 대조되는 악인을 지시한다고 (10절) 주장한다. 물론 문맥상 일리가 있는 말이다. 그렇지만, 분명히 본문은 이 악인들이 태어날 때부터, 모태로부터 곁길로 나아가고 범죄한다고 말씀한다. 태어나서 악을 습득하여 악행을 하는 것이 아니라, 태어나는 순간부터 악인으로 태어난다는 주장이다. 이런 진술이 원죄를 가정하지 않고, 인간의 전적인 부패를 가정하지 않고 가능하겠는가?

이를 꺾으소서/ 어금니를 꺾어 내시며 (6절)

이를 뽑아 버리면 아무리 뱀이라도 물 수가 없다. 이를 꺾고 뽑아 버리면 아무리 사나운 사자라도 먹이를 잡을 수가 없다. 사자들이 먹이를 공격하는 행태를 자세히 고찰해 보면, 먹이를 숨어 기다리다가 근접한 곳에 먹이가 나타나면 두세 놈이 급습을 하여 먹이의 등에 올라타서 등을 이빨로 물고 늘어진다. 그러면 다른 놈이 다리를 물고 늘어진다. 이렇게 두세 놈이 덤비면 제 아무리 힘센 코뿔소나 기운 센 얼룩말도 얼마 견디지 못하고 맥없이 드러눕고 만다. 발톱은 부차적인 무기에 불과하다. 이빨이 강해야 먹이를 물고 늘어질 수 있고, 찢어 먹을 수 있다. 그러므로 이빨 빠진 사자는 사자라 할 수가 없다. 우리는 여기서 성도의 간구가 악한 지도자의 죽음이 아니라, 저들이 성도를 해치는 악한 이빨을 제거하여 주시라는 것임을 눈여겨보아야 한다. 악한 지도자는 제거되어야 하나, 저들을 완전히 멸하여 주시라는 기도보다 저들이 내뿜는 독이나 이빨을 뽑아 주시라고 기도하면 어떨까?

땅에서 판단하시는 하나님이 계시다 (11절)

하나님의 통치는 정확하다. 그러기에 악인들은 잠시 번영하는 듯해도, 졸지에 멸망하고 말 것이다. 세상은 아무리 불의가 판을 치고, 죄악이 난무하여도 하나님께서 주권적으로 다스리고 계시다. 이렇게 불의한 세상을 그대로 보존하시는 까닭은 죄인들이 회개하기를 오래 참으시고 기다리시는 까닭이다. 이를 악인들이 오해하고 어디에 하나님이 계시냐?고 주먹을 휘두른들 무지의 소행일 뿐이다. 그러나 반드시 때가 온다. 그 때는 하나님의 정하신 때로 악인들을 심판하시고 자기 성도들을 신원하시는 때이다. 최후심판이 아니라 하더라도 역사에는 반드시 하나님의 은밀하고도 정확한 섭리의 손길이 있는 것이다.

시 59편 저물게 돌아와 개처럼 울며

I. 전체구조에서의 위치, 시의 유형과 삶의 자리

본 시편의 7절에서 악인의 입술에 칼이 있다고 하는 표현은 앞의 시편에서 지적한대로 시 57:4, 시 58:6 등과 유사하다. 양식 비평적 분류에 의하면 이 시는 개인 탄식시와 공동체 탄식시의

(5, 8, 11-13절) 요소들이 결합된 형식을 갖는다. 그래서 어떤 이는 이 시는 원래 개인 탄식시였지만, 후대에 공동체의 필요에 따라 공동체적 요소가 첨가되어 활용되었으리라 가정한다. 그러나 더 좋은 추정은 시인이 왕이라는 가정이다 (*PIW*, I, 226; Eaton, *Kingship*, 47). 그런데 표제에 의하면, 사울 왕이 사람을 보내어 다윗을 죽이려고 그 집을 지킨 때에 (삼상 19, 24장) 작사된 시이다. 이 시와 그 배경으로 제시된 역사 서술 사이의 연관성은 여러 단어들이나 사고에서 나타난다 (C. Stuhlmueller, *Psalms* [Wilmington, DE: Glazier, 1983], I, 275). 예컨대, "아침에" (시 59:16, 삼상 19:11-12), 무죄함 (시 59:3-4, 삼상 19:4, 24:10-12), 개 (시 59:14-15, 삼하 9:8, 16:9), 매복하다 (시 59:3, 삼상 24:11), 피 (시 59:2, 삼상 19:5, 삼하 16:7-8) 등이다. 다훗도 이 시를 왕의 시로 이해하면서, 굶주린 개들은 왕을 비판하는 국내 대적들이라며 (6, 7, 14, 15절), 열방 (5, 8, 13절)은 왕을 공격하는 이방 나라들이라 보았다.

2. 시적 구조와 해석

사고상으로나 형식상으로 연 구분하기가 쉽지가 않다. 사고나 형식이 혼재되어 나타나기 때문이다. 그래서 구분이 다양하다. 우리는 제1연 (1-5절) 구원의 간구, 제2연 (6-7절) 원수의 묘사, 제3연 (8-10절) 하나님에 대한 신뢰, 제4연 (11-13절) 보응의 간구, 제5연 (14-15절) 원수의 묘사, 제6연 (16-17절) 확신의 감사 찬양 등으로 잠정적으로 구분해 본다.

현저하게 드러나는 구조적 특징은 같은 진술의 반복으로, 6절은 14절에서, 9절은 17절에서 반복된다. 1, 2절의 전.후반절은 접으면 일치하는 구조이며 (동사+전치사구+호격/ 전치사구+동사) 의미상으로는 동의 병행법이다.

표제: 사울이 사람을 보내 다윗을 죽이려고 그 집을 지킨 때에 (비쉴로아흐 솨울 바이쉬메루 에트-합바잇 라하미토)—삼상 19장에 의하면, 사울왕은 자기 딸 미갈과 결혼한 사위 다윗을 죽이고자 병사들을 다윗 집에 보내어 그를 지키다가 아침에 그를 죽이고자 하였다 (11절). 미갈이 그 밤에 다윗을 창으로 달아내려 도망치게 하고 대신 우상을 침상에 눕히고 염소 털로 엮은 것을 그 머리에 씌우고 의복으로 덮어두었다. 그리고 다윗이 아프다고 병사들에게 말하니, 저들이 사울에게 그렇게 전하였다. 그러자 사울은 다시 저들을 보내어 침상 채로 가져오라고 하였다. 그렇지만 그곳에는 우상만 있을 뿐이었다. 여기 등장하는 사울의 딸 미갈은 다윗에게 반하여 그를 사랑하였다. 그래서 다윗과 결혼하게 되었지만, 부친 때문에 이 둘 사이는 어려움이 많았다. 미갈이 다윗을 도피케 한 후에 사울은 미갈을 갈림에 사는 발디에게 결혼시켰다 (삼상 25:44). 그렇지만 사울이 죽은 후 다윗은 미갈을 자기 아내로 도로 취했다 (삼하 3:13-16). 그렇지만 언약궤를 옮기는 날, 미갈의 비난으로 다윗과의 관계는 냉각되었다. 하여간, 다윗처럼 사람들에게 사랑과 시기를 한 몸에 받았던 사람도 드물 것이다. 하나님의 은혜를 많이 받은 사람들은 이렇게 사람들이

선망과 사랑의 대상도 되겠지만, 무고하게 시기와 핍박을 당하기도 한다. 그렇지만 이런 시기나 핍박은 성도를 연단시키고 강하게 만들뿐이다.

제1연 (1-5절): 구원의 간구

시인은 원수가 자기의 생명을 해하려 하나 자신에게는 어떤 죄도 없다고 항변하며 구원을 간구한다. 원수는 무죄한 자의 생명을 노리므로 살인자들이며, 행악자들이다. 이런 상황에서는 재판장이신 하나님의 도우심을 호소함이 정당하며, 공의로우신 하나님의 개입은 필수적이리라. 그런데 이 연은 원수에게서 구원을 호소하는 간구와 함께 자신의 무죄함을 주장하는 항변도 담고 있다.

1절: 나의 하나님이여, 내 원수에게서 나를 건지시고 (핫칠레니 메오예바이 엘로하이)—탄식시에서 전형적으로 나타나는 간구이다 (시 7:1, [18:18, 49], 22:21, 25:20, 31:3, 16, 34:5, 39:9, 40:14, 51:16, 69:15, 70:1, 71:2, 79:9, 109:21, 119:170, 120:2, 142:7, 143:9, 144:7, 11 등 참조). 시인은 현재 원수들에게 생명의 위협을 느끼고 있다. 시보다 더 구체적인 삶의 현장에서 이 표현의 용례를 찾아본다면 우리는 야곱이 얍복강 가에서 형 에서에게서 구원을 요청할 때의 정황을 상기할 수 있다 (창 32:12). 야곱은 부르짖길, "내 형의 손에서, 에서의 손에서 나를 건지소서 (핫칠레니 미야드 아히); 나는 그가 와서 나와 처자들을 칠까 두려워하나이다" 라고 했다. 야곱은 하나님의 구원을 체험하고 그곳 이름을 "브니엘" 이라 부르고, 내가 하나님과 대면하였고, 내 생명이 구원을 받았다 라고 설명하였다 (창 32:31). 또 요셉이 죽게 되었을 때, 르우벤이 요셉을 그 형제들의 손에서 "건져 내었다" 한다 (창 37:21; 출 2:19, 3:8,

일어나 치려는 자에게서 나를 높이 드소서 (미미트콤마이 테사게베니)—"높이 들다" (사가브)는 "높이다" (to exalt, 시 107:41) 혹은 "(대적을) 일으키다" (사 9:10)라는 의미도 있지만, 원수에게 위협을 느끼는 정황에 처한 사람의 입에서 "나를 높이 드소서"란 간구로 나타날 때 (시 20:1, 69:30), 혹은 보호하시리라는 하나님의 은총이 표시될 때 (시 91:14) 원수가 미칠 수 없는 "안전한 높은 지대에 둔다"는 사고를 전달한다. 그래서 영역본들은 "보호하다"로 번역했다 (NIV, NRSV 등). 그런데 이 동사는 미완료 시상으로 표현되었다 (테삭게베니). 전반절에 사용된 명령법 다음에 위치한 미완료 시제는 명령적 뉴앙스를 (간구의 문맥에서는 '간구적' 뉴앙스) 갖게 된다. 따라서 여기서도 간구적 의미로 번역되고 있다 ("높이 드소서!').

2절: 사악을 행하는 자에게서 나를 건지시고 (핫칠레니 미포알레 아벤)—"사악" (아벤)을 행하는 자들은 하나님의 공의를 무시하는 자들이다. 그러므로 이 시인의 기도는 정당한 것이다. 불법을 행하는 자들에게서 하나님은 성도를 지키실 언약 의무를 지닌 때문이다 (신 28:7 참조).

피 흘리기를 즐기는 자에게서 나를 구원하소서 (우메안쉐 다밈 호쉬에니) — "즐기는"이란 말은 원문에 없고 단지 "피들의 사람들" 곧 "살인자들"이란 의미이다 (삼하 16:7, 8, 시 5:6, 26:9, 55:23, 139:19, 잠 29:10 등). 이런 자들은 정직한 자들의 생명을 노리지만 하나님께서 증오하시고 반드시 보응하셔서 졸지에 멸망에 처하고 말 것이다.

3절: 저희가 나의 생명을 해하려고 엎드려 기다리고 (키 힌네 아레부 레나프쉬)— 문장 초두에 1-2절에 제시된 간구에 대한 이유를 여기서 제시한다. 원수들은 함정을 놓고 술책을 쓴다 (단 6:11 참조). 저들은 의인을 해하려고 매복하는 중이다.

강한 자가 모여 나를 치려하오니 (야구루 알라이 아짐) — "강한 자들이 나를 공격 한다" (NAB, NASB, ELB, TOB). 여기서 "모이다"로 이해한 한역보다 "공격하다"로 번역한다 (KB³ I. "객으로 체류하다," II. 적대감을 보이다, 공격하다, III. 두려워하다 란 세 동음이의어들 중에서, 시 59:3의 경우는 II에 해당; BDB는 제2의 동음이의어 II 항에서 "분쟁을 야기하다," "다투다," "모이다"로 제시). 그런데 시 59:3과 유사한 문맥은 시 56:6이다. 시 59:3에서는 "매복하다"와 병행어로 나타난다면, 시 56:6에서는 "숨어" 성도의 행동을 감시하는 상황에서 나타난다. 이 두 문맥의 공통점은 원수들이 숨어 매복하고 성도를 해코자 한다는 것이다. 그렇다면 "구르"는 "음모를 꾸미다"의 단계보다 더 진전된 것이 아닌가? 어떤 행동이 지시되어야 한다.

여호와여 이는 나의 범과를 인함이 아니요 나의 죄를 인함도 아니로소이다 (로-피쉬이 벨로-핫타티 야웨)— "범과" (페솨)나 "죄" (하타-트), 그리고 다음 절의 "허물" (아본)은 각기 약간씩 뉴앙스가 다르다: 1) "범죄하다" (하타-)란 말은 표적을 빗 맞추는 것, 여기에는 "죄악" (아본 iniquity)이 속한다면, 2) "범과"는 종주대왕에 대한 반역을 묘사하며, 3) 부패한 본성에 자리 잡은 악은 "악" (라아), "악" (아벧), "어리석음" (네발라) 등이며, 4) 재판장이 판결할 때 죄가 인정되는 자는 악인 (라솨), 죄가 있는 (아쉠 guilt) 상태 등이다. 이런 죄악을 자기를 죽이려는 자들에 대하여 지은 적이 없기에 이 시인의 간구는 호소력이 있다. 이렇게 까닭 없이 핍박을 당하는 시인을 위해 원수들의 행동을 제재(制裁)하는 하나님의 개입이 요청된다.

4절: 내가 허물이 없으나 저희가 달려와서 스스로 준비하오니 (벨리-아본 에루춘 베이코나누)— 아무런 허물이 없음에도 원수들이 이 성도를 해코자 달려와 공격을 시도하는 것은 범죄행위가 아닐 수 없다. "준비하다" (이코나누, 쿤의 히트폴렐형)란 여기서 재귀적 의미로 (reflexive) "스스로를 세우다," "어떤 자세를 취하다"란 의미로, 여기서는 공격할 자세를 취하는 것을 지시한다.

나를 도우시기 위하여 깨사 감찰하소서 (우라 리크라티 우르에) —원문에서 두 번째 위치한 동사는 (카라) "만나다" 혹은 "(교전하기 위해) 부닥치다" (to encounter)를 의미하며, 여기서처럼 간구의 문맥에서는 도움을 주러 만나는 행동을 말한다 (나를 도우시기 위하여). 전쟁의 문맥에서는 원수와 부닥쳐서 교전하는 것을 지시한다. 그런데 위기에 처한 성도에게 마치 하나님께서 주무시는 양 느껴졌다. 그래서 "깨소서"라 외친다 (삿 5:12, 시 7:6, 35:23, 44:23, 57:8=108:3, 80:2, 사 51:9, 52:1, 욜 3:12, 슥 13:7 등). 이러한 부르짖음은 탄원자의 초급한 심정을 보여준다. "감찰하소서"란 시인의 무죄함과 원수들의 범죄 행위를 "보소서"란 외침이다.

5절: 만군의 하나님 여호와여, 이스라엘의 하나님이여 (베앗타 야웨-엘로힘 체바옷 엘로헤 이스라엘)—원문에는 초두에 "당신" (앗타)가 위치한다. 따라서, "당신, 여호와, 만군의 하나님, 이스라엘의 하나님"과 같이 적어도 네 개의 호칭이 함께 나타나고 있다. 성도는 하나님을 친근히 사귀게 될 때, 그분의 많은 속성들을 체험적으로 깨닫게 된다. 그분의 성품은 그분의 이름들로 표출된다. 예컨대, 메시아는 영원자, 기이한 자, 전능자, 모사(謀士), 치료자 등으로 불림과 같다 (사 9:6). 여기서도 시인과 하나님의 친밀감이 표출된다. 각 명칭은 특정한 상황에서 발생 혹은 계시되었을 것이다.

일어나 (하키-챠)— 이 말 역시 4절에서 사용된 말과 (우르) 같이 잠에서 깨는 것을 지시하며, 두 말이 함께 동의어 나타난다 (시 35:22, 44:24, 59:4, 5, 합 2:19). 여기서는 하나님이 행동을 촉구한다. 일어나셔서 열방을 "벌하소서."

열방을 벌하소서 (리프코드 콜-학고임)— "열방"은 후반절에서 "간사한 악인들" (보그데 아벤)과 동일시된다. "벌하다"로 번역된 말은 원래 "방문하다"란 의미이지만, 하나님을 주어로 할 때, 그분의 방문은 축복과 처벌의 양면성을 가질 수 있다. 여기 문맥에서는 열방을 찾아오시어 처벌해 달라는 간구이다.

간사한 악인을 긍휼히 여기지 마소서 (알-타혼 콜-보게데 아벤)—하나님의 성품 중에서 중요한 한 가지는 "은혜로우시며," "오래 참으신다"는 것이다 (출 34:6): 자비롭고 은혜롭고 노하기를 더디 하고 인자와 진실이 많은 하나님이시다 (엘 라훔 베하눈 에렉 앞파임 베라브-헤세드 베에메트). 그분은 악인에 대하여도 그리하시어 저들의 회개를 기다리신다 (욘 4:2, 11). 그래서 시인은 하나님께서 너무나 악인을 너그러이 오래 참으신다고 생각했는지 모른다. 긍휼에 풍성하신 그 하나님의 마음을 누가 다 알까? 악인을 다 벼락 쳐서 죽이신다면 누가 살아남을 것인가? 그렇지만 이 시인의 기도가 부당하다고 할 수 없다. 이 악인들은 무고하게 의인을 해코자 하는 자들이기 때문이다.

제2연 (6-7절): 원수의 묘사

원수의 모습이 개에 비유되고 있다. 그런데 14-15절에서는 개로 비유된 원수에 대한 심판을 간구한다.

6절: 저희가 저물게 돌아와서 (야슈부 라에레브) —14절에서 반복되는 이 진술을 어떤 현대 역본은 "저녁마다 저들이 돌아오곤 한다" (NRSV)고 번역한다. 미완료 시제를 사용하여 습관적인 행동 혹은 반복된 악인들의 악한 행동을 지시할 것이다.

개처럼 울며 성으로 두루 다니고 (예헤무 칵칼렙 비소베부 이르) —악인들은 개처럼 "으르렁거리면서" 도성에 활보하곤 한다. 성경에서 "개"는 부정적인 모습으로 자주 나타난다 (신 23:18, 시 22:21, 잠 26:11). 자기나 타인을 비하시켜 말할 때 "죽은 개"라 지칭하기도 했다 (삼상 24:15; 삼하 16:9). 여기 언급된 개들은 망나니 개들로 낮에는 태양 볕 아래서 누워 자거나 살금살금 걷다가, 어둠이 찾아들기 시작하면 함께 떼를 지어 제 세상이나 만난 양 으르렁거리며 먹이 사냥을 나선다. 성도를 해치려는 원수들의 모습이 이러하다.

7절: 그 입으로 악을 토하며 (힌네 얍비운 베피헴)— "보소서"가 초두에 위치한다. "토하다" (나바아의 히필형)는 "말하다" (아마르, 다바르) 동사와 동의어로 나타나며 (시 94:4), 입에 거품을 물고 지껄이는 모습을 상기 시킨다; "악"이란 목적어는 원문에 없다. 그런데 "토하다"란 동사의 어형을 보면, 시 94:4, 145:6 등에서는 어미음 첨가 "눈" (paragogic nun)이 없는 형태로 나타난다. 악인과 연관하여 이 동사는 "저희가 지껄이며" 정도로 번역할 수 있을 것이다 (시 94:4 참조).

그 입술에는 칼이 있어 이르기를 누가 들으리요? 하나이다 (하라봇 베시프토테헴 키-미 쇼메아)— "저들의 입술들에는 칼들이 있다." "입술" (사파)이나 "입" (페)은 동의어로 자주 나타난다 (욥 8:21, 시 63:5, 잠 4:24 등). 악인들의 특징은 말로 남을 해친다는 사실이다. 중상모략, 험담, 아첨, 비방을 밥 먹듯이 한다. 그래서 잠언은 혀, 입술에 대한 경계가 아주 많다. 악인의 말은 비수 같이 의인의 심정을 찔러서 상케 하기 일쑤이다. 성도가 변화된 증거는 바로 입술의 열매에서 나타나야 한다. "누가 들으리요?" 라고 저들은 말했지만, 만약 엘리사 같은 하나님의 종이 아람 왕의 비밀회의를 듣고 알 수 있었다면 (왕하 6:9), 우리가 말하기 전에도 그 생각을 꿰뚫어 보시는 하나님을 (시 139:4) 저들은 이렇게 무시할 수 없을 것이다. 한편 NIV는 여기서 달리 번역하길 "저들이 그들의 입들로부터 무엇을 토해 내지는 보소서 -저들이 저들의 입술들로부터 칼들을 토해 내나이다; 그리고 '누가 우리를 들을 수 있으랴? 하나이다" 라 했다.

제3연 (8-10절) 하나님에 대한 신뢰

8절: 여호와여 主께서 저희를 웃으시리니 모든 열방을 비웃으시리이다 (베앝타 야웨 티스하그 라모 틸아그 레콜-고임) —두 동사 웃다/ 비웃다 (사하크, 라아그)는 함께 동의어로 나타난다 (시 2:4, 59:8, 잠 1:26 등). 하나님은 이 원수들의 무모한 행동을 보실 때 너무나 어이없어 하시고, 조소 하신다: 허허허! 이런 생각을 위험 중에서 성도가 할 수 있다는 것이 신앙이며, 곧 승리했다는 증거이다. 신앙인은 위기시에 하나님의 위대하심을 생각하고 담대함을 회복한다.

9절: 하나님은 나의 산성이시니 저희 힘을 인하여 내가 주를 바라리이다 (웃조 엘레카 에쉬모라 키 엘로힘 미스갑비)— "오 나의 힘이시여, 내가 당신을 주목 하나이다." 역본마다 다르게 번역한다. 1) 오 나의 힘이시여, 내가 당신을 주목 하나이다 (NIV, NRSV, NAB, ELB; LXX; 17절), 2) 그의 힘을 인하여 내가 당신을 바라나이다 (KJV, NASB, 한역), 3) 저들의 힘이 어떠하건 간에, 나는 당신만 바라나이다 (LSG), 4) 오 나의 힘이시여, 내가 당신께 찬양을 부르리이다 (시리아어역, RSV). 이 마지막 번역은 17절과 9절이 흡사하다는 것에 근거하였다. 17절에 비추어 볼 때, "그의 힘" 보다는 "나의 힘"으로 취하고 (몇몇 히브리어 사본들, 70인역, 탈굼역, 벌게잇역 등도 지지) 호격으로 취하면 좋겠다 (1번). 하나님은 위기에 처한 성도에게는 힘이시며, 피난처, 산성이 되신다. 하나님을 주목함은 그분의 구원을 기다리기 때문이다 (10절에서 하나님의 나타나심을 기대한다). 그분을 앙모하는 자는 구원을 얻을 것이다.

10절: 나의 하나님이 그 인자하심으로 나를 영접하시며 (엘로헤 하스도 [하스디] 예캇데메니)—"나의 신실하신 하나님께서 오셔서 나를 만나시고." 케레 독법과 18절을 따를 때, "나의 인자의 하나님"이 된다 (본문 [케티브은 "그의 인자의 하나님"). 하나님은 자신의 언약사랑으로 성도를 만나시사 도움을 주실 것이다.

내 원수의 보응받는 것을 나로 목도케 하시리이다 (엘로힘 야르에니 베쇼레라이)—원문에는 단지 "나로 내 원수를 보게 하실 것이다"로 나타난다. 그렇지만 여기 문맥은 한역과 같은 의미를 시사할 것이다 (시 92:11, 잠 29:16 참조). 여기서 '원수' (쇼레르), 곧 "(악의를 가지고) 주목하는 자"에 대하여는 시 54:5 주석 참조.

제4연 (11-13절) 보응의 간구

11절: 저희를 죽이지 마옵소서 나의 백성이 잊을까 하나이다 (알-타하르겜 펜-이쉬케후 암미)—바로 앞 말씀에 비추어 볼 때 이 말씀은 이상하다. 10-13절을 함께 고찰한다면, 아마 이 시인은 원수들을 즉사(卽死)시킬 경우 백성들이 너무나 쉽게 하나님의 공의와 통치하심을 망각할 것을 걱정하여, 저들에게 징벌은 가하시되, 증거가 오래 가는 방식으로 처벌하여 주시라고 간구하는 지 모른다. "내 백성"이라 부르는 것으로 보아, 시인은 왕인지 모르겠다 (표제에 의하면, 아직 다윗은 왕이 아니다).

우리 방패되신 주여 (마겐네누 아도나이)— 때로 "방패"로 번역되는 말 (마겐)은 "왕," "주권자"란 의미로도 이해된다. 여기서는 '보호자'란 의미이겠다.

주의 능력으로 저희를 흩으시고 낮추소서 (하니에모 베헬레카 베호리데모)—"비틀거리게 하시고 (혹은 "방황케 하시고"), (음부로) 끌어내리소서." 시인은 원수들의 갑작스런 죽음보다 처벌을 받아 힘없이 비틀거리다가 무덤으로 내려가기를 바란다.

12절: 저희 입술의 말은 곧 그 입의 죄라 (핫타아트-피모 데바르-스파테모)—"저희 입의 죄와 저희 입술들의 말 때문에" "저들로 자신들의 교만의 함정에 빠지게 하소서." 저들의 입술의 죄악에 상응하는 처벌을 주시라는 간구이다. 악인의 입과 입술은 이미 7절에서 언급된 바 있다. 그렇지만 저들의 죄목이 여기서 보다 구체화되었다.

저희의 저주와 거짓말을 인하여 저희로 그 교만한 중에서 사로잡히게 하소서 (베일라케두 비그오남 우메알라 우믹카하쉬 예사페루) — "저들로 자신들의 교만한 중에 사로잡히게 하소서 왜냐하면 저들이 저주와 거짓말을 발하기 때문입니다." 앞에서 시인은 처벌의 이유를 제시하고, 여기서 다시 강조한다. 까닭 없이 남을 저주하고, 거짓말하는 것은 악인들의 특징이다. 이런 악행은 초자연적인 제재를 받지 아니하면 계속 교회를 해할 것이다.

13절: 진노하심으로 소멸하시되 없기까지 소멸하사 (칼레 베헤마 칼레 베에네모)— "소멸하다" (칼라)는 완전히 "끝장내다"란 뉘앙스를 가지며 두 번이나 반복하여 강조함으로, 원수들이 더 이상 이 세상에 남아 있지 않기까지 끝장 내 주시라는 간구이다. 다시 말해, 하나님의 진노의 강도가 최고도로 나타나기를 간구한다.

하나님이 야곱 중에 다스리심을 땅 끝까지 알게 하소서 (베이드우 키-엘로힘 모쉘 베야아콥 레아프세 하아레츠)—시인은 이스라엘 백성들 가운데서 하나님의 통치가 (마솰) 명명백백하게 나타나기를 고대한다. 하나님이 통치는 때로 느껴지지 않을 정도이다. 그러나 바로 그 점이 하나님의 온유하심과 오래 참으심의 증거가 된다 (벧후 3:9). "땅 끝까지" 사상은 하나님의 축복이 이스라엘을 통해 온 세상에 전해지기를 원하신 하나님의 뜻과 부합 된다 (시 2:8, 22:27, 48:10, 61:2, 65:5, 67:7, 98:3, 사 24:16, 42:10, 43:6, 45:22, 48:20, 49:6, 52:10, 62:11, 행 1:8 등에서 세계적 선교 시각을 참조).

제5연 (14-15절): 원수에 대한 묘사

이 부분은 원수를 묘사하며 6-7절의 반복이면서도 사고상 좀 더 나아가고 있다. 즉, 앞에서는 단순히 밤새워 돌아다닌다면, 여기서는 돌아다니지만 먹거리를 발견하지 못하고 그저 배가 고파 슬피 울부짖는다는 것이다. 그리고 이런 원수에 대한 묘사는 다음 연에서 제시되는 시인의 승리에 대한 확신과 찬양에 대조시켜 본다면, 어쩌면 원수들의 파멸을 간접으로 호소하는 간접 기도라 할만 하다.

14절: 저희로 저물게 돌아와서 개처럼 울며 성으로 두루 다니게 하소서 (베야슈부 라에레브 예헤무 칵칼렙 비소베부 이르)—14절은 6절과 동일하다 (단, 14절 초두에 접속사 '바브'가 위치한다). 따라서 여기서도 6절과 같이 직설법으로 번역하면 좋을 것이다. 15절에 비추어 볼 때 그러하다.

15절: 저희는 식물을 위하여 유리하다가 (헴마 예누운 레예콜)—먹이가 없어 배고픔이 채워지지 못하면, 투덜거리고, 으르렁거리며 악을 쓴다. 악인들은 이렇게 굶주림을 당하게 된다. 그렇지만 의인은 만족하게 먹는다 (잠 13:25). 한편 케레 독법은 "유리하게 하소서"이다.

배부름을 얻지 못하면 밤을 새우려니와 (임-로 이스베우 바얄리누)—사용된 동사 (한역이 "밤을 새우다"로 번역)는 두 가지 뿌리로 (root) 추정될 수 있다: 1) 밤을 지새다, 하룻밤 숙박하다 (LSG, TOB, ASV, 한역), 2) 으르렁거리다, 울부짖다 (NIV, NRSV, NJB, NAB, NASB). 후자를 취하도록 한다.

제6연 (16-17절): 확신의 감사 찬양

이제 시인은 자기 기도의 응답을 확신하며 찬양하리라 서원하며, 찬양하며 감사한다.

16절: 나는 주의 힘을 노래하며 아침에 주의 인자하심을 높이 부르오리니 (바아니 아쉬르 웃제카 바아란넨 랍보케르 하스데카)— "나" (아니)는 여기서 원수들과 강조적으로 대조되고 있다. 원수들은 배고픔을 당하고 하나님의 진노에 떨어지겠으나, 나는 그분을 찬양하며, 그분의 인자하심을 맛보게 될 것이다. 믿음의 성도의 확신이다. 시인은 위기시에 하나님을 산성과 피난처로 체험하게 되었기에 찬양하는 것이다. 원수들은 저녁에 악행을 일삼지만 (6, 14절), 성도들은 기도와 찬양으로 새벽을 깨운다 (시 57:8 참조).

주는 나의 산성이시며 나의 환난 날에 피난처심이니이다 (키 하이타 미스가브 리 우마노스 베욤 챠르-리) —나의 입지가 지극히 좁아져 운신할 수 없는 그 때가 곧 '환난' 날이다 (챠르, 형, 좁은; 명, 제지, 억제, 걱정). 그러나 하나님은 성도의 부르짖음을 들으시고 곧 그의 걸음을 넓은 곳으로 인도하신다. "산성"은 사람들이 접근할 수 없는 높은 산성, 곧 안전지대를 지시한다.

17절: 나의 힘이시여 내가 주께 찬송하오리니 (웃지 엘레카 아잠메라) —하나님은 성도의 의지할 힘이시다. 우리가 그분을 의지하기만 하면 세상이 감당할 수 없는 자가 된다.

하나님은 나의 산성이시며 나를 긍휼히 여기시는 하나님이니이다 (키-엘로힘 미스갑비 엘로헤 하스디) —여기서 찬송하는 이유를 제시한다. 그런데 후반부는 직역하면 "나의 인자의 하나님"이지만, 두 가지로 해석이 가능하다: 1) 내게 언약사랑을 베푸시는 하나님 (KJV, NRSV, NJB, NASB, 한역), 2) 나의 사랑하는(신실한) 하나님 (NIV, TNK, NAB). 16절에서 하나님의 인자하심을 노래했으므로, 여기서도 한역처럼, 하나님의 언약사랑을 보아야 하지 않을까? 그렇지만, "나의 신실한 하나님"도 결국 하나님께서 성도들에게 언약 사랑을 베푸시는 신실하신 하나님이란 의미이다.

시편의 적용

악인들의 모임 (3절)

교회에서 성도들은 때로 파당을 짓고 지도자를 대적하기도 한다. 이런 모임은 참으로 잘못된 것이다. 제직회를 할 때도 끼리끼리 모여서 미리 의논을 하고 지도자를 거스리는 말을 함께 하기도 한다. 이러한 모임은 하나님께서 기뻐하지 않으신다. 모일 때에 선한 일을 도모하고, 어떻게 하던지 교회의 덕을 세우고자 해야 한다. 모일 때 성도들이 잡담을 하고 타인을 비방하거나 험담을 하기 십상이다. 타락한 본성이 여실히 드러난다. 우리는 아예 잡담(雜談)을 제거해야 한다. 성도들은 감사와 찬양, 격려와 기도의 말 외에는 하지 말아야 한다. 세상 사람들이 하는 방식을 우리는 온전히 버려야 한다. 세상 사람들은 모여서 정치 이야기, 경제 이야기로 꽃을 피우나 이런 것들이 우리 성도들의 모임의 화제가 될 수 없다. 하나님께서 하시는 일에 초점을 맞추자. 기도의 제목을 나눈다면 별 문제이다.

누가 들으리요? (7절)

하나님의 성령님은 우리의 생각과 말을 다 들으시고 보신다. 그러므로 성도들은 일편단심의 마음을 지니지 않으면 안 된다. 주님을 섬기는 일은 마음의 동기가 중요하다. 어떤 마음으로 하느냐? 이것을 주님은 보신다는 것이다. 생각부터 아시는 하나님 앞에서 우리의 불순한 동기들은 숨길 수가 없는 것이다.

　우리가 하나님을 어떤 하나님으로 알고 체험했는가에 따라 우리의 삶의 자세가 달라진다. 하나님이 어떤 분이신가? 그분은 전지하시다. 우리 삶의 모든 부분을 다 아시는 분이시다. 그분은 전능하신 분이시다. 그분은 모든 것을 자기 원대로 하실 수 있는 분이시고 또 그리하신다. 그분은 영원하신 분이시다. 그분은 세상과 완전히 구분되시는 거룩하신 하나님이시다. 그분을 우리가 모시고 그분과 같이 교제하는 이 사실은 우리의 삶이 거룩해야 하며, 우리의 생각이 원대해야 하며, 우리의 꿈이 우주같이 넓어야 하며, 우리의 말이 덕을 세우고 축복하는 것이어야 함을 지시해 준다.

이스라엘의 통치자 (13절)

　하나님은 이스라엘을 택하시고 자신의 공의로운 통치를 나타내셨다. 그렇다고 여타 이방인들은 버리신 것이 아니다. 그분의 이스라엘 통치는 이스라엘에게 특권으로 주셨던 예배, 영광, 언약, 거룩하신 임재 등으로 나타나므로, 이스라엘은 이런 축복을 세상에 선포하여 만민에게 축복이 되어야 했다. 즉, 선교적사명을 주셨던 것이다. 그렇지만 이스라엘은 세상을 향하신 하나님의 이런 뜻을 오해하고 잘못된 선민주의, 국수주의에 빠지고 말았다. 하나님께서 이제 영적으로 교회에서 성령님과 말씀을 통하여 통치하실 때, 그분의 영광과 그분의 거룩하신 임재와 언약, 약속, 축복들이 성도들에게 임한다. 이런 것들을 통하여 온 세상에 복이 되라는 무언의 명령이다. 오늘날 교회들이 선교적 사명을 제대로 감당하지 못하고 자기만족에 빠진다면 구약시대의 이스라엘의 잘못된 전철을 그대로 밟고 마는 것이다. 우리는 이스라엘의 실패에서 배워야 한다.

시 60편 우리를 회복시키소서

1. 전체구조에서의 위치, 시의 유형과 삶의 자리

　표제는 이 시를 "다윗이 교훈하기 위하여 지은 믹담"이라 지칭한다. "수산에듯에 맞춘 노래"라는 표제는 "증거의 백합화"란 노래의 곡조로 이 시편을 연주하라는 연주 지시 악절일 것이다. 그리고 다윗이 아람 나하라임과 아람 소바와 싸우는 중에 요압이 돌아와 에돔을 염곡에서 쳐서 일만 이천 인을 죽인 때의 상황을 노래하는 것으로 언급되었다. 그렇다면, 이 시는 이스라엘이 패배를 당했을 때, 하나님께 구원을 간구한 공동체 탄식시로 볼 수 있겠다. 일단 이런 시가 재난의 시기에 작사된 후에는 후대인들이 이런 시들을 사용하여 재난의 날을 기념하는 예배를 드릴 때 매년 사용할 수 있었을 것이다. 유사한 상황이 시 44편이나 74편에서도 나타난다.

　표제에 언급된 다윗의 전쟁 상황을 역사서 부분에서 (삼하 8:13-14/ 대상 18:12-13) 살펴본다.

이 부분에서 다윗은 백전백승(百戰百勝)의 장군으로 나타난다. 서편으로 블레셋을, 동편으로 모압을, 북으로 아람을, 남으로 에돔을 쳐서, 동서남북의 사방 원수들을 정복하였다. 북편에 위치한 아람 나하라임은 (창 24:10, 신 23:5, 삿 3:8, 대상 19:6) 문자적으로 "두 강들의 아람"이란 의미로, 티그리스와 유브라테스 강 사이에 위치한 지역, 곧 하란 중심의 밧단 아람지역을 지시한다. 다윗은 소바 왕 르홉의 아들 하닷에셀이 자기 권세를 회복하려고 유브라데 강으로 갈 때에 저를 쳐서 그 마병 1700과 보병 20,000명을 사로잡고 병거 100승의 말만 남기고 그 외의 병거의 말은 다 발의 힘줄을 끊었다. 그 때 다메섹 아람 사람들이 소바 왕 하닷 에셀을 도우러 오므로, 다윗은 저들도 쳐서 22,000명을 죽이고 다메섹 아람에 수비대를 두어 봉신국으로 만들었다.

삼하 8장의 정복기사에서 블레셋, 모압, 에돔 등에 대한 기사는 한, 두 절로 처리한 반면 아람에 대한 정복은 무려 8절이나 할애하였다 (3-10절). 이로 보건대 아람이 다윗 당대에 얼마나 중요한 지위를 점했는지 알 수 있을 것이다. 여기 시편의 표제에서도 아람 나하라임과 아람 소바에 대한 언급이 먼저 나온다. 아람 소바 왕국의 세력이 어느 정도였는지 우리는 정확히 알지 못하나, 다윗이 암몬을 칠 때 저들이 와서 도운 것을 보면 (삼하 10:6 이하), 아람 소바의 남쪽 경계선이 암몬과 접하지 않았나 하는 추정을 하게 한다. 하닷에셀왕 시절에 이 왕국은 크게 팽창한 것으로 나타난다. 그리고 북으로 소바 왕국은 유브라데 강까지, 아니 그 건너편까지 영향력을 미쳤다 (삼하 8:3, 10:16). 동으로는 시리아 사막까지, 서편으로는 시리아-분지 (Coele-Syria)까지 포함하였다. 시리아-분지란 동편의 안티-레바논 산맥과 서편의 레바논 산맥 사이의 지역을 지시한다. 하닷에셀에서 "하닷"은 "주"(主)를 의미하는 "바알" 신의 별칭으로 폭풍신이기도 하며, 따라서 이 이름의 의미는 "하닷신이 [나의] 도움이시다"이다. 이는 아마 이 왕조의 왕을 부르는 칭호일 것이다 (애굽왕을 바로라 부르듯). 삼하 8:3에서 "자기 권세를 회복하려고"란 표현에서 "자기"가 다윗인지, 하닷에셀인지 확실치 않지만, 다윗보다는 하닷에셀로 봄이 좋을 것이다. 왜냐하면 하닷에셀이 통치하는 북방을 정복하지 못한 다윗이 유브라데까지 미치기는 어렵기 때문이다. 하닷에셀이 유브라데 지방으로 정복전을 펼칠 때 다윗이 저를 쳤다는 말이겠다. 이렇게 해서 북편의 강력한 나라 아람 소바국은 다윗의 봉신국으로 전락하였다.

정복기사는 아람 왕국 기사 다음에, 남편으로 다윗이 염곡에서 에돔 사람 18,000명을 쳐 죽였다고 하였다 (삼하 8:13). 병행기사인 대상 18:12절에 의하면, 스루야의 아들 아비새가 염곡에서 에돔 사람 18,000명을 쳐 죽였다고 했다. 아비새는 다윗의 누이 스루야의 장남으로, 요압과 아사헬이 그의 동생들이었다. 아비새가 실제로 전쟁했지만, 최고 사령관 다윗이 승리를 얻은 것으로 언급된 것이다. 그런데 시 60편의 표제에 의하면, 요압이 염곡에서 12,000명을 쳐죽인 것으로 나타난다. 형과 동생이 각기 1만8천명과 1만2천명을 죽인 것인지, 아니면 혼동이 생긴 것인가? 어떤 이는 제안하길, 아비새가 선공하여 6천명을 살육했을 때, 요압이 지원병을 이끌고 도착하여 나머지 12,000명을 죽였다고 한다. 그런데 왕상 11:15에 의하면, 군대장관 요압이 가서 죽임을 당한 자들을 장사하고 그곳에 여섯 달을 머물면서 에돔의 남자를 다 쳐서 죽였다고 했다. 그렇다면 아비새가 이미 도륙한 자들을 요압이 장사지내면서 남은 남자들을 죽인 것이 아닌가? 또 다른 해결책에 의하면, 숫자상의 차이가 나타나는 것은 성경 사본들을 베낀 사람들이 잘못해서 실수가 개입되었다. 고대에 숫자를 표기하고자 할 때는, 숫자 대신 알파벳 글자들을 사용했었다. 예컨대, 12란 숫자는 "요드, 베트"로 기록하고, 18은 "요드, 헤"로 기술했다. 이 경우, "베트"란 알파벳과 "헤"란 글자는 혼동될 염려가 있었다는 것이다.

어쨌든, 다윗은 이스라엘 역사에서 전대미문(前代未聞)의 영토확장에 크게 성공하였다. 이 당시 곧 주전 12-11세기 어간에는 힛타이트, 애굽, 바벨론, 앗시리아 모두가 약체여서, 이른바 힘의 공백기에 해당하였기에 다윗 제국이 성립될 수 있었다. 그렇지만 자기 영토를 배나 확대시킨 이러한 성공들은 손쉽게 금방 얻어진 것이 아니었고, 때로는 패배하기도 했었다. 역사에 분명하게 언급되지 아니한 성공 이면의 패배가 바로 이 시에서 묘사되고 있다.

우리는 이 시가 실제로 다윗 생애 가운데 있었던 역사적 정황에 근거해서 작사된 것이라 이해한다. 표제가 제시하듯, 전쟁에서 한 번 패배를 맛본 쓰라린 경험에 비추어 이스라엘 군의 사기 진작과 교훈을 위해 다윗은 이 시를 지었을 것이다 (삼하 1:18의 활 노래처럼). 나중에 이 시는 이스라엘군이 군사훈련을 하면서 혹은 전쟁에 나갈 때 예배를 드리면서 사용하지 않았을까?

우리가 표제가 제시하는 역사적 정황을 사실로 받아들일 때, 해결해야 할 한 가지 숙제가 생긴다. 그것은 역사 기술은 분명히 에돔에 대한 승리를 언급하는 데, 여기 시편은 오히려 패배를 묘사한다는 사실이다. 바로 앞에서 언급했듯이, 왕상 11:15에 언급된 요압의 살육행위는 보복적 의미가 농후하다. 왜냐하면 요압은 "남자를 다 없이 하기까지" 여섯 달을 거했다고 하기 때문이다. 델리취가 지적하듯, 바로 이 때의 보복전은 패배를 설욕하려는 행위였을 것이다. 그렇다면 역사적 상황들은 에돔에서의 패배→요압의 설욕전으로 전개되었다고 할 수 있다. 그러나 정확한 정황은 알기 어렵다.

여기서 잠깐 시편 표제의 기원에 대하여 언급해 본다면, 크게 두 가지로 고려해 볼 수 있다. 첫째로, 시편의 저자가 붙인 것이다; 둘째로, 시편들이 한 책으로 모아져 편집될 때 (그 과정이나 회수는 정확히 알 수가 없지만) 편집자가 첨가한 것이다. 혹은 시편의 편집자가 아니라 해도, 어떤 후대인이 표제를 달았을 것이다. 우리의 입장을 말하자면, 표제는 시편 저자와 직. 간접으로 연관된다는 것이다. 즉, 시편의 저자가 직접 그런 역사적 배경을 언급했던지, 아니면 그런 사정을 잘 아는 시편 저자 (다윗)와 가까운 측근이 표제를 기술하는 데 연관되었을 것이라는 것이다.

둘째 입장에 의하면, 여러 시편들을 모아 편집할 때, 편집자들이나 혹은 후대인이, 개개 시편을 읽고 그 시편의 단어나 사고를 역사서 부분의 단어나 사고와 비교하여, 시편 내용의 역사적 배경을 추정하여 표제를 달았다. 대개 비평가들이나 일부 복음주의 학자들은 이런 견해를 피력한다. 이런 견해에 의하면, 표제 자체도 시편에 대한 하나의 해석이다. 이를 보통 "미드라쉬 해석"이라 부른다 (Brevard S. Childs, "Psalms and Midrashic Exegesis," 137 참조). 성경을 다른 유사한 구절과 맞추어 해석하는 방식이다. 표제는 바로 미드라쉬 해석의 결과로 나타난 것이라는 주장이다. 이렇게 표제를 시와 상관없는 후대의 첨가물로 보는 근거들은 대개 1) 히브리 원문의 표제와 헬라어역 (70인역)의 그것 사이에 때로 차이가 있다; 2) 표제는 시편 자체의 내용과 동 떨어진다. 그렇지만 이런 이유들은 표제들을 후대 첨가물로 볼만한 근거들로 타당치 않다. 왜냐하면 표제들과 그 표제가 달린 시편을 검토해 본다면, 후대 랍비들이 본문의 내용과 동떨어진 표제를 자기의 추정에 근거해서 달았다고 생각하기 어렵게 만드는 요소들이 있기 때문이다. 예컨대, 시 60편의 표제에서 우리는 역사서가 언급치 않는 사항을 본다. 이렇게 성경이 묘사하지 않는 상황을 표제가 언급한다는 것은 표제의 고대성을 시사해 주지 않는가? 후대의 편집자가 성경에도 없는 사항을 시편의 표제에 감히 첨가하고자 생각이나 할 수 있었겠는가? 우리가 앞서 주장한대로, 시편 저자와 직. 간접으로 연관이 되어 내용을 알았기에 성경에 없는 그런 표제를 달수 있지 않았겠는가? 그리고 70인역과 히브리어 표제가 다른 이유는 헬라어역이 표제의 내용을 이해하지 못했기 때문에 생겼다고 할 수 있다. 이것은 거꾸로 보면, 히브리어 표제의 고대성을 확인해 주는 셈이다.

한편 현대 비평가들은 대개 이 시를 주전 586년 예루살렘 함락 이후의 어느 시기에 저작된 것으로 이해한다. 그렇게 보는 이유는 에돔에 대한 적개심은 예루살렘 함락과 연관하여 극도에 달하였다는 다른 구절들의 증언들 때문이다 (렘 49:7-22, 사 63:1-6, 겔 25:12-14, 오바댜, 시 137편, 애 4:21-22 등). 예루살렘 함락 이전이나 (렘 36:9), 그 이후에 (슥 7:2-7, 8:19 등) 이스라엘의 금식일 준수는 연례적이었던 행사로, 아마 이 시는 그런 금식 절기 시에 사용되었으리라 가정하기도 한다.

한편 이 시편의 5-12절은 시 108:6-13에서도 나타난다. 우리는 본 시편의 5-12절이 시 108:6-13의 원본이라 추정한다. 그 근거는 두 가지이다. 첫째는, 5-12절의 내용이 본 시편 전체의 사고와 일치한다는 점이다. 다시 말하자면, 시 5-12절은 시 60편의 필수 불가결의 일부를 구성한다는 사실이다. 5-12절의 사고를 살펴 본다면, 5절은 구원의 호소라면 6-9절은 하나님께서 이스라엘 주변 인근국들을 이스라엘에게 넘겨주시리라는 예언이다. 그리고 10절에서는 하나님께서 이스라엘의 전쟁에 함께 하지 아니하심을 탄식하고 있다. 그리고 11절에서 도우심을 간구하고, 12절에서 신앙의 확신을 표명한다. 이렇게 볼 때, 5-12절은 이전에 하나님이 주셨던 약속 곧 하나님이 인근(隣近)국들을 넘겨주시겠다는 약속을, 전쟁 와중에, 상기하면서, 어찌하여 하나님께서 함께 전쟁에 나아가시지 않는지를 탄식하며 도우심을 간구하는 기도이다. 그런데 이 5-12절을 1-4절과 함께 놓고 고려해 본다 해도, 5-12절의 의미는 크게 달라지지 아니한다. 왜냐하면 1-4절도 결국 전쟁 패배 후에 드려지는 도우심의 간구이기 때문이다. 요컨대, 1-4절이나 5-12절은 사고상 통일성을 견지하므로 5-12절이 본 시편의 필수 구성요소라는 결론을 내릴 수 있다. 둘째로, 시 108:1-5 부분이 시 57편 7-11절 부분에서도 나타난다는 사실이다. 시 108편은 이렇게 다른 시들의 일부를 차용하여 구성된 것이라는 점이 분명하다. 이런 두 가지 사실에 미루어 본다면, 본 시편의 5-12절이 시 108:6-13의 원본이라 추정할 수 있을 것이다. 반면 시 57:7-11이 시

108:1-5의 원본이라 추정할 근거가 약하다는 점은 시 57편 "서론"에서 지적한 바 있으므로 참조하시기 바란다.

2. 시적 구조와 해석

사고상의 흐름에 따라 세 개의 연으로 구분해 볼 수 있다. 제1연 (1-5절)은 탄식과 간구, 제2연 (6-8절)은 하나님의 응답, 제3연 (9-12절)은 다시 탄식과 간구이다. 세 개의 콜론으로 이루어진 제2연을 제하고 나머지는 모두 두 개의 콜론으로 행들이 구성되었다. 세 연에는 각기 한 번씩 "하나님" (엘로힘)이 자리 잡고 있다 (1, 6, 12절 [10절도 참조]). 세 연은 각기 다른 인칭을 사용한다는 점에서도 확연히 구분된다. 1연과 3연은 백성인 "우리"의 시점에서 말하고, 2연은 하나님의 견지에서 곧 "나"의 시점에서 말씀한다. 9절은 특별히 전, 후반절이 구조 병행법과 의미상 동의 병행법을 구성한다. 후반절에 사용된 전치사 (아드)는 전반절에도 해당되며 (double duty), 전반절에서 전치사 (아드)가 생략된 대신 전치사 목적어를 (이르 마쵸르) 두 단어로 만들어 배치함으로 균형을 잡고 있다 (ballast variant). 그리고 전반절은 미완료 시상을 후반절에서는 완료시상을 배치하여 절묘한 조화를 얻어내고 있다.

표제: 다윗이 교훈하기 위하여 지은 믹담, 영장으로 수산에듯에 맞춘 노래 (람나쳬아흐 알-슈산 에두트 믹탐 레다빗 레람메드) — 그러니까 쓰라린 전쟁 실패의 교훈을 후대에 전하여 저들로 경각심을 갖게 하기 위하여 기록되었다는 의미이다.
　다윗이 아람 나하라임과 아람 소바와 싸우는 중에 요압이 돌아와 에돔을 염곡에서 쳐서 일만 이천 인을 죽인 때에 (베핫쵸토 에트 아람 나하라임 베에트-아람 쵸바 바야쇼브 요압 바야크 에트-에돔 베게-멜라흐 쉐넴 아사르 알레프) —70인역은 "싸우는 중에"를 "그가 불살랐을 때에"라고 읽고 있다 (호포테 에네퓨리센).

제1연 (1-5절): 탄식과 간구
1절: 하나님이여 주께서 우리를 버려 흩으셨고 (엘로힘 제나흐타누 페라츠타누) — "당신께서 우리를 버리셨다"란 표현은 10절에서도 반복된다. 군사적 패배만 아니라 성도의 삶에서 나타나는 실패나 저주, 질병 등은 필연적으로 하나님의 처벌로 이해된다. 왜냐하면 언약 백성들에게 하나님은 상벌 규정을 두시어 (레 26장, 신 28장 참조), 언약에 충실할 경우에 축복을, 불충(不忠)할 때에 처벌을 예고해 두셨기 때문이다. 언약백성이 하나님을 져버리면 (아자브), 그분도 자기 백성을 버리신다 (자나흐)(대상 28:9). 사용된 동사는 이스라엘이 하나님을 져버리는 경우에는 사용하지 않고, 하나님께서 이스라엘을 버리신다고 할 때만 사용되었다 (시 43:2, 44:9, 23, 74:1, 77:8, 89:38, 애 3:31, 슥 10:6, 대상 28:9 등). 한편 "흩으셨고" (페라체타누)는 "우리들(의 방어선)

을 파쇄 하셨다" (NRSV, NAB, TNK 등)로 이해한다. "흩으셨다"는 뉴앙스는 없다. 오히려 막는 돌담 같은 것을 터치고 허무는 것을 지시한다 (시 80:12, 89:39).

분노 하셨사오나 (아나프타)—패전(敗戰)이 하나님의 진노의 결과로 이해되었다. 하나님의 진노는 여러 방식으로 나타날 수 있다. 하나님의 임재가 거두어지고, 그분의 축복대신 질병과 패배, 갈등과 무질서 등 처벌이 성도의 삶에 임한다. 여기 사용된 동사 (아나프; 분노하다)는 콧구멍 (nostril)과 연관되는 말로, 콧구멍들에서 뜨거운 김이 나오면 그것은 진노한 증거이다. 그래서 콧구멍은 "진노"란 의미도 갖는다.

지금은 우리를 회복시키소서 (테쇼베브 라누) — "지금은" 이란 말이 원문에는 없고 의미상 번역자가 첨가했다 (한역, NIV, NAB, NRSV 등). 회복은 전쟁패배로 야기된 의기소침과 패배의식, 좌절, 위기감 등을 제거하고 새롭게 미래의 소망을 주시는 일이다. 영적으로도 백성을 타락된 상태에서 은혜의 상태로 회복시키는 일이다. 이런 회복은 인간으로는 불가능하고 (11절), 하나님만이 하실 수 있는 일이다. 그렇기에 기도가 필요한 것이다. 사용된 동사는 "피엘형"의 변형인 폴렐형으로 이는 전통적으로 기본형 (칼형)의 강조형으로 간주되었으나, 최근의 연구 결과는 피엘형이 단순히 기본형의 의미를 '강조' 하는 것이 아니라, 오히려 어떤 "상태"를 야기(惹起)하는 사역적 기능을 갖는다 (히필형은 "동작"을 야기하는 사역형; Waltke & O' Connor, §24.1df). 여기서 사용된 동사 (슈브)의 경우, 기본형에서 "돌아가다" (return)란 의미라면, 피엘형의 변형인 폴렐형에서는 "돌이키다, 회복시키다" (bring back, restore)를 의미한다. 즉 소망적 "상태" 혹은 영적으로 복된 "상태"로의 복귀를 지시한다 (시 23:3, 사 49:5, 58:12, 렘 50:19). 이러한 회복은 이전에 복된 상태, 소망적 상태가 있었다는 것을 전제한다. 한편 고려 중인 이 동사를 70인역은 이상하게도 "당신이 불쌍히 여기셨다" (오이크티레사스)라 번역했다. 반면 히브리어 사본에 근거한 라틴어역 Vulgate iuxta Hebr.은 "당신이 돌이키셨다" (convertisti)라 바로 번역했다.

2절: 주께서 땅을 진동 시키사 갈라지게 하셨사오니 (히르아쉬타 에레츠 페참타흐)—하나님의 나타나심 (神顯)은 우주의 대격변 현상을 동반한다 (출 19장; 삿 5:4, 삼하 22:8=시 18:8, 68:8, 77:18 등). 70인역은 이를 "지진"과 연관되는 말 (숫세이오)로 번역했다. 그런데 여기서는 그런 의미라기보다, 원수 앞에서의 패배와 무질서 (10절), 이로 인하여 백성이 겪은 어려움을 (3절) 이렇게 상징적으로 묘사한 듯 하다. "갈라지게 하다" (피차미타흐 [파참]는 여기서만 나타나므로 (hapax legomenon), 의미 파악이 확실치 않다. 70인역은 이를 "혼동시키다" (쉰타랏소)로 번역했다. KB³는 아랍어 (파차마, 절단하다, 박살내다), 유대인 아람어 "열다," "절개(切開)하다" 등을 근거로 "땅을 가르다," "금이 가게하다" (split, crack)이라 정의했다.

그 틈을 기우소서 땅이 요동함이니이다 (레파 쉐바레하 키-마타) —전쟁의 패배는 나라에 여러 균열들을 만들었다. 그것들을 치료해 달라는 간구이다 (KJV, ASV, heal its breaches). "땅이 요동함이니이다"가 암시하듯 2절에서 사용된 동사들은 지진(地震)이 야기하는 현상들을 묘사 한다 (사 24:19 참조). 이 시편에서는 전쟁으로 야기된 현상들을 상징적으로 묘사할 것이다.

3절: 주께서 주의 백성에게 어려움을 보이시고 (히르이타 암메카 카샤)— "어려움"은 "노동"이 고될 때 (출 1:14, 6:9 등), "목"이 곧다고 할 때 (출 32:9, 33:3, 5 등), 성격이 잔인한 (삼상 25:3), 전쟁이 맹렬할 때 (삼하 2:17), 대답이 아주 거칠 때 (왕상 12:13) 사용된다. 여기서는 전쟁의 패배로 야기된 여러 곤란들을 지시한다.

비척거리게 하는 포도주로 우리에게 마시우셨나이다 (히쉬키타누 야인 타르엘라)—사용된 표상은 선지서들에서 자주 등장하는 것으로, 하나님께서 진노의 포도주로 사람들에게 마시우게 하셔서 비틀거리게 하신다 (사 51:17, 렘 25:15-29, 겔 23:31, 시 75:8; 계 14:8, 10, 16:19 등). 이 잔에 담긴 포도주는 사람을 미치게 하고 온갖 저주를 당하게 한다. 전쟁으로 이스라엘 사람들은 미칠 정도가 되었다.

4절: 주를 경외하는 자에게 기를 주시고 진리를 위하여 달게 하셨나이다 (나타타 리레에카 네스 레히트노세스 미페네 코셈 셀라)— "깃발을 세우시고…펄럭이게 하셨나이다." 주를 경외하는 자에게 "기를 주시고" (나탓타 네스)의 동사 시상은 완료상이다. 이를 기원적 완료로 (precative perfect) 취하여 "기를 주소서" 라고 번역하기도 한다 (M. Dahood, *Psalms II*, 79; NAB는 "기를 세우소서"; TNK "[주변에] 모일 깃발을 주소서"). 또 어떤 이들은 출 17:15, 사 5:26, 11:10, 12, 13:2, 18:3, 49:22, 62:10, 렘 4:21, 51:12, 27 등에 근거하여, "당신은 당신을 경외하는 자들을 당신의 깃발로 모으셨나이다" 라 이해한다 (A. R. Johnson, *The Cultic Prophet*, 166, n.6). 여기서 사용된 동사를 통상적 의미인 "주다" 보다는 "기"와 연관되었으므로, 약간 의역하여 "기를 세우다" 곧 승리를 주신다 (출 17:15 참조)는 의미로 이해할 수 있다 (NIV, NRSV, NASB 등).

한편 "진리를 위하여 달게 하셨나이다" (레히트노세스 밉프네 코쉐트)는 사용된 동사의 뿌리를 어떻게 보느냐에 따라서 의미가 달라진다. 1) 도망이다, 피이다 (ןוס)(M. Tate, 공동번역), 2) 깃발 아래 혹은 주변에 모이다, 깃발을 펄럭이다 (깃발 [네스]이란 명사에 유래한 동사 [denominative] [나사스])(KJV, NIV, NRSV, 한역). 후자가 문맥에 타당할 것이다. 그런데 "진리"란 말 (코쉐트)을 70인역이나 시리아어역 등이 아람어풍 단어로 취하여 "활"로 이해한다. 그렇지만 잠 22:21, 단 2:47, 4:37 등에서 이 말은 "진리"란 의미로 나타난다. 그렇다면 여기서 "진리"란 무엇인가? 참 신앙이란 의미, 곧 참 하나님을 상징하는 것이 아닐까? 즉, 하나님을 경외하는 자들에게 승리의 기를 주시어 참 하나님을 위하여 펄럭이게 하신다. 다시 말하지만, 이 기는 승리의 깃발이며, 주권의 상징이다; 포르투갈이 마카오를 중국에 반환할 때 포르투갈의 기는 내려가고 중국의 기가 대신 올라갔다 (1999년). 우리 하나님은 "여호와 닛시" (여호와는 나의 깃발) 이시다. 문맥에서 보건대, 이 진술은 공동체가 기도하면서 얻은 확신을 표시한 말씀이다. 만약 자신들이 진리를 위해 바로 선다면, 이런 승리의 기를 주셔서 펄럭이게 하실 것이라는 확신이다. 그러나 하나님을 반역하는 자들에게서는 이런 깃발을 빼앗아 버리신다. 패배와 굴종만 기다릴 것이다.

*****5-12절** 부분은 시 108:6-13과 사소한 차이를 제하면 동일하다.

5절: 주의 사랑하시는 자를 건지시기 위하여 (레마안 예할쭌 예디데카) — "당신이 사랑하는 자들이 구원되도록." 1절의 간구에 대한 응답의 결과가 여기서 예상되고 있다. "사랑하시는 자"는 물론 언약 사랑을 받는 이스라엘을 지칭한다.

우리에게 응답하사 오른손으로 구원하소서 (호쉬아 예미네카 바아네누) — "당신의 오른손으로써 우리에게 승리를 주소서; 우리에게 응답하소서." 현실적 순서라면 "응답하소서; 구원하소서 (승리를 주소서)"가 되어야 할 것이지만, 중요한 말을 앞에 우선적으로 배치한 문학적 기교이다. "구원"은 여기 문맥에서 "승리"를 의미한다. "승리를 주소서"란 간구에 이어 "우리에게 응답하소서"가 뒤따른다 (한역과 반대 순서). "오른손"은 권능의 상징이다.

제2연 (6-8절): 하나님의 응답

이제 하나님의 응답이 예언으로 주어지고 있다. 대제사장의 우림과 둠밈을 통한 신탁일 것이다. 아니면, 이 부분은 이전에 하나님께서 주셨던 약속들을, 위기를 당하여, 새롭게 상기하는 말씀일 것이다 (시 2:7-9절 참조). 앞에서 언급되었지만, 5-12절은 시 108:6-13절과 대동소이하다.

6절: 하나님이 그 거룩하심으로 말씀하시되 (엘로힘 딥베르 베코드쇼) — "그의 성소에서부터 말씀하시되" (NIV). 이 말씀은 간구에 대한 응답이 예언으로 주어졌다는 것을 지시한다 (NRSV, "하나님께서 그의 성소에서 '약속' 하셨다" 참조). "성소" (코데쉬)는 기도가 응답되는 자리이다.

내가 뛰놀리라 내가 세겜을 나누며 숙곳 골짜기를 척량하리라 (에엘로자 아할레카 쉐켐 베에멕 숙콧 아맛데) — "내가 뛰놀리라" (에엘로자) 동사는 하나님을 주어로 사용된 곳은 여기밖에 없다. 형태는 연장형 (cohortative)으로 주어의 결심을 표현한다. 이 동사는 승리에 기뻐하는 모습을 표현하거나 (삼하 1:20, 시 28:7), 하나님을 인하여 즐거워하는 모습을 묘사한다 (시 68:4). 여기서는 하나님께서 친히 기뻐하신다는 것이다. 어떤 역본들은 민 13:17에 근거하여 이 단어를 둘로 나누고, '내가 이제 올라가리라' 고 해석 한다 (NEB). 70인역은 히브리어를 그대로 번역한다 (휩소테소마이, 내가 높이 들릴 것이다). 이 동사는 다음 동사 (아할카, 내가 나누리라)와 함께 이사일의 (hendiadys)로 취하여 번역하면 좋을 것이다: "'의기양양하여,' 내가 나누리라" (NIV, In triumph I will parcel out). 하남께서 친히 백전백승 (百戰百勝)의 전쟁 용사로서 세겜을 전리품으로 취하시고 자기 백성에게 분배하신다. 세겜이나 숙곳은 각기 요단 서.동편을 대표하는 족장들의 발자취가 서린 유서 깊은 지역들이다 (창 33:17-18 [숙곳], 창 12:6, 33:18, 34장 [세겜] 등 참조). 한편 "숙곳 골짜기를 측량하리라"도 승리한 후에 구획을 정하여 분배하신다는 것이다. 세겜이나 숙곳과 같은 지명들이나, 다음에 언급되는 길르앗, 므낫세, 에브라임, 유다, 모압, 에돔, 블레셋 등은 다윗 왕국의 주요 지역들이다.

7절: 길르앗이 내 것이요 므낫세도 내 것이며 (리 길르앗 벨리 미낫쉐) — 하나님은 이런 요단 동편 지역을 이스라엘 백성에게 주신 것으로 여기 확인하신다. 원래 이 지역은 르우벤, 갓, 므낫세 반 지파가 모세에게 요청하여 얻은 영지였으나 (민 32장, 수 1:13 참조), 아람인들은 늘 이 비옥한 지역을 탐내어 전쟁을 도발하였고 나중에는 결국 상실하고 말았다 (왕상 22:3 이하 참조).

에브라임은 내 머리의 보호자요 (베에프라임 마오즈 로쉬)— "내 머리의 피난처" 혹은 "보호." 따라서 "머리"를 보호하는 "투구"란 의미이겠다 (NIV, NRSV). 에브라임과 유다가 다윗 왕국에서 가장 현저한 지파들이었다. 특히 분열 왕국 시대에는 에브라임이 북왕국을 대표하였다. 에브라임은 북편에 위치하여 이스라엘을 북방 원수에게서 막는 "투구"와 같다.

유다는 나의 홀이며 (예후다 메호케키)—창 49:10을 상기시킨다. 유다 지파에게서 왕이 나온다. 분단시대에는 이런 전통이 북왕국에서 무너졌지만 이는 하나님의 정하신 바가 아니었다.

8절: 모압은 내 목욕통이라 (모압 시르 하르치)— "목욕통"이나 다음에 언급되는 "신발들을 던지는 행위," "외침" 등은 모두 모압, 에돔, 블레셋에 대한 하나님의 주권과 통치를 상징이다. "목욕통"은 발을 씻는 "대야"로도 볼 수 있다. 모압은 하나님의 발을 씻기는 봉신의 지위에 처해있다.

에돔에는 내 신을 던지리라 (알-에돔 아쉴리크 나알리)— 이 말씀이 정확하게 무슨 의미인지는 확실치 않다. 문맥상 소유권의 확정을 의미할 것이다 (신 11:24, 룻 4:7 등 참조). 또 어떤 이는 정복자가 피정복자의 목을 발로 밟는 그런 행동을 암시할지도 모른다 (수 10:24, 탈굼역). 이미 발람 선지자는 이 지역들에 대한 이스라엘이 정복을 예고한 바 있다 (민 24:17-19).

블레셋아 나를 인하여 외치라 (알라이 펠레쉐트 히트로아이)—이는 블레셋이 하나님의 통치권을 인정하는 복속의 표시로 경배하는 외침을 외치라는 요청일 것이다. 그렇지만 시 108:9는 "블레셋 위에" (곧, 블레셋을 향하여) 내가 외치리라고 한다. 이는 승리의 외침이다. "나를 인하여" (알라이)는 병행기사인 시 108:9에서는 "블레셋 위에 내가 외치리라" (알레-페레 에트로아이)로 나타나며 (NIV, NRSV 등), 이는 유다의 외침을 블레셋에 외치는 것을 의미한다. 이 100인역에 보듯, 시가체에서 전치사 "알"은 보다 긴 형태가 사용된다. 그런데 70인역은 "블레셋 사람들이 내게 복속되었다" (에모이 알로퓰로이 휴페타게산)로 이는 히브리어 동사를 "외치다" (루아)가 아니라 "복속하다" (라아 rʿ, II)로 읽은 것이다. 만약 현재 본문 그대로 읽는다면 (한역처럼), 그 의미는 복속된 블레셋이 정복자이신 하나님께 복속되었다는 표시로 경배의 소리를 외쳐야 한다는 것일 것이다 (NJV, "오 블레셋아! 나를 (왕으로) 환호하라."

제3연 (9-12절): 다시 탄식과 간구

9절: 누가 나를 이끌어 견고한 성에 들이며 (미 요빌레니 이르 마초르)—다시 시인은 현실로 돌아왔다. 하나님의 약속에도 불구하고, 현실은 냉엄하여, 원수들이 견고하게 방어하고 있는 요새들이 눈앞에 펼쳐진다. 약속은 성도들의 믿음의 결단을 요청한다. 문제의 요단강은 믿음의 발을 그 물에 담그기 전에는 갈라지지 아니한다. 문제의 홍해는 믿음의 팔을 내밀기 전에는 갈라지지 아니한다. 문제의 여리고성은 믿음의 행진이 끝나기 전에는 무너지지 않는다. 시인의 외침은 약속을 이루기 위해 도전하는 모습을 보여준다. 한편 "견고한 성에" (이르 마쵸르)는 시108:10과 의미는 유사하나 다른 단어를 (이르 미브챠르) 사용한다. 에돔은 견고한 바위 산지였다.

누가 나를 에돔에 인도할꼬? (미 나하니 아드-에돔)—70인역을 (호데게세이) 비롯한 역본들이 미완료상 (미래형)으로 번역한다. 그래서 자주 이를 두 번 기록해야할 글자를 앞에 동일한 글자 (이 경우는 '요드')가 있으므로, 잘못해서 빠뜨린 경우 (중자탈오 haplography)로 이해한다. 그렇지만 전, 후반절에 다른 시상들을 배치함으로 조화를 도모하는 시적 기교에 비추어, 현재 그대로의 완료형이 타당하다. 더구나 다훗은 한 단어의 끝 글자가 다음 단어의 시작 글자일 경우 (이 경우 '요드'), 한 번만 기록하는 습관을 지적 한다 (M. Dahood, *Psalm II*, 81; Wilfred Watson, "Shared Consonants in Northwest Semitic," 525-33). 한편 에돔에는 원래 호리족이 보스라를 수도로 하여 거주하였으나 에서의 후손이 그곳을 취하였다. 그곳은 사해 남편 지역의 아카바 계곡이었고 바위투성이였으며, 저들의 성은 바위로 된 천연의 요새였다 ('셀라' [반석], 왕하 14:7 참조). 에돔은 전통적으로 이스라엘의 칠천지 원수였다 (시 137:7, 렘 49:7-12 등 참조). 이 도성은 나중 라틴어역에서 "페트라"로 나타난다 (시 60:3). 후대에 이곳은 유명한 나바치안의 (마카비 1서 5:25, 9:35 등) 본거지로 통상의 중심역할을 하였다. 그런데 이 시인의 외침은 사 63:1-6에서 반향을 받는다: "에돔에서 오며 홍의를 입고 보스라에서 오는 자가 누구뇨?" 표현상으로 상관되는 (inter-textuality) 이 두 본문은 많은 묵상을 요청한다. 하나님께서 친히 에돔으로 이스라엘 군대와 함께 나아가실 때 비로소 승리는 보장된다. 하나님의 약속은 이처럼 하나님 자신의 개입으로 이루어진다.

10절: 주께서 우리를 버리지 아니하셨나이까? (할로-앗타 엘로힘 제나흐타누)—1절 초반부를 수사학적 의문문으로 반복한다. 한 번의 패배는 다음 번 시도에 많은 기도를 산출한다. 의지하는 자세로 나아갈 것을 기대하시는 하나님의 심정을 살펴서 모든 행동에서 우리는 기도로 전진하지 않으면 안 된다.

주께서 우리 군대와 함께 나아가지 아니하시나이다 (벨로-테체 엘로힘 베치브오테누)—여기서 구체적으로 군대의 패배가 언급되었다. 이스라엘의 군대는 언약궤를 멘 제사장들의 행진을 뒤따른다. 제사장들도 요사이 군목(軍牧)처럼, 행군하여 사기를 돋우다 (신 20:1-9 참조). 아무리 언약궤를 앞세워 전진한다 해도, 이는 백성 자신들의 성결이 뒷받침되지 않으면 형식에 불과할 것이다 (삼상 4:3 이하 참조).

11절: 우리를 도와 대적을 치게 하소서 (하바-라누 에즈라트 밋차르)—"대적을 대적하여, 우리에게 도움을 주소서" (Give us help against the). 여기서 사용된 전치사 (민)는 다양한 뉴앙스로 취할 수 있을 것이다. 예컨대, (대적) "때문에" 우리에게 도움을 주소서!; (대적) "앞에서" 우리에게 도움을 주소서! 등. 언약 백성에게 있어서 전쟁의 승패는 하나님께 달렸다 (삼상 17:47). 그러므로 하나님의 임재 없는 전쟁은 패배나 마찬가지였다.

사람의 구원은 헛됨이니이다 (베쇼브 테슈아트 아담)—"사람의 구원" (테슈아트 아담)이라 할 때, '사람'은 '아담'으로 흙덩어리에서 지어진 존재를 지시한다. 여기에 하나님의 생기(生氣)가 더해지지 않는 이상 흙덩어리에 불과하다 (창 2:7). 그러므로 "사람의 구원이 허사라"는 말씀은 어쩌면 위기시에 우상을 섬기는, 곧 하나님의 생기를 모르는 이방 나라 사람들의 구원 곧 '도움'은 허사라는 지적일지 모른다 ('구원' 보다 여기서는 "도움"이 더 적절하다; KJV, NIV, NJB, NRSV, TNK, LSG, ELB). 그런데 "사람의 구원은 허사라"는 이 고백이야말로 하나님께서 이스라엘의 패배를 통해서 이스라엘을 깨우치기 원하셨던 바로 그들 삶의 원리였다. 아무리 잘 훈련된 병사들과 최신식 무기로 무장했다 하더라도 하나님의 도우심이 없는 전쟁은 패배의 연속일 뿐이다. 비단 전쟁만 아니라 이스라엘의 삶 전부가 하나님과의 관계에서 결정되었다. 이스라엘의 선택이 온 세상의 구원을 위한 것이었다면, 이스라엘의 삶은 신약 성도들의 거울이 된다 (고전 10:6). "사람의 구원은 허사라!"는 선언은 "너희가 나를 떠나서는 아무 것도 할 수 없음이라!"(요 15:5)는 주님의 말씀에서 반향(反響)되고 있다.

12절: 우리가 하나님을 의지하고 용감히 행하리니 저는 우리의 대적을 밟으실 자심이로다 (벨로힘 나아세-하일 베후 야부스 차레누)—신앙이 이스라엘의 성전(聖戰)을 좌우한다. 여기 시편이 암시하는 패배는 (1, 2, 10절) 전쟁에서의 패배이기도 했지만, 여호수아 때처럼 (수 7장) 신앙의 패배였다. 왜냐하면 이스라엘의 전쟁은 무엇보다 성전(聖戰) 혹은 영전(靈戰)이었기 때문이었다. 그런데 용감히 행하는 모습은 "대적을 밟"는 것으로 나타날 것이다 (수 10:24). 여기서는 하나님께서 그리하시는 것으로 제시되었지만, 이스라엘군 역시 전쟁에 능한 용사이신 하나님을 따라 (출 15:3) 그렇게 용감무쌍하게 원수들을 칠 것이다 (신 11:24 참조). "용감히 행하다"란 표현은 말하자면 "전공(戰功)을 세우리라" (nous ferons des exploits, LSG)라 말할 수 있을 것이다. 한편 70인역은 "대적을 밟다"라는 문장을 "(우리를 괴롭히는 자들을) 그가 무기력하게 만드시리라"(엑수데노세이)고 의역했다.

시편의 적용

주께서 우리를 버리셨나이다 (1절)

하나님의 임재가 느껴지지 않는다면 우리의 삶에서 무엇인가 부족하고, 잘못된 것이 없는지를 냉철하게 살필 필요가 있다. 우리 하나님은 성령님으로 우리 삶에서 축복과 형통과 건강을 주시는 분이시다. 이는 비단 구약적 사고만 아니라, 신약 성도들에게도 그대로 적용된다. 혹자는 사도 바울의 당한 고난과 질고(疾苦)를 들어서 축복과 형통의 사고는 신약성도들에게 적용될 수 없다고 항변할지 모른다. 그리고 산상 수훈을 들어 가난한 자가 복되다고 할 지 모른다. 그러나 산상수훈이 복되다 말하는 그 가난함은 곧 영적인 부요함, 곧 영적 풍성함을 말한다. 영적인 풍성함은 물질의 풍성함과 건강을 동반하기 마련이다. 서양 역사가 그것을 입증하지 않는가? 복음이 전파된 곳에서 물질적 축복이 나타났고 그 나라들이 세계를 지배하였다. 근대사에서 나타난 서세동점(西勢東占) 현상이 나타난 것은 달리 설명하기 어렵다. 복음을 위하여 고난을 받고, 건강이 약해질 수도 있다. 그렇지만 하나님은 금생에 백배나 채워주실 것이고, 영생의 복을 주실 것이다. 그러므로 우리는 기독인의 삶을 가난해야하고, 못살아야 한다는 잘못된 생각을 버려야 한다. 신약은 영적인 축복을 강조한다는 것은 사실이다. 그렇지만 신약이 기록된 초대교회 상황에서는 당연히 이런 강조만 가능하였다. 복음이 왕성하게 되고, 로마제국을 정복할 때쯤 신약서신들이 기록되었다면 더 연장된 시각에서도 제시될 수 있었을 것이다. 이런 가정은 불필요한 것이지만, 어쨌든 우리는 부요하고 건강한 생각을 그리스도 안에서 가져야 한다. 단, 물질적 풍요는 필연적으로 영적인 타락을 야기 시켰다는 역사적 교훈을 망각하지 말아야 한다. 부요하게 되는 것이나 건강한 것 자체가 목적이 될 수 없다. 그것들을 수단으로 복음을 전하는 데 전력투구 할 것이다. 물질과 건강이 있을 때에 주를 위해 헌신하라는 것이다. 그 목적으로 하나님은 우리를 축복하시는 것이다.

하나님을 진노케 말라 (1절)

사람들은 직장에서 상사(上司)를 화나게 할 때 어떤 결과가 초래된다는 것을 잘 안다. 진급이나 승진(昇進) 시에 불이익을 당할 수 있고, 매일의 직장생활에서 사사건건 트집을 잡고 불쾌한 얼굴을 보일 것이다. 따라서 그 직장에 가고 싶은 마음이 사라지고 말 것이다. 우리는 사람들을 화나게 할까봐 얼마나 조심을 하는지 모른다. 이순신은 너무나 고지식하게 굴어서 자기 상사들을 화나게 한 적이 많았던 관계로 나이가 40이 넘도록 변변찮은 관리직에 오를 수가 없었다. 친구들은 중앙정부의 고위직에 벌써 올라 있었지만 그는 지방의 면장(面長) 정도로 있어야 했다. 그래서 사람들은 바른 말을 삼가고 어찌하든 상사에게 잘 보이고자 기를 쓴다. 그런 사람들이 인간관계가 좋다고 하고, 또 형통하는 듯이 보이기도 한다. 그리고 사람들은 가정에 돌아와서 직장에서 조심조심하다 쌓인 스트레스를 아내나 자식들 아니면 강아지 새끼한테 풀기도 한다. 아내나 자녀들은 힘없이 당하는 처지에 있기 때문이다.

그렇다면, 하나님을 화나게 한다면 어떤 결과가 초래될까? 나의 인생이 근본적으로 뒤틀어지고 존재의 의미를 상실하게 되고 말 것이다. 이스라엘 시인들은 하나님께 버림받았다고 여겼을 때, 얼마나 괴로워하고 탄식했는지 모른다. 저들은 삶의 실패를 통해서 하나님의 진노를 느끼곤 했다. 모든 것이 망가지고, 어긋나고 되는 일이 없게 된다. 저주가 임한 것을 느끼는 것이다. 오늘날 우리 성도들도 마찬가지이다. 우리 언약백성에게도 구약의 언약백성에게 적용되던 그 상벌 규정이 그대로 적용된다. 우리는 이 세상에서 우리의 행위에 근거해서 형통과 실패, 축복과 저주를 받게 된다. 이것은 영원한 구원이나 지옥형벌과 무관한 현세의 삶의 형편들이다. 하나님을 화나게 하는 것들은 그분의 언약말씀에서 벗어나고 그분을 무시하는 자세들이다. 기도나 예배에 관심을 기울이지 않고, 하나님을 찾지도 아니하고, 그분을 존중하지도 않는 사람의 자세들이 그분을 화나게 할 것이다. 그분을 존중하는 자들을 그분은 존중하시고, 멸시하고 져버리는 자들을 그분은 멸시하시고 버리신다. 구약만 아니라 오늘날의 성도들에게도 동일한 원리가 적용된다.

우리를 회복시키소서 (1절)

많은 기독인들은 하나님의 충만한 은혜를 접해 본적이 없고 그저 교회에 출석하고 성경말씀을 배우고, 헌금 내는 것이 신앙 생활하는 것인 줄 착각한다. 예수 그리스도를 개인적으로 체험적으로 만난 경험이 없다는 말이다. 그럼에도 그런 상태가 잘못된 상태인 줄 알지를 못한다. 그래서 복된 상태, 충만한 상태에 대한 갈구가 없다. 회복이나 부흥을 갈구하는 마음이 없다. 나는 이것을 아주 심각한 문제로 생각한다. 왜냐하면 많은 교회의 목회자들 가운데서 신앙 체험 없는 지도자들이 부지기수로 많기 때문이다. 종교지도자는 될지언정 진정한 영적인 지도자는 못된다. 이런 사람들이 교인들을 지도할 때 어떤 결과가 나타날 것인가? 수많은 영혼들을 잘못되이 인도하지 않겠는가? 소경이 소경을 인도하듯. 내가 말하는 체험적 신앙이란 기독교를 단순한 사회윤리 종교로 취급하는 자들의 신앙과 질적으로 다른 어떤 것을 말한다. 그 신앙은 성경 말씀이 진실로 역사적, 체험적 사건들에 관한 것이며, 하나님의 성령님의 감동으로 주어진 것이라는 확신을 근간으로 한다. 이런 확신은 내가 말씀을 내 삶에서 체험했기 때문에 나타난다. 이런 확신에서 우리는 성경의 하나님, 곧 크고 위대하신 하나님, 기적의 하나님, 오늘날도 친히 말씀하시고 기적을 베푸시는 하나님을 믿고 따르게 되는 것이다. 또 우리가 말하는 신앙의 특징은 우리 삶에서 경건의 열매, 성령님의 열매가 나타난다는 점이다. 삶에서 매일 자기 부인의 기도와 하나님의 부르심에 대한 신속한 응답이 나타나야 한다. 이런 것이 결여된 신앙생활은 죽은 것이라는 것이다. 이런 열매 없는 신앙은 우리를 기만하는 사기놀음에 불과하다. 이런 교회나 이런 설교를 우리는 배격한다. 주여 우리를 참 신앙에로 회복시키소서. 성령님이시여, 우리를 영적으로 부흥시키소서!

비척거리게 하는 포도주로 (3절)

죄인들을 대신하신 예수님도 하나님의 진노의 잔을 마셔야 하셨다 (막 10:39, 14:36, 요 18:11). 찌끼를 거느리는 자들에게 하나님은 진노의 잔을 마시게 하시나 (시 11:6, 75:8, 사 51:17, 22, 렘 25:15, 49:12, 합 2:15-16; 계 14:10, 16:119, 17:4, 18:6). 이를 마신 자 마다 비틀거리게 된다. 이는 정신이 나가게 하고, 미쳐 버리게 하는 것이다. 이런 처벌을 그분이 대신 받으셨기에 우리는 그 진노의 잔 대신 축복의 잔을 마실 수 있게 되었다 (시 23:5, 고전 10:16, 11:24-25). 우리는 물 잔이나 주스 잔을 들고 마실 때마다 진노의 잔이 아니오라, 축복의 잔을 마시게 하시니 (시 23:5, 116:13) 감사 하옵나이다! 라고 송축해야 할 것이다.

누가 나를 이끌어 견고한 성에 들일꼬 (9절)

믿음이란 약속과 현실 사이의 갈등을 통해서 시험을 받는다. 우리가 약속을 받으나 그 약속이 실현되려면 현실의 장애를 극복하지 않으면 안 된다. 아브라함은 자신에게 주어진 약속이 이루어지는 것을 보기 위해 많은 시련을 당해야 했다. 하나님은 그에게 기적의 하나님이시오, 없는 것을 있는 것처럼 부르시는 창조주시오, 죽은 자를 살리시는 부활의 주인이심을 아브라함은 확실히 알아야 했다. 그런 믿음에 이르기까지 그는 시련과 단련을 받았다. 하나님은 약속을 이루시기 전에 아브라함에게 꿈을 주시고 (하늘의 별을 보라! 창 15:5), 이름을 약속과 상응하도록 바꾸시며 (창 17:5, 15), 오랜 세월이 흐르는 동안 인내와 믿음의 기다림을 배양시키셨다. 그뿐 아니라, 부활의 하나님으로 믿게 하시기 위하여, 약속의 씨로 주어진 이삭을 제물로 바치도록 요청하셨다 (창 22장). 이런 일련의 사건들을 통해서 비로소 아브라함의 믿음은 성숙에 이르렀던 것이다.

이처럼 성도들은 없는 것을 있는 것으로 부르시며, 죽은 자를 살리시는 하나님에 대한 신앙을 갖기 전에는 참된 축복이란 기대할 수 없다. 여기 시편에서 시인은 이미 하나님께서 약속하신 땅이지만 엄연한 현실 앞에서 주춤거려야 했다. 많은 희생과 행동의 결단이 없이는 약속을 내 것으로 만들 수 없다. 성공적인 신앙인이란 기도로 약속을 받는 자요, 행동으로 그 약속을 이루는 자이다.

시 61편 땅 끝에서부터 주께 부르짖으오리니

1. 전체구조에서의 위치, 시의 유형과 삶의 자리

표제는 다윗의 시로 제시한다. 그러나 구체적인 상황에 대하여는 언급이 없다. 양식 비평가들은 대개 개인 탄식시로 분류한다. 그렇지만, 6-7절의 기도는 왕을 위해 (혹은 왕이 스스로 자신을 위해) 기도하는 것으로 개인 탄식시라면 다소 특이하지만, 왕 자신이 자신을 위해 기도하는 진술로 보아도 문제가 없다. 아마 다윗이 압살롬의 난과 같은 변란을 당하여 예루살렘에서 멀리 떠난 상태에서 ("땅 끝에서부터" 2절) 기도하는지 모른다. "땅 끝에서"란 표현은 실존적(實存的)으로 하나님과의 관계 단절 혹은 그분이 거한다고 가정된 그 예루살렘 성소를 멀리 떠나는 심정을 지형적 거리로 표현하고 있을 것이다. 모빙켈 (*PIW*, I, 226)이나 다훗 등은 이 시가 왕의 시라고 이해했다. 모빙켈에 의하면, 왕이 성전에 멀리 떠나 전쟁터에서 아침 일찍 제사를 전쟁 전에 드리면서 기도한다고 한다. 6-7절에 제시된 왕을 위한 기도는 렘 38:5에서처럼, 궁중 문제로 왕 자신이 자신을 위해 기도하는 것이다. 시 63편 역시 모빙켈에 의하면, 왕의 시인데, 여기 시편에서와 달리 거기서는 왕이 아침에 성전에 나타나 원수를 이기도록 간구하며 기도한다고 했다.

한편 개인 탄식시로 보는 여러 현대 비평가들과 달리, 바이저는 이 시가 3절부터 드러나는 분위기가 (곧 기도의 응답으로 감사 예물을 드리는 정황이) 탄식하는 분위기를 압도하므로 감사시에 해당된다고 이해한다. 여하간, 이 시에서 왕은 곤경에 처한 상태에서 자신의 장수(長壽)와 형통을 위해 기도하지만, 그것은 곧 나라의 융성과 평안을 위한 기도였다. 왕정 시대에 왕은 곧 국가였기 때문이다. 문제는 이 왕이 어떤 곤경에 처해 있었느냐? 하는 것인데, 표제대로 이 시의 주인공이 "다윗"이라면, 다윗이 모빙켈이나 다훗처럼 전쟁을 앞둔 상태에서 기도한다고 보기보다, 변란(變亂)을 당하여 서울을 벗어나 도피 중인 상황에서 기도를 올리고 있는 것이라 봄이 더 적절할 것 같다. 시인의 어려운 정황은 2절에서 약간 암시되고 있지만, 곤고한 정황에서 하나님께 기도하는 바 내용은 (6-7절과 4-5절 참조) 단순히 전쟁을 앞두었다기보다, 원수에게서 피난하여 "주의 장막에 거하며 주의 날개 밑에 피하는" 것에 초점이 맞추어 지고 있기 때문이다.

2. 시적 구조와 해석

우리는 세 개의 연으로 구분한다. 제1연 (1-3절)은 보호해 주시라는 간구, 제2연 (4-5절)은 확신의 묘사, 제3연 (6-8절)은 왕을 위한 기도와 서원의 보답 결심을 제시한다.

제1연 (1-3절): 보호해 주소서

3절 초두에 "왜냐하면" (키)이 위치하여 1-2절과 연결되었으므로, 간구하는 연의 일부로 처리했다.

1절: 하나님이여 나의 부르짖음을 들으시며/ 내 기도에 유의하소서 (쉼아 엘로힘 린나티/ 하크쉬바 테필라티)—두 동사의 조합은 자주 나타난다 (욥 33:31, 시 66:19, 사 28:23, 32:3, 34:1, 42:23, 슥 1:4 등). "부르짖음"은 "기도"의 다른 표현이다. 이런 간구가 처음에 나올 때 우리는 이것이 위험에 처한 성도의 탄원시라는 것을 안다.

2절: 내 마음이 눌릴 때에 땅 끝에서부터 주께 부르짖으오리니 (미크체 하아레츠 엘레카 에크라 바아토프 립비)—"마음이 기진맥진할 때," 곧 신앙적으로 깊은 수렁 속에 빠져있을 때, 음식이 핍절하여 피골이 상접하여 기진맥진한 상태에 있는 육신처럼 (애 2:11), 영혼도 위기를 당할 때 때로 이런 좌절에 빠진다. "땅 끝에서부터"란 표현은 시인이 본향에서 멀리 떠난 상태에 있었던지, 아니면 하나님께로부터 (곧 '성소'로부터) 멀리 떨어진 상태를 지시할 것이다. 보호를 간구하는 것으로 보아, 원수들이 그의 생명을 위협하고 있다. 그런 정황에서 그는 부르짖는다. 기도는 간절한 부르짖음을 생명으로 한다.

나보다 높은 바위에 인도하소서 (베추르 야룸 밈멘니 탄헤니)—사용된 동사는 "명령형" (여기서는 간구)이 아니라, "미완료형"이지만 명령형 다음에 위치하여 명령적 (간구적) 뉘앙스를 갖게 되었다. "나보다 높은 바위에 (베츄르-야룸 밈메니) 이끄소서"란 표현을 NJB, LSG는 "내가 미치기 힘든 높은 바위로 나를 이끄소서"라 했다면, TNK, ELB는 "내 위에 높이 있는 바위로 나를 이끄소서"라 했다. 70인역은 "바위 위에 나를 당신이 높였나이다" (엔 페트라 휩소사스 메)라 번역한다. 여기 "높은 바위"가 무엇인가? 시인은 성소가 위치한 그 시온산을 이렇게 말하는지 모른다. 그렇지만 여기서는 다음절에 비추어 볼 때, 피난처를 암시하는 듯 하다. 그렇다면 "내가 미치기 힘든 높은 피난처로 나를 인도하소서"란 의미이겠다. 이는 원수를 피하기 위함이다. 한편 다홋은 이 미치기 힘든 반석은 하나님의 하늘 거처인 "우주 산" (the cosmic mountain)인 "그 높은 산" (the Lofty Mountain)을 지시한다고 이해한다. 고대인의 마음에서, 그 "우주 산"은 하늘과 땅이 만나는 곳이며 신의 거처였으며, 그 산의 토대는 지하 세계에 놓였고, 그 꼭대기는 하늘에 미친다. 그 꼭대기에서는 하늘과 땅 사이의 교통이 이루어진다고 여겨졌다. 그러나 그런 신화적 사고가 여기에 어떻게 가능한지 모를 일이다.

3절: 주는 나의 피난처시오 원수를 피하는 견고한 망대심이니이다 *(키-하이타 마흐세 리 믹달-오즈 미페네 오예브)*— "견고한 망대" (믹달-오즈)는 성벽 구석진 부분에 세워진 것으로 파수꾼이 위치하며, 성벽을 지탱하는 지주가 된다. 만리장성에 올라가 보니, 망대에는 총구들이 사방에 설치되었고 눈비나 적의 공격을 막아주도록 되어있었다. 한편 이 시에서 "원수"가 누구인지는 확실치 않으나 원수로 인하여 시인은 성소에서 멀리 떠나 있어야 했다.

제2연 (4-5절): 확신의 묘사

4절: 내가 영원히 주의 장막에 거하며 *(아구라 베오홀카 올라밈)* —1인칭 저자의 결단을 표명하는 소위 "연장형"이다 (cohortative). 현재 상태는 성소에서 멀리 떨어져 있지만, 이런 피난 생활에서 성소가 더욱 그리워진다. 그는 조만간 예루살렘 성소로 돌아가 그곳에서 영원히 거할 것을 소망한다. 그런데, 전.후반절을 비교해 보면, "거하다" (구르)/ "피하다" (하사), "당신의 장막에" (베오홀카) / "당신의 날개 은신처 아래" (베세테르 케나페카) 등의 병행어들이 나타난다 (두 단어 짝들은 여기서만 나타난다). 이에 비추어 본다면, 시인이 주의 장막 곧 주의 성소를 사모하는 것은 그곳에서 주의 임재 하에 안전을 희구하기 때문이다. 소란스런 세상에서 혹은 원수에게서 피하여 온전한 평안을 얻고자 함이다. 주의 "장막"이란 말은 성소를 지칭하겠지만, "장막"이 원래 유목민들의 거처였다는 사실을 고려한다면, 그 장막에서 주님이 시인을 손님으로 맞아 대접하는 정경(情景)을 상상할 수 있다 (창 18:1 이하 참조). 주인이신 주님은 그 손님을 대접할 뿐 아니라, 함께 대화하며 모든 원수에게서 보호하실 것이다.

주의 날개 밑에 피하리이다 *(에호세 베세테르 케나페카)*—성소에서 영적인 피난처를 찾는다. 예배의 환경에서 멀리 떠나 거할 때 우리의 영은 기진맥진한다. 그러한 때에 세상의 온갖 염려와 위협이 심령을 공격해 들어올 것이다. 그래서 영적인 고향을 그리워하게 된다. "날개 아래 피하다"란 표현은 룻 2:12에서 모압 여인 룻이 여호와 하나님께로 돌이킨 것을 가리키고 있다. 그리고 "당신 날개 은신처에 피하다"란 여기서의 표현은 "당신 날개 그늘 아래 피하다" (시 57:1)란 표현이나 대동소이하다. 구태여 등급을 매기자면, 룻 2:12은 초신자의 신앙행위를, 여기서나 시 57:1에서는 성숙한 성도들의 신앙 행위를 지시할 것이다. 한편 "주의 날개 아래"란 표현은 성전에서 두 날개를 펼친 그룹 천사들의 표상과 연관되었던지 (왕상 6:23-28, 8:67) 아니면, 하나님을 독수리 표상으로 묘사하는 그런 시적 묘사와 (출 19:4, 신 32:11) 연관될 것이다.

5절: 하나님이여 내 서원을 들으시고 주의 이름을 경외하는 자의 얻을 기업을 내게 주셨나이다 *(키-앗타 엘로힘 샤마아타 린다라이 나타타 예룻솨트 이르에 쉐메카)* — "내 서원을 들으소서! 당신의 이름을 경외하는 자의 얻을 기업을 내게 주소서!" 이렇게 완료형 동사들을 간구적 완료형으로 이해한다 (NJB). 이렇게 이해하는 것은 바로 앞 절에서 시인은 자신의 강력한 소망을 피력했기 때문이다. 그리고 2절이 간구형이라면, 6절 미완료형 동사 역시 간구형으로 이해한다. 만약 달리 이해해야 한다면, 5절의 완료형은 기도 중에 얻은 확신의 표명일 것이다. 즉 아직 이루어지지 아니했으나 이루어진 양, 이루어 질 일의 '확실성'을 표명했다. 한편 성도가 얻을 "기업"(예룻솨)은 구약 시대에는 가나안 땅을 지시했지만(신 3:20, 수 1:15, 12:6, 7), 무엇보다 하나님 자신이 저들의 기업이었다. 하나님을 예배할 수 있는 그런 관계에 처한 자체가 큰 기업, 곧 자산(資産)이었다. 이 마지막 기도는 왕이 여호와의 이름을 경외하는 경건한 자, 온유한 자의 무리에(레 19:14, 25:17, 신 6:24, 10:12, 17:19, 시 34:9) 속한다는 것을 암시해 준다. 왕이 이런 영적 인격체라면 그런 왕이 통치하는 나라는 얼마나 복된 일이었겠는가?

제3연 (6-8절): 왕을 위한 기도와 서원

앞에서 1인칭으로 노래했다면, 여기서는 3인칭으로 왕을 위해 기도한다. 그렇지만, 우리가 서론에서 지적한대로 여기서도 왕인 시인이 자신을 위해 기도하면서도 이렇게 객관화시키고 있다.

6절: 주께서 왕으로 장수케 하사 그 나이 여러 대에 미치게 하시리이다 (야밈 알-예메-멜렉 토시프 쉐노타브 케모-도르 바도르)—동사는 미완료상이다. 간구적으로 이해한다: 주께서 왕에게 장수의 축복을 주소서 (NIV, NAB, NJB, NRSV, TNK 등). 왕의 장수(長壽)와 평안은 나라의 안녕과 직결되었다 (삼상 10:24, 왕상 1:15, 31, 34, 39, 왕하 11:12/ 대하 23:11 참조). 왕정시대에 왕이 죽는 것은 한 시대의 마감이자 밤의 시작이었다. 그런데 여기 "장수하여 여러 대에 미치다"란 표현은 왕이 장수하여 그의 연수가 여러 세대에 이르다란 의미이다. 한 세대를 30년 정도로 친다 해도 3세대이면 90년 정도가 된다. 만약 40년으로 친다면 3세대가 120년이 된다. 따라서 이 산수는 이 왕은 90년 이상 장수하게 해 주시라는 기도이다. 아주 배짱 있는 기도이다. 그렇지만 삼상 10:24, 왕상 1:15, 31, 34, 왕하 11:12 느 2:3 등을 본다면, 왕의 장수를 기원하는 일은 고대 사회에서 하나의 형식이기도 하였다. 그런데, 여기 사용된 표현은 "여러 세대" 정도가 아니라 "대대로"라는 표현이므로, 왕은 "영원한" 존재로 암시되는 듯 하기도 하다. 이는 오직 영원한 메시아 왕에 대한 암시일 수 있다 (탈굼역). 한편 잠 3:2에 의하면 하나님의 법과 명령을 지키는 자가 "장수(長壽)하여 많은 해(年)를 누리며 평강"을 누린다고 하였다.

7절: 저가 영원히 하나님 앞에 거하리니 (예쉐브 올람 리프네 엘로힘)— "영원히 하나님 앞에서 보좌에 앉게 하소서" (NIV, NRSV, NJB, LSG, ELB, LUT 등)(시 2:4 주석 참조). 즉, 왕의 통치가 영구할 것을 확신한다. 이는 다윗 왕이나 그 후손들에 대한 약속이기도 하지만 (삼하 7:14 이하), 궁극적으로는 오실 "그 메시아"에게서 성취될 것이다. NAB는 의역하여 "그의 통치가 하나님 앞에서 영원하게 하소서!" 70인역을 필두로, KJV, NASB, 한역, TNK 등은 "왕이 하나님 앞에 영원히 '거하다'"라 번역했으나, 여기서 사용된 동사는 여기 문맥에서 "거하다" 보다는 "앉다" 곧 "보좌에 앉다" (통치하다)로 이해함이 좋다.

인자와 진리를 예비하사 저를 보호하소서 (헤세드 베에멧 만 인체루후)— "인자와 진리"는 자주 함께 나타난다. 두 말이 합하여 한 의미를 강조적으로 지시할 것이다 (신실한 언약사랑). 이는 왕이 하나님의 대리자로 임무를 수행하는 데 있어서 절대적으로 필요한 요소였다. 이것에 근거해서 왕은 형통하게 통치하고, 공과 의를 행할 수 있을 것이었다 (신 17:14-20에서 왕의 법규 참조). 그런데 여기서 "예비하사 보호하소서" 라 한 것은 인자와 진리를 (마치 천사를 보내듯) 보내시어 (마나) 왕을 보호하소서! 라는 간구이다. 이 간구는 왕을 공격하려는 원수에게서 그를 보호해 주시라는 기도라기보다, 왕이 불신앙에 떨어지지 않도록 항상 은혜로 감싸주시어 영적으로 승리하도록 도와주시라는 기도일 것이다. 끊임없이 공급되는 은혜가 아니면, 왕은 그 권력의 속성상 금방 타락하고 말 것이다.

8절: 그리하시면 내가 주의 이름을 영원히 찬양하며 (켄 아잠메라 쉼카 라아드)—바로 앞에서 은혜를 지속적으로 공급해 주시라 기도하였다면, 이제 서원을 올린다. 여기 사용된 동사 "찬양하다" 의 어형은 시인의 결단을 표명하는 어형(語形)이다 (연장형 cohortative).

매일 나의 서원을 이행하리이다 (레샬레미 네다라이 욤 욤)—그의 서원들은 무엇인가? 하나님을 예배하고 찬양하는 것이다. 이러한 약속은 성도들이 하나님의 축복을 받은 이후에 자칫 망각하기 쉬운 하나님 앞에서의 순결한 삶을 지속하게 해주고, 쉽게 받은 은혜를 버리고 세속의 유혹 넘어갈 위험에서 막아 주는 방패가 된다. 따라서 문제 해결을 위해 기도할 때 성도는 서원 기도를 드림이 좋다. 문제 해결 이후에 나 자신을 주께 온전히 묶을 수 있는 그런 성격의 서원을 말이다. 시인은 "매일" 자기 서원을 이행하겠다고 하니 그가 기도한대로 응답받아 구원을 받고 성소에서 예배드리면서 매일 찬양할 것이 예고된다.

시편의 적용

땅 끝에서부터 주께 부르짖으오리니 (2절)

해외 교민들은 영적인 고향이 그리울 때가 많다. 해외에 살다보면 고국에서 그렇게 일상적인 것으로 생각했던 기도할 수 있는 산들이나, 교회들이나 부흥회들이 얼마나 귀한 것들이었는지를 새삼 느끼게 된다. 기도할 마땅한 처소가 없고 은혜 받을 마땅한 처소가 없기 때문이다. 필자는 미국 생활할 때, 아침 일찍 차를 몰고 공원에 가서 차 속에서 기도하고 말씀을 읽었다. 그럴 때마다 경찰들이 나를 미행(尾行)하고 주목했다. '마약(痲藥)하는 것 아니냐? 이처럼 이른 새벽에 이런 곳에서 무엇을 하는가? 훔친 차가 아니냐? 운전 면허증을 보이라!' 나는 "기도한다!"고 하면 저들은 물러가곤 했다. 혹은 밤중으로 눈 덮인 들판에서 부르짖기도 하였다. 그런 때도 경찰들이 손전등을 반짝이며 개들을 앞세워 수색을 나왔다. "여기서 무엇을 하는가?" 나는 "기도한다!" 저들은 이해를 하지 못하였다. 왜 부르짖어야 하고, 왜 이런 곳에서 기도해야 하는가를. 그래서 마음껏 부르짖을 수 있는 삼각산이 그리웠다. 그런데 8년여 만에 귀국해서 삼각산에 올랐더니 입산(入山)료를 내야하고, 국립공원이라 마음대로 이제는 기도도 못하게 공원 직원들이 경찰을 데리고 와서 고성방가(高聲放歌) 죄목으로 벌금을 매겼다. 너무나도 안타까웠다. 고국에 와도 이제는 마음 놓고 부르짖을 수가 없구나. 이전에는 밤새워 부르짖었는데. 이제 영적인 고향이 없어져 가고 있다. 이런 서글픈 마음을 누가 알랴!

시 62편 내 영혼이 잠잠히 하나님만 바람이여

1. 전체구조에서의 위치, 시의 유형과 삶의 자리

이 시는 "다윗의 시"란 표제가 있지만 시 59, 60편처럼 다윗이 어떤 정황에 있을 때의 상황을 노래한다든지 하는 언급은 없다. 이 시는 다른 탄식시들과는 달리 하나님께 부르짖는 "간구"의 말이 없다. 오히려 시인은 하나님을 신뢰하는 자신의 영적 상태를 제시하거나 사람들에게 하나님만 신뢰하라고 권고할 뿐이다. 시인은 어떤 위기에 처하여 부르짖는다기보다, 삶을 관조하면서 악인의 패역을 멸시하고, 하나님을 신뢰함이 구원과 영광의 비결임을 증거하고 있다. 평화로운 때에도 악인들이 의인을 해하려는 못된 시도들이 있기 마련이다. 이렇게 시인이 제3자적인 입장에서 원수의 패역함을 묘사하고, 하나님을 신뢰함이 승리의 비결임을 강조하는 것으로 보아, 어떤 위기를 넘긴 후에 기술된 것인가? 그렇지만 3-4절에서 원수의 파괴적 행위를 묘사하는 것으로 보아, 여전히 위기 중에 처해 있는지도 모른다. 그러나 그가 당했던 그 위기가 무엇이었는지는 확실히 알기 어렵다.

다른 시들과 비교하건대, 이 시의 확신에 찬 분위기는 시 4, 16, 23, 91, 121, 131편 등과 유사하게 "확신시" 부류에 해당되고, 또 남을 권면하는 어투는 "지혜시"를 연상시키기도 한다. 이 시인의 영적인 상태가 늘 이렇게 확신에 찼던 것은 아닐 것이다. 하루 중에도 변화가 무쌍한 우리들의 영적 상태에 비추어 본다면, 이 시인이 가진 이런 확신의 기조는 기도에 젖어 자신을 온전히 성령님의 감동 하에 두지 않으면 유지하기 힘든 상태이다. 때로는 낙심하고 좌절하고, 탄식하고 때로는 우리 영이 고양되어 기대감과 찬양과 감사로 충만하다면, 시편들은 이런 우리 영적 상태의 투영이 아니겠는가? 이 시인처럼 우리들도 시련이나 위기에 처할 수 있으나 그 위기를 믿음으로 극복하면 더 높은 영적 경지에 이르리라.

이 시의 배경에 대해, 어떤 이들은 시인이 원수의 공격을 (신체적 물리적 혹은 무고 誣告) 피해 성소에 피난한 모습이라 하고, 또 어떤 이들은 시인이 중병(重病)에서 ("넘어지는 담과 흔들리는 울타리 같은 사람" 3절 참조) 건짐 받은 정황을 노래한다고도 이해한다. 표제는 다윗의 시라 제시한다. 표제대로라면 다윗이 원수에게 쫓기다가 기도의 확신을 얻은 후에 노래하는 신뢰의 노래이라라.

2. 시적 구조와 해석

구조상 특징을 보면, "다만," "정녕코"를 의미하는 불변사 (아크)가 여섯 번이나 행의 첫 부분에 위치하여 등장한다 (1, 2, 4, 5, 6, 9절). 이 불변사는 "하나님만" 향한 일편단심의 신앙 열정을 강조적으로 묘사해 주고 있다. 그리고 1, 5절은 대동소이하고, 2절과 6절 역시 단어 하나만 제하면 동일하다. 그렇지만 이 행들이 후렴구처럼 한 연의 말미를 장식하지는 않고 있다. 따라서 3연은 1연의 사고를 반복하면서 (연 구분은 아래 참조), 그분을 의지하라는 권고를 덧붙인다. 즉, 반복하되, 확대시키고 있다.

이 시도 사고나 구조상 연들로 명확하게 구분하기가 쉽지는 않다. 그렇지만 대략적 구분은 가능하다: 제1연 (1-2절)은 하나님만 신뢰함, 제2연 (3-4절)은 원수의 묘사, 제3연 (5-8절)은 하나님만 신뢰하라는 권고, 제4연 (9-10절)은 인간은 허무하다, 제5연 (11-12절)은 권능은 주께 속함.

이런 사고들을 종합한다면, 시인은 원수들에게 시련을 당했으며, 이런 와중에서 인간의 부패와 허무함을 절감하였을 터이다. 그래서 그는 오직 주님만 신뢰하게 되었고, 타인들에게도 그렇게 하기를 권고한다. 특히 마지막 부분에서 권능이 하나님께만 속한다고 고백함으로, 인간의 허무함과 대조적으로 하나님만이 신뢰할 대상임을 강조한다. 이런 신앙적 각성은 그가 많은 시련을 통과했다는 것을 암시해 준다.

제1연 (1-2절): 하나님만 신뢰함

이 부분이나 5-7절은 복음 성가 "나의 영혼이 잠잠히"란 찬양으로 유명하다.

1절: 나의 영혼이 잠잠히 하나님만 바람이여 나의 구원이 그에게서 나는도다 (아크 엘-엘로힘 두미야 나프쉬 밈멘누 예슈아티)—영혼의 동작을 묘사하는 동사는 사실상 여기에 없다. 단지 영혼이 하나님께로만 향한다는 사실을 전치사로 묘사할 뿐이다 ("내 영혼이 잠잠히 하나님께로만 [향한다]"). 후반절도 이런 명사절 (동사가 없는 절)의 형식이다: "그에게서부터 나의 구원이 [온다]." 이렇게 말을 절제하면서도 시인은 하나님께만 향한 자신의 신뢰와 열망을 잘 표현하고 있다.

2절: 오직 저만 나의 반석이시오, 나의 구원이시오 나의 산성이시니 내가 크게 요동치 아니하리로다 (아크-후 추리 비슈아티 미스갑비 로-멤못 랍바)—"그분만이 나의 구원의 반석 [나를 구원하는 반석]이시오/ 내가 결코 요동치 않을 산성이시라." 하나님을 반석, 구원, 산성 등으로 은유화시켜 묘사하는 것을 이사일 (hendiadys) 기교로 처리하여 번역한다. 2절은 1절의 이유를 제시해 준다. 여기서 "요동치 않는다"는 표현은 신앙적 확고함이나, 아니면 현실상의 지위나 생명의 안전이 확고함을 지시한다 (시 15:5, 62:6, 112:6, 125:1). "'크게' (랍바 [형용사 '라브'의 부사적 용례) 요동하지 않는다"는 표현은 여기서만 나타나며, "결코" 요동하지 않는다는 의미로 취한다.

제2연 (3-4절): 원수의 묘사

전체적으로, 하나님에 대한 온전한 신뢰를 노래하는 시인의 신앙 성숙은 원수들 덕분이었다. 원수 (역경, 실패, 질병 등)를 성도들의 삶에 허용하는 이유는 이처럼 우리의 신앙 성숙을 위함이다.

3절: 넘어지는 담과 흔들리는 울타리 같은 사람을 죽이려고 너희가 일제히 박격하기를 언제까지 하려느냐 (아드-아나 테호테투 알 이쉬 테랏체후 쿨레켐 케키르 나투이 가데르 하데후야) — "언제까지 너희는 사람을 (말로) '공격하겠는가'?/ (언제까지) 너희들 모두는 넘어지는 담과 흔들리는 울타리 같은 사람을 '죽이고자 하는가'?" 직유법을 사용하여 인간의 연약성을 부각시킨다. 두 비교된 대상들은 구조상 병행법을 이룬다: 넘어지는 담 (케케르 나투이)/ 흔들리는 울타리 (가데르 하드후야, 전치사구+ 수동태분사). "흔들리는 울타리"에는 전치사 (케)가 없지만, 앞의 것이 뒤에서도 기능을 발휘한다 (double duty). 여기서 "공격하다"로 번역된 말 (테호테투)은 "후트"의 폴렐형 (II-Vav 동사; "공격하다"; 아랍어에서 "소리치다"; 여기서만 나오는 단어)이다. 그리고 "죽이다"로 번역된 동사 (라챠흐)는 히브리 원문대로라면, 수동태 (푸알형)이다. 그래서 의미는 "너희들 모두는 넘어지는 담과 흔들리는 울타리 같이 죽임을 당할 것이다"가 된다 (KJV). 그렇지만, 일부 히브리어 사본들이나 고대 역본들 (LXX, 탈굼?)을 따라 능동형 (피엘형)으로 읽는다. 원수들은 사람 (의인?)을 공격하기를 그치지 않고 있다. 저들의 목적은 그를 제거하고자 함이다. 비단 고대 이스라엘에서만 아니라, 동양의 역사를 일괄해 보면, 항상 궁정에서는 음모와 암투, 시기와 살해, 중상과 모략이 끊이지 아니했다. 그런데 "언제까지?"란 질문은 원수에게 던져지는 강력한 도전장이다 (시 82:2).

4절: 저희가 그를 그 높은 위에서 떨어뜨리기만 꾀하고 (아크 밋세에토 야아추 레하디아흐)— "그 높은 위에서" (밋세에토)는 "존귀," "높임" 등을 의미하는 "쉐에트"에 3인칭 남성 단수 인칭 접미어 (오)와 전치사 (민)가 첨가된 말이다 ("그의 높음에서"). 따라서 "높은 위"는 지형적 위치가 아니라, 명예나 지위상의 위치를 지시한다 (NRSV, a person of prominence). 그런데 70인역은 "나의 영광을"이라 번역한다. 사람들은 까닭 없이 자기보다 능력이 출중하거나 탁월하면 시기하고, 그를 자리에서 끌어내리고자 안간힘을 쓴다. 다윗은 사울에게 이런 시기를 받아 생명의 위협을 느껴야 했다. 왜 이런 시기가 발동하는가 하면 하나님의 임재와 그분의 사랑에서 단절되었기 때문이다 (창 4장의 가인 참조). 더 나아가 사울 왕처럼 "악신"에게 사로잡히면 타인을 시기, 질투하여 살인을 도모하게 된다 (삼상 16:14, 23, 18:10, 19:9 등). 그런데 사울을 사로잡았던 악신은 "여호와의 부리신" 혹은 "하나님의 부리신" 악신이라 한다. "여호와의 신" (루아흐-야웨)와 대조는 이 악신은 "여호와께로부터 (보내심을 받은) 악신" (루아흐-라아 메에트 야웨)이다

(evil spirt from Yahweh; un mauvais espirit venant de l' Éternal, LSG). 악신도 여호와 하나님의 허락이 없이는 움직이지 못한다는 사고가 이 표현에 담겨 있다. 즉 구약에는 하나님과 사탄의 2원론적 사고가 자리할 여지가 없고, 모든 것은 선악(善惡) 간에 하나님의 뜻 가운데서 일어난다. 그렇다면, 여기 원수가 시인을 공격했던 것도 따지고 보면, 궁극적으로 하나님의 뜻 가운데서 일어난 것이다. 신약 성도는 하나님을 사랑하는 자, 곧 그 뜻대로 부르심을 입은 자에게는 모든 것이 협력하여 선을 이룬다는 진리를 알고 있다 (롬 8:28).

거짓을 즐겨하니 입으로는 축복이요 속으로는 저주로다 (이르추 카자브 베피브 에바레쿠 우브 키르밤 예칼레루) ─여기 원수는 겉과 속이 다른 자이다 (표리부동 表裏不同). 하나님은 거짓을 말하는 자를 가증히 여기시고 멸하신다. 성도는 거짓을 자기 입과 행동에서 제거할 뿐 아니라, 교만한 자나, 거짓을 즐기는 자들과의 교제도 절단해야 한다 (시 40:3). 이 악인들의 행동에서 거짓을 즐겨하는 증거는 저들이 입술로는 축복하나 속으로는 남을 해코자 음모를 꾸민다는 사실에 있다. 이런 자들은 얼마나 허무한가? (9절 참조). 성도는 정반대로 입술로 부정적인 말, 저주하는 말, 불평하는 말 대신, 긍정적인 말, 축복의 말, 감사의 말을 해야 한다.

제3연 (5-8절): 하나님만 신뢰하라

앞에서 원수의 야만성을 묘사한 시인은 "오직" (아크) 하나님만 의지하라고 자신을 권고한다. 왜냐하면 그분만이 나의 소망의 원천이시기 때문이다. 여기 연에서 눈에 띄는 것은 [1, 2, 4], 5, 6절의 초두에 "오직"이란 말 (아크)이 위치하여 하나님만 바라고, 하나님 그의 반석이시라는 사실에 초점을 맞춘다는 사실이다.

5절: 나의 영혼아 잠잠히 하나님만 바라라 (아크 렐로힘 돔미 나프쉬 키-밈멘누 티크바티)─"하나님께 잠잠하라" 혹은 "하나님 앞에서 잠잠하라." 1절과 유사한 표현을 사용하면서도, 1절과는 달리 명령법을 사용하고 있다. 이렇게 반복하면서도 약간 변화를 주는 것이 시의 묘미를 살리고 있다. 성도는 밤낮으로 부르짖어 구하던지 쉬지 않고 찬송해야 할 때가 있는가 하면 (시 30:12), 잠잠히 주님을 소망해야 할 때도 있다. 흥미롭게도 여기 사용된 동사 ("잠잠하다")가 태양과 달을 향하여 여호수아가 "머무르라"고 명할 때도 사용되고 있다. 태양이나 달도 분주히 움직이는 운행을 멈추고 잠잠히 중단해야 할 때가 있는 것이다 (수 10:12, 13). 나의 모든 일체 행동을 중단하고 잠잠히 하나님을 앙모할 때 그분의 음성과 비전이 임할 것이다.

대저 나의 소망이 저로 좇아 나는도다 (키 밈멘누 티크바티) ─왜 시인이 하나님만 잠잠히 바라는지 이유가 제시된다. 그 분에게로서 소망이 임하기 때문이다. 나의 모든 장래는 그분의 손에 달려있다. 상식과 인간이 할 수 있는 노력들이 무수함에도 문제해결에 실패할 때 좌절할 것이 아니라, 이제 하나님의 기적을 간구하고 기다려야 한다. 그것이 신앙인의 자세이다. 그런데 1절에서는 "나의 구원이 그에게서 나는도다"라고 했다면, 여기서는 "나의 소망이 저로 좇아 나는도다" 라고 노래한다.

6절: 오직 저만 나의 반석이시오 나의 구원이시오 나의 산성이시니 내가 요동치 아니하리로다 (아크-후 추리 비슈아티 미스갑비 로 멤못)—2절 주석 참조.

7절: 나의 구원과 영광이 하나님께 있음이여 나의 힘의 반석과 피난처도 하나님께 있도다 (알-엘로힘 이쉬이 우케보디 추르-웃지 마흐시 벨로힘)—여기서도 우리는 이사일의 (hendiadys)로 보고, "나의 영광스러운 구원 (혹 승리)"이 하나님께 있다 라고 이해할 수 있다. "내 힘의 반석과 피난처"는 "나의 강력한 피난처인 반석"으로 이해한다. 세 말이 하나의 사고를 강조하기 위해 제시되었다.

8절: 백성들아 (암)—시인은 지금까지 자신을 스스로 신앙에 서도록 격려했다면, 여기서는 성도들에게 하나님만 신뢰하라고 권고한다. 그는 영적으로 장성한 위치에 있다. 이런 영적인 권고는 자신의 영적인 투쟁을 통한 내적 확신이 있을 때 가능하다.

시시로 저를 의지하고 그 앞에 마음을 토하라 하나님은 우리의 피난처시로다 (비트후 보 베콜-에트 [암] 쉬프쿠-레파나브 레바브켐 엘로힘 마하세-라누)—"시시로" (베콜-에트)는 "항상"이다. 사도 바울은 이와 유사하게 "항상 기뻐해야 하고" (빌 4:4), "항상 하나님께 감사하고" (골 1:3), "항상 우리말이 은혜로워야 하고" (골 4:6), "항상 흔들림이 없이 견고해야" 할 것 (살후 4:5)을 권고했다. 항상 그분을 의지함은 어떻게 가능한가? 다음 문장에서 그 해답이 제시된다: "그 앞에 마음을 토하라." 기도로 마음을 그분 앞에 토함으로 그분을 의지하게 된다. 기도 없는 신앙은 헛되다. 마지막 문장 "하나님은 우리의 피난처시로다" 라는 말씀은 여기 문맥에서 "기도"와 분명하게 연결되고 있다. 따라서 시편에서 "내가 여호와께 피하나이다" (시 7:1, 16:1, 17:7, 25:20, 31:1, 19, 71:1, 3, 141:8, 143:9) 혹은 그분을 "피난처"로 (시 14:6, 46:1, 7, 11, 48:3, 59:16, 61:3, 71:7, 73:28, 91:2, 9 등) 언급하는 경우, 현실적으로 그것은 "기도"를 통한 도우심과 구원을 지시한다고 이해할 수 있다. 동시에 그런 언급은 성소로 도피하여 하나님에게서 피난처를 삼았던 관례와도 연관될 것이다 (왕상 1:50).

제4연 (9-10절): 인간은 허무하여 믿을 존재가 못됨

의지할 반석 되시는 하나님과 허무한 인간이 여기서 대조된다.

9절: 진실로 천한 자도 헛되고 높은 자도 거짓되니 (아크 헤벨 베네 아담 카자브 베네 이쉬) — "천한 자"/"높은 자" (베네 아담/ 베네 이쉬)는 문자적으로 두 표현 다 "사람의 아들들" 곧 "사람들"이란 의미이지만, 이렇게 대조적으로 등장할 때에는 한역처럼 대조적 의미를 지닌다 (NIV, lowborn/ highborn; NRSV, NJB)(시 4:3, 49:3, 애 3:33 등). 그렇지만, 70인역은 대조없이 "인간들은 헛되고, 인간들은 거짓되다"라 번역한다 (호이 휘오이 안트로폰)(NEB: all men). 그렇지만 히브리어 라틴어역은 "아담의 아들" (filii Adam)과 "존귀한 자의 아들" (filii viri)로 구분했고, 바벨론 혹은 애굽 문헌들에는 이런 대조가 분명히 나타난다.

저울에 달면 들려 입김보다 경하리로다 (베모제나임 라알롯 헴마 메헤벨 야하드)—"저울" (모즈나임, 쌍수)은 어형이 지시하듯, 양편에 물건과 추를 각기 두어 잰다. 사람들을 한편에 두고, 다른 편에 "입김" (헤벨, "숨기운," "수증기")을 두니, 사람들이 입김보다 무게가 덜 나간다. 인간이 이렇게 무가치하다. 그래서 피조물인 태양, 달, 짐승, 고목, 반석 등을 섬기지 않는가? 인간이 이렇게 무가치하게 된 까닭은 저들이 하나님을 떠났기 때문이다. 이러한 판단은 하나님께서 하신다. 그렇지만 인간들은 자기 잘난 맛으로 산다.

10절: 포학을 의지하지 말며 탈취한 것으로 허망하여지지 말며 (알-티브테후 베오쉑 우브가젤 알-테흐발루)— "포학" (오쉐크)은 이웃에게 폭력으로 "강탈" (extortion)하거나 압제하는 행동을 지시한다 (사 30:12, 겔 22:7, 12). 고대일수록 무지한 국민들이나 노예들을 향한 관리들의 횡포는 극심하였다. 이렇게 거짓과 강탈을 의지하는 관리들은 백성에게 견디기 어려운 고통을 가중시킨다. "탈취한 것으로 허망하여지지 말며"란 표현과 연관하여, 내가 사람들을 탈취할 수 있는 자리에 있다면, 교묘하게 문서를 위조하거나 눈속임을 통해서 사람들을 등칠 수 있을 것이다. 그러나 그렇게 얻은 재물이나 영예는 허망할 뿐이다. 타인의 재물을 탈취했거나 사기를 쳤다가 양심에 찔릴 때는 속건 제물을 바쳐야 했다 (레 6:4). 타인에 입힌 손실의 20 퍼센트를 가산하여 배상하고, 별도로 하나님께 흠없는 수양을 제물을 바쳐 제사를 드림으로 속죄할 수 있었다. 이렇게 부정하게 남의 재산을 탈취하는 일은 하나님과의 언약을 파기하는 일이며 따라서 하나님의 저주를 자초하는 행위이다. 한편, "포학을 의지하다" / "탈취한 것으로 허망하여지다" 란 병행을 살펴보면, 폭력과 압제를 일삼으며 자기 지위나 생활을 지키려던 자들의 악한 모습이 상기된다. 저들은 남의 것을 탈취하여 그 탈취품을 자랑스럽게 여긴다 (take pride in stolen goods, NIV). 그런데 대개 현대 역본들은 후반부에서 "탈취한 것" 보다는 "강도짓" (robbery)으로 번역하고 있다. 이 단어(가젤)는 두 의미가 모두 가능하다 (KB³). 그렇지만, 사고상의 병행을 고려한다면, 후반부에서 "강도짓에 헛된 소망을 두지 말지어다!" (don't put false hope in robbery, TNK) 정도가 될 것이다.

재물이 늘어도 거기 치심치 말지어다 (하일 키 야누브 알-타쉬투 레브)—재물은 날개를 달았다 (잠 23:5). 하물며 불의로 모은 재산임에랴! 따라서 금방 날아가 버릴 그런 불의한 재물에 자기 소망을 두지 말라. "재물이 늘다" (하일 야누브)란 표현은 강도짓을 해서 (즉 불의한 수단을 사용해서) 재산이 쑥쑥 불어나는 모습을 묘사한다. 사용된 동사는 (누브) 원래 "싹트게 하다," "자라다" 등의 의미를 가질 수 있다. 그래서 ELB는 "재물이 자라도 (싹이 터도)" (wenn der Reichtum waechst)라 했고, TNK는 "폭력이 열매를 맺는다 해도" (if force bears fruit)라 번역하고 있다. TNK는 여기서 "재물"로 통상 번역되는 말 (하일) 대신 "힘" (곧 폭력)이란 의미로 취했다. 앞에서 악인들에게 "포학"과 "강도짓"에 의지하지 말라!고 했기에, 그런 폭력이 열매를 맺는다 해도 곧 일이 잘 풀려 나간다 해도 거기에 마음을 두지 말라는 식으로 이해한 것이다.

제5연 (11-12절): 권능은 주께 속함

시인이 인생 풍파를 겪은 후에 깨달은 것이 모든 세상만사(世上萬事)는 하나님의 주권에 속했다는 점이었다. 11절에서 "'권능'(오즈)이 하나님께 속하다"라 함은 곧 그분의 우주 통치권, 그분의 절대 주권에 대한 강조이기 때문이다. 바로 이 하나님의 절대 주권 때문에 우리는 원수의 폭력과 압제, 불의에 의한 지위나 재물 보존, 혹은 재산 증식 등을 볼 때에도 불평하거나 투기하지 말아야 한다 (시 37:1-2). 행악자는 잠시 후에 끊어지고 없어질 존재들이기 대문이다. 하나님의 통치는 공의롭기에 그를 신뢰하는 자들이 결국 땅을 차지한다.

11절: 한 두 번하신 말씀을 내가 들었나니 권능은 하나님께 속하였다 (아하트 딥베르 엘로힘 쉐타임-주 솨마아티 키 오즈 렐로힘)— "한 번 하나님께서 말씀하셨다/ 두 번 내가 이를 들었다." 이는 숫자 병행법 (numerical parallelism)에 해당된다. 시인은 반복하여 하나님의 말씀을 들었다. 이는 강조하시려는 하나님의 방법이다 (삼상 2:27-36과 3:1-18에서 두 번이나 엘리 아들들과 연관하여 경고하시는 일; 왕상 11:9 등 참조). 그 말씀 계시의 내용은 이하에 진술된다. "권능은 하나님께 속하였다" (오즈 렐로힘)란 표현과 연관하여, 권능만 아니라, 인자함 (헤세드, 12절)도 그분에게 속한다. 이 문맥에서 이 말씀의 의미는 하나님께서 재물도 주시고, 존귀도 주시고, 사랑할 자는 사랑하시고, 은혜 베푸실 자는 은혜를 베푸신다는 것이다 (롬 9:19-23, 11:33 참조). 절대 주권자께서 임의대로 인간을 선택하시고 사용하신다. 그렇다고 인간의 책임이 없어지는 것이 아니다. 인간은 100 퍼센트 자유를 갖지만, 하나님의 주권 안에서 그러하다. 칼빈주의자들은 종종 이를 "어항 안에 든 금붕어"로 비유한다.

12절: 주여 인자함도 주께 속하였사오니 주께서 각 사람이 행한 대로 갚으심이니이다 (울레카-아도나이 하세드 키-앗타 테솰렘 레이쉬 케마아세후)—이 진리는 영원한 세상에서 완전한 모습으로 성취되겠으나 이 세상에서도 저주와 축복, 사망과 생명의 원리가 성도들에게 작용한다. 불신자들은 영원한 축복에서 제외된 자들이니 저들에게 무슨 징계(懲戒)가 필요할 까닭이 없다. 징계는 교정(矯正)을 목적으로 하기 때문이다. 그러나 성도는 다르다. 회개와 삶의 개혁을 위해 끊임없이 징계가 뒤따른다. 이를 알면 성도는 현세에서 저주와 축복이 나의 생활 자세에 따른 것임을 알고 생명의 길, 축복의 길을 택할 줄 알아야 한다. 선지자들이 끊임없이 선포한 메시지는 언약의 상벌 규정에 따라, 언약 파기자들에게 처벌이 임한다는 심판의 메시지였다. 이 심판이 있은 연후에야 오직 남은 자들이 구원받는다고 저들은 선포했던 것이다. 그러므로 현세에서 우리 성도들은 구약 성도들처럼 징계를 통해서만 회개할 때 비로소 참된 평안과 구원이 있음을 깨달아야 한다.

시편의 적용

언제까지 사람을 죽이려고 하는가? (3절)

시 62편 내 영혼이 잠잠히 하나님만 바람이여 357

인류의 역사는 인류의 부패성을 여실히 입증해준다. 의인이 무고하게 중상모략을 당하고 축출을 당하기 일쑤이다. 세상 살기가 얼마나 어려운지. 우리 성도들은 이 부패한 세상 가운데서 의의 삶을 살도록 부름을 받았다. 사람들은 눈앞의 몇 푼 이익과 지위 때문에 자신의 품위나 인격을 헌신짝처럼 내팽개친다. 지조 있게, 정직하게 살려고 해도 세상은 비웃기만 할뿐이다.

재미교포이자 뉴욕주 상원의원을 역임한 어떤 분이 기고한 간증문에 보니, 고아같이 자라서 미국인 양부모 슬하에서 자란 그는 신앙을 갖게 되었다 한다 (사실은 이단인 몰몬 교도이며 몰몬교 선교사로 한국에 사역하기까지 하였다; 그런 그가 국내외 굴지의 교회에서 간증이랍시고 했다). 그런데 비행기에서 우연히 만난 외로운 할머니와 벗이 되어 주었는데 이상한 일이 일어났다고 했다. 하루는 그녀 변호사가 그에게 전화를 걸어 "할머니가 죽었으니 어서 오라!"고 하여, 장례식장에 갔더니 그런 사실을 알려주었다. 그런데 그녀의 먼 친척이란 사람이 영 아니꼽다는 눈으로 이 교포를 대하므로, 이상하다 여기지 않을 수 없었다. 그런데 그 할머니가 죽으면서 자신의 별장, 피아노, 기타 재산을 그 한국 청년 앞으로 넘겨주라는 유언을 하였다는 것이다. 호박이 덩굴 채 굴러 들어왔다고 얼마나 쾌재를 불렀을 것인가? 그런데 이 교포는 "나는 그녀의 재산을 물려받을 마음도 없고, 그런 위치나 관계에 있지 않다"고 분명하게 선언하고, 재산 상속을 부인하는 증서에 사인(signature)을 했다 한다. 고아같이 살았던 그가 젊은 나이에 그 얼마나 정직하게 자신의 위치를 알았기에 이런 행동을 할 수 있었을까? 이런 신실한 사람도 있는가 하면, 무고한 자를 넘어뜨리고 자신이 그 자리, 그 재산을 차지하고자 하는 소인배들이 얼마나 많은지. 그렇지만 우리는 안다. 주께서 재림하실 때 완성될 그 영원한 신천신지(新天新地)에서는 해함도 없고 상함도 없고, 눈물도 없고, 공의와 정직만이 충만할 것이다. 공의와 정직은 영원하다.

그 앞에 마음을 토하라 (8절)

여기서 "토하라" (솨파크)는 말은 물을 쏟아 붓듯 (삼상 7:6), 마음을 전부 쏟아 붓는 것을 지시한다. 이렇게 하는 것이 참으로 하나님을 의지하는 비결이다. 그분을 "항상" 신뢰하는 것은 바로 기도로 그분께 우리 모든 것을 아뢰는 데 있다. 그렇다면 시간을 많이 투자해야 기도가 바로 될 것이다. 그렇지만 현대인들은 분주하기 그지없다. 그래서 기도의 시간을 충분히 갖지를 못한다. 이것이 모든 실패의 원인이 된다. 마귀는 무엇보다 기도를 성도에게서 제거하면 승리할 줄 알므로, 필사적으로 기도를 방해한다. 그래서 성경공부도 좋고, 교제도 좋고, 심방도 좋고, 전도도 좋고, 선교도 좋다; 그러나 기도만큼은 하지 말라! 광신자(狂信者)들이 되지 말라고 그럴 듯하게 충고할 것이다. 그러나 기도는 광신자처럼 몰입해서 하지 않으면 제대로 되지 않는다 (삼상 1:13-15 참조).

감비아 선교사님 한 분이 간증하길, 도무지 열매가 없어서 "이 땅은 소망이 없구나, 다른 곳으로 선교지를 옮겨야지!" 라고 생각하고 있었을 때, 선교사들 모임에 참석하니 뉴질랜드 농부 출신 선교사님이 그 날 따라 침묵을 깨고 자신이 환상을 보니, 한 사람이 갈증에 목이 말라 죽게 된 것이 보였고, 우물을 파야 산다고 했다고 했다. 그 우물은 바로 기도를 통한 영적인 우물을 의미한다고 했다. 그런데 그 한국인 선교사는 그 말을 듣고, 자신의 내적 사정을 어떻게 성령님이 그렇게 잘 아시고 지적하신 것인가? 놀라운 은혜를 받았다 했다. 기도로 우물을 파지 않고 선교한다고 분주했지만 결과가 전무(全無)했다는 것이다. 이처럼 선교도 전도도 심방도, 우리의 삶 전체도 기도를 통한 깊은 우물을 파기 전에는 의미가 없다.

포학을 의지하지 말며 탈취한 것으로 허망하여지지 말라 (10절)

한국 역사를 살펴보면, 얼마나 많은 시기동안 국민들은 포학과 압제에 시달려 왔는지 모른다. 그런 때마다 민란들이 일어나서 부패한 관리들을 대항하고자 했지만, 부패한 인간성이 지배해 온 한국 역사에 정직한 정부나 관리가 공의롭게 통치한 시대는 손꼽을 만 하였다. 이런 탈취와 강탈의 역사는 오늘날도 형태는 약간 달라졌지만 지속되고 있다. 이전에 필자의 할아버지는 글을 제대로 깨치지 못하였는데, 같은 마을 (화개) 출신인 면 서기(書記)가 직접 찾아와서 지방세를 내야한다고 독촉하였다. 그런데 나중에 자세히 보니, 이미 낸 세금을 몇 번이나 사기를 쳐서 갈취했던 사실이 드러났다. 나는 어린 나이에 그런 모습을 보면서 분노를 느낀 적이 있었다. 이렇게 시골의 어수룩한 사람들을 등쳐먹는 나쁜 하급관리들 때문에 백성들은 한숨을 짓지 않으면 안 되었다. 오늘날 많은 개화된 백성들을 이런 원시적인 수단으로 갈취하는 관리는 없겠으나, 눈앞의 이익 때문에 얼마나 불의와 부패가 공직 사회에 만연하고 있는 것인가? 한국인들의 의식구조는 복음으로 철저히 개조되지 않으면 안 된다. 하나님은 축복은 "주여, 주여" 부르짖는 것으로 임한다고 생각지 말아야 한다. 우리의 신앙을 뒷받침해주는 정직한 생활이 뒷받침이 되어야 한다.

탈취한 것으로 허망하여지지 말며 (10절)

밀수 신창원이 순천에서 체포될 때까지 부산 교도소를 탈출하여 1년여를 경찰의 수백명을 비웃으며 신출귀몰하게도 도피 생활을 잘하였다. 그가 서울의 어떤 부자 동네에서 어떤 부잣집을 털 때, 2억 원인가를 탈취할 수 있었다. 그가 잡힐 때 돈 뭉치가 그렇게 가방에 차곡차곡 쌓여 있었다. 그런데 그 즈음에 고위 관리가 뇌물죄로 잡혀 들어갔다. 사람들은 신창원이는 폭력으로 사람을 위협하거나 상해하고 얼마를 탈취했지만, 그 고위 관리는 교묘하게 탈취하였을 뿐, 돈을 탈취한 것은 같은 것이라고 허탈에 빠졌다. 고등교육을 받은 사람들일수록 악한 일에 머리 회전이 빠르고 칼이나 자물쇠 따는 것 따위 하찮은 도구를 빌지 않고서도 쉽게 엄청난 금액을 강탈할 수 있기 마련이다. 그렇지만 우리 사회에 만연한 이런 사기행각, 강탈 행각은 반드시 근절되지 않으면 안 된다. 정직한 사회, 공의로운 사회만이 민주사회라 할 수 있는 것이다.

그렇지만 민주사회라 해도 공상에 빠지지 말 것은 사회가 존속하는 한 높고 낮음의 질서는 반드시 있기 때문이다. 만인 평등사상은 대단히 비현실적이고 망상에 불과할 뿐이다. 질서는 하나님의 섭리 안에서 합당하게 이루어질 때 그 사회가 번영할 것이다.

권능은 하나님께 속하였다 (11절)

하나님은 절대 주권자이시다. 그러므로 바울 사도는 선포할 수 있었다: 만물이 그에게서 나고, 그로 말미암고, 그에게로 돌아간다 라고 (롬 11:36 from Him, and through Him, and to Him are all things). 우리는 그분 안에서 움직일 뿐이다. 우리의 삶 전체에서 그분을 인정하지 않으면 안 된다. 결혼하기 전에는 나 자신의 삶에서 하나님의 움직임을 느꼈다면, 결혼 후에는 아들이 아픈 것에서도 하나님의 불쾌하신 마음을 읽어야 했다. 우연히 일어나는 일은 이 세상에 하나도 없다. 모든 것은 하나님의 섭리와 주권적 통치 안에서 일어난다. 그러므로 우리는 만사에 그분을 인정하고 만사에 그분의 영광을 추구해야 한다. 이것이 성도들이 추구해야할 삶의 방식이자 목표이다. 그분은 자신의 영광을 위해서 우리를 만드신 것이다.

시 63편 영광을 보려하여 성소에서 앙모하나이다

I. 전체구조에서의 위치, 시의 유형과 삶의 자리

시 62편도 물론 하나님에 대한 갈망을 노래하지만, 보다 직접으로 성소를 갈망하던 시 61편과 (4절) 본 시편이 더 긴밀하게 연결되는 듯 보인다. 이 시는 초대 교회에서 주일 예배 시작 시에 노래한 시편으로 "아침의 시"로 알려졌다 (사도 헌장들 Constitutiones Apostolicae라 불리는 4세기 경의 假-사도 저작 모음집 2권 59절; 이 사도 헌장은 모두 8권으로 구성되었고, 영적 훈련, 경배, 교리 등 다방면에 걸쳐 다루고 있다; 1권이 평신도를 다룬다면, 2권은 주로 성직자의 자격, 특권, 의무 등을 다룬다; 또한 2권은 회개의 규례들, 논쟁 대처법 등과 함께 주후 3, 4 세기경의 교회들의 예배 의식들도 언급하고 있다). 70인역은 1절에서 "일찍 내가 당신께 나아가나이다" (오르트리조, '아침 일찍 일어나다')라 번역했다 (현대 역본들은 한역처럼 "내가 간절히 주를 찾나이다"로 번역). 그리고 70인역은 7절에서도 한역이 "밤중에" (한역은 6절; "in the night watches," 밤의 경점들에 =밤새 내내)라 번역한 것을 "일찍" (엔 토이스 오르트로이스)이라 번역했다.

표제는 다윗이 유다 광야에 있을 때 지은 시라 하므로, 좌절과 탄식의 내용이 기대되지만, 내용상으로 이 시는 탄식시처럼 부르짖는 애타는 호소라기보다, 시 62편처럼 하나님을 신뢰하고 갈망하는 심정과 그분의 구원이 확실함에 대한 신뢰가 묘사되고 있다. 그럼에도 시인은 자기를 멸하는 자에게서 구원을 확신하고 (2-10절), 주를 공적(公的)으로 자랑하리라는 결심 표명 (11절) 등은 개인 탄식시의 요소들이 나타난다. 전반적으로는 확신의 시라 할만하다.

표제가 시편 편집자의 첨가라는 인식이 확산된 비평 신학 이후로, 다른 시들처럼 이 시가 노래하는 역사적 정황에 대하여 여러 가지 표제와 다른 의견들이 제시된 바 있다. 그런데 11절에서 "왕"이 언급되는 것으로 보아, 이 시가 왕의 시인 듯 보인다. 말하자면 왕이 자신을 3인칭으로 객관화 시켜 말한다고 할 수 있다. 그런데 크라우스는 여기 시인은 성전에서 하룻밤을 자고 (6절),

자기를 대적하는 원수들에 대하여 하나님께서 심판해 주시기를 간구한다 (9-10절)고 이해했다. 크라우스는 11절의 왕에 대한 진술은 이 시인이 자신의 관심사 밖으로 눈을 돌려 구원의 보증인으로서 왕을 위해 기도한다고 해석한다. 말하자면 왕은 여호와 하나님과 백성 사이에 중보자 자리에 위치하므로, 왕을 주목하고 기도하길 왕이 여호와를 기뻐하게 하소서! 라 한다. 이런 기도는 왕의 장수와 행복한 삶을 기도하는 중보 기도나 다를 바 없다고 한다.

바이저에 의하면, 이 시인은 아마 성소에서 하나님의 영광의 임재를 체험하고 그분의 은혜를 맛보면서 자신이 하나님의 보호 아래 안전함을 확신하고 있다.

2. 시적 구조와 해석

이 시에서 자연스런 사고상의 흐름을 따라가기가 쉽지 않다. 그래서 비평가들은 대략, 1, 2, 6, 7, 8, 4, 5, 3, 9, 10, 11 등으로 행들의 순서를 재구성하려 한다. 이렇게 재구성하면, 사고는 먼저 주를 향한 간절한 앙모의 자세, 다음으로 내 영혼의 만족과 찬양, 원수의 멸망과 찬양 등으로 진행될 것이다. 이런 상황 때문에, 이 시의 현재 상태에서 연 구분은 사람마다 다양하다. 우리는 세 개의 연으로 다음과 같이 구분한다. 제1연 (1-4절)은 하나님의 임재에 대한 갈망, 제2연 (5-8절)은 영혼의 만족, 제3연 (9-11절)은 원수의 비참한 종말 등으로 구성되었다.

표제: 다윗의 시, 유다 광야에 있을 때에 (미즈모르 레다빗 베헤이욧 베미드바르 예후다) —사울 왕을 피하여 도망 다닐 때 (삼상 23장; 시 57편 표제 참조) 거했던 십 황무지나 아니면 아들 압살롬의 난을 피했을 때일 것이다 (삼하 15:13-30 참조). 다윗이 사울을 피할 때, 헤브론에서 북서편으로 약 13킬로 지점인 그일라에서 떠나 남동편에 위치한 십 황무지로 갔다가, 다시 마온 황무지로, 마침내 엔 게디 동굴로 들어갔다. 한편 압살롬의 난을 피할 때는 예루살렘 동편의 기드론 골짜기를 통과해 요단강 나룻터로 갔다 (삼하 15:28; "광야 나룻터"). 그런데 이스라엘을 다녀온 사람이라면, "유다 광야" (미드바르 예후다)란 말 자체가 황량함과 도피생활의 고단함을 암시해 줄 것이다. 엔 게디란 곳에 가보니, 사해 근방의 험준한 지역인데, 동굴이 여기 저기 있고, 엔 게디 골짜기에는 물이 흐르는 샘이 있었다. 그 가파르고 험준한 산의 수많은 동굴 속에 들어가면, 찾기가 정말 쉽지 않을 터이다.

제1연 (1-4절): 하나님의 임재에 대한 갈망

하나님을 향한 영적 갈망이 생생하게 묘사되고 있다. 시인은 하나님의 권능과 영광을 사모하여 성소에서 기다리고 있다. 이런 사모하는 마음은 오늘날 목회자들이 성령님의 임재를 갈구하며 교회 부흥을 위해 기도에 몸부림치는 모습과 크게 다르지 않다. 시인의 목표가 교회 부흥이 아니라 해도, 결국 영적 축복이 임하여 모든 곤경에서 자유케 되고 형통케 되기를 바람이다.

1절: 하나님이여 주는 나의 하나님이시라 (엘로힘 엘리 앗타) — "당신은 나의 하나님이시라." 하갈은 하나님을 "당신은 나를 보시는 하나님이시라" (앗타 엘 로이) 하였다. 또한 다윗은 다른 시에서 "내 모친의 태로부터 당신은 내 하나님이 되셨다" (시 22:10)고 고백했다. "나의 하나님"이란 고백보다 더 친근한 고백은 "당신은 나의 아버지시라" (시 89:26)는 고백이다. 이러한 고백은 시인과 하나님과의 관계가 확실함을 보여준다. 언약백성은 하나님을 자기 하나님으로 섬기는 자들이며, 하나님은 저들을 자기 친 백성으로 사랑하시고 보호, 축복하신다. 이런 관계에 근거해서 시인은 환난 날에 그분께 도움을 간구할 수 있었다.

내가 간절히 주를 찾되 (아솨하레카) — 이 동사는 "새벽" (쇠하르)이란 명사와 연관되는지 모른다 (BDB). 무슨 일이 있을 때 아침 일찍 일어나 움직이기 마련이다 (창 19:27, 20:8, 21:14, 22:3, 26:31 등 참조). 그래서 이 말은 "간절히 찾다"를 의미하고, 구체적인 대상을 찾는 활동을 지시한다. 간절히 찾고 구할 때는 성도들이 편안할 때가 아니라 어려움을 당할 때이다. 이로 보건대, 이 시인 역시 어려움에 처해 있다고 추정할 수 있다.

여기 사용된 동사를 좀 더 설명하자면, 악카드어에서 "사하루"는 "-을 향하여 돌다, 찾다"란 의미라면, 시리아어나 아랍어 *shr* II형은 "깨어나다" 혹은 깨우다 (waken)를 의미한다. 셈족 친족어들에서 어원적으로 따지자면 이렇게 의미가 둘로 갈라진다. 70인역이 "일찍 일어나다" (오르트리조)로 번역했다면, KB³는 아예 "새벽"이란 명사와의 연관성에 대한 언급이 없이 그저 "찾다"란 의미로 정의하고 있다 (사 26:9, 호 5:15, 시 63:1, 78:34, 욥 7:21, 잠 7:15). 고려중인 동사는 "간절히 원하다" (아바), 찾다 (바콰쉬 [잠 11:27, 호 5:15], 다라쉬 [시 78:34, 잠 11:27]) 등의 동사와 병행어로 나타나고 있다.

물이 없어 '마르고' 곤핍한 땅에서 내 영혼이 주를 갈망하며 내 육체가 주를 앙모하나이다 (챠메아 레카 나프쉬 카마흐 레카 베사리 베에레츠-치야 베아에프 벨리-마임) — "물이 없어 마르고 곤핍한 땅에서"를 마빈 테잇 (Marvin E. Tate, *Psalms 51-100*, 124)은 "물이 없어 마르고 곤핍한 땅 같이"로 번역하면서, 전치사 (베트)를 *beth essentiae*로 읽고 있다 (GKC, § 119i). 그의 이해를 약간 수정하자면, "물이 없어 마르고 곤핍한 땅에서처럼" 이라 번역하면 좋지 않을까? *Beth essentiae* 란 말은 "동일성의 베트" (Bet of identity) 혹은 "중복된 베트" (pleonastic Bet)라 불리기도 한다. 전치사 베의 이런 용례는 주어를 술부와 연계시키는 기능을 지시한다 (Cyrus Gordon, "'In' of Predication or Equivalence," 612-13; Waltke & O' Connor, § 11.2.5e 참조). 예컨대, 출 18:4에서 "내 부친의 하나님은 내 도움이시라" (엘로헤 아비 베에즈리)에서 전치사 (베)는 단순히 주어와 술부를 연결시켜 줄 뿐 다른 의미가 없다. 이런 용례에서 때로는 "같이," "처럼"이란 말을 넣어 번역할 수 있다. 예컨대, 사 40:10에서 "그는 강한 자 (처럼) 올 것이다" (베하자크 야보). 혹은 출 6:3에서 "내가 나 자신을 전능하신 하나님으로 나타내었다" (바에라 베엘 솨다이)(I showed myself as [in] Almighty God)(다른 예들도, Joueon-Muraoka, § 133c 참조).

한편, 여기 사용된 동사들은 다윗이 압살롬의 난을 피하여 도망할 때, 그 피난민들이 광야에서 굶주리고 (라에브), 기진맥진해하고 (아예프), 목말라하는 (챠메) 모습을 묘사할 때 등장한 것들이다 (삼하 17:29). "곤핍한 땅" (에레츠 치야)은 "광야" (미드바르)와 병행어로 나타나며 (시 107:35, 사 41:18), 메시아는 바로 이런 땅에서 피어난 한 싹으로 비유되었다 (사 53:2). 이런 땅은 저주의 결과로 야기되며 (렘 50:12, 51:43, 호 2:3, 습 2:13), 이런 땅에 내어 쫓기는 것은 하나님의 처벌 방식이었다 (욜 2:20). 따라서 시인은 자신이 하나님의 처벌을 받는 중이라 생각하는지 모른다. 한편 "갈망하다" (카마흐)는 너무나 사모하며 기다리다 '지쳐 기진한' 상태에 있는 모습을 지시한다. 반면 "앙모하다"로 번역된 말 (챠메)은 "상태 동사"로 '목마른' 상태에 있는 모습을 지시한다. 사슴이 시냇물을 찾아 갈망하듯 (시 42:2), 성도의 영혼은 하나님의 임재를 갈망한다. 그런데 여기서 "영혼"과 "육체"가 병행어로 사용되어 시인의 전 인격이 하나님을 갈망함을 생생하게 묘사한다. "'육체의 생명' (네페쉬 합바사르)이 피에 있다" (레 17:11)고 할 때 드러나듯, 영혼은 생명이며, 육체는 그 생명의 껍질이라 할 수 있다. 물론 이런 이원론적 구분은 아주 정확하다 하기 어렵다. 왜냐하면 육체 없는 영혼, 영혼 없는 육체는 생각할 수 없기 때문이다. 여기서 "육체"나 "영혼"은 각기 "자신" (self)을 지시할 것이다.

2절: 주의 권능과 영광을 보려하여 이와 같이 성소에서 주를 바라보았나이다 (켄 박코데쉬 하지티카 리르옷 웃제카 우케보데카)—다른 시편들에서 "영광"과 "권능"은 "여호와께 영광과 권능을 돌릴찌어다"라는 외침에서 함께 나타난다 (시 29:1, 96:7, 대상 16:28). 이는 경배하며 섬기라는 요청이다. 그렇다면 주님의 권능과 영광을 보고자 한다는 것은 무슨 의미인가? 이는 하나님의 영광의 임재를 체험하고자 하는 갈망이다. 이사야는 성전에서 기도할 때, 영광의 주께서 보좌에 높이 앉으신 환상을 보았다 (사 6:1-3). 이런 신령한 체험은 "성소에서" 기도할 때 가능할 것이지만 (왕상 8:11), 반드시 성소에만 국한되시는 않으나 (상 28상에서 야곱 참소). 한편 "주를 바라보다"란 표현에서 사용된 동사 (하자)는 예언자들이 계시의 수단으로 가졌던 "환상"과 연관된다. 이 시인은 주의 환상을 보고자 하였다. 그런데 여기서 "이와 같이" (켄)란 부사는 시인이 주의 임재를 갈망하였기에 (1절), "그래서" 성소에서 주를 바라보았다는 논리적 연결 기능을 감당한다.

3절: 주의 인자가 생명보다 나으므로 (키-토브 하스데카 메하임)—이렇게 비교하는 문장은 잠언에서 자주 등장한다 (3:14, 8:11, 19, 12:2, 16:16, 32, 19:22, 22:1, 25:25, 27:5, 10 등). 여기서 "생명"보다 주의 "인자"를 낫다고 말한 것은 주의 임재가 자기 생명을 보장하고, 힘차게 하기 때문이다. 그분의 사랑과 임재 없는 생명이 무슨 의미를 갖는가? 참으로 기도에서 승리한 한 날의 삶은 역동적이지만, 그렇지 못한 날의 패배와 좌절은 이 말씀을 예증해 줄 것이다.

내 입술이 주를 찬양할 것이라 (세파타이 예샵베훈카)—찬양할 이유는 바로 앞에서 제시된 대로, 그분의 인자하심이 이 시인에게 함께 있기 때문이다. 여기 사용된 "찬양하다" (솨바흐)란 동사는 하나님을 대상으로 할 때 모두 시편에서 나타나며 (대상 16:35=시 106:17, 117:1, 145:4, 147:12), 여타 찬양하다 (할랄)의 병행어로 나타난다 (시 147:12).

4절: 이러므로 내 평생에 주를 송축하며 (켄 아바렉카 베하야이)—초두에 위치한 논리 연결용 부사 (켄)는 앞의 진술들을 모두 찬양의 근거로 제시한다. 시인은 시 146:2에서 "나의 평생에" (베하야이) 곧 "내가 사는 동안에" (베오디) 하나님을 찬양하리라고 고백한다. 이 땅의 삶은 순식간에 지나고 말겠지만 (시 90:10), 그 생애 동안 가장 의미 있는 사실은 주님의 임재를 느끼며, 그 분을 찬양하는 일이리라.

주의 이름으로 인하여 내 손을 들리이다 (베쉼카 엣사 카파이)—여기서 "손" (카프)은 보다 정확하게 "손바닥"을 가리킨다. 이 표현 (손바닥을 들다)은 애 2:19에서 기도의 자세를 지시한다. 그렇지만 보통 기도의 자세는 하늘을 향하여 "두 손바닥을 펼치다" (파라스 카파임)로 표현된다 (왕상 8:22, 38, 54, 스 9:5, 시 44:20, 사 1:15 등). 그런데, 여기 문맥에서 "손바닥을 들다"란 표현은 기도보다는 찬양하는 자세를 지시할 것이다.

제2연 (5-8절): 영혼의 만족

여기 노래되는 영혼의 만족은 영적인 충만이며 감사와 찬양이 자연스럽게 우러나는 영적인 황홀경의 상태이다. 이런 영적인 만족이야말로 인생을 건강하고 성공적이게 만드는 근본 요인이다.

5절: 골수와 기름진 것을 먹음과 같이 내 영혼이 만족할 것이라 (케모 헬레브 바데쉔 티스바아 나프쉬)—"골수" (헬레브)와 "기름진 것" (데쉔)은 진수성찬에서 가장 귀한 음식으로 인정받았다. 그래서 "모든 기름"은 하나님께 바쳤다 (레 3:16-17, 4:8, 31, 35 등). 그리고 메시아 시대에 [=신약시대] 누릴 영혼의 만족을 기술할 때도 "내가 '기름'으로 제사장들의 심령에 흡족케 하며 내 은혜로 내 백성에게 만족케 하리라" (렘 31:14)고 하신다. "내 영혼이 만족할 것이라"는 표현에서, 잔칫상에서 최상품 음식을 먹고 만족을 느끼듯, 성도의 영혼은 하나님의 임재로 만족을 얻게 된다.

내 입이 기쁜 입술로 주를 찬송하되 (베시프테 레나놋 예할렐-피)—입은 하나이지만, 입술은 두 개다. 그래서 "입술들"은 쌍수 (dual)로 표현된다 (쉐파타임). 이 두 입술을 "노래하는 입술들" (시프테 레나놋)이라 표현한 것은 영혼의 만족이 우리 신체의 모든 부분에 전달되어, 두 입술이 이제 찬양하고 있기 때문이다. 이러한 때에 찬송은 영혼에서 우러나오게 된다. 이렇게 영혼의 찬양은 내 육체를 강건하게 하고 내 마음에 소망과 확신으로 가득 차게 만든다.

6절: 내가 나의 침상에서 주를 기억하며 (임-제카르티카 알-예추아이)— 후반절이 밝혀주듯, 여기서 우리는 "밤중에" 이 성도가 취하는 영적 자세를 본다. 그는 침상에 누워서도 주님을 생각한다. 오늘날 주를 묵상하는 일은 말씀을 암송하는 방식이 최상이다. 말씀에 주님의 모습, 성품이 담겨 있기 때문이다.

밤중에 주를 묵상할 때라 (베아쉬무롯 에헤게-바크) — "밤중에"에서 사용된 말은 (watches) 해질 때부터 동틀 때까지 시간들을 시간대별로 구분해 놓은 것을 (경 [更]) 지시한다. 이러한 말이 사용된 것은 밤중에 파수꾼들이 시간대별로 당직으로 파수망대에 서서 불침번을 선 데서 유래한다. 원래는 밤을 네 시간씩 셋으로 구분하여, 초경 (애 2:19), 이경 (삿 7:19, 한 밤중 二更), 삼경 (출 14:14, 삼상 11:11; 새벽, 三更 [새벽 2시부터 동틀 때까지]) 등으로 불렀다. 그런데 신약에서 우리는 밤을 사 구분하는 것을 본다 (마 14:25, 눅 12:38 등). 한편 "묵상하다"란 입으로 '중얼거리다'를 의미한다. 그런데 "당신을 묵상하다"라고 하면 입으로 중얼거림보다, 사고의 움직임에 더 초점을 맞출 것이다. 성도의 묵상은 그분의 행하신 크신 일들이나 그분의 성품들을 대상으로 한다. 다음 구절에 비추어 보건대 이 시인은 하나님의 도우심을 받은 그 일을 묵상한다. 그런데 묵상은 입술과 같이 되지 않으면 생각이 흩어져 버리고 만다. 따라서 입술로 중얼거리며 머리로 묵상함이 여기서의 의미일 것이다.

7절: 주는 나의 도움이 되셨음이라 (키-하이타 에즈라타 리)—하나님께서 이 시인을 위험에서 도우셨음으로 (시 94:17-18 참조) 그의 영혼은 만족을 느끼고, 그분께서 행하신 도우심을 묵상한다. 주의 도우심이 아니었더라면 어떻게 되었을까 생각할 때 눈시울이 뜨거워진다.

주의 날개 그늘에서 즐거이 부르리이다 (우베첼 케나페카 아란넨)—이미 시인은 자신이 "노래하는 두 입술들"을 가지고 주를 찬양한다고 했다. 그는 이제 주님의 펼쳐진 두 날개 그늘 아래서 보호와 안전, 교제를 누리면서 (시 17:8, 36:7, 61:4, 91:4 참조) 그분의 위대하심과 선하심을 찬양한다 (미완료 시상이지만, 전.후 구절들에 비추어 볼 때 현재 상태를 묘사한다). 한편 "주의 날개 그늘 아래"는 독수리 표상으로 시적으로 하나님을 묘사하는 말씀 (신 32:11)이나 성전의 날개를 펼친 그룹 날개들의 모습에서 차용되었을 것이다.

8절: 나의 영혼이 주를 가까이 따르리니 (다베카 나프쉬 아하레카)—"당신께 달라붙었다" (clings to you, NRSV, NIV, 70인역 "섭합하나," "아교로 붙이나 [콜라오]). 영혼에 주님의 임재가 느껴지고, 주님과 일체감을 갖고 있는 상태이다. 동시에 이 표현은 신명기에서 주님께 대한 충성스러운 생활을 묘사하기도 한다 (신 4:4, 10:20, 11:22, 13:5, 30:20 등).

주의 오른손이 나를 붙드시거니와 (비 탐카 예미네카)—의인법이지만, 오른손은 권능의 상징이다. 그 오른팔로 넘어지지 않도록 나를 꼭 붙들어주신다. 이사야 선지자를 통하여 하나님은 저 유명한 말씀을 하신 바 있다: "두려워 말라 내가 너와 함께 함이니라 놀라지 말라 나는 네 하나님이 됨이니라 내가 너를 굳세게 하리라 참으로 너를 도와주리라 참으로 나의 의로운 오른손으로 너를 붙들리라 보라 네게 노하던 자들이 수치와 욕을 당할 것이요 너와 다투는 자들이 아무 것도 아닌 것같이 허무한 것같이 되리니 이는 나 여호와 너의 하나님이 네 오른손을 붙들고 네게 이르기를 두려워 말라 내가 너를 도우리라 할 것임이니라" (사 41:10-13).

제3연 (9-11절): 원수의 비참한 종말과 시인의 찬양

성도가 원수들의 패망을 확신하고 자신의 안전과 평안을 확신하는 그 시점은 바로 내 영혼이 영적으로 충만함 가운데 있을 때이다. 이런 영적 상태는 눈 오는 날 모든 것들이 백설로 덮이고

한 점의 오물도 보이지 않는 백설의 세계를 바라봄같이 내 영혼에 하나님을 향한 사랑과 그분의 날개 아래서 갖는 100 안전감으로 특징지어진다. 모든 것들은 아름답게 보이고 모든 것들은 가능하게 느껴진다. 이런 내적 영적 상태는 현실에서 승리와 형통으로 나타난다.

9절: 나의 영혼을 찾아 멸하려 하는 저희는 땅 깊은 곳에 들어가며 (베헴마 레쇼아 에바케슈 나프쉬 야보우 베타흐티욧 하아레츠)—여기서 미완료상을 간구적으로 이해한다: "나의 영혼을 찾아 멸하려 하는 자들로 땅의 깊은 곳에 들어가게 하소서!" (NJB, TNK). 앞에서 방금 인용한 이사야서에서도 역시 붙드시는 손길은 원수를 멸하는 것과 연관되어 나타난다. 성도에게 하나님은 구원자이시나, 성도의 원수들에게는 무서운 심판자이시다. 성도의 원수들은 하나님의 심판을 받고 졸지에 음부로 떨어지고 만다. "땅 깊은 곳" (브타흐티욧 하아레츠)은 시 139:15에서도 나타나지만, 여기서와 약간 다른 뉘앙스이다. 여기서는 악인들이 내려가는 "음부"를 지시할 것이다.

10절: 칼의 세력에 붙인 바 되어 (야기루후 알-에데-하레브)—원수들은 왕을 대적한 반란자들인지 모른다 (11절 참조). 저들은 이제 왕에게 사로잡혀 칼날을 맞는다. 그렇지만 저들의 시체는 묻히지 못하고 들짐승의 밥으로 던져진다 (삼하 21:10-14, 왕하 1:9-10 참조).

시랑의 밥이 되리이다 (메낫 슈알림 이흐유)—시랑 (jackal)은 여우와 늑대의 중간형이라 한다. 사용된 말 (시랑)은 "여우"로도 이해된다. 이 놈은 포도원을 망치고 (아 2:15), 아주 간사하다 (겔 13:4). 10절 역시 간구형으로 이해한다: "그들로 칼날에 붙인 바 되게 하시고, 시랑의 밥이 되게 하소서!" (TNK).

11절: 왕은 하나님을 즐거워하리니 (베함멜렉 이스마흐 벨로힘)—반란자들은 진압되었다. 저들은 거짓말하는 자들이었다. 하나님은 왕을 변호해 주신 것이다. 경건한 왕은 비록 위기를 당했지만, 이렇게 하나님의 도우심을 입고 찬양한다. 그의 영적 정결함은 위기를 통해 새롭게 되었을 것이다.

주로 맹세한 자마다 자랑할 것이나 (이트할렐 콜-한니스바아 보)—여기서 "주로"라 번역된 말은 직역하면 "그로" (by him)이므로, "하나님으로" (맹세한 자)가 된다. 하나님은 자기 이름으로 맹세할 것을 명하고 있다 (신 6:13, 출 22:11). 따라서 하나님으로 맹세하는 자는 곧 하나님을 섬기고 사랑하는 자들을 지시한다. 그런 경건한 자들은 모두 하나님이 세우신 왕의 승리를 보고 기뻐할 것이다. 여기서 "주로 맹세하다"란 표현은 주를 공적으로 경배하고 고백한다는 그런 의미일 것이다. 칼빈은 이 표현이 "하나님을 경배하다"란 말을 지시하는 제유법 (synecdoche, 일부로 전체를 제시)의 한 예로 보았다.

거짓말하는 자의 입은 막히리로다 (키 잇사케르 피 도브레-쇠케르)—"거짓말 하는 자들의 입이 막힐 때, [그분으로 말미암아 맹세한 자마다 기뻐하리이다]" (TNK). 저들은 이제 시체가 되어 입이 닫힌 상태이다. 그런 까닭에 "주로 맹세한 자들이 자랑한다." 즉, 거짓말하는 자들의 입이 닫혔으므로 자랑하게 된다.

시편의 적용

당신은 나의 하나님이시라 (1절)

하나님은 나와 어떤 관계를 갖는 분이신가? 그분은 나의 하나님, 나의 아버지, 나의 구원의 반석이시다 (시 89:26). 그분에 대한 체험은 사람마다 다양하므로, 어떤 사람들은 당신은 나의 치료자, 나의 사랑, 나의 구원자, 나의 힘, 나의 남편, 나의 기쁨, 나의 왕 등 다양하게 표현할 수 있을 것이다. 이런 고백들은 구체적인 삶의 현장에서 그분을 체험하고 나타난 칭호들이라 할 수 있다. 그분에 대한 묘사들은 하나같이 의인법적이며, 동시에 표상들을 사용한 은유적이다.

주의 인자가 생명보다 나으므로 (3절)

주님의 인자는 그분의 언약사랑이며, 이것이 우리 삶에서 느껴질 때 우리의 삶은 의미와 목적과 만족을 발견한다. 그러므로 그분의 임재는 우리 생명 그 이상이다. 그분의 임재를 느끼지 못할 때 우리의 생명은 위협을 느끼고, 초조함과 불안을 그치지 않는다. 이런 삶이 무슨 의미를 가질 것인가? 그러므로 그분의 임재를 생명보다 귀히 여겨 성령님의 움직임에 민감할 이유가 있다. 한번 상실된 그분의 임재를 회복하기란 너무나 어려운 일이다. 이는 체험하지 아니한 사람은 알 수가 없다.

내 영혼이 만족할 것이라 (5절)

영혼이 만족함을 얻게 될 때, 우리는 찬양하게 된다. 그런데 반대로 우리가 찬양할 때, 우리 영혼은 그분의 임재를 느끼고 만족을 얻게 된다. 이렇게 영혼의 만족과 찬양은 서로 불가분리의 관계에 있다. 내 영혼의 만족을 갖지 못할 때 공허하고, 부정적이고, 불평하게 된다. 이것을 빨리 치료하지 않을 때 우리 자신도 파괴되고, 교회 공동체도 파괴를 당하고 내 가정 역시 파괴되고 말 것이다. 영혼의 만족은 충분한 시간을 드려 하나님과 기도의 교제를 가질 때만 임할 것이다.

주로 맹세하다 (11절)

하나님께서 어찌하여 자기 이름으로 맹세하라 하셨던가? (신 6:13) 신약에서는 얼핏 보면 그 반대로 말씀하는 듯 하다 (마 5:33-37, 약 5:12). 제미슨, 파우셋, 브라운이나 반즈 같은 주석가들은 신약에서 맹세하지 말라는 것은 일상 대화에서의 '맹세 금지' 라면, 구약에서 '맹세하라!' 는 사법상의 엄숙한 맹세를 말한다고 구분했다. 그런 구분은 해결의 방향은 약간 제시해 준다. 구약의 두 관련 구절을 살펴보면, 출 22:11에서는 법정에서 자신의 진술의 신실성을 여호와로 맹세하라는 것이다. 그런데 신약에서 주님의 '맹세 금지' 는 아주 단호하여 "도무지 맹세하지 말라"고 마치 절대 맹세 금지를 명하신 듯 들린다. 그래서 여호와의 증인이나 칼빈 시대의 재-세례파 교도들은 어떤 맹세도 거절하였다. 그러나 "하늘로도, 땅으로도" (맹세하지 말라)는 문구가 "도무지 맹세하지 말라" 는 명령을 수식한다면, 이는 마 23:16 이하에서 주님의 지시에 비추어 볼 때, 어떤 맹세도 금지하는 명령이 아님이 분명하다. 주님의 맹세 금지는 거룩한 하나님의 이름을 오용하고 남용하는 어떤 맹세도 (그것이 유대인들이 주님 당대에 그리했듯이 "하늘로" 맹세하는 것이든, "땅으로" 맹세하는 것이든) 하지 말라는 것이지 공적인 맹세를 금지하는 것이 아니다. 반면 신 6:13에서 "주의 이름으로 맹세하라!"는 명령은 문맥상 이스라엘이 여호와 하나님과 언약을 갱신할 때, 그분께 대한 충성을 맹세하라는 지시인 듯 보인다. 이는 고대 근동에서 종주권 조약을 체결할 때, 봉신국이 종주국에 대하여 일체 다른 주를 인정하지 않고 오직 종주 대왕만 주로 섬기겠노라 맹세함과 같은 의식이었다.

64편 그러나 하나님이 저희를 쏘시리니

1. 전체구조에서의 위치, 시의 유형과 삶의 자리

앞 시편과의 연관성을 본다면, 10절은 시 63:11과 유사하다.

표제는 단지 "다윗의 시"라고만 제시한다. 시인은 원수에게서 생명을 보호해 달라고 간구하면서, 원수들에게는 하나님의 저들의 행위에 상응하는 보응이 있을 것을 확신한다. 따라서 양식비평가들은 이 시를 개인 탄식시로 분류한다. 모빙켈은 이 시를 "보호(를 요청하는) 시"라고 칭하는데 (*PIW*, I, 219-20) 그 이유는 구원을 요청하는 시인의 부르짖음은 아직 일어나지 아니한 원수의 공격을 예상하는 기도이기 때문이다. 즉, 원수의 위험을 예기했을 뿐, 그것이 실제로 일어난 가운데 구원을 요청하는 기도가 아니기 때문이다. 이런 류의 "보호 시편들"은 모빙켈에 의하면, 시 3, 5, 7, 11, 26, 28, 36, 52, 54, 57, 61, 62, 63, 71, 77, 86, 139, 140편 등이다. 모빙켈처럼 이해하려면, 미완료상의 바브-접속법이 나타나는 7-9절 (*바요렘*[그가 그들을 쏘셨다]; *바야크쉴루후*[그들이 그것을 넘어지게 하였다]; *바이르우*[그들이 두려워하였다]; *바야기두*[그들이 선포했다])에서도, 정식 문법과 달리 "미완료 시제"로 번역해야 한다. 그런데, 7-9절에서 나머지 두 개의 동사는 각기 미완료상과 (*이트노다두*[그들이 도망할 것이다], 8절) 완료상으로 (*히스킬루*[그들이 고려하였다], 9절) 나타나고 있어 시편의 불규칙적인 동사 시제 사용 용례를 단적으로 드러내고 있다. 물론 이런 두 동사도 문맥상 미완료 시제로 번역해야 한다. 이렇게 시편에서 동사의 어형은 "문맥에 따라" 그 시제가 고려되어 한다는 기본 원리를 확인시켜 준다.

그런데 크라우스는 이 시가 성소에서 피난처를 찾아 보호를 발견한 정황을 노래한다고 이해하면서, 7-9절을 하나님께서 이미 개입하셔서 시인을 구원하신 것을 감사한 마음으로 보도하는 진술들로 이해했다. 그렇게 보는 이유는, 7-9절의 시제를 미래로 이해하려면 본문에 대한 급진적인 변조(變造)가 요청되므로 이미 일어난 하나님의 간섭으로 이해하는 것이 더 안전하겠기 때문이라 한다. 그렇지만, 우리가 앞서 설명한대로, 시편에서 동사 시제의 고려는 '문맥'이지 동사

어형(語形) 자체가 아니라는 점을 주지해야 한다.

   문제는 7-9절의 동사들의 미완료상의 바브-연속법 어형들을 왜 "미래" 시제로 번역해야 하는가? 하는 것이다. 크라우스가 지적했듯이, 정식 문법대로라면 분명히 "완료" 시제로 번역해야 마땅하지 않는가? 이 문제에 답하기 위해, 이 시 전체의 동사 분포도를 연별로 고려해 본다.

  I. 생명 보호의 간구 (1-2절):
1절 쉐마아 (들으소서); 팃초르 (지키소서); 2절 타스티레니 (나를 숨기소서)
  II. 원수의 묘사 (3-6절):
3절 Qatal, Qatal, 4절 Yiqtol, 5절 Yiqtol, Yiqtol, 6절 Yiqtol, Qatal
3절 솨네누 (그들은 날카롭게 했다); 다레쿠 (그들은 밟았다);
4절 요루후 (그들이 그를 쏘리라);
5절 에핫제쿠 (그들이 강하게 하리라); 에삿페루 (그들이 말하리라); 아메루 (그들이 말하였다);
6절 야흐페수 (그들이 찾으리라); 타메누 (우리가 찾았다);
  III. 기대된 하나님의 심판 (7-9절):
7절 미(완료상의) 바브-연속법, Qatal, 8절 미 바브-연속법, Yiqtol, 9절 미 바브-연속법, Yiqtol, Qatal
7절 바요렘 (그가 그들을 쏘셨다); 하유 (그들이 –하였다);
8절 바야크쉴루후 (그들이 그것을 넘어지게 하였다); 이트노데두 (그들이 도망할 것이다);
9절 바이르우 (그들이 두려워하였다); 바약기두 (그들이 선포했다); 히스킬루 (그들이 생각하였다)
  IV. 의인의 모습 (10절):
Yiqtol, 미완료상의 바브-연속법, Yiqtol
이스마흐 (그가 즐거워하리라); 하사 (완료상의 바브-연속법 →피난하리라); 베이트할렐루 (그들이 자랑하리라).

  1연에서 간구는 모두 명령법 (간구형)으로 제시되어 문제가 없다. II연에서는 원수를 묘사하면서 Qatal (완료상)을 3개, Yiqtol (미완료상)을 4개씩 사용하고 있다. 여기서는 완료상과 미완료상이 혼재(混在)하여 원수들의 활동상을 묘사한다. 현재 시제로 번역함이 좋을 것이다. 이제 III연을 잠시 유보하고 IV연으로 가면, 4연에서는 모두 미래 시제로 번역해도 문제가 없다. 왜냐하면 영원 진리를 묘사하는 진술로 보이기 때문이다. 문제는 II연과 IV연 사이에 끼인 III연의 시제 파악인데, II연이 현재 활동하는 원수들의 모습을 묘사한다면 그들에 대한 하나님의 예기된 심판을 다루는 III연의 동사들은 당연히 미래 시제여야 사고가 통하게 된다. 이런 의미에서 우리는 크라우스의 항변에도 불구하고, III연의 동사들은 미래 시제들로 번역해야 옳다고 본다.

한편, 어떤 이는 이 시가 시 12, 14, 52편 등과 유사하게, 성소에서 활동하던 선지자의 탄식시로 본다. 시인이 원수에 대하여 하나님의 심판을 선고하는 어조가 선지자의 어투(語套)를 상기시킨다는 점에서 (하나님이 저희를 쏘시리니, 7절) 이런 견해는 일리가 있지만, 성소에서 거처하며 활동하던 성소 선지자란 사고는 구약에 이질적이다. 구약에서 선지자의 무리를 성소 선지자와 기타 선지자로 나누기는 어렵기 때문이다. 선지자들이 성소와 연관하여 빈번히 등장할 것은 그들의 임무 상 아주 자연스러운 일이었다. 선지자는 성소를 활동 중심지로 잡고 자기 부친에게서 세습적으로 직무를 인계받아 사역한 제사장들의 제도적, 정적(靜的) 활동과 달리, 하나님의 직접 부르심을 입어 (신 18:15, 18 "너희 가운데서 일으키고") 자신의 이전 직업을 버리고 활동하였던 말하자면 "기동 타격대" (Delta Force) 성격의 역동적인 언약의 사신들이었다.

2. 시적 구조와 해석

사고의 흐름을 보면, 생명 보호의 간구 (1-2절), 원수의 묘사 (3-6절), 기대된 하나님의 심판 (7-9절), 의인의 모습 (10절) 등으로 구분된다. 4절과 7절에서 등장하는 "갑자기" 혹은 "홀연히" (피트옴)라는 말이 이 시의 두 부분의 정점(頂点)을 보여주고 있다. 앞부분에서는 원수들이 숨어 있다가 "갑자기" 의인을 쏘려한다면, 이 시의 후반부에서는 그런 원수들을 하나님께서 "홀연히" 쏘아 넘어뜨리신다. 원수의 공격은 실패하겠으나 (하나님께서 의인을 숨기시고 [2절], 의인의 요동함을 허락지 아니하심으로 [시 55:22]), 하나님의 공격은 실패가 없다면, 악인의 운명은 정해진 것이다.

제1연 (1-2절): 생명을 원수에게서 구원하소서

기도는 위기에서 간절해진다. 간절하지 않은 기도는 죽은 기도이다. 성결(聖潔)이 기도의 강도(强度)를 좌우하는 다른 요소이다. 위기는 성결보다 더 기도를 강력하게 만들어 준다. 북한에서 현역 대위로 근무하던 한 탈북자는 중국에서 억지로 교회에 끌려 다녔으나 중국 공안(公安)원에게 잡혀 북한으로 돌려졌을 때, "하나님 살려 주십시오, 살려 주십시오!" 기도가 절로 나왔다고 했다. 열차에서 뛰어 내렸으나 다친 곳 없어 그는 다시 북한을 탈출하여 한국으로 들어와서 신앙생활을 한다고 했다.

1절: 하나님이여 나의 근심하는 소리를 들으시고 (쉐마아-엘로힘 콜리 베시히)—원문에서는 "들으소서"가 처음에 위치하여 강조되었다. 시인은 "근심 중에 부르짖고" 있다 (시 55:3 주석 참조). 근심이 닥칠 때 좌절하는 것은 원수 앞에서 패배의 백기(白旗)를 흔드는 것이다. 오히려 부르짖음의 기도로 승화(昇華)시키라. 환경을 부르짖음의 기도로 짓밟으라.

원수의 두려움에서 나의 생명을 보존하소서 (미파하드 오예브 팃초르 하야이)—원수가 노리는 효과는 하나님의 자녀들이 "두려움"의 올무에 사로잡혀서 믿음을 팽개치도록 하는 것이다. 공포감은 하나님이 주시는 마음이 아니라 (딤후 1:7), 하나님의 처벌로 임한다 (신 28:67). 그렇다면 철저히 회개하고, 믿음으로 두려움을 단호하게 물리쳐 버려야 한다. 성도들에게는 공포(恐怖) 대신 평안이 주장해야 한다 (시 91:5, 잠 1:33, 3:25, 28:14). "생명을 보존하소서"란 표현과 연관하여 고려 할 때, 사람들에게는 생명의 연수(年數)가 있다. 사라는 127세, 아브라함은 175세, 이스마엘과 레위, 아므람은 137세 등이다. 우리는 몇 세를 살지 확신할 수 없지만, 우리의 생애 동안 생명은 여러모로 위협을 당한다. 그 여러 가지 위험에서 하나님은 우리를 보호하시되 자기 뜻을 이루시고자 그리하신다. 즉 사명을 다 이루기까지 우리는 죽지 않는다.

2절: 나를 숨기사 행악자의 비밀한 꾀에서와 죄악을 짓는 자의 요란에서 벗어나게 하소서 (타스티레니 밋소르 메레임 메리그샷 포알레 아벤)—우리의 생명이 위험에 노출될 때, 이렇게 기도할 수 있다. 그러면 하나님은 펼치신 두 날개 그늘 아래에 우리를 안전하게 숨기실 것이다 (시 17:8). "행악자" (메레임)나 "죄악을 짓는 자" (포알레 아벤)은 여기서처럼 이스라엘 사람이라 하면서도 하나님을 두려워하지 않는 자들이다 (4-5절). 이런 자들은 인본주의적으로 움직이며 의인을 칠 음모(陰謀)를 도모해 마지않는다. 이런 자들의 특징은 은밀한 모임 (소드)을 갖고 악한 일을 도모한다는 데 있다. 그런데 "꾀" (꾀)나 "요란"이라 번역된 말 (리그솨)은 각기 은밀한 모임, 그 모임에 참석한 무리들을 지시한다.

제2연 (3-6절): 원수들에 대한 묘사

간구에 뒤이어 원수들의 사악한 모습이 묘사된다. 이는 앞의 간구를 더 한층 뒷받침해 준다. 원수에 대한 묘사는 '이런 악한 원수들에게서 나를 건지소서! . 더 나아가, '이런 악한 원수들에게 심판을 베푸소서!' 라는 간접 기도가 같다. 한편, 3절은 관계대명사가 모두에 위치하여 2절에 종속되는 구문으로 원수를 묘사한다 (Who whet their tongues like swords).

3절: 칼 같이 자기 혀를 연마하며 (아쉐르 솬누 카헤레브 레쇼남)—악행자들의 무기는 저들의 악한 혀에 있다. 마음의 악이 혀로 표현될 때, 그것은 조만간 행동으로 실행될 것이다. 자기 혀를 칼 같이 날카롭게 가는 자들을 시 140:3에서는 자기 혀를 독사처럼 날카롭게 간다고 했다. 원수들은 의인들에게 치명타를 가하기 위해 나름대로 치밀한 준비를 하기 마련이다.

화살 같이 독한 말로 겨누고 (다르쿠 힛참 다바르 마르)—독을 품은 말이 원수의 혀에서 나오는 것은 그들 가운데 독사가 들어있기 때문이다. 마치 가인이 마귀의 사주를 받아 동생을 살인한 것과 같다 (요일 3:12). 더 밝은 계시의 빛인 신약성경에 의하면, 그리스도의 영이 없는 자는 모두 이 세상 풍속을 좇고 공중 권세자를 쫓아 육체의 욕심을 따라 육체와 마음의 온갖 원하는 것을 행하는 자들이다 (엡 2:2-3). 지금 묘사되는 원수들이 이런 상태에 있기에 경건한 성도를 해코자 한다. 물론 신약의 영적 구분법으로 구약 이스라엘인들을 구분하기란 조심스럽다. 그럼에도 오늘날 교회 안에 알곡과 가라지가 혼재(混在)하듯, 구약 이스라엘 중에도 그러했다는 점은 의심할 여지가 없다. 그렇다면 이스라엘 중에 거했던 "가라지"가 어둠의 세상 주관자 (엡 6:11), 곧 불순종의 아들들 가운데 역사하는 영의 지배를 받았다고 함이 그른 말인가?

4절: 숨은 곳에서 완전한 자를 쏘려 하다가 갑자기 쏘고 (리롯 밤미스타림 탐 피트옴 요루후)—의인은 하나님의 두 날개 그늘 아래서 피난처를 삼고 숨는다면, 악인들은 자기들의 범죄 소굴에 숨어서 의인을 해코자 한다. "완전한 자" (탐)는 "의인"이나 "마음이 정직한 자" (이스레 레브)이며, 시인도 여기에 속한다. 그리고 "완전한 자" (KJV)는 "무죄한 자" (the innocent, NIV, NJV, LSG, ELB), "흠이 없는 자" (the blameless, LXX, NASB, NRSV)로 번역되지만, 행위가 도덕상 완전하다는 의미라기보다, 하나님의 법을 짐짓 거역하지 아니하고, 기꺼이 순종하려 하며 부지중에 범한 죄가 생각날 때는 곧 회개하는 자들을 가리킨다. 이들이 악행자들의 해하는 표적이 된다. 왜냐하면 악행자들과 생활 방식이 달라 악인들의 불의한 삶에 방해가 되고, 거침돌이 되기 때문이다. 말하자면 흑암에 익숙한 자들이 완전한 자들이 발하는 빛에 눈이 부시어 거부감을 느끼는 식이다. 한편, 4절은 부정사로 (To shoot from hiding at the blameless, TNK, NASB), 3절의 동사 (겨누고)에 종속되는 구문이다. "갑자기 쏘고"란 표현에서 의인이 전연 손을 쓸 겨를이 없을 때를 틈탄 예기치 못한 행동을 본다. 의인은 치명타를 맞을 수밖에 없다.

두려워하지 않도다 (벨로 이라우)—저들은 이렇게 악행을 자행하면서도 하나님 두려운 줄을 모른다 (창 20:11, 출 9:30). 즉, 양심이 화인 (火印) 맞은 상태이다 (9절 참조). 아말렉은 '하나님을 두려워 아니하고' 행진하는 이스라엘을 배후에서 기습했다 (신 25:18). 그런 저들의 행동은 하나님의 구속 사역을 방해하는 대죄(大罪)였기에 하나님은 저들의 이름을 천하에서 도말하시리라 맹세하셨다 (출 17:16).

5절: 악한 목적으로 서로 장려하며 (예하제쿠-라모 다바르 라아)—"장려하다"란 "굳세게 만들고, 강화시켜" (하자크) 그 결과 강한 마음의 상태를 갖게 하는 것을 지시한다. 선한 일을 위해 이렇게 한다면 오죽 좋으랴만, 이들은 악한 일을 위해 이렇게 행동한다. 다윗은 불신앙적인 동기로 인구조사를 하면서도, 달가워 아니하는 요압을 강권하여 그 일을 진행 시킨다 (삼하 24:4). 악한 동기에서 우러난 일을 강화시키는 자세는 자기 파멸을 재촉하는 짓이다.

비밀히 올무 놓기를 함께 의논하고 하는 말이 누가 보리요 하며 (예사페루 리트몬 모크쉼 아므루 미 이르예-라모)—악행자들의 이런 의논에 대하여는 단 6:4-5에서 그 예를 참조. 한편 악인들은 "누가 들으리요?" 라고도 한다 (시 59:8). 이런 자세가 바로, 하나님을 두려워하지 않는 자세이다 (4절). 하나님을 바로 알지 못할 때 이런 악행이 자행될 수 있다. 우리 하나님은 "앉고 일어섬을 아시며 멀리서도 우리 생각을 지각하신다…우리 혀의 말이 발하기도 전에 아신다" (시 139:2, 4).

6절: 저희는 죄악을 도모하며 이르기를 우리가 묘책을 찾았다 하나니 (야흐페수-올롯 타메누 헤페스 메후파스)—범죄행위를 요모조모로 곰곰 생각하고 머리를 짜는 모습이 묘사된다. 이들은 "우리가 묘책을 찾았다"고 한다. 선한 일을 이렇게 열심히 도모한다면 오죽 좋으랴만! 저들은 이른바 "완전범죄"를 노리지만, 세상에서 완전범죄란 있을 수 없다. 왜냐하면 하나님이 보시기 때문이다 (창 6:2, 12 등 참조). 이 한 절에서만 "도모하다" (하파시)란 말과 연관된 단어들이 세 번이나 나타난다 (야흐페수, 헤페시, 메파시). 악인들의 세세하고도 간교한 도모에 초점이 맞추어지고 있다.

각 사람의 속뜻과 마음이 깊도다 (베케레브 이쉬 벨레브 아모크)— "깊다" (아모크)란 말은 "골짜기" (예멕)란 말과 연관된다. 지상에만 골짜기 있는 것이 아니라 바다 속에도 아주 깊은 골짜기 (海丘)가 있다. 그 심해(深海)저 밑바닥에는 인간이 도무지 접근할 수가 없다. 그렇지만 이런 심해저 밑바닥 보다 깊은 것이 사람의 마음 속이다. 왜냐하면 도무지 알 수가 없기 때문이다. 그렇지만 하나님은 이런 사람의 깊은 마음속까지 꿰뚫어 보신다 (히 4:13).

제3연 (7-9절): 하나님의 공의로운 심판

이 부분에서 사용된 완료상인 "바익톨" (Vayyiqtol 미완료 바브-연속법)은 앞의 서론에서 언급한대로 미완료 시제로 이해된다. 어떤 이는 앞으로 일어날 일의 "확실성"을 표현하는 예언적 완료상으로 이해한다. 즉 완료상이지만 미래에 일어날 일의 확실성을 표현한다고 본다. 또 어떤 이는 완료상들을 간구적 완료상으로 이해하여 "하나님께서 쏘시옵소서!" 등으로 번역한다. 이 부분의 완료상 동사들은 앞 연과 논리적으로 연관하여 볼 때, 악인에게 하나님의 심판이 일어나리라는 확신을 표현하는 "예언적 완료상"으로 이해하든지, 아니면 "간구적 완료상"으로 이해하여야 한다.

7절: 그러나 하나님이 저희를 쏘시리니 (바요렘 엘로힘)—악인들은 의인을 겨냥하고 갑자기 화살을 쏘았지만, 하나님께서 저들을 기적적으로 숨기셨다. 한편 하나님은 악인들을 향하여 자신의 화살을 날리신다. 그 결과는 악인들의 급작스런 치명상이다. 하만이나 다니엘을 해코자 하던 원수들의 도모는 허사로 돌아가고 저들은 자신들이 만든 올무에 졸지에 빠지고 말았다.

저희가 홀연히 살에 상하리로다 (헤츠 피트옴 하유 막코탐)—이는 3-4절에서 원수들의 행동을 묘사하던 말과 같다. 원수들이 의인들을 갑자기 은밀하게 쏘아 멸하려 했다면, 하나님을 두려워 아니하던 저들을 하나님도 홀연히 살을 날려 저들을 멸하신다. 결국 행한 대로 하나님께서 저들에게 보응하신 것이다 (시 28:4, 62:12). 일제(日帝)는 8.15 해방되기 전에 신사(神祠)참배 반대 기독인 지도자를 포함한 애국지사 수감자들을 8월 16일자로 모두 살해하고자 했다고 한다. 그러나 하나님은 자기 종들을 구하시려 일제(日帝) 원수들을 원자탄으로 두들기셨다.

8절: 이러므로 저희가 엎드러지리니 저희의 혀가 저희를 해함이라 (바야크쉴루후 알레모 레쇼남)—악인들은 결국 자신들이 의인을 해하고자 도모한 일들에 스스로가 걸려 넘어지고 만다. 스스로 놓은 덫에 자신들이 걸려 망하는 광경을 목격할 때, 사람들은 믿어지지 않는다고 고개를 설레설레 흔들 것이다. 그런데 "저희가 엎드러지리니 저희의 혀가 저희를 해함이라" (바야실루후 알레모 레쇼남)란 문장을 직역하건대, "저들이 그것을 자기들을 치도록 향하여, 비틀거리게 하였다, 자기들의 혀들을." 여기서 "그것"은 예기적 대명사로 취하여, 뒤에 오는 "혀들"을 지시하는 것으로 본다. 즉, 원수들은 자기들의 혀를 자신들을 해하는 방향으로 사용하여 결국 자신들이 비틀거리게 된다. 하나의 동사지만, 번역은 두 동사인 양 보이는 구문이다.

저희를 보는 자가 다 머리를 흔들리로다 (이트노다두 콜-로에 밤)— 이 동사는 (누드) 경악과 경멸감 등이 어우러져 머리를 설레설레 흔드는 동작을 표시한다. 그런데 어떤 역본은 (KJV) "도망하다"로 읽는다 (나다드).

9절: 모든 사람이 두려워하여 (바이르우 콜-아담)—하나님께서 살아 계심을 사람들은 인정하게 될 것이고, 악인들의 행위가 악한 까닭에 정당한 보응을 받았다고 인정하게 될 것이다. 예컨대, 다윗을 추격하던 사울은 길보아산 전투에서 엎드러져 죽고 말았다. 백성들은 다윗이 의로웠다는 것과 사울이 천벌(天罰)을 받았다고 생각했을 것이다.

하나님의 일을 선포하며 그 행하심을 깊이 생각하리로다 (바야기두 포알 엘로힘 우마아세후 히스킬루)—하나님의 일은 그분이 행하시는 기사와 이적들이다. 이런 일들이 나타날 때 사람들은 그분을 인정하고 찬양할 것이다. 그리고 그분의 행하심을 마음 속 깊이서 "깊이 생각하게" 될 것이다.

제4연 (10절): 의인들의 모습

여기 제시되는 지혜 문헌적 진술은 시인이 세상사를 영적인 눈으로 고찰한 후에, 후대인들의 교훈을 위해 남긴 진리들이다.

10절: 의인은 여호와를 인하여 즐거워하며 (이스마흐 챠디크 바도나이)—악행자들이 망하게 될 때 비로소 의인들은 신원(伸寃)을 받게 된다. 이러한 때에 의인들의 믿음은 더욱 굳세어지고, 그분을 인하여 내적인 환희를 경험할 것이다. 예컨대, 교회의 부흥과 영혼들의 회심은 예수님의 죽으심이 모든 죄인의 죄를 대신하여 죽으신 의인의 죽으심임을 입증하여 주는 사건들이며, 그분을 신원하여 주는 일이다.

그에게 피하리니 마음이 정직한 자는 다 자랑하리로다 (베하사 보 베이트할레루 콜-이쉬레-레브)—여기 문맥에서는 "피하다"란 오히려 "그를 신뢰하다"로 보아야 좋을 것이다 (KJV). 하나님을 신뢰하는 행동은 그분이 안전한 피난처가 되시기 때문에 나타난다 (시 62:9, 91:2, 118:8-9 참조). 따라서 신뢰하다, 피난하다는 사실상 병행되는 사고라 할 수 있다. 한편, 마음이 정직한 자들은 "의인"을 다른 각도에서 묘사한 것이다. 일편단심으로 주를 신뢰하는 자들이며, 이런 자들은 악행자들의 멸망에 즐거워하고, 기뻐한다.

시편의 적용

근심하는 소리를 들으소서 (1절)

사람들에겐 만 가지 근심이 있다. 그 중에서도 가장 큰 근심은 중한 병이 내 몸에 있을 때 가질 근심일 것이다. 나의 건강이 세계에서 가장 중요한 보배가 아닌가? 물질적 손해도 근심이 되고, 자녀들의 문제, 사업의 문제, 혹은 인간관계의 문제들도 근심이 되지만, 자기 생명이 위협을 받을 때만큼은 덜할 것이다. 근심이 엄습할 때 사람들은 자제력을 잃고 설움에 북 받혀 울거나 자신의 신세를 한탄하면서 울부짖게 된다. 그런데 울음은 귀하다고 하지만, 신세한탄이나 설움에 북 받혀 우는 울음은 사실 기독인들에게는 합당치 않다. 기독인들이라고 왜 서러움이 없고, 신세 한탄할 거리가 없겠는가? 만은 불신자들과 엄연히 다르다. 우리는 당면한 생명위협이건, 물질의 손실이건 그 무슨 문제에 봉착했건 간에 자신을 돌아보고, 하나님께 철저히 회개하고, 원수를 대하여 전의(戰意)를 새롭게 다져야 한다. 즉, 나의 생명을 도적질하고, 내 재산을 노략질하는 원수 마귀를 예수 그리스도의 이름으로 담대하게 대적해야 한다는 것이다. 서럽게 운다고 문제는 절대 해결되지 않는다. 회개하고 믿음의 기도를 하나님께 올림으로 날뛰는 문제를 사로잡아쳐서 죽이지 않으면 안 된다. 이런 전투적인 자세가 문제해결에 요청된다. 전의를 상실하고 이제는 죽었구나! 하나님께서 나를 버리셨구나! 믿음은 별 수가 없군! 하는 식의 자세는 마귀가 정말로 바라는 자세인 때문이다. 만약 마음에 공포감이 생기고, 서러운 생각이 들거든, 분명히 이것은 마귀가 집어넣은 생각인 줄 확신하고 예수님의 이름으로 물리쳐 버리라 (딤후 1:7). 그러면 마귀는 물러가고 말 것이다. 오히려 문제 중에서 주님의 뜻을 찾고, 마귀를 물리치고 주님의 기적을 체험할 결의를 다지라. 문제가 정금 같은 믿음을 산출해 줄 것이다.

나의 생명을 보호하소서 (1절)

성도는 생명의 위협을 받을 수 있다. 우리가 아는 많은 사람들 중에서 일찍 세상을 떠난 자들이 많다. 필자가 순천에서 중학교를 다닐 때 국민학교 여자아이를 가르친 적이 있는데, 나중 알고 보니 10대 나이에 알지 못할 병으로 죽었다 했다. 그리고 그 여자 아이의 이모는 20대 꽃다운 나이에 가정불화를 비관하여 약을 마시고 자살했다고 했다. 또 신학교 동창인 한 사람은 개척 교회하면서 40일 금식 기도 후 부주의한 조리로 소천 했다. 또 한 대학생 제자는 연탄가스에 중독되어 죽고 말았다.

이렇게 저렇게 사람들은 조만간 세상을 떠나기 마련이다. 그렇지만 우리는 생명을 귀히 여기고, 이 생명을 가지고 내가 이 세상에서 해야 할 사명을 완수하도록 해야 한다. 그러려면 내 몸을 함부로 사용하거나 학대하지 말고 잘 가꾸고 보양해서 사명을 감당하는 데 지장이 없도록 해야 한다. 원수는 우리의 생명을 늘 노릴 것이지만, 하나님의 때에 하나님의 방식으로 생을 마감하도록 늘 기도하자. 죄인들과 같이 헛된 죽음을 죽지 말고 (시 26:9), 귀한 마지막을 장식하자.

시 65편 은택으로 년사(年事)에 관 씌우시니

1. 전체구조에서의 위치, 시의 유형과 삶의 자리

앞의 시와의 연결 고리를 찾는다면, 시 64:9절에서 "모든 사람이 두려워하다" (바이르우)라고 했다면, 본 시 8절에서는 "땅 끝에 거하는 자가 주의 징조를 두려워하나이다" (바이르우)라고 했다.

표제는 단순히 "다윗의 시"라고 언급한다. 그런데 70인역은 "예레미야와 에스겔이 나가고자 할 때 추방생활의 말씀에서 나온 노래"라 한다 (오데 예레미우 카이 에제키엘 에크 투 로구 테스 파루키아스 호테 에멜론 에크포르류에스타이). 내용상 본 시는 "감사의 시"라 할만하다.

이 시는 어떤 역사적 사건인지 확실치 않으나, 국가적 위기에서 구원을 경험한 백성이 시온성에 모여 하나님을 찬양하는 모습과 자연계에서 풍성하게 나타난 하나님의 은총을 노래한다. 성경의 사고에 의하면 하나님과의 바른 관계는 비단 정치, 사회적 형통만 아니라, 자연에서의 풍성한 축복으로 나타난다. 그런데 여기 노래되는 그 역사적 사건은 히스기야 시대에 기적으로 앗시리아 대군을 물리친 것인지 아니면 (왕하 19장), 여호사밧 왕 시대에 이스라엘을 침공했던 모압과 암몬 동맹군을 물리친 사건을 (대하 20장) 지시하는지 알 수가 없다. 그럼에도 이스라엘이 체험한 그 하나님의 초자연적인 권능은 땅 끝의 거민들까지 두려워하게 하는 엄청난 것이었다는 사실 (5-8절)에 미루어, 당대의 최강국 앗시리아의 침공을 물리친 히스기야 당대의 산헤립 침공 사건이 아닌가 추정된다. 이런 국가적 경사(慶事)와 함께, 후반부에서는 추수의 풍성함도 감사의 제목으로 언급되고 있다. 이 자연계의 축복은 히스기야 시대에 앗시리아의 침공을 물리치고 제3년에 다시 추수를 거두리라는 주님의 약속의 성취를 노래하는지도 모른다 (사 37:30).

물론 어떤 이들은 9-13절이 전반부와 다른 주제 곧 추수와 연관된 정황을 묘사하므로, 원래 이 시는 1-8절, 9-13절의 두 개의 시였을 것이라 가정하기도 한다. 예컨대 궁켈은 1-8절을 공동체 감사시의 주제를 가진 찬양이라 부르고, 9-13절은 개인 찬양이라 했다.

크라우스는 크뤼제만의 (F. Cruesemann, *Studien zur Formgeschichte von Hymnus und Danklied in Israel*, 201) 제안을 따라서 이 시가 찬양시라 분석한다. 특히 이 시에 사용된 동사들의 시제가 주로 미완료상이란 점을 주목하면서 (9, 11, 12절에서만 완료상이 나타난다) 시 65편은 지속적으로 반복해서 일어나는 하나님의 행위와 축복들이 찬양되는 찬양이라고 지적한다. 그런데 6-7절에서 동사의 분사형으로 하나님을 묘사하는 것은 찬양시의 특징적 요소이다 (메킨 [세우다]; 네에자르 [띠 띠다]; 마쉬비아흐 [잔잔케 하다]). 모빙켈은 (*PIW*, I, 119-120) 이 시를 추수

절기에 부르는 감사시라 이해했다.

그런데 다훗은 붓텐비저의 제안을 따라, 9-12절에서 완료상을 간구형 완료상으로 읽고, 1-8절이나 12-13절에서 나타나는 미완료상은 간접 명령 곧 기원법으로 이해하면서, 이 시가 비를 간구하는 기도시라 했다.

그렇다면, 이 시에 사용된 동사들의 시제 이해가 이 시의 바른 이해에 적잖은 도움을 줄 수 있을 것이다. 동사 시제 분포도를 조사해 본다.

Ⅰ 하나님의 임재를 찬양 (1-4절): Yiqtol, Yiqtol, Qatal, Yiqtol
예슐람 (이행되리라); *야보우* (그들이 나아오리라); *가베루* (그들이 이겼다); *테카페렘* (당신이 그것들을 사하시리라)

Ⅱ 하나님의 통치를 찬양 (5-8절): Yiqtol, Yiqtol, Yiqtol, Yiqtol, Yiqtol, 분사, 분사, 분사, 미완료상의 바브-연속법, Yiqtol
티브하르 (당신이 택하시리라); *테카레브* (당신이 가까이 오게 하다); *이쉬콘* (그가 거하리라); *니스베아* (우리가 만족하리라); *타아네누* (당신이 우리에게 응답하시리라); 6절 *메킨* (세우다); *네에자르* (띠 띤); 7절 *마쉬비아흐* (잔잔케 하는 자); 8절 *바이르우* (그들이 두려워하였다); *타르닌* (당신이 외치게 하리라)

Ⅲ 하나님의 축복을 찬양 (9-13절): Qatal, 미완료상의 바브-연속법, Yiqtol, Yiqtol, Yiqtol, Yiqtol, Qatal, Yiqtol, Yiqtol, Yiqtol, Qatal, Yiqtol, Yiqtol, Yiqtol
파하드타 (당신이 돌보셨다); *밧테쇽케하* (당신이 그것을 넘치게 하셨다); *타에쉬렌나* (당신이 그것을 부요케 하시리라); *타킨* (당신이 예비하시리라); *테키네하* (당신이 그것을 견고케 하시리라); 10절 *테목겐나* (당신이 그것을 부드럽게 하시리라); *테바레크* (당신이 축복하시리라); 11절 *잇타레타* (당신이 관을 씌우셨다); *이르아푼* (그것들이 떨어뜨리리라); 12절 *이르아푸* (그것들이 떨어뜨리리라); *타흐고레나* (그녀가 띠 띠리라); *라베슈* (그것들이 옷 입었다); *야아테푸* (그것들이 덮으리라); *이트로아우* (그것들이 외치리라); *야쉬루* (그것들이 노래하리라).

이런 동사 시제의 분포도는 크라우스의 제안이 적절하다는 것을 지지해 주는 듯 보인다. 지속적으로 반복되는 하나님의 축복을 이 시가 노래한다고 보아 틀림없다. 그렇다면, 역사적 어떤 사건을 인하여 감사하는 감사시로 보기보다 연례적으로 반복되어 주어지는 하나님의 축복들에 대한 감사의 찬양시로 보아야 할 것이다. 6, 7절에서 하나님에 대한 분사형 묘사도 찬양시의 분위기를 자아낸다. 그럼에도, 이 시의 역사적 정황에 대한 다양한 제안들은 이 시의 역사적 정황을 꼬집어 말하기 쉽지 않다는 것을 단적으로 보여준다.

2. 시적 구조와 해석

사고상의 흐름을 볼 때, 세 연으로 구분할 수 있을 것이다.
제1연 (1-4절)은 하나님의 임재를 찬양
제2연 (5-8절)은 하나님의 통치를 찬양
제3연 (9-13절)은 자연계에 나타난 축복

제1연 (1-4절): 하나님의 임재를 찬양

1절: 하나님이여 찬송이 시온에서 주를 기다리오며 (레카 두미야 테힐라 엘로힘 베치온) — '기다리다' 로 번역된 말은 원래 "침묵" (두미야)을 의미한다. 그런데 70인역은 "-적절하다" (it is fitting 프레페이)로 번역하고 있다 (RSV, NRSV, NJB). 이는 "-와 같다"를 의미하는 동사 (다마)의 능동 분사형 (도미야) 혹은 수동 분사형 (디무야)으로 취한 듯 하다 (to be due/ be fit [하나님께 찬양이] 합당하다). 다른 역본들은 "기다린다" (awaits, NIV, KJV)라 번역한다. 한편 시온은 구약 시대에 온 세상의 영적 수도였다. 여기서 하나님께 찬송이 올려졌다. 정해진 절기마다 드려지는 예배 의식에 동반된 찬양만 아니라, 하나님의 기적적인 개입으로 국가적 경사가 있을 때 특별 예배와 찬송이 드려졌을 것이다. 이 시는 그런 분위기를 암시해 준다.

사람이 서원을 주께 이행하리이다 (울레카 예슐람-네데르)—이로 보건대, 이 시는 기도에 대한 응답에 감사하여 드려지는 찬양시일 것이다. 외적의 침입이나, 농사의 풍년 등을 공동체가 기도하였을 때 하나님은 응답하시어 저들이 감사와 기쁨으로 충일하게 되었다. 서원기도가 응답될 때 사람들은 서원제 곧 화목제를 드리게 된다 (레 7:16, 22:21). 화목제는 감사제, 서원제, 자원제 등이 있었다.

2절: 기도를 들으시는 주여 (쇼메아 테필라)—믿음의 공동체가 드린 기도에 응답을 체험했을 때 사람들은 함께 하나님 앞에 나아가 감사 예배를 드린다. 비단 그 기도에 참여한 자만 아니라, 그 기도가 가져온 큰 일로 인하여 모든 사람들이 하나님을 인정하게 된다.

모든 육체가 주께 나아오리이다 (아데카 콜-바사르 야보우)—이사야 선지자는 메시아 시대에 온 육체 (온 인류)가 절기시에 하나님 앞에 나아와 경배할 미래적 비전을 가졌다 (사 66:23). 그런데 에스겔은 메시아 시대에 이스라엘 족속 중에 있는 이방인이라 해도 마음과 몸이 할례를 받지 못한 이방인들은 하나님의 성소에 들어오지 못하리라는 것을 선포했다 (44:9). 이로 보건대, 여기 시인도 전 세계적인 선교전망을 가졌던 것으로 여겨진다.

3절: 죄악이 나를 이기었사오니 (디브레 아보놋 가베루 멘니)— "죄악의 일들이 우리를 압도하였다." "나를 이기었사오니"를 70인역은 "(범죄자들의 말들이) 우리를 (제압했다)"라 번역한다 (히브리어 라틴어역은 단수 "나를"). 몇 개의 히브리어 사본들도 복수형으로 번역한다. 따라서 문맥에 비추어 "나를" 대신 "우리를"로 복수형을 취한다. 그런데 "죄악의 일들" (디브레 아보놋)

이란 표현은 여기서만 나타난다. 한 때 이 믿음의 공동체는 믿음에 흔들렸다는 의미일 것이다. 그러나 하나님은 저들의 죄를 사해 주실 것을 확신한다. 이럴 경우 공동체는 속죄제를 드리고 죄를 속하고, 번제를 드려 속죄와 헌신을 다짐해야 한다.

우리의 죄과를 주께서 사하시리이다 (페샤에누 앗타 테캅페렘) — "당신께서 우리들의 죄를 사하시리이다." "당신"은 독립인칭대명사로 강조되고 있다. 사용된 동사와 그 목적어의 조합은 여기서만 나타나고, 다른 곳에서는 "죄 (하타-)를 속하다"는 표현으로 나타난다 (레 4:26, 35, 5:6, 10, 13 등). 이 백성이 범한 죄는 명기되지 않고 있으나 공동체적 교만죄나 불신앙의 죄일 것이다. 이는 백성의 지도자가 범한 죄에 대한 언급일 수 있다.

4절: 주께서 택하시고 가까이 오게 하사 주의 뜰에 거하게 하신 사람은 복이 있나이다 (아쉬레 티브하르 우테카레브 이쉬콘 하체레카) — 원문에는 "복되도다 (아쉬레-)"가 먼저 위치한다 (70인역에서: 마카리오스). 복된 백성은 하나님께서 택하시고, 가까이 오게 하시고, 주의 뜰에 거하게 하신 사람들이다. 이렇게 선택의 사고가 분명하게 나타난 곳은 구약에서 많지 않다 (신 4:37, 7:6, 7, 10:15, 14:2 등). 이스라엘의 선택만 아니라, 이스라엘 중에서도 성직자로 선택하신 그 사랑을 언급하는지 모른다 (민 16:5, 신 18:5). 그렇지만 여기서는 이스라엘의 선택을 암시하는 듯 하다 (출 19:6, 시 15, 24:3-4 등).

우리가 주의 집 곧 주의 성전의 아름다움으로 만족하리이다 (니스베아 베투브 베테카 케도쉬 헤칼레카) — 시인은 성전에서 신령한 축복으로 영혼이 만족을 누릴 것을 확신한다. 그런데 TNK는 "당신 성전의 축복들로 우리가 만족케 되게 하소서! (may we be sated with the blessings of Your house, your holy temple)" 라 기원문으로 이해한다. 어형은 1인칭 복수 연장형(cohortative)이다. TOB는 "당신 집의 좋은 것들로, 당신 성전의 거룩한 것들로 우리가 만족케 되리이다" 라고 번역했다. 그런데 "성전"이란 표현은 히브리어로 "헤칼 코데쉬" (거룩함의 궁궐)로 나타난다 (시 5:8, 11:4, 79:1, 138:2, 욘 2:5, 8, 미 1:2, 겔 41:23, 합 2:20 등). 여기서만 "케도쉬 헤칼"로 등장하지만, 히브리어에서 형용사는 수식하는 명사 다음에 위치한다 ('라브' [많은]을 제외하고). 따라서 이 원칙에 의한다면, "성전"은 "헤칼 케도쉬"가 되어야 한다. 그래서 TOB는 "성전의 거룩한 것들" 이라 번역했을 것이다. 한편 "거룩한 전" 곧 "성전(聖殿)"은 솔로몬 성전을 생각하겠지만 (왕상 6:3, 5, 17, 33, 7:21 등), 히브리어 "헤칼"이 궁궐이나 (왕하 20:18, 시 45:16, 사 39:7) 성전을 지시한다 해도, 실로에 있던 이동 성소 (성막) 역시 "헤칼"로 불리고 있다 (삼상 1:9, 3:3). 그리고 다윗이 시온성에 지은 그 언약궤 안치 장소 역시 "성전"이라 불리고 있다 (삼하 22:7).

제2연 (5-8절): 하나님의 통치를 찬양

하나님의 세계적 왕권 행사를 노래하는 것을 보면 이 시가 어떤 국제적 사건이 발생한 이후에 작사된 듯한 인상을 준다. 출애굽한 이스라엘은 홍해변에서 출애굽과 홍해 도하의 큰 기적을 베푸신 하나님을 찬양하였다. 그 홍해변의 노래에서 이스라엘은 자신들에게 구원을 베푸신 하나님께서 이스라엘을 영원히 통치하실 것을 노래했다 (출 15:18). 여기서도 하나님의 큰 구원을 맛본 이후에 하나님의 통치권을 노래할 것이다.

5절: 우리 구원의 하나님이시여 땅의 모든 끝과 먼 바다에 있는 자의 의지할 주께서 의를 좇아 엄위하신 일로 우리에게 응답하시리이다 (노라옷 베체덱 타아네누 엘로헤 이쉬에누 미브타호 콜-카츠베-에레츠 베얌 레호킴)— "우리 구원의 하나님, 곧 땅의 모든 끝과 먼 바다의 소망이시여, 당신은 구원의 놀라운 행위로 우리에게 응답하시리이다." 우리가 "(구원의) 놀라운 행위들"이라 번역한 말은 신 10:21, 삼하 7:23, 사 64:2, 시 106:22, 145:6, 대상 17:21 등에서도 나타나며, 출애굽시에 행하신 그 놀라운 기적들과 같은 이적들을 지시한다. "기이한 일들" (니플라옷)과 병행어로 나타나며, 홍해 도하사건이나 기타 이적들 (시 106:22), 인생의 창조 (시 139:14) 등과 같이 인간이 흉내 낼 수 없고, 기대할 수 없는 기사들, 곧 그런 일들을 대할 때 두려움을 느끼게 만드는 그런 이적들을 지시한다 (사 64:2). 즉, 구원을 주심에서 하나님은 자신의 두려운 일들을 나타내셨고, 이로 저들의 간구에 응답하셨다. 그런데 하나님은 세상 만민의 유일한 소망이시다. 이 선교적 메시지는 구약에서 아브라함과 그 후손을 통한 세계 축복이란 하나님의 큰 계획의 반영이다. 이런 원대한 선교적 시야는 이 시가 국제적 사건이 있은 후에 지어진 것이 아닌가 추정케 한다.

6절: 주의 힘으로 산을 세우시며 (메킨 하림 베코호)— "세우시다"란 말은 창조행위를 묘사할 때 등장한다 (시 74:16, 잠 8:27 등). 여기서도 창조시의 사건을 암시한다.

권능으로 띠를 띠시며 (네에자르 빅부라)—허리띠를 권능으로 두르셨다. 창조 시에 하나님께서 일하시는 모습을 이렇게 묘사한다. 이런 권능의 하나님은 자기 백성을 보호하시고 구원하시기에 능하시다. 이렇게 창조주 하나님은 구원자 하나님으로 역사하신다. 메시아 왕은 공의와 성실로 그 몸의 띠를 삼는다 (사 11:5).

7절: 바다의 흉용과 물결의 요동과 만민의 훤화까지 진정하시나이다 (마쉬비아흐 쉐온 얌밈 쉐온 갈레헴 바하몬 레움밈)— "바다의 흉용과 그 바다 파도의 노호(怒號), 그리고 만민의 소동을 잠잠케 하시나이다" (시 89:9, 93:4 참조). 여기서 우리는 태고적, 곧 창조시의 혼돈의 세력을 평정하신 창조주에 관한 이방 신화적 표상을 본다 (시 74:13-14, 89:9-14). 가나안 사람들은 바다 신 (얌)이 혼돈을 상징한다고 여겼다. 폭풍 신 바알이 바다 신을 제압한 것은 신화가 언급하나 바알이 창조주로는 등장하지 아니한다. 여하간 시인은 이방 사람들이 즐겨 사용하는 표상을 도입하여 하나님의 위대하심을 찬양한다. 그분은 이런 자연력만 아니라, 만민의 "소동"까지 잠잠하게 만드시는 분이시다 (시 2:1-3 참조). 그런데 성경은 만민의 소동을 파도의 흉용에 비유하곤 한다 (사 17:12, 렘 51:42, 겔 26:3; 눅 21:25 참조). 하나님은 파도를 잠잠케 하실 뿐 아니라, 파도가 일게도 하신다 (렘 31:35, 시 93:4, 욘 1:4). 한편 신약에서 우리는 예수님께서 바로 이런 능력을 행하시는 분이심을 본다 (막 4:39). 즉, 구약의 신적인 권능이 예수님에게서 나타나고 있다.

8절: 땅 끝에 거하는 자가 주의 징조를 두려워하나이다 (바이이레우 요쉬베 케촛 메오토테카)—이는 시인의 견지에서 볼 때, 현재적 사실이라기보다 메시아 시대에 야기될 세계적 구원을 전망할지 모른다 (시 67:4 참조). 여기서 "징조들"이란 단순한 전조들이라기보다, 앞에서 언급된 이적과 기사들을 지시한다. 이런 일들은 구약시대에 자기 백성에게만 행하셨으나, 메시아 시대에는 만민 중에서 행하실 것이었다 (사 35:5-7 참조).

아침 되는 것과 저녁 되는 것을 즐거워하게 하시며 (모차에-보케르 바에레브 타르닌)—아침과 저녁이 번갈아 교대되면서 마치 찬양을 부르듯 하나님의 섭리가 나타난다. 동이 틀 때의 신비, 해질녘의 황혼 등이 마치 즐거워 하나님을 찬양하듯 하다. 하나님의 섭리와 통치가 찬양의 제목이다.

제3연 (9-13절): 자연계에 나타난 하나님 축복

이제 시인은 자연에 베푸신 하나님의 축복을 노래한다. 서론에서 언급한대로 다훗처럼 여기서 비를 간구하는 기도문으로 이해할 수도 있을 것이다. 이 부분이 노래하는 자연에 베푸신 축복이란 사고와 앞에 제시된 하나님의 통치 사고는 서로 연결된다. 즉 하나님의 우주적 통치는 비단 인간계만 아니라, 자연계까지 미치므로, 자연 만물도 다 주님의 주관 하에 움직인다. 신약 계시의 빛에 의하면, 이제 예수님께서 천지 만물에 대한 통치권을 행사하시는 우주의 왕이시다 ([단 7:13-14], 마 28:18, 엡 1:21-22, 계 5:5).

9절: 땅을 권고하사 물을 대어 심히 윤택케 하시며 (파카드타 하아레츠 밧테쇼크케하 랍밧 타아쉬렌나)—하나님께서 땅을 주목하시고, 관심을 가지시고, 방문하시어 돌보신다. 자신이 만드신 세상인 때문이다. 그러므로 우리는 이 세상이 불에 타 재로 없어지리라 믿기 어렵다 (롬 8:19-21). 그분의 작품은 영원하기 때문이다. 단지 저주로 오염된 것들이 제거될 것이다 (벧후 3:10). "물을 대어 심히 윤택케 하시며 란 묘사는 비가 혼치 않아 이른 비 (12월초), 장마비 (12-2월), 늦은 비 (3월 말) 등에 의존하는 팔레스틴 사람에게 비가 흡족하게 뿌렸다는 암시를 준다. 제 때에 비가 내리는 그것이 하나님의 축복의 증표였다 (신 11:14, 28:12).

하나님의 강에 물이 가득하게 하시고 (펠레그 엘로힘 말레 마임)—이런 현상은 하나님의 축복의 표시로 대단히 기쁜 일이었다. 가뭄이 들어 강바닥이 마를 때, 사람들이나 가축을 무론하고 떼죽음을 당하여야 했기 때문이다. 결국 물의 풍성함이 저들에게는 생명의 풍성함이었다 (시 68:9 참조). 그런데 "하나님의 강" (펠렉 엘로힘)이란 표현은 "큰 수로(水路)"란 의미이겠다. "펠렉"은 사람인 만든 운하나 물길을 지시한다. 한편 시골에서 봉답(奉畓) 혹은 천수답(天水畓)을 지을 때, 비가 오지 않아 논바닥이 거북등처럼 갈라지고 풀까지 노랗게 타버리던 가뭄에 아예 모심기를 포기해야 했던 그 해의 괴로움과 비가 넉넉하여 모심기가 수월했을 때의 그 즐거움은 아직도 생생하다.

이같이 땅을 예비하신 후에 저희에게 곡식을 주시나이다 (타킨 데가남 키-켄 테키네하)—늦은 비가 제 때에 내리면 그 해의 풍년은 보장되었다. 곡식이 물기를 제대로 흡수하여 실하게 영글기 때문이다 (잠 16:15, 슥 10:1 참조).

9절 전체의 새로운 번역을 제시한다: "당신은 땅을 돌보시며 그것에 관개(灌漑) 하시나이다; 당신은 물이 가득한 큰 수로(水路)를 통해 땅을 아주 윤택케 하시고, 당신은 사람들에게 곡식을 제공하시나이다; 바로 이렇게 당신은 땅을 경영하시나이다."

10절: 주께서 밭고랑에 물을 넉넉히 대사 이랑을 평평하게 하시며 (텔라메하 라베 나헤트 게두데하)—밭고랑들에 물기가 촉촉하게 있을 때 식물들은 제대로 싹을 낼 것이다. "그 이랑을 평평하게 하시며"와 연관하여, 밭두렁은 여기서 밭고랑과 함께 하나님의 적절한 은혜의 단비로 경작이 수월하게 되게 된 사실을 지적하기 위해 언급된다. 사람들이 밭을 경작하겠지만, 적절한 습기가 있어야 써레질이나 쟁기질이 가능한 것이다. 그런 물기는 하나님의 은총으로 저들에게 임하였다. 바싹 말라빠진 흙덩이로는 모종은커녕 이랑이나 두렁을 만들기조차 어렵다. 그런데 오늘날 산업화된 도시생활에 익숙한 이들에게 밭이랑이나 고랑은 낯설게만 느껴질 것이다. 고랑은 움푹 파인 아랫부분이라면, 이랑은 두둑하게 등성이를 이루는 부분을 지시한다. 경작을 위해서는 소나 나귀가 끄는 쟁기질을 하여 밭을 갈아서 고랑을 만들어야 한다. 쟁기질 하는 것은 여간 힘든 일이 아니다. 앞에서 달려가듯 쟁기를 끌고 가는 짐승을 똑바로 몰면서도 (눅 9:62) 쟁기가 땅을 파도록 아래로 압력을 넣어야 하고, 그러면서도 짐승에게 무리가 가지 않도록 쟁기를 살짝 들어주듯 해야 하면서, 또한 땅이 깊이 갈리게 해야 하기 때문이다. 그나마 이렇게 쟁기질 할 짐승이 없는 농부는 손으로 괭이를 들고 땅을 파서 고랑을 만들어 나가야 했다. 이렇게 땅을 고른 후에 농부는 바구니에 씨를 담아 왼손으로 옆구리에 끼고 오른손으로 씨를 부리게 된다 (사 28:24-26). 그리고 짐승의 배설물과 짚을 섞어 만든 (사 25:10) 거름을 이랑에 덮어서 땅을 촉촉하고 기름지게 만들어 주어야 한다.

그런데 다훗은 10절에서 사용된 동사 *라베* ("흠뻑 젖게 하다")를 통상적으로 분석하듯 (KB³) 부정사 절대형이 아니라, 명령형으로 분석하고 (두 분석 모두 가능하다), 이를 기준으로 앞에 나온 9절의 완료상 동사 (*파카데타*)이나 11 (잇타레타), 13절의 완료상 동사들 (*라베슈*)이 간구형 완료상으로 파악한다. 이렇게 하고 다훗은 나머지 미완료상 동사들은 모두 간접 명령형으로 처리했다. 이렇게 분석하고, 이 시는 전체적으로 비를 구하는 기도시라 했다. 다훗의 이해를 따르자면, 여기 문맥에 비추어 이 비는 유월절이나 오순절 절기가 아니라 초막절 추수기가 지난 시점에 기경하고 파종하는데 필요한 '이른 비' 일 것이다. 10절 후반부는 명령형으로 번역할 때 "단비로 땅을 부드럽게 하시고 땅이 내는 싹에 복을 주소서"가 되기 때문이다.

단비로 부드럽게 하시고 그 싹에 복을 주시나이다 (비르비빔 테모그겐 치므하흐 테바렉)—식물의 싹이 날 때 적절한 비가 내려야 습기가 있어 싹을 낼 수 있다. 혹시 싹이 난다 해도 너무 흙이 건조하면 노랗게 햇볕에 타서 죽고 만다.

11절: 주의 은택으로 년사에 관 씌우시니 (잇타르타 쉐낫 토바테카)—하나님의 언약백성이 순종할 때 하나님은 가나안 약속의 땅을 세초부터 세말까지 두루 찾으시고 관심을 가지시고 돌보실 것이 약속되었다 (신 11:12). 이 시인의 노래는 이런 약속의 축복이 현실화된 데 대한 감사와 기쁨의 표현이다. 시인은 하나님께서 마치 그 해를 면류관으로 씌우신 양 묘사한다. 이렇게 자연현상도 영적인 반응을 보인다. 이스라엘이 가나안 땅을 경작하거나 잘 돌보도록 명령받지 않았다는 사실은 놀랍다. 오히려 농사에서의 형통까지도 오로지 언약 백성의 하나님 법도에 대한 순종의 결과로만 약속되고 있다 (레 26:4, 5, 10, 신 11:14, 28:11-12, 29:9). 거슬러 올라가 이런 영적현상을 에덴동산에까지 확대시킬 수도 있다. 즉 에덴에서의 삶 역시 동산을 지키고 경작하는 것이 인간의 본분이 아니었고, 창 2:15에 대한 바른 이해는 "하나님을 섬기고, 그분의 계명을 지키는" 것이 에덴에서 인간의 사명이었다는 것이다 (창 2:15와 신 30:15 이하 비교 참조). 그렇다면 오늘날 경제적 부흥이나 실패 역시 영적인 축복 혹은 저주의 결과로 이해할 수 있다. 물론 일반 은총은 불신자에게도 나타날 수 있다는 점을 고려해야 한다.

주의 길에는 기름이 떨어지고 (*우마아갈레카 이르아푼 다쉔*)—"당신의 길들" 곧 수레들이 지나가는 길들(*마아갈*; wagon track, firm path)이 기름을 떨어뜨린다 (KJV). 이런 직역을 좀 의역하자면, 수레가 지나는 길들에는 "기름" 혹은 "풍요함"이 철철 넘쳐흐른다. 즉, 수레들마다 곡식이 가득 실려 지나간다 (NIV). "기름"으로 번역된 말 (*데쉔*)은 음식과 음료를 지시하기도 한다 (사 55:2, 렘 31:14, 시 36:9, 63:6, 65:12, 욥 36:16).

12절: 들의 초장에도 떨어지니 (*이르아푸 네옷 미드바르*)—직역하자면, "광야의 풀밭"이 "기름"을 떨어뜨린다는 말이다. 곧 광야의 풀밭조차 윤택하고 기름지다. 풍성한 비가 내리니 풀이 윤택하여 육축까지 배불리 먹게 된다 (신 11:15 참조). 이것 역시 순종에 대한 언약의 상급이었다 (레 26:3-13, 신 28:1-14 참조). 한편 11절 후반부나 여기서 사용된 동사 "떨어뜨리다" (drip, trickle)은 모두 자동사로서 "떨어지다, 액체가 듣다" (drip down)를 의미하나, 여기서는 타동사처럼 행동하고 있다.

작은 산들이 기쁨으로 띠를 띠었나이다 (*베길 게바옷 타흐고르나*)—산들을 쳐다보아도 신록이 무성하여 산들조차 마치 "기쁨"의 띠를 두르고 춤추는 듯 보인다.

13절: 초장에는 양떼가 입혔고 (*라베슈 카림 핫촌*)—목장에는 양떼들이 한가로이 풀을 뜯는다. 그것이 마치 양떼들이 목장을 옷 입힌 것처럼 보인다.

골짜기에는 곡식이 덮였으며 (*바야마킴 야아트푸-바르*)—골짜기 들판들에는 곡식이 덮고 있다. 곧 영글어 출렁인다. 게제르 (Gezer) 달력은 주전 10세기에 작물들의 추수 시기들을 짐작하게 해준다. 3-4월에 아마를 거두는 것부터 시작하여, 4-5월에는 보리를, 5-6월에는 밀을, 8-9월에는 무화과와 포도를, 9-10월에는 감람 열매를 추수한다. 곡식을 추수할 때는 낫으로 베어 단으로 묶어 말린다 (창 37:7). 고대 이스라엘에서는 가난한 자들을 위해서 일부 곡식을 일부러 남겨 두어야 했다 (신 24:19-21).

저희가 다 즐거이 외치고 또 노래하나이다 (*이트로아우 아프-야쉬루*)—이런 풍성한 사방의 모습에 언약 백성들의 마음은 마냥 기쁘고 감사하기만 하다. 그래서 찬송이 끊이질 아니한다. 일년 농사가 풍년이냐 흉년이냐에 따라서 희비가 엇갈린다. 다른 수입을 기대할 수 없었던 고대인들에게 농사의 흉작은 곧 기근과 죽음을 의미했기에 풍년의 기쁨은 대단히 컸다. 농부는 일년 치 품삯을 추수로 단번에 받는 셈이었다. 이스라엘인들이 이렇게 자연의 풍성함에서 하나님의 은총을 느꼈다면, 우리네 민족은 고대로부터 추수기에 귀신들을 섬겼으니 그 정신적 발전과 퇴보는 극과 극처럼 큰 간격을 가졌었다. 그러나 이제 복음을 받아 모든 만물에서 하나님의 손길을 인정하는 민족이 되었다면 그분의 자비하심으로써 그 은혜의 지극히 풍성함을 오는 여러 세대에, 세상 열방들에게 증거하라 하심이 아니겠는가? (엡 2:7).

시편의 적용

밭고랑에 물을 넉넉히 대사 … 단비로 부드럽게 하시고 (10절)

팔레스틴 지역의 강우량 변화를 월별로 지시한다면 (cm),

월	1	2	3	4	5	6	7	8	9	10	11	12
Jerusalem	14	11	10	3	-	-	-	-	-	2	7	11
Ramla	5.5	3.5	2.4	0.8	0.1	-	-	-	-	1.1	2.9	5.7
Tiberius	4.3	3.7	3.5	1.1	0.2	-	-	-	-	0.6	1.8	3.5
Elat	0.2	0.2	0.2	0.1	0.1	-	-	-	-	0.1	0.2	0.2

5-9월 어간에는 비가 오지 않는다고 할 수 있다. 10월에 이른 비가 내리면 땅을 기경하고 씨를 뿌린다. 12-2월 어간에 '장마 비'가 뿌리고, 3월에는 늦은 비가 뿌린다. 그런데 오늘날을 기준하여 이스라엘의 농업을 말하자면, 국토의 60 퍼센트가 광야로 그곳에는 인구의 약 10 퍼센트가 거주하고, 나머지 40 퍼센트 국토만이 그나마 비가 극소량이라 내리는 건조 지역이다. 이런 상황에서 국토의 약 20 퍼센트만 농경지로 활용 가능하며, 농업 종사자는 인구의 2.5 퍼센트에 불과하고, 국민 소득의 약 2내지 3 퍼센트 수입만이 농업에서 획득된다. 2000년도 기준, 이스라엘의 농산물 소득은 33억 달러 정도였고, 약 20 퍼센트 농산물이 수출되었다. 농산물을 생산별로 보면, 감귤류 포함한 과실류가 22%, 사육 조류 (poultry) 19%, 수박 포함 야채 18%, 가축 17%, 잡다한 것들 11%, 밭의 소산물 7%, 꽃 등 식물 6% 등이었다. 수출 농산물을 품목별로 보면, 꽃과 종자 29%, 야채 22%, 감귤류 18%, 다른 과일 13%, 밭작물 11%, 가축 7% 등이다. 농지별로 살펴보면, 약 21만 5천 헥타르의 농지 가운데 밀, 사료용 밀, 건초, 콩류, 기름용 잇꽃 등의 겨울 작물 재배를 위해서는 15만 6천 헥타르가 할애되고, 목화, 해바라기, 이집트 콩, 콩류, 옥수수, 땅콩, 수박

등의 여름작물을 위해서는 6만 헥타르가 사용된다. 시편이 작사된 그 시대에는 농사가 유일한 (유목업을 제하면) 산업이었을 것이고, 겨울 작물로는 밀이나 콩 등을 경작하였을 것이다. 이런 겨울 작물은 추위가 맹위를 떨치면 동물들처럼 동면(冬眠)하다가 봄이 되어 날씨가 풀리면 급성장한다.

이스라엘에서 농업은 과학 영농인데, 농업연구소 (Agricultural Research Organization)가 전국 농업 연구의 75%를 수행하고 있다. 유전학, 건조지역 경작법, 마름병 억제 등 다양한 사안들을 다루는 이 연구소는 이스라엘의 영농을 세계적인 수준으로 올려놓는데 이바지 했다. 이스라엘의 과학 영농의 경이적인 발전 이면에는 연구소와 현장 농민 사이의 긴밀한 교통이 있다. 농민의 애로점이 연구소에 직접 제시되고, 연구소의 연구 성과는 현장으로 곧장 이전되는 체계가 되어 있기 때문이다. 뭐니 뭐니해도, 이스라엘 농경에서 최대 애로점은 농경수의 확보이다. 여기 시편에서도 물의 귀중함이 노래되고 있지 않은가? 벌써 2천 년 전에 나바티안이라 불리는 광야 거주민들이 극소량으로 내리는 비를 최대 활용하여 건조한 지역에서 경작을 했던 것으로 전해지는데, 오늘날도 자연 농경수에 관한 한 그들의 영농법에서 크게 진보된 것은 없을 것이다. 그러나 물의 효율적 사용법에서는 획기적인 방법의 개량이 있어왔다. 물이 곧장 식물의 뿌리로 흘러가도록 하는 떨굼법 (drip system)이 사용되고 있다. 이스라엘에서 농업이 가장 활발한 지역으로는 아라바 분지, 네게브 지역 (브엘세바 남단 지역), 요단 분지 등으로 이곳 거민들은 오로지 농업에만 종사한다. 이스라엘을 여행하며 느낀 인상들 중 하나는 요단 계곡은 계곡이 아니라, 평야였고 (분지), 염해에서 엘랏에 미치는 아라바 계곡 역시 분지였다는 점이다.

주의 은택으로 년사에 관 씌우시다 (11절)

하나님께서 한국 땅에 얼마나 큰 축복을 주셨는지는 팔레스틴 지방을 직접 가보지 않고는 알 수가 없다. 그 황량한 곳에서 산들이 황량하고, 물이 귀한 그곳에서 한국을 생각할 때, 한국의 우거진 산림들과 풍성한 강물들, 산골짝의 흐르는 물들은 그야말로 귀한 보배들이 아닐 수 없다. 그런데 미국에 가면 한국에 비길 수 없이 드넓고 광대한 비옥한 땅이 눈앞에 펼쳐질 때, "아, 정말 축복받은 나라로구나!" 를 연발하게 된다. 이렇게 세상에는 하나님의 자연적 축복이 공평하지 못하듯 널려 있지만, 영적인 눈으로 본다면, 이런 자연 세계를 누리는 권리는 하나님을 경외하는 자들에게 주어진다는 것을 알 수 있다. 그래서 성경은 "온유한 자가 땅을 차지하리로다" 고 하였다. 신대륙을 개척했던 청교도들의 후예들이 미국의 아름답고 광활하고 비옥한 땅을 차지한 것이 우연은 아니라 본다.

시 66편 주께서 우리를 끌어 내사 광활한 곳에

I. 전체구조에서의 위치, 시의 유형과 삶의 자리

시 65:1에서 "서원을 주께 이행하리이다"라고 했다면 시 66:13에서는 "나의 서원을 갚으리니"라고 한다. 시 65편부터 시 68편까지 표제는 "쉬르"와 "미즈모르"를 함께 언급하고 있다. 그런데 시 66, 67편에는 "다윗의 시"란 표제가 없이 단순히 "시, 노래" (쉬르, 미즈모르)로만 나타난다. 헬라 정교회에서 이 시편은 70인역이 첨가한 표제처럼 "부활의 시편" (살모스 아나스타세오스)이라 불린다. 아마 12절의 진술 "주께서 우리를 끌어 내사 풍부한 곳에 들이셨나이다"를 반영하는지 모른다.

시인은 하나님의 행하신 일로 인하여 찬양과 감사를 드리고 있다. 전반부에서는 (1-12절) 공동체의 찬양이라면, 후반부 (13-20절)에서는 개인적인 감사가 묘사되고 있다. "찬양하라"는 명령이 1, 2, 3, 8절 등에서 나타나고, 4절에서도 찬양을 언급한다. 또한 7, 9절의 동사 분사형으로 하나님을 묘사하는 것도 찬양시의 요소이다. 이 두 부분이 어떻게 통합되어 한 시를 구성하게 되었는지에 대하여는 확인하기 어렵다. 비평가들 중에는 이 시는 원래 두 별개의 시가 이렇게 하나로 통합되었으리라 추정한다 (브릭스, 크뤼제만, 베스터만 등). 그렇지만 중요한 것은 현재 형태 모습에서 오늘날 우리에게 이 시가 전체로 어떤 메시지를 주느냐? 하는 것이다. 바이저가 그런 해석의 한 시도를 보여주고 있다.

바이저는 전반부 1-12절은 하나님의 영원한 통치 (7절)와 기적적인 구원 행위들 (3, 8-12절)에 나타난 하나님의 영광을 찬양으로 높이는 회중의 절기 예배 의식용 시이며, 후반부 13-20절은 성전에서 약속했던 서원제를 드리고자 소원하는 한 개인이 자기 기도가 어떻게 응답되었는지를 회중에게 선포하는 감사시라 했다. 바이저는 이 시를 두 별개의 것으로 분리시켜 이해하려는 이들의 시도를 반대하며 말하길, 그럴 경우, 전반부는 결론이 없게 되고, 후반부는 서론을 상실하게 되리라 했다. 바이저에게 있어서 이 두 부분은 하나의 예배 의식용 시를 구성하는데 필수 불가결의 요소들일 뿐 아니라, 개인 경배자는 자기의 개인적인 대의명분(大義名分)이 교회의 보편적 사고, 곧 공통의 의식 절기의 심장을 구성하는 구원에 대한 보편적 사고로 조명을 받기를 원한다는 점에서 보면, 불가분리의 관계이다. 따라서 개인 경배자의 목소리가 절기를 위해 모인 예배 공동체의 대 합창에 합류하는 것이다. 개인 경배자가 경험한 바 (13-20절)는 다름 아닌 하나님께서 자기 백성을 위해 행하신 "구원 역사" (*Heilsgeschichte*)의 한 조각에 불과하다. 그 구원 역사의 현실화는 예배 의식 공동체가 절기 예배 의식을 정기적으로 거행하는 동안에 지속적으로 체험하는 바이며, 예배 공동체가 하나님의 영광을 증거하며 찬양할 때, 그 구속사에 대한 증거가 나타난다 한다. 이처럼 바이저는 예배 의식과 결부시켜 이 시의 통일성을 찾고자 했다.

이 시를 예배 의식과 연관시켜 설명하고자 하는 것은 크라우스도 마찬가지이다. 그는 6절에서 "거기서"는 요단강을 지시한다고 추정하고, 이 시가 홍해와 요단 도하(渡河) 기적을 재현한 절기 예배 의식과 연관된다고 결부시킨다. 그러나 후반부 13-20절에서는 상황이 달라서 한 개인이 곤란 중에 기도 응답을 받고 여호와께 찬양과 예물의 서원제를 드린다. 그는 성소에 들어가서 (13절) 하나님께서 자기에게 행하신 기사들을 선언한다 (16절). 크라우스에 의하면, 이 두 부분이 어떻게 현재의 형태로 하나가 되었는지는 두 설명이 가능하다. 하나는 후반부의 개인 경배자가 자기 감사 찬양의 노래에 찬양대의 찬양을 서론으로 첨가시켰을 가능성이 있고, 다른 하나는 후대 시편 편집자가 이 둘을 하나로 합쳤을 가능성이다.

그런데 이 두 부분에서 우리는 전도초청을 본다. 즉, 온 세상을 향한 선교적 열정을 듣는다 (5, 16절). 이 시인은 온 세상 거민들에게 와서 보라; 와서 들어보라고 초청하는 것이다. 저들은 하나님께서 자신들을 위하여 행하신 기사들을 와서 보고, 와서 들어보라고 전도하고 있다. 세상을 향한 이런 선교적 외침은 하나님께서 이 시인들에게 주신 각성된 영혼에서 우러나온 것이었다.

2. 시적 구조와 해석

내용을 보면, 1-12절은 믿음의 공동체가 드린 찬양이라면 (hymn), 13-20절은 개인 감사시이다 (thanksgiving). 찬양은 하나님께서 행하신 위대한 일들을 이유로 성립된다. 여기서는 홍해를 가르신 기사와 같은 구속사의 사건들이 노래되고 있다. 그리고 개인 감사는 하나님께서 내게 행하신 구원을 근거로 나타난다. 그런데 찬양과 감사는 분리된 어떤 것이 아니라 사실은 서로 중복되는 요소들이 있다. 감사하는 마음에 찬양이 나타나기 때문이다. 그런데 감사는 찬양만 아니라, 약속했던 서원을 바치고 제사를 드림으로 표현될 수도 있다. 여기 시인도 그리한다.

사고의 흐름을 따라 5 개의 연으로 구분할 수 있다.
제1연 (1-4절)은 온 땅의 찬양 받으실 하나님
제2연 (5-7절)은 찬양의 이유
제3연 (8-12절)은 다른 찬양의 이유
제4연 (13-15절)은 나의 감사제
제5연 (16-20절)은 나를 위해 하나님께서 행하신 바를 들어 보라

1연의 1, 4절에서 "온 땅"이 나타나 일종의 둘러싸기 (inclusio) 기교를 보인다. 2연 처음에 위치한 "와서 보라" (레쿠 우르우)는 5연 처음에 위치한 "와서 들어라" (레쿠 쉬므우)와 짝을 이룬다. 그리고 8절과 20절에 사용된 "축복하다" (바락) 동사도 두 부분을 연결시켜 주고 있다.

제1연 (1-4절): 온 땅의 찬양 받으실 하나님

여기서는 1, 2, 3절 초두에 각기 동사의 명령형들이 위치하여 하나님을 향하여 찬양을 발하라! 고 찬양의 분위기를 돋운다. 이런 명령법 찬양시는 하나님의 행하신 일이나 그분의 속성을 찬양한다. 이런 명령적 외침은 (예컨대, 찬양할지어다!) 영적 성숙(成熟)자만이 발할 수 있을 것이다. 보통 성도는 간구의 탄식으로 끝나는 경우가 많다.

1절: 온 땅이여 (콜-하아레츠)— "온 땅"은 이 지구상의 모든 거민들을 지칭한다. 노아 당시에 온 지면에 거하는 사람들을 쓸어버리신 적이 있었다 (창 6:7). 그 이후 노아의 세 아들로 인하여 온 지면에 사람이 퍼지게 된 것이다 (창 9:19). 그 시대에는 사람들이 한 언어를 사용하고 있었지만 (창 11:1), 바벨탑 사건을 통해 언어들이 생겨남으로 여러 사상적, 문화적, 사회적 동질성이 상실되고 각 민족들은 서로 교통할 수 없는 자리에 떨어지고 말았다. 여기서 시인이 온 땅을 향하여 찬송을 요청하는 이유는 사람들이 상실한 창조주 하나님을 인정하고, 영화롭게 해야 할 인간들의 의무를 상기시키고자 함이다. 이런 선교적인 사고는 국제적인 감각을 야기시킨 어떤 사건이 있었음을 추정케 한다. 왜냐하면 이런 우주적 시야는 자연계의 창조주로서의 하나님을 묵상할 때 (시 8편), 혹은 인류 역사에서 초기시대 (창 1-11장)에 혹은 국제관계가 활발하던 솔로몬 시대 (왕상 8:43, 60), 혹은 추방 이후시대에 왕성하였다고 생각할 수 있기 때문이다.

하나님께 즐거운 소리를 발할찌어다 (하리우 렐로힘)— 이 말은 전쟁시 외치던 함성 (수 6:10, 16)이나 적군의 침공에 경고를 발하는 목소리 (호 5:8)와 같이 큰 소리로 외치는 찬양을 (스 3:11) 지시한다. 성도는 확신과 승리감을 가지고 큰 소리로 찬양하며 기도하는 자들이다. 그렇지만 여기서는 온 땅의 거민들이 그리해야 할 것을 요청한다. 이는 선교를 통해 이루어져야 할 이상적 모습이다. 이런 선교적 시각에서 이사야는 하늘, 땅, 산들, 산림, 나무들에게 크게 외쳐 찬양하라고 요청한다 (44:23).

2절: 그 이름의 영광을 찬양하고 (잠메루 케보드-쉐모)—사실 1, 2절은 세 개의 콜론으로 이루어진 행 (tricolon)이다. 세 개의 콜론은 다 같이 하나님을 찬양하라는 사고를 전달한다. "그 이름의 영광"은 그분의 "영광의 이름" (쉠 케보도) 곧 그분의 "영화로운 이름" (느 9:5, 시 72:19)과 달리 그분의 이름이 갖는 영광이며, "영광"과 "이름"이 함께 연결부호 (자켑)로 한 단어처럼 읽으라 결합되지 않는 경우, "그분의 이름에 합당한 영광" (대상 16:29, 시 29:2, 96:8 등)을 의미한다. 하나님은 영화로우시므로 인간의 찬양 대상이 되신다 (출 15:2). 여기서 그분의 "이름"은 성도들에게 나타나는 하나님의 속성(屬性)과 긴밀하게 연결될 것이다.

영화롭게 찬송할찌어다 (시무 카보드 테힐라토)— "그분의 찬양을 영화롭게 하라!" (make his praise glorious; KJV, NASB, NIV, TNK)는 것은 "영화로운 찬양을 그에게 드리라" (NRSV), "너의 찬양으로 그를 영화롭게 하라" (NJB) 등으로 달리 번역되었다. 찬양이 아름답고, 공교하고, 품위 있고, 최상의 선율과 목소리로 되어져서 하나님께서 받으시기 합당하도록 하여야 함을 지시할 것이다.

3절: 하나님께 고하기를 (이므루 렐로힘)—너희들은 하나님께 (이렇게) 말씀하라! 여기서도 동사의 명령형이 초두에 위치한다. 제시된 명령은 하나님께 다음과 같이 아뢰라! 는 것인데, 결국 하나님께서 행하신 일들과 그분의 크신 권능을 인해 하나님을 찬양하라! 는 권고나 대동소이(大同小異)하다.

주의 일이 어찌 그리 엄위하신지요? (마-노라 마아세카)— 하나님의 행하신 기사는 놀랍고 두려움을 자아낸다 (5-6절 참조; 70인역: "당신의 일들이 얼마나 무서운지요!"). 이는 자신을 믿는 자들을 위한 일이었다. 백성 편에서 보면, 믿음으로 그러한 기적을 체험할 수 있었다. 하나님께서 행하시는 일이나 그분의 속성들은 모두가 "감탄"과 두려움을 자아낸다 (시 8:2, 10, 31:20, 36:7, 84:1, 92:5, 104:24, 119:103, [133:1], 139:17).

주의 큰 권능으로 인하여 주의 원수가 주께 복종할 것이며 (베로브 웃제카 에카하슈 레카 오예베카)—그분의 권능은 여기서처럼 원수를 멸하는 것에서 나타나고 창조활동으로도 나타난다 (65:7 참조). 하나님의 원수들은 이스라엘의 원수이다. 이스라엘은 하나님의 백성인 때문이다. 원수들은 비록 진심에서 우러나온 행동은 아니라 할지라도 그분께 굴복하여 굽신거리며 (카하슈) 그분의 주권을 인정하지 않으면 안 된다. 원수들은 이스라엘에게도 그렇게 행동해야 한다 (신 33:29). 왜냐하면 하나님께서 이스라엘을 돕는 방패시오 칼이신 때문이다.

4절: 온 땅이 주께 경배하고 주를 찬양하며 주의 이름을 경배하리이다 할지어다 (콜-하아레츠 이쉬타하부 레카 비잠메루-라크 에잠메루 쉼카)—1절에서는 "즐거운 소리를 발"해야 했던 온 땅(의 거민들)은 여기서 더 나아가 주님께 엎드려 경배하고 찬양하지 않으면 안 된다. 여기서도 이상적인 모습이 제시되고 있다 (빌 2:10-11 참조). 이것이 피조물이 창조주 하나님께 취해야 할 바른 자세이다. 이 경배와 찬양은 하나님을 바로 인정하고 그분께 영광을 돌리는 자세이다. 아브라함과 그 후손이 온 땅의 축복이 되어야 했다면, 바로 하나님께 이런 경배를 드려야 한다는 진리를 전파함으로 그리 될 수 있었다.

제2연 (5-7절): 홍해에서 기사를 행하신 하나님을 찬양

하나님의 '행하신 일들'을 인해 그분을 찬양하라! 권고했던 3, 4절의 사고를 보다 구체화시키고 있다. 하나님의 '행하신 크신 일'은 여기서 홍해 물을 가르신 기사(奇事)로 구체화되었기 때문이다.

5절: 와서 하나님의 행하신 것을 보라 (레쿠 우르우 미프알롯 엘로힘)—이는 전도의 초청이다 (요 1:46, 4:29). 이사야는 온 땅이 하나님께 나아와 그분의 영광을 볼 것을 바라보았다 (66:18). 여기서 시인은 온 세상 사람들에게 전도 초청장을 내민다. 이미 과거에 매몰된 하나님의 행하신 일을 마치 눈앞에 있는 양 "보라!"고 권면함은 기억을 되살려 현재로 재현(再現)시키라! 는 것이다. "하나님이 행하신 것"은 "하나님의 일들" (70인역: 에르가 투 테우; 라틴어역: opera Dei)로 그것들은 두려움을 자아내는 이적과 기사들이다. 이 기사들은 6절에서 묘사되듯, 홍해를 가르신 일, 요단강을 마르게 하신 일을 지시한다.

인생에게 행하심이 엄위하시도다 (노라 알릴라 알-베네-아담)– "인생들을 위한 그분의 행사 때문에 그분은 두려움을 자아내시는 분이시다"(he is awesome in his deeds among the mortals, NRSV, LSG). NIV는 "인생을 위한 그분의 일들이 얼마나 놀라운지!"(How awesome his works in man's behalf!; ELB, 한역도 유사)라 했는데, 이는 가능치 않은 번역이다. 왜냐하면, 여기 사용된 "분사"는 (노라, awesome) 남성형이고, (그분의) "일"(알릴라, deed)은 여성형이기 때문이다. 분사 (participle)는 명사와 동사 사이의 어떤 위치를 점하는데, 대개 명사, 형용사, 관계절 (a relative), 술부 (predicate) 등의 용례로 사용된다. 여기 사용된 분사는 관계사 (who is held in awe by men for his acts, TNK), 혹은 형용사적 술부 (he is awesome, NRSV; how awesome his works, NIV) 기능을 하는 것으로 번역되고 있다. 여기서는 형용사적 술부 (predicate adjective)로 이해되며 (Waltke, *Hebrew Syntax*, 37.4.d 참조), 일회적 사건이 아니라, 어떤 지속적 상태를 묘사한다 (Waltke, *Hebrw Syntax*, 371.f 참조). 즉 그분은 지속적으로 두려움을 자아내신다.

6절: 바다를 변하여 육지 되게 하셨으므로 (하파크 얌 레얍바샤)–바다를 마른땅으로 변하게 하신 그분의 일을 (출 14:21) 누가 이전에 가능하다 상상이나 했겠는가? 그래서 이스라엘 백성들은 홍해변에서 찬양하길 "여호와여 신중에 주와 같은 자 누구니이까 주와 같이 거룩함에 영광스러우며 찬송할만한 위엄이 있으며 기이한 일을 행하는 자가 누구니이까?"라 외쳤다 (출 15:11).

무리가 도보로 강을 통과하고 (반나하르 야아브루 베라겔)–여호수아 일행이 요단강을 건넌 사실을 상기시킨다 (수 4장).

우리가 거기서 주로 인하여 기뻐하였도다 (샴 니스메하-보) – "오라, 우리가 그로 인하여 기뻐합시다"(NIV). 즉, 시인은 청중에게 하나님의 행하신 일을 인하여 기쁨으로 찬양할 것을 요청한다. 여기서 우리가 권고형으로 번역한 동사의 형태는 이른바 연장형 (1인칭 권고형 cohortative)이다. 그런데 때로 이런 형태가 완료적 의미로 사용되기도 한다 (삼하 22:38, 시 73:17; GKC § 108g, h). 그래서 한역처럼 번역된 것이다. 그렇지만, 우리가 제시한 대로 권고형으로 번역함이 문법이나 문맥에 더 타당하다. 그런데 "거기서" 혹은 "그때"(샴, Waltke, *Hebrew Syntax*, 39.3.1h 참조)란 말은 때로 "보라"(behold)로 이해될 수 있다 (시 14:5, 36:13, 53:6, 잠 8:27 등 참조; 엘 아마르나 [El Amarna] 서신들에서 악카드어 "숨마"가 "보라!"는 의미로 나타나는 것에 유추하여 KB³, 6a).

7절: 저가 그 능으로 영원히 치리하시며 (모쉘 비그부라토 올람)–시 65:7에서 그분은 창조 시에 권능으로 띠 띠셨다고 하였다. 동시에 그 능력은 피조물에 대한 섭리와 통치에서 기능을 발휘한다. 시 66편에서 크신 일에 대한 묘사 이후, 그분의 통치가 노래되는 것은 자연스럽다. 위대하신 왕께서 기이한 일을 행하시는 전능자시니 세상을 통치하실 능력이 있으시다. 고대에 영웅들은 군사적 승리의 여세를 몰아 왕위에 올랐다 (출 15:18 참조).

눈으로 열방을 감찰하시니 거역하는 자는 자고하지 말지어다 (에나브 박고임 티츠페나 핫소레림 알-야루무 라모)–하나님의 위대한 일들은 만민이 그분 앞에 굴복하고 경배해야 할 큰 이유를 제시한다. 그 크신 능력의 하나님은 동시에 "열방"(헬, 에트네)을 주목하신다. 그러므로 그의 주권을 대적하는 자들은 결코 자만할 수 없다. 이런 경고는 사실상 그분께 굴복하고 그분을 경배하라는 선교적 초청이기도 하다. 이렇게 택한 백성에게 행하신 큰 기사는 온 열방의 굴복과 경배를 요청하는 조건이 된다. 즉, 선교의 마음은 성도의 삶에서 체험된 하나님의 크신 일에서 시작된다. "거역하는 자"(핫소르림)는 "강퍅한"(to be stubborn) 동사의 분사형으로, 마음이 강퍅하여 하나님의 주권을 거스르는 자들이다.

제3연 (8-12절): 시련에서 건지신 하나님을 찬양

앞에서 홍해 도하라는 구체적 역사적 정황을 하나님의 행하신 기사(奇事)로 제시하여 하나님을 찬양하라고 권했다면, 여기서는 하나님께서 성도들을 연단하신 후에 구원하신 일을 인하여 찬양하라 권고한다.

8절: 만민들아 우리 하나님을 송축하며 그 송축 소리로 들리게 할지어다 (바르쿠 암밈 엘로헤누 베하쉬미우 콜 테힐라토) —이들은 앞에서 언급된 "열방"이다. 이들도 이스라엘처럼 하나님을 송축해야 한다. 저들은 하나님을 경배하는 찬양을 발해야 한다. 이렇게 구약 성도들도 선교적 열정을 때로 표현하였다.

9절: 그는 우리 영혼을 살려 두시고 (핫삼 나프쉐누 바하임)—9-12절은 이 성도들이 당한 시련을 묘사한다. 이들은 역사의 어느 시점에 국가적 시련을 혹독하게 당하였다. 그렇지만 저들은 그 시련에서 망하지 아니하였다. 이것은 오로지 하나님의 은혜였다.

우리의 실족함을 허락지 아니하시는 주시로다 (벨로-나탄 람모트 라글레누)—발이 요동치 않도록 하셨다. 이는 영적인 타락 혹은 육체적 파멸을 지시한다. 여기서는 후자의 의미가 부각된다.

10절: 하나님이여 주께서 우리를 시험하시되 우리를 단련하시기를 은을 단련함같이 하셨으며 (키 브한타누 엘로힘 체라프타누 키츠라프-카셉) — "시험하다"(바한)란 말은 금을 제련할 때 사용하는 제련 용어이다 (슥 13:9). 은을 연단하듯 저들을 연단하셨다. 70인역은 "불로 연단하다"(퓨로오)란 동사를 사용한다. 시련은 결코 우연히 임하지 않는다. 성도들을 정금과 같이 만들기 위한 조처인 때문이다.

11절: 우리를 끌어 그물에 들게 하시며 (하베타누 밤메추다)— "그물"(메쭈다; 70인역)은 동음이의어(同音異議語)를 갖는데 (KB³, I. 사냥 그물, 먹이 [prey]; II. 산의 요새), 그 의미는 산의 "요새"이다 (삼상 22:4, 5, 삼하 23:14). 여기서도 문맥상 그런 의미일 것이다 (NIV는 "감옥"이라 번역했다). 원수들의 요새에 갇히는 신세가 되었다.

어려운 짐을 우리 허리에 두셨으며 (삼타 무아카 베모트네누)— "무거운 짐을 우리 등에 지우셨으며" (NIV, NRSV). "무거운 짐"(무아카)은 여기서만 나타나는 말로 (hapax legomenon)으로 "누르다"(아카)란 말에서 유래했을 것이다. 70인역은 "고난들"(틀립세이스)이라 번역하였다. 문맥에 비추어 보건대, 고려 중인 말은 성도들이 당했던 고난과 시련과 연관된 어떤 것이

12절: 사람들로 우리 머리 위로 타고 가게 하셨나이다 (히르카브타 에노쉬 레로쉐누)—머리 위로 "타고 가게 하다"란 "말을 타고 머리 위로 지나게 하셨다"는 의미이며, 이는 성도들이 당한 고난을 상징적으로 묘사한다. 저들의 머리 위로 정복자들이 말을 타고, 혹은 병거들이 짓밟고 지나갔다. "우리 머리 위로"(레로쉐누)란 표현에서 다수의 히브리어 사본들이나 70인역 등은 "우리 '머리들' 위로"(레로쉐-누), 곧 "우리 머리" 대신 "우리 머리들"을 갖거나 번역한다. 그런데 어떤 이들은 "당신께서 사람을 우리 앞에서 (말) 타고 가게 하셨나이다"로 번역한다. 이는 홍해 도하 사건시 모세가 이스라엘 앞서 말 타고 갔다는 암시라 한다 (Marvin E. Tate, *Psalms 51-100*, 147). 그러나 우리는 이 묘사가 출애굽 당시라기보다 (6절에 비추어 그럴 가능성도 배제할 수 없지만), 다른 시점에서 일어났던 전쟁에서의 패배와 그로 인한 굴욕을 지시한다고 본다.

불과 물을 통행하였더니 (바누-바에쉬 우맘마임)—10절에서 이미 불의 용광로를 통과케 하셨다고 했다. 저들은 뜨거운 불 가운데 던져지기도 하고 (다니엘의 세 친구들처럼), 물 가운데로 지나가기도 해야 했다. 하나님은 이사야를 통하여 "네가 물 가운데로 지날 때에 내가 함께 할 것이라 강을 건널 때에 물이 너를 침몰치 못할 것이며 네가 불 가운데로 행할 대에 타지도 아니할 것이요 불꽃이 너를 사르지도 못하리니 대저 나는 여호와 네 하나님이요" 라 하셨다 (사 43:2). 언약백성이 시련을 통과할 때 하나님은 방관하신 것이 아니었다. 자신도 마음 아파하시고 고통스러워 하셨다 (애 3:32, 호 11:8).

끌어 내사 풍부한 곳에 들이셨나이다 (밧토치에누 라르바야)—하나님은 시련을 겪게 하신 후에 풍성한 은혜를 베푸셨다 (시 23:4-6 참조). "풍부한 곳" (레바야)은 (NIV, NASB) 현대 역본들이 "형통" (TNK), "광활한 곳" (NRSV), "연회" (TOB), "(곤경의) 제거", "원기회복" (아나퓨시우케, 70인역; TOB나 LUT가 '번영') 등으로 번역했다. KB³에 의하면, 사해 두루마리 문헌들에서 이 말은 무절제 (1QHab 11:14), 습기 (1QS 2:14) 등의 의미로 나타나고, 시리아어에서 술 취함, 만다이어에서 (Mandaean -이들은 세례 요한의 추종자들로 이란, 이라크에 거주) 포화(飽和), 만족, 연약, 격노를 의미하고, 시 23:5에서 이 말이 다시 나타나며, 그곳에서 음료의 '과다,' '여분'을 지시한다. 여기서는 문맥상 '풍부한 곳' 보다는 "자유" (NAB), "광활한 곳" (NRSV)이 더 어울릴 것 같다. 한편 어떤 이들은 "풍부" (레바야)를 "광활한 곳" (레바하)로 수정하려 한다 (BHS 비평 각주). 그러나 사본상의 증거가 없다.

제4연 (13-15절): 나의 감사제

앞에서 공동체가 노래했다면, 여기서는 개인이 노래한다. 이 개인은 공동체의 대표인지 모른다. 설혹 대표가 아니라 해도, 개개인의 간증거리는 교회의 찬양 이유들을 다양하게 만들어 주는 근거가 된다. 그런 의미에서 한 개인의 감사하는 모습을 시의 후반부에 대표적으로 제시하여 전체 회중의 영적 각성을 촉구한다.

13절: 내가 번제를 가지고 주의 집에 들어가서 나의 서원을 갚으리니 (아보 베테카 베올롯 아샬렘 네다라이)—서원은 어려움을 당할 때 (14절 참조) 하나님의 도우심을 신속히 얻기 위해 보통 되어진다 (입다의 경우, 삿 11:30-31; 한나, 삼상 1:11 참조). 이제 시인은 응답을 받고 서원을 갚고자 한다.

14절: 이는 내 입술이 발한 것이요 내 환난 때에 내 입이 말한 것이니이다 (아쉐르-파추 세파타이 베딥베르-피 밧차르-리)—서원은 이렇게 자신의 두 입술과 입으로 발한 것이니 만큼 반드시 지키지 않으면 안 된다. 서원을 했다가 지키지 않는 것보다, 차라리 하지 않는 것이 낫다 (전 5:1-6). "내 환난 때에"란 표현은 전반절에도 해당되며 (double duty), 서원은 이처럼 어려운 시기에 성도가 하나님의 도우심과 응답을 바라고 드리게 된다. 이런 자세는 귀한 것이다. 하나님의 사랑을 느끼고 자신이 응답 받은 이후에도 신실하게 그분을 섬기리라는 결심의 표시이기 때문이다. 한편 "입술"/"입" (사파/페)의 단어 짝은 흔하게 사용된다 (욥 8:21, 15:6, 16:5, 23:12, 시 51:17, 59:8, 13, 66:14, 119:13, 141:3, 잠 4:24, 10:32, 13:3, 14:3, 16:10, 23, 18:6, 7, 20, 27:2, 전 10:12 등). 지혜 문헌인 잠언서에서 이 단어 짝의 빈번한 등장은 "언어" 행동이 얼마나 일상생활의 중요한 요소였으며 문제가 많은지를 단적으로 보여준다.

15절: 수양의 향기와 함께 살진 것으로 주께 번제를 드리며 수소와 염소를 드리리이다 (올롯 메힘 아알레-라크 임 케토렛 엘림 에에세 바카르 임-앗투팀)— "내가 수양의 향기와 함께 살진 것으로 주께 제사를 드리리이다/ 내가 염소들과 함께 수소를 드리리이다." 하나님께서 실제로 이런 향기를 맡으시고 기분 좋아하신다는 것이 아니다. 우리 마음의 자세가 그분을 진심으로 향하는 지 늘 보시는 것이나, "수소와 염소"는 구약시대에 제물들의 대표석이며 여기에 낭비나 미울가노 들어간다. 우리는 백성의 편의를 위해 (제물을 구하기 쉽도록) 그리한 것인지, 아니면 어떤 영적 의미를 (유순한 것) 가지도록 그렇게 정하신 것인지 알기 어렵다. 물론 신약시대에는 하나님의 어린 양되신 그리스도께서 이 모든 구약 제사를 완성하셨으므로, 우리는 그분을 의지하고 하나님 앞에 나아간다.

제5연 (16-20절): 나를 위해 하나님께서 행하신 바를 들어 보라

시인은 보다 회중들에게 자신에게 하나님께서 행하신 크신 일을 선포하겠으니 잘 들어 보라!고 초청한다. 이는 회중을 영적으로 깨우는 자극제와 같은 역할을 할 것이다. 이렇게 개인은 전체를 영적으로 깨우고, 전체는 개개인을 영적으로 자라도록 돕는다. 교회에서 개개인의 영적 체험은 전체 회중의 영적 분위기를 고양시키고, 전체 회중의 뜨거운 영성은 개개인에게 직접 전달될 것이다. 회중과 개개인의 관계는 영적 상승(上昇) 작용을 일으키는 관계이다.

16절: 하나님을 두려워하는 너희들아 와서 들으라 (레쿠-쉬므우 바아사페라 콜-이르에-엘로힘 아쉐르 아사 레나프쉬)—이들은 곧 하나님을 경배하는 자들이란 의미이다 (창 22:12 참조). "와서 들으라"라는 권고는 전도의 초청장이다. 이렇게 자신에게 행하신 일을 증거하고 간증하는 일은 하나님께 영광이 된다. 그가 증거할 내용은 "하나님이 내 영혼을 위하여 행하신 일"이다. 이를 선포하겠다고 한다. 공적(公的)으로 담대하게 증거하겠다는 것이다. 이는 사람들이 모인 회중에서 되어진다. 이런 간증을 통해 사람들은 하나님의 살아 계심을 알게 됨으로 영광을 그분께 돌린다.

17절: 내 입으로 그에게 부르짖으며 내 혀로 높이 찬송하였도다 (엘라브 피-카라티 베로맘 타하트 레쇼니)—이 성도는 앞에서 암시된 대로, 환난 날에 서원을 하며 부르짖는 기도를 하였다. 그리고 찬양을 쉬지 아니하였다. 이것이 그가 구원을 체험한 조건이었다. 아무리 우리가 하나님의 백성이라 해도, 환난을 당할 때 믿음을 행사하지 않고 그분을 찾지 않는다면 그분이 우리를 도우실 수가 없다. 환난 날에 우리는 우리 영혼을 분기시켜 그분을 간절히 찾고 매달려야 한다. 한편, "입"/ "혀" 의 단어 짝 역시 빈번하게 나타난다 (욥 15:5, 20:12, 33:2, 시 5:10, 10:7, 37:30, 39:2, 50:19, 73:9, 78:36, 109:2, 126:2, 잠 10:31, 15:2, 21:23, 26:28, 31:26 등).

18절: 내가 내 마음에 죄악을 품으면 주께서 듣지 아니하시리라 (아벤 임-라이티 벨립비 로 이쉬마아 아도나이)—여기서 또 중요한 문제해결의 열쇠가 제시된다. 곧 환난 날에 우리는 철저한 회개를 한 이후에 서원을 하고 부르짖는 기도를 드려야 한다는 사실이다. 죄악을 마음에 품고서 서원하고 부르짖는다 해도 그것은 하나님의 뜻에 배치되어 응답은 올 수 없을 것이다. 이 시인은 회중들에게 자신의 결백과 순결을 강조하면서 회중들 역시 마땅히 순결해야 한다고 간접 교훈한다.

19절: 그러나 하나님이 실로 들으셨으며 내 기도 소리에 주의하셨도다 (아켄 쉬마아 엘로힘 히크쉬브 베콜 테필라티)— "기도 소리"는 17절에서 "부르짖었다" (카라)는 언급과 상응한다. 환난을 이기려면 마음을 굳게 하고 큰 소리로 강력하게 부르짖어야 한다. 그리고 인내로 응답이 올 때까지 기도해야 한다.

20절: 하나님을 찬송하리로다 저가 내 기도를 물리치지 아니하시고 그 인자하심을 내게서 거두지도 아니 하셨도다 (바루크 엘로힘 아쉐르 로-헤시르 테필라티 베하스도 메잇티)—성도는 기도의 응답을 확신할 수 있다. 왜냐하면 언약관계에 서 있기 때문이다. 하나님은 나의 기도를 들으시고 응답하시리라고 약정을 하셨기 때문이다. 후반부의 의미는 성도가 비록 믿음에서 넘어질 때에도, 언약사랑을 하나님께서 끊지 않으신다는 것이다. 일단 선택된 백성은 끝까지 보존하신다. 그러므로 어떤 처절한 환경에서도 그분이 나를 버리셨다고 생각하지 말아야 한다.

시편의 적용

무엇에 감탄하는가? (3절)
사람들은 서커스를 보고 감탄하기도 하고, 눈 덮인 설악산의 절경 앞에서도 감탄을 발한다.

그랜드 캐년 계곡에 섰을 때나 차를 몰고 덴버에서 높은 산 고개를 넘어 비탈진 길로 서너 시간을 내려올 때, 그 절경과 위엄 앞에서 감탄이 절로 나왔다. 만리장성에 올랐을 때도 그 거대한 장성(長城)을 인간이 만들었다는 그 사실에 놀라운 감탄이 터져 나왔다. 그곳을 방문했던 로널드 레이건 대통령의 감탄이 금속판에 새겨져 있었는데, 그 요지는 기억나는 대로 적는다면, "우리가 오르기도 이렇게 힘든데, 이 장성을 만든 사람들의 수고는 그 얼마나 했을까? 놀라울 뿐이다!"

그렇지만 시편기자들이 감탄하는 대상은 약간 다르다. 저들의 감탄은 하나님의 행하신 일들과 그분의 속성에 관한 것이었다 (시 8:2, 10, 31:19, 36:7, 84:1, 92:5, 104:24, 119:103, [133:1], 139:17).

온 땅에 하나님의 이름이 얼마나 아름다운지! (8:2, 10)
주께서 저들에게 베푸신 은혜가 얼마나 큰지! (31:19)
그분의 인자하심이 어찌 그리 보배로운지! (36:7)
주의 장막이 어찌 그리 사랑스러운지! (84:1)
주의 행사가 어찌 그리 크신지! (92:5)
주의 하신 일이 어찌 그리 많은지! (104:24)
주의 말씀의 맛이 어찌 그리 단지! (119:103)
주의 생각이 어찌 그리 보배로운지! (139:17)

영적인 감탄이 많은 사람이 좋은 성도가 아니겠는가? 그만큼 하나님을 많이 깊이 체험한 까닭이다. 이러한 감탄들은 우리에게 굳센 믿음을 창출하게 해준다. 이런 하나님을 나는 의심 없이 믿어야 한다. 그런 하나님을 소개하는 성경말씀을 내 이성이 아니라, 믿음으로 받아 들여야 한다. 신신학(新神學)이란 무엇인가 하면, 이런 영적인 감탄을 알지 못하는 이성만 신뢰하는 인본주의 사상활동이다.

와서 보라 (5절); 와서 들어 보라 (16절)

교회는 이렇게 말함으로 전도할 수 있어야 한다. 교회에 나와서 보고, 들을 때 믿음이 생기고 하나님을 만나도록 해 주어야 한다. 교회에 나왔을 때 새 신자들이 맹숭맹숭 해지고, 아무런 체험이나 느낌이 없어질 때, 전도는 처음부터 실패하고 만 것이다. 빌립이나 사마리아 여인이 사람들을 초청해서 주님께 왔을 때, 저들은 변화를 받았다. 교회가 이렇게 해야 한다. 여기 시인은 와서 하나님께서 행하신 일들을 보고 들어보라고 초청한다. 이런 전도의 초청을 할 수 있는 사람만이 참 하나님을 체험한 자들이다. 내가 체험한 바가 없는 데 누구에게 가서 주님께 와서 들어보라고 할 수 있을 것인가?

시 67편 얼굴빛을 우리게 비취사 구원을 만방 중에 알리소서

I. 전체구조에서의 위치, 시의 유형과 삶의 자리

앞의 시편에서 "우리 하나님을 송축하라"라 하고 (시 66:8), "하나님은 송축받으소서" (시 66:20)라 했다면, 여기 시에서는 "하나님이여 우리를 축복하소서" (1절), "하나님이 우리에게 복을 주시리라" (6, 7절) 한다. 하나님을 높이는 자들을 하나님께서 복 주실 것은 당연하다.

이 시 역시 앞의 시편에서처럼 "다윗"의 이름은 언급이 없고 다만 "시 곧 노래"라 한다. 바이스블루엣 (S. Weissblueth은 시 65-68편을 하나님의 섭리를 노래하는 시들로 이해했다 ("On Psalm 67," *Beth Mikra* 23 [1978], 458-61). 그런데 시 67편의 경우는 이스라엘과 열방들과 자연만물에 대한 하나님의 돌보심을 노래한다고 한다. 그렇지만 우리가 보기에 시 67편은 '선교시' 이다. 시인은 하나님께서 이스라엘에 긍휼을 베푸시고 축복하시며 얼굴빛을 저들에게 비추시라고 간구한다. 그렇게 축복을 받는 목적은 "주의 도를 땅 위에, 주의 구원을 만방 중에 알리기" 위함이었다 (2절).

한편, 비평가들은 이런 선교사상이야 말로 추방 이후에나 나타날 수 있었다고 주장한다. 그렇지만, 제퍼슨 (Helen G. Jefferson "The Date of Psalm LXVII," *VT* 12 [1962]: 201-205)은 어휘나 유가릿 시들과의 병행들, 혹은 운율 등에 근거하여 본 시편이 추방 이전에 작사되었다고 주장하였다. 추방 이후에나 선교사상이 싹트게 되었다는 생각은 성경의 증거와 배치된다. 하나님은 이미 아브라함에게 온 세상을 향한 자신의 선교계획을 드러내 주셨다 (창 12:3, 18:18, 22:18, 26:4 등). 그렇지만, 이 시인이 어떤 계기로 이런 세계적 선교비전을 갖게 되었는지에 대하여는 확인하기 어렵다.

크라우스는 이 시가 초막절 절기에 불려졌던 시편들 중의 하나라는 외스털레이 (W. O. E. Oesterley)의 제안을 따른다. 예배에 모인 회중이 이스라엘 하나님의 축복을 간구하고, 특별히 저들은 그분의 축복이 온 세상에까지 미치길 기도한다. 모빙켈은 이 시가 추수를 감사하는 "감사의 찬양"이라 이해했다.

반면 다훗은 6절에서 사용된 유일한 완료상 동사 (나테나, 그것이 주었다)를 "간구형 완료상"으로 이해하고, 이 시는 시 4, 55, 85편 등과 유사한 어휘나 표현들을 사용하며 이런 시들은 하나같이 "비"에 대한 구체적인 언급이 없다 할지라도 "비"를 구하는 기도시들이라고 해석했다. 이런 그의 가정은 6절에서 "땅으로 그 소산을 산출하게 하소서"라는 기도에 특별히 근거할 것이다. 우리는 특별히 "비"를 구한다는 다훗의 가정에는 그다지 마음이 내키지 않지만, 여하간 유일한 완료상을 이 시의 미완료상들의 간구적 의미에 비추어 "간구적 완료상"으로 이해하는 데에는 찬동한다. 그러면 이 시는 전체적으로 하나님의 축복을 간구하는 기도의 시가 되며, 따라서 이스라엘이 복을 받아서 온 세상에 하나님의 "통치"를 증거 하길 바라는 선교적 기도시로 이해된다.

2. 시적 구조와 해석

시적인 구조를 보면, 3절과 5절은 동일하다. 그래서 2연은 4절을 중심으로 3, 5절이 둘러싸는 "인클루지오" (inclusio) 형식을 보인다. 한편, 2절의 경우에 전. 후반절은 의미상으로나 구조상으로 병행법을 구성한다. 그런데 전반절의 동사 (부정사)는 후반절에도 해당되며 (double duty), 따라서 전. 후반절은 공히 동사+전치사구+목적어 형태를 갖는다. 후반절에서는 동사가 생략된 반면, 전치사구가 두 단어로 분리되어 전반절의 박자수와 균형을 잡고 있다 (ballast variant).

이 시의 해석에서 문제는 동사의 시제 번역이다. 동사 시제 분포도를 보면,

1절: Yiqtol, Yiqtol, Yiqtol
3절: Yiqtol, Yiqtol
4절: Yiqtol, Yiqtol, Yiqtol, Yiqtol
5절: Yiqtol, Yiqtol
6절: Qatal, Yiqtol
7절: Yiqtol, Yiqtol

등으로, 6절에서 완료상이 한 번 나타나는데 이것 때문에 번역의 문제가 야기된다. 어떤 이들은 여기 미완료상들을 하나님의 계속적인 현재 행동들을 묘사하는 현재 시제로 이해 하지만 (어드만, 크뤼제만 등), 대개 현대 역본들은 간구형으로 (jussive) 번역했다. 다만 6절에서는 현대 역본들이 한역처럼 "땅이 그 소산을 내었고; 우리 하나님이 우리에게 복을 주신다" 정도로 현재나 (70인역, NAB, NASB) 미래 시제로 (NIV는 전.후반절 모두에서 미래 시제로 번역) 번역하고 있다 (KJV; NJB, NRSV 등은 6절 전.후반절 모두에서 완료 시제로 번역). 우리는 6절에서 유일하게 사용된 "완료상"을 다훗이 제안한대로 "간구적 완료상"으로 이해하는 것이 (TNK) 이 시의 전반적인 분위기에 잘 어울린다고 본다.

형식이나 사고면에서 볼 때, 세 개의 연으로 구분된다.
제1연 (1-2절)은 이스라엘에 긍휼과 축복을 베풀어주소서
제2연 (3-5절)은 열방으로 주를 경배케 하소서
제3연 (6-7절)은 온 세상이 하나님을 경외할 것이라

제1연 (1-2절): 이스라엘에 은총과 축복을 베풀어주소서

선교는 먼저 내가 하나님의 은총과 축복을 누리는 데서 시작된다. 내가 영적으로 충만하고 하나님의 축복 가운데 있을 때, 타인들도 나 같은 복을 누리게 해야 한다는 여유가 생겨날 것이다. 선지자들이나 사도들 역시 먼저 성령 충만을 받고서야 사명을 감당할 수 있었다. 물론 어떤 경우에는 사명 감당하다가 능력을 받는 경우도 있다. 이스라엘은 만민에게 복의 근원, 곧 복의 전달자가 되어야 했다 (창 12:3). 그 목적을 위해 저들은 부름을 받았던 것이다. 교회나 신약 성도 개개인도 마찬가지로, 주님의 풍성한 은혜를 찬미하고 선전하도록 (벧전 2:9) 부르심과 구원의 축복을 입었다. 즉, 우리 성도의 존재 이유는 경배와 선교이다.

1절: 하나님은 우리를 긍휼히 여기사 (*엘로힘 예혼네누*) — "하나님이여 우리에게 은총을 베푸소서." "은혜"는 윗사람이 아랫사람에게 무상으로 그저 주시는 선물이다. 이 말은 사람이건 하나님이시건, 이렇게 값없이 아랫사람에게 베푸는 선물인 것이다. 그런데 "은혜"와 "복"이란 말이 함께 나타나는 구절을 살펴보면, 의인이 가난한 자들에게 물질을 베풀 때, 복을 받는다고 말씀한다 (시 37:21, 26). 그렇지만 이 시편 구절보다 더 근사한 구절은 민 6:24-25에 제시된 제사장의 축복기도이다. 이 시인은 제사장적 기도로 이스라엘을 축복해 주시라 기도하고 있다 (예수님의 제사장적 기도를 요 17장에서 참조).

복을 주시고 그 얼굴빛으로 우리에게 비취사 (*비바레케누 야에르 파나브 잇타누*)—빛을 창조하신 하나님은 (창 1:3), 자신이 가까이 하실 수 없는 빛 가운데 거하신다 (딤전 6:16). 그렇다면 얼굴로 빛을 비취게 하여 주시라는 간구는 무슨 의미인가? (시 31:17, 3, 7, 19, 119:135, 단 9:17). 이 표현은 추정컨대, 빛이 어둠을 비추어 방향을 제시해주고 보게 해주며, 식물로 자라게 하며, 생명을 주듯, 하나님의 빛을 비추시어 생명을 주시고, 흑암 (파멸과 사망의 상징)을 물리쳐 주시라는 기도일 것이다.

2절: 주의 도를 땅 위에 주의 구원을 만방 중에 알리소서 (*라다아트 바아레츠 다르케카 베콜-고임 에슈아테카*)— "알리소서" (*라다아트*, 부정사 infinitive)는 1절 동사들과 연결되며, 1절의 간구가 나타나야 할 목적과 이유를 표현해 준다 (영역본들이 that 절로 시작한다: NASB, NIV, NRSV, TNK -That Your way be known on earth 당신의 길이 땅에 알려지도록). 왜 이스라엘이 축복을 받아야 하는가? 그것은 "주의 도" (진리), 곧 "주의 구원"이 열방에 알려지도록 하기 위함이다. 이것이 바로 이스라엘을 선택하신 목적이었다 (창 12:3, 18:18, 22:18, 26:4). 전체의 축복을 위해 부분을 택하신 것이었다. 따라서 복음전도는 신약시대에 비로소 나타나게 된 것이 아니라, 구약시대에 이스라엘이 감당했었어야 마땅하였다. 그렇지만 저들은 이 목적을 감당하지 못할 뿐 아니라, 자신들의 믿음조차도 제대로 지키지 못하고 실패하고 말았다. 이제 이스라엘의 남은 자로 메시아께서 오셔서 세계를 축복하는 사역을 시작하신 것이었다. 그런데 여기서 "당신의 도"(*다르케카*)는 유가릿어 drk (통치, dominion)에 비추어 다홋이 제안한대로 "당신의 통치"로도 이해할 수 있다. 다홋은 후반절의 "당신의 구원"도 "통치"와 어울리게 "승리"로 이해하고자 한다.

"구원"은 문맥에 따라서 "(전쟁에서의) 승리"나 "도움"으로도 이해할 수 있다.

한편 여기 사용된 부정사 연계형 (infinitive construct) 동사는 기본형 (칼형)으로 "알다"란 자동사이며, "사람"을 주어로 보충하면 좋을 것이다 (LSG, ELB): "(하나님이여 우리에게 은총을 베푸시고 축복하소서) 그래서 '사람들'이 당신의 길을 알도록 (하옵소서)!" → 세상 사람들로 당신의 도를 알도록 우리를 축복하소서 → 우리를 축복하소서; 그러면 우리가 세상 사람들에게 당신의 도와 구원을 전하리이다! 그런데 부정사 연계형의 주어는 주 동사의 주어가 겸하기도 하고, 때로는 주 동사의 주어가 아닌 다른 명사가 주어로 작용한다. 여기서는 "당신의 도"가 주어로 작용하여 "'당신의 도'가 알려지도록"처럼 수동태로 번역된다. 이 수동태를 능동태로 바꾸자면 일반 사람을 주어로 보충하고 "사람들이 당신의 도를 알도록"이라 번역한다.

제2연 (3-5절): 열방으로 주를 경배케 하소서

이 부분은 강력한 선교 열의를 발산하고 있다. 2절에서 우리는 "사람들이 당신의 도를 알도록" 우리에게 은총을 베푸소서! 라고 번역한 바 있다. 즉, 이스라엘이 축복을 받아야 할 이유를 제시하는 목적절로 2절을 번역했다. 이런 번역은 3-5절의 사고로 뒷받침 된다. 2절을 달리 이해한다면, 1절의 결과 표시로 이해하는 것인데, 우리에게 은총을 베푸소서; 그 결과로 사람들이 당신의 도를 알게 하소서! 이런 결과절 번역도 가능하지만, 선교 열정은 목적절로 번역해야 더욱 강렬해진다.

3절: 하나님이여 민족들로 주를 찬송케 하시며 (요두카 암밈 엘로힘)— "민족들"이나 "만방" (2절), "열방" (4절)과 같이 세상 전체 (특히 이방 사람들)를 지시하는 단어들이 이 시에서 10번이나 나타난다. 이렇게 이 시는 세계적 선교 비전으로 빛나고 있다. 왜 이방인들은 영광의 하나님을 섬기고 찬송하지 못하는가? 이것은 저들이 그분을 알지 못하기 때문이다. 따라서 민족들로 주를 찬송케 하시며 라는 간구는 저 이방인들에게 참 하나님을 알리게 하소서! 란 선교적 간구로 이해할 수 있다.

모든 민족으로 주를 찬송케 하소서 (요두카 암밈 쿨람)—전반절에서는 "하나님이여"라는 호격이 있었다. 하지만 후반절에서는 그것이 생략되는 대신, 목적어를 두 단어로 대체하여 전.후반절 간의 운율상의 균형을 잡고 있다. 그래서 "민족" 대신 "모든 민족"이 된 것이다. 의미는 동일하다.

4절: 열방은 기쁘고 즐겁게 노래할지니 (이스메후 비란네누 레움밈)—여기서도 간구형으로 번역함이 좋을 것이다: "열방은 기쁘고 즐겁게 노래하게 하소서" (May [Let] the nations be glad and sing for joy, NIV, NRSV, NAB, NJB 등). 이 문맥에서 기뻐하고 즐겁게 외치는 것은 결국 하나님을 기뻐하고 그분을 찬송하고 경배하는 자세를 지시한다. 따라서 앞 절과 같이 선교적 비전의 다른 표현이다. 물론 다른 문맥에서는 성도들이 행복하고 기뻐하게 해 주시라는 간구일 수 있다 (시 35:27, 80:14).

주는 민족들을 공평히 판단하시며 열방을 치리하실 것임이니이다 (키-티쉬포트 암밈 미쇼르 울움밈 바아레츠 탄헴)— 전반부의 이유를 여기서 제시한다. "판단하다"(샤파트)는 "치리하다" (나하)와 병행된다. 후자는 차라리 "인도하다"를 의미하고, "판단하다"도 이 문맥에서 "통치하다"를 의미할 것이다. 결국, 민족들이 하나님을 찬송하고 경배해야 할 이유는 하나님의 의로우신 통치 때문이다. 구약시대에는 이스라엘을 택하시고 저들에게 구체적으로 간섭하시고 저들을 통치하셨다면, 신약시대에는 온 세상에 복음이 선포되는 곳곳마다 하나님의 통치 (하나님의 나라)는 성령님으로 임하는 것이다.

5절: 하나님이여 민족들로 주를 찬송케 하시며 —3절과 동일하다 (3절 주석과 시적 구조 참조).

제3연 (6-7절): 온 세상이 하나님을 경외할 것이라.

6절: 땅이 그 소산을 내었도다 (에레츠 나테나 에불라흐)— "땅으로 그 소산을 내게 하소서." 이 시 전체에서 유일하게 사용된 완료상은 앞의 간구적 분위기에 비추어 "간구적 완료상"(precative perfect)으로 이해해야 한다. 어떤 역본은 "땅이 그 소산을 낼 것이다"(KJV, NIV)처럼 미래로, 어떤 역본들은 문법에 충실하게 완료 시제로 ("땅이 그 소산을 내었다") 번역하고 있다 (NAB, NASB, NJB, NRSV).

언약백성이 하나님께 순종할 때, 하나님은 비를 적시에 주셔서 땅이 그 산물을 내고 밭의 수목은 열매를 맺는 것이다. 하나님의 축복은 단순히 영적인 평안만 있지 않고, 이렇게 땅의 소산을 통해서도 보여진다. 그렇다면, 이 시는 언약 백성이 가뭄으로 농사가 걱정되는 그런 시기에 비를 간구하는 기도시인지 모른다 (다훗이 제안한 대로). 구약 선지자들은 메시아 시대의 축복을 물질적 축복으로 묘사하기도 했다 (겔 34:27, 슥 8:12).

하나님 곧 우리 하나님이 우리에게 복을 주시리로다 (에바레케누 엘로힘 엘로헤누)—7절에서도 6절 후반절과 동일한 표현이 나타나지만, 여기서는 하나님을 "우리 하나님"으로 다시 한 번 강조하고 있다. 언약백성의 하나님이란 의미이다. 여기서도 간구형으로 번역해야 한다: 우리에게 복을 주소서! (TNK).

7절: 하나님이 우리에게 복을 주시리니 땅의 모든 끝이 하나님을 경외하리로다 (에바레케누 엘로힘 베이르우 오토 콜-아프쉐-아레츠)—여기서도 간구형으로 번역한다 ("하나님이여 우리에게 복을 주소서!"). 6절 하반부가 여기서 반복되고 있다. 강조를 위함이다. 그런데 시 65:5은 하나님께서 "땅 끝의 소망"이시라 언급한다. 땅 끝은 원방 세계, 곧 이방 세계를 지시한다. 따라서 이방 사람들이 하나님을 경외하리라는 것은 하나님의 원대한 선교 비전을 바로 자각한 시인의 꿈이었다. 이는 구약시대에도 이루어져야 했지만, 애석하게도 이스라엘은 이 사명을 제대로 자각하지도 못했다.

시편의 적용

민족들로 주를 찬송케 하소서 (3절)

세계 만민이 하나님을 경배하는 그 비전으로 마음이 불타지 않는가? 왜 이방사람들은 헛된 우상들을 섬기고 살아야 하겠는가? 왜 저들은 그분을 알지 못하고, 지옥으로 떨어져야 할 것인가? 이사야에게 하나님은 "내가 누구를 보내며, 누가 우리를 위하여 갈꼬?"라고 물으셨다. 오늘 이 시편을 통해 하나님은 동일한 질문을 우리 각자에게 하신다. 그렇지만 격동하는 내 감정만으로 선교는 되지 않는다. 실력을 길러야 한다. 그 실력은 무엇보다 영력이다. 이는 성령님을 체험할 때 길러지고, 말씀을 그대로 받아 믿을 뿐 아니라, 저주 하에 떨어진 세상을 구원하시려는 하나님의 눈으로 성경 전체를 통달할 때 쌓일 것이다. 그리고 영력은 무엇보다 성령체험 이후에 지속적인 기도로 자라나게 되고, 성결한 삶은 이 모든 일에 기본이다.

이런 영력을 갖추었다면 외국어 장벽을 넘어야 할 것이지만, 성령 충만과 복음이 메시지를 마음에 가득 채웠다면, 그런 장애물은 얼마든지 극복 가능하다. 그리고 필요한 것은 할 수 있다는 믿음의 확신과 비전, 그리고 건강이다. 선교를 정하신 분이 전능자시라면 건강도 책임져 주실 터이다. 이 선교적 시야를 가지고 세상을 볼 때, 21세기 한국의 역할은 정말로 중요하다. 한국민이 아니면 누가 이 마지막 선교적 사명을 감당할 수 있겠는가? 작은 독도(獨島) 하나 가지고 국수주의적 행동을 하려하기보다, 일본인들을 전부 복음으로 사로잡아야 하고, 아프리카와 러시아의 광대한 땅에 복음을 전할 꿈을 가져야 않겠는가?

경제인들이 세상을 정복하려 한다면 좋은 야망일 것이지만, 단순히 돈벌이만 궁리한다면 성공할 수 없다. 기독 경제인들은 선교의 눈으로 세상을 정복할 궁리를 해야 하나님이 축복하실 것이다. 미국 중앙정보부 (CIA)에서 주기적으로 개정해서 올리는 세계 각 나라별 정보 보고를 보면, 한국의 경제에 대하여 기록하길,

> 1960년대 초부터 남한은 믿을 수 없는 기록적인 성장을 이룩하고 고도의 기술을 지닌 근대 세계 경제로 진입하였다고 했다. 40년 전만 해도, 한국은 개인 국민 소득이 아프리카와 아시아의 가난한 나라들 중에 속하였지만, 2004년도 기준하여 세계의 수조 달러 경제 클럽 (trillion dollar club of world economies)에 진입했고, 오늘날 한국인의 일인당 국민소득은 북한의 14배에 달하고 유럽 공동체의 중간 수준의 나라들에 맞먹는 수준이다. 이 보고서에 의하면, 이런 경제적인 성공은 정부와 기업 간의 긴밀한 제도적 관계, 그러니까 규제된 신용 거래, 수입의 제한, 특정 산업에 대한 후원, 근면한 노동 등을 통해 가능했다. 정부는 소비자 상품들을 희생시키면서, 원료와 기술을 수입하도록 촉구하였고, 소비 대신 저축과 투자를 장려하였다.

사실 한국의 근대화와 경제대국으로의 부상은 아무도 상상하지 못했던 일이었고, 기적과도 같은 일이었다. 이것이 하나님의 축복이 아니고 무엇이겠는가? 우리나라 대통령이 언젠가 외국 방문 중에 말하길, "외국에 나가보니 기업이 곧 나라다" 라고 했다. 삼성 휴대폰이나 전자 제품, LG 세탁기나 전자 제품, 현대 자동차 등이 세계인들 가운데 인기 있는 상품들이다. 그런데 이런 경제적 위세를 세계에 떨치게 된 신학적인 의미를 경제인들은 알아야 한다. 하나님께서 한국인들에게 경제적 위세(威勢)를 주신 까닭은 한국인 선교사들이 증거하는 복음에 위세를 더하기 위함이 아니겠는가? 이런 경제의 영적 의미를 경제인들이 모른다면, 한국의 경제력은 지속되기 어렵다. 세계 역사를 보고 어떤 나라가 경제적 위세를 떨쳤는지를 곰곰 생각해 보아야 한다. 미국의 달러나 동전에 새겨진 "우리는 하나님을 믿는다" (We Trust in God)는 문구와 달러의 위세를 연관시켜 생각해 보아야 한다.

시 68편 주께서 높은 곳으로 오르시며

1. 전체구조에서의 위치, 시의 유형과 삶의 자리

시 67편에서 아론계 대제사장의 축복과 세계 선교적 시야가 나타났다면, 시 68편에서 그 축복의 반향이 울려 퍼지고, 세계 선교 시야도 동일하게 나타나고 있다.

그런데 시편 68편은 시편 중에서 가장 난해한 시로 알려져 있다. 구약에서 여기서만 나타나는 15개의 단어들이나 표현들이 시 68편의 난해한 한 단면을 잘 대변해 준다. 이런 난해함 때문에, 어떤 이 시를 가리켜 "이 타이탄 (Titan)을 정복하기란 쉬운 일이 아니다" 라 했다. 시 68편을 해석한 수많은 사람들은 의견의 일치를 보이지 못하고 저마다 달리 해석한다. 이런 저런 해석을 제출해왔으나 여전히 그 난해함의 실마리는 풀리지 않고 있다. 이 시에 대한 대표적인 두 접근법을 들자면, 하나는 이 시를 난도질하여 공중(空中)분해(分解)시켜 버리는 접근법이 있다면, 다른 하나는 시 68편 전체를 하나의 가정된 역사적, 종교 의식적 상황에 맞추려는 접근법이다. 전자는 이 시를 30개 서시 (序詩)들의 조합 (a collection of thirty incipits) 이라 분석한 올브라잇으로 대표된다면(W. F. Albright, "A Catalogue of Early Hebrew Lyric Poems [Psalm LXVIII]," 1-39), 후자는 여러 전통적인 주석가들과 예루살렘 성전에서 행해진 종교의식들이 이 시의 배경을 이룬다는 모빙켈로 대표된다 (S. Mowinckel, *Der achtundsechzigste Psalm*). 모빙켈에 의하면 이 시는 예루살렘 성전에서 행해진 야웨의 신년 즉위식을 배경으로 한다. 야웨께서 자기 원수들을 패퇴시키시고 신년 즉위식을 통해 다시 왕으로 등극하신다. 이는 동시에 그분이 세상 만물을 새롭게 만드는 것을 의미한다. 모든 피조물은 비와 생육을 통해 소생되고, 축복이 즉위식을 통해 확보되고 수여된다. 동시에 선택, 출애굽=혼돈의 세력과의 전쟁, 언약체결, 성소 건축, 모든 이스라엘의 역사적, 잠재적 대적들을 대적함, 자기 백성과 자기 도성의 안전을 보장 등과 같은 기본적인 구원 사건들이 반복 된다 (Ibid., 19).

모빙켈의 신년 즉위식 가설 외에도, 시 68편이 생겨난 역사적, 공간적 자리에 대하여 여러 의견들이 제시되어 왔다. 헬켄느 (Herkenne)는 시 68편은 다윗이 암몬족을 쳐 부신 승리 (삼하 11, 12장)를 배경으로 한다고 주장했다 (*Das Buch der Psalmen*, [Bonn, 1936], 225). 어드만은 이스라엘 족속이 다윗 시대에 에벨 하우란에서 노략질하는 이방족들을 격파하는 상황을 가정한다 ("Psalm 68," *Expository Times* XLVI [1935-1936], 169-172). 에슬아이트너 (J. Aistleitner)는 솔로몬 시대에 에돔족을 쳐서 격파하는 순간이 이 시의 배경이라 주장한다 ("Zu Ps 68," *Biblische Zeitschrift* 19 [1931], 29-41). 또 어떤 이들은 하나의 역사적 상황이 아니라 다윗 시대에 얻어진 여러 승리들이 여기서 노래되고 있다고 생각한다.

우리는 시 68편은 출애굽에서 시작하여 광야에서의 인도, 원수들과의 전쟁, 정착 등과 같은 일련의 구속사건들을 노래하면서 현재 이스라엘이 직면한 원수와의 전쟁에 도움을 호소하는 노래라고 이해한다. 이러한 이해는 시 68편이 시 74편이나 하박국의 노래 (3장) 등과 같이 하나님께서 베푸신 구원을 먼저 기술한 후, 당면한 문제해결을 호소한다는 데 착안한 것이다. 본문에 근거하여 삼하 11-12장에 언급된 암몬을 치는 전쟁이 이 시인이 처했던 문제였다고 가정해 볼 수 있다.

2. 시적 구조와 해석

사고의 흐름을 일목요연하게 파악하기는 어렵지만, 대략 아홉 개의 연으로 구분된다.
제1연 (1-3절): 하나님께서 원수를 패퇴시키신다. 이스라엘은 찬송한다
제2연 (4-6절): 자기 백성들을 일상 삶에서 보살피시는 자애로운 아버지
제3연 (7-10절): 출애굽한 백성들 앞서 행진하시어 약속의 땅에 정착시키심
제4연 (11-14절): 명령을 발하시고 열왕들을 흩으시는 전쟁의 용사
제5연 (15-18절): 시온산에 좌정하시어 통치하시는 왕
제6연 (19-23절): 다시 정착생활에 대한 묘사
제7연 (24-27절): 성소로의 귀환 행렬 묘사
제8연 (28-31절): 다시 하나님의 동작과 열방의 복속
제9연 (32-35절): 열방아 하나님을 경배하라

이렇게 볼 때, 이 시에 일관되게 흐르는 사고는 출애굽에서 시작하여 가나안 정착과 그 이후의 통치, 그리고 메시아 시대의 세계적 통치를 바라보는 웅대한 드라마적 모습을 제시해준다. 따라서 이 시는 구약 신학의 축소판이라 할만하다.

제1연 (1-3절): 일어나사 구름 병거를 타시고 원수를 몰아 패퇴시키시는 하나님

제1연에 연속 사용되고 있는 미완료 동사들을 '영적 진리' 묘사로 이해하고 "하나님께서 일어나실 때, 그의 원수들이 그 앞에서 흩어진다…" 식으로 번역한다 (Paul Joüon-T. Muraoka, § 166ef.; Mitchell Dahood, *Psalms II*, 134). 이렇게 이해하면 제1연은 광야 여정시에도 그랬거니와 (민 10:35), 이스라엘 역사에 반복적으로 나타난 영적 진리, 곧 하나님께서 일어나시면 (자기 백성을 위해 움직이시면) 그의 원수들은 흩어지고 망한다는 사실을 묘사하는 것이 된다. 이런 사고를 뒷받침해주는 사실은 지혜문헌에서 자주 등장하는 악인들 (레쇠임)이나 의인들 (챠디킴)을 도입하여 저들을 대조시키고 있다는 점이다. 이 두 부류의 사람들은 욥기서, 시 1, 10, 37편에서나, 잠언서에서 대조를 이루며 빈번하게 나타나면서 신앙인의 처세를 교훈하는 모델들로 활용되고 있다. 또 다른 한 가지는 사용된 미완료 동사들이 간구형 (jussive)가 아니라 단순 미완료형으로 모음이 붙여져 있다는 사실이다. 따라서 "하나님이여, 일어나소서"와 같은 번역보다 "일어나실 때"란 번역이 더 개연성이 있다.

1절: 하나님이여 일어나사 원수를 흩으시며 주를 미워하는 자로 주의 앞에서 도망하게 하소서 (야쿰 엘로힘 야푸추 오예바브 베야누수 메산아브 미파나브)— 시인은 민 10:35을 인용하여 언약궤를 메고 행군할 때의 간구를 묘사한다. 두 구절 사이에는 사소한 차이가 나타나지만 본질상 동일한 표현이다. 이 두 구절의 비교를 통해 우리는 고려 중인 시가 언약궤를 메고 진군해 나가는 것으로 시작된다는 것을 알 수 있다.

2절: 연기가 몰려감같이 저희를 몰아내소서 불 앞에서 밀이 녹음같이 악인이 하나님 앞에서 망하게 하소서 (케힌도프 아샨 틴도프 케힘메스 도나그 미페네-에쉬 요브두 레쇠임 미페네 엘로힘) —연기가 바람에 힘없이 밀려가는 표상은 원수들이 하나님의 권능 앞에서 힘없이 흩어지고 패배하는 상황을 서술한다. 밀랍 표상은 힘없이 불 앞에 녹아내리듯, 하나님 앞에서 패배 도주하는 모습을 제시한다. 이런 "악인들"의 모습은 기뻐하고 즐거이 노래하는 3절의 "의인들"과 대조된다.

3절: 의인은 기뻐하여 하나님 앞에서 뛰놀며 기뻐하고 즐거워할지어다 (베차디킴 이스메후 야알추 리프네 엘로힘 베야시수 베심하) —여기서도 앞 1-2절에서처럼, 간구형으로 이해한다 (KJV, NASB, NIV, NRSV). 제시된 의인들의 모습은 무자(無子)하던 한나가 아이를 출산하고 기쁨에 즐거워하는 모습이다 (삼상 2:1).

제2연 (4-6절): 자기 백성들을 일상 삶에서 보살피시는 자애로운 아버지

출애굽 구원역사를 암시하는 제2연을 시작한다.

4절: 하나님께 노래하고 그 이름을 찬양하라 타고 광야에 행하시던 자를 위하여 대로를 수축하라

그 이름은 여호와시니 그 앞에서 뛰놀지어다 (쉬루 렐로힘 잠메루 쉐모 솔루 라로케브 바아라봇 베야흐 쉐모 베일주 레파나브) — "하나님께 노래하고 그의 이름을 찬양하라 구름들을 타시는 그분을 높일지어다 그의 이름은 여호와시라 그분 앞에서 즐거워할지어다." 전반절의 '하나님께 찬양하라'는 권고는 후반절에서 "구름들을 타는 자를(로케브 바-아라봇) 찬양하라"는 보다 발전된 권고로 이어진다. '구름들을 타는 자'란 표현은 17절과 33절에서 각기 더욱 상세히 된다: 하나님의 병거는 천천이요 만만이라; 옛적 하늘들의 하늘들을 타신 자. 여기서 한역은 "광야에 행하시던 자"로 번역하고 있다 (NASB, LSG, ELB). 이는 유가릿 문헌들의 연구가 번역에 도입되기 전의 번역이다. 히브리어 "로케브 바 아라봇"는 유가릿 문헌 (KTU I.3, II.40)의 rkb 'rpt와 상응한다는 것은 주지의 사실이다. 히브리어 '베' (b)는 때로 '페' (p)와 교체 사용되었다. 같은 양순음 (bilabial)이기 때문이다. 여기 사용된 "아라바" ('rbh)와 비견되는 다른 히브리어 명사는 "아리프" ('arif 구름, 사 5:30)와 동사 "아라프" ('araf 물방울을 떨어뜨리다)이다 (BDB, 791; 아카드어 erpetu). 비평가 브릭스의 시편 주석 (Briggs, The Book of Psalms II, 97)은 유가릿 문헌들의 발굴 (1929년부터 시작) 이전의 작품이지만 신현을 동반하는 병거에 관한 구절들인 시 18:11, 신 33:26을 비교한 후 "그의 하늘들의 구름들을 타는 자"라 번역했다. 이는 대단히 예리한 통찰력이다. 그러나 브릭스는 정확하게 전달된 맛소라 본문을, 자기 식으로 주제넘게 뜯어고치는 우를 범했다. 본문의 의미가 문맥상 부합되지 않는 경우에 우리는 더 나은 빛이 임하기까지 기다릴 필요가 있다는 것을 그는 예증해 주었다 (벧후 3:16).

"대로를 수축하라"와 연관하여, 고려할 점은 이 시가 1, 2, 3절에서 계속 3개의 콜론으로 된 행(line)을 구성했고, 각 행들은 각기 동의 병행법을 사용했다는 점을 고려해 본다면, 4절 역시 3개의 콜론으로 되었으며, 이 세 개의 콜론들은 서로 간에 농의 병행법을 이룬다고 할 수 있다 (이는 4절 마지막 부분 [그 이름은 야웨시며 그 앞에서 "크게 기뻐하라"]는 제외하고). 그렇다면 이 부분은 "대로를 수축하라"라고 (NJB, ELB, LSG) 번역하는 대신 "(구름들을 타시는 자를) 송축 할지어다"로 이해해야 옳다 (KJV, NIV, NRSV, TNK, KB³).

한편, "구름들을 타시는 자" (신 33:26, 삼하 22:11=시 18:11, 시 104:3, 사 19:1, 단 7:13)란 표현은 하나님께서 자기 백성들을 구원하시려 신속히 운행하시는 용사로 묘사되고 있음이 드러난다. "구름들을 타는 자"는 시적인 묘사임이 분명하다. 그리고 이런 묘사가 생겨난 데에는 구름을 동반한 하나님의 임재 현상이 크게 기여했을 것이다. 예컨대, 출 13:21에서 언급되기 시작하는 "구름기둥"이나 (특히 출 14:24), 구름 중에 나타난 하나님의 영광 (쉐키나 구름, 출 16:10, 19:9, 16, 24:15, 16, 33:9, 10, 40:34, 레 16:2, 민 9:15, 12:5 등)의 현상에서 "구름을 타는 자"란 표현이 유래하였을 것이다. 이런 신앙체험에 근거한 설명이 가나안 족속들의 표현에서 차용했다는 이해보다 진실에 가깝지 않을까? 에스겔은 환상 중에 하나님께서 그룹 천사들 위에 얹혀 날아가는 보좌 환상을 보았다 (겔 1, 10장 참조).

5절: 그 거룩한 처소에 계신 하나님은 고아의 아버지시며 과부의 재판장이시라 (아비 예토밈 베다얀 알마놋 엘로힘 비므온 코드쇼) —그는 고아들의 아버지 (아비 에토밈)가 되시고 과부들의 재판장 (다얀 알마놋)이 되신다. 하나님은 모세를 통하여 거듭 거듭 과부와 고아에 대하여 관대히 대하라 혹은 베풀라고 규정하신다 (출 22:22, 신 10:18, 14:29, 16:11, 14, 24:17, 19, 20, 21, 26:12, 13, 27:19). 이러한 인도주의적인 법규를 자기 백성에게 지금부터 3,500여 년 전에 주신 하나님은 고아의 아버지, 과부의 대변자로서 조금도 부족함이 없으시다. 그분은 거룩한 처소 (성소)에 거하신다. 이는 하늘 성소를 지시할 수도 있고, 시온 산 성전을 지시할 수도 있다.

6절: 하나님은 고독한 자로 가속 중에 처하게 하시며 수금된 자를 이끌어 내사 형통케 하시느니라 (엘로힘 모쉬브 예히딤 바예타 모치 아시림 박코솨롯)— 하나님의 자비로우신 처사가 다시 언급된다. 그 분은 홀로된 자들 (예히딤)에게 가정을 마련해 주시고, 수금된 자들 (아시림)을 자유케 하사 축복된 자리 (박코솨롯)에 거하게 하신다.

오직 거역하는 자의 거처는 메마른 땅이로다 (아크 소라림 솨크누 체히햐) — 자기를 대적하는 반역자들 (소라림)은 황폐한 곳, 곧 불타는 듯한 살풍경한 곳에 거할 것이다. "수금 (囚禁)된 자" (아시림)은 창 39:20, 22 (요셉), 삿 16:21, 25 (삼손), 사 14:17에서 옥에 갇힌 죄수를 지칭한다. 반역하는 자는 신 21:18, 20에서 부모를 거역하는 완악한 자; 사 1:23에서는 도적과 짝하며 고아와 과부를 무시하고 착취하는 패역한 방백을 지칭한다. 고와와 과부는 신명기에서 거듭거듭 이스라엘이 관대하게 돌보아 주도록 규정되는 사회 저층민들이었다. 이들은 가나안 정착 후에 사회적 계층화가 진행될 때 나타난 현상이었을 것이다. 그러나 이스라엘이 애굽에서 노예생활 할 때의 형편이 비유컨대, 과부나 고아와 같은 처지였다. 반역하는 자들은 하나님의 지도를 거스려 행한 고라 일당과 같은 이들이었다 (민 16장 참조). 이런 자들은 땡볕이 내리 쪼이는 불타는 광야에 거할 것이다. 즉, 그곳에서 죽게 된다 (민 16:31-35).

제3연 (7-10절): 출애굽한 백성들 앞서 행진하시어 약속의 땅에 정착시키시는 하나님

시내산의 신현이나 약속의 땅에서의 정착을 암시해 준다. 7-8절은 출애굽한 이스라엘의 광야 여정을, 9-10절은 저들이 약속의 땅, 곧 하나님의 기업에 정착하여 풍성한 비를 간구하며 가난한 자, 곧 성도들에게 은총을 베푸시기를 소망한다.

7절: 하나님이여 주의 백성 앞에서 앞서 나가서 광야에 행진하셨을 때에 (엘로힘 베쳬트카 리프네 암메카 베챠아데카 비쉬몬) **8 땅이 진동하며 하늘이 하나님 앞에서 떨어지며 저 시내 산도 하나님 곧 이스라엘의 하나님 앞에서 진동하였나이다** (에레츠 라아샤 아프-솨마임 나테푸 미페네 엘로힘 제 시나이 미페네 엘로힘 엘로헤 이스라엘) —7절 베쳬테카/ 베챠아데카에서 '파로노마시아' (paronomasia)를 본다. 이 진술은 드보라의 노래 (삿 5:4-5)와 유사하다:

여호와여 주께서 세일에서부터 나오시고/ 에돔 들에서부터 진행하실 때에

땅이 진동하고 하늘도 새어서 구름이 물을 내었나이다
산들이 여호와 앞에서 진동하니
저 시내 산도 이스라엘 하나님 여호와 앞에서 진동하였도다

시편기자나 드보라는 이스라엘의 광야 여정을 소재로 노래하고 있다. 여기서 노래되고 있는 광야 여정은 "행진하다" (차아드)란 말이나 지명들 (예시몬, 민 21:20, 23:28, 신 32:10; 시내산)로 이스라엘의 광야 여정을 암시해 준다 (다만 "행진하다"란 말은 민수기나 신명기의 광야 여정 묘사에 등장하지 아니하고, 삿 5:4에서 광야를 지나 에돔 지경을 통과하여 하나님께서 행진하시는 것으로 언급할 때 나타난다). 시인은 삿 5:4의 "세일에서" 대신 "당신 백성 앞서" 광야에서 행진하셨다고 진술함으로 이 여정(旅程)이 출애굽 한 백성들의 약속의 땅을 향한 여정임을 지시한다. 하나님은 구름기둥으로 자신의 임재를 나타내시어 백성들 앞서 가신 것이었다. 따라서 구름을 타는 자 (4절)란 표현이나 "옛적 하늘들의 하늘들을 타신 자" (32절)란 표현들은 모두 이런 역사적인 신앙체험에서 유래하였다.

9절: 하나님이여 흡족한 비를 보내사 주의 산업이 곤핍할 때에 견고케 하셨고 (게쉠 네다봇 타니프 엘로힘 나할라트카 베닐아 앗타 코난타흐) –동의 병행법으로, 후반절의 "당신의 기업"은 전반절에도 해당된다 (double duty). 이제 9-10절에서 시인은 백성을 가나안에 정착케 하사 베푸신 하나님의 은총을 노래한다.

10절: 주의 회중으로 그 가운데 거하게 하셨나이다 하나님이여 가난한 자를 위하여 주의 은택을 준비하셨나이다 (하야테카 야쉬부-바흐 타킨 베토바테카 레아니 엘로힘)— 여기서 "회중"이란 말 (하야)은 "생물" (야수)이란 말이지만 이것은 동시에 "군대"나 "가족"이란 의미도 갖는다 (삼하 23:13). "가난한 자"는 "경건한 자"를 지시할 것이다.

제4연 (11-14절): 명령을 발하시고 열왕들을 흩으시는 전쟁의 용사

이제 시인은 요단 동편 지역의 점령 전쟁을 노래한다. 이는 가나안 정복전(征服戰) 바로 앞서 모세의 지도 하에 되어진 헤스본 왕 시혼과 바산 왕 옥과의 정복 전쟁을 지시할 것이다 (신 2:24-3:17).

11절: 주께서 말씀을 주시니 소식을 공포하는 여자가 큰 무리라 (아도나이 잇텐-오메르 함메밧쉬롯 차바 라브)— 주께서 "승리의 노래"를 부르도록 명령을 발하시매 그 명을 전하는 '큰 무리의 사신들' (함므밧쉬롯 차바 라브; 사 40:9 참조)이 승리의 노래를 외쳐 부른다. 여기 "사신들"은 여성형이다. 즉 여성들이 승리의 노래를 외쳐 부른다. 여기 문맥이 전쟁을 묘사하는 점도 그러하지만, 때로 "기쁜 소식을 전하다"란 동사 (바사르)는 전쟁에서의 "승리의 소식을 전하다" 혹은 "승리를 선포하다"란 의미도 가진다. 이스라엘에서 여호와의 이름으로 치르지는 전쟁은 거룩한 전쟁으로, 전쟁 자체가 하나의 예배 의식이었다. 그래서 용사들은 몸을 성결하게 예비한 가운데

전투에 참가하여야 하며, 전쟁에 나가 치는 진에서도 성결을 유지하여야 했다. 여호와께서 임재하시어 이스라엘을 위하여 싸우시기 때문이다. 그리고 전쟁 후에 여인들이 승리의 찬양을 부르는 일도 예배 의식의 일종이었다. 삼상 31:9에서 블레셋 사람들이 이스라엘에 대승(大勝)을 거둔 후에 승리의 소식을 자기들의 우상들과 백성에게 선포하는 모습이 나타난다. 즉 승리의 소식을 선포하는 것이 신앙 의식으로 나타난다. 그렇지만 여기 시편에서는 전쟁의 승리를 '여호와께' 선포하는 것이 아니라 (우상에게 하듯), 오히려 '여호와께서' 승리의 찬양을 부르도록 명하신다 (G. Frederich, "유앙겔리조마이," *TDNT* 2권 참조). 한편 오늘날도 많은 "여성들"이 선교사로, 말씀 사역자로 헌신하고 있는 것은 고무적인 일이다. 구약이 예언한 메시아께서 오셔서 죄와 사망, 마귀와 저주, 질병 권세를 파하시고, 성령과 말씀으로 통치하신다는 (사 52:7, 61:1-3) 기쁜 소식을 전파하는 것이 전도요 선교이다. 구약 시대에 승리의 찬양을 외쳤던 여성들이 이제는 종말론적 승리를 온 세상에 선포하는 것이 마땅한 일이다.

12-13절: 여러 군대의 왕들이 도망하고 도망하니 집에 거한 여자도 탈취물을 나누도다 (말케 체바옷 잇도둔 잇도둔 운바트 바잇 테할레크 솰랄) **13 너희가 양 우리에 누울 때에는 그 날개를 은으로 입히고 그 깃을 황금으로 입힌 비둘기 같도다** (임-티쉬케분 벤 쉐팟타임 칸페 요나 네흐파 박케세프 베에브로테하 비락라크 하루츠)—하나님의 영 (슈)의 내용으로 이해된다 (NIV, NRSV, NASB, NAB 참조): "'군대와 왕들이 줄행랑을 놓는구나, 줄행랑을 놓는구나.' 집에 머문 여인들은 탈취물을 나눈다. 비록 양 우리 가운데 누운 너희들을 위해서도: 은으로 입힌 비둘기의 날개들, 그 녹색 금을 입힌 날개들(이 주어진다)." 양 우리들 (쉐팟타임) 중에 눕는다는 것은 창 49:14-15, 삿 5:16에 의하면, 전쟁에 출전하지 아니한 자들을 묘사하는 표현이다. 그렇다면, 여기서의 의미는 "전쟁에 참전하지 못했을지라도"라는 의미가 된다. 그렇다면 "비둘기"는 무엇인가? 집에서 기르는 비둘기는 날개가 노랑색이라 한다. 이 문맥에서 비둘기는 집에 남은 이들이 나누는 전리품의 일부인 장식용 비둘기로 보인다(U. Cassuto, *Biblical and Oriental Studies* [Jerusalem: The Magnes Press, 1975], I:262; 고고학적 발굴물 중에 은, 금이 입혀진 비둘기 날개들의 형상을 한 장식품들이 있다; Schaeffer, *Ugaritica*, [Paris, 1939], 32). 12절 후반절과 14절이 그러한 사고를 묘사한다고 할 수 있기 때문이다.

14절: 전능하신 자가 열왕을 그 중에서 흩으실 때에는 살몬에 눈이 날림 같도다 (베파레스 솨다이 멜라킴 바흐 타쉘레그 베찰몬) — "전능자께서 그곳에 있는 열왕들을 흩으실 때에 살몬에 눈이 내리는구나." 새 예루살렘 번역본 (NJB)은 "검은 산에 눈이 내린다"고 번역하고 각주에 "아마 승리 후에 폐허화된 세겜에 뿌려진 소금"을 의미할 것이라고 추정한다. 살몬산은 의미상 '검은' 산이다 (화산암인 '검은' 현무암으로 덮인 산; 반면 레바논 산지는 '하얀' 석회암). 다른 번역은 "노략물들이 살몬산에 눈처럼 흩어졌다" (NAB)고 이해한다. 검은 산에 선명한 조화를 이루는 하얀 눈발이 날렸다는 사고가 인상적이다. 또 다른 추정은 여기 언급된 "눈"을 욥 38:22-23에 언급된 대로, 전쟁을 위해 하나님께서 저장한 눈의 창고와 우박의 창고에서, 전연 눈이 내리지 않는 장소나 시기에 눈을 보냄으로 원수들을 패퇴시킨 전쟁의 용사 하나님의 탁월한 능력으로 이해하는 것이다 (수 10:11, 사 30:30도 참조).

그런데 살몬산의 위치는 다음절에 언급된 바산 고원지대의 한 산봉우리가 아닌가 여겨진다. 그렇다면 여기 언급된 전쟁은 바산 왕 옥을 치는 전쟁에 대한 언급일 수 있을 것이다 (신 3:1-11; "그 때에 우리가 요단 동편의 아모리 족속의 두 왕들의 영지, 곧 아르논 고지에서 헬몬 산까지 취하였다"-8절). 바산 평지에 위치한 에드레이 근처에서 바산 왕 옥을 치는 전쟁은 시 135:11, 136:20 등지에서 언급되고 있듯이 이스라엘의 역사에 중요한 한 순간을 구성했다. 따라서 삿 9:48에 근거해서 세겜 근처의 살몬 산으로 이해할 필요는 없다.

바산은 트랜스요르단 지역의 가장 북단으로 헬몬산에서 야르묵강 까지의 지역이다. 바산지역은 해발 600 미터의 고원지대로 동쪽으로 갈수록 높아져 해발 1820 미터의 하우란 산지에서 최고봉에 달한다. 동쪽에 사막이 시작되긴 하나 길르앗이나 암몬, 모압 지역과는 달리 훨씬 동편으로 들어간 곳에서 시작되며, 하우란 산지가 사막의 열풍을 막아주는 방패 역할을 하므로 비옥한 바산 지역은 곡창지대를 이룬다. 특히 바산의 밀농사는 유명하며, 성경에서 "바산의 암소들"이란 표현으로 그 비옥한 목축지를 암시해 준다 (시 22:12, 암 4:1, 겔 39:18). 바산 지역은 현재 이스라엘이 지배하는 골란고원, 연간 강우량이 300-600 밀리미터에 달하는 바산 평지의 중앙부를 점하는 바산 고원, 가장 동편의 하우란 산지로 크게 구분된다. 바산 지역은 이스라엘이 출애굽하여 가나안에 입성하기 전 공략한 땅이며 (신 3:4, 13-14), 그 후로 이스라엘과 아람족 사이에 끊임없는 격전지가 되었다. 15절에서 언급되는 바산의 산은 하우란 산지를 의미할 것이다. 이곳에는 드루즈족들이 살므로 드루즈의 산 곧 "제벨 드루즈"(Jebel-ed Druze)라 불린다.

15절이 새로운 시고를 도입히고, 14절이 제4연의 시각길인 12절 이하의 시고를 계속히는 것으로 미루어 여기서 제4연을 종결지어야겠다. 여기서의 일관된 사고는 군대를 거느린 열왕들을 치시는 하나님의 권능과 그 전리품들을 나누는 백성들의 모습이다.

제5연 (15-18절): 시온 산에 좌정하시어 통치하시는 왕

제5연은 시온 산을 택하신 하나님의 섭리에 대한 열방의 시기와 질투를 주제로 한다. 우리는 2연에서 정착생활에서 나타난 하나님의 은총을 보았다면 5연에서 이스라엘을 땅에서 제하려고 공격하는 열왕들을 치시고 그 노략물을 백성으로 나누게 하시는 하나님의 손길을 보았다. 이제 시인은 이렇게 하나님의 보호받는 하나님의 기업 이스라엘의 초점이 되는 시온 산으로 우리를 인도한다.

15절: 바산의 산은 하나님의 산임이여 바산의 산은 높은 산이로다 (하르-엘로힘 하르-바샨 하르 가브눈님 하르-바샨) — 동의 병행법을 구성하는 전.후반절로 구성되었다. 전반절에서 바산의 산은 '웅장한 산' (하르-엘로힘)이라 하고 ('엘로힘'은 여기서 최상급을 표시하는 형용사 구실을 한다."최고의 산"; KB³ 3e 참조), 후반절에서는 좀 더 구체적으로 "봉우리들이 솟아있는 산" (하르 가브눈님)이라 한다. 전반절의 "웅장한 산"은 그 생김새를 묘사하여 웅장한 산일 수도 있고, 아니면 '신들의 산', 곧 종교적인 의미를 지니는 산이란 의미일 수도 있겠다. 여기서는 후반절에 비추어 생김새가 웅대(雄大)한 산이라 이해한다. 바산은 요단강 동편의 비옥한 고원지대로 서로는 갈릴리 호수변의 낮은 언덕들, 북으로는 헤르몬 산, 동으로는 예벨 드루즈 등을 접한다.

16절: 너희 높은 산들아 어찌하여 하나님이 거하시려 하는 산을 시기하여 보느뇨 진실로 여호와께서 이 산에 영영히 거하시리로다 (람마 테랏체둔 하림 가브눈님 하하르 하마드 엘로힘 레쉽토 아프-야웨 이쉬콘 라네차흐)—이 바산의 웅장한 봉우리들이 하나님께서 보좌로 좌정하시고자 하는 (레쉽토) 그 산, 곧 야웨께서 영구히 거하시려는 산을 어찌하여 시기하느냐?고 시인은 꾸짖는다. 바산 왕 옥을 비롯한 아모리 족속이 이스라엘을 대적한 사실을 자연에 빗대어 노래하는지 모른다. 저들은 이스라엘의 약속의 땅 진입을 한사코 대적하였다 (민 21:23, 33). 혹은 삼하 10-11장에 언급된 트랜스요르단 지역에서의 전쟁이 이 시의 배경으로 작용하는지도 모른다. 여하간 하나님은 이스라엘로 가나안을 취케 하시고 시온 산에 좌정하시고자 하셨다. 시온산은 삼하 5:7부터 등장하여 이스라엘의 예배 중심지만 아니라 모든 삶과 사고의 중심 역할을 해왔다. 시인들은 하나님께서 시온 산을 택하시고 (132:13; 사 14:32 참조), 시온산 위에 자기 기름 부은 왕을 야웨께서 세우셨고 (시 2:6), 여호와 하나님은 시온산에 거하시며 (9:11, 74:2, 76:2, 84:7, 99:2; 사 8:18, 18:7), 시온에서 이스라엘의 구원이 나온다 (14:7, 53:6; 사 2:3, 28:16 참조)고 노래했다. 이사야는 시온이 정결케 된 후 (사 4:4), 구속자가 시온에 임할 것임을 예고했다 (59:20). 물론 여기 시 68편에는 시온 산이란 칭호가 나타나지 아니한다. 그러나 29절에서 "예루살렘 위의 당신 성전" (헤칼레카 알-예루샬라임)이란 표현은 시온 산이 지금 고려 중인 16절의 산임을 분명히 해준다.

17절: 하나님의 병거가 천천이요 만만이라 주께서 그 중에 계심이 니새 산 성소에 계심 같도다 (레케브 엘로힘 립보타임 알페 쉰안 아도나이 밤 시나이 박코데쉬)— "하나님의 병거는 천천이요 만만이며/ 주 (아도나이)께서 그것들을 타시고 시내산에서 성소로 (임하신다)." 다시 2연에서 언급된 (4절) "구름을 타시는" 하나님의 표상이 나타난다. "병거가 천천이요 만만이라"는 표현은 12절의 "군대들을 거느린 열왕들"과 대조되어 하늘 군대의 압도적인 우세를 강조해 주는 듯 하다. 마지막 부분의 번역은 확실치 않다: 주께서 거룩함 중에 시내산에 오셨다 (REB)는 이해도 가능하다. 16절에서 여호와께서 시온산에 영원히 거하신다고 말씀하였다면 17절에서는 시내산에서 그곳으로 향하시는 행진을 암시한다고 할 수 있다. 18절이 이런 사고를 뒷받침해 주는 듯 하다. 시내산의 하나님 (8절), 곧 시내 산에 강림하셨던 그 하나님은 이제 시온산 성소로 병거를 타시고 현림하신다. 이는 신 33:2의 사고를 반영하는 듯 하다. "야웨께서 시내산에서 오셨고, 세일에서부터 저들에게 해처럼 광채를 발하시고; 그가 바란 산에서부터 빛을 비춰시며, 수만의 거룩한 자들 중에서 나오셨고, 그의 오른손에서 저들에게 불의 광채가 쏟아져 나왔다" (케레 독법은 아쉬다트를 나누어 두 글자 아쉬 다트 [율법의 불로 읽는다). 여기서 바란산은 바란 광야에 위치하는 한 산일 것이다. 이 광야는 시내반도 중앙지를 점한다. 시내산 근처의 어느 곳이 바란산이었을 것이다. 모세가 묘사하는 이 광경은 시내산의 신현 (theophany)이 빛으로 영광스럽게 나타났음을 표현해 준다 (S. R. Driver, *Deuteronomy*, ICC, [Edinburgh: T. & T. Clark, 1901], 390은 "시내산에서부터" 주께서 오셨다 ["시내산에"가 아니라]고 표현하니 이는 시내산 신현이 아니라, 광야 여정시의 다른 신현을 묘사한다고 오해한다; 출 19:18, 20이 시내산에 야웨께서 강림하셨다고 하지만, 신 33:2은 그분의 영광스러운 신현 현상을 시적으로 묘사하고 있다). 모세는 다른 곳에서 "여호와의 영광이 시내산 위에 머물고 구름이 6일 동안 산을 가리더니 여호와께서 구름 가운데서 모세를 부르시니라. 산 위의 여호와의 영광이 이스라엘 자손의 눈에 맹렬한 불 같이 보였고"(출 24:16-17)라고 묘사했다. 태양이 동편에서 떠오를 때 찬란한 광휘를 발하여 그 강렬한 빛으로 온 대지를 채우듯, 주께서 나타나시니 시내산 기슭의 이스라엘 백성들이 보기에 시내산에서, 세일 산에서, 바란 산지에서 찬란한 광채가 쏟아져 나와 눈을 들지 못할 지경이었다. 세일산은 시내산 동편 에돔 족속의 땅에 위치하였다. 이 하나님의 현림은 이스라엘의 가슴에 영원히 간직되어 드보라도 (삿 5:4), 하박국 선지자도 (합 3:3) 하나님의 임재를 시내산의 신현으로 노래했다.

18절: 주께서 높은 곳으로 오르시며 사로잡은 자를 끌고 선물을 인간에게서, 또는 패역자 중에서 받으시니 여호와 하나님이 저희와 함께 거하려 하심이로다 (알리타 람마롬 솨비타 쉐비 라카흐타 맛타놋 바아담 베아프 소레림 리쉐콘 야흐 엘로힘) — "당신이 위로 올라가실 때에 사람들 중에서, 곧 반역자들 중에서 선물을 취하시어 포로로 끌고 행진하셨으니, 야웨 하나님께서 거하시려 하심이다." 여기서 '위로 올라가셨다' 는 것과 '포로들을 끌고 행진하셨다' 는 것은 요단 저편에서 아모리 왕들을 패퇴시키고 전리품을 취하여 시온산을 향해 나아가시는 모습을 묘사한다. 그분이 포로를 사로잡아 올라가시는 일은, 그가 사람들 중에서, 곧 반역자들 중에서 선물을 취한 일보다 후의 일이다. 그 선물들은 곧 사람들이다. 16, 17절에서 시온산에 거하시고, 그곳으로 행진하시는 하나님을 묘사한 다음 18절에서는 그 행진을 보다 세밀하게 묘사하길, 사람들을 포로로 사로잡아 그곳에서 거하시기 위해 올라가신다고 노래한다.

제6연 (19-23절): 정착생활에 대한 묘사

여기서는 다시 정착생활에서 나타난 하나님의 은총을 노래한다. 여기서 보듯 이 시의 사고는 물 흐르듯 자연스럽게 흐른다고 보기 어렵다. 어떤 연대기적 순서에 따라 묘사하는 것 같지 않다. 이스라엘 역사의 순간들을 어떤 시간적 순서 없이 조망하고 있다. 한 가지 분명한 사실은 시인의 초점들은 하나님의 은혜로운 일들에 맞추어진다.

19절: 날마다 우리 짐을 지시는 주 곧 우리의 구원이신 하나님을 찬송할지로다 (바룩 아도나이 욤 욤 야아모스-라누 하엘 예슈아테누) — "날마다 우리의 짐을 지시는 주님 (아도나이)을 찬양할지어다! 그 하나님은 우리의 구원이시다." 여기서 "짐을 지다" 란 동사 (아마스)는 짐승에게 짐을 지우다 (창 44:13, 느 13:15), 짐을 나르다 (느 4:11), 자녀를 팔로 안아 나르다 (사 46:3) 등을 의미한다. 하나님은 우리를 위해 짐을 대신 날라 주신다. 그것도 매일(每日). 그러므로 하나님은 우리의 "도움"/"구원" 이시다. NIV는 "구세주"라 번역하고 있다. 이런 하나님의 모습은 신들의 귀찮은 일을 시키려고 인간을 만들었다는 메소포타미아 인간창조 신화가 말하는 사고와 대조된다. 이방 신들 곧 우상들은 아침마다 씻기고 화장시키고 분장시키고, 거기다 음식을 차려 놓고 대접하여야 하고, 더구나 행렬 시에는 메고 날라 주어야 하는 존재로 대접만 받지만, 우리 하나님은 그런 이방 우상들과 달리 자기 백성의 무거운 짐을 대신 져 주시는 좋으신 하나님이시다.

찬양할지어다 (baruk) —이 표현은 시편에서 시편의 1, 2, 3, 4권을 마무리 지을 때 (41:14, 72:19, 89:53, 106:48), 혹은 시인이 이런 저런 까닭을 제시하며 찬송을 받으실 하나님이라 묘사한다 (18:47, 28:6, 31:22, 66:20, 72:18, 119:12, 124:6, 135:21, 144:1). 시 68:19, 35에서도 이런 전형적인 용도가 재현되고 있다. 35절이 시를 마무리 짓는 한 형식으로 "하나님을 찬송할지라"고 한다면, 19절에서는 날마다 우리 짐을 지시는 주님을 찬송할지라! 고 말씀한다.

20절: 하나님은 우리에게 구원의 하나님이시라 사망에서 피함이 주 여호와께로 말미암거니와 (하엘 라누 레모쇼옷 벨레도나이 아도나이 람마벳 토차옷) — "하나님은 우리에게 구원의 하나님이시다. 사망 (신)에서 피함이 야웨 주님 (야웨 아도나이)게 속한다." 아마 여기 "사망"은 가나안 족속이 섬기던 그 죽음의 신 "못"을 염두에 두었는지 모를 일이다. 가나안 신화에 의하면, 이 못 (사망) 신은 땅을 황폐케 하고, 사망을 퍼뜨리는 신이며 가나안 족속의 주신인 바알신의 원수이다. 이런 죽음의 그림자에게서 구원을 받는 길은 사망 신의 원수 바알을 의지해서는 안 되고, 이스라엘의 하나님 여호와를 의지하는 것이다. 왜냐하면 바알 신은 사망 신에게 죽임을 당하여 지하세계로 끌려가는 존재이기 때문이다. 전도서 7:26에 의하면, 여인을 사망보다 독한 자이나, 하나님을 기뻐하는 자는 그녀를 피하겠지만, 죄인은 그녀에게 잡힌다 했다. 하와를 필두로 남자를 사망 길로 인도한 것을 빗대어 말하는지 모른다. 어떤 경우이건 하나님을 온전히 기뻐하는 자는 사망에서 구원을 얻는다 (고후 1:10). 이제 신약적으로 이 진술은 죄가 사망을 통해 인류를 압제하였으나 예수 그리스도를 통해 의롭게 된 자들은 은혜 안에서 왕 노릇 한다는 큰 신학 주제로 전환되었다. 이 사망을 철폐하신 주님의 행위야 말로 인류에게 주어질 수 있는 희소식 중의 희소식을 제공한다 (롬 5:21, 히 2:14).

21절: 그 원수의 머리 곧 그 죄과에 항상 행하는 자의 정수리는 하나님이 쳐서 깨치시리로다 (아크-엘로힘 이므하츠 로쉬 오예바브 코드코드 세아르 미트할렉 바아샤마브) —시인은 시선을 원수들에게로 향하여 노래하길, 하나님께서 자기 원수들의 머리통, 곧 늘 죄 중에 행하는 자들의 "머리털 덮인 두개골"을 박살내실 것이라 한다 (합 3:13 참조). 그런데, NJB는 "그 죄과에 항상 행하는 자의 정수리"를 "먹이를 찾아 헤매는 범죄자의 긴 머리털을 가진 머리통" (long-haired skull of the prowling criminal)이라 번역했다. KB³에 의하면, 한역이 "정수리"라 번역한 표현 (코드코드 세아르)은 "머리털이 덮인 두개골" (the hair-covered skull)이란 의미로, 일부로 전체, 곧 '털이 덮인 두개골을 지닌 사람'을(mankind with a hairy skull) 지시하는 제유법 (synecdoche)

이다.

22절: 주께서 말씀하시기를 내가 저희를 바산에서 돌아오게 하며 바다 깊은 데서 도로 나오게 하고 (아마르 아도나이 밋바샨 아쉬브 아쉬브 밈메추롯 얌) — "주님은 바산에서 내가 되돌리리라/ 바다의 깊음 속에서 되돌리리라" 고 선언하신다. 그런데 "되돌리다"의 목적어는 명시되어 있지 않다. 추론하여 보충한다면 다음절 (23절)에서 상대자가 2인칭 남성단수로 나타나는 것으로 보아 이스라엘 백성의 무리로 이해한다. 5연에서 바산이란 지명이 언급된 바 있다. 다시 여기 바산이 언급되고 그곳에서 하나님께서 자기 백성을 되돌리시겠다고 다짐하는 것은 어떤 역사적 상황을 반영하는가? "(바다의) 깊음"이란 바로의 군병들이 바다 깊음 속에 수장된 사건을 노래하는 출 15:5, 느 9:11에서 나타난다. 그리고 시편기자는 "주께서 나를 깊은 웅덩이, 어두운 깊음 속에 두셨다" 하였다 (시 88:8; 시 18:16, 32:6도 참조). 이런 용례로 보건대 바다의 깊음은 고난을 상징한다고 할 수도 있다. 그런데 바다의 깊음 (출 15:5)과 바산 (민 21:33)이 동시에 나타난 것으로 볼 때, 출애굽시의 구출을 염두에 둔다고 여겨진다. 아니면 다윗 시대에 이스라엘군이 바산 지역에서 전쟁할 때 (삼하 10:6-19)의 상황도 반영되었는지 모른다.

23절: 너로 저희를 심히 치고 그 피에 네 발을 잠그게 하며 네 개의 혀로 네 원수에게서 제 분깃을 얻게 하리라 하시도다 (레마안 티므하츠 라글레카 베담 레숀 켈라베카 메오예빔 민네후) — "그리하여 네 발이 (원수들의) 피에 목욕하고 (라하츠; LXX, Syriac, Targum; 시 58:11, 사 63:1-6 참조)/ 네 개들의 혀가 그것에서, 원수들에게서 (핥을 것이다)." "개"는 출 22:31에서 "거룩한 사람"과 대조적으로 나타나고 있다. 특히 신 23:18에서는 창기의 번 돈과 개의 소득을 경멸적으로 언급하면서 "개"를 언급한다. 여기서는 여자 창기와 비견되는 남자 창기를 지칭할 것이다. 기타 구약에서의 용례는 경멸적인 존재로 자주 나타난다 (삼상 24:14, 삼하 3:8, 9:8, 16:9, 왕하 8:13, 사 66:3; 빌 3:2, 계 22:15). 그런데 여기서는 "네 개들"이라 호칭되었다. 이스라엘이 경멸하는 개들이 원수들의 피를 핥을 것이었다 (왕상 22:38 참조).

제7연 (24-27절): 성소로의 귀환 행렬

7연은 6연의 연속으로 볼 때, 승전(勝戰) 후의 성소로의 귀환행렬에 대한 묘사이다. 이미 17-18절에서도 하나님의 개선 행렬이 암시된 바 있지만, 여기서는 개선장군이신 하나님 보다는 그 분의 개선행진에 참가한 이스라엘 성도들의 모습에 초점을 맞춘다.

24절: 하나님이여 저희가 주의 행차하심을 보았으니 곧 나의 하나님, 나의 왕이 성소에 행차하시는 것이라 (라우 할리코테카 엘로힘 할리콧 엘리 말키 박코데쉬) —성가대를 동반한 회중 행렬이 성소를 향하여 나아가는 것을 묘사한다. 그것은 승리한 하늘 대왕의 행렬이었다. 실제로는 제사장들이 하나님의 임재를 상징하는 언약궤를 (전쟁에 참전하는 언약궤에 대하여 삼상 4:5, 삼하 11:11 참조) 어깨에 메고 개선하는 승전한 군대 선두에 서서 행진하는 것이다. 한편 "나의 왕" (말키)이란 호칭은 전쟁에 승리한 하나님의 칭호로 합당하다 (출 15:18, 시 74:12 참조).

25절: 소고 치는 동녀 중에 가객은 앞서고 악사는 뒤따르나이다 (킷데무 솨림 아하르 노그님 베토크 알라못 토페꼿) ―앞에는 가수(歌手)들이, 뒤에는 악사(樂士)들이, 소고(小鼓)치는 처녀들은 중앙에 행진 한다 (NJB, NRSV). 그런데 KJV, NIV는 선두에 가수들이, 그들 다음에는 악사들이, 소고치는 동녀들과 함께 행진하는 것으로 이해했다.

26절: 이스라엘의 근원에서 나온 너희여 대회 중에서 하나님 곧 주를 송축할지어다 (베마케헬롯 바르쿠 엘로힘 야웨 밈메코르 이스라엘) ―회중들 가운데서 이스라엘의 원천 (족장)에서 나온 자들, 곧 야웨를 경외하는 자들은 하나님 야웨를 찬송할지라!

27절: 거기는 저희 주관자 작은 베냐민과 유다의 방백과 그 무리와 스불론의 방백과 납달리의 방백이 있도다 (샴 빈야민 차이르 로뎀 사레 예후다 리그마탐 사레 제불룬 사레 납탈리) ―그곳에는 가장 작은 지파 베냐민이 앞서고, 유다 지파의 지도자들의 큰 무리들, 스불론 지파의 지도자들과 납달리 지파의 지도자들도 있다. 이렇게 북방 지파들이 의식 행렬에 참여하고 있다는 사실과 예루살렘 성소가 (29절) 언급된 점은 이 시가 다윗 시대나 솔로몬 시대, 곧 통일왕국 시대의 것임을 암시해 준다. 이 지파들의 지도자들이 특별히 언급된 것은 이들이 "되돌리리라" 는 하나님의 다짐을 시행하는 데 앞장섰기 때문인가? 또 다른 설명에 의하면, 이 네 지파가 특별히 언급된 것은 북편의 납달리, 스불론, 남편의 유다, 베냐민 등으로 극과 극을 함께 제시하여 전체를 지시하는 수사기교에 해당된다. 즉, 이 네 지파는 전체 지파의 대표로 여기 언급되고 있다. 그런데 베냐민 지파가 모든 지파의 대표로 제시되는 이유는 베냐민 지파가 전체 이스라엘 지파들에 대하여 주도권을 행사하던 사사 시대, 곧 중앙 성소가 스불론과 납달리 지파 중간 지대인 다볼 산에 위치할 때의 일을 묘사하기 때문이라 한다 (삿 20:34, 삿 4:6, 10, 12, 14 참조). 그렇지만 베냐민이 전 지파의 헤게모니를 잡았던 때는 이스라엘의 초대 왕 사울 시대 정도일 뿐, 사사 시대에는 없었다.

제8연 (28-31절): 하나님의 동작과 열방의 복속

제8연에서 시인은 구원을 행하신 하나님의 권능과 이로 인하여 열방의 왕들이 예루살렘 성소에 예물을 가져오는 모습을 묘사한다.

28절: 네 하나님이 힘을 명하셨도다 하나님이여 우리를 위하여 행하신 것을 견고히 하소서 (치바 엘로헤카 웃제카 웃자 엘로힘 주 파알타 라누) ― "하나님이여, 당신의 권능을 명하소서/ 하나님이여, 전에 우리를 위하여 행하신 것처럼 당신의 권능을 견고케 하소서." "명하였다" (치바)란 완료형이 고대 역본들 (LXX, Targum, Syriac 등)에서 명령형으로 "명하소서" (차베)로 번역되었다 (NJB, NRSV, ELB). 그리고 "엘로헤카" (헬로헤카 네 하나님)도 몇몇 사본들이나 고대 역본들이 접미어 없이 "엘로힘" (엘로힘 하나님)으로 읽고 있다. 명령법 독법을 지지해 주는 또 다른 증거는 28절 후반절이 명령법으로 구성되었다는 사실이다 ("권능을 나타내소서"; '웃자; 아자즈 동사는 "자신이 강함을 보이다" [to show oneself strong], "-에 도전하다" [defy]). 만약 이런 고대 역본들의 독법을 따른다면, 이 문장은 시 전체의 전반적인 의도에 결정적인 영향을 미칠 것이다. 다시 말해, 시인은 지금까지 과거에 구원을 행하신 하나님을 묘사한 후, 이제 다시 그 능력을 드러내 보이소서! 라고 부르짖고 있다. 하박국 선지자 역시 과거에 구원을 행하신 하나님을 노래한 후, 수년 내에 당신의 일을 부흥케 하소서! 라고 간구한다 (합 3:2). 시편 74편에서도 역시 동일한 사고의 흐름이 나타난다 (시 74:19-23 참조).

29절: 예루살렘에 있는 주의 전을 위하여 왕들이 주께 예물을 드리리이다 (메헤칼레카 알-예루샬라임 레카 요빌루 멜라킴 솨이) —몇 가지로 달리 이해되고 있다.

1) 예루살렘에 당신의 성소가 있으므로, 열왕들이 예물을 당신께 가져오리이다! (KJV, NASB, NIV, NRSV); 2) [28절 말미와 함께 읽는다] 예루살렘 위에 위치한 당신의 성전으로부터 (당신께서 우리를 위해 휘두르신 그 권능을 나타내소서!; 왕들이 예물을 가져오리이다)(NJB, TNK, ELB); 3) 당신의 성전에서부터 당신은 예루살렘을 통치 하시나이다 (LSG). 이런 제안들 중에서 적절한 이해는 2)번 번역이다 (열방의 예물드림에 대하여, 시 76:12, 사 60:7이하, 66:20, 학 2:7, 슥 2:11이하, 6:15, 8:21 이하 등 참조). 역사적으로 본다면, 다윗이 하닷에셀을 쳐서 파하였을 때는 하맛 왕 도이가 자기 아들 요람을 보내어 축하하였다. 솔로몬 시대에는 속국에서 예물을 가지고 솔로몬 왕을 예방하였다 (왕상 10:25). 여호사밧 시대에도 주변 속국이 예물을 바쳤다 (대하 17:11). 그리고 히스기야가 앗시리아 산헤립 대군을 꺾었을 때, 바벨론에서 사신을 보내어 편지와 예물을 전달하고 축하했다 (왕하 20:12 참조). 신정국 이스라엘에서 왕은 하나님의 아들로 (삼하 7:14이하) 하나님의 청지기였으므로, 이스라엘 왕에 대한 복속은 하나님께 대한 복속이었다. 그런 의미에서 여기서는 열방의 예방(禮訪)을 성전에 계신 하나님께 예물 드리는 것으로 묘사한다.

30절: 갈밭의 들짐승과 수소의 무리와 만민의 송아지를 꾸짖으시고 은 조각을 발아래 밟으소서 저가 전쟁을 즐기는 백성을 흩으셨도다 (게아르 하얏 카네 아닷 아비림 베에글레 암밈 미트랍페스 베라체-카세프 빗자르 암밈 케라봇 에흐파추)— "갈대에 사는 야수"(사 27:1은 리위아단, 겔 29:3, 32:2는 용)는 애굽을 지칭한다. 열방의 송아지들 중에 거하는 황소 무리도 역시 시인 당대의 적국(敵國)들을 지칭할 것이다. 다음 표현 미트랍페스 베랓체-카셉은 이해하기 쉽지 않다. NRSV는 "열방의 송아지들과 함께 황소들의 무리(를 책망하시고], 조공을 탐하는 자들을 발아래 짓밟으소서"; NIV는 "열방의 송아지들 중에 거하는 황소들의 떼를 책망하소서]; 그것으로 굴욕 당하여 은덩이들을 갖고 오게 하소서." 우리는 이 두 번역 모두 적당치 않다고 본다. 겔 32:2에서 이 동사 (비록 히트파엘형은 아니지만)가 바로를 발로 물을 짓밟아 더럽히는 나일 강의 악어로 묘사한다. 여기서도 갈대숲의 짐승 곧 악어를 바로로 이해하면 이 동사는 악어를 수식한다고 이해된다. 따라서 이 분사는 애굽의 바로와 그와 짝하여 이스라엘을 괴롭히는 무리들을 묘사한다고 파악한다. 은 막대기 곧, 조공도 마다하고 전쟁을 추구하는 열방들을 하나님께서 책망하시고 처벌해 달라는 간구이다. 이렇게 간구하는 이유는 열방의 원수들이 하나님의 기업을 호시탐탐 노리고 괴롭히기 때문이다. 저들은 갈대로 상징되는 애굽 (왕하 18:21, 사 19:6, 36:3, 겔 29:6)

을 위시한 이스라엘 주변의 약소국들을 망라할 것이다. 이방의 적국들을 짐승으로 묘사하는 수법은 시 74:19, 80:13, 89:10-11, 암 9:3, 단 7장 등에서도 나타난다. '꾸짖는다' 라 함은 단순한 말의 책망 정도가 아니라 힘에 의한 징계를 함축한다 (사 17:13, 슥 3:2). 하나님께서 갈대 바다를 '꾸짖으시매' 그것이 말라버렸다(시 106:9). 히브리인들의 사고에서 말은 곧 현실이다 (다바르, 말= 사물). 전쟁을 즐거하는 열방을 흩으소서!

31절: 방백들은 애굽에서 나오고 구스인은 하나님을 향하여 그 손을 신속히 들리로다 (*예에타유 하쉬만님 민니 미츠라임 쿠쉬 타리츠 야다브 렐로힘*) — 세상의 열국들이 하나님께 경배할 것을 예기되었다. 시인의 가슴에서 선교적 비전이 환하게 열리고 있다. 애굽의 사신들이나, 구스인들은 하나님께서 자기 권능을 나타내시매 신속히 굴복하고 시온 산 성전으로 예물을 갖고 올라온다. 한 이디오피아 기독인의 증언에 의하면, 에디오피아인들은 이 구절을 좋아하여 예배 때에 늘 이 말씀을 상기하며 기도한다. "귀한 사신들"로 이해되는 히브리어 "하쉬만님"(*hapax legomenon*)은 "청동"을 의미하는 애굽어 *hsmn*와 연관된다고 한다 (KB³; W. F. Albright, *HUCA* 23 [1950] 30-34). 또 다른 제안은 유가릿어 "후쉬마누"(*hushmanu* 붉은 옷감)와 연관시켜 이해하는 것이다 (W. F. Albright, in *Interpretationes Sigmundo Mowinckel*, ed. A. S. Kapelrud [Oslo: Forlaget Land og kirke, 1955], 5; M. Dahood, *Psalms II*, 150; 다훗은 "청색옷감"을 의미하는 아카드어 "하쉬마누" [*shashmanu[m]*와 고려 중인 단어가 연관된다고 추정한다; *The Assyrian Dictionary*, 6:142 참조). 70인역이나 시리아어역은 "사신들"로 번역한다. 올브라잇의 후대 제안을 따르되 붉은 옷을 입은 사신들로 이해해도 좋을 것이다. 탈굼역은 색다른 번역을 하고 있다: 함의 자손 '우스마나' 족속이 애굽에서 와서 유대교로 개종할 것이라.

제9연 (32-35절): 열방아 하나님을 경배하라

마지막 연에서 시인은 열방에게 하나님을 경배하라고 촉구한다. 31절에서 암시된 선교 시각이 여기서 강조된다. 이스라엘의 하나님은 이스라엘만 편애(偏愛)하시는 분이 아니라, 이스라엘을 전체 인류 구원의 도구로 선택하신 온 세상의 하나님이시다. 이런 교회의 선교적 존재 의의를 자각하는 것은 쉬운 일이 아니었다. 부활하신 주님의 분명한 세계 선교의 명령에도 불구하고, 세계적 선교의 비전을 갖지 못하고 선민사상의 울타리에 묶여 있던 초대 교회의 모습은 바로 구약 이스라엘의 모습이었다. 그러나 성령님이 오셔서 사도들을 주장하심으로 세계 선교는 불붙기 시작하였다. 이 시편은 이런 선교적 움직임을 미리 내다보고 있다. 그런데 "셀라"라는 말은 여기서처럼 7, 19절에서도 하나님을 찬송하는 것과 연관되어 나타나고 있다. 제9연의 사고는 출애굽과 같은 구원을 행하신 하나님, 곧 구름기둥, 불기둥으로 자기 백성을 인도, 보호하신 그 권능의 하나님께 권능과 힘을 돌리라고 열방들에게 촉구하며, 그 분이 이스라엘의 힘과 능력이심을 노래한다. 그렇다면, 이런 촉구의 의미는 무엇인가? 그것은 열방도 이스라엘의 축복에 참여하여 그분을 경배하라는 것 아니겠는가?

32절: 땅의 열방들아 하나님께 노래하고, 주께 찬송할지어다 셀라 (마믈레콧 하아레츠 쉬루 렐로힘 잠메루 아도나이)— 명령법 찬양시처럼 찬양을 명한다. 그런데 찬양하는 주체는 이스라엘이 아니라 "열방들"이다. 그래서 이스라엘의 하나님 "여호와" 대신 총칭명사인 "하나님" (엘로힘)이라 칭하고 있다. 한편 "노래하다" / "찬양하다" (쉬르/ 자마르) 단어 짝은 자주 나타난다 (삿 5:3, 대상 16:9, 시 21:14, 27:6, 57:8, 68:4, 32, 101:1, 104:33, 105:2, 108:2, 144:9). 그런데 구약의 세상 나라들 (마믈레콧 하아레츠)은 하나님의 관심의 구원 대상이며 (창 10장), 이스라엘을 통해 축복받을 주체이며 (창 12:3), 이스라엘이 범죄할 때, 이스라엘을 처벌하는 도구이다 (레 26:33, 신 28:25, 대하 12:8). 하나님은 온 세상 나라들의 하나님이시므로 (왕하 19:15, 대하 20:6), 자기 임의대로 주관하신다 (대하 36:23, 느 9:22, 시 47:8). 세상 나라들은 그 불신앙과 우상숭배로 인하여 하나님의 심판 대상이지만 (겔 36:19), 저들도 메시아 시대에 주께로 돌아와 주를 경배할 것이 예언되었다 (신 32:43 =롬 15:10, 사 11:10 =롬 15:12, 60:3, 렘 16:19, 시 22:27, 47:9, 67:4, 86:9, 102:15, 117:1=롬 15:11). 한편 여기 사용된 "세상의 열방들" (마믈레콧 하아레츠)은 "세상 이방 나라들" (고예 하아레츠, 창 22:18, 신 28:1) 혹은 "이방 나라들" (고임)과 동의어가 되지만 (시 79:6, 렘 1:10, 51:20), 전자는 왕권(王權)에 초점을 둔다면, 이방 나라들은 민족들에 초점을 둔다고나 할까? 여기 구절에서 "열방들"이란 번역도 가능하지만 "왕들"로 이해해도 무리가 없다 (KB³).

33절: 옛적 하늘들의 하늘을 타신 자에게 찬송하라 주께서 그 소리를 발하시니 웅장한 소리로다 (라로케브 비쉬메 쉐메-케뎀 헨 엣텐 베콜로 콜 오즈) —한역이 "찬송하라"는 동사를 넣어 번역했지만, 여기 구절은 32절에 부속되는 문장만 있을 뿐이다: "옛적 하늘들의 하늘을 타신 자에게/ 그 음성으로 큰 소리를 발하시는 자에게 (찬양하라)!" "하늘을 타신다"는 표현은 나는 병거를 타시고 하늘을 나신다는 의미이며 (겔 1장), 이 표현은 출애굽 당시에 이스라엘이 경험한 쉐키나 영광의 구름 현현을 근거로 만들어졌는지 모른다. 그리고 권능의 소리를 발하신다는 것은 그분의 시내산 신현시에 체험한 음성을 반영하는지 모른다. 여하간 이스라엘은 열방의 죽은 우상 신들과 달리 친히 강림하사 말씀하시고 이스라엘을 위해 구원 역사를 이루신 하나님을 체험하였고 그 체험에서 이런 표현들이 나타났다. 한편, "옛적 하늘들의 하늘"이란 표현을 70인역은 "하늘들의 하늘을 동편으로 타시는 하나님"이라 번역했다. "옛적" (케뎀)은 시간적으로 "이전" (before, earlier, in olden days), "태고적" (primeval time)이란 의미 외에, 장소적으로 "동편(東便)으로" (east, eastwards), "전면에" (in front)란 의미도 있기 때문이다. 그러나 하나님께서 동편으로만 나신다고 할 이유가 없다. "하늘들의 하늘"은 "최고층 하늘" (NASB, TNK)을 지시할 것이지만, 왜 "옛적"이란 수식어를 붙였을까? 하늘의 태고(太古)성을 지시할 것이다. LSG는 "영원한 하늘"이라 번역했다.

34절: 너희는 하나님께 능력을 돌릴지어다 그 위엄이 이스라엘 위에 있고 그 능력이 하늘에 있도다 (테누 오즈 렐로힘 알-이스라엘 가아바토 베웃조 밧쉬하킴)— "권능을 하나님께 돌리라!"는 촉구는 무슨 뉴앙스를 갖는가? "권능" (오즈)을 하나님께 돌리라 (34절)/ 하나님께서 권능을 자기 백성에게 주신다 (35절)는 사고는 시 29:1, 11, 시 96:6, 7에서 아주 흡사한 방식으로 나타난다. 이미 하나님께는 큰 권능이 있다. 그러므로 시인들은 하나님께서 자신들의 힘 (권능)이시라 고백한다 (18:18, 21:2, 28:7, 46:1, 59:9, 17, 62:7, 81:1, 118:14, 140:7 등). 주의 큰 권능 때문에 원수들이 굴복한다 (시 66:3). 하나님의 권능은 범죄하는 자기 백성에게는 두려움의 대상이다 (시 90:11). 주께서는 주의 권능으로 바다를 나누시고 물 가운데 용들의 머리를 깨뜨리셨다 (시 74:13). 하나님은 출애굽시에 기사를 행하시므로 열방 중에 자기의 권능을 알리셨다 (시 77:14). 그럼에도 "그에게 권능을 돌리라!" 는 요청은 무엇인가? 그러한 요청은 시 19:1-2, 96:7-9에 비추어 보건대 그분을 "경배하라"는 권고이다.

35절: 하나님이여 위엄을 성소에서 나타내시나이다 이스라엘의 하나님은 그 백성에게 힘과 능을 주시나니 하나님을 찬송할지어다 (노라 엘로힘 밈미크다쉐카 엘 이스라엘 후 노텐 오즈 베타아추못 라암 바룩 엘로힘) —하나님의 권능은 성전(聖殿)에서 예배 중에 나타나거나 그분을 경배하는 심정으로 그분의 이름으로 나아가는 성전(聖戰) 시에 나타난다. 오늘날 신약 시대의 성전(聖殿)은 성도들의 모임이요, 성도 개개인의 몸이다. 따라서 그분의 권능은 우리 성도들의 모임에서 나타나야하고, 또 성도들이 영적으로 마귀의 세력과 전쟁하는 거룩한 전쟁인 전도시에 나타나야 한다. 그분은 성도들에게 힘과 능을 주신다고 한다. 이는 신약적으로 "뱀과 전갈을 밟으며 원수의 모든 능력을 제어할 권세를" 우리에게 주신 사실에서 성취되었다 (눅 10:19). 믿는 자들에게는 표적이 따른다고 했다. 그분이 권능을 우리에게 주심은 우리로 증인의 삶을 살라 하심이다. 그분의 권능은 성령님의 임재 가운데 그분의 은사로 나타난다. 이런 축복 가운데 있는 자들은 마땅히 그분을 찬양할지어다!

시편의 적용

시 68편의 주제

이 시는 출애굽에서 시작된 일련의 구속 사건들을 통해 드러난 하나님의 은혜와 권능을 노래하면서, 당면한 난국에 구원을 베풀어 달라는 간구의 시라 할 수 있다. 이 시는 하나님을 전쟁에 능하신 용사, 하늘을 병거 타고 운행하시는 자로 묘사한다. 그분은 원수들을 정복하시고 자기 백성들을 보호하시며, 자기 성소에 좌정 하셔서 열방에게서 경배를 받으시는 분이시다. 모든 열방들은 그분에게 굴복하지 않으면 안 된다. 따라서 이 시는 다가올 메시아 시대를 바라본다고도 할 수 있다.

시 68편의 정경적 위치

시편 68편이 현재의 정경에서 점하는 위치에 의하면 67편 다음에 위치한다. 따라서 67편과 어떤 연관성을 갖고 있다고 생각해 볼 수 있다. 시 67편은 선교의 시편이라 할만하다:

하나님은 우리를 긍휼히 여기사 복을 주시고 그 얼굴빛으로 우리에게 비취사 (셀라)
주의 도를 땅 위에 주의 구원을 만방 중에 알리소서
하나님이여 민족들로 주를 찬송케 하시며 모든 민족으로 주를 찬송케 하소서
열방은 기쁘고 즐겁게 노래할지니
주는 민족들을 공평히 판단하시며 땅 위에 열방을 치리하실 것임이니이다 (셀라)

하나님이여 민족들로 주를 찬송케 하시며 모든 민족으로 주를 찬송케 하소서
땅이 그 소산을 내었도다 하나님 곧 우리 하나님이 우리에게 복을 주시리로다
하나님이 우리에게 복을 주시리니 땅의 모든 끝이 하나님을 경외하리로다

시 67편은 이렇게 세계를 가슴에 품고 노래한다. 이런 세계를 향한 열린 마음은 시 68편에서도 여기 저기 풍겨난다. 이렇게 노래하는 근거는 하나님께서 온 땅으로 자기를 경배토록 하시기 때문이다. 열방은 그분에게 굴복된다. 따라서 이러한 사고가 현실로 나타나는 메시아 시대를 이 시편들이 기대한다고도 할 수 있다. 이런 연유에서 67편과 68편은 연속으로 배치하였을 것이다.

엡 4:8과 시 68:18

예수께서 승천하실 때에 사로잡힌 자를 사로잡고 사람들에게 선물을 주셨다는 엡 4:8의 18절 인용은 여기 시편의 말씀과 대조된다. 왜냐하면 여기서는 "선물을 인간에게서, 또는 패역자 중에서 받으셨다"고 하기 때문이다. 사도 바울의 인용은 문자적이 아니라, 신약의 구약 인용구들이 그러하듯, 구약 문맥 전체에 비추어 그 사고가 신약에서 어떻게 그리스도를 통해 성취되었는지에 초점을 맞추고 있다. 그러니까 여기 시편에서 하나님은 승전(勝戰)하시어 약탈물들을 취하시는 모습이라면, 사도 바울이 이 구절을 그리스도에 적용하여 인용할 때에는 그리스도께서 승전하신 후 개선장군으로 승천 귀환하시면서 교회에 각종 선물을 곧 은사들을 주셨다(실제로는 귀환 후 메시아 왕으로 즉위하신 후에 성령님을 보내시어 각종 은사를 주셨지만)고 한다. 바울 사도는 문자적 인용이 아니라, 이 구절이 그리스도에게서 어떻게 성취되고 있는지를 제시한다. 즉 하나님께서 선물을 취하신 것은 백성들에게 나누어 주시고자 함이었다. 그래서 사도는 여기 시편이 받으셨다고 한 것을 그리스도의 경우에는 (받으셔서) 그 선물을 교회에 나누어 주시는 모습으로 제시한다. 그 선물들은 엡 4:11에서 사도, 선지자, 복음 전도자, 목사와 교사로 나타난다. 말하자면 그리스도는 십자가로 승전(勝戰)하시고 (골 2:14-15) 사람들의 구원을 완성하심으로 인간을 포로로 잡은 개선(凱旋)장군 왕이시다. 그 승리하신 왕께서 포로로 잡은 자들을 교회에 선물로 주셨다. 이는 구약 구절을 인용하면서 확대 적용한 예에 해당된다.

18절에 대한 탈굼역은 "선지자 모세 당신이 궁창으로 올라갔을 때, 당신은 포로를 사로잡고, 율법의 말씀들을 배우고, '저들에게 그것들을 사람들에게 선물들로 주셨다'"고 번역한다. 탈굼역과 유사한 번역으로는 시리아 페쉬타역과 구 라틴역 (Vetus Latina) 등이 있다: Dominus in illis in Siani, in sancto ascendens in altum, captivam duxit captivitatem, *dedit dona hominibus*. 우리는 이런 저런 역본들에 바울사도께서 영향을 받았다기보다는 시 68편 전체에 흐르는 사고를 그의 인용구에서 반영해서 그리스도께 적용시켰다고 본다. 그렇게 보아야 할 이유는 다른 부분들에서도 신약기자들은 일반적으로 성경의 전체 문맥에 근거해서 구약을 인용하는 것이 관례이기 때문이다 (C. H. Dodd, *According to Scriptures*). 더구나 여기서 사도 바울은 그리스도께 적용시키면서 민 18:6과 시 68:19을 연관시켜 고려한 것이 분명하다 (오직 민 18:6에서만 "선물"과 "취하다" 란 말이 함께 나타난다). 바울 사도의 사고에서는 시내산 강림 사건을 통해 하나님께서 레위인들을 선물로 이스라엘에게 주시고 하늘 성소로 올라가신 것이 분명하다.

시 69편 내가 주를 위하여 훼방을 받았사오니

1. 시편 전체에서의 위치와 삶의 정황

시 68:10은 "당신의 가족으로 그 가운데 거하게 하셨나이다" 라 했다면, 본 시편의 35-36절에서는 "하나님이 시온을 구원하시고 유다 성읍들을 건설하시리니 무리가 거기 거하여 소유를 삼으리로다; 그 종들의 후손이 또한 이를 상속하고 그 이름을 사랑하는 자가 그 중에 거하리로다" 라 했다. 그렇지만 이 두 시편은 델리취의 지적대로 "밤과 낮처럼 다르다." 시 69편은 호전적(好戰的)이거나 승리를 외치는 시가 아니라 마지막 부분에서야 겨우 소망의 빛을 드러내는 고난의 시이다. 시 68편처럼 화자(話者)는 믿음의 공동체가 아니라, 성도 개인이다. 이 성도는 표제에 의하면 다윗이다. 그가 부당하게 고난을 당할 때 이 시를 기록한 것이다. 아마 사울 왕을 피해 도피 생활 할 때의 고난을 묘사했을 것이다 (9절).

본 시편과 시 40편은 여러 점에서 유사하다:
1) 둘 다 고난을 깊은 수렁에 빠지는 것으로 묘사 한다;
2) 둘 다 의식적 예배를 경시하는 듯한 자세를 보인다 (31절)
3) 원수를 "머리털보다 많은 무리"라 칭한다 (40:13, 69:5);
4) 성도들이 궁극적 승리를 얻으리라는 확신을 표명한다 (40:4, 17, 69:33).

어떤 이들은 시 40편, 69편이 예레미야의 저작이라 보았다. 원수들은 예레미야를 깊은 구덩이에 빠뜨렸기 때문이다 (렘 18:20, 22, 38:6). 예레미야의 경우에서 보듯, 시편이 자주 언급하는 원수들은 경건한 자들을 해코자 하는 실제 인물들이었다. 예레미야 저작설이 근거하는 증거들은

1) 시인은 하나님의 집을 향한 열심에서 고난을 당하고, 조소와 멸시를 자취한다 (렘 15:15-18);

2) 9절 이하에 제시된 시인의 불평과 렘 11:18에 언급된 아나돗 사람들에게서 예레미야 선지자가 받아야 했던 그 적대감의 유사성;

3) 35-36절에 제시된 사고는 렘 30-33장 (회복의 책)에 묘사된 사고와 유사

4) 왕족들이 예레미야를 매국노로 몰아 그를 시위대 뜰에 있는 왕의 아들 말기야의 물 없는 진흙 구덩이 던져 넣어 말하자면 생매장한 그 독특한 고난 (렘 38:6; 애 3:53-58도 참조).

이런 증거들이 결정적으로 이 시가 예레미야의 저작이라는 점을 확인시켜주지는 못한다 해도, 적어도 시편들이 어떤 구체적인 역사적 정황에 뿌리를 두고 작사되었다는 확신을 준다.

크라우스는 이 시인은 추방 후 귀환시에 성전을 건축하면서 귀환자들이 당했던 어려운 상황을 반영한다고 지적한다. 9절 등에 비추어 보건대, 그런 추정도 가능할 것이다. 또 어떤 이들은 20, 26, 29절 등에 비추어 시인이 병들어 고난당할 때 기록된 것이라고도 한다.

2. 시적 구조와 해석

크게 탄식과 (1-28절) 감사 찬양의 (29-36절) 두 부분으로 구분된다. 이 두 부분을 다시 연들로 구분하면,

제1연 (1-4절)은 구원하소서,

제2연 (5-12절)은 내가 주를 위해 고난 당하나이다,

제3연 (13-18절)은 기도에 응답하소서,

제4연 (19-28절)은 원수를 처벌 하소서,

제5연 (29-36절)은 감사 찬양하리라

등이다. 한편, 본 시의 문학적 구조에 대하여 알렌 (Leslie C. Allen)은 다음과 같이 두 부분의 병행구조로 파악하고 있다 ("The Value of Rhetorical Criticism in Psalm 69," 577-98).

1-13ab	13cd-29
1 나를 구하소서	14 건지사 혹은 13d 당신의 구원
2b 수렁에 빠지며	14 수렁에 빠지지 말게 하시고
깊은 물에 들어가니	깊은 물에서 건지소서
큰물이 내게 넘쳐	15 큰물이 나를 엄몰하거나
깊은 (수렁에)	깊음
4 나를 미워하는 자	14 나를 미워하는 자
내 원수	18 내 원수
5 당신이 아시오니	19 당신이 아시나이다
6-7 수치와 욕을 당케 마소서	나의 훼방과 수치와 능욕

9 주를 훼방하는 훼방   20 훼방
10 욕
11 내 옷을 삼았더니   21 주며
13a 그러나 나는   29 그러나 나는

이러한 분석은 이 시가 전체적으로 통일성을 갖도록 잘 조직되었다는 것을 보여준다. 시적 기교를 몇 가지 살펴보면, 6절은 사고나 구조상 병행되는 두 행으로 구성되었다. 8절 전.후반절은 사고나 구조상 병행법을 구성한다. 후반절에서 전치사구에서 두 단어를 사용하고, 전반절에서는 동사가 대신 사용되어 후반절까지 기능을 감당함으로 운율의 균형을 잡고 있다 (ballast variant).

제1연 (1-4절): 구원하소서

여기 시인이 "구원하소서"라 외치는 것이나, 주님의 제자들이 풍랑 이는 바다에서 주무시는 주님을 깨우며 "구원하소서"라 외칠 때나, 물 속으로 빠져들던 베드로가 "구원하소서"라 외칠 때나 (마 8:25, 14:30), "구원"이란 사고는 생명의 위험에서 건져내는 것과 연관된다. 이런 일상적 생활에서 필요한 "구원"을 신약 성도들은 죄에서의 구원, 곧 죄값으로 인한 영원한 지옥에서의 사망 (형벌)에서의 구원이란 덩치 큰 사고로만 이해하기 쉽다. 하나님은 "지금 여기서" 우리를 모든 위험에서 구원하시는 구원자시며, 궁극적 위험인 지옥 형벌에서까지 구원하시기에 능하신 구원자이시다. 그에게 구원을 요청하라.

1절: 하나님이여 나를 구원하소서 (호쉬에니 엘로힘) —구원은 오직 하나님께만 있다 (시 3:7-8). 성도들은 위험을 당할 때, 자신이 섬기는 하나님께서 유일한 구원자이심을 체험할 것이다. 따라서 위기는 신앙성숙의 기회이다.

물들이 내 영혼까지 흘러들어 왔나이다 (키 바우 마임 아드-나페쉬) —"영혼까지" (아드-나페쉬)는 "목까지"로 이해할 수 있다 (NIV, NRSV 등). "네페쉬"는 영혼, 욕망, 목, 생명, 자신 등 다양한 의미로 문맥에 따라 번역할 수 있기 때문이다. 그럼에도 어떤 역본이 번역하듯(NASV: 물들이 내 '생명'을 위협했나이다!), 여기서 의미는 생명이 위협 당하고 있다는 것이다.

2절: 내가 설 곳이 없는 깊은 수렁에 빠지며 (타바아티 비벤 메출라 베엔 모오마드) —"발판" (마아마드, "서다" [아마드와 연관된다)이 없는 깊은 진흙 수렁 속에서 몸부림칠수록 깊이 수렁 속으로 들어가고 만다. "빠지다" (타바아)는 예레미야가 물 없는 "수렁" (야벤, 진흙)에 빠진 사건을 묘사할 때 (렘 38:6), 바로의 병거부대가 깊은 바다에 빠지는 모습도 묘사한다 (출 15:4).

깊은 물에 들어가니 큰물이 내게 넘치나이다 (바티 베마아막케-마임 베쉽볼렛 쉐타파트니) —자신의 의지로 들어간 것이 아니라, 원수들이 그를 던졌다. "큰물" (쉽볼렛)은 물의 "범람" (flood)을 지시한다. 예레미야는 애가 3:53 이하에서 유사한 위기 사항을 노래하고 있다. 즉 그를 원수가 구덩이에 넣고 그 위에 돌을 던졌으며, 물이 그 머리에 넘치니 멸절되었다! 고 탄식이 나왔다. 시인이 얼마나 위경(危境)에 처했는지, 진흙 수렁에 빠진 것만도 위험한데, 물이 범람하여 먹을 잠그고 그 온 몸에 넘치도록 범람하고 있다.

3절: 내가 부르짖음으로 피곤하여 내 목이 마르며 (야가아티 베코르이 니하르 게로니)— 예레미야는 앞서 언급한 대로, 구덩이에 던져진 상태에서 부르짖길, "여호와여 내가 심히 깊은 구덩이에서 주의 이름을 불렀나이다" (애 3:55)라 했다. 여기 시인도 그러하다. "피곤하다"란 동사는 무엇인가 전력투구하다 (labour, strive for)란 의미도 갖는다. 탄식 때문에 (시 6:7), 여기서처럼 부르짖음으로 인하여, 피곤하게 된다. 그리고 시인은 부르짖음으로 목이 "쉬었다" (하라르 II, KB³; LXX, NJB; 전통적인 번역은 목이 "마르다"; ELB는 목이 "부었다").

하나님을 바람으로 내 눈이 쇠하였나이다 (칼루 에나이 메야헬 렐로하이)—마음이 불안하고 낙망될 때, 하나님을 바라보라 (시 42:5, 11, 43:5). 미가 선지자는 낙심될 때, "오직 나는 여호와를 우러러보며 나를 구원하시는 하나님을 바라보나니 나의 하나님이 나를 들으시리로다" 라 하였다 (미 7:7). "눈이 쇠하다"란 표현에서, 폐병과 열병으로 눈이 어둡고 생명이 쇠약하게 되는 현상은 하나님의 심판이다 (레 26:16, 삼상 2:33). 그렇지만 여기서 시인은 주님 때문에 당하는 고난으로 인하여 그리되었다. 그런데 "하나님을 바람으로" 번역은 70인역이나 탈굼역을 따른 번역이다 (전치사 [민 + '바라다'의 부정사; ELB). 대개 현대 역본들은 "내가 하나님을 바라는 동안, 내 눈이 쇠하였나이다" 라 한다 (원문에 의하면, '바라다'는 피엘 분사형이다).

4절: 무고히 나를 미워하는 자가 내 머리털보다 많고 (랍부 밋사아롯 로쉬 손아이 힌남)—이유도 없이 성도는 때로 시기와 미움의 대상이 된다. 원수들은 "거짓말쟁이들"인 때문이다. 고립무원(孤立無援)의 상태에서는 여기 시인처럼 말할 수밖에 없다. 신사참배 반대라는 진리를 위한 싸움에서 주기철 목사는 바로 이렇게 생각했을 것이다. 목사들이 시세에 맞추어 타협하고 진리를 배반할 때 주기철의 심정은 어떠했을까?

무리히 내 원수가 되어 나를 끊으려 하는 자가 강하였으니 (아츠무 마츠미타이 오예바이 쉐케르)—"무리히"란 "거짓말" (쉐케르)의 번역이다. 원수들은 거짓말하는 자들이다. 그런데 한역(NIV도)은 "무고히"란 말과 병행어로 이를 번역한 것이다 (시 35:19 참조). 이렇게 번역하는 것이 병행절에 비추어 타당할 것이다. 여기서 "강하다"라는 말은 (아참) 병행절에 비추어 볼 때 "많다"로 이해된다 (NIV, NRSV 참조).

내가 취치 아니한 것도 물어주게 되었나이다 (아쉐르 로-가잘티 아즈 아쉬브)—강탈한 것은 마땅히 네 배로 갚아야 한다 (겔 18:7, 12; 눅 19:8, 출 22:1, 민 5:6이하). 그렇지만 내가 도둑의 누명을 쓰고 탈취하지도 않은 것을 배상해야한다면 얼마나 억울한가? 시인이 왜 도적의 누명을 쓰게 되었는지 이상하다. 그래서 이튼 (J. H. Eaton, *Kingship*, 175)은 이 시인을 왕으로 보고, "(전쟁으로) 약탈하다"란 의미로 이해했다. 그런데 이 부분의 번역은 다양하다: 1) (원수가 너무나 강하고 많기에) 그 때에 나는 내가 도적질 아니 한 것도 배상하였다 (LXX, KJV); 2) 내가 도적질 아니한 것도 배상해야 합니까? (NJB, NRSV); 3) 내가 도적질 아니 한 것을 (억지로) 배상하게 되었다 (NIV, 한역). 이런 번역상의 차이는 사용된 부사 (아즈)에 대한 이해 때문이다. 이 부사는 "이제" (앗타)와 대조되는 불변사로 "그 때에"란 의미이다. 여기서 사용된 표현은 어쩌면 렘 15:10에서처럼, 경귀(驚句)로 이해하면 좋을 것이다 (2번 번역). 즉 문자적으로 도적질 아니 했다는 의미라기보다, 강조점은 내가 고난당할 이유가 없다는 항변일 것이다. 내가 잘못한 일도 없는데 고통당한다는 인식이다. 다음 부분에서 이런 사고가 부상한다.

제2연 (5-12절): 내가 주를 위해 고난당하나이다

시인은 하나님 때문에 고난당한다고 주장하면서도 (7-9절) 자신의 우매함과 죄를 솔직히 고백한다 (5절). 그러니까 이런 심적 상태는 이중적인 갈등의 일까? 주님 때문에 고난당하는 상황에서도, 자신을 돌아보면 자신의 우매함과 잘못을 인정할 수밖에 없는 것이 사명자의 마음 아니겠는가?

5절: 하나님이여 나의 우매함을 아시오니 (엘로힘 앗타 야다아타 레이발티)— "우매함"은 여기 병행어 (죄 [아쉬마])가 지시하듯, 윤리성을 갖는다. 돌이켜 보면, 우매(愚昧)하게도 죄의 유혹에 넘어가 버린 나를 보게 되지 않는가? 그리고 악인은 그 우매함을 벗기가 대단히 어려워 죽기 전에는 벗지 못할 것이다 (잠 4:23). 그럼에도 악인들은 자기의 우매를 떠벌리며 자랑하고 다닌다 (잠 12:23).

내 죄가 주의 앞에서 숨김이 없나이다 (베아쉬모타이 밈메카 로-니크하두)—여기서 "죄"는 "죄책"이다. 즉, 하나님의 언약조항을 범한 행위가 야기하는 그 죄 값을 받아할 상태를 지시한다. 그분 앞에서 무엇을 숨길 것인가? 이 시인은 주를 위한 열성 때문에 고난을 당한다고 했지만 (9절), 자신의 우매함과 죄를 고백하기도 한다. 성도들은 주의 일 때문에 고난을 당하면서도 이렇게 자신의 부족함을 인정하지 않을 수 없다. 그런데 여기 문맥에서 시인의 이 고백은 죄를 인정 한다기보다, 자신의 무죄를 주장하는 인상을 준다.

6절: 만군의 주 여호와여 주를 바라는 자로 나를 인하여 수치를 당케 마옵소서/ 이스라엘의 하나님이여 주를 찾는 자로 나를 인하여 욕을 당케 마옵소서 (알-예보슈 비 코베카 아도나이 야웨 체바옷/ 알-익칼무 비 메바크쉐카 엘로헤 이스라엘)— "주 만군의 여호와"란 호칭은 선지자들에게서 자주 나타나고 (사 3:15, 10:23, 24, 22:5, 12, 14, 15, 28:22, 렘 2:19, 46:10, 49:5, 50:25, 31, 암 5:16, 9:5), "만군의 여호와"란 칭호는 삼상 1:3에서 처음 등장한다. 우리는 어떤 상황에서 이런 칭호가 생겨났는지 확실히 알지 못하나, 여기서처럼 전쟁문맥이 아닌 곳에서도 자주 나타난다. 반면 "이스라엘의 하나님"이란 칭호는 그 기원이 보다 분명하여, 야곱이 세겜성의 밭을 사서 그곳에 단을 쌓고 그 이름을 "엘엘로헤이 이스라엘" (이스라엘의 하나님이신 신)이라 호칭한데서 기원한다. 그리고 애굽에서 바로에게 하나님을 소개할 때 (출 5:1) 이 칭호가 도입되었다. 이렇게 이 칭호는 변화된 야곱과 그 후손들과 연관되는 하나님이란 의미로 사용되고 있다. 한편 여기서처럼 하나님의 이름을 다양하게 나열함으로 시인은 하나님의 다양한 속성을 상기시키고 언약백성에게 약속하신대로 하나님의 시기적절한 도우심을 촉구한다.

"주를 바라는 자로 나를 인하여 수치를 당케 마옵소서" 표현에서, 주를 바라는 성도들은 이 시인 때문에 수치와 욕을 당할 수 있는 처지에 있다. 또한 나를 지지하던 경건한 자들이 나 한 사람 때문에 곤욕을 치른다면, 견딜 수 없는 노릇일 것이다. 이를 예증할 역사적 사건들을 찾는다면, 무엇이 있을까? 바울 사도께서 복음을 인하여 구금(拘禁)되자 많은 이들이 그의 곁을 떠났다 (딤후 1:15). 반면 오네시보로는 그가 사슬에 매인 것을 (엡 6:20) 부끄러워 아니하고 부지런히 찾아 만났다 (딤후 1:16-17). 손양원 목사께서 신사참배 반대 죄목으로 형무소에 수감되면서 그의 가족들은 애양원에서 쫓겨나고 오고 갈데없어 고아원으로, 문둥병 환자들 마을로 각자 살길을 찾아 사방으로 흩어져야 했다. 자기 한 사람 때문에 가족이 당해야 했던 그 고난을 손양원은 견디기 어려웠을 것이다.

7절: 내가 주를 위하여 훼방을 받았사오니 (키-알레카 나사티 헤르파)—이 시인은 예레미야 처럼, 주를 위한 열성 때문에 고난과 박해를 받고 있다. 그것이 무엇인지는 알 수 없지만, 선지자들은 하나같이 하나님의 사역 때문에 고난의 길을 걸어야 했다. 경건히 살고자 하는 자들은 환란을 각오해야 한다 (행 14:22, 딤후 3:12, 계 2:9). 죄 때문에 고난당한다면 자랑할 일이 못 된다 (벧후 2:13). 그러나 하나님의 진리 때문이라면 그것은 값진 것이다. 그런 고난 받는 성도를 인하여 주의 진리는 전파되기 때문이다 (엡 6:20). 진리는 불의한 세상이 싫어하기에 핍박을 받을 수밖에 없다. 우리가 이 세상에 속하였다면 핍박을 당할 이유가 없어도, 진리에 속한다면 반드시 핍박을 감내해야 한다 (요 15:19, 17:14, 요일 5:19). 그리스도의 좋은 군사로 그분의 복음 때문에 고난 받아야 하는 이유가 바로 이것이다 (딤후 1:8, 2:3-4).

수치가 내 얼굴에 덮였나이다 (킷세타 켈림마 파나이)—수치를 당할 때 우리는 얼굴이 뜨겁다고 한다면, 히브리어 어법은 "수치(비방)가 내 얼굴을 덮다"라고 한다. 아마 시인을 비방하고 욕하는 소리가 종일 그를 괴롭혔을 것이다 (시 44:15). 수치가 얼굴을 덮는 상태는 하나님에 대한 반역에서 기인되지만 (렘 3:25, 51:51), 여기 시인의 경우는 주를 향한 섬김 때문이었다.

8절: 내가 내 형제에게는 객이 되고 내 모친의 자녀에게는 외인이 되었나이다 (무자르 하이티 레에하이 베노크리 리브네 임미)—이 시인은 진리를 위한 투쟁 때문에 모든 사람들에게 버린바 되었다 (사 53:3). 진리 때문에 외톨이가 된다면, 주님께서 그와 함께 있으리라 (행 23:11).

9절: 주의 집을 위하는 열성이 나를 삼키고 (키-킨아트 베테카 아칼라트니) —이는 역사적으로 다른 여러 상황들에서 나타날 수 있을 것이다. "주의 집"은 주님의 진리, 주님의 이름, 주님의 영광 등으로 대체해서 이해할 수도 있을 것이다. 그리스도는 문자적으로 이 말씀을 이루셨다 (요 2:12-18 참조). 비느하스는 주를 위한 열성에서 남달랐다 (민 25:8, 11, 시 106:29). 그렇지만 그가 비방이나 모욕을 당한 것은 아니었다. 비느하스의 열성을 모델로 하여 후대의 열심당이 (눅 6:15, 행 1:13 "셀롯인 시몬" the Zealot 참조) 생겼다고 한다. 그런데 마 10:4, 막 3:18에서는 한역은 열심당원 시몬이 마치 "가나안" 사람인양 "가나안인 시몬"이라 번역했다. 이는 "열심"을 의미하는 아람어 "칸안"을 (히, 키느아) 헬라어로 음역하여 "카나니테스"라 한 것을 "가나안인"으로 오역한 것이다. "열심당원 시몬"이라 번역해야 한다. 저들 열심당은 당시 유다를 지배하던 로마인들에게 세금 바치는 것을 하나님의 통치를 받는 신정국 유다에 가장 혐오하였다. 저들은 무력으로 독립을 추구하는 목표 때문에 단검을 지녔기에 "단검(당)" (sicari, 로마인의 sica 단검; 요세푸스 고대기 18:1, 전쟁기 4:1-6, 7:8)이라도 불렀다. 그렇다고 여기 시인의 행동을 후대의 열심당의 무법천지(無法天地) 국수주의적 무력주의와 비교하려는 것은 아니다.

주를 훼방하는 훼방이 내게 미쳤나이다 (베헤르폿 호르페카 나펠루 알라이)—주님과 자신을 동일시할 때 그분을 향한 훼방은 성도의 몫이 된다 (요 15:18-19).

10절: 내가 곡하고 금식함으로 내 영혼을 경계하였더니 그것이 도리어 나의 욕이 되었으며 (바에브케 밧촘 나프쉬 밧테히 라하라폿 리)— "내 영혼을 금식으로 괴롭혀 낮추었다"는 의미이다 (NRSV 참조). 시인의 울음이나 금식은 자신을 겸비케 하기 위함이었지만, 그것이 도리어 원수들에게 훼방거리를 제공해 주었다.

11절: 내가 굵은 베로 내 옷을 삼았더니 (바엣테나 레부쉬 사크)—베옷은 검고 그것을 입음으로 슬픔과 회개를 표시하였다. 이런 자세를 취할 때 원수들은 오히려 조롱거리로 삼을 뿐이었다.

저희의 말거리가 되었나이다 (바에히 라헴 레마샬)— 원수들의 웃음거리가 되었다.

12절: 성문에 앉은 자가 말하며 취한 무리가 나를 가져 노래하나이다 (야시후 비 요쉬베 솨아르 우네기놋 쇼테 쉐카르)—"성문에 앉은 자들"은 유지(有志)들인가? (룻 4:1-2). 반드시 그런 것은 아니다 (창 19:1, 에 2:19, 21, 5:13, 6:10 등 참조). "말하며"는 "나를 치는 말을 하였다"로 이해한다 (LXX, KJV). 후반절에 비추어 볼 때, 저들은 "노래하였다" (시아후). 술에 얼근히 취하여 이 성도를 소재로 조롱의 노래를 지어 불렀다 (렘 3:14, 63, 겔 27:2 이하). 그런데 "취한 무리"란 말은 직역하자면 "독주를 마시는 자들" (LSG)이다. 제사장들은 성소에 들어갈 때, 독주나 포도주를 마실 수 없었다 (레 10:9). 나실인은 아예 독주나 포도주가 금지되었다 (민 6:3, 삿 13:4, 7, 14). 그런데 이사야 선지자는 포도주를 마시고 독주를 빚기에 용감한 자들에게 화를 선포하고 있다 (사 5:22). 취하여 악을 행하기 때문이다. 술 때문에 거의 모든 문제들이 야기된다면 (잠 23:29 이하), 여기 정죄당하는 원수들 역시 예외가 아니다. 한편 창 19:1, 에 2:19, 21, 5:13, 6:10 등에서 "성문에 앉은 자"란 (요쉐브 밧솨아르) 표현이 나타난다. 그런데 예외 없이 "성문에"란 말에 전치사 (베)가 사용되었다. 그렇지만 여기서는 시적 용례로 전치사가 생략되었다.

제3연 (13-18절): 기도에 응답하소서

"수렁에서"와 깊은 물에서, 그리고 미워하는 자들에게서 구원을 호소한다. 그렇다면 수렁이나 깊은 물은 원수들의 고약함이나 "환난" (17절)을 지시하는 하나의 상징물들인가? 예레미야의 경우 깊은 수렁은 실제적 상황이었다. 시인도 어쩌면 실제로 깊은 수렁에 던져 졌을 것이다. 요나는 고기 배속에서도 구원을 호소했다. 어떤 처참한 지경에 처했다 해도, 그것이 수렁이건, 깊은 물 속이건, 고기 배속이건, 아니면 그가 불치(不治)병 말기(末期)에 처했건, 현대의학으로 사망선고를 받았건 그 기도의 처지나 자리는 기도의 응답을 방해할 수 없다. 그러니까 중요한 것은 기도자의 믿음이다. 믿음으로 구한다면 응답은 오고야 만다. 이 시인은 종국적으로 자신의 구원을 확신하고 있다 (30-34절).

13절: 여호와여 열납하시는 때에 나는 주께 기도하오니 (바아니 테필라티-레카 야웨 에트 라촌)— "여호와여, 나에 관한 한, 내 기도가 당신께 (향합니다), 곧 은총의 때에." 이 문장 초두에 "나에 관한 한" (바아니)이란 독립인칭 대명사가 위치하여 강조되었다. 원수들이 어떻게 하건 간에, "나로서는" 하나님께 기도합니다! 여기서 "열납하시는 때" (에트 라)는 "은혜의 때"이며 곧 "구원의 날"이다 (사 49:8). 진노하신 하나님의 심판이 끝나고 다시 은총을 베푸시는 때이다. 그런데 여기 문맥에서 시인은 고난 중에서도 하나님께서 은혜를 베푸시는 "그 은혜의 때를 주시라" 고 간구하고 있다.

하나님이여 많은 인자와 구원의 진리로 내게 응답하소서 (엘로힘 베로브-하스데카 아네니 베에멧 이쉐에카)— "인자와 진리" (헤세드, 에메트)란 표현은 "인자와 성실" (창 24:27), "인자와 진실" (창 24:49, 출 34:6, 수 2:14), "인애와 성심" (창 47:29), "은혜와 진리" (삼하 15:20; 요 1:14 참조) 등 다양하게 번역되었다. 이 표현은 언약관계 (명시적이건 암묵적이건)에 있는 당사자들이 상대에 대하여 가져야 할 신실함과 변함없는 사랑의 자세를 지시해 준다. 시인은 하나님께 자기 언약백성이 고난 중에 부르짖을 때에, 그 크신 신실하신 언약사랑으로 응답해 주시길 간구한다. 그런데 "구원의 진리"란 표현은 신실한 언약사랑이 "구원"의 원동력임을 보여준다. 그리고 "많은 인자"란 "풍성한 인자"이며, 풍성한 긍휼 (시 51:2, 69:16)이다. 특히 거듭 거듭 반역하는 이스라엘 무리를 향한 하나님의 오래 참으심과 긍휼이 그분의 풍성한 인자를 예증해 주었다 (시 106:7, 45). 그런데 당신의 "구원의 진리"란 (에멧 예솨아) 말은 당신의 "구원하는 능력의 불변성" 으로 (NJB), 당신의 "확실한 구원" (sure salvation, NIV, TNK), 당신의 "신실한 도움" (RSV) 등으로 이해되고 있다.

14절: 나를 수렁에서 건지사 (핫칠레니 밋티트) —문자적으로 한다면 "나를 진흙에서 이끌어 내소서." 여기서 "진흙"은 시 40:2에서 나타나듯, "멸망의 구덩이"와 병행하는 "진흙탕 (구덩이)"를 의미한다. 이곳은 발 디딜 곳이 없어 허우적거릴수록 깊은 수렁으로 빠져 든다 (2절과 상응).

빠지지 말게 하시고 (베알-에트바아)—이끌어내시어 "반석" 위에 두 발을 세우소서란 기도이다 (시 40:2). 2절에서 이미 시인은 "내가 깊은 수렁에 빠지나이다"라 탄식한 바 있다.

나를 미워하는 자에게서와 깊은 물에서 건지소서 (인나첼라 밋소네아이 우밈마아막케-마임)— "깊은 물"은 "미워하는 사람들" (원수들)이 시인을 던져 넣어 멸하고자 한 곳이다. 깊은 물에서 벗어난다 해도 원수들의 제2차, 3차 공격은 계속될 것이다. 그런데 깊은 물을 원수들의 상징으로, 곧 이 두 표현을 병행어로 이해할 수도 있을 것이다.

15절: 큰물이 나를 엄몰하거나 깊음이 나를 삼키지 못하게 하시며 (알-티쉬테페니 쉽볼렛 마임 베알-티브라에니 메출라)—이미 2절에서 시인은 깊은 물에 빠져들었고, 큰물이 자신을 엄몰하는 것으로 묘사한 바 있다. 그런데 여기서는 그렇게 되지 말기를 간구한다. "깊음" (메출라)은 요나가 던져졌던 깊은 바다 속, 심해저 (욘 2:4)를 지시한다. 시인은 자신이 깊은 바다 속에 납덩이처럼 잠기지 않도록 해달라고 기도한다.

웅덩이로 내 위에 그 입을 닫지 못하게 하소서 (베알-테예타르-알라이 베에르 피하)—여기서 웅덩이는 파멸의 웅덩이다. 웅덩이 속에 빠져서 그 입구가 막히면 생명은 끝나고 만다. 웅덩이의 입이 웅덩이를 "닫다" (아타르)란 동사는 여기서만 나타나며, 아랍어에서 "굽히다," "주변에 울타리로 두르다" (fence round)란 의미이지만, 여기서는 문맥상 "닫다"로 추정한다. 물이 금보다 귀했던 고대 근동지역에서 우물은 입구를 덮어 열쇠처럼 잠갔다 (아 4:12). 여기 사용된 단어는 "지하수 우물" (well of underground water)을 지시한다. 팔레스틴 지방에서 지하수가 솟구치는 우물보다는 겨울 장마 빗물을 담아 보존하기 위해 판 구덩이(보르)가 다수이다. 이런 구덩이들은 종종 사람들을 가두는 감옥 구실을 하게 된다 (창 37:20, 22, 24, 28-29, 40:15, 41:14, 사 24:22, 렘 38:6, 7, 9이하, 13, 슥 9:11, 애 3:53). 그런데 시인은 물 없는 구덩이가 아니라 물이 깊은 구덩이에 던져진 듯 보인다.

16절: 여호와여 주의 인자하심이 선하시오니 내게 응답하시며 (아네니 야웨 키-토브 하스데카)—하나님의 언약사랑은 생명보다 낫다 (시 63:3). 왜냐하면 그분의 사랑 없는 내 생명은 무가치하고 파멸에 이르지만, 그분의 언약사랑이 내 생명을 풍성케 하고 안전케 하기 때문이다. 여기서도 하나님의 언약사랑이 선하다고 언급하는 이유는 위기에서 생명을 건지소서란 간구나 다를 바 없다. 예컨대, 무슨 필요를 말씀드리고자 하면서 딸이 "아버지는 너무 사랑이 많으셔요!"라고 한다면, 그것은 자신의 필요를 아시고 채우시는 사랑을 염두에 두고 있음과 같다. 한편, 어떤 이들은 "당신의 인자하심의 선하심을 따라" (케투브 하스데카)로 읽는다 (BHS 각주 참조). 이렇게 읽고자 하는 것은 병행절 ("주의 많은 긍휼을 따라")과 병행되도록 하기 위함이다. 그렇지만 시 109:17에서 "당신의 인자하심이 선하시다"라는 표현이 나타난다. 동시에 무엇보다 시 63:4에서 "당신의 인자하심이 생명보다 '선하다' [낫다]"란 표현에 비추어 볼 때, 하나님의 언약사랑 (인자)이 어떻게 탁월하고 좋은 것인지를 알 수 있다.

주의 많은 긍휼을 따라 내게로 돌이키소서 (케로브 라하메카 페네 엘라이)—다음절에 비추어 볼 때, 주님의 얼굴을 돌이키시어 나를 보소서! 말하자면, 나를 외면하시던 주님께서 다시 관심을 가지시고 내게 주목하여 달라는 간구이다 (시 25:16, 86:16, 119:132).

17절: 주의 얼굴을 주의 종에게서 숨기지 마소서 (베알-타스테르 파네카 메아브데카)—주께서 자기 얼굴을 자기 백성에게서 숨기시는 것은 진노의 표시였다 (사 8:17, 54:8; 시 10:11, 13:1,

22:25 등).

내가 환난 중에 있사오니 속히 내게 응답하소서 (*키-차르-리 마헤르 아네니*)— "속히 응답하소서"란 간구는 하나같이 주님의 얼굴이 숨겨져 있다고 여겨질 때 되어졌다 (시 102:3, 143:7 등). 가장 답답하고, 가장 괴로운 때는 그분이 내게 느껴지지 아니할 때이다. 그것은 곧 나의 환난의 때이기도 하다. 그분이 숨으셨기에 나는 고립무원으로 원수의 공격에 시달려야 한다. 한편 원문에서 본다면 17절 초두에 "내게 응답하소서"가 위치하고, 18절 말미에 동일한 표현이 위치하여 두 절을 둘러싸고 있다.

18절: 내 영혼에게 가까이 하사 (*카레바 엘-나프쉬*)—하나님께서 얼굴을 숨기시는 일은 그분이 내게서 멀다는 표시이다. 심리적 간격이 이렇게 지형적 거리로 느끼게 만든다. 이런 상태에서 당하는 환난을 이기려면 주님의 임재를 다시 되찾는 일이다. 그러므로 이 시인은 "내게 가까이 하소서"라 부르짖는다.

구속하시며 내 원수를 인하여 나를 속량하소서 (*게알라흐 레마안 오예바이 페데니*)—구속이나 속량은 (*가알, 파다*) 노예 된 나를, 어떤 사람이 내 몸값을 지불해 주고 나를 해방시키는 행위를 지시한다. 14절에서는 수렁에서 끄집어내는 것에 초점이 두어졌다면, 여기서는 그의 노예같이 구속된 상황에서의 구원을 호소한다. 여기서 시인은 원수의 종이 된 상태이다. 그를 환난에서 풀어줄 자는 하나님밖에 없다.

제4연 (19-28절): 원수를 처벌하소서

원수의 악행이 묘사되고, 원수들에 대한 저주를 간구한다. 원수에 대한 이런 저주는 원수를 사랑하라! 하신 주님의 명령과 (마 5:43-44, 눅 6:35) 동떨어진 느낌을 받는다. 그렇지만 시인은 하나님 나라의 일군으로서 (9절) 하나님 나라를 대적하는 원수들을 향하여 정당하게 심판을 간구하고 있다. 개인적 복수심의 발로가 아니라, 하나님을 대적하는 자들에 대한 심판의 간구이다. 이 원수들은 의인과 함께 생명책에 기록될 수 없는 자들이기 때문이다 (28절).

19절: 주께서 나의 훼방과 수치와 능욕을 아시나이다 내 대적이 다 주의 앞에 있나이다 (*앗타 야다아타 헤르파티 우보쉬티 우클람마티 네게데카 콜-초르라이*)—"주께서" (*앗타*)는 "당신이"로 문장 초두에 위치하여 강조되고 있다. 13절에서 "나"를 강조한 것과 대비된다. 7, 9절에서 시인은 자신의 훼방과 욕이 주님을 위한 열성 때문이라 하였다. 그런 것들을 아신다는 고백은 그런 수치를 제거해 주시라는 간구이다. 그 수치와 훼방은 원수에게서 왔으므로, 원수의 파멸로 그런 것들은 제거될 것이다. 그런데 "내 대적이 다 주의 앞에 있나이다"라는 선언은 주께서 원수들을 속속들이 아시나이다! (NJB, RSV, TNK) 그러므로 저들을 심판하소서! 란 선언과도 같다. 원수들의 악독한 성격을 아신다는 것이다.

20절: 훼방이 내 마음을 상하여 근심이 충만하니 (*헤르파 쇼베라 립비 바아누솨*)—"훼방이 내 마음을 박살내었다." 아주 치유할 수 없을 만큼 내 마음이 깨어져 버렸다 (Insult has broken my heart past cure, NJB). 마음이 상하면 육체도 병들게 된다 (잠 18:14). 육체의 병은 정신이 깨어질 때 나타난다. "근심이 충만하니"는 "나는 병들었다" 혹은 "나는 좌절에 빠졌다" (아누쉬)란 의미인데, 앞의 문장의 결과절로 보고, "그래서 내가 나는 좌절에 빠졌다"(RSV)고 이해해도 좋다. 시인은 깊은 좌절의 수렁에 빠졌다. 육체가 진흙 구덩이에 빠지는 것에서 시작하여 영적인 좌절감이 그를 엄습하고 있다. 이는 소망을 앗아가서 그를 절망의 궁극인 죽음으로 몰아넣는 치명타이다. 60대 어떤 여 집사는 자신이 당뇨병으로 고생하지만 돈은 없고, 그래서 이제는 신앙도 흔들리는 상태라 고백하였다. 너무나 오랫동안 좌절되고 고생을 당하니 하나님에 대한 믿음도 흔들리고 만다.

긍휼히 여길 자를 바라나 없고 안위할 자를 바라나 찾지 못하였나이다 (바아카베 라누드 바아인 벨람나하밈 벨로 마차티)—극한 고난의 자리에 있을 때, 욥처럼 친구들의 위로하는 말도 아무런 소용이 없다. 이런 자리에서는 인간적인 긍휼이나 동정은 한 푼 어치 가치도 없다. 참 위로자는 여호와 하나님이시다 (사 40:1, 51:12). 신약에서 성령님을 "보혜사" (파라클레토스)라 부른다면, 그분이야말로 곁에 서서 우리를 변호(辯護)하시고 위로하시는 격려자이시다. 유대인 랍비들은 회심이나 선행이 하나님 앞에서 심판 시에 우리의 좋은 변호자가 되리라 생각했다. 여기서 시인은 자기를 이해해주고, 격려해 줄자가 아무도 없다고 탄식한다. 그의 형제나 친구가 다 그에게 등을 돌린 상태이기 때문이다 (8절). 그런 상태에 있을 때가 사실은 주님과 가장 가까운 때이다.

21절: 저희가 쓸개를 나의 식물로 주며 갈할 때에 초로 마시웠사오니 (바잇테누 베바루티 로쉬 벨리츠마이 야쉬쿠니 호메츠)— "초"(vinegar)란 말은 신 포도주를 가리킨다. 이는 갈증을 해갈시키기 위해 사용한다 (잠 10:26). 그런데 "쓸개"(로쉬)는 "독초(毒草)"(신 29:17, 호 10:4, 애 3:5) 혹은 독사의 독을 지시 한다 (신 32:33, 욥 20:16; KB³). 십자가에 달리신 주님께 로마 병정들은 "몰약을 탄" 신 포도주를 우슬초에 매단 스폰지에 찍어 입에 축여주었다 (막 15:23). 이는 고통을 잊도록 만들기 위함이었다. 그렇지만 여기 문맥에서 원수들은 시인에게 독약을 마시게 했다 (RSV, NJB, ELB). 실제로 그리했는지 (살해하고자), 아니면 원수의 악행을 이렇게 상징적으로 했는지 확실치 않다.

22절: 저희 앞에 밥상이 올무가 되게 하시며 (예히-슐하남 리프네헴 레파흐)—원수들이 함께 식탁 앞에 앉았다. 그런데 갑자기 식탁이 저들을 덮쳐서 저들은 꼼짝달싹 못하는 신세가 되었다. 즉, 자신들이 아주 친근히 하는 그 물건이 저들의 함정이 되어 파멸로 이끌게 해달라는 기도이다.

저희 평안이 덫이 되게 하소서 (벨리쉴로밈 레모케쉬)— "(밥상이 저희) 가까운 친구들에게 덫이 되게 하소서"(TNK). 원수와 자리를 함께한 자들에게도 밥상이 "올무"가 되기를 기원한다. 올무 (모케쉬)는 사람들을 파멸로 이끄는 수단이다. 그런데 이 말은 바로의 신하들이 모세를 지칭할 때 (출 10:7), 혹은 하나님께서 가나안 원주민들 혹은 그들과의 언약 혹은 저들이 섬기는 신들을 지칭할 때도 사용하였다 (출 22:33, 34:12, 삿 2:3). 모세 때문에 애굽이 여러 가지 재앙을 당하고 파멸에 이르렀고, 가나안 원주민들 때문에 이스라엘은 우상숭배에 떨어지고 결국 하나님의 심판을 받아야 했다. 이렇게 올무는 사람을 파멸로 이끌고 만다. 한편 "저희 평안"은 문자적으로 하면, "평안"이다. 전.후반절의 병행 구조에 비추어 볼 때, 여기서 '평안'은 식탁에 둘러앉은 원수와 "가까운 친구들"을 지시한다 (시 41:9 참조; NRSV, "their allies"). 70인역은 이를 "보응"(울쉴루밈)으로 읽었다 (NIV 참조). 그리고 어떤 역본들은 원수들이 평안 중에 있을 때 (NASB), 혹은 원수들이 희희낙락한 상태에 있을 때 (den Sorglosen, ELB) 밥상이 올무가 되게 해 달라고 이해했다.

23절: 저희 눈이 어두워 보지 못하게 하시며 (테흐솨크나 에네헴 메르옷)—기력이 쇠할 때 눈이 어둡게 될 것이다 (애 5:17). 그런데 롯의 집에 들이 닥쳤던 소돔 깡패들 (창 19:11), 혹은 도단 도성을 포위했던 아람군들 (왕하 6:18)을 하나님은 눈멀게 치셨다. 어둠 속에 헤매는 사람처럼 가련한 자가 없을 것이다. 이런 저주는 사탄의 수하들에게서 실현된다 (행 13:8-11).

그 허리가 항상 떨리게 하소서 (우모트네헴 타미드 하므아드)—70인역은 "저들의 허리가 항상 굽게 하소서"라 하였다 (NIV가 따름). 사용된 동사 (마아드)는 발, 걸음, 발목들과 연관하여 미끄러지지 않는다는 사고를 전달한다 (삼하 22:37=시 18:37, 욥 12:5, 시 37:31, 잠 25:19). 그런데 여기서는 사역형으로 "허리"와 연관하여 "떨리게 하다"로 이해된다. "허리가 지속적으로 떨리게 하소서!"란 말은 아예 사람 구실을 못하게 하소서!란 말이나 같을 것이다.

24절: 주의 분노를 저희 위에 부으시며 (쉐포크-알레헴 자아메카)—22, 23절에 제시된 저들은 하나같이 하나님의 진노가 원수들에게 임할 때 나타날 심판행위들이다. 이러한 저주가 원수들에게 던져지는 것은 저들이 무고히 (4절), 성도를 죽이고자 꾀하기 때문이다. 시인은 원수들에게 "당신의 노를 쏟아 부으시라"고 간구한다.

주의 맹렬하신 노로 저희에게 미치게 하소서 (바하론 압페카 얏시겜)—주님의 맹렬한 노는 자연 재해들로 나타나거나 육신의 질병, 혹은 사업의 실패 등으로 표시되기도 한다. 여기서는 원수들이 눈멀게 되고, 건강이 쇠약해지는 처벌로 나타날 것이다. 그런데 "미치다"란 말은 영어로 overtake (-을 따라잡다)이다.

25절: 저희 거처로 황폐하게 하시며 그 장막에 거하는 자가 없게 하소서 (테히-티라탐 네샴마 베오홀레헴 알-에히 요쉐브)— "거처" (티라)는 후반절에서 "장막들"과 병행어로 나타난다. 시카고 중심가를 걷다보면 많은 건물들이 버림을 받고 시커먼 내부만 드러내 보이곤 했다. 폭력이 난무하는 중심가를 버리고 교외로 이동해 버렸기 때문에 그 건물들이 황폐케 된 것이다. 여기서 시인의 저주는 원수들이 병들고 사망하여 거할 집들이 버림을 받게 해 달라는 것이다. 이 기도는 주님을 배신한 가룟 유다에게서서처럼 현실화될 수 있다 (행 1:20).

26절: 대저 저희가 주의 치신 자를 핍박하며 (키-앗타 아쉐르-힉키타 라다푸)— "당신으로 말하자면, 당신이 치신 자들을 (저들이 핍박하며)." 그런데 70인역, 시리아어역 등에 근거하여 어떤 이들은 "당신" 대신 "—을" (목적어 유도사)이라 읽기도 한다 (BHS 각주 참조). 시인은 비록 자신이 주님을 위한 열성 때문에 고난당한다고 하지만, 원수들이 아니라 해도, 자신은 하나님께 맞아 병든 몸이라고 시인한다 (5절 참조). 병은 주님께서 손을 들어 치시거나 (삼상 4:8, 사 53:4), 아니면 사탄이 치도록 허용하실 때 나타난다 (욥 2:7).

주께서 상케 하신 자의 슬픔을 말하였사오니 (베엘-마크오브 할랄레카 예삽페루)—"슬픔"은 "고통"을 의미하기도 한다. 원수들이 고난당하는 경건한 자를 소재로 조롱의 노래를 불렀다 (12절).

27절: 저희 죄악에 죄악을 더 정하사 주의 의에 들어오지 못하게 하소서 (테나-아본 알-아보남 베알-야보우 베치드카테카)—원수들은 죄악 위에 죄악을 또 쌓아서 마침내 그 죄값에 눌려 죽을 것이다. 저들은 결코 "주의 의" 곧 그분의 "용서하심" (NRSV) 혹은 "구원" (NIV)을 체험할 수 없을 것이다. "의"는 문맥에 따라서 "승리," "용서," "구원" 등을 의미할 수 있다.

28절: 저희를 생명책에서 도말하사 의인과 함께 기록되게 마소서 (임마후 밋세페르 하임 베임 차디킴 알-익카테부)—생명책에서 (출 32:32-33, 사 4:3, 단 12:1, 말 3:16, 계 3:5, 13:8;, 17:8, 20:12, 15; 21:27) 기록을 지워버린다면 영원한 버림을 의미한다. 이렇게 이 세상만 아니라, 저 세상에서도 아예 하나님의 은총을 입을 수 없도록 간구한다. 가장 신랄한 저주가 아닐 수 없다. 한편 "의인과 함께 기록되게 마소서"란 간구가 아니더라도, 오직 의인들만 생명책에 기록될 것은 확실하다 (계 13:8, 17:8, 20:15). 그럼에도 이렇게 원수들을 의인과 함께 기록되지 말게 해달라는 간구는 시인 자신이 저들을 하나님께 버림받은 자로 경멸한다는 표시이기도 하다.

제5연 (29-36절): 감사 찬양하리라

이제 길고 어두운 터널을 빠져 나온 느낌이다. 시인은 궁극적인 구원을 확신하고 자신이 하나님께 신원(伸寃) 받는 그 때에, 곧 구원을 받는 그 때에 벌어질 아름다운 일들을 미리 바라본다. 우서는 하나님께 감사 찬양을 드릴 것이며 (30-31절), 그의 궁극적 승리를 목도하는 경건한 자들이 어떻게 기뻐할지를 (32절), 온 천하가 그를 찬양할 것과 (34절), 하나님께서 시인의 주변 환경과 여건들에 어떻게 축복 하실지를 (35-36절) 노래한다. 이러한 소망이 환난의 터널을 통과할 때 성도를 붙들어 넘어지지 않도록 지탱해 주는 힘이 된다.

29절: 오직 나는 가난하고 슬프오니 (바아니 아니 베코에브)—다시 "나는"이라는 독립인칭 대명사를 문장 초두에 두고 강조한다 (13절, 19절 참조). 29절은 제5연에 속하는 것으로 분석했지만, 5연이 감사 찬양인 점에 비추어 석연치 않은 점이 있긴 하다. 그런데 여기서 "가난하다"는 말은 병들어 고통당한다는 의미일 수 있고, "슬프다"는 말은 병으로 "고통스럽다"는 의미일 수 있다. 시인은 영육 간에 좌절과 질병으로 고통을 당하고 있다.

하나님이여 주의 구원으로 나를 높이소서 (예슈아테카 엘로힘 테사게베니)—"당신의 구원으로 보호하소서" (NRSV, NIV). "높이소서"란 말은 원수가 미칠 수 없는 안전한 장소, 곧 심히 높은 장소에 두소서란 의미이다 (시 59:2). 이는 모든 고난과 어려움이 공격할 수 없는 자리에 세워달라는 구원의 간구이다.

30절: 내가 노래로 하나님의 이름을 찬송하며 (아할렐라 쉠-엘로힘 베쉬르)—찬양은 성도들이 하나님의 은총을 입었을 때 드리게 된다 (대상 29:13, 욜 2:26). 그런데 찬양이 드려질 때 성도의 심령은 가난하고 궁핍하다 (시 74:21). 여기 시인도 하나님께 은총을 입었고, 그는 고난을 통해 영육이 낮추어진 상태에서 감사의 찬양을 드리고 있다.

감사함으로 하나님을 광대하시다 하리니 (바아갓델렌누 베토다)—하나님께 은혜를 입은 자들은 "감사의 노래" (토다) 혹은 "감사 제사"를 드림으로 하나님을 광대하시다 선포할 것이다. 그러나 31절을 참조하면, "제사"보다 "찬양 감사"가 고려 중인 듯 하다 (히 13:13 참조).

31절: 이것이 소 곧 뿔과 굽이 있는 황소를 드림보다 기쁘시게 함이 될 것이라 (베티타브 라도나이 밋쇼르 파르 마크린 마프리스)—형식적인 제사보다는 마음이 감사하여 전심으로 드리는 찬양이 훨씬 낫다. 순종함이 제사보다 낫다는 말과 같다. 하나님이 기뻐하시는 바가 있다면 그것은 감사 찬양이다. 이것은 마음 전체를 드리는 헌신의 찬양이기 때문이다.

32절: 온유한 자가 이를 보고 기뻐하나니 (라우 아나빔 이스마후)—70인역이나 몇몇 히브리어 사본들은 "저들이 보았다" (라우) 대신 "저들이 볼 것이다"로 읽는다 (NIV). 혹자는 명령형으로 "너희들은 보아라"로 읽기도 한다. 완료형이지만 간구적 완료상(precative perfect)으로 보고 "온유한 자들은 보고 기뻐하라" (NRSV)라고 번역할 수 있다. "온유한 자" 혹은 "가난한 자" (아나빔)는 여기 문맥에서 "경건한 자들" 혹은 "고난당하는 자들"이며, 사회적으로 불우한 환경에 처한 자들이다. 70인역은 이를 "가난한 자" (프토코스)라 번역하였다. 물질적 빈곤과 사회적 천대를 당하는 계층을 지시하며, 어떤 문맥에서는 "악인"과 대조되는 "경건한 성도"를 지칭하기도 한다. 시인은 이런 자들에게 여호와를 인하여 즐거워하라고 권고한다 (시 22:27, 31:25 참조).

하나님을 찾는 너희들아 너희 마음을 소생케 할지어다 (도르쉐 엘로힘 비히 레바브켐)—하나님을 찾는 자들은 앞에서 "온유한 자"이며, 경건한 자들이다. "마음의 소생"은 우리 마음이 주님께 굴복되고, 그분의 임재를 느낄 때 일어난다. 이런 때에 우리는 잃었던 소망과 확신, 자신감을 회복하고 매사에 적극적으로 임할 수 있게 된다. 현재 문맥에서 이런 권고는, 환난 당하던 시인이 궁극적으로 하나님의 구원을 체험한 것을 목도하는 그 때에 경건한 자들에게 자기를 보고 힘을 얻으라!고 격려하는 것이다.

33절: 여호와는 궁핍한 자를 들으시며 (키-쇼메아 엘-에비요님 야웨)—"궁핍한 자들" (에비요님)은 물질적 빈궁에 처한 자들이다. 그렇지만 여기서처럼 경건한 자들을 지시할 수 있다. 산상수훈에서 주님은 이런 구약적 배경에서 "가난한 자가 복 되도다"라 선포하신 것이다 (마 5:3, 눅 6:20). 이런 자들은 주님의 도우심이 없이는 살 수 없다는 것을 뼈저리게 체험한 자들이다. 이렇게 낮추어진 자들에게 하나님은 기도를 응답하시고 임재를 나타내신다.

자기를 인하여 수금된 자를 멸시치 아니 하시나니 (베에트-아시라브 로 바자)—주의 일을 하다 고난에 처하고, 죄수가 된 자들을 (렘 32:2, 33:1, 37:21, 빌 1:7, 딤후 2:9, 엡 6:20 등) 하나님께서 어찌 경멸하실 수 있을까?

34절: 천지가 그를 찬송할 것이요 바다와 그 중의 모든 동물도 그리할지로다 (예할렐루후 솨마임 바아레츠 얌밈 베콜-로메스 밤)— "찬양하라" (NIV, NRSV). 하늘과 땅, 그리고 바다와 그 가운데 움직이는 모든 생물들도 하나님을 찬양할 이유가 있다. 그것은 주께서 시온을 구원하실 것이기 때문이다 (35절). 찬양은 이렇게 하나님의 백성들의 구원과 연관하여 드려진다. 한편 "모든 동물" (콜 로마쉬)은 창 1:25, 6:7 등에 의하면, "땅에 기는" 생물들을 가리킨다. 그런데 여기서 "저들 가운데서 기어 다니는 모든 생물"이라 하였다. "저들"은 땅과 바다를 모두 총칭할 것이다. 이런 생물들을 모든 짐승들의 대표로 언급했을 것이다. 여기 문맥에서 우주적 찬양은 시인의 궁극적 승리에 대한 화답이다. 시인은 한 개인이 아니라, 하나님 나라를 대표하는 이스라엘 왕이리라.

35절: 하나님이 시온을 구원하시고 유다 성읍들을 건설하시리니 (키 엘로힘 요쉬아 치온 베이브네 아레 예후다)—문장 초두에는 "왜냐하면"이란 접속사가 위치하여 앞에 제시된 "찬양하라"의 이유를 제시한다. 그런데 여기 표현은 어떤 이들이 주장하듯, 반드시 추방 이후의 회복만 언급한다 보기 어렵다. 상징적 의미로 자기 백성의 부흥과 번영을 의미할 수 있기 때문이다 (시 51:18 주석 참조). 신약적 시각에서 본다면, 이런 회복의 사고는 교회의 부흥과 연관될 것이다. 교회 지도자의 회복이 곧 교회의 회복과 부흥과 직결된다.

무리가 거기 거하여 소유를 삼으리로다 (베야쉬부 샴 비레슈하)— "무리"는 여기서 비인칭 주어로 하나님의 백성들을 지시한다 (36절 참조). 저들은 시온에 거하며, 그것을 누리며 하나님을 섬길 것이다.

36절: 그 종들의 후손이 또한 이를 상속하고 그 이름을 사랑하는 자가 그 중에 거하리로다 (베제라 아 아바다브 인할루하 베오하베 쉐모 이쉬케누 바흐) — "그의 종들의 씨"는 하나님을 경건히 섬기는 자들로 후반절에서 "그분의 이름을 사랑하는 자들"이라 묘사된다. 이들이 대대로 시온을 상속하고 누리게 될 것이다. 이런 묘사는 이 시가 다윗의 것이라면, 악인들이 제거되고 의인들이 시온의 주인이 되어 하나님을 영화롭게 하실 그 소망을 피력한 것이 된다. 그렇지만 추방 이후에 귀환자들이 이 노래를 부를 때는 자기들에게 적용시켜 이해했을 것이 당연하다.

시편의 적용

깊은 수렁과 깊은 물에 빠질 때 건지소서 (1-2절)

예레미야는 자신의 선지자 활동을 이유로 동족에게 미움을 받아 깊은 진흙 구덩이에 던져졌고, 요나는 불순종 때문에 바다에 던져졌다. 전자는 진실로 주님의 사명 때문에 그러한 고난을 당해야 했다. 무수한 믿음의 선조들이 믿음을 지키기 위해 고난과 박해를 감수했다. 저들의 영웅적인 싸움 때문에 우리는 복음을 듣게 되었다. 주기철 목사님의 일사각오 (一死覺悟) 순교신앙이 있었기에 한국 교회의 정조(貞操)가 명맥을 유지할 수 있었다면, 손양원 목사님의 생명을 바친 목양(牧羊) 의지가 있었기에 한국 목회자가 따를 목회자상이 정립되었다.

그렇지만 요나의 경우에는 자신의 불순종 때문에 그러한 고난을 당해야 했다. 우리 성도들이 받는 고난의 경우, 예레미야의 경우보다는 요나의 경우가 더 많을 것이다. 요나처럼 우리도 깊은 물에 빠져들 때가 있을 것이다. 흉몽(凶夢)에 얼음 위를 걷다가 얼음이 깨어지고, 자신이 물속으로 빠져 들어갈 때 얼음을 잡았지만 그것마저 위태하게 깨어질 처지에 꿈에서 깨어난 적은 없던가? 그 흉몽이 나를 괴롭히고 내 건강이 얼음 깨어지듯 깨어지고, 견딜 수 없는 불안이 엄습할 때는 없었던가?

우리는 이 시인이 깊은 수렁, 깊은 물 속에 빠져들어 가면서 외친 간구의 부르짖음을 생생히 듣는다. 우리가 자신들의 불순종과 패역을 회개하고 주님의 도우심을 간구하면 베드로에게 손을 내밀어 구원하셨던 그 주님께서, 발판 없는 수렁에서 우리를 건져 올리실 것이다.

무고히 나를 미워하는 자가 내 머리털보다 많고 (4절)

여기 시인은 유능한 일군으로 조국에 봉사할 수 있었지만, 시기와 질시의 희생제물이 되어야 했다. 조선의 역사를 살펴보면, 허구한 날 관리들은 당파싸움에 여념이 없었다. 훈구(勳舊)파와 사림(士林)파가 권력싸움으로 대립하는가 하면, 사소한 의례문제로 국론이 분열되어 상대방을 죽였다. 누가 권력을 잡느냐? 이것이 저들의 관심사였다. 이런 상황에서 백성들의 고통을 생각하고 나라를 강하게 하기 위한 생각은 할 겨를이 없었다. 자신들은 양반계급으로 모든 조세 부담이나 군대, 부역, 공물 같은 부담이 없고, 상민들에게 모든 부담을 전가시키며 글공부와 벼슬놀이에 전념한다면서 당파싸움에만 골몰하였으니, 조선 500년 역사는 미워하고, 죽이는 암투와 살육의 역사라 해도 과언이 아니다. 이런 시대에 정직한 자들은 어김없이 시기와 미움의 대상이 되고 말았다. 오늘날도 이 살벗된 유교석 산재가 한국 성낭 성지에 어둠없이 나타나고 있다. 건설적 논의나 진취적 활동은 전무하고 당리당략에 날이 새고 저문다.

페루에서는 후지모리 대통령이 10년 집권하면서 비록 독재라는 소리는 들었으나, 사회가 안정되고, 저소득층이 혜택을 받게 되고, 경제가 성장하고, 에쿠아돌과의 국경 분쟁이 사라졌다 한다. 그는 산소통을 짊어진 사람과 의사를 대동하고 수천 미터 높이의 고산지대 방문도 아끼지 않는다고 한다. 그가 세 번째 임기를 위해 출마하겠다고 하니 사람들은 위헌(違憲)이라고 야단들이지만 50 퍼센트 이상의 국민들이 그를 지지한다고 한다. 그런데 후지모리는 결국 쫓겨나고 말았다. 페루 사회의 도덕적, 영적 능력이 페루의 앞날을 밝게도 아니면 어둡게도 할 것이다. 여하간 강력한 지도력이 없으면 나라는 갈팡질팡 낭비적 논쟁만 일삼게 된다. 민주국가만을 우리는 이상으로 삼지 말아야 한다. 성령님이 전적으로 지배하는 사회를 꿈꾸는 일은 유토피아일지 모르나, 우리 기독교가 지지하는 국가 형태는 타락인 인간들이 여론이 주장하는 민주제가 아니라, 중생한 기독인들이 성령님으로 감동받아 움직이는 민주제이다.

은혜의 때 (13절)

하나님은 진노하시나, 긍휼에 풍성하셔서 회개하는 자기 백성에게 다시 긍휼을 베푸신다. 바로 이 긍휼이 다시 나타나는 때가 은혜의 때이다. 그런데 불신자들에게는 신약 시대 전체가 바로 은혜의 때요, 구원의 때이다. 이 시기가 지나면 영원 세계로 이어지므로, 다시 구원의 기회가 없다. 혹자는 천년왕국 시대 운운하나, 그것은 성경적인 근거가 없다. 구약시대가 지나면, 구약 선지자들에 의하면, 메시아 시대가 도래 하리라 믿었다. 그 메시아 시대를 지시하기 위하여 저들은 자주 "그 날에" (*바욤 하후*, 사 3:18, 4:1, 11:10-11, 16, 12:1, 4, 25:9, 27:1, 12 등) 혹은 "이 날들의 끝에 [후에]" (*베아하리트 하야밈*)라 불렀다 (사 2:2, 렘 23:20, 겔 38:8 등). 구약시대는 구약 선지자들에 의하면, "이 날들"이라면, (구약의 견지에서) 장차 올 메시아 시대는 "그 날" 혹은 "이 날들의 끝 [이후]"이었다. 가까운 것을 "이것"이라 부르고, 저기 먼 데 있는 것을 "저것"이라 부르듯, 저들은 자기 시대와 다가오는 시대를 이렇게 구분했던 것이다. 요컨대, 저들은 인류 역사를 이 시대와, 저 시대로 양분시켜 생각했던 것이다. 이것이 성경이 말하는 인류 전체 역사이다. 그러면 메시아 시대는 언제인가? 바로 우리가 살고 있는 신약시대 전 기간이다. 이 시대에 구약이 예언한 모든 "회복"의 예언들이 성취되어야 한다. 이 시대는 하나님의 나라가 임하여, 그 완성을 향하여 나아가는 도중에 있는 시대이다. 그래서 이 신약시대는 "이미"와 "아직 아니"의 긴장 관계로 특징지어진다. 바로 이 시대야말로 온 세상에 축복의 복음이 전파되어 만민이 구원에 참여할 수 있는 절호의 기회이다. 주님이 재림하시면 인류역사는 종말을 고하고 영원세계로 이어질 것이다. 그것은 인류가 지금까지 꿈꾸어 온 완성과 극락의 영원시대이다. 그렇다고 그 영원세계에서 우리의 지식이 하나님과 같이 완전해지고, 우리의 능력이 신처럼 된다는 것은 아니다. 하나님은 인간이 영원히 미칠 수 없는 무한히 크시고, 무한히 전능하시고, 무한히 온전하신 분이시기에, 인간이 비록 구원의 완성에 이른다 해도, 이는 새로운 시작일 뿐이며, 끝이 아니다. 그래서 우리는 영원히 그분의 거룩하심과 온전하심에 이르도록 성장하게 될 것이다. 그러므로 영원세계에서는 더 열심히 그분을 알아야 하고, 더욱 열심히 그분을 섬겨야 할 것이다. "천국" (하나님의 나라 혹은 하늘나라)는 지금 성령님으로 하나님께서 통치하실 때 나타나는 것이며, "낙원"은 주님 믿고 죽은 영혼이 주님 재림시까지 거하는 중간처소이며, 신천신지는 우리가 영원히 거하게 될 저주가 제거되고 변화 받은 새 하늘과 새 땅이다. 우리가 영원히 살 신천신지에는 죽음도, 눈물도, 탄식도 없게 될 것이다.

시 70편 여호와여 지체치 마소서

I. 전체구조에서의 위치, 시의 유형과 삶의 자리

시 69:29은 "나는 가난하고 슬프오니 하나님이여 주의 구원으로 나를 높이소서"라 했다면, 여기 시편 5절에서는 "나는 가난하고 궁핍하오니 하나님이여 속히 내게 임하소서 주는 나의 도움이시오 나를 건지시는 자시오니 …"라 했다.

표제는 "다윗의 기념케 하는 시"라 한다. 그런데 내용을 보면, 이 시는 시 40:13-17과 대동소이하다 (차이점들의 비교는 시 40편 주석 참조). 가장 두드러진 차이점은 시 40편의 "여호와"를 여기서는 "하나님"으로 바꾸었다는 점이다. 현재 형태에서 이 시는 개인 탄식시로 분류된다. 시인은 1인칭 시점으로 구원을 간구하고 있다. 그러나 시인이 누구인지 어떤 정황에 있는지에 대하여는 확인하기 어렵다.

이 시는 다섯 절로 아주 간결하지만, 그럼에도 처음부터 끝까지 보석 세공(細工)처럼 아주 정교하게 조직되었다. 이 시는 앞서 언급한대로 시 40:13-17에서도 나타나고 있으므로, 원래 시 40편의 일부였던 것을 따로 떼어서 독자적으로 예배용으로 사용한데서 유래했는지 모른다. 그러나 어떤 이들은 거꾸로 시 70편을 근거로 시 40편이 확대되었다고도 하고, 또 어떤 이들은 둘 다 공통의 다른 시에서 유래한다고도 하니 그 정확한 내력을 확인할 길이 없다.

한편 이 시는 아주 간결하지만, 개인 탄식시로서 구비해야 할 요소들은 다 갖춘 완성품이며, 시 22, 35, 38, 40, 60, 70, 71, 102편 등과 단어나 분위기가 유사하다.

그런데 본 시편의 다음 시편인 시 71편에는 표제가 없다 (70인역은 다윗의 시, 요나답의 자손들과 포로로 잡혀간 첫 사람들이 부른 시라 한다). 그래서 시편이 편집될 그 당시에는 시 70편과 71편을 하나로 묶어 사용했는지 모른다 (Wilson, *Editing*, 177).

2. 시적 구조와 해석

전체를 하나의 사고단위로 파악한다.

1절: 하나님이여 속히 나를 건지소서 (엘로힘 레핫칠레니)—"속히" (후쉬)란 말은 후반절에만 있지만, 병행법적 구조에 비추어 볼 때, 전반절에도 해당된다 (double duty). 시인은 5절에서도 "속히 (임하소서)"라 간구한다. 위기에 처할 때 성도들은 하나님의 "신속한" 구원을 요청한다. 그렇지만 하나님은 자신의 때에 응답하신다 (요 11:6 참조). 또 생각할 것은 평소에 성도는 하나님께 "머뭇거리지 말고" 신속한 헌신을 드려야 위기시에 이런 기도가 가능하다는 점이다. 평소에는 예배를 자기가 시간을 정하고 (어느 예배에 참석할지), 느긋하게 하나님을 대하다가 위기시에나 "속히" 응답하소서!라고 한다면 양심을 속이는 일이리라.

여호와여 속히 나를 도우소서 (야웨 레에즈라티 후쉬)—전반절에서 "하나님"이라 호칭했으나 후반절에서는 "여호와"로 바꾸었다. 비록 이 시는 "하나님" (엘로힘)을 선호하는 책에 속하지만, 단순한 반복을 피하려는 시의 속성은 견지하고 있다. 신속한 도움을 얻으려면 우리도 타인들의 필요에 신속히 응하고, 하나님의 뜻에 늘 민감할 필요가 있다.

2절: 내 영혼을 찾는 자로 수치와 무안을 당케 하시며 (예보슈 베야흐페루 메바케쉐 나프쉬)—이들은 의인을 해치려는 자들이다. 이런 자들은 하나님께서 개입하셔서 처벌하시지 않으면 성도 스스로의 힘으로는 이길 수 없는 세상 권력자들이다. 승승장구하던 자들이 하루아침에 패가망신할 때, 저들이 당하는 수치와 무안은 덮을 수가 없다. 다윗을 쫓던 사울 왕은 길보아산에서 블레셋 사람들에게 참패하여 수치스럽게도 죽어야 했다. 혹은 그렇게 기고만장하던 앗시리아 산헤립 대왕은 하나님의 기적으로 18만5천의 대군을 하루아침에 상실하고 낯이 뜨뜻하여 고국으로 급히 물러가지 않으면 안 되었다.

나의 상함을 기뻐하는 자로 물러가 욕을 받게 하소서 (잇소구 아호르 베익칼레무 하페체 라아티) —시 40:15에서는 "나를 해코자 하는 자들"로 나타난다 (시 71:13, 24도 참조). 원수들은 성도들의 생명만 아니라, 명예, 재산 등도 노린다. 그러므로 성도는 깨어서 기도하지 않으면 안 된다.

3절: 아하, 아하 하는 자로 자기 수치를 인하여 물러가게 하소서 (야슈부 알-에케브 보쉬탐 하오메림 헤아흐 헤아흐) —성도의 불운에 "아하, 아하!" 하며 쾌재(快哉)를 부르는 원수들의 모습에 하나님은 기뻐하지 않으시고 반드시 저들을 보응하실 것이다 (시 35:21, 25, 시 137:7).

4절: 주를 찾는 모든 자로 주를 인하여 기뻐하고 즐거워하게 하시며 주의 구원을 사모하는 자로 항상 말하기를 하나님은 광대하시다 하게 하소서 (야시수 베이스메후 베카 콜-메바케세카 베요메루 타미드 익달 엘로힘 오하베 예슈아테카) —원수들은 성도들의 생명을 찾지만 (2절), 성도들은 하나님을 찾는다. 그분이 생명이시오, 소망이시오, 구원이시기 때문이다. 이들은 그분을 인하여 즐거워하고 기뻐한다. 성도의 특징은 이렇게 기쁜 마음이다 (합 3:18). "주의 구원을 사모하는 자"는 직역하건대 "당신의 구원 (도움)을 사랑하는 자들"이다. 세상 사람들에게서 도움을 구하려 아니하고 하나님만 바라본다. 그런데 "하나님은 광대하시다"란 "하나님은 위대하시다"를 의미하며, 그분은 천지만물의 창조주시오, 이스라엘의 구속주로서 이적과 기사를 행하시는 분이신 때문이다. 위대함은 자기 백성과의 관계에서 드러나는 것이지, 추상적인 어떤 그 무엇이 아니다. 아무리 위대한들 나와 상관이 없다면 그분을 "위대하시다"라고 경배할 이유가 없을 것이다. 위대하신 하나님께서 우리를 구원하시고 도우시므로 우리는 그분을 높이고 경배하는 것이다. 그런데 "하나님은 광대하시다"란 번역 대신, 어떤 현대 역본들은 70인역처럼, "하나님은 높임을 받으소서!"라고 번역하기도 한다 (KJV, NASB, NIV, TNK, LSG). 한편, 여기 4절의 사고는 시 70편에서 보듯 (32절), 탄식시에 구원의 확신을 표현하는 대목에서 나타나지만, 여기서는 직접적인 간구 형태를 지니고 나타났다.

5절: 나는 가난하고 궁핍하오니 하나님이여 속히 내게 임하소서 주는 나의 도움이시오 나를 건지시는 자시오니 여호와여 지체치 마소서 (바아니 아니 베에비욘 엘로힘 후솨-리 에즈리 우메팔레티 앗타 야웨 알-테아하르)—성도는 사회적으로 볼 때, 처지가 가련한 경우가 많다. 그렇지만 항상 그러해야한다는 것은 아니다. 에스더나 다니엘처럼 높은 지위에서 하나님의 백성을 위해서 정직하게 일할 수도 있다. 시편에서 자주 "가난하다"는 말은 성도의 영적 순결을 지시하기도 한다.

즉, 가난한 자는 성도를 지칭한다 (시 10편 참조). "여호와여 지체치 마소서"란 간구를 드리는 성도들에게 그분은 신속하게 도우실 것이다 (사 46:13). 그런데 그분은 우리들에게도 "너의 추수한 것과 너의 짜낸 즙을 드리기에 더디게 말라"고 하신다 (출 22:29). 그리고 "네 하나님 여호와께 서원하거든 갚기를 더디 하지 말라 네 하나님 여호와께서 반드시 그것을 네게 요구하시리니 더디면 네게 죄라"고 하신다 (신 23:21, 전 5:3).

시편의 적용

속히 나를 건지소서 (1절)

신속한 구원은 위기 시에 너무나 다급한 심정의 호소이다. 그렇지만 하나님은 언제나 우리들의 필요에 즉각, 즉각 응하시는 것이 아니다. 자신의 기쁘신 뜻대로 일하시기 때문이다. 그런데 우리 성도들은 평소에 하나님의 뜻에 얼마나 "신속하게" 응답하고 있는지 생각할 필요가 있다. 평소에는 그분의 뜻을 모르는 척 지내다가 자신이 다급하다고 "속히" 도우소서라고만 한다면 성숙한 성도라 할 수 없다. 평소에 우리는 기도를 많이 하여 저축하고, 십일조와 헌금을 많이 하늘나라에 심어서 위기 시에 그분의 도우심을 신속하게 얻을 수 있도록 하지 않으면 안 된다. 하나님은 우리 아버지시다. 아버지는 아들의 순종과 자세 여하에 따라서 자식의 위기 시에 도움을 적절하게 응할 것이다. 만약 평소에 아버지의 소원도 팽개치고 살았다면 아버지가 아들이 도와달라 할 때 선뜻 도와 줄 것인가? 물론 순전히 인간적인 생각이지만, 이런 인격적인 관계는 하늘 아버지와 우리들 사이에도 존재한다 (마 6:14, 7:12, 잠 1:24-26 참조).

우리 신앙생활은 아주 과학적이다는 사실을 기억해야 한다. 그것은 우리가 자연법칙을 믿듯이, 영적인 법칙도 심는 대로 거둔다는 것이기 때문이다. 우리가 성결한 삶에 근거하여 기도하는 만큼, 기도하는대로 하나님은 우리 삶 가운데 역사하실 것이다. 우리가 헌신하고 섬기는 대로 하나님의 축복은 임한다. 이런 과학적 사실은 하나님의 축복을 체험하고 간증하는 자들에게서 가장 분명하게 입증된다.

시 71편 내가 늙어 백수가 될 때에도 버리지 마시고

I. 전체구조에서의 위치, 시의 유형과 삶의 자리

이 시에는 아무런 표제가 없다. 그런데 내용상 개인 탄식시로 분류된다. 한편 이 시는 시 70편과 몇 가지 점에서 긴밀한 연관성을 보인다. 시 70:1, 5에서 신속한 구원을 간구하듯, 71:12에서도 그리한다. 시 70:1, 5에서 구원을 간구 하듯, 71:1에서도 그리한다. 시 70:1, 5에서 도우심을 간구하듯, 시 71:12에서도 그리한다. 시 70:2, 3에서 원수로 수치를 당케 해달라고 간구 하듯, 시 71:13, 24에서도 그리한다.

그뿐 아니라 여기 사용된 여러 표현들은 다른 시편들에서 나타나는 것들이 많다. 예컨대, 1-3절 (시 31:1-3), 5-6, 17절 (시 22:10-11), 12상 (시 22:1, 11, 19), 12하 (시 38:12, 40:13), 13절 (시 35:4, 26), 18절 (시 22:30-31), 19절 (시 36:6) 등이다. 그래서 어떤 이는 이 시를 다른 탄식시들 혹은 감사시들의 "선조(線條) 세공" (filigree)이라 불렀다.

모빙켈에 의하면 (*PIW*, I, 220), 이 시는 "보호시" (protective psalm)에 해당된다. 보호시란 위험이 이미 닥친 상태에서의 구원을 간구하는 것이 아니라, 장차 닥칠 위험에서 보호해 달라고 간구하는 시라 한다. 노년에도 버리지 말아 달라는 그런 간구가 그런 보호요청에 해당될 것이다. 그래서 이런 보호시에서는 탄식시보다 분위기가 한결 밝다고 한다.

한편, 델러캣 (Delekat)은 이 시는 원수들에게 추적을 당하여 성전으로 도피하여 피난처를 구한 사람의 시라고 한다 (L. Delekat, *Asylie und Schutzorakel am Zionheiligtum*, 207-15). 그에 따르면, 이 시인은 실제로 성전 마당으로 도피하여 그곳에 있던 바위에 올라서서 반석 되신 하나님께 보호를 간구한다고 한다 (1-3절). 그 때에 물론 제사를 드리며 간구했을 것이라 한다. 반면 테잇 (Marvin E. Tate)은 이 시가 추방 이후 귀환 초기시대를 반영한다고 생각한다 (*Psalms 51-100*, 212). 여기서 부르짖는 사람은 귀환 공동체이며, 그런데 이 공동체는 형식적인 제사에 부정적이었기에 성전 재건에도 불참했던 소수 그룹에 속했을 것이라 한다. 이런 자들은 성전 재건을 작은 일들의 날로 생각하고 (슥 4:10), 시온산에 위치한 성전을 능가하는 야웨의 새로운 영광이 나타날 것을 기대했다고 한다. 이렇게 이 시를 공동체시로 보는 근거는 시인이 자신의 구원과 나라의 구원을 연관시키기 때문이라 한다 (20절에서 "우리" 참조). 그렇지만, 우리가 보기에 테잇의 이런 가정은 개인 성도의 부르짖음이 주류를 이루는 본 시편의 분위기에 잘 맞지 않는다. 시인은 특히 노년에 당할 어려움을 예상하고 하나님의 크신 은총을 간구하고 있다.

2. 시적 구조와 해석

시의 형식과 내용에 따라 다음과 같은 연 구분이 가능하다. 제1연 (1-4절)은 구원을 간구함, 제2연 (5-8절)은 자신의 믿음 서술, 제3연 (9-13절)은 노년에 버리지 마소서, 제4연 (14-18절)은 나의 믿음 서술, 제5연 (19-21절)은 주님의 행하는 방식, 제6연 (22-24절)은 찬양과 서원 등이다. 4연이나 5연은 신앙고백적 진술과 간구적 요소를 모두 포함하고 있다. 1, 3연이 간구라면, 2연은 신앙고백적 진술을 담고 있다. 따라서 4, 5연은 1, 3연과 2연의 사고를 함께 담은 것과 같은 양상이다.

시적 기교를 보면, 4절은 의미상으로나 구조상으로 병행법을 구성하고 있다: "나의 하나님이여, 악인의 손에서 피하게 하소서/ 불의한 자와 흉악한 자의 손바닥에서 (피하게 하소서)!" 호격

(나의 하나님이여)과 동사는 전반절에서만 사용되었지만, 후반절에도 해당된다 (double duty). 후반절에서는 전치사구에서 단어를 늘여 운율을 맞추고 있다. 그리고 5절에서 "주 여호와여"는 전. 후반절로 분리되어야 한다: "주여, 당신은 나의 소망이시오/ 여호와여 (당신은) 나의 어릴 때부터 의지시라." 후반절의 "나의 어릴 때부터"는 전반절에도 해당되고, 전반절의 "당신은" 후반절에도 해당된다. 그리고 9절은 중간을 축으로 접을 때 일치하는 구조적 병행법 (부정사+동사+전치사구/ 전치사구+부정사+동사) 혹은 의미상 동의 병행법을 구성한다.

제1연 (1-4절): 구원을 간구함

4절에서 시인이 구원을 간구하는 그 원수가 누구인지 정체가 드러난다. 그 원수는 악인, 곧 불의한 자, 흉악한 자이다. 마지막 "흉악한 자" (호메츠)란 "압제자" 인데 (KB³), 현대 역본들은 대개 "강포한 자" (ELB, LSG), "잔인한 자" (KJV, NIV, NASB, NJB, RSV), "불법자" (TNK) 등으로 번역했다. 여하간 이런 자들은 어느 시대에나 있어 성도들을 괴롭힌다. 그렇지만 이런 원수들이 있기에 성도들이 각성하게 되고 부르짖게 되는 것도 사실이다.

1절: 여호와여 내가 주께 피하오니 (베카-야웨 하시티)—이 표현은 성소에서 피난처를 찾는 자의 부르짖음이다 (시 7:1, 11:1, 16, 25:20, 31:1, 57:1, 41:8, 144:1 등). 그를 추격하는 자는 원수들이다 (4, 11절). 실제로 중죄인들이 도피할 때 성소의 제단 뿔을 잡고 생명을 건지는 상황을 반영할 것이지만 (왕상 1:50), 기도로 그분에게 피난하는 자들의 부르짖음이기도 하다. 혹은 하나님께서 정하신 도피성에서 피난처를 찾는 자들의 부르짖음도 생각할 수 있지만 (민 35:6 이하), 도피성에 피난하는 자들은 부지중에 살인한 자들이므로 여기 시인에게는 해당되지 않을 것이다.

영영히 수치를 당케 마소서 (알-에보솨 레올람)—수치를 당하는 것은 생명의 파멸을 의미할 것이다 (시 25:20). 하나님은 자신에게 피난하는 자들에게 산성, 요새, 구원자, 방패이시다 (시 144:2).

2절: 주의 의로 나를 건지시며 (베치드카테카 탓칠레니)—이 시인이 주께 피난하는 것은 그분은 의로우셔서 공의롭게 통치하시고, 자신을 신뢰하는 성도들의 일을 정당하게 처리하실 줄 확신하기 때문이다. 1절이나 2절 모두 전치사구로 시작하여 "당신께" (피하오며), "당신의 의로" (건지소서) 등과 같이 주님이 강조되었다. 여기서 "건지다" (나찰의 사역형)는 "풀어주다"로 번역된 동사와 함께 "구원하다," "끄집어내다"를 의미한다. 두 동의어로 함께 사용하여 강조하는 듯 하다 (시 22:9, 시 82:4, 사 5:29).

나를 풀어 주시며 (우테팔레테니)—4절에서 보듯 (팔레테니), 이 말은 추격하는 원수들의 손에서 도피하게 해주시라는 간구이다. "팔라트"는 기본형에서 "도피하다," 피엘형에서 "끄집어내다" 곧 "구원하다"를 의미한다.

주의 귀를 내게 기울이사 나를 구원하소서 (핫테-엘라이 오즈네카 베호쉬에니)—주께서 마치 귀를 가지신 양 이런 의인법적 표현으로 자신의 위급한 상황을 호소한다. 주님은 귀를 지으신 분이

시기에 성도의 기도를 들으신다 (시 94:9). 그러나 마음에 죄악을 품고 부르짖으면 듣지 아니 하신다 (시 66:16, 사 1:15).

3절: 주는 나의 무시로 피하여 거할 바위가 되소서 (헤에 리 레추르 마온 라보 타미드)—실제로 유다 광야에서 '언제나' 피난할 수 있는 바위들이 있었다 (삼상 23:25, 28). 하나님을 시인은 이런 바위에 비유하고 있다. 그런데 여기서 "바위"는 하나님에 대한 지칭으로 보고 '반석이시여!'라고 이해할 수도 있다 (전치사 *라멧*은 강조사): "당신은 내가 언제나 갈 수 있는 피난처가 되소서, 오 반석이시여!"

주께서 나를 구원하라 명하셨으니 (치비타 레호쉬에니)—70인역 등은 이 부분을 생략하지만 (NRSV도), NIV, TNK처럼 명령법으로 번역 ("구원하라 명하소서")해야 한다. 왜냐하면 앞에서 명령형이 사용되었으므로, 그 다음에 사용된 완료형도 간구적 뉴앙스를 덩달아 가지게 되기 때문이다 (precative perfect). 구원하라!고 명령하실 때, 그 명령을 받는 대상은 천사들인가? 하나님의 구원 명령만 떨어진다면 어떤 방식으로건 구원은 신속하게 진행될 것이다.

이는 주께서 나의 반석이시오 나의 산성이심이다 (키-살라이 우메츄다티 앗타) — "반석"과 "산성" (험한 바위 낭떠러지)은 독수리가 거하는 험준한 곳으로도 나타난다 (욥 39:28). 그렇지만 이 두 말이 함께 나타날 때 어김없이 하나님을 상징적으로 묘사한다 (시 18:3=삼하 22:2, 시 31:4 등).

4절: 나의 하나님이여 (엘로하이)—하나님을 이렇게 부를 수 있다는 것은 은총 입은 자의 특권이다. 하나님을 친근히 하지 못하는 자들은 어려울 때 믿음에서 떨어져 나가고 만다.

나를 악인의 손 곧 불의한 자와 흉악한 자의 장중에서 피하게 하소서 (팔레테니 미야드 라쇼아 믹카프 메아벨 베호메츠) —마지막 두 단어 (분사형)는 여기서만 나타난다. 이 시인을 추격하는 자들은 이렇게 난폭하고 하나님의 법을 무시하는 무뢰한들이다. 그런데 NJB는 "손"이란 말을 "마수(魔手)" (clutches) 곧 손아귀라고 번역하고 있다. 악인의 손아귀는 참으로 벗어나기 어렵다. 한편 왜 한역은 동사를 작은 글씨로 표현했는지 모른다. 원문에서 동사는 "나를 구하소서" (팔레테니)라고 명기되었기 때문이다 (2절도 참조).

제2연 (5-8절): 자신의 믿음 서술

우리가 5절을 1연에서 떼어 2연에 붙였으나 원문에서 보면, 5절 초두에 "왜냐하면" (키) 접속사가 위치하여 4절의 이유를 도입한다. 그렇지만 5절은 6-8절에 제시된 사고 곧 하나님에 대한 신뢰라는 주제와 긴밀하게 연관된다. 5절의 사고가 6-8절에서 발전, 전개된다고 할 수 있다. 그러므로 5-8절은 1연에 제시된 간구의 받침대로 기능한다고 할 수 있다. 왜 기도를 들어 주셔야 하는지 이유를 제시한다. 시인은 하나님께 대한 자신의 믿음을 진술함으로 곧 신앙고백을 제시함으로, 앞에서 제시된 기도를 더욱 강화시키고 있다. 그러므로 이 신앙 고백적 진술은 간접 기도와 같다. '이렇게 내가 믿사오니 주여, 나를 구원하소서!'

5절: 주 여호와여 주는 나의 소망이시오 나의 어릴 때부터 의지시라 (키-앗타 티크바티 아도나이 야웨 미브타히 민네우라이)—어려서부터 주님을 신뢰하고 소망으로 삼는 자는 복되도다. 평생에 시절을 쫓아 적절한 열매를 맺을 것이다. "의지할 대상"과 "소망"이 되시는 하나님은 성도를 결코 섭섭케 아니하신다. 그런데 이 행(行)은 전.후반절이 구조상으로나 의미상으로 병행법을 구성하고 있다: "주여, 당신은 (나의 어릴 때부터) 나의 소망이시요/ 여호와여 (당신은) 나의 어릴 때부터 나의 의지시라." 그런데 맛소라 액센트를 따라 어떤 역본들은 "주여, 여호와여"를 함께 붙여서 한역처럼 "주 여호와여"라 읽기도 한다.

6절: 내가 모태에서부터 주의 붙드신바 되었으며 (알레카 니스마케티 밉베텐)—성도는 돌이켜 보면 모든 것이 하나님의 은혜이다.

어미 배에서 주의 취하여 내신 바 되었사오니 (밈메에 임미 앗타 고지)— "내 어머니의 배로부터 (나의 탯줄을) 끊으신 분은 바로 당신이셨다." 이렇게 태어나는 순간부터 하나님은 보살펴 주셨고, 붙들어 주셨고, 양육해 주셨고 보호해 주셨다. 하나님의 자녀로 우리는 양육과 보살핌을 받았다.

나는 항상 주를 찬송하리이다 (베카 테힐라티 타미드)—이 콜론이 첨가되어 이 행은 파격적으로 세 개 콜론 (tricolon)을 구성한다. 이 문장은 "나의 찬양이 지속적으로 당신께 (있나이다)"가 된다. 그런데 "당신께"라는 표현은 "당신에 관하여"라고 이해될 수 있다. 즉, 시인의 지속적인 찬양의 주제는 하나님이시다 (NJB).

7절: 나는 무리에게 이상함이 되었사오나 (케모펫 하이티 레랍빔)— "이상함" (모펫)은 "기사" (wonder), "전조" (sign, portent), "신비" (mystery) 등의 의미를 갖는다. 이 시인은 자기 당대인들에게 어떤 이해될 수 없는 수수께끼가 되었다. 어떤 사람들은 그에게서 하나님의 세심한 돌보심을 보기도 하고, 어떤 이들은 그에게서 하나님의 심판을 보기도 하였다 (11절 참조). 통상적 삶이 아니라 비범한 신앙적 삶이 이 성도를 타인과 구분되게 했을 것이다.

주는 나의 견고한 피난처시오니 (베앗타 마하시-오즈)—하나님을 이렇게 "피난처"와 산성, 요새 등으로 비유하는 것은 현재의 상황이 보호를 필요로 하는 때문이다. 따라서 이런 신앙 고백은 간접 기도와 같다.

8절: 주를 찬송함과 주를 존숭함이 종일토록 내 입에 가득하리이다 (임말레 피 테힐라테카 콜-하욤 티프아르테카)— "주를 존숭함" (티프아르테카)은 "당신의 아름다움," 혹은 "당신의 영광"으로 이해할 수 있다. 그런데 이것이 시인의 입에 있었으므로, 그분을 영화롭게 하는 말이 입으로 온 종일 표현되었다는 의미이겠다. 주를 찬송함과 주를 존숭함이란 두 말을 함께 고려한다면, "당신을 영화롭게 하면서" (glorifying You, TNK) 혹은 "당신의 영광을 선포하면서" (declaring your splendor, NIV), 내가 종일토록 당신을 찬양하나이다 가 될 것이다. 아니면 찬양하면서 당신을 영화롭게 하나이다.

제3연 (9-13절): 노년에 버리지 마소서

시인은 다시 간구를 올린다. 원수에게서 구해 주시라는 기도이다. 1연의 기도와 비교한다면, 4절에 간략하게 언급된 원수들의 정체가 여기서는 좀더 소상하게 제시되고 있고 (10, 11, 13절) 원수들이 수치를 당케 하시라는 더 적극적인 간구로 나아가고 있다.

9절: 나를 늙은 때에 버리지 마시며 (알-타쉴리케니 레에트 지크나)— "던져버리지 마소서." 말하자면, 소용이 없으므로 어떤 물건을 던져버리듯, 아니면 요셉을 구덩이에 던져 버리듯 (창 37:20), 혹은 유다 거민을 산꼭대기에서 포로로 던져서 박살이 나게 하듯 (대하 25:12), 노년기에 주님께서 자신을 내팽개치지 말아 달라는 호소이다. 노년은 기력이 쇠하는 때이다. 그 때에는 사람들이 소외감을 느끼게 된다. 그렇지만 성경은 노년기를 완성의 때로 묘사한다 (잠 16:31). 노년기에도 주님은 성도와 가까이 계신다. 아니 하나님과 가장 친밀한 관계를 가질 수 있지 않을까?

내 힘이 쇠약한 때에 떠나지 마소서 (키클롯 코히 알-타아즈베니)—20대의 정력과 30대의 자신감은 40대를 기점으로 점점 쇠하기 시작하여 50대, 60대에 들면서 진취적이지 못하고 수구적으로 돌아설 수 있다. 그렇지만 갈렙처럼 85세의 노년기에도 "할 수 있다!"의 신앙으로 매사에 적극적으로 임한다면 좋지 않겠는가?(수 14:11 이하 참조). 여기서 시인은 단순히 노년기의 생활대책을 호소함이 아니다. 18절에 의하면, 그의 간구는 지속적으로 자신을 전도인으로 사용해 달라는 간구이다. 그리고 "떠나지 마소서"는 차라리 "나를 버리지 마소서" (do not forsake me or do not desert me)라 해야 한다.

10절: 나의 원수들이 내게 대하여 말하며 나의 영혼을 엿보는 자가 서로 꾀하여 (키-아므루 오예바이 리 베쇼므레 나프쉬 노아추 야흐다브)—이들은 성도를 무고히 해코자 "함께 꾀" 하는 자들이다. "내게 대하여"는 나를 대적하여 (against me)로 이해한다. "나의 영혼을 엿보는 자"란 표현은 "내 생명을 주시하는 자" (RSV, LSG), "나를 죽이고자 기다리는 자" (NIV), "내 생명을 기를 쓰고 찾는 자" (ELB)란 의미이다. 강조점은 원수들이 시인의 생명을 죽이고자 파수꾼처럼 주시하고 관찰하고 있다는 점이다. 그리고 "꾀하다" (야아츠)란 음모를 꾸미다, 계획하다, 고안하다란 의미이다.

11절: 이르기를 하나님이 저를 버리셨은즉 (레모르 엘로힘 아자보)—원수들이 왜 그렇게 말했을까? 이 시인은 질병에 떨어졌거나 반역을 당했거나 아니면 역경에 처했는지 모를 일이다. 이때에 원수들은 하나님께서 저를 버리신 것으로 확신했을 것이다.

따라 잡으라 건질 자가 없다 (리드푸 베티프수후 키-엔 맛찰)—구원해 줄자가 없을 때, 모든 원수들이 기승을 부린다. 하나님의 임재를 상실하고 공허한 상태에 있을 때, 흑암의 세력들이 우리를 엄습해 올 수 있다. "따라 잡으라"는 "추격하여 잡으라"로 이해한다.

12절: 하나님이여 나를 멀리 마소서 (엘로힘 알-티르하크 밈멘니)—부지중 살인한 자들이 피난하는 도피성이 가까울수록 그 피난자는 안전할 것이다 (신 12:21). 피난처이신 주님과 (3, 7절) 거리가 멀다면 그만큼 위험천만이다. 주님이 멀리 계실 때 문제가 내게 엄습한다 (시 22:12). 잠언서 15:29은 고려 중인 사항과 연관하여 의미심장한 말을 하고 있다: 여호와는 악인에게서 멀리 계시나, 의인의 기도는 들으신다!

하나님이여 속히 나를 도우소서 (엘로하이 레에즈라티 히솨 [후솨])—신속한 구원을 간구할 때, 자신의 지난날들의 나태함과 그분께 대한 불 충성을 철저히 회개할 필요가 있다. 그런데 "신속히 나를 도우소서"는 시 22:20, 38:23, 40:14, 70:1 등에서 나타난다.

13절: 내 영혼을 대적하는 자로 수치와 멸망을 당케 하시며 (예보슈 이클루 소트네 나프쉬)—여기서 "대적하는 자"는 나중 고유 명사화된 "사탄"과 연관된다. 사탄은 대적자란 의미이다. 성도를 대적하는 사탄은 성도를 핍박하고 기소하는 부정적인 일도 감당하지만, 뒤집어 보면, 우리로 범죄하지 못하도록 제재 역할을 하며, 우리로 주님을 강력히 찾도록 해 준다. 성숙한 성도라면, 우리를 대적하는 자들이 많을수록 우리는 철저한 회개를 경험할 것이며, 더욱 주님만 의지할 것이다.

나를 모해하려 하는 자에게는 욕과 수욕이 덮이게 하소서 (야아투 헤르파 우켈림마 메바크쉐 라아티)—이런 것들은 성도들이 당할 이유가 없다. 그렇지만 성도들이 종종 당하는 이유는 자신들의 허물 때문이다. 기도로 우리는 이런 것들이 주를 대적하는 자들에게 떨어지도록 하지 않으면 안 된다.

제4연 (14-18절): 나의 믿음 고백

다시 주님을 향한 신뢰감을 표현한다. 이런 신뢰감의 표출은 간접기도이기도 하다. 이 부분은 장차 얻을 구원 이후의 신실한 삶을 서원 약속하기도 하고 (14-16절), 자신의 잘한 행동을 언급하기도 하며 (17절), 계속 힘을 주시어 주의 행한 일을 장래에도 간증하게 하소서! (18절) 라는 기도의 요소도 포함한다.

14절: 나는 항상 소망을 품고 주를 더욱 더욱 찬송하리이다 (바아니 타미드 아야헬 베호사프티 알-콜-테힐라테카)—독립인칭대명사를 문장 초두에 두어 강조하고 있다. 원수들은 그러할지라도, 나로서는 더욱 하나님만 소망하고, "더욱 더욱" (more and more) 주님을 찬양하리이다 라는 결심이 표명되고 있다. 날마다 더 늘어가야 할 것은 이렇게 주님을 향한 우리의 찬송이다. 그런데 여기 "더욱 더욱 찬송하리이다"란 말은 직역하건대, "당신을 찬양하는 그 모든 찬양 위에 내가 (찬양을) 더하리이다" 이다. 환난의 터널을 통과할 때 찬송이 끊어지기 쉽다. 그러나 그럴수록 여기 시인처럼 더욱 더욱 찬양하리라! 결단해야 한다.

15절: 내가 측량할 수 없는 주의 의와 구원을 내 입으로 종일 전하리이다 (피 예삽페르 치드카테카 콜-하윰 테슈아테카 키 로 야다아티 세포롯)—찬양의 제목은 헤아릴 수 없이 많은 그분의 의로운 행위들과 구원 역사들이다. 그것이 곧 성경의 내용이다. 성경은 죄에 빠진 인간을 구원하시고 축복하시는 하나님의 구원 역사에 관한 기술이다. 입으로 그분의 의와 구원을 증거 하는 일은 사람들이 모인 장소에서 되어질 것이다. 매일 그리하겠다는 이 결심은 고난을 통해서 생성된 거룩한 결심이다. 고난 중에 우리는 그분의 구원을 전파하리라는 선교적 비전을 보아야 한다. 그때에 비로소 구원은 신속히 임할 것이다. 한편 한역이 "측량할 수 없는"이라 번역한 종속절은 "내가 비록 그 수(數)를 알지 못한다 해도" (NIV, NRSV, TNK)처럼 양보절로 이해한다. 여기서 "세포롯"이란 말은 70인역이 "책들" (그람마테이아스), 벌게잇이 "문법" (litteraturam)으로 번역했다. "수" (number)로 번역한 것은 심마쿠스역 (엑사리트메사이, 헤아림)에 근거한 것이다.

16절: 내가 주 여호와의 능하신 행적을 가지고 오겠사오며 (아보 비그부롯 아도나이 야웨)—후반절이나, 15절, 18절 등에 비추어 볼 때, "내가 주 여호와의 능하신 행적으로 (증거를) 시작하겠나이다" 정도가 될 것이다 (15절에서 종일토록 주님의 의와 구원을 증거 하리라 하였고, 18절에서도 "주의 능을 장래 모든 사람에게 전하리라" 하였다). NIV는 약간 의역하여, "내가 와서 당신의 능하신 행적들을 선포하리이다"라 번역했다. "선포하다" (proclaim)란 동사는 원문에 없지만 의미상 삽입시킨 번역이다. 반면 LSG는 "내가 당신의 능력 있는 행위들을 '말하겠나이다' (Je dirai)"라 의역했다.

주의 의 곧 주의 의만 진술하겠나이다 (아즈키르 치드카테카 레바데카)—문자적으로 "나는 당신의 의, 곧 당신만 기억하겠나이다" 이지만, 앞 구절들이나 다음 구절 (17절), 그리고 시 6:6, 77:11-12절의 용례에 비추어 본다면, 단순한 기억 (회상)이 아니라, 하나님의 의로운 행위들을 선포하는 행위를 지시할 것이다 (시 6:4: 기억함/ 감사함). KB³는 여기 구절에서 이 동사의 의미를 "찬양하다"로 해석하고 있다 (RSV, ELB).

17절: 하나님이여 나를 어려서부터 교훈하셨으므로 (엘로힘 림마드타니 민네우라이)—시인은 6절에서 출생시의 은혜를 회상한 바 있고, 5절에서 "어릴 때부터 의지"가 되셨다 고도 했다. 여기서는 "어려서부터 가르치셨다"고 한다. 하나님께 직접 개인교수를 받아서 그는 그분이 행하신 일들을 증거 할 수 있다 (요 6:45). 이는 시인 자신의 영적 체험을 암시한다. 누구에게 배워서 영적 진리를 아는 것과 자신이 직접 체험하여 아는 것은 천양지차(天壤之差)이다. 누구나 하나님을 자신이 직접 체험하기 전에는 온전한 믿음일 수 없다. 이 시인은 적어도 10대부터 하나님을 체험하여 그분과 교제하고 있다.

내가 지금까지 주의 기사를 전하였나이다 (베아드-헨나 악기드 니플레오테카)—그래서 지금까지 그분의 기이한 일들을 가족들에게, 혹은 이웃들에게 전하고 있다. 이렇게 그는 전도자의 삶을 살아왔다. "당신의 기사들"은 당신이 행하신 기이한 일들, 곧 이적들을 지시하며 (수 3:5, 시 72:18), 이는 찬양의 주제가 된다 (시 9:1, 26:7, 75:1, 86:10, 98:1, 106:22, 136:4, 144:5).

18절: 하나님이여 내가 늙어 백수가 될 때에도 나를 버리지 마시며 (베감 아드-지크나 베세바 엘로힘 알-타아즈베니)—9절의 반복이다. 여기서 "백수" (세바)는 연로함을 드러내는 "흰머리"를 지시한다. 이런 백발(白髮)은 영광의 면류관이며 의로운 삶으로 얻어지므로 (잠 16:31, 20:29), 이런 자들 앞에서 젊은이들은 공경의 표시로 일어나야 한다 (레 19:31). 그렇다면 왜 이 시인은 백발이 되는 때를 이렇게 두려워하는가? 두려워해서라기보다, 그러한 때에도 자신을 전도(傳導)인으로 사용해 주시라는 충성의 기도로 들린다. 여기 문맥에서 "버리다"란 말은 시인이 하나님의 임재와 그분의 능력을 상실할 것을 염두에 둔 듯 하다.

내가 주의 힘을 후대에 전하고 주의 능을 장래 모든 사람에게 전하기까지 나를 버리지 마소서 (알-타아즈베니 아드-악기드 제로아카 레도르 레콜-야보 게부라테카) —시인의 결심은 대단히 원대하다. 자신이 왜 백발노인이 될 때까지 하나님께서 붙들어 주셔야 할 이유가 너무나 당당하고 확실하다. 단순히 자신의 건강 상실이나 소외감 때문이 아니라, 자신이 주님을 증거 해야 할 사명을 다하기 위함이다.

제5연 (19-21절): 하나님의 행하시는 방식

여기서도 앞 연에서와 같이 주님을 향한 자신의 신앙 고백과 (19절), 구원을 호소하는 간구(21절)를 모두 담고 있다. 시인의 관심은 하나님의 구원과 축복에 있다. 그의 신앙 고백적 진술들은 모두 그분을 찬양하는 것과 같다. 예컨대, "누가 주와 같으리이까?"란 진술은 (19절 하) 여호와만이 하나님이시다! 는 신앙 고백이며, 이는 찬양이기도 하다. 그런데 이런 신앙고백은 결국 하나님께서 시인을 구원하시고 축복해 주시라는 간접 기도이기도 하다. 한편 20절에서 본문은 "우리"가 목적어로 나타나지만 (한역, LSG, ELB), 케레 독법은 "나"를 목적어로 제시한다 (현대 영역본들). 만약 "우리"로 읽는다면 19절은 과거에 주께서 행하신 이적들을 염두에 둔 찬양이며, 20절은 지난 날 믿음의 공동체가 겪은 고난을 언급하고 회복을 간구하는 소망의 표현이다. 반면 "나"로 읽는다면 (케레), 19, 20절은 과거에 주께서 시인에게 행하신 크신 일들을 찬양하는 찬양이요 동시에 앞으로 자신을 구원하시고 축복하실 하나님에 대한 바람을 표현한다.

19절: 하나님이여 주의 의가 또한 지극히 높으시니이다 (베치드카테카 엘로힘 아드-마롬)—높은 곳 (마롬)은 하나님의 거처로 나타난다 (시 7:7, 사 57:15). 그래서 성신도 "위에서부터" 임한다 (사 32:15). 그분은 영원토록 "지존하시다" (시 92:8). 그분은 높은 하늘들을 지으신 이가 아니신가? 그러므로 그분의 의 곧 그분의 행하시는 '의로운 일들' 은 지극히 높다, 곧 영화롭다. 여기서 하나님의 의는 시인을 해코자 하는 원수들을 심판하시는 행위를 포함 한다 (24절 참조). 그런데 현대 역본들은 여기서 "당신의 의가 '하늘' 까지 미치나이다"로 번역하고 있다 (NASB, NIV, NJB, RSV, LSG). 이런 번역이 적절하다. 주의 인자가 하늘에 미치고, 주의 진리가 궁창에 이른다 (시 57:10)는 진술과 마찬가지로 하나님의 의가 엄청나다는 강조이다.

하나님이여 주께서 대사를 행하셨사오니 누가 주와 같으리이까 (아쉐르 아시타 게돌롯 엘로힘 미 카모카) — "대사" (큰일들, 게돌롯)는 그분이 행하시는 기사와 이적들이다 (욥 5:9, 9:10, 대사들/ 기이한 일들). 하나님께서 애굽에서 행하신 일들도 "큰일들"로 지칭 된다 (시 106:21). 그분은 "큰 기사들"을 홀로 행하시는 분이시다 (시 136:4). 그분은 더구나 우리가 부르짖어 기도할 때, "크고 비밀한 것들"을 비전으로 주신다 (렘 33:3). 따라서 여기 문맥에서 하나님께서 행하신 "큰일들"은 자기 백성을 위해 행하시는 여러 기사들이다. 이처럼 성경은 그분의 행하시는 기사들, 이적들을 찬양 제목으로 제시한다. 결코 이적을 과소평가하거나 현재의 우리 삶과 유리된 것으로 여기지 말아야 한다. 우리의 믿음은 이렇게 큰 기사를 행하시는 하나님을 대상으로 한다. 오늘날 우리의 신앙도 기적을 행하시는 하나님을 바라볼 때 힘있게 된다.

20절: 우리에게 많고 심한 고난을 보이신 주께서 (아쉐르 히르이타니 차롯 랍봇 베라옷)—시인은 자신과 이스라엘 공동체를 하나로 생각한다. 역사를 통해 구약 이스라엘은 많은 고난들과 재앙들을 당하였다. 오늘날 성도들도 마찬가지로 말할 수 있다. 이렇게 되는 이유는 두 가지이다: 1) 타락한 세상에 속하지 않았기에 원수들의 공격대상이 될 수밖에 없고, 2) 이 세상에서 분깃을 받은 불신자들과 달리 하나님의 아들인 성도들은 이 땅에서 성화(聖化)를 위한 연단의 징계를 당해야 하기 때문이다. 그렇지만 성도는 모든 것이 합력하여 종국적으로 "선"을 이룰 줄 확신한다 (롬 8:28). 한편, "우리에게 …보이신" (히르이타누)의 케레 독법은 "나에게 보이셨다"고 (히르이타니) 단수로 읽는다 (KJV, NASB, NIV, NJB, RSV, TNK). 이런 독법이 전체 문맥에 비추어 볼 때 타당하다. 그렇지만 현재 본문대로, "우리"로 이해해도 (한역, LSG, ELB) 문제되지 않는다. 왜냐하면 시인은 20절 전후 구절들에서 하나님께서 이스라엘에 행하신 큰 기사들을 언급하고 있기 때문이다. 따라서 여기서 이스라엘이 당했던 여러 고난들이 시인 자신의 고난과 결부되어 언급될 수 있을 것이다.

우리를 다시 살리시며 땅 깊은 곳에서 다시 이끌어 올리시리이다 (타슈브 테하예니 우밋테호못 하아레츠 타슈브 타알레니)—부활을 말하고 있다. 마치 무덤에 깊이 묻힌 자들을 살려서 생명계로 이끌어 올리신다. 이 부활신앙이야말로 우리 기독교의 특징이다. 쳇바퀴 돌 듯 도는 윤회가 아니라, 죽은 이후에 영생으로 부활한다는 것이다. 시인은 성도들의 실패와 고난이 반전되어 형통케 되고 (21절 참조), 영원한 생명으로 귀착될 것을 바라본다. 한편 여기서도 "우리"라는 본문 (한역, LSG, ELB) 독법과 "나"라는 케레 독법으로 갈린다.

21절: 나를 더욱 창대하게 하시고 (테레브 게둘라티)—현대 역본들을 보면, 이 부분의 이해가 약간씩 다르다. 예컨대, NIV, RSV는 "내 영예를 크게 하소서!"라고 번역했다면, NJB는 "내 수명을 연장시키소서!"라고 이해했다. "창대하게" 되기를 구하는 기도의 내용이 이렇게 달리 이해될 수 있다. 하나님의 축복은 이런 것 모두를 포괄하는 것이 될 것이다. 영예건, 수명이건, 재물이건, 모두 이 창대함에 포함 된다 (대하 1:12). 하나님은 이 모든 것들의 원천이시기 때문이다 (대상 29:12, 계 5:12). 신약시대에는 이런 물질적이고 현실적인 축복보다 영적인 것에 강조점이 두어진다고 할 수 있지만 그렇다고 현실적 축복을 신약성도와 무관한 것으로 취급할 수 없다. 오히려 신약과 구약을 함께 들고 보아야 한다. 구약 성도들이 영적인 축복과 무관치 않았던 것과 똑같이, 신약 성도 역시 물질적 축복과 무관치 않은 것이 아니다.

돌이키사 나를 위로하소서 (베팃소브 테나하메니)—"다시 위로하소서" (NIV, NRSV, NJB). 성도는 늘 하나님의 격려와 위로가 필요하다. 다시 나를 위로(격려) 하소서! 라는 시인의 간구는 고난 중에 상실한 그분의 임재를 회복시켜 주실 것을 요청한다.

제6연 (22-24절): 찬양과 서원

앞에서도 (14-16절) 찬양하리라 서원했지만, 여기서도 구원 받은 이후에 찬양할 것을 약속한다. 이런 서원은 오늘날도 구원과 축복을 간구할 때 곁들인다면 더 강력한 기도를 만들 것이다.

22절: 나의 하나님이여 내가 또 비파로 주를 찬양하며 주의 성실을 찬양하리이다 (감-아니 오데카 비클리-네벨 암미테카 엘로하이)— "내가" (아니)는 독립인칭대명사로 강조되고 있다. 여기 언급된 "수금" (lyre), "비파" (harp) (네벨, 킨노르)는 구약 성도들이 찬양할 때 사용한 전형적인 악기들이다. '수금'이라 번역된 악기는 "가죽 병" (skin bottle)이란 의미도 있으며, 비파는 기타 모양이며 큰 것은 사람 키만 하여 서서 켜거나 세워놓고 앉아서 켜기도 하였다. 그런데 현대 역본들을 보면, 히브리어 "네벨" (한역, 비파)와 "킨노르" (한역, 수금)를 harp와 lyre로 각기 번역하기도 하고 (NASB, NIV, RSV, ELB), 반대로 lyre와 harp로 번역하기도 한다 (NJB, TNK, LSG). 이는 악기를 지시하는 음악 용어와 현대어가 정확하게 일치하기 어렵다는 것을 암시해 준다. 여하간 이런 악기들로 찬양하는 제목은 "주의 성실" 곧 그분의 신실하심이다.

이스라엘의 거룩하신 주여 내가 수금으로 주를 찬양하리이다 (아잠메라 레카 베킨노르 케도쉬 이스라엘)— "이스라엘의 거룩하신 분"이란 칭호는 주로 이사야서에서 나타난다 (사 1:4, 5:19, 24, 10:20, 12:6, 17:7, 29:19, 30:11, 12, 15, 31:1, 37:23, 41:14, 16, 20, 43:3, 14, 15, 45:11, 47:4, 48:17, 49:7, 54:5, 55:5, 60:9, 14, 렘 50:29, 51:5, 왕하 19:22, 시 22:3, 71:22, 78:41, 89:18 등). 이사야 선지자는 성전에서 기도할 때 환상 중에 거룩하신 주께서 높은 보좌 높이 들리신 것을 보았다 (사 6장). 이 체험에서 그는 하나님을 거룩하신 분으로 부를 수밖에 없었고, 그래서 그는 자주 하나님을 "이스라엘의 거룩하신 자"로 불렀던 것이다. 여기서 시인은 하나님을 그렇게 칭함으로 하나님이 이스라엘의 하나님이심을 강조하고 있다. 한편 "수금으로 주를 찬양하리이다"는 "당신께 수금을 연주하리이다" (NJB, ELB) 곧 당신을 영화롭게 하며 (당신을 영화롭게 하도록) 수금을 연주하리이다 란 의미이다.

23절: 내가 주를 찬양할 때에 내 입술이 기뻐 외치며 (테란넨나 세파타이 키 아잠메라-라크)—찬양은 입술로만 하지 않고, 마음이 움직여 전신으로 해야 한다 (삼하 6:14). 온갖 악기를 동원하여 손뼉을 치며 (시 47:1), 크게 외치며 (시 71:23 '입술이 기뻐 외치며') 노래해야 한다. 오늘날 많은 교회들에서 찬양을 이렇게 드리는 경우들이 많다. 그러나 한 가지 주의할 것은 이런 찬양이 때로는 영적인 알맹이가 없이 시끄러운 소음으로 변질될 수 있다는 것이다. 그런데 이 부분의 의미는 약간 달리 번역본들이 제시하고 있다. 예컨대, 대개는 한역처럼 이해하나 (찬양할 때, 큰 소리를 외치다), 어떤 역본들은 "연주하면서, 내가 즐거이 외치리이다"고 번역한다 (NJB, ELB). 그러니까 시인은 손으로 악기를 연주하면서 입으로 기쁨의 소리를 발하는 모습이다. 여기 사용된 "찬양하다" 동사 (자마르)는 셈족어 대응어들에 비추어 볼 때, "(악기를) 연주하다" 란 의미가 강조된다 (아랍어에서 "자마라" 는 "숌 shawm을 연주하다"; 악카드어에서 "노래하다," "연주하다"). 한편 LSG는 좀 의역한다: 내가 당신을 송축할 때, 내 입술에 기쁨을 가질 것이며, 당신이 구속하신 내 영혼에 기쁨을 (가지리이다).

주께서 구속하신 내 영혼이 즐거워하리이다 (베나프쉬 아쉐르 파디타)—성도는 자신의 구원을 확신할 수 있을 때, 진실로 감사 찬양을 드리지 않을 수 없다. 그러므로 우리의 관심은 이 세상 그 무엇보다 우리를 구속해주신 주님의 크신 일과, 내 영혼의 문제여야 한다. 그런데 이 후분절에는 동사가 없지만, 전반절에 비추어 볼 때, 구속받은 영혼이 곧 속사람이 "기뻐 외치리이다" 가 된다. 여기서 NIV나 TNK는 "내 영혼"을 "나" (I, my whole being)로 이해했다. 그러니까 구속받은 내 인격 전체가 당신께 기쁨으로 외치겠다는 것이다.

24절: 내 혀도 종일토록 주의 의를 말씀하오리니 (감-레쇼니 콜-하욤 테헤게 치드카테카 키-보슈)—앞 절에서 시인은 두 입술들, 영혼을 언급했다면, 여기서는 혀도 종일토록 "주의 의" 를 말씀할 (하가) 것이라 한다. "말씀하다" 보다는 "묵상하다" (NJB) 혹은 "낭송하다" (TNK), "선포하다" (LSG)가 좋을 것이다. 그런데 여기서 "주의 의" 란 그분이 행하신 의로운 행위, 곧 시인을 구원하신 그 의로운 일을 지시한다. 그 의로운 행위는 원수에게서 시인을 건지셨다.

나를 모해하려 하던 자가 수치와 무안을 당함이니이다 (키-하프루 메바크쉐 라아티) —전반부 진술의 이유를 제시한다. 시인은 현재 역경 중에 있으나 궁극적으로 자신의 구원을 바라보고 있다. 이 문장은 앞의 주절에 부속된 이유 표시 종속절이다. 시인을 해하려 하던 자가 수치와 무안을 당했으므로, 그 까닭에 시인은 종일 주의 의로운 행사를 선포할 것이다.

시편의 적용

모태에서부터 주의 붙드신바 되었으며 (6절)

생각해보면 무엇이 하나님의 은혜로 되지 않은 것이 있을까? 어려서 시냇물에서 물놀이하다 물속으로 빨려 들어가 용궁(龍宮)의 오색(五色)영롱한 무지개를 보았을 때 (?), 누가 나를 건져주셨던가? 어려서 고열(高熱)로 사경을 헤매며, 수 천 수 만 길 나락(那落)으로 떨어져 내려갈 때 누가 붙들어 주셨던가? 혹은 운전 사고에서, 혹은 전염병에서 혹은 중병(重病)에서, 혹은 악령(惡靈)의 공격에서 우리를 지키신 분이 누구셨던가? 태에서 탯줄을 끊어주시고, 양육해주시고, 보살펴 주시고, 인도해 주신 이 하나님을 우리는 의지하고, 소망하고 영원세상까지 나아갈 것이다.

서울 시내 어떤 목회자의 아내가 패혈증으로 갑자기 세상을 떠났다. 감기인 줄 알고 작은 병원에 있다가 낫지 않아 큰 병원에 옮겨 입원 시켰는데 그 날로 사망했다는 것이다. 패혈증은 감염되면 48시간 이내로 사망하는 무서운 병이라 한다. 인명(人命)생사(生死)는 하나님의 손에 달린 것이니 우리는 내일 일을 알 수가 없다. 오직 오늘 주신 사명 충성할 뿐이다.

여기 "주의 붙드신바 되었으며"라는 말은 문자적으로 번역하자면 "모태로부터 당신에 의해 내가 붙들린바 되었다" (KJV)가 된다. 동사는 수동태이나 현대 역본들은 대개 능동태로 돌려 번역하고 있다: "모태로부터 내가 당신을 의지하였나이다" (NIV, NJB, RSV, TNK, LSG, ELB). 이 문장의 병행절은 "나를 내 모친의 내장에서 끄집어내신 분은 바로 당신이십니다" 라고 "당신" 곧 주님에게 강조점을 두고 있다. 따라서 현대역본들이 하듯 능동태로 고쳐 시인을 주어로 취하는 것보다 히브리어 동사 형태 (니팔형)가 지시하듯, 시인이 주님에 의해 붙들린바 되었다는 점을 강조해야 한다. 더구나 모태에서 나올 때 어린 아기가 무슨 수로 주님을 의지할 것인가? 오히려 전적으로 주님께서 그 갓난아기를 붙들어 주시고 사산(死産)되지 않도록 붙드시지 않았던가? 돌이켜 볼 때에, 비단 이 출산만 아니라, 태속에서조차도 주님의 은혜로 생명이 보존되었고, 우리의 일생에 어느 것 하나 주님의 붙드시지 않은 것이 없다.

늙은 때에 버리지 마시며 (9절)

노년기에 사람들은 자신의 자리에서 물러나야 한다는 사실을 두려워한다. 노년기는 변화를 두려워하고 자신이 이룩한 모든 것을 지키고자 할 것이다. 그래서 교회에서 목사직을 물러나면서도 계속 영향력을 행사하고자 한다. 노인들은 자신들의 생각이나 견해만이 옳은 것으로 굳게 믿는다. 자신의 입장에 조금만 어긋나게 말해도 화를 내기도 하고, 자신을 방어(防禦)하기에 급급할 때가 많다.

그렇다고 모든 노인들이 그러한 것은 아니다. 자신의 때를 알고 잘 처신한다면 얼마나 좋을까? 노년기를 대비해 우리 성도는 기도를 많이 저축하고, 생활대책만 아니라, 무엇을 해야 가장 보람 있게 보낼지를 미리 생각해 두어야 한다. 미국에서는 노인들이 예외로 직장생활을 많이 하는 것을 보았다. 힘들지 않고도 할 수 있는 일들을 노인들이 앉아서 감당하는 것이다. 능률은 떨어질지 몰라도 성실함에서는 탁월할 것이다. 노인이라고 할 일 없이 소일(消日)할 것이 아니라, 무엇인가 할 일을 갖지 않으면 안 된다. 전도나 기도의 사명도 중요한 일일 것이다.

노년기에도 갈렙처럼 (수 14:10)

어떤 신문에 85세에도 왕성한 활동을 하는 아남 정공(精工)의 기술고문인 고형선씨가 소개되었다. 그는 고령(高齡)이지만 '나이 많은 젊은이' 라 불리며, 21세기 무공해 첨단 소재 티타늄을 활용한 시계 케이스 제품개발에 견인차 역할을 했다 한다. 그런데 아남 정공 시계 사업부는 93년 9월에 티타늄 소재를 적용한 시계개발을 위해 티타늄 케이스 가공에 성공했지만 코팅 (도금鍍金) 기술이 없어 일본의 도움을 얻고 있었다. 그 후 표면처리의 국산화를 위해 국내 관련업체에 도금을 의뢰했으나 불가능하다는 답변만 얻었다. 하나의 첨단소재 활용이 물거품이 되는 순간이었다. 그때 아남은 고형선씨를 초빙하여 불과 7개월 만에 시계 외장에 첨단소재 티타늄을 첨가하는 개가(凱歌)를 올렸다. 고형선은 넉넉한 집안에서 태어나 일본 유학도 했고 잠시 교사생활도 했다. 그 후 직장인으로 사회경험을 쌓던 60년대 중반, 도금과 인연을 맺고 30여 년간 한 우물만 파왔던 것이다. 그는 말하길 "나이를 묻지 마라, 일할 수 있느냐는 질문만 하라" 고 한다. 그는 정직, 인내, 기록하는 자세를 강조하였다.

이 사람 고형선처럼 연로한 나이는 자기 방면에서의 성숙과 완숙을 의미할 수도 있지 않은가? 그렇다면 우리는 단지 연로(年老)하다는 사실 하나 때문에 보물을 던져버리는 우(愚)를 범하지 말아야겠다.

건질 자가 없다 하오니 (11절)

어떤 여인의 남편이 사우디에 건설인부로 돈벌러 갔다가 사망하였다. 남편이 보낸 돈으로 식당을 경영하는 데 아직 젊고 예쁜지라 식당에서 남자들이 그녀를 집적거리는 통에 심적인 고통이 너무나 심하여 집에 돌아와 마루바닥을 치며 대성통곡(大聲痛哭)하며 신세타령하는 것을 보았다. 남편이 없다면 여인은 뭇 남성의 눈요기, 집적거림의 대상이 되듯, 성도가 하나님의 임재에서 떠나 있을 때 마귀는 그를 결사적으로 공격하여 믿음에서 떨어지게 만들고 만다. 영적인 두려움과 좌절이 흉몽(凶夢)으로 나타날 것이고, 낮으로도 공포감이 엄습할 때가 있을 것이다. 성령의 충만함과 임재의 축복으로 이루어지는 영적인 부요함은 우리의 삶에 얼마나 든든한 보호막인가?

창대하게 하심 (21절)

성도는 하나님께서 우리를 양육하시어 위대하게 하셨다는 것을 안다 (사 1:2). 그렇지만, 위대한 명성과 위치에 있게 될 때, 너무나 자주 성도들이나 국가들은 하나님을 발로 차 버린다 (신 32:15). 복음이 전해지면 부(富)해지나, 물질이 풍부해지면 '반드시' 영적으로 타락한다. 교회사가 입증한 아이로니(irony)이다. 타락한 성도나 교회, 국가는 하나님의 임재를 상실하고, 결국 심판을 당하고야 만다. 얼마나 오래 주님의 은혜를 간직하느냐? 이것이 문제이다.

시 72편 궁핍한 자의 부르짖을 때 건지며

I. 전체구조에서의 위치, 시의 유형과 삶의 자리

이 시는 제 2권의 말미에 위치하는 "왕의 시" 이다. 시 제 1권의 말미에 "다윗의 시" 가 "빈약한 자를 권고하는 자가 복이 있도다" 라고 시작했다면, 여기 시 72편은 "(왕으로) 가난한 자를 공의로 판단하게 하소서; 백성의 가난한 자를 신원하게 하소서" 라 부르짖는다 (3, 4절). 왕의 이상(理想)이 기도로 표출되고 있다. 고대 근동에서 왕의 이상은 가난한 자를 돌보는 일이며 공의를 세우는 일이었다. 그래서 약자가 압제당하지 않도록 하는 것, 이것이 왕의 본분이었다. 시 제 3권 말미인 시 89편도 "왕의 시" 이듯, 시편의 편집자는 의도적으로 각 권의 말미에 "왕의 시" 를 배치하여 각 시를 읽는 독자들로 하여금 메시아를 대망(待望)하도록 의도했는지 모른다.

표제를 (리쉘로모)를 한역이 "솔로몬의 시"라 했으나, 마지막 후기 (postscript)에 의하면, 솔로몬을 위한 다윗의 기도이다. 본 시는 하나님의 기름부음 받은 자 (메시아) 왕의 형통함을 기도하는 노래이다. 시편들 중에서 왕을 노래하는 시들은 메시아시이다. 왜냐하면 왕의 이상(理想)들은 오실 그 메시아에게서 완성될 것이었기 때문이다. 여기 시에서도 우리는 고대 이스라엘의 어느 왕도 실현하기 어려웠던 그런 이상들이 언급되고 있는 것을 본다. 이런 이상들은 오실 메시아에게서 완성될 것이었다. 구약 예언들이 성취되는 도중에 살고 있는 우리 신약성도들은 본 시가 노래한 왕의 이상들이 예수 그리스도 안에서 교회를 통하여 세계적인 복음전파를 통해 이루어지고 있는 현실을 보면서 예언의 신빙성에 탄복을 금할 길이 없다. 이 시가 노래하는 대로 그리스도의 통치는 복음전파와 더불어 땅 끝까지 미치고 있으며 만왕의 왕이신 그분께 열왕들이 경배하고 예물을 드려 섬기고 있는 것이다. 그의 나라는 그분의 재림으로 최종 완성에 이를 것이다. 그 때까지 우리 성도들은 이 예언의 성취를 위해서 더욱 분발하여 싸워야 한다.

고대 사회에서 왕은 온 국가의 상징일 뿐 아니라, 왕의 형통은 곧 국가의 형통이기도 하였다. 그런데 이스라엘은 고대 근동 제국들과 달리 왕을 신격화시키지는 아니하고 하나님의 뜻을 받드는 하나님의 아들로 생각하였다 (삼하 7:14이하). 경륜적 의미에서 하나님의 아들인 왕은 하나님의 언약백성을 지도하여 하나님을 바로 섬기도록 할 지위에 두어졌다. 선지자나 제사장 제도가 언약질서 내에 위치하였듯이, 왕정도 결국 언약 테두리 내에 위치하여 언약질서의 하나였다 (언약서인 신명기 17-18장에서 왕정, 제사장 제도, 선지자 제도가 규정된다). 왕이나 선지자, 제사장은 하나같이 최초의 인간의 모습에 함축되어 있었지만 상실한 직위들이었다면, 이스라엘 역사에서 분화된 이런 직위들은 이상적 인간의 구현자이자 구세주이신 참 메시아에게서 완전히 성취될 것이었다.

2. 시적 구조와 해석

구조 분석은 저마다 다르다. 우리는 사고의 흐름에 따라 다음과 같이 구분한다: 제1연 (1-4절)은 백성을 의로 통치케 하소서,
　제2연 (5-7절)은 왕으로 장구하게 하소서,
　제3연 (8-11절)은 세계적인 통치가 구현되게 하소서,
　제4연 (12-14절)은 의로운 통치가 구현되게 하소서,
　제5연 (15-17절)은 열방이 그로 인하여 복 받게 하소서,
　제6연 (18-19절)은 온 세상은 하나님을 찬송 할지어다 등이다.
　시적 기교들을 보면, 우선 1절에서 구조적, 의미적 병행법이 나타난다. 구조상으로 볼 때, 호격+직접목적어+간접목적어+동사//직접목적어+간접목적어 구문이다. 그런데 전반절의 호격명

사 (하나님이여)와 동사가 후반절에도 해당된다 (double duty). 이런 것들을 생략하는 대신 후반절의 운율을 늘이기 위해 간접목적어를 두 단어 조합 (collocation of two words)으로 구성하였다. 2, 3절 역시 구조상 방금 설명한 구조를 보인다. 거의 모든 행들이 이런 병행법 구조로 나타나고 있다.

제1연 (1-4절): 백성을 의로 통치케 하소서
왕의 의로운 통치를 위해 왕에게 하나님의 판단력을 주시라 기도한다.

1절: 하나님이여 주의 판단력을 왕에게 주시고 (엘로힘 미쉬파테카 레멜렉 텐)— "공평" (판단력; 미쉬파팀)과 후반절의 "의" (체다카)는 아브라함 후손들이 행해야 할 바였고 (창 18:19, 시 106:3, 사 56:1), 다윗과 솔로몬이 왕이 되어 시행한 바였다 (삼하 8:15, 왕상 10:9; 신 17:18-20 참조). 동시에 이는 하나님께서 행하시는 바이며 (욥 37:23, 시 99:4, 103:6, 사 33:5), 주님이 사랑하시는 바이며 (시 33:5, 잠 21:3), 메시아 통치의 기초이다 (사 9:6, 32:16). 이렇게 볼 때, 공평과 의는 하나님께서 자기 백성을 다루시는 방식이며, 따라서 그의 아들인 이스라엘 왕이 백성에게 행해야 하고, 동시에 백성들도 이를 행해야 한다. 그런 국가에 평안과 안전이 있을 것이다 (사 32:6).

주의 의를 왕의 아들에게 주소서 (베치드카테카 레벤-멜렉)—전반절에서는 솔로몬을 왕으로 지칭했다면, 여기서는 그의 부친의 아들로 제시한다. 한편 전반절의 동사(텐)가 여기서도 가능한다(double duty).

2절: 저가 주의 백성을 의로 판단하며 주의 가난한자를 공의로 판단하리니 (야딘 암메카 베체덱 바아니예카 베미쉬파트)—1절에서 왜 왕에게 "의"와 "공의"를 주시라 했는가 하면, 그것들로 백성을 통치하도록 하기 위함이다. 이렇게 하나님의 선물은 그의 교회를 세우도록 주어진다. 그런데 한역은 평서문으로 되어 있으나, "통치하게 하소서" 라고 기도문으로 번역해야 한다. 왜냐하면 명령법 ("주소서!" 1절) 다음에 나타난 동사 (미완료상)는 명령법(여기서는 '기원적' 의미)의 영향 하에 있기 때문이다. 비단 2절만 아니라, 서술문들이 나타나는 12-14절 부분 이전까지 전부 기원문으로 이해해야 한다 (NRSV). 그리고 서술문들이 끝나고 새로운 연이 시작되는 15절부터 19절까지 모든 동사들도 기원문으로 번역되어야 한다. 물론 후기 (postscript)는 서술 문장이다.

한편 여기서 "판단하다"란 넓은 의미에서 "통치하다"를 의미한다. "주의 백성"/ "주의 가난한 자" (아니임)란 단어 짝이 성립하며, 하나님의 백성을 "가난한 자들"이라 함은 그들이 하나님밖에 의지할 곳이 없는 자들이기 때문이다. "가난한 자"는 물질적 궁핍으로 빈궁한 자를 지시할 수 있지만 (사 58:7), 여기서처럼 "경건한 자"를 의미하기도 한다. 왕은 무엇보다 주의 경건한 자들을 의롭게 통치하는 책무를 갖는다. 대신 불의한 자들은 쳐야 한다 (4절 참조).

3절: 의로 인하여 산들이 백성에게 평강을 주며/ 작은 산들도 그리하리로다 (이스우 하림 샬롬 라암/ 우게바옷 비체다카)—"산들이 백성에게 평강을 주며/ 작은 산들이 의(의 열매인 평안을 주게 하소서)." 이러한 간구는 왕의 공의로운 통치를 간구한 다음, 그런 통치에 동반되는 축복을 기원한 것이다. 한편 한역이 "의로 인하여" (비츠다카)라 번역한 표현에서, 어떤 70인역 사본들이나 벌게잇, 시리아어역 등은 전치사 (베)를 생략하고 있다. 그럴 경우, 전반절의 "평강" (솰롬)과 후반절의 "의" (체다카)는 병행어로 사용되었다. 이런 병행적 용례는 사 48:18에서 확인된다. 그런데 사 32:17에 의하면, "평강"과 "평안" (하쉬케트), "안전" (베타흐)은 "의"의 결과요 열매로 나타난다. 우리는 3절의 "평강"과 "의"가 동의어로 사용되었다고 보며, 이 경우 "의"는 "의"가 산출하는 "안전"과 "평안"을 함축할 것이다.

4절: 저가 백성의 가난한 자를 신원하며/ 궁핍한 자의 자손을 구원하며 (이쉬폿 아니에-암 요쉬아 리브네 에비욘)—여기서도 "신원하게 하시고/ 구원하게 하소서"로 번역한다. 여기서는 의와 공의로 되어져야 할 왕의 통치를 보다 구체적으로 간구한다. 의와 공의는 이렇게 사회의 저층 사람들을 따뜻하게 보살핌으로 현저히 드러난다. 사회에서 소외되고 억울한 자가 없게 해야 하고, 모두가 골고루 평안을 누릴 수 있도록 해야 한다. "가난한 자를 신원하다" (쇼파트 아니임)란 사실 2절에서 "가난한 자를 공의로 판단하다" 란 말씀과 대동소이하다.

압박하는 자를 꺾으리로다 (비닥케 오쉐크)—힘으로 강탈하고, 지위를 이용해 갈취하는 자들을 공의로 판단하여 처벌해야 한다. 압제 당하는 자들은 강한 자의 팔에 눌려서 신음하고 부르짖게 된다 (욥 35:9). 하나님은 압제 당하는 억울한 자들에게 의의 공평 (체다콧, 미쉬파팀)을 행하신다 (시 103:6). 왕은 지상에서 하나님을 대리하여 공과 의를 시행할 자이다.

제2연 (5-7절): 왕으로 장구하게 하소서

왕의 장수와 그 통치하에서 백성들의 평강을 기원한다.

5절: 저희가 해가 있을 동안에 주를 두려워하며 (이라우카 임-쉬메쉬 베리프네 야레아흐 도르 도림)—후반절에 비추어 볼 때, "해가 있을 동안에" 란 해처럼 장구하다는 의미이고, "당신을 두려워하며" (이라우카)란 표현은 "저들로 당신을 경외하게 하소서" 란 의미이지만, 현재 문맥에서는 약간 이상하다. 곧, 왕을 위한 기도에서 갑자기 복수형이 등장하여 "저들이 장구히 당신을 경외케 하소서" 라 하기 때문이다. 그래서 "그가 장구하게 하소서" (야아리크)로 읽는다 (70인역, 벌게잇; NIV, NRSV 등). 70인역은 "그가 (태양과 함께) 지속할 것이라" (쉼파라메노이)고 번역했다 (=벌게잇: permanebit). 이는 히브리어를 "그가 장구할 것이다" (야아리크)로 읽은 것이다. 이런 독법이 신 17:20, 본문의 문맥에도 어울린다 여겨진다. 신명기 17:18-20의 왕의 법에서 하나님은, 이스라엘의 왕이 율법에 기록된 규례대로 공과 의를 행할 때, 그와 그 후손이 장구히 이스라엘을 통치하리라 약속하셨고, 여기서 해가 있을 동안, 그리고 달이 있을 동안 대대로라는 표현은 장구함을 말해준다.

6절: 저는 벤 풀에 내리는 비 같이 (예레드 케마타르 알-게즈)—팔레스틴에서 "비"는 진실로 생명과 같이 귀하다. 건조한 그 지역에서 적시에 내리는 비가 양떼의 목초를 자라게 해주고, 곡식을 경작할 수 있도록 해주기 때문이다. 다윗은 노래하길, "이스라엘의 바위가 내게 이르시기를, '사람을 공의로 다스리는 자여, 저는 돋는 해 아침 빛 같고 구름 없는 아침 같고 비후의 광선으로 땅에서 움이 돋는 새 풀 같으니라'" 하였다 (삼하 23:3-4). 공과 의로 통치하는 다윗의 통치가 이렇게 비유되었듯, 솔로몬의 통치도 풀에 생기를 주고, 마른땅을 적시는 생명수처럼 되길 간구한다 (잠 16:15, 미 5:7도 참조).

땅을 적시는 소나기 같이 임하리니 (키르비빔 자르지프 아레츠)— "소낙비" (레비빔)는 "단 비"로 번역 된다 (렘 3:3). 이 비는 건조한 땅을 적셔 경작을 가능케 하는 "이른 비" (요레, 게쉠 모레; 신 11:14)와 작물들로 영글게 해주는 "늦은 비" (말코쉬) 사이, 우기(12월-3월)에 오는 장마 비를 지시한다. 왕의 통치는 백성들에게 이처럼 은택을 입히는 것이 되어야 한다.

7절: 저의 날에 의인이 흥왕하여 (이프라흐-베야마브 차딕) —악인은 크게 번성하는 듯 하다가도, 졸지에 망하지만, 의인은 종려나무 같이 흥왕하고 (시 92:13), 레바논의 백향목(柏香木) 같이 성장한다. 그런데, 여기서는 솔로몬의 시대에 의인이 그렇게 흥왕케 하소서! 란 간구이다.

평강의 풍성함이 달이 다할 때까지 이르리로다 (베로브 솰롬 아드-벨리 야레아흐)—하늘의 달이 없어질 때까지 풍성한 평안이 있게 하소서. 즉, 풍성한 평안이 장구하게 있게 하소서. 한편, 전.후반절을 함께 고려해 본다면, 이 행은 솔로몬 시대의 평안이 장구하길 기원하는 기도이다. 메시아 시대는 세계적인 통치와 평안으로 특징지어진다 (슥 9:9-10).

제3연 (8-11절): 세계적인 통치가 구현되게 하소서

세계적인 통치 시야는 메시야적 이상을 보여준다. 즉 이스라엘 역사상 이런 세계적 안목이 이루어진 적이 없었기에 오로지 이상적 왕 곧 메시아 왕에게서 이루어질 비전을 보는 것이다. 이스라엘의 왕들은 모두 "메시아" (기름부음 받은 자)였으나, 왕들의 이상을 실현한 자는 아무도 없었다. 그래서 "그 메시아" (the Messiah)의 도래를 고대한 것이다.

8절: 저가 바다에서부터 바다까지와 강에서부터 땅 끝까지 다스리리니 (베예르드 미얌 아드-얌 우민나하르 아드-아프세-아레츠)—솔로몬의 통치는 시간적으로만 장구할 것이 아니라, 공간적으로도 전 세계적이길 간구한다 (시 2:8 참조). 솔로몬 당대에 이스라엘이 일찍이 보지 못한 제국을 건설했지만, 그 경계선은 유프라테스 강 서편에서 지중해까지, 아래로 애굽 시내까지에 불과하였다. 그럼에도 왕의 이상(理想)만큼은 세계적이었다. 이러한 이상은 이스라엘 왕들의 완성자이신 예수 그리스도에게서 성취된다 (슥 9:10; 마 28:18-20, 행 1:8 참조). 그런데 여기 강은 유프라테스 강을 지시할 것이다. 그렇지만 어떤 강이건 간에, 끝과 끝을 함께 언급하여 전체를 지시한다 (merismus). 한편 창 1:1에서 "땅" (에레츠)을 "게" (earth, land, mankind)라 번역한 70인역은 여기서는 똑 같은 히브리어 단어를 "오이쿠메네" (사람 사는 세상 inhabited world)로 번역하고 있다. 그러니까 70인역은 이 메시아 왕의 통치가 세상 온 인류에게 미치길 기도하는 것으로 이해한 것이다.

9절: 광야에 거하는 자는 저 앞에 굽히며 (레파나브 이크레우 치임)—애굽 문헌들에는 사막 거주자들 (리비아인들)이 자주 원수들로 나타난다. 후반절의 병행어 (원수들)에 비추어 볼 때, 여기서도 시인은 광야 거주자들을 대적자들로 생각하는 듯 하다. 그런데 많은 이들은 후반절의 병행어 (원수들)에 비추어 이를 "대적들" (챠림)로 읽는다. 70인역, 라틴어역 등은 "에디오피아인들"이라 읽고 있다. 시리아어역은 "원방의 섬들" (이임)로 읽고 있다. 이런 사정에 비추어 볼 때, 히브리어 원문 그대로 읽는 것이 좋을 것이다. 그렇다 해도, 그 의미는 후반절에 비추어 볼 때, (대적하는) 사막 거주인들 정도가 될 것이다.

그 원수들은 티끌을 핥을 것이며 (베오예바브 아파르 옐라헤쿠)—이는 전쟁에서 패배한 피정복민이 정복자 앞에 굴복하는 모습이다 (사 49:23, 미 7:17).

10절: 다시스와 섬의 왕들이 공세를 바치며 (말케 타르쉬쉬 베이임 민하 야쉬부)—"공세" (민하)는 "예물"을 지시한다. 말하자면 솔로몬은 종주대왕이요 원방 나라들은 봉신국들이다. 실제로 여러 나라들이 솔로몬에게 "예물"을 바쳤다 (왕상 4:21). 그런데 "다시스"는 여기 문맥에서 "먼 원방"을 지시하는 듯 보인다. 솔로몬은 "다시스"의 배를 가졌다고 한다 (왕상 10:22). 이는 원양 선단을 지시할 것이다 (사 2:16에서는 웅장한 배의 대표로 묘사된다; 사 23:1, 14도 참조). 삼년 마다 한 차례씩 이 원양 선단이 금은, 상아, 원숭이, 공작 등을 해외에서 실어왔다고 한다. 이런 역사적 사실을 염두에 두었는지, 이사야는 메시아 시대에 다시스의 배가 이스라엘 자녀들을 금은(金銀) 보화와 함께 싣고 올 것을 예언하고 있다 (사 60:9). 70인역은 "다시스"를 대개 "타르시스"라 음역했지만, 사 23:1, 10, 14 등에서는 "칼케도노스" (카르타고)로 번역했다. 그런데 다시스로부터 수입한 상품을 보면 금과 은 (렘 10:9), 철과 주석, 납 (겔 27:12) 등도 포함된 것으로 보아 지중해 연안 서편 끝 (팔레스틴 기준)이면 스페인 남부 지역으로 추정할 수 있다. 그래서 현대 학자들은 대개 스페인 남단 카디즈 만의 구아달퀴비어 (Guadarquivir) 입구 지역이 아닌가 추정한다 (Zimmerli, 에스겔 주석; M. Noth, *Koenige*, 232; Galling 등).

스바와 시바 왕들이 예물을 드리리로다 (말케 쉐바 우세바 에쉬카르 야크리부)—이들은 확인하기 어려운 남방 나라들이었다. 스바 여왕은 솔로몬의 명성을 듣고 향품과 심히 많은 금과 보석을 약대에 싣고 예루살렘으로 찾아왔다 (왕상 10:1-10). 이렇게 원방 나라들이 찾아와 공물을 바치는 것은 굴복의 표시였다. 그런데 스바 여왕은 솔로몬을 찾아왔었다 (왕상 10:1, 4, 10, 13). 스바는 아라비아 반도 남부 어느 지역으로 아라비아 북부에도 속국을 지녔다 한다. 이 시편의 15절에서는 "스바의 금"이 언급되고, 70인역은 여기서 "아라비아인들"이라 번역했다. 반면 시바는 구스의 자손이 이룬 민족으로 (창 10:7) 사 43:3, 45:14 등에서 애굽, 이디오피아 (구스) 등과 함께 언급되는 것으로 보아 북 아프리카 어느 지역인 듯 보인다. 한편 히브리어에서는 "스바"는 "쉬바" (Sheba)이고 "시바"는 "세바" (Seba)이다.

11절: 만왕이 그 앞에 부복하며 (베이쉬타하부-로 콜-멜라킴)—솔로몬은 이처럼 만왕의 왕으로 이상화되고 있다 (대하 9:26). 구약의 견지에서 볼 때, 오실 메시아는 만왕의 왕으로서 열왕들의 경배를 받을 것이다 (사 49:7).

열방이 다 그를 섬기리로다 (콜-고임 야아브두후)—여기서 섬긴다는 것은 봉신으로서 종주대왕을 '섬긴다'는 의미이다 (창 14:4 참조). 이런 세계적인 통치는 그리스도 예수의 통치로 신약 시대에 성취되고 있다 (시 2:8, 단 7:13-14, 마 28:18, 계 5:7).

제4연 (12-14절): 의로운 통치가 구현되게 하소서

고대 근동에서 왕의 이상은 압제당하는 자를 신원하여 주는 것이며, 공의를 실현하는 것이었다. 이제 이런 이상이 실현되기를 기도한다.

12절: 저는 궁핍한 자의 부르짖을 때에 건지며 (키-얏칠 에비욘 메솨베아)—이 문장 초두에 "왜냐하면" (키)이 위치한다. 어떤 이는 이를 "만약"이라 번역하여, 조건문으로 이해한다. 즉, 12-14절을 모두 조건문으로 이해하고, 15절을 귀결절로 이해하여, "그러면 그가 장수할 것이라"고 한다 (M. Dahood, *Psalms II*, 182). 아니면 12-14절을 앞의 연 (8-11절)과 연결시켜 이해할 수도 있을 것이다. 즉, 왕의 통치가 의롭고 하나님의 법도에 순종하는 것이라면, 열왕들이 그에게 굴복하게 되리라는 것이다 (신 17:18-20). 만약 왕이 하나님을 배반하고, 공과 의를 져버린다면, 묘사된 영광대신에 하나님의 처벌을 자초하고 말 것이다 (시 89:30-32, 삼하 7:14).

도움이 없는 가난한 자도 건지며 (베아니 베엔-오제르 로)—이렇게 없는 자, 소외된 자, 가련한 자들을 돕는 것이 고대 근동에서 왕이 해야 할 우선적인 공의의 덕목이였다. 압살롬은 다윗이 안일에 빠졌을 때, 성문에 지키고 있다가 왕을 찾아서 사정하려는 자들을 만나 호의를 베풂으로 백성의 마음을 도적질하였다 (삼하 15:2). 페루의 후지모리 대통령은 산소통을 짊어진 인부(人負)와 의사를 대동하고 수천 미터 높이의 안데스 산지들을 직접 방문하여 가난한 자들을 돌보므로 서민계층의 절대적 지지를 받았지만 개인적으로 부패하여(?) 권좌에서 쫓겨나고 말았다. 그런데 여기서 "궁핍한 자"와 "가난한 자"는 사회적 소외 계층을 지시하지만, 동시에 경건한 자를 지시하기도 한다.

13절: 저는 가난한 자와 궁핍한 자를 긍휼히 여기며 (야호스 알-달 베에비욘)—"가난한 자들" (달)을 돕고 보살피려면 저들을 긍휼히 여기는 하나님의 마음을 가져야 한다. 사용된 동사 (후쉬)는 "불쌍히 여기다"란 말이며, "긍휼히 여기다"를 의미하는 보다 일반적인 말 (라함)의 유사어이다 (렘 2:17, 13:14, 겔 16:5). 이 말은 목자 없는 양같이 유리하는 백성을 동정의 눈으로 바라보신 (look compassionately) 주님의 마음을 상기시켜 준다 (마 9:36, 20:34).

궁핍한 자의 생명을 구원하며 (베나프숏 에비요님 요쉬아)—시인은 가난한 자, 궁핍한 자, 빈궁한 자와 연관되는 유사어들을 자주 사용하고 있다 (2-4절, 12-13절). 이런 자들을 돌보는 것이 공의로운 통치의 우선 사항인 때문이다.

14절: 저희 생명을 압박과 강포에서 구속하리니 (밋토크 우메하마스 이그알 나프)—가난한 자들이 단순히 권력이 없고 가진 것이 없다고 관리들에게 까닭 없이 무시를 당하고, 심지어 생명을 빼앗기는 일은 고대 세계에 허다히 발생하였다. 공의로운 왕은 이런 압제자들을 응징하여 온 백성이 안전하고 평안히 거할 수 있도록 해야 했다. 반면 오늘날의 지도자상은 경제적 안목에 많은 강조점을 둔다.

저희 피가 그 목전에 귀하리로다 (*베예카르 다맘 베에나브*)—이사야 시대에 악인들의 손에는 피가 묻어 마를 날이 없었다 (사 1:15). 에스겔 시대에 성읍들에는 피비린내 나는 범죄들이 횡행하였다 (겔 7:23, 9:9). 공의로운 왕이 통치할 때 이런 악행이 그친다. 피는 생명의 상징이며, 생명을 귀히 여기는 것이 하나님을 경외하는 왕의 자세이다.

제5연 (15-17절): 열방이 그로 인하여 복받게 하소서

이제 왕의 통치가 온 열방에 미쳐 축복이 세상에 미치길 기도한다.

15절: 저희가 생존하여 스바의 금을 저에게 드리며 (*비히 베잇텐-로 밋제하브 쉐바*)—"그로 장구하게 하소서; 스바의 금이 저에게 바쳐지게 하소서!" 두 개의 기도문이다. 앞의 연에서 의로운 왕의 통치를 서술문으로 묘사한 후 다시 간구들이 제시된다. 왕의 장수는 백성들의 기도 제목이었고, 동시에 "만세수 하소서!" 라 하듯 하나의 형식문이기도 했다 (삼상 10:24, 삼하 16:16, 왕상 1:25, 34, 39 등).

사람들이 저를 위하여 항상 기도하고 종일 찬송하리로다 (*베이트팔렐 바아도 타미드 콜-하욤 예바라켄후*)—여기서도 기도문으로 처리해야 한다: "왕을 위해 기도하고, 왕을 축복하게 하소서!" 하나님이 목적어일 경우에는 "찬송하다"란 의미이지만, 인간이 목적어일 경우에는 "축복하다"란 말이 된다. 그렇지만 메시아 예수 그리스도는 참 하나님이시므로 우리는 "그분을 위해" 기도하지 않고, "그분께" 기도하며 (그분이 오히려 자기 백성위해 중보하신다, 롬 8:34), 그분을 "축복하지" 않고, 그분을 "찬송" 한다. 이렇게 인간적인 왕들과 메시아 그리스도는 확연히 구분된다. 이상적인 왕의 모습은 메시아 그리스도에게서 한층 승화되고 신격화된다.

16절: 산꼭대기의 땅에도 화곡(禾穀)이 풍성하고 그 열매가 레바논 같이 흔들리며 성에 있는 자가 땅의 풀같이 왕성하리로다 (*예히 핏사트-바르 바아레츠 베로쉬 하림/ 이르아쉬 칼레바논 피르오/ 베야치추 메이르 케에세브 하아레츠*) — "곡식이 땅에, 산꼭대기들에까지 풍성하게 하소서!/ 그 농작물들이 레바논(의 숲) 같이 번창하게 하소서!/ 성읍 백성이 들의 풀같이 피어나게 하소서!" 다양하게 번역되는 행이다. 먼저 "풍성"으로 번역된 말 (*핏사*)은 여기서만 나타나며 (hapax legomenon) 따라서 의미가 분명치 않다. 70인역은 "지지(支持), 버팀" (스테리그마)으로 (70인역 의존 벌게잇도 *firmamentum*), 히브리어 의존 벌게잇은 "현저한 밀" (*memorabile triticum*), 페쉬타역은 "양, 총계" (amount, 수가아) 등으로 제각각 번역하고 있다는 점이 이를 입증한다. 문맥상 "풍성함" 정도로 이해한다. 그리고 "화곡"이라 번역된 말 (*바르*)은 탈곡한 깨끗한 곡식 (clean, threshed grain)을 지시한다. 그렇다면, 시인은 왕의 통치하에서 온 땅에 곡식이 풍성한 풍년의 모습을 기원하고 있는 셈이다. 한편 한역이 "흔들리다" (*라아쉬*)로 번역한 말은 지진이나 바람이 지나갈 때 흔들리는 모습을 묘사한다 (왕상 19:11, 겔 3:12 [성령님의 바람소리*?*]). 곡식이 황금물결을 이루며 출렁이는 모습을 묘사하는 것으로 이해하기도 하나, KB³는 "라아쉬" 동사를 "흔들리다" 동사의 동음이의어(同音異議語)로 설정하고 아랍어 동사 (*라하사*, 자라게 하다, 증대시키다)와 연관시켜 "풍성한" (to be plentiful, abundant)으로 정의하고 있다. 우리도 이런 이해를 따른다.

여기서의 간구는 왕의 의로운 통치가 비단 백성의 안녕과 평안에서만 나타나지 않고, 자연계의 풍성함도 가져올 수 있다는 사고를 제시한다. 이것은 성경적 사고이다 (신 28:1-14 참조). 사회의 안녕과 번영은 자연계의 호응이 필요하며, 이런 일은 하나님의 섭리 하에 일어날 수 있다. 그런데 레바논은 주로 백향목의 서식지로 나타난다. 그래서 TNK처럼 "레바논"은 백향목이 무성한 "레바논의 숲"을 지시하는 것으로 이해한다. 그리고 우리가 "그 농작물"이라 번역한 말은 직역하면 "그의 열매"이며, 여기서 "그"는 왕을 지시하고, 열매는 농사의 결과물을 지시하나 여기서는 일반적인 "농작물" (crops)을 지시하는 것으로 취한다.

17절: 그 이름이 영구함이여 (*예히 쉐모 레올람*)—여기서도 기원문이다: "그 이름이 장구하게 하소서!" 잠시 번쩍 나타났다 사라지는 혜성이 아니라, 장구하게 통치하여 영향력을 행사하게 하소서.

그 이름이 해와 같이 장구하리로다 (*리프네-쉐메쉬 인닌 쉐모*)—역시 기원문이다. 여기서 "이름"은 "명성"을 의미할 수도 있다.

사람들이 그로 인하여 복을 받으리니 (*베이트바레쿠 보*)—이 문장이야말로 구약의 선교사상의 핵심이다 (창 12:3, 18:18, 28:14). 왕의 통치를 통하여 만민이 축복을 받아야 한다. 이는 만민이 그의 통치하에 들어와서 참 하나님을 알고 섬기게 될 때 가능하다. 이런 선교사상이 구약에서 실현된 적이 드물다. 예수 그리스도께서 메시아 왕으로 통치하심으로 이 이상은 실현 도중에 있다. 이 시편은 역사적으로 이스라엘의 어떤 왕 (솔로몬)을 위한 기도라 해도, 그것의 성취는 이처럼 예수 그리스도에게서 최종 성취된다. 구약이 노래하는 모든 아름다운 이상은 결국 하나님의 약속이기도 하며 그것의 성취는 궁극적으로 그리스도 예수 안에서 모두 나타나기 때문이다 (고후 1:20).

열방이 다 그를 복되다 하리로다 (*콜-고임 예아쉬루후*)—스바 여왕은 솔로몬을 방문하고 말하길 "이제 와서 목도한즉 내게 말한 것은 절반도 못되니 당신의 지혜와 복이 나의 들은 소문에 지나도다 복 되도다 당신의 사람들이여 복 되도다 당신의 이 신복들이여 항상 당신의 앞에 서서 당신의 지혜를 들음이로다" 라 하였다 (왕상 10:7-8). 그런데 예수 그리스도에 대하여 이를 적용한다면, 만민이 그를 찬송하고 높이고 있지 않은가? (빌 2:10-11).

제6연 (18-19절): 온 세상은 하나님을 찬송할지어다

왕을 위한 기도들을 마치고 시인은 그 왕을 축복하실 하늘의 왕을 찬양한다. 이렇게 고대 근동 제국들과 달리 왕은 신격화되지 않으며, 오히려 하나님의 아들로 하나님께 온전히 순종해야 할 자로 나타난다. 예수 그리스도께 이를 적용한다면, 비록 그 자신이 하나님이시지만, 지상에 오셔서 이루신 그 구속 사역 때문에 그는 여전히 하나님의 아들 곧 그분의 뜻을 성취하신, 다윗의 후손으로 인정된다. 그래서 사도 바울은 롬 15:6, 고후 11:31, 엡 1:3, 골 1:3 등에서 하나님을 "우리 주 예수 그리스도의 아버지"로 호칭하고 있다. 여전히 구속 사역을 위한 경륜적 "아들" 이심에도 여전히 성도들은 성부와 성자의 관계로 두 분을 지칭한다. 그런 관계를 알고 성도들은 성자 예수님의 아버지 성부께 영광을 돌릴지어다!

18절: 홀로 기사를 행하시는 여호와 하나님 곧 이스라엘의 하나님을 찬송하며 (바룩 야웨 엘로힘 엘로헤 이쉬라엘 오세 니플라옷 레바도)—시 71편에서 하나님의 기사들은 증거의 주제였다 (17, 18, 19절). 여기서도 하나님은 홀로 기사를 행하시는 이로 찬양되고 있다. 그분의 기사들은 "진공 상태에서" 일어나지 않고 역사의 현장에서 "자기 백성을 위하여" 일어난다. 그러므로 성도는 매일의 삶에서 이적을 행하시는 하나님을 믿고 문제 해결에 이적과 기사를 기대해야 한다. 그런데 하나님께서 자기 백성 이스라엘을 위해 이적을 행하시기 시작한 큰 계기는 바로 출애굽 사건이었다 (출 3:20, 시 78:4).

19절: 그 영화로운 이름을 영원히 찬송할지어다 (우바룩 쉠 케보도 레올람)—그분의 영화로운 이름은 여호와이시며 (출 15:3), 신약에서는 "예수"로 알려진다. 그분의 이름이 영화로운 것은 그분이 행하시는 기사들 때문이며 (출 15:1-3), 그분 자신의 위대하신 본질과 성품 때문이다. 그분의 이름은 성도들이 체험할 수 있는 하나님의 성품과 능력이다 (출 6:3, 34:6-7, 요 17:6).

온 땅에 그 영광이 충만할찌어다 (베임말레 케보도 에트-콜 하아레츠)—여호와의 영광이 사람들의 눈에 보이도록 드러난 첫 사건은 구름 가운데 나타난 여호와의 영광이었다 (출 16:10). 그리고 시내산 신현(神顯) 사건에서는 여호와의 영광 구름이 엿새 동안 시내산을 덮었고, 그 영광의 광채가 이스라엘 백성의 눈에는 산꼭대기에 붙은 맹렬히 타는 불같이 보였다 (출 24:16). 그 영광의 구름은 성막의 완공시에 (출 40:34), 제사장 임직시에 (레 9:23), 이스라엘 백성의 광야 여정시 (민 14:10, 16:19, 17:7, 20:6), 솔로몬 성전 완공시에 (왕상 8:11) 나타났었다. 이런 하나님의 가견적 임재 표시를 후대 랍비들은 "쉐키나" 영광이라 불렀다. 신약 시대에 이 여호와의 영광은 성육신하신 예수님에게서 나타났다 (요 1:14, 2:11). 물론 구약 시대처럼 구름 가운데 가견적으로 나타난 것이 아니라, 예수님의 행하시는 표적으로 사람들이 느낀 하나님의 능력과 위엄으로 나타났다. 그렇다면 여기 온 땅에 충만한 그분의 영광은 무엇인가? 그것은 그분의 피조물인 창조물이 드러내는 그분의 지혜와 솜씨로 나타나기도 하고 (시 19:1, 롬 1:20), 신약 시대에는 주님의 이름으로 말씀을 선할 때 동반되는 표적 가운데서 나타날 것이다. 온 세상에 그분의 영광이 충만하지만, 그것을 가견적(可見的)으로 나타나는 것은 오늘날 우리 성도들의 영웅적인 믿음의 삶과 기도를 통해서이다.

아멘 아멘 (*아멘 베아멘*)—아멘은 "진실로"란 의미이며, 왕을 위한 기도들이 진실로 응답될 것을 확신하는 진술이다. 동시에 제2권을 마무리 짓는 말씀이기도 하다.

이새의 아들 다윗의 기도가 필하다 (*칼루 테필롯 다빗 벤-이솨이*)—제2권이 편집되던 당시 편집자들이 이렇게 후기를 첨가하였다.

시편의 적용

의로 판단하며, 공의로 판단하리니 (2절)

메시아 통치와 연관하여 이사야 선지자는 이렇게 선언하였다 (11:4-5):

공의로 빈핍한 자를 심판하며/ 정직으로 세상의 겸손한 자를 판단할 것이며
그 입의 막대기로 세상을 치며/ 입술의 기운으로 악인을 죽일 것이며
공의로 그 허리띠를 삼으며/ 성실로 몸의 띠를 삼으리라

여기서 "빈핍한 자" (*달림*), "겸손한 자" (*아나빔*)은 "경건한 자들"을 지칭한다면, "세상" (*에레츠*)과 "악인" (*라솨*)은 불의한 자들을 지시한다. 이렇게 메시아는 경건한 자는 의와 공의로 통치하시지만, 불의한 자들은 입의 막대기로 쳐서 멸하신다. 이상적 왕이신 메시아의 통치가 이러하다면, 왕들도 역시 이런 이상을 따라 의로운 통치를 해야 할 것이다. 이렇게 통치하는 나라는 튼튼히 세워져 갈 것이다 (잠 25:5). 그런 나라엔 평안과 안전이 있다 (사 32:17). 부패 공화국을 바꾸어 의와 공의가 넘치는 사회로 만들 책임이 우리들에게 있다.

그런데 여기서 "의"와 "공의"가 무엇인가? 이것은 하나님께서 오경에 주신 언약 법규들을 지칭한다. 그래서 이스라엘의 왕은 율법서를 등사(謄寫)하여 평생에 자기 옆에 두고 읽어서 그 하나님 여호와 경외하기를 배우며 그 율법의 모든 말과 규례를 지켜 행해야 했다 (신 17:18-20). 따라서 다윗이 왕이 되어 공과 의를 시행했다 (삼하 8:15)는 지적은 그가 율법의 법규들을 따라 통치했다는 말이기도 하다. 율법이란 이처럼 십계명을 핵심으로 한 여러 규범들로 이는 복음과 상충되는 그 무엇이 절대 아니다.

어느 목사는 "사랑을 막는 장애물"이란 제목의 설교에서 사랑을 막는 첫째 장애물이 "율법이라는 척도"라 하였다 (2000년 첫 주 설교). 그 설교에 의하면, 구약 시대의 하나님은 진노와 심판의 하나님이셨고, 이스라엘에게 시내산에서 율법을 주셨다. 그런데 이 율법은 정죄하고 심판하며 벌하고 죽이는 일을 한다. 인간의 육체가 약해서 율법을 지키지 못함으로 하나님의 인간에 대한 태도는 항상 진노와 심판이라 한다. 율법이 있는 동안에는 언제나 하나님의 진노와 심판과 형벌이 있고, 율법은 언제나 우리의 약점을 들추어내고 정죄하므로 율법 앞에서 의롭다 함을 얻을 육체가 없다. 그러나 신약의 하나님은 긍휼과 자비와 용서의 하나님이 되신다. 왜냐하면 예

수님께서 십자가에서 율법 하에 지은 모든 죄를 대신하여 다 갚아 버렸기 때문이다. 그래서 이제 하나님은 예수 믿는 우리들을 보실 때에 율법의 잣대 없이 보심으로 정죄와 심판과 벌이 없이 오직 사랑으로만 볼 수 있으시다. 신약시대에는 하나님과 우리 사이의 관계가 율법으로 맺은 언약의 관계가 아니고 예수 그리스도를 믿음으로 말미암아 용서와 의와 사랑을 받는 관계가 되었다. 그리고 설교는 마 7:2, 3절 (비판하지 말라), 골 3:13, 14절 (뉘게 혐의가 있거든 서로 용납하여 피차 용서하되) 등을 인용하면서, 율법으로 타인을 비판하면서 절대로 사랑을 베풀 수 없다고 강조한다.

이런 설교는 구약의 언약법규들을 정죄하고 심판하는 율법, 복음과 상충되는 그 무엇으로 우리가 버려야 할 것으로 주장한다. 그렇지만 이런 복음과 율법 간의 2원론적 사고나, 구약의 하나님은 진노와 심판의 하나님, 신약의 하나님은 긍휼과 용서의 하나님이란 2원론적 시각은 대단히 비-성경적인 이해이다.

그런데 그 목사는 그 다음 주간에 설교하길, 우리가 믿음 생활 할 때, "무조건 믿습니다!" 라고 해서는 안 되고, 분명히 마음에 경계선을 그어서 선과 악을 구분하며 믿음 생활해야 한다고 했다. 그 경계선을 그어주는 것이 무엇인가 하면 '십계명' 이라 하였다. 그리고 조목조목(條目條目) 설명하고 이것들을 넘지 말아야 할 것을 강조하였다. 그렇다면 십계명은 지켜야 하고, 율법은 복음과 상충되는 버려야 할 것이라면, 자기모순에 빠지고 만다. 왜냐하면 십계명은 율법의 핵심이기 때문이다. 그러므로 율법과 복음, 혹은 진노와 심판의 하나님과 긍휼과 용서의 하나님이란 이중 구조는 성경을 심하게 오해하는 자세이다.

성경은 전체로 하나의 유기체적 통일성을 갖는다. 왜냐하면 한 하나님께서 주신 말씀이기 때문이다. 그분은 스스로 모순 되신 분이 아니며, 따라서 모든 말씀에서 우리는 일관성을 볼 수 있어야 한다. 구약의 시내산 언약은 이미 믿음에 들어온 아브라함의 후손인 이스라엘에게 주신 것이며, 저들 삶의 척도로서 순종과 불순종에 따라 생명과 사망, 축복과 위협 (저주)이 동반되었다. 즉, 믿음 생활하는 자들에게 척도로 주어진 것이다. 그렇다면 신약시대 성도들에게 이 율법이 무효한가? 그렇지 않다. 주님은 그것을 철폐하려 오신 것이 아니라 (마 5:17), 그것을 온전케 하러 오시었다. 그분은 믿음으로 의롭다함을 얻은 아브라함의 축복에 이방인들이 모두 참여할 수 있도록 길을 여시기 위해 오신 것이다. 우리가 아브라함의 후손이라면 우리는 십계명으로 대표되는 구약 율법의 척도에 따라 살아야 한다. 이 규범은 구원의 수단이 아니라, 믿음을 얻은 자들이 삶의 척도로 살아서, 순종과 불순종 여부에 따라 이 세상에서 생명과 사망, 축복과 저주를 받을 수 있도록 마련된 상벌을 위한 기준이다. 믿는 자들은 주님을 믿음으로 구원을 받지만, 이 땅에서의 삶에서 상벌은 율법 순종 여부에 따른 것이다. 율법주의로 돌아가는 것이냐? 고 생각하겠지만, 이것은 율법주의가 아니다. 우리 마음에 경계선을 확정하는 규범일 뿐이다. 믿음 생활하는 데 무엇을 가지고 선과 악을 분별하며 살 것인가? 바로 구약의 율법인 것이다. 바울 사도께서 선교현장에서 이방인들의 구원을 위한 율법 무용론을 강조한 것을 마치 성도들의 삶에서의 율법

무용론으로 비약시켜 생각하는 오류는 없어야 하겠다.

가난한 자를 신원하며 궁핍한 자의 자손을 구원하게 하소서 (4절)

1980년 제12대 대한민국 대통령에 취임한 사람은 "정의로운 사회"를 모토로 내걸었다. 그래서 파출소나 행정관서들에 그런 표어들이 붙었다. 그런데 그의 친인척들이 무더기로 뇌물 수뢰 혐의로 구속되었다. 그 표어에 걸 맞는 정치는 없고 온갖 불의가 공직사회나 민간사회에 팽배하였다. 왜 그런 결과가 나타나는가? 하면 지도자에게 "공의"의 개념이 바로 있지 못했기 때문이라 여겨진다. 그에겐 하나님을 두려워하는 마음이 없었고, 하나님 말씀의 기준이 없었다. 그저 힘으로 권력을 쟁취했을 뿐이었기에 공의로운 사회를 건설한 명분이나 뿌리가 없었다.

르무엘 왕의 모친은 왕인 아들에게 "너는 벙어리와 고독한 자의 송사를 위하여 입을 열지니라 너는 입을 열어 공의로 재판하여 곤란한 자와 궁핍한 자를 신원할지니라" (잠 31:8-9) 고 하였다. 반면, 예레미야는 여호야김 왕을 향해 외쳤다 (렘 22:13-19):

불의로 그 집을 세우며 불공평으로 그 다락방을 지으며 그 이웃을 고용하고 그 고가를 주지 아니하는 자에게 화 있을진저! … 네 눈과 마음은 탐남과 무죄한 피를 흘림과 압박과 강포를 행하려 할 뿐이니라 그러므로 …그가 끌려 예루살렘 문밖에 던지우고 나귀같이 매장함을 당하리라

경건했던 왕 요시아의 장남 여호야김은 왕으로서 (주전 609-597년) 불의하고 불공평하였다. 그는 종주대왕인 바로 느고에게 조공을 바치면서 백성들의 피를 짜내어야 했다. 이런 와중에서 그는 백성들에게 노임도 주지 않고 강제노역을 시켜 자기의 호화로운 궁전을 건축하게 했다 (왕하 23:34-35). 그는 예레미야가 기소하는 대로, 화려하고 거대한 궁전이 왕의 표지인 줄 착각하였다. 반면 그의 부친 요시아는 가난하고 궁핍한 자를 보살피고, 공의와 의를 시행하는 데 최선을 다했다. 그러한 통치는 하나님을 진실로 아는 경건에 기초를 두고 있었다! 그런 시대에는 평안과 축복이 있다. 그렇지만 무죄한 자의 피를 흘리고 탈취하고, 탐람한 눈으로 모든 것을 행하는 여호야김에게는 무서운 심판이 뒤따를 것이었다. 요컨대, 경건은 의로운 통치의 뿌리라는 사실이다. 하나님과의 바른 관계가 있을 때 의로운 통치가 있을 수 있다는 것이다.

스바와 시바 왕들이 예물을 드리리로다 (11절)

이런 묘사는 시 72편이 노래한 왕의 통치가 세계적이어서 원방 나라들이 공물을 바치는 모습을 제시한다. 메시아 시대에는 이런 이상들이 실현된다. 신약 시대 전반을 통하여 대왕이신 그리스도께 굴복한 세상 왕들이 모두 그분의 발 앞에 굴복하고 경배하지 않는가? 영국의 빅토리아 여왕, 엘리자베스 여왕, 미국의 대통령, 프랑스 국왕, 독일 황제 등등. 그렇지만 완전한 평화는 그리스도 재림 시에 완성된다. 이렇게 메시아 시대는 시작에서 완성까지 점진적으로 이루어진다. 그렇지만 구약예언들에서는 체계적이고 조직적으로 메시아 시대의 모습을 그리지 않는 까닭에 어떤 곳에서는 완전한 평화의 시대로 (사 11장), 어떤 곳에서는 전쟁이 있는 시대로 (사 9장), 어

떤 곳에서는 메시아께서 고난당하는 모습으로 (사 53장), 어떤 곳에서는 메시아께서 영광 받으시는 모습과 평화의 왕으로 (슥 9:9-10), 단편적으로 묘사한다. 이런 조각 그림들은 그리스도의 초림과 교회시대 전반, 그리고 그분의 재림시에 완성될 하나님 나라를 중심으로 맞추어 보면, 온전한 모습이 등장한다. 즉, 그분의 초림시에부터 건설되기 시작한 그의 왕국은 완성을 향하여 실현되어 가는 도중에 있는 것이다. 그래서 이것을 학자들은 "이미"와 "아직 아니"란 말로 표현하기도 한다. 이미 도래했지만, 아직 최종 완성에는 이르지 아니하였다.

시 73편 하나님께 가까이 함이 내게 복이라

1. 시편에서의 위치, 시의 유형과 삶의 자리

시 50편에서 "아삽의 시"란 표제가 한 번 있었고, 시 73-83편의 열한 개의 시가 동일한 표제를 달고 있다. 이 "아삽의 시"들은 하나같이 "엘로힘"이란 신명을 사용한다. 아삽의 시와 "고라 자손들의 시"란 표제를 가진 시들 (시 42-43 44-49, 84-85, 87-89편 등)과 비교해 보라 (시 2권 서론 참조). 그런데 "아삽"은 역대기에 의하면, 헤만의 형제로, 헤만의 우편에서 직무를 행하였으며, 베레갸의 아들이요 시므아의 손자, 미가엘의 증손, 바아세야의 현손, 말기야, 에드니, 세라, 아다야, 에단, 심마, 시므이, 야핫, 게르손, 레위 등으로 조상이 거슬러 올라간다 (대상 6:39-43). 아삽은 헤만 에단 등과 같이 성막에서 찬양 사역을 하도록 다윗왕의 임명을 받은 자였다. 역대기에 의하면, 아삽의 후손들은 추방을 전후해서 성전과 연관되는 행사에 거의 전부 참여한 것으로 나타난다. 저들은 때로 "타악기" (심벌즈 cymbals; 히, 메첼렛)를 치고, 찬양을 하였다 (대상 15:17, 19, 16:5, 7, 37, 대하 5:12, 29:13, 35:15, 스 3:10, 느 12:35; 한역은 이 타악기를 현악기인 "제금" [提琴]이라 오역했다). 때로 저들의 음악 사역은 "예언"하는 일로 언급되기도 한다 (대상 25:1-2). 대하 20:14-23에 의하면, 아삽의 후손 야하시엘이란 자가 성령으로 감동을 받아 에돔 동맹군을 치는 전쟁에서 유다가 승리하도록 예언한 것으로 나타난다. 더구나 대하 29:30에서 아삽은 선견자로 나타난다.

이 시는 사고상 지혜시의 성격을 지니지만, 어떤 이는 개인 탄식시라 하고 혹자는 개인 감사시라 한다. 이 시는 양식비평이 정의하는 시편의 어떤 범주에 정확하게 맞추어지지 아니한다.

내용을 보면, 시인은 악인의 형통을 보고 시기심이 발동하여 신앙적 갈등을 갖지만, 성소에서 주님을 경배하다가 혹은 기도하다가 저들이 누리는 형통의 실상(實狀)과 경건한 자가 참으로 복된 자임을 깨닫는다. 이러한 신앙적 갈등을 겪은 시인은 결국 하나님을 가까이 함이 최고의 행복임을 고백한다. 이 시인이 갈등한 악인의 형통과 경건한 자의 많은 고난의 주제는 철학이 중요한 이슈로 다루는 "악의 문제" (problem of evil)와는 성격이 약간 다르다. 철학에서 "악의 문제"란, 왜 선하시고 전능하신 하나님께서 계신다면 이 세상에 악이 존재해야 하겠는가? 라는 질문이다. 하나님은 정의상 최고로 선(善)하시고, 또 전능(全能)하시다. 그러므로 그분이 악을 제거하실 마음만 있다면 언제든지 제거하실 수 있다. 그럼에도 악이 세상에 철철 넘쳐흐르는 것을 보면, 하나님이 최고로 선하신 분이 아니거나, 아니면 그분의 능력이 전능하지 못하거나 둘 중의 하나라는 결론이다. 그러나 이런 철학적 사고는 성경에 비추어 볼 때 전연 합당치 않다. 악의 기원을 따지고 올라가면, 하나님이 사람을 정직하게 지으셨으나 사람은 많은 꾀를 낸 것이다 (전 7:29). 아담의 타락은 사탄의 유혹에 넘어진 것이었다. 결국 인간의 타락으로 세상은 저주 하에 처해지고, 사망과 온갖 악이 지배하게 된 것이다. 즉, 악이란 죄인을 처벌하는 하나님의 방편이다. 하나님께서 최고로 선하시기에 무조건 죄인까지도 오냐, 오냐! 하시는 분이 아니시다. 그분의 공의로우심과 거룩함이 그분의 인자하심과 마찬가지로 똑같이 목소리를 낼 것이 기대되지 않는가? 말하자면, 하나님의 공의가 죄인을 처벌하는 수단으로 악을 허용하신다면, 그분의 인자는 죄인의 용서와 악의 제거를 원할 것이다. 이 둘의 조화로 이 세상은 통치되고 있는 것이다. 이렇게 철학이 논의의 대상으로 삼는 "악의 문제"란 성경적으로 보면 그 해답이 아주 간단하지만, 중생하지 않은 철학자들에게는 해답이 있을 수가 없는 문제이다.

반면 여기 시편에서 시인이 갈등했던 문제는 악인은 어찌하여 형통하는 데 경건한 자는 "종일 재앙을 당하며 아침마다 징책을 보"아야 하겠는가? 였다. 그의 갈등은 현실적으로 우리 성도들이 매일 당면할 수 있는 문제이기도 하다. 성도가 징계 당하는 것은 당연하다 (히 12:5-11). 징계가 없으면 오히려 사생자가 아닌지 의심해 보아야 한다. 징계를 통해 성도는 거룩함을 이루게 되고, 연단을 거친 자는 의의 평강한 열매를 맺는다. 영원한 기업을 받을 자들은 이 세상에서 연단을 통과하여 거룩한 성품을 이루지 않으면 안 된다. 반면 악인은 영원히 버림받아 지옥에 던져질 자들인 만큼, 저들을 하나님 징계하실 필요가 없으시다. "징계"란 '잘 되라! 고 때리는 매질인데, "버린 자식들"을 매질해야 할 이유가 없기 때문이다. 악인들은 이 세상의 분깃을 받은 자들로 (시 17:14) 얼핏 보기에는 모든 것이 잘되고 형통하나, 그 종말은 비참하다. 그런데 이 시편과 유사한 사고를 보이는 시들은 시37편과 49편이다. 이런 시편들의 결론은 하나같이 악인의 비극적인 종말과 의인의 궁극적 승리를 바라본다.

구약에서 언약백성들은 언약에 신실할 때에는 축복을 약속받았으나 언약을 배반할 경우에는 각종 재앙들로 처벌받을 것이 예고되었다 (시내산 언약의 상벌규정인 레 26장과 모압 들 언약의 신 28장). 언약백성에게 예고된 4대 처벌 방편은 칼, 기근, 역병, 야수 등이었다. 이러한 징계에도 돌이키지 아니할 경우에는 주어진 땅에서 뿌리를 뽑아 열방에 흩는 위협이 예고되었다. 개인적으로도 이러한 위협은 유효했다. 경건한 자들은 조그마한 범죄에도 하나님의 징계를 당할 것이다. 그만큼 엄하게 하나님은 자기가 사랑하는 자들을 다루시기 때문이다. 반면에 버린 자식에게는 징계가 아니라 최종 심판이 있을 뿐이다. 그렇지만 언약백성에 속했다고 그가 반드시 선택받았다는 증거는 아니다. 예컨대, 이스마엘은 할례를 받고 아브라함 언약에 속했으나 그가 선택받은 하나님의 백성이라는 말은 못된다. 즉, 외적인 제도에 속하는 것과 영원한 하나님의 선택과는 차이가 있을 수 있다. 오늘날도 그러하다. 교회 교적부(敎籍簿)에 등록되고, 세례를 받았다 하여 그가 반드시 선택된 백성이란 보장은 못된다. 오직 하나님만이 아실 것이고, 그 사람의 삶의 열매를 보아 선택 여부를 판별할 수는 있을 것이다.

오늘날 새 언약 하의 성도들 역시 구약 성도들처럼 상벌 제재 하에 살아간다는 것은 확실하다. 즉, 선택된 백성이라 할지라도 이 세상에서의 성공 실패는 '일반적' 의미에서 하나님의 상벌 규정에 따라 결정된다는 것이다. 물론 바울 사도의 고난과 같이 자신의 죄악과 무관하게 교회를 위한 고난과 어려움을 당하는 '특별한' 경우도 있다.

한편 찰스 브리그스 (Charles A. Briggs)는 이 시가 죽음 이후에 영광으로 인도하시리라는 아주 고도로 발전된 종말론을 갖는다는 사실과, 여러 단어들이 아람어풍 (Aramaism)을 보이는 점 등으로 미루어 볼 때, 무역시대 곧 헬라시대 초기의 작품이라 단정한다 (*Psalms II*, 142). 그리고 브리그스는 고도로 발전된 종말론을 언급하는 24절은 창 5:24에 근거한다고 한다 (셋 계통의 족보를 담고 있는 창 5장은 비평가들이 추방 후에 산출된 제사장 문서 [P]로 본다). 그렇다면 그가 '아람어풍' 단어라 부르는 것들은 무엇인가? 6절의 "아아타프" (걸치다 drape), 7절의 "마스키욧" (공상 imagination), 8절의 "무크" (능욕하다 scoff), 12절의 "히스구" (더하다 increase), 18절의 "맛슈옷" (파멸) 등이 지적되었다.

동사 "무크"의 경우 바그너 (M. Wagner)는 지적하길, 만약 어근 (무크)이 확실하다면, 이 말은 유대인 아람어 문헌이나 시리아어에서만 "조소하다"는 의미로 나타나므로, 아람어풍 (Aramaismus) 단어라 볼 수 있다 한다. 그렇지만 게세니우스, 쾰러-바움가르트너 등의 사전이나 궁켈 등이 이 말의 어근 대신 "숨기다" (아마크)로 보므로, 어근이 확실치 않다는 점을 인정한다 (Max Wagner, *Die Lexikalischen und grammatikalischen Aramaismen im alttestamentlichen Hebraeisch*, 73, #155; E. Kautzsch, *Die Aramaismen im Alten Testament*, 53). "히스구"의 경우, 제국 아람어 (주전 7-5세기 어간에 사용된 아람어)에서 나타난다 (J. Hoftijzer, *Dictionnaire des Inscriptions semitiques de l' Ouest*, 291).

이 시편이 아람어풍 단어들의 등장과 발전된 종말론 때문에 추방 이후의 작품이란 판정을 받는다면, 아람어풍 단어들이나 발전된 종말론 등이 추방 후에 나타났다는 의미일 것이다. 그렇지만 이런 논증은 그렇게 별로 무게가 없다. 아람인들과의 교통은 벌써 족장 아브라함 때부터 시작되었다면 아람어가 이스라엘 생성 초기부터 삶의 일부로 자리잡았다고 할 수 있기 때문이다 (창 24:10, 28:2, 신 26:5, 삿 10:6, 삼하 8:6 등 참조). 즉 아람어풍의 말이 반드시 후대의 표시는 못된다는 것이다. 그리고 비평가들이 말하는 '발전된 종말론' 이란 이스라엘의 부활 사상이나 내세 신앙은 추방 후 페르시아의 배화교(拜火敎 Zoroastrianism)에서 차용된 후대 사상이라 한다. 시편에서 '영생' 의 사고를 제시하는 구절들은 대개 시 16:8-11, 17:15, 49:14, 15, 73:24 등이다. 이런 구절들이 제시하는 내세 신앙이 추방 이후의 것이라는 주장은 도대체 무슨 근거인가? 오경에 대한 문서설을 따르지 않는다면, 모세 오경에서도 부활과 내세 신앙은 추적이 가능하기 때문이다 (문서설을 따른다면, 그런 사고를 담은 오경 내의 구절들 역시 추방 후의 산물로 기각되고 만다). 예컨대, 창 5:24에서 에녹의 승천을 히브리서 기자가 추론할 때 (히 11:5), 왕하 2:11에 묘사된 엘리야의 승천에 비추어 볼 때 근거 없는 것이 아니다. 설사 창 5:24에서 "하나님이 데려가셨으므로 있지 아니하였다"는 진술이 살아서 승천(昇天)한 것을 지시하지 않는다손 치더라도, 그 진술은 경건한 삶을 살았던 (하나님과 동행하다) 에녹을 하나님께서 이 세상에서 취하셨다는 것은 영원한 세상으로 취하셨다는 것이 아니고 무엇이겠는가? 즉 내세의 삶이 암시되고 있다는 것이다. 창 15:15에서는 "조상에게로 돌아가다"란 진술이 나온다. 이는 내세 신앙의 증거가 아닌가? (창 25:8, 35:29, 민 20:24). 야곱은 47:9에서 자신의 이 세상 삶을 "내 나그네 길의 세월" (예메 쉐네 메구라이)로 정의했다면, 히 11:13-16이 주석하듯 족장들은 죽음 이후의 영원한 본향을 믿었다는 말이 아니겠는가? 또한 우리 주님은 (마 22:23) 출 3:6을 근거로 부활 사상을 제시하셨다. 이렇게 볼 때, 아람어풍 단어들이 이 시편에 있다는 점과 이 시에 발전된 종말론 사고가 나타난다는 점이 이 시의 후대성을 말하는 것이라 할 수 없을 것이다.

2. 시적 구조, 기교들 및 해석

1절과 마지막 28절에는 공히 "토브" ('선'과 '복'으로 달리 번역됨)가 사용되어 인클루지오를 형성한다. "마음" (레바브)이란 단어가 여섯 번 나타나고 (1, 7, 13, 21, 26, 26절), "참으로" (아크)는 세 번 (1, 13, 18절 모두 초두에), "보라" (힌네)가 두 번 (12, 27절) 나타난다.

본 시편은 사고의 흐름상 다음과 같이 구분 가능하다.
제1연 (1-3절): 신앙 갈등으로 믿음에서 떨어질 뻔 하다;
제2연 (4-12절): 악인의 형통함;
제3연 (13-17절): 배교할 뻔한 자신의 처지;
제4연 (18-20절): 성소에서 깨달은 진리;
제5연 (21-26절): 갈등할 때와 확신을 되찾았을 때;
제6연 (27-28절): 시인의 확신과 결심

그렇지만 사고상의 흐름대로 구분한다 하지만, 사람마다 달리 결과가 나타나는 것으로 미루어, 우리의 구분도 잠정적이다.

제1연 (1-3절): 신앙 갈등으로 믿음에서 떨어질 뻔 하다

시인은 가장 우선적으로 하나님께서 이스라엘에게, 곧 마음이 정결한 자들에게 진실로 선하신 분이심을 선언한다. 이것은 격렬한 신앙갈등 후에 얻은 신앙적 확신이지만, 시의 첫머리에 자신의 확신을 선포하여 독자들로 하여금 이런 확신 하에 이 시를 음미할 것을 요청한다.

1절: 하나님이 참으로 이스라엘 중 마음이 정결한 자 (아크 [토브] 레이스라엘 엘로힘 레바레 레바브) —현대 영역본들은 "이스라엘에" 대신 "정직한 자에게" (to the upright)로 번역한다 (NRSV, NEB 등). 이렇게 하는 이유는 후반절의 사고와 병행을 유지시키고, 운율을 개선하기 위함이다. 모음만 바꿀 뿐 자음은 그대로 두고, 띄어 읽기를 달리하면 되므로 이런 독법이 힘을 얻게 되었다. 그러나 이런 개정을 지지하는 고대 역본이나 사본이 없다는 것이 약점이다. 따라서 맛소라 사본대로 읽는다. 그런데, "이스라엘 중 마음이 정결한 자"란 표현은 "이스라엘에게, 곧 마음이 정결한 자에게"라고 번역할 수 있다. "이스라엘"은 시편에서 62번 정도 나타나며, 여기서는 "마음이 정결한 자"와 병행을 이루고 있다. "마음이 정결한 자" (바레 레바브)란 표현은 시 24:4에서도 나타나며, 시 24편의 문맥에서 이 표현은 하나님과 맺은 그 언약 조항들에 충실한 언약 백성을 지시한다. 시 19:9에서 여호와를 경외하는 도가 "정결하다"고 하므로, 그 말씀에 순종하는 자들은 정결할 수밖에 없다.

선을 행하시나니—문자적으로 "선하시다" (토브)이다. 이 말의 명사형은 "최상의 것" (형통, 아름다움, 즐거움 등), "행복" (형통, 축복, 평안을 통해)을 의미하므로, 하나님은 마음이 정결한 자들에게 이런 축복을 베푸신다는 의미이겠다. 느헤미야는 하나님께서 자신을 기억하셔서 은혜를 베풀어 주시라 기도하며 이 표현을 사용한 바 있다 (느 13:31). 주님은 산상수훈에서 마음이 청결한 자들이 (호이 카타로이 테 카르디아) 하나님을 보리라 언급하신 바 있다. 이런 자들은 하나님과의 교제가 풍성할 것이다.

2절: 나는 거의 실족할 뻔 하였고/ 내 걸음이 미끄러질 뻔 하였으니 (바아니 키므아트 나타부이 라글라이 케아인 슈프쿠 아슈라이)—시인은 하나님께서 성도들에게 "선하시다"는 이 진리에도 불구하고, 믿음에서 떨어져 나갈 뻔 하였다. 걸음이 미끄러질 뻔 했다는 것은 하나님의 길들에서 벗어날 뻔 했다는 의미이다 (시 17:5). 곧 그분의 말씀들(=길들)에 대한 확고한 신앙에서 흔들림이 있었다. 전반절의 "내 발들" (라글라이)과 후반절의 "내 걸음들" (아슈라이)은 서로 병행어를 구성한다. 구문상으로나 의미상으로나 전. 후반절은 병행법을 구성한다. 다훗 (M. Dahood)은 "내 걸음들" (아슈라이)을 신체의 일부인 "내 다리들"로 이해하길 제안 한다 (Psalms I, 95). 이 단어는 시 17:5 (/내 발들), 37:31 (/그의 마음), 40:3, 73:2 (/나의 발들), 욥 31:7 (/나의 눈들) 등에서 보듯, 모두 신체의 기관들과 병행어로 나타나기 때문이다. 그런데 고려중인 단어는 "큰 걸음으로 걷다"를 의미하는 동사 (아솨르)에서 유래한다.

한편 여기서 "내 걸음들"이 거의 "쏟아졌다"고 표현되었다. 사용된 동사는 "피"나 "물"을 쏟는 것을 지시하지만, 비유적으로 "분노"나 "마음"을 쏟아 붓는 것도 표현한다. 고려 중인 문장은 다양하게 번역되지만 의미는 앞에서 설명된 바와 같다: 1) 내 걸음들이 거의 미끄러질 뻔 하였다 (NRSV); 2) 나는 거의 미끄러지게 되어졌다 (사역 수동태; KBL); 3) 까닭 없이 나는 균형을 상실하였다 (Caquot).

3절: 악인의 형통함을 보고 오만한 자를 질시하였음이로다 (키-킨네티 바홀레림 쉘롬 레솨임 에르에)—한역처럼 후반절을 전반절을 수식하는 부사절 (시제절)로 이해할 수 있다 (REB, NAB 등). 그렇지만, 전. 후반절을 병행법으로 보고, "내가 오만한 자를 질시하였다/ 내가 악인의 형통을 시기하였다" (M. Dahood, *Psalms II*, 188)로 번역할 수도 있다. 후반절에 사용된 동사는 "보다" (라아)이지만, 문맥상 "시기심"을 가지고 바라보는 모습을 가리킨다. 다훗은 그런 뉘앙스를 갖는 구절들로 신 33:21, 사 53:2, 신 32:19, 아 1:6 등을 지적한다 (*Psalms I*, 302; KB³ 라아 #7, "뒤틀린 감정으로 바라보다" 참조).

어떻게 이해하든지, 3절은 2절의 이유를 제시해준다. 즉, 시인은 악인의 형통함을 시기함으로 믿음의 확신에서 요동하게 되었다. 시기, 질투는 형제들 간에 (창 37:11), 일부다처 집안에서 부인들끼리 (창 30:1, 삼상 1:6) 야기되지만, 여기서는 신앙인이 불신자의 형통을 질시하게 되었다. 그렇지만 성경은 악인들 (레솨임), 악행자 (안쉐 라아, 오쉐 아블라), 죄인들 (하타임), 강포한 자 (이쉬 하마스)를 시기하지 말라고 권면한다 (시 37:1, 잠 3:31, 23:17, 24:1, 19). 왜냐하면 악인들은 풀과 같이 곧 시들어 없어질 것이기 때문이다. 죄인을 부러워하거나 시기할 것이 아니라 우리 성도는 오직 우리의 하나님을 열심을 다하여 섬기면 된다. 하나님의 공의와 섭리를 믿기 때문이다.

제2연 (4-11절): 악인의 형통함

이제 시인은 악인의 형통함이 무엇인지를 묘사한다.

4절: 죽는 때에도 고통이 없고 그 힘이 건강하며 (키 엔 하르추봇 레모탐 우바림 울람)—"저들에게는 고통이 없고/ 저들의 신체는 건강하여 기름지다." "죽을 때에"란 말의 히브리어를 (레모탐) 둘로 쪼개어 "저들에게"와 (라모) "온전한" (탐, 건강한)이란 말을 만들어 전.후반절의 병행절로 파악한다 (NRSV, REB, NAB, NJB, NIV). 이렇게 번역하면 전.후반절의 병행법이 이루어지고, 운율도 전. 후반절이 3 + 3으로 잘 들어맞기 때문이다. 더구나 내용상 18절 이하에 묘사된 악인들의 비참한 최후와 전통적인 번역은 어울리지 아니하고, 만약 전통적 번역대로, 악인의 죽음에 고통이 없다는 사고라면, 죽음의 고통이 없다는 묘사는 악인의 운 좋은 모습들에서 마지막에서나 나올 법 하다. 그런데도 여기서는 악인의 운 좋은 모습에서 제일 먼저 나타난다. 이런 점 때문에 현대 역본들은 대개 한역과 달리 번역하고 (LXX, KJV, NASB, TNK, LSG, ELB 등은 원문대로 번역), 델리취 같은 이도 맛소라 본문과 달리 해석한다 (70인역은 맛소라 본문대로 번역). 새롭게 번역한 본문에 의하면, 전반절이 악인의 건강한 상태를 소극적으로 묘사했다면, 후반절에서는 적극적으로 건강하고 (탐) 기름지다 (바리)고 한다. 양의 기름진 신체는 파리한 신체와 대조 된다 (겔 34:20).

5절: 타인과 같은 고난이 없고 타인과 같은 재앙도 없나니 (바아말 에노쉬 에네모 베임-아담 로 예눅가우) — 전. 후반절을 비교해 보면, "고난이 없고(에인 아말)/ 재앙도 없나니 (로 예누가우)," "인류" (에노쉬)/ 사람 (아담)이 짝을 이루고, 의미상으로 동의 병행법을 구성하고 있다. 전반절에 사용된 "에노쉬"란 단어는 여기서 "인류" ([all] human beings, man)라는 뉘앙스를 지니고, 후반절의 "아담" 역시 "사람"이란 총칭적 의미를 전달한다. 그래서 어떤 역본은 번역하길, "사람의 운명인 그 고난에서 면제되어, 그들은 아담의 재앙과 관계가 없다" (exempt from the cares which are the human lot, they have no part in Adam's afflictions, NJB)라 하거나 "누구나 당하는 그 괴로움에서 그들은 자유롭고, 인간이면 당하는 그 재앙으로도 침을 받지 아니 한다" (They are free from the burdens common to man; they are not plagued by human ills, NIV)라 번역한다. 그러니까 여기 시인의 의문점은 '모든 타락한 인류에게 운명적으로 지워진 그 고난과 재앙에서 악인들이 어찌하여 자유로운가? 하는 것이었다. 그런데 "고난" (아말)이란 말은 궁핍, 염려, 불행, 재난 등을 지시한다. 애굽에서 이스라엘은 고통과 시련과 압제를 당했다 (신 26:7). 그리고 "재앙이 없다"라 번역된 말 (나가; 치다, 괴롭히다)은 괴롭힘을 당하지 않는다는 말이다. 여기 괴롭힘에는 타인의 부녀자를 집적거리는 일 (창 26:11), 신체를 쳐서 상해시키는 일 (창 32:25), 질병으로 치는 일 (사 53:4), 역병으로 치는 일 (삼상 6:9) 등 다양한 종류가 있다. 이 구절에 비추어 본다면, 고난이나 재앙이 반드시 나쁜 것이라고만 판단할 수 없다. 경건하게 살려는 자들에게는 여러 가지 환난과 핍박이 다가 온다 (행 14:22, 딤후 3:12). 한편 전.후반절의 구조를 비교해 본다면, 후반절에 사용된 전치사 (임)가 전반절에서 사용된 명사 (에노쉬, 사람)에서도 기능을 발휘하고 있음이 드러난다 (double duty). 여기서 전치사 "임"은 "비교"의 뉘앙스를 가진다 (Ronal J. WIlliams, *Hebrew Syntax*, §334 참조).

6절: 그러므로 교만이 저희 목걸이요 강포가 저희의 입는 옷이라 (라켄 아나카트모 가아바 야아타프-쉬트 하마스 라모) — 접속사 "그러므로"는 예언자들의 심판 선고를 도입하기도 (왕하 19:32, 암 3:11 등) 하지만, 여기서는 일반적인 논리의 전개에서 한 고리를 제시할 뿐이다. 악인들은 징계를 받지 않는 결과 하나님께서 계시지 않은 양 교만하게 행한다. "교만이 저희 목걸이"란 표현 (아나크 가아바)에 사용된 동사는 "목을 치장하다"란 말로 후반절의 "옷 입다" (아타프)란 말과 병행을 이루고 있다. 이 두 동사는 시상에서 대조를 이루고 있으나 (Qatal/ Yiqtol), 시에서는 통상적으로 나타나는 모습이며, 완료나 미완료의 다른 시제를 표현하는 것은 아니다. 오히려 악인의 모습을 두 시상이 각기 포착하고 있다. 결국 악인들은 교만과 강포로 자신을 치장한다. 여기서 사용된 "강포"란 말은 난폭하게 다루다란 동사와 연관되며, 이 동사는 율법을 파괴하는 행위 (겔 22:26), 예컨대, 외국인과 고아와 과부를 학대하는 일 (렘 22:3) 등도 지시한다. 따라서 반드시 폭력으로 타인을 상해케 하는 일만 아니라, 말씀을 거슬려 악하게 행동하는 악행도 포함된다. 여기 언급된 악인들이 이스라엘의 일부라면 저들의 교만과 강포는 하나님의 법을 거스리는 행위를 지시할 것이다. 이는 마음이 정결한 자가 말씀을 순종하고 준행하는 자인 것과 대조된다.

7절: 살찜으로 저희 눈이 솟아나며 (야차 메헬레브 에네모)—7절을 6절 사고의 연속으로 본다면, "저희 눈이 솟아나며" (야차 에네모)란 표현을 70인역이나 시리아어역은 "저들의 죄악" (아보나모)이라 읽고 있다. 이러한 번역은 맛소라 본문의 "요드"를 "바브"로 읽은 결과이다. 현대 역본들은 번역이 두 가지로 나뉜다: 1) 맛소라 본문을 따르는 번역들 (KJV, NASB, TNK, NRSV, ELB ["살쩜으로 저희 눈이 솟아나며"], REB ["저희 눈들이 살진 주름 사이로 빛난다"]); 2) 70인역을 따른 번역들 (NIV [저희 무감각한 마음으로부터 불법이 나오며], NAB, NJB, LSG). 전. 후반절의 병행법을 고려한다면, 70인역을 따라 "눈" 대신 "죄악"으로 읽는 것이 적절할 것이다. 그렇게 번역하면 전. 후반절의 병행법이 성립된다. 그렇게 이해하면, 마 15:18-19에서 주님께서 언급하신대로 (마음에서 나오는 것은 악한 생각과 살인과 간음과 음란과 도적질과 거짓 증거와 훼방이니), 악인의 마음에서 죄악이 산출되는 모습이 제시되고 있다.

다훗 (Dahood, *Psalms I*, 93; *Psalms II*, 189)은 유가릿어와 아랍어 친족어에 근거하여 "야차-" 동사의 의미를 "빛나다"로 이해한다 (시 37:6, 65:9, 73:7, 사 13:10, 호 6:3, 욥 28:1).

저희 소득은 마음의 소원보다 지나며 (*아베루 마스키욧 레바브*)— "헛된 공상들이 저들의 마음을 스쳐간다" (REB). 여기 사용된 말 (헛된 공상들, *마스키욧*)은 원래 "상" (image, sculpture)을 의미하며, 여기 문맥에서는 마음의 공상(delusion)을 지시할 것이다 (KB³).

8절: 저희는 능욕하며 악하게 압제하여 말하며 거만이 말하며 (*야미쿠 비답베루 베라아 오쉐크 밈마롬 예답베루*)—맛소라 사본의 액센트를 따른 한역과 달리 현대 역본들 다수는 (NIV, NRSV, NJB 등) "압제" (*오쉐크*)란 말을 마지막 세 번째 동작과 연관시켜 번역 한다: "저들은 조소하며, 악의를 품고 말하며, 거만하게 압제(위협)하는 말을 내뱉는다." 혹은 의역하여, "저들은 빈정대며 악을 주창하며, 저들은 거만하게 압제를 주장 한다" (NJB). 여하간 여기서 묘사된 악인의 모습은 말로 범죄 하는 것이다. 사탄의 삼위일체에서 (용, 짐승, 거짓 선지자) 하나인 짐승은 "큰 말과 참람 된 말 하는 입을 받고" 그 입을 벌려 하나님을 훼방 한다 (계 13:5-6). 그러므로 그놈에게 속한 자들은 하나님을 훼방하고 입으로 범죄 하는 것이다.

9절: 저희 입은 하늘에 두고 저희 혀는 땅에 두루 다니도다 (*샤투 밧샤마임 피헴 울레쇼남 티할라크 바아레츠*)—여기 사용된 표상도 8절에 묘사된 말로 범죄하는 악인의 모습을 계속한다. 이 표상은 종종 유가릿 문헌 (67:II:2-3, 52:61-63)과 비교 된다: 한 입술은 지하세계를 치고, 한 입술은 하늘을 치며, 혀는 별들을 대적 한다; 저들 (새벽신과 황혼신)은 한 입술로 지하세계를 대적하고, 다른 입술로 하늘을 대적한다. 하늘의 새들과 바다의 고기가 저들의 입들 속으로 들어갔다. 즉, 여기 시인은 불신자들을, 보이는 모든 것을 집어 삼키고도 만족할줄 모르는 게걸스런 괴물 신들에 비기고 있다는 것이다 (M. Dahood, *The Psalms II*, 190). 그런데 이 유가릿 문헌의 문맥을 보면, 괴물로 의인화된 사망(死亡) 신(神) '모트'가 바알을 집어 삼키고자 아가리를 짝 벌리고 달려드는 장면이다. 그렇다면, 여기 시편의 표상을 유가릿 문헌의 신화 장면과 비교하는 것은 의미 없을 것이다 (H. Donner, "Ugaritismen in der Psalmforschung," *ZAW* 79 [1967], 337는 유가릿 문헌의 표상과 여기 시편과의 유사성을 부인한다).

10절: 그러므로 그 백성이 이리로 돌아와서 (*라켄 야슈브 암모 할롬*)— "그의 백성" (*암모*)에서 접미어 "그의"는 누구를 지시하는가? 아직 언급이 없었던 하나님으로 보기는 어렵고, 지금까지 언급된 그런 류의 사람들을 지시할 것이다 (F. Delitzsch, *Psalms* 73:10). 즉, 이제 악인들에게 동조자가 붙어난 것이다. 이스라엘이 악인의 형통을 부러워하여 하나님을 떠나 악인에게 붙은 것이 된다.

잔에 가득한 물을 다 마시며 (우메 말레 임마추 라모)— 악인들에게 넘어간 자들은 악인의 부패한 생각들이나 원리들을 마치 생명수나 되는 듯이 꿀꺽 꿀꺽 삼켜 버린다 (욥 15:16). 어느 시대건 이런 현상은 있었을 것이다. 솔로몬 왕이 이방 여인들을 위하여 이방신전들을 지어주고 위할 때, 많은 사람들이 시대의 조류에 휩쓸려 갔을 것이다. 그러한 때에 경건하게 살고자 했던 자들은 당혹해하고 낙담할 수밖에 없었다.

11절: 말하기를 하나님이 어찌 알랴! (베아메루 에카 야다아-엘)—이런 악인들의 말은 성경 여기저기서 언급된다 (시 10:4, 36:1-2, 말 2:17, 3:15, 사 5:20, 29:15, 벧후 3:4 등). 악인들에게 빌붙은 이런 자들은 악인들처럼 악한 말로 범죄한다.

지극히 높은 자에게 지식이 있으랴? (베에쉬 데아 베엘리욘) — 지존자 (엘리욘)는 창조자시며 (창 14:18-20), 온 땅의 지존자이시다 (시 83:18, 97:9). 그분은 온 땅의 큰 임금이 되시며 (시 47:2), 그분은 시온에서 영광중에 통치하신다 (시 23:7이하, 48:2, 99:2). "지존자"란 칭호는 고대 근동의 세속 문헌들에서 한 특정한 신으로 언급된다. 그렇지만 구약에서 그 칭호는 당연히 하나님을 지칭하며, 다른 칭호와 병행으로나 아니면 홀로 나타난다. 발람은 자신을 소개할 때, "지존자의 지식을 아는 자"라 했다 (민 24:16). 그런데 악인들이 어찌하여 지존자 하나님을 이렇게 무능한 자로 여기는가? 아마 이방의 어떤 신들처럼 우상에 불과하여 움직이거나 듣거나 보지 못한다고 오해했는지 모른다. 그렇지만 하나님의 전지하심에 대하여는 성경이 확실하게 증거해 준다 (삼상 2:3, 왕하 13:19, 욥 23:10, 24:23, 31:4, 시 94:9, 119:168, 147:4, 사 29:15, 40:27, 28, 48:18, 겔 3:6, 마 11:21). 사람은 외모를 보지만, 하나님은 사람의 중심을 꿰뚫어 보신다 (삼상 16:7). 사람의 심중에 품은 계획도 아시며 (삼상 23:10-13, 대상 28:9, 렘 17:10), 지혜와 권능, 모략과 명철이 그에게 있으며 (욥 12:13), 그분은 나의 앉고 일어섬을 아시고, 멀리서도 내 생각을 통촉하시고, 나의 모든 행위를 익히 아신다 (시 139:1-4). 그분은 과거 일만 아니라(렘 2:2, 3), 미래사도 아신다 (사 42:9, 렘 38:17-20). 이렇게 보건대, 시인은 악인들의 형통에도 질투심이 일었지만, 저들이 내뱉는 무식한 말들도 도무지 참을 수가 없었다.

12절: 볼지어다 이들은 악인이라 (힌네-엘레 르솨임)— 맛소라 사본의 액센트를 존중한다면 (힌네-엘리 르솨임에서 단어들이 역접이 아니라 순접 액센트로 연결되었다) 현대 역본들이 제시하는 이해와 달리 이해할 수 있다: 즉, 시인은 여기서 "보라, 이런 류의 사람들이 악인들이다!" 라고 말하는 것이 아니라, "보라, 저 불경한 자들을!" 이라고 말한다. 정말이지, 이 불경한 자들은 아주 세상적으로 영향력 있고 강력한데, 경건한 자는 보상은커녕 매일 징계만 당하지 않는가? 어찌 하나님께서 전지하신 세상의 심판자라 할 수 있으랴! 라는 의구심이 뭉게구름처럼 마음에 피어오른다.

항상 평안하고 재물은 더하도다 (베샬베 올람 히스구-하일)—항상 "평안하고" (솰레브)는 "운 좋다" (in luck)는 의미일지 모른다. 어떤 영역본은 이를 "항상 되는대로 살고" (always carefree, NEB, NIV, ELB)로 번역했다. 악인은 건강과 재물을 피난처로 삼고, 인생의 의미도 목적도 알지 못한다. 저들은 스스로 잘난 맛에 살아간다. 얼핏 보기에 '늘 행복한' (Toujours heureux, LSG) 저들을 시인은 시기하고 있었다.

제3연 (13-17절): 배교할 뻔한 자신의 처지

시인은 악인의 형통을 보며 시기, 질투하다가 결국 자신의 경건 생활이 무슨 유익이 잇는가? 라는 회의에 사로잡히게 된다. 그래서 고민하다 성소에 들어가 몸부림치며 해답을 얻고자 간구한다. 하나님은 그에게 깨달음을 주셨다.

13절: 내 마음을 정히 하며 내 손을 씻어 무죄하다 한 것이 실로 헛되도다(아크-리크 직키티 레바비 바에르하츠 베닉카욘 캅파이)— 성결하기 위해 애쓰며, 모든 도덕적 악에서 자신을 지키려고 애씀이 허사로다! 신앙적으로 살려고 부단히 애를 쓰지만, 아침마다 고난이 찾아오고, 고통이 그치질 아니하니, 도무지 견딜 수가 없다. 이것이 그에게 닥친 신앙적 회의(懷疑)요, 신앙적 위기였다. 이러한 고민을 가진 자는 그래도 양심이 살아 움직이는 자이다. 한편 손을 씻어 무죄하다 선언하는 자세는 빌라도의 행동을 상기시켜준다 (마 27:24; 시 26:6). 유가릿의 한 법규 문헌에 의하면, 양자로 입양된 아들이 자유를 원할 때, 자기 손을 씻어서 자신을 책임을 면하는 상징적 행동을 했다 (M. Dahood, *Psalms II*, 191). 그런데 "마음을 '정히' 하다" 동사(자카)는 기본형에서 정결하다, 깨끗하다, 무죄하다 (be clean, pure, right)를 의미하고, 여기서처럼 사역형에서는 "정결케 하다," "무죄로 하다"를 의미한다. 법정적 의미를 지니므로, 하나님의 법에 저촉되지 않고자 무던히 애쓰는 시인의 모습이 암시되고 있다. 그렇지만 누가 감히 자기 마음을 완전 정결하게 했다 할 것인가? (잠 20:9). 그리고 손을 씻어 "무죄" (닉카욘)하다 라 할 때, '무죄'는 이빨로 말하면 아무 것도 씹지 않는 그런 청결한 상태, 제사와 연관하여는 의식(儀式)상의 정결을 지시한다. 시인이 의식상 정결을 유지하기 위하여 손을 씻는 모습은 도덕적으로만 아니라, 의식적으로도 자기 몸과 마음을 성결케 하려는 자세이다 (시 26:6).

14절: 나는 종일 재앙을 당하며 (바에히 나구아 콜-하욤)—아무런 고통이나 재앙도 없는 악인과 (5절) 대조적으로 경건한 자는 왜 이리 고난과 아픔이 많은가? 신앙인이 종일 재앙을 당한다면 그것은 징계를 받는 모습이다. 징계를 통해 더러운 습관에서 자유케 되며 인내와 성품의 연단을 갖게 된다. 시인은 아마 중병의 투병생활을 하고 있었던 것인가? 욥처럼?

아침마다 징책을 보았도다 (베토카흐티 랍베카람)— "아침마다" (랍브카람)는 "아침"의 복수형을 사용하여 분배적 의미를 표현하였다: 매일 아침 마다 (GKC §123c). 시인은 욥처럼 (욥 7:17) 아침마다 무슨 종류의 징책을 당한 것일까? 욥은 고난이 계속되는 와중에 숨 돌릴 겨를도 없이 분초마다 (*리르가임*) 하나님께서 자신을 심문하시고, 죄를 문초하신다고 느낀 심정을 고백한 것이다. 이 시인 역시 계속적으로 고통과 고난을 당하는 처지에 있었음이 분명하다. 그 징책은 전반절의 "재앙" (*나구아*)에 비추어 볼 때, 질병이나 다른 고통을 지시할 것이다. 반면 이사야는 아침마다 "우리의 팔이 되시"라 간구하였다 (33:2). 그것은 아침마다 구원해 주시라는 것이다. 애가서 기자는 아침마다 주의 자비와 긍휼 (*헤세드, 라하밈*)이 새롭다고 고백하며 (3:22), 고초와 재난, 쑥과 담즙이 그를 괴롭게 하므로 낙심이 되나 주의 인자와 긍휼을 생각하고 아침마다 새롭게 힘을 얻었던 것이다.

15절: 내가 만일 스스로 이르기를 내가 이렇게 말하리라 하였더면 (*임-아마르티 아사폐라 케모*)—시인은 이제까지 진술된 그런 식으로 생각을 계속하리라 결심하였더라면, 그것은 하나님의 자녀들에 대하여 신의 없이 행한 일이 될 뻔 하였다고 가정법적으로 말하고 있다 (*si dicerem … perfide agerem* 내가 [그렇게] 말했더라면 … 나는 신의 없이 행동한 것이 되었을 것이다). 한편, "이렇게" (*케모*)를 대개의 영역본들은 "저들과 같이" (*키모헴*)으로 (NRSV, REB, NAB, NJB), 혹은 "그런 것들[을]" (*케모 헨나* such things)로 읽기도 한다. 그러나 한역처럼 (NIV도) 부사로 이해할 수 있다는 점은 유가릿 용례로 (*km*) 뒷받침된다 (M. Dahood, *Psalms II*, 191).

주의 아들들의 시대를 대하여 궤휼을 행하였으리이다 (*힌네 도르 바네카 바가드티*) — "당신 자녀들의 세대"는 하나님의 참 자녀들 전체를 지시한다 (1절). 여기서 "세대"는 유가릿이나 퓌니시안에서 처럼 "가족" 혹은 "회중"을 의미할 수 있다. 여기서 델리취의 고찰이 유익하다. 구약에서 '아들됨' (*휘오쩨시아*)에 관한 사고는 신약과 달라서, 아들 됨은 이스라엘 백성 전체를 한 단위로 말씀한다. 구약에서는 한 개인이 하나님과의 관계에서 "하나님의 아들"이라 불린 적이 없다. 개인성은 아직 한 백성 개념에서 독립성을 얻지 못하였다. 양자됨은 구약에서 오직 민족적으로 나타났고, 자기 민족만 선민이라는 선민사상 때문에, 저들에게는 세계 선교적 자각이 거의 없었다. 따라서 구원은 아직 언약백성의 테두리 안에 갇혀 있었다.

16절: 내가 어쩌면 이를 알까하여 생각한즉 (*바아핫쉐바 라다아트 좃*)—"이" (*조트*)는 신앙을 파괴하고 의심을 야기 시키는 그 현실이다. "생각한즉" (*바아핫쉐바*)은 형태상 "연장형" (cohortative)으로 시인의 확고한 결심을 표현한다. 그는 난제를 놓고 깨닫기로 결심하였다.

내게 심히 곤란하더니 (*아말 히 [후] 베에나이*) —시인에게 불의한 자들이 형통하고 의인은 어려움을 당해야 하는 이해할 수 없는 현실이 수수께끼였다.

17절: 하나님의 성소에 들어갈 때에야 저희 결국을 내가 깨달았나이다 (*아드-아보 엘-미크데쉐-엘 아비나 레아하리탐*) —여기서 복수형이 사용된 것은 아마 성소의 거룩함을 강조하기 위함이거나 아니면, 장소들을 지칭할 때 명사 복수형을 사용한 유가릿 용례와 유사한 용례에 기인할 것이다 (M. Dahood, *Psalms II*, 192). 겔 28:18에서도 "당신의 성소" (*미크다쉐카*)도 복수형이지만, 성소와 그 주변 구역을 총칭하여 지시한다. 다훗은 여기 성소가 하늘을 지칭한다고 여긴다. 지금 이해하기 어려운 이 현실적 모순은 오직 사후에 하늘나라에서 명쾌히 이해되리라는 의미로 취한다. 그렇지만 여기 문맥에서 성소는 지상 성소로 보아야 옳다. 시인은 갈등의 흑암에서 헤매다가 빛을 찾고자 성소에 들어가 기도하게 되었다. 이것이 신앙적 방식이며, 확실한 문제 해결의 모습이다. 한편 "저희 결국"(아하리탐)에서 사용된 명사 (아하리트)는 공간적으로, 뒤편, 후방, 원방을 의미한다면, 시간적으로, (일 년의) 마지막, 종국, 미래(의 삶)을 의미한다. 여기서는 시간적인 의미이며, 악인의 마지막 곧 종말을 지시한다 (신 32:29). 그런데 형태상, "아하리트"란 말은 여성형 접미어 "이트"가 라멛-요드 (III-Yod) 어근에 붙어서 생성된 명사이다. 이런 명사들은 추상적 의미를 주로 가지며, 구체적인 의미를 갖는 명사는 드물다 (Hans Bauer, Pontus Leander, *Historische Grammatik der Hebraeischen Sprache des alten Testamentes*, I, 505, mi).

제4연 (18-20절): 성소에서 깨달은 진리

신앙적 회의를 가져온 그 곤란한 문제를 성소에 들어가 깨달았다고 선언하는 17절이야말로 이 시의 전환점을 구성한다면, 18-20절은 성소에서 깨달은 그 진리의 내용을 제시해 준다.

18절: 주께서 참으로 미끄러운 곳에 두시며 파멸에 던지시니 (아크 바할라콧 타쉿 라모 힙팔탐 레맛슈옷)—전. 후반절에 각기 미완료 시상과 완료시상을 두어 시적 균형을 잡고 있다. 시제는 문맥이 결정할 일이지만, 여기 진술은 악인의 운명에 대한 것이니 시제와 상관없는 불변의 진리를 제시한다. "미끄러운 곳" (할라코트)은 안전감이 없는 곳이다. 자신들은 평안하고 안전하게 여길지 모르나 하나님께서 저들이 선 곳의 토대를 허물어 버리신다. 그런데 다홋은 여기서 "미끄러운 곳"을 약간 달리 설명하고 있다. 즉, 이 명사와 연관되는 "할라크" 동사는 I. 미끄럽다 (be smooth), II. 나누다, 분배하다 등의 동음이의어를 갖는다. 그런데 "나누다"의 경우 강조형 (피엘형)에서 "흩트리다" 혹은 "멸망시키다"란 의미를 가질 수 있다 (창 49:7, 애 4:16). 만약 "미끄러운 곳"을 '멸망시키다'란 말과 연관시켜 이해한다면 "멸망" (perdition)이 될 것이다 (M. Dahood, *Psalms I*, 207, 211, *Psalms II*, 192 등은 유가릿어 *hlq* [죽다, 망하다]와 연관시킨다). 이 설명에 의하면, 악인은 "멸망"에 두어진다.

한편 델리취는 이 부분의 주석에서 지적하길, 시인은 이 정도의 신정론 (theodicy)만 알 뿐이며, 추방 이전의 이스라엘 문헌에서도 일반적으로 신정론의 지식은 이 정도라 한다 (시 37장, 39장, 렘 17장, 욥기서). 그러나 후대 예언이나 지혜문헌에서는 마지막 우주적인 심판을 언급하므로 이런 차원의 신정론에서 훨씬 진전된 상태를 보인다. 그럼에도 이런 예언들에서도 그 마지막 심판이 현재의 상태를 완전히 깨는 것으로 제시된 것은 아니라 한다. 저들에게는 여전히 현재와 미래, 시간과 영원이 완전히 분리되지 않은 상태로 나타났다는 것이다. 이는 계시가 점진적으로 그 강도를 더해갔다는 '점진적 계시론'의 한 예에 해당된다.

19절: 저희가 어찌 졸지에 황폐되었는가? 놀람으로 전멸하였나이다 (에크 하유 레샴마 케라가아 사푸 탐무 민-발라홋)—시인은 악인의 운명이 얼마나 졸지에 파멸에 이르는지 놀람을 표현한다 (에크). 악인의 신속한 파멸만 강조된 것이 아니라, 저들의 완전한 멸망도 강조되고 있다. 이 완전한 멸망을 표현하고자 두 동의어를 겹쳐 배열하고 있다: 수프[끝장나다], 타맘[끝장나다, 망하다]). 그런데 세 동사들은 모두 완료상들이며, 이는 18절의 연속이므로, 어떤 동작의 완료 상태를 지시한다기보다, 영속적인 일반 진리를 묘사한다고 보아야 한다. 악인들은 "갑자스런 공포"로 이런 완전한 멸망을 당한다. 문제는 "공포"가 어떻게 악인들을 죽이는가 하는 것인가? 공포에 질려 사람이 죽기까지 하겠는가? 이런 문제 때문에 대개 현대역본들은 악인들이 공포로 완전히 '휩쓸려 간다'고 한다 (swept away by terrors!). 욥 18:14에서는 "공포의 왕"을 언급하는데, 이는 사자의 세계를 통치하는 사망 신을 지시하는 듯 하다. 여기에 비추어 본다면, 이 "공포"는 사망(Death) 신(?)을 암시할 것이다. 그렇다면 악인이 갑자스레 공포의 신 사망에게 일격을 당해 죽임을 당하고 쓰러지는 모습이다. 시 37편에서 악인은 "잠시 후에" 없어지리라 하였다.

20절: 주여 사람이 깬 후에는 꿈을 무시함같이 주께서 깨신 후에 저희 형상을 멸시하시리이다 (카 할롬 메하키츠 아도나이 바이르 찰맘 티브제)— "깬 후에 꿈같이, 주여." 전체적으로 본 절의 의미는 사람이 개꿈을 꾼 후에 금방 잊어버리듯, 주께서 악인을 무가치하게 여기신다는 것이다. "저들의 형상" (*찰맘*)은 여기서 "그림자"처럼 헛되고, 무가치한 것을 지시한다. 그래서 NIV는 "당신께서 저들을 환상처럼 멸시하시리이다" 라 했다 (you will despise them as fantasies). 한편 "깨신 후에" (바이르)란 표현을 70인역은 "도성에서"로 읽는다. 다훗은 후반절을 "당신은 저들을 유령들의 도성에서 경시하실 것입니다"로 번역하여, 사후 세계에서의 악인의 가치로 이해한다. 그는 "저들의 형상들" (*찰맘*)을 시 39:7에서의 용례대로 (그림자같이) "유령들"로 취했다.

제5연 (21-26절): 갈등할 때와 확신을 되찾았을 때

21-23절에서 시인은 자신의 갈등을 회상하며 자신이 우매 무지했으나, 그러한 때에도 주님은 그와 함께 하셔서 오른손을 붙잡아 주셨다고 고백한다. 24-26절에서 시인은 되찾은 신앙적 확신을 표현하고 있다. 그는 현세만 아니라 영원한 세계가 성도에게 있으며, 이 땅에서나 하늘에서나 자신의 추구할 대상과 행복이 하나님 한 분 밖에 없다는 점을 고백한다.

21절: 내 마음이 산란하며 내 심장이 찔렸나이다 (키 이트함메츠 레바비 베킬요타이 에쉬토난)— 전. 후반절은 구조상 동사+ 주어/ 주어+ 동사의 형식으로 구문 병행법을 구성하며, 의미상으로도 동의 병행법을 이룬다. 시인의 내적인 고통이 묘사되었다. 전반절에서 "내 마음이 산란하다"란 "내 마음이 쓰렸다" (embittered) 혹은 "내 마음이 심술궂게 되었다" (LSG). 이는 "골이 났다"는 말이다. 후반절에서 "심장이 찔렸다"는 말은 시인이 내적으로 '통절하게 어지러웠다'는 의미이다. "심장" (킬욧)은 오경(五經)에서 제물의 "콩팥"을 지시하며, 자주 "마음" (레브)의 병행어로 나타나며 (시 7:10, 26:2, 렘 11:20, 17:10, 20:12), 사람의 "가장 은밀한 부분"을 지시한다.

그런데 본 절 초두에 위치한 불변사 "키"를 접속사로 처리하여 (—할 때 when), 본 절을 22절을 수식하는 시제절로 처리하면 좋을 것이다 (NIV, NRSV, NAB 등): "내 마음이 심술궂게 되고,

내 심장이 찔렸을 때, [22절] 나는 우매 무지하여, 당신 앞에서 짐승과 같았나이다." 그러니까 자신의 마음이 심술궂게 비틀어져 있을 때, [22절] 아주 우매 무지한 짐승 같이 어리석었다는 자책(自責)이다. 반면 델리취는 21절의 동사들이 미완료 시상이므로, 전제절이나 귀결절을 가정법 미완료로 처리하고자 한다. 즉, 시인은 자신이 하나님께로부터 받은 (문제에 대한) 설명의 견지로부터, 자신이 받은 시험이 도달했을 그 결과를 미리 언급하면서 그것을 미리 정죄한다는 것이다: "내 마음이 완전히 쓰리고, 내가 내 심장에서 찔렸다면 (si exacerbaretur animus meus atque in renibus meis pungerer), 나는 아마 우매 무지할 것이고 당신 앞에서 짐승이 되었을 터이다." 동사의 시상을 존중하는 자세이지만, 문맥상 오히려, 과거사로 이해함이 좋다. 한편 70인역은 여기서 "내 마음이 기뻐했고, 내 심장이 즐겁게 되었다"라고 정반대의 의미로 번역했다. TNK는 "내 마음이 이성을 잃었고, 내 느낌이 완전히 무감각이었다" 라고 의역하고 있다.

22절: 내가 이같이 우매 무지하니 주의 앞에 짐승이오나 (*바아니-바아르 벨로 에다아 베헤못 하이티 임마크*)—원문에는 "이같이"가 없다. 단지, "나는 우매하고, 나는 알지 못 하나이다; 내가 당신 앞에서 짐승 같았나이다." 여기서 "우매하다" (*바아르*)는 짐승같이 우매하다 (brutish)는 의미이며, 후반절에서 이 말은 "짐승" (*베헤못*)과 병행된다. 짐승은 영리한 것도 있지만, 여기서는 우매 무지한 것의 표상으로 사용되고 있다. 복수형 (*베헤못*) 형태는 아마 단수지만, 강조적 용례이던지, 아니면, "오트"로 끝나는 푀니시아어 여성 명사형에 속하는 그런 명사형일 것이다 (M. Dahood, *Psalms II*, 194). 시인은 배교할 뻔한 그 상황에서 자신의 우매 무지했음을 실토하고 있다.

23절: 내가 항상 주와 함께하니 주께서 내 오른손을 붙드셨나이다 (*바아니 타미드 임마크 아하즈타 베야드-예미니*)— 시인은 신앙적 갈등을 겪을 때에도 하나님을 마음에 모시고 살았다고 고백하며, 그러한 때에 하나님 역시 자신의 오른손을 붙잡아 주셨다고 인정한다. 즉, 하나님 편에서도 시인과 함께 계셔서 그를 도와주시고, 견고하게 붙들어 주셨다. 한편 하나님은 어떤 사람에게 "소명"을 주실 때, 혹은 다른 정황에서 "내가 너와 함께 하리라" 고 약속 하신다 (창 26:3, 31:3, 출 3:12, 신 31:23, 삼하 7:9, 사 41:10 등). 그러므로 성도나 사명자는 두려워 말아야 한다 (사 41:10). 함께 하시는 하나님은 성도를 강하게 하시고, 견고히 붙들어 주시며, 도와주신다 (사 41:10). 이사야를 통하여 하나님은 이스라엘에게 "나 여호와 너의 하나님이 네 오른손을 붙들고 네게 이르기를 두려워 말라 내가 너를 도우리라 할 것임이니라" (41:13) 하셨다. 그분은 또한 자신의 능력 있는 오른손으로 성도들 견고하게 붙들어 주신다 (사 41:10). 신앙적 위기를 극복한 후에 성도는 하나님의 붙드신 손길을 고백하고 감사하지 않을 수 없다. 한편 다훗은 23절을 미래적 사항으로 처리한다: "그렇지만 내가 앞으로는 항상 당신과 함께 하겠으니, 내 오른손을 붙드소서!" 완료상 동사 (*아하즈타*)를 "간구법"으로 취한 것이다.

24절: 주의 교훈으로 나를 인도하시고 (*바아차테카 탄헤니*)—여기서 "교훈" (*에챠*)은 권면 혹은 조언 (삿 20:7, 삼하 15:31, 34, 16:23, 17:7 등), 총명과 지혜의 상담 혹은 조언 (욥 12:13, 렘 32:19,

사 11:2 등), 사람의 계획 (왕하 18:20), 하나님의 계획 혹은 결정 (사 28:29, 욥 38:2, 42:3) 등을 의미한다. 그런데 다훗은 이 단어 (에챠가 "상담," "조언" (counsel) 등의 의미가 연장되어 그것이 이루어지는 회의 (council)도 의미한다고 주장한다 (Psalms I, 1-2). 후반절을 종말론적으로 이해한다면 전반절과 후반절은 시간적인 견지에서 서로 전후 관계를 가질 것이다. 즉, 지금 현세에서는 주님께서 자신의 경륜과 계획 가운데 나를 인도하시고, 후에는 영광(의 나라)로 취하여 (들이실) 것이다.

후에는 영광으로 나를 영접하시리니 (베아하르 카보드 틱카헤니)—이는 죽음 이후에 영광의 나라로 취하시리라는 이해이다 (NRSV, NAB, REB, NIV). 여기서 시인은 창 5:24에 묘사된 에녹을 염두에 두고 있는지 모른다. 엘리야는 산채로 승천한 바 있다 (왕하 2:11). 어떤 이는 여기서 "영광"이란 말 (카보드) "영광의 나라"를 의미하지 않는다고 한다. 구약에서 그 말이 그런 의미로 사용된 적이 없기 때문이라 한다. 그렇지만 문맥은 그런 의미를 요청한다. 시인은 이 세상에서의 여러 가지 모순 되는 것들이 죽음 이후에 온전히 바르게 될 것을 선언하는 셈이다. 의인은 정당하게 영광을 누릴 것이고, 악인은 온전히 파멸당하고 말 것이다. "후에는" (아하르) 여기서 전치사가 아니라 부사로, 죽음 이후를 지시할 것이다. 한편, 다훗은 전. 후반절을 동의 병행법으로 이해하여, "당신의 (하늘) 회의 [낙원]로 나를 인도하소서/ 영광으로 나를 당신께 취하소서" (Into your council lead me/ and with glory take me to yourself) 라 번역했다 (Psalms II, 195). 다훗에 의하면, 23-26절은 시인이 장차 내세에서 하나님과 영원한 연합을 이룰 것이라는 신앙을 선포한다. 그런데 다훗의 번역은 그의 주석 전체에서 그러하듯, 여기서도 여러 면에서 아주 독창적인 점들을 몇 개 포함한다. 먼저, "교훈" (에챠)을 "(하늘) 회의"로 이해했고 (Psalms I, 1-2), 부사 "후에는" (아하르)를 70인역, 빌게잇, 유가릿 용례 등에 의지하여, "—와 함께" (with)란 의미의 전치사로 취했으며 (Psalms I, 302; KB³, 2g), "취하다" (라하크) 동사를 "승천" (assumption)이란 의미의 전문 용어로 취했다. 다훗의 이해는 전. 후반절에서 시간적 전. 후 관계를 보지 않는 동의 병행법이다. 다훗과 같은 이해에 도달하는 다른 방식도 있다. 그것은 후반절의 부사 "아하르"가 전반절에 생략된 것으로 이해하고, 전반절의 전치사 (베)와 인칭 접미어 (당신의)를 후반절의 단어 "카보드"에도 해당되는 것으로 이해한다: "후에는 당신의 조언[회의]에로 나를 인도하시고, 후에는 나를 당신의 영광에로 인도하시리이다."

그런데 동의 병행법이라 할지라도, 전반절의 사고가 후반절에서 발전, 진전된다는 점은 주지의 사실이다. 즉, A 〈 B (전반절을 A, 후반절을 B로 할 경우)의 공식이 성립한다. 전. 후반절을 비교해보면, 2/ 3의 단어수를 지니며, 동사를 제외하면, 전반절의 전치사구 (바아챠트카)는 후반절의 "후에는 영광으로" (아하르 카보드)에 상응된다. 우선 사용된 두 동사 (나하, 라하크)가 여기서처럼 함께 나오는 구절은 창 24:48에서이나, 여기서 두 동사는 병행어로가 아니라 주종관계로 나타난다 ("인도하여 취하게 하다"). "인도하다" (나하) 동사는 목적지로의 인도 (창 24:27, 48), 광야에서 [구름 기둥으로] 인도 (출 13:21, 15:13, 신 32:12, 느 9:12, 19, 시 78:14, 53, 72,

107:30, 143:10)에서 보듯, 이 세상에서 목적지로의 인도하심을 지시한다. 그렇지만 이 동사와 동반되는 전치사 (베)는 목적지 표시만 아니라 다른 기능도 한다: 1) 목적지를 표시 (왕상 10:26, 왕하 18:11, 시 61:3, 143:10); 2) 인도의 수단을 표시 (출 13:21 [구름기둥], 15:13 [인자], 느 9:12 [구름기둥], 시 5:9 [의], 77:21 [모세의 손], 78:14 [구름기둥], 72 [총명]); 3) 인도자가 피인도자를 인도하는 그 길을 표시 (창 24:27, 48 [바른 길], 출 13:17, 느 9:19, 시 23:3 [의의 길들], 27:11 [공평의 길], 139:24 [영원의 길]).

시 73:24에서 전치사 (베)는 무슨 기능을 하는가? 사용된 전치사 목적어 (에챠)의 의미에 따라 달라질 수 있다. "에챠"의 병행어 "총명" (테부나)이 (신 32:28, 욥 12:13, 잠 20:5, 21:30) "인도하다" 동사와 함께 동반되기도 한다는 사실을 고려한다면, 앞에서 제시된 "인도의 수단"으로 취함이 적절하다 여겨진다. 즉, 전반절은 하나님께서 자신의 계획 (결정)으로 시인을 인도하신다고 제시한다. 그렇다면, 후반절에서도 "영광에로"가 아니라, "영광으로써" (with glory) 취하실 것이다 란 의미가 적절하다 (후반절의 부사나 전반절의 전치사가 일석이조一石二鳥 기능을 한다). 70인역은 "당신께서 영광으로써 나를 당신 자신께로 받으셨다"고 번역하고 있다. 결국 우리는 본 절의 전후반절이 시간적 전후관계를 표시하여, 이 세상에서의 인도와 영원세계로의 영접을 지시한다고 이해한다.

25절: 하늘에서는 주 외에 누가 내게 있으리요 (미-리 밧쇠마임)—이 표현이 앞 절을 영광 세계에로의 인도로 이해할 수 있도록 뒷받침해준다. "주 외에"는 후반절의 "당신과 함께"가 전반절에도 해당되는 것으로 이해하여 첨가한 것이다. 적절한 이해이다.

땅에서는 주 밖에 나의 사모할 자 없나이다 (베임메카 로-하파츠티 바아레츠)— "당신과 함께 나는 [아무 것도] 기뻐하지 않는다" 곧 당신 밖에 기뻐하지 않는다. "당신 외에는 그 어느 것도 사모하지 않는다" (NASB, NIV, RSV).

26절: 내 육체와 마음은 쇠잔하나 (칼라 쉐에리 울레바비)—여기서 "육체" (쉐에르)는 음식으로서의 '고기' 혹은 '골육지친' 등의 의미도 있고, "육체"를 의미하는 "바사르"와 동의어로도 사용된다 (잠 5:11). 이 문장 역시 문맥이 영원세계를 다룬다는 점을 보여준다.

하나님은 내 마음의 반석이시오 영원한 분깃이시라 (추르-레바비 베헬키 엘로힘 레올람) — "마음"과 "반석"이 함께 나오는 말들의 조합 (collocation)은 여기와 시 61:3에서이다. 시 61편에서 시인은 "내 마음이 눌릴 때에 … 나보다 높은 바위에 나를 인도 하소서"라 부르짖는다. 마음이 기진할 때, 높은 반석, 견고한 반석으로 "인도"해 주시라는 것이다. 그런데 이 시에서 시인은 하나님의 '마음의 반석'으로 지칭한다. 전반절에서 마음이 쇠잔한다고 하였으므로, 마음의 반석이란 쇠잔한 마음을 굳게 하고 강하게 하는 것을 지시할까? "반석"은 상징적으로 "피난처," "보호처"를 지시하므로 28절에서처럼 "피난처"란 의미인가? TNK는 "하나님은 내 마음의 체재이시다"라고 하고, KJV, NASB, NIV, RSV는 "하나님은 내 마음의 힘이시다"라 의역하고 있다.

"영원한 분깃" -영원히 "나의 분깃"이시다. 땅 분배시 영지를 분배받은 타 지파와 달리, 레위인들에게 하나님은 "분깃"이셨다. 그렇지만 시인은 하나님을 이 지상에서만 아니라, 영원히 자신의 분깃, 자신의 기업이라 선언한다. 분깃 영지이신 그분 안에서 거하고, 그분을 통해서 살기 때문이다.

제6연 (27-28절): 시인의 확신과 결심

이 시의 신학적, 신앙적 결론이다. 주를 멀리하는 자는 망한다면 가까이 할수록 복이리라. 27절에서는 미완료상과 완료상이 함께 나타나고 있으므로, 모두 일반 진리적 진술로 취하거나 미래적 사항으로 처리해야 한다: "주를 멀리하는 자는 망할 것이며, 당신께 불신실한 자는 당신께서 멸하시리이다."

27절: 대저 주를 멀리하는 자는 망하리니 (키-힌네 레헤케카 요베두) ―여기서 "대저"(키)는 "진실로"(truly, indeed) 정도로 이해하면 좋을 것이다. "당신께로부터 멀리 있는 자" (레헤케카)는 현재 상태에서 하나님과 무관한 자들이며, 이들은 바로 본시에서 현세적으로 형통하고 평안하게 보이는 강포한 악인을 지시한다. 그런데 "진실로"란 말 다음에 "볼지어다"라는 불변사가 위치한다. 진리적 진술을 힘주어 강조하고 있다.

음녀같이 주를 떠난 자를 주께서 다 멸하셨나이다 (히츠맛타 콜-조네 밈메카) ― "당신을 떠나 음행하는 자" (호 1:2, 4:12). 이스라엘은 하나님과 말하자면 결혼한 사이이다 (최종태, "결혼으로서의 시내산 언약,"「ACTS 신학과 선교」[2000], 288-341 참조). 하나님 대신 이방신이나 여타 것에 마음을 쏟는 자는 영적으로 음행하는 자이다. 음행자는 하나님께서 멸하신다 (레 20:5, 6, 21:9, 민 25:1, 5-9, 신 22:21, 고전 3:16, 17). 육신적 음행을 엄히 벌하는 이유는 그것이 영적 음행과 긴밀히 연관되기 때문이다.

27절 전.후반절을 비교해 보면, "망하리니 … 멸하셨나이다" (요베두/ 히츠맛타)의 짝이 나타나며, 전.후반절에 각기 다른 동사 (더구나 자동사와 타동사; 시 143:12에서 여기 나타난 두 동사를 각기 사역형으로 사용)와 각기 다른 시상을 배치하여 시적인 묘미를 풍기고 있다. 번역에서는 영속적인 진리로 이해하여 현재 시제로 "망하리니… 멸하신다"로 해야 한다.

28절: 하나님께 가까이 함이 내게 복이라 (바아니 키라바트 엘로힘 리-토브)―"하나님께 가까이 함"(to be near God)은 27절에 제시된 음녀의 행동과 대조적인 사고이다. 하나님을 떠남이 음행이라면 그분을 가까이 함은 그분에 대한 사랑과 헌신을 지시한다. 율법 613개의 핵심은 신 6:5의 말씀, 곧 마음과 뜻과 힘을 다한 하나님 사랑이다. 그것이 곧 하나님을 가까이 함이다. 그리할 때 하나님은 상(복)을 주신다 (신 28:1-14, 레 26:1-13). 반면 그분을 떠난 자들은 벌을 받는다 (신 28:15-68, 레 26:14-45). 앞 절에서 주를 멀리하는 배교자가 망한다고 했으므로, 하나님을 가까이 하는 자의 복도 여기 문맥에서는 종말론적인 뉴앙스를 지닐 것이다. 즉, 성도의 영원한 행복이 여기서 초점이다.

주 여호와를 나의 피난처로 삼아 (샤티 바도나이 야웨 마흐시) ―한역이나 대다수 영역본

(NRSV, NAB, NJB)은 히브리어 문법을 거스려 번역했다. 원문대로 (70인역도) 번역하자면, "나는 주 야웨께 내 피난처를 두었다"고 된다. 70인역은 "내가 하나님께 찰싹 붙는 것, 주께 내 소망을 두는 것이 좋다"고 번역한다. 히브리어에 근거한 라틴어역도 "내가 내 소망을 주 하나님께 두었다" (posui in Domino Deo spem mean)로 번역했다.

주의 모든 행사를 전파하리이다 (레삽페르 콜-말아코테카)—여기서 70인역은 "시온의 딸의 성문들에서 당신의 모든 찬양들을 선포하도록" 이라 번역했다 (NAB). 어떻게 이런 첨가 부분이 발생했는지 알기 어렵지만, 주의 모든 일들을 선포하는 일이 회중 가운데서 되어진다는 점은 분명하다 (1절 참조).

시편의 적용

마음을 정케 하고, 손을 씻으라 (13절)

불의와 악이 범람하는 세상에서 하나님은 이기는 삶을 성도에게 요청 하신다 (요일 5:5, 계 2:7, 11, 17, 26, 3:5, 12, 21, 21:7). 우리는 "믿음으로" 세상을 이긴다 (요일 5:4).

그런데 요한 계시록은 바로 우리 성도들에게 오늘날 믿음으로 세상을 이길 것을 요청하는 책이다. 어떤 이들이 오해하듯이, 계시록은 예수님 재림 직전에 일어날 최종적인 일들에 관한 기록만 담고 있는 것이 아니다. 오히려 그 책의 대부분은 오늘 신약 시대를 살아가는 성도들에게 영계의 모습을 환상으로 보이시며, 믿음으로 이길 것을 촉구하는 메시지를 담고 있다. 아무리 악이 성행한다 해도, 하나님은 보좌에서 우주를 통치하신다 (계 4-5장). 성도는 반드시 보상을 받게 될 것이고, 악인도 반드시 그 보응을 받게 된다. 우리 성도는 모든 시련에서 우리를 사랑하시는 그분으로 말미암아 넉넉히 이긴다 (롬 8:37). 왜냐하면 사탄은 예수님의 십자가로 이미 결박을 당하였으며 (계 20:1-3, 골 2:14-15), 따라서 우리는 이미 이긴 싸움을 싸우고 있기 때문이다. 그러므로 성도들이여, 새 언약의 성도답게 언약말씀에 순종하여 세상을 믿음으로 이기자.

성소에 들어가서 (17절)

성도가 스스로 풀 수 없는 문제를 해결하는 바른 길이 여기 제시되고 있다. 스스로 많은 생각을 한다 한들 풀기 어렵다. 때로는 신령한 생활에 힘쓰는 성도의 조언과 도움을 받을 수도 있다. 그렇지만 가장 바람직한 길은 나 스스로 하나님께 무릎을 꿇고 그분의 응답을 기다리는 것이다. 부르짖으면 "내가 네게 응답해주며" (아에에네카), "크고 비밀한 일" (게돌롯 우브츄롯)을 "내가 네게 알려 줄 것이다" (악기다 레카) (렘 33:3).

문제를 가지고 하나님께 나아가 무릎을 꿇고 시간을 바치며 영적인 진통의 시간을 가져야 한다. 기도에서 야곱처럼 씨름해야 한다는 것이다 (창 32장). 하나님 앞에서 몸부림치며 갈등하며 영적으로 내 영혼이 고통스러워 할 때 하늘에 계신 그분께서 내가 괴로워하는 그 문제에 대한 해답을 주시지 않겠는가?

이런 영적인 진통이 없이 내 스스로 이성적으로만 판단하고 결정을 내리거나 아니면 낙담하거나 부정적인 생각을 갖거나 하나님께 대하여 서운한 감정을 갖는 것은 용납될 수 없다. 어떤 환경에서나 우리는 적극적으로 주님에게 매달려야 한다. "적극적"이라 함은 하나님께 대하여 거리를 두지 말고 아주 간절히 (때로는 대어들듯이) 그분에게로 나아가야 한다는 것이다. 성경은 말씀하길 "천국은 '침노하는 자'의 것이라 했고 (마 11:12), 또 은혜의 보좌에 "담대히" 나아갈 것이라 (히 4:16) 하였다.

마태복음 11:12의 말씀은 현대역본들이 대개 첫 동사를 수동태로 취하여 "천국은 폭력을 당해왔다; 강포한 자들이 그것을 힘으로 취한다"라고 번역한다 (NIV는 "천국이 힘 있게 전진해 왔다"라고 동사를 중간태로 취하였다). 여기서 강조점은 폭력을 휘두르며 천국을 탈취하듯 맹렬히 달려드는 사람들의 기세에 있다. "강포한 자들"이라 함은 열성적이고, 지칠 줄 모르는 열심히 주를 향하여 돌진하는 이들이다.

10월 중순이면 의정부 근처 도봉산 산상은 상당히 싸늘하다. 아니 춥다. 그런데도 밤마다 그곳에서 철야를 하면서 부르짖을 때 보니, 밤새워 비닐을 둘러쓰고 앉아서 철야를 하는 이들이 있더라는 것이다. 이들이야 말로 천국을 맹렬한 기세로 달려들어 취하는 자들이 아니겠는가? 누구에게 하나님께서 은혜와 사랑을 주실 것 같은가?

영원의 견지에서 모든 것을 조망하라

24-26절은 시인은 자신의 종말 이해를 아주 분명하게 제시해준다. 인간은 누구나 죽음에 직면할 때를 맞는다. 이 시인도 그 점을 직시하고 있다. 시인은 세상에서 어찌하여 악인이 형통하고 경건한 자가 매일 징계를 당해야 하는지의 문제를 고려하면서, 이렇게 죽음 이후의 문제를 들고 나왔다. 왜 그러했던가? 그것은 그가 묵상한 주제가 이 세상의 삶으로 종결될 수 없다는 사실에서 기인되었다. 영원의 견지에서 그 주제는 논의되어야 한다. 누가 궁극적으로 승자인가? 악인인가? 신앙인인가? 이 세상에서 사람들이 피상적으로 판단할 수밖에 없는 그런 것들로 궁극적인 승리는 판단될 수 없다. 오히려 영원의 관점에서 판단되어야 한다. 시인은 자신의 미래를 확신의 눈으로 바라본다. 현재 나를 인도하시는 그분이 결국 영광으로 자신을 인도하실 것이다. 어떤 이는 여기서 "영광" (카보드)이 영광의 나라 (신약적으로 신천신지)를 의미할 수 없다고 주장할 것이다. 그렇게 주장하는 근거는 구약에서 그런 의미로 사용된 예가 없기 때문이라 한다. 그렇지만 여기 문맥에서는 그렇게 이해할 수밖에 없다. 우선, 시간적 견지에서 "후에"를 의미하는 부사 (아하르)가 사용되었고, 바로 다음절들 (25-26절)에서 제시되고 있는 주제 역시 사후에 경건한 자가 이를 영원한 그 나라에 초점을 맞추고 있기 때문이다.

사실 성도들의 참된 소망은 사실 이 세상에서의 형통에 있지 않고, 영원한 나라에서의 삶이 아닌가? 그렇다면 이 세상에서 우리들이 바둥거리면서 이루고자 하는 일들의 내용을 잘 분석해야 하지 않겠는가? 영원한 가치가 있는 것들을 위해 나는 그렇게 힘쓰고 있는가? 내가 가슴 아파해하고, 내가 그렇게 추구하고자 하는 바가 정말로 영원히 소중하고 가치 있는 것들이기에 그렇게 행동하는 것인가? 아니면 "지금 여기서의" 나의 위치와 나의 영향력과 나의 존엄성과 나의 자존심을 위한 것은 아닌가? 나는 왜 "승진"을 그렇게 원해야 하는가? 나는 왜 반드시 경쟁에서 이겨야만 하는가? 그것이 정말 하나님의 뜻인 것인가? 이렇게 우리는 모든 것들을 놓고 물을 수 있어야 한다. 하지만 현실적으로 우리는 너무나 높은 자리에 앉아 있다. 이런 고차원적인 진리를 실천하기에 우리는 너무나 세속적 가치와 기준에 긴밀하게 얽매어 있는 것이다. 이것을 초월하여 초연해 질 수 있을 때, 비단 한 순간의 결정이 아니라, 전체 삶을 통해서 그렇게 초연할 수 있을 때, 그리스도의 참 제자 된 삶을 산다고 할 수 있지 않을까?

이런 자기 부인과 세상적 기준들에서의 초연한 삶은 경쟁력 상실과 의욕상실, 현실도피로 이어질 수 있을 것이다. 우리는 그런 사람들이라 분류되고 낙인이 찍혀야 할 것인가? 그렇지 않다. 현실을 부인하고 자기를 부인하는 그 심정을 가진 자만이 세상에서 하나님의 뜻이 철저하게 이루어지도록 자신을 온전히 바칠 수 있을 것이다. 현실과 자신을 부인하는 그 신앙인만이 이 세상에서 가장 적극적으로 삶을 살 수 있는 자이다. 매인 것이 없고 오직 영원한 가치만을 추구하는 자이기 때문이다. 시인은 선포했다: "하늘에서는 주 외에 누가 내게 있으리요 땅에서는 주 밖에 나의 사모할 자 없나이다. 내 육체와 마음은 쇠잔하나 하나님은 내 마음의 반석이시요 영원한 분깃이시라!"

영원한 나의 분깃이신 야웨 하나님 (28절)

구약의 인명 중에서 "힐기야" 혹은 "힐기야후"란 이름이 있다. 전자는 후자의 약칭일 것이다. 그런데 이 이름은 "야웨는 나의 분깃이시라"를 의미한다. 구약에서 대략 35번 정도 나타나고 있다. 요시아왕 시대의 대 제사장 힐기야가 가장 유명하고 (왕하 22-23장= 대하 34:8이하), 히스기야왕의 궁내대신 엘리아김의 부친도 힐기야였다 (왕하 18:18, 26, 37). 제사장 가문의 예레미야 선지자 부친 역시 힐기야였다 (렘 1:1). 그마랴의 부친 (렘 29:3), 므라리 족속의 레위인 (대상 6:45), 에스라의 조력자 (느 8:4), 스룹바벨과 예수아와 같이 유다로 올라갔던 제사장 지도자 (느 12:7, 21) 등 대개는 레위인이었다. 마치 사무엘의 부친 "엘가나" (삼상 1:1)란 이름이 "야웨께서 사셨다" 혹은 "얻으셨다"를 의미하고, 그런 이름을 가진 자들이 거의 전부가 레위인이라는 사실과 흡사하다 (출 6:24, 대상 12:7, 대하 28:7, 대상 6:8-21, 9:16, 15:23 등). 이런 이름들의 의미에 가장 부합되는 자는 레위인이었기 때문이다. 레위인들이야 말로, 기업이 없이 야웨를 자기 분깃으로 가진 자들이었고, 저들은 야웨께서 얻으신 혹은 사신 자들이었던 것이다 (출 32:29, 신 10:8-9, 33:9).

야웨를 나의 분깃이라 노래하는 시는 시 16:5, 73:26, 119:57, 142:5 등이다 (애가 3:24도 참조). 시 119:57을 제한다면 세 시편 모두가 "야웨를 나의 분깃"으로 언급하면서 죽음 이후의 삶도 고려한다. 그렇다면 어찌하여 시편 기자들은 죽음 이후의 삶과 연관하여 야웨를 나의 분깃이라 고백했던가? 여기서 "분깃" (헬키)은 가나안 정착시 제비뽑아 얻은 기업 영지를 지시하였다 (수 14-21장 참조). 그런데 이 제비뽑기에서 오직 레위 지파만은 제외되었다. 저들에게는 야웨께서 기업이 되셨기 때문이다 (신 10:9, 민 18:20). 야웨께서 레위인들의 기업이요 분깃이란 말은 여러 의미로 이해될 수 있다. 우선 무엇보다도 레위인들의 물질적 수입의 원천이 야웨시라는 것이다. 레위인들은 성소에서 섬기거나 율법을 가르치는 성직자로서 이스라엘 백성의 십일조와 헌물, 제물 등을 먹고 살아야 했다. 그런 이유에서 저들에게는 소유할 땅이 주어지지 아니했다. 이 세상에서 생계유지는 저들이 하나님을 섬김으로서만 가능했다. 이 섬김에서 배제되는 것은 곧 저들의 생존에 위협이 되었다 (삼상 2:36). 이렇게 하나님은 레위인들에게 물질적 분깃이었다. 레위인들은 대대로 성직을 세습하여 하나님을 섬김으로 물질적 생계를 보장받을 수 있었다. 다음으로 레위인들은 물질적 의미에서 더 나아가 영적인 모든 축복의 원천이신 하나님을 바라보아야 했다 (폰 라트, 「구약신학」 I, 402-5 참조). 물론 모든 이스라엘 백성이 그러해야 했겠지만, 가장 근거리에서 하나님을 섬기면서 레위인들은 가장 풍성한 영적인 축복을 현세에서 누릴 수 있었고, 그래서 가장 확실하게 영원세계를 바라 볼 수 있었다. 어떤 평신도는 물론 레위인 성직자 이상으로 기도를 많이 하고 더 충만한 은혜를 받을 수 있을 수 있었을지 모른다. 그러나 하나님을 성소에서 섬겼던 성직자들 이상으로 많은 영적인 기회와 은혜가 주어졌던 사람들은 그리 많지 아니했을 것이다. 더구나 영적 은사가 소수의 엘리트 그룹에만 국한되었던 구약시대에는 더 말할 나위가 없었을 것이다.

바로 이 영적인 풍성한 은혜의 삶에서 레위인들은 탁월할 수 있었던 지위에 있었다. 시 73편의 저자 아삽의 후손들은 레위인들로서 영적인 안목으로 세상 삶을 조망할 수 있었다. 그래서 저들은 죽음 이후의 삶과 관련하여 야웨를 나의 분깃이라 노래할 수 있었던 것이다. 덧붙여 말하건대, 시 16, 142편의 저자로 알려진 다윗의 경우에도 레위인 성직자들처럼 하나님의 충만한 은혜를 체험한 자였다. 다윗이나 솔로몬은 시 110편이 암시하는 대로 오실 메시아의 표상으로 왕직만 아니라 제사장 직분도 행사했던 것으로 드러난다. 그렇다면 다윗이 하나님을 "나의 분깃"이라 고백했다는 것은 그다지 놀라운 일이 아니다.

그런데 우리 성도들은 그리스도를 믿음으로 "지금 여기서" 왕 같은 제사장이다 (벧전 2:5, 9, 계 1:6, 5:10, 20:6). 성도는 그리스도를 인하여 레위인 보다 나은 지위에 이른 자들이기 때문이다. 그렇다면 우리 성도는 하나님을 이 세상의 물질적 지반으로 삼을 수 있다. 그분은 물질적 축복의 하나님이시다. 모든 경제의 주인이시다. 이 세상에서 성도들은 경제의 원리를 바로 알고 생활해야 한다. 성도들의 바른 경제관은 경제 자체가 아니라 하나님을 섬김이 우리의 목적이 될 때, 경제발전과 물질의 풍성함이 은혜로 우리에게 선물로 주어진다는 사실을 인식함에 있다. 경제, 경제, 경제! 하고 아무리 노력한들 하나님의 축복이 아니면 경제는 더욱 악화만 될 것이다. 더 나아가 야웨 하나님은 성도들에게 영원한 분깃이 되신다. 궁극적으로 성도는 모두가 하나님의 영원한 나라에서 최고의 행복 (*summum bonum*)을 누릴 것이다. 하나님께서 모든 선과 행복의 원천이시오 목표이시다. 여기서 우리는 우리의 행복의 원천이시오 목표가 되시는 하나님에 대한 죠나단 에드워즈의 사고를 언급할 이유가 있다.

죠나단 에드워즈 (Jonathan Edwards)는 말하길, 하나님의 존재는 본질적으로 아름다움인데 이 하나님의 아름다움은 그 본성에 의하여 드러나며, 빛을 내며, 나타내고, 또 자기를 전달할 수 밖에 없다. 하나님은 그저 아름다운 존재에 불과한 것이 아니라 본질적으로 아름답게 만드는 존재이다 (이상현, 「조나단 에드워즈의 철학적 신학」, 242). 에드워즈에 의하면, 하나님은 자신의 충만성 가운데서 창조적으로 자신을 내어주시는 분이시다. 영원한 충만성에서 비롯되는 하나님의 자기 전달은 하나님의 완전성, 전능하심, 자족성과 상충되지 아니한다. 하나님의 자기 전달은 충만성의 분출일 뿐 아니라, 자기 확장이기도 하다. 하나님은 자기 전달 (self-communicaiton)에 의해서 더 큰 기쁨과 즐거움을 얻으신다. 하나님은 세계를 창조함에 있어서 어떤 목표 또는 목적을 지향한다. 그래서 인간역사의 움직임은 하나님에게 중요한 의의를 지닌다.

에드워즈에게 있어서 하나님은 절대 주권적인 성향 (disposition)인데, 그 하나님은 영원히 완성된 실천 가운데서 진정한 아름다움으로 존재하신다. 여기서 성향이란 그 실재 (reality)가 실천들에 의하여 완전히 고갈되지 않는 지속적인 원리이다. 하나님은 완전한 현실태 (a perfect actuality)로서 존재하시는 동시에 계속되는 실천을 통하여 현실태를 재현하는 영원한 성향으로서 존재하신다. 여기서 에드워즈의 관심사는 하나님의 절대적이며 우선적인 현실태와 자존성을 손상시키지 않으면서도 본질적으로 역동적인 하나님의 존재를 제시하고자 하는 것이다 (ibid., 244). 하나님의 절대적인 자존성과 본질적인 역동성은 성부 하나님 안에서 발견된다. 성부가 지니신 성향적 본질을 행사하는 것을 통하여 존재론적인 산출이 일어난데, 이러한 산출을 통하여 성부의 원초적인 현실태가 성자와 성령 안에서 재현 된다 (repeated). 그러므로 내재적 삼위일체는 하나님의 성향적 본질의 영원한 행사이다. 이러한 내향적 성향 실천에 대조되어, 하나님 성향의 외향적 실천은 세계 창조를 통해서 이루어진다. 그렇다면 피조물의 존재는 하나님의 내재적 삼위 일체적 충만성의 시공간적인 재현(再現)이며, 이 과정은 영원히 계속된다.

에드워즈는 "하나님께서 세계를 창조하신 목적"이란 논문에서 이렇게 말하고 있다:

> 하나님의 성향 가운데는 선함을 전달하고자 하는 그 무엇이 있는데, 그것은 하나님이 매우 독특한 방식으로, 곧 피조물이 흔히 선행을 보여주는 것과는 다른 방식으로 독립적이며 자기 운동적인 분임을 보여준다. 피조물은 선함의 실천에 있어서 그토록 독립적이거나 자기 운동적이지 못하다. 피조물들은 선함의 실천에 있어서 그들이 발견하는 어떤 대상에 의하여 움직이거나, 보기에 좋거나 선함을 베풀 가치가 있어 보이는 대상에 따라서 자신을 내어 주거나 또는 친절함을 나타낸다. 반면에 오직 하나님만은 절대적인 의미에서 자기 운동적이다. 하나님이 자신의 전달적인 성향을 실천하는 것은 절대적으로 자신으로부터 비롯되는 것이지, 하나님의 성향을 축복하거나 유도하는 그 어떤 다른 대상에 의존하는 것이 아니다. 오히려 그 대상 안에 있는 모든 선한 것과 가치 있는 것, 심지어는 대상의 존재 그 자체도 하나님의 넘쳐나는 충만성으로부터 나오는

것이다 (Ibid., 256에서 인용).

에드워즈는 오는 세상에 대하여도 주목할만한 주장을 내세웠는데, 그에 의하면, 예수 그리스도께서 재림하시는 대에 이 세상에 대한 하나님의 구속은 완성되겠지만, 구속의 열매는 신천신지에서 끝없이 증대될 것이다. 그리스도의 재림과 최후 심판으로 세상은 끝인가? 구속된 성도들은 영화롭게 되고 그것으로 모든 역사는 중단인가? 아니라는 것이다. 다시 말해, 영생이란 시간과 공간을 초월하며 또 완성하지만, 그것들을 배제하는 것은 아니다. 영생은 그저 지속되는 기간이 아니다. 영생이란 역사와 자연을 넘어설 뿐 아니라 포함한다. 성도는 결코 다함이 없는 동안 영광을 즐길 것이다. 이것은 그리스도의 재림으로 구속의 사역이 완성되고 종결된다는 것을 부인하는 것이 아니다. 일단 완성된다. 그러나 새로운 시작이 도래한다. 완성된 구속의 현실태의 영속적인 증대가 계속되는 시발점이 바로 그리스도의 재림이다. 부활 후에 성도들은 영화롭게 된 육신을 입을 것이다. 동시에 성령님으로 말미암는 충만한 기쁨과 능력, 지혜를 입게 될 것이다. 그렇지만 이것은 최종 완성이 아니라 그저 시작일 뿐이라는 것이다. 하나님의 무한하신 충만성에서 비롯되는 증대와 확대가 성도들에게서 무한하게 재현되어 더욱 더욱 충만함으로 나아가는 것이며, 여기에는 하나님의 무한하심과 같이 영원한 자람이 있을 것이다. 그래서 에드워즈는 이렇게 말하였다:

> 영화롭게 된 성도들은 거룩성과 행복에서 영원토록 자라갈 것인데, 나는 이러한 기초로부터 그들이 가질 생각들이 영원토록 증가될 것이라고 주장한다. 성도들이 최초로 영화롭게 되었을 때, 그들이 가진 생각들이 아무리 많더라도 그 숫자는 유한한 것이다. 그리고 그들이 영광 가운데 너무 오래도록 살아서 이제는 살아온 기간의 각 시기가 그들이 가진 생각들의 수효보다 많아질 때가 틀림없이 도래할 것이다. . . 그러므로 그들의 지식은 영원토록 증대할 수밖에 없다. 그리고 만일 그들의 지식이 증대한다면, 의심할 바 없이, 그들의 거룩성 또한 증대할 것이다. 왜냐하면 그들이 하나님 지식에서 증대하고 자라가고 하나님의 사역을 아는 것에서 자라감에 따라 그들은 더욱 더 하나님의 탁월성을 볼 것이다. 그리고 그들이 하나님의 탁월성을 보게 됨에 따라서, 마찬가지 이유로 하나님의 더욱 더 사랑하게 될 것이다. 그리고 하나님을 더 사랑하게 됨에 따라서, 마찬가지 이유로 그들은 하나님 안에서 더 큰 기쁨과 행복을 가지게 될 것이다 (Ibid., 327).

심장이 찔렸나이다 (21절)

구약에는 신체의 내부 기관들을 자주 언급한다. 우선 "내장" (bowels)이라 번역된 말이 있다 (케레브). 제물의 내장도 이 말이 지시하며 (출 12:9, 레 1:13, 3:9), 머리, 사지 등에 대조되는 속

부분 전체를 지시한다 (창 18:12, 시 62:5). 특히 생명의 처소 (왕상 17:21, 22), 감정과 능력의 처소 (렘 23:9, 시 39:4, 55:5, 109:22), 총명 (사 19:3, 호 5:4) 등을 지시하기도 한다.

"콩팥들" (켈라욧)은 그 위에 덮인 기름과 다른 내장과 함께 모든 제물에서 야웨께 바쳐져야 하는 몫이다. 화목제의 경우에 이런 부분을 제하고 고기는 경배자들이 먹었다 (레 3:4, 10, 15). 어찌하여 이런 제물의 부분들이 야웨께 바쳐졌던가 묻는다면, 아마, 그것들은 피처럼, 생명의 처소로 인식되었던 것 같다. 그래서 생명의 주인께 그것들을 돌려드려야 된다는 생각일 것이다. 아니면, 콩팥 같은 내적 기관들은 제물의 최고급으로 마땅히 야웨께 바쳐져야 했다. 이런 사고는 사람에게도 연장되어, 콩팥이 감정의 기관으로, 충동과 애정만 아니라, 도덕적 감각의 기관으로 인식되었다 (시 7:10, 73:21, 잠 23:16; 렘 11:20, 12:2, 17:10, 20:12, 사 29:13, 겔 33:31 참조). 시 73편의 기자는 마음과 콩팥들을 언급하여 자기의 감정을 표현한다 (21절). 콩팥은 찬양의 기관이 되기도 한다 (잠 23:16).

"창자" (메임 혹은 메아임)는 복부, 창자 (intestines)를 주로 지시하며 (삼하 20:10), 성기도 가리킨다 (창 15:4, 25:23, 민 5:22, 삼하 7:12, 16:11, 사 48:19, 49:1). 그리고 이 말은 감정의 처소 (사 16:11, 63:15, 렘 4:19, 31:20, 욥 30:27, 아 5:4, 애 1:20, 2:11) 혹은 위 (아 5:14)를 지시하기도 한다.

"배" (베텐)는 에훗이 모압왕 에글론을 찔렀던 곳이며 (삿 3:21, 22), 일반적으로 복부나 여인의 자궁을 지시한다 (삿 16:17, 아 7:3, 시 22:11, 139:13, 욥 1:21, 31:18, 전 5:14). 소화 작용의 처소 (잠 18:8), 감정의 처소도 가리킨다 (잠 22:18, 욥 20:20, 32:19, 합 3:16).

일반적으로 "침실" 혹은 "어두운 방"을 지시하는 (삼하 4:7, 왕하 6:12, 전 10:20 등) 말 (헤데르)은 신체의 어두운 방들도 지시한다 (잠 18:8, 20:27, 30, 26:22). 바로 이곳까지 야웨께서는 검색 하신다 (잠 20:27). 구약에는 허파나 위장 등을 지시하는 말이 없다. 물론 현대 이스라엘어에서 허파 (레아)나 위 (베바, 이츠투메카, 베텐, 테아본, 이쿨, 네티야,헤쉐크, 가아바, 자암)를 지시하는 말이 있다.

"무겁다"를 의미하는 말과 연관되는 "간" (카베드)은 (출 29:13, 22, 레 3:4, 10, 15, 4:9, 8:16, 25 등) 때로 영혼과 병행어로 나타나며 (시 7:6, 16:9, 30:13, 57:9, 108:2), 고대에 간의 형태를 보고 점을 치기도 했다 (겔 21:26). 아카드어 문헌에서 간을 이용한 점술을 다룬 것들이 상당수 있다. 예레미야 애가 기자는 다함이 없는 슬픔을 표현하면서 말하길, "내 두 눈은 울부짖음으로 상하며, 내 창자 (메임)은 요동치며, 내 간이 땅에 쏟아졌도다! 이는 내 처녀 백성이 패망하였기 때문이라" (2:11) 라 하였다.

"쓸개" (메레라, 욥 16:13)와 담즙 (메로라, 욥 20:14, 25)는 모두 "쓰다"른 말에서 형성되었다. 쓸개가 화살에 찔리면 사람의 생명이 위독하다 (욥 16:13).

종합적으로 보건대, 구약이 감정의 처소로 언급하는 내적 기관들은 일정하지 않고, 간이나 창자, 복부, 콩팥, 내장 등이 하나같이 감정과 연관된 것으로 나타난다. 이러한 모호한 용례는 결국 내적 기관들 전체가 사람의 감정과 연관된다는 사고를 암시해 준다. 오늘날이라고 감정의 처소가 어디인지 정확하게 지적하기란 쉽지 않을 것이다.

인도하시리라 (24절)

"인도하다" (나하) 동사는 창 24장에서 아브라함의 늙은 종이 이삭이 신부감을 찾아 '아람 나하라임' (두 강들[사이의] 아람지역) 지역으로 먼 길을 행했을 때, 하나님의 섭리와 인도를 묘사하는데서 (27, 48절), 광야에서 구름 기둥으로 인도하심 (출 13:21, 신 32:12, 시 23:4, 31:4) 등에서 나타난다. 진실로 하나님은 이렇게 우리 성도들을 이 땅에서 바른 길로 인도하시는 분이시다. 한편 신약시대에 주님은 보혜사 성령님을 우리에게 보내시어 우리를 가르치시고 (요 14:26) 우리를 모든 진리 가운데로 인도하신다 (요 16:13). "예수 전도단"에 속하여 전도여행을 다녀왔던 한 성도의 간증을 들어 본 적이 있다. 그녀는 전도할 장소, 시간, 경비 등 일체를 온전히 기도로 구하여 하나님의 지시대로 정하였다고 했다. 기도하는 중에 전도할 장소와 시간을 하나님은 환상을 통해 정확하게 가르쳐 주셨으며, 떠나야 할 시간이나 머무를 곳도 정해 주셨고, 필요한 모든 경비도 그때마다 채워 주셨다고 했다. 이런 사건을 통해서 자신은 하나님을 체험하였노라 하였다. 너무나 부인할 수 없는 확실한 증거들이 주어졌다는 것이다. 그녀만 아니라 그 전도단에 속했던 다른 이들의 간증도 이런 사실을 뒷받침해 주었다. 하나님은 의지하는 자들에게 오늘날도 직접 간섭하시고 인도하신다.

시 74편 원수가 성소에서 악을 행하였나이다

I. 시편에서의 위치, 시의 유형과 삶의 자리

표제는 시 73편과 같이 아삽의 시이며, 전자가 "미즈몰"이라면 이 시는 "마스길"이다. 두 시는 드물게 나타나는 단어 "마슈아" (기만)를 공통으로 갖고 있다 (73:18, 74:3). 아삽의 시는 이스라엘을 양떼로 묘사하고, 이스라엘의 초기 역사를 자주 회상한다 (시 74:13-15, 시 79편 참조). 델리취는 이 시와 예레미야 애가와의 연관성을 지적한다. 예컨대, 렘 10:25 (주를 알지 못하는 열방과 주의 이름으로 기도하지 아니하는 족속들에게 주의 분노를 부으소서 그들은 야곱을 씹어 삼켜 멸하고 그 거처를 황폐케 하였나이다)는 사고상 이 시와 유사하다. 또한 애 2:9 (그 선지자들은 여호와의 묵시를 받지 못하는도다)은 9절 (우리의 표적이 보이지 아니하며 선지자도 다시 없으며)와 흡사하다. 그렇지만, 델리취가 이 시를 마카비 시대의 것으로 이해한 것은 이제 더 이상 견지될 수 없다는 것이 확실하다 (아래 참조).

이 시인 (믿음의 공동체)은 국가적 환란을 당하여 원수가 행한 악행과 하나님께서 과거에 행하신 위대한 일 (창조와 구속)을 묘사하여 현재의 위기에서 다시 그 위대하심을 나타내시어 이스라엘을 국난에서 건져 주시라 간구한다. 그런데 여기 묘사된 국가적 환란이 어떤 역사적 사건인지 확인하기 쉽지 않다. 이 시의 저작 연대에 관한 제시된 다양한 견해들을 종합해 보면,

1) 예루살렘 멸망 (주전 586년) 이후 15-20년 어간 (주전 571-66년경);
2) 주전 485년에 일어난 에돔족의 예루살렘 파괴;
3) 주전 344년경의 페르시아인의 예루살렘 공격.
4) 주전 164년경의 마카비 시대;
5) 어떤 역사적 사건과 무관하며, 오직 신년 절기에 사용된 성극이다. 곧 예배시에 성전을 더럽히고 정결케 하는 것을 내용으로 하는 성극용 시이다.

어떤 역사적 사건을 언급하지 않고 단지 의식용 시라는 견해는 견지되기 어렵다. 시는 너무나 생생하게 국가적 난국을 묘사하고 있기 때문이다. 동시에 마카비 시대설은 예언이 그쳤다 (마카비 1서 4:46, 9:27, 14:41)는 선언이나 성소의 파멸, 성문의 전소 등에 대한 묘사에서 (마카비 1서 4:38) 이 시와 유사하다는 점 등으로 지지받을 수 있으나, 쿰란에서 발굴된 마카비 시대 시편들에 비추어 볼 때, 더 이상 견지될 수 없다는 것이 아주 분명하게 드러났다. 쿰란 시편들이나 정경 시편들은 사용된 표현들이나 형식상 차이가 너무 현격한 것이다. 예루살렘 멸망 (주전 586년) 후에 저작되었다고 보는 것이 적절하다. 더구나 7절에서 "성전을 불사르다"는 마카비 시대에 해당되지 아니한다.

마카비 시대의 정황을 약간 언급하자면, 주전 170년에 안티오커스 에피파네스는 2차 애굽 원정에서 돌아오는 길에 궁정 대제사장 메날라우스를 대동하고 성전에 들어가 값진 기명들이나 벽들과 문들의 금을 취하고, 수많은 유대인들을 살육하거나 노예로 팔아 넘겼다. 그리고 주전 168년에는 4차 애굽 원정기간에, 예루살렘에 톨레미 왕조를 선호하는 당이 일어나자 안티오커스는 범법자들을 처벌하도록 아폴로니우스를 보냈다 (주전 167). 그의 군대는 예루살렘 도성을 불 지르고 가옥이나 성벽을 파괴하고, 성전 문들 몇 개를 불사르고, 몇 개의 큰 방들을 헐었다. 이때에도 수천 명을 죽이고 사람들을 포로로 사로잡아갔다. 그리고 안티오커스는 유대의 헬라화 정책을 추진하였다. 키슬레브 15일에 제우스신을 섬기는 작은 제단이 성전 번제단위에 설치되었다. 키슬레브 25일에는 여기서 제우스신에게 첫 제사가 올려졌다. 이런 상황에서 하스모니안 제사장 마타디아 주변에 경건한 자들이 모여 독립운동에 불을 당겼다. 이 시는 마카비 시대와 상관이 없지만, 이렇게 마카비 시대의 정황을 좀 지적하는 것은 이 시의 정황과 비교해 보기 위함이다.

우리는 이 시가 에돔족의 예루살렘 침공과 연관된 것으로 추정한다. 8절이 주전 586년의 멸망 사건으로 보는 것에 걸림돌이 되기 때문이다. 주전 485년에 야기된 에돔족의 예루살렘 침공과 연관하여 (Julian Morgenstern, "Jerusalem -485 B.C.," in *HUCA* 27 [1956], 101-179), 에돔족의 역사를 약술할 필요가 있다. 창 36장에 의하면, 에돔 족은 추장들 (알루핌)이 지배하던 시대가 있었고, 다윗 시대에 이스라엘에 염곡에서 대패하여 1만8천인이 살해되고 복속되었다 (삼하 8:13, 시

60:2, 왕상 11:15-16). 에돔 지역은 왕의 대로(大路)가 통과하는 통상의 요지요, 홍해 만에 접한 에시온게벨 항구를 지배할 수 있다는 전략적 의미 때문에 다윗은 에돔을 자신의 속주(屬州)로 만들었다. 그러다가 솔로몬 시대에 하닷이 반란을 일으켰고, 솔로몬 사후 남북 분단과 애굽 왕 시삭의 침공을 (왕상 14:25-26, 주전 925년경) 전후하여 에돔은 독립을 쟁취했고, 약 50년간 독립을 지키다 여호사밧 시대에 다시 복속 당하였던 것으로 보인다 (왕상 22:48, 왕하 3:8 참조). 그러나 요람 시대에 에돔이 반역하므로 (왕하 8:20), 복속시키고자 침공했지만 요람은 실패했던 것으로 보인다 (왕하 8:21-22). 이렇게 60년이 지난 후 아마샤가 다시 에돔을 복속시켰다 (왕하 14:7). 웃시야, 요담 시대에도 에돔은 유다에 복속 당하였다. 그러나 아하스 시대에는 에돔이 독립을 취하고 유다까지 침공해 들어왔다 (대하 28:17). 히스기야의 노력에도 불구하고, 에돔은 유다에 더 이상 복속되지 아니하고 앗시리아에 복속 당하였다 (ANET, 282). 시드기야 시대에는 에돔이 사신을 예루살렘에 보내어 바벨론에 대적할 모임을 갖기까지 하였다 (렘 27장).

다윗, **솔로몬**, 르호보암, 아비야, 아사, **여호사밧**, 여호람 (요람), 아하시아, 아달랴, 여호아스, **아마샤**, **웃시야**, **요담**, 아하스, 히스기야, 므낫세, 아몬, 요시아, 여호야김, 여호야긴, 시드기야 (굵은 글자는 에돔이 복속한 왕들)

그렇지만, 예루살렘 멸망 시에는 에돔군이 예루살렘에 바벨론 군과 함께 침공하였다 (왕하 24:1, 시 137, 애 4:21-22, 렘 49, 오바댜). 그렇지만 에돔 역시 바벨론에 멸망당하였고, 유목민들이 침입하므로 에돔인들이 유다 남방으로 밀려 침투하여 거하게 되니 저들을 헬라 문헌들은 "이두메아"라 불렀다. 스룹바벨 성전 시기에 에돔은 헤브론까지 이르는 유다 남부 지역에 거하였다. 바벨론 포로생활을 하는 유다는 저들의 움직임에 속수무책일 수밖에 없었다. 헬라지배 시대에는 톨레미 왕조가 지배하였다. 그러다 주전 2세기말 요한 힐카누스 시대에 에돔은 완전히 유다에 복속되고 강제로 개종이 부과되었다 (요세푸스, 고대기 13:257 이하). 그러나 주전 63년에 유다가 로마에 복속되고, 주전 40년에는 로마에 의해 에돔인 헤롯이 유다의 왕으로 지명되었다. 주후 70년 로마의 예루살렘 침공시에는 에돔인들이 5천 명 가량 로마군을 대항하여 싸웠다.

한편 이 시에서 크게 주목 받는 대목이 있다면, 신화적 표상이 사용된 13-14절 부분이다. 특히 비평가들은 홍해 기사와 태고적 혼돈과의 전쟁 신화를 연관시켜 이해하곤 한다. 크로쓰 (F. M. Cross)에 의하면 이스라엘의 신앙은 신화적인 것과 역사적인 것 사이의 끊임없는 팽팽한 긴장의 연속으로 특징지어진다고 했다 (CMHE, viii). 초기 이스라엘 신앙은 서부 셈족 특히 가나안 족속의 신화 패턴과 연속선상에 위치하였다 한다 (ibid, 143). 즉 족장들의 신앙은 신화적인 것과 역사적인 것을 모두 갖는데, 사회 집단을 지도하고 그들의 전쟁을 인도하는 '조상의 하나님'을 섬기는 신앙과 천지의 창조자요 천군을 지휘하는 엘 신의 신앙이 함께 하였다 (크로쓰는 '만군의 야웨' [야웨 츠바옷]란 칭호가 '하늘 군대의 창조자' 란 의미라 하고, '엘' 신의 칭호라 한다). (크로쓰의 사고를 계속 제시해 본다). 그러다가 가나안에서 부족 연맹체 시대에 (사사 시대?) 역사적 요소가 모세 신앙과 큰 성소들의 언약 절기들에서 강하게 부각되기 시작했다. 그럼에도 여전히 신화론적 기원의 사고는 잔존하여, 구속 사건들을 저 원시 사건들에 동화시킴으로 (by assimilating redemptive events to primordial events) 신화적 사고와 역사적 사고가 팽팽한 긴장 관계를 갖게 되었다. 즉 역사적 경험조차도 신화적으로 그려 냄으로 그 우주적 혹은 초월적 의미를 고양시키고자 했다 (CMHE, 87). 비록 가나안의 신화적 패턴이 이스라엘의 출애굽과 정복 서사시의 핵심은 아니라 해도, 홍해 기사가 보여주듯, 신화론적 주제가 구속 서사시를 묘사하는 방식을 결정하고 있다. 특히 애굽 군대를 바다에서 멸절시키는 기사는 이스라엘의 구속을 야웨의 승리로 상징화하기 위해 현저하게 부각된다. 후대에 바다를 말리는 일과 창조주가 라합 혹은 바다 신 얌을 패퇴시키는 사건을 동일시한다 (사 51:9-11). 그리함으로 역사적 사건이 우주적, 태고적 의미를 덧입게 된다. 초기 자료들은 바다를 건너는 일과 용사이신 하나님 (Divine Warrior)에 의한 용의 파쇄와 상관이 없었으나, 서부 셈족 신화론에서 창조신과 바다 사이의 우주 기원론적 전쟁의 모티브가 도처에서 발견된다는 바로 그 점 때문에 출애굽 기사에서 바다의 역할이 현저히 부각되고 강조된다는 가정이 아주 개연성이 크다(CMHE 87-88).

우리는 크로쓰가 말하는 '신화'가 인간이 역사적으로 검증할 수 없기에 따라서 역사적이라고 말할 수 없는 태고적 사건, 그러니까 전설 같은 이야기라고 이해한다면, 그가 제시하는 족장 신앙의 신화적 요소 운운 하는 말에 찬동할 수 없다. 물론 하나님께서 천지를 창조하셨다는 것이 인간의 이성으로 검증될 수 없는 사실이라 하여도 그것을 호랑이 담배 먹는 그런 전설로 새긴다면 곤란하다. 더구나 족장들에게서 현실에서 삶을 인도하는 '조상의 하나님'과 '창조자 엘' 신앙이 공존하였다는 식의 다신론적 사고도 배격해야 한다. 한 가지 크로쓰의 주장에서 우리가 동의할 수 있는 점은 역사적 사건을 채색할 때, 신화적 색깔을 씌움으로 그 사건의 신학적 의미를 고양시켰다는 주장이다. 신학적으로 이스라엘이 태초에 혼돈과의 전쟁을 통해 하나님께서 혼돈의 물을 제압하시고 천지를 창조하셨다는 식의 사고를 가졌다고 믿을 수 없는 노릇이지만, 그럼에도 본 시 13-14절에서 보듯, 구약 저자들은 혼돈과의 전쟁 모티브를 차용하여 출애굽 당시의 홍해 사건을 묘사하였다. 이런 이방 신화의 차용은 그 사고의 차용(借用)이 아니라, 시인이 홍해 사건의 우주적 의미를 드러내고자 함일 것이다. 약간 다른 각도에서 말하자면, 이방인들이 믿는 그런 사고, 즉 바다의 신을 파쇄한 것은 바알 신이 아니라 바로 이스라엘의 구속자 여호와 하나님이시라는 선교적 케리그마일 수 있다.

좀 더 설명하기위해, 홍해 도하 당시로 우리의 시선을 옮겨 보자. 이스라엘 무리가 사면초가(四面楚歌)의 상태에 빠졌을 때, 앞에는 홍해가 가로막고, 뒤에는 바로의 병거 부대가 추격해 오고 있었다. 어디로 도피할 수도 숨을 수도 없고 더구나 대항이나 항복은 죽음을 의미했다. 그런 위기의 시점에 무슨 일이 일어났던가? 우리는 성경대로 하나님의 기적이 일어났다고 믿는다. 동풍이 불어 홍해는 갈라졌고 그 갈라진 바다 바닥을 길 삼아 이스라엘 무리는 건넜다. 뜨거운 동풍이 바닥까지 단단하게 만들었는지 모를 일이다. 그 당시의 모습을 출 15장의 노래는 묘사하길, 물이 쌓이되 언덕같이 일어서고 큰물이 바다 가운데서 엉겼다고 했다. 우리는 어떻게 그런 일이 가능한지 이해할 수 없다. 그러나 말씀으로 천지를 창조하셨다면, 물 위로 주님이 걸으셨고, 죽은 자를 살리셨고, 물을 포도주로 만드셨다면, 보리떡 다섯 개와 물고기 두 마리로 오천 명을 먹이시고 12 광주리 부스러기를 거두게 하셨다면, 홍해를 마른 땅으로 만드신 일도 불가능 하지 않다고 믿는다. 만약 믿음이 있다면 왜 그것이 불가능하다고 판단할 것인가?

문제는 본 시편의 시인은 바로 그 홍해 사건을 묘사하는 듯 하면서도 (15절에서 반석에서 물을 내시고 요단강을 가르신 일에 비추어 보건대) 노래하길 "주께서 주의 능력으로 바다를 나누시고 물 가운데 용들의 머리를 깨뜨리셨으며 악어의 머리를 파쇄하시고 그것을 사막에 거하는 자에게 식물로 주셨으며" 라고 한다는 것이다. 우리가 보기에 이는 분명 홍해 사건에 대한 묘사이고, 사용된 표상은 이방의 혼돈의 물과의 전쟁 신화에서 차용한 것이다. 그런데 어떤 이는 아예 13-14절의 묘사가, 16-17절에 묘사된 창조 사고와 연관시켜 볼 때 홍해 사건의 묘사가 아니라, 태초에 있었던 혼돈의 물과의 전쟁 신화라고 이해한다. 이런 후자의 생각을 받아 들일 수 없는 확실한 이유는 창 1장에 묘사된 창조 기사 그 어디서도 혼돈의 물과의 전쟁 모티브를 찾을 수 없다는 사실이다. 물론 우리는 창 1:2이 창조가 있기 전 태초에 혼돈의 물을 묘사한다고 생각한다. 그렇다 해도, 그 혼돈의 물과 전쟁하여 제압함이 창조라는 사고는 그곳에 없다는 것이 확실하다. 창 1장에서 혼돈의 물이 창조와 연관되는 것은 어디까지나 그 혼돈의 물을 명하여 뭍이 드러나게 하는 일에만 국한된다. 따라서 우리는 본 시편의 16-17절이 창조 사고를 제시한다고 해도, 13-14절이 혼돈의 물과의 전쟁을 통한 창조 신화를 말한다고 생각지 않는다.

그렇다면 시인이 구속 사건을 노래하면서 왜 이방인들의 혼돈의 물과의 전쟁 신화를 차용하고 있는가? 바로 이 질문에 대한 답은 앞에서 크로쓰에게서 우리가 한 가지 동의할 수 있다는 그 요소에서 제시한 바 있다.

2. 시적 구조, 기교들 및 해석

이 시는 구조상 문법 형태들로 적절하게 연 구분이 가능하다.
서론: 1절
제1연 (2-3절): 명령법 (간구형) -간구
제2연 (4-9절): 완료시상 -원수들이 행한 악행들
제3연 (10-11절): 미완료 시상 -간구
제4연 (12-17절): 완료시상 -하나님께서 행하신 위대한 일들
제5연 (18-23절): 명령법 (간구형), 단축형 (간구) -간구
여기서 문법상의 명령법은 하나님께 대한 "간구"를 표현한다. 이러한 간구를 올린 다음, 제2

연에서 시인은 원수들이 행한 악행을 완료시상으로 묘사한다. 제3연에서 시인은 하나님께 언제까지 이 원수들이 조소할 것입니까? 라고 묻고 저들을 멸하시라 간구한다. 제4연에서 다시 시인은 완료시상을 사용하여 하나님께서 이전에 행하신 위대한 일들을 묘사한다. 제5연에서 앞에 제시된 바에 근거하여 다시 간구를 올린다. 이렇게 간구와 과거 묘사를 병행하면서 시인은 자신의 기도가 얼마나 절박한지를 제시하며, 이전에 역사하신 하나님께서 이제도 역사해 주시라 간구한다. 물론 시인은 개인이 아니라 믿음의 공동체이다.

행의 구조를 보면, 세 개의 콜론으로 된 2, 9절을 제하면 모두 2개의 콜론으로 구성되었다. 행들은 대개 동의 병행법으로 구성되었다. 2절의 경우, 한역은 3개의 콜론을 모호하게 만든다. 콜론을 의식하여 번역하자면, "당신께서 옛적에 사셨던 당신의 회중을 기억하소서!/ 당신의 기업의 지파로 당신께서 구속하신 (회중)/ 당신께서 거하시는 시온산(을 기억하소서)"가 된다.

서론: 1절

어찌하여 우리를 버리셨나이까? 항의를 하나님께 올린다.

1절: 어찌하여 (*라마*) —이 의문대명사가 시의 첫 부분에 위치하여 탄식하며 간구하는 전체 시의 분위기를 결정하고 있다. 이 의문사는 후반절에도 해당 된다 (double duty).

영원히 버리시나이까? (*자나흐타 라네챠흐*) —때로 시인들은 "우리를 영영히 버리지 마소서"라고 간구하였다 (시 44:23). "버리다"는 것은 하나님께서 분노하시어, 이스라엘을 원수 앞에서 패배케 하고, 흩으시는 행위를 지시한다 (시 60:1). 이러한 상황에서 성도들은 하나님의 분노가 영속될 것인가? 라는 질문을 던지게 된다 (시 77:7, 애 3:31). "버리다"로 번역된 동사 (*자나흐*)는 목적어 "우리"를 가정하고 번역되었다. 그렇지만 후반절과 병행을 고려할 때, 타동사가 아니라 자동사로 "화나다"란 의미가 여기서나 시44:10, 24, 77:8, 89:39, 애 3:31 등에서 더 적절하다는 지적이 있다 (R. Yaron, "The Meaning of znh," 237-39).

주의 치시는 양을 향하여 (*베촌 마르이테카*)— "당신의 목장의 양을 대적하여." "목장" (*마르이트*)은 가나안 땅이며, 하나님은 이스라엘을 양으로 기르시는 "목자" (*로에*)이시다. 여호와를 목자로 제시하는 목자 표상은 아삽인들의 시에서 자주 나타난다 (시 78:71, 72, 79:13, 80:1). 함무라비나 고대 근동의 통치자들은 목자로 불렸고, 통치자의 합법성은 백성을 "기르는" 능력으로 판단되곤 했다. 그런데 구약에서 하나님께서 목자로 나타나신다 (창 48:15, 시 23:1, 사 40:11). 물론 선지자, 제사장, 왕 (삼하 5:2, 시 78:71) 같은 지도자들도 목자로 칭해졌다 (겔 34:2 이하).

진노의 연기를 발하시나이까? (*에으샨 압페카*)—원수들이 행하는 파괴행위에서 하나님의 진노의 연기가 피어오르는 것을 본다. 세상을 보는 관점이 이렇게 모두 하나님 중심이다. 원수를 들어서 나를 치시고, 우리나라를 치시는 모습을 보는 것이다.

제1연 (2-3절): 간구

명령법 (간구형)을 사용하여 하나님께 간구한다

2절: 옛적부터 얻으시고 구속하사 (카니타 케뎀 가알타) — "얻다" (카나) 동사는 1) 사다, 2) 소유하다, 3) 얻다, 4) 창조하다, 5) 낳다 등의 의미를 지니는 것으로 추정된다. 여기서 현대 번역본들은 얻다 (NRSV), 사다 (KJV, NIV), 취하다 (REB, NJB) 등으로 다양하게 번역했다. 그런데 같은 표현이 나오는 출 15:16에서 한역은 "주의 사신 백성"이라 번역하였다. 여기서도 역본들은 다르다: 얻다 (NRSV), 사다 (NJB, NIV). 여기 시편에서도 "사다"로 번역함이 좋다. 왜냐하면 다음에 동의어 내지, 보충어로 제시된 동사 (구속하다)와 "사다"란 신학 사고가 더 잘 어울리기 때문이다. 구속하다는 동사는 기본적으로, 위험이나 곤경에 처한 친척을 구속해내는 일을 묘사한다. 즉, 구속자 (고엘)는 자기 친족의 경제적 구속자요 (레 25:48 이하), 피의 보수자이며 (민 35:12 이하), 후손의 보존자(신 25:5-10, 보아스의 경우)이다. 그렇다면 하나님은 애굽에서 무슨 값을 치르고 하나님께서 이스라엘을 사셨던가? 하나님은 말하자면 노예로 전락한 자기 자녀들(출 4:22-23)을 애굽에서 구속하실 때, 애굽을 속량물로 삼으셨다 (시 77:15, 106:10; 사 43:1-3은 제2 출애굽과 연관하여 속량물 언급).

주의 기업의 지파로 삼으신 주의 회중 기억하시며 (제코르 아다테카 … 쉐베트 나할라테카)— "주의 회중" (아다트카)은 하나님과 언약 맺은 백성을 한 무리로 간주한 표현이다. 이들은 "주의 기업의 지파"로 언급된다. 기업은 양도될 수 없는 세습적 소유인데, 하나님은 이스라엘을 열국 중에서 자신이 기업으로 택하셨다 (신 4:20, 9:26, 29, 왕상 8:51). 영영히 기업이 되야 할 이스라엘을 현재 그분이 버리신 듯한 상태에 있다. 그리고 여기서 "주의 기업의 지파"란 표현은 렘 10:16, 51:19 등에서도 나타나며, "할당된 기업" (신 32:9, 헤벨 나할라토 참조)이란 말과 같다. 혹은 "지파"는 다른 민족들과 구분하여 이스라엘을 지칭하는 명칭일 것이다. 마치 모든 민족들을 지파들로 보고, 이스라엘은 하나님께서 자기 기업으로 뽑으신 지파라고 말하는 것이다. 또한 "주의 기업의 지파"란 말은 "당신이 구속하셨다"는 동사의 상태-결과 목적어이다 (factitive-object). 즉, 구속하여 그 결과 당신의 기업의 지파가 되었다. 다른 견해에 의하면, 두 번째 콜론은 "(당신의) 지팡이로 당신의 기업을 구속하소서!" (M. Dahood, *Psalms II*, 200)로 번역된다. 이는 완료시상의 동사를 "간구형 완료" (precative perfect)로 이해하는 것이다. 의미는 침입한 원수를 목자의 몽둥이로 후려쳐서 쫓아내어 주시라는 것이다.

주의 거하신 시온산도 생각하소서 (하르-치욘 제 샤칸타 보)—시온산은 원래 다윗이 점령하여 자신의 영지로 삼아(삼하 5:7), 솔로몬 시대에 그곳에 성전이 건축되므로, 하나님의 거처가 되었다 (시 9:11, 20:2, 78:68). 시온은 원래 모리아산이며 (창 22:2, 대하 3:1), 그곳에 솔로몬 성전이 건축된 것은 우연이 아니었다. 나중 주님께서 십자가에서 달리신 처소가 되었다 (요 19:17).

3절: 영구히 파멸된 곳 (마슈오트 네챠흐) — 의미상 "철저한 파멸" 혹은 "철저히 파멸된 (곳)"로 번역될 수 있다. 이 파멸된 곳은 성소였고 (후반절), 그 파괴는 철저하였다.

주의 발을 드십소서 (하리마 페아메카)—앞 절에서보다 사고상 더 구체화되고 있다. 2절이 이스라엘 전체를 기억해 달라고 했다면, 여기서는 파멸된 성소로 하나님께서 오셔서 친히 원수의 악행을 보소서! 라는 간구이다. 이는 하나님의 동정심을 유발할 것이며, 그 동정심은 곧 이스라엘의 회복으로 연결될 것이라. 동시에 하나님은 폐허화 된 자기 성소를 보실 때, 원수의 행한 신성 모독적 파괴행위를 처벌하실 수밖에 없으실 것이다. "발(걸음)을 들다" (*헤림 파암*)란 표현은 "발을 들다" (*헤림 라겔*, 창 41:44)과 비교할 때, 이 표현들은 "움직이다" 란 의미이다. "걸음" 은 "발" 와 동의어이다 (사 26:6). 발걸음을 크고 높이 하여 빨리 오소서! 한편 "주의 발을 드십소서" 대신 70인역은 "당신의 두 손을 들어 (저들의 교만을 계속 치소서)"라 번역했다. 그리고 다훗은 "발을 드소서" 란 말은 아무런 의미가 통하지 않는다고 주장하고, "당신의 백성을 드소서" 라 읽는다 (*Psalms II*, 201). 그러나 창 41:44에 비추어 본다면, '발을 들다' 란 '움직이다' 란 의미로 이해된다.

원수가 성소에서 모든 악을 행하였나이다 (*콜-헤라아 오예브 박콧데쉬*)—원수는 이 시가 어느 시대의 사건을 가리키는지에 따라 달라질 것이다. 솔로몬 성전의 파멸을 말한다면 바벨론이 원수일 것이다. 바벨론군은 성전에서 칼로 청년들을 살육하고, 청년 남녀와 노인과 백발노옹을 긍휼히 여기지 아니했다. 저들은 성전 기명과 보물을 바벨론으로 옮기고, 성전은 불살랐다 (대하 35:17-19).

제2연 (4-9절): 완료시상으로 대적이 행한 일을 묘사한다

4절: 주의 대적이 주의 회중에서 훤화하며 (*샤아구 쵸르레카 베케레브 모아데카*)—주께서 분노하셔서 이스라엘의 원수를 분노의 막대기로 사용했지만 (사 10:5), 시인은 원수가 "당신의 원수들"이라고 지칭한다. 이들은 "훤화하였다" (*샤아그*). 이 동사는 사자 (삿 14:5, 사 5:29, 렘 2:15, 51:38 등), 천둥 (욥 37:4), 탄식하며 간구하는 자 (시 38:9) 등의 부르짖는 소리를 묘사한다. 여기서는 승리에 도취하여 외치는 원수의 외침이다. "주의 회중에서" (*모아데카*) 표현에서 사용된 명사는 "집회처," "회중," "정해진 시간" (절기) 등을 의미하며, 이 문맥에서는 3절에 비추어 "성소"로 이해함이 좋다 (NJB, NAB, REB, NRSV). 국제표준역 (NIV)은 "당신이 우리를 만나신 곳에서"라 의역하고 있다.

자기 기를 세워 표적을 삼았으니 (*사무 오토탐 오토트*)—델리취는 원수의 행동이 성전과 연관된 점이란 사실에 근거하여, 여기 표징이 단순하게 원수가 성전에 세운 군기가 아니라, 마카비 1서 1:45-49에 묘사된 대로 성전이나 유대인들에게 이방인들이 부과한 종교적 표적들 (출 31:13에서 안식일이 표징), 곧 가증한 것들을 지시할 것이라 이해한다. 마카비서에 의하면, 안티오커스 4세는 성전에서 제사를 드리지 못하게 금하고, 안식일이나 절기들을 통상적인 노동의 날로 만들어 버렸다. 그리고 이방인 제단들이나 성전들, 사당들을 세우게 하고, 그곳에 돼지 같은 부정한 짐승을 제사 드리도록 하였다. 할례도 드리지 못하게 하고, 모세법에 규정된 것들을 행치 못하도록 금하고 이행치 않는 자는 사형에 처했다. 그렇지만 델리취의 설명은 개연성이 없는 마카비 시대설을 배경으로 한다는 점에서 적절치 않다.

5절: 저희는 마치 도끼를 들어 삼림을 베는 사람 같으니이다 (이바다아 케메비 레마알라 비사바크-에츠 카르둠못)—번역이 어려우므로 문맥이나 식별 가능한 말들을 근거로 이렇게 추정하여 번역한 것이다. 여하간 원수들의 만행이 묘사되었다. 한편 70인역은 "위 (上) 입구에서처럼 무지하게, 저들은 도끼들로 그 문들을 삼림에서처럼 단번에 쳐 부셨다"고 번역했다. 개정역 (REB)은 "저들은 그것을 와지끈 부셔 뜨리며 가져왔다; 삼림에서 도끼들을 휘두르는 나뭇꾼들처럼" 이라 번역한다. 국제표준역 (NIV)은 "저들은 도끼들을 휘두르며 삼림을 쳐 나가는 사람들처럼 행동하였다"고 한다. 문자적으로 원문을 번역해 보자면, "어떤 사람이 삼림에서 도끼들을 높이 드는 때 같았다" (It looked as when one lifts up on high axes in the thicket of the wood). 원문의 첫 말 (이브다아)은 "그것이 알려졌다" 곧 상황이 그렇게 보였다는 의미로 취한다.

6절: 이제 저희가 도끼와 철퇴로 성소의 모든 조각품을 쳐서 부수고 (베앗타 핏투헤하 야하드 베캇쉴 베켈라폿 야할로문)—"이제" (베앗타)라 번역된 말은 케레 독법이라면, 본문 그대로의 독법은 "그리고 때" (베에트)이다. "이제"는 "그런데" (and now)라고도 이해할 수 있으며, 이는 새로운 주제를 도입할 때 사용된다. RSV는 "그리고 나서" (then)으로 번역했다. "도끼" (캇쉴)는 작은 손도끼와 구분된다. 도끼머리는 돌이나, 상아, 부싯돌, 뼈, 구리 등으로 만들어지다가 나중 쇠로 발전하였다. 도끼는 여기서처럼 병기로 사용되지만, 주로 나무를 찍는 도구로 사용하였다. "철퇴"로 번역된 말 (켈라프)은 대개 역본에서 "찍는 도구" (pick)로 번역된다 (REB, NAB, NJB). 이는 곡괭이처럼 생긴 병기였을 것이다. 그렇지만, 역본들은 이 두 말을 "손도끼들과 망치들" (NRSB), "도끼와 손도끼들" (NIV), "망치와 찍는 도구" (NAB), "손도끼와 찍는 도구" (RFR) 등에서 보듯, 제각각 이해하고 있다. 한편 "성소의 모든 조각품" (피투헤하 야하드)에서 "조각품"은 "조각하다"란 동사 (피타흐 II)와 연관된다. 여기서는 성소의 목제 벽에 새겨진 "조각물들" (carvings)을 가리킨다 (왕상 6:29). 솔로몬 성전의 내 외소 벽에는 모두 그룹들과 종려와 핀 꽃 형상을 아로새겼고, 내소에 들어가는 곳에는 감람목으로 문을 만들었는데 그 두 문짝에 그룹과 종려와 핀 꽃을 아로새기고 금으로 입혔다 (왕상 6:29-32). 이 표현은 시 74편이 솔로몬 성전의 파괴를 암시해준다. "쳐서 부수고 (할람)"는 주로 사람을 방망이로 치거나 (삿 5:26), 때리는 동작 (시 141:5, 잠 23:35)을 묘사하나, 여기서는 물건을 쳐부수는 과격한 행동을 묘사한다. 그런데 "성소의 (모든) 조각품" (핏투헤하 야하드)이란 표현은 "그녀의 조각물들 모두"이며, 여기서 인칭 접미어는 4절의 "당신의 회집처" 곧 성소를 받을 것이다. 그렇지만, BHS는 이를 "당신의 조각물들" (핏투헤카)로 제안한다 (NAB).

7절: 주의 성소를 불사르며 (쉴후 바에쉬 미크다쉐카)—이는 전쟁시에 탈취한 성읍이나 건물을 전소시켜 폐허로 만드는 모습을 묘사한다 (삿 1:8, 20:48, 왕하 8:12). 유사한 표현도 사용 된다 (쉴라흐 에스 베, 불을 보내다; 암 4,7, 10 등).

주의 이름이 계신 곳 (미쉬칸 쉐메카) — "당신의 이름의 거처" (신 12:11, 21, 14:23, 24, 16:2, 6,

11 등). 여기서 "이름"은 하나님 자신의 임재를 가리킨다. 성경 이후 탈굼이나 랍비들 문헌에서는 이를 "쉐키나" (거하는 것)라 이해했다. 예컨대, 온겔롯 탈굼은 신 12:5에서 "이름" 대신 "쉐키나"라 번역하였다. 미쉬나의 아봇 3:2에서는 "만약 두 사람이 함께 앉아 율법을 말하면, 쉐키나가 저들 가운데 임한다"고 했다 (마 18:20 참조)(D. Moody, "Shekinah," in *IDB* 4:317-319).

더럽혀 땅에 엎었나이다 (*라아레츠 힐렐루*) — "더럽히다"란 말은 "성소" (레 21:12, 23, 말 2:11), "하나님의 이름" (레 18:21, 렘 34:16, 암 2:7), "성물" (레 19:8, 민 18:32), "하나님 자신" (겔 13:19) 등을 목적어로 취할 수 있다. 시인은 초점을 이렇게 하나님을 신성모독한 행위에 맞추어 원수의 악행을 부각시켜 저들이 처벌을 받아야 할 당위성을 강조한다. "땅에 (엎었나이다)"는 의역이다 (애 2:2, 렘 19:25). 이 표현은 "땅에" 혹은 "지하 세상에"를 의미하나, 의역하여 최상급적으로 취하여 "철저하게"로 취할 수 있다 (시 89:40; M. Dahood, *Psalms II*, 202).

8절: 저희 마음에 이르기를 (*아므루 벨립밤*) — 성경은 사람의 심중의 생각까지 언급한다 (창 17:17, 27:41, 왕상 12:26). 하나님은 마음을 살피시는 분이시기 때문이다 (삼상 16:7, 렘 11:20, 17:10, 20:12, 계 2:23). 여기서 시인의 전지적 시점을 노출하고 있다.

그것을 진멸하자 (*니남 야하드*) — "그들을 철저히 복속시키자!" (NASB) 형태상 미완료상이지만, 명령법적 기능을 갖는 것으로 이해한다 (Paul Joueon-T. Muraoka, §113m). 특히 명령법을 뒤따르는 경우에 그러하다. 완료상 역시 명령법 다음에 명령법적 뉴앙스를 취한다는 점과 유사하다.

이 땅에 있는 하나님의 모든 회당을 불살랐나이다 (*사레푸-콜-모아데-엘 바아레츠*) — 이미 성소 (코데쉬, 3절; 모에드, 4절; 미크다쉬, 7절)는 불살라진 상태에 있으므로, 여기 사용된 "회집 처소들" (모아딤)은 성전을 지시하기 어렵다. 더구나 비록 모아딤을 성전과 그 경내 모든 건물들을 지시하는 복수형으로 취할 수는 있어도, "'땅의' 모든 회집처소들"이란 표현은 중앙 성소 하나만 지시한다고 보기 어렵다. 70인역은 "회집 처소들" 대신 "주의 절기들"이라 번역했다. 그런 의미가 "모아딤"에 가능하긴 해도, 같이 사용된 동사가 "불사르다"라면 그런 이해도 불가능 하다. 그런데 "불살랐나이다"란 동사는 문맥상, 명령법적으로 이해한다. "불사르자!" (NAB). 한역이 전반절은 권고형으로, 후반절은 완료시제로 번역하였으나 (NIV, NRSV, REB, NJB도 유사) 이는 논리상 앞뒤가 맞지 않는다. 비록 원문의 시상이 미완료와 완료가 교차 제시되었지만, 문맥은 원수들의 자기 권고적 결심을 표현한다. 여하간 여기 "땅의 모든 하나님의 회집 처소들"은 어떤 형태로든 건물을 지시하고, 그 건물들은 하나님을 경배하는 처소들이었다면, 추방 이후에 생겨난 회당들이나 아니면 "산당들"을 지시하는지 모른다.

9절: 우리의 표적이 보이지 아니하며 (*오토테누 로 라이누*) — "표적들" (오토트)은 이미 4절에서 나타난 바 있다. "우리의 표적"에서 "우리의"는 목적격으로 취하여 "우리를 위한 표적"으로 이해해야 한다. 여기 표적은 다음 콜론이 지시하듯, 예언과 유사한 하나님의 계시 수단이다. 하나님께서 이스라엘 가운데서 말씀하시는 방식을 지시할 것이다.

선지자도 다시 없으며 (엔-오드 나비)— "더 이상 없다" (is no longer). 이는 하나님의 말씀과 이상이 드물었던 엘리 제사장 시대를 연상 시킨다 (삼상 3:1). 이런 시기는 영적 흑암의 시기이며, 영적 기갈과 배고픔의 때이다 (암 8:11 참조). 선지자는 늘 평안을 설교하던 거짓 선지자와 달리 빈번하게 백성들을 기소하는 설교를 하였다 (렘 28:8). 심판 메시지를 들을 때는 너무나 싫었지만, 이제 예고된 심판이 임할 때에 이스라엘은 그제야 참 선지자의 귀중함을 깨닫게 되는 것이다.

이런 일이 얼마나 오랠는지 우리 중에 아는 자도 없나이다 (벨로-잇타누 요데아 아드-마)—선지자나 여러 방식들로 (꿈이나 환상, 여호와의 사자 등) 자신의 임재를 나타내신 하나님께서 선지자들이 외친 심판 메시지대로 심판을 시행하실 때, 언약백성의 처지는 돌변하게 된다. 그제야 저들은 자신들의 불신앙을 뒤늦게 후회 막급해 한다. 그렇지만 하나님은 이제 얼굴을 숨기시고 (사 8:17, 시 89:46) 오직 예고된 심판의 칼날만이 백성의 목을 겨누고 접근해 온다. 이러한 때에는 멀리 계신 하나님, 느껴지지 않는 하나님을 찾게 되지만, 응답 없는 메아리만 공허하게 울릴 뿐이다.

제3연 (10-11절): 미완료 시상

다시 하나님께 애타는 간구를 올린다.

10절: 하나님이여 대적이 언제까지 훼방하겠으며 (아드-마타이 엘로힘 예하레프 차르)—이미 바로 앞 절에서 "얼마나 오랠는지" (아드 마)라는 안타까움이 표출된 바 있다. 다시 시인은 "언제까지?" (아드 마타이)하고 하나님께 호소한다 (시 6:3, 80:5, 90:13, 94:3). "훼방하다" (피엘형)란 원수가 상대방을 "모욕하다" (삿 8:15, 삼상 17:10, 삼하 21:21) 혹은 사시는 하나님을 "훼방하다" (왕하 19:4, 16, 22)에서 처럼 목적어를 취한다. 여기 전반절에서 이 동사의 목적어는 후반절의 목적어 (당신의 이름)이다 (double duty). 그래서 "당신의 이름을 언제까지 훼방하겠으며" 라고 해야 한다. 그리고 전반절의 "하나님이여!'는 후반절에서도 기능을 행한다.

원수가 주의 이름을 영원히 능욕하리이까? (에나에츠 오예브 쉼카 라네차흐)—능욕의 대상은 여기서처럼 야웨의 이름도 되지만, 그분 자신(렘 23:17), 그분의 말씀 (사 5:24), 여호와의 예물 (삼상 2:17) 등도 된다. 주의 이름을 능욕하는 이런 자들을 하나님께서 그냥 두지 않을 것이다.

11절: 주께서 어찌하여 주의 손 곧 오른손을 거두시나이까? 주의 품에서 빼사 저희를 멸하소서 (람마 타쉬브 야데카 비미네카 믹케레브 헤케카 칼레) — "어찌하여 당신께서 당신의 (왼) 손을 거두십니까?/ 당신의 오른손을 당신의 품에서 (빼사 저희를) 멸하소서"가 된다. 하나님의 손은 "권능"의 상징이며, 처벌이나 선은 그분의 손으로 행하신다 (스 8:22; 의인법적 표현). 전. 후반절에 각기 (왼) 손과 오른손을 배치하여 균형을 이루게 한다 (M. Dahood, *Psalms I*, 163; 시 21:9, 26:10, 80:18, 89:14, 26, 138:7 등 참조). "주의 품에서" (미케레브 헤케카)란 표현은 케레 독법이며, 케티브 독법은 "당신의 규례" (호크카)이다. 여기 사용된 표현과 유사한 것은 모세의 손을 품에 넣는 동작에서도 나타난다 (출 4:6, 7). 그리고 11절 말미의 "멸하소서" (칼레)는 목적어가 없고(시 59:13 참조) 문맥상 원수의 파멸과 능욕이 목적어이지만 의미상 "원수"가 목적어가 될 것이다. 그리고 "멸하소서"는 피엘형 부정사 절대형으로 명령법 뉴앙스로 사용되었다. 한편 "빼사 저희를"은 본문에 없지만, 한역 (NIV도)은 보충하여 번역했다.

제4연 (12-17절): 완료시상을 사용하여 과거에 행하신 하나님의 기이한 일들을 언급하여 현재도 그와 같은 기사들을 행하여 구원해 주시길 간구하는 근거로 삼는다. 12-17절 부분은 전통적으로, 출애굽 사건을 상징적으로 묘사한다고 생각했지만 (델리취, 브릭스, 류폴드 등), 대다수 현대 학자들은 이 부분이 우가릿 신화 (UT, 67:1:1-3)를 반영한다고 간주한다: "네가(바알) 날랜 뱀, 로탄 (=리워야단)을 부실 때, 네가 일곱 머리 가진 강한 자 (샬얏), 꼬인 용을 멸할 때" (ANET, 138). 이 바알 신화 본문은 아마 죽음의 신 "모트"가 폭풍신 바알이 바다의 신 "얌"을 죽인 것을 책망하는 듯 하다. "얌"은 바다 신으로, 여기서 보듯, 날랜 뱀, 일곱 머리를 지닌 꼬불꼬불한 용으로 묘사된다. 이 신화는 고대 가나안 사람들이 계절의 순환을 신격화시켜 노래한 것이라 여겨진다. 자연력을 신격화했던 고대 가나안 사람들은 광풍이 몰아쳐 바다가 흉용할 때, 강물이 불어 노도같이 휩쓸어 갈 때, 바다 신 '얌' (=강(江) 신 "나하르")의 위력을 느끼며, 천둥 번개가 작열할 때 구름을 타고 나는 자, 폭풍 신 '바알'의 위력을 느꼈을 것이다. 흉포한 바다와 강의 위세는 바다 신 '얌'이 폭풍 신 바알에게 도전장을 내미는 것으로 이해되고 (ANET, 130), 폭풍이 휘몰아치고 천둥 번개가 작열하는 것은 폭풍신 바알이 바다 신 얌을 정복하는 사건으로 이해되었다 (ANET, 131). 바알은 코타르와 하시스가 만들어준 두 개의 곤봉 (벼락 번개)으로 '얌' 신을 두들겨 죽이기 때문이다. 그러다가 건기(乾期)가 되어 만물이 시들어가고 말라빠질 때, 폭풍 신 '바알'은 죽음의 신 '모트'에게 죽임을 당했다! 그러나 다시 파릇파릇 돋아나는 새싹들에게서 '바알' 신의 부활을 보게 된다. 바알은 이렇게 해서 왕권을 차지하고 통치한다. 이런 식으로 자연력의 변화를 신화로 만들었다 여겨진다. 이 신화에서 부각되는 주제는 대적을 정복하고 통치자로 부상하는 왕권 사상이며, 왕권을 장악하고 질서를 세우는 신에게 성전을 건축하여 봉헌한다.

그런데 여기 바알신화에서 주목되는 바는 창조 개념이 없다는 사실이다. 반면 바벨론의 창조 서사시에 해당하는 "에누마 엘리쉬"는 마르둑 신이 혼돈의 바다 신 티아맛을 정복하고 그 시체로 천지를 창조하고, 티아맛의 군대장관 킹구의 피로 사람을 만들었다는 창조 사고가 등장한다. 창세기의 창조기사에서는 태고 적에 존재한 혼돈의 물 (창 1:2)이 앞서 등장하고, 하나님의 창조 사역이 차례로 제시된다 (창 1:3 이하). 그분의 창조사역은 나누며, 채우는 일들이었고, 혼돈의 물을 정복하는 표상으로 제시된 적이 없다. 이렇게 볼 때, 성경의 창조기사와 바알 신화, 혹은 바벨론의 창조신화 사이에 어떤 연관성을 찾으려는 시도는 정확하지 못하다. 오히려, 정당한 시각은 성경의 창조기사가 하나님의 계시를 정확하게 제시한다면, 바벨론 창조신화는 그것의 왜곡과 변질(變質)이며, 가나안의 바알 신화는 창조 사고를 결여하는 것으로 보아, 순환되는 계절에 나타나는 자연력들의 신격화에서 나타난 신화라고 말해야 한다.

이렇게 우리는 성경의 창조기사의 순수성을 주장하지만, 성경 기자들이 가나안 신화에 등장하는 표상들을 사용했다는 사실을 부인하는 것은 아니다. 고려중인 시편이나 사 27:1은 우가릿 신화에 등장하는 일곱 머리를 가진 바다 괴물을 하나님께서 죽이셨다고 (혹은 죽이실 것이라) 그분의 능력을 찬양하고 있지 않은가? 잘 알려진 신화적 표상들을 사용하여 성경기자들은 하나님의 권능을 부각시키고 있다 (김정우, 「구약성경에 나타난 리워야단의 영상」 참조). 물론 그 목적은 현재의 국난에 하나님의 개입을 요청하는 간구의 근거로 제시하는 것이다.

만약 출애굽에 대한 언급으로 이해한다면, 시 74:13의 바다, 용, 리워야단 등은 애굽의 바로 (겔 29:3)와 그 군대를 지시할 것이다. 출애굽 사건과 시 74의 병행들은 1) 여호와를 용사로 제시하는 점 (출 15:3), 2) 오른손의 권능 (출 15:6), 주의 권능, 3) 원수를 멸함, 4) 바다에서의 사건을 묘사, 5) 하나님은 왕이시다 (출 15:18, 시 74:12), 6) 초역사가 아니라, 역사상 일어난 일을 다룬다 (시 74:12). 7) (반석을) 쪼개어 물을 내어 시내들을 내사 강같이 흐르게 하다 (시 74:15, 출 17:6, 민 20:8, 시 78:15, 105:41, 사 48:21), 8) 용의 시체를 광야의 짐승들의 밥이 되게 하다 (출 14:30, 시 63:11, 74:14). 9) 강들을 말리다 (수 3장).

시 74:12-17을 창조와 연관시킬 경우, 6)번 이하 사항들에 대하여는 설명하기 어려울 것이다. 우리는 시인이 가나안 신화의 표상을 사용하여 출애굽 사건에서 기사들을 행하신 하나님을 묘사한다고 이해한다. 물론 창조가 아니라 출애굽 사건에 대한 암시로 본다 해도 시 74:16-17에 묘사된 창조에 대한 암시는 창조로 보아야 한다. 즉, 시 74:12-17에는 출애굽과 창조에 대한 암시가 모두 나타나고 있다. 그런데 가나안 바알 신화 표상이 사용된 것은 창조 묘사가 아니라 출애굽 사건 특히 홍해 사건과 연관하여서이다. 노아 홍수 사건에서 보듯, 성경은 홍수를 비롯한 모든 자연력을 철저하게 하나님의 권세 하에 복속시킨다. 창조기사 자체에서도 마찬가지로 모든 자연력은 하나님의 말씀에 철저히 순종한다. 여기에 자연력이 하나님을 대적하는 그런 사고는 전무(全無)하다. 그러므로 바다, 용, 악어 등을 치시어 박살내셨다는 묘사에서 혼돈의 물과의 전쟁 표상을 볼 수는 있지만 이것을 성경의 창조사상과 연관시킬 수는 없다. 더구나 가나안 바알 신화에도 창조사고는 없다. 그리고 성경에서는 용으로 상징되는 바로와 그 군대가 (겔 29:3) 하나님을 대적하는 것으로 나타난다 (출 15:6, 7).

12절: 하나님은 예로부터 나의 왕이시라 인간에 구원을 베푸셨나이다 (벨로힘 말키 믹케뎀 포엘 에슈옷 베케레브 하아레츠) — 시인 자신의 삶만 아니라 그가 속한 이스라엘 공동체에게 옛적부터 하나님은 왕이셨다 (출 15:18). "나의 왕이시라" (말키)에서 나타나는 왕으로서의 하나님 사고는 성경 전체에 흐르는 중요한 주제이다. 70인역은 여기서 "우리의 왕"이라 번역했다. 이 시는 내용상 공동체시이며, 9절에서 "우리"라는 주어가 명시적으로 사용된 바 있으므로, 그렇게 번역한 듯 하다. 시인은 공동체를 대신하여 간구하고 있다. 한편, "인간에 구원을 베푸셨나이다" (포엘 예슈오트 베케레브 하아레츠)란 표현은 "온 땅에 구원 행위들의 주역(主役)이십니다" (NJB).

혹은 "온 땅에서 승리들을 얻으셨나이다" (NAB). "인간에"란 말은 원문에 없고, 대신 "땅 가운데서"란 말이 있다. 그런데 다훗은 "땅 한 가운데"란 표현은 지구의 배꼽으로서의 "예루살렘"을 지시한다고 이해한다 (Psalms II, 204). 그러나 다음 구절에 제시되는 말씀에 비추어 본다면, 예루살렘이라기보다 "온 땅"에서 구원을 베푸시는 하나님으로 읽는 것이 좋다. 현재 이스라엘이 처한 국난은 세계적 제국을 유일하게 멸하실 수 있는 전능하신 하나님의 능력으로만 극복되어질 수 있다. 그런 점에서 시인은 "온 땅"에서 승리를 얻으신 하나님의 위대하신 일들을 상기시킨다. "구원"은 여기 문맥에서 "승리"나 "구출"이 될 수 있다. 왜냐하면 시인은 하나님을 왕으로서 선포하기 때문이다. 왕은 적대자들을 멸하고 자기 백성을 구출하는 자이다. "예로부터" 그분이 자기 백성을 위하여 승리를 얻으신 사실들은 다음에서 묘사된다.

그런데 "예로부터 나의 왕이시라" (말키 미케뎀)란 표현에서 유독 여기서만 1인칭이 (나의) 사용되었다는 사실 때문에 학자들은 다른 독법의 가능성을 타진케 되었다: 1) 고대의 왕들 ("Ancient Kings"; Bruce K. Waltke, M. O' Connor, *Biblical Hebrew Syntax*, 160); 2) 동방의 왕들 (M. Dahood, *Psalms II*, 204). 이러한 독법들은 "예로부터"에 해당되는 말 (미케뎀)에서 맛소라 학자들이 전접어 (enclitic) "멤"을 전치사 "멤"으로 잘못 이해했다고 판단한다. 그럴 경우 원문은 "동방의 왕들" 혹은 "옛날의 왕들"이란 의미가 된다. 전자의 의미로 이해한 다훗은 11절 말미에 붙은 동사 (칼레)를 12절 초두에 위치한 것으로 재배치하여 "오, 하나님이여, 동방의 왕들(모압, 에돔, 암몬 등)을 멸하소서"라 번역했다. 그렇지만, 이렇게 읽는 경우 몇 가지 문제가 제기된다. 1) 고대 역본들(LXX, 히브리어 라틴어역 등)은 맛소라 본문을 따른다. 2) 12절 초두의 접속사 (바브)가 동사와 목적어 사이에 위치한다 (다훗은 "접속사"를 "하나님" 앞에 붙은 감탄사 [오 하나님]로 이해한다). 이런 이유에서 우리는 전통적인 번역을 따르고자 한다.

"구원(을 베푸셨나이다)"에서 "구원" (예슈옷)은 비록 복수형처럼 보이지만, 페니시아어의 여성형 단수형과 같은 모양의 것이다. 여기 문맥에서는 "승리"라고 번역할 수 있다.

13절: 주께서 주의 능력으로 바다를 나누시고 (앗타 포라르타 베옷제카 얌) —13-17절에서 시인은 "당신" (앗타)이란 독립 인칭대명사를 7번 사용하고 있다. 다훗은 이 점을 일곱 머리 가진 용의 대가리들과 연관시키고 있다. 즉, 당신 (야웨)께서 일곱 머리가진 용을 깨드리셨다고 노래한다는 것이다. "주의 능력으로" (베오즈케카)에서 "능력"은 11절에서 원수를 멸하는 주의 "손"과 병행된다 (합 3:4 참조). '바다(얌)를 나누시고'란 "얌 신을 파쇄하시고"로 이해한다. 후반절에서 용의 (일곱) 머리들을 깨뜨리시는 일과 병행된다. 유가릿 신화에서 '얌'은 날랜 뱀, 리워야단, 나하르(강) 등으로도 불리고, 유가릿 신화에서 "강" (나하르)은 강하고, "바다"는 무너지지 않는다는 표현이 나온다. 강과 바다는 모두 동일한 바다 신 '얌'을 칭한다. 그렇지만 야웨께서는 능력으로 얌 '신' (=용)을 박살내신다. 사 27:1에서도 상황은 동일하다: "그 날에 여호와께서 그 견고하고 크고 강한 칼로 날랜 뱀 (*나하쉬 바리아흐*), 리워야단 (*리브야단*) 곧 꼬불꼬불한 뱀 (*나하쉬 아칼라톤*) 리워야단을 벌하시며 바다에 있는 용 (*탄닌*)을 죽이시리라." 이 바다 괴물, 날랜 뱀,

리워야단은 세 마리가 아니라 동일한 바다 괴물을 가리킨다.

그런데 (바다를) "나누시고" (파라르의 폴렐형)에서 동사는 I. (히필형) 부수다, 파기하다 (언약, 서약, 조언, 모략, 징조, 야웨를 경외함, 계명, 심판), II. (폴렐형, 피엘에 해당) 분기 시키다, 깨우다 로 정의된다 (KB³). 사 24:19에서 이 말의 힛트폴랄형(힛트파엘에 해당)이 칼형 부정사와 함께 사용되어 지구의 격렬한 움직임을 묘사한다: 지구가 산산 조각나다 (torn asunder, NRSV, NIV), 땅이 갈라지다 (한역), 혹은 격렬한 진동을 일으키다 (convulsed, REB, NJB). 그리고 욥 16:12에서 필펠형 (피엘)으로 욥의 말 중에 "그가 나를 둘로 나누셨다" (NRSV), "나를 꺾으시며" (한역), "그가 나를 맹렬하게 공격하셨다" (REB)로 나타난다. 여기 시편에서 사용된 폴렐형은 "깨우다"라기 보다, "부수다" (멸하다)로 이해된다. 그렇지만 전통적으로 "멸하다" 대신, "나누다"로 번역된 것은 다음에 제시되는 묘사가 출애굽 사건을 암시한다고 이해하고, 13절은 홍해에서 바다를 가르시고 용으로 상징되는 애굽을 멸하셨다고 해석했기 때문이다.

물 가운데 용들의 머리를 깨뜨리셨으며 (쉽바르타 라쉐 탄니님 알-함마임)— "바다 괴물의 머리들"을 깨드리다. "탄니님"은 복수형이지만, 강조의 복수형 곧 단수형으로 취한다 (Muraoka-Joueon, §136f). "탄닌"은 겔 29:3에서 애굽의 바로를 상징하고 있다.

14절: 악어의 머리를 파쇄하시고 (앗타 릿찻타 라쉐 리베야탄)— "리워야단의 머리들을 치시고." 그 놈의 머리를 친 결과는 다음 절에서 묘사된다. 13절에 묘사된 바와 14절 전반절의 사고는 대동소이하며, 한 가지를 세 개의 콜론으로 반복 제시하였다.

사막에 거하는 자에게 식물로 주셨으며 (팃테넨누 마아칼 레암 레치임) — "당신은 그것을 광야에 거하는 짐승들에게 먹이로 주셨다" (사 13:21, 23:13, 34:14, 렘 50:39, 시 72:9). "치임"은 "광야 거주민들"이나 "광야 거주 짐승들"을 지시한다. "(식물로) 주셨으며" (티트넨누)는 미완료 시상으로 제시되었으나, 이 문맥에서 완료시상에 해당된다. 13-17절 부분을 창조와 연관시키면 이 구절의 의미가 무엇인지 명확하지 않다. 반면 출애굽에 대한 암시로 본다면, 이 표현이 출 14:30 (바닷가의 애굽 사람의 시체)과 연관된다고 이해할 것이다.

15절: (바위를) 쪼개사 큰물을 내시며 (앗타 바카아타 마얀 바나할)—무엇을 쪼개셨는지에 대하여는 언급이 없다. 구약에서 이 동사는 나무 (전 10:9), 우묵한 땅 (삿 15:19), 반석 (사 48:21), 바다 (출 14:16, 21), 물 (사 63:12) 등을 목적어로 취한다. "큰 물"로 번역된 말 (마얀 바나할)은 "샘들과 시내들"로 번역된다 (NRSV, REB, NAB, NJB, NIV). 만약 이 부분이 출애굽 사건과 연관된다면, 이는 출 17:6, 민 20:8 (시 78:15 [반석을 쪼개어 시내들을 내사], 105:41 [반석을 열어 물이 흘러, 사 48:21 등 참조)에 묘사된 사건을 지시할 것이다.

길이 흐르는 강들을 말리우셨나이다 (앗타 호바쉬타 나하롯 에탄)— "그친 적이 없는(에탄, ever-flowing) 강들"을 말리셨다. 이는 요단 도하 사건 (수 3:16)을 암시할 것이다. 이것이 창 1:9-10에 묘사된 물을 걷어서 마른 땅이 드러나게 하는 것으로 이해할 수 없다. 그곳에서 하나님의 창조사역은 "천하의 물이 한 곳으로 모이게 하는 것" 이었지, 강들을 말리는 정도가 아니었기 때문이다.

16절: 낮도 주의 것이요 밤도 주의 것이라 (레카 욤 아프-레카 라엘라)—이는 하나님의 창조 때문이다. 낮과 밤은 첫째 날에 이루어진 빛의 창조 사역으로 인하여 나타났다.

주께서 빛과 해를 예비하셨으며 (앗타 하키노타 마오르 바쇠메쉬)— 창 1:14-19에 묘사된 대로 창조의 넷째 날 사역을 암시한다. "예비하다"로 번역된 동사는 "존재케 하다" (cause to be)로 번역하고 창조사고를 명확히 함이 좋을 것이다 (M. Dahood, *Psalms II*, 207).

17절: 땅의 경계를 정하시며 (앗타 힛차브타 콜-게불롯 아레츠) — "땅의 모든 경계들" (콜-게불롯 아레츠)은 창 1:9, 욥 38:8이하, 잠 8:29 등에서 묘사하는 그런 창조시의 마른 땅과 바다의 경계들을 지시하거나, 신 32:8이 제시하듯 나라들의 경계들을 지시할 수도 있지만, 그보다도 후반절에 비추어 볼 때에, 창 1:14에서 제시된 계절들이나 열대 (熱帶), 한대 (寒帶) 등 기후 지대들을 지시할 수 있다.

여름과 겨울을 이루셨나이다 (카이츠 바호레프 앗타 에차르탐)—사용된 동사 (야차르)는 원래 도공(陶工)이 진흙을 빚어 주조하거나 나무를 새겨 형상을 조각하는 것을 묘사하나, 여기서처럼 추상적인 것을 목적어로 취할 수도 있다. 하나님은 사람 (창 2:7 이하), 짐승 (창 2:19), 빛 (사 45:7), 산들 (암 4:13), 땅 (사 45:18), 마른 땅 (시 95:5), 리워야단 (시 104:26), 백성 (사 27:11), 악 (렘 18:11) 등도 조성하셨다. 이렇게 보건대, 이 동사는 주조하다란 의미만 있는 것이 아니라, 하나님의 창조 행위를 일반적으로 묘사하는 말임이 드러난다.

제5연 (18-23절): 명령법 (간구형), 단축형 (간구)

다시 간구를 올린다.

18절: 여호와여 이것을 기억하소서 원수가 주를 비방하며 (제코르-좃 오예브 헤레프 야웨)— "원수가 어떻게 비방하였는지를 기억하소서!" 여기 사용된 지시 부사가 의문사를 강조하여 사용될 수 있듯이 (마-제 어떻게? how then?), 여기서도 그와 유사한 용례로 이해한다 (NIV, NAB). 이 말은 후반절에서도 가능한다 (double duty). "원수가 주를 비방하며"에서 목적어는 후반절의 "당신의 이름"이다 (double duty). 10절에서와 같은 사고나 단어들을 재배치하거나 새로운 단어를 첨가하고 있다 (헤레프 챠르/ 오예브 헤레프; 나아츠 오예브/ 암 나발 나아츠). 10절에서 "훼방하다"로 했으므로 여기서도 그렇게 번역해야 한다.

우매한 백성이 주의 이름을 능욕하였나이다 (베암 나발 니아추 쉐메카) —구약에서 "우매한" (나발)이란 단순히 저능한 자를 지시하지 않고, 불경한 자, 불신자를 지시한다 (시 14:1, 39:9, 74:22). 모세는 이스라엘이 하나님을 배반할 때 우매한 백성, 무지한 백성이 된다고 묘사한다 (신 32:6). 또한 구약의 견지에서 이방인들은 우매한 백성이었다 (신 32:21). 여기 문맥에서는 불경한 이방 백성을 지칭하며, 저들은 주의 대적이며 (4, 10, 23절), 들짐승 (하야, 19절) 등으로도 불리며, "비둘기" (토르), "가난한 자" (아니), "학대 받은 자" (다크), 궁핍한 자 (예비욘) 등과 대조된다.

19절: 주의 멧비둘기의 생명을 들짐승에게 주지 마시며 (알-팃텐 레하얏 네페쉬 토레카)—성경에서 비둘기만큼 자주 언급되는 새도 다시 없다. 산비둘기 (pigeon)는 동굴이나 산에서 야생하지만 집에서 사육되기도 하였다 (사 60:8). 고대 동물학에 의하면, 비둘기는 담즙이 없어 아주 평화롭고 정결한 새로 간주되었다. 그리고 구약 제사에서 제물로 사용되었다 (창 15:9, 레 1:14, 5:7, 11 등). 그런데 이 비둘기가 경건한 자 (가난한 자)의 상징으로 언급되고 있다. 반면 "들짐승"은 이방인을 지칭 한다 (시 68:30, 80:13, 89:10-11, 암 9:3, 단 7 등). 야수들의 약육강식의 잔인성이 불경한 이방인들의 속성을 상징한다고 본 것이다. 이 야수들이 성소를 불사르고 더럽혔던 것이다 (3-7절). 비록 단수형 (야수)이지만, 집합 명사로 복수를 의미한다.

주의 가난한 자의 목숨을 영영히 잊지 마소서 (하야트 아니예카 알-티쉬카흐 라네차흐) —여기 "가난한 자들"은 원래 사회적으로 빈곤하여 남의 압제를 받는 처지에 떨어진 자들을 지시했으나, 여기 문맥에서는 이방 나라의 압제 하에 떨어진 자들 혹은 이방 나라의 침공을 받아 상대적으로 저들보다 약한 처지에 처한 성도들을 지시하고 있다. 이들은 불경한 자에 대조되는 경건한 자들이다. "영영히 잊지 마소서"란 표현을 주목하면, 23절에서는 "주의 대적의 소리를 잊지 마소서" 라고 부르짖는다. 가난한 자는 이렇게 주님께 부르짖고 신원해 주시길 간구한다 (신 15:9, 24:15, 욥 34:28, 눅 18:1-3 참조). 이럴 때 하나님의 응답은 신속하다. 한편 "주의 멧비둘기의 생명" (네페쉬 토레카)을 어떤 영역본은 달리 번역한다: "당신을 찬양하는 자들" (토데카, NAB), "당신을 고백하는 자들" (REB, LXX, 페쉬타역); "당신에 의해 가르침을 받는 자들" (네페쉬 투레카)(M. Dahood, *Psalms II*, 207). 그렇지만 "비둘기"는 "야수"와 대조되어 사용되고 있다.

20절: 언약을 돌아보소서 (합베트 랍베리트)—사용된 동사 (나바트의 히필형)는 특정한 방향으로 "바라보다" "주목하다" 란 의미이다. 여기서는 하나님께서 이스라엘과 맺으신 언약을 생각해 주시라는 간구이다 (렘 14:21). 이 기도야 말로 시인이 하나님께 간구하면서 시도한 정면 돌파였다. 하나님은 자신을 낮추시어 언약에 잡아매시었다. 그러기에 하나님은 언약백성의 회개 기도를 응답하셔야 한다 (왕상 8:31-53, 신 30:2, 10). 언약 백성은 죄에서 돌이켜 언약의 하나님께 언약을 근거로 기도할 때 소망이 있다.

대저 땅 흑암한 곳에 강포한 자의 처소가 가득하였나이다 (키 말레우 마하솨케-에레츠 네옷 하마스) — "강포한 자"로 번역된 말 (하마스)은 단지 "폭력"을 의미한다. "폭력의 처소" (네오트 하마스)는 "평화의 처소(목장)" (네오트 핫솰롬, 렘 25:37)과 대조된다. 여기 묘사된 상태는 온 세상에 강포함이 난무하던 노아 시대나 타락했던 이스라엘 사회상을 상기시킨다 (창 6:11, 13, 겔 7:23, 8:17, 28:16, 미 6:12, 습 1:9 참조). 이는 이방인들이 언약백성에게 행한 압제와 강포를 지시해준다.

21절: 학대 받은 자로 부끄러이 돌아가게 마시고 (알-야쇼브 다크 니클람) —압제당하는 자 (다크)는 가난한 자, 고아 (아니, 에비욘, 야톰) 등과 병행어로 나타난다 (시 9:10, 10:18). "부끄러이

(니클람) 돌아가게 (슈브) 마시고"란 표현을 주목하면, 예레미야는 가뭄이 온 땅에 덮쳤을 때의 일을 묘사하면서, 사환들이 우물에 갔지만 물을 얻지 못하여 빈 그릇을 가지고 돌아오니 부끄럽고 수치를 당하였다 (렘 14:3) 하였다. 하나님께 기도하는 언약 백성이 마치 갈할 때 물을 구하듯 하나님의 응답을 구할 때, 빈 그릇으로 돌아가는 수치를 당케 마소서!

가난한 자와 궁핍한 자로 주의 이름을 찬송케 하소서 (아니 베에비욘 에할렐루 쉐메카) ─오히려 응답을 주시어 "경건한 자들로" 주의 이름을 찬송케 하소서! 여기서 "가난한 자"와 "궁핍한 자"는 경건한 자를 지시한다. 이들은 앞에서 학대받는 자라 했다.

22절: 하나님이여 일어나사 주의 원통을 푸시고 (쿠마 엘로힘 리바 리베카) ─ "일어나소서!" 라는 외침은 하나님께서 팔짱만 끼신채 관망하시지 말고 (11절) 자기 백성을 구원하는 행동을 개시해 주시라는 것이다 (시 3:8, 7:7, 9:20, 10:12, 17:13, 35:2, 82:8). "주의 원통을 푸시고"란 말은 "당신의 대의를 옹호하소서" (defend your cause)이다. 여기서 "주의 원통" (리베카)이라 번역된 말은 이스라엘을 위한 하나님의 '소송, 대의'를 지시한다. 이는 법률 용어로, 이방인을 피고(被告)로 이스라엘은 하나님께 소송을 걸었다. 하나님은 재판장으로서 자기 백성이 제시한 소송을 자기 백성을 위해 옹호해 주소서!

우매한 자가 종일 주를 비방하는 것을 기억하소서 (제코르 헤르파트카 민니 나발 콜-하욤) ─ "우매한 자에 의한 당신의 비방" 곧 우매한 자가 당신을 훼방하는 것. 이것을 "기억"하시라는 기도는 저들의 훼방을 상기시켜 하나님의 원수에 대한 진노를 촉발시키기 위함이다. 그뿐 아니라 시인들은 자신들이 원수들에게서 받은 훼방까지도 주님께서 기억해 달라고 기억한다 (시 89:50-51, 애가 5:1, 느 6:14, 13:29). "기억하소서"란 18절에서와 같은 사고이다.

23절: 주의 대적의 소리를 잊지 마소서 (알-티쉬카흐 콜 쵸르레카) ─19절에서는 가난한 자를 잊지 말아 달라 간구했던 시인은 여기서 악인들의 훼방하는 소리(4절)를 잊지 마시라고 상기시킨다. "주의 대적들" (쵸르레카)은 후반절에서 "주를 항거하는 자들" (카메카)이다.

일어나 주를 항거하는 자의 훤화가 항상 상달하나이다 (쉐온 카메카 올레 타미드) ─전반절과 병행되려면, "항상 상달하게 하소서"라고 분사를 명령법적으로 이해해야한다. 아니면, "항상 올라가는 당신을 대항하는 자들의 소리를 (잊지 마소서)"라고 이해할 수 있다. 이렇게 시인은 때로 언약 백성의 처지를 기억하시라 간구하기도 하고, 때로 악인들의 훼방을 기억하시라고 간구한다. 이렇게 시인은 간구와 묘사를 반복하며 절박한 위기 상황에서 하나님의 개입과 구원을 간구하고 있다.

시편의 적용

한국의 국난(國難)들을 되짚어 봄

국난을 당할 때, 성도들은 하나님의 진노를 느끼며 탄식한다. 개인적인 실패나 질병, 고난을 당할 때도 그렇다. 시편의 많은 탄식시들이 정황은 각기 달랐더라도 국가적 곤경이나 개인적 곤경에서 드려진 것이다. 우리 한국 성도들 역시 곤경을 당할 때, 국가적 위기에 봉착했을 때 구약의 시편과 같은 시들을 작사하여 찬양하면 후손들에게 좋은 유산이 될 것이다.

한민족은 역사 이래로 수많은 국난을 겪어왔다. 삼국사기, 고려 실록, 혹은 이조(李朝)실록(實錄)을 읽으면서 얼마나 고통스러운 삶을 우리 민중이 살아왔던가, 그리고 저들이 하나님을 알지 못하므로 얼마나 무기력한 백성이었나를 새삼스럽게 느낄 수 있다. 우리나라 역사책들을 읽으면서 늘 안타까운 일은 대국(大國)인 중국에 인접한 작은 나라라는 사실을 자학적(自虐的)이라 할 만큼 자인(自認)하면서 자기를 과소평가하고 사대주의(事大主義)적 사고에서 한 치도 벗어나지 못해 왔다는 점이다. 이런 사상적 기류가 한민족의 가슴에 흐르게 된 까닭은 천지의 창조자이신 참 하나님에 대한 신앙이 저들에게 없었기에 필연적으로 야기되었을 약소국의 왜소(矮小)감 때문이었으리라! 진리, 곧 참 하나님에 대한 신앙 대신 우상과 미신(迷信)에 찌든 저들에게는 자신의 약소함을 극복할 정신적 기초가 없었기 때문이다.

우리나라의 역사를 기독인의 견지에서 조망할 때, 서양에 비해 너무나 짧은 기독교가 전래된 이후의 역사를 제하고 성경 역사를 조망하듯 신학적 기준을 적용할 수가 없다. 기독교 전래 이후 역사라 하더라도 우리는 기독교를 국교로 삼을 기회도 없었거니와 그런 예가 없으므로 신학적 조망을 하기란 어려울 것이다. 이승만, 김영삼 대통령 정도가 신실한 성도였다 해도 저들이 이끈 정부는 세속 정부였기에 기독교적 조망을 하기도 힘들다. 사정이 이러하므로 기독 역사가는 필시 한국 역사를 많이 숙고한 연후에 기독교인의 관점에서 조심스레 한국사를 새롭게 기술하여 후손들에게 경계의 도구로 전해야 할 것이다.

불교의 전래

우리나라에 불교가 전래된 것은 주후 372년 고구려 소수림 왕 2년 때였다. 그 시기는 중국에서 후한이 망하고 위, 촉, 오(魏 蜀 吳) 삼국 시대를 거쳐 서진(西晋) 왕조가 와해되고 화북 지방에 한족을 포함한 여섯 민족이 전후 22개의 정권을 수립하는 난세였다. 흔히 오호십육국(五胡十六國) 시대라 불리는 동란의 시대에 중국 전진(前秦)에서 승려 순도와 불상, 경전 등을 고구려에 전했다. 동진에도 고구려는 사람을 보내어 승려를 보내 주도록 요청하니, 주후 374년 아도 승려가 고구려에 내왕하였다. 불교는 사실 이미 널리 퍼져 있었지만 국가가 공인하지 않았을 뿐이었고, 고구려는 불교가 성행하던 전진과 동진과의 외교 관계를 고려해 승려 순도의 도착과 함께 공인하게 된 것이었다. 고구려는 순도를 위하여는 초문사를 아도를 위하여 아불란사를 창건하여 머물게 하고, 본격적인 포교를 도왔다. 영토를 확장한 광개토왕은 평양에 9개의 절을 창건하여 장수왕 때 평양으로의 천도 기초를 놓았다. 고구려 마지막 불꽃을 장식했던 막리지 연개소문은 당군의 침입을 잘 막아내었으나 그의 사후 주후 666년 그 장남 남생이 막리지가 되면서 형제간의 내분으로 고구려 멸망이 초래되었다. 그런데 주목할 것은 그 형제간의 내분이 신성이란 중의 이간질에 의해 야기되었다는 점이다. 이 승려는 고구려의 불교 중흥을 꿈을 지닌 자였는데 연개소문이 불교, 유교와 함께 도교를 적극 장려하며 (삼국사기 21권 참조) 불교를 상대화시키는 점에 불만을 품고 있다가, 연개소문의 죽음을 기화로 그의 아우 연정토와 연개소문의 세 아들 사이와 형제들 사이를 이간질 놓기 시작하였다. 그 결과 연정토가 12성을 가지고 신라로 투항하고 남생은 당나라에 붙고 남건이 막지기로 사건 수습을 위해 동분서주했으나 결국 주후 668년 9월 나당 연합군에 나라가 멸망되고 말았다. 나라를 볼모로 불교 중흥을 꾀했던 이 승려의 행적은 지탄을 받아 마땅하다.

백제의 경우에는 고구려에 불교가 전래된 약 십년 후엔 주후 384년, 중국의 동진(東晉)의 마라난타로부터 불교를 받아 들였고, 삼국 중 불교 전래가 가장 늦었던 신라에는 눌지 왕 때 고구려 중 묵호자가 전래했다. 원래 신라는 불교를 배척하다 법흥왕 때에 이차돈의 순교를 계기로 공인하였다. 통일신라는 불교문화라고 할까, 고려 역시 불교를 호국 종교로 수용했다. 고려에서는 2월 보름에 연등회란 전국적 행사를 하며 귀신을 쫓고 나라의 평안을 빌었다. 팔관회란 것도 있어서 개경과 서경에서 10월 보름과 11월 보름에 천지 산천의 신명께 나라의 안녕을 기원하던 국가적 행사였다.

삼국사기의 자기 비하

삼국사기의 편찬자 대표인 김부식은 역사 기록에 더하여 자신의 평을 붙이곤 하는데 그 평은 때로 참으로 비굴한 자기 비하의 극치를 드러내기도 한다. 예컨대, 법흥왕이 스스로 연호를 칭한 것은 (건원 建元) 역사 이래 가장 큰 오류를 범한 것이라는 평, 고구려가 수나라와 당나라에 굴복하지 않고 항전(抗戰)한 것은 불의(不義)였다는 평, 백제가 당나라에 굴복하지 않고 항전한 죄로 망한 것은 당연한 일이라는 말, 고구려, 신라, 백제 삼국이 오랜 역사를 능히 보존한 것은 아마도 중국인의 후손이기 때문이 아닐까 라고 한 점 등이 그러하다. 그렇지만 때로 김부식은 적절한 평도 하고 있다. 예컨대, 신라의 왕들 가운데 거서간, 차차웅, 이사금, 마립간 칭호를 사용한 것을 최치원의 "제왕(帝王) 연대력(年代曆)"에서는 모두 "왕"이라 고쳐 불렀는데 "그러나 무슨 이유로 그 용어가 천박하여 부를 만한 것이 못된다고 여길 것인가?" 라고 반문하고 있다.

거란의 침입

왕건이 고려를 건국하기 2년 전에 만주에서는 거란족의 야울아보기가 여러 부족을 통일하여 요(遼) 나라를 건국했다. 이 거란족이 발해를 침공하였을 때, 발해에서는 고려에 구원병을 요청했으나 후백제의 견훤 때문에 발해를 도울 수가 없었고, 이로 인하여 발해는 요에게 망하고 고려 태조 9년부터 고려는 거란과 국경을 접하게 된다. 고려는 송(宋)과 친교를 맺고, 거란의 요나라는 금수(禽獸)의 나라로 멸시했다. 그런 와중에 요 나라는 성종 조에 이르러 소손녕에게 80만 대군을 주어 역시 성종이 통치하던 고려를 치게 했다. 이때 서희가 나서서 소손녕과 담판을 하는데 소손녕이 "어찌하여 고려는 송나라와 내통하면서 거란을 위협하는가" 라 질책하니, 서희 대답하길, "요나라와 친교를 맺고 싶으나 거란과 고려의 중간인 압록강 일대에 여진족이 버티고 있어 바다 건너 송나라로 가기보다 어려우니 어찌 우리의 잘못인가? 지금이라도 여진을 몰아내고 우리의 옛 땅을 도로 찾게 하여 성을 쌓고 길을 닦는다면 통교를 할 수 있을 것이다" 라고 답하였다. 이에 소손녕은 "우리 요나라가 고구려 후예임을 인정하고 우리의 문화를 받아들이며 우리의 연호를 사용한다면 황제께 아뢰겠노라" 답하였다. 이로 80만 거란군은 물러갔으나 고려는 송나라 연호 대신 요나라의 연호를 쓰기 시작하고 그 대가로 압록강 동쪽 여진 땅 280리의 소유를 묵인 받아 훗날 고려의 국경선을 압록강까지 확장하는 계기가 되었다.

우리는 질문한다. 왜 고려는 자주적 연호를 사용하지 못했던가? 송나라 아니면 요나라 연호를 사용해야 했던 이유가 무엇인가? 자주적이지 못한 자세였다. 그 후에 요나라는 서희의 외교로 얻은 압록강 주변의 땅 강동 6주의 반환을 요구했으나 고려가 거절하자 성종이 친히 40만 대군으로 침공해 왔으나, 강감찬의 귀주 대첩으로 거란은 꺾이고 다시 침공하지 못했다. 예나 지금이나 국가란 힘이 있어야 한다.

금나라와 고려

요나라에 복속하고 있던 여진족! 그런데 북만주 하얼삔 동남 아성(阿城) 부근에 거하던 생여진 완옌부 세력이 증대하여, 여진족을 통일하고 요에 반기를 들고 1115년 금나라를 세우는데 성공했다. 그런데 여기서 우리가 주목할 점은 그려측의 국제 정세 변화에 대한 오판과 잘못된 대응이 금나라의 건국을 도왔다는 점이다. 곧 금나라를 세우기 전, 세력이 증대한 완옌부 여진은 1104년 (고려 숙종 9년) 고려에 복속하고 있던 여진 부락을 공격하여 함흥을 아우르고 도망가는 자를 쫓아 정주관(定州關, 정평)에 이르렀다. 고려는 임간과 윤관을 차례로 보내어 이들을 치게 했지만, 모두 패배 당했다. 이는 여진이 기병(奇兵)인데 반해 고려는 주로 보병이었기 때문이었다. 이에 고려는 기병을 주축으로 별무반을 편성 1107년 (예종 2년) 마침내 여진 정벌을 단행하는데 윤관이 17만 대군을 이끌고 정주관을 지나 함흥평야를 점령하고 그 지역에 함주, 영주, 웅주, 길주, 복주, 공험진, 통태진, 진양진, 숭년진 등의 9성을 쌓고 군사를 주둔시켰다. 그러나 여진의 반격과 반환 요청, 윤관에 대한 정치적 비판 등으로 빚어진 당시 지도부의 갈등으로 1109년 9성을 여진에 고스란히 넘겨주고 말았다. 이것이 큰 실책이었다는 말이다. 왜냐하면 여진족은 그로부터 불과 몇 년 후에 금나라를 건국하고 2대 태종 조인 (1123-1135년) 1124년에 서하를, 1125년에는 요나라를 멸하고 1126년에는 북송(北宋)까지 멸했기 때문이다. 이런 정황에서 고려의 실권자 이자겸은 1126년 고려 중신들의 반대를 무릅쓰고 금나라에 대하여 상표(上表) 칭신(稱臣)하기로 결정하고 말았다. 이렇게 고려는 거란이나 금나라에 대하여 명목상이라고 하나 칭신(稱臣)하는 지위를 벗어나지 못했다.

한편 이자겸의 난으로 개경이 어수선한 틈을 타서 서경천도 운동을 주창하던 묘청 일파가 뜻대로 되지 않자 1135년 국호를 대위국, 연호를 천개라 칭하고 금나라 정벌, 서경 천도 등의 구호를 내걸고 난을 일으켰다. 민족 사학자 신채호는 (1880-1936년) 1925년 동아일보에 기고한 글에서 묘청의 난을 일컬어 "조선 역사 일천년래 제일대 사건"이라 칭했다.

그 실상은 이 전역(전쟁)이 즉 낭(郎), 불(佛) 양가 대 유가(儒家)의 싸움이며, 국풍(國風)파 대 한학(漢學)파의 싸움이며, 독립당 대 사대당의 싸움이며, 진취 사상 대 보수사상의 싸움이니 묘청이 곧 전자의 대표요 김부식은 곧 후자의 대표이었던 것이다. 이 전역에 묘청 등이 패하고 김부식이 이겼으므로 조선사가 사대적, 보수적, 속박적 사상 - 유교 사상에 정복되고 말았거니와, 만일 이와 반대로 김부식이 패하고 묘청 등이 이겼더라면 조선사가 독립적, 진취적 방면으로 전진하였을 것이니, 이 전역을 어찌 1년년래 제일대 사건이라 하지 아니하랴 김부식이 이상적으로 생각한 것은 조선의 영토를 대동강이나 한강 이남으로 바짝 줄이고, 조선의 제도, 문물, 풍속, 습관 등을 모두 유교화하여 삼강오륜의 교육이나 받게 하며, 외국에 사신 다닐 만한 사람이나 길러 동방 군자국이라는 칭호나 유지하는 것이었기 때문이다… 그러던 중 천년에 한 번 얻을 서경전역 (서경천도운동)의 승리를 기회삼아 그 사대주의를 근거로 하여 삼국사기를 지을 때, 사대주의에 맞는 사료는 길게 설명하고 추켜 올리면서 마음에 들지 않는 사료는 깎아 내리거나 지워 없애 버렸다.

그런데 신채호의 이런 해석이 과연 타당한지는 논란거리이다. 왜냐하면 묘청은 이렇다 할 어떤 부국강병책도 없이 평양 임원역에 수도를 잡기만 하며 36개 나라가 조공을 하리라는 신라 적부터 내려오는 허황된 풍수 도참사상만 믿고 행동한 듯 보이기 때문이다. 그러나 그 자주적 정신만은 높이 사야 할 것 같다.

원나라에 복속함

징기스칸의 손자 쿠빌라이는 1271년에 국호를 원(元)이라 칭하고 중원을 통치하게 되니, 이 원나라가 1368년까지 중국을 통치함으로 고려는 저들의 속국으로 굴복하게 된다. 여기서 한 가지 주목 할 것은 1231년부터 1259년까지 무려 30년간 6차에 걸친 몽골군의 침공에 저항한 고려의 강력한 저항은 세계적으로 유가 없었던 종류의 것이었다는 점이다. 그 당대 몽골군이 누구인가? 온 세상을 아주 신속하게 유린해 버렸던 당대 세계 최강 군대가 아니었던가? 몽골군은 서(西)로 서로 진격을 거듭한 이래, 1241년 3월 유럽으로 진격, 2만 보조병력은 폴란드 리그니츠 (Liegnitz)에서 실레지아의 헨리 공이 지휘하는 유럽군을, 수베데이와 바투가 직접 지휘한 5만의 주력 부대는 사조 강 (Sajo) 전투에서 헝가리군을 각기 격파하고, 1242년 초에는 유럽으로의 서진을 계속할 속셈이었다. 칭기스칸의 후계자 대한(大汗) 오고타이의 사망 소식이 아니었더라면, 유럽 전체가 몽골군의 말 발굽아래 유린당했을지 모를 일이다. 이러한 군대를 맞아 고려가 무려 30년간이나 굴하지 않고 저항했다는 것은 불굴(不屈) 정신의 기념비다운 일이었다. 1216년 거란족을 추격하여 고려 국경 너머로 진격해온 몽골군은 1273년 고려가 굴종하기까지 6차에 걸쳐 고려를 침공하게 된다. 스테판 턴불 (Stephen Turnbull)이 저술한 「징기스칸과 몽골 정복 1190-1400」은 고려의 몽골군에 대한 장기간의 저항이 세계적으로 유가 없었던 것이었다는 점을 보여준다. 몽골군은 저항이 강력한 지역에는 최정예 부대를 파견하곤 했는데, 그 최정예 부대가 파견된 곳이 바로 고려와 러시아였다. 특히 고려의 귀주 산성 전투는 몽골군의 포위 전투 중에서 가장 장기간의 것이고, 가장 생생하게 기록으로 남은 전투라 한다. 귀주성 전투에 참가했던 한 몽골군 70세의 노 장수는 탄식하며 이렇게 말했다고 전해진다: "나는 머리를 올려 청년으로 인정받은 이래로 이 부대를 따라 전투해 오면서 성읍들이 공격을 당하고 싸우는 것을 보아 왔지만, 여기처럼 끝까지 항복하지 않는 성읍은 결코 본 적이 없다" (S. Turnbull, 38). 귀주성 전투는 4개월간 지속되었지만, 끝내 몽골군이 함락시키지 못하였다. 귀주 병마사 박서와 그 휘하 장수 김중온과 12명의 결사대, 김경손 등은 불굴의 투지로 저들을 격퇴하였다.

그러나 강인했던 물리적 저항과 달리 고려 지도층의 정신 사고는 아주 허무하게 돌아갔다. 그들은 정신적 지반인 불교의 힘 그러니까 우상의 힘으로 국난을 극복하겠다는 현실에 맞지 않는 발상을 하고서 1236년부터 16년에 걸쳐 팔만대장경을 조판했던 것이다. 이를 영어로 Tripitaka Koreana라 (한국의 삼장三藏) 부르는 모양이다. 당시 문장가 이규보는 대장각판군신기고문을 지었는데 그 일절은 다음과 같다:

대자대비하신 부처님! 저희 고려인은 뼈를 깎고 살을 저며서 민족수호를 위한 대장경을 판각하고자 하나이다. 이는 어느 한 사람의 뜻도 아니요, 어느 한 사람의 일도 아니며, 오늘의 역경만도 아니요, 우리 강토를 열고 이 강토를 지키고 살았던 모든 조상의 소망을 받들었고, 자손만대로 이어갈 후손의 기원을 담아, 생명을 바쳐 이룩하고자 함입니다.

16년 동안 수만 명의 인력이 동원되어 만들어진 대장경! (1251년 완성) 이는 불력(佛力)으로 나라를 지키겠다는 것인데, 저들이 의지했던 불력(佛力)은 아무런 도움이 되질 못했다. 여기에 우리 한민족 비극의 뿌리가 있다. 어디에 도움을 구해야 할지를 몰랐다는 것이다. 말 못하는 우상에게 도움을 구한다면 그들 역시 허무한 우상과 같이 어리석고 비참한 신세로 전락할 것이기 때문이다 (시 115:8, 합 2:18).

주자학의 수입과 조선의 건국

그 즈음에 이 나라에는 안향(安珦)이 원나라에 가서 주희가 수립한 주자학을 수입하여 가르치기 시작하여 중국인의 우주관, 공자 맹자의 가치관을 한민족의 가슴에 심기 시작하였다. 그런데 우리나라에 유교가 전래된 것은 사료 부족으로 분명히 말할 수 없다 해도, 중국의 유민들이 와서 주전 194년에 세웠다는 위만조선(衛滿朝鮮) 때에 유교의 사상이 일부나마 전해 졌으리라 짐작되지만, 삼국시대에 한문의 전래와 함께 본격적으로 전래되었을 것이 추정된다. 한문의 전래는 한학(漢學)의 전래이며 한학은 한대에 성립된 유교 경전을 연구하는 경학(經學)이 중심이었기 때문이다. 그래서 삼국시대 이래 직간접으로 유교는 정치, 교육, 제도, 법규, 혼례(婚禮)나

상례(喪禮) 같은 예법(禮法), 개인 윤리, 사회 국가 윤리에 크게 영향을 미쳐 왔으리라. 특히 하늘을 숭배하고 나라에 충성하고 부모에 효도하는 충효 사상 윤리는 한민족의 심성에 착근하였다. 고구려 소수림왕 2년 (주후 372년)에 태학을 세워 상류계급 자제들을 교육시켰다는데 이 태학의 주 교과 과정은 오경(五經)과 삼사(三史), 문선(文選) 등이었다. 일반 서민들은 경당(經堂)에서 역시 유교 경전과 역사, 문학 서적, 무예 등을 배웠다. 백제나 신라도 유사하게 유교의 영향을 지적할 수 있을 것인데, 세계관, 생사관, 신관(神觀), 윤리 사상 등에서 유교적 냄새가 풍기게 된 것이다. 특히 원광법사가 주었다는 화랑의 세속오계는 유교적 사상의 적당한 변용과 적용이었다. 통일신라 신문왕 2년 (주후 682년)에는 국학(國學)을 세우고 예기, 논어, 주역, 효경, 춘추좌씨전, 모시(毛詩), 산학(算學), 상서(尙書), 문선(文選) 등의 교과목으로 교수하였다.

고려 시대에는 불교가 주류를 이루었다 해도, 정치 사회 윤리 분야에서 유교의 경세(經世)적 사고를 대체할 수는 없었다. 그러니까 고려 시대 초기에는 학문적으로 체계적으로 지식인들이 유교의 경전들을 다루지 않고 자기 인격의 완성과 이상사회를 구현하려는 현실 정치의 방향 지시 등 정도로 대했다고나 할까? 고려조 4대 광종 때에 후주(後周)에서 귀화한 쌍기의 건의로 유교 교과목 중심의 과거제가 도입됨으로 유교의 전파에 큰 전기가 마련된 셈이었다. 그리고 성종조에 최승로가 피력한 "시무이십팔조" 곧 군주의 수덕(修德)과 예제(禮制)에 근거한 사회질서 확립 등이 정책에 반영되어 국자감이 설립되고, 유교가 장려되었다. 예종 4년 (1109년)에는 국학에 일곱 개의 분과(分科; 칠재七齋)를 세우고 국학의 장학재단인 양현고를 두어 유학생(儒學生) 60명, 무학(武學)생 17명을 양성하게 하였다. 고려 시대의 사상적 흐름은 말하자면, 불안한 세상에서의 안전과 심적인 평안을 위해서는 불교, 현실의 처세와 경세, 인격 도야를 위해서는 유교 이런 식으로 적당히 불교와 유교를 수용했지 않나 싶다.

조선 이씨 왕조의 성립으로 주자학은 그 고전적 실천의 장을 확고하게 얻게 되었다. 조선 왕조실록을 읽으면서 특히 인상 깊게 다가오는 바는 당대 학자들의 유교 경전에 근거한 논리 정연한 주장이나 그 번잡한 상례 준비와 집행의 모습이다. 그리고 아주 낯이 뜨뜻해 지기도 하는데 그것은 그 철저한 중국에 대한 굴종적 자세 때문이다. 그러한 굴종적 자세는 위화도 회군 사건 당시의 이성계의 모습에서 극적으로 드러났고, 그가 세운 이씨 조선 내내 부끄러운 자화상으로 모습을 드러내고 있다. 조선왕조실록 1집에 (태조 이성계), 대륙에서 원명 교체기에 요동 정벌위해 이성계가 우군도통사로서 위화도까지 진군했을 때 다음과 같이 말한 것으로 기록에 나타난다:

> 만약 상국(上國)의 국경을 범하여 천자(天子)에게 죄를 얻는다면 종사(宗社)생민(生民)의 재화(災禍)가 즉시 이르게 될 것이다. 내가 순리(順理)와 역리(逆理)로써 글을 올려 군사를 돌이킬 것을 청했으나, 왕도 또한 살피지 아니하고, 최영도 또한 늙어 정신이 혼몽하여 듣지 아니하니, 어찌 경(卿) 등과 함께 왕을 보고서 친히 화(禍)되고 복(福)되는 일을 진술하여 임금 측근의 악인(惡人)을 제거하여 생령(生靈)을 편안하게 하

지 않겠는가? (여기서 "경"은 좌군 도통사 조민수)

이런 사대주의 근성의 이성계였지만, 그의 행적에 대한 왕조실록의 기록은 구구절절이 그의 덕행과 무용 아닌 것이 없다. 우왕이 요동을 치게 한 것을 두고는 우왕이 광패(狂悖)하여 요동을 공격하기를 꾀하여 삼한의 백만 백성을 징발하여 다 죽이려고 했다고도 기록했다. 위화도 회군은 요동 정벌이란 정당하고 합법적인 왕명을 거역한 반역행위였고, 사대주의 사고에 찌든 이성계의 사고가 결국 민족의 활로에 새 전기를 마련했을 기회를 자기 일신상 영달(榮達)의 기회로 바꾸고 말았다. 위화도 회군으로 쿠데타군의 주장이 된 이성계는 우왕과 그 아들 창왕을 폐가입진(廢假立眞)이란 명분하에 폐하고, 공양왕을 허수아비로 내세웠으나 그 진짜 왕씨 가문의 왕도 제하고 스스로 왕위에 올랐다.

이렇게 왕위에 오른 이성계는 중국에 대하여는 철저하게 굴종적이었다. 중국 명나라 흠차 내사 일행이 자문(咨文)을 갖고 오자, 백관을 거느리고 선의문 밖에 나가 맞고 대궐에 이르러 최연 등 환관이 선유(宣諭)를 전하는데 "말 1만 필과 엄인 (곧 환관) 및 김완귀의 가족을 거느리고 오라 합니다" 라고 말하자, 무릎을 꿇고 앉아 듣고 나서 머리를 조아리고 황제의 옥체가 만복한가 묻고 머리를 조아리며 좌군 도독부의 자문(咨文 외교문서)을 받았다 했다. 이성계는 명의 주원장에게 고려 말 최영이나 정몽주가 감히 상국의 땅 요동 정벌을 획책했다고 참소하기까지 했다:

홍무(洪武) 21년(1388)년에 신우(辛禑)와 최영(崔瑩) 등이 군대를 함부로 일으켜 요동(遼東)으로 향하고자 했으며, 25년(1392)에 왕요(王瑤)와 정몽주 등이 신우의 부정한 뜻을 계승하여 장차 상국(上國)을 범하려 하므로, 신(臣)이 온 나라 신민(臣民)들에게 효유(曉諭)하여, 오랑캐가 중화(中華)를 소란하게 할 수가 없으며, 아랫사람이 웃사람을 범할 수 없다고 말하니, 여러 사람이 모두 그 역리(逆理)와 순리(順理)를 알게 되고, 저들이 모두 그 죄에 자복(自服)하였으니, 다만 상천(上天)이 밝게 알 뿐이 아니오라, 실로 황제께서 환하게 보신 바입니다.

왜 중국이 상국(上國)과 웃사람이 되어야 하며, 우리는 오랑캐와 아랫사람이 되어야 하는가? 이성계는 대답해 보라. 외교적 수사라 해도 도가 지나치다. 자주적 기풍을 지닌 자기 동족을 누르고 왕권을 찬탈하고서 그 합법화를 중국에 대한 철저한 자기비하에서 찾고 있다.

불교에 대한 조선조의 기본자세는 억불책이었다. 태조 원년에 대사헌에서는 불교를 억압하는 방책에 대하여 상소하였는데 다음과 같다:

아홉째는 승니(僧尼)를 도태(淘汰)시키는 일입니다. 불법(佛法)이란 것은 오랑캐의 한 가지 법입니다. 한(漢)나라 영평(永平) 때부터 처음으로 중국에 들어왔는데, 동방(東方)으로 전해 와서는 숭봉(崇奉)함이 더욱 심해져서, 연방(蓮坊)과 감우(紺宇)가 높다랗게 서로 바라보게 되고, 방포(方袍)와 원정(圓頂)이 중외(中外)에 널리 가득히 차 있었습니다. 또 그 법이 본디 마음을 깨끗이 하고 욕심을 적게 하는 것[淸淨寡欲]으로써 종지(宗旨)로 삼았으니, 그 무리들은 바위 구멍[巖穴] 속으로 멀리 도망해 숨어 푸성귀만 먹고 물만 마시면서, 정신(精神)을 수련(修鍊)하면 될 것인데, 지금은 평민들과 섞여 살면서 혹은 고상한 말과 미묘(微妙)한 이치로써 사류(士類)들을 현혹하기도 하고, 혹은 사생 죄보(死生罪報)로써 어리석은 백성을 공갈(恐喝)하기도 하면서 마침내 시속(時俗) 사람들로 하여금 유탕(流蕩)하여 본업(本業)에 돌아갈 것을 잊게 하였으며, 심한 자는 살찐 말을 타고 가벼운 옷을 입으며, 재물을 늘리고 여색(女色)을 탐하여 이르지 않는 일이 없으니, 나라를 좀먹고 백성을 병들게 함이 이보다 심한 것이 없습니다. 원하옵건대, 그 무리들을 모아 학문과 덕행을 자세히 상고하여, 그 학문이 정밀하고 덕행이 닦아진 사람은 그 뜻을 이루게 하고, 나머지는 모두 머리를 기르게 하여 각기 그 업(業)에 종사하게 하소서.

태조 2년에도 불교 억압책을 대사헌에서 상소하였는데 다음과 같았다:
삼대(三代; 하, 은, 주) 이래로 유학의 도(道)가 밝지 못하온 데, 진(秦)나라의 분서(焚書)을 겪으면서 사람들의 마음이 더욱 어두워졌습니다. 한(漢)나라 명제(明帝) 때에 이르러 불교(佛敎)가 처음으로 중국에 들어왔는데, 초왕(楚王) 영(英)이 가장 먼저 이를 좋아했으나 마침내 단양(丹陽)에서 죽음을 당하게 되었고, 양(梁)나라 무제(武帝)는 이를 가장 독실히 믿었으나 대성(臺城)에서 굶주림을 면하지 못하였으며, 불도징(佛圖澄; 龜玆國 혹은 서역 출신 [231-348?]) 조(趙; 곧 후조 後趙)나라를 능히 보존하지 못하였고, 구마라즙(鳩摩羅什; 불도징의 제자)은 진(秦; 후진)나라를 능히 보존하지 못하였고, 지공(指空; 인도의 중으로 고려 충숙왕 2년에 왕사가 됨)은 원(元)나라를 능히 보존하지 못했으니, 역대(歷代)의 군주가 그 교(敎)를 공경하여 능히 그 복을 누린 사람이 있었다는 말을 듣지 못했습니다. 우리 동방으로 말한다면, 신라가 불교에 미혹하여 그 재력(財力)을 다 없애서 탑묘(塔廟)가 민가(民家)에 절반이나 되더니, 마침내 나라가 망하는 데 이르게 되었고, 고려의 의종(毅宗)은 3만 명의 중들을 공양(供養)한 것이 한 달에 십여 곳의 절에까지 이르렀으나, 마침내 임천(臨川)에서 탄식(歎息)함이 있었으며, 공민왕(恭愍王)은 해마다 문수 법회(文殊法會)를 개최하고 보허(普虛)와 나옹(懶翁)을 국사(國師)로 삼았는데, 보허와 나옹이 모두 사리(舍利)가 있었지마는, 나라의 멸명을 구원하지는 못하였습니다. 이 일로 미루어 생각한다면, 불교의 인과응보(因果應報)의 설(說)은 믿을 것이 못됨이 명백합니다. 삼가 생각하옵건대, 전하께서는 불교의 청정 과욕(淸淨寡欲)을 흠모하려 한다면, 선왕(先王)의 공묵무위(恭默無爲) 사상을 법 받을 것이고, 불교의 자비 불살(慈悲不殺)을 본받으려 한다면 선왕의 능히 관인(寬仁)하고 능히 호생(好生)하는 덕을 생각할 것이고, 불교의 인과응보(因果應報)의 설

(說)을 두려워한다면 선한 자를 상주고 악한 자를 처벌하고, 죄 가운데 의심나는 것은 경하게 처벌하고, 공 가운데 의심나는 것은 중하게 상주는 것으로 규범을 삼을 것입니다. 이같이 한다면 다만 백성들만 그 은택을 입을 뿐만 아니라 천지 귀신도 또한 몰래 돕게 될 것입니다.

이런 조선조의 불교 비판은 현실적이다. 그럼에도 조선 지도부가 통치이념으로 택한 유교 역시 중국에 대한 사대주의 모화(慕華) 사상을 골수에 배게 하는 버팀목이었다면, 저들은 호랑이를 내쫓고 사자를 들여온 셈이다. 유교사상으로 무장한 조선 관리들은 모든 사상과 행동의 전거를 철저히 중국 중심의 문헌에서 찾았다. 서경(書經)에 이르기를, 시경(詩經)에 이르기를, 역경(易經)에 이르기를 … 조선 왕조 실록을 읽노라면 모든 것이 중국에 너무나 굴종적이다. 왜 이렇게 철저하게 자기를 비하시켰을까?

혹자는 말할 것이다. 유교 정치의 기본이념이 인(仁)이라는 인류 보편성의 원리를 구현하는데 있다면, 그리고 유교정치가 사회 전면에 대도(大道)가 행해지고 신명(神明)이 감동할 정도의 지치(至治)에 도달하는 이상적 사회인 대동(大同) 사회 건설을 추구한다면, 그것은 조선에서도 보편적 정치 이념으로 수용 가능했던 것 아닌가? 라고 물을 것이지만, 천만부당한 생각이다. 왜냐하면 유교의 정치사상이란 것이, 천인(天人)합일(合一)관을 전제로 한 왕권 천수설의 성격을 갖고 있어서, 정치의 최고(最高)자는 천인합일을 추구하는 천자(天子)이며, 모든 천하 국가들의 합법성은 절대 유일의 나라 '천자의 나라'와 연계하여 제후국의 위상을 확보하는데 있었기 때문이다. 유교정치가 아무리 인류 보편의 인도주의라 할만한 인정(仁政)을 목표로 삼는다 해도, 그리고 이런 인정을 위해 정치인은 성현의 자질을 갖추어야 한다지만, 그것은 이상일 뿐 현실은 강한 천자가 군림하여 조선 따위의 제후국에 대하여는 하대와 천시를 밥 먹듯 하였다. 허울 좋게도 인정(仁政)이란 간판은 달았을지 몰라도 현실은 냉혹하기만 했던 것이다. 그러므로 유교 정치사상을 나라의 이념으로 떠받드는 조선 지배층의 사고틀에서 중국 중심의 사고를 탈피하기는 불가능했고, 그런 중국 의존적 행태는 자신의 독자적 사고를 불가능하게 만들고 말았다. 사상이 그러하니 행실 또한 굴종적일 수밖에 밖에 없었다. 그 단적인 예가 한글 창제를 극력 반대하며 창제 후에도 자기나라 글을 언문(諺文, 상말을 적는 문자란 의미)이라 천시했던 그들의 행태이다.

조선 사람들은 왜 스스로 생각하고 스스로 세계를 바라보지 못하고 철저하게 중국에 예속된 사고를 했던가? 대륙에 붙은 지형학적 요인이라 넘겨 버리기에는 너무나 곤혹스럽다. 오히려 사상적 독자성이 확보되지 못한데서 그 첫째 요인을 찾아야 할 것이다. 만약 조선인들에게 일찍 복음이 전해져 세상을 정복하고 다스리고 충만케 해야 할 사람들의 사명과, 하나님을 영화롭게 하고 그를 섬겨야 할 인생의 목적을 알았더라면 조선은 그렇게 중국에 의존하는 굴종적 자세를 취하지는 아니했을 터이다. 또한 인격적인 하나님과의 교제에서 오는 삶의 의미를 알았다면, 그런 번잡한 제례(諸禮)들에 그처럼 속박당하지도 아니했을 것이다. 조선 사람들은 말하자면, 달빛에 세상을 본 자들이었다. 달밤에 산길을 걷는다면, 모든 것이 흑갈색이다. 사물의 다양한 원래 색깔은 찾아 볼 수가 없다. 참 진리의 계시의 빛이 비췰 때에만 사람들은 사물을 본래 색깔과 모습대로 볼 수 있는 것이다. 그처럼 조선 양반들은 어둔 유교의 빛에서 이리 저리 헤매다 결국 나라를 망치고 말았다. 이렇게 본다면, 민족을 복되게 하는 사상이 얼마나 중요한지를 알겠다. 시편 기자는 그래서 "여호와를 자기 하나님으로 삼는 백성은 복이 있도다!" (시 144:15, 33:12)

임진왜란

이순신의 난중일기를 보면, 그 시대를 위해 하나님께서 이순신 같은 사람을 보내셨다는 생각마저 들 정도이다. 모든 것이 무기력하고 날이면 날마다 명분 싸움으로 해가 지고 뜨던 그 시대에 그래도 이순신은 자기의 할 일을 묵묵히 수행하여, 유비무환(有備無患)의 자세로 직무를 성실히 수행하여 전란을 대비했다. 이순신은 1592년 음력 4월 15일에 (이하 음력; 양력 5월 25일) 영남우수사 원균과 (거제) 경상 좌수사 박홍의 (동래) 공문을 받고 왜적의 침입을 알았고 다음 날에는 부산진의 함락이 전해졌다. 동래 함락 소식을 전해 듣고는 (4월 18일) "이건 정말로 통분하여 말을 할 수가 없다"고 적고 있다. 영남 관찰사 김수의 공문에는 (4월 20일) "많은 적들이 휘몰아 쳐들어오니 이를 막아낼 수가 없고 승리한 기세가 마치 무인지경을 드는 것과 같다"고 했다. 4월 29일자 일기는 다소 길게 기록하는데, 그 통분함을 이렇게 적고 있다:

> 흉하고 더러운 무리들이 벌써 새재를 넘어 서울을 육박하게 되어 본도의 겸 관찰사가 홀로 분발하여 많은 군사를 거느리고 곧 서울로 향하여 왕실을 보호할 계획이라 하는 바, 이 말을 듣고 흐르는 눈물을 가누지 못하고 칼을 어루만지며 혀를 차면서 탄식하고, 또 여러 장수를 거느리고 서울로 달려가 먼저 육지 안으로 들어간 적을 없애고자 하니, 국경을 지키는 신하의 몸으로 함부로 하기 어려워 부질없이 답답한 채 분함을 참고 스스로 녹이며 엎드려 조정의 명령을 기다리다. 내 어리석은 생각으로는 오늘날 적의 세력이 이와 같이 왕성하여 우리를 업신여기는 것은 모두 해전으로써 막아내지 못하고 적을 마음대로 상륙하게 하였기 때문이다. 그런데 경상도 연해안 고을에는 깊은 도랑과 높은 성이 든든한 곳이 많은데 성을 지키던 비겁한 군졸들이 소문만 듣고 간담이 떨려 모두 도망갈 생각만 품었기 때문에 적들이 포위하면 반드시 함락되어 온전한 성이라고는 하나도 없다. 지난번 부산 및 동래의 연해안 장수들만 하더라도 배들을 잘 정비하여 바다에 가득 진을 치고 엄습할 위세를 보이면서 정세를 보아 전선을 알맞게 병법대로 진퇴하여 적을 육지로 기어오르지 못하도록 했더라면 나라를 욕되게 한 환란이 반드시 이렇게 까지는 되지 않았을 것이다. 생각이 이에 미치니 분함을 더 참을 수 없다. 이제 한 번 죽을 것을 기약하고 곧 범의 굴로 바로 두들겨 요망한 적을 소탕하여 나라의 수치를 만에 하나라도 씻으려는 바 성공하고 안 하고, 잘 되고 못되고는 내 미리

생각할 바 아니리라.

참으로 눈시울이 절러 뜨거워지는 대목이다. 이런 장수(將帥)가 육군에 한 명이라도 있었더라면 그 수치는 면할 수 있었지 않았겠는가? 이순신은 5월 4일에야 출항하여 경상도 남해 앞바다로 나아갔다. 서울이 왜적에 함락된 이틀이나 지난 다음이었다. 그럼에도 이순신은 풍전등화(風前燈火)의 조선을 구했다. 이순신이 조선의 남해를 막아주지 못했다면 명의 이여송이 도착하기도 전에 조선은 완전히 왜적의 손에 함락되었을 터였기 때문이다. 왜냐하면 왜적은 4월 13일 21만 대군의 침입을 시작으로, 14일 부산진을 함락시키고 15일에는 동래성 함락, 파죽지세로 진격 5월 2일 서울 함락, 6월 13일에는 평양까지 함락시켰으며, 선조가 의주로 피난한 6월에야 명의 지원군이 도착했고, 그해 12월에야 이여송의 4만군이 압록강을 넘었으며, 그 동안 이순신은 5월 7일 옥포에서 왜적 선단을 쳐 부시고, 7월 8일 한산도 대첩, 9월에는 부산포 해전 등으로 제해권을 장악하여 왜군의 보급물자가 서해안을 통해 평양으로 공급되는 길을 차단해 주었기 때문이다. 이순신의 승전(勝戰)이 갖는 의의에 대하여는 서애 유성룡이 그의「징비록」에서 잘 지적해 주고 있다:

당초 적은 수륙 양면으로 합세하여 서도를 공격하려 했다. 그러나 한 번 싸움 (한산도 해전)에서 이순신에게 대패함으로써 위세가 꺾이고 말았다. 고니시가 평양성을 점거하고도 더 이상 전진하지 못한 것도 이 때문이다. 이로 말미암아 나라가 보존된 것이라고 해도 지나친 말이 아니다. 왜냐하면 이것으로 인해 전라도와 충청도를 지킬 수 있었고, 아울러 황해도와 평안도 연안 일대를 확보하여 군량을 조달하고 나아가 일사불란하게 명령을 내려서 나라의 힘을 회복할 수 있었기 때문이다. 또한 요동, 요서와 천진 등지에 적의 사나운 발자국이 미치지 못하도록 막았기에 명의 구원병이 육지로 나와 우리를 도와 적을 물리칠 수 있었던 것이다. 실로 이 모든 것이 이순신의 승리에서 비롯된 결과였으니 어찌 하늘의 도움이 아니라 하겠는가?

이순신의 승전 의미를 국제적 시야에서 조망하고 있다. 해군 제독 이순신의 탁월한 전략 구사는 역사상 그 유를 찾을 수 없는 것이라 아니할 수 없는데, 22전 이상의 해전에서 한 번도 패한 적이 없고, 배 한척 손실시키지 아니하고 적선은 1천 여척 이상 격파하였다는 사실이 이를 입증해 준다. 영국 해군사 연구원 밸러드 제독은 (Geor Alexander Ballard, 1862-1948)「일본 정치 역사에 대한 바다의 영향력」(The influence of the sea on the political history of Japan [London: John Murray, 1921])이란 책에서 넬슨 제독에 비길만한 사람이 있다면, 그것은 이순신일 것이라 했다. "이순신은 처음부터 끝까지 실수라는 것을 알지 못했다고 말함이 과장이 아니리라. 여러 다른 정황들에서 그의 행사는 너무나 완벽하여 비평을 할 거리가 없다" (66-67 페이지)라고 까지 했다.

1910년 국권 상실

1800년대 후반 한반도를 둘러싼 열강의 각축전(角逐戰) 속에서 조선이 결국 일본의 제물(祭物)이 되었던 이유는 세계정세를 제대로 파악하지 못하고 나라를 쇄신하는데 실패했기 때문이었다. 유사한 조건에서 일본이 메이지 유신을 통해 각종 제도를 정비하고 근대국가로 출발했던 데 비하여 조선은 너무나 우물 안 개구리로 처신하였다. 조선 지도층은 유교에 대한 맹신 때문에 주자학의 사고틀에서 한발도 벗어날 수가 없었다. 그 유교적 사고틀이 제시하는 양반과 상놈의 신분제, 사농공상(士農工商)의 구분, 관존민비(官尊民卑), 남존여비(男尊女卑)의 가치관은 개개인의 창조적 활동의 싹을 근원부터 잘라 버렸다. 효(孝)라는 명목아래 3년 상(喪)을 치루고, 없는 재산에 빚을 내어 성대한 제사를 지내는 사람들에게 무슨 창조적 사고나 미래가 있을 것인가?

반면 이웃 나라 일본은 성리학을 받아들이긴 했어도 과거제를 시행하지 않았고, 따라서 일본의 젊은이들이 거기에 목을 맬 이유가 없었다. 저들은 성리학을 이념이 아니라 하나의 실용적, 즉물적(卽物的), 문학적 도구로 수용했다. 일본인 사회에서는 중앙집권제와 연관된 과거제도가 없이 지방 분권이 발달했고, 동시에 유교를 조선처럼 이념과 국가 통치 사고가 아닌 하나의 장인적, 기술적 수단으로 받아들였다. 일본에서 정치는 지식인이 아니라 무사(武士) 집단이 독점한 까닭에 유교적 학문에 능한 사람은 하나의 직인(職人) 혹은 기술을 지닌 장인으로 무사계급에 고용되었다. 다른 측면에서 보면, 한국은 교차로 문화 (cross-road culture)였다면, 일본은 말하자면 종착역 문화 (dead-end culture)였다. 그래서 일본에 들어가면 유교나 불교나 신도나 서로 융합되고 혼합되어 공존하는 경향을 갖게 된다. 일본인들은 들어온 타 문화적 요소를 전후 맥락을 자르고 자기 식으로 요리하여 소화시켜 버린다. 한국은 중국이란 대국에 붙어서 중국의 직접 영향에서 벗어나지를 못했다. 그래서 고려 광종 때부터 도입된 중국의 과거 제도가 지금까지 실시되는 국가가 되었다. 한국에서는 지식획득이 곧 권력 획득을 의미하는 실력사회 (meritocracy)인 반면, 일본에서는 장인들의 기술이 존중되는 실용주의 사회였다. 이런 비교에서 드러나는 바는 일본에서 유교가 조선에서처럼 타 학문이나 사고를 배타적으로 몰아내고 독단적 지위를 점하는 그런 계기가 없었기에, 일본 사람들은 조선 사람들 보다 융통성 있게 세상을 바라 볼 여유가 있었다. 그래서 조선이 유교적 사고에서 서양적 사고를 무조건 배격하고 서양의 문물까지 차단한 반면 일본은 보다 좀 더 넓은 시야에서 서양의 문물이나 사고를 대할 수 있었다.

그러나 메이지 유신을 통해 일본이 서양의 문물을 받아들이고 근대국가로 나라 제도를 정비했음에도, 서양의 기독교적 사상이나 가치관, 세계관은 철저히 배척해 버렸다. 그 결과 국력이 신장될수록 증대한 물리적 힘을 통제할 적절한 가치관이나 세계관을 갖지 못한 일본이 이웃나라들에게 야수로 돌변한 것은 제국주의 시대라는 시대적 제약도 있었거니와 야수를 순화시키는 참 진리의 부재도 한 몫 했다고 아니할 수 없다.

남북 분단과 6.25 사변

일본에게 복속당한 한국이 해방을 맞아 남북으로 분단되고 곧 6.25 사변을 통해 전 국토가 폐허로 변할 때, 일본은 한국전의 군수기지로 화하여 재빨리 2차대전의 상처를 씻고 재기할 기회를 잡았다. 그런데 5천년 역사에서 1910년의 국권상실과 6.25 사변의 국난이야말로 우리 한민족이 당한 최고의 시련이 아니었나 여겨진다. 그럼에도 이 두 사건이야말로 한민족의 가슴 판을 복음의 옥토로 만드는 결정적 계기를 제공했다고 판단된다. 왜냐하면 이씨 왕조가 무너지지 않고 적당히 현대사회로 넘어왔다면 그 지긋지긋한 주자학의 족쇄(足鎖)는 여전히 이 나라를 주장하고 있었을지도 모를 일이고, 또한 전통적인 사고와 의식들만 아니라 전래되어온 친족의 전통들이 복음의 전파를 거부하는 강력한 요새로 작용했을 것이기 때문이다. 국권을 상실한 조선은 믿고 의지하던 유교적 이념이나 전통, 습관들도 차츰 상실했다. 더구나 6.25 사변을 통해서는 친족 중심의 전통들이 헝클어지게 되었다. 북한 사람들이 대거 남하하고 남한 각처의 사람들도 자리 이동을 심하게 하여 전통적인 족쇄들이 와장창 깨어지고 좀 더 개인적인 판단을 용이하게 할 수 있도록 해 주었다. 이런 연유에서, 비록 2차 대전에서 패전(敗戰)하는 국가적 수치와 곤경을 겪었지만 여전히 과거의 전통적 사고와 습관들이 그래도 양호하게 전수된 일본에 비하면, 한국은 복음에 더 개방적이고 수용적이 될 수 있는 마음의 토양이 마련될 수 있었다.

4.19 의거와 5.16 혁명

이만열 교수는 "해방 50년, 한국 교회사를 어떻게 볼 것인가?"란 제하의 한 강연에서 이렇게 말한 바 있다:

해방 후 한국의 역사는 대체로 ①통일국가 건설을 위한 진통기(1945-53), ②민주국가 건설을 위한 시련기(1953-61), ③군부 통치하의 경제 건설기 (1961-79), ④군부 독재에 대한 투쟁기(1979-93), ⑤문민 통치기(1993-)로 나눌 수 있다. 이러한 단계를 거치는 동안 한국은 첫째 민족적으로는 분단 고착화에 언어와 제반 이념, 정치. 경제의 체제, 민족문화에 이르기까지 남북의 이질화현상이 심화되었고, 둘째 인구와 경제면에서는 성장이 급격하여 남북의 격차를 점차 늘여 나가고 있으며, 셋째 급속한 산업화. 정보화에 따라 가치관을 비롯한 사회 환경이 급변하고 생태계 등 자연환경의 오염과 파괴가 가속화되고 있으며, 넷째 문화면에서는 전통문화의 재발굴과 계승. 발전의 노력이 꾸준히 지속되는 가운데서도 세계문화와의 부단한 접촉으로 다원화의 현상을 점차 띠어가고 있다.

한 평생 조선의 독립을 위해 살았던 이승만의 강력한 신념은 그의 기독교 신앙에 뿌리를 갖고 있었다. 그의 기독교 신앙은 1899년 1월부터 1904년 8월까지 이어진 5년 7개월여의 감옥살이에서 시작된다. 20대 후반의 혈기왕성한 청년은 감옥에서 주님을 영접하게 된다. 그의 개종과 함께 감옥 생활하던 양반 관료, 지식인 죄수 40여명에게 전도하는 역사가 일어났다. 기독 신앙인 이승

만이 제헌국회 임시의장으로서 사회를 볼 때, 이렇게 말하였6:

> 대한민국 독립민주국 제1차 회의를 여기서 열게 된 것을 우리가 하나님에게 감사해야 할 것입니다. 종교, 사상 무엇을 가지고 있든지 누구나 오늘에 당해 가지고 사람의 힘으로만 된 것이라고 우리가 자랑할 수 없을 것입니다. 그러므로 하나님에게 감사를 드리지 않을 수 없습니다. 나는 먼저 우리가 다 성심으로 일어서서 하나님에게 우리가 감사를 드릴 터인데 이윤영의원 나오셔서 간단 말씀으로 하나님에게 기도를 올려 주시기를 바랍니다.

목사 이윤영 의원이 대한민국 수립의 제1 초석을 놓는 제헌 국회 개원을 기도로 시작했다는 것은 참으로 시사하는 바가 크다. 이윤영 의원은 이렇게 기도를 시작하고 있다:

> 이 우주와 만물을 창조하시고 인간의 역사를 섭리하시는 하나님이시여, 이 민족을 돌아보시고 이 땅에 축복하셔서 감사에 넘치는 오늘이 있게 하심을 주님께 저희들은 성심으로 감사하나이다.

여하간 이승만은 한국의 초대 대통령이 되었고, 1948년 8월 15일 정부 수립 후 국무회의 시에도 장로인 이승만 대통령의 사회와 목사인 함태영 부통령의 축도로 하나님께 영광을 돌렸다. 이러한 사건들은 5천년 한국 역사의 새로운 시작이 아닐 수 없었다. 이승만의 이런 소신에 찬 행동은 잡신을 섬겨오던 이 민족이 이제 비로소 참 하나님을 의지하리라는 아주 엄청난 상징적 의미를 지니기 때문이다. 4.19 혁명으로 이승만은 독재자라는 누명을 쓰고 퇴장하지만, 그의 공과(功過)는 신중하게 따져야 할 것이다.

5.16 혁명으로 한국의 지도자로 부상한 박정희와 그의 혁명 정부가 이끈 조국 근대화 운동은 실로 이승만의 사상적 서광(曙光)과 함께 5천년 조선역사 이래 전대미문의 획기적 국가 발전의 전기 마련이라는 의미를 갖는다. 박정희 역시 독재자의 최후를 맞았지만, 그에 대한 판단 역시 신중히 이루어져야 할 것이다.

한국 기독교의 과제

이제 기독교는 한국 사회에 깊이 뿌리를 박고 어떤 태풍이 불어도 흔들리지 않을 만큼 성장하였다. 그리고 온 세계를 복음으로 정복하는 선교의 대국으로 자리매김하고 있다. 이 시점에서 우리 기독인의 과제는 21세기를 '우리의 세기'로 만들어야 한다. 지금껏 영국과 미국이 세계적 위세를 지니며 복음을 전한 그 일을 한국이 맡아야 한다는 것이다. 이를 위하여 내적으로는 천년 이상 기독교 사회를 이루었던 서양의 제 나라들처럼 이 민족의 기독교화를 이루어야 한다. 청와대나 국회, 법원이나 군대, 기업들이나 공장, 학교나 병원, 그 어디나 복음이 주장하는 나라로 세워져야 한다. 그리고 외적으로는 세계 각 구석구석에 대한 연구를 착실히 하고, 복음과 기술, 상품과 사랑으로 세계인을 찾아가야 한다. 일본의 경제력은 복음이 뒷받침 되지 않을 때 의미가 없다. 반면 한국은 경제적 힘을 성경적 사고로 뒷받침하여, 세계를 복음화 시키는 목표로 경제력을 사용할 수 있다. 돈의 영적인 의미를 일본이 알지 못하므로 저들의 힘은 물 없는 구름이나 마찬가지이다. 인터넷 세계 제일의 국가답게 세계 제일의 음란국가로 돌변한 한국 사회를 배경으로 하는 한국 교회가 사회적 풍조에서 자유로울 수 없다는데 오늘날 겨우 100년 된 한국교회가 조로(早老) 증세를 보이는 원인이 있지 않을까? 영적인 성결(聖潔)성을 유지할 수 있느냐? 아니면 실패하느냐? 에 따라서 한국 교회의 앞날은 달렸다고 확신한다. 주여, 한국교회로 정결하게 하시어 이 나라를 이끌고, 주님 오실 때까지 세계를 지도하게 하옵소서!

우리 기도의 근거 (2절)

시인은 2절에서 하나님께서 과거에 자기 백성에게 행하신 바를 상기시키고, 또 현재 시온산에 거하신다는 전제를 근거로 기도한다. 하나님께서 내게, 그리고 우리 민족에게 행하신 은혜로운 일들을 상기하면서 기도한다면 그것은 강력하다. 하나님은 종종 자신이 베푸신 은혜를 상기시키면서 성도들에게 충성을 요청하시지 않는가? (출 20:2, 수 24:2-13) 그러므로 성도들 역시 하나님 자신이 과거에 우리에게 베푸신 은혜를 상기시키면서 우리의 죄를 회개하고 그분의 은혜를 구해야 한다. 이렇게 한다면, 인간적으로 말하건대, 하나님은 언약백성에게 용서를 베푸시지 않을 도리가 없으실 것이다. 과거에 그렇게 나를 사랑하셨던 주님께서 내가 좀 잘못했다고 이렇게 완전히 버리십니까?라고 부르짖는다면 하나님도 생각이 계실 터이다.

주의 이름이 거하시는 곳 (6절)

사도 바울은 "너희가 하나님의 성전인 것과 하나님의 성령이 너희 안에 거하시는 것을 알지 못하느뇨" 라 하였다 (고전 3:17). 성육신하신 그리스도께서 임마누엘로 우리 가운데 거하신 하나님이셨고 (요 1:14, 골 1:19, 2:9), 또한 그리스도께서 성령으로 우리 안에 거하시니 (골 1:18, 24, 2:19, 3:15) 영광의 풍성함과 영광의 소망이시다 (골 1:27, 엡 1:18, 3:16). 성도는 주의 영광을 보는 자이다 (고후 3:18). 이 영광은 바로 쉐키나이며, 복음은 이 하나님의 임재를 가져다 준다 (고후 4:4). 그러나 죄는 사람으로 하나님의 영광 (쉐키나 임재)에 이르지 못하게 한다 (롬 3:23). 그렇지만 믿음으로 의롭다함을 얻는 이들은 하나님의 영광에 참여하는 축복을 얻는다 (롬 5:2). 이스라엘에 속했던 그 영광 (롬 9:4)이 이제는 믿음으로 아브라함의 후손이 된 우리 성도들에게 주어진다. 성령님이 우리에게 임하심은 바로 구약시대에 영광의 임재가 이스라엘 가운데 임하셨던 것과 같다.

더럽히지 말라 (6절)

"누구든지 하나님의 성전을 더럽히면 하나님이 그 사람을 멸하시리라 하나님의 성전은 거룩하니 너희도 그러하니라" (고전 3:17). 음행은 성령께서 거하신 우리 몸을 더럽힌다. 주님은 기도에서 "하나님의 이름이 거룩히 여김을 받으시오며" 라고 가르치셨다 (마 6:9). 이는 레 18:21,

19:12, 20:3, 21:6, 22:2, 32, 렘 34:16, 겔 20:39, 36:20, 23, 암 2:7 등에서 "하나님의 이름을 더럽히다"란 표현에 정반대되는 말씀이다. 성도는 자신을 거룩한 성전으로 인식하고 늘 거룩에 이르도록 힘을 쓰야 한다. 이는 기도와 말씀으로 가능하다. 거룩한 자들에게 성령님은 임재를 나타내신다. 우리의 거룩한 삶은 곧 하나님의 이름을 거룩히한다. 반면 우리의 삶이 부정하면 우리를 통해 하나님의 이름이 더럽혀진다.

선지자도 다시없으며 (9절)

참 선지자 한 사람이 있다는 사실로 우리는 그 시대에 하나님께서 이스라엘과 함께 하셨다는 사실을 알게 된다. 참 선지자 한 사람이 얼마나 귀한가? 이스라엘의 선지자들은 크게 두 가지 기능을 수행했다.

1) 언약조항에 근거하여 언약 백성을 기소, 심판하는 메시지를 선포했다
2) 심판 이후에 도래할 메시야를 통한 구원 메시지를 선포했다

그렇지만 언약 백성은 선지자의 말을 듣기 싫어하였다. "내가 너희에게 말하되 새벽부터 부지런히 말하여도 듣지 아니하였고 너희를 불러도 대답지 아니 하였느니라" (렘 7:13); "너희 열조가 애굽 땅에서 나온 날부터 오늘까지 내가 내 종 선지자들을 너희에게 보내었으되 부지런히 보내었으나" (렘 7:25, 11:7); "유다 왕 아몬의 아들 요시야의 13년부터 오늘까지 23년 동안에 여호와의 말씀이 내게 임하기로 내가 너희에게 이르되 부지런히 일렀으나 너희가 듣지 아니하였으며" (렘 25:3, 4, 26:5); "이는 내가 내 종 선지자들을 그들에게 보내되 부지런히 보내었으나 그들이 나 여호와의 말을 듣지 아니하며 듣지 아니함이니라" (렘 29:19, 32:33, 35:14, 15, 44:4). 이렇게 이스라엘은 선지자에게 듣기를 거절하였다. 그 결과는 추방이라는 언약의 극약 처벌이었다. 오늘날도 그러하다. 하나님의 언약 백성에게는 말씀을 통해서 계속적으로 권면이 주어진다. 그렇지만 불순종할 것이면, 칼과 기근, 야수와 역병을 치셨던 하나님은 오늘날도 형태는 달라도 이런 처벌 방편으로 자기 백성을 치신다. 그래도 말을 듣지 아니할 때 그 땅에서 뿌리를 뽑듯 이 세상에서 영원히 추방시켜 버리실 것이다. 참 선지자는 오늘날 성도의 삶을 변화시키는 설교가 있는 목회자, 그 신학이 성경적이며, 그 삶에 말씀의 열매가 있는 자이다 (최종태, 「예언자에게 물어라」제7장 "참과 거짓 선지자 구분" 참조). 그런 선지자가 우리 가운데 있다는 사실에 늘 감사하고 저들이 전파하는 말씀에 순종하는 삶을 살도록 하자.

나의 왕이시라 (12절)

하나님을 왕으로 묘사하는 것은 일종의 은유이다. 인간적인 왕과 통치자 하나님은 공통점이 있기 때문이다. 고대의 왕들은 전쟁의 승리를 통하여 피정복민에 대한 통치권을 확립하였다. 하나님은 창조시에 혼돈의 흑암을 질서의 세계로 바꾸시었다 (창 1:2절의 혼돈과 흑암과 1:3 이하에서 나타나는 창조사역 참조). 출애굽시에 애굽군을 홍해에 수장시키시고 이스라엘에 대한 왕권을 확립하셨다 (출 15:18). 하나님은 다윗을 통하여 주변국들을 정복하시고 위엄을 드러내시었다. 그렇지만 언약 백성 이스라엘의 배교는 결국 하나님의 징계를 자초하여 이스라엘은 바벨

론에 패망하고 포로가 되고 말았다. 이방인들은 함부로 말하길, 바벨론의 마르둑 신이 야웨 신을 이겼다고 했다 (단 1:2). 그러나 하나님은 선지자 예레미야를 통해 "바벨론이 함락되고 벨이 수치를 당하며 므로닥이 부서지며 그 신상들은 수치를 당하며 우상들은 부서진다" 고 선포하셨다 (렘 50:2). 요컨대 바벨론은 하나님의 처벌을 면할 수 없었다. 바벨론에 대한 심판은 곧 저들이 섬기던 신 벨과 므로닥 (마르둑)에 대한 심판이기도 하였다. "벨" 은 악카드어로 "주" (Lord), "주인" 을 의미하는 "벨루" 에서 유래한 것으로, 마르둑 신을 지칭하였다. 그런데 초기 앗시리아 문헌에서 벨은 앗수르 신의 명칭으로 사용되었으나 후대에 마르둑을 지칭하게 된 것이다. 히브리어 "바알" 혹은 시리아어 "베엘" 에 해당된다. 그리고 므로닥은 악카드어 마르둑의 히브리어 형태이다. 이 신은 바벨론 도성과 제국의 주신이었고, 바벨론의 창조신화 "에누마 엘리쉬" 의 주인공으로 나타난다. 주전 539년 바벨론은 페르시아에게 패망하고 말았다. 이로써 하나님의 예언은 이루어졌고 온 세상에 대한 하나님의 통치권은 확인되었다. 영적인 눈이 열린 자들은 오늘날도 여러 사건들에서 하나님의 세계 통치권을 볼 수 있을 것이다.

가난한 자 (19)

가난한 자는 압제를 당하는 자이며, 가진 것이 없으므로 주님만 바라보는 자들이다. 이들은 주님께 늘 간구하고 주님은 이런 자들의 기도에 응답해 주신다. 무엇인가 심하게 눌릴 때 성도는 심령이 가난하게 된다 (마 5:3). 가난과 배고픔, 질병, 원수, 빚 등 여러 가지 외적 상황으로 심한 곤궁에 처하게 된 때 마음이 가난해지고 주님을 전적으로 신뢰하게 된다. 이런 상태가 주님은 복된 상태라고 말씀한다. 반면 라오디게아 교회처럼 물질적 풍요는 심령의 안일과 자족감을 야기시켜 영적인 빈곤으로 몰고 간다 (계 3:17). 이런 상태는 심히 위험하고 저주받은 상태이다. 천국은 세상과 반대의 원리로 움직인다. 그래서 하나님은 신정국 이스라엘의 왕들에게 세 가지 부정적인 금지를 주셨다:

1) 말을 많이 두지 말라;
2) 아내를 많이 두지 말라;
3) 은금을 많이 쌓지 말라.

반면 긍정적 지시도 왕과 연관하여 주셨다:

1) 율법을 곁에 두고 매일 묵상하라 (신 17:14-20).

이런 '왕의 법' 은 이스라엘이 이방 나라와 정 반대의 원리 운영되어야 할 것임을 말해 준다. 하나님을 전적으로 의지하는 길은 부득불 자만심을 야기시킬 모든 것을 제거하는 것이다. 물질적 풍요를 추구하지 말라는 것이 아니라, 물질 자체와 그것이 줄 편리와 안락을 추구하지 말고 그것을 복음을 위한 수단으로 추구하라는 것이다.

우매한 자가 주를 비방하는 것을 기억하소서 (22절)

비단 하나님을 훼방하는 원수의 말만 아니라 그의 종들을 비방하고 모욕하는 말들을 주님께 고하여 그분의 조처를 구할 수 있다. 이러한 기도는 하나님의 영예와 관계되므로 그분이 신속하게 개입하셔서 처리하실 것이다. 하나님을 향한 우리의 간구는 이렇게 하나님으로 하여금 움직이도록 촉구하는 것이다. 하나님은 성도들이 드리는 이런 기도를 물리치시는 것이 아니라 오히려 기대 하신다 (사 62:6, 7).

시 75편 높이는 일이 동에서 말미암지 아니하며

1. 시편에서의 위치, 시의 유형과 삶의 자리

표제는 아삽의 시로 제시한다. 시 74:22-23에서 시인은 "하나님이여 일어나사 주의 원통을 푸시고 우매한 자가 종일 주를 비방하는 것을 기억하소서; 주의 대적의 소리를 잊지 마소서 일어나 주를 항거하는 자의 훤화가 항상 상달하나이다" 라고 부르짖었다면, 시 75편에서 우리는 그에 응답이라도 하듯, 악인을 심판하시고 의인이 승리하는 하나님의 통치가 제시되고 있다.

이 시가 생겨난 구체적인 자리는 아마 선지자의 활동에서 찾아야 될 것 같다. 왜냐하면 내용이 선지자의 심판 메시지와 유사하기 때문이다. 그렇지만 구체적으로 어떤 사건을 암시하기보다, 일반적인 악인의 파멸과 의인의 승리를 다루며, 하나님의 통치를 묘사한다. 이를 역사서에 언급된 언약백성의 삶에서 찾아본다면, 이 시가 해당될만한 정황은 여기 저기서 발견될 수 있을 것이다. 의인이 일시적으로는 압제와 고난을 당하나 궁극적으로 하나님의 도우심으로 악인을 물리치고 승리한다. 보다 넓게는 교만한 이방민족들이나 이스라엘의 배교자들을 치시기 위해서 앗시리아를 일으키실 때를 가정해 볼 수도 있다. 헹스텐버그는 이 시가 앗시리아로부터 위협을 당한 그 파멸의 면전에서 이사야가 선포한 예언들에 (왕하 19:21-28) 맞추어 악기로 연주한 노래이며, 그 당시 이사야 선지자로부터 하나님을 말씀을 받았던 자들의 살아있는 신앙에 대한 증거라 한다. 내용상 이 시는 한나의 노래를 상기시켜 주기도 한다.

이 시는 같은 아삽의 시인 시 50편과 비교된다. 그런데 시 50편은 언약 백성 중에서 배교자들에 대한 언약 기소를 암시해준다면, 이 시는 보다 우주적인 심판의 모습을 암시해 준다 (3, 8절). 그리고 시 50편은 단지 기소 정도에 초점을 맞춘다면, 여기서는 심판 자체에 강조점을 둔다. 그 결과 이 시에서 보다 확실한 소망과 기대감이 의인들의 마음에서 솟구침을 느낀다.

2. 시적 구조, 기교들 및 해석

이 시는 양식비평이 분류하기 어려운 구조와 다양한 내용을 담고 있다. 2-5절은 선지자의 심판 메시지를 연상시키며, 6-8절은 하나님을 우주의 통치자로 제시한다. 1, 9절은 감사와 찬양이다. 10절은 악인의 파멸과 의인의 승리를 선고한다. 우리는 이 시를 선지자적 시로 이해한다. 시간적, 논리적으로 본다면, 2-5절의 심판 메시지가 먼저 나오고, 그 다음에야 1, 9절의 하나님 찬양 (감사)이 나올 수 있다. 그렇지만 시는 이런 시간적, 논리적 순서를 무시하고 있다.

제1연: 감사 (1절):

본 절은 다른 행들과 길이를 비교해 볼 때, 세 개의 콜론으로 분석할 수 있다 (호디누 레카 엘로힘/ 호디누 베카로브 쉐메카/ 시프루 니플르오테카). 이러한 행의 형식구조는 내용 분석과 일치하지 않는다.

1절: 하나님이여 우리가 주께 감사하고 (호디누 레카 엘로힘) —사용된 동사 (히필형)는 1) 사람을 칭송하다 (창 49:8), 2) 하나님을 찬양하다 등 두 가지 의미를 갖는다. 그런데 후자의 경우, "하나님을 찬양하다" (목적어를 동반) 혹은 "하나님께 찬양하다" (전치사 레를 동반) 모두 가능하다. 고려 중인 동사와 동의어인 "할랄" 동사를 비교하자면, 후자는 대상을 자랑하고, 영화롭게 하는 측면에 강조를 둔다면, 전자는 대상을 인정하고 선포한다는 측면에 강조를 둔다. 여기서처럼 "주께 찬양하다" (=주께 감사하다)라는 것은 주님의 속성과 (왕상 8:33, 35, 시 99:3, 106:1, 107:1=대상 16:34) 그분의 행하신 일들을 (사 25:1, 시 139:14) 공적으로 인정하고 감사 찬양 드리는 것이다 (그래서 "주의 기사를 전파 하리이다" [시페루 니플르오테카]와 병행으로 나타난다). "찬양"이란 그분이 누구시며, 그분이 행하신 바를 선포하고 고백하는 행위이다. 이 말을 "감사하다"라 번역한 것은 약간 오해를 일으킬 수 있다. 사람들 사이에 "감사하다"란 의미로는 오히려 "바락" 동사가 적절하기 때문이다. "찬양하다"란 말은 그럼에도 "감사하다"란 의미를 내포하고 있다고 할 수 있다. 즉, 하나님의 속성과 그분이 행하신 기이한 일들을 우리가 찬양할 때, 우리의 마음은 감사를 전제하고 있는 것이 아닌가? (C. Westermann, *The Praise of God in the Psalms*, 26-27).

여기서 찬양의 주체는 "우리"이다. 찬양할 수 있는 사람들은 의인이며, 하나님의 백성이며, 구속받은 자들이다. 시편 기자가 만민들에게 하나님을 찬양하도록 권고하는 것은 (시 67:3) 선교의 비전을 가지고 만민들이 회개하고 돌이켜 하나님을 인정하고 그분께 찬양할 것을 권고하는 것과 같다. 따라서 불의한 자, 불신자는 찬양할 수가 없다.

주의 이름이 가까움이라 (베카로브 쉐메카)— 이는 사 30:27에 묘사된 대로, 심판을 위한 "이름의 도래" (하나님의 도래)를 지시한다. 성도들이 이방 원수의 압제 하에 처했을 때 그분의 임박한 심판은 찬양의 제목이다. 그런데 이 부분을 70인역은 "우리가 당신의 이름을 부르리이다" (에피칼레소메타)라고 번역한다 (NAB, NJB, RSV). 저들은 히브리어를 "베카로 비쉬메카"로 읽은 것이다. BHS 편집자는 "당신의 이름을 부르는 자들이 당신의 기사들을 선포하나이다"로 읽을 것을 제안한다. 70인역대로 하자면, 맛소라 사본의 동사만 바꾸어야 하는 것이 아니라, 동사와 동행하는 전치사구 (*[카라] 베쉠*)가 있어야 하나 (사 12:4, 시 105:1, 대상 16:8 참조), 전치사 (베)

가 맛소라 사본에는 없다. 이런 난제 때문에 우리는 맛소라 본문대로 읽는다. 한편 TNK는 이 부분을 "당신의 임재가 가깝다"(Your presence is near)라고 의역하고 있다. "이름"은 그분의 "임재"를 지시하기 때문이다. 그분의 이름을 부를 때 그분의 임재가 나타난다.

주의 기사를 전파하나이다 (시페루 니플르오테카) —사용된 동사는 기본적으로 (별들, 날들 등을) "헤아리다"란 의미이지만, 피엘형에서 (하나님의 이름, 찬송, 기사, 행위, 영광, 의 등을) 공적으로 "선포하다," "알리다"를 의미한다. 이런 의미에서 이 동사가 취하는 대상이 말해주듯, 이 말은 곧 찬양하다의 병행어로 나타난다. 이 말은 공적인 장소에서 하나님의 영광을 드러내는 우리 성도들의 간증이 얼마나 필요한지를 암시해준다. "사람들이"라고 한역이 작은 글씨로 이 동사의 주어를 표기했지만, 여기서 "사람들"은 불신자일 수 없을 것이다.

제2연: 선지자의 심판 메시지 (2-5절):

이 부분의 말씀은 선지자를 통해 성도들에게 주신 이방인 압제자들에 대한 하나님의 심판 메시지라 할 수 있다 (한역의 작은 글씨 "주의 말씀이"). 선지자들은 열방을 치는 설교 (OAN)를 자주 선포하였다 (사 13-23장, 렘 46-52장, 겔 25-32장, 암 1-2장, 나훔, 요엘 3:1-15, 오바댜 등). 이방인들의 죄목은 무엇보다 구약 교회를 박해한 죄이며, 우상숭배, 교만한 죄, 잔학의 죄 등이다.

2절: 내가 정한 기약을 당하면 (키 엑카흐 모에드) —초반에 위치한 불변사 "키"는 "진실로" 정도로 이해하면 된다. 하나님은 자신의 정하신 때에, 공의를 시행하시겠다고 선포하신다. "정하신 때" (모에드)는 절기, (철새의 이주) 시기, 서로 약정한 때 등을 지시한다. 그런데 여기 문맥에서 동사 (라카흐)는 하나님 스스로 적절한 때를 선택하시겠다는 점을 강조하는 듯 보인다 ("내가 적기를 택하리라"). 그러므로 죄인은 회개할 기회가 있을 때에 신속히 회개함이 그분의 심판을 피하는 지름길이다. 언제 심판이 일어날지 모르기 때문이다.

정의로 판단하리니 (아니 메샤림 에쉬포트) —여기 "정의"는 악인은 처벌하고, 의인은 보상하는 공평한 심판을 요청한다. 선지자들은 이러한 심판의 날을 "여호와의 날"로 칭하였거니와, 이 날, 하나님은 역사에 결정적으로 개입하시어 자기의 주권을 세상에 확립하시고, 언약의 백성에게 언약의 상벌 규정대로 심판하실 것이었다. 신약에서는 재림의 때가 바로 이 주의 날이며, 인류 최후의 대 심판 날이다 (딤후 1:18, 4:8, 벧후 3:10).

3절: 땅의 기둥은 내가 세웠거니와 땅과 그 모든 거민이 소멸되리라 (네모김 에레츠 베콜-요쉐베하 아노키 틱칸티 암무데하)—(삼상 2:8 참조). 한역은 본 절이 하나님의 미래 심판으로 인하여 세상이 파멸될 것으로 이해하고, 원문의 후반절을 부사절로 번역하였다. 그렇지만, 이러한 번역보다, 원문을 따라 순차적으로 번역함이 좋다: "땅과 그 모든 거민이 비틀거릴 때, 그 기둥들을 견고히 세우는 자는 바로 내니라" (NIV, NRSV, REB, NJB 등). 여기서 "비틀거리다" (무그)란 동사는 시 11:3에 사용된 은유를 상기시켜준다 (터가 무너지면 의인이 무엇을 할꼬?). 땅에 공의가 무너지면, 세상의 토대가 무너짐과 같다 (시 82:5). 이러한 때에 하나님은 개입하시어, 세상의 질서를 세우신다 (말 3:16-18). "견고히 하다" (타칸)의 완료 시제는 2절의 미완료 "내가 택하리라" (엑카흐), "내가 심판하리라" (에쉬포트) 등과 시적인 균형을 이룬다. 여기 완료를 어떤 이는 미래에 이루어질 일의 "확실성"을 표현한다고 본다.

원문에서 형태가 다른 두 개의 1인칭 인칭 대명사가 나타난다 (아니, 아노키). 브리스는 이것은 두 편집자의 손을 느끼게 해준다고 한다. 그렇지만, 이 두 형태가 한 절에서 같이 등장하는 것은 흔한 일이다 (출 7:17, 삿 19:18, 삼상 4:16, 삼하 3:13, 20:17, 욥 13:2, 33:9, 사 45:12, 렘 24:7, 29 등).

4절: 내가 오만한 자더러 오만히 행치 말라 하며 행악자더러 뿔을 들지 말라 하였노니 (아마르티 라홀렐림 알-타홀루 벨라레솨임 알-타리무 카렌) ―여기서 "나"는 시인이라기보다 하나님이라고 보아야 한다. "오만한 자"의 오만한 행동은 후반절에서 "행악자" (레솨임)의 교만한 행동과 병행을 이루고 있다. 또한 시 5:6에서 보듯 이 말은 "행악자" (포알레 아벤), "거짓말하는 자" (도브레 카자브), "피흘리는 자" (이쉬 다밈), "속이는 자" ([이쉬 미르마)와 동류로 나타난다. 이런 자는 불경한 자들이며, 다음 표현이 드러내듯, 현재 권세를 휘두르는 자들이다. 이들은 아직 평안하고, 여전히 건강하여 안전감을 갖고 있다. 그런데 "뿔을 들지 말라" (알-타리무 카렌)는 표현에서 "뿔"은 단수형이지만, 의미상으로는 "너희 뿔들"이다 (5, 10절의 "너희 뿔," "악인들의 두 뿔" 혹은 "의인들의 뿔들" 참조). "뿔" (케렌)이란 말은 기본적으로 여러 짐승들의 뿔을 지시하였지만, 힘, 교만, 기력 등을 상징한다. 따라서 이 말은 단 8:20-21에서 권세나 힘을 가진 사람의 상징으로 사용되고 있다. 한편 악기들 (수 6:5)나 물병 (삼상 16:1) 등을 짐승의 뿔로 만들기도 하였다. 여기서 "뿔을 들지 말라"는 말은 "교만하지 말라"는 의미이다.

5절: 너희 뿔을 높이 들지 말며 교만한 목으로 말하지 말찌어다 (알-타리무 람마롬 카르네켐 테답베루 베차바르 아타크)―인간의 교만은 "목"을 통해 표현되기도 한다 (신 32:9, 33:3, 잠 29:1, 느 9:16, 17). 목에다 멍에를 메우거나 (창 27:40, 신 28:48), 목을 잡거나 꺾는 일 (창 49:8, 삼상 4:18)은 모두 그 사람의 머리를 떨어뜨리는 일이다. 반면 목을 늘이고 뻣뻣하게 행하는 자는 교만한 자의 표상이다. 한편, 5절 후반절에서 전반절에 사용된 부정 부사 (알)가 일석이조 기능(double duty)을 감당하고 있다. 한편 "(교만한) 목으로" (베챠바르 [아타크])란 표현을 70인역이나 벌게잇은 "하나님을 대적하여" (= 밧츄르, "반석을 대하여")로 읽고 있다. 그래서 어떤 영역본들은 "반석을 대적하여 교만히 말하지 말라"고 번역한다 (NRSV, REB 등). 이렇게 읽는 이유는 이 시인이 한나의 노래 (삼상 2:2-3)를 염두에 두고 있다고 보기 때문이다: "우리 하나님같은 '반석' (츄르)이 없다"; "오만한 말(아타크)을 너희 입에서 내지 말라." 그러나 전. 후반절을 비교해 보면, "너희 뿔"이 후반절에서 "교만한 목"과 병행어로 나타난다.

제3연: 하나님은 우주의 통치자 (6-8절): 성도의 고백

6절: 대저 높이는 일이 동에서나 서에서 말미암지 아니하며 남에서도 말미암지 아니하고 (키 로 밈모차 무밈마아라브 벨로 밈미드바르 하림)— 동, 서, 남만 언급되고 북편은 언급이 없다. 그래서 어떤 이는 시인의 시대에 이스라엘의 원수는 북편에 위치하였다 한다. 그래서 시인은 자신들의 "구원" (높임)이 원수의 나라를 제외한 모든 지역이 아니라, 하나님께로부터 온다고 강조한다고 한다. 여기서 동은 해뜨는 곳 (모차), 서는 해가 지는 곳 (마아라브), 남은 "광야" (미드바르)로 표현되었다. 앞에서 언급한 대로, 여기에서 "북"이 빠져있으므로, 어떤 이들은 이 문장을 "야보 에즈레누" ("우리의 도움이 온다," 시 121:1, 2)가 생략된 파격 문장(aposiopesis)으로 보고, "미미드바르 하림"을 "산악지대 광야" (LXX, 탈굼, 시리아어, 벌게잇; NAB, NJB 등) 혹은 "광야에서, 산들에서"라 이해한다. 이 경우, 시인이 팔레스틴 중부나 갈릴리에 위치한다면, "산들"은 북편을 지시할 것이다.

7절: 오직 재판장이신 하나님 (키 엘로힘 쇼펫)—하나님은 이사야를 통하여 "여호와의 날"에 우주적인 심판을 하실 것을 예고하시면서 "세상의 악과 악인의 죄를 벌하며 교만한 자의 오만을 끊으며 강포한 자의 거만을 낮출 것이며"라 하신다 (사 13:11-12). 하나님의 재판은 이렇게 인간이 자랑하는 모든 것을 꺾어 낮추시는 것과 경건한 자를 높이는 두 가지로 나타난다 (사 25:11-12, 26:5-7). 그런데 여기 "재판장"이란 번역 대신 "통치자" (ruler)란 번역도 좋다. 재판은 통치행위였고, 특히 고대에는 권력 분립의 개념이 없이, 왕이 모든 전권을 장악했었다.

이를 낮추시고 저를 높이시느니라 (제 야쉬필 베제 야림)—한나 (삼상 2:7)나 다윗 (삼하 22:28), 그리고 이 시인은 경험적으로 하나님의 위대하심과 주권을 안다. 하나님은 비단 개인만 낮추시고 높이시는 것이 아니라, 왕이나 국가까지도 그리하신다 (사 10:33). 사람이 제 아무리 재능과 기술이 능하다 해도, 높이시고 형통케 하시는 이는 하나님이다.

8절: 여호와의 손에 잔이 있어 (키 코스 베야드-야웨)—이 잔은 구원의 잔일 수도 (시 116:13), 취하게 하는 잔 (사 51:22, 슥 12:2), 독이 든 잔 (사 51:17, 렘 25:15), 공포와 파멸의 잔 (겔 23:33), 진노의 잔 (합 2:15, 16, 계 14:10, 16:19, 18:6)일 수도 있다. 이 잔은 하나님의 진노와 심판의 상징이다. 한국 역사에서 왕이 신하에게 내리는 사약을 연상시킨다.

술거품이 일어나는도다 (베야인 하마르) —그 잔은 포도주로 인하여 거품이 일고 있다. 하나님의 진노가 부글거리는 모습을 연상시킨다. 사용된 말 (거품이 일다)은 시 46:3에서 "(바닷물이 흉용하여) 넘치다"로 나타난다. 아랍어의 대응어 (하마라)는 "발효시키다" (to leaven)를 의미한다.

섞은 것이 가득한 그 잔을 하나님이 쏟아 내시나니 (말레 메세크 바야게르 밋제)—여기서 "섞은 것" (메섹)은 "향을 첨가한 포도주"를 지시할 수도, 아니면 "물을 탄 포도주"를 지시할 수도 있다. 이 말은 "섞다" (마삭) 혹은 "쏟아 붓다"를 의미하는 동사와 연관된다. 여기 사용된 표상은 하나님께서 손에 포도주 잔을 가지시고 부으신다면, 다음 표상에서는 악인들이 그것을 기울여 그 찌끼까지도 들여 마신다. 이 진노의 잔을 마시는 "땅의 모든 악인들"은 정신을 잃고 비틀거리게 되고, 파멸에 처해지게 될 것이다. 마치 사약을 받아 마신 자가 비참하게 죽어가듯, 하나님의 진노의 잔을 마셔야 하는 악인들은 권세를 휘두르며 교만하게 행하던 자들이다 (4절).

실로 그 찌끼까지도 땅의 모든 악인이 기울여 마시리로다 (아크 쉐마레하 이메추 이쉬투 콜 리쉐에-아레츠) —포도주를 그 찌끼에서 완전히 분리시키려면, 체로 걸러야 한다. 그렇지만, 통상적으로 포도주는 밑에 찌끼가 남기 마련이다. 이 찌끼는 속을 태우듯 독하여 마시는 자를 취케 하는 것이 타는 듯한 진노의 강도를 묘사한다.

제4연: 감사와 찬양 (9-10절)

9절: 나는 (바아니) —나는 압제받지만, 승리하는 교회 (ecclessia pressa, ecclessia triumphans)를 대표한다. 지상의 교회는 전투하는 교회이나, 천상의 교회는 승리한 교회이다. 마지막 승리의 순간까지 지상 교회는 싸워야 한다.

야곱의 하나님을 영원히 선포하며 찬양하며 (악기드 레올람 아잠메라 렐로헤 야아콥) —이는 후반절에서 "찬양하다" (자마르)와 병행되며, 야곱의 하나님께서 행하신 일을 회중 앞에서 간증한다는 의미이다. 야곱의 하나님이라 칭한 것은 그분이 야곱이 곤경에 처할 때마다 찾아 주셔서 도와주시고, 원수가 야곱을 해치 못하도록 막아 주신 것을 상기시켜준다 (창 28:13-15, 31:24, 32:9, 35:1, 5, 9-12, 46:3).

10절: 또 악인의 뿔을 다 베고 의인의 뿔은 높이 들리리로다 (베콜-카르네 레샤임 아갓데아 테로맘나 카르놋 차디크) —악인이 혹시 권세를 휘두를 수도 있지만, 곧 꺾이고 말 것이다. 대신 낮은 데 처했을지라도 의인의 뿔은 때가 되매 하나님께서 높이신다.

시편의 적용

주의 이름이 가까움이라 (1절)

주님의 임재는 의인에게 은혜의 임재이지만, 악인에게는 파멸을 의미한다. 성도는 그러므로 주님의 임재를 사모해야한다. 모든 일은 오직 은혜로 되어지기 때문이다. 은혜란 무상으로 그저 주시는 축복이다. 하나님의 임재를 사모하고, 그것을 위해 시간과 물질을 투자해야 한다. 자녀들에게도 어려서 성령님으로 거듭나서 이러한 주님의 임재 하에서의 삶을 경험하도록 해야 하고, 나 스스로도 그리해야 한다. 그것이 우리가 이 땅에서 하나님께 영광을 돌리고, 사람들을 축복해 줄 수 있는 최상의 길이다.

시인은 "주의 이름이 가깝다"고 말하고 있다. "이름"이란 그분의 "임재"를 나타낸다 (신 12:5, 11, 왕상 8:16). 그리고 "이름"이란 바로 그분 자신을 지시한다. 그래서 그분의 이름은 그분의 속성과 그분의 행하시는 일을 드러내어 준다. '여호와' 란 이름은 그분의 스스로 자존하시는 영존자, 무엇보다 이스라엘과 언약을 맺으신 언약의 하나님이심을 말해주고, 이름은 아니지만 "엘로힘"이란 칭호는 그분이 창조자, 섭리자 이심을 보여준다. 그리고 "전능자"(엘 다이)란 칭호는 그분이 무소부재, 전지전능하신 이심을 암시해 준다.

"이름"이란 보이지 않는 하나님과 교통하는 우리에게는 유일한 교통의 수단이 된다. 그분의 이름은 "여호와"이고, 신약성도들에게는 "예수님"이시다. 주의 이름을 부르면서 우리는 그분과 교통하게 된다. 어떤 이는 세상에서 주님(의 이름)을 가장 많이 부르고자 생각하다가 "주, 주, 주, 주, 주, 주주주주주주, …" (주님의 약자) 하면서 걷는다고 한다.

그런데 불교의 불경에는 인왕경 (仁王經)이란 경전이 있는데 이는 석가모니가 16국의 왕을 대상으로 임금의 도리와 나라를 부강케 하고 지키는 비결을 설법한 경전이다. 송(宋)나라 왕실에서는 왕이 행차할 때 승려들이 이 인왕경을 받쳐 들고 앞에서 길을 인도했고, 고려의 13대 왕 선종은 즉위한지 2년 되던 해에 송나라 풍습을 모방하여 행차할 때에 인왕경을 모시게 했다고 한다. 그것을 보고 당대 중들은 생각했다고 한다. "그렇게 하지 않는 것보다는 낫겠지만, 경을 받듦보다는 읽어 그대로 시행함이 곧 전도(前導 앞길을 인도함)가 될 것이다." 불교를 나라의 지도적 이념으로 설정하고 보호했고, 승과(僧科)도 두어 불교 지도자를 발굴했던 고려 왕조였으니 그런 일은 당연했을 것이다. 그러나 그렇게 불교의 경전을 떠받든다고 무엇이 이로울 것인가? 그렇다고 석가의 가르침을 하나라도 더 실천한다고 나라가 더 부강하게 되었을까? 인왕경을 받들고 왕의 행차에 앞서 행하게 했던 선종이 남긴 시 한 수를 보면 고려 당대인들의 가슴에 무슨 사고가 있었던지 대충 짐작을 하게 한다:

찬이슬 내려 바람은 거세지만
가을 하늘 하도 맑아
피향전 깊은 밤에도 노래 소리 들리는구나
분분한 인생은 한낱 꿈과 같으니
영화(榮華)를 탐한들 무슨 소용 있으리
금잔에 술이나 부어 마음껏 즐기세나

창조주, 그리고 구세주이신 하나님을 알지 못하는 인생은 이렇게 허무주의 사고가 자리 잡기 마련이다. 불교를 신봉한들 좋은 철학적 사고는 가질 수 있을지언정 거기에 '생명'과 소망이 없지 않은가? 주의 이름, 그분 임재를 몰랐던 우리 조상들의 서글픈 모습을 회상하며, 우리가 지금 누리는 탁월한 복에 감읍(感泣)하여 마지않노라.

높이는 일 (하림)(6절)
한나가 노래한대로 하나님은 이 사람을 낮추시기도 하시고, 저 사람을 높이시기도 하신다 (삼상 2:6-8). 여기에서 높이는 일이란 (질병, 원수 등에서의) 구원, 승리, 축복, 영예 등 여러 가지 의미로 이해될 수 있다. 다윗은 노래하길 "부와 귀가 주께로 말미암고 또 주는 만유의 주재가 되사 손에 권세와 능력이 있사오니 모든 자를 크게 하심과 강하게 하심이 주의 손에 있나이다" (대상 29:12)라 하였다. 그렇지만 동양인들은 이러한 참 진리를 알지 못하므로, 어리석게도 풍수지리설이나 오행설, 관상, 손금, 팔자, 토정비결 등을 통해 축복을 구하고자 하였다. 누가 축복을 주고, 누가 구원자이신지를 아는 길이 타락한 인간에게는 구원이요 축복의 시작이다. 따라서 참된 진리를 전파하는 교회는 한국의 소망이요, 세계의 유일한 소망인 것이다.

낮추시고 높이시는 하나님 (6-7절)

어느 해 언젠가 서울시 경찰청장 (치안정감)이 취임한지 사흘 만에 사임하고 말았다. 그 이유인즉 그가 학력을 허위(虛僞)로 기재했다는 것이다. 그는 개인 신상기록 카드에 조선대 3년 중퇴로 기재했으나, 실제로는 야간에 등록도 아니 하고 1년 수강을 했다고 한다. 그리고 실제로는 목포 해양고교를 졸업했지만 목포고를 졸업한 양 기재했다 한다. 그는 당시 대통령과 인근한 지역 출신이라 고속 승진을 거듭하다 결국 사흘 만에 떨어지고 말았다. 6년 걸릴 승진을 2년 8개월 만에 달성해서 의기양양했겠지만, 그의 승진은 그렇게 허무하게 끝나고 말았다. 단지 대통령과 동향(同鄕)이라는 이유로 군이나 경찰, 혹은 정부 기관의 관리들이 특혜 인사를 받는다고 야단들이다. 인간은 이렇게 편벽되이 행하기 마련이다. 그렇지만 하나님은 정확하게 낮출 자는 낮추시고 높일 자는 높여주신다.

고검 검사장과 법무부 차관을 역임하고 부산에서 변호사로 일하던 어느 장로는 간증했다. 검사들의 세계에서도 줄이 있어야 좋은 평가를 받고 승진이 유리한데 자기는 사교성이 없어 사람들에게 잘 보이기 어렵고 그래서 승진 시기만 되면 고민이 무척 되었다 한다. 그러나 그는 하나님께 기도로 자기를 지방에서 서울로 보내주시길 아뢰고 간구하니 지방에서 서울로 전보 발령이 되었는데 자기 기수에서 자기보다 좋은 평가를 받은 검사들을 제치고 그렇게 되었다 한다. 나중 알아보니, 자기와 동창이었던 한 국회의원이 우연히 자기가 근무하는 지방에 내려 왔다가 자기와 만나 한 번 대화하고 (그 때 물론 진급 이야기는 언급조차 아니 했지만) 법무부 고위 인사와 대화하면서 "정부는 인사에 잡음이 많다; 왜 유능한 사람은 지방에 두고 썩히느냐? 며 아무개 검사 같은 유능한 검사가 있는 줄 아느냐?"고 했다는데, 그 말 한 마디 때문에 자기가 서울로 전보 발령된 것이었다 한다. 여기 이야기 초점은 사람들을 찾아가거나 부탁하지 아니했는데도 하나님은 기이하게 섭리하셔서 기도를 응답해 주셔서 높여 주셨다는 것이다. 그런데 이런 간증을 했던 이는 그 후에 인기가 하늘 높은 줄 모르고 치솟던 법무부 장관 후임으로 장관 임명을 받았다. 신문들은 왜 인기 많은 그 여성 법무부 장관이 교체되어야 하는지 의아해 하고, 아주 의외(意外)의 인사(人士)가 장관이 되었다고들 했지만, 그의 장관 임명이 발표되기 오래 전에 그의 간증을 들었던 필자로서는 그가 장관이 된 것이 우연이 아니라는 것을 확신하게 되었다. 그는 나중에 국정원 원장까지 올랐다. 그의 가족들을 보니 하나같이 믿음의 재목들이었다.

어느 장성(將星)도 유사한 간증을 하였다. 새벽 기도를 열심히 드리고 교회 건축하는 일에 어려운 살림에도 건축 헌금을 힘 다해 드리는 등 여러모로 주님을 기쁘시게 하였더니 남보다 아주 빨리 승진할 수 있었다고 한다. 그러다가 소장(小將)이 되어서는 얄팍한 생각이 들었는데 하나님밖에 의지할 이가 없었던 상황이 아니라 자기가 상관(上官)으로 모셨던 사람이 국방 장관으로 나가면서 당연히 자기는 이제 군단장(軍團長)으로 진급하는 줄 알고 사람을 의식하고 잘 섬기고 받들었으나 바로 그 사람이 자기를 배반하고 자기는 진급에서 제외되고 말았다 했다. 모든 사람들이 "당신은 지금 안 된다"고 할 때에도 하나님만 의지하니 진급이 되었는데 모든 사람이 다 "이번에는 당신 차례다!" 라고 기대하고 믿었던 그 때에도 하나님이 아니라 사람을 바라보았더니 결국 쓰라린 실패를 맛보아야 했다고 했다. 하나님을 온전히 신뢰하는 자는 하나님이 높이신다.

나는?(9절)

지상의 교회가 "전투하는 교회"(ecclesia militans)라는 것은 자명하다. 그렇다면 원수의 방해와 압제, 핍박, 도전이 항상 예상된다. 그렇지만 오늘날 수많은 교회들은 이런 전투태세와는 거리가 멀고, 너무나 세상에 안주하는 모습들이다. 무엇을 위한 전투인가? 진리를 위한 싸움이다. 교회는 세상의 소금과 빛이어야 하고, 전도, 기도, 찬양, 생활에서 전투적이고 뜨거워야 한다. 교회가 진리를 위해 싸울 때, 그곳에 마귀의 진이 훼파되고 세상은 변혁되고 영혼은 흑암에서 빛으로 옮겨오는 것이다. 나는 전투하는 교회의 구성원인가? 무기력한 성도인가? 이 시인은 혹독한 시련에서 건짐을 받고 찬양한다. 역동적인 찬양은 전투하여 이긴 교회에서 터져 나온다.

진리를 위한 전투를 위해, 하나님은 교회에도 "뿔"을 주셨다. 그 뿔은 공격과 방어를 위한 것이다. 우리의 뿔은 말씀의 검(劍)이며, 믿음의 방패이기도 하다. 동시에 우리의 뿔은 강력한 기도이며, 우리 성도들의 의로운 생활이기도 하다. 교회가 그리스도의 용사로서 진리를 위한 싸움에 나아갈 때, 대적의 뿔은 꺾이고 교회의 뿔은 높이 들리게 될 것이다.

시 76편 저는 세상의 왕들에게 두려움이시로다

1. 시편에서의 위치, 시의 유형과 삶의 자리

시 75편과 공통되는 표현들이 나타난다: "야곱의 하나님" (75:10, 76:7), 심판받는 "땅의 모든 악인들"과 구원받는 "땅의 모든 온유한 자"의 대조 (시 75:9, 76:10) 등. 시 75편이 하나님의 심판이 임박한 것으로 묘사한다면, 본 시편은 그것이 이미 일어난 것으로 묘사한다. 표제에 있어서, 시 75편은 "영장으로 알다스헷에 맞춘 노래"라면, 본 시는 "영장으로 현악에 맞춘 노래" (람낫체 아흐 빈기노트 미즈모르)이다.

한편 이 시는 시46편이나 48편처럼, "시온의 시"라 할만하다. 시온의 시로 특징짓는 이유는 이 시들이 시온에 거하시는 하나님을 주제로 노래하기 때문이다. 이 시는 아삽의 시이지만, 시 46, 48편과 같은 고라 시와 유사한 내용을 담고 있다. 시인은 원수에게서 이스라엘을 구원해 내신 "용사" 하나님을 송축한다. 70인역은 표제에서 "앗시리아인에 관하여" (프로스 톤 앗수리온) 라 제시하여 이 시가 히스기야 당대에 야기된 산헤립 대군의 참패를 묘사한다고 이해하고 있다. 그렇지만 보기에 따라서는 여호사밧 시대에 있었던 모압 동맹군들의 대패가 이 시에서 암시되고 있는지도 모른다. 그 때에 아삽의 후손인 야하시엘이 여호사밧 왕의 승리를 예언한 바 있다 (대하 20:14-16).

그런데 모빙켈 같은 이는 이 시는 역사적 사건과 아무런 연관이 없으며 단지 신년에 거행된 야웨 하나님의 즉위 예배의식을 통해 반복된 믿음의 실체들을 선포하고 있을 뿐이라 주장한다 (PIW, I, 151). 신년 즉위 의식시에서 야웨께서는 세상의 왕들과 열국들의 위협이나 공격에서 자기 백성과 자기 도성을 구원하심으로 자기 나라와 권세를 확고히 하신다는 점이 선포되며, 이런 사고는 시 46, 48, 75, 76편 등에서 발견된다고 한다. 여기서 야웨께서 역사적으로, 계속 반복하여 열국에 대하여 승리하신다는 사고나, 이런 경험들로 산출된 확신과 신앙이 신화적으로 채색된 사건을 중심으로 짜여진 서사시적 이야기로 제시된다는 것이다. 이런 시들에서 암시되는 사건은 땅의 열왕들이나 열국이 예루살렘을 공격하는 것이다. 그런데 위기감이 고조되는 바로 그 순간에 야웨께서 나타나시어 원수들을 파쇄시켜 버린다. 그리하여 예루살렘의 성벽은 안전하고, 위대한 왕의 도성은 요동하지 아니한다. 이런 시들은 실제로 일어난 어떤 역사적 사건이나 혹은 종말의 때에 일어날 어떤 사건을 지시하는 것이 아니라, 예배 의식을 통해 하나님께 대한 신앙을 고무시키기 위한 묘사에 불과하다. "이미 일어난 바, 그리고 장차 일어날 바가 서사시 형태로, 이상적인 초-세상적 실체로서 예배의식 신화로 제시되고 있는 것이다" (PIW, I, 151).

모빙켈이 말하는 "신화적으로 채색된 사건"이란 앞서 언급한대로 예루살렘에 대한 열국의 공격과 야웨 하나님의 구원이 그 줄거리이지만, 그 신화적 뿌리는 "혼돈과의 전쟁"이란 신화에서 시작된다고 한다. 이렇게 보건대, 모빙켈은 시편이 노래하는 하나님의 역사개입과 승리를 언약백성이 늘 믿어야 하는 하나의 신앙적 이상(ideal in faith)으로 이해한다는 것이 분명하다.

그렇지만 이런 모빙켈의 이해는 너무나 구약적 현실과 동떨어진 소리이다. 구약 성도들은 출애굽 사건을 비롯하여 광야 여정, 가나안 정복, 다윗 시대의 승리, 솔로몬 시대의 평안, 여호사밧이나 히스기야 시대의 기적적인 승리 등 헤아릴 수 없이 많은 하나님의 기적을 체험하였다. 역사에 개입해서 자기 백성을 구원하시는 하나님의 놀라운 일들을 체험한 저들에게는 이 세상 그 누구도 가질 수 없었던 신앙, 곧 역사에 개입해서 구원을 이루시는 하나님 신앙을 가질 수 있었다. 홍해변의 노래나 시편이 찬양하는 위대하신 일들을 이루신 하나님은 바로 이런 역사적 체험에 근거하는 것이지, 역사적으로 확인할 수도 없는 신화적 사건인 "혼돈과의 전쟁" 같은 전설에 토대를 둔 것이 아니다. 이스라엘의 예배나 신학은 역사적 신앙체험에 근거한 것이지, 어떤 허황한 신화에 토대한 것이 아니었다. 이스라엘이 체험했던 위대한 일들은 저들 개개인의 삶에서 가질 수 있었던 하나님 (예컨대, 한나의 기도 응답, 삼상 1-2장) 체험으로 확증되고 뒷받침되었다. 그러기에 시편은 전래되어 온 하나님만 멀리서 보고 찬양하거나 간구하는 것이 아니라, 내가 체험한 그 하나님으로 찬양하고 간구하는 것이다.

2. 시적 구조, 기교들 및 해석

이 시는 대략 세 개의 연으로 구분 가능하다:
제1연 (1-2절): 유다에 거하시는 유명한 사자이신 야웨 하나님,
제2연 (3-10절): 전쟁에 능하신 야웨 하나님의 승리,
제3연 (11-12절): 이 야웨께 경배하여라!

구약 전체에서 볼 수 있는 현상이긴 하나 (삼상 2:6-7, 암 4:13, 5:8-9, 9:5-6, 시 103:3-6 등), 여기 시에서 하나님을 묘사할 때 한정동사보다는 "분사형"으로 처리하는 점이 눈에 띈다: 유명한 자 (노다, 2절), 영화로우신 자 (나오르, 5절), 두려워할 분 (노라, 8절), [두려움; 모라, 12절], 두려워할 분 (노라, 13절) 등.

제1연 (1-2절): 유다에 거하시는 유명한 사자(獅子)이신 야웨 하나님

1절: 하나님이 유다에 알린 바 되셨으며 그 이름은 이스라엘에 크시도다 (노다아 비후다 엘로힘 베이스라엘 가돌 쉐모) —2절에서는 "살렘" (예루살렘의 옛 이름, 창 14:18, 수 10:1)과 "시온"도 언급된다. 이런 지명들은 모두가 이스라엘과 언약을 맺으신 하나님께서 이스라엘에 거하심을 말해준다 (시 78:68, 69, 사 31:9 참조). 하나님은 무엇보다 이스라엘 백성에게 자신의 위대하심을 나타내신다. 세상은 그분을 알아보지 못하기 때문이다. "알린바 되셨으며" (노다)란 표현에서, 현숙한 여인의 남편은 사람들에게 잘 알려지며 (노다), 성문에서 고을 유지들과 함께 앉는 존귀를 얻는다는 사고를 생각하게 된다. 현숙한 여인의 내조(內助) 덕분이다. 하지만, 우리 하나님은 스스로 기이한 일을 행하심으로 (3절 이하) 자신의 이름을 나타내신다. 그분의 하는 일마다 기이하고 놀라운 것이다. "그 이름은 크시도다" (가돌 쉐모)란 표현은 전반절에서 "알린바 되셨다" (유명하시다)와 병행된다. "이름을 크게 하다"란 (창 12:2, 삼하 7:9)은 하나님께서 아브라함이나 다윗에게 약속하신 축복이다. 이로 보건대, 인간은 하나님의 축복으로 이름이 유명하게 된다는 것이 분명하다. 그렇지만 하나님은 스스로 이름이 크시다 (삼상 12:22, 왕상 8:42, 시 99:3, 렘 10:6, 44:26, 말 1:11). 그분은 기이한 일을 행하시는 분이시기 때문이다 (3절 이하). 하나님은 자신의 크신 이름 때문에 성도들을 의의 길로 인도 하신다 (시 23:3).

2절: 그 장막이 또한 살렘에 있음이여 그 처소는 시온에 있도다 (바예히 베샬렘 숙코 움오나토 베치욘) — "장막"은 "오두막" 혹은 사자가 거하는 수풀 (렘 25:38, 시 10:9), "처소"는 사자가 거하는 "굴" (시 104:22, 암 3:4, 나훔 2:12)을 지시한다. 이렇게 보건대, "사자"이신 하나님은 (암 1:2, 호 5:14) 이스라엘에 초막 혹은 장막을 치시고 거하신다 (시 27:5).

제2연 (3-10절): 전쟁에 능하신 야웨 하나님의 승리

3절: 거기서 저가 화살과 방패와 칼과 전쟁을 깨치시도다 (샴마 쉽바르 리쉐페-카 마겐 베헤레브 우밀하마) 시온에서 곧 예루살렘에서 원수의 공격을 격파하셨다. 하나님이 거하시는 시온성은 이처럼 불패(不敗)의 성(城)이다. "화살"은 "번쩍이는 화살들" (NIV, NRSV, REB, NAB)이다. 그런데 "번쩍임, 화염, 역병" (레쉐프)은 고대 근동인들이 섬긴 전쟁의 신이었다 (O. Keel, *The Symbolism*, 219-221). 이 신은 바벨론의 네르갈이 아닌가 여겨지며, 지하세계의 신, 재앙들의 신, 전쟁 신이다. 애굽에서는 이 "레쉐프" 신을 묘사할 때, "위대한 신, 영원의 주, 영원의 왕, '신들 모임' (Hennead) 중에서 이중적 힘을 지닌 주"라 (Great God, Lord of Eternity, the Prince of Everlastingness, the Lord of Two-fold Strength among the Company) 불린다. 그렇지만, 구약에서는 이런 신화적인 의미대신, 하나님의 부리시는 도구로 나타난다 (합 3:5; 온역 [데베르], 불덩이 [레쉐프]). 하나님은 전쟁에 능한 용사이시다 (출 15:3, 시 24:8, 35:2, 3). 더구나 전쟁은 여호와께 속한다 (출 17:16, 삼상 17:47). 그런데 "전쟁" (밀하마)을 깨치신다는 것은 어감이 정확하지 않다. 그래서 어떤 영역본들은 "전쟁의 병기들"이라 의역한다 (NRSV, NIV, REB, NAB)(호 2:18 참조). 이는 이 말을 "전쟁의 도구들" (켈리 밀하마)의 약자(略字)로 보는 이해이다. 시 46:9에서 하나님은 "땅 끝까지 전쟁들을 그치게 하시고(마쉬비트 밀하못) 활을 부수고 (케 예솨베르) 창을 꺾으며 (키체츠 하니트), 병기들을 불사르는 (아갈롯 이쉬로프 바에쉬)" 것으로 나타난다.

한편, 여기서 "깨뜨리다" (쇼바르)란 말은 칼형과 피엘형에서 모두 사용되는 데, 전자의 경우에는 "나무, 뼈들, 도기들"과 같이 실제로 박살나는 대상들을 목적어로 취하지만, 피엘형에서는 단번에 박살나지 않는 돌이나 금속으로 만들어진 도구들이 목적어가 된다 (E. Jenni, *Der hebraeische Pi`el*, 181). 그렇지만 하나님은 전쟁의 병기들을 단번에 박살내시고 만다.

4절: 주는 영화로우시며 (나오르 앗타) — "영화로우시도다, 당신이여!" "영화롭다"는 말은 "돋트다, 빛이 되다" (오르)의 니팔형 분사이다. 이런 재귀형 분사는 라틴어의 동사 형용사 (gerundive) 처럼 "-로운" (-ible/ -able)이란 형용어적 용례를 갖는다 (Bruce K. Waltke & M. O'Connor, *Biblical Hebrew Syntax*, 620). 여기서는 빛 가운데 거하시는 하나님 (단 2:22, 딤전 6:16) 께서 영광의 광채에 둘러싸여 영화로우신 분이심을 표현한다. 한편 70인역은 "당신은 놀라웁게 빛을 비추신다" (포티제이스 수 타우마스토스)라 읽고 있다.

약탈한 산에서 존귀하시도다 (앗디르 메하레레-타레프) — "약탈한 산에서 (메하르레-타레프) 존귀하시도다"란 표현을 70인역은 "영원한 산들로부터" (아포 오레온 아이오니온) "당신은 기이하게도 빛을 비추실 것이라"라 번역했다. 70인역의 "영원한 산들"을 근거로, 어떤 영역본들은 "영원한 산들(보다 더 위엄차시다)" [more majestic than] the everlasting mountains)로 번역한다 (NRSV, REB). 전치사(민)를 비교급으로 취하면서, "영원한 산들"이란 문구를 70인역에서 빌려 하나님과 비교하는 것이다. 그렇지만 70인역의 "영원한"이란 말의 출처가 의심스럽고, 70인역의 이 부분 번역도 맛소라 본문과 전연 다르다. 히브리어 라틴어 벌게잇역은 "탈취의 산에서부터" (a montibus captivitatis)라 맛소라 본문대로 번역했다. NIV는 "사냥감이 풍부한 산들보다 위엄차다"라고 원문을 살리려 했지만, 문맥상 어울리지 않는다. 우리는 "약탈의 산들"이 5절 이하에 제시된 대로, 하나님께서 원수들을 파멸시킨 산들로 취한다.

5절: 마음이 강한 자는 탈취를 당하여 자기 잠을 자고 (에쉬톨루 압비레 레브 나무 쉐나탐) —가장 용맹스러운 자, 가장 용기 있는 자도 하나님의 위엄 앞에 굴복한다. 그런 자도 탈취를 당하고, 무장 해제를 당하고 깊은 잠, 사망의 잠을(렘 51:39, 57) 자야한다.

장사는 자기 손을 놀리지 못하도다 (벨로-마츠우 콜-안쉐-하일 예데헴) — "장사"는 "힘센 용사들"이며, "손을 놀리지 못하도다"란 표현은 용사들이 '자기 손들을 찾지 못한다' 곧, 자기들의 손을 어찌할 줄 알지를 못한다. 성도들을 향해 휘두르던 원수들의 손들은 어디로 갔던가? 모두가 마비되고, 뻣뻣하게 죽어있다.

6절: 야곱의 하나님이여 주께서 꾸짖으시매 병거와 말이 다 깊은 잠이 들었나이다 (믹가아라테카 엘로헤 야아콥 니르담 베레케브 바수스) — "당신의 꾸짖음으로 인하여." 이 꾸짖음은 말과 행동이 동반되는 행동이다 (출 15장, 사 43:17). 원수의 병거와 말이 다 깊은 잠에 빠져들었다. 즉, 죽어 사망의 잠을 자게 되었다.

7절: 주 곧 주는 경외할 자시니 (앗타 노라 앗타) — "당신은, 실로 당신은 공포를 자아내시나이다." 여기 사용된 말 (노라)는 "두려움을 자아내는" (awesome, terrible)을 의미한다.

주께서 한 번 노하실 때에 누가 주의 목전에 서리이까 (우미-야아모드 레파네카 메아즈 압페카)—그분은 "자비롭고 은혜롭고 노하기를 더디 하고 인자와 진실이 많은 하나님이시며, 인자를 천대까지 베풀며 악과 과실과 죄를 용서하나," "형벌 받을 자는 결단코 면죄하지 않고 아비의 악을 자녀 손 삼사 대까지 보응하" 시는 무서운 하나님이시다 (출 34:5-7). 일단 노하시면 누가 과연 그분 앞에 설 수가 있을까? (나훔 1:6)

8절: 주께서 하늘에서 판결을 선포하시매 (밋솨마임 히쉬마-타 딘) —자기 백성을 치는 원수들을 향하여 주께서 노하시어, 하늘로부터 사법상의 판결을 선포하시면, 즉시로 원수는 파멸당하고 만다. 그분의 선고는 곧 현실화된다. 여기서는 신약의 "의롭다" 선고하시는 그런 칭의(稱義) 사고와는 연관이 없지만, 여하간 온 세상의 재판장이신 하나님의 선고가 우주 만물의 운행을 주장한다는 것이다.

땅이 두려워 잠잠하였나니 (에레츠 야레아 베쇼카타)—성도들이 원수의 위협에 직면하여 극한의 상황에서 하나님께 도우심을 간구할 때, 하나님의 선고가 선포되자마자, 그 기세등등하던 원수들은 두려움에 잡히고 잠잠해지고 만다.

9절: 곧 하나님이 땅의 모든 온유한 자를 구원하시려고 일어나신 때에로다 (베쿰-람미쉬파트 엘로힘 레호쉬아 콜-안베-에레츠) —이들은 시 75:9에 제시된 "땅의 모든 악인"과 대조되는 성도들이다. 이들은 가난한 자이며, 하나님을 경외하는 자들이다. 하나님의 현현은 원수들에게는 처벌이지만, 성도들에게는 구원이다. 세상에 거하는 성도들은 이렇게 하나님의 보호 가운데 거한다. "일어나신 때" (베쿰)에서, "일어나신다"는 것은 행동 개시를 지시한다. 여기서는 악인은 처벌하고 경건한 자는 구해내시는 하나님의 개입을 지시한다. 이렇게 하나님의 나타나심은 심판과 구원의 양면성을 동시에 갖는다. 한편 사 11:4에서는 메시아께서 공의로 빈핍한 자를 심판하고, 정직으로 세상의 겸손한 자를 판단하며, 동시에 그 입의 막대기로 세상을 치며 입술의 기운으로 악인을 죽이리라 하였다. 이는 경건한 자 (빈핍한 자, 겸손한 자)와 악인 (세상, 악인)을 동시에 통치하시고 심판하시는 신약 시대 주님의 메시아 통치를 묘사한다. 구약 시대에 하나님께서 경건한 자를 위하여 간섭하시고 역사하셨다면, 신약 시대에는 성도들을 위하여 성령과 말씀으로 지속적으로 역사하시고 통치하신다.

10절: 진실로 사람의 노는 장차 주를 찬송하게 될 것이요 (키 하맛 아담 토데카) —이 구절의 초두에는 접속사 (키)가 위치하여 앞 절과 연결된 것을 나타낸다. 결과적으로 보건대, 성도들을 대적하는 원수들의 진노는 결국 하나님께 찬양을 야기 시키는 역할을 한다 (NRSV, NJB). 원수들의 대적행위가 하나님의 개입을 초래했고, 그 일로 하나님은 성도들의 찬양을 받으시는 것이다.

그 남은 노는 주께서 금하시리이다 (쉐에리트 헤모트 타흐고르) —사용된 동사 (하가르)는 "병기를 (허리에) 차다"를 의미한다 (신 1:41, 삿 3:16, 삼상 17:39, 25:13). 난해하지만, 여기 진노의 남은 것은 주님의 것으로 보고, 그것을 하나님께서 병기를 허리에 차듯 차실 때 (곧, 그분이 악인을 모두 심판하셨을 때), 성도들이 그분을 찬양할 것이란 사고로 이해한다: "그 남은 노를 주께서 허리에 차실 때 (인간의 노는 결국 당신을 찬양할 것입니다)." 이 부분에서 70인역은 "당신이 스스로 축하하실 것이다"라 번역했다 (헤오르타세이 소이). 이 부분의 영역들은 제각기이다: "당신이 당신의 노의 마지막 남은 것을 허리에 찰 때에" (NRSV); "당신의 남은 노가 당신 주변에 모일 것이라" (NJB); "당신의 노에서 남은 자들은 자제(自制)한다" (NIV). 이런 차이들은 이 부분이 난해함을 말해준다.

제3연 (11-12절): 이 야웨께 경배하여라!

앞 연에서 성도를 위한 하나님의 개입과 악인에 대한 심판을 묘사한 후에 이제 이 세상의 통치자 하나님께 경배할 것을 촉구한다.

11절: 너희는 여호와 너희 하나님께 서원하고 갚으라 (니다루 베샬레무 라도나이 엘로헤켐) —구약에서 서원을 약속하고 이행하는 일은 위기 극복의 중요한 신앙 방식이었다. 그래서 시편에서는 서원에 대한 언급이 자주 나타난다 (창 28:20, 레 7:16, 22:21, 삼상 1:11). 이 시에 제시된 성도들은 위기시에 서원을 하였을 터이다. 이제 구원을 받았다면 마땅히 그 약속한 서원을 이행해야한다.

사방에 있는 모든 자도 마땅히 경외할 이에게 예물을 드릴지로다 (콜-세비바브 요빌루 솨일람모라) — 70인역은 "너희 모든 자들, 곧 그의 주변에 있는 자들"이라 번역하고 있다. 이들은 "마땅히 경외할 이에게" "예물"을 드리게 된다 (사 8:13). 하나님께서 자기 백성을 구원하시면, 열방도 그분의 위대하심을 듣고 그분께 예물을 드리게 된다 (대하 32:23, 시 68:31-32).

12절: 저가 방백들의 심령을 꺾으시리니 저는 세상의 왕들에게 두려움이시로다 (*이브초르 루아흐 네기딤 노라 레말케-아레츠*)—사용된 동사 (*바챠르*)는 KB³에 의하면, I. 포도를 수확하다, II. 감소시키다, III. 접근 못하게 하다, IV. 검사하다 등의 동음이의어를 가지며, 여기서는 II의 의미라 한다. 후대 아람어, 시리아어, 만다린어 등에 근거한 추정이다. 하나님은 세상 통치자들 (*네기딤*)의 심령 (*루아흐*)을 꺾으신다. 세상 왕들에게 하나님은 실로 공포의 대상이다. 이러한 고백이 나오는 것은 하나님께서 이스라엘 역사에 개입하시어 구원을 베푸신 때였다 (출 15장, 여호사밧 왕 때의 동맹군 격파, 히스기야 왕 때의 산헤립 파멸 등).

시편의 적용

크신 이름 (1절)

하나님의 이름은 크시도다. 그분은 영화로우시며, 존귀하시다. 그분은 마땅히 경외할 자이시다. 그런데 우리 예수님의 이름은 참으로 크고 놀랍다. 그 이름은 "구원자"란 의미이며, 온 세상이 그분의 이름 앞에 무릎을 꿇으며 그분의 이름을 높인다 (빌 2:9-10). 그분의 이름을 부를 때 구원을 받는다 (롬 10:13). 그리스도인은 누구냐? 그분의 이름을 부르는 자들이며 (행 9:21, 고전 1:2, 요일 5:13), 그분의 이름으로 죄 사함을 받으며 (눅 24:47, 행 10:43, 요일 2:12), 세례를 받으며 (행 2:38, 22:16, 고전 1:13), 그분의 이름으로 기도하며 (요 14:14, 15:16, 16:24, 26, 약 5:14), 감사하며 (골 3:17, 엡 5:20), 귀신을 쫓아내고 (행 16:18), 전도하며 (행 5:40, 9:29), 표적과 기사를 행하며 (행 3:6, 4:10, 30), 그분의 이름을 증거하며 (행 9:15, 롬 15:9, 히 2:12), 그분의 이름을 영화롭게 하고 (살후 1:12), 교회는 그분의 이름을 위하여 고난을 당하며 (눅 21:17, 행 5:41, 15:25, 약 5:10, 벧전 4:14, 16, 계 2:3, 13), 그분의 이름으로 성령님도 우리에게 오신다 (요 14:26). 이렇게 예수님의 이름은 귀하고 놀랍다. 그분의 이름은 곧 그 분 자신인 때문이다.

땅의 모든 온유한 자 (9절)

온유한 자란 헬라어로 "프라우스" (마 5:5)이며, 이 말은 헬라적 개념으로 본다면, 화나고, 강포하고, 거칠고, 야만적인 그런 상태와 대조되는, (짐승이 길들여져서) 유순하고, 말이 부드럽고, 마음을 달래주며, 아주 우호적인, 부드러운 그런 상태를 묘사한다. 그렇지만 70인역이 구약 히브리어를 헬라어로 번역할 때, 이 말은 히브리어 "에비온, 달, 아니, 아나브" 등과 같이 "가난한" 상태나 "(사회적으로, 경제적으로) 가진 것이 없어, 남을 섬김으로 생계를 얻은 자들"을 묘사하는 말들을 번역하는 데 사용되었다. 한편 마 5:3의 "심령이 가난한 자"에 사용된 헬라어 (프토코스)는 헬라적 사고에서 빵을 구걸하는 거지같은 아주 궁핍한 상태를 지시한다. 단순히 남의 일을 해주고 품삯을 얻는 정도가 (페네스) 아니라, 완전한 걸인의 상태를 지시한다. 그런데 70인역은 이 말로 역시 히브리어 "에비온, 달, 아니" 등을 번역하였다. 따라서 헬라어적으로는 구분되지만, 히브리어는 결국 동일한 것을 지시한다.

그렇다면 "땅의 온유한 자"는 어떤 사람들인가? 이들은 경제적으로, 사회적으로 남의 밑에서 섬기고 따라서 가진 것이 없어서 천대와 압제를 당하기 마련이다. 이런 사람들은 의지할 데가 없어 하나님께 간구한다. 그래서 이들은 결국 경건한 자들을 지칭하게 되었다. 마음의 가난한 상태는 물질적 가난에 기인될 수 있지만, 반드시 그런 것은 아닐 것이다. 여기서 초점은 모든 사고에서 하나님을 의지하고 신뢰한다는 사실에 두어진다. 그런 마음을 가진 자가 결국 온유한 자인 것이다. 이런 신앙적 요소를 제하고 경제적, 사회적 빈곤만으로, 혹은 힘이 없어 압제를 당한다는 사실만으로 사람들이 하나님의 관심 대상이 되거나 경건한 자가 되는 것은 아니다. 그렇다면 어떤 영역본이 이 부분을 "땅의 고통받는 자" (the afflicted in the land 혹은 the oppressed of the earth, NIV, NRSV, REB, NAB)라 번역하는 것은 자칫 의미를 잘못 전달할 수 있을 것이다. 아무리 고통과 압제를 당하고, 빈곤과 질병에 신음한다 하더라도, 구세주 예수 그리스도를 찾지 않는다면 그는 땅의 온유한 자, 경건한 자가 아니며, 따라서 고통당한다는 사실 하나만으로 하나님의 관심의 대상이 되는 것은 아니다.

그렇지만, 교회의 입장에서 본다면, 복음을 고통당하고, 신음하는 자들에게 먼저 전해야 한다는 것이 필요하다. 왜냐하면 복음은 저들에게 진실로 소망을 줄 수 있고, 저들은 복음에 민감하게 응할 것이기 때문이다. 예수 그리스도께서 처음 복음을 전하신 곳은 갈릴리 지역이며, 그분이 전도하셨던 자들은 사회의 저층민들이나 고통당하던 자들이었다. 따라서 복음이 가장 필요로 하는 자들에게 먼저 전파되어야 한다. 금생에서 지희 분깃을 받아(시 17:14) 떵떵거리고 사는 이들에게 복음은 별로 의미가 없을 것이기 때문이다.

서원하고 갚으라 (11절)

서원과 연관하여 드리는 서원제 (네데르)는 화목제의 일종으로 소나 양, 염소의 암수와 소제를 드려야 했다. 이런 제사에서 제물의 고기를 모두 불살라 바친 번제나, 제물의 고기를 제사장만 먹었던 속죄제, 드려진 곡식 제물을 제사장만 먹을 수 있었던 소제 등과 달리, 제물의 가슴과 우편 뒷다리 (제사장 몫), 간과 두 콩팥과 그 주변의 지방들 (불살라 드림)을 제하면, 모두 경배자의 몫이었다. 따라서 경배자는 제물의 고기를 가지고 가족, 친척, 혹은 고아나 과부, 객 등을 초대하여 잔치를 벌일 수 있었다. 따라서 수직적인 신앙과 아울러 수평적 화목을 표현하는 대표적인 제사였다. 서원제는 서원을 약속하거나 아니면 서원을 갚을 때 드렸을 것이다. 이렇게 서원은 구약에서 공적인 신앙 간증의 성격을 지녔다. 자신이 받은 하나님의 은혜를 이웃과 함께 나누며 찬양하였던 것이다. 그러므로 오늘날 교회에서도 이를 공 예배에 적극 활용함이 필요하다.

시 77편 주께서 영원히 버리실까?

1. 시편에서의 위치, 시의 유형과 삶의 자리

시 76:8은 "땅이 두려워 잠잠하였나니"라 한다면, 시 77:19은 "땅이 흔들리고 움직였나이다"라고 한다. 이렇게 두 시는 사고상 서로 연관된다. 표제는 "아삽의 시, 영장으로 여두둔의 법칙에 의지하여 한 노래"라 제시한다.

이 시는 전반적으로 보건대, 개인 탄식시에 해당되나 여타 탄식시와 구분되는 것은, 이 시에서 시인의 간구 이유는 자신의 개인적인 질병이나 압제가 아니라, 시인의 신앙에 위기를 야기 시킨 자기 백성의 환난이라는 점이다. 이렇게 보아야 할 이유는 그가 현재의 위기 극복을 위하여, 자기 개인에게 베푸신 하나님의 과거 은혜들을 생각하는 것이 아니라, 출애굽 시에 주셨던 하나님의 은총을 회상한다는 점에서 드러난다. 시인은 민족적인 재난에 민족의 한 사람으로 슬퍼하고 근심하고 있다. 이 민족적 재난이 주전 722년에 있었던 북 왕국의 멸망인지, 아니면 다른 재난인지는 확실치 않다.

분위기나 내용상 크게 두 부분으로 구분이 가능하다. 첫 부분은 1-10절로 형태상 간구라면 두 번째 부분은 11-20절로 내용상 출 15장의 홍해변의 노래나 합 3장의 노래, 시 18:7-9 등의 신현 묘사 등이 어우러진 찬양이다. 그렇지만 두 번째 부분을 시인이 제시하는 이유는 과거에 하나님께서 행하신 위대한 일들을 회상함으로 현재 처한 어려움에서 그 위대하신 하나님께서 구원해 주실 것을 기대하고 간구하고자 함이다. 시인이 과거에 행하신 하나님의 기사를 회상하고, 그렇게 지금도 구원하소서!라고 간구하는 바도 없이 사라진다고 보통 이해되지만, 다훗이 완료 시상을 간구형(precative perfect, 14, 15절)으로 이해한 것처럼 이해한다면, 우리의 관점이 견지될 수 있다. 과거에 행하신 기사들을 지금의 위기 상황에서 다시 재현해 주시라는 간구는 하박국 3장에서도 나타난다.

반면, 바이져 같은 이는 (*The Psalms II*, 532) 11절에서 시인이 과거에 하나님께서 행하신 이적들을 상기하기 시작하는 것은 새롭게 하나님을 체험함으로 영성이 각성되었기 때문이라 한다. 이러한 각성은 5절이 제시하듯, 이전에는 고통의 시기에 시인이 감히 할 수 없었던 하나님 찬양을 가능하도록 만들어 주었다는 것이다. 이런 각성은 시인이 하나님을 의심함으로 잘못되이 행했다는 것을 새롭게 인식했다는 차원 정도에서가 아니라, 고통의 때에 어둠속에서 헛되이 찾았던 그 하나님을 예배 의식을 통해 새롭게 체험한데서 야기되었다 한다 (15절). 바로 이러한 예배 체험에서 시인은 회중 앞에서 하나님의 이적들을 선포할 용기를 얻게 되었다는 것이다. 이렇게 이해하는 것은 이 시편의 후반부와 전반부를 시인의 영적 상태의 차이로 보기 때문이다. 즉, 시인의 심정에 변화가 야기되어 탄식이 찬양으로 변화되었다는 것이다. 또한 그레이 (J. Gray, "The Kingship of God in the Prophets and Psalms," VT 11 [1961], 9)도 이와 유사하게 주장하길, 이 시는 "고난에서 구원을 받은 이후에 드린 공중 감사시"라 보았다.

어떤 탄식시들에서 이러한 급작스런 분위기 전환이 나타난다는 것은 사실이지만, 그렇지만 이러한 이해보다는 우리가 앞에서 제시한대로 시인은 현재 처한 위기에서 하나님의 신속한 구원을 간구하고 있으며, 후반부에서 하나님께서 과거에 행하신 위대한 일들을 상기시키고 다시 지금 그 일들을 재현해 주시라 간구한다고 봄이 낫다.

다훗 (M. Dahood)은 16-19절 부분이 시 18:8-16과 아주 흡사하며, 13-15절은 출 15:11-13 부분을 상기시킨다고 지적하고, 이 시의 언어가 아주 고어체라 한다. 그래서 그는 이 시가 아마 주전 10세기경의 것이 아닌가 추정한다 (*Psalms II, 224*). 사용된 언어가 고어체라 함은 예컨대, 1절에서 "내가 부르짖으리라" (베에츠아카)는 말은 연장형 (cohortative, 1인칭 주어의 의지나 결심을 강조하는 문법형태)이며, 여기 첨가된 접속사 '바브' (waw)는 그 동사의 의미를 강조해 주는 점에서 유가릿 용례를 상기시킨다 (시 4:4, 5:3, 7:1 등 참조). 유가릿 문헌 이전 시대의 학자인 브릭스는 시편 주석에서 "칼형 동사의 연장형 앞에 붙은 접속사 바브는 설명하기 어렵다. 70인역이나 제롬의 시편 역본 [*Psalterium juxta Hebraeos*](히브리어 직역본)는 접속사를 갖고 있지 않다"고 지적했다 (*Psalms II*, 176). 또 다른 고어체 표시는 5, 12절 등에서 전.후반절에 각기 완료시상 (Qatal)과 미완료 (Yiqtol) 시상을 대조시켜 배열하는 것에서도 나타난다 (아래서 시상 관련 도표 참조).

2. 시적 구조, 기교들 및 해석

구조상으로나 내용상 이 시는 정교하게 조직된 것이 지적될 수 있다 (J. S. Kselman, "Psalm 77 and the Book of Exodus," *Journal of the Ancient Near Eastern Society of Columbia University* 15 [1983], 51-58 참조).

구조상의 특징들

1) 1절의 "내 음성" (콜리)은 17, 18절의 "소리" (콜)와 인클루시오 (inclusio)를 구성하며, 1절에서 부르짖는 시인의 소리가 17-18절에 제시된 하나님의 천둥 "소리"와 16-19절에 묘사된 신현시에 나타난 하나님의 "소리"로 응답되고 있다.

2) 2절에 제시된 시인의 "손"은 20절에 제시된 모세와 아론의 손들과 연결된다. 그리고 1-10절에 제시된 탄식 간구에서 2절의 "손"과 10절의 "오른손"은 서로 인클루시오를 형성한다.

3) 네 번이나 사용된 "기억하다" (자카르)란 말은 이 시를 하나로 잡아 묶어 준다: 3, 5절에서 각기 한 번씩, 11절에서 두 번 나타난다 (생각하다, 기억하다, 기억하다, 진술하다로 번역됨). 그런데 이러한 기억의 와중에 "망각하다" (9절)란 말이 등장한다.

4) 3, 6, 12절에 사용된 말 (묵상하다; 쉬흐)은 "융합시키는 장치"(fusing device)이다: 3, 6절에서 그 말은 간구에서 나타나지만, 12절에서 그 말은 찬양에서 나타난다.

5) 8-20절 부분에서 이 시는 11-13절을 중심으로, 교차 대구법적 구조(concentric, chiasmic structure)를 보인다:

    A 8-9절 신앙고백 전승(creedal tradition)에 의문을 던지다
        B 10절 탄식의 종식: 하나님의 오른손이 변하셨다
            C 11-13절 찬양의 시작: 하나님을 누구에 비기랴?
        B' 14-15절 B에 대한 응답: 하니님은 지금도 구원하신다
    A' 16-20절 A에 대한 응답: 하나님은 여전히 이스라엘을 구속하신 그 하나님이시다

내용상 특징들

1) 7-9절에 제시된 일련의 질문들은 10절과 더불어 탄식의 간구를 절정에 이르게 하고, 그 질문들은 16-19절에 제시된 바다에 대한 하나님의 지배를 찬양하는 것으로 응답되고 있다.

2) 8-9절에 제시된 질문들은 출 34:6에 나타나는 하나님의 속성에 관한 신앙고백적 진술에 근거하여 구성되었다: 여호와로라 여호와로라 자비롭고 은혜롭고 노하기를 더디하고 인자와 진실이 많은 하나님이로라!

3) 8-9절은 출 34:6에 대한 주석이며, 그 신앙고백에 대하여 의문을 던진다.

그 인자하심이 길이 다하였는가?
그 약속 (허락)을 영구히 폐하셨는가?
하나님이 은혜 베푸심을 잊으셨는가?
노하심으로 그 긍휼을 막으셨는가?

시인은 이렇게 질문을 던진 후에, 시의 후반부에서 출 15장의 홍해변의 노래를 상기하면서 그러실 수 없다고 스스로 부인하며, 현재의 위기에 주께서 개입하셔서 구원해 주시라 간구한다.

다훗 (M. Dahood)은 16절에서 A+B+C / A+B+D// E+F+G 구조를 지닌 계단식 삼중(트라이)-콜론을 본다 (Psalms II, 231):
    물들이 당신을 보았을 때, 오 하나님이여/
    물들이 당신을 보았을 때, 저들은 떨었나이다/
    심지어 깊음들까지도 두려움으로 떨었나이다
    [한역: 하나님이여 물들이 주를 보았나이다/ 물들이 주를 보고 두려워하며// 깊음도 진동하였고]

절	전반절	중반절	후반절	과거	현재	미래
1	미		완	REB,NIV	RS,AB,JB,D	*AB=NAB
2	완	완/미	완	REB,JB,NIV	RS,AB,D	*RS=NRSV
3	미/미		미/미	REB, NIV	RS,AB,JB,D	*JB=NJB
4	완		완/미	REB,JB,NIV	RS,AB,D	*D=Dahood
5	완		미	REB,JB,NIV	RS,AB,D	
6			미/미	REB, NIV	RS,AB,JB,D	
7#	미	미				모두
8#	완		완	모두 완료		
9	완		완	모두 완료	JB	
10	미			REB,JB,NIV	REB,JB	
11	미		미		REB,JB	RS,AB,NIV,D
12	완		미		REB,JB	RS,AB,NIV,D
13#					모두	
14	분사		완	RS,REB는 현/완	나머지는 현재	D는 명령
15	완			모두		D는 명령
16#	완	완/미	미	모두		
17#	완	완	미	모두		
18#		완	완/미	모두		
19#			완	모두		
20	완			모두		D는 명령

앞에서도 지적되었지만, 본시는 완료, 미완료 시상들이 무차별적으로 나타나고 있는 대표적인 시이다. 도표(圖表)를 참조하라. 이 도표에서 드러나는 바는 7, 8, 13, 16-19절을 제하면 현대

역본들이 제각기 다르다는 점이다. 완료, 미완료 시상들이 섞여 나타나는 1-6절에서 NJB는 완료 시상이 있을 경우에는 과거 시제를, 미완료 시상은 현재로 처리했지만, 나머지 역본들은 이런 구분을 무시하고, REB, NIV는 모두 과거로, NRSV, NAB, Dahood 등은 모두 현재로 처리했다. 16-20절에서는 모두가 과거로 처리하였다. 특이한 번역은 14-15, 20절에서 다훗이 완료시상을 명령형 (간구형)으로 번역했다는 것이다. 이것은 전체시를 이해하는 데 아주 중요한 관건이라 여겨진다. 우리도 다훗의 그러한 번역에 동조한다. 그리고 다른 부분들에서 우리의 시제 이해는 NIV와 유사하다.

이 시는 크게 내용상, 두 부분으로 나누어지고 (간구 [1-10절]; 찬양 [11-20절]), 첫째 부분은 제1연: 부르짖음과 자기 성찰 (1-6절), 제2연: 신앙고백에 대한 의문 제기 (7-10절)로 구성되고, 둘째 부분은 제3연: 이전에 행하신 하나님의 기사들을 묵상함 (11-15절), 제4연: 기사들을 묘사 (16-20절) 등으로 구성되었다.

I. 현재의 위기에서 구원을 간구 (1-10절)

제1연: 부르짖음과 자기 성찰 (1-6절): 1-2절에서 시인의 부르짖는 모습을 묘사하고, 3-6절에서는 자기 성찰이 제시된다. 자기 성찰은 신앙고백에 대한 가정적 의문들로 이어진다 (7-10절).

1절: 내가 내 음성으로 하나님께 부르짖으리니 내게 귀를 기울이시리로다 (콜리 엘-엘로힘 베에츠아카 콜리 엘-엘로힘 베하아진 엘라이) —동사 형태나 동사 앞에 붙은 강조적 의미의 접속사는 모두 시인의 확고한 의지와 필사적인 기도를 표명해준다. "내가 결단코 필사적으로 소리쳐서 부르짖으리라"는 것이다. 기도는 성령님의 감동하에 드려져야 하지만, 의지를 발동시켜 강력하게 모든 방해를 물리치고 감행할 때 돕는 역사도 나타난다. "내게 귀를 기울이시리로다"라는 표현에서 우리는 기도가 반드시 응답된다는 확고한 신념을 듣는다. 그런 신념이 없는 기도란 허공만 치는 공염불로 끝날 것이다. "귀를 지으신 자가 듣지 아니하시랴 눈을 만드신 자가 보지 아니하시랴" (시 94:9); "여호와의 눈은 의인을 향하시고 그 귀는 저희 부르짖음에 기울이시는도다" (시 34:15). 그래서 구약 성도들은 기도하길, "여호와여 귀를 기울여 들으소서 여호와여 눈을 떠서 보시옵소서" (왕하 19:16); "나의 하나님이여 이제 이곳에서 하는 기도에 눈을 드시고 귀를 기울이소서" (대하 6:40); "주는 귀를 기울이시며 눈을 여시사 종의 기도를 들으시옵소서" (느 1:6)라 하였다. 한편 "내 음성으로 하나님께 부르짖으리니" (콜리 엘-엘로힘 베에츠아카)에서, 어떤 맛소라 사본이나 70인역, 페쉬타역 (시리아어) 등은 접속사 (베)를 생략한다. 맛소라 액센트는 이 세 단어를 함께 읽도록 지시한다. 다훗은 유가릿 용례에 근거하여 여기 동사에 선행하는 접속사는 강조적 의미라고 지적한다 (M. Dahood, *Psalms II*, 225). 그래서 "필사적으로 (desperately) 부르짖다"를 의미한다. 그리고 여기 사용된 동사 형태는 "칼 연장형" (Qal Cohortative)으로, 시인의 결심과 의지를 표명해준다. "나는 결단코 필사적으로 소리쳐서 부르짖으리라"는 확고한 의지가 표명되고 있다. 그런데 "귀를 기울이시리로다" (베하아진)란 표현에서 현재 모음의 형태는 티베리안 모음체계와 정확하게 맞지 않는다. 히필형 3인칭 남성단수 완료는 "하아진"이 아니라 "헤 예진"이며, 2인칭 남성단수 명령형도 "하에젠"이기 때문이다. 바우어-레안더는 I-Alep 동사의 니팔 분사형과 히필 완료형의 원래 모음은 "아" 였는 바, 티베리안 모음체계에서 "예"로 변하였다고 주장하고, 그 증거가 여기 "하아진" (신 1:45에서는 헤예진)과 시 89:8의 "나아라츠"라 제시한다 (H. Bauer, P. Leander, *Historische Grammatik*, 348k). 만약 완료형으로 취한다면, 의미는 "그가 들으시도록" (*ut audiat*)이 될 것이다. 만약 현재 형태(하아진)를 "하-젠" 혹은 "하아지나" (민 23:18, 욥 33:1, 34:16, 37:14, 시 5:2, 17:1, 39:13, 54:4, 55:2, 78:1, 80:2, 84:9, 86:6, 140:7, 141:1, 143:1) 형태의 명령형 대신 사용된 "학틸" 형태의 "명령형"으로 취한다면 (창 25:30 "할이테니", 시 5:11 [하아쉬멤], 17:13 [하크리예휘] 등에서 "학틸" 형태의 명령형 참조), 의미는 "들으소서!" (M. Dahood, *Psalms II*, 225) 혹은 "당신이 들으시도록" (*ut audias*)이 될 것이다.

2절: 나의 환난 날에 내가 주를 찾았으며 (베욤 차라티 아도나이 다라쉬티) — '찾는다' 라 함은 잃은 짐승을 찾듯 (신 22:2), 잃은 물건을 찾듯 (욥 3:4, 대상 13:3), 하나님을 간절히 구하는 것이다. 물론 조사하다, (말씀을) 연구하다, 문의하다 등의 의미도 있지만, 여기서는 하나님께 간구와 기도를 드려 간청하는 것에 초점이 있다 (창 25:22, 출 18:15, 암 5:5, 대하 1:5).

밤에는 내 손을 들고 거두지 아니하였으며 (야디 라엘라 닉게라 벨로 타푸그) — 사용된 동사는 "(물이나 눈물을) 쏟다" (삼하 14:14, 애 3:49)란 의미이지만, 여기서는 "(손을) 쭉 펼치다"란 의미이다. "거두지 아니하였다" (로 타푸그)는 것은 "(그 손이) 곤비하여지지 아니하다"란 의미이다. 이 두 동사를 합쳐서 "밤에 나는 피곤함도 모르고 내 손을 펼쳤나이다"로 이해할 수 있다 (NJB).

내 영혼이 위로 받기를 거절하였도다 (메아나 한나헴 나프쉬) — 야곱은 자기 아들들이 요셉을 상인들에게 팔아 버리고 짐승에게 죽은 양 속였을 때, 모든 위로를 물리치고 "내가 슬퍼하며 내 아들에게로 음부에 내려 가리라" 고 통곡하였다 (창 37:35, 렘 31:15도 참조). 야곱의 경우에는 꾸며진 흉계에 의한 슬픔이었지만, 사랑하는 아들과의 이별로 인한 충격을 이기기 어려웠다.

3절: 내가 하나님을 생각하고 불안하여 근심하니 내 심령이 상하도다 (에즈케라 엘로힘 베에헤마야 아시하 베티트앗테프 루히) — "내가 하나님을 생각하며 초조해한다/ 내가 (그분을) 곰곰 생각하니, 내 영이 쇠약함을 느낀다." 2절에서 시인은 밤중에도 손을 쭉 뻗쳐들고서 부르짖을 때, 손이 피곤치 아니하였다고 하더니, 여기서는 어찌하여 이렇게 부정적인 측면을 드러내는가? 기도하면서도 불안을 떨쳐 버리지 못하는 모습이다. "하나님을 생각하고" (에즈케라 엘로힘)란 표현과 연관하여, 시인은 "기억하다" (자카르, 3, 6, 11), "중얼거리다, 신음하다, 숙고하다" (하가, 12), "곰곰 생각하다" (시아흐, 3, 6, 12), "불안하다" (하마, 3), "쇠약하게 느끼다" (히트아테프, 3), "잠못자고 불안하다" (니프암, 4), "생각하다" (하솨브, 4), "세심히 점검하다" (히페쉬, 6) 등, 내적인 성찰과 연관된 용어들을 다수 사용하고 있다. 외적인 환난과 근심이 내적인 성찰을 요청한 것이다. 하나님께 부르짖어 기도하는 일과 병행하여 내적인 성찰이 진행되고 있다. "불안하여 근심하니" (베예헤마야 아시하)에서, 첫 말은 "소음을 내다," "(파도가) 부르짖다," "(개가) 짖다," 혹은 "초조한 중에 소란스럽다"(restless, turbulent)를 의미한다. 시인은 하나님을 생각하면서 왜 이런 초조하고 안정을 하지 못하는 상태에 있는가? 1-2절에 묘사된 부르짖는 기도의 모습과는 다른 양상이다. 그리고 "근심하다"라 번역된 말은 차라리 "곰곰 생각하다"를 의미하고, 이 말은 "내 심령이 '상하도다' (히트아테프)란 표현과 연결되어야 한다. 곰곰 생각할 때, 시인의 영이 쇠약함을 느낀다. 힘써 부르짖는 모습과 역시 대조되는 양상이다.

4절: 주께서 나로 눈을 붙이지 못하게 하시니 (아하즈타 쉐무롯 에나이) — "당신께서 내 눈의 눈꺼풀들을 붙잡으신다." 여기 "눈꺼풀들" (쉐무롯)은 여기서만 나오는 단어로 (hapax legomenon) 후기 아람어, 시리아어, 애굽 신성문자 등에서 대응어가 나타난다. 시인은 하나님의 배척을 받은 백성에 대한 염려로 잠을 이룰 수가 없다. 아니면 불안과 공포 때문에 잠을 설치고 있다.

내가 괴로워 말할 수 없나이다 (니프암티 벨로 아답베르) —괴롭다는 말은 초조한 중에 잠을 자지 못하는 불안한 상태를 지시한다. 그는 너무나 괴로운 나머지 말을 상실하였다. 다훗은 "말하다"란 의미 대신 "등"이란 명사 (dbr)에서 유래한 동사 "눕다"란 의미로 취하여, "내가 눕지 못한다" 고 이해했다 (Psalms II, 227).

5절: 내가 옛날 곧 이전 해를 생각하였사오며 (잇샤브티 야밈 미케뎀 쉐놋 올라밈) — "내가 옛날들을 생각하며/ 내가 이전 해들을 기억하였다" (잇샤브티 야밈 미케뎀 쉐놋 올라밈 에즈케라; 아래 설명 참조). 현재의 근심 중에 시인의 생각은 과거로 돌아간다. 과거는 현재의 거울이다 (고전 10:11). 과거에 나타난 부정적인 일들을 통해 교훈을 얻을 뿐 아니라, 과거에 행하신 하나님의 기사들이나 은총들을 생각할 때 오늘을 위한 힘과 소망이 생겨난다. 한편 6절 초반에 위치한 "내가 기억하다" (에즈케라)를 5절 후반부로 연결시킨다 (LXX, 페쉬타, 심마쿠스; NRSV, REB, NAB, NJB). 고대 역본들의 증거만 아니라, 삼하 19:19에서 "하사브"와 "자카르" 동사가 병행적으로 나타난다는 증거도 중요하다. 이럴 경우, 전.후반절은 3 / 3으로 박자의 균형이 잘 잡힌다.

6절: 밤에 한 나의 노래를 [기억하여] 마음에 묵상하며 심령이 궁구하기를 (네기나티 발라엘라 임-레바비 아시하 바에합페쉬 루히)— "내 노래를 내 마음으로 밤에 곰곰 반추한다/ 내 영이 세심히 살핀다." 이 노래 (네기나)는 현악기로 연주한 음악을 지시 한다 (사 38:20, 애 5:14). 현악기로 연주한 음악 (빈기노트)은 시편의 여러 표제로 나타나기도 한다 (4:1, 6:1, 54:1, 55:1, 67:1, 76:1; 61:1 [알-네기노트]). 히스기야는 병을 치료받고 노래하길, "여호와께서 나를 구원하시니 우리가 종신토록 여호와의 전에서 수금으로 내 '우리,' 70인역의 노래들을 노래하리로다 [네기노타이 네나겐] 라 하였다 (사 38:20). 여기서 "수금"은 현악기를 의역한 것이다. 애 5:14에서는 "소년들의 노래들"로 나타난다. 7-9, 12절에 비추어 보건대, 이 시인의 노래 내용은 하나님의 행하신 기사들에 근거한 신앙고백의 내용이 아니었을까? 한편 "나의 노래" (네기나티)를 70인역은 "내가 묵상하였다" (카이 에멜레테사 =베하기티)로 읽었다. 우리는 맛소라 본문을 유지한다.

제2연: 신앙고백에 대한 의문 제기 (7-10절):
 시인은 여러 가지 수사적 질문들을 통하여 지금까지 믿어 왔던 바에 대하여 의문을 제기한다. 그렇지만 이러한 의문들에 대하여 성도는 "주께서 영원토록 버리지 않으실 것임이며 저가 비록 근심케 하시나 '그 풍부한 자비대로' (케로브 하사다브) 긍휼히 여기실 것임이니라 주께서 인생으로 고생하며 근심하게 하심이 본심이 아니시로다" (애 3:31-33)라고 확실하게 답할 수 있어야 한다.

7절: 주께서 영원히 버리실까? (할레올라밈 이즈나흐 아도나이) — "버리다" (자나흐, reject)란 말은 시 43:2, 44:9, 23, 60:1, 10, 74:1, 88:14, 89:38, 108:11, 애 2:7, 3:31 등에서 보듯, 환난과 고통의 때에 성도가 하나님께 대하여 느끼는 감정을 표현한다(자나흐의 의미에 대하여는 시 60:1 참조). 이 의문에 대하여 애 3:31은 단호하게 부정한다. 그런데 "왜 우리는 망했던가?" 라는 질문을 가졌을 때, 백성의 죄 때문이라는 대답을 제시하는 열왕기서와 같은 역사 기록이 나타났다.

다시는 은혜를 베풀지 아니하실까? (벨로-요시프 리레쵸트 오드) — 야곱은 형 에서에게 "당신이 내게 은혜를 베푸셨다"고 했다 (밧티르체니, 창 33:10). 여기서 이 말은 "당신의 보기에 내가 은혜를 입었다"는 표현 (마챠티 헨 베에네카)과 함께 나타나고 있다. 이렇게 사람들 사이의 관계도 이 말로 표현되지만, 무엇보다 하나님과 인간 사이의 관계를 이 말은 잘 표현해준다. 성도가 범죄 할 경우에 그분이 취하시는 자세(렘 14:10, 12; 받지 않으신다)와 회개하고 돌이키는 자를 대하시는 자세(겔 20:40, 41; 기쁘게 받으신다)가 이 표현을 통해 대조된다. 그런데 "다시"라는 개념이 여기서 강조되고 있다 (요시프 … 오드). 하나님은 몇 번이나 우리를 용서하시는가? 수도 없이 많이. 그렇지만, 회개하지 않는 백성에게 그분의 위협이나 경고는 여기 시인이 처한 시대에서 처럼 반드시 현실화되고야 만다.

8절: 그 인자하심이 길이 다하였는가? (하아페스 라네차흐 하스도) — 애 3:32은 "아니요" 라고 답한다. "길이" (라네챠흐)는 "영원히"란 말이다. 성경은 하나님의 성도를 향하신 인자하심은 "영원하다"고 한다 (대상 16:34, 대하 7:3, 시 100:5, 시 136편). 우리 "평생에" 그분의 선하심과 인자하심이 우리를 따를 것이다 (시 23:6). 그분의 "인자"는 커서 하늘에까지 미친다 (시 57:10).

그 허락을 영구히 폐하셨는가? (가마르 오메르 레도르 바도르) — "허락" (오메르)은 그분의 "약속" (NIV, NRSV, REB, NAB) 혹은 그분의 "말씀" (NJB)이다. 전반절의 "그의 인자하심"에 사용된 인칭 접미어가 후반절에도 기능을 감당한다 (double duty). 다훗은 "말하다" (아마르)의 대응어가 악카드어나 유가릿어에서 "보다"란 의미를 갖는다는 점에 근거하여, 여기서 "비전"으로 이해한다 (Psalms II, 228). "폐하다" (가마르)라 번역된 말은 타동사가 아니라, 자동사이다. 그러므로 "그분의 약속이 끝장났던가?" 라 해야한다.

9절: 하나님이 은혜 베푸심을 잊으셨는가 (하솨카흐 한놋 엘) — "잊다" (솨카흐)란 "기억하다"

의 대칭어이다 (창 40:23). 이스라엘은 하나님과의 언약을 "잊고" 말씀을 지키지 못할 경우 (신 4:9, 23, 6:12, 8:11), 혹은 하나님을 "잊고" 이방신들을 따라 갈 것에 대하여 (신 8:19, 왕하 17:38), 거듭 경고를 받아야 했다. 그러나 이스라엘은 하나님을 "잊었다" (삼상 12:9). 반면 하나님은 이스라엘을 버리거나 멸하지 아니하시며, 그 언약을 "잊지" 않으신다 (신 4:31). 여기서 보듯, "잊다"란 말은 기억력의 상실을 지시하는 것이 아니다. 인간은 혹시 기억력을 상실하여 불신앙으로 행할지 모른다. 그렇지만 하나님의 경우는 절대로 그런 일이 없다. 이 말은 오히려, "버리다"란 개념과 통한다 (애 5:20). "은혜 베풀다" (하난)는 같은 의미의 유사어 (하난)나 그 명사형 "은혜" (헨)와 통한다.

노하심으로 그 긍휼을 막으셨는가 (임-카파츠 베아프 라하마브)— "막다" (to shut)란 말은 가난한 형제에게서 손을 움켜쥐다 (신 15:7)에서 보듯, 혹은 악인들이 의인의 구원을 볼 때, 놀라 입을 봉하듯 (시 107:42, 사 52:15), 긍휼을 노하심으로 막아 베풀지 않는 것을 말한다.

10절: 또 내가 말하기를, 이는 나의 연약함이라 (바오마르 할로티 히) — "내 슬픔(굴욕, 환난)은 이것이라" 혹은 "내 병(신앙적 연약)은 이것이라." 이 부분은 몇 가지로 분석할 수 있다. 1) "병들다," "지치다" (할라)의 피엘형 부정사 + 1인칭 단수 인칭접미어 (GKC § 67r): 나를 병나게 하는 것은 이것이다; 2) "병들다" (할라)의 칼형 부정사 + 1인칭 접미어 (BDB, 317): 나의 병은 이것이다 (아퀼라, 제롬). 3) "찌르다, 상처를 입히다" (할랄)의 피엘형 부정사 + 1인칭 접미어 (심마쿠스, 데오도션, 페쉬타, 탈굼, 오리겐의 헥사플라에서 제5 역본 [Quintal, Briggs, *Psalms II* 177]): 나를 찌르는 상처는 이것이다. 이런 여러 독법들은 10절의 이해에서 기본적으로 일치하고 있다. 즉, 고려중인 표현은 시인의 (신앙적) 병의 원인을 10절 하반절과 연관시킨다.

지존자의 오른손의 해 (쉐노트 예민 엘리온) — 이는 시인과 동족이 당하는 굴욕과 환난의 때가 하나님의 진노의 시기 (오른손의 해들, 단 8:19)라는 인식이다. 반면, "쉐노트"를 "변하다" 동사의 칼형 부정사로 본다면, "지존자의 오른손이 변하였다"가 된다 (NRSV, REB). 즉, 그분이 권능(오른손)을 베풀지 아니한 결과로 환난을 당한다는 의미일 것이다. 70인역 (알로이오시스), 제롬 (*commutatio*) 등에서 보듯, 고대 역본들은 "쉐노트"를 "해들" (years)로 보지 않고, "변하다" (샤나)의 칼형 부정사 연계형으로 이해하였다. 그렇다면 이 표현은 "지존자의 오른손이 변하였다"가 된다 (NRSV, REB).

II. 과거에 행하신 기사들을 회고함으로 하나님을 찬양 (11-20절)

첫 부분에서는 현재 위기에서 구원을 간구했다면 (1-10절), 여기 둘째 부분에서는 이전에 기사들을 행하신 하나님을 찬양한다. 이렇게 함은 현재에 다시 그런 기사들을 행하시어 구원하여 주소서! 란 간구를 드림과 같다.

제3연: 이전에 행하신 하나님의 기사들을 묵상함 (11-15절)

11절: 곧 여호와의 옛적 기사를 기억하여 그 행하신 일을 진술하리라 (아즈키르 [에즈코리] 마알레레-야흐 키-에즈케라 미케뎀 필에카)— "당신의 기사 (펠레)를 기억하여, 야웨의 행하신 일들을 선포하리라." "야웨의 행하신 일들"을 잊지 말고 (시 78:7), 성도들은 그분에게만 소망을 두며, 그분의 계명들을 지켜야 한다. 그분이 내게 그리고 교회에 행하신 기사들을 기억한다는 것은 단순한 과거사에 대한 기억이 아니라, 그것을 생각함으로 마음이 움직여 그분에 대한 신앙이 불일 듯 일어나는 상태를 지시할 것이다. 야웨의 행하신 일들은 광야 시절 이스라엘이 행한 일들과 대조 된다 (시 106:29, 39). 저들의 행위는 배반과 불평 원망이었다. 반면 하나님의 행위들은 기사와 이적이며, 신앙을 요청하는 대상이다. 그런데 "기억하여 (에즈코르)… 진술하리이다 (에즈케라)"에서 "기억하다"의 케티브는 "기억하게하다" (사역형)이라면, 케레는 "기억하다" (칼형)이다. 후자는 연장형 (cohortative)으로 "내가 실로 기억하다"는 강조를 나타낸다. 앞 말의 경우 본문 그대로 (케티브) 유지하여, "내가 여호와의 옛적 기사들을 선포하리니, 왜냐하면 내가 당신의 기이한 옛 일들을 진실로 기억하기 때문이다" 라고 번역한다.

12절: 또 주의 모든 일을 묵상하며 주의 행사를 깊이 생각하리이다 (베하기티 베콜-파올레카 우바알릴롯테카 아시하) — "숙고하다" (하가, 12), "곰곰 생각하다" (시아흐, 3, 6, 12) 두 동사가 서로 병행되고, 당신의 모든 행한 일과 당신의 행위들이 서로 병행된다. 전반절의 완료상과 후반절의 미완료상이 서로 병행되며, 구문상으로 동사+전치사구/ 전치사구+동사 구조로 접어서 일치하는 구문 병행법을 이루고 있다. 하나님의 행하신 일들은 성도가 묵상해야 할 대상이다. 성경은 하나님께서 이스라엘에 행하신 일들을 기록한 책이다.

13절: 하나님이여 주의 도는 극히 거룩하시오니 (엘로힘 박코데쉬 다르케카)— "당신의 도는 거룩함에 있사오니" (In sanctity is Your Way). 어떤 역본들 (70인역, 벌게잇 등)은 "성소에서"라 번역하지만, 여기 문맥에서는 그런 의미가 아니다. 여기서는 성소와 연관 없이 행하신 기사들을 염두에 두고 있기 때문이다. 한편, 이제부터 시인은 하나님을 찬양하기 시작한다. 그런데 "도" (데렉)는 우선적으로 "길" (way, road)을 지시하여 "밟다"라는 동사(다락)와 연관된다. 계속 사람들이 밟고 다님으로 하나의 길이 만들어지는 것이다. 그런데 이 말은 자주 상징적 의미로 사용된다: 사람들의 행위, 행동 (시 1:6), 관습, 방식. 여기서 "주의 도"는 하나님의 방식, 곧 세계 통치 혹은 자기 백성을 다루시는 방식을 지시할 것이다. 그런데 어떤 문맥에서는 "주의 진리, 교훈" 곧 주의 말씀을 지시한다 (시 25:4-5).

하나님과 같이 큰 신이 누구오니이까 (미-엘 가돌 켈로힘)—이 구절은 출 15:11을 상기시킨다. 시편에서는 여기 말고 시 89:8, 113:5 등에서도 유사한 수사적 질문을 던진다. 하나님의 행동과 그의 방식은 사람의 그것과 달라서 지상에서 그와 비견될 자가 없다.

14절: 주는 기사를 행하신 하나님이시라 (앗타 하엘 오세 펠레)—출 15:11에서 보듯, 홍해에서의 기적, 시 78:12에서 보듯, 소안들에서의 기적들, 사 25:1에서 보듯 이사야의 견지에서 미래에 그분이 행하실 심판 등이 모두 "기사" (펠레)로 언급된다. 이 부분의 동사는 분사형이므로 "당신은 기사를 행하시는 그 (참) 하나님이시라!" 로 현재적으로 번역한다.

민족들 중에 주의 능력을 알리시고 (호다타 바암밈 웃제카)— "기사"는 결국 하나님의 능력의 나타남이다. 현 피조 세계도 하나님의 표현이지만 (시 19:1-6) 사람들은 인정하지를 아니한다 (롬 1:20-21). 출애굽 당대에 민족들은 하나님께서 행하신 기이한 일들을 듣고 두려움에 사로잡혔다 (출 15:14-16, 수 1:10). 이렇게 주의 기사는 성도들에게는 신앙을 요청하지만, 불신자들에게는 공포를 자아낸다. 같은 실체지만 대상에 따라 전연 다른 반응이 나타난다. 그런데 여기 문장은 완료상이지만, 간구적 완료로 이해한다: "민족들 중에 당신의 능력을 알리소서!" (NIV 참조).

15절: 주의 팔로 (비즈로아) — "팔로써." 인칭 접미어는 없다. 그렇지만, 14절 말미에 "당신의 능력" (웃제카)에서 나타나는 2인칭 접미어가 여기에도 해당된다.

주의 백성 야곱과 요셉의 자손을 구속하셨나이다 (가알타 [비즈로아] 암메카 베네-야코브 베요세프) —야곱과 요셉을 함께 제시하는 것은 애굽에 체류할 때 요셉의 역할이 중대했으므로 야곱의 후손들 곧 이스라엘을 지칭하면서 야곱과 함께 언급한 것이다. 오바댜 18절에서는 야곱 집이 유다를, 요셉 집이 북왕국 이스라엘을 지시하고 있다. 여기서도 앞 절에서와 같이 간구적 완료로 이해하여 "당신의 백성을 구속하소서!" 라 이해한다.

제4연: 기사들을 묘사 (16-20절) 여기 묘사된 바는 출애굽 당시에 일어난 기사들이다. 16-19절은 세 개의 콜론이 하나의 행을 이루고 있다(tri-colon).

16절: 물들이 주를 보았나이다/ 물들이 주를 보고 두려워하며/ 깊음도 진동하였고 (라우카 마임 엘로힘 라우카 마임 야힐루 아프 이르게주 테호못)—다훗이 지적한대로, 여기서 우리는 점층적으로 사고가 강화되어 가는 세 개 콜론행(tri-colon)을 본다: "물들이 당신을 보았을 때, 오 하나님이여/ 물들이 당신을 보았을 때, 저들은 떨었나이다/ 심지어 깊음까지도 두려움으로 떨었나이다." 한역에서 "두려워하다" 혹은 "진동하다"로 번역된 동사들은, 원문에서 "힐" ([해산으로] 괴로워하다, 몸을 뒤틀다, 떨다)과 "라가즈" (떨다 [지진 묘사], 사람들이 떨다, 공포, 슬픔 등에 사로잡혀 떨다)이다. 후자는 출 15:14에서 가나안 족속들이 기사를 듣고 떠는 모습을 묘사하는 데서도 나타난다. 여기서는 감정 없는 바닷물까지도 하나님 앞에서 두려움에 사로잡혀 소용돌이치며 떠는 것으로 묘사되고 있다. 신현(theophany)은 자연의 대 격변을 동반 한다 (출 19장, 왕하 19:11-13 참조).

여기서처럼, 비 인격체인 "물이 보다"란 표현은 순전히 시적이긴 하나, 시가에서 종종 등장한다. 합 3:10에서는 산들이 주를 보고 떨며, 깊음이 소리를 지르며 그 손을 높이 들었다고 한다. 시 48:11에서" 시온산은 기뻐하라"고 한다. 시 104:8에서 산은 주의 명을 따라서, 신속하게 올라가고 골짜기는 내려갔다고 한다.

17절: 구름이 물을 쏟고/ 궁창이 소리를 발하며/ 주의 살도 날아 나갔나이다 (조레무 마임 아봇 콜 나테누 쉐하킴 아프-하차체카 이트할라쿠) —17-18절은 폭풍우가 휘몰아치는 가운데, 천둥이 치고, 번개가 번쩍이며, 낙뢰가 지축을 흔드는 상태를 묘사한다. 이러한 자연의 대 격변은 홍해 사건의 묘사에는(출 15장) 언급이 없다. 그렇다면 홍해를 가르실 때, 여기 묘사된 대로 일어났던 것일까? 아니면, 상상력으로 그 당시 상황을 시적으로 노래하는 것인가? 우리는 삿 5:4-5의 진술이 실제 상황을 시적으로 노래하는 것으로 보며, 여기서도 실제 상황을 시적으로 노래한다고 본다.

17절과 유사한 묘사는 삿 5:4-5, 삼하 22:8-16 등에서도 나타난다. "구름"(아브)가 "궁창"(쉐하킴)은 병행어로 나타난다. 후자(쉐하킴)는 하늘 (샤마임)과 병행어일 때, 복수형으로 등장 한다 (신 33:26, 사 45:8, 렘 51:9, 시 36:6 등). 삼하 22:12=시 18:12에서는 "두꺼운 구름들" (아베 쉐하킴)이란 표현에서 "구름"의 의미로 등장하며, 이 궁창은 천둥을 내고, 물을 내며, 이슬(잠 3:20)과 비(욥 36:28)도 낸다. 한편 "주의 살" (하차체카)은 번쩍이는 번개들을 지시한다 (합 3:11, 시 91:5).

18절: 회리바람 중에 (박갈갈)— "회리바람" (갈갈)은 병거의 "바퀴"를 지시한다. 여기서는 야웨의 병거 바퀴를 지시한다. 바람을 병거처럼 타시고 날으시는 하나님이시다.

주의 우뢰의 소리가 있으며 번개가 세계를 비취며 땅이 흔들리고 움직였나이다 (콜 라암카 [박갈갈] 헤이루 베라킴 테벨 라게자 밧티르아쉬 하아레츠)—폭풍우 가운데 지진이 나타나는 현상이며, 이는 신현 현상에 동반된 대 자연의 격변현상이다. 그레이 (John Gray, *The Legacy of Canaan*, [Leiden: E. J. Brill, 1965], 286-87)는 다음과 같이 지적한다:

> 바알 신과 다루기 힘든 바다 사이의 싸움이란 주제를 히브리인들이 취하여 자기 나름대로 변용하였던 것처럼, 혼돈의 세력에 대한 승리를 다루는 구절들에서 야웨께서는 비, 천둥, 번개, 겨울 구름들 [가나안에서는 12-3월이 우기] 등으로 나타나는 가나안의 폭풍신 바알 혹은 하닷 신의 모습들을 가진 것으로 드러난다.
> 라스 쇼므라 [고대 유가릿] 문헌들에서 나타나는 바알 신처럼, 야웨 하나님은 구름을 자기 병거 삼으시고 (시 18:11, 68:5, 34, 104:3, 신 33:26), 바알처럼 야웨께서는 천둥 가운데서 '자기 목소리를 발하시며' (잇텐 콜로), 폭풍우 가운데 나타나신다 (시 18:14-15, 29:3, 4, 5, 7, 8, 9, 46:7, 77:19, 97:4, 104:7, 135:7, 144:6). 시 29편에서 야웨 신현이 하닷 신(神)의 특징들을 갖고 표현 되며, 시 29편은 가나안 찬양을 히브리인들이 변용한 것이라는 일반적인 인식이 퍼져있다.

이 인용의 마지막 부분, 곧 시 29편이 원래 가나안의 찬양시란 사고는 본 주석에서 고찰한대로 근거가 없다. 그렇지만 그레이가 제시한 지적은 가나안 신화에 등장하는 사고나 표현들이 구약 시가에서도 나타난다는 점에 비추어 인정된다. 단지 구약 기자들은 가나안적 표상들을 자기 나름대로 활용하여 신학적 사고를 표현했다고 할 수 있을 것이다. 더 나아가 이러한 표상들은 야웨 하나님에 대한 역사적 체험에 근거를 둔 것이었다.

19절: 주의 길이 바다에 있었고 주의 첩경이 큰물에 있었으나 주의 종적을 알 수 없었나이다 (바얌 다르케카 우쉬빌레카 베마임 랍빔 베익케보테카 로 노다우) —이는 홍해를 가르신 사건을 암시한다. "길" (데렉)이나 "첩경" 곧 좁은 길 (쉐빌)이나 모두 길을 지시한다. "주의 종적" (케보테카)은 "당신의 발자국들" 이다. 주께서 홍해를 가르시고 지나셨으나 발자국은 남기지 아니 하셨다. 그분의 행하심은 신비롭다.

20절: 주의 백성을 무리 양 같이 모세와 아론의 손으로 인도 하셨나이다 (나히타 캇촌 암메카 베야드-모쉐 베아하론)—15절에서 이미 시인은 "주의 팔로 주의 백성을 구속 하셨나이다" 라고 찬양한 바 있다. 모세는 하나님께서 구속하신 자기 백성을 "인자" 로써 인도하셨다고 노래했다 (출 15:13). 출애굽은 하나님의 속성의 표현이었다. 그분은 조상들에게 약속하신대로 아브라함의 후손들에게 인자를 베푸신 것이다.

시편의 적용

내 음성으로 하나님께 부르짖으리니 (1절)

결연한 기도의 자세가 표명되고 있다. 기도를 하고자하면, 목표를 확고히 정하고 모든 방해를 단호하게 물리치고, 필사적으로 힘을 다해 소리치며 부르짖어 그분의 응답을 받고야 말겠다는 의지가 선행되어야 한다. 그렇지 않고 목적이나 결연한 마음이 없이, 그저 중언부언(重言復言)의 기도를 힘없이 드린다면, 마귀는 필사적으로 그 기도를 꺾어 버리려 달려들 것이다. "내 음성" 으로라는 말이나 "부르짖다" (챠아크)라는 말은 모두 기도가 소리쳐 부르짖는 기도임을 말해준다. 기도는 점잖게 드리려 해서는 안 된다. 기도는 때로 전투를 치르듯 감행하지 않으면 안 된다.

어떤 교회의 부흥 집회에 참석하였더니, 말씀 증거 후에 목사님은 "5분간 기도하지 않으면 자리를 뜨지 말라" 고 했다. 그런데 성도들은 5분이 채 되기도 전에 모두 자리를 뜨고, 몇 사람 남은 자들도 소리가 들릴락 말락 기도를 드리다가 예배당을 떠나갔다. 교회의 기도 상태를 보건대, 미지근한 교회가 아닌가 판단된다. 부흥 집회를 마친 후에, 한 사람도 소리쳐 통회하며, 간구하며 기도하는 사람이 없다면 그것은 문제가 아닐까? 그 부흥 집회에서 필자는 또 하나 느낀 것이 있었다. 그것은 설교를 어느 관점에서 해야 하는가? 하는 것이었다. 즉, 하나님의 관점에서 증거 하는가? 아니면, 인간의 견지에서 하는가? 하는 것이다. 필자는 하나님께서 행하시는 일들을 중심으로 그분의 견지에서 설교해야 한다고 믿는다. 인간 견지에서 설교를 한다는 것은 예컨대, 인간의 행복을 주제로 삼고, 우리가 어떻게 부부간에, 부자지간에 행동해야 하는가? 를 증거하는 경우이다. 부부는 한 몸이란 사실은 성경적 진리이며, 효도해야한다는 것도 역시 그러하다. 부부간의 도리나 부자지간의 도리를 강조하면서 모본적인 예들을 많이 제시한다. 진한 감동이 전달되었다. 그런데 곰곰 생각해보면, 그러한 부부간의 정이나 효도의 모본들은 불신자들도 얼마든지

할 수 있는 것들이다. 이런 것들을 우리 기독인들이 하지 못하고 수직적인 관계에만 매달린다는 사실에 문제가 있으므로, 그러한 모본적 사례들로 설교를 이끌 수도 있을 터이다. 그렇지만, 우리는 그 이상으로 나아가서, 하나님께서 성령님으로 행하시는 일들을 증거하지 않으면 안 된다.

환난 날에 내가 주를 찾았으며 (2절)

환난 날이란 민족적 환난이건, 개인적 환난이건 모두 해당된다. 어떤 사람은 의학적으로 치유 불능이라는 선고를 받고, 어제까지 생생하던 그가 병실에서 완전히 의욕을 상실하고 절인 배추 같이 축 늘어져 버렸다. 그러다가 목사님이 심방을 하여 이유를 물은즉, 의사가 그렇게 치명적이라고 말했다는 것이다. 그래서 병실문을 닫고 그에게 호통을 치면서 당신의 믿음이 어디 있는가? 누가 우리 몸을 지으셨는가? 그분이 생명을 주셨기에, 죽이기도 살리기도 하신다고 하면서 강력하게 기도를 하였더니 마음에 소망을 되찾아, 믿음으로 기도하며 생명을 건졌다 한다. 환난 날에 우리는 낙심하고 좌절하고 주저 않고자 한다. 이제 죽었구나!라는 절망감 때문이다. 인간적으로 어찌할 수 없다는 자포자기, 이것이 우리 신앙이 최대 원수이다. 이런 절망의 감옥에 감금되면 여간해서 빠져나오기 어렵다. 이런 때에는 약속의 열쇠를 찾아내어 그것으로 절망의 옥문을 열어제끼고, 좌절의 거인 간수를 차 버리고 소망을 향해 줄행랑을 쳐야한다. 여기서 '주를 찾는다' 는 것은 주님에게 모든 문제의 해답이 있고, 그분에게 권능이 있다는 것을 전제로 한다. 그분을 찾으면 산다는 확신 하에 우리는 움직여야한다. 환경이나 조건이나 상태를 보지 말고, 전능하신 분을 보고 찾아야 한다. 솔로몬은 기브온 산당에 있던 모세의 성막에 수많은 지도자들과 함께 가서, "번제단에서 하나님을 구하였다" (대하 1:5; 한역은 그저 "나아가서"라 오역했다). 그리고 그곳에 1천 번제를 드렸다. 그만큼 많은 번제를 드렸다는 것은 엄청난 정성을 말한다. 소나 양, 염소의 수컷의 가죽을 벗기고, 머리나 다리까지 모든 제물을 불살라 드리는 이 번제를 1천 번이나 드렸다는 것은 상상을 초월하는 정성이다. 그러자 그 밤에 하나님께서 솔로몬에게 나타나시어 "무엇을 내가 네게 줄지 내게 구하라"고 말씀하셨다 (대하 1:7). 온전한 마음으로 전심으로 구한다면 하나님은 이렇게 응답하시는 것이다. 솔로몬은 통상적인 의미에서의 환난을 당한 것은 아니지만, 통치 초기에 지도자로서 필요한 은사와 지도력이 절실하게 요청되는 시점에서 하나님을 전심으로 찾았더니 그분이 응답하시고 그에게 전무후무한 축복을 주셨다는 것이다.

내 영혼이 위로받기를 거절하다 (2절)

남미에서 사역하던 어떤 선교사님의 외동아들이 미국 유학을 가서 교통사고로 사망하였다. 그들은 선교 편지에서 "잠시 사고 수습과 장례 절차로 미국에 머물고 있는 틈을 이용하여 선교지의 섬기는 교회에 다녀왔습니다. 짧은 방문이었지만 많은 위로와 사랑을 받았습니다" 라고 적었다. 그리고 "한 알의 밀알의 썩어짐 (요 12:24)을 통하여 많은 열매를 맺어 영혼들이 구원받아 하나님께 영광을 돌린다면 아들의 죽음은 참으로 아름답고 복된 죽음이 될 줄로 믿습니다" 라고도 했다. 무슨 말로 저들을 위로 할 것인가? 영원을 바라보며, 신천신지에서 우리가 가질 삶을 준비하며 오늘을 사는 것이 지혜가 아니겠는가?

불안하여 근심하니 내 심령이 상하도다 (3절)

시시각각으로 우리 마음에 공포가 엄습해 올 때가 있다. 중병에 걸렸다면 죽음의 공포가 자신을 짓눌러 내릴 것이다. 이러한 때에 우리의 생각을 어떻게 지키는가? 에 따라 살거나 죽을 것이다. 그래서 성경은 "무릇 지킬만한 것보다 더욱 네 마음(레브)을 지키라 생명(하임)이 이에서 남이니라"(잠 4:23) 한다. 우리 영혼 (네페쉬)은 속사람으로, 이것이 상처를 입게 되면 신앙에서 추락하게 된다. 이러한 상태에서는 하나님도 도우실 수가 없다. 그러므로 성경은 "사람의 심령(루아흐)은 그의 병(마할레후)을 능히 이기려니와 상한 심령을 누가 일으키겠느냐"(잠 18:14) 하신다. 병을 이기는 것은 우리의 영이다. 이 영이 다치면 도무지 치료할 방도가 없다는 것이다. 만약 우리 속사람이 말씀으로 위로를 받고, 평안을 느낀다면 이제 끝까지 그것을 붙잡고 병을 이겨야 한다. 주님은 믿음의 받침대위에 치료와 건강의 꽃병을 선물로 주실 것이다.

주께서 영원히 버리실까? (7절)

전도서 기자는 "형통한 날에는(베욤 토바) 기뻐하고 곤고한 날에는(베욤 라아) '생각하라' (레에, 바라보라, 고려하라) 하나님이 이 두 가지를 병행하게 하사 사람으로 그 장래 일을 능히 헤아려 알지 못하게 하셨느니라"(전 7:14)라 하였다. 모든 것이 형통할 때에 우리는 즐거워하고 감사하고 찬양할 것이다. 그러나 곤고한 때를 만나면 좌절하고 낙심하고 만다. 환난의 때에 우리 성도는 하나님을 바라보고, 그분의 행하신 일들을 곰곰 생각해야 한다. 물론 나 자신의 내면도 깊이 성찰해야 한다. 곤고한 날들은 우리로 생을 영원히 가치있는 것에 투자하도록 가르쳐 준다. 속초에서 비행기를 타고 서울로 향하는 데, 옆에 앉은 여인이 신문을 읽더니, 곧장 흐느끼기 시작하였다. 영문을 알지 못하여 전도하려던 차에 잘됐다 싶어, "주 예수를 믿으라! 누구든지 주의 이름을 부르는 자는 구원을 얻으리라" 고 말씀을 떼었다. 어디가 아픈지?아니면 무슨 일이 있나요?아니라고 고개를 흔들기만 한다. "예수님 믿으세요?' 라고 하니, 그렇다고 고개를 끄덕인다. 그 여인은 나중에 자초지종을 말했다. 이대 법대 출신으로 1차 시험에 합격하고 2차 발표가 오늘 났는데 보니 낙방이라 슬픔을 가눌 길 없어 울었다고 하였다. 무슨 시험이길래 그런가? 하고 생각하니, 객관식이 나오고 2차에 주관식 문제가 나오는 사법시험일 듯 하다. 그래서 물으니 그렇다고 한다. 그 얼마나 정성과 노력을 투자하였을까?그 여인의 슬픔을 알 것도 같았다. 옆에 앉은 친구 목사님이 조언을 준다. "인생은 성공만 하면 죄악에 빠지고 교만해 집니다. 그래서 인생은 올라갔다 내려갔다 해야 바로 됩니다" 라고 하면서 주가 지수가 오르락내리락 하듯 손가락으로 주파수 진동선들을 그린다. 1, 2년의 세월이 흐른 후에 그 여인이 마침내 사법고시에 합격하였다는 소식을 들었다. 쓰라린 실패의 아픔이 그녀의 앞날에 큰 도움이 될 것이 의심되지 않는다.

주는 기사를 행하시는 하나님이시라 (14절)

과학자들은 "자연법칙"의 절대적 보편성을 믿는다. 물론 과학이 모든 자연현상을 전부 설명할 수 없다는 것은 주지의 사실이나, 과학이 발달함에 따라 모든 불가사의들이 풀리게 되리라는 신념 하에서 저들은 행동한다. 그러므로 저들은 성경이 묘사하는 여러 기적들을 믿기가 대단히 어렵다. 타락한 인간 이성은 이렇게 교만하다. 작은 두뇌로 위대하신 하나님을 측량하려 드는 것이다. 일반 의사들도 신유(神癒)를 믿지 아니한다.

그러나 하나님의 초자연적인 개입은 성도의 유익을 위하여 언제든지 가능한 것이다. 그러므로 우리의 신앙은 기적의 하나님을 믿는 것이다. 따라서 오늘날 우리가 신앙 생활할 때, 문제에 봉착할 때는 하나님의 개입과 그분의 기적을 소망하고 낙망하지 말아야 한다. 물론 기적을 도깨비 방망이처럼 내 편리한대로 하나님을 이용하는 양 오해하지 말아야 한다. 그분의 기적은 성도들의 마음 상태를 보시는 하나님의 뜻 가운데서 일어나기 때문이다. 신실하게 그분을 신뢰하는 자에게는 홍해가 가로막으면 홍해가 갈라지고, 요단강이 출렁거리면 요단강이 끊어지고, 여리고 성이 가로막으면 그 성이 무너지며, 그들이 적과 싸울 때는 우박이 적군의 머리통을 박살내며, 시간이 더 필요할 대는 태양을 멈추게 하신다. 오늘날에는 이런 기적이 없고 다만 이전에만 필요했던 것이라고 믿는다면 그것은 성경적 신앙이 아니라 과거의 하나님을 믿는 것이다. 지금 여기서 우리를 위해 일하시는 하나님을 믿어야 한다. 그래서 사도 바울은 아무것도 염려하지 말고 모든 일에 기도와 간구로 너희 구할 것을 감사함으로 하나님께 아뢰라! 고 하시지 않았던가? 오직 기도와 간구로 그분에게 감사함으로 필요를 아뢰시라. 그러면 그분이 도우실 것이다. 그분이 책임지실 것이다.

시 78편 그럴지라도 저희가 오히려 범죄하여

I. 시편에서의 위치, 시의 유형과 삶의 자리

앞의 시와 비교해 볼 때, 둘 다 아삽의 시이며, 하나님의 행사에 대한 강조가 두 시편에서 공히 나타난다. 또한 시 77:20에서 이스라엘을 양(羊)으로 묘사하는 것처럼, 시 78:71-72에서 다윗을 목자(牧者)로 이스라엘을 양으로 묘사하고 있다.

이 시의 표제는 "아삽의 마스길"이다. 마스길은 여기서 교훈시란 의미일 것이다. 시인은 이스라엘 초기 역사를 회고하면서 당대인들에게 조상들의 부정적인 전철을 밟지 말 것을 경고하고 있다. 이러한 역사시에서 언약에 대한 하나님의 신실성과 백성의 불신실성이 극명하게 대조된다. 고대 근동의 종주권 조약 형식과 유사한 구조를 가진 시내산 언약 혹은 모압들 언약과 연관하여 고려해 볼 때, 이러한 역사시는 (시 105, 114, 135, 136편 등) 종주권 조약에서 종주가 봉신에게 베푼 은혜를 역사적으로 회고하여 봉신의 충성을 유도하는 "역사 서언"(historical prologue)에 해당된다고 할만하다 (신 1:6b-4:44, 수 24:2-13, 삼상 12:6-11 등; 관련 주제를 다룬 필자의 글을 「신학과 경건」 백산 이진태 박사 칠순 기념 논총 [광주: 광신대학 출판부, 2002]에서 참조). 동시에 이런 역사시는 백성이 언약 조항에 얼마나 불성실하였는지를 기소하는 기소(起訴)문이기도 하다. 선지자들은 언약의 조항에 근거하여 이스라엘을 기소하고, 심판할 때, 저들의 심판 메시지는 대개, A. 사신 형식문 (여호와께서 이같이 말씀하시길), B. 역사서언, C. 언약 조항에 근거한 기소, D. 심판 등의 형식을 갖는 바, 시 78편은 B와 C에 해당 될 만 하다. 구속사의 회고는 이렇게 언약 백성의 불신실을 드러내 주는 반면 하나님의 신실성을 돋보이게 한다. 이런 시들을 읽는 성도들은 하나님의 신실성을 찬양하게 되고, 반면 자신들의 패역성을 고백하지 않을 수 없게 된다.

이상에서 드러나듯, 시 78편과 신명기 사이에는 아주 밀접한 연관이 있다. 신명기는 모압들에서 모세를 통해 하나님께서 세우신 모압들 언약이며, 이 언약이야말로 오고 오는 세대의 이스라엘이 지켜야했던 헌법이자 법률이었다. 따라서 이를 근거로 선지자들이 이스라엘을 기소하고, 역사가들이 역사를 판단했다는 것은 자연스러운 일이었다. 왜냐하면 신명기의 말씀대로 이스라엘은 살아야 했었기 때문이다. 신명기나 시 78편은 모두 이스라엘의 역사가 불순종과 배교로 점철된 역사라고 기소한다. 특히 신 32장은 모세의 예언적 시각에서 장차 나타날 이스라엘의 배교 역사를 묘사한다면, 시 78, 106편 등은 후대인들이 자기들의 역사를 신명기 언약 견지에서 조망하는 것이다. 서로 시대는 달랐어도 모세와 이 시인들의 보는 시각은 동일하다. 모세는 후대 성경기자들의 토대요 기초였으므로 이는 당연한 것이었다.

이 시의 연대에 대하여는 의견들이 엇갈린다. 56-64절이 실로의 파멸을 묘사하고, 북왕국을 에브라임으로 부르는 점 (9, 67절) 등은 이 시가 남북으로 나라가 갈린 시대에 나타난 것이 아닌가 암시해 준다. 그렇지만 만약, "에브라임"이나 "요셉"이란 명칭이 사울왕가로 대표되는 구시대를, 다윗 왕가를 새 질서로 이해한다면, 이 시는 다윗 왕조 초기에 기록되었다고 할 수 있다. 다훗은 미완료상 (Yiqtol) 형이 자주 과거 묘사에 사용된다는 점이 이 시의 언어의 고대성을 입증하는 결정적 증거라 지적한다 (Psalms II, 238-39). 그가 지적한 과거를 묘사하는 미완료상은 모두 14개로 보지만 (15 [예바캬], 26 [얏샤아], 29 [야비], 38 [thrice][예카페르, 야쉬히트, 야이르], 40 [twice][야므루후, 야아치부휘], 45, 49 [예쌀라흐], 47 [야하로그], 58 [야크니우휘], 64 [티브케냐, 72 [야느헴] 등에서), 우리는 2개 더 많은 16개로 본다. 첨가된 것들은 20절의 "(시내들이) 넘치다" (to flow in torrents, 이쉬토푸)와 50절의 "길을 내다" (예팔레스) 등이다.

2. 시적 구조, 기교들 및 해석

이 시에서 특징적인 요소는 열조(아봇), 우리, 자손(베네헴), 후대(도르 아하론), 앞으로 태어날 자손(바님 이발레두) 등의 단어들에서 보듯, 역사 의식이다. 특히 "세대"(도르)란 말은 이 시에서 네 번이나 나타난다 (4, 6, 8, 8). 이 말은 한 사람이 태어나서 첫 아들을 낳을 때까지 기간에 자라난 사람들 모두를 지칭한다 (generation). 자신을 기준할 때, 나의 조상들, 나의 아들들, 나의 손자들, 증손들 식으로 세대는 가고 오고 할 것이다. 이렇게 연속성을 지니는 우리 성도들에게 하나님은 신앙을 전수하라고 명하신다. 하나님은 이스라엘을 "대대로" (도르 바도르) 통치하시는 왕이시며 (시 145:13, 146:10), 그의 성실하심은 "대대에" 이르기 때문이다 (시 119:90). 그렇지만 하나님을 대적하는 원수는 자신도 망하지만, 후손이 저주를 받아 끊어지고 말 것이다 (시 109:14). 저주가 가계에 대물림된다는 사고는 기계적인 작용으로서가 아니라, 회개치 않는 자손들에게 조상들의 망령된 행실이 전수되고, 마귀의 역사가 그 집안에 계속된다는 의미이다.

이 시를 내용적으로 분해하자면, 전체로 크게 3대분되고, 그 안에서 다음과 같이 소구분된다.

제1부 (1-11절): 전체의 서론
제1연 (1-4절): 전체 도입
제2연 (5-11절): 이스라엘 역사를 신학적으로 개괄함

제2부 (12-31절): 광야에서
제3연 (12-16절): 애굽에서, 홍해에서, 광야에서 행하신 일들
제4연 (17-20절): 이스라엘의 배반
제5연 (21-31절): 하나님의 처벌
제6연 (32-39절): 이스라엘의 불성실과 하나님의 성실하심

제3부 (40-72절): 애굽에서 가나안으로
제7연 (40-55절): 베푸신 만 가지 은혜
제8연 (56-58절): 이스라엘의 배반
제9연 (59-64): 하나님의 처벌
제10연 (65-72): 사울을 버리시고 다윗을 목자로 세우심 등으로 나누어 진다.

이렇게 구분하면, 대략, 2부와 3부 사이에 주제상 서로 연결된다는 것이 드러난다. 즉, 3-7, 4-8, 5-9, 6-10 연 등이 서로 연결된다 (R. J. Clifford, "In Zion and David a New Beginning: An Interpretation of Psalm 78," 121-41 참조). 클리포트와의 차이는 제5, 6연의 구분에서 나타난다. 그는 21-32, 33-39로 구분하였다.

제1연 (1-4절): 전체의 도입
1절: 내 백성이여 (*암미*)—이러한 부름은 바로 (창 41:40), 다윗 (삼하 22:44, 대상 28:2), 여호사밧 (왕하 3:7) 같은 왕이나, 하나님 (출 3:7, 10, 5:1, 7:16, 8:1 등)에게나 합당한 말이다. 그렇다면 여기서 시인은 하나님을 대신하여 말씀한다고 할 수 있다 (시 81:8, 11, 13 참조).

내 교훈을 들으며/ 내 입의 말에 귀를 기울일지어다 (하아지나 [암미] 토라티/ 핫투 오즈네켐 레이프레-피)—"내 교훈"(토라티)이나 "내 입의 말"(이프레-피) 등은 이 시가 시인이 하나님을 대신해서 제시할 말씀임을 보여준다 (신 32:1, 2 참조). 선지자들은 하나님의 이름으로 그분의 말씀을 선포할 때, 1인칭으로 말하여 마치 하나님 스스로 말씀하는 것인 양 하였다 (삿 6:8, 삼상 2:27, 10:18, 15:2, 왕상 11:31 등).

2절: 내가 입을 열고 (에프테하)—입을 열 수 있다는 것은 말씀 선포자가 자기 양심의 가책을 갖지 않고, 담대하게 전할 태세가 되어 있음을 보여준다 (시 39:10, 45:1, 49:4 참조).

비유를 베풀어서 옛 비밀한 말을 발표하리니(베마샬 피 압비아 히돗 민니-케뎀)- 시 49편의 시인과 유사하게 말하고 있다 (시 49:4). 그러나 시 49편은 온 세상 사람들 전체를 대상으로 선포한다면, 여기서는 "내 백성" 곧 언약 백성을 상대로 말씀하고 있다. 여기서 "비유"나 "옛 비밀한 말"은 다음에 기술될 내용으로 보아(3절 참조), 특별한 의미가 아니라, 언약 백성의 과거사를 언약적 견지에서 조망하는 일을 지시한다. 그런데 "발표하다"(나비)로 번역된 말을 혹자는 이 말이 "선지자"(나비)란 명사에서 유래한 동사라 지적한다. 구 게세니우스 히브리어 사전에 의하면, "선지자"란 명사는 "부글 부글 끓다," "끓어 넘치다" 등을 의미하는 이 동사 "나바"에서 유래한다고 이해했다. 그래서 선지자는 "하나님의 영감으로 마음이 부글 부글 끓어올라, 말씀을 쏟아 내는 자"란 의미라 이해했다 (G. F. Oehler, *OT Theology*, 363 참조). 그러나 최근의 학자들은 동사가 명사 선지자에서 유래한다고 방향을 선회하였다 (BDB, *TDNT*, VI, 796). 그렇지만 이런 어원론적 논의보다, 선지자란 말이 사용된 문맥에서의 의미를 추구한다면 보다 나은 결과를 얻을 수 있을 것이다. 예컨대, 출 6:28-30, 7:1, 2, 민 12:1-2, 4-8, 렘 23장, 신 18:9-22 등을 살피면, 선지자는 환상이나 꿈을 통해 하나님의 말씀을 전달받아 자기 백성에게 전하는 하나님의 "대변자"란 의미이다.

3절: 이는 우리가 들은 바요 아는 바요 (아쉐르 샤마아누 반네다엠)—믿음은 "들음"(아코에)에서 난다 (롬 10:17). 여기서 "들음"은 구약의 "듣다"(샤마)와 관련되는 사고를 말해준다. 곧, "듣는다"는 것은 듣고 그것을 행동으로 변환시키다를 의미한다. 따라서 그것은 순종하다의 의미까지 갖는다.

우리 열조가 우리에게 전한 바라 (바오보테누 십페루-라누)—"전하다"(시페르)는 기본형에서 "계수하다"란 의미이며, 피엘형에서는 되풀이되는 사고 곧, "다시 세다," "선포하다" 등을 의미한다. 이 말은 여기서 보듯, 부모들이 자녀들에게 하나님의 위대하신 일들을 전함으로(신 6:6-9), 저들이 하나님을 신앙하도록 해야 한다는 신앙의 전달과 연관하여 중요한 단어로 나타난다. 더구나 모든 성도는 하나님의 기사들을 선포할 책임이 있다. 이것이 전도요, 간증이다 (대상 16:24, 시 9:1, 14 [히 2, 15], 26:7,; 73:28, 75:1 [히 2], 107:22, 렘 51:10).

4절: 우리가 이를 그 자손에게 숨기지 아니하고 (로 네카헤드 밉베네헴 레도르 아하론)—후반절의 "후대"와 (오는 세대) 병행되어, "그들의 손자들"이 된다. "숨기지 아니하다"의 목적어는 후반절에 제시된 하나님의 기사들이다.

여호와의 영예와 그 능력과 기이한 사적을 후대에 전하리로다 (메삽페림 테힐롯 야웨 베에주조 베니플레오타브 아쉐르 아사) — "영예"는 "찬양"을 의미하는 말의 복수형으로, 여기서는 "찬양 받기에 합당한 행동들"(praiseworthy actions)을 지시한다 (사 60:6, 63:3). "능력"을 의미하는 말은 "오즈", "에주즈"이며 "오즈"나 "에주즈" 같은 말은 "우월함이나 힘을 상대에게 보이다"를 의미하는 동사 (아자즈)와 연관된다. 후자는 "케툴" 형태의 명사이다. "기이한 사적"이란 "그가 행한 기사들"인데 다음에서 제시되듯 출애굽에서 드러난 기사들이다. 한편 "그 자손" 곧 "그들의 자손들"이 아니라, "우리의 자손들"(NAB)이 더 적절하게 보인다. 그러나 이 말은 후반절의 "후대"(도르 아하론)와 병행되며, 따라서 "그들의 손자들"(grandchildren)에 해당된다.

제2연 (5-11절): 이스라엘 역사를 신학적으로 개괄함

이스라엘은 시내산 언약 체결로 (5절) 하나님의 백성이 되었다. 시내산 언약은 말하자면 이스라엘의 헌법 제정일이요, 정부 수립일과 같은 날이었다. 그 때 선포된 하나님이 언약 조항들 (율법)은 오고 오는 세대의 헌법이요 법률이었기 때문이다. 이 언약을 떠나서는 이스라엘의 정체성을 제대로 파악할 수 없다. 모든 하나님께 대한 충성은 이 언약에 대한 신실, 불신실 여부로 판단되었다.

5절: 여호와께서 증거를 야곱에게 세우시며/ 법도를 이스라엘에게 정하시고 (바야켐 에둣 베야아콥 베토라 삼 베이스라엘) — "'증거'를 세우다"(헤킴 에두트)란 표현이나 "율법을 정하다"(쉼 토라)란 표현이 "언약을 체결하다" (헤킴 베리트; 창 6:18, 9:9, 17, 17:7, 19, 21, 출 6:21, 레 26:9, 신 8:18, 왕상 23:3, 겔 16:62)란 표현과 흡사하다. 즉, "증거"나 "율법"은 이 경우 "언약"의 대용어처럼 보인다. 또 다른 유사한 표현은 신 33:10에 언급된 레위인들의 직무, 곧 "당신의 판단들을 야곱에게 가르치고/ 당신의 율법을 이스라엘에게 두는" 일에서 나타난다 (사 42:4도 참조). 그런데 여기 언급된 법규나 규례들은 조상들에게 명하여 자손들에게 전하라고 명하신 것들이다 (출 10:2, 12:26-27, 13:8, 14, 신 4:9, 6:20-25, [수 4:22]).

"증거"(에다, 에드)는 사법상의 용어이며 (창 21:30, 31:52, 수 24:27), 여기 사용된 말 (에두트)은 여기 문맥에서 "법규들"을 지시한다. "토라"는 가르침, 법규, 법전 등의 의미가 있지만, 여기서는 법규란 의미일 것이다. 이러한 말은 궁극적으로 이스라엘과 하나님 사이에 체결된 법적 관계를 규정하는 언약 조항들을 지시한다. 7절에서는 "계명들"(미츠봇)로, 10, 37절에서는 "언약"으로도 언급된다.

그렇다면 여기 사용된 표현은 바로 다음에 제시되는 말씀에 비추어 보건대, 1차적으로 출 10:2, 12:26-27 등과 같은 구절들을 지시하지만, 좀 더 넓게는 시내산 언약 자체를 전부 지시한다고 여겨진다.

우리 열조에게 명하사 저희 자손에게 알게 하라 하셨으니 (아쉐르 치바 에트-아보테누 레호디암

리브네헴)—이렇게 명하는 구절들은 출 10:2, 12:26-27, 13:8, 14, 신 4:9, 6:20-25 등 참조. 이 구절은 원문을 직역하면 보다 분명한 이해가 가능할 것이다: "여호와께서 증거를 야곱에게 세우시며, 법도를 이스라엘에게 정하셨다; 이 증거, 법도는 그가 우리 열조에게 명하사 저희 자손에게 알리라 하신 것이다" (He instituted a witness in Jacob, he established a law in Israel, which he commanded our ancestors to teach to their children).

6절: 이는 (*레마안*) —초두에 위치한 접속사 (*레마안*)는 이하에 따르는 7개의 미완료상을 대동하고, 6-8절 전체를 5절의 목적절/ 결과절로 만든다 (NRSV).

저희로 후대 곧 후생 자손에게 이를 알게 하고 (*에데우 도르 아하론 바님 이발레두*)—사용된 동사는 사역형이 아니라 기본형이다. 따라서 "후대, 곧 태어날 후손들이 (이를) '알고' (*에드우*), [저들이 그들의 후손들에게 전하도록 하기 위함이다]" 로 번역해야 한다.

그들은 일어나 그 자손에게 일러서 (*야쿠무 비삽페루 리브네헴*) —시인은 장구한 세월에 걸쳐서 후손들이 옛적에 행하신 하나님의 기사를 기억하도록 하는 일에 관심을 표명하기 위해, 이렇게 반복해서 후손의 후손을 언급한다. 이는 신 6장에서 강조된 바의 반영이다.

7절: 저희로 그 소망을 하나님께 두며 (*베야시무 벨로힘 키슬람*)—이 구절도 6절처럼 5절의 결과절이다. 욥은 "내가 언제 금으로 내 소망을 삼고 (*임 삼티 자하브 키슬리*) 정금더러 너는 내 의뢰하는 바라 하였던가?" 라고 반문한다. 이스라엘 왕은 말이나 금은보화, 혹은 아내를 많이 두어 저들에게 소망을 두거나 미혹되지 말아야 했다 (신 17:14-20).

하나님의 행사를 잊지 아니하고 오직 그 계명을 지켜서 (*벨로 이쉬케후 마알레-엘 우미츠보타브 인초루*)—하나님의 행사는 그분의 위대하심을 증거해 준다. 이를 새롭게 기억하고 그분을 신뢰하면 그분의 계명대로 지키지 않을 수 없다.

8절: 그 열조 곧 완고하고 패역하여 그 마음이 정직하지 못하며 그 심령은 하나님께 충성치 아니한 세대와 같지 않게 하려 하심이로다 (*벨로 이흐유 카아보탐 도르 소레르 우모레 도르 로-헤킨 립보 로-네에므나 에트-엘 루호*) —여기 사용된 동사들 (분사형)은 신 21:18, 20에서 부모에게 불순종하고 (*에인 쇼메아 베콜*) 방탕하며 (*조렐*) 술에 잠긴 자(*소베*)를 묘사하고 있다. 이스라엘은 하나님의 아들로서 바로 그렇게 경솔하고, 불순종하며, 말을 듣지 않는 완고하고 패역한 자들이다 (렘 5:23). "마음이 정직하지 못하다" 란 말은 마음을 오로지 하여 하나님을 구하고 의지하지 못하는 상태, 곧 하나님께로 향하는 마음이 정함이 없는(37절) 상태이다 (르호보암, 대하 12:14). 그런데 그러한 상태도 하나님의 은혜로 되어진다 (시 10:17). 이 표현은 시편에서는 57:8, 108:2, 112:7 등에서도 나타난다. 하나님께 대하여 마음이 신실한 자들은, 잠 11:13에서 "두루 다니며 한담하는 자" 와 대조되고 있다. 37절에서는 여기서 사용된 "충성되다" 동사가 "언약" 에 대해 불신실한 상태를 묘사하기 위해 사용되고 있다. 광야 시대 이스라엘은 하나님을 신뢰하며, 마음을 오로지하여 그를 구하지 못하고, 늘 불평, 원망이 가득 찼다. 저들은 목이 곧고 완고하며, 패역한 자들이었다 (출 15:24, 16:2, 7, 17:3, 민 11:1, 14:2, 16:11, 17:5, 21:5 등). 과거의 일들을 성경에 기록함은 우리의 거울이 되게 함이다 (고전 10:6, 11).

9절:
9-11절이 함께 고려되야 한다는 점은 두 가지 이유에서이다. 1) 앞에서 언급했듯이 6-8절은 5절에 대한 하나의 목적절/ 결과절을 구성한다. 따라서 9절은 새로운 사고를 시작한다. 2) 9-10절에서 세 개의 완료상 동사들이 사용되고 11절에서 미완료 바브접속법 (Vav-Consecutive)이 나타나므로, 9-11절이 하나의 단위를 이루고, 12-13 상반절에서 두 개의 완료상 동사들이 사용되고, 다음에 13하-14절에서 미완료 바브접속법이 세 개 나타나므로 이것 역시 하나의 단위를 이룬다고 이해된다.

에브라임 자손 (베네-에프라임)— 북왕국 전체를 지시할지 모른다. 에브라임 지파가 북왕국 10지파 중에서 가장 우세했기 때문에 북왕국 이스라엘을 에브라임이라 종종 불렀다 (시 60:7= 108:8, 사 7:2, 5, 17, 28:1 등). 그렇지만 여기서는 다윗 왕가와 대조되는 사울 왕가가 대표할 에브라임 지파를 지시하는지 모른다.

병기를 갖추며 활을 가졌으나 (노쉬케 로메 콰세트)— "활로 무장하였어도" (though armed with bows, NIV). 이 문구는 대상 12:2, 대하 17:17 등에서도 나타난다. 한편 베냐민 지파인들은 아주 유명한 궁수(弓手)들이었다 (대상 8:40, 12:2, 대하 14:8, 17:17).

전쟁의 날에 물러갔도다 (하페쿠 베욤 케라브)—사용된 동사는 소돔과 고모라를 뒤집어엎어 멸하였듯이 (창 19:21, 25, 29), 뒤집어 엎다를 의미하나, 때로 이 말은 여기서처럼 등을 돌려 돌아가는 것을 지시한다. 이것이 어느 사건을 언급하는 것인가? 이는 실로의 성막이 블레셋에게 유린 당한 그 사건을 지시하거나 (60절; 삼상 4:10 "이스라엘이 패하여 각기 장막으로 도망하였고"), 아니면 길보아 산에서 사울의 군대가 블레셋에 섬멸당한 사건을 지시할 것이다 (삼상 31:1-13). 한편, 유대인 랍비들은 대상 7:21에 근거하여, 이 구절의 사건이, 출애굽 당시 에브라임 지파가 하나님의 인도를 따르지 아니하고 가드를 제 멋대로 공략하려다가 대패한 사건을 지시한다고 이해한다.

10절: 저희가 하나님의 언약을 지키지 아니하고 (로 솨메루 베리트 엘로힘)—이는 구체적으로 언약조항들을 삶에서 실행함으로 되어진다. 예컨대, 아브라함이 할례를 자기 집안 남자들에게 베풀고 자신도 할례를 받음으로 하나님과의 언약을 지킬 수 있었다 (창 17:9, 10). 언약은 언약 조항들, 곧 법규들을 지시한다 (신 29:8, 33:9). 그런데 신 7:9에서는 하나님을 사랑하고 그분의 계명을 지키는 자들에게는 하나님께서 천대까지 그 언약을 이행하시고 인애를 베푸신다고 말씀한다. 즉, 하나님도 이스라엘이 충성할 때, 그 언약을 준수하시고 은총을 베푸시고 (왕상 8:23), 배반할 때 상벌규정대로 심판하신다 (왕상 11:11). 언약은 이렇게 쌍방관계의 문제이다.

그 율법 준행하기를 거절하며 (움토라토 메아누 랄레케트) —직역하자면, "그의 율법에 행하기를 거절하다." 여기서 "행한다"는 것은 "걷다"란 의미이며, 율법을 길로 보고, 그 길에서 걸어가는 모습이다. 그러나 이스라엘은 율법의 길, 진리의 길을 버리고, 이방인들의 길로 걸었다.

11절: 여호와의 행하신 것과 저희에게 보이신 기사를 잊었도다 (바이쉬케후 알릴로타브 베니플 레오타브 아쉐르 헤르암)—이전에 하나님께서 날 위해 행하신 일들을 기억하고, 눈시울이 뜨거워지지 않는다면 나의 신앙 양심은 벌써 화석화(化石化)되고 만 것이다. 그 결과는 그분의 언약을 져버리는 것으로 나타난다.

제2부 (12-39절): 광야에서

구약에서 "광야"는 출애굽 당시에 애굽이 38년간 방랑하였던 그 시내 반도 광야들이 대표적이며, 그 광야에서 일어난 일들은 오늘 세상을 살아가는 성도들에게도 역사적 교훈이요 거울이 된다 (고전 10:6, 11). 그런데 이집트 카이로에서 차를 타고 지하 터널로 수에즈 운하를 지나 홍해변을 끼고 계속 남하하면서, 무세의 우물 (Ayun Musa)이란 곳을 들리고, 또 다시 남하여 라스 수드르 (Ras Sudr)를 지나고, 함만 파라운 (Hamman Faraun)을 지나고, 더 남하하여 아부 루데이스 (Abu Rudeis) 등을 지나, 동편으로 꺾어 시내산 주변 숙박 촌에서 하룻밤을 유숙하고, 새벽 1시에 기상하여 시내산 (Gebel Musa)을 등정하고, 그곳을 떠나 동으로 이동하여 가다가 에일랏 (엘랏) 만이 바라다 보이는 곳에서 다시 북으로 꺾어 올라가다 누웨이바 (Nuweiba)를 지나고, 이스라엘과 애굽의 국경지역인 타바 (Taba)를 통하여 이스라엘에 입국하기까지 차창 밖으로 혹은 직접 차에서 내려 바라보고 걸어 본 그 시내 반도의 광야 지대는 참으로 수십, 수백만의 사람이 살기는커녕, 통과할 수도 없는 그런 곳이었다. 아, 그런 황량한 곳을 몇 날이고 몇 달이고 지날 때 어찌 불평과 원망이 터져 나오지 않을 수 있었을까? 오히려 저들이 동정되는 마음이었다. 그러나 홍해를 가르시고, 광야에서 만나와 메추라기로 먹여 주시던 그 하나님, 그분의 능력과 인자하심을 굳게 믿고 담대하게 이스라엘이 행했더라면!

제3연 (12-16절): 애굽에서, 홍해에서, 광야에서 행하신 일들
12절: 옛적에 —원문에는 없다.
애굽 땅 소안 들에서 기이한 일을 저희 열조의 목전에서 행하셨으되 (네게드 아보탐 아사 펠레 베에레츠 미츠라임 세데-쵸안)—소안 (쵸안)은 70인역에서 "타니스"로 번역되었고, 나일강 델타 동편에 위치하며, 주전 1560년경 아모시스 I세가 탈환하기 전까지 힉소스 제국의 수도였다. 오경에서는 단 한번 언급되는 데 (민 13:22), 헤브론 보다 7년 전에 세워졌다고 한다. 주전 대략 1075년경에 제21 왕조 바로들은 타니스를 수도로 정했고, 아몬 신을 위한 거대한 신전이 세워졌다. 제22 왕조도 계속 그곳에 수도를 정했지만, 주전 712년에 제25 왕조의 건국자 구스인 쇠바카가 수도를 멤피스로 옮기고, 동으로 32 킬로 떨어진 펠루시움이 동편 변방 요새와 무역 중심지로 부상함에 따라 쇠퇴하기 시작하였다. 따라서 선지자들이 소안을 종종 언급하는 것은 (사 19:11, 13, 30:4, 겔 30:14) 자연스러운 일이다. 그런데 "기이한 일" (펠레)은 애굽에서 행해진 열 가지 재앙들을 지시한다 (출 7-12장). 하나님은 이미 모세에게 소명을 주실 때부터 "강한 손으로 치기 전에는 애굽 왕이 너희의 가기를 허락지 아니하"라는 것을 말씀하셨다 (출 3:19). 내려진 재앙들은 자연력을 이용한 하나님의 초자연적 역사였다.

13절: 저가 바다를 갈라 (바카아 얌)—(둘로) 쪼개지는 실체는 깊은 못 (창 7:11), 장작 (창 22:3), 바다 (출 14:16, 21), 땅 (민 6:31), 가죽부대 (수 9:4, 13), 성벽 (왕하 25:4), 반석 (시 78:15) 등이다. 여기서 바다나 땅이 갈라지는 일은 오직 하나님께서만이 하시는 일이다.

물을 무더기 같이 서게 하시고 (바얏체브-마임 케모-네드)—원문에서는 이 표현이 다음 표현 (지나게 하다)보다 뒤에 나온다. 번역자는 원문을 왜 바꾸었을까? 시는 역사적 사실의 순서대로 기술하지 않을 수도 있다. 여기서 "무더기" (네드)는 수 3:13, 16, 출 15:8 등에서, 물이 움직임을 멈추고 함께 엉기어 고체처럼 무더기를 이루며 서는 장면에서 나타난다. 이것이 하나님의 능력이 아니고 무엇인가?

저희로 지나게 하셨으며 (바야아비렘)—시 136:13-14에서는 "홍해를 둘로 조각 내시고 (가자르)… 이스라엘로 그 가운데로 (베토코) 건너게 하셨다" 고 노래한다. 한편 13절을 원문의 순서대로 번역하자면 다음과 같다: "그가 바다를 쪼개시고, 그들로 지나게 하셨다/ 그가 물들로 무더기같이 서게 하셨다."

14절: 낮에는 구름으로 온 밤에는 화광으로 인도하셨으며 (바야네헴 베아난 요맘 베콜-할라엘라 베오르 예쉬)—출 13:21: "여호와께서 그들 앞에 행하사 낮에는 '구름 기둥으로' (베아무드 아난) 그들의 길을 인도하시고 밤에는 '불기둥으로' (베아무드 예쉬) 그들에게 비춰사 주야로 진행하게 하시니." 낮에는 길을 인도하고자, 저녁에는 빛을 비추고자 각기 구름기둥, 불 기둥을 저들 앞에 두셨다.

15절: 광야에서 반석을 쪼개시고 (예바카아 추림 밤미드베르) 출 17:6, 민 20:11, 신 8:15 참고. 이사야는 여호와께서 그들을 사막으로 통과하게 하시던 때에 그들로 목마르지 않게 하시되 그들을 위하여 바위에서 물이 흘러나게 하시며 바위를 쪼개사 물로 솟아나게 하셨느니라 고 하였다 (48:21). 이렇게 하나님은 사람의 이성을 초월하는 방식으로 성도들을 돌보신다. 성경이 기록하는 바는 성도들에 대한 하나님의 이런 놀라운 기적의 돌보심을 초점으로 한다. 이는 오늘을 사는 성도로 하여금 그분을 신뢰하고 믿음으로 살 것을 촉구한다.

깊은 수원에서 나는 것 같이 (바야쉬크 키테호못 랍바)—아주 불가능한 광야에서 하나님은 기적으로 물을 "깊음에서 나는 것처럼 (저희에게) 흡족히 마시우셨"다. 여기서 "깊음에서 처럼" (키트호못)에서 "깊음"은 단수형으로 태초에 존재한 대양 (primaeval ocean, 창 1:2, 시 104:6), 홍수 (창 49:25, 신 33:13 등), 복수형으로 태초의 홍수 (시 33:7, 77:17, 78:15, 잠 8:24), 대양의 깊음 (시 71:20, 135:6, 잠 3:20) 등의 의미라고 KB³은 제시한다. 그렇지만 여기 문맥에서는 태초의 홍수 같은 개념은 없다. 단지 땅 밑 깊음의 샘에서 터져 나온 물과 같이 풍성한 물이 반석에서 쏟아져 나왔다는 것이다.

16절: 또 반석에서 시내를 내사 물이 강같이 흐르게 하셨으나 (바요치 노즐림 밋살라 바요레드

칸네하롯 마임) —민 20:8-11, 느 9:15 등 참조. 민수기에서는 모세가 지팡이로 반석을 두 번 치매 "많은 물이" 솟아나오므로 회중과 짐승이 마셨다고 한다. 그런데 출애굽 당시 (출 17:6) 모세는 반석을 쳐서 물이 솟아나게 한 일이 있었다. 반면 여기서는 하나님께서 "그 반석"에게 명하여 물을 내라고 하신다. 정관사가 붙은 것으로 보아 잘 알려진 반석임을 암시해준다. 그렇지만 모세는 반석에 명령하는 대신 가진 지팡이로 반석을 두 번이나 쳐서 물을 내었다. 적어도 모세는 하나님의 명하신 방식을 거스린 것이다. 그래서 이 일로 인하여 모세는 약속의 땅에 들어가지 못하는 처벌을 받아야 했다. 어떤 이는 모세와 아론이 "우리가 물을 내랴"라고 말한 것이 범죄행위였다 한다. 저들은 "하나님께서 물을 내시랴?'고 했어야 했다 한다. 아무튼 이 사건은 자기 백성을 기적으로 돌보시는 여호와 하나님의 위대하심을 다시 입증해 주었다.

제4연 (17-20절): 이스라엘의 배반

17절: 저희는 계속하여 하나님께 범죄하여 (바요시푸 오드 라하토-로)—앞에서는 하나님의 신실하심이 부각되었다면, 여기서는 백성의 반역성이 제시된다. 여기 진술은 "이 백성이 어느 때까지 나를 멸시하겠느냐 내가 그들 중에 모든 이적을 행한 것도 생각하지 아니하고 어느 때까지 나를 믿지 않겠느냐?'(민 14:11)을 반영해준다.

황야에서 지존자를 배반하였도다 (라므롯 엘리욘 바치욘)—신 광야에서 하나님을 거역한(마라) 것은 모세와 아론으로 나타난다 (민 27:14). 그렇지만 백성들은 거듭 거듭 원망함으로 하나님을 거역하였다.

18절: 저희가 저희 탐욕대로 식물을 구하여 하나님을 시험하였으며 (바에낫수-엘 빌바밤 리쉐올-오켈 레나프샴)—여기서 "탐욕"(네페쉬)은 사람의 욕망, 의지의 처소인 영혼을 의미한다. 일용할 양식을 구함은 범죄가 아니지만 (잠 30:8, 마 6:11), 광야의 이스라엘처럼 하나님의 인도하심을 거스려 자기 욕심대로 구하는 것은 (민 11:4, 신 5:21) 범죄행위이다. "하나님을 시험하다" (닛사 엘)란 표현은 모두가 "탐내다"란 동사와 같이 나타난다 (시 78:18, 41, 106:14). 그런데 이스라엘은 므리바 혹은 맛사에서 "여호와께서 우리 중에 계신가 아닌가?'라고 하여 하나님을 시험하였다 (출 17:2-7).

19절: 그뿐 아니라 하나님을 대적하여 말하기를 광야에서 능히 식탁을 준비하시랴 (바에답베루 벨로힘 아메루 하유칼 엘 라아로크 슐한 밤미드바르)—출 16:3, 민 11:4, 20:3, 21:5 등 참조. "광야에서" "식탁"을 준비하는 것은 인간으로서는 불가능하다. 그러나 하나님께서는 능치 못하심이 없다 (창 18:14, 렘 32:17, 27, 눅 1:37).

20절: 반석을 쳐서 물을 내시매 시내가 넘쳤거니와 (헨 힉카-추르 바야주부 마임 운할림 이쉬토푸)—한 가지 기적을 보았으면, 다른 기적들도 기대하고 하나님을 신뢰해야 할 것이 아닌가?

또 능히 떡을 주시며 그 백성을 위하여 고기를 예비하시랴 (하감-레헴 유칼 테트 임-야킨 쉐에르 레암모)—여기서 "고기"(쉐에르)는 '신체,' '친척'이란 의미이지만, 여기서는 먹거리가 되는

'고기'를 지시한다.

제5연 (21-31절): 하나님의 처벌

거듭되는 언약 백성의 불평과 원망은 고대 근동의 종주권 조약에 비추어 본다면, 조약 파기 행위였다. 감히 종주 대왕에 대하여 어떻게 불평을 무엄하게도 입 밖에 낼 수 있단 말인가? 그것은 반역의 표시였고 따라서 중한 처벌이 불가피하였다. 예컨대, 조선 왕이 종주국 청나라 황제를 대하여 불만을 공공연히 터뜨렸다면 청국이 어떻게 나왔을지는 불문가지(不問可知)이다.

21절: 그러므로 여호와께서 듣고 노하심이여 (라켄 쇼마아 야웨 바이트압바르)—백성의 불신앙적인 말은 하나님의 진노를 촉발시킨다.

야곱을 향하여 노가 맹렬하며 이스라엘을 향하여 노가 올랐으니 (베에쉬 니스카 베야아코브 베감-아프 알라 베이스라엘)—"노가 올랐으니"란 표현은 "진노"가 콧구멍에서 더운 김으로 올라가는 모습을 묘사한다. 하나님은 이렇게 감정을 가지신 분이시다.

22절: 이는 하나님을 믿지 아니하며 그 구원을 의지하니한 연고로다 (키 로 헤에미누 벨로힘 벨로 바테후 비슈아토)—하나님께서 진노하시는 이유이다. 믿음은 막다른 골목에서 기적의 하나님을 믿는 것이다.

23절: 그러나 저가 오히려 위의 궁창을 명하시며/ 하늘 문을 여시고 (바에차브 쉐하킴 밈마알 베달테 쇼마임 파타흐)—"동사+ 목적어/ 목적어+ 동사"의 구문을 가진 병행법이다. 여기 제시된 표현을 근거로 이스라엘이 원시적 우주론을 지녔다고 추론할 이유는 없다. 이는 어디까지나 현상적 상황을 묘사한 것일 뿐, 과학적 진술은 아닌 때문이다.

24절: 저희에게 만나를 비 같이 내려 먹이시며 (바얌테르 알레헴 만 레에콜)—만나는 하나님의 초자연적인 능력으로 제공되었다 (출 16:33, 35, 민 11:9). 누가 광야에서 이렇게 식탁이 예비 될 줄 알았을까? 기적의 방식은 이렇게 다양하다. 자기 백성을 돌보시는 하나님의 능력은 제한이 없다.

하늘 양식으로 주셨나니 (우데간-쇼마임 나탄 라모)—다음 절에서 "권세 있는 자의 떡" (레헴 아비림)으로 다시 언급된다. "하늘 양식"은 "하늘 곡식" 곧 하늘에서 내려온 곡식이다.

25절: 사람이 권세 있는 자의 떡을 먹음이여 (레헴 아비림 아칼 이쉬)—권세 있는 자란 원래 물소나 준마 같이 '힘센 자'를 지시한다. 여기서는 문맥상 "천사"를 지시할 것이다. 그래서 70인역이나, 어떤 영역본들은 "천사들의 빵" (NRSV, REB)라 번역했다.

식물을 충족히 주셨도다 (체다 쇨라흐 라헴 라쇼바이)—하나님은 이렇게 넉넉히 주신다 (마 15:37). 여기서 "식물"은 여행용 식량을 지시한다 (출 12:39, 수 1:11, 삿 7:8, 20:10 등).

26절: 저가 동풍으로 하늘에서 일게 하시며/ 그 권능으로 남풍을 인도하시고 (얏사아 카딤 밧쇼마임 바에나헤그 베웃조 테만)—전. 후반절을 비교하건대, "동사+ 목적어 +전치사구 (하늘에서)/ 동사 +전치사구 (그 권능으로) + 목적어" 구문이다. 그런데, 유독 전치사구의 내용에서 전.

후반절이 다르다. 그렇다면, 전반절의 전치사구는 후반절에도, 후반절의 그것은 전반절에도 해당된다고 이해된다. 즉, 하나님은 "자기 권능으로" 하늘로부터 동풍(東風)을 보내시고,/ 그 권능으로 "하늘로 부터" 남풍(南風)을 불게하시었다. 한편, "(바람이) 일게 하다" (나사)란 동사는 원래 장막의 말뚝을 빼고 진을 옮긴다는 의미이지만, 여기서는 히필형으로 바람이 "일어나게 하다" (시작하게 하다)란 의미이다. 이렇게 성경은 자연력의 움직임도 1차 동인이 하나님께 있다고 지적한다. 여기 바람은 메추라기를 이스라엘 진으로 몰고 온 하나님의 도구였다.

27절: 저희에게 고기를 티끌 같이 내리시니 (바얌테르 알레헴 케아파르 쉐에르)—24절에서 만나를 "비같이" 내리셨다고 하였고, 여기서도 "(고기를 티끌 같이) 비같이 내리" 셨다 (마타르)고 한다. 이는 메추라기가 바람에 밀려 진 사면에 몰려와 파드닥거리는 모습을 묘사한다 (민 11:31). 이 얼마나 예상 밖의 기이한 일이던가? 따라서 성도는 늘 하나님의 기적적인 돌보심을 기대해야 한다. 그것이 신앙이다.

곧 바다 모래 같은 나는 새라 (우케홀 얌밈 오프 카나프)— "티끌"이나 "바다 모래"는 모두 수의 많음을 지시한다 (창 13:16, 28:14, 민 23:10; 창 22:17, 32:12, 41:49 등).

28절: 그 진중에 떨어지게 하사 그 거처에 둘리셨도다 (바얍펠 베케레브 마하네후 사비브 레미쉬케노타브)— "진" (마하네)은 이스라엘의 광야 생활을 암시해준다 (출 14:19, 20, 24, 16:13, 19:16, 17 등). 그 새들이 바로 이스라엘의 장막들 근처에서 파닥 거릴 때, 저들은 손쉽게 잡을 수 있었다.

29절: 저희가 먹고 배불렀나니 저희 소욕대로 주셨도다 (바요켈루 바이스베우 메오드 베타아바탐 야비 라헴)—처벌의 문맥에서 "먹어도 배부르지 아니하다"는 (레 26:26) 표현은 양식이 핍절하여 굶주리는 모습을 지시한다. 반면 먹고 배부름은 축복의 표시이다 (신 6:11, 8:10, 12, 11:15 등). 광야에서 이스라엘은 저들의 소욕대로 맘껏 배불리 먹었다. 그러나 이것도 역시 처벌일 수 있다. 왜냐하면 저들에게 주신 배부름은 원망과 불평, 탐욕으로 구한 결과로 주어진 것이었기 때문이다. 때로 하나님은 우리가 탐욕으로 구할 때 허락하시는 듯이 보일 때도 있다. 그러나 그 결과는 아주 쓰다.

30절: 저희가 그 욕심에서 떠나지 아니하고 저희 식물이 아직 그 입에 있을 때에 (로-자루 밋타아바탐 오드 오클람 베피헴)—탐욕 가운데 게걸스레 먹는 이스라엘의 모습이 선하다. "저희 식물이 아직 그 입에 있을 때에" 하나님은 저들을 진노하사 "심히 큰 재앙" (마카 랍바 메오드)으로 치셨다 (민 11:33, 34). 재앙이 역병인지 모른다. 아니면 급히 먹느라 씹지 아니한 고기에 체하여 죽었는지 모른다.

31절: 하나님이 저희를 대하여 노를 발하사 (베아프 엘로힘 알라 바헴) —하나님의 진노는 언약 백성의 불신앙에 대한 정당한 반응이었다. 언약 백성은 자기를 구원하신 하나님을 의지하고 신뢰하는 대신 사사건건 믿지 아니하고 불평하였다. 이는 종주 대왕에 대한 반역 행위였다. 만약 어떤 봉신국 왕이 종주 대왕에 대하여 불만을 터뜨린다면 즉시로 그 봉신은 반역자로 지목될 것이다.

저희 중 살찐 자를 죽이시며 (바야하로그 베미쉬만네헴)—"비만한 자"란 의미보다는 "귀한 자"(미쉐만) 혹은 "가장 강한 용사들"(NRSV, REB, NAB, NJB 등).

이스라엘의 청년을 쳐 엎드러뜨리셨도다 (우바후레 이스라엘 히크리아)—사용된 말은 완전히 성숙하여 힘이 세지만, 아직 미혼인 청년들을 지시한다 (삼상 9:2 참조). 그 정력이 왕성한 청년들이 재앙으로 침을 받아 맥없이 고꾸라져 "굽혀 엎드러졌다" (히크리아).

제6연 (32-39절): 이스라엘의 불성실과 하나님의 성실하심

32절: 그럴지라도 저희가 오히려 범죄하여 (베콜-좃 하테우-오드)—저들의 계속되는 범죄는 불신앙의 표현이었다. '믿음'은 이렇게 오경에서 중요한 사고이다. 성경은 오늘날도 경고한다: 오늘날 너희가 그의 음성을 듣거든 노하심을 격동하여 광야에서 시험하던 때와 같이 너희 마음을 강퍅케 하지 말라 (히 3:7-8).

그의 기사를 믿지 아니하였으므로 (벨로-헤에미누 베니플레오타브)—이스라엘은 저들의 조상 아브라함과 같지 아니하여 (창 15:6, 롬 4:18-22), 하나님의 베푸시는 그 수 많은 기적들을 보고도 하나님을 신뢰하고 "믿지" 아니하고 불 신앙적으로 행동하다 모두 광야에서 죽어가야 했다.

33절: 저희 날을 헛되이 보내게 하시며 (바에칼-바헤벨 에메헴)—불신앙은 이렇게 헛수고를 하게 만든다. 저들은 의미 없이 광야에서 방랑생활을 계속해야 했다. 죄는 구원받은 성도의 영적 진보를 크게 퇴보시키고, 다시 시작하도록 만든다. 시간적, 정신적, 물질적 손실은 계산할 수 없이 크다.

저희 해를 두렵게 지내게 하셨노나 (우쉐노탐 밥베할라)—"두려움"(베할라)은 레 26:16에서 언약 저주의 요소로 언급된다. 불신앙하는 언약 백성은 이렇게 하나님의 처벌을 받아야 한다. 공포는 하나님이 백성을 처벌하는 한 방식이다.

34절: 하나님이 저희를 죽이실 때에 저희가 그에게 구하며 돌이켜 하나님을 간절히 찾았고 (임-하라감 우데라슈후 베샤부 베쉬하루-엘)—이스라엘은 식물과 물 때문에 원망하다, 불 뱀에 물려 죽게 되었다 (민 21:5-6). 그러한 때에 저들은 자신들이 범죄한 것을 고백하고 모세에게 중보기도를 요청하였다 (민 21:7). 그래서 시인은 "저희가 그에게 구하며 돌이켜 하나님을 간절히 찾았"다고 한다. 그런데, 이 구절은 "하나님이 저희를 죽이고자 하실 *때마다*, 저들은 그를 *찾곤 하였다*"(NIV)처럼 반복적 사건으로 이해함이 역사적 문맥에 더 어울릴 것이다.

35절: 하나님이 저희의 반석이시오 (바이즈케루 키-엘로힘 츄람)—신 32:15, 18, 37 참조. 시편에서는 자주 하나님을 '반석'이라 하지만, 그 의미는 피난처이다. 그런데 광야 방랑 시절의 하나님을 반석으로 제시함은 약간 그 뉴앙스가 달라진다. 그 시절의 '반석'은 공급자 (반석에서 물이 났으므로)란 뉴앙스를 가지는가?

지존하신 하나님이 저희 구속자이심을 기억하였도다 (베엘 엘리욘 고알람)—비단 애굽에서만 구속해 내신 분이 아니라, 약속의 땅으로 인도하실 때에도 하나님은 구속자이시며, 정착생활 할 때에도 그러해야 했다. 그러나 저들은 이 좋으신 하나님을 불신앙하였다.

36절: 맛소라 계수에 의하면, 이 구절이 시편 25-27절의 한 가운데 부분에(하치 하세페르) 해당된다.

그러나 저희가 입으로 그에게 아첨하며 (바에팟투후 베피헴)—34절에서 언급된 이스라엘의 간구나 회개는 사실 순간의 위기를 모면하기 위한 제스처였을 뿐, 진정한 돌이킴이 아니었다.

자기 혀로 그에게 거짓을 말하였으니 (우빌쇼남 에캇제불-로)—죄악을 회개한 이후에 다시 동일한 죄악을 범할 때 우리는 거짓말 장이가 되고 만다. 이는 진정한 회개가 아니라 자신과 하나님을 속이는 일이다. 매일 우리는 참된 회개, 진정한 회개를 통해서만 영적 진보를 이룬다 (요일 3:9, 5:16, 18).

37절: 이는 하나님께 향하는 저희 마음이 정함이 없으며 (벨립밤 로-나콘 임모)—오로지하여 그 분을 의지하는 마음이 참으로 귀하다. 그렇게 지조가 견고한 자들을 하나님은 사랑 하신다 (사 26:3). 반대로 두 마음을 품고 하나님께 대하여 정함이 없는 자는 기도의 응답을 기대치 말아야 한다 (약 1:8).

그의 언약에 성실치 아니 하였음이로다 (벨로 네에므누 비브리토)— 불신앙은 곧 언약 조항들에 제시된 약속을 믿지 아니하고, 또한 그 말씀을 따라 살지 아니함으로 나타난다. 이것이 선지자들이 이스라엘을 기소한 핵심 사항이었다.

38절: 자비하심으로 죄악을 사하사 멸하지 아니하시고 (베후 라훔 에캅페르 아본 벨로-야쉬히트)— 모세에게 자신의 성품을 드러내실 때 (출 34:6), 하나님은 자비롭고 은혜롭고 노하기를 더디 하고 인자와 진실이 많은 하나님이셨다. 그래서 시인은 그분의 그러한 성품이 "멸하지 아니하시고 그 진노를 여러 번 돌이키시며 그 분을 다 발하지 아니하"신 것으로 나타났다고 노래한다.

여러 번 돌이키시며 그 분을 다 발하지 아니하셨으니 (베히르바 레하쉬브 압포 벨로-야이르 콜-하마토) — 여기서 "돌이키다, 되돌리다, 갚다"란 (하쉬브) 동사를 다수의 현대 영역본들은 "(분을) 자제하다"로 번역했다 (he restrained his anger, NRSV, TNK, NIV, NASB).

39절: 육체뿐이라 가고 다시 오지 못하는 바람임을 기억하셨음이로다 (바이즈코르 키 바사르 헴마 루아흐 홀렉크 벨로 야슈브) —인생은 연약하여 깨어지기 쉬운 "육체" (바사르)일 뿐이며, 한 번 불고 날아가 버리는 "바람" (루아흐)과 같다. 하나님은 사람을 티끌로 돌아가라 하신다. 인생은 아침에 돋는 풀 같다. 풀은 아침에 꽃이 피어 자라다가 저녁에는 벰바 되어 말라 버린다 (시 90:5-6). 인생은 신속히 날아가는 존재이다. 오늘날도 하나님께서 우리의 죄악대로 갚으신다면 누가 살아남을 자가 있을까? 육체임을 기억하는 성도는 범죄하기를 주저할 것이다. 아니, 생명이신 그분과의 연합을 추구할 것이다. 그것이 생명이요, 능력이요, 행복이기 때문이다.

제7연 (40-55절): 베푸신 만 가지 은혜

40절: 저희가 광야에서 그를 반항하며 (캄마 야므루후 밤미드바르)—저들은 반복하여 언약의 하나님을 대하여 고집을 부리며 반항하였다 (마라). 동사는 미완료상 (야므루)이지만 과거를 묘사하고 있다. 후반절의 슬프게하다 (야아치부) 역시 마찬가지이다.

사막에서 그를 슬프시게 함이 몇 번인고 (야아치부후 비쉬몬)— "슬프게하다" (야아치브)는 "감정을 상케 하는" 불신앙적 행위를 지속하는 것이다.

41절: 저희가 돌이켜 하나님을 재삼 시험하며 (바야슈부 바에낫수 엘)—38-39절에서 하나님의 자비를 언급하였지만 다시 이스라엘의 반역행위를 언급하는 것은 이들의 배은망덕(背恩忘德)이 얼마나 큰지를 제시하고자 함이다.

이스라엘의 거룩한 자를 격동하였도다 (우케도쉬 이스라엘 히트부)—한역은 70인역의 "격동시키다" (파록수노)란 번역과 일치한다. 사용된 동사 (타바의 히필형)은 여기서만 나타난다. 한편 "이스라엘의 거룩한 자"란 칭호는 이사야서에서 집중적으로 나타난다 (사 1:4, 5:19, 24, [6:3], 10:20, 12:6, 17:7, 29:23[야곱의 거룩하신 자], 30:11, 12, 15, 31:1, 37:23, 41:14, 43:3, 14, 45:11, 47:4, 48:17, 54:5, 60:14 등). 이는 이사야 선지자가 성전에서 체험한 하나님이 "거룩하신 분이시기" 때문이다 (사 6:3). 이스라엘은 그분의 거룩하심을 알지 못하였다. 거룩은 공의를 요청한다. 반면 그분의 인자는 긍휼을 요청할 것이었다. 이렇게 하나님의 성품은 거룩과 인자로 대표된다. 이 둘이 균형을 잡아 세상이 통치된다. 거룩이 앞서가면 세상이 심판으로 망하겠지만, 인자가 동행하며 긍휼을 요청한다.

42절: 그의 권능을 기억지 아니하며 (로-자케루 에트-야도)—하나님께서 이전에 행하신 기사들을 기억한다는 것은 신앙이 살아 있다는 증거이다.

대적에게서 구속하신 날도 생각지 아니 하였도다 (욤 아쉐르-파담 민니-차르)—애굽군의 손에서 저들은 기적적으로 구속을 받았다 (출 14:27-31).

43절: 애굽에서 그 징조를 소안들에서 그 기사를 나타내사 (아쉐르-삼 베미츠라임 오토타브 우모페타브 비세데-초안)—하나님은 모세에게 바로의 마음과 그 신하들의 마음을 완강케 함은 저산의 표징(오토트)을 그들 중에 보이고, 모세로 하나님께서 애굽에서 행한 일들 곧 그가 그 가운데서 행한 표징을 그 아들과 그 자손의 귀에 전하게 하시려 함이라 하셨다 (출 10:1-2). 이렇게 기적은 하나님을 신뢰케 하는 수단이 된다.

44절: 저희의 강과 시내를 피로 변하여 저희로 마실 수 없게 하시며 (바야하포크 레담 에오레헴 베노즈레헴 발-이쉬타윤)—첫째 재앙이었다 (출 7:14-25).

45절: 파리 떼를 저희 중에 보내어 물게 하시고 (에샬라흐 바헴 아롭 바요켈렘)—네째 재앙이다 (출 8:16-28). "저희 중에" (바헴)라기보다 "저희를 대하여" (against them)라고 이해할 수 있다. "보내다" (예샬라흐)는 미완료상이나 과거를 묘사하고 있다.

개구리를 보내어 해하게 하셨으며 (우츠파르데아 밧타쉬히템)—둘째 재앙이다 (출 7:26-8:11).

"헤하다"란 땅을 황무케 하다, 혹은 대상을 진멸시키다 등의 의미를 가지나, 애굽에 내린 재앙의 문맥에서 보면, 땅을 황무케 했다 정도가 될 것이다. 정확하게는 궁이나 집들에 가득 찬 개구들이 개굴개굴 우는 소리와 그 우글거리는 떼에 사람들이 질식할 정도였다.

46절: 저희의 토산물을 황충에게 주시며 저희의 수고한 것을 메뚜기에게 주셨으며 (바잇텐 레하실 에불람 비기암 라아르베) —여덟째 재앙이다 (출 10:1-20). 이디오피아나 수단에서 폭우가 내려 나일강이 범람할 때, 3월경에 메뚜기 떼가 몰아닥친다.

47절: 저희 포도나무를 우박으로 (야하로그 밥바라드 가프남)—일곱째 재앙이다 (출 9:13-35).

뽕나무를 서리로 죽이셨으며 (베쉬크모탐 바하나말) —뽕나무 (쉬크마)는 애굽산 "무화과 나무" (sycamore)를 지시할 것이다. 이 나무는 솔로몬 시대에 은금이 풍성하기를 세펠라 지역의 무화과나무같이 풍성하였다는 표현에서 언급되고 (왕상 10:27), 아모스는 이 무화과나무를 치는 자 (암 7:14)로 나타난다. 무화과가 열릴 때, 쓴 맛을 제거하기위해 달린 물주머니를 터뜨리는 자란 의미이다. 삭개오는 바로 이 나무에 올라가서 주님을 보고자 하였다. 이 무화과 나무는 일년에 여러 차례 열매를 맺는다. 보통 무화과 보다 질은 떨어진다. 그런데 "서리로 죽이다"라 한 것은 식물도 생명을 갖고 있기 때문이다.

48절: 가축을 우박에, 저희 양떼를 번갯불에 붙이셨으며 (바야스게르 랍바라드 베이람 우미크네헴 라레솨핌)—이는 일곱째 재앙이다 (출 9:13-35). 이는 자연적 현상이었다면 아마 2월초의 현상이었을 것이다. "번갯불" (레솨핌)은 고대 애굽인들에게 신이었다. 고대 근동인들에게 있어서 전쟁은 출생처럼 전혀 새로운 상황을 산출하는 국가적, 국제적 대 연극이었다. 이 전쟁에서 신들은 힘을 겨루는 것이다. 그런데 전쟁과 연관하여 우리가 "번갯불"로 번역한 말 (레쉐프)은 전쟁의 어두운 면을 상징하는 신을 의미하였다 (O Keel, *Symbolism*, 219). 그렇지만 성경의 하나님은 번갯불이나 역병같이 고대 근동인들이 신들로 생각한 것들조차도 자기 도구로 부리시는 전능자이시다. 자연력들을 신격화시키는 이방인들과 모든 피조물을 비-신격화 시키는 성경과 차이점은 너무나 근본적이어서, 이스라엘의 사고를 고대 근동의 어떤 신화에서 나온 것인 양 운운하는 이들은 아무 것도 알지 못하는 자이다.

49절: 그 맹렬한 노와 분과 분노와 고난 곧 벌하는 사자들을 저희에게 내려 보내셨으며 (예솰라크 밤 하론 아포 에브라 바자암 베차라 미쉴라하트 말아케 라임) —애굽에 보내신 재앙들은 반항하는 원수들에 대한 하나님의 진노의 표시였다. 여기서 "고난"이라 번역된 말 (챠라)은 운신의 폭이 좁게 조여드는 "고통"을 지시한다. "벌하는 사자들"은 "재앙을 가져다주는 사자들." 이는 마지막 재앙 곧, 장자를 치는 죽음의 사자를 지시한다 (출 11, 12장). 출애굽기에서는 "재앙" (마쉬히트)으로 나타난다.

50절: 그 노를 위하여 치도하사 저희 혼의 사망을 면케 아니하시고 (예팔레스 나티브 레압포 로-하사크 밈마벳 나프샴)—진노가 지나갈 길을 만들다. 여기서도 미완료상(예팔레스)이 과거 사건을 묘사하고 있다. "그의 진노를 위해 길을 만들다"란 표현은 NJB가 의역하듯, 진노를 억제하지 않으시고 맘껏 발산하셨다 (he gave free course to his anger)는 의미일 것이다. 그리고 "저희 혼의 사망을 면케 아니하다"란 "저들을 죽음에서 면케 아니하셨다"는 것이다.

저희 생명을 염병에 붙이셨으며 (베하야탐 랏데베르 히스기르)—"붙이다"란 넘겨준다는 것이다. 이렇게 하나님은 살리시고, 죽이시기도 하신다. 사랑의 하나님은 이렇게 진노의 하나님이시기도 하다. 왜냐하면 그분의 거룩하심과 인자는 분리될 수 없는 그분의 성품을 구성하기 때문이다.

51절: 애굽에서 모든 장자 곧 함의 장막에 있는 그 기력의 시작을 치셨으나 (바야크 콜-베코르 베미츠라임 레쉿 오님 베아홀레-함) —밤중에 여호와께서 애굽 땅에서 모든 처음 난 것 곧 위에 앉은 바로의 장자로부터 옥에 갇힌 사람의 장자까지와 생축의 처음 난 것을 다 치셨다 (출 12:29). "기력의 시작" (레쉬트 오님)은 장자를 지칭한다 (창 49:3). 첫 열매가 최고급이듯, 사람의 장자(長子)는 어떤 사람의 좋은 성격이나 힘을 처음으로 받아 타고 나기에 최고의 자녀가 된다. 그러므로 장자나 초태생 혹은 첫 열매는 모두 하나님께 드려지도록 했다. 이 출애굽 사건이 그렇게 하는 계기가 되었다. 한편 애굽은 함족속이다 (창 10:6).

52절: 자기 백성을 양 같이 인도하여 내시고 광야에서 양떼같이 지도하셨도다 (바얏사아 캇촌 암모 바에나하겜 카에데르 밤미드바르)—양 떼는 이스라엘 백성의 표상이다. 여기서 인도하다로 번역된 말 (나사)은 원래 장막의 말뚝을 뽑아 진을 옮기는 모습을 표현하였다. 그래서 사람들의 이동시에 자주 등장한다 (전체 160번 정도 등장하나, 창세기와 민수기에서 80 퍼센트 정도 나타난다). 반-유목민이었던 이스라엘의 천막 이동 생활을 이 동사가 여실히 보여준다고나 할까? 히필형에서 그 말은 "떠나게 하다, 출발하게 하다" (cause to break away, cause to set out)를 의미한다. 그러므로 여기서는 출애굽의 시작 시점을 지시한다면, 후반절에서는 "지도하다" (나하그)란 말은 양 무리를 초장이나 물로 인도하는 모습이므로, 어느 목표 지점을 향해 인도하는 것을 지시한다.

53절: 저희를 안전히 인도하시니 저희는 두려움이 없었으나 (바얀헴 라베타흐 벨로 파하두)—하나님은 이처럼 성도들을 안전하게 인도하신다 (창 24:48, 출 13:21, 15:17, 신 32:12, 시 23:3 등).

저희 원수는 바다에 엄몰되었도다 (베에트-오에베헴 킷사 하얌)—수동태가 아니라 "저들의 원수들을 바다에 엄몰시키셨다" (피엘형) 이다. 바로의 병거와 군사들을 큰물이 덮어 그들이 돌처럼 깊음에 내렸다 (출 15:5).

54절: 저희를 그 성소의 지경 곧 그의 오른손이 취하신 산으로 인도하시고 (바에비엠 엘-게불 코드쇼 하르-제 카네타 에미노)— 이는 가나안 땅을 지칭한다 (출 15:17). 가나안 땅은 그 오른손이 취하신 (카나) 산으로 지칭되고 있다 (사 11:9, 57:13). 여기서 보듯, 예루살렘의 성소만 아니라 가나안이 전체로 하나님이 거하시는 성소이기도 하였다. 그곳에서 그분이 두루 행하시고 (레 26:12) 세초부터 세말까지 (신 11:12) 자기 백성을 돌보시고 교제하시기 때문이다.

**55절: 또 열방을 저희 앞에서 쫓아내시며/ 줄로 저희 기업을 분배하시고/ 이스라엘 지파로 그 장막에 거하게 하셨도다 (바에가레쉬 밉페네헴 고임 바얍필렘 베헤벨 나할라 바야쉬켄 베오홀레헴 쉬브테 이스라엘)—세 개의 콜론에서 가나안 정복과 제비를 통한 땅 분배, 정착 등이 차례로 묘사되고 있다. 두 번 째 콜론은 직역하자면, "그가 기업을 (분배하는) 측량줄에 저들을 넘어뜨리셨다" (야필렘 베헤벨 나할라). 이 표현의 의미는 가나안 땅을 측량줄로 재어서 (구획하고) 저들에게 기업 영지로 분배하셨다 (NASB)는 것이다. 하나님은 가나안 거주 원주민들의 땅을 제비뽑아 지파들에게 기업이 되게 분배하셨다 (수 23:4). 또한 하나님은 이스라엘 지파로 가나안 사람들의 장막에 거하게 하셨다: "네가 채우지 아니한 아름다운 물건이 가득한 집을 얻게 하시며 네가 파지 아니한 우물을 얻게 하시며 네가 심지 아니한 포도원과 감람나무를 얻게 하사" (신 6:11).

제8연 (56-58절): 이스라엘의 배반
56절: 그럴지라도 저희가 지존하신 하나님을 시험하며 반항하여 그 증거를 지키지 아니하며 (바에낫슈 바야메루 에트-엘로힘 엘리온 베에도타브 로 샤마루)—시인은 반복하여 이스라엘의 배은망덕한 반역행위를 지적한다. 이는 독자들로 경계를 삼도록 하기 위함이다. "시험하고 반항하였다" (낫사, 마라)는 두 동사는 함께 이사일의 (hendiadys) 처럼 작용한다. 즉, 반항적으로 시험하였다.

57절: 저희 열조 같이 배반하고 (바잇소구 바이브게두 카아보탐)—만약 본 절이 사고상 55절의 연속이라면, 우리는 여기서 정착 이후의 생활, 곧 여호수아나 엘르아살의 사망 이후에 일어난 신세대들의 반역된 생활 (삿 2:6-11, 20:28), 곧 사사시대가 시작되기 전이나 사사가 없던 시대에 일어난 불신앙적 시대를 생각할 수 있다.

궤사를 행하여 속이는 활 같이 빗가서 (네흐페쿠 케케쉐트 레미야)—앞에서 언급된 9절 내용을 암시하고 있다. 이스라엘은 하나님의 기대를 져 버리고 빗나가는 화살처럼 그분을 떠나 우상을 따라갔다.

58절: 자기 산당으로 그 노를 격동하며 저희 조각한 우상으로 그를 진노케 하였으매 (바야케이수후 베바모탐 우비프실레험 야크니우후)—신 32:16, 21에서 모세는 이미 이스라엘의 이러한 반역을 예고한 바 있다. 산당 (바못)이나 조각한 우상 (페실림)은 모두가 하나님의 진노를 격발시키는 가증한 것들이다. 이는 깨어질 수 있는 것으로 보아 돌을 새겨 만든 것일 것이다 (미 1:7).

제9연 (59-64절): 하나님의 처벌
거듭되는 이스라엘의 반역과 이에 대한 처벌은 악 순환 주기를 구성한다. 이것이 구속사의 "악 순환 주기" 이다. 사사기에서 그 전형적인 예를 볼 수 있다. 구원, 평안, 배교, 심판, 울부짖음, 구원 식의 사이클이 반복된다. 인간의 부패성 때문이다. 반면 이런 악순환의 주기 대신, 순종, 축복, 평안, 능력, 전도, 후손에게 축복과 신앙 전수, 순종, 축복 등의 선(善) 순환 주기를 구성함이 우리의 할 일이다.

59절: 하나님이 들으시고 분내어 (솨마아 엘로힘 바이트압바르)—21절과 유사한 표현이다. 하나님께서 무엇을 들으셨다는 것인가? 혹자는 그분이 바알신을 부르는 기도 소리를 들으셨다는 의미라 한다 (삿 2:11).

이스라엘을 크게 미워하사 (바이므아스 메오드 베이스라엘)—"배척하다" (마아스). 사용된 동사는 남자가 여자를 발로 차버리듯 버리는 모습 (렘 4:30) 혹은 사람들이 욥을 무시하고 배척하는 모습 (욥 19:18)을 제시한다. 이렇게 이스라엘 역사는 이스라엘의 배반과 그로인한 하나님의 심판의 역사이다. 사사기는 이러한 구원사의 반복되는 사이클을 선명하게 보여준다: 구원→ 평안→ 범죄→ 원수에게 팔다→ 부르짖음→ 사사를 보내심 (구원). 사사시대나 그 이후 왕국 시대를 무론하고 이스라엘은 언약을 배반하는 불신앙의 삶을 반복하였다.

60절: 실로의 성막 곧 인간에 세우신 장막을 떠나시고 (바잇토쉬 미쉬칸 쉴로 오헬 쉬켄 바아담)—수 18:1에 의하면 성막은 실로에 세워졌고, 나중 엘리 대 제사장 시대에(약 주전 1050년경) 팔레스틴이 이곳을 유린하였다 (렘 7:12-15). 실로는 예루살렘 북편으로 30 마일 (48 킬로) 지점에 위치한다.

61절: 그 능력된 자를 포로에 붙이시며 자기 영광을 대적의 손에 붙이고 (바잇텐 랏쉐비 웃조 베티프아르토 베야드-차르)— "그는 자기 권능을 포로되게 하시고(He handed over His Might into capvivity), 자기 영광을 자기 대적의 손에 넘겨 주셨다." "그의 능력" (웃조)이나 후반절의 "자기 영광" (티프아르토)은 모두 언약궤를 지시한다 (시 132:8에서 언약궤는 "아론 웃제카"로 나타난다; 삼상 4:21, 22 참조).

62절: 그 백성을 또 칼에 붙이사 그의 기업에게 분내셨으며 (바야스게르 라헤레브 암모 우브나할라토 히트압바르)—홉니와 비느하스는 엘리 대 제사장 시대의 백성의 영적 타락상을 대표적으로 보여주었다. 타락한 성도는 이렇게 칼에 삼키운다 (삼상 2:34). 블레셋 족속에게 패배한 이스라엘은 전쟁에서 3만명이 죽임을 당하였다 (삼상 4장). "그의 기업에게 분내셨으니" 란 표현과 연관하여, 성도는 원수도 무서워해야 하지만, 이렇게 자신의 타락이 원수를 불러 온다는 점을 알아야 한다.

63절: 저희 청년은 불에 살라지고 (바후라브 아켈라-에쉬)—고대에 정복지는 불에 살라지거나 돌무더기로 황폐화되었다 (민 21:28, 31:10, 수 6:24, 8:29).

저희 처녀에게는 혼인 노래가 없으며 (우베툴로타브 로 훌랄루)—남편 될 장정(壯丁)들이 모두 전쟁에서 칼에 넘어졌기 때문에 혼인할 사람이 없다. 신랑의 소리, 신부의 소리가 들림은 평화와 축복의 상징이라면 (렘 33:10), 그런 소리가 끊어짐은 심판으로 인한 저주를 지시한다 (렘 25:10). 전쟁이나 재앙으로 장정(壯丁)들이 다 전사(戰死) 혹은 죽는다면 어떻게 결혼식이 거행되겠는가?

64절: 저희 제사장들은 칼에 엎드러지고 (코하나브 바헤레브 나팔루)— 제사장 홉니와 비느하스는 전쟁터에서 죽임을 당하였다(삼상 4:11).

저희 과부들은 애곡하지 못하였도다 (베알메노타브 로 티브케나)—넘어진 장정들의 아내들은 전쟁의 공포로 죽은 자들을 위해 애곡할 수도 없다 (렘 15:8). 여기서도 미완료상이 과거 사건을 묘사하고 있다 (티브케나).

제10연 (65-72절): 사울을 버리시고 다윗을 목자로 세우심

이스라엘의 초대 왕 사울은 말하자면 이스라엘의 탐욕으로 세워진 왕이라면 (삼상 10:19), 다윗은 야곱이 발한 그 예언에서 이미 암시된 유다 지파의 사자(獅子)(창 49:8-10)이며, 그를 통해 세상의 구원자가 나타날 것이었다 (사 11:1, 10). 한편 사무엘서는 사무엘서의 초두에 전략적으로 배치된 "한나의 노래"가 예시하듯, 운명의 역전을 거듭 제시한다. 브닌나 대신 한나, 엘리 대신 사무엘, 사울 대신 다윗 식이다. 이런 운명의 반전(反轉)은 언약의 하나님께 대한 자기 백성의 충성도 여하에 따라 일어나게 된다. 이는 오늘날 교회 안에서도 거듭 반복된다. 그러므로 끝까지 변질(變質)되지 아니하고 충성함이 형통의 비결이다.

65절: 때에 주께서 자다가 깬 자 같이 (바이카츠 케야쉔 아도나이)—여기서 우리는 사울가가 버림받고 유다 지파의 다윗과 시온성이 선택받는 시대를 생각할 수 있다. 하나님은 범죄한 자들은 배척하신 후에는 새롭게 일군을 선택하시고, 자기 교회를 새롭게 하신다. 중세 때에 종교개혁자들을 일으키신 것이나, 엘리 대신 사무엘을, 사울 대신 다윗을 일으키신 것 등이 다 그러하다. 이렇게 새로운 영적인 기운의 발흥을 시인은 주께서 마치 주무시다 깨시어 대적을 물리치시는 양 묘사한다. 대적이 이스라엘을 지배하는 동안에 하나님은 긴 잠을 주무시는 듯 하였다.

포도주로 인하여 외치는 용사 같이 일어나사 (케깁보르 미트로넨 미야인)—하나님은 술기운에 힘을 얻어 포효하는 용사들에 비유되고 있다. 사용된 동사 (룬의 힛트파엘형)는 포도주에 정신이 나간 상태를 묘사하는지 (KB³) 아니면 한역이나 영역본들처럼 술기운에 힘을 더하는 용사의 모습인가? 우리는 후자를 취한다.

66절: 그 대적들을 쳐 물리쳐서 길이 욕되게 하시고 (바야크-차라브 아호르 헤르파트 올람 나탄 라모)—삼상 5:6 이하에 묘사된 대로 블레셋은 하나님께 재앙으로 침을 당하였다. 그리고 블레셋은 사무엘 (삼상 7:10-11), 사울 (삼상 14:23, 17:52-54), 다윗 (삼하 5:17-25) 시대에 연이어 대패하였다.

67절: 또 요셉의 장막을 싫어 버리시며 에브라임 지파를 택하지 아니하시고 (바임아스 베오헬 요셉 우브쉐베트 에프라임 로 바하르) —에브라임은 요셉의 차남이지만 그의 장자로 대접받았다. 실로는 에브라임 지파 영지에 위치하였다가 파멸당하고, 사울가도 배척당하였다. 이는 하나님의 행하신 일이지만, 그로 그렇게 행동하도록 원인을 제공한 자는 바로 사울 왕이었다. 세움을 입고 임직을 받는 자들은 기억할진저! 하나님은 충성하는 자만 끝까지 붙들어 주신다는 것을.

68절: 오직 유다 지파와 그 사랑하시는 시온 산을 택하시고 (바이브하르 에트-쉐베트 에후다 에트-하르 치온 아쉐르 아헤브) —창 49:10에서 이미 유다 지파가 왕족이 될 것을 예고하시었다. 시온산은 예루살렘에서도 성소가 들어설 자리였다. 이미 아브라함이 외아들 이삭을 모리아 산에서 바칠 때 예루살렘의 선택이 예고된 바 있다 (대하 3:1). 그런데, 시온의 선택은 사실 다윗의 선택을 말함 외에 아무 것도 아니다. 다윗의 선택은 그로 하여금 시온을 왕도(王都)로 선택하게 하였다. 왕도(王都)는 고대 근동에서 왕정의 정통성 확립을 위해 신전(神殿) 건립이 필수적이었다. 다윗의 시온에로의 언약궤 이동 행위는 이런 관례에 비추어 이해할 수 있다.

69절: 그 성소를 산의 높음 같이 영원히 두신 땅 같이 지으셨으며 (바이벤 케모-라밈 미크다쇼 케에레츠 에사다흐 레올람)— "산의 높음" (라밈)은 직역하건대, "높은 것"을 의미한다. 그러나 후반절의 "땅"에 비추어 본다면, 이는 "높은 하늘" (NRSV, NAB)을 의미한다. 여기 성소는 영적인 탁월함을 말하지 문자적인 장대함을 의미치 않는다. "영원히" (레올람)는 "영원부터" (from eternity)로 이해할 수 있다. 여하간 이 부분의 사고는 "성소를 하늘의 높음 같이 탁월하게 하셨고, 영원히 견고히 세우신 땅 같이 영원히 견고하게 하셨다"는 것이다. 즉, 영적으로 탁월하고 영적으로 흔들림이 없이 영원히 견고하게 성소를 세우셨다는 것이다. 예루살렘 성소의 탁월함과 영속성을 노래한다.

70절: 또 그 종 다윗을 택하시되 양의 우리에서 취하시며 (바이브하르 베다빗 아브도 바익카헤후 밈미클레옷 촌)—삼상 17:15, 34에 의하면 다윗은 목동이었다. 다윗을 "자기 종"이라 부르신 것은 다윗에게는 더 없는 큰 존귀였다. 하나님의 종으로 불리는 것은 구약에서 아브라함 (창 26:24), 모세나 (출 14:31, 수 1:2), 갈렙 (민 14:24) 다윗 (삼하 3:18, 7:5) 정도였기 때문이다. 사울 왕을 하나님께서는 '내 종'이라 부르신 적이 없다. 하나님의 종은 충성됨이 특징이다.

71절: 젖양을 지키는 중에서 저희를 이끄사 그 백성인 야곱, 그 기업인 이스라엘을 기르게 하셨더니 (메아하르 알롯 헤비오 리르옷 베야아콥 암모 우베이스라엘 나할라토)— "저희를 이끄사"는 "저를 이끄사" (헤비오)로 번역되어야 한다. 하나님은 다윗을 양을 치는 자리에서 인도해 내시어 자기 백성 양 떼를 치게 하셨다. 양떼를 먹인 목동 다윗이 하나님의 양떼인 이스라엘의 목자가 된 것은 적은 일에 충성하는 자를 들어 열 고을 치는 권세를 주심과 같다 (눅 19:17).

72절: 이에 저가 그 마음의 성실함으로 기르고 그 손의 공교함으로 지도하였도다 (바이르엠 케톰 레바보 우비트부놋 카파브 얀느햄) —다윗이 왕으로서 하나님의 양을 쳤다. 목자는 원래 목자(牧者)이지만, 나중에는 백성의 정치 지도자를 지시하였다 (겔 34장 참조). 함무라비도 그의 법전의 서문에서 자신을 백성의 목자로 자주 소개한다. "그 손의 공교함으로 지도하였도다"에서 "지도하다" (나하)는 14, 53절에서 이미 하나님을 주어로 나타났었다. 하나님은 자기 백성을 인도하시되, 이렇게 좋은 목자를 세우시고 인도하신다. "손의 공교함" (비트부노트 카파브)은 그 두 손바닥의 총명으로, 곧 능숙한 손으로란 의미이겠다. 다윗의 유능한 지도력은 하나님을 신뢰하는 신앙에서 유래하였다. 즉 다윗의 모든 탁월함은 하나님을 향한 그의 헌신과 충성에서 주어진 선물이었다. 성령 충만한 사람이 충성하지 않을 수 있는가? 충성하는 자에게 만 가지 은사로 채우실 것이다.

시편의 적용

열조가 우리에게 전한 바라(3절)
자녀들의 신앙을 위해서 우리는 얼마나 투자를 하고 있는가? 특히 성직자들의 자녀들이 (모세, 사무엘 등) 부모의 신앙에서 이탈하는 경우들이 종종 있다. 인간적으로 자녀들을 신앙에 들도록 하기란 불가능하지만, 부모들이 취할 수 있는 노력은 다할 필요가 있다. 신앙 하나만 자녀들에게 확실하게 불어 넣을 수 있다면, 자녀 교육은 대 성공이라 아니할 수 없다. 자녀들을 방학 중의 수련회나 말씀 캠프에 보내어 신앙의 자극을 받을 기회를 제공하거나, 주일학교 교육에 관심을 표명하거나, 가정 예배나 가족 신앙수련회를 통해서 자극을 제공할 수도 있을 것이다.

유대인들은 자녀 교육에 지대한 관심을 갖는다. 예수님을 배척하는 유대인들은 불신자들이지만, 신 6:6-9에 따라, 저들은 여전히 구약을 자녀들에게 전수하고자 무던히 노력한다. 특히 저들은 이른바 "바-미츠바" (계명의 아들)이라 불리는 성인 의식을 통해 말씀 교육을 성대히 거행한다. 남자는 13세, 여자는 12세가 되면, 신앙적, 법적으로 책임을 질 수 있는 존재로 인정을 받게 된다. 성인이 되면 스스로 말씀을 지켜야 할 책임을 져야한다. 더구나 성인으로서 소년이나 소녀는 사고팔고 하는 행위를 법적으로 행할 수 있다. 서 유럽 유대인들의 경우, 13세가 되는 소년은 생일 이후 첫 안식일에 회당에서 토라의 "마프티르"(Maftir) 부분과 선지서의 "하프타라"(Haftarah) 부분을 읽는다. 이를 위해 그는 미리 히브리어 성경을 읽는 일을 많이 연습해야 한다. 랍비는 이제 성년이 되는 소년이나 소녀의 책임과 특권들을 설교하고, 제사장적 축복을 설교 말미에 선포하며, 성인이 되는 사람에게는 회중이 주는 선물이 전달된다. 예배 후에는 음식을 나누는 축제가 열리게 된다.

심령이 하나님께 신실한 자 (8절)
신실하다 라는 말은 결국 믿음이 있다는 것이다. 무슨 대상에 대하여 우리의 믿음을 둘 것인가? 그것은 진리여야하고, 영원불변 흔들림이 없어야 하고, 우리가 신뢰를 두어 부끄러움을 당치 말아야 할 그런 성격의 것이어야 한다. 조선조 말기에 관리들은 세상 물정에 어두워 섬겨왔던 청나라만 바라보고 의지하고 있었다. 청나라는 당시에 전연 의지할만한 나라가 못되었다. 1800년대에 영국이나 서양 제국들은 이미 산업혁명을 통해 근대화를 이루고 해외시장 개척을 찾아 나섰지만, 청나라는 세상 물정을 알지 못하고, 자존망대(自尊妄大)의 중화사상에 사로잡혀 서양세력을 얕잡아 보고 조공사신에게 "삼궤구고두"(三跪九叩頭, 세번 무릎 꿇고 천자에게 절하고, 서서 머리를 아홉 번 조아리는 예)의 예를 강요했다. 그러나 청조는 두 차례의 아편전쟁을 통해서 서양 열강의 세력 앞에 자신들의 부패와 무능, 군대의 낙후성을 여실히 드러내고야 말았다.

한편 1800년대 후반에 서양 세력의 일본 출현은 국가의 안전에 중대한 위협으로 간주되었고, 다음에는 개혁을 위한 자극으로 작용하였다. 일본은 청조와 달리 발 빠르게 개혁에 착수하고, 서양 문물을 흡수함으로 신속하게 근대화를 이룰 수 있었다.

세계 2차 대전의 패배를 극복하고 다시 세계 제2의 경제대국이자 군사 강국으로 부상한 일본은 우리 신앙인들에게 좀 신비한 데가 있다. 저들은 참으로 심하게도 우상숭배자들이다. 일본의 성공에서 배울 바가 많지만, 저들의 가슴에 뿌리박힌 우상숭배 근성 때문에 근본적으로 말한다면, 저들은 하나님의 축복과 먼 자들이다. 저들이 복음을 받아들여 심성이 변한다면 미국에 이어 세계를 주도할 국가로 지목하겠지만, 그런 가능성은 아예 없어 보인다. 신뢰의 대상을 우상에 두고 있기 때문이다.

조선(朝鮮)이 나라를 상실한 원인은 잘못된 대상에 신뢰를 두고 의지하였다는 점이다. 물론 스스로를 개혁하고 강하게 만들지 못한 것이 원인이지만, 청조에 의존하는 자세는 결국 자멸(自滅)을 불러왔다. 나라만 아니라 개인도 그러하다. 누구를 믿는가? 에 따라서 그 사람의 운명은 결정되고 만다. 우리가 신뢰할 수 있는 유일한 대상은 하나님이며, 그분의 말씀이다. 마음을 오로지하여 하나님을 신뢰하기를 거부할 때 이스라엘은 수치를 당해야 했고 멸망을 당했다.

광야에서 식탁을 준비하시랴? (19절)

하나님은 능치 못하심이 없으시다. 이것이 우리가 믿는 신앙의 핵심이다. 그렇지만 현실에서 문제나 극한 상황에 부딪힐 때 우리는 곧잘 좌절하고 만다. 시내 광야를 통과하여 시내산으로 이동하고, 그곳에서 다시 동으로 이동하다가 북상하여 올라가는 출애굽의 여정은 혹 수십 명의 약대를 탄 대상들이라면 가능했을지 몰라도, 그 수많은 이스라엘 무리가 도보로 여행하기에는 정말로 가능치 않은 일이었다. 그비딤 지역이 디다프 사이느가 설냉해 수는 곳에 이르러 보니 가장 많은 종려나무들이 서식하고 그곳에는 베두인들이 거하고 있었다. 물이 있다는 증거이다. 도로가 통과하는 지역을 보니 양편에는 치솟은 산 (산이래야 나무 한 그루 없고 돌과 흙으로 된 황량한 무더기로 보였다)이 병풍처럼 두르고, 가운데는 분지로 운동장처럼 쫙 펼쳐져 있었다. 참으로 이런 분지가 가도 가도 계속 되는 것이었다. 아마 이전 이스라엘도 이 길을 따라 이동했으리라 짐작이 되었다. 이런 황량한 곳에서 식탁을 준비한다는 것은 가능해 보이지 않았다. 정말로 인간적인 방법으로 그 수많은 무리에게 무엇을 주어 먹이며, 어디서 물을 구해 마시게 할 것인가? 그러나 하나님은 공급해 주셨다.

예수님은 광야에서 빌립을 시험하고자 하셨다. "우리가 어디서 떡을 사서 이 사람들로 먹게 하겠느냐?" (요 6:5). 그러면 빌립은 믿음으로 기적의 예수님을 의지했어야 했다. 그러나 그는 계산부터 하고 불가능한 양 대답하였다. 광야에서 하나님은 오늘날도 우리 성도들의 믿음을 연단하신다. 믿음의 발을 한 걸음씩 내 디디라! 그러면 기적은 나타나고야 말 것이다.

식물을 충족히 주셨도다 (25절)

주님은 제자들을 전도 여행에 파송하실 때, "여행을 위하여 지팡이 외에는 양식이나 주머니나 전대의 돈이나 아무 것도 가지지 말" 라(막 6:8) 하신다. 이는 주님께서 여행에 필요한 양식을 공급하실 것을 암시해준다. 주의 일을 시작하려 할 때, 일용할 양식을 주실지 걱정이 될 것이다. 그렇지만 염려하지 말라. 공급하시되, 넉넉히 하실 것이다.

사람들은 말한다. 주의 일을 하는데 돈이 없다고. 그래서 계획은 하면서 시작을 못한다. 그런데 하나님은 요단강을 건널 때, 갈라놓고 건너라! 하신 것이 아니다. 건너면서 갈라지게 하셨다. 공급하시는 하나님은 자기 백성이 믿음으로 나아갈 때 양식만 아니라 모든 필요를 넉넉하게 채워주신다. 믿지 못하는 자는 영원히 요단강을 건너지 못할 것이다.

참된 회개 (36-37절)

잠언은 말하길, "개가 그 토한 것을 도로 먹는 것 같이 미련한 자는 그 미련한 것을 거듭 행하느니라"(잠 26:11) 하였다. 실로 회개를 하되, 건성으로 하고, 다시 옛 악한 습관으로 되돌아가는 자들은 가증하다. 한 번 회개하고 돌이킨 악습은 영원히 떠나야 한다. 그것이 진정한 회개이다. 말로 회개하고, 기도하며 우는 것은 흔한 일이다. 그렇지만 삶의 개혁이 지속되는 회개는 많지 않다. 광야에서 이스라엘은 위기를 당할 때만 살려주소서! 라고 부르짖었다. 그러나 다시 불신앙적인 생활을 반복하곤 하였다.

한 성도를 관찰해 보니, 남편이 자기에게 잘해 줄 때는 주님이고 교회고 없이 남편과 함께 놀러가고자 하고, 밤에 기도회를 빠지기도 한다. 그러다가 남편이 자기를 무시하고 말로 "이 병신아, 나가서 죽어 버려라!' 는 식으로 자기를 모멸 차게 다루면 그때는 죽고 싶다고 하고, 또 어떤 경우에는 저녁으로 교회에 나오기는 나오되 기도는 아니하고 살짝 나가서 맥주를 사서 마시곤 했다. 그 행실을 고치지를 못하고 곤고할 때는 그렇게 자기 이전에 마시던 술을 찾곤 했다. 맥주가 술이냐? 아니냐? 가 문제가 아니라, 괴로울 때면 의례히 나가서 맥주를 마시곤 한다는 것이 문제이다. 참된 회개는 이전에 행하던 악행을 다시 돌아보지 않고 온전히 끊는 것이다.

반복되는 역사 (59절)

이스라엘 역사는 반역과 이로 인한 심판의 역사였다. 광야에서의 원망과 배반의 세대가 심판을 받았음에도, 그 후예들은 정착 생활 중에도 여전히 열조들처럼 반역의 삶을 떠나지 못하였다. 사사시대는 이러한 삶의 사이클을 분명하게 보여준다. 왕국 시대에도 저들의 삶은 대동소이하였다. 이러한 역사는 무엇을 의미하는가? 오늘날 교회사에서 구약 교회사는 반복되어 진다는 것이다. 한국 교회나 성도 개개인의 삶도 예외가 아니다. 어려운 중에 부르짖으매 구원하시고 평안과 형통을 주시니, 성도들은 범죄하고 안일에 빠져 세상 쾌락과 물질주의에 푹 빠진다. 그러면 하나님은 원수로 저들을 괴롭히게 하신다. 질병이나 실패나 좌절이 찾아온다. 다시 회개하고 온전하면 다행이나 한 번 더럽혀진 성도는 좀처럼 온전함을 회복하지 못한다.

능숙한 손과 성실한 마음으로 (72절)

다윗은 원래 목자였다. 그런 그를 하나님은 취하시어 이스라엘의 목자로 세우셨다. 모세도 원래 목자였다가 나중 이스라엘의 목자가 되었다. 오늘날도 시골에서 염소나 양을 쳐 본 사람이 좋은 목사가 될 것이다. 작은 일에 성실하고 능하면 큰일도 잘 할 수 있다는 것이다. 크게 된 사람들은 소시적에 급사를 하거나 어려운 환경에서 여러 가지 섬기는 일을 통해 연단을 받은 후에 높은 자리에 서면, 어려움 없이 잘 감당해 낼 수 있을 것이다. 다윗의 능숙한 손과 성실한 마음은 양을 칠 때에 숙달된 손과 마음에서 출발하였다는 것이다. 사울 왕에게 크게 핍박과 고난을 받으면서 더욱 낮아졌지만, 그런 그도 높은 자리에 올라가서는 타락하고 말았다. 그렇다면 얼마나 많은 시련과 훈련이 장래의 지도자들에게 요청되는 것인가?

시 79편 열방이 주의 성전을 더럽히고

I. 시편에서의 위치, 시의 유형과 삶의 자리

이 시는 "아삽의 시"로 앞의 시편처럼 이스라엘을 "양 떼"로 묘사한다 (13절). 유대인들은 예루살렘 성전의 파멸을 기념하는 아브월 제9일에 이 시편을 사용하였다.

이 시는 시 44, 74편 등과 같이 국가적 재난을 당하여 탄식하는 공동체 탄식시이다. 시 74편과는 유사한 표현들을 공유한다. 예컨대, 79:5의 "어느 때까지니이까?" (74:10); 79:10, 74:5의 "알리다" (이유바다); 79:2, 74:19의 야수에게 시체를 주다, 79:13, 74:1, 19의 양 떼인 이스라엘 등. 두 시편 모두 아삽의 시이며, 주전 586의 예루살렘 멸망이나 그 이후에 야기된 예루살렘 멸망을 노래한다. 한편, 내용을 검토해 보면, 시 74, 79, 83편 등은 유사한 데가 많다. 이 시들은 연대기적으로 본다면, 83, 79, 74의 순서가 아닌가 여겨진다 (Julian Morgenstern, "Jerusalem -485 B.C." HUCA XXXII [1956], 130-131). 이 시가 기록된 연대는 일반적으로 추방 시대라 본다. 마카비 1서 7:17에서 본 시편의 2-3절을 인용하고 있는 점으로 보아, 마카비 시대에 이미 이 시가 널리 알려졌다는 것을 말해준다. 마카비서에서 본 시를 인용하는 문맥은 "알키모스" (엘리아킴의 헬라명)라는 악인이 데메트리우스라는 시리아 왕에 의해 무력으로 대 제사장에 임명되어 (주전 162년) 바키데스란 시리아 장군의 호위하에 유다에 진입하여 경건한 자 60인을 처형하여 많은 피를 흘렸다. 그런데 예루살렘을 침공한 원수는 한 민족이 아니라 "열방" (고임)으로 불린다 (1, 6절). 따라서 주전 586년의 예루살렘 침공과 다른 사건을 지시하는지 모른다. 아니면 주전 586년 느부갓네살의 침공은 그의 제국 내 다양한 민족들로 구성된 군대들의 침공이었기에 원수를 "열방"으로 했는지도 모를 일이다.

한편 이 시는 74편과는 달리, 과거에 하나님께서 행하신 구원 역사를 회고하여 그것과 같이 오늘날도 구원해 주소서! 란 사고는 없다. 그런데 이 시는 성경의 다른 부분들과 유사한 부분들이 아주 많으므로, 여기 저기서 표현들을 빌려다 구성한 모음시 (anthological poem) 같은 인상

시 79편 열방이 주의 성전을 더럽히고 579

을 준다.

2. 시적 구조, 기교들 및 해석

이 시의 연 구분은 내용상으로 세 부분으로 나누어진다: 제1연 원수를 고소함 (1-4절), 제2연 원수에 대한 보복을 간구함 (5-12절), 제3연 찬양을 서원함 (13절) 등.

제1연 원수를 고소함 (1-4절)

시작부터 시인은 원수들의 악행을 하나님께 고소한다. 이런 시의 분위기는 끝까지 지속된다. 원수를 치는 기소는 백성들의 피 흘림 당한 원통함을 보수해 달라는 것이지만, 시인은 모든 기소의 초점을 하나님을 대적한 행위에 맞추고 있다. 그래서 시인은 이스라엘을 "당신의 기업"으로 (1절), 이스라엘 백성을 "당신의 종들" (2, 10절), "당신의 성도들" (2절), "당신의 백성" (13절) 등으로 지칭하고, 원수의 성전 훼파를 가장 먼저 기소하고 있다 (1절). 이러므로 이 시편만 아니라, 열방을 치는 시 70편과 같은 공동체 탄식시는 단순히 민족적 국수주의의 발로가 아니라, 영적인 측면에서 조명할 필요가 있다. 오늘날 성도들에게 이 원수는 이제 보이는 이방인들이나 불신자가 아니라 이 어둠의 세상 주관자, 하늘에 있는 악의 영들, 정사와 권세들이다 (엡 6:10). 여기에 더하여 우리는 시인이 "열조의 죄악"도 언급한다는 점에 비추어 (8절), 원수의 노략질이 결국 성도의 죄악에 대한 하나님의 심판의 한 방식임도 직시하게 된다.

1절: 하나님이여 열방이 주의 기업에 들어와서 (엘로힘 바우 고임 베나할라테카)— 시는 이스라엘 영지를 "당신의 기업" (나할라테카)이라 자주 지칭한다 (74:2, 78:55, 62, 71, 94:5, 14). 이는 창조주께서 자신의 뜻대로 땅을 분배해 주신다는 사고를 반영한다. 혹은 부친이 아들들에게 유산으로 땅을 물려주듯 하나님 아버지께서 자신의 아들인 이스라엘에게 가나안을 기업으로 주셨다는 사고이다. 주께서 이스라엘에게 주신 기업은 구약시대에 가나안 지경으로 전체로 성소라 지칭되었다 (출 15:17). 하나님의 임재가 그곳에 두루 임하기 때문이다 (레 26:12, 신 11:12).

주의 성전을 더럽히고 (팀메우 에트-헤칼 코드쉐카)—사 35:8, 52:1, 애 1:10, 겔 44:9 등은 성전 안에서 이방인들의 존재 자체도 성전을 더럽힌다고 언급한다. 후대 유대인들은 이방인을 만나 식사하거나 이방인 집에 가는 것이 금지되었다 (요 18:28, 행 10:28). 자신들이 부정(不淨)하게 된다고 생각했기 때문이다. 그러므로 이스라엘이 추방당하여 이방 나라들에 포로로 잡혀 갔을 때는 우상이 득실거리는 그 이방 땅을 부정한 곳으로 간주한 것은 당연했다 (암 7:17, 겔 4:13).

예루살렘으로 돌무더기가 되게 하였나이다 (사무 에트-예루샬라임 레이임)—렘 26:18, 미 3:12 참조. "돌무더기" (이임)은 광야에서 물줄기의 방향을 표시하던 돌무더기와 연관되며, 여기서는 '폐허 더미'를 지시한다.

2절: 주의 종들의 시체를 공중의 새에게 밥으로 주며 (나테누 에트-니블라트 아바데카 마아칼 레오프 핫솨마임)—"시체"(네벨라)는 단수이나 집합 명사로 취하여 복수형으로 이해한다. "공중의 새" (오프 핫솨마임)나 땅의 짐승은 모두 인간이 다스릴 대상이었다 (창 1:26, 시 8:8). 그런데 범죄한 인간은 이렇게 새나 짐승의 밥으로 전락하고 만다.

주의 성도들의 육체를 땅 짐승에게 주며 (베사르 하시데카 레하에토-아레츠)—시체가 새나 짐승의 밥이 되는 것은 범죄한 언약백성에 내려질 언약 처벌이었다 (신 28:26, 왕상 14:11, 16:4, 21:24, 렘 7:33, 15:3, 16:4, 19:7, 34:20). 그러나 새 언약의 날, 곧 메시아께서 통치하는 시대(=신약시대)에는 "내가 저희를 위하여 들짐승과 공중의 새와 땅의 곤충으로 더불어 언약을 세우며 또 이 땅에서 활과 칼을 꺾어 전쟁을 없이 하고 저희로 평안히 눕게 하리라" (호 2:18) 하셨다. 이는 원리상 이미 성취되었으나 (사 11:6-10 참조), 주님의 재림으로 완성되어질 것이다.

3절: 그들의 피를 예루살렘 사면에 물 같이 흘렸으며 (솨페쿠 다맘 캄마임 세비봇 예루솰라임)—왕하 21:16에 의하면, 므낫세는 온갖 가증한 일들을 행한 것 외에도, 무죄한 자의 피를 심히 많이 흘려 예루살렘 이 가에서 저 가까지 가득하게 하였다. 이방인들이 행했다고 고발하는 이런 악행도 사실 이스라엘의 악행에 대한 심판이었다. 주후 70년에 일어난 로마군에 의한 예루살렘 함락 시에도 이런 대 살육이 있었다.

그들을 매장하는 자가 없었나이다 (베엔 코베르)—예레미야는 죽임을 당하나 매장할 자가 없으리라는 언약 저주를 범죄한 언약 백성에게 쏟아 부은 바 있다 (렘 16:4, 6, 19:11 등). 따라서 여기 시인이 묘사하는 바는 언약 백성에 대한 하나님의 심판으로 야기된 것이었다. 시체는 부정(不淨)하게 만드는 것이기에, 시체가 길거리에 즐비한 것은 이스라엘이 하나님의 심판을 받았다는 증거이다.

4절: 우리는 우리 이웃에게 비방거리가 되며 우리를 에운 자에게 조소와 조롱거리가 되었나이다 (하이누 헤르파 리쉬케네누 나아그 바켈레스 리스비보테누)—이것 역시 범죄한 언약백성에게 내려질 처벌이었다 (신 28:37). 비방거리 (헤르파), 조소(라아그)와 조롱거리(켈레스)와 같은 말들은 이스라엘이 어떤 수치와 낭패를 당했는지를 보여준다. "우리를 에운 자들" (세비보테누)은 "우리 이웃들" (쉐케네누)을 지시한다. 곧 에돔, 암몬, 블레셋, 아람, 모압 등과 같은 주변 족속들을 지시한다.

제2연 원수에 대한 보복을 간구함 (5-12절)

시인은 자기 열조의 죄악을 언급하긴 하지만, 심판을 받아 심히 미천한 자리에 떨어진 언약 백성을 긍휼히 보시고 진노의 불을 언약 백성에게서 거두시고, 대신 주를 알지 못하는 열방에 주의 노를 쏟으시라 간구한다. 심판의 바람이 휩쓸고 간 그 폐허의 자리에 서서 이런 기도를 드리고 있다.

5절: 여호와여 어느 때까지니이까 (아드-마 야웨)—시 89:47 참조. 이제부터 시인은 원수들에 대한 심판을 간구한다. 이 시인은 자기 민족의 이전 죄악을 인정하기도 한다 (8, 9절).

시 79편 열방이 주의 성전을 더럽히고 581

영원히 노하시리이까? 주의 진노가 불붙듯 하시리이까 (테에나프 라네차흐 티브아르 케모-에쉬 키느아테카)— "당신의 질투" (킨아테카 your jealousy, NJB) 보다는 한역처럼 처벌 행위를 함축하는 "진노"가 더 문맥에 부합할 듯하다 (민 25:11, 신 29:19, 겔 16:38, 습 1:18, 3:8).

6절: 주를 알지 아니하는 열방과 주의 이름을 부르지 아니하는 열국에 주의 노를 쏟으소서 (쉐포크 하마테카 엘-학고임 아쉐르 로-에다우카 베알 마믈라콧 아쉐르 베쉼카 로 카라우)—열방 (고임)이나 열국 (마믈라코트)은 하나님을 알지 못하며, 따라서 그분을 경배하지 아니한다는 것을 특징으로 한다 (렘 10:25). 복수형으로 열방과 열국은 시 46:6, 렘 1:10, 51:20, 27에서도 병행으로 나타난다. 여기서 이 열방은 4절에서 보듯, 모압, 암몬, 블레셋, 아람과 같은 주변국들을 지시한다. 그런데 이들도 결국 주님께로 돌아올 것이 예고 되었고 (사 2:1-4, 49:22, 렘 16:19, 시 22:27, 67:4, 68:32, 82:8, 86:9, 102:15), 신약 시대에 성취되고 있다 (롬 15:10, 11). 주의 진노는 범죄하는 언약 백성에게 (겔 7:8, 21:31, 22:31), 범죄하는 열국 (나 1:6, 습 3:8)에 모두 쏟아진다. 계시록에서 진노의 대접이 쏟아지는 모습은 구약의 진노의 대접이나 진노가 쏟아진다는 표상의 차용(借用)이다 (계 16:1). 한편 주의 노가 쏟아질 대상인 열방 앞에는 전치사가 없지만, "열국" 앞에 놓인 전치사 (알)가 여기에도 해당되는 것으로 간주한다 (double duty).

7절: 저희가 야곱을 삼키고 (키 아칼 에트-야아콥)— "먹다"를 의미하는 이 동사는 상징적인 의미에서, 칼 (신 32:42), 불 (민 16:35), 기근, 역병 (겔 7:15, 욥 18:13), 나라 (민 13:32, 겔 36:13), 더위와 추위 (창 31:40), 황충 (말 3:11) 등이 집어 삼키다/ 파멸시키다 란 의미로 사용된다. 이방인은 야수같이 주의 양들을 먹어 치웠다. 한편, 한역의 "저희가 삼키다"란 원문에서 "그가 (야곱을) 삼키고" (아칼 [에트 야아코브])로 단수이지만, 어떤 사본들은 복수형이다. 그리고 후반절의 동사도 복수형이다. 따라서 문맥에 맞추어 복수형을 취한다.

그 거처를 황폐케 함이니이다 (베에트-나베후 헤샴무)—팔레스틴이 양의 목초지(나베)로 제시되고 있다. 이스라엘은 말하자면 "주의 기르시는 양"이기 때문이다 (13절). 야수들이 이 목초지를 짓밟아 황폐케 만들고 말았다. 한편, 7절은 동사 +목적어/ 목적어 +동사의 대칭 구조를 보인다.

8절: 우리 열조의 죄악을 기억하여 우리에게 돌리지 마옵소서 (알-티즈코르-라누 아보놋 리쇼님) — "열조의 죄악"은 차라리 "(우리의) 이전 죄악들"이라 번역해야 한다 (KJV, NAB, TNK, LSG; 9절). 여기서 사용된 형용사 (리쇼님)은 "이전의" (former) 의미를 지니지만, "조상들"이란 의미의 명사적 용례로도 이해할 수 있다 (KB³). 종들 (species or classes)은 자체만의 종류이므로 특이하니, 보통 정관사를 갖는다 (Paul Jouon-Muraoka, §137i). 곧 총칭 명사로 나타난다. 예컨대, 레위기 11장에서 정한 동물이나 부정한 동물은 관사를 갖고 나타난다. 형용사나 분사도 관사를 가지고 나타난다. 즉, 의인 (핫챠디크), 악인 (하라샤), 복수형 명사가 그 종에 속한 개체들을 모두 포함하는 것으로 간주될 때, 관사를 취한다 (학코카빔, 별들, 창 1:16). 그렇지만 "옛 사람들" (the Ancients)을 지시하는 말 (리쇼님, 레 26:45, 신 19:14, 사 61:4)에서는 관사가 생략되었다. 고려중인 형용사는 "머리," "시작"을 의미하는 말 (로쉬)에서 파생된 형용사 (denominative adjective)이다. 한편 "열조의 죄악"으로 이해한다면, 시인은 어쩌면 겔 18:2이 제기하는 문제를 의식하고 있었는지 모른다. 곧 조상들의 죄 때문에 어찌하여 자손들이 고통당해야 하는가? 라는 문제이다. 우리 인류의 조상 아담 때문에 온 인류가 사망의 지배를 당하게 된 것도 그런 문제의 식을 야기시킨다. 이는 오늘날 현실에서도 빈번히 일어나는 문제이다. 한 가장이 술주정뱅이요 노름꾼이라면 그 가장의 실패가 온 가족 구성원에게 미침과 같다. 그는 그 가정의 대표요 책임질 자인 때문이다. 우리 열조의 죄악 때문에 후손들이 고난당할 수도 있지만, 진실한 회개는 그 고난을 축복으로 바꿀 것이다.

우리가 심히 천하게 되었사오니 (키 달로누 메오드) —아주 약소하고 가난하여 보잘 것 없는 신세로 전락하였다. 이 동사는 "가난한," "무기력한," "보잘 것 없는"을 의미하는 형용사(달)와 연관된다.

주의 긍휼하심으로 속히 우리를 영접하소서 (마헤르 에캇데무누 라하메카)—긍휼은 그분의 언약 사랑과 긴밀하게 연관되며, 이것이 범죄한 언약 백성이 주께 의지할 유일한 연줄이 된다. "속히 우리를 영접하소서"에서 사용된 동사 (카담)는 "선두에 서다," "누구를 만나다"란 의미이다. 삼하 22:9, 19 (=시 18:6, 19)에서 보듯, 반드시 긍정적인 의미만은 아니다. 그렇지만 여기서나 시 59:11에서는 환난 당한 성도를 하나님께서 구원하시러 만나시는 것을 의미한다. 범죄한 성도가 비천해지고 낮아지면, 회개할 것이다. 바로 그러한 때에 만나 주실 것이다 (시 116:6, 142:6). 처절하게 낮아져야 하고, 온전히 회개하고 자기를 완전히 부인해 버려야 한다. 그것이 심판을 통해 주께서 성도에게서 이루시려는 목적이요 결과이다.

9절: 우리 구원의 하나님이여 (엘로헤 이쉬에누)—이러한 호칭은 시편에서 빈번하다 (시 18:3, 47= 삼하 22:3, 대상 16:35, 시 24:5, 27:9, 62:8, 65:6, 69:14, 85:5 등). 하나님은 구원하시기에 능하신 분이시기 때문이다. 따라서 환난은 구원의 하나님을 체험하게 하는 계기가 된다는 점에서 참 신앙의 좋은 안내자이다. 환난을 통해 주님을 찾고 찾아 만나시라.

주의 이름의 영광을 위하여 (알-데바르 케보드-쉐메카)— "이름의 영광" (케보드 쉠)은 대상 16:29, 시 29:2, 66:2, 72:19, 96:8 등에서 나타나고, 이를 쪼개어 병행하여 배치한 예는 시 102:16, 사 42:8, 43:7, 59:19, 렘 14:21 등에서 나타난다. 이름이 영화로운 이름이지만 (시 72:19), 이름은 곧 영광이기도 하다. 그분의 이름은 출 34:6-7에서 보듯 성도가 현실적으로 체험할 수 있는 그분의 성품이다. 현실에서 체험될 수 있는 그 하나님의 모습이 바로 그분의 이름이다.

우리를 도우시며 (오즈레누)—하나님의 도우심은 기적을 행하심으로 나타난다. 즉, 자연 질서를 깨고 자기 백성을 위해 역사에 개입하실 때 그분의 도우심은 나타난다. 그 목적은 여기 제시된 대로 자기 이름의 영광을 위함이다.

주의 이름을 위하여 우리를 건지시며 우리 죄를 사하소서 (베하칠레누 베카페르 알-하토테누 레마안 쉐메카) —시인의 이런 기도는 진작 드려졌어야 했다. 하나님은 이 대목을 바라시고 심판을 보내셨기 때문이다. 죄에 대한 철저한 자각과 돌이킴이 없이는 그분의 긍휼과 축복을 기대할 수 없다. 그런데 "우리 죄를 사하소서!" 란 표현은 하나님의 진노가 죄인을 향하여 쏟아지는 것을 방지하기위해 속죄물을 드려 죄를 덮어 버리는 것과 연관된다 (출 30:15, 레 1:4). 그래서 NJB, KJV는 의미를 살려 번역하길 "우리 죄를 도말하소서" 라 했다 (wipe away our sins/ purge away our sins). 그런데 사용된 동사 "킵페르"는 셈족어들에서 각기 다른 뉘앙스들로 나타난다: 악카드어, 시리아어, 유대인 아람어에서 "닦아 없애다" (wipe off), 아랍어에서 "덮다" (cover). 대개 "속죄하다" (atone), "죄책을 덮다" 곧 '용서하다' 로 (NIV, NASB, RSV, TNK) 이해된다. 한편, 하나님께 나아가는 경배자나 제사장은 특정한 죄가 없다 해도 그분의 진노를 촉발시킬 위험성을 항상 갖고 있다. 그러므로 성소에 나아가 제사를 드릴 때에는 제물의 머리에 손을 얹고 대속을 한다 (레 1:4).

10절: 어찌하여 (람마)—이는 간구의 이유를 진술하기도 한다. 따라서 "열방이 … 말하지 않도록" 으로 번역할 수도 있다 (GKC §150e).

열방으로 저희 하나님이 어디 있느냐? 말하게 하리이까 (람마 요메루 학고임 아에 엘로헤헴)—고라 자손의 시인 시 42:3, 10에서도 이방인들이 같은 질문을 던지는 것으로 나타난다 (시 115:2, 욜 2:17, 미 7:10, 말 2:17). 보이지 않는 하나님을 아는 길은 그분을 믿는 것이다. 알기 위해서는 믿어야 한다. 죄인으로 태어난 자연인은 추상적인 하나님 지식 (cognitio Dei abastractiva) 밖에는 없다. 타락한 이성과 마음으로 하나님을 찾아 나선다 해도 그가 발견하는 지식은 추상적 절대자 (cognitio Dei infusa) 일 뿐, 중생한 자만이 하나님께서 마음에 주시는 참된 하나님 지식 (cognitio Dei insita)을 지닐 수 있다.

주의 종들의 피 흘림 당한 보수를 우리 목전에 열방 중에 알리소서 (이바다아 박고임 레에네누 니크맛 담-아바데카 핫쇼푸크)—시인은 신 32:43에 근거하여 원수들이 주의 백성을 죽여서 흘린 피 값을 갚아 달라!고 간구한다. 범죄한 언약 백성은 하나님의 징계와 처벌을 면할 수 없다. 그런데 이 처벌을 담당하는 열방들은 자신이 잘난 줄 알고 교만하게 행한다. 그러한 때에 비록 이스라엘을 치는 하나님의 도구라 해도 심판을 면하기 어렵다 (사 10:5, 15, 24). 교회를 대적하고 압제하는 여하한 세상 세력도 하나님의 엄중한 심판을 받고야 만다. 여하간 시인은 죄악된 자기 백성이 주의 종 선지자들을 죽여 피를 흘렸다는 사실을 "우리 죄" (하토테누)에 포함시키고 있는지 모를 일이다. 한편 "알리소서" 란 동사는 앞에 제시된 "보수" 가 주어이다 ("당신 종들의 흘려진 피의 보수가 우리 목전에서 열방 가운데서 알려지게 하소서," NRSV). 그런데 문제는 여성 명사인 주어와 남성 동사가 일치하지 않는다는 점이다. 그래서 어떤 현대 역본들은 동사를 능동태로 읽는다: 열방들로 알게 하소서 (REB) 혹은 우리로 보수를 보게 하소서 (NJB).

11절: 갇힌 자의 탄식으로 주의 앞에 이르게 하시며 죽이기로 정한 자를 주의 크신 능력을 따라 보존하소서 (타보 레파네카 엔캇 아시르 케고델 제로아카 호테르 베네 테무타)— "탄식" (아나카) 은 "탄식하다, 한숨쉬다, 신음하다" (아나크, 나아크, 렘 51:52, 겔 26:15)와 연관된다. 여기서는 이스라엘이 포로된 상태에서 내쉬는 신음이다. "죽이기로 정한 자"(베네 테무타)는 문자적으로 "죽음의 아들들." "보존하소서"란 동사 (야타르의 히필형)는 "남기다"(to leave over)의 명령형인데, 페쉬타역이나 탈굼은 이를 '사슬을 풀어 버리다,' '죄수를 방면하다'란 의미의 동사 (나타르)로 이해하였다 (NAB, to free). 그러나 다른 현대 역본들은 "보존하다"(to preserve, NRSV, NIV)나 "구원하다"(to save, NJB, REB)로 번역한다.

12절: 주여 우리 이웃이 주를 훼방한 그 훼방을 저희 품에 칠 배나 갚으소서 (베하쉐브 리쉬케네누 쉬브아타임 엘-헤캄 헤르파탐 아쉐르 헤르푸카 아도나이)—레 26:18, 21, 24 등은 범죄한 언약 백성이 회개치 아니할 때 칠배나 더 처벌을 더하리라고 경고한다. 여기서 시인은 이스라엘을 침략한 열방에 칠 배의 복수를 간구한다. 일곱은 '완전'의 의미로 여기서는 "완전하고 철저한 복수"를 지시하고 있다 (창 4:15, 24, 잠 6:31, 단 3:19, 사 30:26 등). "훼방"은 수치, 조롱, 욕설 등의 의미이다. 구약 시대에 무자함이나 (창 30:23), 무 할례 (창 34:14, 수 5:9), 처녀가 더럽혀짐 (삼하 13:13), 눈을 뺌 (삼상 11:2) 등이 수치와 조롱이 되었다. 여기서는 원수들이 이스라엘에 행한 악행들을 지시한다.

제3연 찬양을 서원함 (13절)

원수에 대한 심판이 일어날 때 주께 찬양하며, 그분을 대대로 증거하리라 서원한다.

13절: 그러하면 주의 백성 곧 기르시는 양 된 우리는 (바아나흐누 암메카 베 마르이테카) —사고의 흐름을 따라 접속사 (바브)를 "그러하면"이란 의미로 해석해서 번역했다 (Then: NRSV, REB, NAB, NIV). 이 부분은 원수에 대한 보복을 행하시면 찬양을 드리겠다는 서원이다. 그런데 여기서 "기르시는 양"이란 표현은 "당신 목초지(목장)의 양"(NRSV, NAB, NIV), 곧 하나님께서 '치시는 양'이다.

영원히 주께 감사하며 주의 영예를 대대로 전하리이다 (노데 레카 레올람 레도르 바도르 네삽페르 테힐라테카)—"영원히 주께 감사하며"는 "영원히 당신께 찬양하리라!" 주를 찬양하리라는 서원이다. 궁켈이 "감사시"와 "찬양시"로 구분했던 바를 베스터만은 "보고적 찬양시"와 "서술적 찬양시"로 정의를 새롭게 했다면, 여기 보듯 영원히 당신께 찬양하리라! 는 서원은 주님이 베푸실 은혜를 감사하여 찬양하리라! 는 이미 베푸신 은혜에 감사를 표하는 "감사시" 곧 '보고적 찬양시'의 한 변형일 것이다. 그런데 여기서 사용된 동사 (야다, 감사하다, 찬양하다)는 구약에서 약 100번 나타나고, 그 중 66번이 시편에서 나타나며, 여기 행에서처럼 "기술하다," "열거하다" (시페르)와 병행어로 나타난다 (시 9:1, 75:1, 79:13). 이 동사는 "감사하다"(KJV, NASB, NJB, RSV)와 "찬양하다"(NIV, TNK [영화롭게 하다 glorify], ELB, LSG [송축하다])로 달리 번역되곤 하는데 이런 혼동은 사전적 정의에서부터 출발한다. 이 동사의 기본적 의미는 "죄를 인정하고 고백하다"란 의미이다 (시 32:5, 레 16:21, 단 9:4). 그리고 이 동사는 "하나님의 성품과 행하신 일들을 공적으로 시인하다, 선포하다"를 의미한다. 이것이 곧 찬양의 의미이다. 그분이 누구시며, 그분이 무슨 일을 행하셨냐를 공적으로 시인하고 선포하는 일이다. 이런 공적인 시인과 선포는 결국 감사의 마음을 담고 있는 것이다. 내게 이런 은혜를 베푸셨다고 공적으로 시인하고 선포할 때, 그것이 그분께 감사를 표현하는 방편이 된다. 그런 의미에서 "감사하다"란 번역이 가능하다. 한편 "주의 영예를 대대로 전하리이다"란 "당신의 찬양을 대대로 반복하리이다" (we will recount your praise, REB, NRSV, NIV)로 번역한다.

시편의 적용

성전을 더럽히는 이방인들 (1절)

사용된 동사 "더럽히다" (티메아)는 파생어까지 합치며 구약에서 280회 가까이 나오지만, 그 64 퍼센트는 레위기나 민수기에 나머지 15 퍼센트는 에스겔서에서 나타난다. 이런 용례가 암시하듯, 이 말은 의식(儀式)상의 정결과 부정(不淨)을 묘사한다. 70인역은 이 말을 여기서 "미아이노" (더럽히다)라 번역했지만 "아카타르토스"나 "아카타르시아" 등으로도 자주 번역한다. 구약에서 짐승들은(레 11장) 언급되지 않은 이유 때문에 (물론 굽이 갈라졌다거나 되새김질을 한다거나 하는 이유로 정한 동물로 간주되기도 하나, 문제는 그런 현상적 요소가 어떤 의미에서 그 동물을 정결하게 하는지 아무런 설명이 없다는 것이다) 정하거나 부정한 것으로 구분되고 있으며, 사람들이나 성전 기명(器皿)들은 부정한 것과의 접촉으로 부정하게 될 수 있다. 혹은 사람은 출생 (레 12장), 유출/ 월경이나 성관계/ 사정 (레 15장), 문둥병 (레 13-14장), 악행, 시체와의 접촉 등으로 부정하게 될 수도 있다. 성전과 이스라엘을 더럽히는 가장 큰 요소는 무엇보다 우상숭배였다 (겔 36:18). 일단 사람이 부정하게 되면, 화목제물의 고기를 먹을 수 없다 (레 7:19-21). 부정한 자는 주께서 거하시는 이스라엘의 진 밖에 내 보내야한다 (민 5:14, 레 15:31). 시체와 접하여 부정하게 된 자는 유월절 의식에 한달 후에야 참여할 수 있었다 (민 9:6-11). 묘지에 접하는 것도 부정하게 되므로 (민 19:16), 후대인들은 무덤에 회칠을 하여 사람들에게 주의를 환기시켰다 (마23:27, 행 23:3). 부정을 정케 하려면 규정된 의식 절차를 거쳐야 했다 (민 19:1-22). 제사장이나 나실인은 특별히 시체를 멀리해야 했다.

그런데 구약 이스라엘은 율법이 금하는 온갖 가증한 일을 행함으로 자신을 더럽혔고 그 결과로 하나님은 이방인들이 이스라엘을 침공하여 멸망시키도록 하셨다. 시 79편이 노래하는 이방인들의 침공도 이스라엘의 범죄행위에 대한 하나님의 처벌이었다.

후대 유대인들은 구약의 정결법을 너무나 세세하게 규정하고 결국 백성의 무거운 짐이 되도록 만들고 말았다. 미쉬나의 마지막 부분인 토호롯 (12 장)은 바로 이런 부정의 문제를 다룬다. 예수님은 바리새인들이나 당대 종교인들의 그 까다롭고 얽어매는 종교법과 외식을 대단히 혐오하셨다 (마 15:10-20, 23:25-28). 예수님은 모든 음식이 정하다고 선언하신다 (막 7:19, 딤전 4:4-5). 실로 혁명적인 발언이 아닐 수 없었다.

이렇게까지 까다롭게 구약이 의식상의 정결을 강조하는 것은 영적으로 죄가 얼마나 하나님의 거룩을 침해하며, 성도들이 두려워해야 할 것인지를 가르쳐준다 (히 8:5, 10:1). 신약 시대에 사는 우리 성도는 구약의 그런 정결 규례를 준수할 이유가 없다. 그리스도께서 모든 구약법을 성취하시고 이루셨기 때문이다. 그렇지만 그 영적인 의미는 오늘날도 유효하여 진리를 가르쳐 준다.

부정과 정결에 관한 규례는 이스라엘이 아주 위생적인 식생활을 하도록 도왔다. 부정한 짐승에 대한 설명은 확실하게 말하기 어려우나, 이방 종교 관습을 금하거나 위생상의 목적 등이 이유였을 것이다. 분명한 것은 거룩하신 하나님과 교제하는 하나님의 백성은 모든 면으로 세속과 구분되어야 한다는 점이다.

다른 한편, 바룩 레빈 (Baruch Levine)은 말하길, 부정(不淨)은 "귀신 세력들이 현실화된 형태"라고 하였다. 한 번 고려해 볼만한 언급이다. 귀신은 사람들이 왜 무서워하는가? 무엇보다 보이지 않기 때문이며, 또한 해를 가한다고 여기기 때문이다. 귀신은 무엇과 같은가? 그 놈은 음식이나 과자 부스러기가 있는 곳에 은밀하게 나타나는 바퀴 벌레와 같다. 귀신은 지저분하고 음란하고, 더러운 것을 찾아다니기 때문이다. 귀신은 손으로 때리면 깔려 죽는 바퀴 벌레와 같지만, 죽지는 않고 예수 이름 권세로 명하고 저주하고 책망하면 금새 도망가 버린다. 그렇지만 바퀴 벌레처럼 갔다가는 은밀히 숨어 틈을 엿보다가 다시 찾아오는 놈이다.

바퀴 벌레가 무엇인가 사전에서 찾아보니, 바퀴과에 딸린 곤충. 전 세계에 3,500여 종이 있으며, 우리나라에는 약 10여 종이 알려져 있다. 몸 색깔은 황갈색 또는 흑갈색계인데, 전체적으로 기름을 바른 것 같은 광택이 있다. 머리가 작아서 앞가슴 등판 밑에 숨길 수 있다. 입은 무는 형이며, 눈은 콩팥 모양이고 2개이며, 더듬이는 실 모양으로 길지만 왕 바퀴처럼 짧은 것도 있다. 앞가슴등판에 검은 갈색 또는 검은색의 두 세로줄이 있으며, 앞날개는 엷은 황갈색 또는 엷은 회갈색이다. 다리는 3쌍으로 모두 걷는 다리이다. 따뜻하고 습기가 많은 곳을 좋아하며, 야행성(夜行性)이며 낮 동안에는 대개 나무껍질 밑, 돌 밑, 낙엽 밑 그 밖의 어둑어둑한 그늘에 숨어 있다. 주택에 사는 바퀴류는 밤에 음식물에 꾀어들어 병원균을 옮기는 해충이다. 가정의 부엌이나 음식점에서 많이 볼 수 있는데, 먹바퀴·줄바퀴·이질바퀴 등은 일반 가옥에서 산다. 이런 바퀴 벌레는 귀신과 닮은 데가 많은 것 같다.

우리 죄를 사하소서! (카페르 알-핫토테누)(9절)

속죄냐? 화해냐? 죄를 위한 제사를 논 논의함에 있어서 화해 (propitiation)라는 주장과 속죄 (expiation)라는 주장이 팽팽하게 맞서 논쟁한 때가 있었다 (H. G. Link, "Reconciliation," 3:151). 만약 제사(祭祀)가 화해의 의미라면, 행동은 하나님이나 다른 상처 입은 자에게로 향한다. 화해의 목적은 하나님의 태도를 진노에서 호의와 은총의 자세로 바꾸는 것이다. 그러나 만약 제사가 속죄를 의미한다면, 그 행동은 관계를 파기한 그것에게로 향할 것이다.

성경에서 말하는 제사(祭祀)는 화해가 아니라 속죄에 초점을 맞춘다고 주장하는 대표적 학자는 폰 라트였다. 그는 레 17:11에 대하여 말하길, "속죄를 나타내는 것은 피 자체가 아니라 피가 나르는 그 생명이다"(*Theology of Old Testament*, I, 270). 폰 라트의 입장은 G. F. 윌러 (Oehler)의 입장을 잇는 것이다. 윌러는 "율법은 그 어디서도 제사에서 처벌이 시행된다고 말하지 아니한다. 제단은 처벌의 장소가 아닌 것이다" 라고 한다 (*Theology of the Old Testament*, 431). 도드 (C. H. Dodd) 역시 이러한 입장을 따른다 ("hilaskesthai, its Cognates, Derivatives and Synonyms in the Septuagint," 352-60). 도드의 주장은 히브리어 "킵페르"를 번역하기위해 사용된 70인역의 용어들에 대한 분석에 근거하였다.

이에 반하여 레온 모리스는 (L. Morris, "The Meaning of hilasterion in Romans iii 25," 33-43), 출 30:12-16, 민 31:50, 사 47:11 (엑스힐라스코마이가 비 제의적 의미로 나타난다), 출 32:30 (모세가 자기 생명을 속죄물로 드린다), 삼하 21:1-14 (사울의 일곱 후손을 목매달아 죽임), 민 35:33, 신 32:41 이하, 신 21:1-9, 사 27:9, 잠 16:14, 겔 16:63 등의 구절들을 검토하고 도드와 달리 힐라스코마이가 "화해"를 의미한다고 주장하였다. 이런 구절들 중에서 일곱 구절은 속죄가 생명의 속전 (코페르)을 통해 되어지고, 아홉 군데서는 돈이나 기타 물건을 통해 속죄가 되어진다고 지적하였다. 속죄적 의미로 이해될 수 있는 구절들에서도 화해의 의미가 취해질 수 있다는 것이 그의 주장이었다. 화해의 의미를 요청하는 구절들에서는 반대로 속죄의 의미로 이해될 수 없다. 도드 자신도 사실 슥 7:2, 8:22, 말 1:9 등에서는 '화해' 의 의미가 필수적임을 인정한 바 있다.

그런데 신약에서는 어린 양 제물로 묘사되는 그리스도의 속죄 사역을 화목제물로도 이해하는 듯 보인다 (고후 5:18 이하, 엡 2:16, 골 1:20).

자, 그러면 여기서 구약에서 150여 번 나타나고, 신구약 성경에서 핵심적인 신학사고와 연관되는 히브리어 단어 "킵페르" (카파르 동사)의 의미가 무엇인지 고려해 본다. 이 동사의 명사형 (코페르, 속전 贖錢)은 성경 전체에서 13번, 시편 전체에서 한 번 (시 49:8) 나타나고, 그 동사형은 시편 전체에서 세 번 (시 65:4, 78:38, 79:9) 나타나고, 대다수가 출애굽기 (7번), 레위기 (43번), 민수기 (15번)에서 나타난다 (동사형의 나머지는 창세기 2번, 신명기 2번, 사무엘서 2번, 역대기 3번, 느헤미야 1번, 잠언 2번, 이사야서 5번, 예레미야 1번, 에스겔 6번, 다니엘 1번). 좀 오래되었지만 아직도 널리 사용되는 BDB 사전에 의하면, 이 동사는 "덮다"를 의미하는 아랍어 친족어에 근거하여 "죄를 덮다" 곧 하나님을 달래다, 그분의 진노를 가라앉히다, 속죄하다 란 의미로 정의되었다. 그런데 아랍어에 근거한 이런 의미는 사실상 근거가 약한 것으로 여겨진다. 왜냐하면 이 동사의 명사형 (코페르, 속전 ransom)은 생명의 값, 곧 속전(贖錢)이란 의미로 어떤 것의 대체(代替)란 측면이 강조되기 때문이다. 더구나 고려중인 동사가 "덮다" 란 의미로는 구약에서 나타나지 않고 있다 (창 6:14에서 "역청으로 덮다" 란 의미의 동사는 고려중인 동사와 동음이의어이다). 이 명사형의 의미를 고려해 볼 때, 동사형은 "어떤 대체물을 드림으로 속죄하다" 란 의미가 적절할 듯 보인다. 제사장이 경배자가 드리는 짐승제물을 하나님께 제사로 바침으로 그 경배자의 죄가 속죄되는 것이다. 죄인은 죽어야 하는데 자신이 죽어야 할 자리에 짐승 제물을 바치는 것이다. 그리하여 그 죄인은 죄를 용서받는다. 구약 제사에서 "피"가 강조된다. 그것은 생명이 피에 있기 때문이다. 짐승 제물의 피가 죄인의 피를 대신하여 흘려지는 것이다. 그래서 경배자는 드릴 제물의 머리에 자기 두 손을 얹어 안수하여 자기 죄를 그 짐승 제물에게 전가(轉嫁) 시키는 것이다 (레 1:4, 4:4, 16:21). "속죄하다"란 말의 영어 단어도 흥미로운데, 영어에서 '속죄' 란 말을 atonement라 하고 '속죄하다' 란 말은 to atone이라 하는데, 그 말은 at + one의 합성어이다. 즉 "하나로 만들다" 란 의미이다. 하나님과 죄인이 제사를 드림으로 하나가 되는 것이다.

우리는 앞에서 히브리어 "카파르" 동사가 대체물을 드림으로 어떤 사람의 죄를 속죄하다 (making atonement by offering a substitute)를 의미한다고 제시하였는데, 이 동사의 셈족 친족어들에 근거하여 다른 주장들도 제시되어 왔다. 그 중 하나는 앞에서도 언급한 대로 아랍어에 근거하여 "덮다" 란 의미로 보는 것이다. 즉 죄를 덮어 하나님의 진노를 가라앉히고 화해시킨다는 의미로 이해한다. 그러나 이런 입장은 근거가 별로 없어 보인다. 다음의 주장은 "정결케 씻다" (purge, wipe clean)란 의미인데, 유대인 학자들인 Milgrom (*Leviticus 1-16*, 1079-80 참조[앵커 시리즈]), B. A. Levine (*In the Presence of the Lord*, 57-77 참조) 등이 대표적인 주창자들이다. 이들의 주장은 세 가지 근거에 의존하는데,

1) 악카드어 동사 *kupperu* (D형 곧 히브리어 피엘형에 해당되는 강조형)가 바로 이런 의미를 지닌다;
2) "카파르" 동사는 정결케 하는 의식과 연관하여 사용되고
3) 렘 18:23에서 이 동사가 "닦아 없애다" (wipe)를 의미하는 동사 (마하)와 병행으로 나타난다.

는 점 등이다. 그렇지만 '정결케 하다' 란 의미를 "카파르" 동사에서 찾고자 하는 저들의 시도가 얼마나 성공적인지는 확실치 않다. 정결 의식과 연관하여 고려 중인 동사가 "정결케 하다" 란 의미라면, 대 속죄일의 속죄와 정결 의식을 고려해 보면 좋을 것이다. 레위기 16장에 묘사된 대속죄일의 관례들 중에서 대제사장 아론은 자기와 권속을 위하여 속죄할 뿐 아니라, 백성의 죄를 속죄하기 위하여 제물의 피를 속죄소 위와 앞에 뿌려야 했다. 그런데 이것으로 끝나지 않고 그 날에 아론은 지성소와 성소, 번제단 등도 속죄하여야 했다 (레 16:16-20 참조). 이렇게 비-인격체인 성소나 번제단까지 속죄하는 이유는 그것들이 이스라엘 자손들의 부정 때문에 부정하게 되었기 때문이다. 이 경우, 속죄된 번제단이나 성막은 속죄가 되어 정결하게 된다. 레위기 16장에서 "카파르" 동사는 "속죄하다"의 기본의미를 견지할 수 있고, 정결케 하다란 의미는 다른 동사예컨대 "타하르" 동사로 표현되고 있다 (19절). 따라서 우리는 고려중인 동사의 의미를 굳이 "정결케 하다"로 주장할 이유가 없다고 본다. 물론 속죄하면 그 결과가 정결케 되는 것은 부인할 수 없다.

"카파르" 동사는 무엇보다 하나님과 이스라엘 백성 사이의 언약 관계가 파기될 위험에서 관계를 지탱시키는 한 수단으로 작용했던 속죄의 제사가 갖는 의미를 전달한다. 언약 관계에서

"죄"란 하나님의 뜻의 표현인 언약 조항들에 대한 범법 행위를 말한다. 언약 백성은 부지중에 범한 자기들의 죄를 속죄하여 하나님과의 온전한 언약 관계를 유지하고 그 관계가 줄 수 있는 모든 연합과 축복과 교제를 누려야 했다. 여기 시인도 "우리의 죄를 사하소서!" 라고 기도하는데, 이는 지금까지 우리가 주장한 바대로라면 "우리의 죄를 속죄하소서"가 된다. 그렇지만, NJB (우리 죄를 닦아 제하소서 wipe away our sins), KJV (우리 죄를 깨끗하게 씻으소서 purge away our sins)를 제하면 현대 역본들은 모두 "우리 죄를 용서하소서"라 번역하고 있다.

왜 이런 번역이 나오는가 하면, 인간 편에서 보면 제사를 드림으로 죄를 속하는 행동 곧 죄인이 짐승 제물을 죽여 드림으로 자기 죄를 대신 담당하게 하는 행동의 결과가 하나님에게 미칠 때, 하나님은 그 죄인의 죄를 용서하는 행동으로 반응하시기 때문이다. 그렇다면, 죄인이 제물을 드려 속죄하지 않더라도 하나님께서 죄를 용서하실 수 있지 않겠는가? 라는 질문이 야기될 수 있다. 물론 하나님께서 원하신다면 그렇게 하실 수 있을 것이다. 그러나 공의의 하나님께서 무조건 임의대로 행동하실 수는 없다. 그래서 그리스도의 속죄 제물이 요청되었던 것이다. 그리스도의 속죄 제물에 근거하여 하나님은 모든 죄를 용서하신다. 여기 시 79편에서도 예외는 아니라고 본다. 비록 저들이 그리스도 오시기 전에 살았다 해도, 저들이 국난을 당하여 자기 조상들과 자기들의 죄를 용서하여 주시라고 할 때, 그들은 제사를 드릴 여유가 없었을지 모르나, 하나님은 저들의 기도를 들으실 때에 그리스도의 속죄 제사를 염두에 두셨을 것이다.

시 80편 주께서 담을 헐으사 길에 지나는 자로

I. 시편에서의 위치, 시의 유형과 삶의 자리

표제는 "아삽의 시, 영장으로 소산님 에둣에 맞춘 노래" (람나체아흐 엘-쇼솬님 에두트 레아삽 미즈모르)라 한다. 70인역은 표제에 "앗시리아에 관한 시" (살모스 휴페르 투 앗수리우)라 첨가하여, 13절의 "수풀의 멧돼지"를 "앗시리아"로 해석하였다. 70인역의 이해를 따른다면, 이 시는 북 왕국 이스라엘이 앗시리아의 내리 누르는 중압감에 시달릴 때, 특히 주전 745년부터 722년 어간에 나라의 부흥을 기원하며 작시된 것이라 추정 가능하다. 반면 아이스펠트는 이 시가 주전 732년에 베가를 살해하고 722년 망하기까지 통치한 호세아 시대 북왕국 이스라엘에서 유래하였다고 추정하였다 (O. Eissfeldt, "Psalm 80," 227-232). 므나헴 시대에 (주전 745-738년경) 앗시리아의 '불' (Pul)이 이스라엘을 침공하고 (왕하 15:19, 대상 5:26), 이에 위협을 느낀 사람들이 이 시를 작시했을 수 있다. 동시에, 5절에 언급된 인칭 접미어 "그들에게" (한역, "저희를")는 이 시가 북 왕국의 위기 앞에서 남 왕국의 애국자들이 민족을 위해 드린 기도가 아닌가? 라는 생각도 갖게 한다 (이 구절에 대한 다른 이해는 주석 참조). 또한 2절의 "에브라임과 베냐민과 므낫세 앞에서"란 표현이나, 왕을 암시하는 17절의 "주의 우편에 있는 자" 등과 같은 말은 아직 북 왕국이 망하지 않았던 시기를 암시해 준다. 혹자는 이 시가 주전 622년 전후, 즉 망한 북왕국까지 통합시키려던 요시야 왕 시대에 (마르틴 노트, 「이스라엘 역사」, 박문재역 [서울: 크리스챤 다이제스트, 1996], 350-53) 작시된 것이라 추정하기도 한다.

2절에 언급된 에브라임과 베냐민과 므낫세는 모두 야곱이 라헬에게서 낳은 자녀 지파들이라는 공통점을 갖는다. 그런데 남북이 갈릴 때, 베냐민은 남 왕국 유다에 남았다 (왕상 12:21, 대하 11:3, 23, 15:8). 왕상 11:13, 32, 36에 의하면, 다윗의 집에는 오직 한 지파만 주겠다고 하신다. 이는 유다 지파를 지시한다. 그렇다면 베냐민은 유다에 충성을 바친 것이 아니라, 북 왕국에 편을 들었을 것이다. 이것과 연관하여 또 다른 추정은 이 세 지파는 모두 라헬의 소생으로, 베냐민 지파 출신인 사울 왕 시대에 세 지파의 중요성이 부각되어 이렇게 하나처럼 연합하며 행동했는지 모른다는 것이다. 이렇게 본다면, 이 시의 작시 연대를 결정하는 것은 쉬운 일이 아니다.

앞의 시편과 같이 국가적 재난을 당하여 탄식하고 간구하는 공동체 탄식시이다. 앞 시편과는 사고상, 표현상으로 다음과 같은 공통점을 갖고 있다: 1) 앞 시편은 이스라엘을 하나님의 양떼로 묘사하면서 종결됐다면, 이 시는 이스라엘의 목자께 귀를 기울이라는 간구로 시작된다. 2) 이스라엘은 주변국들의 조소 대상이다 (79:4, 80:6). 3) 어느 때까지? (시 79:5, 80:4). 4) 어찌하여? (시 79:10, 80:12). 5) 간구와 탄식이 함께 나온다. 6) 재난이 기도의 근거가 된다.

앞 시편과 차이를 지적하자면, 앞에서는 원수가 행한 일을 먼저 기소하고 (1-4절), 구원을 간구했다면, 여기서는 간구와 탄식을 드리고, 다음에 구속사를 조망하고 (8-11절), 현재의 재난을 묘사하고, 다시 간구한다. 여기서는 좀 더 멀리 바라보는 구속사적 전망이 있다면, 앞 시는 발등에 떨어진 불만 바라보는 시각이다.

2. 시적 구조, 기교들 및 해석

이 시에서도 시 77편과 같이 미완료상이 과거 사건을 묘사하는 데 자주 활용되고 있다 (6절, 테쉬메누, 일아구; 8절, 타시아, 테가레쉬; 11절, 테솰라흐). 이런 동사들을 현재 시제로 번역하는 현대 영역본들은 (NRSV, NJB) 스스로 자가 모순에 봉착한다. 왜냐하면, 6절에서는 현재 시제로 번역했다가, 8절이나 11절에서는 완료 시상으로 번역하고 있기 때문이다. 문맥은 완료 시제로 번역할 것을 요청한다.

이 시는 간구 사고의 흐름상, 다섯 개의 연으로 구분될 수 있다.

제1연 (1-4절): 구원을 간구
제2연 (4-7절): 하나님의 진노를 탄식하고 간구함
제3연 (8-11절): 구속사를 조망함

제4연 (12-15절): 구속사에 근거하여 현실의 재난을 탄식하고 간구함
제5연 (16-19절): 회복을 간구하고 헌신을 다짐함

그런데 3-5연은 구속사의 전망을 토대로 구성되었다는 점에서 사고상 하나의 큰 단위를 구성한다. 그리고 1, 2, 5연의 말미는 모두 유사한 후렴구로 장식되었다 (3, 7, 19절 [14절도 참조]: 하나님이여, 우리를 돌이키시고 주의 얼굴빛을 비취사 우리로 구원을 얻게 하소서!).

제1연 (1-4절): 구원을 간구

처음부터 원수를 기소하고 부르짖었던, 앞의 시편과 달리, 이 시는 하나님께서 자신들을 구원해 주시라는 간구로 시작한다.

1절: 요셉을 양떼 같이 인도하시는 이스라엘의 목자여 귀를 기울이소서 (로에 이스라엘 하아지나 노헤그 카촌 요셉) ―사용된 표상은 "양떼를 인도하는 목자"의 모습이다 (사 40:11, 계 7:17). 이 유목민 용어였던 "목자"는 나중 정치 지도자를 지시하게 되었다 (민 27:17, 렘 25:34, 겔 34장 참조). 이스라엘은 신정제(theocracy)로 하나님이 직접 통치하시고, 왕은 하나님의 '아들' 이었다 (삼하 7:14). 인류 역사상 한 신과 이렇게 언약을 체결하고 그 신의 통치를 받은 민족은 없었다. 모세는 이르기를 "우리 하나님 여호와께서 우리가 그에게 기도할 때마다 우리에게 가까이 하심과 같이 그 신의 가까이 함을 얻은 나라가 어디 있느냐" (신 4:7) 하였다. 왕이신 하나님께 백성은 직접 기도를 통하여 간구를 드렸다.

그룹 사이에 좌정하신 자여 (요쉐브 하케루빔) ―이 표현은 실로의 성소와 연관하여 처음 나타나고 (삼상 4:4, 삼하 6:2=대상 13:6), 모두 7번 나타나며 (히스기야, 왕하 19:15; 시 80:2, 99:1, 사 37:16), 한역은 사용된 분사를 "좌정(坐定)하신" ("앉다"의 높임말)으로 번역했다. 여기 사용된 동사가 하나님과 연관하여 사용될 때에는, "계시다" 혹은 "거하다" 란 의미보다는 "(보좌에) 앉으시다" 란 의미이다 (삼하 6:2, 대하 18:18 [요쉐브 알-키스오], 시 2:5 [요쉐브 밧솨마임], 시 9:11 [요쉐브 치욘], 22:4 [요쉐브 테힐로트 이스라엘], 사 6:1 [요쉐브 알-킷세 등). 이 참조 구절들 중에서 시 9:11 [요쉐브 치욘], 22:4 등이 "거하다" 란 의미를 갖는 듯 하나, 자세히 보면, 여기서도 "(보좌에) 앉으신" 하나님, 곧 통치하신다는 개념이 더 강하다 (왕상 8:25, 암 1:5, 8 등도 참조). "거하시다," "머물다"는 사고는 다른 동사 (솨칸)로 표현된다 (출 24:16, 25:8, 29:45, 46, 40:35, 민 5:3, 9:17, 18, 22, 10:12, 35:34, 신 12:5, 11, 14:23, 16:2, 6, 11, 26:2, 33:16, 수 22:19, 왕상 6:13, 8:12=대하 6:1, 대상 23:25, 느 1:9, 시 68:17, 74:2, 85:10, 135:21, 사 8:18, 33:5, 57:15, 겔 43:7, 9, 욜 3:21, 슥 2:10, 11, 8:3). 하나님께서 이스라엘 가운데서 "그룹 사이에 좌정하신다"는 말은 그분이 왕으로 이스라엘을 통치하신다는 것을 말한다.

빛을 비취소서 (호피아) ― 이 동사는 주께서 바란 산에서 빛을 발하시며 나타나시는 모습을 묘사했다 (신 33:2, 시 50:1). 이는 아마 탈굼이나 랍비들이 사용한 사고, 곧 영광의 빛을 발하며 자신을 드러내시는 "쉐키나" ([하나님의] 거처, 그분의 가견적 임재)를 지시할 것이다. 유가릿 문

헌에서 "바알이여, 빛을 발하소서!" 라는 의미의 이름도 나타난다 (*yp'b'l*).

2절: 에브라임과 베냐민과 므낫세 앞에서 (*리프네 에프라임 우빈야민 우므낫쉐*)—이 세 지파는 야곱이 라헬에게서 나온 요셉 (에브라임, 므낫세), 베냐민의 자손들이다. 이들은 베냐민 지파 출신인 사울 왕 때에나 아니면, 남북 분단시대의 북 왕국 시대에 서로 간에 가장 긴밀한 유대성을 가졌을 것이다.

주의 용력을 내사 우리를 구원하러 오소서 (*오레라 에트-게부라테카 울카 리슈아타 라누*)— 이는 주께서 잠에서 "깨어나시라!" (오레라) 는 간구이다 (시 57:9, 59:4 참조). 앞 절에서 "빛을 비취소서!" 나 여기서 "구원하러) 오소서!"란 부르짖음은 모두 구원을 위한 하나님의 신현(神顯)을 간구한다.

3절: 하나님이여 (*엘로힘*)—7, 14, 19절 등에서 "만군의 하나님" 혹은 "만군의 하나님 여호와여" 라고 보다 강조된다.

우리를 돌이키시고 (*하쉬베누*)— "회복시켜 달라!" (restore us)는 간구이다 (7, 19절). 단 9:25, 왕하 14:25, 삼하 8:3 등에서 보듯, 상실된 땅이나 포로 된 백성을 회복시키는 것을 지시한다. 이스라엘은 이 당시 국권을 많이 상실하였을 것이다. 말하자면 고려시대 후기, 고려가 원에 속국화 되었듯이, 북 왕국 이스라엘이 앗시리아에 속국화 되었던 그런 정황인지 모를 일이다.

주의 얼굴빛을 비취사 (*베하에르 파네카*)—태양을 만드시어 세상을 비추게 하시고 (창 1:15, 17), 광야에서는 불기둥으로 밤을 대낮같이 비추시던 (출 13:21, 14:20) 그 하나님은 스스로 빛이시다 (민 6:25, 시 31:16, 67:2, 단 9:17). 그분의 얼굴 영광의 빛은 태양 빛에 비길 수 없이 밝아서 세상을 비추며 (겔 43:2), 그 빛을 받는 자마다 그분의 따스한 사랑과 긍휼을 느낀다. 빛이 어둠을 쫓아내듯, 주의 얼굴빛이 성도의 마음에서 두려움과 불신앙을 몰아낸다. 동시에 빛은 신약적으로 성령님의 임재로 본다면, 빛이 옴으로 어둠의 영이 쫓겨간다.

우리로 구원을 얻게 하소서 (*베니바쉐아*)—이 동사는 (*야샤*) 여기서처럼 니팔형에서 "도움을 받다, 승리를 얻다"를 의미하고, 히필형에서 "구원하다," "돕다"를 의미한다. 여기 문맥에서는 이스라엘이 하나님의 도우심을 받아 원수를 물리치고 힘 있는 나라가 되게 해달라는 것이다. 이런 군사적 뉴앙스는 다음에 사용된 "만군의 하나님 여호와"란 칭호에서도 암시된다.

4절: 만군의 하나님 여호와여 (*야웨 엘로힘 체바요트*) —이는 하나님을 군대 사령관으로 부르는지 모른다 (시 59:5 참조). 유가릿 발굴 이전의 문법책 (GKC §125h)은 시 59:6, 80:14, 19, 84:9 등의 "엘로힘 츠바오트"란 (직역하면, "하나님, 만군"-두 명사간 속격 연결이 없다) 칭호를 시편의 제2, 3권 부분에서 "야웨" 대신 "하나님" (엘로힘)으로, 기계적으로 대체하면서 발생한 부차적으로 나타난 부자연스런 칭호라는 이해이다. 그렇지만, 유가릿 문헌의 발굴로 전접어-멤 (enclitic-mem)의 존재가 확인되어, 구약 본문 이해에 많은 빛을 비추면서, "만군의 하나님, 여호와" (야웨 엘로헤-m 체바요트)라고 전접어-멤을 인정하면 문법상 아무런 문제도 없고, 삼하 5:10, 왕상 19:10, 14, [시 59:5, 84:8, 89:8], 렘 5:14, 15:16, 암 3:13 등에서처럼 원래적 칭호로 사용된 것으로 보아야 한다 (K. A. Kitchen, *Ancient Orient and Old Testament*, 161-62).

주의 백성의 기도에 대하여 어느 때까지 노하시리이까 (아드 마타이 아샨타 비테필라트 암메카)— "기도"(테필라)라는 명사는 시편에서 4:1, 6:9, 17:1, 35:13, 39:12, 42:8, 54:2, 55:1, 61:1, 65:2, 66:19, 20, 69:13, 72:19, 84:8, 86:[표제], 6, 88:2, 13, 90:[표제], 102:[표제], 1, 17, 109:4, 7, 141:2, 5, 142:[표제], 143:1 등에서 보듯 거의가 "나의 기도"이며, 개인 기도를 언급한다. 이런 현상은 시편이 원래 예배 의식용으로만 작사되었다는 주장과 잘 어울리지 않는다. 오히려 개인적 정황에서 생겨났다는 전통적 입장을 뒷받침해주는 듯 하다. 여하간 하나님은 기도를 들으시는 분이시나, 죄를 품으면 기도를 듣지 아니 하신다 (시 66:18). 여기서는 국난을 당하여 백성들이 합심으로 기도하였으리라는 암시를 받는다 (삼상 7:5, 왕하 19:15, 20, 행 12:12 참조). 그런데 "어느 때까지"란 안타까운 부르짖음은 시 6:3, 74:10, 90:13, 94:3 등에서 하나님께 호소하는데서 나타나고, 혹은 악인이 "언제까지" 개가를 부르겠는가? 라는 탄식에서도 울려 퍼진다. 한편 "노하시리이까?"란 말은 직역하건대 (기도에 대하여) "연기를 발산하다" (아샨), 곧 화를 내시다 (시 74:1, 신 29:19 참조) 이다.

제2연 (4-7절): 하나님의 진노를 탄식하고 간구함

이스라엘의 당한 국가적 재난은 여기서 보듯 하나님께서 행하신 일이다. 성도에게 일어나는 모든 일들만 아니라, 세상만사는 모두 하나님의 섭리 하에서 그분의 주권 하에서 일어난다. 하나님의 통치 원리를 그러므로 깨닫는 것이 이 지상에서 성공적인 삶을 사는 비결이다. 그분의 통치 원리는 그분이 이스라엘과 맺으신 언약으로 표현되었다. 여러 가지 언약 조항들이 있지만, 그것들의 결론은 하나님을 전심으로 사랑하는 것이며, 이것이 그분의 통치가 지향하는 목표이다. 그분을 전심으로 섬기고 영화롭게 하며, 그분 안에서 기쁨을 누리는 것, 이것이 언약 관계를 허락하신 목표라면, 그분의 통치 원리는 이 목표를 이루도록 하는 것임이 자명한 일 아닌가? 성도들이 이 목표에서 멀어질 때, 결국 그들에게는 재앙이 임한다.

5절: 주께서 저희를 눈물 양식으로 먹이시며 (헤에칼탐 레헴 디므아) — "당신께서 (우리에게) 눈물의 빵을 먹이셨다." 시인은 계속하여 "우리"라고 1인칭 시점에서 말을 하고 있다. 그렇다면 여기서도 우리는 "우리에게"를 기대할 수 있다. 그런데 만약 헤에칼타m이라 읽는다면 (전접어-멤), "당신은 (우리에게) 먹이셨다"가 된다. 그리고 후반절에서 "당신은 우리에게 마시웠다" (타쉬키모)라고도 이해할 수 있다. 이 동사에 붙은 인칭 접미어 (모)는 3인칭 복수만 아니라, 1인칭 복수의 의미로 (70인역, Juxta Hebraeos [제롬의 시편 역본]) 취해질 수 있기 때문이다 (시 44:11, 64:6, 80:7, 사 26:16, 44:7, 53:8, 욥 22:17; M. Dahood, *Psalms I*, 173). 이렇게 읽으면, 전반절의 동사에도 이것이 기능을 발휘하는 것으로 보아 (double duty), 앞에서 제시된 대로 번역이 가능하다. 한편 "눈물의 빵" (레헴 디므아)은 눈물을 많이 흘리게 하여 그것이 음식이 되었다는 말인가? (NJB, REB; 눈물을 빵으로 먹이시다) 아니면, 밥을 먹을 때 눈물을 흘렸다는 것인가? 개연성 있는 설명은 금식하며 기도하며 흘린 눈물이 뺨을 타고 내려와 음료가 되고 음식이 되었다는 것이다 (시 42:3).

다량의 눈물을 마시게 하셨나이다 (밧타쉬케모 비드마옷 솰리쉬)— "다량의"라 번역된 말 (솰리쉬)은 "3분지 1의" (눈물)이지만, 70인역은 "(말로) 되어" (엔 메트로, by measure), 벌게잇은 "세 배의 (눈물)"(*in lacrimis*] *tripliciter*)이라 번역했다. 아마 한 에바의 3분지 1분량(7 리터)의 눈물이란 의미인가? 과장법이다 (대격 목적어가 동사의 동작 "방식" (manner)을 보다 정확하게 수식한다; GKC §118q Carl Brocklemann, *Hebraeische Syntax* §101).

6절: 우리 이웃에게 다툼거리가 되게 하시니 (테시메누 마돈 리쉬케네누)—몇 가지 근거에서 "다툼거리" (마돈)는 "(조소하여 머리를) 흔듦" (마노드)로 이해해야 한다 (KB³): 1) 후반절에서 "조롱하다" 동사 (라아그)와 병행된다; 2) 시리아어역 (페쉬타)은 이를 "조소"라 번역했다 (NRSV, REB); 3) 이 문장과 흡사한 시 44:14에서 "마돈" 대신 "조소" (헤르파)가 사용되고 있다.

우리 원수들이 서로 웃나이다 (베오예베누 일아구-라모)—오히려 "우리 원수들이 '우리를' 비웃나이다"라 해야 한다 (LXX, NIV, NJB, TNK, NAB, LSG, ELB). 사용된 인칭접미어 (모)는 앞에서 언급된 대로, 1인칭 복수로 취해질 수 있기 때문이다. 한편, 앞에서 지적했듯이, 6절의 미완료상 동사들은 여기 문맥에서 과거 시제로 번역되어야 한다.

7절: 만군의 하나님이여 (엘로힘 체바옷)—이 칭호는 여기 문맥에서 원수를 염두에 둔 군사적 칭호일 것이다.

우리를 돌이키시고 (하쉬베누)— 3절에서처럼 '회복'을 간구한다.

주의 얼굴빛을 비취사 우리로 구원을 얻게 하소서 (베하에르 파네카 베니바쉐아) 우리로 구원을 얻게 하소서 (베니바쉐아) —3절 주석 참조.

제3연 (8-11절): 구속사를 조망함

이 부분은 출애굽과 가나안 정복, 정착 생활 등을 알레고리화 시켜 애굽이란 묘판에서 포도나무를 옮겨 가나안 땅에 이식하는 것으로 묘사한다. 여기 제시된 사고와 절묘한 보충 관계를 이루는 시편이 시 44편이다.

8절: 주께서 한 포도나무를 애굽에서 가져다가 (게펜 밈미츠라임 탓시아)— 사 5:1-7, 호 10:1에서 이스라엘은 포도나무에 비유되었다. 포도나무는 이스라엘의 상징이었다. 사용된 동사의 기본 의미는 장막의 말뚝을 뽑아 이동한다는 것이다. 여기처럼 히필형에서는 (식물을 그 자리에서) "뿌리 채 뽑는다" (to uproot)는 말이다 ("가져오다"란 번역은 [KJV, NASB, NIV, NJB, RSV] 너무 밋밋하다). 애굽은 말하자면 이스라엘의 묘판(苗板)이었고, 이스라엘은 재배지였다. 그래서 하나님은 그 포도나무를 애굽에서 "뽑아" (TNK, ELB, LSG), 가나안에 옮겨 심으셨다.

열방을 쫓아내시고 이를 심으셨나이다 (테가레쉬 고임 밧티타에아)—시 78:55 참조. 가나안 족속들을 쫓아 내셨다. "쫓아내다" (가라쉬)란 말은 범죄한 아담과 하와를 동산에서 추방하시고

(창 3:24), 하갈과 이스마엘을 쫓아내라!(창 21:10)고 하는데서 보듯, 아주 강력한 의미를 갖는다. 그런데 이스라엘은 가나안 땅에 정착하였다. 정착은 시내산 언약과 모압들 언약 체결 이후의 일로, 약속의 땅에서 하나님 중심의 사회를 일구어내야 할 목적으로 되어졌다.

9절: 그 앞서 준비하셨으므로 (핀니타 레파네하)—사용된 동사는 기본적으로 "(얼굴을) 돌리다"란 의미이지만, 여기서는 (피헬형) "깨끗하게 치우다," "개간하다"란 의미이다. 그렇지만 목적어가 없으므로, 함축된 것으로 이해한다. 여기 주어는 하나님이시므로, 마치 라반이 아브라함의 종을 영접하기 위해 방을 깨끗이 소제하고 정돈하듯 (창 24:31), 하나님은 이스라엘이 정착하도록 그에 앞서 가나안 땅을 말끔히 정리하셨다. 한편 여기에는 궁켈이 지적한대로 말 유희 (wordplay)가 감지된다 (핀니타 레파네하).

그 뿌리가 깊이 땅에 편만하며 (밧타쉬레쉬 솨라쉐하 밧테말레 아레츠)— 그 뿌리는 깊이 박히어 착근(着根) 하고, 나무나 가지는 땅을 가득 채웠다. 정복이후 사사 시대, 사울, 다윗 시대를 거치면서 그리 되었다.

10절: 그 그늘이 산들을 가리우고 (캇수 하림 칠라흐)— "산들이 그 그늘로 덮였다." 사용된 동사(카사)는 능동태에서 두 개의 목적어를 취하지만, 여기서처럼 수동태 (푸알형)에서는 하나의 목적어(그늘)를 취한다 (GKC §121d).

그 가지는 하나님의 백향목 같으며 (바아나페하 아르제-엘)— "높이 치솟은 백향목들은 그 포도나무 가지들로 (덮였다)." 여기서 "하나님" (엘)은 최상급적 의미를 더해주는 형용사이며, "백향목들"은 이스라엘 북편을 지시한다. 여기 표상은 포도나무(이스라엘)가 번성하여 북방(치솟은 백향목)까지 덮어 버렸다는 것이다.

11절: 그 가지가 바다까지 뻗고 (테솰라흐 케치레하 아드-얌)—가지들이나 넝쿨들이 아주 무성하였다 (창 49:22 참조). 다윗과 솔로몬 시대에 최전성기를 맞아, 그 경계가 유프라테스, 나일 시내까지 이르렀다 (왕상 4:21 "하수에서부터 블레셋 사람의 땅에 이르기까지와 애굽 지경에 미치기까지의 모든 나라를 다스리므로").

넝쿨이 강까지 미쳤거늘 (베엘-나하르 욘코테하) —구약 성경에서 "그 강"하면 보통 유프라테스강을 지시한다. 그리고 바다는 물론 지중해이다. 넝쿨 (요네케트)은 이제 나온 연한 순을 지시한다. 한편 전반절의 동사가 후반절에도 기능을 행한다 (double duty). 그런데 무성한 포도 열매가 세상을 가득 채우는 종말론적 비전은 사 27:6에서 아름답게 묘사되었다.

한편 10-11절에서 동.서.남.북이 각기 언급되고 있다: 시내산들 (남편), 높이 치솟은 백향목들 (북편), 지중해 바다 (서편), 유프라테스 강 (동편). 하나님의 약속대로 (창 12:2-3, 15:5, 18-20) 이스라엘은 이렇게 번창하게 되었다.

제4연 (12-15절): 구속사에 근거하여 현실의 재난을 탄식하고 간구함

여기서의 탄식과 간구는, 하나님 자신이 한 포도나무를 애굽에서 뽑아서 가나안에 심으셨고,

또 성장하여 사방에 편만하게 하셨다면, 어찌하여 이제 와서 자신이 한 그 일을 무(無)로 돌리는 파괴적 행위를 하시나이까? 하는 논조이다. 이런 논조는 하나님께서 이루신 이스라엘의 구속과 정착과 축복을 스스로 훼손하지 마시고 회복시키시라는 간구이다. 이런 구속사적 전망에서 올리는 기도가 범죄한 백성의 입에서 나올 때, 좀 뻔뻔스럽긴 해도, 설득력을 갖게 된다. 하나님은 이런 류의 간구에 우리를 위해 좀 설득 당하시는 분이시다. 인자가 풍성하시고, 은혜로우시기 때문이다 (출 34:6-7).

12절: 어찌하여 그 담을 헐으사 (람마 파라츠타 게데레하) — "어찌하여"는 문장 초두에 위치하여, 탄식의 슬픔을 표현한다. 여기서 "담" (가데르)은 여기 저기서 주워 모은 돌들로 역청을 바르지 않고, 엉성하게 쌓은 돌담이며, 상징적으로는 하나님의 보호하심과 그분의 임재를 지시한다. 여기서 담을 허신 것은 그분의 임재를 거두신 사실을 가리킨다 (신 11:12). 그렇게 하신 것은 언약의 상벌규정에 따른 처벌이다 (신 28:15-68).

길에 지나는 모든 자로 따게 하셨나이까? (베아루하 콜-오브레 다레크)— "따다" (아라) 동사는 여기 외에, 아 5:1에서 한 번 더 나타난다. 지나는 행인들은 돌담이나 가시 울타리가 없으면, 손에 잡히는 것을 쉽게 딸 것이다. 이방인들을 행인들이나 야수들로 비유한 것이 재미있다.

13절: 수풀의 돼지가 상해하며 (에카르세멘나 하지르 미야아르)—사용된 동사 (키르셈)는 네 개의 자음을 지닌 ("레쉬"가 첨가됨; 카삼) 동사로 여기서만 나타난다. 그 의미는 "먹어 치우다" (to eat away), "뜯어 먹다" (to crop)로 추정된다. "돼지" (하지르)는 "멧돼지"나 돼지 모두를 지시한다. 여기서는 물론 멧돼지이다. 돼지는 부정하여 먹을 수 없다고 금지되며 (레 11:7, 신 14:8), 경멸의 대상이다 (잠 11:22). 그런데 "수풀의 돼지" (하지르 미야아르)란 표현에서, 맛소라 본문에서 "수풀"이란 말(야아르)에 사용된 "아인"이 위로 올려져서 나타난다 (suspended Ayin [아인 틸루오트]). 미쉬나의 "나쉼"의 한 논문인 "키두쉰" (약혼, 결혼) 30a에 의하면, 이 표시는 이 글자가 시편의 한 중앙에 위치하기 때문이라 한다 (시 78:36이 시편의 한 중앙 구절이라면, 여기 "아인"은 시편 전체 글자들의 수자를 헤아릴 때 한 중앙의 글자에 해당된다; 그런데 "아인"은 눈을 암시해 주며, 이는 랍비들에 의하면 이스라엘을 살피시는 하나님의 "눈"을 지시한다).

들짐승들이 먹나이다 (베지즈 사다이 이르엔나)— "멧돼지"와 병행되는 이 들짐승의 실체가 무엇인지 확실치 않다 (시 50:11도 참조). 그렇지만, 사용된 동사 (라아, 풀을 뜯어먹다)에 비추어 볼 때, 곤충들인지 모른다. 여하간, 들짐승들이나 야수는 이방인을 상징한다 (시 68:30, 74:19, 89:10-11, 암 9:3, 단 7장 등).

14절: 구하옵나니 (나) —간청할 때 첨가한 겸양어이다 (we beseech Thee, NASB; we pray, NJB).

돌이키사 하늘에서 굽어보시고 이 포도나무를 권고하소서 (슈브-[나] 합베트 밋솨마임 우르에 우프코드 게펜 좃) —하나님 자신이 얼굴을 돌이키시어, "하늘에서 굽어보시고" (나바트) 이 포도나무를 권고하소서! "권고하다" (파카드)란 기본 의미가 "(선물을 가지고) 방문하다" (삿

15:1, 삼상 17:18)이지만, 여기서는 "돌보다"를 의미한다. 무자한 사래나 한나를 하나님은 "돌보셨다"(창 21:1, 삼상 2:21). 그 결과 저들은 자녀를 잉태할 수 있었다. 여기 포도나무는 하나님의 돌보심이 요청되는 상태에 있다. 위기는 하나님의 기적을 요청하는 것이다. 이 상황에서 돌보심은 비를 내리시고 (시 65:10), 다시 돌담을 둘러치시고, 김을 매 주시고(사 5:5-6) 하는 등의 일이다.

15절: 주의 오른손으로 심으신 줄기요/ 주를 위하여 힘있게 하신 가지니이다(베칸나 아쉐르-나테아 에미네카/ 베알-벤 임마츠타 라크)— "줄기"라 번역된 말 (칸나)은 몇 가지 해석이 있다. 1) 카난에서 유래한 명사 (켄, 혹은 칸나, 받침, 토대)(Juxta Hebraeos). 2) 아랍어 카난 (보호하다)과 연관되는 동사 (LXX [카타르티조], NJB). 우리는 70인역을 따르되, 이 부분을 14절 마지막 콜론과 함께 세 콜론을 가진 행으로 분석한다: "이 포도나무를 돌보소서!/ 당신의 오른손이 심으신 바를 보호하소서!/ 당신께서 자신을 위해 강하게 하신 아들을 (보호하소서!)." 그런데 후반부를 직역하자면, "당신께서 당신 자신을 위해 강하게 하신 아들 위에" (베알-벤 임마츠타 라크)이다. "아들"은 이스라엘의 상징이라는 해석도 있지만 (출 4:22, 호 11:1), 여기서는 이스라엘의 대표인 "왕"을 지시한다 (17절, 시 89:21, 삼하 7:14 참조). 탈굼은 여기서 "당신께서 자신을 위해 세우신 왕 메시아 위에"라 메시아 해석을 가했다.

제5연 (16-19절): 회복을 간구하고 헌신을 다짐함

8절에서 시작된 알레고리가 이 연에서는 점차 현실적 실체로 옮겨간다 (17절). 이 시인은 전체 이스라엘의 회복을 간구하지만 ("우리" 2, 3, 7절), 여기서는 특히 이스라엘의 대표인 "왕"을 위해 간구한다 (17절).

16절: 그것이 소화되고 작벌을 당하며 (세루파 바에쉬 케수하)— "소화되고"는 "불에 태워지고," "작벌을 당하며"란 표현에서 사용된 동사 (카사흐)는 "(덤불을) 자르다"란 의미이다. **주의 면책을 인하여 망하오니** (믹가아라트 파네카 요베두)—여기 부분에서 번역상의 차이가 나타난다. 그 이유는 16절행에 담긴 세 문장의 주어가 첫 두 문장에서 여성형 단수로 (그녀가 불타고, 그녀가 작벌 당한다), 마지막 문장에서 3인칭 남성 복수형으로 (그들이 망한다) 나타나기 때문이다. 1) 망하는 주체를 이스라엘로 보는 번역 (LXX, KJV, NIV, TNK, LSG, ELB); 2) 망하는 주체를 원수들로 보는 번역 ("당신 진노 [얼굴]의 꾸짖음을 인하여 저들이 망하게 하소서" RSV; "당신의 꾸짖는 찡그리신 얼굴이 그들을 망하게 하리이다" NJB). "얼굴" (파님)은 시 34:16, 전 8:1, 애 4:16 등에서 "진노"란 뉴앙스를 지닌다 (M. Dahood, *Psalms I*, 133). 여기서 시인은 포도나무를 불태우고, 자른 원수들에게 저주를 선포한다고 이해한다 (바로 앞 시편인 시 79편의 원수에 대한 저주도 참조).

17절: 주의 우편에 있는 자 곧 주를 위하여 힘 있게 하신 인자의 위에 주의 손을 얹으소서 (테히-야데카 알-이쉬 에미네카 알-벤-아담 임마츠타 라크)—시 110:1에서 보듯, "당신의 우편에 있는 자"

는 이스라엘의 "왕"을 지시한다. 이는 신약에서 예수 그리스도로 해석되었다 (마 26:64). "인자" (벤-아담)는 시에서 "사람" (이쉬)의 병행어로 자주 나타난다 (민 23:19, 욥 35:8, 시 49:3, 62:10, 잠 8:4, 사 52:14, 렘 32:19, 미 5:6). "힘있게 하신 인자"는 이스라엘의 왕을 지시한다 (시 89:21). 한편 "주의 손을 얹으소서"란 간구는 15절에서처럼 "보호"를 요청한다.

18절: 그러하면 우리가 주에게서 물러가지 아니 하오리니 (벨로-나소그 밈메카)— 여기서부터 시인은 서원(誓願)을 다짐한다. 주에게서 물러가지 않겠다는 것은 "신실하게 섬기리이다"란 말과 같다. 그런데 "물러가지"에서 사용된 수그 (to diverge 빗나가다 [칼형]; 물러가다 [니팔형]) 동사는 완료 3인칭 남성 단수형으로나, 아니면 미완료 1인칭 복수형으로 분석될 수 있다. 여기서는 후반절의 동사 (니크라)에 비추어, 후자로 취한다. 이 동사의 의미는 아랍어 대응어에서 "용의주도하게 걷다" (walk circumspectly)를 의미하지만, 여기서는 "빗나가다" 혹은 "불충하다" (be disloyal)란 의미이다 (시 53:4 참조).

우리를 소생케 하소서 우리가 주의 이름을 부르리이다 (테하에누 우브쉠카 니크라)—미완료상이지만, 간구형으로 이해한다. "소생시키다"란 꺼져가는 등불처럼 풍전등화(風前燈火)에 처한 조국을 회생(回生)시키시라는 간구이다. 서구식 표현으로는 여러 다른 표현들이 사용될 수 있다: revive us (NIV, LSG); give us life (NJB, RSV); preserve our life (TNK); quicken us (KJV, ELB). "우리가 주의 이름을 부르리이다"는 서원의 다짐이다. "주의 이름을 부르다"란 기도하고 찬양하는 예배를 의미한다 (창 4:26, 12:8, 13:4 등 참조).

19절: 만군의 하나님 여호와여 (야웨 엘로힘 체바욧)— 이 행은 3절과 동일하지만, 하나님의 호칭에서 약간 차이가 난다 ('만군,' '여호와'가 3절에는 없다). 그런데 여기 호칭에 대하여는 4절 주석 참조. LSG는 이 호칭을 "영원자, 군대들의 하나님이시여" (Éternel, Dieu des armées)라 번역하고 있다면, NIV는 "주 하나님 전능자시여" (O LORD God Almighty)라 번역했다. 전통적인 번역은 한역처럼 O LORD God of hosts이다. "여호와"란 명칭을 쓰기 삼가는 유대인의 전례를 따라 70인역이 "여호와"를 "주" (큐리오스)로 번역한 이래, 서구역들은 "여호와"를 대문자 LORD로 표기하고 있다.

우리가 구원을 얻으리이다 (베니바쉐아) —1절에서 "빛을 비추소서"라고 하였고, 3, 19절에서 "얼굴 빛을 비춰소서"라 간구하였다. 그 결과는 여기서 보듯, "우리가 구원을 얻도록" (that we may be saved)이다. 이것이 이 시편 기도의 지향점이었다. 얼굴 빛의 비추심은 그분의 나타나심과 연관되고, 그분의 나타나심은 원수에게는 심판이요, 경건한 자들에게는 구원이 된다.

시편의 적용

기도 (테필라, 4절)

기도는 성경에서 자주 자주 언급된다. 기도는 병자를 살리고 치료하며 (창 20:7, 17, 왕상 13:6,

왕하 20:5, 대하 32:24), 기도는 재앙을 떠나게 하고 (출 8:30, 민 11:2, 21:7, 신 9:20, 왕상 8:38), 문제를 해결하는 능력이며 (삼상 1:10, 12, 17, 26, 27), 기도를 아니 하는 것은 범죄 행위이며 (삼상 12:23), 말씀을 듣거나 읽을 기도할 마음이 생겨나며 (삼하 7:27), 영안을 열어주며 (왕하 6:17), 눈을 멀게 하기도 하고 (왕하 6:18), 하나님은 흉악한 죄인이라도 회개하고 기도하면 들어주시며 (대하 33:18, 19), 기도는 왕 앞에서 형통케되는 비결이며 (느 1:6), 기도하면 그분은 우리에게 은혜를 베풀어 주신다 (욥 33:26). 이방인들의 우상에 바치는 기도는 헛되다 (사 16:12). 소리 내어 부르짖어 기도하라는 명령도 있다 (렘 29:12). 다니엘은 금식하며 기도하고 간구하기로 결심하였다 (단 9:3). 그의 기도는 신비한 하나님의 작정에 대하여 응답을 받았다 (단 9:21). 요나는 물고기 뱃속에서도 기도하였다 (욘 2:1, 7). 그렇다면 우리는 왜 기도하지 않을 것인가?

포도나무 *(게펜)(8절)*

포도나무 재배는 북위 21-50도 지역에서 가능하다. 그럼에도 이 지역의 중앙 지역이 가장 적절하다. 이스라엘은 북위 29-33도에 해당된다. 가나안은 이스라엘이 정착하기 이전부터 포도가 유명했다 (민 13:23, 신 6:11, 28:29). 헤브론을 중심으로 유다 산지는 포도재배의 적지였다 (창 49:11). 제2 성전의 입구에는 거대한 금으로 만든 포도송이들이 장식되어 있었다 한다. 마카비 시대에 주화에는 포도나무가 새겨져 있었다. 헤브론에서 재배된 포도송이들 중에서 6-7 파운드 (3 킬로) 짜리가 흔하고, 10-12 파운드 (4.5-5.4 킬로) 짜리도 있다 한다. 어떤 사람은 한 송이가 0.9 미터에 이르는 것도 보았고, 포도나무 직경이 1.5 피트 (0.45 미터), 높이가 30 피트 (9 미터)에 이르는 것도 보았다 한다.

포도 수확기는 9월부터 시작되며, 사람들은 포도원 원두막에서 기거하며 포도를 거두었다. 포도 수확은 기쁨과 환희의 기간으로 기쁨으로 소리치며 거두었다 (렘 25:30). 최상품 포도는 건포도용으로 말리고, 나머지는 포도즙 틀에 넣고 발로 밟아 즙을 내어, 끓여서 시럽으로 만들어 보관한다. 포도원은 대개 언덕에 위치하며 (사 5:1, 렘 31:5, 암 9:13), 여우, 시랑, 멧돼지 같은 야수들을 막고자 돌담을 쌓거나 가시 울타리를 둘렀다 (민 22:24, 시 80:13, 아 2:15, 느 4:3, 겔 13:4, 5). 포도원 안에는 한 두 개의 돌 망대를 세워, 포도원 지기가 거주했다 (사 1:8, 5:2, 마 21:33). 포도즙 틀은 큰 바위를 움푹 쪼아서 만든다 (사 5:2, 마 21:33).

선지자 이사야는 포도나무를 이스라엘의 상징으로 묘사했고 (사 5:1-7), 여기 시인도 그렇게 말하고 있다. 성경에서 이스라엘을 포도나무에 비유한 것은 잎사귀들이 물론 우리네 쌈과 같은 구실을 하고, 땔감이 마땅치 않은 근동에서 포도나무도 나무로 사용하겠지만 (요 15:3, 4), 무엇보다 포도 열매를 맺어야 한다는 사실 때문이다. 이스라엘은 극상품 포도 열매를 맺어야 했다. 그것은 의로운 사회, 진리가 충만한 사회를 의미하며, 동시에 진리를 증거하는 선교적 비전이 충일한 나라를 말한다. 그렇지만 이스라엘은 이 점에서 완전히 실패하였다. 오늘날 새 이스라엘 된 교회를 향하여 주님은 다시 구약의 표상을 빌어서 열매를 맺을 것을 요청하신다 (요 15:1-16). 가지된 성도마다 나무에 잘 붙어서 진액을 바다 열매를 맺을 것이다.

시 81편 네 입을 넓게 열라

I. 시편에서의 위치, 시의 유형과 삶의 자리

앞의 시가 구속사(救贖史)를 조망하며 하나님께서 행하신 일을 강조하면서, 현재의 국난에 하나님의 도우심을 간구하였다면 (시 77편도 참조), 본 시는 구속사를 조망하면서 하나님께서 베푸신 구원과 율례를 강조하고, 출애굽 세대 백성의 불순종을 지적하면서(11절) 오늘을 사는 백성이 그분의 말씀에 순종할 것을 권고하는 설교체 시이다 (시 50, 95편도 참조). 두 시는 모두 아삽의 시이지만, 이렇게 강조점이 약간 다르다. 또 다른 아삽의 시들과 비교하자면, 출애굽 세대 백성의 불신앙을 지적하고 정죄하는 시 77편이나, 설교체로 말씀하는 시 50편, 시 95편과도 일맥상통한다. 정확하지는 않지만, 비유하자면 본 시편은 선지자의 시각이라면, 앞의 시편은 평신도의 시각이라고나 할까?

여기 시에서 나타나는 설교는 신명기의 문체와 흡사하다. 그래서 브릭같은 비평가는 이 시가 신명기나 예레미야에 의존하고 있어, 페르시아 시대 후기나 헬라시대 초기에 작사되었을 것이라 저작 연대를 낮추어 잡는다 (Briggs, *Psalms II*, 210). 이는 오경의 문서설을 견지하는 비평적 입장이다. 모세의 설교인 신명기는 이런 비평적 입장과 달리, 가나안 땅에 정착한 이스라엘의 사회적, 신앙적 토대로서, 전선지서 (여호수아, 사사기, 사무엘, 열왕기서) 역사 서술에서의 판단이나 후선지서 (이사야, 예레미야, 에스겔, 소 선지서) 예언 선포의 근거가 되었다. 이스라엘의 후대 역사가들이나, 선지자들 혹은 시인들은 특히 모세가 신명기에서 발한 가나안 정착 이후에 일어날 이스라엘의 배교(背敎) 예언이 (신 32장 모세의 노래 참조) 얼마나 정확했나를 절감하며, 자기 당대에 진행되고 있던 자기 백성의 배교 행위들을 기소하고, 당대 백성들에게 하나님께 대한 헌신과 충성을 요청하였다. 그렇지만 비평가들은 모세의 예언을 믿지 아니하고 추방에 관한 예언이 나오므로 추방 이후에 예언을 가장(假裝)하여 기록된 글이라는 억측을 한다.

그런데 이 시편은 아마 이스라엘의 초막 절기 (혹은 유월절) 예배용으로 작사되었는지 모른다. 3절에서 "나팔"을 부는 것이 언급되었고, 16절에서 최상급 음식이 언급되고 있는 점 등은 가을철의 초막 절기를 암시해 준다. 그리고 초막 절기에는 (매 7년 마다 이지만) 언약의 갱신 의식도 거행했다 (신 31:10). 순종하기를 권면하는 이 시편의 설교 (5-16절)는 언약 갱신 예배 같은 그런 상황에 적절하다.

2. 시적 구조, 기교들 및 해석

유대인들의 전승에 의하면, 이 시는 초막절 절기용 시편이다. 그렇지만 델리취는 다음과 같은 세 가지 이유에서 여기 시편은 초막절 보다는 유월절과 연관된 것이라고 주장한다.

1) 만약 이것이 초막절을 위한 시라면 7월 1일 나팔절과 15일의 초막절 사이인 10일에 대 속죄일이 끼어 있어, 온전히 1일부터 15일까지 즐거운 분위기를 견지하기는 어렵다.

2) 이스라엘의 구속은 수장절로 불리면서 모든 절기를 마무리 짓고 추수의 기쁨을 강조하는 초막절보다는, 유월절과 더욱 긴밀하게 연관된다. 물론 초막절이 광야 여정을 기념하고, 유월절 역시 농사와 연관되는 측면이 없는 것도 아니지만.

3) 5b에서 유월절에 대한 암시가 언급된다.

이런 델리취의 주장에도 불구하고, 유대인들의 전통대로 초막절과 이 시가 연관된다고 이해한다. 우리는 이 시를 사고의 흐름을 따라 다음과 같이 연구분 하고자 한다.

제1 연 (1-5 상반절): 초막절 절기 묘사
제2 연 (5 하반절-7절): 역사 서언 (하나님께서 베푸신 은혜)
제3 연 (8-11절): 언약 조항과 거기에 근거한 기소와 권면
제4 연 (12-16절): 상벌 규정 (순종할 때의 축복이 언급됨)

이러한 연 구분은 이 시가 언약에 근거하여 심판 메시지를 선포했던 선지자들의 심판 메시지와 형식이 유사하다는 판단에 근거한 것이다. 이런 문학 구조 형식의 세부 사항에 대하여는 필자의 「예언자에게 물어라」 참조.

그런데 이런 우리의 독자적인 판단을 떠나, WBC 주석 시리즈 이 부분을 담당한 테잇의 (Marvin E. Tate) 연 구분을 들어본다면, 이 시는 1-5b절 (절기 준비의 명령) 부분과 5c-16절 (하나님의 메시지) 부분으로 이 대분 된다. 이 두 부분은 사용된 동사들의 문법 형태들에서도 차이를 보인다. 즉, 첫 부분에서는 명령법이 사용되었다면, 둘째 부분에서는 직설법으로 나타난다. 이런 차이들 때문에 브릭스 같은 비평가는 이 시는 서로 연관성이 없는 두 내용이 합성된 시라고 한다. 또 어떤 이는 이 두 부분이 하나의 시로 합성된 것은 "본문 전달의 장난들 중의 하나" (one of the vagaries of text transmission)이라 했다 (M. Buttenwieser, *Psalms*, 54). 그렇지만 모빙켈이 지시한대로, 이 시에 나오는 설교적 권고는 초막절에 언약을 갱신하는 예배 의식에서 선포된 설교일 것이다 (S. Mowinckel, *PIW*, I, 157-160 참조).

다시 테잇의 구조 분석을 들어 본다면, 5c-16절 부분은 다시 5c-10, 11-16절 부분으로 이 대분된다. 스툴밀러 (Stuhlmueller, *Psalms*, II, 38-39)는 6, 11-16절 (16b를 제하면 3인칭으로 이스라엘에게 말씀하다), 7-11절 (나-너의 대화 형식) 부분으로 이 대분한다. 이런 순전히 문법적 어형에 근거한 구조 분석은 사고의 흐름에 근거한 분석과 보충 관계에 있다. 그래서 이런 분석도 염두에 두면서도 사고의 흐름에도 주의해야 한다. 그렇게 한다면 우리의 분석이 훨씬 근거가 확실하다

는 것이 분명하다.

제1연 (1-5 상반절): 초막절 절기 묘사

유대인들의 전통에 의하면, 이 시편은 초막절 절기에 사용되었다. 1-3절은 델리취가 지시한대로, 1절은 온 회중에게 (스 3:11), 2절은 악기를 연주했던 레위인들에게 (대하 5:12), 3절은 나팔을 불었던 제사장들에게 (대하 5:12) 주어진 명령이라 할 것이다. 그런데 1-4절에 묘사된 초막절 의식은 5절 상반절에 의하면 하나님께서 출애굽하실 때 세우신 규례이다. 그리고 5 하반절부터 7절까지 하나님께서 이스라엘에 베푸신 은총을 기술한다. 이런 점에 비추어 본다면, 1-7절을 하나의 사고 단위 곧 하나님이 베푸신 은총을 노래한다고 이해할 수 있다. 한편 1절의 문학 형식은 명령형이지만, 그 사고를 본다면, 하나님을 초점으로 한다. 즉, 언약서 첫 부분에서 언약을 주시는 종주 대왕의 자기 확인에 해당된다. 이는 종주권 조약의 "전문"에 상응한다.

1절: 우리 능력 되신 하나님께 높이 노래하며 (하르니누 렐로힘 웃제누)—다훗은 "우리 능력되신 하나님" (엘로힘 웃제누 God our strength) 대신에 "우리의 요새의 하나님" (엘로헤-m 웃제누 God of our fortress)으로 읽기를 원한다 (Psalms II, 263). 즉, 하나님에 붙은 멤을 전접어로 본 것이다. 이렇게 하면, 후반절의 "야곱의 하나님"과 짝이 잘 어울릴 것이다. 여기서 "능력" (혹은 "요새")은 시 78:61에서처럼, "언약궤"를 지시할 수도 있다. 왜냐하면 이 문맥은 초막절 절기를 다루기 때문이다. 한편 "높이 노래하며"는 하나님께 즐거운 소리를 외치라! 는 것이다. 이 말은 레 9:24에서 제사가 처음 시작될 때 하나님께로부터 임한 불이 번제물과 기름을 사를 때, 백성들이 보고 (놀람과 즐거움이 어우러진 소리를) "소리 지르며" 엎드렸다는 진술에서 처음 나타나는 데서 보듯, 절기시에 울려 퍼졌을 외침이 암시된다.

야곱의 하나님께 즐거이 노래할지어다 (하리우 렐로헤 야아콥)—이 말은 전쟁시에 고성을 지르며 기 싸움을 하듯, 하나님께 힘을 다해 즐거운 마음으로 외치라는 것이다.

2절: 시를 읊으며 소고를 치고 (세우-지므라 우테누 -토프) — 직역하면 "음악 소리를 높여라." 이어 진술될 바들에 비추어 볼 때, "음악을 연주하라"는 의미인지 모른다. "소고"는 손에 잡고 손으로 친 것으로 홍해변에서 미리암과 여인들이 사용했던 것으로 처음 언급된다 (출 15:20). 보통 '탬버린'으로 번역된다. 사용된 동사는 원래 "주다"이지만, 여기서는 악기를 '치다'를 의미한다.

아름다운 수금에 비파를 아우를지어다 (킨노르 나임 임-나벨)—수금 (lyre)은 줄이 최소 세 개에서 많게는 12개까지 달린 현악기였다. 제2 성전에서는 아홉 개의 수금을 사용했지만, 때에 따라서는 수가 늘어날 수도 있었다. 어떤 이는 수금의 히브리어 (킨노르)가 페르시아-아랍어 "쿤나르" (lute)에서 유래한 양 말하지만, 주전 14세기 경의 우가릿 문헌에서도 knr란 단어가 나타난다 (M. Dahood, Psalms I, 297 참조). 마지막으로 "비파" (70인역은 살테리온)도 역시 현악기이며, 요세푸스의 고대기 (VII.xii.3)는 줄이 '열둘'이라 언급한다. 이는 보통 "하프" (harp)로 번역된다. 이렇게 여러 악기들이 절기 시에 사용된 것은 절기의 즐거운 흥분을 느끼게 해 주었을 것이다.

3절: 월삭과 월망과 우리의 절일에 나팔을 불지어다 (티크우 바호데쉬 쇼파르 박케세 레욤 학게누)— "월삭에 나팔을 불라/ 우리 절기를 위해 월망에 (나팔을 불라)[Blow the horn on the new moon, on the full moon for our feast day, TNK]." 세 다른 절기가 아니라, 두 다른 절기를 언급한다. '월삭'이란 초승달이 새롭게 나타나는 시점이라면, '월망'이란 "보름달"이란 의미이다. 여기서 절기의 월망은 (잠 7:20, 욥 26:9) 유월절 (니산월 14-21일)이나 초막절 (티스리월 15-22일)을 지시한다. 두 절기는 보름달을 기준으로 시작되었기 때문이다. 반면 칠칠절 (오순절)은 유월절 안식일 다음날부터 계산하여 50일 되는 날이므로 월망과 상관이 없다. 그런데 이 월삭은 오늘날 과학적인 고찰로 측정되는 그런 음력 1일이 아니라, 백안(白眼)의 관찰에 의존했던 고대인들에게는 현대 날자보다 1-2일 정도 늦었다. 그러니까 태양과 지구와 달이 일직선이 되는 시점을 현대 천문학적 용어로 삭 (conjunction, 合, 삭朔 =초하루)라 부르는데, 이 삭(朔)이 있은 후 2일째 되면 잠깐 달이 보이게 되며, 바로 이렇게 육안에 보인 달이 고대인들에게는 월삭 (음력 매달 초하루)에 해당된다. 보름달은 삭(朔)에서 계산하면 평균 14일 18시간 22분이 걸리므로, 현대 음력의 보름달인 15일은 고대인들의 삭(朔)에서 계산하면 13-14일 밖에 되지 않는다. 보름달은 현대인에게나 육안으로 고찰하던 고대인에게 같이 나타나기 때문이다.

```
현대음력 1——2————15
고대음력    1————14
     현대 삭(朔) 고대 삭(朔)    현대(=고대) 보름달
```

"우리의 절일에" (레욤 학게누)에서 "절일" (하그)이란 절기, 축제를 의미하며, 고대 이스라엘에서 중앙 성소에 성년 남자들이 매년 세 번 순례 길을 가서 참여해야 했던 3대 절기는 유월절, 오순절, 초막절 절기였다. 한편, "나팔을 불지어다"에서 "나팔" (쇼파르)은 짐승의 뿔로 된 굽은 나팔로, 희년이나 (레 25:9), 전쟁시 혹은 파수꾼들이 (렘 4:5, 6:1, 겔 33:6) 부는 것으로 천둥치듯 아주 폭발하는 듯한 소리를 내었다(사 58:1, 출 19:16, 19). 또한 이 나팔은 광야에서 일반 달력에서 새해를 시작할 때 (나팔절; 욤 테루아, 민 29:1), 혹은 안식년의 시작을 알릴 때 불도록 지시되었다 (레 23:24).

4절: 이는 이스라엘의 율례요 야곱의 하나님의 규례로다다 (키 호크 레이스라엘 후 미쉬파트 렐로헤 야아콥)—왜 절기가 그처럼 준수되어야 하는가? 그것은 하나님께서 정하신 법이기 때문이다. 고대 근동에서 법령은 돌판이나 금속판에 새겨서 공중이 모이는 장소에 세워졌다 (함무라비 법전은 높이 2.4 미터, 너비 1.65 미터, 아래의 너비는 1.9 미터의 섬록암에 새겨졌다). 율례라 번역된 말이 바로 "새기다"란 말과 연관된다. 하나님은 자신이 구속한 이스라엘의 종주 대왕으

로서 저들을 위한 율례를 시내산에서 선포하셨다 (출 20-23장). 심지어 시내산 언약 체결 이전에도 백성에게 여러 가지 규례를 정해 주셨다 (예컨대, 유월절; 출 12장). 여기서 이스라엘은 하나님의 법을 받아 지켜야 할 자들로, 하나님은 그 법을 주신 법 제정자로 나타난다.

5절: 애굽 땅을 치러 나가시던 때에 (베체토 알-에레츠 미츠라임) – 여기서 초막 절기가 제정된 시기를 언급하고 있다. 그런데 한역(NJB, NIV 등)은 "전치사" (알) 때문에 "치러 나가다" (챠아 알)로 번역하였으나, 오히려 이 전치사는 때로 "-으로부터" (from)를 의미하기도 한다. 따라서 "애굽 땅에서 나아가실 때"라 번역해야한다 (TNK; 70인역 [에크 테스 아이귑투 애굽에서부터], 페쉬타, 제롬의 시편 [cum egrederetur Agypti 애굽에서 나오실 때] 등).

요셉의 족속 중에 이를 증거로 세우셨도다 (에두트 비호세프 사모)— "요셉" (예호세프)은 창 30:24의 탄생 시부터 언급되기 시작하여, 창세기 후반부에서 집중적으로 나타나고 출 1:5, 6, 8에서 다시 나타나고, 출 13:19에서는 "요셉의 뼈"들이 출애굽 시에 옮겨진 것으로 언급된다. 오경 여타 부분에서도 자주 언급되지만, 요셉의 후손들이란 표현에서 나타나고, 시편에서는 77:15, 78:67, 80:1, 81:6, 105:17 등에서 나타난다. 그런데 우리가 눈 여겨 볼 것은 요셉이 므낫세와 에브라임이란 자녀들(후손들)과 연관하여 시 78:67, 80:1에서 나타났지만, 시 77:15이나 여기 시 81:6에서는 애굽에 체류하던 이스라엘을 대표하여 지칭하는 말로 나타난다는 사실이다. 특히 시 77:15에서는 야곱과 요셉이 이스라엘을 지칭하는 것으로 나타난다. 애굽에서 야곱의 후손들이 있었지만, 그 중에서도 요셉의 역할이 지대한 것을 반영했다고 할 것이다. 그런데 "증거로 세우다"에서, 하나님의 법을 "증거"라 부른 것은 그것이 하나님의 신실성과 백성의 패역을 계속적으로 증거해 주기 때문인가? 이는 법정 용어이다.

제2연 (5b-7절): 하나님의 베푸신 은혜

이는 언약 형식에 비추어 본다면 "역사 서언" 부분에 해당된다. 여기서는 종주 대왕이신 하나님께서 봉신 이스라엘에 베푸신 은혜로운 일들이 제시된다. 그런데 앞에서도 언급했지만, 사고 상으로 본다면, 1연이나 2연은 모두 하나님이 베푸신 은혜로운 처사를 다룬다는 점에서 사실상 하나의 사고 단위를 구성한다.

5 하반절: 거기서 내가 알지 못하던 말씀을 들었나니 (세파트 로-야다티 아쉬마아)— "거기서"란 원문에 없다. "말씀"이라 번역된 말 (세파트)은 "언어" 혹은 입술이란 의미이다. 그런데 이 진술이 무엇을 의미하는지는 논란이 많다. 1) 다훗은 "내가 알지 못하던" (로-야다티)를 관계 대명사가 생략된 관계절로 이해하여 "내가 알지 못하던 자" (곧, 이스라엘)로 취한다. 의미는 구속하기 전, 애굽에 있던 이스라엘을 지칭하는 표현이라 한다. 2) 하나님은 애굽에 있던 이스라엘에게는 미지의 신이었다 (출 6:2-3). 물론 저들도 조상의 하나님으로 알긴 했지만, 실제로 그분을 체험한 것은 출애굽 사건들을 통해서였다. 그래서 이스라엘은 알지 못하던 자의 말씀을 들었다고 여기서 진술된다. 우리는 후자를 취하기로 한다. 즉, 6절 이하에 제시된 말씀의 서론으로 이해한다.

6절: 이르시되 내가 그 어깨에서 짐을 벗기고 (하시로티 밋세벨 쉬크모)— "이르시되"는 원문에 없고, 의역이다. 하나님은 애굽에서 강제 노역에 시달리던 (출 1:11-14) 이스라엘의 두 어깨를 짓누르는 무거운 짐을 벗겨 주셨다. "그 어깨" (쉬크모)는 "저들의 어깨"이다. 그런데 "그 어깨에서 짐을 벗기고"란 표현은 직역하면, "내가 그의 어깨(위에 놓인) 짐을 제거했다"로 약간 어색하다. 그래서 여기 사용된 전치사 민을 동사 말미에 붙은 전접어-멤으로 처리한다 (M. Dahood, *Psalms II*, 265). 이렇게 하면, "그의 어깨에 (놓인) 짐을 제거하다"가 된다 (창 38:14, 삼상 17:39, 왕상 20:41 등에서 구문 참조).

그 손에서 광주리를 놓게 하였도다 (캅파브 밋두드 타아보르나)—전반절에 비추어 보건대, 이는 무거운 벽돌이나 흙을 나르던 그런 광주리이다 (출 1:14, 5:7-8). 이 문장을 직역하면 "그의 두 손이 광주리에서 떨어졌다 (pull away)." 즉, 무거운 광주리에서 자유를 얻었다. 그런데 사용된 동사는 미완료상으로(타아보르나) 전반절의 완료상(하시로티)과 같은 과거 시제를 지시한다 (앞 절의 에쉬마도 미완료상이지만 과거 사건을 지시). "그 손" (카파브)은 "그의 손들"이다.

7절: 네가 고난 중에 부르짖으매 (밧차라 카라타 바아할레체카)—출 2:23-25. 애굽에서 이스라엘은 아주 처참하게 압제받던 민족이었다. 그렇지만 이것도 하나님의 섭리 중에 일어났었다 (창 15:13). "내가 너를 건졌고"는 바브 미완료 연속법으로 과거를 표현했다. 구속 사건을 통해 하나님과 이스라엘은 이렇게 나와 너의 긴밀한 관계로 맺어진다.

뇌성의 은은한 곳에서 네게 응답하며 (베세테르 라암 에안카)— "천둥의 은신처에서" (시 18:11, 77:17-18 참조). 곧 천둥이 울리고, 구름이 덮인 시내산에서 (출 19:16, 20:18). "제삼일 아침에 우뢰와 번개와 빽빽한 구름이 산 위에 있고 나팔소리가 심히 크니 진중 모든 백성이 다 떨더라" (출 19:16). 그런데 "네게 응답하며"란 표현은 우뢰와 빽빽한 구름이 가득한 시내산에서 모세가 말씀하면, 하나님은 그에게 응답하셨던 (출 19:19) 정황을 지시한다.

므리바 물가에서 너를 시험하였도다 (에브한카 알-메 메리바) — "므리바" (분쟁)란 지명은 이스라엘이 하나님과 다투었으므로 붙여진 두 곳의 이름이다 (출 17:7, 민 20:13). "므리바 '물가에서'" (알-메 므리바)라는 표현은 민 27:14, 신 32:51, 33:8 등을 반영한다. 그리고 "시험하다"란 말은 제련 용어로 금속을 용광로에 넣어 불순물을 제거함같이 성도를 시련으로 단련함을 말한다. 그런데 두 므리바 물가에서 시험한 주체는 하나님이 아니라 이스라엘이다 (출 17:2, 7, 민 14:22, 신 6:16, 33:8, 시 95:8, 9 참조). 출 17:2은 진술하길, "백성이 모세와 다투어 (바야레브) 말하길, '우리에게 물을 주어 마시게 하라.' 모세가 저들에게 말하길, '어찌하여 너희가 나와 다투느냐? 어찌하여 너희가 야웨를 시험하느냐? (마-테낫순 에트-야웨) 라고 하였다" 한다. 또한 출 17:7에서 "그들이 여호와를 시험하여(알-낫소탐 에트-야웨) 이르기를 '여호와께서 우리 중에 계신가 아닌가' 하였음이더라" 고 했다. 여기서 "시험하다"란 이스라엘이 하나님을 신뢰치 못하고 의심하는 자세를 보인 것을 지시한다. 말하자면, 저들은 하나님의 인내심을 시험했던 것이다. 반면, 여기 시편에서 사용된 "시험하다"란 동사 (바한)는 광석을 제련하여 그 품질의 온전성을 시험하듯 (슥 13:9), 하나님께서 성도의 마음을 시험하는 것을 지시한다 (렘 12:3, 시 17:3, 잠 17:3). 두 동사는 의미상 서로 공통점이 있지만, 이렇게 차이도 있다. 그러므로 다훗이 광야 여정에서 시험한 주체는 이스라엘이므로, 여기 시편에서도 그렇게 보아야 한다고 "내가 너를 시험하였다" (엡한카)를 "내가 너희에 의해 시험을 받았다" (I was provoked) (엡바헤네카)로 읽을 이유는 없다. 이스라엘이 하나님을 시험한 것 같으나, 실상 하나님께서 저들의 믿음을 시험하신 것이었던 것이다. 그래서 신 8:16에서 말씀하길, "네 열조도 알지 못하던 만나를 광야에서 네게 먹이셨나니 이는 다 너를 낮추시며(안노트카) 너를 시험하사 (낫소테카) 마침내 네게 복을 주려 하심이었느니라" (신 8:16)고 하신다.

제3 연 (8-11절): 언약 조항과 거기에 근거한 기소와 권면

이 부분은 언약서 형식에서 백성이 지켜야 할 언약 조항 부분에 해당된다. 언약 조항 부분은 헌법적 조항 부분과 법률적 조항 부분들로 구성되었다. 이 언약 조항들에 근거하여 선지자들은 이스라엘의 범법 행위를 기소한다.

8절: 내 백성이여 들으라 (쉐마아 암미)— 이는 다음 말씀과 연관되어 번역되어야 한다: "내가 네게 경고를 발할 것이니 내 백성이여 (내 소리를) 들으라!" (Hear, O my people, while I admonish you, NRSV; 11절 참조).

내가 네게 증거하리라 (베아이다 바크) —이는 시 50:7, 신 8:19에서 처럼, 이스라엘을 치는 경고를 발한다는 의미이다 (창 43:3, 출 19:21, 23, 21:29, 신 4:26, 30:19, 32:46, 삼상 8:9, 왕하 17:13, 15, 느 9:29, 30, 34, 13:21, 렘 11:7, 42:19, 슥 3:6 등 참조). 이 경고를 따라 행치 아니하면, 이스라엘은 망할 것이다. 그런데 이 경고는 9절에서 나타나듯, 시내산에서 언약선포를 가리킨다. 언약 조항을 준수할 때에는 축복과 생명이지만, 그것을 범할 경우에는 위협(저주)과 사망이 심판으로 임할 것이었다. 그런데 긍정적으로 언약을 지시하지 않고, 경고를 발한다고 표현함은 백성의 패역성을 염두에 두었기 때문이다 (11절 이하).

이스라엘이여 내게 듣기를 원하노라 (이스라엘 임-티쉬마아-리) — 하나님의 바램이 표현되고 있다. 여기서는 실현 가능한 가정을 미완료로 제시하고 있다. 그리고 이스라엘을 2인칭 남성 단수형(네가 나에게 청종하길 원하노라)으로 제시하여, 개개인이 모두 청종하길 기대하심을 표현하고 있다.

9절: 너희 중에 다른 신을 두지 말라 (로-이흐예 베카 엘 자르)— 십계명의 제1 계명 (출 20:3)과 비교하면 약간 차이를 보인다 (로 이흐예-레카 엘로힘 아헤림 알-파나이: 내 면전에 다른 신들을 너는 갖지 말라. 고대 종주권 조약과 시내산 언약을 비교하면, 출 20:1-2이 각기 전문 (preamble)과 역사 서언 (historical prologue)에 해당되고, 출 20:3-17, 21-23장이 언약 조항 (stipulations)에, 레 26장이 상벌 규정 (sanctions)에 해당된다. 여기 다른 신을 두지 말라는 것은 모든 언약 조항의 토대요 핵심이다. 그래서 9절의 명령은 사실상 모든 언약 조항들의 대표로 여기 제시되고 있다.

그리고 이 우상 숭배 금지 조항은 신 6:5의 말씀의 다른 표현이다: 너는 마음을 다하고 성품을 다하고 힘을 다하여 네 하나님 여호와를 사랑하라! 이것이 모든 율법의 요약이요 목표이다.

이방신에게 절하지 말지어다 (*벨로 티쉬타하베 레엘 네카르*) —여기 전, 후반절의 관계만 살핀다면, 이는 전반절 사고의 병행이지만, 십계명과 비교해 보면, 이는 제2 계명의 요약이다 (출 20:5). 제1 계명을 하나님의 권위 존중에 대한 요청이라면, 2계명은 그분의 품위를 존중하라는 명령으로 볼 수 있다.

10절: 나는 너를 애굽 땅에서 인도하여 낸 여호와 네 하나님이니 (*아노키 야웨 엘로헤카 함마알카 메에레츠 미츠라임*)— 이는 출 20:2에 해당되며, 고대 근동의 종주권 조약에서 종주(宗主)가 봉신(封臣)에게 베푼 은혜를 상기시키는 "역사 서언"에 해당된다. 하나님께서 애굽에서 이스라엘을 인도하셨으므로, 저들에게 종주로서 언약을 선포하시는 것이다. "나는 여호와 네 하나님이라" (*아노키 야웨 엘로헤카*)란 표현은 "나 여호와는 네 하나님이라"로 이해할 수도 있다. 그렇지만 창 28:13, 출 6:7 등에서 처럼 하나님을 잘 알지 못하는 이들에게 자신을 소개하실 때 하나님은 "나는 야웨, 네 조상의 하나님"이라 말씀하실 수 있다.

네 입을 넓게 열라 (*하르헤브 피카*) — "입을 넓게 열다"란 표현은 시 35:21, 사 57:4 등에서 조소하는 모양이지만, 여기서는 하나님의 큰일을 기대하고, 믿음으로 구하라는 뉘앙스를 갖는다 (시 37:4, 119:131). 이 말씀은 하나님의 은혜를 사모하며 그에게서 큰일을 기대하라는 요청이다. 요컨대, '믿기만 하라!'는 명령이다. 출애굽한 이스라엘 백성의 견지에서 이 부분을 본다면, 이 하나님의 요청은 "이제 주어질 가나안 정복을 믿음의 눈으로 보고 하나님께서 주신 그 땅을 믿음으로 취할지어다!"라고 말함과 같다. 그러나 백성은 믿지 아니함으로 (10 정탐꾼의 부정적 보고 때문에) 결국 버림을 받고 말았다.

내가 채우리라 하였으나 (*바아말레후*)— NJB는 이 부분에서 아주 적절하게 의역하고 있다: '네가 입을 열기만 하면, 내가 채울 것이니라!' (you have only to open your mouth for me to fill it). 얼마나 안타까운 하나님의 음성이냐? '입을 열기만 해라, 내가 (좋은 음식으로) 채운다.' 그런데도 이스라엘은 입을 열기 거절하였다. 사모하는 영혼을 하나님은 만족시키신다 (시 70:4, 107:9). 부르짖는 자에게 응답하신다. 찾는 자에게 주신다 (마 7:7, 눅 11:13). 하나님의 약속은 오직 구하고 매달리는 자들에게 성취된다. 이런 영적 진리를 아는 자들이 철야기도, 새벽기도, 산 기도를 할 것이다. 또한 그런 자들이 그 시대의 영적 지도자들이 된다.

11절: 내 백성이 내 소리를 듣지 아니하며 (*벨로-쇼마아 암미 레콜리*)—아! 이제 하나님의 실망이 표현된다. 하나님의 실망이 이만 저만이 아니다. 믿음이 있는 자와 없는 자는 하늘과 땅 차이만큼 그 생각과 그 삶의 결과가 다르게 나타난다. 그런데 "소리를 듣다" (*쇼마아 콜*)란 청각적인 작용만 아니라 마음의 순종도 포함한다.

이스라엘이 나를 원치 아니하였도다 (*베이스라엘 로-아바 리*) —전반절에 비추어 볼 때, 이는 이스라엘이 하나님께 청종하길 기꺼워 아니하였다는 것이다. 레 26:21에 의하면, 이스라엘이 하나님의 말씀에 청종하기를 기뻐하지 아니할 때, 그 결과는 저희 죄대로 칠 배나 재앙을 더하실 것이었다. 한편 현대 역본들은 "이스라엘은 나를 받아들이길 거절하였다"(Israel would have none of me, KJV, NJB, RSV)라고 구어적인 표현을 동원하고 있다.

제5 연 (12-16절): 상벌 규정

불순종할 때의 저주와 (12절) 순종할 때의 축복이 (13-16절) 언급된다. 앞 연에서 하나님의 요청과 이스라엘의 거역이 노래되었다면, 여기서는 불신앙하는 그런 이스라엘에 대한 하나님의 심판과 대응을 노래한다.

12절: 그러므로 내가 그 마음의 강퍅한 대로 버려두어 (바아솰레헤후 비쉬리룻 립밤)— "마음의 강퍅함"(쉐리루트 레브)은 하나님의 약속이나 행하신 일에 감동이 없고 움직임이 없는 무감각한 상태이다. 이것은 마음이 병든 상태를 나타낸다. 이 강퍅한 마음은 우상 숭배나 하나님의 보내신 종 선지자의 말씀을 거역하는 것과 연결 된다 (신 29:18, 렘 7:24, 9:13, 11:8, 13:10, 18:12, 23:17). 이러한 거역행위는 물론 이스라엘이 주체적으로 행하는 일이지만, 여기서는 하나님께서 처벌하시는 방식으로 나타난다.

그 임의대로 행케하였도다 (엘레쿠 베모아쵸테헴) — "저들의 계획들을 따라 저들이 행하도록" 하나님은 저들을 강퍅한 마음에 버려 두셨다. 이러한 유기(遺棄)는 선택과 반대되는 사고이다. 그러나 여기 문맥에서는 조직신학에서 말하는 예정과 연관된 "선택"(election)과 "유기"(reprobation)라는 측면에서의 유기가 아니다. 여기서 묘사되는 사람들은 신 4:37, 7:6-8, 10:15 등에 비추어 본다면, 이미 선택받은 백성이었다. 즉, 저들은 유기된 이방 백성이 아니었다. 그렇지만, 선택된 듯 보이는 백성이라도 오직 "남은 자만 구원을 받는다"는 진리는 얼마나 무서운가? (decretum horribile) 저들은 시내산에서 언약을 맺은 백성이었으나 광야에서 배반하고 결국 버림을 받았다. 저들의 열매로 보건대 저들은 진정으로 선택된 자들이 아니었다. 그런 의미에서 저들은 유기된 자들이었다.

13절: 내 백성이 나를 청종하며 (루 암미 쇼메아 리) —소원을 표현할 때는 불변사 "임"이나 여기서처럼 "루"를 동사 앞에 붙인다. 여기서 표현된 하나님의 소원은 과거 세대의 이스라엘이 순종 했더라면! 을 표현한다면, 동사의 완료상이 사용되었을 것이나, 여기서는 시인 당대의 사람들이 그렇게 하기를 바란다는 의미이다 (사용된 동사는 분사형). 이 시를 낭독하는 사람들 역시 광야 세대의 이스라엘이나 별로 차이가 없었다!

이스라엘이 내 도 행하기를 원하노라 (이스라엘 비드라카이 예할레쿠) — "도"는 여기서 복수형이다. 이는 하나님의 언약 조항들을 지시한다.

14절: 그리하면 내가 속히 저희 원수를 제어하며 (키므아트 오예베헴 아크니아)—13절이 조건절이라면, 여기서 그 귀결절이 제시된다. 만약 청종하기만 한다면, 이스라엘은 삶에서 신속한 승리를 보게 될 것이련만. 여기 약속된 원수를 굴복시키는 일(카니아)은 사사 시대에 이스라엘이 경험한 원수의 손에서 당한 굴욕과 대조된다 (대상 17:10). 이스라엘은 원수와 싸워서 이겨야 하지만, 그 승리는 이스라엘이 하나님께 순종할 때에 하나님께서 주시는 선물이다. 그런데 여기서 "속히"(키므아트)는 문장 초두에 위치하여 강조되고 있다. 13절의 조건절과 그 귀결절인 14절을 함께 여기서 번역해 본다면 "내 백성이 내게 순종하기만 한다면, 이스라엘이 내 길로 행하기만 한다면, [14절] 그 얼마나 신속하게 내가 그들의 대적을 복속시키고, (그 얼마나 신속하게) 내가 내 손을 돌려 그들의 대적을 칠 것인가!"

내 손을 돌려 저희 대적을 치리니 (베알 챠레헴 아쉬브 야디)— 이스라엘의 대적은 주변국들 (모압, 암몬, 에돔, 아람, 블레셋 등)이었다. 오늘날 성도들의 대적은 공중의 권세 잡은 악령의 세력이다. 우리가 하나님께 순종하면 대적은 하나님께서 제압해 주신다. 여기서 "돌려"란 말은 하나님께서 자기 백성을 징계하던 그 손을 원수를 향해 돌려 그들을 치시라는 뉘앙스이다.

15절: 여호와를 한하는 자는 저에게 복종하는 체 할지라도 (메산예 야웨 에카하슈 로)—야웨를 미워하는 자들 (원수)은 그분 앞에서 거짓으로 굽신거리며 알랑 거릴 것이다. (cringe).

저희 시대는 영원히 계속하리라 (비히 잇탐 레올람) —그렇지만, 원수의 운명 (their doom)은 영원한 파멸이다. 여기 사용된 "저희 때"(잇탐)는 사 13:22, 렘 27:7, 겔 7:7, 12, 21:30, 34, 22:3, 30:3, 35:5 등에서처럼, 심판의 때, 마지막 때, 곧 파멸의 때를 지시할 것이다. 15절은 14절 사고를 지속한다. 그러니까 13절 전제절에 걸리는 귀결절이다: 이스라엘이 내게 청종하기만 한다면, [15절] 여호와를 미워하는 자들은 (원치 않더라도) 그분에게 굽신거리게 될 것이지만, 그렇더라도 그들의 파멸은 영원히 지속될 것이다. 즉, 여기서의 사고는 이스라엘의 순종이 지속된다면, 그 대적의 파멸은 정해졌다는 것이다. 이스라엘이 두려워하는 그 대적들이, 이렇게 하나님의 손아래서 파멸되는 비결을 이스라엘은 알지어다!

16절: 내가 또 밀의 아름다운 것으로 저희에게 먹이며 (바야아킬레후 메헬레브 히타) — "그가 최상급 밀로 그들을 먹이시리라." BHS 편집자는 아무런 증거도 제시하지 않고, (후반절이 1인칭이므로) 전반절도 1인칭으로 읽으라고 제안한다. 그런데 70인역은 전. 후반절 모두 부정과거 3인칭 단수로 읽고 있다 ("그가 밀의 기름으로 그들을 먹이셨고, 반석의 꿀로 그들을 만족케 하셨다"; TNK: "그가 최상급 밀로 그들을 먹이셨고, 내가 반석의 꿀로 너를 먹였다"). 그렇지만 15절에서 하나님은 3인칭으로 언급되고 있으므로, 16절 전반절의 3인칭 묘사는 자연스럽고, 후반절에서 1인칭으로 교체됨도 그렇게 이상한 일은 아니다. 시제의 경우, 전반절이 바브 미완료 접속법으로 완료상이지만, 후반절은 미완료상이다. 이런 시제상의 불일치는 시에서 의도적으로 사용하고 있다 (시 77, 78편, 출 15장; 시 81:6, 7, 12 참조).

그런데 "밀의 아름다운 것"이란 "밀의 기름" 곧 "최상급 밀"을 지시한다. 기름이나 최상급 산물은 언제나 하나님 몫이다. 반면 하나님은 순종하는 자기 백성에게 최상급 품질로 공급하시길 원하신다 (빌 4:19).

반석에서 나오는 꿀로 너를 만족케 하리라 하셨도다 (우미츄르 데바쉬 아스비예카) — "내가 반석에서 나오는 꿀로 너를 만족케 하리라." 이는 전반절과 함께 신 32:13의 반영이다. 순종하는 성도는 반석의 꿀과 바위틈의 기름을 핥을 것이다. 반석의 꿀은 가나안의 지형적 특성을 고려치 않더라도, 바위 아래 달린 벌집의 벌꿀을 생각할 수 있다. 그런데 신 32:13에서는 "바위틈의 기름"까지 언급한다. 이는 무슨 의미일까? 필시 바위틈에서 자라는 감람나무 열매에서 나오는 기름을 암시하는 것이리라. 그런 좋지 않은 조건에서 자라는 감람나무마저 하나님의 축복이 임하면, 풍성한 열매를 산출하여 이스라엘이 다 먹고도 남을 것이다. 즉 하나님의 축복은 모든 악조건에도 풍성한 산물을 내게 하신다. 여하간 여기 시편에서도 그런 뉘앙스이다. 이스라엘이 순종만 한다면 저들이 어떤 악조건에 처해 있다 할지라도, 하나님은 가장 좋은 것으로 저들에게 공급하실 것이다.

16절 역시 13절의 전제절에 걸린다. 16절은 이렇게 하나님께서 순종하는 성도에게 주시는 약속이므로, 미래적 사실을 묘사한다. 다른 한편, 구조상 전. 후반절은 인칭 접미어 달린 동사 + 전치사구/ 전치사구 + 인칭 접미어 달린 동사의 교차 대구법적 병행법이다.

그런데 다훗은 (M. Dahood, *Psalms II*, 267) 쿠쳐 (E. Y. Kutscher, *Leshonenu* 32 [1967-68], 346)를 따라 "그가 언덕에서부터 밀을 그에게 먹이실 것이며/ 내가 산에서부터 꿀로 너에게 만족케 할 것이라"고 한다. 즉, 전통적인 번역 "[밀의] 아름다운 것" (메헬레브 [히타]) 대신 "언덕에서부터"라고 하고, 후반절에서 "반석에서" (밋츄르) 대신 "산에서부터"라고 이해한다. 유가릿어 hlb는 나무 덮인 언덕이며, 악카드어에서 halb/pu는 삼림을 지시한다. 또한 "반석"으로 번역되는 말 (츄르)도 바위투성이 언덕 혹은 "산"을 지시할 수 있다. 그렇지만 다훗의 이러한 번역은 견지될 수 없다. 왜냐하면 시 81:16b는 신 32:13을, 시 81:16a는 신 32:14을 반영하는 약속인데, 그곳에서는 오직 '반석'을 의미하는 단어 (셀라)와 꿀이 연관되어 나타나며, "최상급 밀"이란 항목이 "소의 젖기름과 양의 젖과 어린 양의 기름과 바산 소산의 수양과 염소와" "포도즙의 붉은 술"과 함께 하나님의 선물로 분명히 언급되기 때문이다. 여하간 하나님은 순종할 당대 성도들에게 이전 모압들 언약의 언어로 축복을 약속하고 계신다.

시편의 적용

월삭 (3절)

월삭 (호데쉬)은 고대 이스라엘인들이 안식일이나 기타 절기와 같이 준수했던 절기였다. 월삭에는 매일 드리는 상번제의 제물 외에, 수송아지 두 마리, 수양 한 마리, 일년 된 어린양 일곱 마리를 번제로 드리고, 그에 상응하는 소제와 전제를 바치며, 또한 새끼 염소를 한 마리 속죄제로 바쳤다. 또한 다른 즐거운 절기 때처럼 월삭 절기에도 특별 제사를 드리며 나팔을 불었다. 특히 성력으로 7월 1일은 새해의 시작으로 나팔을 불어 새해를 알리는 나팔절 (후에는 *로쉬 하샨나*)로 지켰다.

월삭을 지키기 위해서 예루살렘 당국자들은 매달 30일째 되는 날 저녁에, 사신(使臣)들을 성의 높은 곳에 배치하여 초승달이 나타나는 것을 관찰하도록 하였다. 달이 나타난 것을 포착한 사신은 즉각 그 사실을 당국에 보고하기 위해 비록 그 날이 안식일이라 할지라도 달려가야 했다 (미쉬나, 로쉬 하샨나 1:4). 사신은 예루살렘의 산헤드린 의장이 기다리는 곳에 이 정보를 전달하면, 사실을 확인한 의장이 "성별되었도다!" 라고 외침으로 공식적으로 월삭이 선포되었다. 그러면 감람산에서부터 시작하여 전국 산들에서 불로써 신호를 하였다. 한편 집에서 초승달을 포착한 이스라엘 사람들은 다음과 같은 축복 기도를 외쳤다: "달들을 새롭게 하시는 자, 송축받으소서! 그 말씀으로 하늘들을 창조하시고, 그 입 기운으로 하늘의 만상을 만드신 그분은 송축받으소서! 그분이 저들에게 법과 때를 정하셔서, 저들이 그 길을 넘어서지 못하게 하셨도다! 저들은 자기들의 창조주의 뜻을 이행하기에 즐거워하고 기뻐하는구나. 저들의 운행은 정확하다. 그분이 달에게 너는 새롭게 될지어다! 언젠가 달처럼 새롭게 될 (즉, 메시아 오실 때) 사람의 아름다운 면류관 (소망)이 될지어다! 그리고 그분의 영화로운 왕국을 인하여 자기들의 창조주를 찬양하라고 말씀하셨다. 달들을 새롭게 하시는 이여 송축을 받으소서! (산헤드린, 42a)."

이 기도를 제 때에 바로 낭송하는 자들은 쉐키나와 담화를 나누는 자인 양 간주되었다. 후에는 이 기도에 다음과 같은 말씀이 첨가되었다: "모든 이스라엘에게 좋은 징조, 좋은 행운이 있을지어다 (세 번 반복)! 당신의 창조주는 송축을 받으소서! 당신의 소유주는 송축을 받으소서! 당신을 만드신 자 송축을 받으소서! (세 번 반복). 내가 당신을 향하여 뛰지만 당신을 만질 수 없나이다. 그처럼, 내 원수들도 나를 해치 못하게 하소서 (세 번 뛰면서 낭송). 당신의 능하신 팔을 통해, 저들은 돌같이 고요하게 될지어다! 저들은 당신의 능하신 팔을 통해 돌같이 고요하게 될지어다! 두려움과 불안이 저들을 사로잡을 것이라. 아멘, 셀라, 할렐루야. 당신에게 평안, 평안, 평안이 있을지어다! (쇼페림 2:2)."

이 기도는 유대인의 예식서에서 "월삭을 거룩케 함" (sanctification of the New Moon, 키두쉬 레바나)이라 불린다. 만약 구름이 끼어 초승달을 볼 수 없을 경우에는 30일 그 다음날 아침에 월삭이 시작되는 것으로 정했다. 이 월삭은 오늘날 기독인들에게 어떤 의미가 있는 것인가? 오늘날에는 음력보다는 양력이 보편화되었고, 따라서 월삭은 별로 의미가 없다. 그것은 밤이 되면 빛이 없이 캄캄한 흑암에 빠져야 했던 고대인들에게 달이 비춘 그 소망의 빛줄기와 연관 된다 아니할 수 없다. 그렇다면 오늘날 우리는 문명의 발달로 달의 의미가 퇴색되긴 했지만, 달을 볼 때마다 이날까지 변함없이 우주가 창조질서를 따라 운행됨을 창조주 하나님께 감사해야 할 것이 아닌가?

므리바 물가에서 (7절)

우리의 과거를 돌이켜 볼 때, 하나님께 반역하고 그릇되이 행하였던 경우가 얼마인가? "므리바"라는 지명은 두고 두고 이스라엘의 반역행위를 상기시켜 준다. 우리의 반역은 이처럼 은닉될 수 없고, 낱낱이 정죄되고 말소(抹消)되어야 한다. 우리 삶에서 "므리바"는 어디이며, "가데스

바네아"는 어디인가? 우리는 하나님을 신뢰치 못하고 반역적인 자세를 견지하였으면서도 그 지명을 기억하지 못하고 있다.

세상에서 성도의 삶은 광야를 지나던 이스라엘의 삶과 흡사하다. 이스라엘은 하나님을 신뢰하고 그분께 기도하면서 은혜로 사는 법을 배워야했다. 만사가 하나님의 기적으로 되어지는 복된 삶이 가능했다. 그렇지만 현실은 저들의 불신앙의 연속이었다. 오늘날 신앙생활도 마찬가지이다. 영적으로 보면, 하나님의 기적과 섭리가 기도로 얼마든지 가능하다. 그렇지만 불신앙적인 행동과 삶은 계속된다. 얼마나 능력 있고 충만한 삶이 우리에게 주어질 수 있는가? 우리의 삶이 순전하고, 영적으로 충만하기만 하다면야 모든 삶에 하나님의 기적과 나타나심이 현저할 것이다. 문제는 하나님 없이도 살 수 있는 양 행동하는 우리 성도들의 삶의 양식이다. 이런 삶의 자세는 모조리 없어져야 한다.

여기서 한 가지 고려 할 것은 오경에서 므리바란 지명이 적어도 다른 두 장소를 지시하는 명칭으로 나타난다는 점이다 (출 17:7, 민 20:13, 24, 27:14, 신 32:51, 33:8, 시 81:7, 95:8, 106:32, 겔 48:28, 창 13:8). 한 곳은 시내산에 이르기 전, 곧 르비딤 지역이고, 다른 한 곳은 시내산을 출발하여 다투던 가데스 지역이었다. 비평가들은 이런 동일 지명에서의 유사한 사건들의 묘사는 결국 원래 한 곳에서 일어난 사건을 두 다른 문서가 달리 보도하는 것을 오경의 편집자가 그냥 편집해서 생겨난 결과로 본다. 출 17장은 J와 E 문서의 혼합 기사로 보고, 민 20:2-13의 기사는 E 문서라 한다. 또한 메추라기와 만나 사건을 묘사하는 출 16:13-35는 P 문서, 민 11:4-35의 기사는 E 문서라 한다. 또한 백성이 원망하는 출 16:1-12의 기사는 P 문서, 민 11:1-6의 기사는 E 문서라 한다. 이렇게 문서설에 의하여 문제가 해결될 수는 없는 일이다. 오히려, 시내산을 기점으로 우리가 유심히 살펴야 할 사항은 시내산 언약을 맺기 이전에는 하나님의 백성이 되고, 저들에게 율법이 주어진 시점을 기준으로 전과 후가 나누어지는데, 전에는 원망해도 처벌이 없었다. 그러나 후에는 반드시 하나님의 처벌이 나타났다. 사실 "므리바"란 말은 창 13:8에서 보듯 "다툼"이란 보통 명사로 번역될 수도 있다. 한 두 번 백성이 다투고 원망했을 것인가? 그러므로 "므리바"란 지명이 원망과 다툼의 사건에서 유래한 지명이라면 여럿 나타난다 하여 문서들의 차이로 볼 수 없고, 출애굽 여정에서 나타난 여러 번의 이스라엘의 불신앙을 보여주는 흔적들로 보아야 한다.

이방 신에게 절하지 말지어다 (벨로 티쉬타하베 레엘 네카르)(9절)

칼빈주의자들은 "하지 말라"는 명령을 중시하여, 여기서 제2 계명을 본다. 그렇지만 카톨릭이나 루터파는 이 부분을 2계명으로 따로 보지 않고 1계명의 설명으로 본다. 그리고 이들은 출 20:17을 상반절과 하반절로 나누어, 17 상반절 이웃집을 탐내지 말라를 제9 계명으로, 전반적인 탐욕을 금하는 17 하반절을 제10 계명으로 이해한다. 여하간 1, 2 계명을 하나로 보는 것도 일리가 있다.

하나님과 이스라엘 사이의 관계를 결혼 관계로 이해한다면, 다른 신을 갖지 말라는 1 계명은 다른 아내 (혹은 남편을) 갖지 말라는 말이나 같으며, 이는 다른 신에게 절하고 섬기는 일을 금하는 2 계명이, 다른 아내와 관계를 갖지 말라고 명하는 것과 같다. 즉, 다른 아내를 갖는다는 것은 곧 그 아내와 관계를 갖는다는 의미이지 않겠는가? 다시 말해, 다른 신을 갖지 말라는 것은 그것들을 경배하고 섬기지 말라는 말이나 다름없다는 것이다.

그렇지만 출 20:3 (다른 신을 갖지 말라)은 유일신론(monotheism) 선언으로 이해할 수 있다. 일부일처제가 정상이듯, 유일신론이 정상이지만 세상이 악하므로 얼마나 많은 이들이 다신론에 빠져서 이것도 좋고 저것도 좋다는 타협주의를 취하고 있는가? 그렇다면 1, 2 계명을 출 20:3, 4절 사이에서 구분하는 것도 상당히 중요한 의미가 있다.

그런데 칼빈주의자들은 2 계명에 근거하여 어떤 형상도 교회에 두어서는 안 된다고 본다. 반면 카톨릭은 성당 안에 마리아상을 세워놓고 그 앞에서 존숭의 자세를 취하고 기도를 드리기도 한다. 언젠가 여의도 성모병원 5층에 마련된 성당에서 카톨릭 신자들의 예배에 참석하여 관찰한 일이 있었다. 그 당시 느낀 바로는 카톨릭이 진실로 사람들을 하나님과 멀어지게 하는 우상 종교가 아닌가? 하는 염려였다. 실제로 우리나라 카톨릭의 최고 지도자나 카톨릭 교회 사람들은 어느 종교나 진실히 믿으면 모두 구원받는다는 타협적 노선을 견지한다.

그렇다면 루터나 칼빈의 종교개혁은 정말 필연적이었고, 하나님의 섭리 가운데 일어났었다고 아니 할 수 없다! 그런데 오늘날 우리들은 종교 개혁의 참된 후예들로 행동하고 있는가? 그 성경적인 순전성을 카톨릭과 결코 타협하려 해서는 안 된다.

신속한 통일의 길 (14절)

성도가 하나님께 전적으로 순종하면 신속하게 하나님은 성도의 대적을 굴복시키시리라고 약속하신다. 남과 북이 대치한 한반도에서 통일은 요원하다. 어느 일방이 상대방을 흡수 통일이나 무력 통일시키지 않는다면, 통일이란 절대 가능하지 않을 것이다. 이론상으로는 상호간의 존중에 의한 평화 통일 운운 하지만, 그것이 가능한 것은 아니다. 그렇다면 어떻게 신속하게 통일을 이룰 것인가? 그것은 하나님의 말씀대로 우리 성도들이 전심전력으로 하나님께 순종하여 그분을 정말로 기쁘시게 해드리는 일이다. 그러면 그분이 원수를 신속히 굴복시키시고 통일을 우리에게 안겨 주실 것이다. 이것이 가장 빠른 통일의 지름길이다.

시 82편 하나님이 신들의 무리 가운데 서시며

I. 시편에서의 위치, 시의 유형과 삶의 자리

표제는 아삽의 시로 소개하며, 앞의 시편에서처럼 이 시편에서도 하나님은 마치 선지자처럼 말씀하시는 것으로 소개된다. 이 시편과 아주 유사한 말씀은 사 3:13-15이다:

A 여호와께서 변론하러(라리브) 일어나시며(닛챠브)
백성들을 심판하려고(라딘) 서시도다 (오메드)
A´ [14] 여호와께서 그 백성의 장로들(지크네 암모)과 방백들(사라브)을 국문하시되 (베미쉬파트 야보)
C 포도원을 삼킨 자는 너희며
가난한 자에게서 탈취한 물건은 너희 집에 있도다
[15] 어찌하여 너희가 내 백성을 짓밟으며 가난한 자의 얼굴에 맷돌질하느뇨
A 주 만군의 여호와 내가 말하였느니라 (네움-아도나이 야웨 츠바오트)

A와 A´에서 하나님께서 재판장으로 재판을 시작할 그 하나님의 법정을 묘사한다. 그리고 C에서 기소문이 제시된다. A는 사신 도입문 (messenger formula) 처럼 이것이 하나님의 말씀임을 보증한다. 사 3:13-15 부분은 예언자들의 심판 메시지와 흡사하면서도 하늘의 법정의 장면을 소개한다는 점에서 약간 특이한 말씀이다. 시 82편도 하늘 법정의 모습을 비춰주며 (1절), 기소문 (2-5절), 심판 선고 (6-7절), 그리고 시인의 호소 (8절) 등으로 구성되었다.

이 시는 선지자들에게서 유래했을 것이다. 선지자는 하늘의 어전회의에 참여하는 자들로서 (왕상 22:19-23, 욥 1:6-12, 슥 1:7-17 등), 여호와의 비밀 (소드 야웨)을 듣는 자들이다 (암 3:7). 하나님은 선지자들을 통하여 말씀하신다.

전통적으로는 여기 언급된 "신들"이 출 21:6, 22:6-7, 8, 27:1, 삼상 2:25 등에 근거하여 재판관들을 지시한다고 이해한 반면, 근년에는 본 시편을 신들의 회의에 대한 묘사라 이해하는 경향이다. 6절에서 "너희는 신들이며 다 지존자의 아들들이라" 하고 7절에서 "너희는 사람 같이(케아담) 죽으며 방백의 하나 같이 엎더지리로다" 라고 하는 것으로 보건대, 여기 신들은 인간 (재판관들)이 아니라는 것이다. 이 시의 개념적 통일성의 견지에서 본다면, 이러한 설명이 타당할 것이다. 그렇다면 본 시에 제시된 사고는 신 32:8-9, 4:19-20, 단 10:13-21에 제시된 사고를 따라 파악할 수 있을 것이다.

지극히 높으신 자가 열국의 기업을 주실 때/ 인종을 분정하실 때에 //
"하나님의 아들들"의 수효대로 민족들의 경계를 정하셨도다
여호와의 분깃은 자기 백성이라/ 야곱은 그 택하신 기업이로다 //

"하나님의 아들들"이라 번역된 부분의 맛소라 본문은 "이스라엘의 자손" (베네 이스라엘)이지만, 70인역은 "하나님의 천사들" (앙겔론 테우)이다. 카일은 70인역이 후대 유대인의 사고, 곧 각 나라마다 수호천사들이 있다는 시락 17:17, 단 10:13, 20, 21, 12:1, 신 4:19 등에 근거하여 인위적으로 번역한 것일 뿐, 아무런 참고 가치가 없다고 배척한다. 그런데 아주 놀라운 일은 쿰란

에서 발견된 신명기 사본 (4QDeut^q)은 70인역과 유사하게 "하나님의 아들들"이라고 제시한다는 것이다. 쿰란에서 발굴된 사본들은 대개 맛소라 본문을 지지하지만, 신 32장의 경우에 4QDeut^{q}는 종종 70인역을 지지하고, 맛소라 사본이나 사마리아 오경과 일치하지 않는다. 70인역은 여기서 카일이 추정한대로 인위적으로 번역한 것이 아니라, 맛소라와 다른 히브리어 사본을 번역하고 있다고 추정된다. 그렇다면 맛소라 사본의 신 32:8은 비록 옛 랍비들의 "서기관 교정" (틱쿠네 쇼페림) 목록에는 올라있지 않지만, 신학적 이유에서 본문을 교정한 한 예가 될 것이다 (M. Fishbane, *Biblical Interpretation in Ancient Israel*, 69). 신 4:19-20도 고려중인 사고를 제시하고 있다.

> 또 두렵건대 네가 하늘을 향하여 눈을 들어 일월성신 하늘 위의 군중
> 곧 너희 하나님 여호와께서 천하 만민을 위하여 분정하신 것을 보고
> 미혹하여 그것에 경배하며 섬길까 하노라
> 여호와께서 너희를 택하시고 너희를 쇠 풀무 곧 애굽에서 인도하여 내사
> 자기 기업의 백성을 삼으신 것이 오늘과 같도다 (신 4:19-20)

여기서 핵심 사고는 이른바 신들이 각 나라 정부를 조종한다는 것이다 (겔 28:11-19도 참조). 물론 "신"은 천사를 지시하고, 여기 시편의 문맥에서 "신들"은 각 민족을 담당하는 천사들이다. 그런데, 시인은 두 가지 각도에서 이 세상 통치와 그에 대한 책임을 묘사하고 있다. 우선, 시인은 1절에서 (환상 중에 보았음직한) 천상의 재판정 광경을 보여주고, 2-5절에서는 각 민족 담당 천사들의 지도와 조종을 받는 지상 통치자들을 기소하고 있다. 다시 시인은 6-7절에서 천상 재판정의 심판 선고 장면을 제시하고, 8절에서는 세상을 하나님께서 의로 통치하시길 기도함으로 이 시를 마무리 짓고 있다.

유사한 이중(二重) 시각은 유사한 주제를 다루는 창 6장의 기사에서도 나타난다. "하나님의 아들들" (베네-하엘로힘) 곧 천사들이 "사람의 딸들"의 (베톳-하아담) 아름다움을 보고 원하는 여인을 아내로 삼아 자식들을 낳으니 그들은 "네피림"으로 고대에 유명한 용사들이었다. 4절에서 TNK가 이런 사고를 잘 전달하고 있다: "네피림이 그 즈음에 나타났는데, 곧 '신적 존재들'이 (divine beings) 사람들의 딸들과 결혼하여 (유 6-7절에서 천사들의 결혼 사실이 암시됨), 자손들을 낳았을 때였다. 그들이 고대의 영웅들이며, 유명한 자들이었다."

그런데 이런 천사들과 인간들의 결합으로 인하여 세상에 악이 창궐하게 되었다고 5-6절은 암시하고 있다. 왜냐하면 "하나님께서 사람의 죄악이 세상에 너무나 큼과 그 마음이 생각의 모든 계획이 항상 악할 뿐임을 보시고" (사역) 땅위에 사람 지으셨음을 한탄하셨다 (5-6절)고 하기 때문이다. 천사들과 인간의 결합이 사람들의 타락에 결정적 영향력을 미쳤다는 암시는 창 6:5-6절이 1-4절 내러티브의 중단 없는 연속으로 제시되고 있다는 점에서 분명하게 나타난다. 5, 6절 모

두에서 *Vayiqqtol* 구문이 나타나고 있기 때문이다. 다시 말하여, 텍스트-언어학적 견지에서 본문을 고찰하건대, 5절 이하의 사고는 1-4절 사고와 긴밀하게 연관되어 제시되고 있다. 그러므로 하나님의 아들들과 사람의 딸들 사이의 결혼과, 노아 당대 하나님의 심판을 무관하게 이해하는 John Sailhamer, *Pentateuch as Narrative*의 창 6장 분석은 완전히 헛발질이다. 유대인들 주석가들이 창 6장에 묘사된 인간의 타락이 천사들의 악한 영향 때문이라고 이해했던 점은 본문의 지지를 받을 수 있다.

그런데 정작 우리가 말하고 싶은 것은 이것이다. 곧, 천사들이 인간에게 악을 퍼뜨리고 악한 영향력을 행사하였음에도 (그렇게 해석하는 것이 합당하다면), 심판의 재앙은 인간에게 떨어진 것으로 묘사되고 있다는 것이다. 그래서 문제가 제기되길, 죄는 천사가 더 큼에도 왜 인간의 죄악만 심판을 받는 것으로 언급되는가?라고들 한다. 성경은 어떤 이유에서인지 천사들에 대한 심판은 언급치 아니하고 있다. 다만 신약에서 우리는 범죄한 천사들이 지옥에 감금되었다는 사실을 듣는다 (벧후 2:4, 유 1:6; 벧전 3:19-20도 참조). 여기 시편에서도 1절에서 천사들에 대한 심판 장면이 잠시 보여 지는가 싶더니 곧장 지상 통치자들에 대한 기소가 제시되고 (2-5절), 다시 천사들에 대한 심판 선고가 묘사된다 (6-7절).

우리는 하나님께서 각 나라들에 배정하신 천사들에 대하여 암시만 받을 뿐 그 구체적인 사항들에 대하여는 추정만 할 수 있을 뿐이므로, 그들에 대한 기소와 심판 선고가 어떻게 처리되는지에 대하여도 별로 아는 바가 없다. 신 29:29이 말씀하는 대로, "오묘한 일"은 (한니스타롯) 하나님께 속하고, "계시된 바"만 (한니글롯) 우리 인간에게 아는 것이 허락되었으므로 여기 시편이 제기하는 여러 질문들에 대하여 명쾌히 이것이다 말하기 어렵다.

2. 시적 구조, 기교들 및 해석

앞에서 제시된 대로, 내용에 따라 제1연 (1절) 법정 묘사, 제2연 기소 (2-5절), 제3연 심판 선고 (6-7절), 제4연 시인의 호소 (8절) 등으로 구분된다.

제1연 (1절) 법정 묘사

하늘 법정은 하나님의 어전회의(御前會議)가 열리는 곳이며, 우주 통치 백악관이다. 왕상 22:19 이하에 그 모습이 비춰지며, 계시록 4, 5장에서도 그 광경이 암시된다. 그런데 하나님께서 결정하실 때, 보다 밝은 신약 계시의 빛에 비추어 본다면 (마 18:18), 지상 성도들의 기도도 많이 참조 하신다 (계 8:3-5 참조).

1절: 하나님이 하나님의 회 가운데 서시며 (엘로힘 닛챠브 바아다트 엘)— 여기서 "하나님의 회"는 "신의 모임" (divine council), 곧 천상 회의 (the court of heaven)이다 (시 29:1-2, 77:13, 89:5-8, 95:3, 96:4, 97:7, 148:2 참조). 후반절에서 이는 "신들의 가운데" (한역, "재판장들 중에서")로 나타난다. 하나님은 친히 천상(天上)에서 회의를 주관하신다 (왕상 22:19-23). 여기 참석

자들은 천사들이다. 이들을 신이라 부르는 것은 인간과 구분하여 천상의 존재로 보기 때문이다. 그런데 하나님께서 "서신다"는 것은 사 3:13에 비추어 보건대, 이제 선고를 내리시고자 하는 모습이다. 드 보 (R. de Vaux)는 재판 절차에 대하여 언급하면서 (「구약시대의 생활풍속」이양구 역, 283) 재판관은 심리하는 동안에는 앉아 있다가, 판결을 선포할 때는 일어서서 말하였다고 한다 (사 3:13, 시 76:10). 그 동안 원고나 피고는 서서 듣는다 (사 50:8).

재판장들 중에서 판단하시되 (베케레브 엘로힘 이쉬포트) —"재판장들"이라 번역된 말은 "신들" (엘로힘)이다. 이들의 정체가 무엇인가에 대하여는 앞의 서론에서 언급한 대로 여러 가지 이견이 있다: 1) 이스라엘의 재판관들 (출 21:6, 22:6-7, 8, 27:1, 삼상 2:25; 탈굼); 2) 천사들 (왕상 22:19-23, 욥 1:6-12, 슥 1:7-17); 3) 율법을 받을 때의 이스라엘 백성 (출 32:7에 대한 미드라쉬 랍바).

그러나 "엘로힘"의 원래 의미대로, "신들" 곧 천사들로 이해한다. 그런데 마지막 견해에 의하면, 만약 이스라엘이 시내산에서 율법을 받고 그대로 준수했더라면 죽지 않았을 것이라 한다 (아보다 자라 5,1). 다시 말해, 율법을 받고 금송아지로 우상을 만들어 섬기는 죄를 범치 아니했더라면 (출 32장), 저들은 천사처럼 아이들을 낳지 않는 신적 존재가 되었으리라 한다. 이런 식의 이해는 아주 우스꽝스러운 유대민족의 자아상이라고나 할지. 에덴동산에서 범죄한 인간에게 내려진 사망 선고를 저들은 율법 준수로 극복할 수 있었다고 보았던가? 저들은 "선을 행하고 죄를 범치 아니하는 의인은 세상에 아주 없다" (잠 7:20)는 사실을 몰랐더란 말인가?

제2연 기소 (2-5절)

기소는 세상 통치자들의 불의한 판단 곧 통치를 정죄한다. 앞서 말한 대로, 시인은 천상의 모습과 지상의 모습을 동시적으로 보여주고 있다. 그럼에도 실제적 필요에서, 강조점은 지상 통치자들의 죄악상에 대한 기소에 두어진다. 그럼에도 이 시는 1절의 천상(天上) 재판정 모습과 6-7절의 천사들에 대한 심판 선고로 미루어 볼 때, 각 민족을 배후 조종하는 천사들에 대한 책임도 간접으로 추궁하고 있는 듯 보인다.

2절: 너희가 불공평한 판단을 하며 악인의 낯 보기를 언제까지 하려느냐 (아드-마타이 티쉬페투-아벨 우프네 레솨임 티세우)— 재판관들의 불의는 사회 정의의 토대를 뒤흔드는 일이다 (5절). "악인들의 낯 보기"라 번역된 표현은 직역하면 "악인들의 얼굴들을 들다"이며 이는 '악인들의 낯을 보아 준다' 곧 악인들의 죄를 눈감아 준다는 의미이다. 악인들은 사회의 낮은 계층 사람들을 압제하는 자들이 아닌가? (4절) 이들이 재물과 권세가 있다고 저들의 낯을 보아주고, 없는 자들을 무시하지 말라는 것이다. 재판시에 공정해야 한다 (출 23:2-8, 레 19:15, 35, 신 1:17, 16:18-19). "언제까지 하려느냐?'는 불의가 관습화되었다는 것을 암시하며, 당장 불의한 행동을 멈추라! 는 요청이다. 하나님은 침묵하시는 듯 하나, 여러 모양으로 불의와 죄악에 경고하시며 결정적 시기에 심판하신다.

3절: 가난한 자와 고아를 위하여 판단하며 (쉬프투-달 베야톰)— 없는 자들에게 무조건 유리하도록 판단하라는 것이 아니라, 없는 자, 압제 당하는 자들에게 불이익을 주는 판단을 선고하지 말라는 것이다 (신 24:17). 가난한 자와 고아를 신원해 주라는 권고는 그 당시 사회적 불의가 세상, 특히 언약 백성 가운데 횡행하고 있었다는 증거이다.

곤란한 자와 빈궁한 자에게 공의를 베풀지며 (아니 바라쉬 하츠디쿠)—사람이 사는 곳에는 언제나 가난한 자, 고아, 과부 등이 있기 마련이다. 이런 자들에 대하여 하나님은 특별히 관심을 가지신다 (출 22:22, 신 10:18, 14:29, 16:11, 24:19-21, 시 10:14, 68:5, 약 1:27 등 참조).

4절: 가난한 자와 궁핍한 자를 구원하여 악인들의 손에서 건질찌니라 (팔레투-달 베에비욘 미야드 레솨임 핫칠루) —악인들은 권세자, 재력가들일 수 있다. 권세나 재물이 많다고 악하게 되는 것은 아니나, 없는 자의 입장에서 보면, 그런 자들이 자신들에게 압제를 가하는 것이다. 그런데 이 구절은 기소의 대상이 세상 통치자, 특히 이스라엘의 통치자들임을 분명히 보여준다. 사실 고대 사회에서 왕은 최고 통치자일 뿐 아니라, 최고 재판장이었다.

5절: 저희는 무지 무각하여 (로 야드우 벨로 야비누)—"저들은 알지 못하고, 깨닫지 못한다." 사려 분별력이 없어 옳고 그른 것을 분별하지 못하고 우둔하다.

흑암 중에 왕래하니 (바하세카 이트할라쿠) —불의와 죄 가운데 행하는 자들이다 (요 3:20). 이런 자들에게도 큰 빛 곧 복음의 빛이 비취면 새롭게 된다(사 9:2).

땅의 모든 터가 흔들리도다 (이모투 콜-모스데 에레츠)—사회의 질서를 세우는 법제도가 제대로 집행되지 아니하면 지진으로 땅이 흔들림과 같이 사회 기강이 흔들린다. 법제(法制)도 중요하지만, 법들을 집행하는 나라의 통치자들의 마음이 더 문제이다. 인격이 바뀌면 제도는 아름답게 선용(善用)할 수 있다.

제3연 심판 선고 (6-7절)

여기서는 다시 천사들에 대한 심판 선고가 제시된다.

6절: 내가 말하기를 (아니-아마르티)—여기서 말하는 자는 시인이다.

너희는 신들이며 다 지존자의 아들들이라 하였으나 (엘로힘 아템 우베네 엘리욘 쿨레켐)— "신들"이나 "지존자의 아들들"은 이방인들이 "신"이라 간주하는 "천사들"이다 (창 6:2, 욥 1:6, 슥 3:1-5 참조; 이 시의 서론 부분 참조). 그런데 "지존자"는 주로 시에서 혹은 세계적 맥락에서 하나님을 지칭하는 말로 나타난다 (창 14:18, 19, 20, 22, 신 32:8, 삼하 22:14, 시 7:18, 9:3, 18:14, 21:8 등; 사 14:14, 애 3:35, 38).

7절: 너희는 범인 같이 죽으며 (아켄 케아담 테무툰)— "너희는 사람같이 죽으리라." 인생의 타락을 배후에서 조장(助長)한 이런 천사들은 이제 영생(永生)불사(不死)의 특권을 빼앗기고 사람같이 죽게 된다.

방백의 하나 같이 엎더지리로다 (우케아하드 핫사림 팁폴루)— "엎더지리로다"는 (음부로) "떨어진다"는 의미이다. NIV가 제시하듯 ("다른 모든 통치자처럼 너희가 떨어지리라 [you will fall like every other ruler])," 왕의 궁중에서 고관들일지라도 불의한 자는 내어 쫓기게 되고, 하나님의 천사들일지라도 불의하면 멸망에 처해 진다 (겔 28:11-19, 사 14:15, 유 1:6).

제4연 시인의 호소 (8절)

시인은 온 세상의 통치자이신 하나님께 세상을 공의로 판단해 주시라 간구한다. 그 까닭은 온 세상이 여호와의 소유이기 때문이다. 시인은 천상(天上) 회의에서 선포된 세상 통치자들의 심판 선고가 신속히 이루어지길 기도한다.

8절: 하나님이여 일어나사 (쿠마 엘로힘)—하나님께서 주무시거나 세상 불의에 관심이 없으셨던 양 보일 때, 일어나 행동하시길 촉구한다. 주로 탄식시에서 나타난다 (시 3:8, 7:7, 9:20, 10:12, 17:13, 35:2, 44:26, 74:22, 132:8 등).

세상을 판단하소서 (샤페타 하아레츠)—곧 공의로 통치하소서.

모든 열방이 주의 기업이 되겠음이니이다 (앗타 틴할 베콜-학고임) — "당신이 온 세상을 소유하시기 때문입니다." 동사의 시상이 미완료상이라 할지라도, 그 의미는 여기 문맥에서 현재 시제이다 (NASB, NIV, NJB, RSV, TNK).

시편의 적용

가난한 자들을 악인의 손에서 건지라 (4절)

외국인 노동자들이 매우 부당한 대우를 받고, 압제를 당하는 일이 많다고 한다. 외국인 노동자들은 가난한 자, 압제를 당하는 자들이다. 이런 자들을 부당하게 다루고, 모욕하는 사람들은 악인이다. 이런 경우, 하나님은 쌍방이 믿는가 아니 믿는가? 의 문제를 떠나서 부당한 대우를 받는 자들의 인권을 옹호하라고 말씀하신다. 물론 오경에서 인도주의적인 법은 어디까지나 하나님의 백성들을 위한 것이지만, 저들 가운데도 객들 곧 이방인들이 있었다.

오늘날 교회는 어느 정도까지 사회 정의를 위해 일어서야 할 것인가? 시인은 온 열방이 하나님의 기업이 될 것을 바라보았다. 그 비전은 오늘날 신약 시대에 교회를 통하여 실현되는 도중에 있다. 그렇다면 교회는 이 땅에 유토피아를 건설해야 할 것인가? 그렇지 않다. 이 세상은 절대로 유토피아로 변할 수 없다. 복음의 능력이 미치는 정도까지만 변화되다가 때가되어 주님이 오시면 새롭게 변혁될 것이다. 그때까지 우리는 복음을 전파해야 한다. 사회 공의 실현이 교회의 목표일 수 없다. 복음 전파를 통해 변화된 사람들이 각기 처한 사회 환경에서 사회 공의는 이루어야 한다. 그러므로 기독인 판사나 검사, 기독 실업인, 기독 연예인 등과 같이 사회에 퍼져서 소금이 되고 빛이 되어야 한다.

신들 (엘로힘)(1, 6절)

유가릿어에서 신(神)은 'il (복수 'ilm), 아람어로 신은 'elah (복수 'elahin), 악카드어에서 신은 ilu이다. 히브리어에서 신은 엘로아, 엘, 엘로힘 등으로 나타난다. 이렇게 셈족어에서 신(神)을 지시하는 말은 대동소이하며, 그 원래 의미는 '능력' 혹은 '두려움'과 연관된다고 보인다. 우가릿 문헌들이 발굴된 이래, 학자들은 성경이 말하는 신 (엘)과 셈족들이 가진 신 (엘) 개념 사이의 관계에 대하여 많은 연구를 기울여 왔다. 셈족들은 신 (엘)이란 말로 다른 신들과 구별되는 특정한 한 신(El)만 아니라, 우리가 말하는 신(神), 곧 총칭어 (generic term)로서의 "신" (god)을 지시하기도 하였다. 그런데 비평가들은 이스라엘의 신 개념이 이방인들의 그것에서 유일신론으로 발전한 것이라는 그릇된 주장을 펼치기도 한다.

한편 성경에서 복수형으로 나타나는 "엘로힘" (신들 혹은 하나님)은 장엄 복수형이라고들 한다. 참 하나님을 지시할 때, 이 말을 수식하는 동사는 단수형이라는 점이 이런 설명을 뒷받침해 준다. 그런데 신약의 계시에 비추어 보면, 이 복수형은 동시에 삼위일체 하나님을 지시하지 않는가 하는 생각을 갖게 한다 (창 1:2, 26).

"엘로힘"의 또 다른 용례는 죽은 자, 곧 귀신을 지칭한다 (삼상 28:13, 삼하 14:16, 사 8:19-20a, 19:3 [70인역], 민 25:2=시 106:28). 라헬이 훔친 라반의 드라빔 (*테라핌*)은 창 31:30, 삿 18:24에서 "엘로힘"으로 동일시된다. 그렇다면 "드라빔"은 조상들을 조각한 신상들(ancestor statuettes)일 것이다. 이러한 "엘로힘"의 용례는 고대 근동의 "신"이 지녔던 이런 용례와 일치한다 (Theodore J. Lewis, "The Ancestral Estate [naḥalat ʻelohîm] in 2 Samuel 14:16"; F. M. Cross, "ʻel," in *TDOT I*, 242-261; Ringgren, "ʻelohim," in *TDOT I*, 267-284 참조).

한편 예수님과 유대인들의 논쟁 와중에, 유대인들은 예수께서 "나와 아버지는 하나이니라" 하시니 (요 10:30) 그를 신성모독자로 간주하고 돌을 들어 치고자 하는데, 예수님은 "내가 아버지께로 말미암아 여러 가지 선한 일을 너희에게 보였거늘 그중에 어떤 일로 나를 돌로 치려 하느냐?" 라 항변하시고 (32절), "내가 너희를 신이라 하였노라" 는 시편의 이 부분말씀을 인용하시며, "성경은 폐하지 못하나니 하나님의 말씀을 받은 사람들을 신이라 하셨거든 하물며 아버지께서 거룩하게 하사 세상에 보내신 자가 나는 하나님 아들이라 하는 것으로 너희가 어찌 참람하다 하느냐?" 라고 자신을 변호하신다 (요 10:34). 예수님은 아버지의 명령대로, 그분의 능력으로 "선한 일들"을 행하셨다. 그러므로 그분의 행한 일들이 아버지와 예수께서 하나임을 증거해 준다.

요 10:35에 기록된 우리 주님의 선언에 대하여 라이트풋은 설명하길, "시내산에서 율법과 하나님의 말씀이 임한 그들이 천사들 혹은 신들이었다고 그가 말씀하셨다면 (너희 유대인들이 생각하는 방식대로), 하나님께서 아주 특이한 방식으로 나를 성별하시고 세상에 보내시어 그분의 뜻을 선포하게 하셨다면, 내가 하나님의 아들이라 말한다고 내가 신성모독자인가?" 라 했다 (*Hebrew and Talmudical Exercitations upon the Gospel of St. Luke and St. John*, [The Whole Works of the Rev. John Lightfoot, vol. XII, ed. Rev. John Rogers Pitman], 345). 라이트풋에 의하면 주님은 당시 유대인들의 통속적인 시 82편의 이해를 근거로 유대인들에 대하여 자기 주장을 펼치셨다. 즉 이는 순전히 대인적 논법 (*ad hominem*)이다. 요 10:35에서 "성경은 폐하지 못하나니" 란 표현은 유대인들의 입에 쐐기를 박는 정공(正攻)의 화살로, 원문에서 삽입구적 위치를 점한다.

방백의 하나같이 (헤이스 톤 아르콘톤, 70인역; 7절)

70인역은 "아르케" 란 말을 고위 관리 (창 40:13, 20, 대상 26:10)를 지칭할 때 사용했다. 그런데 신약에서 통치(자)나 능력(자)란 의미에서 "아르케" 가 사용될 때는 언제나 "권세(자)" (엑수시아)와 같이 나타난다 (눅 12:11, 20:20, 고전 15:24, 엡 1:21, 3:10, 골 1:16, 2:10, 15, 딛 3:1). 엡 1:21, 골 1:16 등에 의하면, 정사나 권세자들, 혹은 능력들은 악령들이며, 하나님을 대적하는 마귀의 세력이다. 바울 사도는 우리의 싸움이 혈과 육에 대한 것이 아니요 정사와 권세와 이 어두움의 세상 주관자들과 하늘에 있는 악의 영들에게 대함이라 하였다 (엡 6:12).

이 악령들은 주관하는 영역들이 구분되는 듯 보인다 (고전 8:5, 10:20-21 [종교], 고전 6:15이하, 7:14 [성적 문제], 고전 15:26 [생명] 등). 이 악령들도 원래는 선한 천사들로 피조 되었으나 타락하였고(골 1:16), 이 놈들은 원래 높은 하늘에 배치되었으나, 타락이후 낮은 하늘로 쫓겨나고 (엡 3:10, 고후 12:2 참조) 말았다. 그리스도의 십자가로 말미암아 저 악령의 세력들은 무장이 해제당하고 (골 1:15), 그분에게 굴복 당하였다 (엡 1:21). 시 82편이 노래하는 각 나라들을 배후에서 조종하는 천사들의 존재는 신약의 보다 진전된 계시의 빛에 비추어 볼 때, 타락한 천사들로 보인다.

시 83편 이스라엘을 끊어 그 이름으로 기억되지

I. 시편에서의 위치, 시의 유형과 삶의 자리

이 시는 12개의 "아삽의 시" 에서 마지막 것에 해당된다. 그런데 이 시의 마지막 18절의 사고는 시 82편의 마지막 8절의 그것과 흡사하다.

이 시는 에돔, 이스마엘 인, 모압, 하갈 인, 그발, 암몬, 아말렉, 블레셋, 두로 거민, 앗시리아 등이 함께 이스라엘을 치려했던 국가적 위기 시에 하나님의 개입을 요청하는 공동체 탄식기도 시이다. 만약 모건스턴 (Julian Morgenstern)이 주장하는 대로 ("Jerusalem -485 B. C," 131), 이 시가 79편이나 74편이 묘사하는 것과 동일한 사건을 지시한다면, 시기상으로는 이런 시편들보다 약간 이른 시점을 지시한다. 왜냐하면 원수들의 정복이나 약탈은 아직 시작되지 않고, 여러 나라들이 "당신의 백성을 치려하여 간계를 꾀하며" "당신의 보호하는 자들을 치려고 서로 의논한다" 고만 지적 (3-5절; 시 2:1-3 참조)하기 때문이다.

겉보기에 이 시의 저작 시기는 확실하게 말할 수 있을 것 같다. 이스라엘을 치려한 열방의 이름이 구체적으로 나열되고 있기 때문이다 (6-8절). 그렇지만 나열된 수많은 열방이 과연 언제 이스라엘을 그렇게 치려고 했던가? 라고 묻는다면, 역사적으로 그런 시기를 찾기가 어렵다. 어떤 이는 "앗수르" 라는 명칭이 나오므로, 적어도 앗시리아 시대라고 추정하겠지만, 이것도 사실은 간단하지 않다. 왜냐하면, 성경에서 "페르시아" 조차도 "앗수르"라 지칭되고 있기 때문이다 (라 6:22). 더구나 만약 이 시가 언급하는 민족들의 이름들이 혹시, 후대 로마 제국 시대에 랍비 문헌에서 "로마"를 은밀하게 지시하기 위해 "에돔"이란 암호 명칭을 사용했던 것처럼, 암호명일 수 있다는 점도 문제를 어렵게 한다.

이런 난점들을 고려하면서 주석가들은 이르게는 앗시리아 제국 시대 (대하 20장이 언급하는 여호사밧 시대, 주전 873-848), 늦게는 느헤미야 시대 (모압 족속 산발랏, 암몬 족속 토비야 등이 성전 재건을 방해하던 시대), 아주 늦게는 마카비 시대 (마카비 1서 5장: 에돔인, 바이 사람들, 길르앗의 이방인들, 톨레미, 두로, 시돈, 모든 갈릴리, 블레셋 땅, 암몬 땅 등이 언급됨) 라고 추정하기도 한다. 또 혹자는 말하길, 이 시는 어떤 특정한 역사적 정황을 묘사 한다기 보다, 열거된 열방은 시적으로, 자유롭게 구성한 것이라 한다.

이 시의 저작 시기를 추방 이후로 보는 이들은 그 사상적 근거로, 시인이 야웨께서 개입하셔서 원수들을 치시라고 간구할 때, 최고로 갈구한 목표는 이런 열방이 야웨께서 온 세상의 지존하신 하나님이신 것을 확실하게 인정하는 것인 데, 이러한 목표는 추방 이후 사상이라 할 수 있는 "그의 이름을 위하여" (*레마안 쉐모*, 시 23:3)란 사고나 "야웨만이 하나님이시라" 는 사고와 일치하기 때문이라 한다 (Julian Morgenstern, "Jerusalem -485 B. C.," 132). 그렇지만, 하나님의 이름/영광을 위하여, 혹은 야웨만이 하나님이란 사고를 추방 이후 시대의 것이라 보는 것은 근거 없는 일이다.

우리는 열거된 나라들의 이름이 실제라고 보며, 앗시리아 제국 시대의 어느 시기일 것이라 추정한다.

2. 시적 구조, 기교들 및 해석

2절에서 전. 후반절에 각기 미완료상(*예헤마윤*)과 완료상(*나스우*)이 문체적 이유에서 교체되어 나타난다. 5절에서도 그러하다: 완료상 (*노아츄*), 미완료상 (*이크로투*). 또 다른 기교는 하나의 의미를 지닌 말이 쪼개어져서 행의 전. 후반절에 위치하는 현상이 14절에서 나타난다: 산의 삼림 (*야아르 하림*) → 삼림/ 산들.

13-15절에서는 일련의 전치사들 (케…. 케…. 케…. 케…. 켄)이 사용되어 직유 (simile)를 구성하고, 15절에서는 전. 후반절의 구조가 동사 +전치사구/ 전치사구 + 동사의 형식으로 '교차대구적' 으로 배열되고 있다.

17절에서는 유사한 두 동사가 하나의 의미를 강조하는 이사일의 (hendiadys) 용례가 나타난다: *예보슈 베입바할루* (저희로 수치를 당하여 [영원히] 놀라게 하소서); *베야흐페루 베요베두*

(낭패와 멸망을 당케하소서). 그런데 바로 이 구절에서 "영원히" (아데-아드)란 말은 전, 후반절 중간에 놓여서 전, 후반절 모두에 걸친다. 이런 현상은 돌쩌귀 (pivot) 구문이라 할 것이다. 그렇다면, 후반절에서도 "낭패와 멸망을 영원히 당케 하소서!" 란 의미가 된다.

이 시를 내용상으로 구분하자면, 1절에서 하나님의 개입을 촉구하는 간구가 제시되고, 2-8절에서는 원수의 적대 행위가 묘사된다. 9-18절에서는 다시 원수를 이전처럼 쳐서 파멸시켜 달라는 탄원이 올려진다. 그런데 이렇게 간구하는 최종 목표는 원수들이 여호와의 이름을 찾도록 하기 위함이며, 야웨 만이 온 세상에 지존(至尊)자이심을 저들이 알도록 하기 위함이다 (16, 18절). 이 시에는 죄악의 고백이나 회개하는 언급이 전연 없고, 당당하게 원수들을 하나님의 원수들로 제시하고, 하나님의 영광을 위해 원수들로 쳐서 수치를 당하고 하나님을 인정하도록 해주시라 간구한다.

이 시를 연들로 구분한다면,
제1연 (1-8절): 우리를 치고자 음모를 꾸미는 원수들
제2연 (9-18절): 원수를 쳐서 파멸시켜 주소서
등 두 개의 연으로 사고상 구분한다. 1연은 원수들의 모습에 초점을 맞춘다면, 2연은 그 원수에 대한 하나님의 심판을 간구한다. 1절은 전체 시편의 서론적 간구로 하나님께서 잠잠하지 마시고 개입해 주시길 간구한다.

제1연 (1-8절): 우리를 치고자 음모를 꾸미는 원수들

이스라엘을 지상에서 없이해 버리려는 원수들의 궤계를 묘사한다. 1절은 하나님께서 마치 방관자인 양 가만히 계시지 말라고 호소한다.

1절: 하나님이여 침묵치 마소서 (엘로힘 알-도미 라크) —말하지 않거나, 어떤 활동을 멈추고 "쉬다"를 의미하는 동사 (다마)의 명사형이 이 문장의 목적어이다 (동사는 생략됨: 침묵/ 안식을 [주지 마소서= 갖지 마소서] 사 62:7 참조). 한편 "침묵치 마소서"를 70인역이나 벌게잇, 시리아어 역 등은 "누가 당신과 같습니까?" (미 이드메 라크) (시 89:6 참조)라 읽고 있다. 만일 이런 고대 역본들을 따른다면, 다훗처럼 "어떤 신이 당신과 같습니까?" 라고 읽을 수 있을 것이고, 그렇게 할 경우, 19절과 함께 수미쌍관(首尾雙關 inclusio)을 형성하게 될 것이다. 그런데 사 62:6-7에서는 두 번이나 여기 원본과 유사한 문장이 나타난다: 너희 스스로 쉬지 말라 (알-도미 라켐), 너희는 그에게 쉼을 주지 말라 (알-팃테누 도미 로). 우리는 맛소라 사본대로 따른다.

하나님이여 잠잠치 말고 고요치 마소서 (알-테헤라쉬 베알 티쉬코트 엘) —말씀을 하시라는 간구이며, 일어나 활동을 개시하시라! 는 요청이다. 하나님의 침묵과 교요함은 "당신의 원수들"의 시끄럽게 소동하는 모습(2절)과 대조된다.

2절: 대저 주의 원수가 훤화하며 (키 힌네 오예베카 예헤마윤)— 초두에 접속사 (키)가 위치하여 앞 문장과 연결됨을 보여준다. 왜 잠잠치 말아야 하는가 하면, 하나님의 원수들이 머리를 치켜들

고 소동하고 있기 때문이다. 많은 무리들이 소동하는 (하마) 소란이 묘사되고 있다. 요사이 말로 하자면, 대규모 군중이 모여 반-이스라엘 군중집회를 열고 있다는 것이리라. 시인은 "보소서"라고 하나님께 주목을 환기시키기고 있다. 시인은 원수들을 "당신의 원수들"이라 칭하고 있다. 이는 "당신을 미워하는 자들"로 다시 언급된다. 이런 묘사는 교회의 원수가 곧 주님의 원수임을 보여준다 (행 9:5 참조).

주를 한하는 자가 머리를 들었나이다 (움산에카 나스우 로쉬) —전반절의 "당신의 원수들"은 후반절에서 "당신을 미워하는 자들"과 병행된다. "머리를 들다"란 표현은 문맥에 따라서 여러 의미로 사용된다: 관직을 복직시켜 당당하게 만들다 (창 40:13, 20); "계수하다" (민 1:2, 49, 4:2); 또한 "머리를 들지 못하다"란 표현은 "굴복되다" (삿 8:28); 수치를 느끼다 (욥 10:15)를 의미한다. 여기서는 원수들의 교만과 공격적인 행동을 표시한다.

3절: 주의 백성을 치려하여 간계를 꾀하며 (알-암메카 야아리무 소드)— 주의 백성, 곧 교회를 치는 자들은 곧 주님의 원수이다. "간교한 음모를 꾸미다"란 표현은 은밀하게 어떤 도모를 꾸미는 모습을 묘사한다. 이렇게 구약 시대에 주의 백성 곧 주의 교회를 제거하려는 음모가 있었다면, 아이러니 하게도, 사도행전에서 교회를 핍박하고 없이하려고 음모를 꾸미는 자들은 유대인들이다 (행 4:23 이하; 살전 2:15-16 참조). 이로 보건대, 육체를 따라 난 자는 시대마다 성령을 따라 난 자들을 핍박하므로 (갈 4:29), 오늘을 사는 성도는 내가 과연 성령을 따라 난 교회의 참 구성원인지, 아니면 교회를 핍박하는 육의 사람인지 분별할 수 있어야 한다. 바울 사도는 예수님을 믿기 전에 교회를 핍박하면서 그것이 하나님을 섬기는 예인 줄 착각하고 있었다 (요 16:2, 행 22:4). 교회를 향한 핍박은 사실 가인이 아벨을 핍박하는 것에서부터 시작되었다 (창 4:8, 요일 3:12). 그 후로 역사는 성령으로 난 자를 육의 사람이 핍박하는 역사임을 보여 주고 있다. 그것은 구약 교회인 이스라엘 안에서도 진행되었다. 일이 그렇게 되는 것은 교회 안에도 가라지와 알곡이 혼재 (混在)하기 때문이다 (마 13:25).

주의 숨긴 자를 치려고 서로 의논하여 (이트야아츄 알-체푸네카) —현대 역본들은 "당신이 보호하는 자들" (NRSV, NAB), "당신이 귀하게 여기는 자들" (NJB, REB) 등으로 번역한다. 전반절의 "당신의 백성"과 병행된다. 고려중인 단어는 출 19:5, 신 7:6 등에서 이스라엘을 지칭하는 개인 "귀중품" (세굴라)을 상기시킨다. 한편 "서로 의논하여"란 동사는 5절에서도 나타나며, 여기서는 히트파엘형을 사용하여 상호 동작을 표현했다면, 5절에서는 "일심으로" (레브 야흐다브) 의논했다고, 니팔형 동사에 부사구를 첨가하고 있다.

4절: 말하기를 (아메루) —원수들의 의논하는 내용이 소개된다.

가서 저희를 끊어 다시 나라가 되지 못하게 하여 (레쿠 베나크히뎀 미고이) —여기서 "가자" 혹은 "오라" 라는 말은 서로를 격려하는 표현이며, 다음에 나오는 표현 저희를 "전멸시키자" (카하드)를 강조한다. 창 19:32에서 롯의 큰 딸은 작은 딸에서 "오라, 우리 아버지에게 술을 마시우자" (레카 나쉬케 에트-아비누 야인)라고 권한다. 이렇게 악한 일을 꾸밀 때는 서로를 충동질시켜야

시 83편 이스라엘을 끊어 그 이름으로 기억되지 625

하고, 선한 일을 도모하고자 할 때도 서로를 격려해야 한다 (창 31:44, 37:20, 27, 삿 19:11, 13, 삼상 9:5 등 참조). 한편 전멸시켜 그 결과 이스라엘은 한 나라/ 민족(고이)으로서 세상에 존재하지 않게 되는 것이 저들의 목표이다.

이스라엘의 이름으로 다시는 기억되지 못하게 하자 (벨로-잇자케르 쉠-이스라엘 오드)—이름은 그 사람 자체이며, 이스라엘이란 이름은 그 민족 자체이다. 이스라엘을 지상에서 아예 제거하려는 원수의 음모는 아말렉 족속을 지상에서 아예 제거하시려는 여호와의 모습 (출 17:14-16) 혹은 우상의 이름을 이스라엘 가운데서 끊어 기억도 되지 못하게 하시려는 여호와의 모습 (호 2:17, 슥 13:2)과 대조된다. 사실 교회의 존재를 지상에서 제거하려는 일은 사탄의 지속적인 관심사이나 (시 74:8, 마 2:7 이하, 계 12:4), 음부의 권세가 교회를 이길 수가 없다 (마 16:16).

5절: 저희가 일심으로 의논하고 (키 노아추 레브 야흐다브)—저들은 죽이 잘 맞았다. 직역하자면, "한 마음으로 그들이 모의하였다." 가나안 정복 전쟁 당시에 가나안 거민들은 "일심으로" 여호수아와 이스라엘로 더불어 싸우고자 하였다 (수 9:2).

주를 대적하여 서로 언약하니 (알레카 베리트 이크로투)—이스라엘을 대적하는 음모이지만, 결국 하나님을 대적하는 언약이다. 때로 교회는 하나님 자신과 동일시된다. 언약 백성의 불신실을 선지자들은 기소하고 정죄하지만, 이방인들이 저들을 핍박하거나 대적할 때, 저들의 기소는 이방인에게로 향한다 (열방을 치는 설교들; 사 13-23, 겔 25-32, 렘 46:52 등). 그런데 여기서 "언약하다"란 말은 문자적으로 "언약을 자르다"란 표현이다. 이는 언약을 체결할 때 (비준할 때), 제물용 짐승을 두 조각으로 쪼개 (잘라) 놓고, 그 사이로 쌍방이 지나며 자기 저주 의식을 행하던 관례에서 유래한 표현일 것이다 (창 15:10, 렘 34:19 참조).

6절: 곧 에돔의 장막과 (아홀레 에돔) — "에돔의 장막들"이란 장막들에 거하는 자들을 지시한다. 그런데 마사다 (Masada)에서 나온 한 시편 사본 (MasPs^a)는 여기서 "에돔의 신들" (대하 25:20 참조)이라 읽고 있다. 아마 자위도치 (字位倒置 metathesis)에 의한 착오일 것이다.

이스마엘 인과 모압과 하갈 인이며 (베이쉬므엘림 모압 베하그림)—에돔은 야곱의 형 에서의 후손이라면, 이스마엘은 아브라함이 첩 하갈에게서 얻은 아들의 후손이다. 모압은 롯이 큰 딸과 상관하여 얻은 아들의 후손이며, 암몬은 둘째 딸에게서 낳은 아들의 후손이다. 하갈인 (하그림)은 사울 시대에 르우벤, 갓, 동편 거주 므낫세 지파들이 땅을 취했던 지역의 사람들로 팔레스틴 동편에 거주했다 (대상 5:18-22). 이들은 아마 아브라함의 처 하갈의 소생들이었을 것이다.

7절: 그발과 암몬과 아말렉이며 블레셋과 두로 거민이요 (게발 베암몬 바아말렉 펠레셋 임-요쉬베 초르)—여기서 그발 (비블로스 Byblos)과 마지막의 "두로"는 모두 페니시아의 도시 국가들로, 이 구절에서 인클루지오를 형성한다. 지형상 북에서 남으로 (그발 → 암몬 → 아말렉), 다시 남에서 북으로(블레셋 → 두로) 거명되고 있다. 그런데 "두로"는 히브리어로 "반석"이란 의미이다. 아마 반석 위에 건설된 성이란 의미인지 모른다.

8절: 앗수르도 저희와 연합하여 롯 자손의 도움이 되었나이다 (감-앗슈르 닐바 임맘 하유 제로아

리브네-로트)—여기 "앗수르"는 앗시리아 제국을 지시하지만, 라 6:22에서는 페르시아도 지시한다. 앗시리아 같은 초 강대국이 어찌 약소국들과 연합했다고 할까? 아마 모압, 암몬이 주도하고 앗시리아는 은근히 부추겼을 것이다. 한편 "롯 자손들"은 모압과 암몬이다 (창 19:36 이하 참조).

제3연 (9-18절): 원수를 쳐서 파멸시켜 주소서

이 부분에서는 명령형 (간구법)이 9절 초두에 (*아세*, 행하소서), 11, 13절 초두에 (*쉬테모*, 저들을 —하소서), 16절 초두 (*말레*, 채우소서)에 위치하여 다음에 오는 미완료상 (14절의 *티브아르*, *텔라헤트*, 15절의 *티르데펨*, *테바할렘*, 17절의 *예보슈*, *베입바할루*, *베야흐페루*, *베요베두*)이 명령형(간구법)적 뉴앙스를 가진다.

9절: 주는 미디안 인에게 행하신 것 같이 기손 시내에서 시스라와 야빈에게 행하신 것 같이 저희에게도 행하소서 (*아세-라헴 케미드얀 케시스라 케야빈 베나할 키숀*) — "미디안 인에게 행하신 것"은 삿 6-7장에서 기드온이 미디안 족속을 섬멸시킨 큰 승리이며, "기손 시내에서 시스라와 야빈에게 행하신 것"은 삿 4-5장에 묘사된 드보라, 바락이 가나안 왕 야빈과 그의 병거장관 시스라에게 거둔 대 승리를 지시한다. "저희에게도 행하소서"란 명령형 (간구법)은 1절의 간구 후에 2-8절의 긴 원수들의 묘사가 있은 다음에 다시 재개된 간구이다.

10절: 그들은 엔돌에서 패망하여 (*니쉬메두 베엔-도르*)— "엔돌" (도르의 샘)은 타볼산 남편 약 4마일 (6.4 킬로미터) 지점의 마을이다. 이곳은 타나크, 므깃도, 기손강 등과 함께 가나안 원수들의 궤멸을 목격하였다. 그런데 그곳 언덕에는 수많은 굴들이 있어 그곳에 사울 시대처럼 무당들이 거했을 것으로 추정된다 (삼상 28:7).

땅에 거름이 되었나이다 (*하유 도멘 라아다마*)—저들의 죽은 시체들이 비료가 되었다. 그런데 이 절에 사용된 두 개의 완료상 (*니쉬메두*, *하유*)은 명령형 다음에 온 까닭에 간구형으로 (precative perfect) 처리한다. "엔돌에서 [처럼 다시] 저들을 멸절시켜 주세요/ 저들을 땅의 거름이 되게 하소서!" 라고 이해할 수 있을 것이다. 그런데 "거름"이란 말 (*도멘*)은 "똥, 거름" (dung)을 지시하며, 구약에서는 시체 더미를 "거름더미"에 비할 때 나타난다 (왕하 9:27, 렘 8:2, 9:21, 16:4, 25:33).

11절: 저희 귀인으로 오렙과 스엡 같게 하시며 (*쉬테모 네디베모 케오렙 베키즈엡*)— "저들의 귀인들" (*네디베모*)이나, 후반절의 "저희 모든 방백들" (*네시케모*)은 모두 지금 이스라엘을 대적하는 원수들의 대표들이다. 지도자가 제거되면 음모는 사라질 것이다. 오렙 (까마귀 raven)과 스엡 (이리 wolf)은 에브라임 사람들이 체포하여 죽인 미디안의 방백들(*사림*)이다 (삿 7:25).

저희 모든 방백으로 세바와 살문나와 같게 하소서 (*우크제바흐 우크찰문나아 콜-네시케모*)—세바(제사)와 살문나("보호[참]가 박탈된[*마나야*]"?)는 기드온이 잡아죽인 미디안의 두 왕(*멜라킴*)이었다 (삿 8:21). 이 당시 기드온이 거둔 승리는 시기상으로 주전 1350년경(?)이었고, 엄청난 대 승리였기에 이스라엘 역사에 두고두고 회자(膾炙)되며 (사 10:26), 승리의 대명사로 거론되었다.

12절: 저희가 말하기를 우리가 하나님의 목장을 우리의 소유로 취하자 (*아쉐르 아메루 니라샤?* 라누 에트 네오트 엘로힘) —서로를 격려하는 뉴앙스를 담고 있는 "연장형" (cohortative)으로 표현되었다. "하나님의 목장"은 이스라엘을 지칭 한다 (시 74:20 참조). 혹자는 여기 "엘로힘"을 최상급 형용사로 보고, "최고로 좋은 목장"이라 번역한다. 그렇지만 원수들의 목표는 목장 정도 취하는 데 있지 않다.

13절: 나의 하나님이여 (엘로하이)—이러한 부름은 1절에서 "하나님이여!"란 부름에 뒤 이은 것으로 기도에 새로운 힘을 불어넣는다.

저희로 굴러가는 검불 같게 하시며 (쉬테모 칵갈갈)— 여기서부터 15절까지 직유법으로 묘사하고 있다. "검불"이라 번역된 말 (갈갈)은 "굴러가는 바퀴" (wheel)를 지시하기도 하지만, 여기서는 은유로 바퀴 모양으로 생긴 식물(wheel-plant)을 지시한다고 사전은 정의 한다 (KB³). 어떤 영역본들은 "엉겅퀴" (thistledown, NRSV, NJB)로 번역한다.

바람에 날리는 초개같게 하소서 (케카쉬 리프네-루아흐)— "초개"는 "겨"를 가리키며, 원수들의 운명이 바람에 날려가는 겨 같다고 묘사된다 (욥 21:18, 시 1:4, 35:5, 사 17:13, 단 2:35).

14절: 삼림을 사르는 불과 산에 붙는 화염 같이 (케에쉬 티브아르-야아르 우클레하바 텔라헤트 하림)— "불의 화염" 혹은 "산의 삼림"처럼, 한 의미를 지시하는 표현이 전. 후반절에 쪼개져서 배치되었다: 삼림을 사르는 불/ 산에 붙는 화염 → 삼림 + 산 = 산의 삼림; 불 + 화염 = 불의 화염. 이런 시적 묘미가 한국어 시들에서는 찾기 어렵다.

15절: 주의 광풍으로 저희를 쫓으시며 (켄 티르데펨 베사아레카)— 하나님께서 '사나운 바람' (세아라)을 일으키시어 저들을 "추적하소서" 혹은 "몰아 내소서." 이 바람은 왕하 2:1, 11등에서 "회리바람"으로 나타난다.

주의 폭풍으로 저희를 두렵게 하소서(우브수파테카 테바할렘) —휘몰아치는 태풍 앞에 누가 무서워하지 않을 것인가? 속수무책으로 당할 수밖에 없다. 폭풍이나 사나운 바람 같은 자연력은 하나님의 수중에 있다. 과학자들은 2차적 요인을 말하지만, 성경은 1차적 근본 동인(動因)을 말한다.

16절: 여호와여 수치로 저희 얼굴에 가득케 하사 (말레 페네헴 칼론)— 다시 명령형 (간구법)이 나타났다. 저희 얼굴들에 수치로 가득 채우소서! 그 결과 저들이 당신의 이름을 구하도록.

주의 이름을 찾게 하소서 (비바케슈 쉼카 야웨)— (수치로 저희 얼굴에 가득케 하사) 저들이 당신의 이름을 구하게 하소서. 어떤 이들은 이러한 간구의 목적은 지금까지 간구한 저주와 동떨어진 사고이므로, 이를 고쳐 "당신의 이름이 복수하게 하소서"라 하거나, "저들이 당신과 화평을 추구하도록"이라고 본문을 고치나 근거가 없다. 하나님과 원수 간에 화평이란 신학 사고는 없다. 오직 열방은 모두 하나님께 굴복 당하고 그분을 경배해야할 뿐이다. 그런데 "주의 이름을 찾다"란 표현은 여기서만 나타난다. 그 의미는 하나님을 찾다란 표현과 대동소이(大同小異) 할 것이다. "여호와를 찾는 자들" (미박케쉬 야웨)은 출 33:7에서 경건한 자들을 지시하고 있다 (신 4:29, 대상 16:10, 대하 11:16, 15:4, 시 105:3).

17절: 저희로 수치를 당하여 영원히 놀라게 하시며 (예보슈 베입바할루 아데-아드)—하나님께 수치를 당하고 공포에 잠기는 것은 그분을 인정하지 않는 결과이다.

낭패와 멸망을 당케 하사 (베야흐페루 베요베두)—수치를 당하게 하소서; 멸망을 당케하소서. 계속 미완료상으로 간구를 드리고 있다.

18절: 여호와라 이름하신 주만 온 세계의 지존자로 알게 하소서 (베에데우 키-앗타 쉼카 야웨 레밧데카 엘리욘 알-콜-하아레츠)—"당신 곧, 이름이 야웨이신 (출 15:3), 당신만이 온 세계의 지존자 (Most High)이심을 저들로 알게 하소서!" (That they may know that you alone, whose name is Yahweh, are the Most High over all the earth) 이런 여호와에 관한 지식은 출 9:29에서 모세는 이적과 기사를 행하며 바로를 향하여 선포하길 이런 이적들을 보시면 "온 세상이 여호와께 속한 줄을 왕이 알리이다!" 라고 했다. 그렇다. 하나님은 그 어떤 사색이나 추론으로 알 수 없고, 역사적 사건들을 통해 체험적으로 알게 된다. 그래서 여기서 여호와를 아는 일은 단순한 지식이 아니라, 그분을 섬기고 경배하는 참된 개종까지 포함한다. 16 후반절 "당신의 이름을 구하도록"은 하나님을 섬기고, 그분을 경배하는 것까지 포함하기 때문이다.

한편 "내가 여호와인줄 너희가 알리라" 혹은 "사람들이 나를 여호와인 줄 알리라" 는 식의 표현들은 출애굽기나 (6:7, 7:5, 17, 8:10, 22 등) 에스겔서 (6:7, 10, 13, 14, 7:4 등) 등에서 집중적으로 나타나는데, 이런 현상은 여호와를 아는 일이 헬라 사람들이 추구한 그런 사색과 논리의 결과로서가 아니라, 출애굽 사건이나 이스라엘에 임할 심판 혹은 회복 등의 역사적 사건을 통해서 하나님께서 어떤 분이신지를 역사적으로, 체험적으로 알게 된다는 것을 말해준다. 그런데 이런 사고로 마감되는 본 시편의 모습이 앞의 시편의 그것과 흡사하다.

시편의 적용

교회의 원수는 하나님의 원수 (2절)

다메섹으로 성도들을 잡으러 가던 사울에게 주님은 "사울아 사울아 네가 어찌하여 나를 핍박하느냐?" (행 9:4)고 물으셨다. 교회에 대한 핍박은 주님 자신에 대한 핍박이었다. 교회는 그분의 몸이기 때문이다 (고전 12:27).

구약 선지자들은 언약 백성인 이스라엘을 기소하고 정죄하는 심판 메시지를 선포하였지만, 만약 이방인들이 이스라엘을 핍박하고 욕되게 할 때는 저들을 향하여도 정죄와 처벌을 선포하였다. 그러한 설교들은 '열국을 치는 설교들' 이라 하거니와 (예컨대, 사 13-23장, 렘 46-51장, 겔 25-32장, 암 1-2장 참조) 그런 설교들은 어떤 국수주의적(國粹主義的) 사고의 발로가 아니라, 하나님께서 자기 백성 이스라엘을 어떠한 사랑으로 사랑하시는지를 드러내 준다. 자기 아들이 잘못하면 자신이 아들을 호되게 꾸짖는 것이 아버지의 심정이지만, 못난 자기 아들이라도 타인이 자기 아들을 꾸짖고 때린다면 참 아버지가 없을 것이다. 하나님 아버지도 자기 백성에 대하여 그러하신다.

원수들의 연합 공격 (4-8절)

한 나라가 공격해 와도 힘들 것인데, 어찌 수많은 나라들이 연합하여 이스라엘을 대적하는가? 1967년 제3차 중동전쟁(일명 6일 전쟁)은 미국 등 서방측의 지원을 받은 이스라엘, 곧 모세 다얀 장군이 이끄는 이스라엘군이 아랍측을 선제공격하여, 단 엿새 만에 웨스트 뱅크(West Bank)와 가자 지구 (Gaza Strip), 시리아 영토인 골란 고원, 이집트의 시나이 반도, 그리고 동 예루살렘을 점령한 사건이었다. 이스라엘은 정말 눈 깜빡 할 사이에 팔레스타인 전역을 포함, 자기 영토의 몇 배에 이르는 지역을 차지했다. 이 당시 가장 눈부시게 활약한 이스라엘군은 공군으로, 67년 6월 5일 동트는 새벽 여명을 가르고, 120대의 공군기들이 저공(低空)으로 날아 이집트를 공습, 11개 비행장을 완파하고, 197대의 항공기를 지상에서 궤멸시켰다. 공습을 피하고 이륙한 8대의 미그 21기도 곧 격추 당했다. 총 8차에 걸친 160분간의 파상 공격으로 300여대의 이집트 비행기가 지상에서 파괴되고, 25개 비행장이 대파되고 말았다. 그 동안 이스라엘은 19대의 항공기를 손실했을 뿐이었다.

이집트 공습 소식을 접한 시리아가 이스라엘 정유공장과 비행장을 공격하자, 이스라엘 전투기들은 시리아로 기수(機首)를 돌려 저들을 궤멸시켰고, 요르단 전투기들이 공격해오자, 요르단 공군도 궤멸시켰다. 단 하루의 전투에서 이스라엘 공군은 아랍 3개국 항공기 452대를 파괴하고, 자신들은 지상포화로 46대를 잃었을 뿐이었다. 6일 전쟁은 아랍측에 엄청난 충격과 딜레마를 안겨줬다. 이제는 이스라엘의 힘을 인정하지 않을 수 없는 상황이 된 것이다.

이렇게 오늘날에도 여러 나라가 한 나라와 싸우는 예는 있다. 오늘날 이스라엘은 신앙적으로 더 이상 하나님의 백성이 아니다. 구속사적으로 이제 누구든지 (유대인이나 이방인이나 무론하고) 그리스도를 믿는 자가 하나님의 백성이요 이스라엘이기 때문이다. 오늘날 하나님의 성도들은 시인처럼 여러 원수들이 힘을 합쳐 공격해 온다 해도, 하나님은 온 땅의 유일하신 하나님이심을 믿고 낙심치 말아야 한다. 원수들은 여러 가지 질병들일 수 있고, 여러 사업들의 몰락일 수도 있고, 수많은 무리들의 비난일 수도 있다. 우리가 하나님 앞에서 정당하고 우리가 믿음을 잃지만 않는다면, 아무리 원수가 많다한들 승리는 우리의 것이 될 것이다.

시 84편 주의 장막이 어찌 그리 사랑스러운지요?

I. 시편에서의 위치, 시의 유형과 삶의 자리

본 시는 일련의 고라 자손들의 시들을 시작한다 (시 84-85, 87-88편). 이런 고라 자손의 시들은 첫째 시리즈 (시 42-43, 44-49편)에 이어, 두 번째 시리즈라 할 수 있다. 그런데 내용면에서 보건대, 고라 자손들이 작사한 두 개의 시리즈에서 첫 시편들 (시 42편과 84편)은 모두 야웨의 성소에서 예배에 참여하는 것을 사모하는 주제를 다루고 있다.

흥미 있는 일은 고라 자손의 시들을 연구한 두 사람의 연구 결과가 아주 대조적이라는 것이다. 군터 방케 (Gunther Wanke)는 "고라 자손의 시온 신학" (*Die Zionstheologie der Korachiten*)에서 고라 자손의 시들은 그 출처가 예루살렘이며, 저작 시기는 추방 후인 주전 4세기 경이라 한다. 반면, 피터 (John Peters)는 그의 "예전 의식으로서의 시편들" (*The Psalms as Liturgies*, [London, 1922])에서 고라 자손의 시들은 북 이스라엘의 단에서 산출되었으며, 시기는 주전 8, 9세기 경이라 한다. 고울드 (Goulder)역시 피터와 유사한 주장을 하고 있다 (*Psalms of the Sons of Korah*). 고울드에 의하면, 고라 자손의 시편들이 북쪽 단 지파에 있던 성소에서 섬긴 제사장들이었던 고라 자손들의 작품이라 주장한다. 그렇지만, 삿 18:29에 의하면, 북쪽으로 이주한 단 지파 사람들을 위해 제사장으로 섬긴 자들은 모세의 증손 게르솜의 후손들이었다. 여하간 이런 상반된 연구 결과는 시편의 저작 시기나 저작 장소를 확인하는 일이 얼마나 불확실한지를 단적으로 입증해 준다고 아니할 수 없다.

"고라"는 레위의 증손으로, 족보를 따지면, 레위- 고핫 -이스할 - 고라로 이어지며 (출 6:18, 민 16:1, 대상 6:22-24, 31, 38), 고라는 아론과 모세의 사촌인 셈이다. 왜냐하면 고라의 부친 이스할은 아론과 모세의 부친인 아므람의 동생이기 때문이다. 자기의 사촌 아론의 후손들이 모두 제사장들인 반면, 자기들은 제사장의 지휘를 받는 레위인 성직자라는 사실에 불만을 품고 고라 일당이 반란을 일으킨 사실은 유명하다 (민 16장). 그런데 고라 후손들은 이 반도(叛徒)들이 멸망당할 때 살아남았다 (민 26:9-11). 저들은 다윗 시대나 추방 이후 시대에 성전 봉사와 연관하여 계속 언급된다 (대하 20:19).

모세 당대에 레위인들은 고핫 후손들 (언약궤 운반, 진설병, 등대, 번제단, 분향단, 성소 기명들, 휘장 등 책임, 민 3:31, 4:4-15), 게르손 후손 (성소의 덮개들, 성소 문 휘장, 마당의 휘장, 성소 입구 휘장, 줄들과 여러 도구들, 성막을 해체하고 다시 조립하는 일 등, 민 3:25-26, 4:22-28), 므라리 후손들 (성소의 뼈대들, 기둥들, 받침들, 줄들, 말뚝들, 그와 연관되는 도구들, 민 3:36-37, 4:29-32) 등으로 분류되었다. 이렇게 레위인들이 분류되어 다른 직무들을 수행하는 관례는 세월이 흐르면서도 지속되었으나, 여러 역사적 발전들, 곧, 성소가 성전으로 바뀐 일, 남과 북이 다른 두 왕조로 분리된 사건, 추방을 당한 일, 추방 이후에 귀환한 사건 등으로 저들의 직무는 여러 모로 변천을 가져올 수밖에 없었다. 고라 자손들은 다윗 시대나 추방 이후의 귀환 시대에 성전 문지기들로 나타나지만 (대상 9:19, 26:1, 19), 다윗 시대에 저들은 또한 음악을 담당했던 것으로 나타난다 (대상 25장). 고라 자손들은 여호사밧 시대에도 음악으로 유명하였다 (대하 20:19).

사정이 이러하므로, 시편에 담긴 고라 자손의 시들은 다윗 시대나 혹은 추방 이전의 왕국 시대의 산물로 보아야 마땅하다. 추방 이후에 고라 자손들이 성소 음악과 연관하여 언급된 적이 없기 때문이다. 더구나 9절에서 "주의 기름 부으신 자"란 표현이 왕을 가리킨다는 것이 확실하므로, 아직 왕정이 건재할 때의 모습을 이 시는 노래하고 있지 아니한가? 고라 자손들은 시 84편이 암시하는 대로, 성전에서 하나님을 섬기는 일이 얼마나 값지고 기쁜 일인지를 노래했고, 예루살렘에 좌정하신 왕이신 하나님을 찬송하는 것을 영광스럽게 여겼다.

한편 현대 비평가들의 입장을 고찰해 본다면, 궁켈은 이 시편은 예루살렘 성전에 대한 헌신을 표현하는 찬송이라 했다. 모빙켈의 입장도 유사한데, 찬양의 찬송이긴 해도, 여호와 하나님은 보다 간접적으로 찬양되고 있고, 대신 그분의 성전, 그분의 거룩한 도성, 거기서 흘러나오는 축복들이 송축되어진다 (*PIW*, I, 88). 고울드에 의하면, 이 시편은 원래 북 왕국 단에 위치한 성소 순례시였으며, 작사 시기는 주전 10-9세기 어간이었다 한다. 연대기적으로 이 시편은 시 42-43편보다 이른 것이라 한다. 7절에 언급된 "시온에서"란 문구는 원래 "단에서"였지만 북 왕국이 망한 후에 시온으로 변화된 환경에 맞추기 위해 대체된 것이라 한다. 그렇지만, 이런 식의 가정은 소용이 없다. 그런 가정은 성경적으로 뒷받침되기 어렵고, 현재 본문에 대한 불신만 조장할 뿐이다. 여하간 이 시는 현재 형태 모습에서 보건대, 시온에서 예배드리는 특권과 순례 예배의 열망과 만족을 표현하고 있다.

2. 시적 구조, 기교들 및 해석

시적인 측면에서 보건대, 현재 제시된 절 구분은 시의 절 구분과 많은 차이를 드러낼 수 있다. 예컨대, 2절은 겉보기에 전. 후반절로 구성된 동의 병행법 같으나, 콜론의 측면에서 네 개의 콜론으로 분석된다. 3절의 경우에는 여섯 개의 콜론으로 분석되고, 6, 10, 11절 등도 네 개의 콜론으로 분해된다.

이 시에는 "복되도다" (*아쉬레*)라는 말이 4, 5, 12절에서 세 번이나 나타난다. 그리고 하나님은 "만군의 야웨"로 네 번이나 나타난다 (1, 3, 8, 12절).

내용상 이 시를 연으로 구분하자면, 제1연 (1-4절): 야웨의 거처를 사모함, 제2연 (5-7절): 순례자의 모습, 제3연 (8-9절): 야웨의 기름 부으신 자를 위한 기도, 제4연 (10-12절): 야웨 하나님을 경배하는 일의 즐거움 등이다.

제1연 (1-4절): 야웨의 거처를 사모함

일년 삼차 중앙 성소에 참석하여 모인 순례자들과 함께 예배드린다는 것은 모든 경건한 자들의 열망이었다. 유월절, 오순절, 초막절 등 삼대 절기에 이스라엘의 남자 성인들은 시온으로 모여 들었다. 이런 순례자들의 눈에는 시온 성소에서 섬기는 자들이 얼마나 부러웠는지 모른다. 그래서 "주의 집에 거하는 자가 복이 있나이다"라고 했다 (4절). 오늘날로 하면, 우리 성도들이 자신의 영적 고향인 교회를 그리워하는 모습이다. 신령한 기도와 찬양, 예배가 있는 회집처를 열망한다는 것은 신앙의 기본이다. 그곳에서 자신의 영적 갈급이 해갈되고, 그곳에서 자신의 존재 이유와 목적이 충족되고 발전된다면 그런 열망이 없는 자는 성도라 하기 어렵다.

1절: 만군의 여호와여 (*야웨 체바옷*)—이 호칭에서 "만군" (*체바요트*)은 1) 군대, 2) 군역 (軍役), 3) 하늘의 만군 (별들, 신 4:19, 17:3 등)을 의미하는 말 (*차바*)의 복수형이지만, 이 말이 무슨 의미인지에 대하여는 논란이 많다. 제시된 몇 가지 의미들을 언급하자면, 1) 이스라엘의 군대의 하나님 (삼상 17:45, 출 12:41 [*치브오트 야웨*, E. Koenig 등), 2) 별들의 하나님 (Koehler), 3) 힘을 박탈당한 가나안의 자연력들의 하나님 (Maag), 4) 야웨의 하늘 가속을 구성하는 천적 존재들 (F. M. Cross), 5) 천지 모든 존재들의 하나님 (W. Eichrodt), 6) 야웨 전능자 (이 경우, 츠바요트를 강조적 복수형 명사 혹은 형용사로 취함). 이런 다양한 의미들이 고려중인 표현에 함축될 수 있으나, 우리는 1), 4), 5), 6) 등이 가장 개연성이 크며, 이런 다양한 의미들이 함축되어 있다고 본다. 그런데 70인역은 이를 "능력들의 주" (*큐리에 톤 두나메온*)라 번역했다.

주의 장막이 어찌 그리 사랑스러운지요 (*마-에디돗 미쉬케노테카*)—신 33:12에서 "야웨의 사랑 받는 자" (beloved of Yahweh)에서 보듯, "사랑스러운" 이란 형용사 (*야디드*)의 명사형은 "경건한 자" (시 60:5, 108:6)를 의미한다. 그렇다면, 여기서 사랑스럽다는 말은 하나님의 성소의 영적인 탁월함을 지시할 것이다. 그런데 "장막"은 복수형이지만 (*미쉬케놋*), 의미상으로는 단수이다 (시 43:3; NIV, RSV, TNK). 여기서는 "장막" (*오헬*)이 아니라 "거처" (dwelling-place)라 해야 한다. '장막' 이 천막에 거하던 유목민들의 언어 방식을 반영한다면, "거처" 란 말은 하나님의 거하시는 곳이란 점에 초점을 둔다. 그리고 "거처" 라는 말은 "거하다" (*쇠칸*)과 연관되며, 하나님의 임재가 거하는 곳이요, 신약에서 사도 요한은 하나님께서 사람의 몸을 입으시고 우리 가운데 거하신 일을 "천막에 거하다" 란 의미의 "스케노오" 동사를 사용하여 표현하고 있다 (요 1:14).

2절: 여호와의 궁정을 사모하여 쇠약함이여 (*니크세파 베감-칼레타 나프쉬 레하츠롯 야웨*)—"여호와의 궁정" 이란 말은 "야웨의 마당" (출 27:9-19, 35:17-18, 38:15-31, 렘 19:14, 26:2 등), 곧 성소의 "뜰"을 지시한다. "사모하다" (*카사프*)란 말은 라반이 야곱에게 아비 집을 사모하여 돌아가고자 한다고 할 때 (창 31:30) 사용되었다. 시인은 자신을 순례자로 제시한다 (5-7절). 그리고 "쇠약함이여" (*칼라*)란 표현에서, 눈이나 (시 119:82, 123) 영혼 (시 119:81)이 모두 이 동사의 주체가 될 수 있다. 그런데 여기 문장에서 표현된 순례자의 영적 열망은 그의 신앙의 성숙도를 암시해 준다 할 것이다. 인간의 존재 목적이 그분을 영화롭게 하는 것이라면, 예배는 신앙인의 존재 지반이 되기 때문이다. 예배는 모든 삶의 출발이며, 지반이며, 토대가 아닌가?

내 마음과 육체가 생존하시는 하나님께 부르짖나이다 (*립비 우베사리 에란네누 엘 엘-하이*)—시 16:9에서는 마음이 기쁘고 (*사마흐*), 영광 (영혼)도 즐거워하며 (*길*), 육체도 안전히 거한다고 노래한다. 여기서나 시 16편에서나 시인은 주님을 인하여 기쁨으로 노래한다. 한편 현대 주석가들이 "부르짖다"고 번역하지만 (궁켈, 크라우스, 다훗), 고대 역본들 (70인역, 벌게잇, 페쉬타)은 "기뻐하다"로 번역했다. "기쁨으로 노래하다" (NRSV) 혹은 "기쁨으로 소리치다" 로 이해한다.

3절: 나의 왕, 나의 하나님 만군의 여호와여 (야웨 체바옷 말키 벨로하이) —원문에서는 1절에서 나타난 하나님의 호칭처럼, 문장 맨 마지막에 위치하여 강조되고 있다. 하나님은 창조 사역을 통해 자신의 통치권을 세우셨다. 이것은 통치권의 근거이며, 따라서 창조된 세계는 그분의 통치를 받고 있다. 보다 특수하게는 애굽의 종살이에서 구속받은 이스라엘이 그분의 통치 받는 백성이 되었고 (출 15:18), 일반적으로는 전 피조물이 그분의 통치대상이다. 그래서 시인은 "나의 왕이여" 라고 호칭한다. 동시에 그분은 '나의 하나님' 이시다. 이는 대단히 개인적이고 체험적인 영적 관계를 아는 자만이 사용할 수 있는 칭호이다. 또한 그분은 '만군의 여호와' 이시다. 이렇게 여러 명칭들을 중첩(重疊)하여 하나님에 대한 자신의 관계를 표출하면서 그분에 대한 친근감과 그분에 대한 숭앙심을 표현하고 있다.

주의 제단에서 (에트-미즈베오테카)—"당신의 제단들 근처에서" 란 표현은 새들이 '성소의 번제단이나 분향단 같은 것들 근처에' 둥지를 튼다는 것을 지칭한다기보다, '성소 내에서' 둥지를 튼다는 것을 지시할 것이다. 즉, "제단들"은 여기서 성소를 지시하는 제유법 (synecdoche)이다. 시인은 이런 상징적 묘사를 통해서 자신의 영적 고향이 성소라는 것을 실토하고 있다.

참새도 제 집을 얻고 제비도 새끼 둘 보금자리를 얻었나이다 (감-칩포르 마체아 바잇 우드로르 켄 라흐 아쉐르-솨타 에프로헤하)— 참새는 집합명사로 "새"를 지시하거나 (창 7:14, 신 4:17) 개개의 새를(레 14:5-7) 지시하기도 한다. 그런데 여기서는 다음의 "제비"와 병행어로 "참새"를 지시할 수도 있다. 그런데 "새"를 의미하는 "치포르"란 말은 새가 "짹짹 울다," "지저귀다"를 의미하는 동사 (차파르)와 연관된다. 즉, 의성어 (擬聲語)에 해당된다. 신약에서 "참새" (스트루티온)는 마 10:29, 눅 12:6, 7 등에서 등장한다. 한편, "제비" (데로르)를 70인역, 탈굼, 페쉬타 등은 "호도애" (turtle-dove)라 번역했다.

"제 집을 얻고… 새끼 둘 보금자리를 얻었나이다" -성소는 어떤 측면에서 하나님의 보호와 평안의 상징이다 (정방형 지성소는 이상적 보호와 안전의 상징, 계 21:16에서 새 예루살렘 성의 정방형 구조 참조). 영적 임재가 강할수록 그분의 보호하심은 견고할 것이다. 구약 성도들에게 예루살렘 성소는 모든 삶의 초점이요, 모든 꿈과 이상의 한 중심이었다. 그들의 존재 자체가 예루살렘 성소에 임재를 두신 하나님께 달렸기 때문이다. 신약 성도들처럼 "어디서나" 신령과 진정의 예배를 드린다는 사고보다는 (요 4:24) 한 중앙 성소에서만 하나님을 예배해야 했던 저들에게는 당연한 일이었다.

4절: 주의 집에 거하는 자가 복이 있나이다 (아쉬레 요쉐베 베테카)—레위인 성직자들은 비록 제사장이 아닐 지라도 성소에서 섬기는 것이 얼마나 큰 특권인지 체험했다. 모든 축복은 하나님께로부터 나타난다면, 성소에서 그분을 가까이 섬기는 일이 최고의 복이 아닌가? 그런데 이 시의 작사자가 고라 자손들이라면, 그들은 제사장을 수종(隨從)드는 하급 성직자들이었다. 그렇다면, 이 시에서 열망하는 시온 성소를 향한 순례자의 열망이나 시온 성소에서 섬기는 자들의 복을 노래하는 것은 성직자가 순례자의 입장에서 노래하는 것들이다. 성소에서 섬기는 자들은 순례자들이 볼 때에 너무나 복된 자들이었다. 성직자 자신들은 그 점을 간과하기 십상이었을 것이다. 오늘날도 목회자들은 자신들이 얼마나 복된 자리에 있는지 스스로 간과하지 말아야 하리라.

저희가 항상 주를 찬송하리이다 (오드 예할렐루카)(셀라) —하나님을 찬양하는 직무도 레위인 성직자들이 담당했다 (대상 23:5). 찬양은 끊임없이 올려져야 한다. 천상(天上) 예배의 광경이 그러하다 (계 4:8 참조). 성직자들은 이 구절에서 "항상" (ever) 찬양하리라는 말씀이 무슨 의미인지 알아야 한다. 찬양 자체에 몰입하여 그분을 높이는 성직자, 그 모습이 어떻게 아름답고 어떻게 성결한 것인지! "찬양과 경배"라는 찬양 집회가 한국에서 젊은이들의 신앙을 새롭게 하는 촉매제가 되었다. 수많은 청소년들이 찬양 가운데, 말씀 가운데서 주님을 만나 헌신을 다짐하고 눈물을 흘리는 그 모습, 목회자들은 찬송의 인도자여야 할 뿐 아니라, 스스로 찬양에 몰입할 줄 알아야 한다.

제2연 (5-7절): 순례자의 모습

이제 시인은 순례자의 열망에서 순례자가 시온 성소를 향해 오는 그 순례길의 어려움을 노래하고 있다. 티벳 같은 곳에서는 어떤 성스러운 산을 목표로 삼보(三步) 일배(一拜)의 어려운 난행(難行)을 하는데, 그 미신에 사로잡힌 종교적 행위라 해도 그 결사적 자세는 보는 이로 하여금 감탄과 탄식을 아울러 자아내게 한다. 감탄이란 자기 신앙에 대한 결사적 헌신의 모습에 대한 것이라면, 탄식은 헛된 것에 기만당하는 그런 어리석음에 대한 것이다. 그런데 여기 시편에서 순례자의 난행(難行)은 모든 참된 성도가 좁은 문을 통과하여 좁은 길을 걸어 천성(天城)을 향해 나아가는 참 모델이다. 시온 성소에 도달하기까지는 모든 역경을 이겨야 하고, 네 손에 든 검을 칼집에 꽂지 말아야 한다 (엡 6:10 이하).

5절: 주께 힘을 얻고 그 마음에 시온의 대로가 있는 자는 복이 있나이다 (아쉬레 아담 오즈로 바크 메실롯 빌바밤)— 어떤 이들은 "힘" (오즈) 대신 "피난처"로 이해한다 (TNK, REB, NAB, 다훗). 70인역은 이 부분에서 "그의 도움이 당신에게서 오는 자"라 번역했다. 이런 이해들에도 불구하고, 여기 문맥에서는 "힘"이란 의미가 타당한 듯 싶다. "오즈"란 말은 "힘" 외에도, 성벽 (ramparts)을 의미하고, 동음이의어 "오즈"는 (오즈 II) "피난처," "보호"를 의미한다, 한편 원문에는 "시온의"가 없고, 단지 "대로들" (메실롯)이라고 한다. 그 마음이 성소의 순례 길에 있는 자, 마음이 순례 길을 통해 하나님의 성소로 달려가는 그 자가 복되다! 4절에서나 5절에서, 그리고 6절에서 연속 사용된 형식은 지혜 문헌에서 애용되는 "복되도다!"의 형식이다 (욥 5:17, 잠 3:13, 8:34, 20:7, 28:14 등 참조).

6절: 저희는 눈물 골짜기로 통행할 때에 (오베레 베에멕 합바카)— 여기서 "눈물 골짜기" (에메크 합바카)는 어떤 이에 의하면, 예루살렘에 순례자들이 접근할 때 통과해야 했던 곳, 곧 무덤이 많은 곳을 지시한다고 한다. 그런 설명보다는 "바카"라 불리는 나무들이 가득한 골짜기를 지시할 것이다 (Valley of the Balsam, NJB; 삼하 5:24; KB³). 이 나무는 자르면 하얀 수지를 산출하는 나무 (아마 Balsam 나무)이다. 그런데 이 골짜기는 다소 황량하고 험하여 통과하기 어려운 곳이다. 현대 역본들은 대개 "바카의 골짜기"라 "눈물" 대신 "음역"하고 있다.

그곳으로 많은 샘의 곳이 되게 하며 (*마아얀 에쉬투후*)—순례자들의 믿음은 그 황량한 지역에 샘이 솟게 만든다. 즉, 순례자들의 믿음과 영적인 즐거움이 그런 황무지도 옥토같이 만든다 (사 35:7, 41:18 참조).

이른 비도 은택을 입히나이다 (*감-베라콧 야아테 모레*)— "이른 비가 그곳을 연못들로 덮는다" (NRSV). "은택" (*베라코트*)은 여기서 "연못들" (*베레코트*)로 이해할 수 있다 (NRSV, NIV, REB, NAB). 이런 번역은 의미가 잘 통하지 않지만, 말하자면, 이른 비가 그 골짜기에 내려서 여기저기에 물웅덩이들을 만들면, 마치 연못들이 그 골짜기를 가득 덮는 모양이다(?). "이른 비"는 하나님의 축복이며 (신 11:14), 10월 하순이나 11월 초순에 내리는 가을비를 가리킨다 (NIV). 그런데 문제는 이 순례자의 모습은 가을 초막절 절기에 참석하는 자인데, 초막절은 오늘날 9월 중순에서 10월 중순 어간에 일어나지만, 그 어간에 팔레스틴 전역에서 이른 비가 오는 법은 거의 없다는 점이다. 그렇지만 슥 14:16-19 같은 구절들이 보여주듯, 초막절기와 이른 비의 연관은 개연성이 전연 없는 것은 아니다. 그리고 6절은 사실 하나님을 사모하는 순례자들이 가는 길은 사막이 변하여 옥토 꽃밭이 된다는 식의 영적 상징적 묘사라는 느낌이 들기도 한다 (사 35, 51:3, 58:11 참조). 즉 문자적으로 구체적인 지형과 연관하여 순례자들의 어려움을 묘사한다고만 볼 수 없다.

그런데 이 부분을 좀 더 의미가 잘 통하도록 번역한 NJB는 "그들이 그곳에서 물-웅덩이를 만든다; 더 한 층의 축복, 곧 이른 비가 그것을 채운다" 라 했다. 그러니까 순례자들이 건조한 땅을 지날 때 얼마나 힘들 것인가? 그런 상황에서 "바카" 골짜기에서 (어떤 골짜기인지 정확하지 않지만) 그들은 웅덩이를 판다. 물을 얻기 위함이다. 그런데 마침 가을비가 내려 그 웅덩이를 가득 채울 때, 그 기쁨은 얼마나 클 것인가? NJB는 이런 식의 추론적 번역이다.

7절: 저희는 힘을 얻고 더 얻어 나아가 (*엘레쿠 메하일 엘-하일*)—일반 여행자들은 날아 갈수록 기진해지나, 순례자들은 날로 더해가는 영적인 희열과 기대감으로 힘이 더욱 생긴다. 여호와를 앙모하는 자는 새 힘을 얻기 때문이다 (사 40:31).

시온에서 하나님 앞에 각기 나타나리이다 (*에라에 엘-엘로힘 베치온*)—순례자들은 진실로 하나님 앞에 나타나기 위한 목적으로 그 어려운 여행을 시작한 것이다. 이스라엘 성인 남자들은 매년 삼차 하나님께서 택하신 곳에서 여호와 앞에 나타나야 했고 반드시 예물을 가지고 그분을 뵈어야 했다 (출 23:14, 17, 34:23, 신 16:16). 그런데 여기서 사용된 동사 "보다"의 수동태는 성도가 하나님 앞에 "나타나다" (appears)란 의미를 전달한다. 이는 사람들이 하나님을 "본다" (뵙다)라고 하는 것보다 하나님 앞에 "나타난다" 라고 하는 겸양적 표현 방식이다.

제3연 (8-9절): 야웨의 기름 부으신 자를 위한 기도

시인은 신정국에서 하나님의 대리자인 왕을 위해 시의 한 중간을 할애한다. 갑자기 순례자의 열망과 그들의 난행(難行) 묘사에서 왜 왕을 위한 기도로 진전되는가? 이에 대한 대답은 고대 이스라엘에서 "왕"의 지위가 영적 문제에 얼마나 중요하게 연관되었는지를 고려한다면 이해가 쉽게 될 것이다. 세속 국가의 왕과 달리, 신정국의 왕은 하나님과 백성의 언약 관계를 촉진시키는 언약 제도의 일부였다 (신 17:14-20 참조). 왕이 신령하고 성령 충만한 것이 곧 신정국의 은혜 충만이었고, 왕의 형통이 신정국의 형통이었다. 이는 왕이 백성의 대표로서 하나님의 축복받는 자리에 있을 때, 그 축복은 곧 백성의 축복으로 나타났기 때문이다. 반대로 왕이 우상 숭배자이면 온 나라가 우상 숭배에 빠지게 되었다 (솔로몬이나 아하스, 므낫세 등 참조). 이런 의미에서 순례자의 마음은 왕에게 은총을 베푸시기를 구하지 않을 수 없다.

8절: 만군의 하나님 여호와여 (*야웨 엘로힘 체바옷*) ---1, 12절에서 "만군의 여호와여!" (*inclusio*), 3절에서 "나의 왕, 나의 하나님, 만군의 여호와여" 등으로 부른 시인은 여기서 두 번이나 하나님을 부르고 있다: 만군의 하나님 여호와여! 야곱의 하나님이시여! 이런 부르짖음은 기도가 격정적임을 암시해 준다.

야곱의 하나님이여 내 기도를 들으소서 (*쉬므아 테필라티 엘로헤 야아콥*) —앞부분과 연결시켜 고려해본다면, 이제 순례자들은 예루살렘 성소에 도착하여 자신들의 조상 야곱에게 은혜를 베푸신 하나님을 생각하고 간구한다 (창 28:20, 31:11, 24 등 참조).

귀를 기울이소서 (*하아지나*) — "듣다"와 "귀 기울이다"란 두 말은 병행어로 자주 나타난다 (창 4:23, 민 23:18, 삿 5:3, 욥 33:1, 34:2, 16 등).

9절: 우리 방패이신 하나님이여 (*마긴네누 르에 엘로힘*) — "하나님이여, 우리의 방패를 보소서!" 여기서 "우리의 방패"는 후반절의 "당신의 기름 부으신 자"와 병행된다. 따라서 하나님이 아니라 이스라엘의 '왕'을 지칭한다. 그리고 이 "방패"는 "우리의 군주"(our sovereign)라고 번역될 수 있다 (시 47:10, 호 4:18; NIV 각주, 다훗). 그런데 11절에서는 "여호와 하나님은 해요 방패시라"고 한다. 이스라엘 왕이 "방패"이면서, 하나님도 "방패"이시다. 왕은 하나님의 "아들"로서 (시 2:7, 삼하 7:14) 하나님의 대리자인 때문이다.

주의 기름 부으신 자의 얼굴을 살펴보옵소서 (*베합베트 페네 메쉬헤카*) — "보다"(*라아*)와 "바라보다"(*나바트*)는 병행어로 자주 나타난다 (욥 35:5, 시 80:15, 142:5, 사 63:15, 애 1:11, 12, 합 1:5 등). 여기서 기름 부으신 자는 이스라엘의 왕을 지시한다. 그리고 "보다"란 "호의를 가지고 보시라"는 간구이다 (NIV). 우리도 공적 기도에 나라 지도자를 기억해야 한다(딤전 2:2)

제4연 (10-12절): 야웨 하나님을 경배하는 일의 즐거움

순례자는 이제 성소에서 체험한 영적인 축복에 감격하여 성소에서 늘 거하고 싶은 바램을 고백을 한다.

10절: 주의 궁정에서 한 날이 다른 곳에서 천 날보다 나은즉 (*키 토브-욤 바하체레카 메알레프 바하르티*)— "주의 궁정"이란 2절에서처럼, 성소의 마당들을 지시한다. 그런데 이 문장은 잠언서에서 자주 등장하는 비교형 문장이다 (토브 … 민, 잠 3:14, 8:11, 19, 12:2, 9 등). 그런데 "나은즉" 이라 단순하게 번역하는 것 보다, "얼마나 더 나은지!" (키 토브)로 강조해야 한다. 그런데 "다른 곳"이라 번역된 말 (바하르티)은 "내가 선택했다"를 의미하지만, 여기서는 의미가 통하지 않으므로 KB나 BHS 편집자는 "나의 어둔 방에서" (베헤드리)라 제안한다. 그래서 REB는 "내 집에서" (in my home)이라 하고, NJB는 "내 자신의 설비들에서" (at my devices)라고 추정적으로 번역한다. 다훗은 "묘지에서" (in the Cemetery)라 번역한다. 우리는 잠정적으로 "내 집에서"라 이해한다. 시인은 하나님의 임재와 보호와 축복이 함께하는 성소에서 지내는 축복이 얼마나 큰 것인지를 이렇게 표현하고 있다. 물론 "내 집에서"로 본다 해도, 우리 가정도 영적인 보금자리로 꾸밀 책임이 각자에게 있지만 말이다.

악인의 장막에 거함보다 내 하나님 문지기로 있는 것이 좋사오니 (히스토페프 베베트 엘로하이 밋두르 베아홀레-레쇠아)— "문지방에 눕다" (히스토페프)는 말은 거지처럼 문 앞에 드러누운 상태를 가리킨다. 이 말은 "문지방" (threshold)을 의미하는 말 (사프)에서 유래한 동사이다 (denominative). 성소의 문지기 (쇼메르 핫사프)는 역시 레위인들 몫이었다 (대하 34:9, 대상 9:19, 왕하 12:10, 22:4, 23:4, 25:18). 문지기는 수위(守衛)인데, 오늘날 아파트 수위를 누가 존경할까마는 '성전 수위'라도 해봤으면 하는 바람이 순례자의 열망이었다. 중요한 것은 하나님의 임재가 있는 처소에 머물 수 있는 그 무엇을 찾다가 어차피 세습적이고 혈통적인 성직자가 될 수 없다면, 수위라도 할 수는 없을까? 물론 성전 수위도 아무나 할 수 없고, 레위인들의 몫이었지만 순례자는 그런 것까지는 미처 생각지 못한 모양이다.

11절: 여호와 하나님은 해요 방패시라 (키 쉐메쉬 우마겐 야웨 엘로힘)— 하나님을 "태양" (쉐메쉬)으로 부르는 곳은 여기 밖에 없다. 고대 근동세계에서 "태양"은 신이었다 (왕하 23:5, 11). 특히 애굽에서 태양신 '레' (Re)는 최고신이었다. 앗시리아에서도 태양 신 '솨마쉬'를 섬겼고, 가나안에서도 그러했다. 그래서 하나님을 태양이라 부르는 것은 아주 망설여지는 일이 아닐 수 없었다. 왜냐하면 그것은 이방인들이 듣기에 저 하늘의 한 피조물에 불과한 "태양"을 신(神)으로 섬기는 자기들이나 이스라엘이나 같다고 오해할 수 있었기 때문이다. 그런데 70인역은 여기서 "주께서는 자비와 진리를 사랑하신다" (호티 엘레온 카이 알레테이안 아가파 큐리오스)고 번역했다. 탈굼은 "태양"을 "높은 성벽"으로 번역했다. 반면, 제롬의 시편은 맛소라 본문과 일치한다 (quia sol et scutum Dominus Deus). 시인이 하나님을 "태양"이라 부른 것은 아마르나 서신들이나 유가릿 문헌에서 가나안 봉신들이 애굽의 종주(宗主) 왕 바로나 힛타이트 종주를 "태양" (샴슈)라 지칭한 용례와 흡사할 것이다. 그렇다면, 다음 말 "방패" (마겐)도 "주권자" (sovereign)로 번역되어야 할 것이다. 이렇게 시인에게 있어서 인간적인 왕과 하늘의 왕이 모두 왕이었지만, 하늘의 왕께서 인간 왕을 보시고 도와주셔야 한다고 이해하였다.

여호와께서 은혜와 영화를 주시며 정직히 행하는 자에게 좋은 것을 아끼지 아니하실 것임이니 다 (엘로힘 헨 베카보드 잇텐 야웨 로 이므나아-토브 라홀킴 베타밈)— 은혜와 영광 (카보드)이 함께 사용된 구절은 여기서와 잠 11:16이다 (유덕한 여자는 존영을 얻고). 하나님의 은혜를 받아야 그 사람은 무게가 더해진다. 곧 영광스럽게 된다. 그런 점에서 은혜와 영광은 불가분리이다. 그런데 "정직히 행하는 자"는 "완전함에 행하는 자들"이다. 하나님은 아브라함에게 자기 앞에서 행하여 완전하라고 명하신 바 있다 (창 17:1). 하나님은 아브라함에게 "내가 그로 그 자식과 권속에게 명하여 여호와의 도(데렉 야웨)를 지켜 의(체다카)와 공도(미쉬파트)를 행하게 하려고 그를 택하였나니 (예다-티브)"라 하셨다 (창 18:19). 이스라엘은 아브라함의 후손으로 야웨의 길에 행하는 자들, 곧 그분의 말씀을 준행하는 백성으로 부르심을 입었다. 야웨의 길은 자기 백성에게 주신 언약이다. 언약에 충실한 자는 구원을 받지만 (시 119:1), 두 길 사이에 오가는 자(사곡한 자)는 넘어지고 말 것이다 (잠 28:18, NJB).

한편, "좋은 것" (토브)은 영적인 것과 물질적인 것 모두를 포함한다 (신 28:1-14 참조). 구약에서는 특히 현세적인 축복이 강조된다. 언약에 충실한 지 여부에 따라 언약 백성에게는 상벌(賞罰)이 주어질 것이다 (신 28장, 레 26장).

12절: 만군의 여호와여 주께 의지하는 자는 복이 있나이다 (야웨 체바옷 아쉬레 아담 보테아흐 바크)—5절에서처럼, "당신을 신뢰하는 자" 곧 그 힘이 "당신에게 있는 자"가 복되다! 고 선언한다. 이것은 아주 과학적이고 합리적인 선언이다. 축복의 근원이신 하나님을 신뢰하는 자가 복을 받을 것이기 때문이다.

시편의 적용

마음에 (시온의) 대로가 있는 자 복되다 (아쉬레 바크 메실롯 빌바밤, 5절)

비록 본문에는 "시온"이란 단어가 없다 해도, 문맥상 "시온"이란 단어를 보충해서 "시온의 대로"라 이해할 수 있다. 왜냐하면 이 시편은 시온에 있는 주의 장막, 여호와의 궁정 (1, 2, 10절) 곧 하나님의 성전을 사모하는 마음을 노래하기 때문이며, 또한 7절에서 구체적으로 시온에 위치한 "하나님(의 성전)"에 나아가는 일을 언급하기 때문이다. 또 한 가지 주목할 것은 "복되도다!"라는 감탄문은 5절만 아니라, 4, 12절에서도 나타난다. 이 세 감탄문들은 서로 유사한 내용을 담고 있다. 그래서 NRSV, NASB 등은 "시온에 이르는 대로들" (the highways to Zion)이라 번역하고 있다. 이 시온에 이르는 "대로들"은 (메실롯) "메실라"란 여성 명사의 복수형인데, 이는 "굉장히 큰 대로"라는 강조적 의미에서 이해할 수 있다. 참고로 현대 히브리어에서 철도는 "메실라트 바르젤" (철길)이라 불리고, 고속도로는 "케비쉬 라쉬" 혹은 "메실라," 포장 도로는 "케비쉬 아스팔트," 지하철은 "메실라 타흐티트"라 불린다.

비록 본문에는 "시온"이란 단어가 없다 해도, 문맥상 "시온"이란 단어를 보충해서 "시온의 대로"라 이해할 수 있다. 왜냐하면 이 시편은 시온에 있는 주의 장막, 여호와의 궁정 (1, 2, 10절) 곧 하나님의 성전을 사모하는 마음을 노래하기 때문이며, 또한 7절에서 구체적으로 시온에 위치한 "하나님(의 성전)"에 나아가는 일을 언급하기 때문이다. 그래서 NRSV, NASB 등은 "시온에 이르는 대로들"(the highways to Zion)이라 번역하고 있다. 이 시온에 이르는 "대로들"은 (메실롯) "메실라"란 여성 명사의 복수형인데, 이는 "굉장히 큰 대로"라는 강조적 의미에서 이해할 수 있다. 참고로 현대 히브리어에서 철도는 "메실라트 바르젤"(철길)이라 불리고, 고속도로는 "케비쉬 라쉬" 혹은 "메실라," 포장도로는 "케비쉬 아스팔트," 지하철은 "메실라 타흐티트"라 불린다.

출애굽의 역사적 사건은 애굽에서 광야를 통하여 약속의 땅으로 이르는 "여행"이었다. 마찬가지로 바벨론 추방에서의 "출애굽 여행"의 영상(映像)으로 묘사되곤 한다. 이사야 선지자는 귀환하는 이스라엘 백성이 여행할 그 대로를 종종 말씀한다 (사 40:3-4, 62:10 등). 그러나 바벨론 포로 생활에서의 귀환시에 이스라엘이 대로를 건설하고 그 길로 귀환했다는 묘사는 없다. 즉, 역사적 성취에서는 문자적 대로가 아니었다. 오히려 귀환할 때 저들이 애쓴 것은 기도였다. 예컨대, 에스라는 아하와 강가에서 여정을 출발하기 전에 금식을 선포하고 무리들과 함께 금식 기도에 돌입했다. 안전한 여행을 위한 영적대로 건설을 위함이었다 (에스라 8:21-31 참조). 유사하게 세례 요한은 저 유명한 사 40:3-4의 예언을 영적으로 해석하여 마음에 주님이 오실 영적 대로를 건설하는 회개를 선포했다 (마 3:2-12 참조).

한편 대로는 나무를 베어내고, 돌을 골라내고, 골짜기는 돋우고, 높은 곳은 깎아 내려 평평케 하여 건설한다. 고대의 로마 사람들은 주전 300년경부터 군사적 필요에서 돌을 깔아 튼튼한 대로를 건설하기로 유명했다. 로마 외에도 주전 5세기에 페르시아 제국에는 페르시아만에서 지중해로 통하는 왕의 대로가 건설되어 있었지만, 도로를 그물처럼 서로 연결되는 네트워크화 하고 유지 보수에 정성을 아끼지 않은 것은 로마인이었다 (시오노 나나미, 「로마인 이야기: 모든 길은 로마로 통한다」 제 10권 참조).

이제 실제로 우리가 하고 싶은 말은 어느 목사의 간증 비슷한 설교를 소개하는 것이다. 그는 십 몇 억 원 하는 교회 부지를 구입하기 위해 보증금을 1억 몇 천만 원 걸었는데, 잔금을 지불하는 날이 닥쳤다. 그간 2개월여를 교인들을 독촉하여 연속 금식 기도를 해 왔는데, 그 잔금을 지불하는 날 새벽에 하나님은 꿈으로 그 목사에게 철골과 콘크리트로 된 구름 다리 하나를 보여 주셨는데, 절반 정도만 콘크리트로 완성되었고 나머지는 철골 구조만 보였다. 아니 오늘 잔금을 지불하는 날인데, 두 달간 우리 전 교인이 그렇게 기도했는데 왜 이것 밖에 되지 않았습니까? 했더니, 너희 기도가 절반에 밖에 미치지 못한다는 식으로 하나님은 답을 하셨다 한다. 그리고 땅 주인 할아버지의 험상궂은 얼굴도 보였다 한다. 그날 치루어야 할 잔금은 준비되지 않았기에 힘없이 그 주인을 찾아 갔더니 보지도 않고 2개월 여유를 줄 터이니 그때까지 지불하시오! 라고 했단다. 그래서 2개월 기도를 계속하고 드디어 지불할 날이 닥쳤다. 그 날 종일 헌금이 들어왔는데, 마지막 시간 오후 5시까지 기도로 승부를 걸었다 한다. 마침내 2주 전에 등록한 약사 한 분이 통장에 들었던 7천 만 원을 가져왔고, 또 집을 팔아 만든 1천 만 원을 어떤 성도는 가져와서 잔금을 성공적으로 치를 수 있었다 한다. 그 목사는 설교하길, 시온의 대로는 하나님이 계신 곳 그분의 보좌에 이르는 대로는 우리의 헌금과 봉사, 기도로 건설되어야 할 것이다 라고. 그렇다 기도나 봉사는 우리의 현실과 동 떨어진 어떤 추상적인 종교 행위가 아니라, 우리의 현실 문제와 직결된다. 물론 그 목사의 기도가 수치로 환산되어 제시된 것은 그의 경건을 격려하기 위한 하나님의 교육 방편이었다 해도, 시사(示唆)하는 바가 아주 심대하다. 그분에게 이르는 대로만 제대로 건설되면, 모든 축복은 우리에게 막힘이 없이 흘러 올 수 있다는 것이다. 지금도 그 교회는 일주일에 300명 이상이 일인당 3일 금식을 하면서 기도에 매달린다고 한다. 그런 교회에 주님의 축복이 시온의 대로를 통해서 흘러오지 않겠는가?

시 85편 야곱의 번영을 회복시키셨나이다

I. 시편에서의 위치, 시의 유형과 삶의 자리

앞의 시편 11절과 본 시편의 12절은 사고상 서로 일치한다.

… 여호와께서 은혜와 영화를 주시며
정직히 행하는 자에게 좋은 것을 아끼지 아니하실 것임이니이다 (시 84:11)
여호와께서 좋은 것을 주시리니 우리 땅이 그 산물을 내리로다 (시 85:12)

본 시는 현재 당면한 곤란은 야웨 하나님의 진노의 결과라는 이해에 근거하여 시인은 하나님의 은총과 구원을 간구한다. 후반부에서는 그분에게 신실한 자들에게 그분의 구원이 임한다는 확신을 제시한다. 모빙켈은 이 시나 시 126편이 초막절과 나팔절에 사용된 것이라 추정한다. 즉, 평안과 행복한 한 해를 기원하는 기도라는 것이다 (PTW I, 223). 새 해를 맞이할 때마다 "운명의 반전"(turning of destiny)에 대한 기대감으로 새로운 시작과 새로운 행복을 기원하는 내용을 담고 있다는 것이다.

한편, 이 시편들이 담고 있는 간구들에 비추어 보건대, 탄식시들과 연관된다고 할 수 있다. 그런데 1절에서 "야곱의 포로 된 자로 돌아오게 하셨으며"라는 말씀은 겉보기에 이 시가 추방 이후의 것이란 암시를 줄 것이다. 그래서 다수의 주석가들은 이 시가 추방에서 돌아온 자들이 선지자들이 예고했던 그런 영광스럽고 평안한 삶이 전연 아닌 점에 좌절한 상황에서 하나님의 은총을 간구하는 기도라고 생각한다. 특히 주석가들은 이 시가 소위 제2 이사야의 사고와 아주 긴밀히 연관된다고 생각한다 (Hans-Joachim Kraus, *Psalms 60-150*, 174). 이들에 의하면, 소위 제2 이사야가 예고한 바벨론 추방에서의 회복, 곧 모든 죄를 사하고 영광스러운 하나님의 임재가 약속된 그 예언을 품고 귀환한 백성들은 이내 현실에서 예고된 영광스러운 비전과 전연 다른 상황, 온갖 어려움과 난제들이 기다리는 상황에 부딪히고 말자, 큰 실망과 좌절에 빠지게 되었다 한다. 바벨론 사람들의 압제대신 이제는 페르시아인의 통치를 받아야 했고, 분쟁과 흉작, 빈곤 등은 (학 1:10-11, 2:3 이하, 슥 1:12 이하) 예고된 그 구원의 시대가 아직 완전히 도래하지 아니했고, 아직도 하나님의 진노가 여전히 자신들을 무겁게 짓누르고 있다는 인식을 하게 되었다 한다.

다른 한편 아더 바이져 (Artur Weiser)는 이 시가 초막절 절기 예배용으로 작사되었다 한다. 이 예배에서 회중은 하나님의 인도하심의 은혜로운 행위들을(출애굽, 약속의 땅의 수여) 제시하는 구속사 (Heilsgeschichte)를 반복하여 들었다 한다. 여기서도 하나님의 이전에 베푸신 은혜를 상기하고, 다시 은총을 간구한다고 한다. 이런 예배의식의 견지에서의 해석은 묘사된 상황을 허공에 떠게 만들 위험이 많다. 아무런 현실적 위기 의식도 없는 상황에서 단지 예배를 위해 간구하고 있다고 가정한다면 현실과 부합될 수 없을 것이다.

그런데 사용된 표현 "야곱의 포로된 자를 돌이키다" (쇼브타 쉐비트 야아코브)은 "야곱의 번영을 회복시키다" (to restore the fortunes of Jacob)로 이해해야 한다. 여기서 상실된 번영에서의 회복은 반드시 추방에서의 회복만을 지시치 않고 여러 가지 곤란과 불행에서의 회복을 가리킬 수 있다. 특히 "야곱의 번영을 회복"하는 일은 12절에서 "우리 땅이 그 산물을 내리로다"는 말로 보다 구체화된다는 점을 우리의 입장을 지지해 준다 (레 26:4, 20 참조). 이렇게 우리는 이 시가 바벨론 추방에서의 귀환 이후에 부딪힌 어려운 상황에서 나온 시라고 보지 않을 뿐 아니라, 바이져 같이 무시간적인 상황을 추상적으로 노래한다고도 보지 않는다. 그 구체적인 정황은 확인되기 어려우나 이 시는 이스라엘이 처했던 국난에서의 구원을 간구하고 있다.

2. 시적 구조, 기교들 및 해석

내용상으로 보건대, 하나님께서 은혜를 베푸셨다는 1-3절의 진술은, 곧 뒤이어 제시되어 그것을 부인하듯, 이미 진술된 은혜를 베풀어주시라! 간구를 올리는 4-7절과 논리상 잘 어울리지 아니한다. 그래서 어떤 이들은 1-3절의 완료상 직설법을 간구적 완료(precative perfect)로 취한다. 그렇지만, 문맥에서 명령법이 선행하지 않는 경우 완료상을 명령법 (간구형)으로 취하고자 한다면 주저할 수밖에 없다. 이러한 어려움에도 불구하고, 우리는 이 시의 논리적 일치성을 중시하여, 다훗처럼, 1-3절을 명령법 (간구형)으로 취하고자 한다. 이렇게 본다면, 1-7절의 간구에 하나님의 응답이 8-13에서 묘사된다.

제1연 (1-7절): 진노를 거두시고 땅이 산물을 내게 하소서!

1절: 여호와여 주께서 주의 땅에 은혜를 베푸사 (라치타 야웨 아르체카)— 동사가 완료상이므로, 현대 역본들은 대개 과거에 이스라엘("당신의 땅")에 베푸신 은혜를 묘사한다고 취하거나 (KJV,

NASB, NIV, RSV, LSG, ELB), 아니면 미래 시제로 베푸실 은혜로 이해한다 (TNK; NJB는 현재 시제로 이해). 그 축복의 내용은 후반절이 간접적으로 묘사하고 ("야곱의 번영을 회복시키셨다"), 12절에서 직접으로 제시하듯 ("우리 땅이 그 산물을 내리로다"), 추방에서의 회복이라기보다, 가뭄으로 타는 땅이 산물을 내는 일과 연관된다. 이는 언약 축복의 한 항목이다 (레 26:4, 20). 하나님은 언약 백성이 언약 법규에 충실한 정도에 따라 상벌을 규정해 놓으셨고, 그 상벌 규정대로 이스라엘을 다루어 오셨다. 우리는 앞의 서론에서 언급했듯이, 이 부분을 간구적 완료로 이해한다: "여호와여, 당신의 땅에 은총을 베푸소서!'

야곱의 포로 된 자로 돌아오게 하셨으며 (샵타 쉐빗 야아콥)— "야곱의 번영을 회복시키소서" (Restore the fortunes of Jacob; NRSV, NIV, REB, NAB 등 참조). 여기서 "야곱의 포로 된 자로 돌아오게 하다"로 번역된 표현을(쇠브타 쉐붓/쉐빗 야아코브) 70인역, 벌게잇, 탈굼, 페쉬타 등은 한결같이 한역같이 "포로를 돌이키다"로 번역했다. 그런데 맛소라 케레 독법은 케티브 독법 쉐붓 대신 쉐빗을 제안한다. 맛소라 학자들이 케티브 쉐붓 대신 쉐빗이라 제안한 것이 (케레) 4번, 케티브(Ketive) 쉐빗 대신 쉐붓이라 제안한 것이 (케레 Qere) 6번이나 된다는 사실은 이 표현의 의미 파악에 혼동이 있었다는 점을 암시해 준다. 또한 고 아람어 (Old Aramaic) 문헌인 세피레 (Sefire) 문헌에서(3.24) "신들이 내 부친의 집 (왕조)의 운명을 회복시키셨다" 라는 표현이 나타난다. 더구나 욥 42:10에서 "여호와께서 욥의 곤경을 돌이키시고" 욥에게 그 전 소유보다 갑절이나 더 주셨다는 묘사는 슈브 쉐빗/ 쉐빗이란 표현이 "포로에서 돌이키다"를 의미하지 않는다는 점을 분명히 보여준다.

한편, "포로" (갈룻)란 말이 "돌이키다" (슈브)와 사용된 경우는 렘 28:4에서 유일하게 나타난다 (KB는 사용된 예가 없다고 오판). 그런데 고려 중인 표현 (슈브 쉐빗/ 쉐붓)은 애 2:14을 제하면 주어가 항상 "야웨"로 나타나고, (시 53:6에서는 "하나님"), 참조 구절들은 신 30:3, 욥 42:10, 시 14:7, 53:7, 85:2, 126:1, 4, 렘 29:14, 30:3, 18, 31:23, 33:26, 48:47, 49:39, 애 2:14, 겔 16:53, 39:25, 호 6:11, 암 9:14, 습 2:7, 욜 4:1 등이다. 이 구절들 중 어떤 것들은 문맥에서 보건대 에스겔 선지자처럼 추방에서의 회복을 언급하는 것도 있다.

이상의 증거들을 종합적으로 판단하건대, 사용된 표현은 1) 상실된 번영을 회복시키다, 2) 포로에서 돌이키다, 3) 빚 때문에 야기된 (노예 생활)에서 회복시키다 등의 의미를 지닐 수 있다. 그런데 시 85:1에서는 1)의 의미로 취한다.

2절: 주의 백성의 죄악을 사하시고 (나사타 아본 암메카)— "당신 백성의 죄악을 사하소서!' 은혜를 가나안 땅에 베푸시는 일은 그곳에 사는 언약 백성이 언약에 충실한 때이다. 백성의 죄를 사한다 (나사 아본)는 것은 백성의 회개를 전제한다. 언약 법규를 범한 자들이 자신의 불의를 자백하고 주님께로 돌이키면 (제사를 드려 표시) 사함을 받는다.

저희 모든 죄를 덮으셨나이다 (킷시타 콜-핫타탐)(셀라) — "그들의 모든 죄를 덮으소서!' "죄를 덮다" (카사 하타-트)란 말은 "죄를 용서하다"와 병행 된다 (시 32:1, 5 참조). 그래서 영역본들은 전. 후반절에서 유사하게 번역하고 있다: 용서하다/ 사하다 (forgive/ pardon; NRSV, NAB). 인간은 자기 죄를 가슴에 숨기고, 가릴 수 있다 (욥 31:33). 그렇지만 하나님께서 인간의 죄를 가리시고, 덮으신다는 말은 그의 죄를 보지 않으시고, 용서하신다는 것이다.

3절: 주의 모든 분노를 거두시며 (아사프타 콜-에브라테카)— 음식이나 추수를 "거두다" (아사프)란 말이지만, "철회하다" (withdraw)란 뉴앙스도 갖는다.

주의 진노를 돌이키셨나이다 (헤쉬보타 메하론 압페카)— "당신의 맹렬한 진노에서 당신은 돌이키소서" (Turn from your hot anger). 성도가 느끼는 하나님의 진노는 자신의 죄악을 인정하는 표시이기도 하다. 12절이 암시하듯, 하나님의 진노는 아마 "가뭄" 이었을 것이고, 그래서 시인은 "당신의 땅"에 은혜를 베풀어주시라 간구했던 것이다 (대하 6:26에서 솔로몬의 기도 참조).

다윗은 이 부분에서 이스라엘과 가나안 사고를 흥미롭게 비교하고 있다. 이스라엘에게 있어서 여름의 찌는 불볕더위는 자기들의 죄가 야기한 하나님의 맹렬한 진노의 표시였지만, 가나안 사람들에게는 생육의 신 바알이 사망의 신 모트에게 죽임을 당하여 저승에 있기 때문이었다. 바알 신화에 의하면, 바알신은 저승으로 내려갈 때, 자기의 구름과 비도 데리고 가는 것으로 나타난다. 자연 현상을 신화적으로 설명한 가나안 사람들과 고대 이스라엘의 사고를 비교한 것은 흥미롭다. 그런데 여기 시에서 이스라엘이 처한 위기는 단순한 여름철의 가뭄이 아니라, 다윗 시대에 있었던 내리 3년간의 가뭄과 같은 그런 가뭄이었을 것이다 (삼하 21:1). 이러한 가뭄이 야기한 처절한 상태는 결국 백성들로 하나님의 진노를 느끼게 했을 것이다. 가뭄은 언약 백성을 치는 4대 징계 수단의 하나였다.

4절: 우리 구원의 하나님이여 우리를 돌이키시고 (슈베누 엘로헤 이쉬에누)— "우리 번영의 하나님이여." 여기 문맥에서 구원, 도우심은 가뭄으로 황폐해진 땅의 회복이며, 번영이다. 1-3절을 직설법 완료형으로 번역하면, 4-7절 부분의 이해가 어렵게 된다. 대개는 1-3절을 과거에 베푸신 은혜로 이해하고, 4절부터는 과거에 베푸신 은혜를 상기시키며 현재의 어려움에서 구원을 간구하는 기도로 이해한다. 그래서 어떤 영역본들이 4절에서 "'다시' 우리를 회복시키소서!' 라고 번역한다 (NRSV, NAB, NIV). 그렇지만 본문에는 그런 언급이 없다. 한편 "우리를 회복시키소서"란 가뭄으로 황폐화된 땅의 회복을 간구한다.

우리에게 향하신 주의 분노를 그치소서 (베하페르 카아스카 임마누)—여기 사용된 "분노" (카아스)란 단어는 "격동시키다," "분노를 격발시키다"를 의미하는 동사 (카아스)의 명사형이다. 북왕국 이스라엘의 창건자 여로보암(왕상 15:30)이나 오므리 왕가의 아합 왕 (왕상 21:22)은 하나님의 진노를 격발시킨 사람이었다. 그런데 "분노를 그치다" (하페르 카아스)란 표현에서 "그치다"라 번역된 말 (파라르)은 "멸하다, 파기하다, 중지시키다" 등의 의미를 지닌다. 그래서 "분노"라는 목적어와 잘 어울리지 않는다는 느낌이 든다. 다윗은 유가릿 대응어에 근거하여 "내쫓다" (banish)로 번역하고, "그러나 나는 내 인자를 그에게서 내쫓지 아니하리라" (시 89:34)와 비교하고 있다.

5절: 주께서 우리에게 영원히 노하시며 (할레올람 테에나프-바누)— 진노는 대단히 길게 느껴진다. 여기서 "노하다" (아나프)는 바로 후반절에서 사용된 "진노" (아프)란 명사에서 유래한 동사이다.

대대에 발분하시겠나이까 (팀쇼크 압페카 레도르 바도르)— "당신의 노를 대대로 연장시키려나이까?" 사용된 동사(마솨크)는 "끌다" (그물), "펼치다" (팔을)를 의미하지만, 여기서는 "오랫동안 끌다" 란 의미이겠다. 여기 "노(怒)" (아프)는 전반절에서 사용된 동사 (노하다, 아나프)와 연관된다.

6절: 우리를 다시 살리사 주의 백성으로 주를 기뻐하게 아니 하시겠나이까 (할로-앗타 타슈브 테하에누 베암메카 이스메후-바크)—후반절의 "아니 하시겠나이까?" (할로)는 사실 문장 초두에 위치한다. 그러나 한글에서는 후반부로 돌려진다. 굳이 직역하자면, "당신은 우리를 다시 살리시지 않으시겠습니까? 그래서 당신의 백성으로 당신을 기뻐하도록." 여기서 "다시 살리다" 란 핍절에 처한 백성의 삶을 회복시키는 것을 가리킨다. 생명이 말하자면 죽음의 문턱에 처한 것이다. 그런데 "하나님을 기뻐한다" 는 것은 그분의 힘 (시 21:2), 그분의 인자 (시 31:8)를 기뻐하심보다 약간 광범위하게 느껴진다. 성도는 그분이 나타내시는 은총을 느낄 때, 그분을 기뻐하게 된다.

7절: 여호와여 주의 인자하심을 우리에게 보이시며 (하르에누 야훼 하스데카)— "인자하심" (헤세드)이나 후반절의 "구원" (야솨아)은 백성이 처한 궁핍과 기근에서 번영과 풍성함으로 이끌어 내시는 것이다.

구원을 우리에게 주소서 (베에쉬아카 팃텐-라누)—이러한 표현(나탄 야솨아)은 여기서만 나타난다. 인자하심, 곧 언약 백성을 향한 하나님의 언약 사랑을 나타내심은 백성이 처한 곤경에서 구원받는 것을 의미한다. 형식상 볼 때, 전반절에서 명령법으로, 후반절에서는 단축형 (jussive)으로 간구를 표현하고 있다.

제2연 (8-13절): 하나님의 응답

하나님의 생각은 성도가 다시 어리석음에 돌아가지 않기를 바라시며, 성도들이 언약에 충실할 때 평안 (솰롬)을 약속하신다. 이 평안은 "악" 에 대조되는 말로, 모든 사회적 안녕과 번영, 질서와 축복을 다 함축한다. '평안' 만 아니라, 이 부분에서 우리는 "구원과 영광" (9절), "긍휼과 진리," "의와 화평" (10절) 등과 같은 하나님의 속성과 축복을 묘사하는 대표적인 용어들을 대하게 된다. 이런 긍정적인 단어들은 하나님의 축복이 자기를 경외하는 자들에게 임박했음을 암시해 준다. 중세기의 버나드 (Bernard)에게 이 시편의 이 부분은 그리스도의 구속 사역에서 일어난 하나님의 위협과 공의의 불가침성과 긍휼과 화평의 화해에 (*Misericordia et veritas obviaverunt sibi, justitia et pax osculatae sunt*) 대한 아름다운 비유의 소재를 제공했다. 수많은 중세의 그림과 시, 드라마 등이 그 비유를 표현하였다.

이 부분의 내용은 격려와 확신을 주는 것으로, 이사야 후반부 곧 사 40-66장의 사고와 유사한

사고가 보인다:

그분의 구원이 가깝다 (사 46:13, 51:5, 56:1)
그의 영광이 다시 그 땅에 거하리라 (사 40:5, 60:2, 62:2)
궁휼과 진리 … 의와 화평이 서로 입 맞추었으며 (사 45:8, 59:14-15 참조).

그렇다면 이 부분의 성격은 무엇인가? 이 부분은 제사장이나 혹은 선지자가 받은 하나님의 응답 메시지인가? 아니면 하나님께 받은 메시지의 핵심만 제시하고 ("평안"=번영) 나머지는 시인이 첨가 설명하는 것인가? 그것도 아니면 기도 응답에 대한 시인 자신의 확신 표명인가? 우리는 이 마지막 입장이다.

8절: 내가 하나님 여호와의 하실 말씀을 들으리니 (에쉬므아 마-에답베르 하엘 야웨)— 여기서 "나"는 앞에서 기도한 바에 대한 응답을 받는 선지자일 것이다. 하나님의 응답은 아주 일반적인 진리로 나타났다. 그것은 언약의 상벌 규정에서 순종할 때의 축복과 일치한다. 그리고 "말씀하다"란 말 (다바르)은 여기서 "약속하다"란 뉴앙스를 풍긴다. 미완료상이긴 해도, 여기서는 현재적 의미로 "나는 하나님 여호와께서 약속하시는 바를 듣는다"로 이해한다. 기도 중에 이 시인은 기도의 응답을 받았다. 그 응답 약속은 이스라엘의 '번영' (샬롬) 회복이다. 이는 1절에 대한 우리의 이해와 8, 12절을 함께 고려하면 분명해 진다.

그런데 "하나님 여호와" (하엘 야웨)는 "그 하나님, 곧 야웨" 이다. 여기서 강조점은 "오직 한 분이신 그 참 하나님"에 두어진다 (GKC §126d). 그 하나님께서 약속하시니 누가 믿지 않을 수 있으랴! 대개는 "여호와 하나님" 이런 순서인데 여기서나 사 42:5에서는 특이하다. 수 22:22, 시 50:1에서 "하나님 [전능자], 하나님, 야웨" (엘 엘로힘 야웨) 식의 묘사가 나온다. 시 95:3, 118:27 등에서 "엘 야웨" 순서로 나오는데 이 경우들에서는 명사절로 "야웨는 하나님이시다"란 표현이지만, 여기서는 그런 명사절이 아니라 "여호와"란 고유명사에 "참 하나님"이란 명사를 첨가하여 강조하고 있다: "참 하나님, 여호와." 형식상 "그 왕 다윗" (함멜렉 다빗)이란 표현과 흡사하다 (삼하 3:31, 5:3, 6:12, 16, 7:18, 8:8, 10, 11, 9:5, 13:21, 16:5, 6 등). 그렇지만 이 경우, 정관사는 "왕"이란 총칭 명사 앞에 붙어서 "다윗, 곧 그 잘 알려진 왕"이란 의미가 된다 (GKC §126b 참조). 렘 32:18에서는 "크시고, 위대하신 하나님, 만군의 여호와" (하엘 학가돌 학깁보르 야웨 체바욧 the great, the mighty God, Yahweh of hosts)란 호칭의 중첩이 나타난다.

대저 그 백성 그 성도에게 화평을 말씀하실 것이라 (키 에답베르 샬롬 엘-암모 베엘-하시다브)— 언약 백성은 그분의 "성도들" (하시다브)이라 불리고 있다. 이 두 말은 사실상 이사일의 (hendiadys)로, 언약 백성 중 신실한 자들을 지칭한다. 여기서 "성도들"은 '언약 사랑을 받은 자들' 이란 의미이다. 이런 자들은 기도의 응답을 받으며, 그 응답은 평안 곧 번영 (샬롬)이다. 평안은 이 백성이 처한 현재의 환경에서 곤핍해진 삶이 부요케 되며, 핍절한 생활이 풍성함으로 회복되는 것이다. 평안은 모든 것이 조화되며, 부족함이 없고 안전과 기쁨이 있는 번영의 상태이다. 그런데 앞에서 언급했던 대로, 여기서 "말씀하다"란 "약속하다"란 뉘앙스이고, 미완료상이긴 해도, 현재 시제로 이해한다: "그가 자기 백성에게 평안(=번영)을 약속하신다." 시인은 기도 응답을 이렇게 표현하고 있다.

저희는 다시 망령된 데로 돌아가지 말지로다 (베알-야슈부 레키슬라)— 이런 하나님의 경고는 출 32장의 금송아지 우상 숭배 사건과 같은 배교 행위를 반복하지 말라는 것이다. 기도 응답이 "평안" 곧 번영의 회복이긴 하지만, 이스라엘이 핍절하고 곤고하게 된 까닭이 "우둔함" 곧 우상 숭배에 있었기에 그런 우둔함에 돌아가지 말라! 는 경고가 약속을 선행(先行)하고 있다. "우둔한"(케실)은 지혜로운(하캄)에 대조되는 것인데, 지혜와 지식이 결여된 상태를 지시하며, 주로 잠언이나 전도서 같은 지혜문헌에서 집중적으로 나타나는 단어이다. 이는 세상 사람들이 말하는 그런 일반적인 의미에서 '바보,' '어리석은 자'란 의미라기보다, 도덕적, 영적 의미에서 참 하나님을 배반하거나 그분을 알지 못하는 그런 사람들의 마음 상태를 지시한다. 참 지혜와 지식의 근본이 곧 여호와를 경외함이기 때문이다. 따라서 "다시 망령된 데로 돌아가지 말라"는 경고는 배교하지 말라! 는 경고나 마찬가지이다.

한편 이 부분에서 70인역과 RSV는 아주 달리 번역하고 있다:

그 백성, 그 성도에게 화평을 말씀하실 것이라
저희는 다시 망령된 데로 돌아가지 말지로다 (한역)
그가 자기 백성에게, 자기 성도들에게,
그들의 마음에서 그에게로 돌이키는 자들에게 평안을 말씀하실 것이라
(he will speak to his people, to his saints,
to those who turn to him in their hearts, RSV).

70인역이나 RSV는 한역이 "망령된 데로" 번역한 말 (레키슬라)을 "립밤 로" (그들의 마음에, 그에게로) 읽고 있다. 망령된 것, 우둔함(키슬라)이라 번역된 말은 사실상 "신뢰," "확신" (confidence)을 의미한다 (KB³, 욥 4:6). 직역하면 "신뢰에 돌아가지 말지어다!"가 되어 의미가 통하지 않는다. 그래서 "-하지 않다" (여기서는 -말라)란 불변사를 [알] "-에게"란 의미의 전치사로 모음을 바꾸어 [엘] 읽는다. 이 경우, "신뢰"에 인칭 접미어는 없지만, 앞에 사용된 인칭 접미어('그의' 성도들)가 여기서도 기능을 발휘한다고 이해하고 (double duty), "'그의' 신뢰에 돌아가는 자들"이라 번역할 수 있다 ("관계 대명사" [아쉐르]가 생략된 것으로 이해). 반면, 이 부분을 한역처럼 "망령된 데"로 이해하는 것은 "신뢰"란 말이 (키슬라) "우둔함"을 의미하는 남성 명사 "케셀"의 여성형으로 보았다.

9절: 진실로 그의 구원이 그를 경외하는 자에게 가까우니 이에 영광이 우리 땅에 거하리이다 (아크

카롭 리레아브 이쉬오 리쉬콘 카보드 베아르체누)— 7절에서 간구한 "구원"이 여기 약속 되고 있다. 하나님의 구원이 나타나면, 멀리 떠났던 하나님의 영광이 이스라엘 땅에 다시 거하게 된다. '여호와의 영광이 이스라엘 중에 거하다' 란 표현은 시내산에 체류했던 이스라엘과 연관하여 나타났었다 (출 24:16, 40:35). 또한 에스겔은 범죄한 이스라엘에서 하나님의 영광이 떠나는 것과 심판 이후에 다시 돌아오는 것을 목도하였다 (겔 10:18-19, 11:1, 23, 43:4).

10절: 긍휼과 진리가 같이 만나고 (헤세드-베에멧 니프가슈)— 긍휼이라 번역된 말 (헤세드)은 "인자"이며, 언약 사랑이다. 또한 진리는 언약에 '신실함' 이다. 그러므로 인자와 신실함은 함께 나타난다 (창 24:27, 49, 32:11, 47:29, 출 34:6, 수 2:14, 삼하 2:6 등). 특히 출 34:6은 하나님의 속성을 묘사하는 고전귀 (locus classicus)로서 하나님의 언약 사랑과 신실하심에 풍성하심을 제시한다. 그런데 여기서 "만나다" 란 말은 적대적인 의미에서 (출 4:24, 호 13:8) 혹은 중성적 혹은 화평의 자세로 만나는 경우 모두를 지시할 수 있다 (시 85:11, 잠 22:2, 29:13 등).

의와 화평이 서로 입 맞추었으며 (체덱 베샬롬 나샤쿠)—의와 화평 (체데크, 샬롬)은 성도들이 하나님의 의를 기쁨으로 준행할 때, 평안을 누리게 된다. 그러므로 악인에게는 평안이 없다 (사 48:22, 57:21). 인자와 신실, 의와 평안은 마치 하나님의 사자들과 같이, 하나님의 영광이 거하는 그 땅의 거리를 활보하며 서로를 만나 껴안고 입을 맞추는 것이다. 진실로 하나님의 영광이 거하는 그곳에 이러한 일들이 나타날 것이다. 여기 10절에서 "인자"와 "진리" (신실), 의와 화평 (샬롬)이 여호와께서 그 땅을 복되게 축복하시는 사자(使者)들과 같이 제시되고 있다. 말하자면, 왕이 보낸 네 사신(使臣)들이 어떤 지역을 복구하고 건설하고자 함께 모여 의논을 하는 모습에 비길 수 있을까? 이런 명사들은 하나님의 속성(屬性)이면서도 그의 백성들이 나타내야 하는 인격과 삶의 성격이어야 했다. 이런 가치들이 그 땅에서 사라질 때 (사 59:14-15, 호 4:2) 그것은 하나님의 임재의 부재(不在)의 결과이다. 아니 하나님의 임재의 사라짐은 그런 가치들의 부재(不在)가 초래하는 그 땅 백성에 대한 심판일 것이다. 그런데 구약의 시야를 떠나, 신약의 십자가 사건에 비추어 본다면, 이 구절은 그리스도의 구속 사역으로 이 땅에 선포되는 복음의 진수를 제시한다. 그리스도의 복음은 하나님의 인자(仁慈)와 그분의 신실하심, 그분의 공의와 그분의 평안을 그 내용물로 담고 있다. 누구든지 그분의 복음 초청에 응하여 그리스도를 영접한다면, 이 모든 하나님의 속성은 그의 것이 되어 그의 인격은 하나님의 좇아 의와 진리의 거룩함으로 새롭게 지으심을 입게 되리라 (엡 4:24). 그런 인격들에게 하나님은 좋은 모든 것을 아낌이 없이 부어 주실 것이다 (12절). 그래서 복음이 증거 되는 사회와 국가가 그리스도의 이상과 가치들로 변혁되고 그 변화된 자리에 하늘의 축복이 임하는 것을 목격해 왔다.

11절: 진리는 땅에서 솟아나고 (에멧 메에레츠 티츠마흐)—하나님의 언약에의 신실하심은 땅에서 싹을 내듯 (차마흐) 솟아난다. 이는 사라졌던 자기 백성을 향한 그분의 신실하심이 다시 나타남을 묘사하는 것인가?

의는 하늘에서 하감하였도다 (베체덱 밋샤마임 니쉬카프)—반면 의는 하늘에서 미소를 머금고

"내려다본다" (쇠카프). 그 결과 땅에 하나님의 통치가 확립되고, 형통과 평안이 나타나게 된다.

12절: 여호와께서 좋은 것을 주시리니 (감-야웨 잇텐 핫토브)—여기서 좋은 것 (하토브)은 후반절에서 "땅의 산물" (예불라)와 병행된다. NJB는 그래서 "번영" (prosperity)라 번역했고, TNK는 "그의 하사금" (his bounty)라 번역했다. 풍성한 땅의 산물은 언약에 순종하는 자들에게 약속된 상급이다 (레 26:4). 반면 언약의 저주는 하나님께서 하늘을 닫아 비를 내리시지 아니하므로 땅의 소산을 내지 않는 것이다 (신 11:17). 12절에 묘사된 축복 상태는 9-11절에 제시된 그 상태의 결과로서 나타난다. 즉 하나님의 인자와 신실하심, 그분의 의와 평안이 백성에게 나타날 때, 그 결과는 자연계에서 축복으로 나타난다.

우리 땅이 그 산물을 내리로다 (베아르체누 팃텐 예불라흐)— "우리 땅"은 하나님께서 기업으로 주신 땅 이스라엘이다. 구약이 증거하는 경제 사상은 주신 영지(領地)를 부지런히 경작하고 근면하라! 는 사상이 아니다. 그것은 오직 하나, 네 마음을 다하고 뜻을 다하고 성품을 다하여 주 너희 하나님을 사랑하라 (신 6:5); 그러면 네 모든 삶은 형통하고 부요케 되리라. 이 경제 사상은 성도의 노동과 노력을 무시하는 것이 아니라, 그에 우선하여 성도가 먼저 관심을 가지고 모든 것을 투자해야 할 대상을 명시하여 준다 (마 6:33). 구약의 경제 사상이랄까? 그런 것에 대하여는 필자의 글 "개혁주의 경제윤리" 「개혁신학과 경제윤리」 한국개혁신학회 논문집 6 (1999), 62-97)을 참조하실 것.

13절: 의가 주의 앞에 앞서 행하며 (체덱 레파나브 예할레크)—의와 공의가 주의 보좌의 토대이다 (시 89:14, 97:2). 마치 사자처럼 의가 그분의 통치마다 나타나고 앞서 행한다. 또한 그분의 인자함과 진실함도 주를 앞서 행한다 (시 89:14). 반대로 불의한 자들에게 하나님은 그런 사자들을 대동하시는 것이 아니라, 온역과 재앙을 대동하신다 (합 3:5).

수의 종적으로 길을 삼으리로다 (베야셈 레데렉 페아마브) — 전반절에 비추어, '의'가 그분의 걸음을 위한 길을 만든다고 이해한다 (NRSV, NIV). 곧 의는 그분 앞서 행하여 길을 예비한다. LSG는 흥미롭게도 "그것 (의)이 그분의 발걸음들의 자국을 길에 만들리라" 라고 번역하고 있다. 반면, TNK는 이 부분을 전반절을 수식하는 부사절로 이해했다: "그가 자기 여정을 시작하심에 따라, 공의가 그분 앞서 간다" (Justice goes before Him as He sets out His way). 그런데 11절에서 "의는 하늘에서 내려다본다"고 했다면 여기서는 주님의 기시는 길에 앞서 가는 사신과 같다. 하나님의 임재는 그분의 공의와 신실과 불가분리이다. 여하간 이 문맥에서 "의"는 하나님께서 이스라엘을 다시 공의롭게 하시사, 그 의로운 사회적 지반위에 모든 축복을 주실 것이라는 상서(祥瑞)로운 기운이 느껴진다. 말하자면 이사야가 한 때 신실하던 성읍, 공평이 충만하고, 의리가 그 가운데 거하던 그 이스라엘 땅이 타락하여 창기(娼妓)가 되고, 살인자들이 가득하고, 우둔함이 사회 구석을 덮을 때에 (사 1:21-23) 하나님의 저주와 핍절이 다가왔다면, 이제 다시 회복되어 의와 신실이 가득한 사회, 지혜와 총명의 신이 충만한 사회가 되니 하나님의 모든 축복이 그 땅에 다시 넘치게 된다.

시편의 적용

국난은 하나님의 진노의 표시이다 (1절)

한국은 1997년 말 IMF (국제 통화기금) 체제에 들어갔다. 육이오 사변 이래 최대의 환란 (患亂, 換亂)이라고들 했다. 실업자는 속출하고, 환율은 천장부지로 뛰어 올라, 원래 8, 9백 원 하던 환율이 한 때 1달러에 2천 원 가까이 되었다. 달러가 부족하여 생긴 국가적인 위기였다. 한국이 경제성장을 지속하다가 이제는 주저앉아 남미(南美) 여러 나라들처럼 파산되는 위기에 처한 것이다. 그런 시기에 교회 지도자들은 이것은 하나님의 경고라고들 말했다. 올바른 지적이었다. 현실적으로 말하면, 대통령이 정치를 잘못해서 야기된 것이고, 국민들이 분수를 모르고 사치하고 허랑 방탕한 것이 이유이지만, 사건이 국가적 위기로 치닫게 된 것은 하나님의 심판이라고 할 수 있었던 것이다.

이 기간에 한국의 교회들은 많이 반성하고 회개하였다. 주신 물질로 주님 뜻대로 사용하지 못했던 점을 크게 회개하였다. 그리고 한국의 금융업계는 대대적인 구조조정과 이합집산을 통해 건전한 금융업계로 새롭게 탄생하였다. 그 결과 국가 위기는 극복되었고 이런 위기는 국민들에게 큰 교훈을 주었다. 어떤 위기가 닥치면 그것을 믿음으로 극복하면 위기 이전의 잘못된 것들이 제거되므로 더 좋은 상태를 얻을 수 있는 것이다.

클레르보의 버나드 (Bernard of Clairvaux)(8-13절)

버나드는 말하길, 우리는 창조의 선물로 인하여 자유 의지를 행사할 수 있지만, 은혜가 있어야 선을 택하게 된다. 그러니까 중생하지 못한 자연인도 하나님으로부터 자유의지, 두려워하는 감정, 사랑하는 감정을 받았으나, 오직 은혜로 새롭게 된 자만이 선을 택하고, 하나님을 경외하며, 하나님을 사랑할 수가 있다. 버나드는 하나님의 인자의 표현인 그리스도의 성육신을 달콤한 꿀을 지닌 벌로서 묘사했다. 그러나 그 꿀벌은 침을 (심판) 떼어 놓고 오셨다. 또 버나드는 말하길 예수님의 하나님의 두 번째 입맞춤 (kiss)이다 라고 했다. 첫 번 째 하나님의 인간을 향한 입맞춤은 에덴 동산에서 인간에게 출생을 주었다면, 두 번째 입맞춤은 우리에게 중생(重生)을 주었다. 예수님 안에서 의와 평강이 서로 입을 맞춘다.

1 Jesus, the very thought of thee 예수님을 생각만 해도
With sweetness fills my breast; 내 맘 달콤함으로 가득 차네
But sweeter far thy face to see 주 얼굴 뵈올 때 얼마나 좋으랴!
And in thy presence rest. 당신 임재 하에 안식하리
2 No voice can sing, no heart can frame, 그 어떤 소리도 찬양하지 못하네
nor can the memory find, 그 어떤 기억도 찾지 못하네
a sweeter sound than Jesus' Name, 예수님의 이름보다 더 달콤한 것을
the Savior of mankind. 만민의 구세주

3 O hope of every contrite heart, 참 회개하는 자에게 소망이 되시고
O joy of all the meek, 온유한 자의 기쁨이시여
to those who fall, how kind thou art: 엎디는 자들에게 그 어찌 온유하신지
how good to those who seek! 구하는 자들에게 그 어찌 좋은지
4 But what to those who find? Ah, this 발견하는 자들에게 무엇인가?
nor tongue nor pen can show; 어떤 혀로, 어떤 펜으로 보일까
the love of Jesus, what it is, 예수님의 사랑을
none but who love him know. 그를 사랑하는 자 외에 알 자 없네
5 Jesus, our only joy be thou, 우리의 유일한 기쁨 되소서 예수님이시여
as thou our prize wilt be; 주는 우리의 상이 되시리니
in thee be all our glory now, 주께 우리 모든 영광이 있어지이다
and through eternity. 영원토록
6 O Jesus, King most wonderful 놀라운 왕 예수님이시여
Thou Conqueror renowned, 유명한 정복자이시여
Thou sweetness most ineffable 주의 달콤함은 말할 수 없네
In Whom all joys are found! 모든 기쁨이 그에게 있네
7 When once Thou visitest the heart, 주께서 맘을 찾으시면
Then truth begins to shine, 진리는 빛을 발하네
Then earthly vanities depart, 세상 영광은 사라지고
Then kindles love divine. 하나님의 사랑이 불 붙네
8 O Jesus, light of all below, 세상의 빛 예수님이시여
Thou fount of living fire, 타오르는 불의 원천
Surpassing all the joys we know, 모든 기쁨에 비길 수 없는 분
And all we can desire. 우리 모두 사모하네
9 Jesus, may all confess Thy name, 예수님 만민이 주 이름을 고백하리다
Thy wondrous love adore, 주의 놀라운 사랑을 흠모하리다
And, seeking Thee, themselves inflame 주를 찾다 불이 붙네
To seek Thee more and more. 더더욱 주를 찾네
10 Thee, Jesus, may our voices bless, 우리 소리 높여 주 예수님 송축하리
Thee may we love alone, 주만 우리 사랑하게 하소서
And ever in our lives express 항상 우리 삶에서 드러내게 하소서
The image of Thine own. 주의 형상을
11 O Jesus, Thou the beauty art 오 예수님 주는 아름다움

Of angel worlds above; 천상의 천사들 중에서
Thy Name is music to the heart, 주의 이름은 맘에 찬양
Inflaming it with love. 사랑으로 불을 붙이네
12. O most sweet Jesus, hear the sighs 달콤하신 예수님 한숨을 들으소서
Which unto Thee we send; 우리가 주께 보냅니다
To Thee our inmost spirit cries; 우리 심장이 주께 부르짖나이다
To Thee our prayers ascend. 우리 기도가 주께 올라가나이다
13. Abide with us, and let Thy light 우리와 함께 거하소서 주의 빛으로
Shine, Lord, on every heart; 주여 우리 맘에 비추게 하소서
Dispel the darkness of our night; 밤의 어둠을 물리치소서
And joy to all impart. 모두에게 기쁨을 허락하소서
14. Jesus, our love and joy to Thee, 우리 사랑과 기쁨을 주 예수께
The virgin's holy Son, 동정녀의 거룩하신 아들
All might and praise and glory be, 모든 능력 찬양과 영광이 주께
While endless ages run. 영원 무궁히

시편주석2(한국성경주석총서)

2006년 6월 30일 초판 발행

지은이 • 최 종 태
발행인 • 이 형 자
발행처 • 도서출판 횃불
등록일 • 1992년 6월 10일 제21-355호
등록주소 • 서울시 서초구 양재동 55번지
　　　　　횃불선교센타

전화 : 02)570-7030
팩스 : 02)570-7011

ISBN 89-5546-053-8 03230

ⓒ도서출판 횃불　　값　　원

ⓒ 저자와의 협약 아래 인지는 생략되었습니다.
이 출판물은 저작권법에 의해 보호를 받는 저작물이므로
무단전재와 무단 복제를 할 수 없습니다.

총판 : 두란노서원
주문처 : 두란노서원 영업부 02)749-1059